리버싱
핵심 원리

리버싱 핵심 원리 : 악성 코드 분석가의 리버싱 이야기

초판 1쇄 발행 2012년 9월 30일 **8쇄 발행** 2022년 7월 26일 **지은이** 이승원 **펴낸이** 한기성 **펴낸곳** (주)도서출판인사이트
편집 조연희 **본문 디자인** 윤영준 **제작·관리** 이유현, 박미경 **용지** 월드페이퍼 **출력·인쇄** 에스제이피앤비 **후가공** 이지앤비
제본 서정바인텍 **등록번호** 제2002-000049호 **등록일자** 2002년 2월 19일 **주소** 서울특별시 마포구 연남로5길 19-5 **전화**
02-322-5143 **팩스** 02-3143-5579 **이메일** insight@insightbook.co.kr **ISBN** 978-89-6626-052-2 13560 책값은 뒤표지
에 있습니다. 잘못 만들어진 책은 바꾸어 드립니다. 이 책의 정오표는 http://blog.insightbook.co.kr에서 확인하실 수 있습
니다.

Copyright ⓒ 2012 이승원, 인사이트

이 책 내용의 일부 또는 전부를 재사용하려면 반드시 저작권자와 인사이트 출판사 양측의 서면에 의한 동의를 얻어야 합니다.

리버싱 핵심 원리

이승원 지음

악성 코드 분석가의 리버싱 이야기

목차

추천사 ·· XXVIII
서문 ··· XXX

1부 기초 리버싱　　　　　　　　　　　　　　　　　　　　　　　1

1장 리버싱 스토리 ·· 3
1.1. 리버스 엔지니어링 ·· 3
1.2. 리버스 코드 엔지니어링 ··· 3
1.2.1. 리버싱(분석) 방법 ··· 3
1.2.2. Source Code, Hex Code, Assembly Code ··· 5
1.2.3. 패치와 크랙 ··· 8
1.3. 리버싱 준비물 ·· 8
1.3.1. 목표 ·· 8
1.3.2. 열정 ·· 9
1.3.3. 구글 ·· 9
1.4. 리버싱 방해물 ·· 10
1.4.1. 과욕 ·· 10
1.4.2. 조급함 ··· 10
1.5. 리버싱의 묘미 ·· 10

2장 Hello World! 리버싱 ··· 13
2.1. Hello World! 프로그램 ··· 13
2.1.1. 디버거와 어셈블리 언어 ··· 14
2.2. HelloWorld.exe 디버깅 ··· 14
2.2.1. 디버깅 목표 ··· 14
2.2.2. 디버깅 시작 ··· 15
2.2.3. EP ·· 16
2.2.4. 40270C 함수 따라가기 ·· 17
2.2.5. 40104F 점프문 따라가기 ··· 19
2.2.6. main( ) 함수 찾기 ··· 20

2.3. 디버거 좀 더 능숙하게 다루기 — 23
2.3.1. 디버거 명령어 — 23
2.3.2. 베이스캠프 — 24
2.3.3. 베이스캠프를 설치하는 4가지 방법 — 24
2.4. 원하는 코드를 빨리 찾아내는 4가지 방법 — 28
2.4.1. 코드 실행 방법 — 28
2.4.2. 문자열 검색 방법 — 30
2.4.3. API 검색 방법 (1) - 호출 코드에 BP — 31
2.4.4. API 검색 방법 (2) - API 코드에 직접 BP — 33
2.5. "Hello World!" 문자열 패치 — 37
2.5.1. 패치 — 37
2.5.2. 문자열을 패치하는 두 가지 방법 — 38
2.6. 마무리 — 44

3장 리틀 엔디언 표기법 — 49
3.1. 바이트 오더링 — 49
3.1.1. 리틀 엔디언 & 빅 엔디언 — 50
3.1.2. OllyDbg에서 리틀 엔디언 확인 — 51

4장 IA-32 Register 기본 설명 — 53
4.1. CPU 레지스터란? — 53
4.1.1. 레지스터에 대해서 알아야 하는 이유 — 53
4.2. IA-32의 레지스터 — 54
4.2.1. Basic program execution registers — 54
4.3. 마무리 — 62

5장 스택 — 63
5.1. 스택 — 63
5.1.1. 스택의 특징 — 63
5.1.2. 스택 동작 예제 — 64

6장 abex' crackme #1 분석 — 67
6.1. abex' crackme #1 — 67
6.1.1. Start debugging — 68
6.1.2. 코드 분석 — 69
6.2. 크랙 — 71
6.3. 스택에 파라미터를 전달하는 방법 — 72
6.4. 마무리 — 73

7장 스택 프레임 — 75

7.1. 스택 프레임 — 75
7.2. 실습 예제 - stackframe.exe — 76
7.2.1. StackFrame.cpp — 76
7.2.2. main() 함수 시작 & 스택 프레임 생성 — 78
7.2.3. 로컬 변수 세팅 — 80
7.2.4. add() 함수 파라미터 입력 및 add() 함수 호출 — 82
7.2.5. add() 함수 시작 & 스택 프레임 생성 — 83
7.2.6. add() 함수의 로컬 변수(x, y) 세팅 — 84
7.2.7. ADD 연산 — 85
7.2.8. add() 함수의 스택 프레임 해제 & 함수 종료(리턴) — 86
7.2.9. add() 함수 파라미터 제거(스택 정리) — 88
7.2.10. printf() 함수 호출 — 89
7.2.11. 리턴 값 세팅 — 89
7.2.12. 스택 프레임 해제 & main() 함수 종료 — 90
7.3. OllyDbg 옵션 변경 — 91
7.3.1. Disasm 옵션 — 91
7.3.2. Analysis1 옵션 — 92
7.4. 마무리 — 94

8장 abex' crackme #2 — 95

8.1. abex' crackme #2 실행 — 95
8.2. Visual Basic 파일 특징 — 96
8.2.1. VB 전용 엔진 — 96
8.2.2. N(Native) code, P(Pseudo) code — 97
8.2.3. Event Handler — 97
8.2.4. undocumented 구조체 — 97
8.3. Start debugging — 98
8.3.1. 간접호출 — 98
8.3.2. RT_MainStruct 구조체 — 99
8.3.3. ThunRTMain() 함수 — 99
8.4. crackme 분석 — 100
8.4.1. 문자열 검색 — 100
8.4.2. 문자열 주소 찾기 — 102
8.4.3. Serial 생성 알고리즘 — 105
8.4.4. 코드 예측하기 — 106
8.4.5. Name 문자열 읽는 코드 — 107

8.4.6. 암호화 루프 — 108
8.4.7. 암호화 방법 — 108
8.5. 마무리 — 111

9장 Process Explorer – 최고의 작업 관리자 — 115
9.1. Process Explorer — 115
9.2. 구체적으로 뭐가 좋은 거죠? — 116
9.3. sysinternals — 117

10장 함수 호출 규약 — 119
10.1. 함수 호출 규약 — 119
10.1.1. cdecl — 120
10.1.2. stdcall — 121
10.1.3. fastcall — 123

11장 Lena's Reversing for Newbies — 125
11.1. 실행 — 125
11.2. 분석 — 126
11.2.1. 목표(1) - 메시지 박스 제거! — 126
11.2.2. 패치(1) - 메시지 박스 제거 — 128
11.2.3. 목표(2) - Registration Code 찾기 — 132
11.3. 마무리 — 134

12장 도대체 리버싱을 어떻게 공부해야 하나요? — 135
12.1. 리버스 엔지니어링 — 135
12.1.1. 모든 공부에는 '목표'가 있어야 합니다. — 135
12.1.2. '긍정적인 마인드'를 가지세요. — 135
12.1.3. '재미'를 느껴야 합니다. — 136
12.1.4. '검색'을 생활화해야 합니다. — 136
12.1.5. 제일 중요한 건 '실천'입니다. — 137
12.1.6. '느긋한 마음'을 가지세요. — 137

2부 PE File Format — 139

13장 PE File Format — 141
13.1. 소개 — 141
13.2. PE File Format — 141

13.2.1. 기본 구조 143
13.2.2. VA & RVA 145
13.3. PE 헤더 145
13.3.1. DOS Header 145
13.3.2. DOS Stub 147
13.3.3. NT Header 149
13.3.4. NT Header - File Header 149
13.3.5. NT Header - Optional Header 153
13.3.6. 섹션 헤더 159
13.4. RVA to RAW 163
13.5. IAT 166
13.5.1. DLL 166
13.5.2. IMAGE_IMPORT_DESCRIPTOR 169
13.5.3. notepad.exe를 이용한 실습 171
13.6. EAT 177
13.6.1. IMAGE_EXPORT_DIRECTORY 178
13.6.2. kernel32.dll을 이용한 실습 180
13.7. Advanced PE 184
13.7.1. PEView.exe 184
13.7.2. Patched PE 186
13.8. 마무리 187

14장 실행 압축 193

14.1. 데이터 압축 193
14.1.1. 비손실 압축 194
14.1.2. 손실 압축 194
14.2. 실행 압축 194
14.2.1. 패커 195
14.2.2. 프로텍터 197
14.3. 실행 압축 테스트 198
14.3.1. notepad.exe와 notepad_upx.exe 파일 비교 200

15장 UPX 실행 압축된 notepad 디버깅 203

15.1. notepad.exe의 EP Code 203
15.2. notepad_upx.exe의 EP Code 204
15.3. UPX 파일 트레이싱 205
15.3.1. OllyDbg의 트레이스 명령어 206

- 15.3.2. 루프 #1 ········ 206
- 15.3.3. 루프 #2 ········ 207
- 15.3.4. 루프 #3 ········ 209
- 15.3.5. 루프 #4 ········ 210
- 15.4. UPX의 OEP를 빨리 찾는 방법 ········ 211
  - 15.4.1. POPAD 명령어 이후의 JMP 명령어에 BP 설치 ········ 212
  - 15.4.2. 스택에 하드웨어 브레이크 포인트(Hardware Break Point) 설치 ········ 212
- 15.5. 마무리 ········ 213

16장 Base Relocation Table — 215

- 16.1. PE 재배치 ········ 215
  - 16.1.1. DLL/SYS ········ 215
  - 16.1.2. EXE ········ 216
- 16.2. PE 재배치 발생시 수행되는 작업 ········ 217
- 16.3. PE 재배치 동작 원리 ········ 219
  - 16.3.1. Base Relocation Table ········ 220
  - 16.3.2. IMAGE_BASE_RELOCATION 구조체 ········ 221
  - 16.3.3. Base Relocation Table의 해석 방법 ········ 222
  - 16.3.4. 실습 ········ 224

17장 실행 파일에서 .reloc 섹션 제거하기 — 227

- 17.1. .reloc 섹션 ········ 227
- 17.2. reloc.exe ········ 227
  - 17.2.1. .reloc 섹션 헤더 정리 ········ 228
  - 17.2.2. .reloc 섹션 제거 ········ 228
  - 17.2.3. IMAGE_FILE_HEADER 수정 ········ 229
  - 17.2.4. IMAGE_OPTIONAL_HEADER 수정 ········ 230
- 17.3. 마무리 ········ 231

18장 UPack PE 헤더 상세 분석 — 233

- 18.1. UPack 설명 ········ 233
- 18.2. UPack으로 notepad.exe 실행 압축하기 ········ 234
- 18.3. Stud_PE 이용 ········ 236
- 18.4. PE 헤더 비교 ········ 237
  - 18.4.1. notepad.exe(원본)의 PE 헤더 ········ 237
  - 18.4.2. notepad_upack.exe(실행 압축)의 PE 헤더 ········ 238
- 18.5. UPack의 PE 헤더 분석 ········ 239

    18.5.1. 헤더 겹쳐쓰기 · 239
    18.5.2. IMAGE_FILE_HEADER.SizeOfOptionalHeader · 240
    18.5.3. IMAGE_OPTIONAL_HEADER.NumberOfRvaAndSizes · 242
    18.5.4. IMAGE_SECTION_HEADER · 245
    18.5.5. 섹션 겹쳐쓰기 · 247
    18.5.6. RVA to RAW · 249
    18.5.7. Import Table(IMAGE_IMPORT_DESCRIPTOR array) · 251
    18.5.8. IAT(Import Address Table) · 255
  18.6. 마무리 · 257

19장 UPack 디버깅 – OEP 찾기 259
  19.1. OllyDbg 실행 에러 · 259
  19.2. 디코딩 루프 · 261
  19.3. IAT 세팅 · 264
  19.4. 마무리 · 265

20장 인라인 패치 실습 267
  20.1. 인라인 패치 · 267
  20.2. 실습 - Patchme · 268
  20.3. 디버깅 - 코드 흐름 살펴보기 · 269
  20.4. 코드 구조 · 275
  20.5. 인라인 패치 실습 · 276
    20.5.1. 패치 코드를 어디에 설치할까? · 277
    20.5.2. 패치 코드 만들기 · 279
    20.5.3. 패치 코드 실행하기 · 281
    20.5.4. 결과 확인 · 282

3부 DLL 인젝션 285

21장 Windows 메시지 후킹 287
  21.1. 훅 · 287
  21.2. 메시지 훅 · 288
  21.3. SetWindowsHookEx( ) · 289
  21.4. 키보드 메시지 후킹 실습 · 290
    21.4.1. 실습 예제 HookMain.exe · 291
    21.4.2. 소스코드 분석 · 294

21.5. 디버깅 실습 298
    21.5.1. HookMain.exe 디버깅 298
    21.5.2. Notepad.exe 프로세스 내의 KeyHook.dll 디버깅 302
21.6. 마무리 305

22장 악의적인 목적으로 사용되는 키로거   **307**

22.1. 악성 키로거의 목표 307
    22.1.1. 온라인 게임 307
    22.1.2. 인터넷 뱅킹 307
    22.1.3. 기업 정보 유출 308
22.2. 키로거의 종류와 향후 발전 방향 308
22.3. 키로거에 대처하는 우리의 자세 309
22.4. 개인정보 310

23장 DLL 인젝션   **311**

23.1. DLL 인젝션 311
23.2. DLL 인젝션 활용 예 312
    23.2.1. 기능 개선 및 버그 패치 313
    23.2.2. 메시지 후킹 313
    23.2.3. API 후킹 313
    23.2.4. 기타 응용 프로그램 313
    23.2.5. 악성 코드 314
23.3. DLL 인젝션 구현 방법 314
23.4. CreateRemoteThread() 315
    23.4.1. 실습 예제 myhack.dll 315
    23.4.2. 예제 소스코드 분석 320
    23.4.3. 디버깅 방법 328
23.5. AppInit_DLLs 331
    23.5.1. 예제 소스코드 분석 332
    23.5.2. 실습 예제 myhack2.dll 333
23.6. SetWindowsHookEx() 336
23.7. 마무리 336

24장 DLL 이젝션   **339**

24.1. DLL 이젝션 동작 원리 339
24.2. DLL 이젝션 구현 340
    24.2.1. 프로세스에 로딩된 DLL 정보 구하기 343

24.2.2. 대상 프로세스 핸들 구하기 — 344
24.2.3. FreeLibrary() API 주소 구하기 — 344
24.2.4. 대상 프로세스에 스레드를 실행시킴 — 345
24.3. DLL 이젝션 간단 실습 — 345
24.3.1. 파일 복사 및 notepad.exe 실행 — 346
24.3.2. 인젝션 — 347
24.3.3. 이젝션 — 348

25장 PE 패치를 이용한 DLL 로딩 — 349

25.1. 실습 파일 — 349
25.1.1. TextView.exe — 349
25.1.2. TextView_patched.exe — 351
25.2. 소스코드 - myhack3.cpp — 353
25.2.1. DllMain() — 353
25.2.2. DownloadURL() — 354
25.2.3. DropFile() — 356
25.2.4. dummy() — 357
25.3. TextView.exe 파일 패치 준비 작업 — 358
25.3.1. 패치 아이디어 — 358
25.3.2. 패치 사전 조사 — 358
25.3.3. IDT 이동 — 361
25.4. TextView.exe 패치 작업 — 364
25.4.1. IMPORT Table의 RVA 값 변경 — 364
25.4.2. BOUND IMPORT TABLE 제거 — 365
25.4.3. 새로운 IDT 생성 — 365
25.4.4. Name, INT, IAT 세팅 — 367
25.4.5. IAT 섹션의 Characteristics 변경 — 369
25.5. 검증(Test) — 371
25.6. 마무리 — 373

26장 PE Tools — 375

26.1. PE Tools — 375
26.1.1. 프로세스 메모리 덤프 — 377
26.1.2. PE Editor — 379
26.2. 마무리 — 380
쉬어가기 - 리버싱의 참맛 — 380

27장 Code 인젝션 — 383

- 27.1. Code 인젝션 — 383
- 27.2. DLL 인젝션 vs Code 인젝션 — 384
  - 27.2.1. 코드 인젝션을 사용하는 이유 — 385
- 27.3. 실습 예제 — 386
  - 27.3.1. notepad.exe 실행 — 386
  - 27.3.2. CodeInjection.exe 실행 — 387
  - 27.3.3. 메시지 박스 확인 — 388
- 27.4. CodeInjection.cpp — 388
  - 27.4.1. main() — 388
  - 27.4.2. ThreadProc() — 389
  - 27.4.3. InjectCode() — 393
- 27.5. Code 인젝션 디버깅 실습 — 396
  - 27.5.1. notepad.exe 디버깅 — 396
  - 27.5.2. OllyDbg 옵션 변경 — 396
  - 27.5.3. CodeInjection.exe 실행 — 397
  - 27.5.4. 스레드 시작 코드 — 398
- 27.6. 마무리 — 399

28장 어셈블리 언어를 이용한 Code 인젝션 — 401

- 28.1. 목표 — 401
- 28.2. 어셈블리 프로그래밍 — 401
- 28.3. OllyDbg의 Assemble 명령 — 402
  - 28.3.1. ThreadProc() 작성 — 404
  - 28.3.2. Save File — 409
- 28.4. 인젝터 제작 — 410
  - 28.4.1. ThreadProc() 함수의 바이너리 코드 얻기 — 410
  - 28.4.2. CodeInjection2.cpp — 412
- 28.5. 디버깅 실습 — 415
  - 28.5.1. notepad.exe 디버깅 — 415
  - 28.5.2. OllyDbg 옵션 변경 — 415
  - 28.5.3. CodeInjection2.exe 실행 — 416
  - 28.5.4. 스레드 시작 코드 — 417
- 28.6. 상세 분석 — 418
  - 28.6.1. 스택 프레임 생성 — 418
  - 28.6.2. THREAD_PARAM 구조체 포인터 — 418

- 28.6.3. "user32.dll" 문자열 420
- 28.6.4. "user32.dll" 문자열 파라미터 입력 421
- 28.6.5. LoadLibraryA("user32.dll") 호출 422
- 28.6.6. "MessageBoxA" 문자열 423
- 28.6.7. GetProcAddress(hMod, "MessageBoxA") 호출 424
- 28.6.8. MessageBoxA() 파라미터 입력 1 - MB_OK 425
- 28.6.9. MessageBoxA() 파라미터 입력 2 - "ReverseCore" 425
- 28.6.10. MessageBoxA() 파라미터 입력 3 - "www.reversecore.com" 426
- 28.6.11. MessageBoxA() 파라미터 입력 4 - NULL 427
- 28.6.12. MessageBoxA() 호출 428
- 28.6.13. ThreadProc() 리턴 값 세팅 428
- 28.6.14. 스택 프레임 해제 및 함수 리턴 429
- 28.7. 마무리 429

4부 API 후킹　　431

29장 API 후킹: 리버싱의 '꽃'　　433
- 29.1. 후킹 433
- 29.2. API란? 434
- 29.3. API 후킹 435
  - 29.3.1. 정상 API 호출 436
  - 29.3.2. 후킹 API 호출 436
- 29.4. 테크 맵 437
  - 29.4.1. Method Object(what) 438
  - 29.4.2. Location(where) 438
  - 29.4.3. Technique(How) 439
  - 29.4.4. API 441

30장 메모장 WriteFile() 후킹　　443
- 30.1. 테크 맵 - 디버그 테크닉 443
- 30.2. 디버거 설명 444
  - 30.2.1. 용어 444
  - 30.2.2. 디버거 기능 444
  - 30.2.3. 디버거 동작 원리 444
  - 30.2.4. 디버그 이벤트 445
- 30.3. 작업 순서 447

30.4. 실습 — 447
30.5. 동작 원리 — 451
    30.5.1. 스택 — 451
    30.5.2. 실행 흐름 — 453
    30.5.3. 언훅 & 훅 — 453
30.6. 소스코드 설명 — 454
    30.6.1. main() — 454
    30.6.2. DebugLoop() — 455
    30.6.3. EXIT_PROCESS_DEBUG_EVENT — 458
    30.6.4. CREATE_PROCESS_DEBUG_EVENT - OnCreateProcessDebug Event() — 458
    30.6.5. EXCEPTION_DEBUG_EVENT - OnExceptionDebugEvent() — 460

31장 디버거 이야기 — 469

31.1. OllyDbg — 469
31.2. IDA Pro — 470
31.3. WinDbg — 471

32장 계산기, 한글을 배우다 — 475

32.1. 테크 맵 — 475
32.2. 대상 API 선정 — 476
32.3. IAT 후킹 동작 원리 — 481
32.4. 실습 — 484
32.5. 소스코드 분석 — 486
    32.5.1. DllMain() — 487
    32.5.2. MySetWindowTextW() — 488
    32.5.3. hook_iat() — 491
32.6. 인젝션된 DLL의 디버깅 — 496
    32.6.1. DllMain() — 499
    32.6.2. hook_iat() — 500
    32.6.3. MySetWindowTextW() — 503
32.7. 마무리 — 504

33장 '스텔스' 프로세스 — 507

33.1. 테크 맵 — 507
33.2. API 코드 패치 동작 원리 — 508
    33.2.1. 후킹 전 — 508
    33.2.2. 후킹 후 — 510

- 33.3. 프로세스 은폐 512
  - 33.3.1. 프로세스 은폐 동작 원리 512
  - 33.3.2. 관련 API 512
  - 33.3.3. 은폐 기법의 문제점 513
- 33.4. 실습 #1 (HideProc.exe, stealth.dll) 515
  - 33.4.1. notepad.exe, procexp.exe, taskmgr.exe 실행 515
  - 33.4.2. HideProc.exe 실행 515
  - 33.4.3. stealth.dll 인젝션 확인 516
  - 33.4.4. notepad.exe 프로세스 은폐 확인 516
  - 33.4.5. notepad.exe 프로세스 은폐 해제 518
- 33.5. 소스코드 분석 518
  - 33.5.1. HookProc.cpp 519
  - 33.5.2. stealth.cpp 520
- 33.6. 글로벌 API 후킹 530
  - 33.6.1. Kernel32.CreateProcess() API 530
  - 33.6.2. Ntdll.ZwResumeThread() API 532
- 33.7. 실습 #2(HideProc2.exe, stealth2.dll) 532
  - 33.7.1. stealth2.dll 파일을 %SYSTEM% 폴더에 복사 533
  - 33.7.2. HideProc2.exe -hide 실행 533
  - 33.7.3. ProcExp.exe & notepad.exe 실행 534
  - 33.7.4. HideProc2.exe -show 실행 535
- 33.8. 소스코드 분석 535
  - 33.8.1. HideProc2.cpp 535
  - 33.8.2. stealth2.cpp 535
- 33.9. 핫 패치 방식의 API 후킹 538
  - 33.9.1. 기존 API 코드 패치 방법의 문제점 538
  - 33.9.2. 핫 패치 (7바이트 코드 패치) 539
- 33.10. 실습 #3 - stealth3.dll 543
- 33.11. 소스코드 분석 543
  - 33.11.1. Stealth3.cpp 543
- 33.12. 핫 패치 방식의 API 후킹에서 고려사항 547
- 33.13. 마무리 548

34장 고급 글로벌 API 후킹 - IE 접속 제어 551

- 34.1. 후킹 대상 API 551
  - 34.1.1. 검증 - IE 프로세스 디버깅 553
- 34.2. IE 프로세스 구조 555

- 34.3. 글로벌 API 후킹 개념 정리 ... 557
  - 34.3.1. 일반적인 API 후킹 ... 557
  - 34.3.2. 글로벌 API 후킹 ... 558
- 34.4. ntdll!ZwResumeThread() API ... 559
- 34.5. 실습 예제 - IE 접속 제어 ... 565
  - 34.5.1. IE 실행 ... 566
  - 34.5.2. DLL 인젝션 ... 566
  - 34.5.3. 새로운 탭 생성 ... 567
  - 34.5.4. 포털 사이트 접속 ... 568
  - 34.5.5. DLL 이젝션 ... 569
  - 34.5.6. 추가 실습 ... 570
- 34.6. 예제 소스코드 ... 571
  - 34.6.1. DllMain() ... 571
  - 34.6.2. NewInternetConnectW() ... 572
  - 34.6.3. NewZwResumeThread() ... 574
- 34.7. 마무리 ... 576

35장 좋은 분석 도구를 선택하는 다섯 가지 기준 ... 577

- 35.1. 도구 ... 577
- 35.2. 리버스 코드 엔지니어 ... 577
- 35.3. 좋은 분석 도구 선택의 다섯 가지 기준 ... 578
  - 35.3.1. 도구 개수를 최소화한다. ... 578
  - 35.3.2. 도구는 기능이 단순하고 사용 방법이 편리한 것이 좋다. ... 578
  - 35.3.3. 기능을 철저히 익힌다. ... 579
  - 35.3.4. 꾸준히 업데이트한다. ... 579
  - 35.3.5. 도구의 핵심 동작 원리를 이해한다. ... 579
- 35.4. 숙련도의 중요성 ... 579

5부 64비트 & Windows Kernel 6   581

36장 64비트 컴퓨팅 ... 583

- 36.1. 64비트 컴퓨팅 환경 ... 583
  - 36.1.1. 64비트 CPU ... 583
  - 36.1.2. 64비트 OS ... 584
  - 36.1.3. Win32 API ... 585
  - 36.1.4. WOW64 ... 586

   36.1.5. 실습 - WOW64Test ········· 590
  36.2. 64비트 빌드 ········· 591
   36.2.1. Microsoft Windows SDK(Software Development Kit) ········· 592
   36.2.2. Visual C++ 2010 Express 환경 설정 ········· 592

37장 x64 프로세서 이야기   595

  37.1. x64에서 추가/변경된 사항 ········· 595
   37.1.1. 64비트 ········· 595
   37.1.2. 메모리 ········· 595
   37.1.3. 범용 레지스터 ········· 596
   37.1.4. CALL/JMP Instruction ········· 597
   37.1.5. 함수 호출 규약 ········· 598
   37.1.6. 스택 & 스택 프레임 ········· 599
  37.2. 실습 - Stack32.exe & Stack64.exe ········· 600
   37.2.1. Stack32.exe ········· 601
   37.2.2. Stack64.exe ········· 603
  37.3. 마무리 ········· 607

38장 PE32+   609

  38.1. PE32+ (PE+, PE64) ········· 609
   38.1.1. IMAGE_NT_HEADERS ········· 609
   38.1.2. IMAGE_FILE_HEADER ········· 610
   38.1.3. IMAGE_OPTIONAL_HEADER ········· 611
   38.1.4. IMAGE_THUNK_DATA ········· 614
   38.1.5. IMAGE_TLS_DIRECTORY ········· 616

39장 WinDbg   619

  39.1. WinDbg ········· 619
   39.1.1. WinDbg 특징 ········· 620
   39.1.2. WinDbg 실행 ········· 620
   39.1.3. 커널 디버깅 ········· 622
   39.1.4. WinDbg 기본 명령어 ········· 625

40장 64비트 디버깅   627

  40.1. x64 환경에서의 디버거 선택 ········· 627
  40.2. 64비트 디버깅 ········· 628
   40.2.1. 실습 예제 - WOW64Test ········· 628

40.3. PE32 : WOW64Test_x86.exe 630
    40.3.1. EP 코드 630
    40.3.2. Startup 코드 631
    40.3.3. main( ) 함수 632
40.4. PE32+ : WOW64Test_x64.exe 634
    40.4.1. System Break Point 634
    40.4.2. EP 코드 635
    40.4.3. Startup 코드 636
    40.4.4. main( ) 함수 639
40.5. 마무리 643

41장 ASLR — 645

41.1. Windows Kernel Version 645
41.2. ASLR 645
41.3. Visual C++ 646
41.4. ASLR.exe 647
    41.4.1. 섹션 정보 649
    41.4.2. IMAGE_FILE_HEADER \ Characteristics 650
    41.4.3. IMAGE_OPTIONAL_HEADER \ DLL Characteristics 650
41.5. 실습 - ASLR 기능 제거 651
    41.5.1. ASLR 기능 제거 651

42장 Session in Kernel 6 — 653

42.1. 세션 653
42.2. Session 0 Isolation 656
42.3. 보안 강화 656

43장 DLL Injection in Kernel 6 — 659

43.1. DLL 인젝션 실패 재현 659
    43.1.1. 소스코드 660
    43.1.2. 인젝션 테스트 662
43.2. 원인 분석 663
    43.2.1. 디버깅 #1 663
    43.2.2. 디버깅 #2 666
43.3. 실습 - CreateRemoteThread( ) 성공시키는 방법 669
    43.3.1. 방법 #1 - CreateSuspended 파라미터 변경 670
    43.3.2. 방법 #2 - 조건 분기 조작 671

43.4. 간단 정리 — 673
43.5. InjectDll_new.exe — 674
43.5.1. InjectDll_new.cpp — 674
43.5.2. 인젝션 실습 — 677

44장 InjDll.exe - DLL 인젝션 전용 도구 — 679

44.1. InjDll.exe — 679
44.1.1. 사용 방법 — 679
44.1.2. 사용 예 — 680
44.1.3. 주의사항 — 681

6부 고급 리버싱 — 683

45장 TLS 콜백 함수 — 685

45.1. 실습 #1 - HelloTls.exe — 685
45.2. TLS — 686
45.2.1. IMAGE_DATA_DIRECTORY[9] — 687
45.2.2. IMAGE_TLS_DIRECTORY — 687
45.2.3. 콜백 함수 주소 배열 — 689
45.3. TLS 콜백 함수 — 689
45.3.1. IMAGE_TLS_CALLBACK — 689
45.4. 실습 #2 - TlsTest.exe — 690
45.4.1. DLL_PROCESS_ATTACH — 692
45.4.2. DLL_THREAD_ATTACH — 692
45.4.3. DLL_THREAD_DETACH — 693
45.4.4. DLL_PROCESS_DETACH — 693
45.5. TLS 콜백 디버깅 — 693
45.6. 수작업으로 TLS 콜백 함수 추가하기 — 695
45.6.1. 실습 재료 — 696
45.6.2. 설계 — 696
45.6.3. PE 헤더 편집 — 698
45.6.4. IMAGE_TLS_DIRECTORY 구성 — 700
45.6.5. TLS 콜백 함수 프로그래밍 — 701
45.6.6. 최종 완성 — 702
45.7. 마무리 — 703

46장 TEB — 705

46.1. TEB — 705
46.1.1. TEB 구조체 정의 — 705
46.1.2. TEB 구조체 내용 — 706
46.1.3. 중요 멤버 — 709
46.2. TEB 접근 방법 — 711
46.2.1. Ntdll.NtCurrentTeb() — 711
46.2.2. FS 세그먼트 레지스터 — 712
46.3. 마무리 — 714

47장 PEB — 717

47.1. PEB — 717
47.1.1. PEB 접근 방법 — 717
47.1.2. PEB 구조체 정의 — 719
47.1.3. PEB 구조체 내용 — 720
47.2. PEB 중요 멤버 설명 — 723
47.2.1. PEB.BeingDebugged — 723
47.2.2. PEB.ImageBaseAddress — 725
47.2.3. PEB.Ldr — 725
47.2.4. PEB.ProcessHeap & PEB.NtGlobalFlag — 727
47.3. 마무리 — 727

48장 SEH — 729

48.1. SEH — 729
48.1.1. 기본 설명 — 729
48.2. SEH 예제 실습 #1 — 729
48.2.1. 일반 실행 — 730
48.2.2. 디버거에서 실행 — 730
48.3. OS의 예외 처리 방법 — 734
48.3.1. 일반 실행의 경우 예외 처리 방법 — 734
48.3.2. 디버깅 실행의 경우 예외 처리 방법 — 734
48.4. 예외 — 736
48.4.1. EXCEPTION_ACCESS_VIOLATION(C0000005) — 736
48.4.2. EXCEPTION_BREAKPOINT(80000003) — 737
48.4.3. EXCEPTION_ILLEGAL_INSTRUCTION(C000001D) — 739
48.4.4. EXCEPTION_INT_DIVIDE_BY_ZERO(C0000094) — 740

- 48.4.5. EXCEPTION_SINGLE_STEP(80000004) ········· 741
- 48.5. SEH 상세 설명 ········· 741
  - 48.5.1. SEH 체인 ········· 741
  - 48.5.2. 함수 정의 ········· 742
  - 48.5.3. TEB.NtTib.ExceptionList ········· 745
  - 48.5.4. SEH 설치 방법 ········· 746
- 48.6. SEH 예제 실습 #2 (seh.exe) ········· 746
  - 48.6.1. SEH 체인 확인 ········· 747
  - 48.6.2. SEH 추가 ········· 748
  - 48.6.3. 예외 발생 ········· 749
  - 48.6.4. 예외 처리기 파라미터 확인 ········· 750
  - 48.6.5. 예외 처리기 디버깅 ········· 752
  - 48.6.6. SEH 제거 ········· 756
- 48.7. OllyDbg 옵션 설정 ········· 756
  - 48.7.1. KERNEL32 예외 무시 ········· 757
  - 48.7.2. 예외를 디버기에게 전달 ········· 758
  - 48.7.3. 기타 예외 처리 ········· 758
  - 48.7.4. 간단 실습 ········· 759
- 48.8. 마무리 ········· 760

49장 IA-32 Instruction ········· 761

- 49.1. IA-32 Instruction ········· 761
- 49.2. 용어 정리 ········· 762
  - 49.2.1. Disassembler ········· 763
  - 49.2.2. Decompiler ········· 764
  - 49.2.3. Decompile 간단 소개 ········· 764
- 49.3. IA-32 Instruction 포맷 ········· 767
  - 49.3.1. Instruction Prefixes ········· 768
  - 49.3.2. Opcode ········· 768
  - 49.3.3. ModR/M ········· 769
  - 49.3.4. SIB ········· 770
  - 49.3.5. Displacement ········· 770
  - 49.3.6. Immediate ········· 771
- 49.4. Instruction 해석 매뉴얼 ········· 771
  - 49.4.1. IA-32 Manuals 다운로드 ········· 771
  - 49.4.2. Instruction 해석 매뉴얼 출력 ········· 772

49.5. Instruction 해석 실습 773
    49.5.1. Opcode Map 773
    49.5.2. Operand 774
    49.5.3. ModR/M 776
    49.5.4. Group 779
    49.5.5. Prefix 782
    49.5.6. 2바이트 Opcode 785
    49.5.7. Displacement & Immediate 786
    49.5.8. SIB 789
49.6. Instruction 해석 추가 연습 794
49.7. 마무리 795

7부 안티 디버깅   797

50장 안티 디버깅   799
50.1. 안티 디버깅 기법 799
    50.1.1. 의존성 799
    50.1.2. 다양한 기법 800
50.2. 안티 안티 디버깅 기법 800
50.3. 안티 디버깅 분류 800
    50.3.1. Static 안티 디버깅 802
    50.3.2. Dynamic 안티 디버깅 802

51장 Static 안티 디버깅   805
51.1. Static 안티 디버깅의 목적 805
51.2. PEB 805
    51.2.1. BeingDebugged(+0x2) 808
    51.2.2. Ldr (+0xC) 809
    51.2.3. Process Heap(+0x18) 810
    51.2.4. NtGlobalFlag(+0x68) 811
    51.2.5. 실습 - StaAD_PEB.exe 812
    51.2.6. 회피 방법 813
51.3. NtQueryInformationProcess( ) 817
    51.3.1. ProcessDebugPort(0x7) 818
    51.3.2. ProcessDebugObjectHandle(0x1E) 819

51.3.3. ProcessDebugFlags(0x1F) ······ 820
51.3.4. 실습 - StaAD_NtQIP.exe ······ 820
51.3.5. 회피 방법 ······ 821
51.4. NtQuerySystemInformation() ······ 824
51.4.1. SystemKernelDebuggerInformation(0x23) ······ 826
51.4.2. 실습 - StaAD_NtQSI.exe ······ 828
51.4.3. 회피 방법 ······ 828
51.5. NtQueryObject() ······ 828
51.5.1. 실습 - StaAD_NtQO.exe ······ 832
51.6. ZwSetInformationThread() ······ 833
51.6.1. 실습 - StaAD_ZwSIT.exe ······ 834
51.6.2. 회피 방법 ······ 835
51.7. TLS 콜백 함수 ······ 836
51.8. ETC ······ 836
51.8.1. 실습 - StaAD_FindWindow.exe ······ 837
51.8.2. 회피 방법 ······ 837
51.9. 마무리 ······ 839

52장 Dynamic 안티 디버깅 · 841

52.1. Dynamic 안티 디버깅의 목적 ······ 841
52.2. 예외 ······ 841
52.2.1. SEH ······ 842
52.2.2. SetUnhandledExceptionFilter() ······ 848
52.3. Timing Check ······ 853
52.3.1. 시간 간격 측정 방법 ······ 854
52.3.2. RDTSC ······ 854
52.4. Trap Flag ······ 858
52.4.1. Single Step ······ 859
52.4.2. INT 2D ······ 863
52.5. 0xCC Detection ······ 868
52.5.1. API Break Point ······ 869
52.5.2. Checksum 비교 ······ 871

53장 고급 안티 디버깅 · 875

53.1. 고급 안티 디버깅 기법 ······ 875
53.2. 가비지 코드 ······ 876

53.3. Breaking Code Alignment ... 877
53.4. Encryption/Decryption ... 881
    53.4.1. 간단한 디코딩 코드의 경우 ... 881
    53.4.2. 복잡한 디코딩 코드의 경우 ... 882
    53.4.3. 특수한 경우 - 코드 재조합 ... 884
53.5. Stolen Bytes(Remove OEP) ... 886
53.6. API 리다이렉션 ... 889
    53.6.1. 원본 코드 ... 890
    53.6.2. API 리다이렉션 예제 #1 ... 891
    53.6.3. API 리다이렉션 예제 #2 ... 893
53.7. Debug Blocker(Self Debugging) ... 898
53.8. 마무리 ... 902

8부 디버깅 실습   903

54장 디버깅 실습1 - 서비스   905

54.1. 서비스 프로세스 동작 원리 ... 905
    54.1.1. 서비스 제어기 ... 906
    54.1.2. 서비스 시작 과정의 이해 ... 907
54.2. DebugMe1.exe 예제 설명 ... 909
    54.2.1. 서비스 설치 ... 909
    54.2.2. 서비스 시작 ... 911
    54.2.3. 소스코드 ... 913
54.3. 서비스 프로세스의 디버깅 이슈 ... 916
    54.3.1. 문제는 SCM ... 916
    54.3.2. 디버거로 안 되는 것은 없다 ... 917
    54.3.3. 정석대로 해보자 ... 917
54.4. 서비스 디버깅 실습 ... 917
    54.4.1. 그냥 디버깅 - EIP 강제 세팅 ... 918
    54.4.2. 서비스 디버깅의 정석 - Attach 방식 ... 922
54.5. 마무리 ... 929

55장 디버깅 실습2 - Self Creation   931

55.1. Self-Creation ... 931
55.2. 동작 원리 ... 933

55.2.1. Create Child Process(SUSPEND mode)	933
55.2.2. Change EIP	934
55.2.3. Resume Main Thread	934
55.3. 예제 소스코드 설명	934
55.4. 디버깅 실습	937
55.4.1. 고려 사항	937
55.4.2. JIT 디버깅	939
55.4.3. DebugMe2.exe	940
55.5. 마무리	945

56장 디버깅 실습3 – PE Image Switching — 947

56.1. PE Image	947
56.2. PE Image Switching	949
56.3. 예제 파일 – Fake.exe, Real.exe, DebugMe3.exe	949
56.4. 디버깅 1	952
56.4.1. Open – 실행 파라미터 입력	952
56.4.2. main()	954
56.4.3. SubFunc_1()	956
56.4.4. CreateProcess("fake.exe", CREATE_SUSPENDED)	957
56.4.5. SubFunc_2()	958
56.4.6. SubFunc_3()	966
56.4.7. ResumeThread()	971
56.5. 디버깅 2	972
56.5.1. 아이디어	973
56.5.2. EP에 무한루프 설치하기	973
56.6. 마무리	976

57장 디버깅 실습4 – Debug Blocker — 977

57.1. Debug Blocker	977
57.2. 안티 디버깅 특성	978
57.2.1. 부모-자식 관계	978
57.2.2. 디버기 프로세스는 다른 디버거(예: OllyDbg)에서 디버깅을 할 수 없습니다.	978
57.2.3. 디버거 프로세스를 종료하면 동시에 디버기 프로세스도 종료됩니다.	979
57.2.4. 디버거에서 디버기의 코드를 조작합니다.	979
57.2.5. 디버기의 예외(Exception)를 디버거에서 처리합니다.	979
57.3. 디버깅 실습 – DebugMe4.exe	980

- 57.4. 1차 시도 980
  - 57.4.1. 디버깅 시작 위치 선정 980
  - 57.4.2. main() 981
- 57.5. 2차 시도 983
- 57.6. 3차 시도 985
- 57.7. 4차 시도 990
- 57.8. 5차 시도 993
  - 57.8.1. System Break Point 993
  - 57.8.2. EXCEPTION_ILLEGAL_INSTRUCTION (1) 995
  - 57.8.3. EXCEPTION_ILLEGAL_INSTRUCTION (2) 997
- 57.9. 6차 시도 998
  - 57.9.1. 40121D (첫 번째 예외) 998
  - 57.9.2. 401299 (두 번째 예외) 1004
- 57.10. 7차 시도 1007
  - 57.10.1. Static 방법 1007
  - 57.10.2. Dynamic 방법 1009
- 57.11. 마무리 1016

책을 마치며 1017
- 1. 창의성과 경험(바둑과 장기 - 프로그래밍과 리버싱) 1017
  - 바둑과 장기 1017
  - 프로그래밍과 리버싱 1019
- 2. 독자님들께… 1020

찾아보기 1021

추천사

보안 분야 전문가로 가는 한 걸음을 위해 선택해야 하는 바로 그 책!

요즘 보안 분야에 대한 관심이 높아지고 있는 상황이지만, 해당 분야 전문가가 많이 부족한 것이 현실이다. 이는 해당 분야의 전문가가 되기 위해서 많은 준비 과정이 필요하기도 하지만, 이러한 준비 과정을 체계적으로 도와 줄 수 있는 전문 서적이 부족해서 그렇기도 하다.

보안 관련 분야 도서 중 악성 코드 분석에 관한 책이 많치 않은 상황에서, 악성 코드 분석에 관한 공부를 처음 시작하는 분이나, 현재 실무를 담당하고 있는 분석가에게 굉장히 반가운 책이 발간되었다.

이 책은 어셈블리 언어에 관한 기본적인 지식을 필요로 하기는 하지만, 악성 코드 분석에 관해 기초부터 고급 내용까지, 각 파트마다 적절한 설명과 간결한 예제를 통해 쉽게 접근할 수 있도록 설명되어 있다. 또한 최근 악성 코드에서 많이 사용되고 있는 다양한 기법에 대한 설명을 포함하고 있어서, 공부를 새로 시작하든 이미 실무를 담당하는 분석가로 일하고 있든, 모두에게 유용하다.

보안은 다양한 분야의 폭넓고 깊이 있는 지식과 전문가를 필요로 한다. 이 책으로 보안 분야 전문가로 진입하는 첫걸음을 가볍게 시작할 수 있을 것이다.

— AhnLab 엔드포인트개발실장, 한창규

지금 당신의 손에 이 책이 들려있다면, 당신은 리버싱이라는 단어가 주는 매력에 이끌렸을 것이다!

리버싱을 처음 접하는 사람들은 공부할 것이 많고, 시작하기 전부터 걱정에 사로잡혀 어려움을 느끼기도 한다. 하지만 모든 것을 다 알고 시작할 필요는 없다. 배움의 과정에서 차근히 얻어갈 수 있는 지침을 이 책에서 제시해줄 것이기 때문이다.

이 책은 리버싱 입문자의 마음자세를 중요하게 생각하고 있고, 다른 책들과 달리 단순 기법의 나열이 아닌 그 기법의 의미와 동작 원리 그리고 내부 구조를 이해하는 데 초점을 맞추고 있다. 또한 풍부한 실습 예제를 통해 학습하도록 해, 리버싱이 몸에 스며들도록 노력한 필자의 고민이 묻어난다.

리버서가 되기를 원하는가? '개발자인 나에게도 필요한가?'라는 질문을 가지고 있다면, 이 책은 당신의 확실한 동반자가 될 것이다.

— AWS Security Specialist 정관진 / 패킷인사이드(PacketInside.com) 블로그 운영자

서문

즐겁고 신나는 리버싱 세계를 여행하기 위한 가이드!

소프트웨어 리버스 엔지니어링(리버싱)이란 응용 프로그램의 내부 구조와 동작 원리를 탐구하는 기술입니다. 신기한 모험과 흥미로운 도전 과제들로 가득한 리버싱의 길로 들어선 독자 여러분을 환영합니다.

    리버싱을 잘 하면 프로그램의 속을 훤히 들여다 볼 수 있습니다. 자신이 만든 프로그램도 아니고 소스코드조차 없는 상태에서 말이죠. 리버싱 기술을 잘 활용하면 개발/테스트 단계에서 미처 발견하지 못한 버그나 취약점을 파악할 수 있고, 파일이나 메모리를 직접 수정(패치)하여 문제를 해결할 수 있습니다. 그리고 더 나아가서 전혀 새로운 기능을 추가시켜 프로그램의 기능을 향상시킬 수도 있습니다. 마치 마법과도 같은 멋진 일을 할 수 있는 것입니다.

    리버싱 공부를 시작할 때 거창한 사전 준비 같은 건 필요 없습니다. 이야기를 하나 들려 드리겠습니다. 제가 수년간 리버싱 블로그를 운영하면서 가장 많이 받은 질문은 "도대체 리버싱을 어떻게 공부해야 하나요?"였습니다. 여러 가지 경험담과 실패 사례를 분석해본 결과 리버싱 공부를 실패하는 가장 큰 원인은 공부 자체의 분량이나 어려움이 아니었습니다. 오히려 "전 C 언어도 모르는데요?", "어셈블리를 마스터 해야 하나요?", "저는 OS 구조를 잘 모릅니다", "디버거를 사용할 줄 몰라요", "이 많은 것을 언제 다 공부하고 본격적인 리버싱 공부를 시작하죠?" 같은 막연한 두려움과 걱정 때문에 중도에 포기하는 것이 주요한 실패 원인이었습니다. 본격적인 리버싱 공부는 C 언어, 어셈블리, OS 구조, 디버거 사용법 등을 공부한다는 것과 같습니다. 이런 것들을 이미 알고 있는 사람은 리버싱 입문 과정이 필요 없습니다. 이미 리버싱 전문가라는 뜻이니까요.

    아직 리버싱에 대해 알고 있는 게 하나도 없다구요? 실망하지 마세요. 오히려 참 좋은 일입니다. 바꿔 말하자면 앞으로 머릿속에 입력될 지식이 많다는 뜻입니다. 지금보다 더 똑똑해지고, 더 가치 있는 사람이 될 테니 참 좋은 일이라고 할 수 있습니다.

이 책은 리버스 엔지니어를 꿈꾸는 리버싱 입문자들과 리버싱 기술에 흥미를 갖고 있는 개발자 등을 위해 집필했습니다. 리버싱 기술들을 단순히 공식처럼 외우기만 해서는 필요한 순간에 제대로 응용할 수 없습니다. 관련 지식을 얻고 내부 동작 원리를 이해하는 것이야말로 가장 중요합니다. 따라서 동작 원리를 설명하고 이해시키는 데에 주안점을 두었습니다. 그럼 이 책이 왜 리버스 엔지니어링 입문서로 적합한지 제 소개를 곁들여서 설명해보도록 하겠습니다.

첫째는 개발과 분석 경험입니다. 보통 리버스 엔지니어는 업무 과정에서 전문적인 리버싱 실력뿐만 아니라 어느 정도의 개발 실력도 갖추게 됩니다. 저는 네트워크 애플리케이션 개발자로 일하다가 악성 코드 분석 업무를 맡으면서 리버싱 기술을 익히게 되었습니다. 즉 전문 개발자에서 전문 리버서로 전향한 흔치 않은 케이스입니다. 이 두 기술은 그야말로 찰떡궁합처럼 상호 발전하고 보완하면서 기가 막힌 콤비 플레이를 보여줍니다. 평소에 이 둘을 양 날개에 비유하며 다양한 업무에 활용해 왔습니다. 따라서 자연스럽게 개발과 리버싱이라는 두 가지의 관점으로 프로그램을 분석하게 되었습니다. 이 책의 거의 모든 실습 예제는 리버싱 과정에서 얻은 지식과 노하우를 가지고 제가 직접 개발한 것으로서 군더더기 없이 각 장의 주제만을 집중해서 보여줍니다.

둘째는 교육 및 발표 경험입니다. 회사에서 고참 식원이 되면서 점점 사내 교육/세미나, 외부 발표 기회가 많아졌습니다. 리버싱 입문자들 대상으로 직접 리버싱 교육을 하면서 그들의 어려움과 궁금증을 잘 파악할 수 있는 계기가 되었지요. 나름대로 어떻게 하면 쉽게 설명할 수 있을지 고민하면서 자연스레 리버싱 입문자를 위한 교육 노하우를 쌓을 수 있었습니다. 이 경험이 책의 구성, 내용, 예제 등 전반에 걸쳐 큰 영향을 끼쳐서 어려운 리버싱 기술을 비교적 쉽게 이해할 수 있도록 설명할 수 있었습니다.

셋째는 다양한 커뮤니케이션 경험입니다. 몇 년 전부터 리버싱 전문 블로그를 운영하고 있습니다. 처음에는 제가 보유한 리버싱 기술의 정리 차원에서 가볍게 시작하였습니다. 그런데 방문객들이 조금씩 늘어나면서 다양한 질문들이 올라오기 시작했습니다. 전 사실 이때 좀 놀랐습니다. 그동안 우리나라는 리버싱의 불모

지라고 여겼는데, 생각보다 많은 사람이 관심을 보였고 관심 범위가 매우 다양했던 것입니다. 이러한 경험은 저의 시야가 밖으로 더욱 넓어지는 계기가 되었습니다. 그렇게 다른 리버싱 블로그도 방문하고, 다양한 사람들의 글과 질문을 접하면서 그들의 관심사를 알 수 있게 되었던 것입니다. 그러던 중 리버싱 입문자들이 체계적인 학습 방법을 알고 싶어한다는 것을 느꼈습니다. 그리고 입문 과정을 지난 사람들은 좀 더 전문적인 리버싱 기술과 내부 동작 원리에 목말라 하고 있다는 것을 알게 되었습니다. 그렇게 블로그 활동을 하면서, 체계적인 학습도구로서 기술 서적 집필을 고려하게 되었고, 결국 리버싱과 개발, 교육/발표, 다양한 커뮤니케이션 경험을 기반으로 하여 리버싱 입문 서적을 완성하게 되었습니다.

그럼 독자 여러분께 이 책을 이용한 리버싱 학습 방법에 대한 팁을 알려드리겠습니다.

첫째, 기술 서적은 책꽂이를 예쁘게 장식하는 용도가 아닙니다. 여러분의 기술력을 향상시키기 위한 하나의 도구입니다. 따라서 책의 중요 부분에 밑줄을 팍팍 긋고, 여백에다가 여러분 자신의 생각과 느낌 등을 적어보시기 바랍니다. 연관된 기술, 주의 사항, 기술의 장단점, 저자와 다른 여러분 자신만의 아이디어 등을 신나게 기록하면서 여러분만의 책으로 만들어보세요. 이런 리버싱 기술 서적을 한 권씩 독파하다 보면 어느 순간 여러분만의 독자적인 리버싱 세계를 구축하면서 리버싱 전문가가 될 수 있답니다.

둘째, 긍정적이고 여유 있는 마음 자세를 가지세요. 리버싱은 OS의 가장 밑바닥까지 내려가는 심오한 기술입니다. 공부할 내용이 많고 그 특성상 대부분의 내용이 직접 실습하고 눈으로 확인해야만 이해되는 경우가 많습니다. 이러한 과정을 긍정적인 마음으로 즐겨보기 바랍니다. 그리고 리버싱 공부는 얼마나 머리가 좋은지가 아니라 얼마나 시간을 투자했는지가 더 중요합니다. 조급해 하지 말고 여유 있는 느긋한 마음 자세로 공부를 해나가기 바랍니다.

셋째, 계속 도전하세요. 리버싱이 잘 안 될 때는 멈추지 말고 다양한 방법으로 계속 시도해보기 바랍니다. 분명히 해결 방법은 존재합니다. 이미 몇 년 전에 누군가 성공시킨 일입니다. 관련 자료를 검색하고 다양하게 시도하면, 자신의 실력도 향상될 뿐 아니라 문제가 해결되었을 때 엄청난 성취감을 느낄 수 있습니다. 이러한 성공 경험이 하나씩 쌓이면서 자신감이 생기고 리버싱 실력은 눈부시게 향상됩니다. 또한 경험을 통해 얻은 자신감은 무의식적으로 업무에 영향을 끼쳐서 일이 잘 풀리는 방향으로 나아가게 합니다.

부디 이 책을 통하여 독자 분들의 위시 리스트가 하나씩 이루어지고, 리버싱 기술이 다양한 IT 분야에서 널리 활용되기를 바랍니다. 감사합니다.

감사의 시간……

책 쓰기를 시작하는 것은 쉬웠지만, 끝내는 것은 정말 쉽지 않았습니다. 저 혼자였다면 책을 완성시킬 수 없었을 것입니다. 저에게 이 책을 완성시킬 수 있도록 힘과 용기를 주신 모든 분들께 감사의 인사를 드리고 싶습니다.

남편의 꿈을 믿고 지지해준 사랑하는 아내 소영에게 감사합니다. 아내의 미소를 보면 에너지가 충전됩니다. 이 세상 최고의 보물들인 호준, 강헌에게도 감사합니다. 두 아들 곁에만 있으면 피로는 사라지고 행복함만 가득해집니다. 어머니와 아버지께서도 항상 저와 제 작업에 대해 깊은 관심을 가져 주셨습니다. 덕분에 용기를 낼 수 있었습니다. 정말 감사합니다.

제가 책을 쓸 수 있도록 이끌어주시고 격려해주신 최경철 님께 감사드립니다. 제게 해주신 칭찬과 격려가 큰 힘이 되었습니다. 멋진 추천사를 써주신 한창규 선배님과 정관진 님께도 감사드립니다. 책을 시작할 때부터 두 분을 찜했습니다. 조만간 저도 추천사를 쓰게 해주세요.

인사이트의 한기성 사장님, 모든 직원분들, 특히 소연희 '레전드' 편집자님께 깊은 감사의 마음을 전해 드립니다. 투박한 원석을 보내드렸는데 진귀한 보석으로 만들어 주셨습니다. 다음 책도 무조건 이분께 맡길 겁니다.

그리고 제 책에 관심을 가져주신 직장 동료들, 인턴 사원들, 그리고 블로그 방문자 분들께 정말로 감사드립니다. 무엇보다 여러분의 "책 언제 나오나요?"라는 질문과 관심이 결국 이 책을 완성시킨 셈입니다. 책을 구매하신 독자님들께 감사합니다. 여러분의 꿈과 열정을 상상하면서 즐겁게 책을 쓸 수 있었습니다.

마지막으로 언제나 저와 함께 하시고 돌봐주신 하느님께 감사드립니다.

이승원

www.reversecore.com
reversecore@gmail.com

1부
기초 리버싱

01
리버싱 스토리

1.1. 리버스 엔지니어링

일반적인 의미에서 리버스 엔지니어링(Reverse Engineering, RE: 역공학)이라고 하면 물건이나 기계장치 혹은 시스템 등의 구조, 기능, 동작 등을 분석하여 그 원리를 이해하며 단점을 보완하고 새로운 아이디어를 추가하는 일련의 작업이라고 할 수 있습니다.

1.2. 리버스 코드 엔지니어링

리버스 코드 엔지니어링(Reverse Code Engineering, RCE)은 소프트웨어 분야의 리버스 엔지니어링이라고 생각하면 됩니다. 아직 정확한 용어의 통일이 되지 않아서 여러 가지 용어들이 같이 사용되고 있기 때문에 많은 분이 RCE, RE, 역공학, 리버싱 등의 용어를 마구 섞어서 사용하고 있습니다.

이 책에서도 'RCE', 'RE' 혹은 편하게 '리버싱'이라고 표현하겠으며, 제가 가장 좋아하는 단어인 '분석' 또는 '상세분석'이라는 용어를 주로 쓰도록 하겠습니다. 소프트웨어를 리버싱 관점에서 상세하게 분석한다는 뜻입니다.

1.2.1. 리버싱(분석) 방법
실행 파일의 분석 방법에는 크게 두 가지 방법이 있습니다. 정적 분석과 동적 분석입니다.

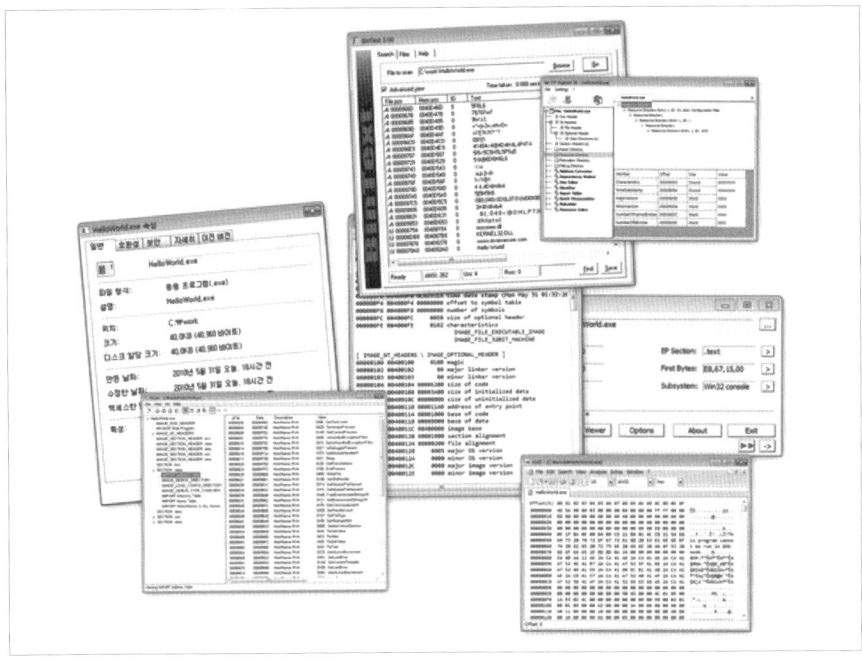

그림 1.1 정적 분석에 사용되는 도구들

1) 정적 분석

파일의 겉모습을 관찰하여 분석하는 방법입니다. 정적 분석 단계에서는 파일을 실행하지 않습니다. 파일의 종류(EXE, DLL, DOC, ZIP 등), 크기, 헤더(PE) 정보, Import/Export API, 내부 문자열, 실행 압축 여부, 등록 정보, 디버깅 정보, 디지털 인증서 등의 다양한 내용을 확인하는 것입니다. 또한 디스어셈블러(Disassembler)를 이용해서 내부 코드와 그 구조를 확인하는 것도 정적 분석의 범주에 들어갈 수 있습니다.

이러한 정적 분석 방법으로 얻어낸 다양한 정보는 이후 소개될 동적 분석 방법에 좋은 참고 자료로 활용됩니다.

2) 동적 분석

파일을 직접 실행시켜서 그 행위를 분석하고, 디버깅을 통하여 코드 흐름과 메모리 상태 등을 자세히 살펴보는 방법입니다. 파일, 레지스트리(Registry), 네트워크 등을 관찰하면서 프로그램의 행위를 분석합니다. 또한 디버거(Debugger)를 이용하여 프로그램 내부 구조와 동작 원리를 분석할 수 있습니다.

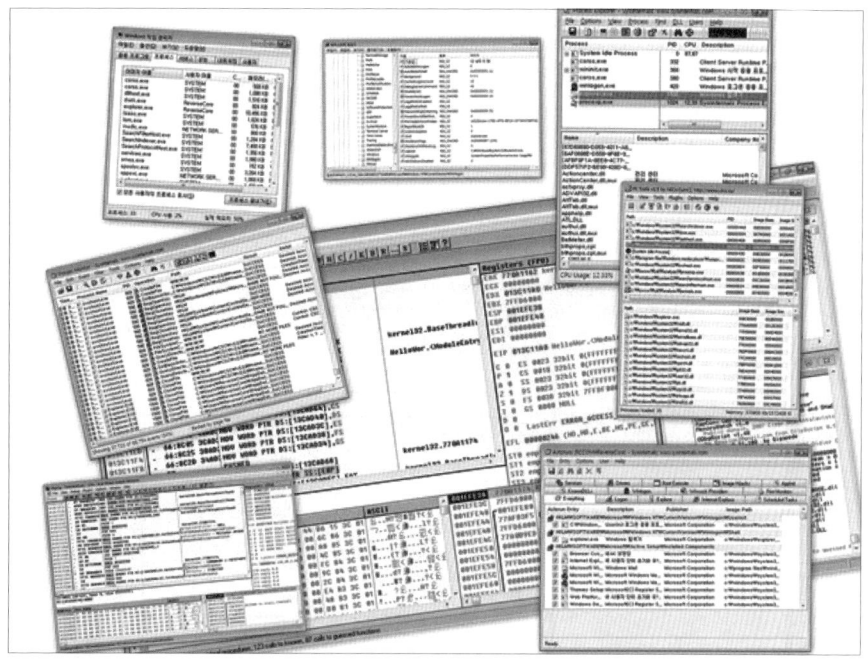

그림 1.2 동적 분석에 사용되는 도구들

제 경우에는 보통 정적 분석으로 정보를 수집하면서 해당 프로그램의 구조와 동작 원리에 대해 예측을 합니다. 이러한 예측은 이후 수행될 동적 분석 방법에 많은 아이디어를 제공합니다. 이처럼 두 가지 방법을 잘 활용하면 프로그램을 리버싱할 때 시간을 많이 단축시킬 수 있고, 더 효과적인 분석이 가능합니다.

참고

간혹 리버싱이 곧 디버깅이라고 잘못 이해하는 경우가 있습니다. 디버깅은 리버싱 방법 중에서 비중이 크고 재미있는 분야이긴 하지만 리버싱의 하위 개념입니다. 위 설명과 같이 리버싱 방법은 매우 다양하다는 것을 알아두기 바랍니다.

1.2.2. Source Code, Hex Code, Assembly Code

리버싱에서 취급하는 대상은 보통 실행 파일인 경우가 많습니다. 소스코드 없이 실행 파일의 바이너리 자체를 분석합니다. 그렇다면 소스코드와 바이너리 코드 사이의 관계를 살펴 보는 것이 리버싱을 이해하는 데에 도움이 될 것입니다.

그럼 C++ 소스코드가 빌드 과정을 거치면 어떤 식으로 변경되는지 살펴보도록 하겠습니다.

Source Code

그림 1.3과 같이 개발 도구(Visual C++)에서 소스코드(helloworld.cpp)를 빌드(build)하면 helloworld.exe 실행 파일이 생성됩니다.

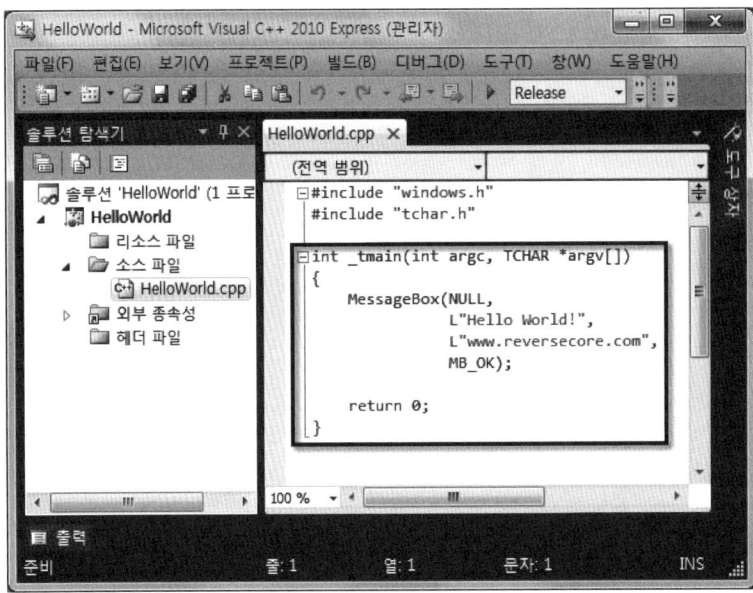

그림 1.3 Visual C++

Hex Code

생성된 실행 파일은 컴퓨터가 이해할 수 있는 2진수(Binary) 형식으로 되어 있습니다. 그러나 아무리 리버싱 전문가라도 0과 1로만 구성되어 있는 binary 파일을 직접 보고 의미를 해석하는 것은 매우 힘든 일입니다. 따라서 2진수를 16진수(Hex) 형식으로 변환시키곤 하는데, 자릿수가 줄어들면서 훨씬(?) 보기에 수월하기 때문이지요. 그림 1.4의 Hex Editor가 바로 binary 형식의 파일을 hex 형식으로 보여주는 유틸리티입니다.

그림 1.3의 박스 부분인 _tmain() 소스코드는 빌드 과정을 거치면서 그림 1.4의 Hex Code로 변환됩니다(그림 속 박스 영역 참조). 실로 엄청난 변화를 보여주고 있습니다.

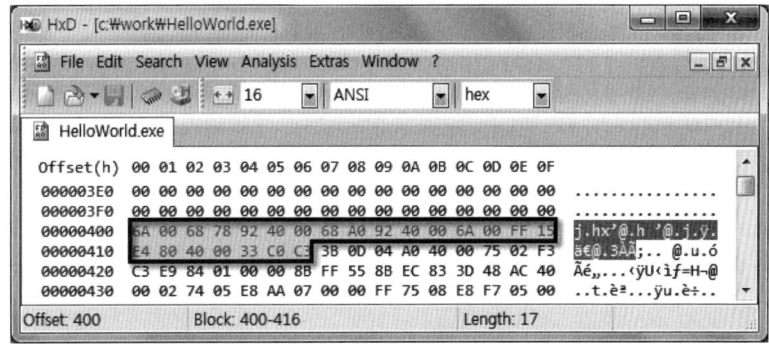

그림 1.4 Hex Editor

Assembly Code

사실 Hex Code는 사람에게 직관적인 형태는 아닙니다. 따라서 좀 더 사람이 이해하기 쉬운 어셈블리(Assembly) 코드 형태로 보기 위해 helloworld.exe 실행 파일을 디버거를 이용해 열어보겠습니다.

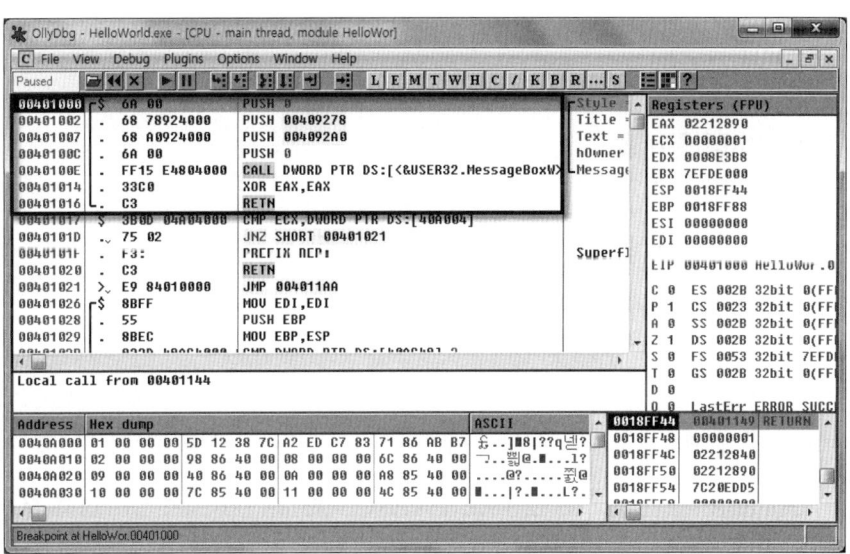

그림 1.5 디버거

그림 1.5의 디버거 화면을 보면 그림 1.4에서 보았던 Hex Code를 디스어셈블(Disassemble) 과정을 거쳐서 어셈블리 코드로 변환하여 보여주고 있습니다. 역시 박스 부분의 어셈블리 코드가 그림 1.3에서의 _tmain() 함수입니다.

일반적인 리버싱 과정에서는 위와 같은 어셈블리 코드를 분석하곤 합니다.

1.2.3. 패치와 크랙

프로그램의 파일 혹은 실행 중인 프로세스 메모리의 내용을 변경하는 작업을 패치(patch)라고 합니다. 크랙(crack)은 패치와 같은 개념이지만 특별히 그 의도가 비합법적이고 비도덕적인 경우를 따로 구분하여 말합니다. 일반적인 패치의 예는 Microsoft의 Windows 업데이트를 들 수 있습니다. 즉 패치의 주된 목적은 프로그램의 취약점 수정과 기능 개선 등입니다. 반면에 크랙은 주로 저작권을 침해하는 행위(불법 복제/사용 등)에 주로 사용됩니다.

소프트웨어 리버싱을 공부하는 사람은 자신이 익히는 기술이 양날의 칼이 될 수 있음을 명심해야 합니다. 다른 모든 기술(대부분의 과학 기술 분야)과 마찬가지로 리버싱 기술도 악용되면 다른 사람들에게 피해를 입힐 수 있기 때문에 리버서에게는 높은 수준의 윤리 의식이 필요합니다.

> **참고**
> 이 책에서는 정품 소프트웨어의 크랙 방법을 다루지 않습니다. 어디까지나 리버싱의 원리와 OS 내부 구조에 대한 깊이 있는 공부가 주된 목적입니다.

1.3. 리버싱 준비물

리버싱을 시작하기 위한 사전 준비물은 목표(Goal), 열정(Passion), 구글(Google)입니다.

1.3.1. 목표

리버싱을 왜 배워야 하는지에 대한 대답이 필요합니다. 멋있고 거창한 이유를 요구하는 것이 아닙니다. 그저 자신만의 분명한 이유라면 어떤 것이라도 상관 없습니다. 중요한 것은 자신만의 분명한 목표를 가지는 것입니다. 이 목표야말로 먼 길을 가기 위해 필요한 커다란 원동력이 될 것입니다. 목표를 정했다면 책의 겉표지에 목표를 큼직하게 써두세요. 책을 읽을 때마다 목표를 되새기며 마음에 새겨보기 바랍니다. 그리고 책의 마지막 표지에 "목표를 달성하셨나요?"라고 써놓고 책을 다 읽었을 때 처음 목표를 얼마나 달성했는지 확인해보기 바랍니다. 분명 그냥 책을 보면서 공부할 때와는 크게 다른 결과가 나타날 것입니다.

1.3.2. 열정

목표를 향해 끈기 있게 나아갈 수 있게 해주는 힘(에너지)이 바로 열정입니다. 리버싱을 공부하는 도중에 지겨움을 느낄 수도 있고 좌절을 맛볼 수도 있습니다. 그리고 지쳐서 잠시 쉴 수도 있습니다. 하지만 리버싱에 대한 열정을 간직하고 있다면 포기하지 않고 다시 시도할 수 있습니다. 그렇게 계속 시도하다 보면 결국 리버싱 전문가가 될 수 있지요.

1.3.3. 구글

설명이 필요 없는 세계 최고의 검색엔진 구글!

그림 1.6 구글 검색 엔진

"내가 알고 싶은 것은 뭐든지 다 있다."라고 그냥 순수하게 믿고 찾기 바랍니다. 지금부터 배울 내용들은 이미 수년 전에 누군가가 먼저 배웠던 것이며, 수년 동안 많은 사람이 따라해봤던 내용들입니다. 아직 못 찾았을 뿐이지 없는 것이 아닙니다.

1.4. 리버싱 방해물

리버싱 공부에 방해되는 것들에 대해서도 알아보겠습니다.

1.4.1. 과욕

리버싱은 다른 IT 분야와 달리 일반인들에게 아직도 많이 생소한 분야입니다. 초반에 생소한 개념이 많이 나오기 때문에 그 모두를 한번에 다 이해하겠다고 맘먹으면 곤란합니다. 한 가지 지식을 익히기 위해 필요한 기반 지식은 여러 가지입니다. 그런데 각 기반 지식을 이해하기 위해서는 또 다른 기반 지식들이 계속 나타납니다. 초보자가 이 모든 것들을 완벽하게 익히겠다고 덤벼들면 리버싱은 그야말로 괴로운 학문이 되어버립니다. 처음에는 조금 힘을 빼고 "일단 이 정도 개념만 잡고 넘어가지 뭐~" 이런 식의 자세가 좋습니다.

1.4.2. 조급함

리버싱은 공부해야 할 내용이 아주 많다고 설명했습니다. 리버싱을 공부하다 보면 "내가 리버싱 시작한 게 며칠 째인데 아직 이런 문제도 해결 못하다니!" 이런 생각이 들 수 있습니다. 하지만 해결 못하는 게 당연한 겁니다. 음식으로 비유하면 리버싱은 패스트 푸드(Fast Food)가 아니라 건강에 좋은 슬로우 푸드(Slow Food)입니다. 완전한 요리가 될 때까지 참고 기다리는 시간이 필요합니다. 누구나 그 시간을 참아내면 훌륭한 리버서가 될 수 있습니다.

1.5. 리버싱의 묘미

고수준 언어(예: C++, VB, Delphi 등)로 개발된 파일을 리버싱할 때는 저수준 언어(Assembly)로 변환하여 분석합니다. 따라서 개발자 입장에서는 애플리케이션의 소스코드는 공개하지 않고 실행 파일만을 공개했다 하더라도, 실력 있는 리버서에게는 프로그램의 내부 구조가 훤히 보이게 되는 것입니다. 즉 극소수(?)의 사람들에게는 소스코드가 그대로 노출된다고 봐야겠지요. 이것이 리버싱의 묘미이기도 하구요.

세상 모든 이치가 그렇듯이 모를 때는 어려워 보이지만 일단 동작 원리와 내부 구조를 알고 나면 쉬워집니다. 그 '알고보면'이라는 말이 상당히 많은 내용을 함축하고 있기 때문에 처음에 좀 힘든 것뿐입니다. 앞으로 실습 예제들을 직접 따라 해보면서 리버싱의 묘미를 느껴보기 바랍니다(이 책의 예제 파일과 소스코드는 www.reversecore.com과 http://blog.insightbook.co.kr/에서 받을 수 있습니다).

02
Hello World! 리버싱

너무나 유명한 'Hello World!' 프로그램을 디버깅하면서 리버싱의 첫걸음을 내디뎌 보겠습니다. 이를 통해 리버싱의 재미를 직접 느껴보기 바랍니다.

2.1. Hello World! 프로그램

아마도 모든 개발자가 처음 만들어보는 프로그램은 'Hello World!'일 것입니다. 더할 나위 없이 간결한 'Hello World!'의 소스코드를 볼 때면 처음으로 프로그래밍 언어를 공부할 때의 감동과 흥분이 떠오릅니다. 'Hello World!'는 리버서로써 첫걸음을 내디딘 독자 여러분의 첫 디버깅 실습 예제로 완벽하다고 생각합니다.

그림 2.1 HelloWorld.exe 실행 화면

HelloWorld 프로젝트를 그림 2.2와 같이 Visual C++로 열어보겠습니다.

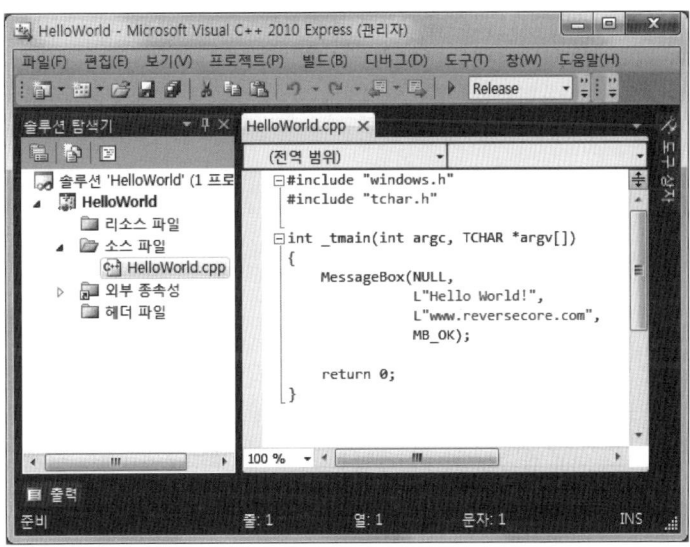

그림 2.2 HelloWorld.cpp

Release 모드로 빌드해서 실행 파일(HelloWorld.exe)을 만들어보겠습니다 (Release 모드로 빌드하면, 코드가 좀 더 간결해져서 디버깅하기 편합니다).

> **참고**
> Visual C++ 개발 도구에 익숙하지 않은 분은 위 빌드 과정은 생략하고, 같이 제공된 HelloWorld.exe 파일을 사용하기 바랍니다.

2.1.1. 디버거와 어셈블리 언어

개발 도구(Visual C++)를 이용해 C 언어 소스코드(HelloWorld.cpp)를 빌드하면, 실행 파일(HelloWorld.exe)이 생성됩니다. 이 과정은 결국 사람이 이해하기 쉬운 C 언어 소스코드(HelloWorld.cpp)를 기계가 이해하기 쉬운 기계어(HelloWorld.exe)로 변환하는 것입니다. 이러한 기계어는 사람이 알아보기 어렵기 때문에 좀 더 편하게 보기 위해서 디버거(Debugger) 유틸리티를 사용합니다. 디버거에 탑재된 디스어셈블러(Disassembler) 모듈은 이 기계어를 어셈블리(Assembly) 언어로 번역해서 보여줍니다.

> **참고**
> 실행 파일을 생성하는 어떠한 프로그래밍 언어라도 빌드 과정을 거치면 모두 기계어로 변환됩니다. 디버거를 통해서 어떤 실행 파일이라도 어셈블리 언어로 번역해서 볼 수 있기 때문에 리버서는 기본적으로 어셈블리 언어를 잘 알아야 합니다. 어셈블리 언어만 잘 익혀 놓으면 실행 파일이 어떠한 프로그래밍 언어로 제작되었는지 상관없이 디버깅을 통한 코드 분석이 가능합니다.
>
> 어셈블리 언어는 CPU에 종속되어 있습니다. 즉 일반 PC에서 많이 사용되는 Intel x86 계열의 CPU와 모바일 제품에서 많이 사용되는 ARM 계열의 CPU는 서로 어셈블리 명령어의 형태가 다릅니다.

2.2. HelloWorld.exe 디버깅

2.2.1. 디버깅 목표

HelloWorld.exe 실행 파일을 디버깅(Debugging)하여 어셈블리 언어로 변환된 main() 함수를 찾아보겠습니다. 이 과정을 통해서 기본적인 디버거의 사용법과 어셈블리 명령어에 대해 공부합니다.

2.2.2. 디버깅 시작

첨부된 HelloWorld.exe 파일을 OllyDbg로 열어보겠습니다.

☞ OllyDbg: http://www.ollydbg.de

> **참고**
>
> - 리버서들이 일반적으로 파일을 분석할 때 소스코드가 없이 실행 파일만 가지고 분석을 하므로 OllyDbg 같은 Win32 전문 디버거를 사용합니다.
>
> - OllyDbg는 직관적인 인터페이스와 강력한 확장 기능으로 무장한 Win32 디버거입니다. 무료로 제공되며 가볍고 빠르기 때문에 많은 리버서들이 애용하는 디버거입니다.
>
> - 향후 리버싱 실력이 향상되었을 때 Hex-Rays사의 IDA Pro를 써보기 바랍니다. 리버싱 분야에서 최강의 유틸리티로 수많은 기능을 자랑하지요. 다만 그 성능에 걸맞게 가격이 상당히 비쌉니다.

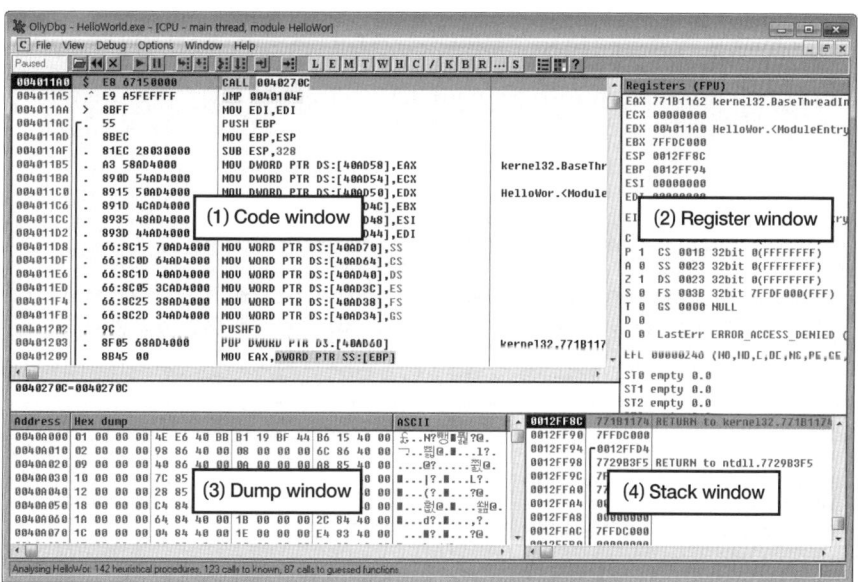

그림 2.3 OllyDbg 기본 화면

그림 2.3이 앞으로 여러분이 계속 사용하게 될 OllyDbg의 실행 화면입니다. 디버깅을 시작하기 전에 그림 2.3에 보이는 OllyDbg의 메인 화면 구성에 대해 간단히 설명하겠습니다.

Code Window	기본적으로 disassembly code를 표시하여 각종 comment, label을 보여주며, 코드를 분석하여 loop, jump 위치 등의 정보를 표시합니다.
Register Window	CPU register 값을 실시간으로 표시하며 특정 register들은 수정도 가능합니다.
Dump Window	프로세스에서 원하는 memory 주소 위치를 Hex와 ASCII/유니코드 값으로 표시하고 수정도 가능합니다.
Stack Window	ESP register가 가리키는 프로세스 stack memory를 실시간으로 표시하고 수정도 가능합니다.

2.2.3. EP

디버거가 멈춘 곳은 EP(EntryPoint) 코드로, HelloWorld.exe의 실행 시작 주소(4011A0)입니다. 일단 EP 코드에서 눈에 띄는 건 CALL 명령과 그 밑의 JMP 명령입니다.

```
Address    Instruction   Disassembled code   comment
-----------------------------------------------------------------
004011A0   E8 67150000   CALL 0040270C       ; 0040270C (40270C 주소의 함수를 호출)
004011A5   E9 A5FEFFFF   JMP 0040104F        ; 0040104F (40104F 주소로 점프)
```

Address	프로세스의 가상 메모리(Virtual Address:VA) 내의 주소
Instruction	IA32(또는 x86) CPU 명령어
Disassembled code	OP code를 보기 쉽게 어셈블리로 변환한 코드
comment	디버거에서 추가한 주석(옵션에 따라 약간씩 다르게 보임)

위 두 줄의 어셈블리 코드는 그 의미가 매우 명확합니다.

"40270C 주소의 함수를 호출(CALL)한 후 40104F 주소로 점프(JMP)하라"

계속 디버깅을 진행해보겠습니다. 목표는 우리가 작성한 main() 함수에서 MessageBox() 함수 호출을 확인하는 것입니다.

> **참고**
>
> **EP(Entry Point)**
> EP란 Windows 실행 파일(EXE, DLL, SYS 등)의 코드 시작점을 의미합니다. 프로그램이 실행될 때 CPU에 의해 가장 먼저 실행되는 코드 시작 위치라고 생각하면 됩니다.

2.2.4. 40270C 함수 따라가기

본격적인 디버깅을 하기 위해서 OllyDbg의 기본 명령어 사용법을 알아보겠습니다.

OllyDbg 기본 명령어(Code Window에서 동작)

명령어	단축키	설명
Restart	[Ctrl+F2]	다시 처음부터 디버깅 시작(디버깅을 당하는 프로세스를 종료하고 재실행)
Step Into	[F7]	하나의 OP code 실행(CALL 명령을 만나면, 그 함수 코드 내부로 따라 들어감)
Step Over	[F8]	하나의 OP code 실행(CALL 명령을 만나면, 따라 들어가지 않고 그냥 함수 자체를 실행)
Execute till Return	[Ctrl+F9]	함수 코드 내에서 RETN 명령어까지 실행(함수 탈출 목적)

EP 코드의 4011A0 주소에서 Step Into[F7] 명령어를 사용하여 40270C 함수 안으로 따라갈 수 있습니다(그림 2.4 참고).

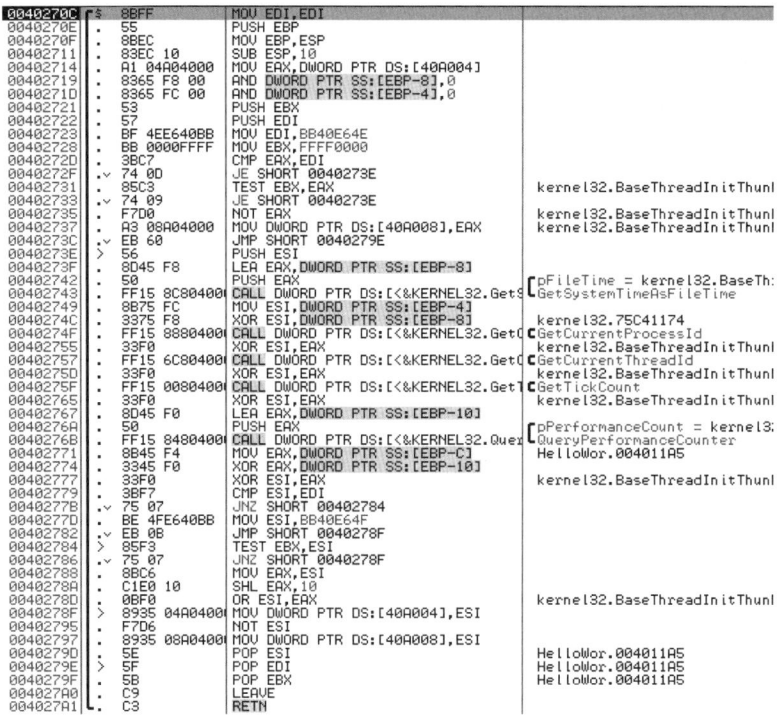

그림 2.4 40270C 함수

굉장히 복잡해보이는 어셈블리 코드가 나타났습니다. 여러분께서는 아직 어셈블리 언어에 익숙하지 않기 때문에 지금 이 코드를 다 이해할 필요가 없습니다. 또한 어렵게 느껴진다해도 걱정마세요. 앞으로 계속 진행해 나가다 보면 차츰 눈에 익숙해지고 자연스럽게 의미를 이해할 수 있을 겁니다(제가 그랬거든요. 믿어도 됩니다).

위 그림의 가장 오른쪽 부분은 OllyDbg에서 보여주는 주석(Comment)입니다. 빨간색 글씨로 된 부분은 코드에서 호출되는 API 함수 이름입니다. 이 주석 부분에서 호출되는 API 함수 이름들만 살펴보기 바랍니다. 원본 소스코드에서 사용된 적 없는 API들이 호출되고 있습니다. 이곳은 분명 우리가 찾는 main() 함수가 아니겠군요. 사실 이곳은 Visual C++에서 프로그램 실행을 위해서 추가시킨 (우리 소스코드에는 없지만) Visual C++ Stub Code입니다(각 컴파일러 종류와 버전별로 Stub Code 모양은 달라집니다). 지금은 신경 쓰지 말고 우리의 목표인 main()을 찾아 계속 진행해보겠습니다.

> **참고**
>
> 처음에는 Win32 API 함수들(OllyDbg의 comment에서 빨간색 API 함수 호출 부분)은 따라가지 마세요. 너무 많이 헤맬 수 있기 때문입니다. Step over[F8]로 넘어가 봅시다.

4027A1 주소에 RETN 명령어가 있습니다. RETN은 함수의 끝에서 사용되며 이 함수가 호출된 원래 주소 쪽으로 되돌아갑니다. 위 경우는 리턴 주소가 4011A5입니다(그림 2.3 참고). 4027A1 주소에 있는 RETN 명령어까지 Step over[F8]하거나 Execute till Return[Ctrl+F9] 명령을 이용하여 한 방에 가봅시다. 그리고 RETN 명령어를 실행[F7/F8]하면, 그림 2.3에서 봤던 4011A5 주소로 오게 됩니다(C 언어에서 함수를 호출하고 리턴하면, 그 다음 명령어로 오는 것과 마찬가지입니다).

2.2.5. 40104F 점프문 따라가기

그림 2.3에서 4011A5 주소의 JMP 0040104F 명령을 실행해서 40104F 주소로 갑니다.

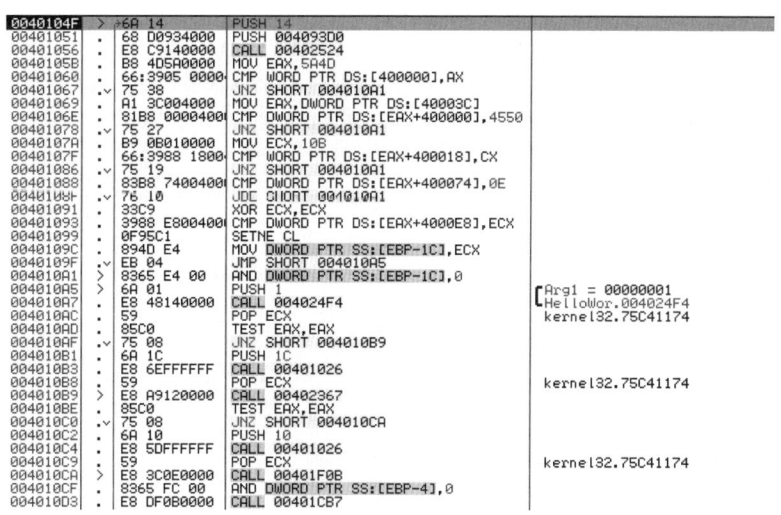

그림 2.5 40104F 주소의 코드 일부분

또 상당히 복잡해 보이는 코드가 나타났습니다. 이 코드 역시 Visual C++ Stub Code입니다. 이 코드를 따라가다 보면 우리의 목표인 main() 함수가 나타납니다.

> 참고
>
> 위 코드를 처음 보는 분이라면 이게 사용자 코드인지 Stub Code인지 알아보기 어렵습니다. 하지만 디버깅을 자주 해보면 Visual C++로 제작된 실행 파일들은 대개 위와 같은 형식으로 되어 있다는 것을 알게 될 것입니다. 이런 Stub Code를 눈에 잘 익혀 두면 향후 디버깅할 때 이런 부분은 빨리 건너뛸 수 있습니다. 또한 Stub Code는 개발 도구에 따라 달라지며, 각 개발 도구끼리도 버전에 따라서 달라집니다. 따라서 각종 개발도구로 생성된 파일을 많이 접해보기 바랍니다.

2.2.6. main( ) 함수 찾기

그림 2.5의 40104F 주소부터 함수 호출 명령어를 하나하나 따라가다 보면 우리가 원하는 main( ) 함수를 만날 수 있는데, 이를 직접 실습해보겠습니다(이 방법은 좀 단순 무식한 방법인데, 디버깅 초보자에게는 꼭 필요한 과정입니다. 좀 더 스마트한 방법은 뒤에서 설명하겠습니다).

> 참고
>
> 실력 향상을 원하는 분들은 이 코드에서 StepIn[F7]/StepOver[F8]를 사용해서 마구 헤매야(?) 합니다. 함수 호출을 너무 깊게 따라가서 되돌리기 힘든 상황이라면 Restart [Ctrl+F2] 명령으로 처음부터 다시 디버깅하면 됩니다. 이렇게 헤매봐야 하는 이유는 바로 여러분이 초보자이기 때문입니다. 각 컴파일러별로 Stub Code를 눈에 익혀 놓으면, 실전에서는 Stub Code처럼 보이는 부분을 빠르게 건너뛸 수가 있습니다. 마치 C 언어를 처음 배울 때 컴파일 에러를 많이 내보고, 에러 메시지를 눈에 익혀 놓으면 실전에서 같은 에러 메시지가 발생했을 때 능숙하게 해결할 수 있는 것과 같은 개념입니다.

앞에서 소개한 OllyDbg의 4가지 명령어(Restart, Step Into, Step Over, Execute till Return)만 가지고 main( ) 함수를 찾아보겠습니다.

```
0040104F  > 6A 14              PUSH 14
00401051  . 68 D0934000        PUSH 004093D0
00401056  . E8 C9140000        CALL 00402524
0040105B  . B8 4D5A0000        MOV EAX,5A4D
00401060  . 66:3905 00004000   CMP WORD PTR DS:[400000],AX
```

그림 2.6 40104F 디버깅

그림 2.6에서 40104F 주소부터 Step Into[F7] 명령으로 한 줄씩 내려오다 401056 주소의 CALL 402524 함수 호출 명령어를 만나는데, Step Into[F7] 명령으로 402524 함수 내부로 들어가 보겠습니다.

```
00402524   r$  68 80254000         PUSH 00402580
00402529   .   64:FF35 00000000    PUSH DWORD PTR FS:[0]
00402530   .   8B4424 10           MOV EAX,DWORD PTR SS:[ESP+10]
00402534   .   896C24 10           MOV DWORD PTR SS:[ESP+10],EBP
00402538   .   8D6C24 10           LEA EBP,DWORD PTR SS:[ESP+10]
0040253C   .   2BE0                SUB ESP,EAX
0040253E   .   53                  PUSH EBX
0040253F   .   56                  PUSH ESI
00402540   .   57                  PUSH EDI
00402541   .   A1 04A04000         MOV EAX,DWORD PTR DS:[40A004]
00402546   .   3145 FC             XOR DWORD PTR SS:[EBP-4],EAX
00402549   .   33C5                XOR EAX,EBP
0040254B   .   50                  PUSH EAX
0040254C   .   8965 E8             MOV DWORD PTR SS:[EBP-18],ESP
0040254F   .   FF75 F8             PUSH DWORD PTR SS:[EBP-8]
00402552   .   8B45 FC             MOV EAX,DWORD PTR SS:[EBP-4]
00402555   .   C745 FC FEFFFFFF    MOV DWORD PTR SS:[EBP-4],-2
0040255C   .   8945 F8             MOV DWORD PTR SS:[EBP-8],EAX
0040255F   .   8D45 F0             LEA EAX,DWORD PTR SS:[EBP-10]
00402562   .   64:A3 00000000      MOV DWORD PTR FS:[0],EAX
00402568   L.  C3                  RETN
```

그림 2.7 402524 함수

그림 2.7에서 보다시피 402524 함수는 main() 함수라고 보기 어렵습니다. 왜냐하면, MessageBox() API 호출 코드가 보이지 않기 때문입니다. Execute till Return[Ctrl+F9] 명령어를 사용하면, 한번에 402568 주소의 RETN 명령어 위치까지 디버깅이 진행됩니다. 여기서 Step Into[F7](또는 Step Over[F8]) 명령을 써서 RETN 명령어를 실행하면, 위의 402524 함수를 탈출하여 그림 2.6의 40105B 주소로 돌아갑니다.

이와 같이 40104F 주소부터 Step Into[F7] 명령으로 디버깅을 해나가면서 함수 호출을 만나면 따라 들어간 후 (역시 Step Into[F7] 명령을 사용) 코드를 보고 main() 함수인지 확인합니다. main() 함수가 아니라면 Execute till Return[Ctrl+F9] 명령으로 해당 함수를 탈출한 후 계속 같은 방식으로 디버깅을 진행합니다. 그럼 도중에 그림 2.8과 같은 코드를 만납니다.

```
004010DA   .v r7D 08           JGE SHORT 004010E4
004010DC   .  | 6A 1B          PUSH 1B
004010DE   .  | E8 4D020000    CALL 00401330
004010E3   .  | 59             POP ECX                              HelloWor.00401F0A
004010E4   >  LE8 C80B0000     CALL <JMP.&KERNEL32.GetCommandLineW>  [GetCommandLineW
004010E9   .    A3 D8B84000    MOV DWORD PTR DS:[40B8D8],EAX
004010EE   .    E8 670B0000    CALL 00401C5A
```

그림 2.8 API 호출

4010E4 주소의 CALL Kernel32.GetCommandLineW 명령어는 Win32 API 호출 코드입니다. 지금 단계에서는 따라 들어갈 필요가 없으니 Step Over[F8]로 넘어가세요.

> **참고**
>
> 4010EE 주소의 CALL 00401C5A 함수 호출 명령어를 따라가면 내부에 반복문이 존재해서 [Ctrl+F9]로 함수 탈출할 때 시간이 좀 오래 걸립니다.

별 무리 없이 디버깅을 진행해왔다면, 그림 2.9와 같은 코드를 볼 수 있을 것입니다.

```
0040112C   .  59                POP ECX
0040112D   >  A1 8CAF4000       MOV EAX,DWORD PTR DS:[40AF8C]
00401132   .  A3 90AF4000       MOV DWORD PTR DS:[40AF90],EAX
00401137   .  50                PUSH EAX
00401138   .  FF35 80AF4000     PUSH DWORD PTR DS:[40AF80]
0040113E   .  FF35 78AF4000     PUSH DWORD PTR DS:[40AF78]
00401144   .  E8 B7FEFFFF       CALL 00401000
00401149   .  83C4 0C           ADD ESP,0C
0040114C   .  8945 E0           MOV DWORD PTR SS:[EBP-20],EAX
0040114F   .  837D E4 00        CMP DWORD PTR SS:[EBP-1C],0
00401153   .v 75 06             JNZ SHORT 0040115B
```

그림 2.9 401000 함수 호출

401144 주소에 CALL 401000 명령어가 있습니다. Step Into [F7] 명령으로 401000 함수로 따라가 보겠습니다.

```
00401000  r$ 6A 00              PUSH 0
00401002   .  68 78924000       PUSH 00409278
00401007   .  68 A0924000       PUSH 004092A0
0040100C   .  6A 00             PUSH 0
0040100E   .  FF15 E4804000     CALL DWORD PTR DS:[<&USER32.MessageBoxW>]
00401014   .  33C0              XOR EAX,EAX
00401016  L.  C3                RETN
```

그림 2.10 main() 함수

MessageBoxW() API를 호출하는 코드가 나타나는데, 그 API의 파라미터가 "www.reversecore.com"과 "Hello World!" 문자열입니다. 이 코드와 문자열은 바로 그림 2.2의 HelloWorld.cpp의 소스코드의 내용과 일치합니다. 따라서 401000 함수가 바로 main() 함수입니다.

여러분도 이와 같이 main() 함수를 제대로 찾았나요? 혹시 main() 함수를 제대로 찾지 못해도 괜찮습니다. 디버거를 처음 사용하면서 대략적인 디버깅의 감을 잡았다면, 그것으로 충분합니다. 향후 몇 번만 디버깅해보면 금방 익숙해질 것입니다. 그리고 다음에 설명하는 추가적인 디버거 명령어를 배우면 훨씬 쉽게 디버깅할 수 있습니다(초보자에게는 어느 정도 헤매는 경험이 필요하기 때문에 미리 설명하지 않은 것입니다).

2.3. 디버거 좀 더 능숙하게 다루기

2.3.1. 디버거 명령어

이제 어느 정도 디버깅에 대한 감을 잡았다면, 아래의 추가적인 디버깅 명령어를 사용하는 방법을 배워보도록 하겠습니다.

디버거 동작 명령(Code Window에서 동작함)

명령어	단축키	설명
Go to	[Ctrl+G]	원하는 주소로 이동(코드/메모리를 확인할 때 사용. 실행되는 것은 아님)
Execute till Cursor	[F4]	cursor 위치까지 실행(디버깅하고 싶은 주소까지 바로 갈 수 있음)
Comment	;	Comment 추가
User-defined comment		마우스 우측 메뉴 Search for User-defined comment
Label	:	Label 추가
User-defined label		마우스 우측 메뉴 Search for User-defined label
Set/Reset BreakPoint	[F2]	BP 설정/해제
Run	[F9]	실행(BP가 걸려있으면 그곳에서 실행이 정지됨)
Show the current EIP	*	현재 EIP 위치를 보여줍니다.
Show the previous Cursor	-	직전 커서 위치를 다시 보여줍니다.
Preview CALL/JMP address	[Enter]	커서가 CALL/JMP 등의 명령어에 위치해 있다면, 해당 주소를 따라가서 보여줌 (실행되는 것이 아님. 간단히 함수 내용을 확인할 때 유용함)

2.3.2. 베이스캠프

디버거를 재실행할 때마다 처음(EP 코드)부터 새로 시작하기 때문에 상당히 불편합니다. 그래서 경험 많은 리버서들은 디버깅을 진행하면서 중간중간 코드에서 분석을 원하는 중요 포인트(주소)를 지정해 놓은 후 그 포인트로 빠르게 갈 수 있는 방법을 잘 기록해 둡니다. 그러면 향후 디버깅을 재실행할 때 이전에 지정한 포인트들을 거치면서 목표 지점까지 빠르게 도달할 수 있습니다.

이렇게 중요 포인트를 정하는 과정은 마치 히말라야 고봉 등정 과정과 비슷합니다. 히말라야 고봉을 등정할 때 그냥 올라가는 것이 아니라 '베이스캠프' - '전진 캠프 1' - '전진 캠프 2' - '최종 공격 캠프' - '정상' 식으로 중간중간 거점(캠프)을 만들면서 올라갑니다. 마찬가지로 큰 파일을 분석할 때는 시간이 며칠씩 소요되기 때문에 이러한 캠프를 군데군데 잘 설치해두면 아주 편리하게 디버깅 작업을 할 수 있습니다. 아래는 이러한 베이스캠프를 설치하는 방법과 그곳으로 빠르게 갈 수 있는 방법에 대해서 설명합니다. 먼저 OllyDbg를 실행시켜 HelloWorld.exe를 디버깅합니다. 앞에서 설명한 40104F 주소를 베이스캠프로 설정해보도록 하겠습니다.

2.3.3. 베이스캠프를 설치하는 4가지 방법

1) Goto 명령

베이스캠프 주소(40104F)를 잘 기억해 두었다가 Go to[Ctrl+G] 명령으로 가는 것입니다. 그림 2.11의 다이얼로그에 40104F 주소를 입력 후 [OK] 버튼을 선택하세요.

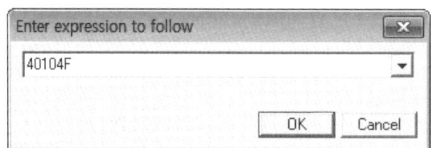

그림 2.11 Go to 다이얼로그

40104F 주소에 커서가 놓여져 있을 텐데, Execute till cursor[F4] 명령으로 그곳까지 실행합니다. 이제 여기(40104F)부터 디버깅을 편하게 진행할 수 있습니다.

2) BP 설치

베이스캠프로 가는 또 다른 방법은 BP(Break Point)를 설치[F2],하고 실행[F9]하는 것입니다(가장 편하고 많이 사용되는 방법입니다).

```
0040104F  > ┌6A 14           PUSH 14
00401051  . │68 D0934000     PUSH 004093D0
```

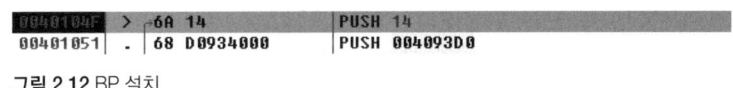

그림 2.12 BP 설치

디버거는 현재 실행 위치에서부터 프로세스를 실행하다가 BP가 걸린 곳에서 멈추게 됩니다(BP가 없으면 그대로 계속 실행됨).

메인 메뉴의 View - Breakpoints를 선택(단축키 [ALT+B])하면, 그림 2.13과 같이 Breakpoints 목록이 나타납니다.

Breakpoints

Address	Module	Active	Disassembly
0040104F	HelloWor	Always	PUSH 14

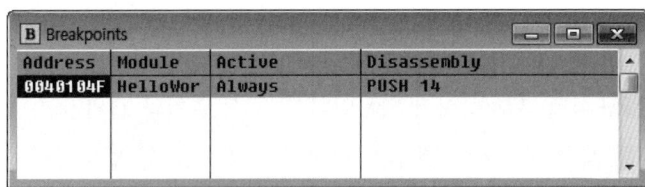

그림 2.13 Breakpoints

참고로 목록에서 원하는 Breakpoint를 더블클릭하면, 해당 주소로 갑니다.

3) 주석

[;] 단축키로 주석(Comment)을 달고, 이 주석을 찾아 가는 방법도 있습니다.

```
0040104F  >  ┌6A 14            PUSH 14                                => 베이스 캠프
00401051  .  │68 D0934000      PUSH 004093D0
00401056  .  │E8 C9140000      CALL 00402524
0040105B  .  │B8 4D5A0000      MOV EAX,5A4D
00401060  .  │66:3905 00004000 CMP WORD PTR DS:[400000],AX
00401067  .v │75 38            JNZ SHORT 004010A1
00401069  .  │A1 3C004000      MOV EAX,DWORD PTR DS:[40003C]
0040106E  .  │81B8 00004000 50 CMP DWORD PTR DS:[EAX+400000],4550
00401078  .v │75 27            JNZ SHORT 004010A1
0040107A  .  │B9 0B010000      MOV ECX,10B
0040107F  .  │66:3988 18004000 CMP WORD PTR DS:[EAX+400018],CX
00401086  .v │75 19            JNZ SHORT 004010A1
```

그림 2.14 Comment

프로그래밍에서와 마찬가지로 디버깅에서 주석은 매우 중요합니다. 그림 2.14와 같이 중요 코드에 주석을 달아 두면 디버깅하기 매우 수월합니다. 커서 위치를 잠시 다른 곳(40104F 이외의 위치)에 두고 마우스 우측 메뉴의 Search for - User-defined comment 항목을 선택하면, 그림 2.15와 같이 사용자가 입력한 주석들이 표시됩니다(사용자가 입력한 주석은 OllyDbg 내부에 기억되며 재실행할 때마다 불러들이기 때문에 디버깅할 때 편리하게 이용할 수 있습니다).

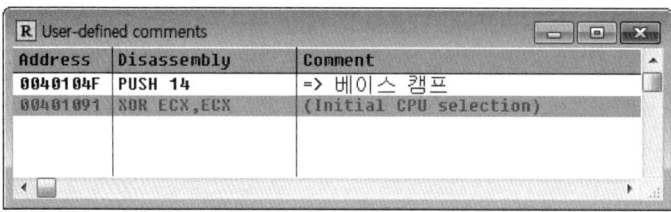

그림 2.15 User-defined comments

빨간 글씨로 표시된 부분이 커서 위치입니다. 주석 위치와 겹쳐지면 빨간 글씨만 나타납니다(그래서 커서 위치를 잠시 다른 곳에 두라고 한 겁니다). 해당 주석을 더블클릭하면, 그 주소로 갈 수 있습니다.

4) 레이블

레이블(Label)은 원하는 주소에 특정 이름을 붙여주는 아주 유용한 기능입니다. 40104F 주소에 커서를 위치시킨 후 단축키 [:]를 이용해 레이블을 입력하세요.

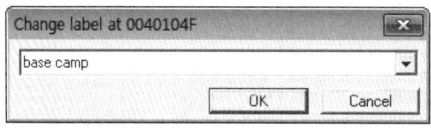

그림 2.16 레이블

이제 40104F 주소에 'base camp'라고 레이블을 붙였습니다. 이제부터 OllyDbg에서는 그림 2.17과 같이 40104F 주소를 해당 레이블로 표시합니다.

그림 2.17 코드에서 보여지는 레이블

그림 2.17은 EP 코드를 나타냅니다. 처음에는 그냥 주소(40104F)로 표시되었지만 레이블을 붙이게 되면 코드가 매우 직관적으로 변경되어 디버깅할 때 매우 편리합니다.

> **참고**
> 만약 그림 2.17처럼 레이블이 표시되지 않는다면, 그림 2.18과 같이 OllyDbg의 옵션 다이얼로그에서 'Disasm' 페이지의 'Show symbolic address' 항목을 체크하기 바랍니다.

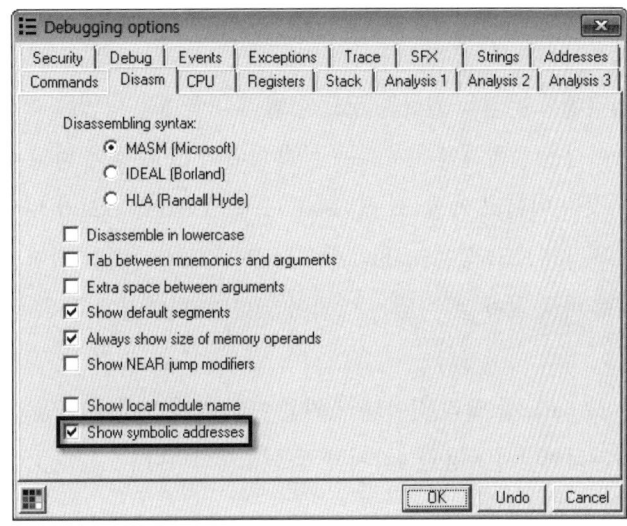

그림 2.18 Debugging options

레이블도 주석과 마찬가지로 검색이 가능합니다. 마우스 우측 메뉴의 'Search for\User defined labels' 항목을 선택하면, 그림 2.19와 같이 사용자가 지정한 레이블이 표시됩니다(Initial CPU selection이라고 표시된 부분은 현재 커서 위치를 나타냅니다).

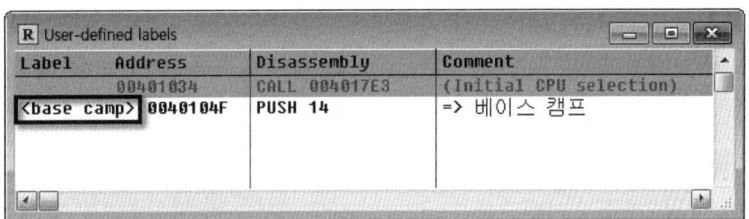

그림 2.19 User-defined labels

원하는 레이블을 더블클릭하면, 해당 주소로 갈 수 있습니다. 그 주소에 커서를 놓은 후 'Execute till cursor[F4]' 명령을 써주면, 그 위치에서부터 디버깅이 가능합니다.

지금까지 원하는 주소('베이스캠프')로 간 후 빠르게 디버깅을 시작하는 방법에 대해서 알아보았습니다. 이러한 기법들은 디버깅할 때 편리함을 제공하니, 손에 익숙해지도록 자주 연습하기 바랍니다.

2.4. 원하는 코드를 빨리 찾아내는 4가지 방법

넓은 코드 영역에서 분석을 원하는 코드를 빨리 찾아내는 방법에 대해서 알아보겠습니다. 디버깅을 수행하면서 우리는 실행 파일의 EP 주소에 바로 main() 함수가 나타나는 것이 아니고 개발 도구(Visual C++)의 Stub Code가 나타나는 것을 알았습니다. 우리가 보고 싶은 main() 함수는 EP 코드에서 한참 떨어져 있습니다. main() 함수로 바로 찾아갈 수 있는 방법이 있다면, 디버깅에 큰 도움이 될 것입니다.

자신이 원하는 코드를 빨리 찾아내기 위한 여러 가지 노하우가 있습니다. 그 중에서 가장 기본적이면서 유용한 4가지 방법을 소개합니다.

> **참고**
>
> 4가지 방법을 소개하기 전에 먼저 생각을 해보겠습니다. 우리는 Hello World.exe 프로그램이 "Hello World!" 메시지 박스를 출력한다는 것을 이미 알고 있습니다. 물론 우리가 코드를 만들었기 때문이기도 하지만 이 경우에는 그냥 실행만 해봐도 누구나 쉽게 알 수 있는 것입니다.
>
> Win32 API 개발자들이라면 MessageBox() API 함수가 머릿속에 떠오를 것입니다. 이렇게 프로그램의 기능이 명확한 경우는 그냥 실행만 해봐도 내부 구조를 대략적으로 추측할 수 있습니다(물론 개발과 분석 경험이 요구됩니다).

2.4.1. 코드 실행 방법

우리가 원하는 코드는 main() 함수의 MessageBox() 함수 호출 코드입니다. 디버거로 HelloWorld.exe를 디버깅(Step Over[F8])하다 보면, 언젠가 main() 함수의 MessageBox() 함수가 실행되어 "Hello World!" 메시지 박스가 출력될 것입니다.

이것이 바로 코드 실행 방법의 원리입니다. 프로그램의 기능이 명확한 경우에 명령어를 하나하나 실행하면서 원하는 위치를 찾아가는 것입니다. 이 방법은 코드의 크기가 작고 기능이 명확한 경우에 사용할 수 있습니다. 코드의 크기가 크고 복잡한 경우에는 적절하지 않습니다.

간단히 실습을 해보겠습니다. 베이스캠프(40104F)에서부터 명령어를 한 줄씩 실행[F8]합니다. 어느 순간 "Hello World!" 메시지 박스가 출력될 것입니다. 디버거를 재실행[Ctrl+F2]하면서 몇 번 반복해보면 특정 함수를 호출한 이후에 메시지 박스가 나타나는 것을 파악할 수 있습니다. 바로 그 함수가 main() 함수일 것입니다.

```
0040112D   > A1 8CAF4000      MOV EAX,DWORD PTR DS:[40AF8C]
00401132   . A3 90AF4000      MOV DWORD PTR DS:[40AF90],EAX
00401137   . 50               PUSH EAX
00401138   . FF35 80AF4000    PUSH DWORD PTR DS:[40AF80]
0040113E   . FF35 78AF4000    PUSH DWORD PTR DS:[40AF78]
00401144   . E8 B7FEFFFF      CALL 00401000
00401149   . 83C4 0C          ADD ESP,0C
```

그림 2.20 main() 함수 진입점

그림 2.20의 401144 주소에 있는 CALL 00401000 명령어에서 호출하는 함수 주소(401000)로 가보면(Step Into[F7]), 그곳이 바로 우리가 찾는 main() 함수의 코드 영역입니다.

```
00401000   r$ 6A 00           PUSH 0                                        rStyle = MB_OK|MB_APPLMODAL
00401002   .  68 78924000     PUSH 00409278                                  Title = "www.reversecore.com"
00401007   .  68 A0924000     PUSH 004092A0                                  Text = "Hello World!"
0040100C   .  6A 00           PUSH 0                                         hOwner = NULL
0040100E   .  FF15 E4804000   CALL DWORD PTR DS:[<&USER32.MessageBoxW>]    LMessageBoxW
00401014   .  33C0            XOR EAX,EAX
00401016   L. C3              RETN
```

그림 2.21 main() 함수

40100E 주소에 MessageBoxW() API 호출 코드가 보이죠? 401002와 401007 주소의 PUSH 명령어는 메시지 박스에 표시될 문자열(Title = "http://www.reversecore.com", Text = "Hello World!")을 스택(Stack)에 저장하여 MessageBoxW() 함수에 파라미터로 전달하고 있습니다.

main() 함수로 정확히 찾아왔습니다.

> **참고**
> Win32 응용 프로그램에서는 API 함수의 파라미터를 스택을 이용해서 전달합니다. VC++을 사용하면, 기본 문자열은 유니코드가 되고, 문자열 처리 API 함수들도 전부 유니코드 계열의 함수로 변경됩니다.

2.4.2. 문자열 검색 방법

마우스 우측 메뉴 - Search for - All referenced text strings

프로그램 내에서 사용되는 문자열을 확인할 수 있는 방법에는 여러 가지가 있습니다만, 여기서는 OllyDbg에서 제공되는 기능을 설명하겠습니다.

OllyDbg가 디버깅할 프로그램을 처음 로딩할 때 사전 분석 과정을 거칩니다. 프로세스 메모리를 죽~ 훑어서 참조되는 문자열과 호출되는 API들을 뽑아내서 따로 목록으로 정리를 해놓습니다(이러한 목록은 디버깅할 때 매우 큰 도움이 됩니다). 'All referenced text strings' 명령을 사용하면, 그림 2.22와 같은 창이 뜨면서 프로그램 코드에서 참조되는 문자열들을 보여줍니다.

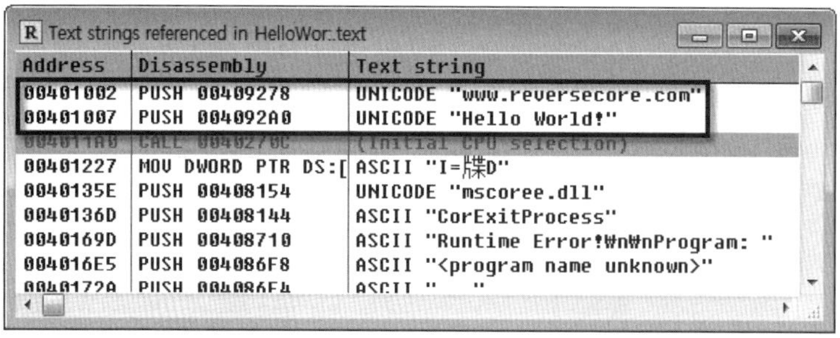

그림 2.22 All referenced text strings

OllyDbg는 "401007 주소의 PUSH 004092A0 명령어가 있는데, 이 명령어에서 참조되는 4092A0 주소는 'Hello World!'라는 문자열입니다."라고 말하고 있는 것이죠. 문자열을 더블클릭하면, main() 함수의 MessageBoxW() 호출 코드로 바로 갈 수 있습니다(그림 2.21 참고).

참고로 메모리 4092A0 주소에 있는 문자열의 확인을 위하여 OllyDbg의 덤프(Dump) 창에서 Go to[Ctrl+G] 명령을 써보겠습니다. 마우스로 덤프 창을 선택 후 단축키 [Ctrl+G]를 눌러주세요(그림 2.23 참고).

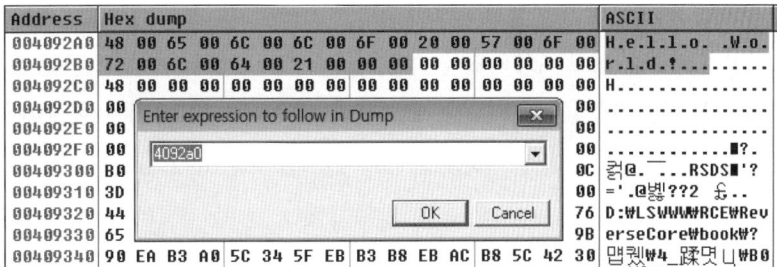

그림 2.23 "Hello World!" 문자열

유니코드(UniCode)로 된 "Hello World!" 문자열이 보이죠? 그리고 그 뒤로 NULL 로 채워진 영역이 보입니다(뒤에서 "Hello World!" 문자열을 다른 문자열로 패치 (Patch)시키는 실습을 할 것입니다. 그때 이 주소 영역을 다시 보게 될 것입니다).

> 참고
>
> VC++에서는 static 문자열을 기본적으로 유니코드(UNICODE) 형식으로 저장합니다. static 문자열이란 프로그램 내부에 하드코딩(Hard Coding)되어 있는 문자열을 의미합니다.

그림 2.23에서 주목할 또 다른 내용은 4092A0이라는 주소입니다. 지금까지 본 코드 영역의 주소(401XXX)와는 다른 영역입니다. HelloWorld.exe 프로세스에서 409XXX 주소는 프로그램에서 사용되는 데이터가 저장되는 영역입니다. 일단은 코드와 데이터 영역이 서로 나뉘어져 있다고만 알아두기 바랍니다.

> 참고
>
> 코드와 데이터가 파일에서 어떻게 저장되고 메모리에 어떻게 로딩되는지에 대한 원리를 이해하려면 Windows 실행 파일 형태인 PE File Format에 대해서 공부해야 합니다(13장의 내용을 참고하세요).

2.4.3. API 검색 방법 (1) – 호출 코드에 BP

마우스 우측 메뉴 – Search for – All intermodular calls

Windows 프로그래밍에서 모니터 화면에 뭔가를 출력하려면 Win32 API를 사용하여 OS에게 화면출력을 요청해야 합니다. 즉 프로그램이 화면에 뭔가를 출력했다는 얘기는 프로그램 내부에서 Win32 API를 사용하였다는 뜻입니다. 그렇다면 프로그램의 기능을 보고 사용되었을 법한 Win32 API 호출을 예상하여, 그 부분을 찾을 수 있다면, 디버깅이 매우 간편해질 것입니다. 위 실습 예제인 HelloWorld.exe 파일은 메시지 박스를 출력하므로 분명 user32.MessageBoxW() API를 사용하였을 것입니다.

OllyDbg의 사전 분석 기능 중에는 문자열 뿐만 아니라 사용되는 API 함수 목록을 뽑아내는 기능이 있습니다. 코드에서 사용된 API 호출 목록만 보고 싶을 때는 'All intermodular calls' 명령을 사용하면 됩니다. 그림 2.24와 같이 프로그램에서 사용되는 API 함수 호출 목록이 나타납니다(OllyDbg 옵션에 따라서 표시되는 모양이 약간 달라질 수 있습니다).

```
R Found intermodular calls
Address    Disassembly                    Destination
0040100E   CALL DWORD PTR DS:             USER32.MessageBoxW
00401046   CALL 00401384                  (Initial CPU selection)
004010E4   CALL <JMP.&KERNEL3             kernel32.GetCommandLineW
00401265   CALL DWORD PTR DS:             kernel32.IsDebuggerPresent
0040127A   CALL DWORD PTR DS:             kernel32.SetUnhandledExceptionFilter
00401285   CALL DWORD PTR DS:             kernel32.UnhandledExceptionFilter
004012A1   CALL DWORD PTR DS:             kernel32.GetCurrentProcess
004012A8   CALL DWORD PTR DS:             kernel32.TerminateProcess
004012F7   CALL DWORD PTR DS:             kernel32.SetUnhandledExceptionFilter
0040130C   CALL DWORD PTR DS:             kernel32.Sleep
```

그림 2.24 Intermodular calls

그림 2.24에 MessageBoxW() 호출 코드가 보이죠? 40100E 주소에서 user32.MessageBoxW() API를 호출하고 있는 것을 볼 수 있습니다. 역시 더블클릭으로 해당 주소(40100E)로 갈 수 있습니다. 이런 식으로 코드에서 사용된 API를 예상할 수 있을 때 이 방법을 사용하면, 쉽게 원하는 부분을 찾아낼 수 있습니다.

참고

OllyDbg가 어떻게 프로그램에서 호출되는 API의 이름을 정확히 뽑아올 수 있을까요? 소스코드를 보고 있는 것도 아닌데요. 이 원리를 이해하기 위해서는 역시 PE File Format의 IAT(Import Address Table) 구조를 이해해야 합니다(13장에서 자세히 설명합니다).

2.4.4. API 검색 방법 (2) – API 코드에 직접 BP
마우스 우측 메뉴 – Search for – Name in all modules

OllyDbg가 모든 실행 파일에 대해서 API 함수 호출 목록을 추출할 수 있는 것은 아닙니다. Packer/Protector를 사용하여 실행 파일을 압축(또는 보호)해버리면, 파일 구조가 변경되어 OllyDbg에서 API 호출 목록이 보이지 않습니다(심지어는 디버깅 자체가 매우 어려워집니다).

참고

- Packer(Run Time Packer)
  실행 압축 유틸리티. 실행 파일의 코드, 데이터, 리소스 등을 압축시킵니다. 일반 압축 파일과 다른 점은 실행 압축된 파일 그 자체도 실행 파일이라는 것입니다.
- Protector
  실행 압축 기능 외에 파일과 그 프로세스를 보호하려는 목적으로 anti-debugging, anti-emulating, anti-dump 등의 기능을 추가한 유틸리티입니다. Protector를 상세 분석하려면 높은 수준의 리버싱 지식이 요구됩니다.

이런 경우에는 프로세스 메모리에 로딩된 라이브러리(DLL 코드)에 직접 BP를 걸어 보는 것입니다. API라는 것은 OS에서 제공한 함수이고, 실제로 API는 C:\Windows\system32 폴더에 *.dll 파일 내부에 구현되어 있습니다(예: kernel32.dll, user32.dll, gdi32.dll, advapi32.dll, ws2_32.dll 등). 간단히 말해서 우리가 만든 프로그램이 어떤 의미 있는 일(각종 I/O)을 하려면 반드시 OS에서 제공된 API를 사용해서 OS에게 요청해야 하고, 그 API가 실제 구현된 시스템 DLL 파일들은 우리 프로그램의 프로세스 메모리에 로딩되어야 합니다.

OllyDbg에서 확인해볼까요? View-Memory 메뉴를 선택하세요(단축키 [Alt+M]).

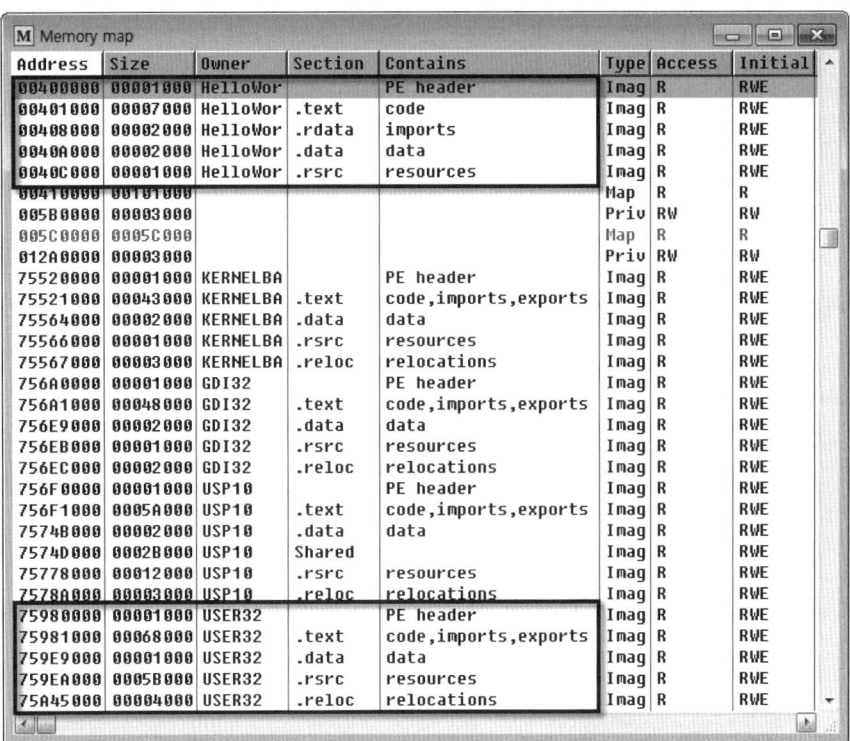

그림 2.25 Memory Map

그림 2.25는 HelloWorld.exe 프로세스 메모리의 일부분을 보여주고 있습니다. 아래쪽 박스에 표시된 부분이 바로 USER32 라이브러리가 로딩되어 있는 메모리 영역입니다.

OllyDbg의 또 다른 기본 해석 기능은 프로세스 실행을 위해서 같이 로딩된 시스템 DLL 파일이 제공하는 모든 API 목록을 보여주는 것입니다. 'Name in all modules' 명령을 사용해보겠습니다. 나타나는 창에서 'Name'으로 정렬시키고, MessageBoxW를 타이핑하면, 자동 검색 됩니다(그림 2.26 참고).

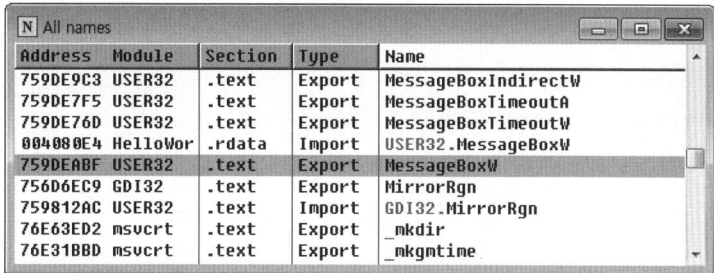

그림 2.26 All names

USER32 모듈에서 Export type의 MessageBoxW 함수를 선택하세요(시스템 환경에 따라 함수 주소가 달라질 수 있습니다).

더블클릭하면, USER32.dll에 구현된 실제 MessageBoxW 함수가 나타납니다.

```
759DEABF  USER32.MessageBoxW   8BFF              MOV EDI,EDI
759DEAC1                       55                PUSH EBP
759DEAC2                       8BEC              MOV EBP,ESP
759DEAC4                       833D 749A9E75 00  CMP DWORD PTR DS:[759E9A74],0
759DEACB                    ,  74 24             JE SHORT 759DEAF1
759DEACD                       64:A1 18000000    MOV EAX,DWORD PTR FS:[18]
759DEAD3                       6A 00             PUSH 0
759DEAD5                       FF70 24           PUSH DWORD PTR DS:[EAX+24]
759DEAD8                       68 A49E9E75       PUSH 759E9EA4
759DEADD                       FF15 34149875     CALL DWORD PTR DS:[<&KERNEL32.Inter
759DEAE3                       85C0              TEST EAX,EAX
759DEAE5                    ,  75 0A             JNZ SHORT 759DEAF1
759DEAE7                       C705 A09E9E75 01( MOV DWORD PTR DS:[759E9EA0],1
759DEAF1                       6A 00             PUSH 0
759DEAF3                       FF75 14           PUSH DWORD PTR SS:[EBP+14]
759DEAF6                       FF75 10           PUSH DWORD PTR SS:[EBP+10]
759DEAF9                       FF75 0C           PUSH DWORD PTR SS:[EBP+C]
759DEAFC                       FF75 08           PUSH DWORD PTR SS:[EBP+8]
759DEAFF                       E8 49FFFFFF       CALL MessageBoxExW
759DEB04                       5D                POP EBP
759DEB05                       C2 1000           RETN 10
```

그림 2.27 USER32.MessageBoxW 코드

주소를 보면 HelloWorld.exe에서 사용되는 주소와 확연히 틀리다는 걸 알 수 있습니다. 이곳에 BP를 설치[F2]하고, 실행[F9]해보겠습니다.

참고

만약 HelloWorld.exe 프로그램에서 MessageBoxW() API를 호출한다면, 결국 이곳에서 실행이 멈추게 되는 간단한 원리입니다.

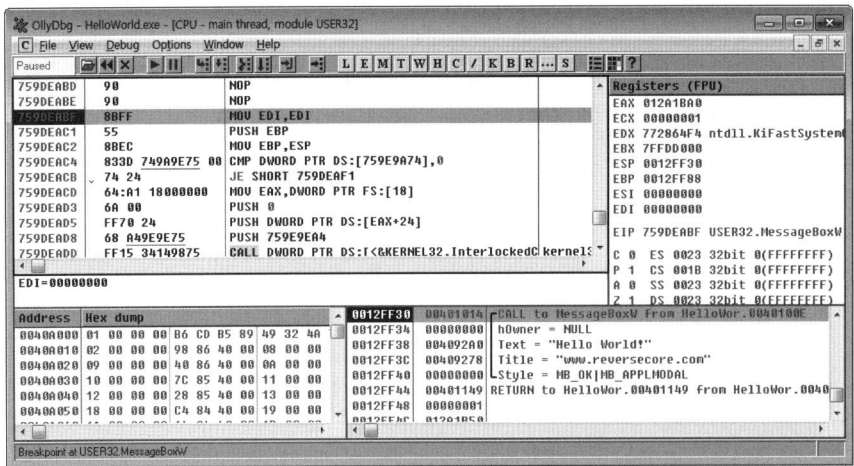

그림 2.28 USER32.MessageBoxW 코드의 BP에서 실행이 멈춤

예상대로 MessageBoxW 코드 시작에 설치한 BP에서 실행이 멈췄습니다. 레지스터(Register) 창의 ESP 값이 12FF30인데, 이것은 프로세스 스택의 주소입니다. 그림 2.28에서 스택 윈도우를 아래에 자세히 표시했습니다.

```
Stack
address     Value       Comment
--------------------------------------------------------
0012FF30    00401014    CALL to MessageBoxW from HelloWor.0040100E
                        = MessageBoxW는 40100E주소에서 호출되었으며,
                          함수 실행이 종료되면 401014 주소로 리턴한다.
0012FF34    00000000    hOwner = NULL
0012FF38    004092A4    Text = "Hello World!"
0012FF3C    0040927C    Title = "www.reversecore.com"
0012FF40    00000000    Style = MB_OK|MB_APPLMODAL
```

참고 ──
함수 호출과 스택의 동작 원리 등은 '5장', '7장'에서 더 자세히 살펴보도록 하겠습니다.

ESP의 값 12FF30에 있는 리턴 주소 401014는 HelloWorld.exe의 main 함수 내의 MessageBoxW 함수 호출 바로 다음의 코드입니다. MessageBoxW() 함수의 RETN 명령어에 BP를 설치[F2]한 후 실행[F9]합니다. 도중에 메시지박스가 나타나면 [확인]을 선택합니다. 그리고 RETN 명령어에서 디버깅이 멈추면 StepInto[F7]/StepOut[F8] 명령으로 리턴 주소 401014로 갈 수 있습니다. 401014

주소의 바로 위(40100E 주소)에 MessageBoxW 함수 호출 코드가 있는 것을 확인할 수 있습니다(그림 2.21 참고).

지금까지 원하는 코드를 빨리 찾아가는 방법에 대해서 알아보았습니다. 다음에는 "Hello World!" 문자열을 패치시키는 실습을 해보도록 하겠습니다.

2.5. "Hello World!" 문자열 패치

디버거를 이용해서 프로그램의 내용을 간단히 패치하는 실습을 해보겠습니다.

2.5.1. 패치

리버싱에서 패치는 빼놓을 수 없는 아주 중요한 주제입니다. 패치 기술을 이용하여 기존 응용 프로그램의 버그를 수정하거나 또는 새로운 기능을 추가시킬 수도 있습니다. 패치 대상은 파일 혹은 메모리가 될 수 있으며, 프로그램의 코드와 데이터 모두 패치가 가능합니다. 이번에 실습할 내용은 HelloWorld.exe의 메시지 박스에 표시되는 "Hello World!" 문자열을 다른 문자열로 패치하겠습니다.

> **참고**
> 다른 장에 다양한 패치 실습에 대한 내용이 준비되어 있습니다.

실습 목표는 메시지 박스의 "Hello World!" 문자열을 다른 문자열로 변경시키는 것입니다. 앞에서 이미 MessageBoxW 호출하는 부분을 찾았고 패치시킬 "Hello World!" 문자열의 주소 또한 찾아내었습니다. 일단 목표에 절반 가량 도달한 셈입니다.

디버깅을 재실행[Ctrl+F2]하고, main 함수 시작 주소(401000)까지 실행합니다(401000 주소에 BP를 설정[F2]하고, 실행[F9]하세요). 이 main() 함수의 주소(401000)는 베이스캠프(40104F) 다음의 첫 번째 전진 캠프가 됩니다.

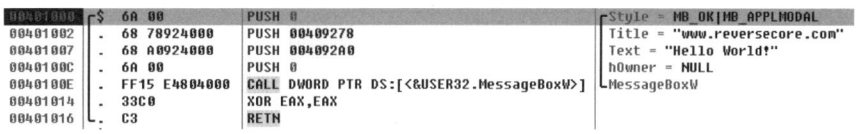

그림 2.29 main() 함수

2.5.2. 문자열을 패치하는 두 가지 방법

가장 쉬운 두 가지 방법을 소개합니다.

① 문자열 버퍼를 직접 수정
② 다른 메모리 영역에 새로운 문자열을 생성하여 전달

각각의 장단점이 있는데, 하나씩 살펴보도록 하겠습니다.

1) 문자열 버퍼를 직접 수정

MessageBoxW 함수의 전달인자 4092A0의 문자열("Hello World!") 버퍼를 직접 수정하는 방법입니다. 덤프 창에서 Go to 명령[Ctrl+G]으로 4092A0 주소로 갑니다. 그리고 4092A0 주소를 마우스로 선택한 후 [Ctrl+E] 단축키로 Edit 다이얼로그를 띄웁니다.

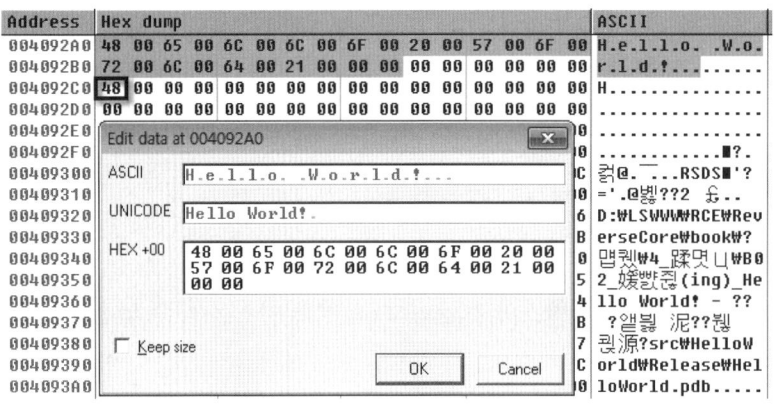

그림 2.30 "Hello World!" 문자열

그림 2.30을 보면 "Hello World!" 유니코드(UniCode) 문자열이 차지하는 영역은 4092A0~4092B9입니다(유니코드는 알파벳 한 글자당 2바이트가 필요합니다). 이 영역을 새로운 문자열로 덮어쓸 예정입니다.

> **주의**
> 만약 원본 문자열보다 큰 문자열을 덮어쓸 때는 그 뒤의 데이터를 훼손하지 않도록 매우 조심해야 합니다. 만약 뒤에 매우 중요한 데이터가 있다면, 프로그램에서 메모리 참조 에러가 발생할 수 있습니다.

그림 2.31과 같이 Edit 다이얼로그의 '유니코드' 항목에 "Hello Reversing" 문자열을 입력합니다.

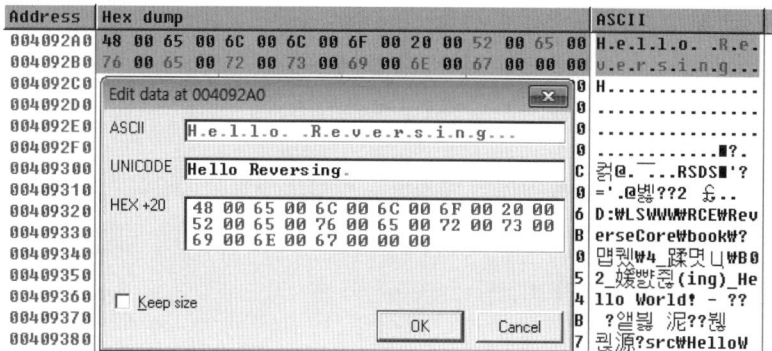

그림 2.31 패치 문자열 "Hello Reversing"

유니코드 문자열은 2바이트 크기의 NULL로 끝나야 한다는 것을 주의하기 바랍니다(그림 2.31의 '유니코드' 항목에서는 NULL을 입력할 수 없습니다. 그 밑의 'HEX' 항목에서 NULL을 입력하기 바랍니다).

참고

원본 "Hello World!" 문자열보다 덮어쓴 "Hello Reversing" 문자열의 길이가 더 깁니다. 일반적으로는 원본 문자열 뒤쪽에 어떤 의미 있는 데이터가 존재할 수 있기 때문에 원본 문자열 길이를 넘어가는 문자열로 덮어쓰는 것은 위험합니다. 어디까지나 실습을 위해서 설명하는 것이므로 실제 상황에서는 문자열을 덮어쓸 때 반드시 주의하기 바랍니다.

이제 main() 함수(401000)를 다시 보겠습니다(첫 번째 전진 캠프 기억나죠?).

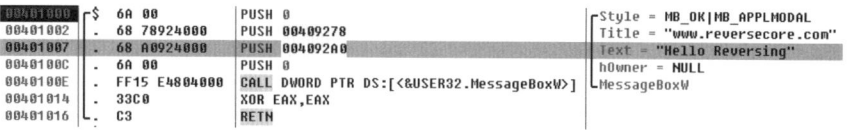

그림 2.32 main() 함수에서 패치된 문자열

명령어는 그대로이지만 MessageBoxW() 함수에 전달되는 파라미터의 내용 자체가 변경되었습니다. 파라미터의 주소(4092A0)도 그대로입니다. 주소의 내용(문자열)이 변경된 것입니다. [F9] 키를 눌러 실행시켜 볼까요? 그림 2.33과 같이 메시지 박스에 패치된 문자열이 나타납니다.

그림 2.33 패치된 메시지 박스

이처럼 문자열 버퍼 내용을 직접 수정하는 방법의 장점은 사용하기에 가장 간단하다는 것입니다. 단점은 기존 문자열 버퍼 크기 이상의 문자를 입력하기 어렵다는 것이지요(이것이 제약 조건입니다).

> **참고**
>
> 일반적으로 실행 파일에서 사용되는 문자열들은 실제 크기보다 조금 여유 있게 저장되어 있습니다. 그림 2.30을 보면 HelloWorld.exe도 그렇습니다. 사실 운이 좋다면, 문자열의 뒤쪽에 있는 버퍼를 조금 침범하더라도 프로그램 실행에 문제가 없는 경우도 있습니다. 하지만 절대 권장하고 싶은 방법이 아닙니다. 이런 불안 요소들이 계속 쌓이면 전체 시스템의 안정성이 뚝 떨어집니다. 리버서는 문제를 해결하는 사람인데 문제를 더 늘리면 곤란하겠죠.

파일로 생성하기

위에서 수행한 패치 작업은 메모리에 임시적으로 한 것이라서 디버거가 종료되면(정확히는 HelloWorld.exe 프로세스가 종료되면) 패치했던 내용은 사라집니다. 따라서 변경한 내용을 영구히 보존하려면 별도의 실행 파일로 저장해야 합니다.

그림 2.31의 dump 창에서 변경된 내용 ("Hello Reversing" 문자열)을 선택하여 마우스 우측 버튼의 Copy to executable file 메뉴를 선택하면, 그림 2.34와 같이 Hex 창이 나타납니다.

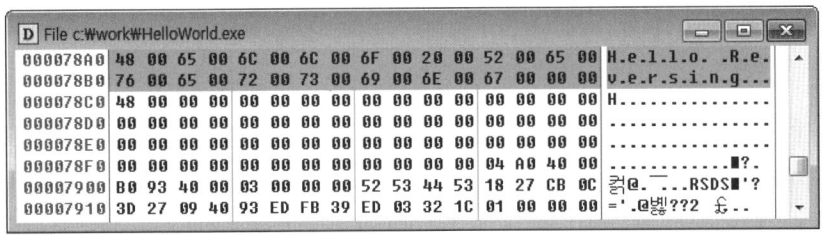

그림 2.34 Copy to executable file

여기서 다시 마우스 우측 버튼의 Save file 메뉴를 선택하고 파일 이름을 Hello Reversing.exe로 저장합니다. HelloReversing.exe 파일을 실행해서 그림 2.33과 같이 문자열이 잘 변경되었는지 확인해보기 바랍니다.

2) 다른 메모리 영역에 새로운 문자열을 생성하여 전달

만약 원본 문자열보다 더 긴 문자열("Hello Reversing World!!!")로 패치해야 한다면, 앞서 소개한 방법은 잘 맞지 않습니다. 이런 경우 사용할 수 있는 방법을 알아보겠습니다.

디버거를 재실행(단축키 [Ctrl+F2])한 후 아래 그림과 같이 '전진 캠프'(main() 함수 - 401000)로 갑니다. 이 main() 함수를 좀 더 살펴보겠습니다.

```
00401000   r$ 6A 00              PUSH 0                                      rStyle = MB_OK|MB_APPLMODAL
00401002   .  68 78924000        PUSH 00409278                               Title = "www.reversecore.com"
00401007   .  68 A0924000        PUSH 004092A0                               Text = "Hello World!"
0040100C   .  6A 00              PUSH 0                                      hOwner = NULL
0040100E   .  FF15 E4804000      CALL DWORD PTR DS:[<&USER32.MessageBoxW>]  LMessageBoxW
00401014   .  33C0               XOR EAX,EAX
00401016   L. C3                 RETN
```

그림 2.35 main() 함수

401007 주소의 PUSH 004092A0 명령은 (MessageBoxW() 함수 호출을 위해서) 4092A0 주소의 "Hello World!" 문자열을 파라미터로 전달하고 있습니다.

MessageBoxW() 함수는 파라미터로 입력된 주소의 문자열을 출력해주기 때문에, 만약 이 문자열 주소를 변경해서 전달한다면, 메시지 박스에는 변경된 문자열이 출력될 것입니다. 즉 적당한 메모리 영역에 패치하고자 하는 긴 문자열을 적어 놓고 MessageBoxW() 함수에게 그 주소를 파라미터로 넘겨주는 것입니다. 전혀 다른 문자열 주소를 넘겨준다고 이해하면 됩니다.

> **참고**
>
> 아이디어가 좋긴 한데 한 가지 고려해야 할 사항은 "메모리 어느 영역에 문자열을 써야 하는가?"입니다. 자세한 설명은 실행 파일 형식(PE File Format)과 가상 메모리(Virtual Address) 구조를 알고 있어야 하므로 나중에 자세히 다루도록 하고, 이번에는 임의로 적절한 영역을 선택하도록 하겠습니다.

우리가 앞서 방법 ①에서 수정한 문자열 주소는 4092A0입니다. 이 부분을 다시 dump 창으로 살펴보겠습니다(그림 2.30 참고). 스크롤을 밑으로 내리다 보면 해당 메모리 영역은 그림 2.36과 같이 NULL padding 영역으로 끝납니다.

Address	Hex dump	ASCII
00409F50	00 00 00 00 00 00 00 00 00 00 00 00 00 00 00 00	....
00409F60	00 00 00 00 00 00 00 00 00 00 00 00 00 00 00 00	....
00409F70	00 00 00 00 00 00 00 00 00 00 00 00 00 00 00 00	....
00409F80	00 00 00 00 00 00 00 00 00 00 00 00 00 00 00 00	....
00409F90	00 00 00 00 00 00 00 00 00 00 00 00 00 00 00 00	....
00409FA0	00 00 00 00 00 00 00 00 00 00 00 00 00 00 00 00	....
00409FB0	00 00 00 00 00 00 00 00 00 00 00 00 00 00 00 00	....
00409FC0	00 00 00 00 00 00 00 00 00 00 00 00 00 00 00 00	....
00409FD0	00 00 00 00 00 00 00 00 00 00 00 00 00 00 00 00	....
00409FE0	00 00 00 00 00 00 00 00 00 00 00 00 00 00 00 00	....
00409FF0	00 00 00 00 00 00 00 00 00 00 00 00 00 00 00 00	....

그림 2.36 메모리 NULL Padding 영역

이곳은 프로그램에서 사용되지 않는 NULL padding 영역입니다.

참고

프로그램이 메모리에 로딩될 때 최소 기본 단위(보통 1000)가 있습니다. 비록 프로그램 내에서 메모리를 100 크기만큼만 사용한다고 해도 실제로 메모리에 로딩될 때는 최소 기본 단위인 1000만큼의 크기가 잡히는 것입니다(나머지 F00 크기의 사용되지 않는 영역은 그냥 NULL로 채워집니다).

이곳을 문자열 버퍼로 사용해서 MessageBoxW 함수에 넘겨주면, 좋을 것 같습니다. 끝부분의 적당한 위치(409F50)에 패치 문자열("Hello Reversing World!!!")을 써주면 됩니다(단축키: Ctrl+E).

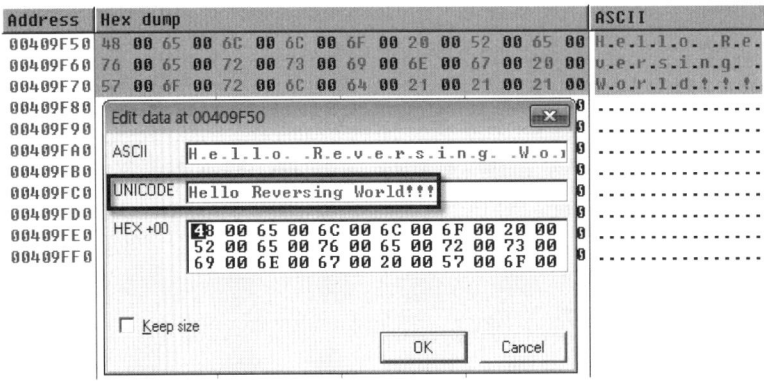

그림 2.37 Hello Reversing World!!! 문자열

이 작업만으로는 메시지 박스의 문자열이 변경되지 않습니다. 버퍼를 새로 구성하였으니 그 다음에 할 일은 MessageBoxW() 함수에게 새로운 버퍼 주소 (409F50)를 파라미터로 전달해줘야 합니다. 그러기 위해서는 코드를 수정해야 하는데, 이번에는 Code 창에서 Assemble 명령을 사용해서 코드를 수정해보겠습니다. 다음 그림처럼 커서를 401007 주소 위치에 놓고 Assemble 명령(단축키 [Space])을 내리면 Assemble 창이 나타납니다.

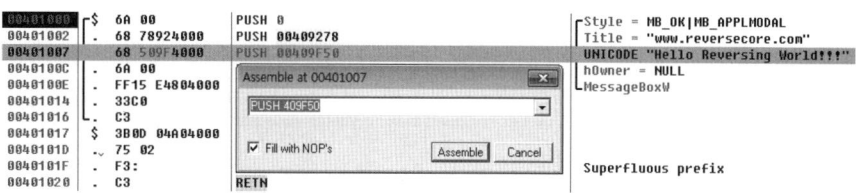

그림 2.38 Hello Reversing World!!! 문자열 주소

Assemble 창에 위 그림처럼 'PUSH 409F50' 명령어를 입력하기 바랍니다 (409F50 주소는 그림 2.37에서 새로 입력한 문자열("Hello Reversing World!!!") 의 주소입니다).

> **참고**
>
> Assemble 창에서는 사용자가 원하는 어셈블리 명령어를 입력할 수 있습니다. 입력하는 즉시 코드에 반영되며 실행도 가능합니다. 디버깅의 강력한 기능 중의 하나가 바로 이와 같이 실행 중인 프로세스의 코드를 동적으로 패치할 수 있다는 것입니다.

OllyDbg를 실행[F9]하면, 결과는 그림 2.39와 같습니다.

그림 2.39 변경된 문자열 출력

이제 긴 문자열도 패치할 수 있게 되었습니다(물론 더 정확한 기반 지식을 쌓을 필요가 있습니다).

> **참고**
>
> 그런데 위 수정된 코드를 파일로 만들면 제대로 동작하지 않을 것입니다. 이유는 409F50 메모리 주소 때문입니다. 실행 파일이 메모리에 로딩되어 프로세스로 실행될 때 파일이 그대로 메모리로 로딩되는 것이 아니라, 어떤 규칙에 의해서 올라가게 됩니다. 그 과정에서 프로세스 메모리는 존재하는데, 그에 해당하는 파일 옵셋(offset)이 존재하지 않는 경우가 많습니다. 위의 경우도 메모리 409F50에 대응되는 파일 offset이 존재하지 않는 것이죠. 이를 정확히 이해하려면 역시 PE File Format을 알아야 하기 때문에 여기서는 설명을 생략하였습니다. 13장을 공부하면, 이해가 될 것입니다.

2.6. 마무리

여기까지 따라하느라 수고 많았습니다. 위에 나온 모든 내용을 한번에 이해하기는 어렵기 때문에 2~3번 반복해서 읽고 직접 실습해보기 바랍니다. C 프로그래밍에서 Hello World!는 가장 간단한 프로그램이었습니다. 마찬가지로 Hello World! 디버깅 또한 가장 간단한 디버깅입니다. Hello World!를 시작으로 C 프로그래밍을 정복했듯이 디버깅 역시 정복하기 바랍니다.

사실 리버싱에서 디버깅이 차지하는 비중은 매우 크고, 또한 가장 재미있습니다. 이 글이 디버깅의 재미를 조금이나마 전달할 수 있기를 바랍니다.

간단 정리

OllyDbg 기초 사용법

명령어	단축키	설명
Step Into	[F7]	하나의 OP Code 실행(CALL 명령을 만나면 그 함수 코드 내부로 따라 들어감)
Step Over	[F8]	하나의 OP Code 실행(CALL 명령을 만나면 따라 들어가지 않고 그냥 함수 자체를 실행함)
Restart	Ctrl+[F2]	다시 처음부터 디버깅 시작(디버깅을 당하는 프로세스를 종료하고 재실행시킴)

명령어	단축키	설명
Go to	Ctrl+[G]	원하는 주소를 찾아감(코드를 확인할 때 사용. 실행되는 것은 아님)
Run	[F9]	실행(BP가 걸려있으면 그곳에서 실행이 정지됨)
Execute till return	Ctrl+[F9]	함수 코드 내에서 RETN 명령어까지 실행(함수 탈출 목적)
Execute till cursor	[F4]	cursor 위치까지 실행함(디버깅하고 싶은 주소까지 바로 갈 수 있음)
Comment	;	Comment 추가
User-defined comment	마우스 메뉴 Search for - User-defined comment	사용자가 입력한 comment 목록 보기
Label	:	Label 추가
User-defined label	마우스 메뉴 Search for - User-defined label	사용자가 입력한 Label 목록 보기
Breakpoint	[F2]	BP(BreakPoint) 설정/해제
All referenced text strings	마우스 메뉴 Search for - All referenced text strings	코드에서 참조되는 문자열 보기
All intermodular calls	마우스 메뉴 Search for - All intermodular calls	코드에서 호출되는 모든 API 함수 보기
Name in all modules	마우스 메뉴 Search for - Name in all modules	모든 API 함수 보기
Edit data	Ctrl+[E]	데이터 편집
Assemble	[Space]	어셈블리 코드 작성
Copy to executable file	마우스 메뉴 Copy to executable file	파일의 복사본 생성(변경 사항 반영됨)

Assembly 기초 명령어

명령어	설명
CALL XXXX	XXXX 주소의 함수를 호출
JMP XXXX	XXXX 주소로 점프
PUSH XXXX	스택에 XXXX 저장
RETN	스택에 저장된 복귀 주소로 점프

프로세스 data/code 패치 방법

OllyDbg의 'Edit data'와 'Assemble' 기능 이용

용어

용어	설명
VA(Virtual Address)	프로세스의 가상 메모리
OP code(OPeration code)	CPU 명령어(바이트 code)
PE(Portable Executable)	Windows 실행 파일(EXE, DLL, SYS 등)

Q & A

Q. 제 OllyDbg와 본문 그림에 있는 OllyDbg의 모습이 서로 다르네요? 특별한 보기 옵션이 있는 것인가요?

A. OllyDbg 창에서 마우스 우측 메뉴의 'Appearance' 항목을 이용하면, 자신만의 OllyDbg 환경(Color, Font, Highlight 등)을 꾸밀 수 있답니다. 이러한 옵션은 모두 OllyDbg.ini 파일에 저장됩니다(참고로 www.reversecore.com에 제가 사용하는 OllyDbg.ini 파일을 올려두었습니다).

Q. OllyDbg에서 단축키 [F4]와 [F9]의 차이가 무엇인지 궁금합니다.

A. 둘 다 '실행' 명령입니다만 [F9]는 Run이고, [F4]는 Run to Cursor의 의미입니다. [F9]는 완전히 실행시키는 것이고, [F4]는 현재 커서 위치까지만 실행시킬 수 있습니다([F4]는 BP + [F9]라고 생각하면 됩니다).

Q. Stub Code가 무엇인가요?

A. Stub Code는 사용자가 입력한 코드가 아니라 컴파일러가 임의로 추가시킨 코드입니다. 컴파일러별로 자신의 특성에 맞게 정형화된 Stub Code를 추가시킵니다. 특히 EP 코드 영역에 Stub Code를 추가합니다(이것을 따로 StartUp Code라고도 부

릅니다). 따라서 디버깅할 때 자세히 볼 필요는 없습니다만 초보자에게는 이 코드가 Stub Code인지 사용자 코드인지 구분이 필요하기 때문에 익숙해질 때까지는 봐두는 것이 좋습니다(바꿔 말하면, 많이 보면 저절로 익숙해집니다).

Q. 도대체 PE 파일이 뭐고, 그건 왜 나중에 설명하나요? PE 파일을 모르면 디버깅을 할 수 없나요?

A. PE(Portable Executable) 파일은 Windows 운영체제의 실행 파일 포맷입니다. 파일 스펙에 대한 내용이라 리버싱 입문자 입장에서는 어렵고 재미 없습니다. 따라서 일단 먼저 디버깅에 재미를 느껴본 후 하나씩 정복해 가자는 뜻입니다. 그리고 PE 파일 구조를 모르면 고급 디버깅을 할 수 없답니다.

03
리틀 엔디언 표기법

컴퓨터에서 메모리에 데이터를 저장하는 방식을 의미하는 바이트 오더링(Byte Ordering)의 리틀 엔디언 표기법과 빅 엔디언 표기법에 대해서 알아보겠습니다.

3.1. 바이트 오더링

바이트 오더링은 데이터를 저장하는 방식을 말하는 것이라고 생각하면 되는데, 이는 애플리케이션의 디버깅을 할 때 알아두어야 하는 기본 개념 중 하나입니다. 바이트 오더링 방식에는 크게 두 가지가 있습니다. 바로 빅 엔디언(Big Endian)과 리틀 엔디언(Little Endian) 방식입니다. 아래의 간단한 예제 코드를 보세요.

코드 3.1
```
BYTE   b     = 0x12;
WORD   w     = 0x1234;
DWORD  dw    = 0x12345678;
char   str[] = "abcde";
```

총 4개의 (크기가 다른) 자료형이 있습니다. 각 엔디언 방식에 따라서 같은 데이터를 각각 어떤 식으로 저장하는지 비교해보겠습니다.

TYPE	Name	SIZE	빅 엔디언 Style	리틀 엔디언 Style
BYTE	b	1	[12]	[12]
WORD	w	2	[12][34]	[34][12]
DWORD	dw	4	[12][34][56][78]	[78][56][34][12]
char []	str	6	[61][62][63][64][65][00]	[61][62][63][64][65][00]

표 3.1 빅 엔디언과 리틀 엔디언의 차이점

> **참고**
>
> ASCII 문자 'a'는 0x61과 같고, 'e'는 0x65와 같습니다. 그리고 문자열 마지막은 NULL로 끝이 납니다.

바이트(BYTE) 타입의 b 변수를 저장할 때는 두 방식의 차이가 없습니다. 하지만 2바이트 이상의 크기를 가진 자료형을 저장할 때부터 차이가 나타납니다. 빅 엔디언 방식은 데이터를 저장할 때 사람이 보는 방식과 동일하게 앞에서부터 순차적으로 저장합니다. 하지만 리틀 엔디언 방식은 데이터를 저장할 때 역순으로 저장합니다. 즉 저장되는 바이트의 순서가 뒤집어져 있습니다. 표 3.1에서 w와 dw에 저장된 값을 비교해보기 바랍니다.

리틀 엔디언이라고 할지라도 바이트 자체는 정상적인 순서로 저장이 됩니다. 오로지 2바이트 혹은 4바이트 자료형과 같이 멀티바이트(multi-bytes)인 경우 각 바이트가 역순으로 저장되는 것입니다. 또한 str 문자열은 Endian 형식에 상관없이 동일합니다. 그 이유는 문자열이란 결국 캐릭터(char) 배열이기 때문에 각 바이트를 하나씩 연속해서 저장한다고 생각해보면 리틀 엔디언에서도 문자열 자체는 빅 엔디언과 동일한 순서로 저장되는 것입니다.

3.1.1. 리틀 엔디언 & 빅 엔디언

데이터를 순서대로 저장시키는 빅 엔디언의 장점은 사람이 보기에 직관적이라는 것입니다. 빅 엔디언은 대형 UNIX 서버에 사용되는 RISC 계열의 CPU에서 많이 사용됩니다. 또한 네트워크 프로토콜에 빅 엔디언이 사용됩니다. 이 사실은 x86 계열의 응용 프로그램 개발자와 리버서에게 중요한 의미를 가지고 있습니다. 애플리케이션 개발에 사용된 데이터를 네트워크로 송수신할 때 엔디언 타입을 변경해야 하기 때문입니다.

바이트 오더링이 빅 엔디언으로만 사용된다면 굳이 별도의 설명이 필요 없을 것입니다. 문제는 Intel x86 CPU에서 리틀 엔디언 방식을 사용한다는 것이지요. 따라서 우리 같은 Windows 계열 리버서들은 리틀 엔디언에 대해서 잘 알아야 합니다. 데이터를 역순으로 저장시키는 리틀 엔디언 방식도 산술 연산과 데이터의 타입이 확장/축소될 때 더 효율적이라는 장점을 가지고 있습니다.

3.1.2. OllyDbg에서 리틀 엔디언 확인

테스트를 위하여 아주 간단한 코드를 만들었습니다.

```
코드 3.2 LittleEndian.cpp
#include "windows.h"

BYTE    b      = 0x12;
WORD    w      = 0x1234;
DWORD   dw     = 0x12345678;
char    str[]  = "abcde";

int main(int argc, char *argv[])
{
    byte    lb   = b;
    WORD    lw   = w;
    DWORD   ldw  = dw;
    char    *lstr = str;

    return 0;
}
```

코드 3.2를 빌드하여 LittleEndian.exe를 생성한 후 OllyDbg로 디버깅을 합니다 (Go to 명령[Ctrl+G]으로 401000 주소로 갑니다).

```
C CPU - main thread, module LittleEn
00401000 r$ 55              PUSH EBP                                # main()
00401001 .  8BEC            MOV EBP,ESP
00401003 .  83EC 10         SUB ESP,10
00401006 .  A0 40AC4000     MOV AL,BYTE PTR DS:[40AC40]
0040100B .  8845 F3         MOV BYTE PTR SS:[EBP-D],AL              [EBP-D] = lb
0040100E .  66:8B0D 44AC40( MOV CX,WORD PTR DS:[40AC44]
00401015 .  66:894D F4      MOV WORD PTR SS:[EBP-C],CX              [EBP-C] = lw
00401019 .  8B15 48AC4000   MOV EDX,DWORD PTR DS:[40AC48]
0040101F .  8955 F8         MOV DWORD PTR SS:[EBP-8],EDX            [EBP-8] = ldw
00401022 .  C745 FC 4CAC40( MOV DWORD PTR SS:[EBP-4],0040AC4C       [EBP-4] = lstr
00401029 .  33C0            XOR EAX,EAX
0040102B .  8BE5            MOV ESP,EBP
0040102D .  5D              POP EBP
0040102E L. C3              RETN
```

그림 3.1 main() 함수

그림 3.1에서 보다시피 main() 함수의 주소는 401000입니다. 그리고 전역 변수들의 주소는 40AC40(b), 40AC44(w), 40AC48(dw), 40AC4C(str)입니다. 이 메모리 영역을 OllyDbg의 데이터 창에서 살펴보겠습니다(Goto 명령[Ctrl+G]을 통해 40AC40으로 갑니다).

```
Address  Hex dump                                          ASCII
0040AC40 12 00 00 00 34 12 00 00 78 56 34 12 61 62 63 64  ▮...4▮..xV4▮abcd
0040AC50 65 00 00 00 00 00 00 00 00 00 00 00 00 00 00 00  e...............
0040AC60 00 00 00 00 00 00 00 00 00 00 00 00 00 00 00 00  ................
```

그림 3.2 전역 변수 메모리 영역

변수 w와 dw 값들이 리틀 엔디언 형식으로 저장된 것을 확인할 수 있습니다.

참고로 앞으로 진행되는 강좌 내용은 전부 리틀 엔디언 형식이므로 위 내용을 잘 숙지해두기 바랍니다.

> **참고**
>
> OllyDbg를 이용해서 MS Visual C++로 제작된 PE 파일의 EP 주소를 찾는 방법은 2장의 설명을 참고하기 바랍니다.

04
IA-32 Register 기본 설명

애플리케이션의 디버깅을 위해 기본적으로 알아야 할 IA-32(Intel Architecture 32 비트)의 레지스터에 대하여 알아보도록 하겠습니다.

4.1. CPU 레지스터란?

레지스터(Register)란 CPU 내부에 존재하는 다목적 저장 공간입니다. 우리가 일반적으로 메모리라고 얘기하는 RAM(Random Access Memory)과는 조금 성격이 다릅니다. CPU가 RAM에 있는 데이터를 엑세스(Access)하기 위해서는 물리적으로 먼 길을 돌아가야 하기 때문에 시간이 오래 걸립니다. 하지만 레지스터는 CPU와 한 몸이기 때문에 고속으로 데이터를 처리할 수 있습니다.

4.1.1. 레지스터에 대해서 알아야 하는 이유

리버싱 초급 단계에서 애플리케이션 디버깅을 잘 하려면 디버거가 해석(디스어셈)해주는 어셈블리 명령어를 공부해야 합니다. IA-32(Intel Architecture 32비트)에서 제공하는 어셈블리 명령어는 매우 방대한 양이라서 한번에 공부하기는 쉽지 않습니다. 저는 디버깅을 해나가면서 모르는 명령어가 나올 때마다 Intel에서 제공한 매뉴얼의 해당 명령어 설명을 살펴보며, 그때그때 공부했습니다. 그렇게 잊어버리면 새로 찾아보는 방식으로 자꾸 보다 보니 이제는 많은 명령어에 익숙해졌습니다.

그 당시 어셈블리를 처음 배울 때 가장 궁금했던 내용 중 하나가 바로 레지스터였습니다. 어셈블리 명령어의 대부분은 레지스터를 조작하고 그 내용을 검사하는 것들인데, 정작 레지스터를 모르면 명령어 자체도 이해하기 힘들기 때문이지요.

4.2. IA-32의 레지스터

IA-32는 지원하는 기능도 무척 많고 그만큼 레지스터의 수도 많습니다. 아래 목록은 IA-32에 존재하는 레지스터들의 종류(그룹)를 보여주고 있습니다.

```
목록 4.1 IA32 레지스터의 종류
Basic program execution registers
x87 FPU registers
MMX registers
XMM registers
Control registers
Memory management registers
Debug registers
Memory type range registers
Machine specific registers
Machine check register
...
```

애플리케이션 디버깅의 초급 단계에서는 Basic program execution register에 대해서 알아두어야 합니다. 디버깅할 때 가장 많이 보게 될 레지스터입니다(향후 중/고급 단계로 올라가면 추가적으로 Control registers, Memory management registers, Debug registers 등에 대해서도 공부해보기 바랍니다).

4.2.1. Basic program execution registers

그림 4.1은 Basic program execution registers에 대해 나와 있습니다(IA-32 매뉴얼에서 발췌). Basic program execution registers는 다시 4개의 그룹으로 나눌 수 있습니다.

- General Purpose Registers (32비트 - 8개)
- Segment Registers (16비트 - 6개)
- Program Status and Control Register (32비트 - 1개)
- Instruction Pointer (32비트 - 1개)

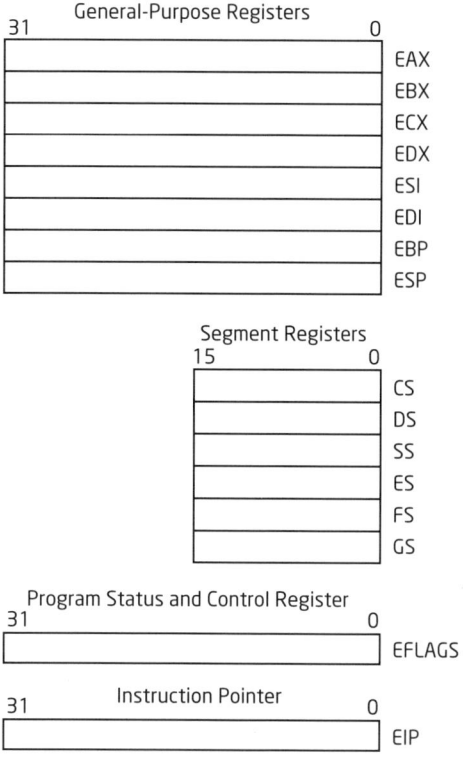

그림 4.1 Basic program execution registers

> 참고
>
> 레지스터 이름에 E(Extended)가 붙은 경우는 예전 16비트 CPU인 IA-16 시절부터 존재하던 16비트 크기의 레지스터들을 32비트 크기로 확장시켰다는 뜻입니다.

각 그룹에 대해서 자세히 살펴보겠습니다.

1) 범용 레지스터

범용 레지스터(General Purpose Registers)는 이름처럼 범용적으로 사용되는 레지스터들입니다('막' 쓰는 '막' 레지스터들이라고 생각하면 됩니다). IA-32에서 각각의 범용 레지스터들의 크기는 32비트(4바이트)입니다. 보통은 상수/주소 등을 저장할 때 주로 사용되며, 특정 어셈블리 명령어에서는 특정 레지스터를 조작하기도 합니다. 또한 어떤 레지스터들은 특수한 용도로 사용되기도 합니다. 다음 그림에 범용 레지스터들이 표시되어 있습니다(IA-32 매뉴얼에서 발췌).

General-Purpose Registers			16-bit	32-bit
31 16	15 8	7 0		
	AH	AL	AX	EAX
	BH	BL	BX	EBX
	CH	CL	CX	ECX
	DH	DL	DX	EDX
	BP			EBP
	SI			ESI
	DI			EDI
	SP			ESP

그림 4.2 범용 레지스터

참고

각 레지스터들은 16비트 하위 호환을 위하여 몇 개의 구획으로 나뉘어집니다. EAX를 기준으로 설명하겠습니다.

- EAX : (0 ~ 31) 32비트
- AX : (0 ~ 15) EAX의 하위 16비트
- AH : (8 ~ 15) AX의 상위 8비트
- AL : (0 ~ 7) AX의 하위 8비트

즉 4바이트(32비트)를 다 사용하고 싶을 때는 EAX를 사용하고, 2바이트(16비트)만 사용할 때는 EAX의 하위 16비트 부분인 AX를 사용하면 됩니다. AX는 다시 상위 1바이트(8비트)인 AH와 하위 1바이트(8비트)인 AL로 나뉘어집니다. 이런 식으로 하나의 32비트 레지스터를 상황에 맞게 8비트, 16비트, 32비트로 알뜰하게 사용할 수 있습니다. 향후 디버깅을 하면서 어셈블리 코드를 보면 쉽게 이해할 수 있을 겁니다.

각 레지스터의 이름은 아래와 같습니다.

- EAX : Accumulator for operands and results data
- EBX : Pointer to data in the DS segment
- ECX : Counter for string and loop operations
- EDX : I/O pointer

위 4개의 레지스터들은 주로 산술연산(ADD, SUB, XOR, OR 등) 명령어에서 상수/변수 값의 저장 용도로 많이 사용됩니다. 어떤 어셈블리 명령어(MUL, DIV, LODS 등)들은 특정 레지스터를 직접 조작하기도 합니다(이런 명령어가 실행된 이후에 특정 레지스터들의 값이 변경됩니다).

그리고 추가적으로 ECX와 EAX는 특수한 용도로도 사용됩니다. ECX는 반복문 명령어(LOOP)에서 반복 카운트(loop count)로 사용됩니다(루프를 돌 때마다 ECX를 1씩 감소시킵니다). EAX는 일반적으로 함수 리턴 값에 사용됩니다. 모든 Win32 API 함수들은 리턴 값을 EAX에 저장한 후 리턴합니다.

> **참고**
>
> **Windows 어셈블리 프로그래밍에서 주의할 점!**
> Win32 API 함수들은 내부에서 ECX와 EDX를 사용합니다. 따라서 이런 API가 호출되면 ECX와 EDX의 값은 변경되어 버립니다. 따라서 ECX와 EDX에 중요한 값이 저장되어 있다면 API 호출 전에 다른 레지스터나 스택에 백업해야 합니다.

나머지 범용 레지스터들의 이름은 아래와 같습니다.

- EBP : Pointer to data on the stack (in the SS segment)
- ESI : source pointer for string operations
- EDI : destination pointer for string operations
- ESP : Stack pointer (in the SS segment)

위 4개의 레지스터들은 주로 메모리 주소를 저장하는 포인터로 사용됩니다.

ESP는 스택 메모리 주소를 가리킵니다. 어떤 명령어들(PUSH, POP, CALL, RET)은 ESP를 직접 조작하기도 합니다(스택 메모리 관리는 프로그램에서 매우 중요하기 때문에 ESP를 다른 용도로 사용하지 말아야 합니다).

EBP는 함수가 호출되었을 때 그 순간의 ESP를 저장하고 있다가, 함수가 리턴하기 직전에 다시 ESP에 값을 되돌려줘서 스택이 깨지지 않도록 합니다(이것을

Stack Frame 기법이라고 하며, 리버싱에서 중요한 개념이므로 나중에 따로 설명합니다). ESI와 EDI는 특정 명령어들(LODS, STOS, REP MOVS 등)과 함께 주로 메모리 복사에 사용됩니다.

2) 세그먼트 레지스터

세그먼트(Segment)란 IA-32의 메모리 관리 모델에서 나오는 용어입니다. 세그먼트 레지스터를 이해하기 위해 개념만 간단히 설명하겠습니다.

> **주의**
> 세그먼트 레지스터 관련 내용은 리버싱 초보자에게 어려운 지식이므로 이 부분을 심각하게 읽을 필요는 없습니다. 향후 리버싱 실력이 늘고 세그먼트 레지스터에 대한 설명이 필요하다고 느껴질 때 따로 공부해도 됩니다.

IA-32 보호 모드에서 세그먼트란 메모리를 조각내어 각 조각마다 시작 주소, 범위, 접근 권한 등을 부여해서 메모리를 보호하는 기법을 말합니다. 또한 세그먼트는 페이징(Paging) 기법과 함께 가상 메모리를 실제 물리 메모리로 변경할 때 사용됩니다. 세그먼트 메모리는 Segment Descriptor Table(SDT)이라고 하는 곳에 기술되어 있는데, 세그먼트 레지스터는 바로 이 SDT의 index를 가지고 있습니다.

그림 4.3은 보호 모드에서의 세그먼트 메모리 모델을 나타내고 있습니다(IA-32 매뉴얼에서 발췌). 세그먼트 레지스터는 총 6개(CS, SS, DS, ES, FS, GS)이며 각각의 크기는 16비트(2바이트)입니다. 그림 4.3에 대해 좀 더 부연설명을 하면 각 세그먼트 레지스터가 가리키는 세그먼트 디스크립터(Segment Descriptor)와 가상 메모리가 조합되어 선형주소(Linear Address)가 되며, 페이징 기법에 의해서 선형주소가 최종적으로 물리주소(Physical Address)로 변환됩니다.

> **참고**
> 만약 OS에서 페이징을 사용하지 않는다면 선형주소는 그대로 물리주소가 됩니다.

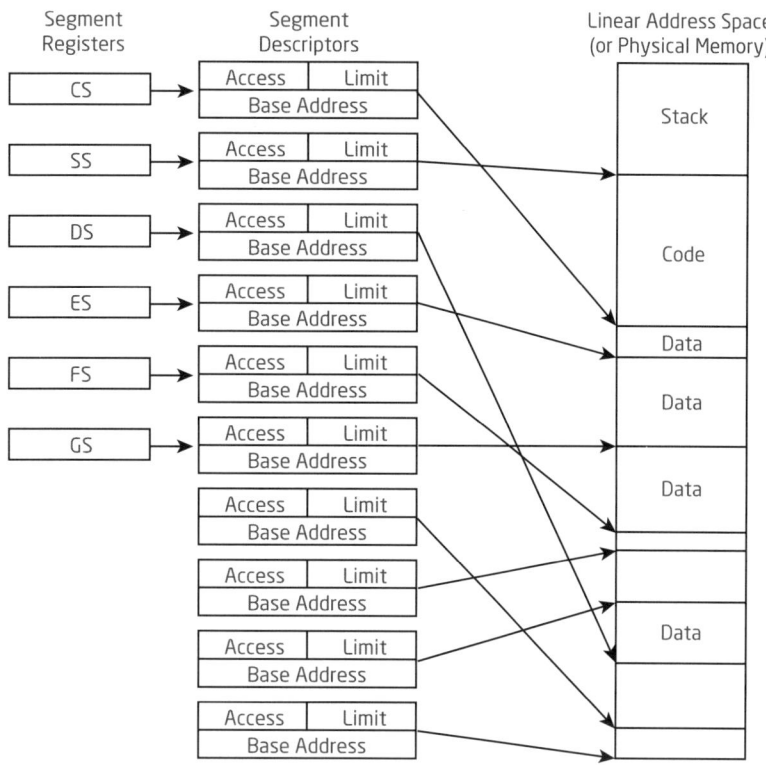

그림 4.3 세그먼트 메모리 모델

각 세그먼트 레지스터의 이름은 아래와 같습니다.

- CS : Code Segment
- SS : Stack Segment
- DS : Data Segment
- ES : Extra(Data) Segment
- FS : Data Segment
- GS : Data Segment

이름 그대로 CS는 프로그램의 코드 세그먼트를 나타내며, SS는 스택 세그먼트, DS는 데이터 세그먼트를 나타냅니다. ES, FS, GS 세그먼트는 추가적인 데이터 세그먼트입니다.

FS 레지스터는 애플리케이션 디버깅에도 자주 등장하는데 SEH(Structured Exception Handling), TEB(Thread Environment Block), PEB(Process Environment Block) 등의 주소를 계산할 때 사용되며 이들은 모두 고급 디버깅 주제입니다. 나중에 고급 디버깅에 대해 설명할 때 다시 만나게 될 것입니다.

3) 프로그램 상태와 컨트롤 레지스터

· EFLAGS : Flag Register

플래그(Flag) 레지스터의 이름은 EFLAGS이며 32비트(4바이트) 크기입니다(EFLAGS 레지스터 역시 16비트의 FLAGS 레지스터의 32비트 확장 형태입니다).

EFLAGS 레지스터는 그림 4.4와 같이 각각의 비트마다 의미를 가지고 있습니다. 각 비트는 1 또는 0의 값을 가지는데, 이는 On/Off 혹은 True/False를 의미합니다. 일부 비트는 시스템에서 직접 세팅하고, 일부 비트는 프로그램에서 사용된 명령의 수행 결과에 따라 세팅됩니다.

> **참고**
> Flag는 단어 그대로 깃발이 올라가면 1(On/True), 내려가면 0(Off/False)으로 이해하면 됩니다.

EFLAGS 레지스터의 32개의 각 비트 의미를 전부 이해한다는 것은 상당히 어려운 일입니다. 리버싱 입문 단계에서는 애플리케이션 디버깅에 필요한 3가지 flag(ZF, OF, CF)에 대해서만 잘 이해하면 됩니다.

> **참고**
> 이들 3개의 플래그가 중요한 이유는 특히 조건 분기 명령어(Jcc)에서 이들 Flag의 값을 확인하고 그에 따라 동작 수행 여부를 결정하기 때문입니다.

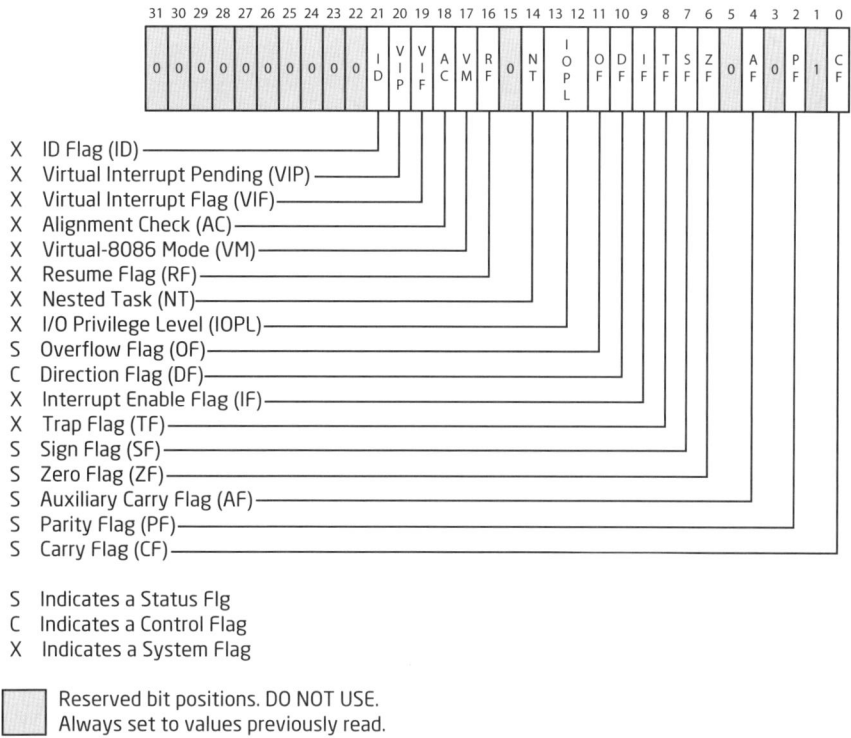

그림 4.4 EFLAGS Register

- Zero Flag(ZF)

    연산 명령 후에 결과 값이 0이 되면 ZF가 1(True)로 세팅됩니다.

- Overflow Flag(OF)

    부호 있는 수(signed integer)의 오버플로가 발생했을 때 1로 세팅됩니다. 그리고 MSB(Most Significant Bit)가 변경되었을 때 1로 세팅됩니다.

- Carry Flag(CF)

    부호 없는 수(unsigned integer)의 오버플로가 발생했을 때 1로 세팅됩니다.

처음에는 OF와 CF가 발생하는 조건이 상당히 헷갈리고, 예상대로 되지 않는 경우가 많습니다. 많은 디버깅 경험을 쌓아나가면 점점 예상이 맞아갈 것입니다.

04 IA-32 Register 기본 설명 61

4) Instruction Pointer

- EIP : Instruction pointer

Instruction Pointer는 CPU가 처리할 명령어의 주소를 나타내는 레지스터이며, 크기는 32비트(4바이트)입니다(16비트의 IP 레지스터의 확장 형태입니다). CPU는 EIP에 저장된 메모리 주소의 명령어(instruction)를 하나 처리하고 난 후 자동으로 그 명령어 길이만큼 EIP를 증가시킵니다. 이런 식으로 계속 명령어를 처리해 나갑니다.

범용 레지스터들과는 다르게 EIP는 그 값을 직접 변경할 수 없도록 되어 있어서 다른 명령어를 통하여 간접적으로 변경해야 합니다. EIP를 변경하고 싶을 때는 특정 명령어(JMP, Jcc, CALL, RET)를 사용하거나 인터럽트(interrupt), 예외(exception)를 발생시켜야 합니다.

4.3. 마무리

지금까지 애플리케이션 디버깅에 필요한 IA-32 레지스터들에 대해서 간략히 살펴보았습니다. 디버깅의 기초는 어셈블리 명령어의 이해인데, 그 명령어의 많은 부분은 레지스터를 조작하는 내용이라서 레지스터를 잘 알면 디버깅을 하는 데 크게 도움이 될 것입니다. 향후 실력이 쌓이면 고급 디버깅(커널 디버깅, 안티 디버깅)을 위해서 IA-32 Architecture와 다른 레지스터도 공부하는 것이 좋습니다.

Q & A

Q. 역시 레지스터 어렵네요 ㅜㅜ

A. 처음에는 일단 General Purpose Register 8개와 각각의 쓰임새 정도만 알아두어도 됩니다. 디버깅을 많이 하다 보면 저절로 쓰임새를 알게 될 것입니다.

05
스택

로컬 변수 저장, 함수 파라미터 전달, 복귀 주소 저장 등의 다양한 용도로 사용되는 스택(Stack)에 대해 알아보겠습니다. 디버깅할 때 스택 메모리를 확인하는 일이 매우 많습니다. 따라서 스택의 동작 원리에 대해 잘 알아두면 디버깅 실력 향상에 크게 도움이 됩니다.

5.1. 스택

프로세스에서 스택 메모리의 역할은 아래와 같습니다.

1. 함수 내의 로컬 변수 임시 저장
2. 함수 호출 시 파라미터 전달
3. 복귀 주소(return address) 저장

위와 같은 역할을 수행하기에는 스택의 FILO(First In Last Out) 구조가 아주 유용합니다. 뒤에서 실습 예제를 통해서 확인해보겠습니다.

5.1.1. 스택의 특징

일반적으로 스택 메모리는 그림 5.1과 같이 표현합니다. 그림 5.1을 간단히 설명하겠습니다.

프로세스에서 스택 포인터(ESP)의 초기 값은 Stack Bottom쪽(그림 아래쪽)에 가깝습니다. PUSH 명령에 의해서 Stack에 값

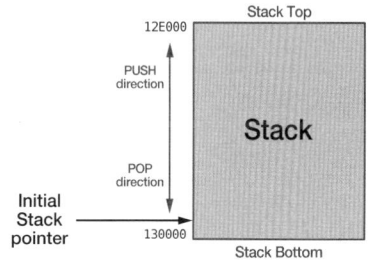

그림 5.1 스택

이 추가되면 스택 포인터는 Stack Top을 향해 (위쪽으로) 움직이고, POP 명령에 의해 스택에서 값이 제거되면 스택 포인터는 Stack Bottom을 향해 (아래쪽으로) 움직입니다. 즉 높은 주소에서 낮은 주소 방향으로 스택이 자라납니다. 위 그림으로 보면 아래에서 윗 방향으로 스택이 자랍니다. 이러한 스택의 특성 때문에 보통 "스택은 거꾸로 자란다."라는 표현을 쓰기도 합니다. 이렇게 하는 이유는 스택이라는 단어는 뭔가를 쌓는다는 뜻이기 때문에 쌓을수록 위로 올라오는 것이 더 직관적이기 때문입니다.

5.1.2. 스택 동작 예제

실제로 스택이 어떤 식으로 동작하는지 이해를 돕기 위해 OllyDbg를 이용해서 간단한 예제(Stack.exe)를 준비해봤습니다.

> **참고**
>
> 실습 예제 파일 Stack.exe는 스택 설명을 위하여 임의로 제작한 파일입니다. 내부의 실행 코드를 변경했기 때문에 그냥 실행하면 에러가 발생합니다. 또한 아래에 나타나는 레지스터 초기 값이나 스택의 초기 주소 등은 실행 환경에 따라서 달라질 수 있습니다. 실습에 참고하기 바랍니다.

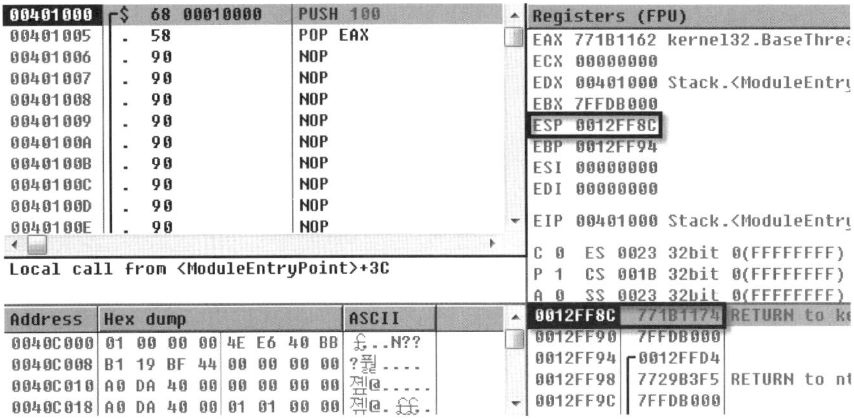

그림 5.2 초기 상태의 스택

그림 5.2는 초기 상태의 스택을 보여줍니다. 스택 포인터(ESP)의 값은 12FF8C입니다. 우측 하단의 스택 창을 보면 ESP가 가리키는 주소와 그 값을 보여줍니다.

StepInto[F7] 명령으로 401000 주소의 PUSH 100 명령을 실행합니다.

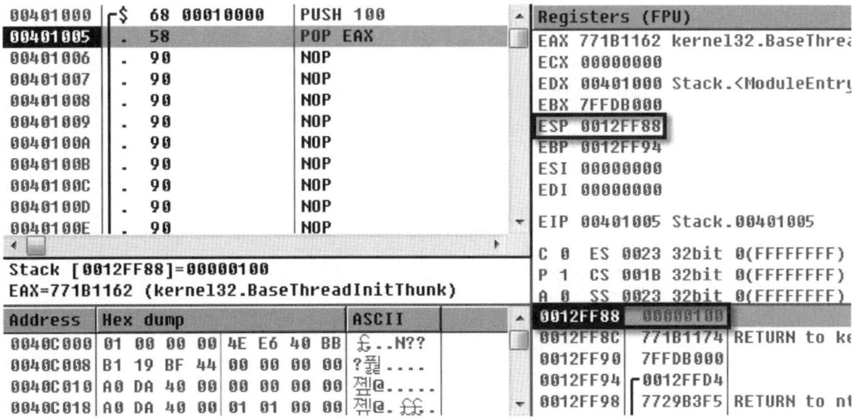

그림 5.3 PUSH 명령

　그림 5.3에서 ESP의 값은 12FF88로 4바이트만큼 줄어들었습니다. 그리고 현재 스택 포인터(ESP)가 가리키는 주소 12FF88에는 PUSH 명령에 의해 100이 저장되어 있습니다. 즉 스택에 값을 집어 넣었더니 ESP가 위쪽 방향으로 이동한 것을 볼 수 있습니다(ESP의 값이 4만큼 줄었습니다). 다시 한 번 StepInto[F7] 명령으로 401005 주소의 POP EAX 명령을 실행합니다.

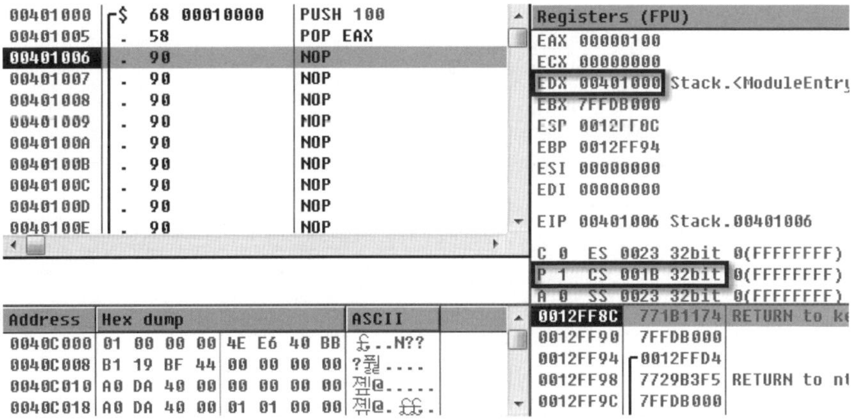

그림 5.4 POP 명령

　그림 5.4에서 ESP의 값은 4바이트만큼 증가하여 12FF8C로 되었고, 스택은 그림 5.2의 초기 상태와 같아졌습니다. 즉 스택에서 값을 꺼냈더니 ESP는 아래 방향으로 이동하였습니다. 스택에 값을 넣을 때와 꺼낼 때 스택 포인터의 변화는 다음과 같이 정리할 수 있습니다.

05 스택　65

스택에 값을 입력하면 스택 포인터(ESP)는 감소하고, 스택에서 값을 꺼내면 스택 포인터는 증가합니다.

위 정리와 더불어 스택 포인터의 초기 값은 스택 메모리의 아래쪽에 있다는 사실도 같이 알아두기 바랍니다. 이것이 스택의 특징입니다.

위의 간단한 예제는 스택에 값이 입력/출력될 때 스택 포인터의 변화를 잘 보여주고 있습니다. 응용 프로그램의 디버깅을 위하여 스택과 스택 포인터의 변화를 눈여겨보기 바랍니다.

06
abex' crackme #1 분석

아주 간단한 crackme 샘플을 분석하여 디버거와 디스어셈 코드에 익숙해집니다. 단순한 크랙(Crack)이 목표가 아니라 디스어셈 코드와 디버깅에 익숙해지는 것이 목표입니다.

crackme라는 프로그램은 말 그대로 크랙 연습 목적으로 작성되어 공개된 프로그램입니다. 리버싱을 처음 시작할 때 간단한 crackme를 분석해보면 실제로 디버거와 디스어셈 코드에 익숙해지는 효과가 있습니다. abex' crackme는 매우 간단해서 초보자에게 알맞고, 아주 유명하기 때문에 해외에는 물론 국내에도 abex' crackme를 설명한 사이트가 많이 있습니다. 자신이 크랙한 방법과 남들이 했던 방법을 비교할 수 있어서 좋겠죠?

6.1. abex' crackme #1

디버깅을 시작하기 전에 먼저 파일을 실행시켜서 어떤 프로그램인지 살펴봅니다.

그림 6.1 프로그램 실행

위 그림과 같이 "Make me think your HD is a CD-Rom." 메시지 박스가 출력됩니다. 처음에 전 이 영어 문장이 이해가 되지 않았습니다.

그러다 뒤의 CD-Rom 단어를 보고 HD가 HDD(Hard Disk Drive)를 의미한다
는 걸 간신히 추측했지요. 선택의 여지가 없으니 일단 [확인]을 눌러봅시다.

그림 6.2 메시지 박스 출력

다시 'Error' 메시지 박스가 출력되면서 종료되는군요. 그런데 아직 abex가 원
하는 게 뭔지 (뭘 어떻게 크랙하라는 건지) 정확히 이해할 수 없네요. 코드를 직접
보고 원하는 걸 파악해야겠습니다.

> **참고**
> crackme 샘플은 보통 serial key를 맞추는 것이 대부분인데 abex #1은 조금 특이합니다.

6.1.1. Start debugging

OllyDbg를 실행시켜 파일의 디스어셈 코드를 살펴봅니다.

그림 6.3 EP 코드

EP 코드가 매우 짧습니다. 지난번에 분석한 'HelloWorld.exe'와는 너무나 차이가 나네요. 이는 바로 abex' crackme 파일이 어셈블리 언어로 만들어진 실행 파일이기 때문에 그렇습니다.

VC++, VC, Delphi 등의 개발툴을 사용하면 자신이 작성한 소스코드 외에 컴파일러가 Stub Code를 추가시키기 때문에 디스어셈을 하면 복잡하게 보입니다. 하지만 어셈블리 언어로 작성하면 어셈 코드가 곧 디스어셈 코드가 됩니다. 군더더기 없는 직관적인 코드(EP에 main 함수가 바로 나타남)가 바로 어셈블리 언어로 개발했다는 증거입니다.

6.1.2. 코드 분석

코드가 매우 짧으므로 눈으로 슥 훑어보겠습니다. 그림 6.3에서 오른쪽 상단 부분의 Win32 API 함수 호출 위주로 살펴봅니다.

```
MessageBox("Make me think your HD is a CD-Rom.")
GetDriveType("C:\\")
...
MessageBox("Nah... This is not a CD-ROM Drive!")
MessageBox("OK, I really think that your HD is a CD-ROM! :p")
ExitProcess()
```

Windows 프로그래밍을 해보았으면 위 함수의 의미를 잘 알고 있을 것입니다. 이 코드를 보니 이제 제작자의 의도가 명확하게 이해됩니다. GetDriveType() API로 C 드라이브의 타입을 얻어오는데(대부분 HDD 타입이 리턴되겠죠), 이걸 조작해서 CD-ROM 타입으로 인식하도록 만들어서 "OK, I really think that your HD is a CD-ROM! :p" 메시지 박스가 출력되도록 하면 되는 거였습니다. Crackme 첫 시간이므로 라인별 상세 분석을 해보겠습니다.

```
; MessageBoxA() 호출
00401000    PUSH 0          ; Style = MB_OK|MB_APPLMODAL
00401002    PUSH 402000     ; Title = "abex' 1st crackme"
00401007    PUSH 402012     ; Text = "Make me think your HD is a CD-
                              Rom."
```

```
0040100C    PUSH 0                  ; hOwner = NULL
0040100E    CALL 00401061           ; MessageBoxA
                                    ; 함수내부에서 ESI = FFFFFFFF로 세팅됩니다.

; GetDriveTypeA() 호출
00401013    PUSH 402094             ; RootPathName = "c:\\"
00401018    CALL 00401055           ; GetDriveTypeA
                                    ; 리턴 값(EAX)은 3(DRIVE_FIXED)입니다.

0040101D    INC ESI                 ; ESI = 0
0040101E    DEC EAX                 ; EAX = 2
0040101F    JMP SHORT 00401021      ; 의미 없는 JMP 명령(garbage code)
00401021    INC ESI                 ; ESI = 1
00401022    INC ESI                 ; ESI = 2
00401023    DEC EAX                 ; EAX = 1

; 조건분기 (401028 또는 40103D)
00401024    CMP EAX,ESI             ; EAX(1)와 ESI(2) 비교
00401026    JE SHORT 0040103D       ; JE(Jump if Equal) 조건 분기 명령
                                    ; 두 값이 같으면 40103D로 점프하고,
                                    ; 다르면 그냥 밑(401028)으로 진행
                                    ; 40103D 주소는 제작자가 원하는 메시지 박스 출력 코드

; 실패 MessageBoxA() 호출
00401028    PUSH 0                  ; Style = MB_OK|MB_APPLMODAL
0040102A    PUSH 402035             ; Title = "Error"
0040102F    PUSH 40203B             ; Text = "Nah... This is not a CD-ROM
                                    ;         Drive!"
00401034    PUSH 0                  ; hOwner = NULL
00401036    CALL 00401061           ; MessageBoxA
0040103B    JMP SHORT 00401050

; 성공 MessageBoxA() 호출
0040103D    PUSH 0                  ; Style = MB_OK|MB_APPLMODAL
0040103F    PUSH 40205E             ; Title = "YEAH!"
00401044    PUSH 402064             ; Text = "Ok, I really think that your HD
                                    ;         is a CD-ROM! :p"
00401049    PUSH 0                  ; hOwner = NULL
0040104B    CALL 00401061           ; MessageBoxA

; 프로세스 종료
00401050    CALL 0040105B           ; ExitProcess
```

위 코드에서 사용된 어셈블리 명령어는 별로 어렵지 않습니다. 하지만 어셈블리 코드에 익숙하지 않은 분은 주석을 보면서 각 명령어의 의미를 잘 익혀두기 바랍니다.

> **참고**
>
> 위 코드에서 사용된 어셈블리 명령어 설명
>
> | 명령어 | 설명 |
> |---|---|
> | PUSH | 스택에 값을 입력 |
> | CALL | 지정된 주소의 함수를 호출 |
> | INC | 값을 1 증가 |
> | DEC | 값을 1 감소 |
> | JMP | 지정된 주소로 점프 |
> | CMP | 주어진 두 개의 operand 비교
* SUB 명령어와 동일하나 operand 값이 변경되지 않고 EFLAGS 레지스터만 변경됨
  (두 operand의 값이 동일하다면 SUB 결과는 0이고 ZF = 1로 세팅됨) |
> | JE | 조건 분기(Jump if equal)
* ZF = 1이면 점프 |

6.2. 크랙

이제 코드를 패치해서 프로그램을 크랙해보도록 하겠습니다.

> **참고**
>
> 리버싱에서 기존이 코드(혹은 데이터)를 의도적으로 다른 코드로 덮어 쓰는 행위를 "패치시킨다"라고 말합니다.

단순 패치가 목적이라면 401026 주소 명령어(JE SHORT 0040103D)를 'Assemble' 기능[Space]을 이용하여 JMP 0040103D 명령어로 변경하면 됩니다.

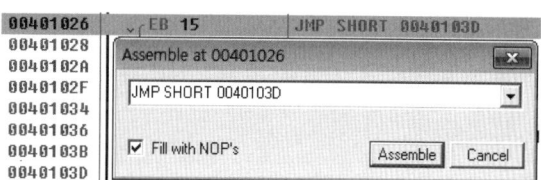

그림 6.4 Assemble 명령

즉 조건 분기(JE) 명령어를 점프(JMP) 명령어로 바꾸는 것입니다(CMP 명령어의 결과에 상관없이 무조건 점프해버립니다). 매우 간단하지요.

파일로 만들고 싶을 땐 'Copy to executable' 메뉴를 사용하면 됩니다(OllyDbg 기능 설명은 'HelloWorld.exe' 참고).

6.3. 스택에 파라미터를 전달하는 방법

이 장을 마무리하기 전에 리버싱에서 중요한 개념에 대해서 설명하겠습니다. 앞서 나온 코드에서 눈여겨봐야 할 것은 함수 호출 시 스택에 파라미터를 전달하는 방법입니다.

아래에 00401000~0040100E 주소 사이의 명령어를 보면 MessageBoxA( ) 함수를 호출하기 전에 4번의 PUSH 명령어를 사용하여 필요한 파라미터를 역순으로 입력하고 있습니다.

```
00401000        PUSH 0              ; Style = MB_OK|MB_APPLMODAL
00401002        PUSH 402000         ; Title = "abex' 1st crackme"
00401007        PUSH 402012         ; Text = "Make me think your HD is a CD-Rom."
0040100C        PUSH 0              ; hOwner = NULL
0040100E        CALL 00401061       ; MessageBoxA
```

위 어셈블리 코드를 C 언어로 번역하면 아래와 같습니다.

```
MessageBox(NULL, "Make me think your HD is a CD-Rom.", "abex' 1st crackme", MB_OK|MB_APPLMODAL);
```

실제 C 언어 소스코드에서 함수에 넘기는 파라미터의 순서가 어셈블리 언어에서는 역순으로 넘어간다는 것을 알아두면 됩니다. 그런데 왜 역순으로 입력할까요? 이 내용을 이해하려면 스택 메모리 구조(FILO: First In Last Out 또는 LIFO: Last In First Out)를 떠올리면 됩니다.

"스택은 FILO 구조이기 때문에 파라미터를 역순으로 넣어주면 받는 쪽(MessageBoxA 함수 내부)에서 올바른 순서로 꺼낼 수 있다"

디버거를 이용해서 EIP = 0040100E 시점까지 진행한 다음 스택을 보면 그림 6.5와 같습니다.

```
0012FFB4  00000000   hOwner = NULL
0012FFB8  00402012   Text = "Make me think your HD is a CD-Rom."
0012FFBC  00402000   Title = "abex' 1st crackme"
0012FFC0  00000000  └Style = MB_OK|MB_APPLMODAL
```

그림 6.5 스택

x86 환경에서 스택은 아래로 자라기(주소가 작아지는 방향으로 진행 - 스택에 값을 입력하면 ESP 값은 작아짐) 때문에 디버거에서 스택을 보면 그림 6.5처럼 MessageBoxA() 함수의 첫째 파라미터가 스택의 제일 위에 보이고, 마지막(넷째) 파라미터가 아래에 쌓입니다(PUSH 명령 순서를 따라가 보면 이해하기 쉽습니다).

```
0012FFB4    00000000    hOwner = NULL (1st param)
0012FFB8    00402012    Text = "Make me think your HD is a CD-Rom." (2nd param)
0012FFBC    00402000    Title = "abex' 1st crackme" (3rd param)
0012FFC0    00000000    Style = MB_OK|MB_APPLMODAL (4th param)
```

따라서 MessageBoxA() 함수 내부에서는 스택에서 파라미터를 하나씩 꺼내게 될 텐데, 스택의 FILO 구조에 따라서 첫 번째 파라미터부터 꺼낼 수 있게 되는 것입니다. 즉 파라미터를 꺼내서 사용하는 MessageBoxA() 함수 입장에서는 스택에 파라미터의 순서대로 들어 있는 셈이 되는 것입니다.

6.4. 마무리

매우 간단한 크랙이지만 처음 접하시는 분들을 위해서 상세한 설명을 하였습니다. 크랙은 그냥 리버싱 처음 배울 때 디버깅 연습용으로만 사용하는 것이 좋습니다. 또한 핵심 원리를 파악하여 고급 리버싱을 할 수 있는 기초를 마련하는 데 더 힘을 쏟아야할 것입니다.

Q & A

Q. 코드 분석할 때 MessageBoxA()의 주석을 읽어보면 ESI가 0xFFFFFFFF로 세팅된다고 했는데 그걸 어떻게 알 수 있나요?

A. MessageBoxA() 호출 주소에서 StepOver[F8]해보면 ESI가 변경된다는 것을 알 수 있습니다. 이처럼 Win32 API를 호출하고 나면 특정 레지스터 값이 변경되는 경우가 있습니다. Win32 어셈블리 프로그래밍을 할 때는 이런 점을 주의해야 합니다.

Q. Garbage Code는 왜 존재하는 거죠?

A. 디버깅을 방해하고 리버서를 혼란시키기 위해서 일부러 추가시킨 것입니다.

Q. 401023 주소의 'DEC EAX' 명령어를 'NOP'로 패치한 후 파일로 저장하였습니다. 이상하게도 그냥 실행시키면 크랙이 안 되었다고 나오고, 디버거에 올려서 실행하면 크랙이 잘 되었다고 나옵니다. 왜 이런 현상이 나타나는지 궁금합니다.

A. 그런 시도 자체는 매우 좋습니다. 하지만 이 샘플에서만큼은 그 패치 위치가 좋지 않았습니다. Win XP/7에서 결과 값이 다르고, OllyDbg 1.1/2.0에서도 다릅니다. 정석은 없습니다만, 되도록이면 이러한 외부 영향을 덜 받을 수 있는 조건 분기 명령어를 패치하는 것이 좋습니다. 다양한 호기심과 실험정신은 리버싱 실력 향상에 크게 도움이 되는 좋은 습관입니다. 이런 식의 시행착오를 많이 경험해보면 훌륭한 리버서가 될 수 있을 것입니다.

07
스택 프레임

프로그램에서 선언되는 로컬 변수와 함수 호출에 사용되는 스택 프레임(Stack Frame)에 대해 알아봅니다. 스택 프레임을 이해하고 나면 스택에 저장된 함수 파라미터와 함수 로컬 변수 등이 쉽게 파악되기 때문에 디버깅할 때 큰 도움이 됩니다.

목표
· 스택 프레임의 동작 원리를 이해
· 간단한 프로그램을 만들고 디버거를 이용해서 스택 프레임을 확인
· 간단한 어셈블리 명령어의 상세 설명

7.1. 스택 프레임

스택 프레임이란 쉽게 말해서 - ESP(스택 포인터)가 아닌 - EBP(베이스 포인터) 레지스터를 사용하여 스택 내의 로컬 변수, 파라미터, 복귀 주소에 접근하는 기법을 말합니다. 이미 'IA-32 Register 기본 설명'에서 ESP 레지스터가 스택 포인터 역할을 하고, EBP 레지스터는 베이스 포인터 역할을 한다고 설명했습니다. ESP 레지스터의 값은 프로그램 안에서 수시로 변경되기 때문에 스택에 저장된 변수, 파라미터에 접근하고자 할 때 ESP 값을 기준으로 하면 프로그램을 만들기 힘들고, CPU가 정확한 위치를 참고할 때 어려움이 있습니다. 따라서 어떤 기준 시점(함수 시작)의 ESP 값을 EBP에 저장하고 이를 함수 내에서 유지해주면, ESP 값이 아무리 변하더라도 EBP를 기준(base)으로 안전하게 해당 함수의 변수, 파라미터, 복귀 주소에 접근할 수 있습니다. 이것이 바로 EBP 레지스터의 베이스 포인터 역할입니다.

스택 프레임을 어셈블리 코드로 보면 이런 형식입니다.

```
코드 7.1 스택 프레임의 구조
PUSH EBP               ; 함수 시작 (EBP를 사용하기 전에 기존의 값을 스택에 저장)
MOV EBP, ESP           ; 현재의 ESP(스택포인터)를 EBP에 저장

...                    ; 함수 본체
                       ; 여기서 ESP가 변경되더라도 EBP가 변경되지 않으므로
                       ; 안전하게 로컬 변수와 파라미터를 엑세스할 수 있음

MOV ESP, EBP           ; ESP를 정리 (함수 시작했을 때의 값으로 복원시킴)
POP EBP                ; 리턴되기 전에 저장해 놓았던 원래 EBP 값으로 복원
RETN                   ; 함수 종료
```

스택 프레임을 이용해서 함수 호출을 관리하면, 아무리 함수 호출 depth가 깊고 복잡해져도 스택을 완벽하게 관리할 수 있습니다.

> **참고**
> - 최신 컴파일러는 최적화(Optimization) 옵션을 가지고 있어서 간단한 함수 같은 경우에 스택 프레임을 생성하지 않습니다.
> - 스택에 복귀 주소가 저장된다는 점이 보안 취약점으로 작용할 수 있습니다. buffer overflow 기법을 사용하여 복귀 주소가 저장된 스택 메모리를 의도적으로 다른 값으로 변경할 수 있습니다.

7.2. 실습 예제 - stackframe.exe

스택 프레임의 설명을 위해서 아주 간단한 프로그램을 만들어 보겠습니다.

7.2.1. StackFrame.cpp

```cpp
코드 7.2 StackFrame.cpp
// StackFrame.cpp

#include "stdio.h"

long add(long a, long b)
{
    long x = a, y = b;

    return (x + y);
}

int main(int argc, char* argv[])
{
```

```
    long a = 1, b = 2;

    printf("%d\n", add(a, b));

    return 0;
}
```

> 참고
>
> 스택 프레임이 잘 적용되기 위해서는 Visual C++의 최적화 옵션을 끄고(/Od) 빌드해야 합니다.

OllyDbg로 StackFrame.exe 파일을 열고 401000 주소로 갑니다(Go to 명령 [Ctrl+G]).

```
00401000  r$ 55             PUSH EBP                          # add()
00401001   . 8BEC           MOV EBP,ESP
00401003   . 83EC 08        SUB ESP,8
00401006   . 8B45 08        MOV EAX,DWORD PTR SS:[EBP+8]      [EBP+8] => param 'a'
00401009   . 8945 F8        MOV DWORD PTR SS:[EBP-8],EAX      [EBP-8] => local 'x'
0040100C   . 8B4D 0C        MOV ECX,DWORD PTR SS:[EBP+C]      [EBP+C] => param 'b'
0040100F   . 894D FC        MOV DWORD PTR SS:[EBP-4],ECX      [EBP-4] => local 'y'
00401012   . 8B45 F8        MOV EAX,DWORD PTR SS:[EBP-8]
00401015   . 0345 FC        ADD EAX,DWORD PTR SS:[EBP-4]
00401018   . 8BE5           MOV ESP,EBP
0040101A   . 5D             POP EBP
0040101B   L. C3            RETN
0040101C     CC             INT3
0040101D     CC             INT3
0040101E     CC             INT3
0040101F     CC             INT3
00401020  r$ 55             PUSH EBP                          # main()
00401021   . 8BEC           MOV EBP,ESP
00401023   . 83EC 08        SUB ESP,8
00401026   . C745 FC 0100   MOV DWORD PTR SS:[EBP-4],1        [EBP-4] => local 'a'
0040102D   . C745 F8 0200   MOV DWORD PTR SS:[EBP-8],2        [EBP-8] => local 'b'
00401034   . 8B45 F8        MOV EAX,DWORD PTR SS:[EBP-8]
00401037   . 50             PUSH EAX
00401038   . 8B4D FC        MOV ECX,DWORD PTR SS:[EBP-4]      rArg2 = 00000002
0040103B   . 51             PUSH ECX                          Arg1 = 00000001
0040103C   . E8 BFFFFFFF    CALL 00401000                     Ladd()
00401041   . 83C4 08        ADD ESP,8
00401044   . 50             PUSH EAX
00401045   . 68 84340000    PUSH 0040B384                     ASCII "%d\n"
0040104A   . E8 18000000    CALL 00401067                     printf()
0040104F   . 83C4 08        ADD ESP,8
00401052   . 33C0           XOR EAX,EAX
00401054   . 8BE5           MOV ESP,EBP
00401056   . 5D             POP EBP
00401057   L. C3            RETN
```

그림 7.1 디버거 화면

> 참고
>
> 그림 7.1에서 오른쪽의 주석(Comment)은 제가 입력한 것이므로 여러분의 환경에서는 다르게 표시될 것입니다.

어셈블리 언어에 익숙하지 않은 분이라면 이해하기 힘든 코드입니다. 그림 7.1 의 코드를 아주 상세하게 설명해보도록 하겠습니다. 원본 C 소스코드와 그에 대응되는 어셈블리 코드를 하나씩 살펴보고 각 단계별로 스택의 모습을 지켜보면 쉽게 이해할 수 있습니다.

7.2.2. main( ) 함수 시작 & 스택 프레임 생성

> StackFrame.cpp에서 아래 코드 부분에 해당되는 내용입니다.
> ```
> int main(int argc, char* argv[])
> {
> ```

코드 흐름의 순서에 맞게 main( ) 함수부터 살펴보겠습니다. main( ) 함수(401020) 에 BP(Break Point)를 설치[F2]한 후 실행[F9]하세요. main( ) 함수의 BP에서 멈출 것입니다.

먼저 main( ) 함수 시작 시 스택의 상태는 그림 7.2와 같습니다. 이제부터 이 스택의 상태 변화를 유심히 지켜보기 바랍니다.

```
Registers (FPU)
ESP 0012FF44
EBP 0012FF88

0012FF44    00401250  RETURN to StackFra.0
0012FF48    00000001
0012FF4C    004E1910
0012FF50    004E1948
0012FF54    1E9E7F24
0012FF58    00000000
0012FF5C    00000000
0012FF60    7FFDF000
0012FF64    0012FF74
0012FF68    00000000
```

그림 7.2 스택의 초기 값

그림 7.2를 보면 현재의 ESP = 12FF44이고, EBP = 12FF88입니다. 특히 ESP (12FF44)에 저장된 값 401250은 main( ) 함수의 실행이 끝난 후 돌아갈 리턴 주소 (Return Address)라는 걸 알아두기 바랍니다.

참고 ─────
여러분의 실행환경에 따라서 그림 7.2의 주소와 값은 다르게 보일 수 있습니다.

main() 함수는 시작하자마자 스택 프레임을 생성시킵니다.

```
00401020    PUSH EBP                                ; # main()
```

'PUSH'는 값을 스택에 집어넣는 명령입니다. 위 명령의 해석은 'EBP 값을 스택에 집어넣어라'입니다. main() 함수에서 EBP가 베이스 포인터의 역할을 하게 될 테니 EBP가 이전에 가지고 있던 값을 스택에 백업해두기 위한 용도로 사용됩니다(나중에 main() 함수가 종료(리턴)되기 전에 이 값을 회복시켜 줍니다).

```
00401021    MOV EBP,ESP
```

'MOV' 명령은 데이터를 옮기는 명령이므로 위 명령을 해석하면 'ESP의 값을 EBP로 옮겨라'입니다. 즉 이 명령 이후부터 EBP는 현재 ESP와 같은 값을 가지게 됩니다. 그리고 main() 함수 끝날 때까지는 EBP 값은 고정됩니다. 이 말의 의미는 스택에 저장된 함수 파라미터와 로컬 변수들은 EBP를 통해 접근(Access)하겠다는 것입니다. 401020과 401021 주소의 두 명령어에 의해서 main() 함수에 대한 스택 프레임이 생성되었습니다(다른 말로 EBP가 세팅되었다고 합니다).

OllyDbg의 스택 창을 선택한 후 마우스 우측 메뉴에서 Address - Relative to EBP를 선택해 주세요(그림 7.3 참고).

그림 7.3 Relative to EBP 메뉴 선택

이제부터 OllyDbg의 스택 창에서 EBP 위치를 확인할 수 있습니다. 여기까지 실행 후 스택의 상태입니다(EBP 기준으로 표시되기 때문에 좀 더 직관적으로 보입니다).

```
Registers (FPU)                      <    <
ESP   0012FF40
EBP   0012FF40
EBP ==>   0012FF40   ┌0012FF88
EBP+4     0012FF44   │00401250   RETURN to StackFra.0
EBP+8     0012FF48   │00000001
EBP+C     0012FF4C   │004E1910
EBP+10    0012FF50   │004E1948
EBP+14    0012FF54   │1E9E7F24
EBP+18    0012FF58   │00000000
EBP+1C    0012FF5C   │00000000
EBP+20    0012FF60   │7FFDF000
EBP+24    0012FF64   │0012FF74
```

그림 7.4 스택에 백업된 EBP 초기 값

그림 7.4를 보면 현재 EBP 값은 12FF40으로 ESP와 동일하고, 12FF40 주소에는 12FF88이라는 값이 저장되어 있습니다. 12FF88은 main() 함수 시작할 때 EBP가 가지고 있던 초기 값입니다.

7.2.3. 로컬 변수 세팅

> StackFrame.cpp에서 아래 코드 부분에 해당되는 내용입니다.
> `long a = 1, b = 2;`

스택에 main() 함수의 로컬 변수(a, b)를 위한 공간을 만들고 값을 입력합니다. 코드 7.2의 main() 함수에서 선언된 변수 a, b가 어떻게 스택 메모리에 생성되고 관리되는지 잘 살펴보기 바랍니다. 이제부터 스택의 비밀이 밝혀집니다.

```
00401023        SUB ESP,8
```

'SUB'는 빼기 명령어입니다. 이 명령어를 해석하면 'ESP 값에서 8을 빼라'는 뜻입니다. 현재 ESP = 12FF40입니다(그림 7.4 참고). ESP에서 8을 빼는 이유가 뭘까요? 함수의 로컬 변수는 스택에 저장된다고 했습니다. main() 함수의 로컬 변수는 'a'와 'b'입니다(코드 7.2 참고). 그리고 'a'와 'b'는 long 타입이므로 각각 4바이트 크기를 가집니다. 이 두 변수를 스택에 저장하기 위해서는 총 8바이트가 필요하겠지요?

그래서 ESP에서 8을 빼서 두 변수에게 필요한 메모리 공간을 확보(예약)한 것입니다. 이제 main() 함수 내에서 ESP 값이 아무리 변해도 'a'와 'b' 변수를 위해서 확보한 스택 영역은 훼손되지 않습니다. EBP 값은 main() 함수 내에서 고정이므로 이를 기준으로 삼아서 로컬 변수에 엑세스할 수 있습니다. 아래 코드를 보죠.

```
00401026    MOV DWORD PTR SS:[EBP-4],1    ; [EBP-4] = local 'a'
0040102D    MOV DWORD PTR SS:[EBP-8],2    ; [EBP-8] = local 'b'
```

어셈블리 언어를 처음 접하시는 분들에게는 위 명령어 형식(DWORD PTR SS:[EBP-4])이 좀 생소하게 보일겁니다. 어렵게 생각하지 말고 그냥 C 언어의 포인터와 같은 개념으로 생각하면 됩니다.

어셈블리 언어	C 언어	Type casting
DWORD PTR SS:[EBP-4]	*(DWORD*)(EBP-4)	DWORD (4 바이트)
WORD PTR SS:[EBP-4]	*(WORD*)(EBP-4)	WORD (2 바이트)
BYTE PTR SS:[EBP-4]	*(BYTE*)(EBP-4)	BYTE

표 7.1 어셈블리와 C 언어의 포인터 구문 형식

위와 같은 프로그래밍 언어의 포인터 명령어를 우리말로 해석하면 많이 어색하긴 합니다만, 최대한 간결히게 번역해보면 "EBP-4 주소에서 4바이트 크기의 메모리 내용"이라고 할 수 있겠죠.

> **참고**
>
> DWORD PTR SS:[EBP-4] 구문에서 SS(Stack Segment)를 같이 표시하는 이유는 일단 Windows에서 세그먼트 메모리 모델(Segment Memory Model)을 사용하기 때문에 해당 메모리가 어떤 세그먼트에 소속되어 있는지 표시해주는 것입니다. 실제로는 32비트 Windows OS에서 SS(Stack Segment), DS(Data Segment), ES(Extra data Segment)의 값은 모두 0입니다. 따라서 이런 식으로 세그먼트를 붙여주는 것에 큰 의미는 없습니다. EBP와 ESP는 스택을 가리키는 레지스터들이기 때문에 SS 레지스터를 붙여준 것입니다. 참고로 'DWORD PTR'과 'SS:' 등의 문자열은 OllyDbg 옵션에서 보이지 않게 할 수 있습니다.

이제 다시 위의 두 MOV 명령어들을 해석해보면 '[EBP-4]에는 1을 넣고, [EBP-8]에는 2를 넣어라'입니다. 즉 [EBP-4]는 로컬 변수 a를 의미하고 [EBP-8]은 로컬 변수 b를 의미하는 것입니다. 여기까지 실행한 후의 스택 상태는 그림 7.5와 같습니다.

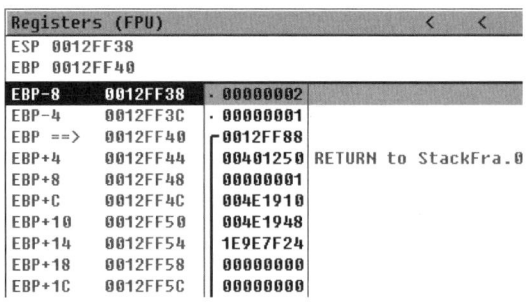

그림 7.5 변수 a, b

7.2.4. add( ) 함수 파라미터 입력 및 add( ) 함수 호출

StackFrame.cpp에서 아래 코드 부분에 해당되는 내용입니다.

printf("%d\n", add(a, b));

```
00401034    MOV EAX,DWORD PTR SS:[EBP-8]    ; [EBP-8] = b
00401037    PUSH EAX                        ; Arg2 = 00000002
00401038    MOV ECX,DWORD PTR SS:[EBP-4]    ; [EBP-4] = a
0040103B    PUSH ECX                        ; Arg1 = 00000001
0040103C    CALL 00401000                   ; add()
```

위 어셈블리 코드는 전형적인 함수 호출 과정을 보여줍니다. 40103C 주소의 CALL 401000 명령어에서 401000 함수가 바로 add( ) 함수입니다. 코드 7.2에서 add( ) 함수는 파라미터로 a와 b를 받습니다. 위 401034~40103B 주소의 코드에서 변수 a, b를 스택에 넣고 있습니다. 주목할 내용은 파라미터가 C 언어의 입력 순서와는 반대로 스택에 저장된다는 것입니다(이를 함수 파라미터의 역순 저장이라고 합니다). 즉 변수 b ([EBP-8])가 스택에 먼저 들어가고 변수 a ([EBP-4])가 나중에 들어갑니다. 여기까지 실행한 후 스택의 모습은 그림 7.6과 같습니다.

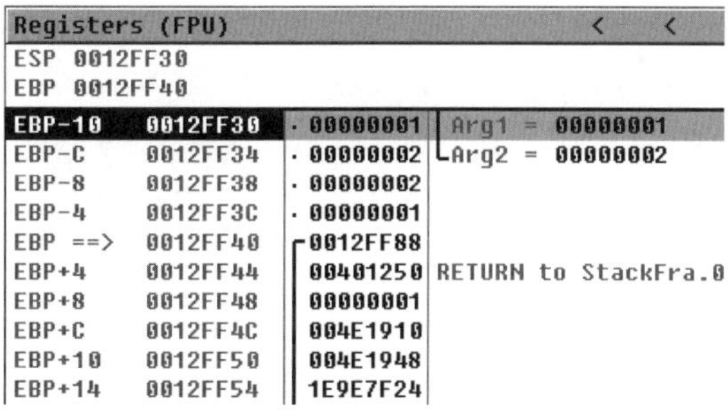

```
Registers (FPU)
ESP  0012FF30
EBP  0012FF40
EBP-10    0012FF30   · 00000001   Arg1 = 00000001
EBP-C     0012FF34   · 00000002   Arg2 = 00000002
EBP-8     0012FF38   · 00000002
EBP-4     0012FF3C   · 00000001
EBP ==>   0012FF40   ┌0012FF88
EBP+4     0012FF44    00401250  RETURN to StackFra.0
EBP+8     0012FF48    00000001
EBP+C     0012FF4C    004E1910
EBP+10    0012FF50    004E1948
EBP+14    0012FF54    1E9E7F24
```

그림 7.6 add( ) 함수 파라미터 입력

이제 add( ) 함수(401000) 안으로 따라 들어가 보겠습니다.

복귀 주소

CALL 명령어가 실행되어 해당 함수로 들어가기 전에 CPU는 무조건 해당 함수가 종료될 때 복귀할 주소(return address)를 스택에 저장합니다. 그림 7.1을 보면 40103C 주소에서 add( ) 함수를 호출하였고, 그 다음 명령어의 주소는 401041입니다. 따라서 add( ) 함수의 실행이 완료되면 401041 주소로 돌아와야 합니다. 이 주소(401041)가 바로 add( ) 함수의 복귀 주소입니다. 40103C 주소의 CALL 명령어를 실행한 후 스택의 모습입니다.

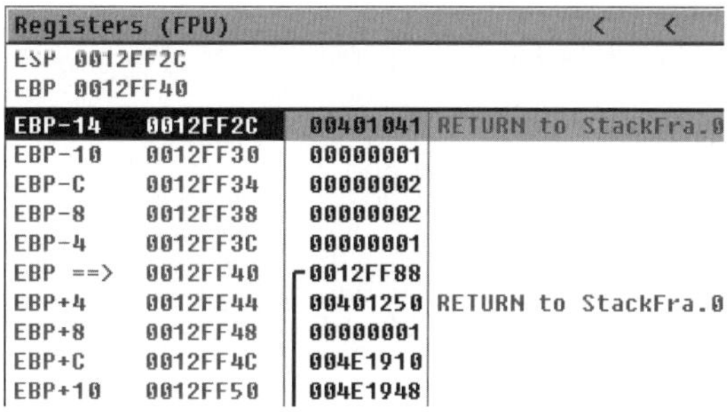

```
Registers (FPU)
ESP  0012FF2C
EBP  0012FF40
EBP-14    0012FF2C    00401041  RETURN to StackFra.0
EBP-10    0012FF30    00000001
EBP-C     0012FF34    00000002
EBP-8     0012FF38    00000002
EBP-4     0012FF3C    00000001
EBP ==>   0012FF40   ┌0012FF88
EBP+4     0012FF44    00401250  RETURN to StackFra.0
EBP+8     0012FF48    00000001
EBP+C     0012FF4C    004E1910
EBP+10    0012FF50    004E1948
```

그림 7.7 add( ) 함수의 복귀 주소

7.2.5. add( ) 함수 시작 & 스택 프레임 생성

StackFrame.cpp에서 아래 코드 부분에 해당되는 내용입니다.

```
long add(long a, long b)
{
```

add( ) 함수가 시작되면 자신만의 스택 프레임을 따로 생성합니다.

```
00401000    PUSH EBP
00401001    MOV EBP,ESP
```

코드는 main( ) 함수의 그것과 완전히 동일합니다. 원래의 EBP 값(main( ) 함수의 Base Pointer)을 스택에 저장 후 현재의 ESP(Stack Pointer)를 EBP에 입력합니다. 이제 add( ) 함수의 스택 프레임이 생성되었습니다. add( ) 함수 내에서 EBP 값은 고정됩니다. 여기까지 실행한 후 스택의 모습은 그림 7.8과 같습니다.

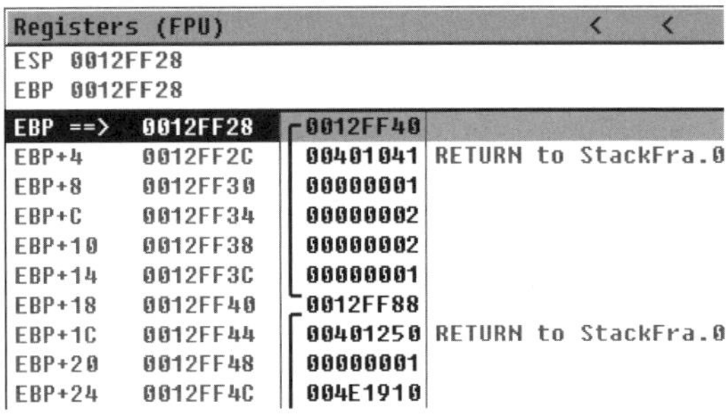

그림 7.8 add( ) 함수의 스택 프레임

위 그림을 보면 main( ) 함수에서 사용되던 EBP 값(12FF40)을 스택에 백업한 후 EBP는 12FF28로 새롭게 세팅된 것을 확인할 수 있습니다.

7.2.6. add( ) 함수의 로컬 변수(x, y) 세팅

> StackFrame.cpp에서 아래 코드 부분에 해당되는 내용입니다.
> long x = a, y = b;

add( ) 함수의 로컬 변수 x, y에 각각 파라미터 a, b를 대입합니다. 함수 내에서 파라미터와 로컬 변수가 어떤 식으로 표시되는지 주의 깊게 보기 바랍니다

```
00401003    SUB ESP,8
```

로컬 변수 x, y에 대한 스택 메모리 영역(8바이트)을 확보합니다.

```
00401006    MOV EAX,DWORD PTR SS:[EBP+8]        ; [EBP+8] = param a
00401009    MOV DWORD PTR SS:[EBP-8],EAX        ; [EBP-8] = local x
0040100C    MOV ECX,DWORD PTR SS:[EBP+C]        ; [EBP+C] = param b
0040100F    MOV DWORD PTR SS:[EBP-4],ECX        ; [EBP-4] = local y
```

add() 함수에서 새롭게 스택 프레임이 생성되면서 EBP 값이 변하였습니다. 따라서 [EBP+8], [EBP+C]가 각각 파라미터 a, b를 가리킵니다(그림 7.8 참고). 그리고 [EBP-8], [EBP-4]는 각각 add() 함수의 로컬 변수 x, y를 의미합니다. 그림 7.9는 여기까지 실행한 후 스택의 모습입니다.

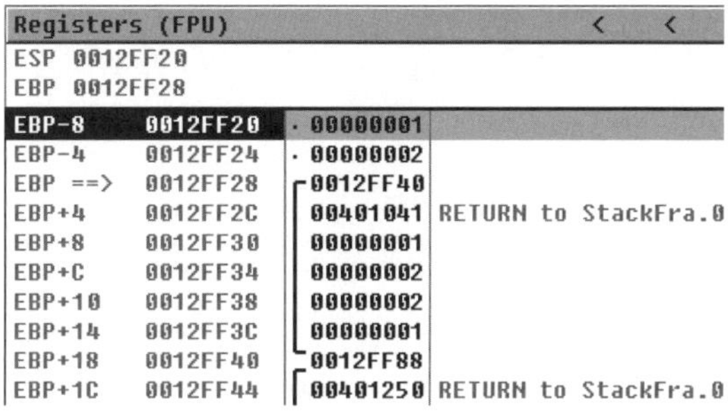

그림 7.9 add() 함수의 로컬 변수 x, y

7.2.7. ADD 연산

> StackFrame.cpp에서 아래 코드 부분에 해당되는 내용입니다.
> return (x + y);

```
00401012    MOV EAX,DWORD PTR SS:[EBP-8]  ; [EBP-8] = local x
```

변수 x의 값([EBP-8] = 1)을 EAX에 넣습니다.

```
00401015    ADD EAX,DWORD PTR SS:[EBP-4]  ; [EBP-4] = local y
```

'ADD' 명령어는 덧셈 연산 명령어입니다. EAX에 변수 y의 값([EBP-4] = 2)을 더합니다. EAX의 값은 3이 되었습니다.

4장에서 EAX는 '범용 레지스터'로 산술 연산에 사용되며, 또 다른 특수 용도로는 리턴 값으로 사용된다고 설명하였습니다. 위와 같이 함수가 리턴하기 직전에 EAX에 어떤 값을 입력하면 그대로 리턴 값이 됩니다. 이 연산 과정에서 스택은 변하지 않았기 때문에 그림 7.9와 같습니다.

7.2.8. add( ) 함수의 스택 프레임 해제 & 함수 종료(리턴)

> StackFrame.cpp에서 아래 코드 부분에 해당되는 내용입니다.
> ```
> return (x + y);
> }
> ```

이제 add( ) 함수가 리턴되어야 합니다. 그 전에 add( ) 함수의 스택 프레임을 해제해야 하지요.

```
00401018        MOV   ESP,EBP
```

현재의 EBP 값을 ESP에 대입합니다. 이 명령어는 앞에서 실행된 401001 주소의 MOV EBP, ESP 명령어에 대응하는 것입니다. 즉 add( ) 함수 시작할 때의 ESP 값(12FF28)을 EBP에 넣어 두었다가 함수가 종료될 때 ESP를 원래대로 복원시키는 목적으로 사용하는 것입니다.

> **참고**
> 위 명령에 의해서 401003 주소의 SUB ESP, 8 명령의 효과는 사라집니다. 즉 add( ) 함수의 로컬 변수 x, y는 더 이상 유효하지 않습니다.

```
0040101A        POP   EBP
```

add( ) 함수가 시작되면서 스택에 백업한 EBP 값을 복원합니다. 이 명령어는 앞에서 실행된 401000 주소의 PUSH EBP 명령에 대응하는 것입니다. 복원된 EBP 값은 12FF40이며, 이 값은 main( ) 함수의 EBP 값입니다. 이제 add( ) 함수의 스택 프레임은 해제되었습니다.

여기까지 실행한 후 스택의 모습은 그림 7.10과 같습니다.

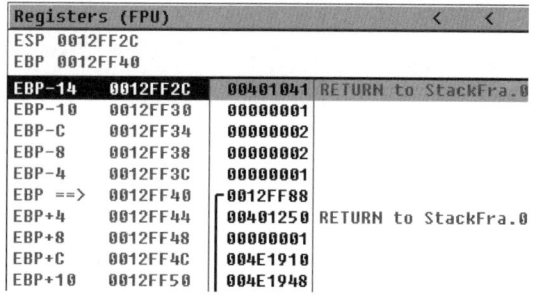

그림 7.10 add() 함수의 스택 프레임 해제

그림 7.10을 보면 ESP = 12FF2C이고, 그 주소의 값은 401041입니다. 이 값은 앞에서 CALL 401000 명령에서 CPU가 스택에 입력한 복귀 주소입니다.

```
0040101B    RETN
```

위와 같이 RETN 명령어가 실행되면 스택에 저장된 복귀 주소로 리턴합니다. 스택의 모습은 그림 7.11과 같습니다.

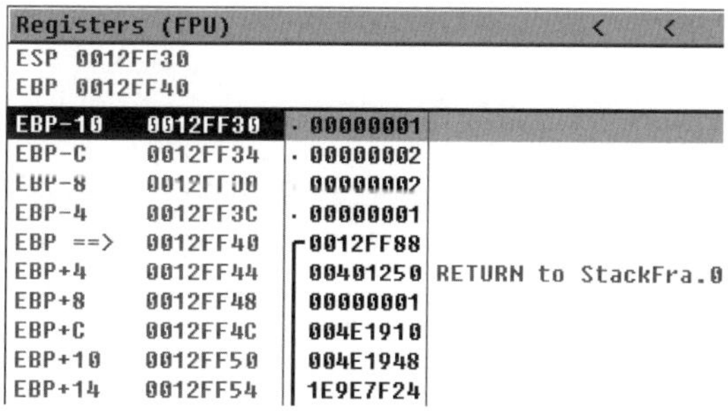

그림 7.11 add() 함수 리턴

add() 함수를 호출하기 전의 스택 상태로 완벽히 되돌아 왔습니다. 그림 7.11과 그림 7.6을 비교해보기 바랍니다.

프로그램은 이런 식으로 스택을 관리하기 때문에 함수 호출이 계속 중첩된다고 하더라도 스택이 깨지지 않고 잘 유지되는 것입니다. 하지만 스택에 로컬 변수, 함수 파라미터, 리턴 주소 등을 한번에 보관하기 때문에 문자열 함수의 취약점 등을 이용한 Stack Buffer Overflow 기법에 속수무책으로 당하기도 하지요.

7.2.9. add( ) 함수 파라미터 제거(스택 정리)

이제 main( ) 함수 코드로 돌아왔습니다.

```
00401041     ADD ESP,8
```

'ADD' 명령으로 ESP에 8을 더하고 있습니다. 근데 왜 갑자기 ESP에 8을 더하는 걸까요? 그림 7.11에서 스택을 잘 보기 바랍니다. 12FF30과 12FF34 주소의 내용은 add( ) 함수에게 넘겨준 파라미터 a, b입니다. add( ) 함수가 완전히 종료되었기 때문에 이 파라미터 a, b도 더 이상 필요가 없습니다. 따라서 ESP에 8을 더하여 스택을 정리하는 것입니다(파라미터 a, b는 long 타입으로 각각 4바이트이며 합이 8바이트입니다).

> **참고**
> add( ) 함수를 호출하기 전에 파라미터 a, b를 PUSH 명령으로 스택에 넣은 것을 기억하세요.

이제 스택은 그림 7.12와 같은 모습이 되었습니다.

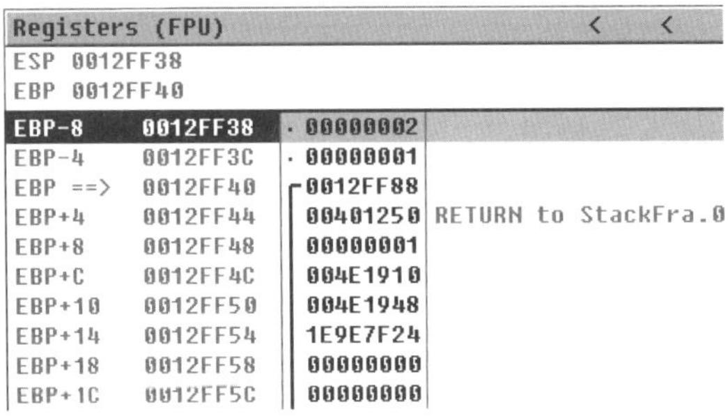

```
Registers (FPU)
ESP 0012FF38
EBP 0012FF40

EBP-8    0012FF38   · 00000002
EBP-4    0012FF3C   · 00000001
EBP ==>  0012FF40   ┌ 0012FF88
EBP+4    0012FF44   │ 00401250  RETURN to StackFra.0
EBP+8    0012FF48     00000001
EBP+C    0012FF4C     004E1910
EBP+10   0012FF50     004E1948
EBP+14   0012FF54     1E9E7F24
EBP+18   0012FF58     00000000
EBP+1C   0012FF5C     00000000
```

그림 7.12 add( ) 함수 파라미터 정리

> **참고**
> 위와 같이 함수를 호출한 쪽(Caller)에서 (스택에 저장된) 파라미터를 정리하는 것을 'cdecl' 방식이라고 합니다. 반대로 호출당한 쪽(Callee)에서 (스택에 저장된) 파라미터를 정리하는 것을 'stdcall' 방식이라고 합니다. 이러한 함수 호출 규약을 일컬어 Calling Convention이라고 말하는데 개발과 분석에 있어서 매우 중요한 개념입니다. 10장에서 자세히 설명합니다.

7.2.10. printf( ) 함수 호출

StackFrame.cpp에서 아래 코드 부분에 해당되는 내용입니다.
```
printf("%d\n", add(a, b));
```

printf( ) 함수의 호출 코드입니다.

```
00401044    PUSH EAX                    ; add() 함수의 리턴 값
00401045    PUSH 0040B384               ; "%d\n"
0040104A    CALL 00401067               ;  printf()
0040104F    ADD ESP,8
```

401044 주소의 EAX 레지스터에는 add( ) 함수에서 저장된 리턴 값(3)이 들어 있습니다. 그리고 40104A 주소의 CALL 401067 명령어에서 401067 함수는 Visual C++에서 생성한 C 표준 라이브러리 printf( ) 함수입니다(내용이 방대하기 때문에 여기서 다루지는 않습니다). 위 경우 printf( ) 함수의 파라미터의 개수는 2개이며 크기 역시 8바이트입니다(32비트 레지스터 + 32비트 상수 = 64비트 = 8바이트). 따라서 40104F 주소에 ADD ESP, 8 명령으로 스택에서 함수 파라미터를 정리하고 있습니다. printf( ) 함수 호출 후 스택이 정리되었기 때문에 스택은 그림 7.12와 동일합니다.

7.2.11. 리턴 값 세팅

StackFrame.cpp에서 아래 코드 부분에 해당되는 내용입니다.
```
return 0;
```

main( ) 함수의 리턴 값(0)을 세팅합니다.

```
00401052    XOR EAX,EAX
```

'XOR' 명령어는 Exclusive OR bit 연산입니다. 같은 값끼리 XOR하면 0이 되는 특징이 있습니다. MOV EAX, 0 명령어보다 실행 속도가 빨라서 위와 같이 레지스터를 초기화시킬 때 많이 사용됩니다.

> **참고**
> 같은 값을 이용해서 2번 연속으로 XOR 연산을 수행하면 원본 값이 됩니다. 따라서 이 특징을 암호화/복호화에 많이 적용합니다. 앞으로 분석을 하면서 XOR 명령어를 많이 보게 될 것입니다.

7.2.12. 스택 프레임 해제 & main( ) 함수 종료

> StackFrame.cpp에서 아래 코드 부분에 해당되는 내용입니다.
> ```
> return 0;
> }
> ```

드디어 메인 함수가 종료됩니다. add( ) 함수와 마찬가지로 리턴하기 전에 스택 프레임을 해제합니다.

```
00401054    MOV ESP,EBP
00401056    POP EBP
```

위 두 명령으로 인해 main( ) 함수의 스택 프레임은 해제되었습니다. 그리고 main( ) 함수의 로컬 변수인 a, b 역시 더 이상 유효하지 않게 되었습니다. 여기까지 실행한 후 스택의 모습은 그림 7.13과 같습니다.

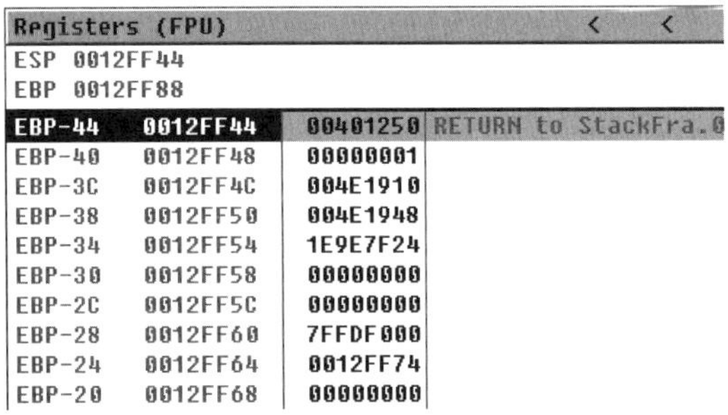

```
Registers (FPU)
ESP 0012FF44
EBP 0012FF88

EBP-44   0012FF44   00401250  RETURN to StackFra.0
EBP-40   0012FF48   00000001
EBP-3C   0012FF4C   004E1910
EBP-38   0012FF50   004E1948
EBP-34   0012FF54   1E9E7F24
EBP-30   0012FF58   00000000
EBP-2C   0012FF5C   00000000
EBP-28   0012FF60   7FFDF000
EBP-24   0012FF64   0012FF74
EBP-20   0012FF68   00000000
```

그림 7.13 main( ) 함수 스택 프레임 해제

그림 7.13은 main() 함수 시작할 때의 스택 모습인 그림 7.2와 완벽히 동일합니다.

```
00401057    RETN
```

이제 메인 함수가 종료(리턴)되면서 리턴 주소(401250)으로 점프합니다. 그 주소는 Visual C++의 Stub Code 영역입니다. 이후에는 프로세스 종료 코드가 실행됩니다. 이 부분은 각자 확인해보기 바랍니다.

앞서의 설명과 함께 직접 디버깅 실습을 하면서 스택의 동작을 관찰해보기 바랍니다. 여러분의 디버깅 실력이 크게 향상될 것입니다.

7.3. OllyDbg 옵션 변경

OllyDbg는 그 명성에 걸맞게 다양한 옵션을 제공합니다. 그 중에서 Code 창의 디스어셈블리 코드를 보여주는 옵션을 살펴보겠습니다.

7.3.1. Disasm 옵션

OllyDbg의 Option Dialog를 실행해주세요(단축키: [Alt+O]).

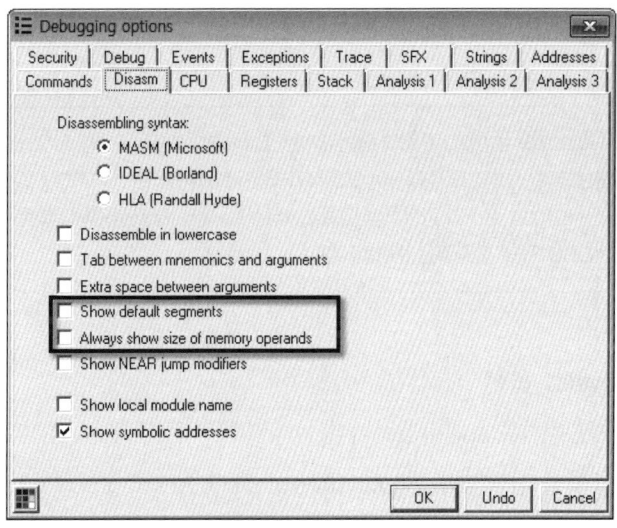

그림 7.14 OllyDbg 옵션 다이얼로그 - Disasm

그림 7.14의 옵션 다이얼로그에서 [Disasm] 탭을 선택한 후 'Show default segments' 항목과 'Always show size of memory operands' 항목을 선택해제(Uncheck) 해봅시다. 그림 7.15와 같이 세그먼트 표시와 메모리 크기 표시가 사라집니다.

```
00401000  r$ 55              PUSH EBP                  # add()
00401001  .  8BEC            MOV EBP,ESP
00401003  .  83EC 08         SUB ESP,8
00401006  .  8B45 08         MOV EAX,[EBP+8]           [EBP+8] => param 'a'
00401009  .  8945 F8         MOV [EBP-8],EAX           [EBP-8] => local 'x'
0040100C  .  8B4D 0C         MOV ECX,[EBP+C]           [EBP+C] => param 'b'
0040100F  .  894D FC         MOV [EBP-4],ECX           [EBP-4] => local 'y'
00401012  .  8B45 F8         MOV EAX,[EBP-8]
00401015  .  0345 FC         ADD EAX,[EBP-4]
00401018  .  8BE5            MOV ESP,EBP
0040101A  .  5D              POP EBP
0040101B  L.  C3             RETN
0040101C     CC              INT3
0040101D     CC              INT3
0040101E     CC              INT3
0040101F     CC              INT3
00401020  r$ 55              PUSH EBP                  # main()
00401021  .  8BEC            MOV EBP,ESP
00401023  .  83EC 08         SUB ESP,8
00401026  .  C745 FC 0100    MOV DWORD PTR [EBP-4],1   [EBP-4] => local 'a'
0040102D  .  C745 F8 0200    MOV DWORD PTR [EBP-8],2   [EBP-8] => local 'b'
00401034  .  8B45 F8         MOV EAX,[EBP-8]
00401037  .  50              PUSH EAX                  rArg2 = 00000002
00401038  .  8B4D FC         MOV ECX,[EBP-4]
0040103B  .  51              PUSH ECX                  Arg1 = 00000001
0040103C  .  E8 BFFFFFFF     CALL 00401000             Ladd()
00401041  .  83C4 08         ADD ESP,8
00401044  .  50              PUSH EAX
00401045  .  68 84B34000     PUSH 40B384               ASCII "%d\n"
0040104A  .  E8 18000000     CALL 00401067             printf()
0040104F  .  83C4 08         ADD ESP,8
00401052  .  33C0            XOR EAX,EAX
00401054  .  8BE5            MOV ESP,EBP
00401056  .  5D              POP EBP
00401057  L.  C3             RETN
```

그림 7.15 옵션 변경된 Code Window

> 참고
>
> 그림 7.15에서 401026, 40102D 주소의 명령에서는 'DWORD PTR'이 그대로 있습니다. 그 이유는 뒤에 따라붙는 상수 1, 2의 크기 해석이 모호하기 때문입니다(BYTE, WORD, DWORD 모두 가능하지요). 대신 401034 주소의 명령처럼 명확히 4바이트 레지스터(EAX)와 연산한다고 되어 있는 경우는 'DWORD PTR' 문자열은 생략됩니다.

7.3.2. Analysis1 옵션

또 다른 유용한 옵션을 소개하겠습니다.

[Analysis1] 탭을 선택한 후 'Show ARGs and LOCALs in procedures' 항목을 체크하기 바랍니다.

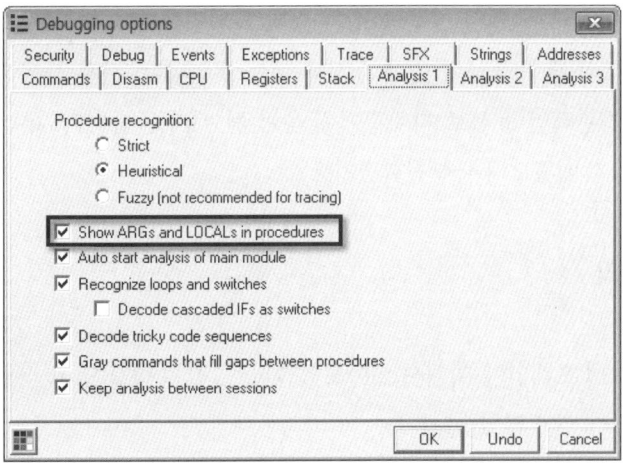

그림 7.16 OllyDbg 옵션 다이얼로그 - Analysis1

그림 7.17과 같이 EBP로 표시되던 함수의 로컬 변수와 파라미터가 [LOCAL.1], [ARG.1] 형식으로 표시됩니다. 이 옵션은 매우 뛰어난 가독성을 제공하므로 디버깅에 큰 도움이 됩니다.

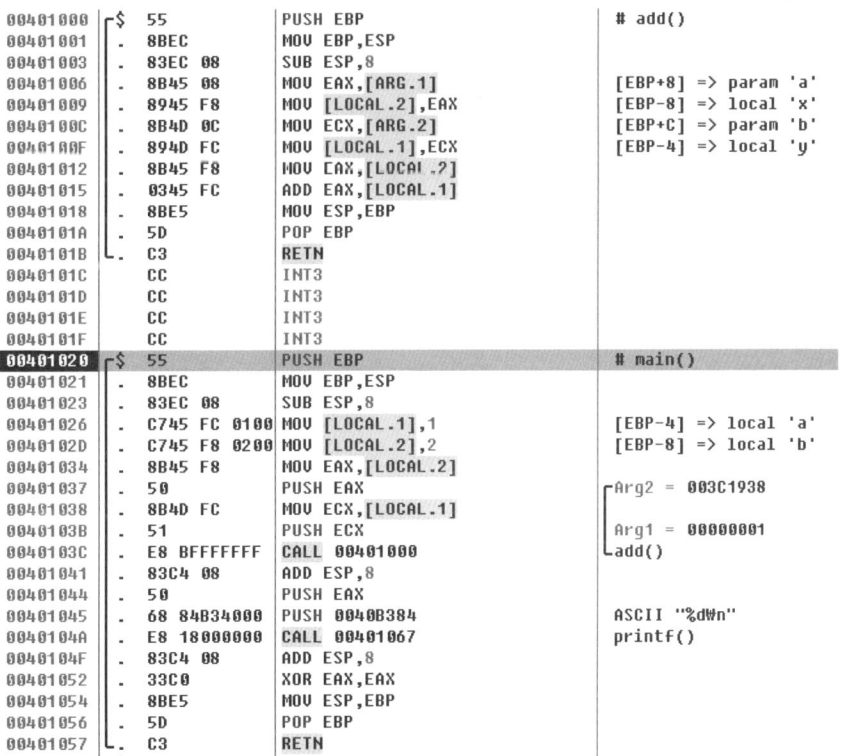

그림 7.17 로컬 변수와 파라미터 표시

이 옵션은 OllyDbg에서 직접 함수의 스택 프레임을 분석하여 로컬 변수의 개수, 파라미터의 개수 등을 화면에 표시해 주는 것입니다. 간혹 틀리게 표시할 때도 있지만 직관적인 표시로 디버깅에 도움이 될 때가 많습니다. 우리는 이제 그 동작 원리까지 배웠으니 금상첨화겠지요?

7.4. 마무리

지금까지 스택 프레임에 대해서 알아보았습니다. 긴 설명을 읽고 직접 디버깅 실습까지 하느라 수고 많았습니다.

한 마디로 스택 프레임이란 수시로 변경되는 ESP 레지스터 대신 EBP(베이스 포인터) 레지스터를 사용하여 로컬 변수, 파라미터, 복귀 주소 등을 관리하는 방법입니다. 저 역시 스택 프레임을 공부하면서 디버깅에 자신감이 생겼습니다. 함수 파라미터, 함수 로컬 변수, 리턴 값 등이 처리되는 동작 원리를 이해하면서 디버깅 실력이 같이 향상되기 때문입니다. 아마 여러분도 비슷한 경험을 할 수 있으리라 생각합니다.

08
abex' crackme #2

아주 간단한 crackme 파일을 분석하여 디버거와 디스어셈 코드에 익숙해집시다. Visual Basic의 파일 구조를 간단히 살펴보고 분석 방법을 배울 것입니다.

지난 번에 이어서 abex' crackme 두 번째 파일을 분석해보도록 하겠습니다. 두 번째 파일은 Visual Basic으로 제작되었으며, Visual C++ 혹은 Assembly로 작성된 파일과는 또 다른 파일 형태를 경험할 수 있습니다.

> **참고**
>
> 설명에 나온 메모리(스택) 주소들은 사용자의 PC 환경에 따라 변경됩니다. 디버깅할 때 참고하기 바랍니다. 참고로 지금 디버깅이 어렵게 느껴진다면 그것은 자연스러운 현상입니다. 앞으로 꾸준히 노력과 시간을 투자하면 차츰 익숙해질 것입니다.

8.1. abex' crackme #2 실행

일단 실행시켜서 어떤 프로그램인지 알아봐야겠죠?

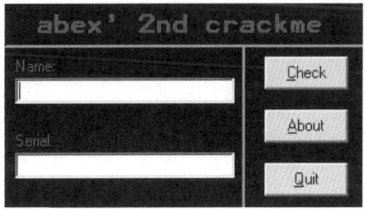

그림 8.1 실행화면

전형적인 crackme의 형태인 시리얼 키(serial key)를 알아내는 프로그램입니다. Name을 따로 입력받는 걸로 봐서 Serial 값을 생성할 때 Name 문자열이 사용될 것 같습니다(어디까지나 경험을 기반으로 한 추측입니다). Name과 Serial을 적절히 입력하고 [Check] 버튼을 눌러봅니다.

그림 8.2 "Wrong serial!" 메시지 박스

"Wrong serial!" 메시지 박스가 출력됩니다. 다른 값으로 몇 번을 시도해도 같은 메시지 박스가 나타납니다. 디버깅을 통해서 코드를 자세히 살펴보겠습니다.

> **참고**
>
> 위 예제 파일(abexcm2-voiees.exex)이 실행 안 된다면 같이 첨부된 msvbvm60.dll 파일을 예제 파일과 같은 경로에 복사한 후 실행해보기 바랍니다.

8.2. Visual Basic 파일 특징

우리가 디버깅할 abex's 2nd crackme 파일은 Visual Basic으로 제작되었습니다. 디버깅을 시작하기 전에 먼저 Visual Basic 파일의 특징을 살펴보는 것이 좋겠네요.

8.2.1. VB 전용 엔진

VB 파일은 MSVBVM60.dll (Microsoft Visual Basic Virtual Machine 6.0)이라는 VB 전용 엔진을 사용합니다(The Thunder Runtime Engine이라는 이름으로도 불리고 있습니다).

   VB 엔진의 사용 예를 들어보면 메시지 박스를 출력하고 싶을 때 VB 소스코드에서 MsgBox() 함수를 사용합니다. VB 컴파일러는 실제로 MSVBVM60.dll!rtcMsgBox() 함수가 호출되도록 만들고, 이 함수 내부에서 Win32 API인 user32.dll!MessageBoxW() 함수를 호출해주는 방식으로 동작합니다(VB 소스코드에서

user32.dll!MessageBoxW( ) 함수를 직접 호출하는 것도 가능합니다).

8.2.2. N(Native) code, P(Pseudo) code

VB 파일은 컴파일 옵션에 따라서 N code와 P code로 컴파일이 가능합니다. N code는 일반적인 디버거에서 해석 가능한 IA-32 Instruction을 사용하는 반면에 P code는 인터프리터(Interpreter) 언어 개념으로서 VB 엔진으로 가상 머신을 구현하여 자체적으로 해석 가능한 명령어(바이트 코드)를 사용하는 것입니다. 따라서 VB의 P code를 정확히 해석하려면 VB 엔진을 분석하여 에뮬레이터를 구현하여야 합니다.

> **참고**
> P code와 유사한 형태로는 Java(Java Virtual Machine), Python(Python 전용 엔진) 등이 있습니다. P code를 사용했을 때의 장점은 이식성이 좋아진다는 것입니다(플랫폼별로 엔진을 제작/배포하면 다른 플랫폼에서 기존의 사용자 코드를 거의 수정 없이 그대로 사용 가능합니다).

8.2.3. Event Handler

VB는 주로 GUI 프로그래밍을 할 때 사용되며, IDE 인터페이스 자체도 GUI 프로그래밍에 최적화되어 있습니다. 즉 VB 프로그램은 Windows 운영체제의 Event Driven 방식으로 동작하기 때문에 main( ) 혹은 WinMain( )에 사용자 코드(우리가 디버깅을 원하는 코드)가 존재하는 것이 아니라, 각 event handler에 사용자 코드가 존재합니다.

위의 abex' crackme #2에서는 [Check] 버튼 handler에 사용자 코드가 존재할 것입니다.

8.2.4. undocumented 구조체

VB에서 사용되는 각종 정보들(Dialog, Control, Form, Module, Function 등)은 내부적으로 구조체 형식으로 파일에 저장됩니다. Microsoft에서는 이러한 구조체 정보를 정식으로 공개하지 않았기 때문에 VB 파일의 디버깅에 어려움이 있습니다.

8.3. Start debugging

OllyDbg를 실행시켜 abex' crackme #2 파일의 디스어셈 코드를 살펴보겠습니다.

```
00401202   .- FF25 B0104000  JMP DWORD PTR DS:[4010B0]   MSVBVM60.__vbaVarDup
00401208   .- FF25 34104000  JMP DWORD PTR DS:[401034]   MSVBVM60.rtcMsgBox
0040120E   .- FF25 08104000  JMP DWORD PTR DS:[401008]   MSVBVM60.__vbaVarMove
00401214   .- FF25 78104000  JMP DWORD PTR DS:[401078]   MSVBVM60.rtcVarBstrFromAnsi
0040121A   .- FF25 10104000  JMP DWORD PTR DS:[401010]   MSVBVM60.__vbaEnd
00401220   .- FF25 68104000  JMP DWORD PTR DS:[401068]   MSVBVM60.EVENT_SINK_QueryInterfac
00401226   .- FF25 54104000  JMP DWORD PTR DS:[401054]   MSVBVM60.EVENT_SINK_AddRef
0040122C   .- FF25 60104000  JMP DWORD PTR DS:[401060]   MSVBVM60.EVENT_SINK_Release
00401232   $- FF25 A0104000  JMP DWORD PTR DS:[4010A0]   MSVBVM60.ThunRTMain
00401238   $  68 141E4000    PUSH 401E14                 => EP
0040123D   .  E8 F0FFFFFF    CALL 00401232               <JMP.&MSVBVM60.#100>
00401242   .  0000           ADD BYTE PTR DS:[EAX],AL
00401244   .  0000           ADD BYTE PTR DS:[EAX],AL
00401246   .  0000           ADD BYTE PTR DS:[EAX],AL
00401248   .  3000           XOR BYTE PTR DS:[EAX],AL
0040124A   .  0000           ADD BYTE PTR DS:[EAX],AL
0040124C   .  40             INC EAX
```

그림 8.3 Entry Point

프로그램이 시작되면 EP(Entry Point) 코드에서 처음 하는 일은 VB 엔진의 메인 함수(ThunRTMain)를 호출하는 것입니다.

```
00401232  FF25 A0104000  JMP DWORD PTR DS:[4010A0]  ; MSVBVM60.ThunRTMain
00401238  68 141E4000    PUSH 401E14                ; = EP
0040123D  E8 F0FFFFFF    CALL 00401232              ; JMP.&MSVBVM60.#100
```

EP(EntryPoint) 주소는 401238입니다. 401238 주소의 PUSH 401E14 명령에 의해 RT_MainStruct 구조체 주소(401E14)를 스택에 입력합니다. 그리고 40123D 주소의 CALL 00401232 명령에 의해서 401232 주소의 JMP DWORD PTR DS:[4010A0] 명령어가 실행됩니다. 이 JMP 명령어에 의해서 VB 엔진의 메인 함수인 ThunRTMain() 함수로 갑니다(앞에서 스택에 입력한 401E14 값은 ThunRTMain() 함수의 파라미터입니다).

위 3줄의 코드가 VB 파일의 startup 코드의 전부입니다. 이렇게 간단하긴 하지만 아래 3가지 항목은 눈여겨볼 필요가 있습니다.

8.3.1. 간접호출

40123D 주소의 CALL 401232 명령은 ThunRTMain() 함수 호출인데요, 조금 특이한 기법을 사용합니다. MSVBVM60.dll!ThunRTMain()으로 직접 가는 것이 아니

라, 중간의 401232 주소의 JMP 명령을 통해서 가는 방식입니다.

```
00401232        FF25 A0104000       JMP DWORD PTR DS:[4010A0]
```

이 기법은 VC++, VB 컴파일러에서 많이 사용하는 간접호출(Indirect Call) 기법입니다.

> **참고**
> 4010A0 주소는 IAT(Import Address Table) 영역이며, MSVBVM60.ThunRTMain( ) 함수의 실제 주소가 담겨있습니다. 13장에서 IAT에 대해 자세히 설명하겠습니다.

8.3.2. RT_MainStruct 구조체

우리가 주목할 부분은 ThunRTMain( ) 함수의 파라미터인 RT_MainStruct 구조체입니다. 여기서는 401E14 주소에 RT_MainStruct가 존재합니다.

```
Address  Hex dump                                          ASCII
00401E14 56 42 35 21 F0 1F 56 42 36 44 45 2E 44 4C 4C 00  VB5!?VB6DE.DLL.
00401E24 00 00 00 00 2A 00 00 00 00 00 00 00 00 00 00 00  ....*...........
00401E34 00 00 0A 00 07 04 00 00 09 04 00 00 00 00 00 00  ................
00401E44 B8 1E 40 00 16 F0 B0 00 00 FF FF FF 08 00 00 00  ?.@...?.........
00401E54 01 00 00 00 01 00 00 00 E9 00 00 00 C4 1D 40 00  ........?...?@.
00401E64 C4 1D 40 00 44 12 40 00 78 00 00 00 85 00 00 00  ?.@.D.@.x...?...
00401E74 97 00 00 00 98 00 00 00 00 00 00 00 00 00 00 00  ?...?...........
```

그림 8.4 RT_MainStruct

MS에서 RT_MainStruct를 공개하지 않았지만, 이미 실력있는 해외 리버서들이 분석을 완료하고 인터넷에 공개하였습니다.

RT_MainStruct 구조체의 멤버는 또 다른 구조체의 주소들입니다. 즉 VB 엔진은 파라미터로 넘어온 RT_MainStruct 구조체를 가지고 프로그램의 실행에 필요한 모든 정보를 얻는다는 걸 알 수 있습니다.

RT_MainStruct 구조체의 자세한 설명은 생략합니다.

8.3.3. ThunRTMain( ) 함수

참고로 ThunRTMain( ) 함수가 나온 김에 어떻게 생겼는지 살펴보겠습니다.

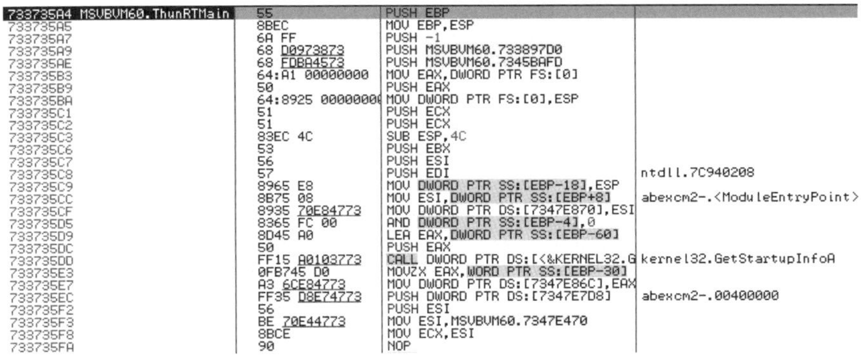

그림 8.5 ThunRTMain() 코드 시작

　그림 8.5의 코드는 ThunRTMain() 코드의 시작 부분입니다. 메모리 주소가 완전히 달라진 것이 보이죠? 이 주소는 MSVBVM60.dll 모듈의 주소 영역입니다. 즉 우리가 분석하는 프로그램의 코드가 아니라 VB 엔진의 코드입니다(현재는 이 방대한 코드를 분석할 필요는 없습니다). 그럼 VB 파일의 대한 설명은 이 정도로 마치고 abex' crackme #2로 돌아가겠습니다.

8.4. crackme 분석

도대체 우리가 보고 싶은 '패치해야 할 코드'는 어디 있을까요? 문제를 해결할 수 있는 단서를 찾아야 합니다. 지금 수준에서 RT_MainStruct 구조체를 분석하는 것은 쉽지 않을 테니, 더 간단한 방법을 생각해 봐야 하겠습니다. 역시 간단히 떠오르는 생각은 그림 8.2의 에러 메시지 박스와 그 문자열을 이용하면 될 것 같습니다.

8.4.1. 문자열 검색

OllyDbg의 문자열 검색 기능(All referenced text strings)을 사용하면 그림 8.6과 같은 창이 나타납니다.

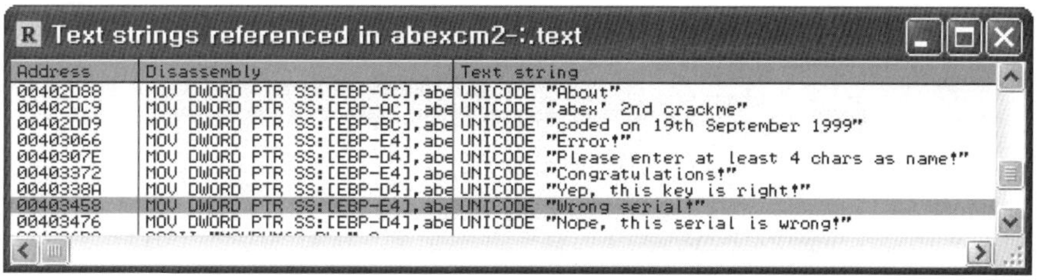

그림 8.6 All referenced text strings

아까 본 메시지 박스의 문자열을 확인할 수 있습니다. 해당 문자열을 더블클릭하여 그 주소로 가봅니다.

그림 8.7 403458 주소

메시지 박스의 타이틀("Wrong serial!"), 내용("Nope, this serial is wrong!") 그리고 실제 메시지 박스 함수 호출 코드(4034A6)까지 나타났습니다.

프로그래밍 관점에서 생각해보면, 어떤 알고리즘으로 시리얼 키를 생성하고 사용자가 입력한 키와 문자열 비교를 통해서 각각 TRUE(키가 같음)와 FALSE(키가 틀림)로 코드가 갈라질 것입니다. 즉 위 코드 전후에 문자열 비교 코드 그리고 키가 맞았을 때 출력될 성공 메시지 박스 호출 코드가 존재할 것입니다(키가 맞았을 때 메시지 박스가 호출될 거라는 것은 그림 8.6의 문자열을 보고 유추한 내용입니다).

그림 8.7에서 스크롤을 조금 올리다 보면 과연 (추측한 대로) 분기문을 포함한 코드가 나타납니다(그림 8.8 참고).

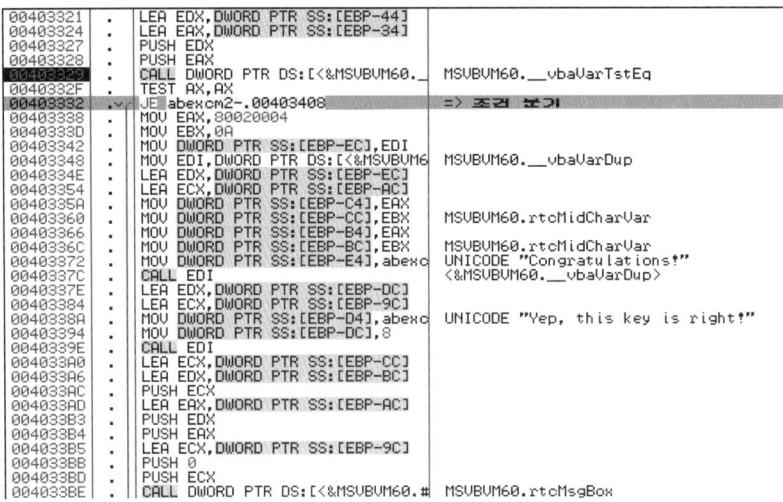

그림 8.8 조건 분기 명령어

403329 주소의 __vbaVarTstEq( ) 함수를 호출해서 리턴 값(AX)을 비교(TEST 명령)한 후 403332 주소의 조건 분기(JE 명령)에 의해서 참, 거짓 코드로 분기하게 됩니다.

> **참고**
>
> **위 코드에서 사용된 어셈블리 명령어 설명**
>
> · TEST : 논리 비교 (Logical Compare)
>
>   bit-wise logical 'AND' 연산과 동일(operand 값이 변경되지 않고 EFLAGS 레지스터만 변경됨)
>   두 operand 중에 하나가 0이면 AND 연산 결과는 0 → ZF = 1로 세팅됨
>
> · JE: 조건 분기(Jump if equal)
>
>   ZF = 1이면 점프

8.4.2. 문자열 주소 찾기

그림 8.8에서 403329 주소의 __vbaVarTstEq( ) 함수가 문자열 비교 함수라면 그 위에 있는 두 개의 PUSH 명령어는 비교 함수의 파라미터, 즉 비교 문자열이 될 것 입니다(C 언어의 strcmp( ) 함수를 떠올려서 추측한 것입니다).

403329 주소까지 디버깅을 진행합니다.

```
00403321    LEA EDX,DWORD PTR SS:[EBP-44]
00403324    LEA EAX,DWORD PTR SS:[EBP-34]
```

```
00403327    PUSH EDX                                ; 0012FBDC
00403328    PUSH EAX                                ; 0012FBEC
00403329    CALL DWORD PTR DS:[&MSVBVM60.__         ; MSVBVM60.__vbaVarTstEq
```

00403321 주소의 SS:[EBP-44]는 무엇을 나타내는 걸까요? 'IA-32 레지스터 기본 설명'과 '스택 프레임'에서 SS는 스택 세그먼트(Stack Segment)이고, EBP는 베이스 포인터(Base Pointer) 레지스터라고 소개했습니다. 즉 SS:[EBP-44] 주소가 의미하는 것은 스택 내의 주소를 말하는데, 이것이 바로 함수에서 선언된 로컬 객체의 주소입니다(로컬 객체는 스택 영역에 저장됩니다). 이 상태에서 스택을 보면 아래와 같습니다(스택의 주소는 디버깅 환경에 따라 달라집니다).

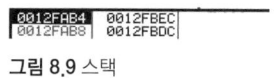

그림 8.9 스택

스택에 저장된 메모리 주소(12FBDC, 12FBEC)를 보면 그림 8.10과 같습니다.

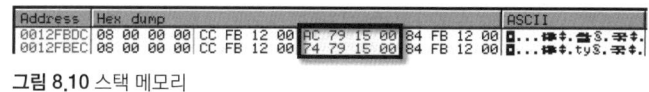

그림 8.10 스택 메모리

> **참고**
>
> OllyDbg에서 주소를 직접 입력하지 않고 편하게 찾아가는 명령이 있습니다. Code 창이나 stack 창에서 마우스로 원하는 주소를 선택한 후 우측 메뉴의 'Follow in dump' 혹은 'Follow in dump → Memory address' 명령을 쓰면 됩니다.

VB의 문자열은 C++의 string 클래스와 마찬가지로 가변 길이 문자열 타입을 사용합니다. 따라서 그림 8.10에서 보는 바와 같이 바로 문자열이 나타나지 않고 16 바이트 크기의 데이터가 나타납니다(이것이 바로 VB에서 사용하는 문자열 객체입니다).

이렇게 다른 값은 동일하고 박스로 표시된 부분의 값만 다른데, 마치 메모리 주소처럼 보입니다(가변 길이 문자열 타입은 내부에 동적으로 할당한 실제 문자열 버퍼 주소를 가지고 있습니다).

OllyDbg의 메모리(덤프) 창에서 마우스 우측 메뉴의 'Long - Address with

ASCII dump' 명령을 선택합니다. 이 명령은 메모리 창의 보기 형식을 마치 스택 창처럼 변경하고, 특히 문자열 주소인 경우 해당 문자열을 표시해줍니다(원래대로 보고 싶을 때는 마우스 우측 메뉴의 Hex - Hex/ASCII (16 바이트) 명령).

그림 8.11 Long - Address with ASCII dump

그림 8.11에서 알 수 있듯이 결국 EDX(0012FBDC)는 실제 serial 값이고, EAX(0012FBEC)는 사용자가 입력한 serial 값입니다(참고로 VB는 유니코드 문자열을 사용합니다). 여기서 주소 부분을 찾아가서 보면 실제 문자열을 확인할 수 있습니다.

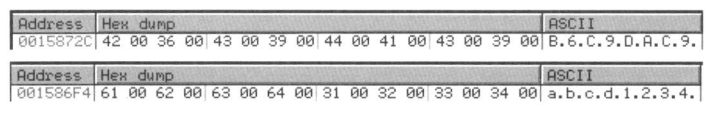

그림 8.12 Serial 문자열

> 참고
>
> 그림 8.10~8.12의 유니코드 문자열 주소가 전부 다르게 나타납니다. 그건 제가 화면 캡쳐할 때 한 번에 하지 못하고 디버깅을 여러 번 시도하면서 그때그때 캡쳐를 해서 그렇습니다. VB에서는 기본적으로 유니코드 기반의 가변 길이 문자열 객체를 사용합니다. 가변 길이 문자열 객체는 필요에 따라 내부에서 수시로 동적 메모리 할당/해제 작업이 발생합니다. 그래서 실행할 때마다 주소가 달라집니다. 그리고 디버깅할 때 실제 문자열이 한눈에 잘 들어오지 않는 어려움이 있습니다.

Crackme 프로그램을 실행해서 Name = "ReverseCore", Serial = "B6C9DAC9"로 입력해보면, 그림 8.13과 같이 성공 메시지 박스가 출력됩니다.

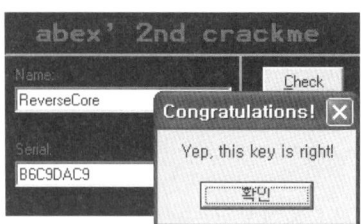

그림 8.13 "Congratulations!" 메시지 박스

Serial을 찾았으니 크랙은 성공했다고 할 수 있습니다. 그런데 Name이 Serial과 어떤 관계가 있을까요? 테스트를 위해 Name에 다른 값을 주고 동일한 Serial을 입력해보니 틀렸다고 나옵니다. 역시나 처음 추측한 대로 Name 문자열을 기반으로 Serial을 그때그때 생성하는 알고리즘입니다.

8.4.3. Serial 생성 알고리즘

Serial 문자열 생성 알고리즘을 알아보겠습니다.

함수 시작 찾기

그림 8.8에 보이는 조건 분기 코드는 분명 어떤 함수에 속해있습니다. 아마 그 함수는 [Check] 버튼의 event handler일 것입니다. 이유는 [Check] 버튼을 선택했을 때 위 함수가 호출되었으며, 성공/실패 메시지 박스를 출력하는 사용자 코드를 포함하고 있기 때문입니다.

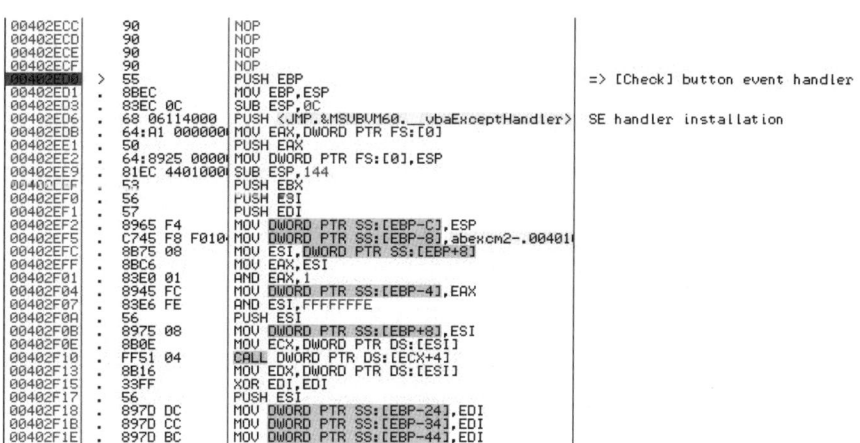

그림 8.14 Button event handler

함수의 시작 부분으로 거슬러 올라가서 하나씩 살펴보는 게 좋을 것 같네요. 위쪽 방향으로 스크롤하다 보면 그림 8.14와 같은 코드를 만납니다. 00402ED0 주소 명령을 자세히 보겠습니다.

```
00402ED0    PUSH EBP         ; = [Check] button event handler
00402ED1    MOV EBP,ESP
```

위 코드는 함수가 시작할 때 나타나는 스택 프레임을 구성하는 (전형적인) 코드입니다. 따라서 이 위치가 함수의 시작임을 알 수 있고, 바로 [Check] 버튼의 event handler입니다.

> **참고**
>
> **Assembly 명령어**
> VB 파일에는 함수와 함수 사이에 NOP 명령어가 존재합니다(그림 8.14의 402ECC~402ECF 주소 영역).
> NOP: No Operation - 아무 동작을 하지 않는 명령어(그냥 CPU 클럭만 소모됨)

정확한 코드 분석을 위해서 402ED0에 BP(BreakPoint)를 걸고 디버깅을 시작하도록 하겠습니다.

8.4.4. 코드 예측하기

프로그래밍 경험이 있거나 리버싱 경험이 있다면 serial key 생성 방법에 대해서 예측이 가능해집니다. 만약 Win32 API 프로그램이라면 아래와 비슷할 것입니다.

- Name 문자열 읽기(GetWindowText, GetDlgItemText 등의 API 사용)
- 루프를 돌면서 문자를 암호화하기(XOR, ADD, SUB 등)

VB 엔진 함수로 작성된 위 파일도 원리는 이와 같을 것입니다. 예측이 맞다면 그림 8.14의 event handler 시작 코드부터 디버깅을 하여 Name 문자열을 읽는 부분을 찾으면, 바로 이어서 암호화 루프가 나타나겠지요.

> **참고**
>
> 디버깅하기 전에 코드 구현에 대해 미리 예측하는 것은 리버서에게 좋은 습관입니다. 예측이 빗나가면 그냥 그대로 처음부터 디버깅하면 됩니다. 다행히 예측이 맞았다면 디버깅 시간을 많이 절약할 수 있습니다.

8.4.5. Name 문자열 읽는 코드

VB 엔진 API를 이용하여 사용자가 입력한 문자열을 가져올 것으로 예상되므로 CALL 명령어 위주로 디버깅을 해보겠습니다(이때 API에 전달되는 파라미터와 리턴 값을 유심히 관찰해주세요). 디버깅을 진행하면 아래와 같이 4번째 CALL 명령어를 만나게 됩니다.

```
00402F8E    LEA EDX,DWORD PTR SS:[EBP-88]    ; = Name 문자열을 저장할 스트링 객체
00402F94    PUSH EDX
00402F95    PUSH ESI
00402F96    MOV ECX,DWORD PTR DS:[ESI]
00402F98    CALL DWORD PTR DS:[ECX+A0]       ; = Name을 읽어온다.
```

00402F8E의 코드를 보면 함수의 로컬 객체 SS:[EBP-88] 주소를 함수의 파라미터로 전달(PUSH)하고 있습니다. 이 주소를 확인해보겠습니다.

```
Address  Hex dump
0012FB98 00 00 00 00 00 00 00 00 3C 15 D0 00 00 00 00 00   ........<$?.....
0012FBA8 10 00 00 00 00 00 00 00 17 B3 D0 77 01 00 00 00   .......♣╙╨w....
0012FBB8 01 00 00 00 00 00 00 00 E8 FB 12 00 76 47 42 73   0.......╪û.vGBs
```

그림 8.15 SS: [EBP-88]

우리가 찾는 것은 Name 문자열이고 VB에서 문자열은 (C 언어의 char 배열이 아닌) 스트링 객체를 사용한다고 하였으니 메모리를 그림 8.15처럼 보면 실제 문자열을 알아보기 쉽지 않습니다. 따라서 OllyDbg 메모리 창을 'Long - Address with ASCII dump' 보기 모드로 변경합니다.

```
Address  Value    ASCII Comment
0012FB98 00000000 ....
0012FB9C 00000000 ....
0012FBA0 00D0153C <$?
0012FBA4 00000000 ....
```

그림 8.16 Long – Address with ASCII dump

이렇게 보기 방법을 변경하면 VB 스트링 객체의 실제 문자열 저장 버퍼 주소를 직접 볼 수 있습니다. 이 상태로 402F98 주소의 CALL 명령까지 실행하면 그림 8.17과 같이 스트링 객체에 값이 저장됩니다.

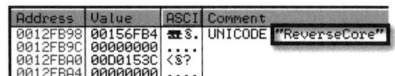

그림 8.17 Name 문자열

[EBP-88] 주소에 Name 문자열이 (스트링 객체 형태로) 저장되었습니다.

8.4.6. 암호화 루프

계속 디버깅을 해나가면 아래와 같이 루프(Loop), 즉 반복문을 만나게 됩니다.

```
00403102    MOV EBX,4                              ; EBX = 4 (loop count)
...
0040318B    CALL DWORD PTR DS:[&MSVBVM60.__vbaVarForInit]
00403191    MOV EBX,DWORD PTR DS:[&MSVBVM60.#632]  ; MSVBVM60.rtcMidCharVar
00403197    TEST EAX,EAX                           ; loop start
00403199    JE abexcm2-.004032A5
...
0040329A    CALL DWORD PTR DS:[&MSVBVM60.__vbaVarForNext]
004032A0    JMP abexcm2-.00403197                  ; loop end
004032A5    MOV EAX,DWORD PTR SS:[EBP+8]
```

위 루프 동작 원리를 간단하게 설명하면 __vbaVarForInit(), __vbaVarForNext()는 마치 linked list에서 next pointer를 이용해 다음 element를 참조하듯이 문자열 객체에서 한 글자씩 참조할 수 있도록 해줍니다. 또한 loop count(EBX)를 세팅해서 정해진 횟수만큼 루프를 돌게 합니다.

> **참고**
>
> 실제로 테스트해보니 입력 받은 Name 문자열의 앞 4문자만 사용합니다. 코드 내에 문자열의 길이를 체크하여 4보다 작으면 에러 메시지 박스를 출력하는 부분이 존재합니다.

이제 원하는 부분을 다 찾았으니, 암호화 방법만 알아내면 되겠군요.

8.4.7. 암호화 방법

입력한 Name 문자열은 "ReverseCore"입니다.

```
004031F0    CALL DWORD PTR DS:[&MSVBVM60.__vbaStrVarVal]
004031F6    PUSH EAX                                    ; Name 문자열에서 가져온 하나의 문
                                                          자(UNICODE)
                                                        ; 'R'
004031F7    CALL DWORD PTR DS:[&MSVBVM60.#516]          ; rtcAnsiValueBstr()
                                                          유니코드 - ASCII 변환
                                                        ; 'R'= 52
00403221    LEA EDX,DWORD PTR SS:[EBP-54]
00403224    LEA EAX,DWORD PTR SS:[EBP-DC]
0040322A    PUSH EDX                                    ; EDX = 52
0040322B    LEA ECX,DWORD PTR SS:[EBP-9C]
00403231    PUSH EAX
00403232    PUSH ECX                                    ; dest
00403233    MOV DWORD PTR SS:[EBP-D4],64
0040323D    MOV DWORD PTR SS:[EBP-DC],EDI               ; [EBP-DC] = EAX = 64
```

여기까지 디버깅하고 스택을 보죠.

```
0012FAB0    0012FB84    ; ECX
0012FAB4    0012FB44    ; EAX
0012FAB8    0012FBCC    ; EDX
```

각 메모리 주소를 보면 다음과 같습니다.

```
0012FB84    00000000 .... ; ECX
0012FB88    00000001 #...
0012FB8C    00000001 #... ; 결과 저장용 버퍼
0012FB90    77D098CF ??
0012FB44    00000002 #... ; EAX
0012FB48    00000000 ....
0012FB4C    00000064 d... ; 암호화 키 (64)
0012FB50    00000000 ....
0012FBCC    00000002 #... ; EDX
0012FBD0    00000000 ....
0012FBD4    00000052 R... ; Name 문자열에서 첫 번째 문자의 ASCII 값
0012FBD8    00000000 ....
```

아래 함수를 실행시키면 ECX 레지스터가 가리키는 버퍼에 암호화된 값이 저장됩니다.

```
00403243    CALL DWORD PTR DS:[&MSVBVM60.__vbaVarAdd]   ; __vbaVarAdd() :
                                                          52 + 64 = B6
```

이 순간의 스택입니다.

```
0012FB84    00000002  #...  ; ECX
0012FB88    00000001  #...
0012FB8C    000000B6  ?..   ; 계산 결과: 52 + 64 = B6
0012FB90    77D098CF  ??
```

계산 결과 B6는 원본값 52('R')에 암호화 키 64를 더해서 생성한 값이며, 위 그림 8.13에서 보는 것처럼 진짜 Serial의 첫 두 글자를 의미합니다. 아래 코드에서 숫자 B6를 (UNICODE) 문자 'B6'로 변환합니다.

```
00403250    LEA EDX,DWORD PTR SS:[EBP-54]
00403253    LEA EAX,DWORD PTR SS:[EBP-9C]
00403259    PUSH EDX                        ; EDX = 12FBCC (위 스택 주소
                                              참조)
0040325A    PUSH EAX                        ; EAX = 12FB84
0040325B    CALL DWORD PTR DS:[&MSVBVM60.#573] ; rtcHexVarFromVar() :
                                              유니코드로 변경!
```

함수 호출 직후 EAX가 가리키는 버퍼(0012FB84)를 보면 아래와 같이 "B6" 문자열이 생성되어 있습니다.

```
0012FB84    73470008  #.Gs
0012FB88    0012FBCC  ?#.
0012FB8C    001577B4  ?#.  유니코드 "B6"
0012FB90    0012FB84  ?#.
```

실제 문자열 주소(001577B4)를 확인해 봅니다. 숫자 B6가 유니고드 문자열 "B6"로 변경되었습니다.

```
001577B4    00360042  B.6.
```

끝으로 생성된 문자열을 이어 붙여주는 코드가 있습니다.

```
0040326C    LEA ECX,DWORD PTR SS:[EBP-44]
0040326F    LEA EDX,DWORD PTR SS:[EBP-54]
00403272    PUSH ECX                                    ; old
00403273    LEA EAX,DWORD PTR SS:[EBP-9C]
00403279    PUSH EDX                                    ; add
0040327A    PUSH EAX                                    ; serial
0040327B    CALL DWORD PTR DS:[&MSVBVM60.__vbaVarCat]   ; __vbaVarCat() : 문
                                                          자열 이어 붙이기
                                                        ; serial(EAX) =
                                                          old(ECX) + add(EDX)
```

마지막 루프를 실행하면 이런 식이 생성됩니다.

```
serial = old("B6C9DA") + add("C9") = "B6C9DAC9" (최종적으로 완성된 serial 문자열)
```

다시 암호화 방법을 정리하면 아래와 같습니다.

1. 주어진 Name 문자열을 앞에서부터 한 문자씩 읽기(총 4회)
2. 문자를 숫자(ASCII 코드)로 변환
3. 변환된 숫자에 64를 더함
4. 숫자를 다시 문자로 변환
5. 변환된 문자를 연결시킴

8.5. 마무리

크랙 측면에서 보면 쉽게 설명을 끝낼 수 있는 파일이지만 리버싱 초보자가 배워두면 좋은 내용들(VB 파일, 문자열 암호화)이 많이 있기 때문에 그런 부분까지 다루느라 분량이 좀 많습니다.

  디버깅을 따라할 때 잘 안 된다고 쉽게 포기하지 마세요. 위 설명을 보면 제가 디버깅을 쉽게 한 것처럼 느낄 수 있을 겁니다(특히 event handler 코드 설명 부분). 하지만 저도 이 문서를 만들기 위해서 약 10여 회 restart를 하였습니다.

  원하는 코드를 지나치면 다시 시작하고, VB 문자열 객체의 내부 스트링 버퍼를 따라가기 위해 계속 재시작하였습니다. 여러분들도 이런 과정을 많이 거쳐야 디

버깅 실력이 늘어나는 것입니다. 그러니 지금 당장 이해 안 가더라도 일단 넘어간 후 향후 실력이 늘었을 때 다시 도전해도 됩니다.

Q & A

Q. 소개해주신 방법 말고 다른 방법은 없을까요?

A. 물론 많이 있습니다. 크랙에 정석은 없습니다. 같은 파일이라도 다른 방식으로 다양하게 시도해보는 것이 실력 향상에 좋습니다.

Q. 크랙미 파일을 많이 풀면 리버싱 실력이 올라가나요?

A. 확실히 어느 정도는 실력 향상에 도움이 됩니다. 하지만 제가 초보자들에게 크랙미 분석을 권하는 이유는 "리버싱의 재미를 느껴보라"는 것입니다. 리버싱 분야에는 배워야 할 내용이 매우 많기 때문에 재미를 느끼지 못하면 쉽게 포기하게 됩니다. 따라서 이러한 크랙미로 리버싱에 대해 재미를 느끼셨다면 리버싱 공부도 어렵지 않게 해나갈 수 있을 것입니다. 단, 크랙미 자체에만 너무 빠져드는 것은 좋지 않습니다. 어디까지나 재미를 느낄 수 있을 정도만 하는 것이 좋습니다.

Q. "403329까지 디버깅 합니다."는 말은 403329 주소에 BP(BreakPoint) 설치하고 Run[F9] 명령을 내리면 되는 건가요?

A. BP를 사용하면 빠르게 갈 수 있습니다. StepInto[F7]/StepOver[F8] 명령으로 해당 주소까지 디버깅하는 방법도 있습니다.

Q. 그림 8.10과 같이 스택 메모리를 보려면 어떻게 하나요?

A. OllyDbg의 메모리 덤프 창에서 이동[Ctrl+G] 명령을 사용하면 됩니다. 또는 그림 8.9의 스택 창에서 12FAB8 주소를 선택한 후 마우스 우측 메뉴 "Follow in dump" 항목을 선택하셔도 됩니다. 마지막으로 그림 8.8에서 403321 주소를 선택한 후 마우스 우측 메뉴 "Follow in dump - Memory Address" 명령을 사용하셔도 됩니다.

Q. "TEST AX, AX" 명령어에서 왜 똑같은 것을 비교하는지 모르겠네요.

A. AX가 0인지 체크하기 위함입니다. 어셈블리 문법의 특징이라고 생각하면 됩니다. 예를 들어 그림 8.8의 40332F 주소에 다음과 같은 명령어가 있습니다.

```
TEST AX, AX
JE 403408
```

위 어셈블리 코드를 C 언어로 해석하면 아래와 같습니다.

```
If(AX == 0)
    goto 403408
```

그냥 어셈블리 문법은 그냥 이렇구나하고 생각하면 됩니다.

Q. 그림 8.14의 코드가 Check 버튼의 Event Handler 라는 것을 어떻게 찾으셨나요?

A. 그림 8.6~8.8의 코드를 참고해서 "Wrong serial" 문자열을 타깃으로 정하고 이 문자열을 참조하는 코드를 찾았습니다(그 코드가 속한 영역이 바로 버튼의 Event Handler일 테니까요). 그렇게 찾은 코드에서부터 스크롤을 위로 올려서 Stack Frame 생성 부분(함수 시작)을 찾아내었습니다.

Q. 문자열 암호화시키는 코드가 아주 복잡하고 어렵습니다. 봐도 잘 모르겠어요. 어떻게 아셨나요?

A. 제 경우는 "ReverseCore" 문자열 주소를 알아낸 후 이 문자열을 access하는 코드를 찾아가는 중에 암호화 코드를 발견하게 되었습니다. 그리고 한 줄씩 상세히 디버깅하면서 알아낼 수 있었습니다. 초보자 분들께서는 사실 한번에 이해할 수 있는 내용은 아닙니다. 꾸준히 반복해서 디버깅하다 보면 조금씩 이해하게 될 것입니다.

Q. Name을 읽는 위치가 StackFrame 구성 후 4번째 call이라는 것은 어떻게 알아내셨나요?

A. 일단 Handler를 찾은 후 이 코드를 여러 번 반복해서 디버깅을 해보았습니다. 그러던 중 레지스터, 스택을 주의 깊게 보면서 코드를 디버깅하다 보면 아래와 같은 명령어를 볼 수 있습니다.

```
00402F8E    LEA EDX, DWORD PTR SS:[EBP-88]
...
00402F98    CALL DWORD PTR DS:[ECX+A0]
...
00402FB6    MOV EAX, DWORD PTR SS:[EBP-88]
```

위 00402FB6 주소 명령에 의해 EAX 레지스터에 문자열 주소가 세팅됩니다. 따라서 [EBP-88] 변수가 스트링 객체라는 것을 유추할 수 있고, 00402F98 주소의 CALL 명령어에 의해서 값이 세팅된다는 것을 알 수 있습니다. 즉 반복적인 디버깅을 통해서 알게 된 것 뿐입니다. 여러분께서도 계속 도전하다 보면 결국 알아낼 수 있습니다.

Q. 다른 부분은 다 이해가 가는데요, 암호화 부분이 너무 어려워요. 계속 디버깅해서 보는 방법 밖에는 없나요?

A. 이러한 어셈블리 코드로된 암/복호화 코드를 처음 접하신 분들께는 너무 어렵게 느껴지는 것이 당연합니다. 저도 마찬가지였습니다. 하지만 확실하게 말씀드릴 수 있는 건요. 어렵다 어렵다 푸념하면서도 한 달, 두 달, …, 일 년을 꾸준히 보게되면, 그제서야 좀 쉽게 보인다는 겁니다. 끈기 앞에는 장사 없습니다.

Q. 402ED0 주소에 왜 저는 체크버튼이라고 안 나올까요?

A. 그것은 제가 설명을 위해 직접 쓴 주석입니다. 아무런 설명이 없어서 OllyDbg에서 기본적으로 제공하는 주석으로 착각하신 것 같습니다.

09
Process Explorer - 최고의 작업 관리자

9.1. Process Explorer

Windows 운영체제에서 최고의 프로세스 관리 도구 Process Explorer입니다.

https://technet.microsoft.com/en-us/sysinternals/bb896653.aspx

저 유명한 sysinternals(현재는 MS에 인수되었음)의 Mark Russinovich가 만든 프로세스 관리 유틸리티입니다. Mark Russinovich는 Windows 운영체제에 대한 해박한 지식을 갖고 있으며, 유용한 유틸리티(FileMon, RegMon, TcpView, DbgView, AutoRuns, Rootkit Revealer 등)들을 만들어 공개하였습니다. 또한 서적 『Windows Internals』의 공동저자입니다. 그는 언젠가 한 번 FileMon과 RegMon의 소스코드를 공개한 적이 있습니다. Windows 운영체제 초창기에 정보를 별로 구할 수 없던 시스템 드라이버 개발자들에게 그 소스들은 그야말로 사막의 오아시스 같은 존재였습니다.

각설하고 Process Explorer의 실행화면을 보겠습니다(그림 9.1 참고). Windows 작업 관리자와는 비교할 수 없는 아주 뛰어난 화면 구성을 보여주고 있습니다. 화면 위의 좌측에는 현재 실행 중인 프로세스들을 Parent/Child의 트리 구조로 표시하고 있습니다. 우측에는 프로세스 각각의 PID, CPU 점유율, 등록정보 등을 보여줍니다(Option을 통해 더 추가 가능). 화면 아래(옵션)에는 선택된 프로세스에 로딩된 DLL 정보 또는 해당 프로세스에서 오픈한 object handle을 표시합니다.

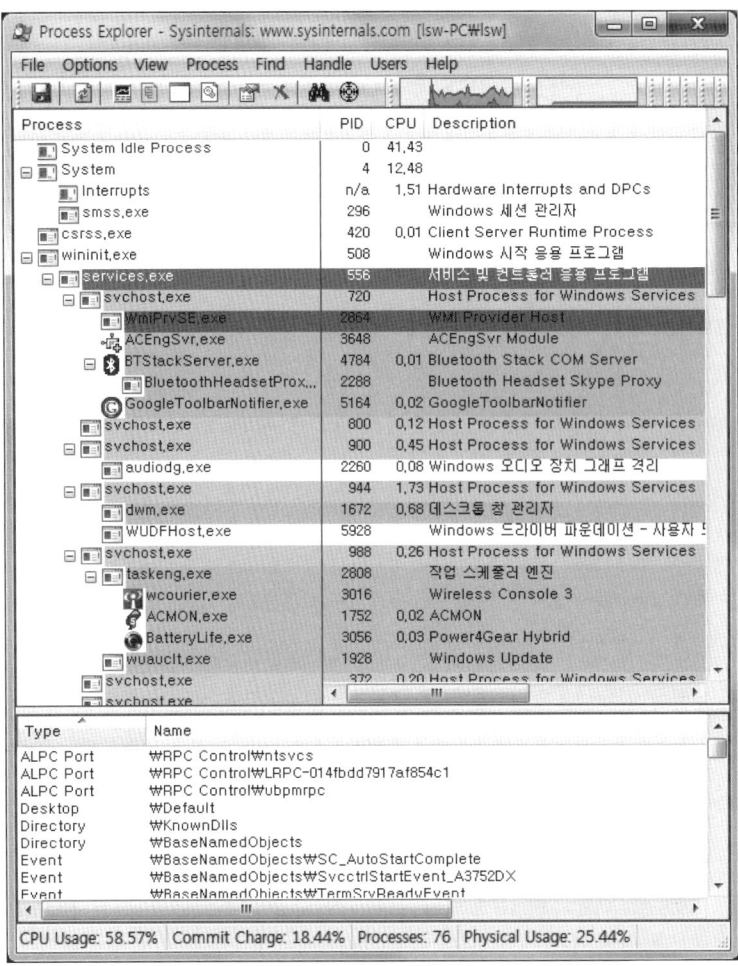

그림 9.1 Process Explorer 실행화면

9.2. 구체적으로 뭐가 좋은 거죠?

좋아 보이기는 하는데 구체적으로 뭐가 좋은 건지 궁금하죠? 저는 리버싱할 때 항상 Process Explorer를 같이 띄워놓고 합니다. 그 이유는 다음과 같습니다.

목록 9.1 Process Explorer의 장점
Parent/Child 프로세스 트리 구조
프로세스 실행/종료 시 각각의 색깔(초록/빨강)로 표시
프로세스 Suspend/Resume 기능(실행 중지/재개)

프로세스 종료(kill) 기능(Kill Process Tree 기능 지원)

DLL/Handle 검색(프로세스에 로딩된 DLL 또는 프로세스에서 점유하는 Handle 검색)

이 외에도 다양한 기능 있습니다만, 위에 나열된 것이 특히 리버싱할 때 많이 사용되는 기능입니다. 그리고 꾸준한 업데이트(버그 수정, 기능 추가)도 큰 장점입니다.

9.3. sysinternals

https://technet.microsoft.com/en-us/sysinternals/default.aspx

위 사이트에 가보면 Process Explorer의 미니 콘솔 버전이 있습니다(PsKill, PsSuspend, PsList 등). 이 유틸리티들도 받아서 실행해보세요. Process Explorer의 기능을 축소시킨 멋진 콘솔 버전 프로그램들입니다.

리버싱을 위해 Windows 내부 구조를 공부하시는 여러분은 간단히 이런 콘솔 프로그램을 따라 만들어보세요. 프로세스와 DLL 등에 대한 이해를 높일 수 있습니다(경험상 따라 만드는 방법이 실력 향상을 위한 가장 좋은 방법이었습니다).

10
함수 호출 규약

함수 호출 규약(Calling Convention)에 대해 알아보겠습니다.

10.1. 함수 호출 규약

Calling Convention은 우리말로 '함수 호출 규약'이라고 합니다. '함수를 호출할 때 파라미터를 어떤 식으로 전달하는가?'에 대한 일종의 약속입니다.

우린 이미 함수 호출 전에 파라미터를 스택을 통해서 전달한다는 것을 알고 있습니다. 스택이란 프로세스에서 정의된 메모리 공간이며 아래 방향(주소가 줄어드는 방향)으로 자랍니다. 또한 PE 헤더에 그 크기가 명시되어 있습니다. 즉 프로세스가 실행될 때 스택 메모리의 크기가 결정됩니다(malloc/new 같은 동적 메모리 할당과는 다릅니다).

질문 1. 그렇다면 함수가 실행 완료되었을 때 스택에 들어있던 파라미터는 어떻게 해야 될까요?
답변 1. 그대로 놔둡니다.

스택에 저장된 값은 임시로 사용하는 값이기 때문에 더 이상 사용하지 않는다고 하더라도 값을 지우거나 하면 불필요하게 CPU 자원을 소모합니다. 어차피 다음 번에 스택에 다른 값을 입력할 때 저절로 덮어쓰는 데다가 스택 메모리는 이미 고정되어 있기 때문에 메모리 해제를 할 수도 없고 할 필요도 없습니다.

질문 2. 함수가 실행 완료되었을 때 ESP(스택 포인터)는 어떻게 되나요?
답변 2. ESP 값은 함수 호출 전으로 복원되어야 합니다. 그래야 참조 가능한 스택의 크기가 줄어들지 않습니다.

스택 메모리는 고정되어 있고 ESP로 스택의 현재 위치를 가리키는데, 만약 ESP가 스택의 끝을 가리킨다면 더 이상 스택을 사용할 수 없습니다. 함수 호출 후에 ESP(스택 포인터)를 어떻게 정리하는지에 대한 약속이 바로 함수 호출 규약입니다. 주요한 함수 호출 규약은 아래와 같습니다.

- cdecl
- stdcall
- fastcall

애플리케이션 디버깅에서는 cdecl와 stdcall의 차이점을 확실히 알아야 합니다. 어떤 방식이든지 파라미터를 스택을 통해 전달한다는 기본 개념은 동일합니다.

> **참고**
>
> **용어 설명**
> - Caller(호출자) – 함수를 호출한 쪽
> - Callee(피호출자) – 호출을 당한 함수
>
> 예를 들어 main( ) 함수에서 printf( ) 함수를 호출했다면 Caller는 main( )이고, Callee는 printf( )가 되는 것입니다.

10.1.1. cdecl

cdecl 방식은 주로 C 언어에서 사용되는 방식이며, Caller에서 스택을 정리하는 특징을 가지고 있습니다.

코드 10.1 cdecl 예제

```c
#include "stdio.h"

int add(int a, int b)
{
    return (a + b);
}
int main(int argc, char* argv[])
{
    return add(1, 2);
}
```

코드 10.1을 VC++으로 (최적화 옵션을 끄고) 빌드한 후 OllyDbg로 디버깅합니다.

```
00401000  r$ 55              PUSH EBP                         # add()
00401001  .  8BEC            MOV EBP,ESP
00401003  .  8B45 08         MOV EAX,DWORD PTR SS:[EBP+8]
00401006  .  0345 0C         ADD EAX,DWORD PTR SS:[EBP+C]
00401009  .  5D              POP EBP
0040100A  L.  C3             RETN
0040100B     CC              INT3
0040100C     CC              INT3
0040100D     CC              INT3
0040100E     CC              INT3
0040100F     CC              INT3
00401010  r$ 55              PUSH EBP                         # main()
00401011  .  8BEC            MOV EBP,ESP
00401013  .  6A 02           PUSH 2                          rArg2 = 00000002
00401015  .  6A 01           PUSH 1                          [Arg1 = 00000001
00401017  .  E8 E4FFFFFF     CALL 00401000                   Lcdecl.00401000
0040101C  .  83C4 08         ADD ESP,8
0040101F  .  5D              POP EBP
00401020  L.  C3             RETN
```

그림 10.1 cdecl.exe 예제 파일

그림 10.1에서 401013~40101C 주소 영역의 코드를 보면, add() 함수의 파라미터 1, 2를 역순으로 스택에 입력하고, add() 함수(401000)를 호출한 후 ADD ESP, 8 명령으로 스택을 정리하고 있습니다. 이와 같이 Caller인 main() 함수가 자신이 스택에 입력한 함수 파라미터를 직접 정리하는 방식이 cdecl입니다.

> **참고**
>
> cdecl 방식의 장점은 C 언어의 printf() 함수와 같이 가변 길이 파라미터를 전달할 수 있다는 것입니다. 이러한 가변 길이 파라미터는 다른 Calling Convention에서는 구현이 어렵습니다.

10.1.2. stdcall

stdcall 방식은 Win32 API에서 사용되며, Callee에서 스택을 정리하는 것이 특징입니다. C 언어는 기본적으로 cdecl 방식이라고 앞에서 설명하였습니다. stdcall 방식으로 컴파일하고 싶을 때는 '_stdcall' 키워드를 붙여주면 됩니다.

```
코드 10.2 stdcall 예제
#include "stdio.h"

int _stdcall add(int a, int b)
{
```

```
    return (a + b);
}
int main(int argc, char* argv[])
{
    return add(1, 2);
}
```

코드 10.2를 VC++로 (최적화 옵션을 끄고) 빌드한 후 OllyDbg로 디버깅합니다. 그림 10.2의 코드를 보면 main() 함수에서 add() 함수 호출 후에 스택 정리 코드 (ADD ESP, 8)가 생략되어 있습니다.

```
00401000  r$  55              PUSH EBP                          # add()
00401001  .   8BEC            MOV EBP,ESP
00401003  .   8B45 08         MOV EAX,DWORD PTR SS:[EBP+8]
00401006  .   0345 0C         ADD EAX,DWORD PTR SS:[EBP+C]
00401009  .   5D              POP EBP
0040100A  L.  C2 0800         RETN 8
0040100D      CC              INT3
0040100E      CC              INT3
0040100F      CC              INT3
00401010  r$  55              PUSH EBP                          # main()
00401011  .   8BEC            MOV EBP,ESP
00401013  .   6A 02           PUSH 2                            rArg2 = 00000002
00401015  .   6A 01           PUSH 1                            |Arg1 = 00000001
00401017  .   E8 E4FFFFFF     CALL 00401000                     Lstdcall.00401000
0040101C  .   5D              POP EBP
0040101D  L.  C3              RETN
```

그림 10.2 stdcall.exe 예제 파일

스택의 정리는 add() 함수 마지막(40100A)의 RETN 8 명령에서 수행됩니다. RETN 8 명령의 의미는 RETN + POP 8바이트입니다. 즉 리턴 후 지정된 크기만큼 ESP를 증가시키는 것입니다.

이와 같이 Callee인 add() 함수 내부에서 스택을 정리하는 방식이 stdcall 방식입니다. stdcall 방식의 장점은 호출되는 함수(Callee) 내부에 스택 정리 코드가 존재하므로 함수를 호출할 때마다 ADD ESP, XXX 명령을 써줘야 하는 cdecl 방식에 비해서 코드 크기가 작아집니다. Win32 API는 C 언어로 된 라이브러리이지만 기본 cdecl 방식이 아닌 stdcall 방식을 사용합니다. 이는 C 이외의 다른 언어 (Delphi(Pascal), Visual Basic 등)에서 API를 직접 호출할 때 호환성을 좋게 하기 위한 것입니다.

10.1.3. fastcall

fastcall 방식은 기본적으로 stdcall 방식과 같습니다만, 함수에 전달하는 파라미터 일부(2개까지)를 스택 메모리가 아닌 레지스터를 이용하여 전달한다는 것이 특징입니다. 어떤 함수의 파라미터가 4개라면, 앞의 두 개의 파라미터는 각각 ECX, EDX 파라미터를 이용하여 전달합니다.

fastcall의 장점은 이름 그대로 좀 더 빠른 함수 호출이 가능합니다(CPU 입장에서는 멀리 있는 메모리보다 CPU와 같이 붙어있는 레지스터에 접근하는 것이 훨씬 더 빠릅니다). 그런데 호출 자체만 보면 빠르지만, ECX, EDX 레지스터를 관리하는 추가적인 오버헤드가 필요한 경우가 있습니다. 가령 함수 호출 전에 ECX, EDX에 중요한 값이 저장되어 있다면 백업해 놓아야 할 것입니다. 또한 함수 내용이 복잡하다면 ECX, EDX 레지스터를 다른 용도로 사용할 필요가 있을 때 역시 이들이 가지고 있는 파라미터 값을 어딘가에 따로 저장할 필요가 생깁니다.

지금까지 함수 호출 규약에 대해 알아보았습니다. '스택'과 '레지스터'에 대해서 더 알아보고 싶다면, 해당 장을 참고하기 바랍니다.

11
Lena's Reversing for Newbies

리버싱 초보자를 위하여 Lena라는 사람이 http://www.tuts4you.com/ 게시판에 40개의 crackme 강좌를 올려놓았습니다. 이 강좌는 매우 큰 인기를 끌었는데요. 그 이유는 모든 강좌에 대해 플래시 동영상으로 친절하게 설명해주기 때문입니다. 나중에 tuts4you 사이트에 접속해서 동영상 강좌를 보면, 리버싱 공부에 큰 도움이 될 것입니다.

11.1. 실행

크랙하려는 파일을 먼저 실행해보겠습니다.

그림 11.1 초기 메시지 박스

우선 메시지 박스가 뜨면서 두 가지를 지시합니다.

· 모든 성가신 Nags(잔소리?)를 없애라.
· registration code를 찾아라.

[확인]을 선택하면 그림 11.2와 같은 메인 창이 나타납니다.

그림 11.2 메인 화면

전형적인 serial crackme입니다. 화면의 파란 글씨를 읽어보면 registration을 위해 'SmartCheck'을 사용하라는군요(SmartCheck란 Numega 사에서 만든 유틸리티이며 크래커들이 애용하는 툴 중 하나입니다. 이 책에서는 순전히 디버거만을 이용해서 작업을 할 것입니다).

참고

만약 예제 파일(Tut.ReverseMe1.exe)이 실행되지 않는다면, MSVBVM50.dll 파일을 예제 파일과 같은 경로에 복사 후 실행해보기 바랍니다.

11.2. 분석

11.2.1. 목표(1) – 메시지 박스 제거!

첫 번째 목표인 잔소리(Nag) 메시지를 제거해보겠습니다. 그림 11.1의 메시지 박스를 얘기하는 것인데, 이것은 프로그램 시작할 때와 그림 11.2에서 [Nag?] 버튼을 눌렀을 때 나타납니다. OllyDbg로 파일을 열어봅시다.

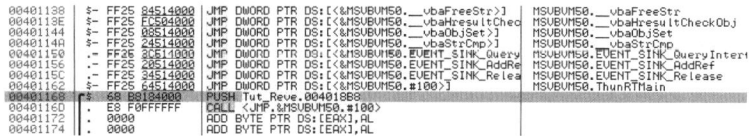

그림 11.3 EP 코드

눈에 익은 코드 형태입니다. 바로 'abex crackme 2'에서 봤던 Visual Basic 코드입니다(00401162 주소의 MSVBVM50.ThunRTMain 함수가 보이죠?).

이번에도 코드 예측을 해볼까요? 메시지 박스를 제거하기 위해서는 메시지 박스 호출 부분을 조작하면 될 것 같습니다. Visual Basic에서 메시지 박스 출력함수는 MSVBVM50.rtcMsgBox입니다.

OllyDbg에서 마우스 우측 버튼 메뉴의 Search for - All intermodular calls 명령을 사용하면, 다음과 같이 프로그램에서 사용되는 API 호출 목록이 나타납니다.

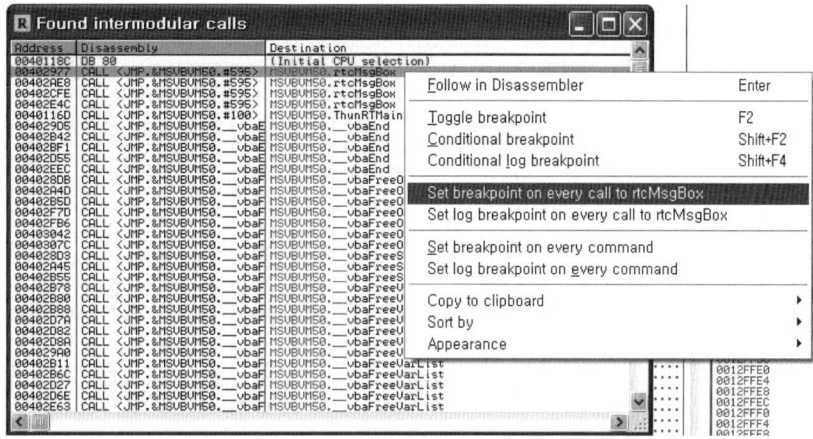

그림 11.4 All intermodular calls

그림 11.4에서 'Destination' 컬럼을 선택해서 정렬시키면 함수 이름 순으로 정렬이 됩니다. 우리가 찾는 rtcMsgBox 함수는 총 네 군데에서 호출되는군요.

마우스 우측 버튼 메뉴의 Set breakpoint on every call to rtcMsgBox 메뉴를 선택하면, 다음 그림과 같이 rtcMsgBox를 호출하는 모든 코드에 BP가 설치됩니다.

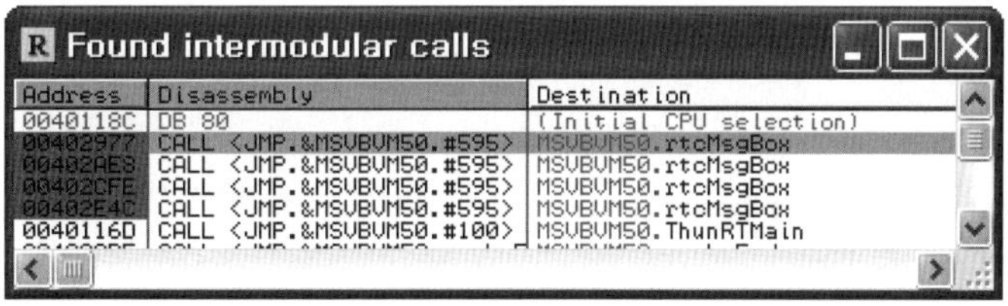

그림 11.5 rtcMsgBox 호출 코드에 BP 설치

이 상태로 디버거에서 프로그램을 실행[F9]시킵니다. BP 설치된 곳에서 실행이 멈췄습니다.

```
00402C7F    .  89B5 5CFFFFFF    MOV DWORD PTR SS:[EBP-A4],ESI
00402C85    .  C745 84 F01E40   MOV DWORD PTR SS:[EBP-7C],Tut_Reve.0   UNICODE "Get rid of all Nags and find the right
00402C8C    .  899D 7CFFFFFF    MOV DWORD PTR SS:[EBP-84],EBX
00402C92    .  E8 95E4FFFF      CALL <JMP.&MSVBVM50.__vbaVarCopy>
00402C97    .  6A 03            PUSH 3
00402C99    .  8D95 7CFFFFFF    LEA EDX,DWORD PTR SS:[EBP-84]
00402C9F    .  5F               POP EDI
00402CA0    .  8D4D DC          LEA ECX,DWORD PTR SS:[EBP-24]
00402CA3    .  C745 84 210000   MOV DWORD PTR SS:[EBP-7C],21
00402CAA    .  89BD 7CFFFFFF    MOV DWORD PTR SS:[EBP-84],EDI
00402CB0    .  E8 71E4FFFF      CALL <JMP.&MSVBVM50.__vbaVarMove>
00402CB5    .  8D95 7CFFFFFF    LEA EDX,DWORD PTR SS:[EBP-84]
00402CBB    .  8D4D CC          LEA ECX,DWORD PTR SS:[EBP-34]
00402CBE    .  C745 84 781F40   MOV DWORD PTR SS:[EBP-7C],Tut_Reve.0   UNICODE "Nag Screen "
00402CC5    .  899D 7CFFFFFF    MOV DWORD PTR SS:[EBP-84],EBX
00402CCB    .  E8 5CE4FFFF      CALL <JMP.&MSVBVM50.__vbaVarCopy>
00402CD0    .  6A 0A            PUSH 0A
00402CD2    .  B9 04000280      MOV ECX,80020004
00402CD7    .  58               POP EAX
00402CD8    .  894D 94          MOV DWORD PTR SS:[EBP-6C],ECX
00402CDB    .  8945 8C          MOV DWORD PTR SS:[EBP-74],EAX
00402CDE    .  8945 9C          MOV DWORD PTR SS:[EBP-64],EAX
00402CE1    .  8D45 8C          LEA EAX,DWORD PTR SS:[EBP-74]
00402CE4    .  894D A4          MOV DWORD PTR SS:[EBP-5C],ECX
00402CE7    .  50               PUSH EAX
00402CE8    .  8D45 9C          LEA EAX,DWORD PTR SS:[EBP-64]
00402CEB    .  50               PUSH EAX
00402CEC    .  8D45 CC          LEA EAX,DWORD PTR SS:[EBP-34]
00402CEF    .  50               PUSH EAX
00402CF0    .  8D45 DC          LEA EAX,DWORD PTR SS:[EBP-24]
00402CF3    .  50               PUSH EAX
00402CF4    .  E8 21E4FFFF      CALL <JMP.&MSVBVM50.__vbaI4Var>
00402CF9    .  50               PUSH EAX
00402CFA    .  8D45 AC          LEA EAX,DWORD PTR SS:[EBP-54]
00402CFD    .  50               PUSH EAX
00402CFE       E8 1DE4FFFF      CALL <JMP.&MSVBVM50.#595>              <= rtcMsgBox()
00402D03    .  8D95 5CFFFFFF    LEA EDX,DWORD PTR SS:[EBP-A4]
```

그림 11.6 402CFE 주소에서 실행이 멈춤

402CFE 주소에서 실행이 멈췄는데, 위로 조금 스크롤을 올려보면 그림 11.1에서 봤던 메시지 박스의 문자열이 보입니다. 이 부분이 바로 프로그램 시작할 때 나타나던 메시지 박스를 출력하는 코드 부분이니, 제대로 찾아온 것입니다.

계속 실행[F9]을 시켜보면 그림 11.1의 메시지 박스가 출력되고, [확인] 버튼을 선택하면 그림 11.2의 메인 화면이 나타납니다. 여기서 [Nag?] 버튼을 눌러볼까요? 그림 1.6과 같은 주소(402CFE)에서 실행이 멈춥니다. 처음 나타나는 메시지 박스와 메인 화면의 [Nag?] 버튼을 통한 메시지 박스 모두 같은 코드에서 실행이 되고 있었습니다. 그럼 한 군데만 패치하면 되겠군요.

11.2.2. 패치(1) – 메시지 박스 제거

패치하는 방법은 여러 가지가 있을 수 있습니다.

1차 시도

처음에 402CFE 주소의 CALL 명령을 아래와 같이 수정해봤습니다.

원본

```
00402CFE    E8 1DE4FFFF    CALL <JMP.&MSVBVM50.#595>    ; <= rtcMsgBox()
```

수정

```
00402CFE    83C4 14        ADD ESP,14                   ; 스택 정리
00402D01    90             NOP                          ; No Operation
00402D02    90             NOP                          ; No Operation
```

402CFE 주소의 ADD ESP, 14 명령어의 의미는 rtcMsgBox()에 전달되는 파라미터의 크기(14)만큼 스택을 정리하라는 명령입니다. 그리고 나머지 2바이트만큼 NOP로 채워서 코드가 깨지지 않도록 하였습니다(원래 CALL 명령어의 크기는 5바이트였죠. ADD 명령어 3바이트를 쓰고 나면 2바이트가 남게 되죠).

문제가 없어 보였으나 결과는 '에러 발생'이었습니다. 이유는 rtcMsgBox() 함수의 리턴 값(EAX 레지스터)을 제대로 처리하지 못했기 때문입니다.

```
00402CFE  . E8 1DE4FFFF    CALL <JMP.&MSVBVM50.#595>           <= rtcMsgBox()
00402D03  . 8D95 5CFFFFFF  LEA EDX,DWORD PTR SS:[EBP-A4]
00402D09  . 8D4D BC        LEA ECX,DWORD PTR SS:[EBP-44]
00402D0C  . 8985 64FFFFFF  MOV DWORD PTR SS:[EBP-9C],EAX
00402D12  . 89BD 5CFFFFFF  MOV DWORD PTR SS:[EBP-A4],EDI
```

그림 11.7 402CFE 주소의 rtcMsgBox() 호출

그림 11.7을 보면 402CFE 주소에서 rtcMsgBox()를 호출한 이후에 402D0C 주소에서 리턴 값(EAX)을 특정 변수([EBP-9C])에 저장합니다. 여기서 메시지 박스의 리턴 값은 1([확인] 버튼의 의미)이어야 합니다. 1 이외의 값이 지정되면 프로그램은 종료됩니다. 그렇다면 뭔가 다른 방법을 사용하는 것이 좋겠습니다.

참고

1. 402CFE 주소의 명령어를 아래와 같이 고칠 수도 있습니다.

   ADD ESP, 14 (Instruction: 83C414)
   MOV EAX, 1   (Instruction : B801000000)

   위 두 줄의 어셈블리 코드는 rtcMsgBox() 호출 후 사용자가 [확인] 버튼을 눌렀을 때와 같은 결과를 보여줍니다(스택과 리턴 값이 동일합니다). 이렇게 하지 않은 이유는 명령어의 길이 때문입니다. 원본 파일의 402CFE 주소의 명령어 길이는 5바이트입니다. 하지만 위 두 줄의 어셈블리 명령어의 길이는 8바이트입니다. 따라서 뒤쪽 코드를 침범하게 됩니다.

2. x86(IA-32) 시스템에서는 함수의 리턴 값을 EAX 레지스터를 사용하여 전달합니다.

3. IA-32 Instruction에 대한 설명은 49장을 참고하기 바랍니다.

2차 시도

그림 11.6의 코드에서 스크롤을 조금 더 올려보겠습니다. 402C17 주소에 함수 시작을 나타나는 스택 프레임의 prologue가 보입니다.

```
00402C13    L.  C9              LEAVE
00402C14    .   C2 0400         RETN 4
00402C17    >   55              PUSH EBP
00402C18    .   8BEC            MOV EBP,ESP
00402C1A    .   83EC 0C         SUB ESP,0C
00402C1D    .   68 66104000     PUSH <JMP.&MSVBVM50.__vbaExceptHandler>   SE handler ins
00402C22    .   64:A1 00000000  MOV EAX,DWORD PTR FS:[0]
00402C28    .   50              PUSH EAX
00402C29    .   64:8925 000000  MOV DWORD PTR FS:[0],ESP
00402C30    .   81EC 98000000   SUB ESP,98
00402C36    .   8B45 08         MOV EAX,DWORD PTR SS:[EBP+8]
00402C39    .   8365 08 FE      AND DWORD PTR SS:[EBP+8],FFFFFFFE
00402C3D    .   83E0 01         AND EAX,1
00402C40    .   C745 F8 181040  MOV DWORD PTR SS:[EBP-8],Tut_Reve.004010
00402C47    .   53              PUSH EBX
00402C48    .   8945 FC         MOV DWORD PTR SS:[EBP-4],EAX
00402C4B    .   8B45 08         MOV EAX,DWORD PTR SS:[EBP+8]
00402C4E    .   56              PUSH ESI
00402C4F    .   57              PUSH EDI
00402C50    .   8B08            MOV ECX,DWORD PTR DS:[EAX]
```

그림 11.8 스택 프레임

402CFE의 rtcMsgBox 함수 호출 코드 역시 다른 함수 내부에 속해 있는 코드입니다. 따라서 상위 함수를 호출 하지 못하게 하거나 아니면 바로 리턴해버리면 결국 rtcMsgBox 함수는 호출되지 않을 것입니다. 401C17 명령어를 다음과 같이 수정합니다(Assemble [Space] 명령어 이용).

원본
```
00402C17    55       PUSH EBP
00402C18    8BEC     MOV EBP,ESP
```

수정
```
00402C17    C2 0400  RETN 4      ; 바로 리턴
```

주의 ────
함수에 전달된 파라미터만큼 스택을 보정(RETN XX)해야 합니다.

이로써 간단하게 메시지 박스를 제거하였습니다.

> **참고**
>
> 402C17 함수의 파라미터 개수를 확인하는 방법

```
0012F4E4   7401E5A9  RETURN to MSVBVM50.7401E5A9
0012F4E8   0014D411  ASCII "B@"
0012F4EC   0012F4FC
0012F4F0   00402649  Tut_Reve.00402649
0012F4F4   0014D450
0012F4F8   00000030
```

그림 11.9 리턴 주소

402C17 함수 시작 코드에서 스택에 저장된 리턴 주소(7401E5A9)를 확인합니다.

```
7401E59A  55       PUSH EBP
7401E59B  8BEC     MOV EBP,ESP
7401E59D  2BE1     SUB ESP,ECX
7401E59F  2BE1     SUB ESP,ECX
7401E5A1  D1E9     SHR ECX,1
7401E5A3  8BFC     MOV EDI,ESP
7401E5A5  F3:A5    REP MOVS DWORD PTR ES:[EDI],DWORD PTR DS:[ESI]
7401E5A7  FFD0     CALL EAX                                        EAX = 402656
7401E5A9  8BE5     MOV ESP,EBP
7401E5AB  5D       POP EBP
```

그림 11.10 MSVBVM50.dll 모듈

리턴 주소(7401E5A9)로 가보겠습니다. 이 코드 영역은 MSVBVM50.dll 모듈 영역입니다. 7401E5A7 주소의 CALL EAX 명령어가 실행된 후 7401E5A9 주소로 리턴하도록 되어있군요. 디버거를 재실행[Ctrl+F2]시키고, 7401E5A7 주소에 BP(Break Point)를 설치한 후 실행[F9]하면 EAX 값이 402656이라는 것을 알 수 있습니다.

```
0040263C  .    816C24 04   SUB DWORD PTR SS:[ESP+4],3B
00402644  .v   E9 CB010000 JMP Tut_Reve.00402814
00402649  .    816C24 04   SUB DWORD PTR SS:[ESP+4],3F
00402651  .v   E9 C1050000 JMP Tut_Reve.00402C17
00402656  .    816C24 04   SUB DWORD PTR SS:[ESP+4],33
0040265E  .v   E9 B4050000 JMP Tut_Reve.00402C17
00402663  .    816C24 04   SUB DWORD PTR SS:[ESP+4],43
0040266B  .v   E9 45070000 JMP Tut_Reve.00402DB5
00402670  .    816C24 04   SUB DWORD PTR SS:[ESP+4],4F
00402678  .v   E9 31080000 JMP Tut_Reve.00402EAE
0040267D  .    816C24 04   SUB DWORD PTR SS:[ESP+4],0FFFF
00402685  .v   E9 88080000 JMP Tut_Reve.00402F12
0040268A  .    816C24 04   SUB DWORD PTR SS:[ESP+4],0FFFF
00402692  .v   E9 41090000 JMP Tut_Reve.00402FD8
```

그림 11.11 402656 주소의 코드

402656 주소로 가보면 위 그림과 같이 결국 402C17 주소로 JMP하도록 되어 있습니다.

그림 11.10과 그림 11.11을 종합해보면 7401E5A7 주소의 CALL EAX 명령에 의해서 결국 402C17 함수가 호출된 것을 알 수 있습니다. 따라서 7401E5A7 주소의 CALL EAX 명령 호출 전/후의 스택 주소를 확인하면 402C17 함수 파라미터의 개수를 알 수 있습니다(stdcall 호출 방식을 사용하므로 스택은 Callee에서 정리됩니다).

11.2.3. 목표(2) – Registration Code 찾기

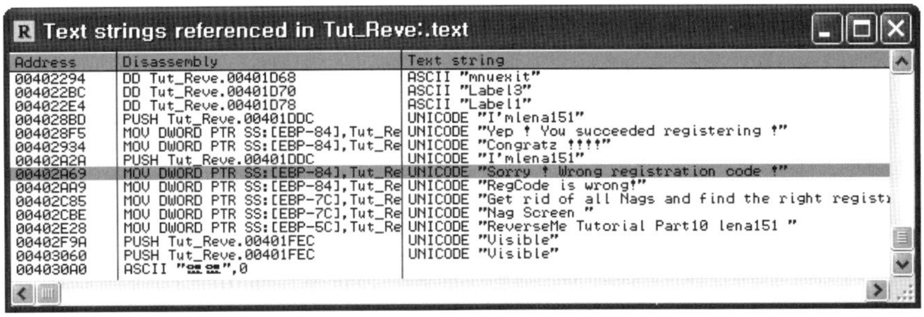

Registration Code를 찾는 것이 두 번째 목표입니다. 일단 아무 값이나 입력해 볼까요?

그림 11.12 "RegCode is wrong!" 메시지 박스

잘못된 Registration Code라고 나타납니다. OllyDbg에서 저 문자열을 검색해보겠습니다(마우스 우측 메뉴 Search for - All referenced text strings).

그림 11.13 All referenced text strings

402A69 주소의 코드를 살펴보면 그림 11.14와 같습니다(마우스 더블클릭!).

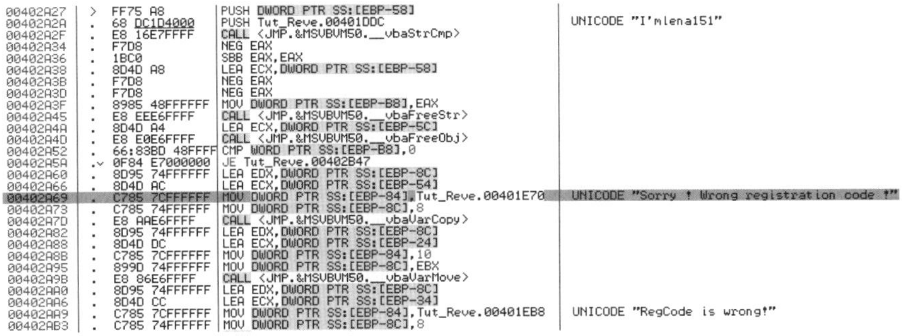

그림 11.14 402A69 주소의 코드

그림 11.14의 코드를 보면 402A2A 주소에 "I'mlena151"이라는 문자열과 바로 그 밑의 402A2F 주소에 __vbaStrCmp() 함수 호출 코드가 있습니다. __vbaStrCmp() API는 VB에서 문자열을 비교하는 함수입니다. 즉 "I'mlena151" 문자열과 사용자가 입력한 문자열을 비교하는 것입니다. 의외로 너무 쉽게 발견했군요. 스크롤을 조금 위로 올려 보겠습니다.

그림 11.15 성공 메시지 박스 출력 코드

그림 11.15의 코드는 정확한 Registration Code를 입력했을 때 성공 메시지 박스("Yep ! You succeeded registering !")를 출력하는 코드입니다.

역시 4028BD 주소에 "I'mlena151" 문자열이 있고 그 밑에 __vbaStrCmp 함수가 존재합니다. 따라서 RegCode는 "I'mlena151"이 확실합니다.

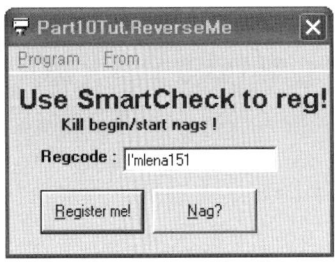 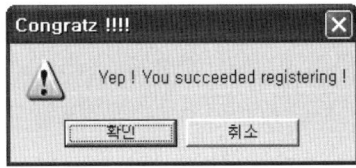

그림 11.16 성공 메시지 박스

RegCode를 정확히 찾아내었습니다.

11.3. 마무리

이번 crackme도 연습용이라서 매우 쉽게 해결 가능하였습니다. 앞서 소개한 www.tuts4you.com 사이트에 방문해서 원 저작자(lena)의 동영상 설명을 보는 것도 도움이 될 것입니다. 또한 사람마다 분석하는 방법은 모두 다르기 때문에 여러 사람의 분석 방법을 다양하게 알아두는 것이 좋습니다.

Q & A

Q. 그림 11.8에 보면 점프할 주소에 빨간 줄이 표시되는데, 이건 어떻게 해야 볼 수 있나요?

A. OllyDbg 옵션의 [CPU] 탭에서 'Show jump path', 'Show grayed path if jump is not taken', 'Show jumps to selected command' 항목을 체크해주면 됩니다.

12
도대체 리버싱을 어떻게 공부해야 하나요?

"리버싱 공부를 어떻게 시작해야 할지 모르겠어요. 도와주세요."라는 질문을 자주 받습니다. 제가 블로그/기술서적 집필 활동을 하는 이유는 우리나라의 리버싱 기술 수준을 향상시키고, 리버싱 기술을 널리 전파하는 데 작은 힘을 보태는 것입니다. 특히 리버싱에 처음 입문하시는 분들께 길잡이 역할을 할 수 있다면 더 이상 바랄 게 없습니다. 그럼 과연 어떻게 하면 리버싱을 잘 할 수 있을지 제 생각을 얘기해보 겠습니다.

12.1. 리버스 엔지니어링

12.1.1. 모든 공부에는 '목표'가 있어야 합니다.

'리버싱 전문가가 되기 위해', '취직하고 싶어서', '흥미로워서', '해커가 되려고' 등 자신만의 분명한 목표가 필요합니다. 이러한 목표가 없으면 힘든 공부를 지속하기 어렵습니다(도중 포기할 확률이 높아진다는 뜻입니다). 또 목표는 여러분들에게 방향을 제시합니다. 그 목표를 향해 한발 한발 전진하시기 바랍니다.

12.1.2. '긍정적인 마인드'를 가지세요.

때때로 잘못된 편견을 가진 분들이 있습니다.

- "저는 C 언어도 모르는데요... 리버싱을 할 수 있을까요?" → 물론이죠.
- "저는 어셈블리를 해본 적이 없는데요... 리버싱을 못 하겠지요?" → 천만에요. 잘 할 수 있습니다.
- "저는 Windows 구조를 전혀 모르는데요... 그래도 리버싱을 할 수 있을까요?"
  → 무지 잘하게 될 겁니다.

바로 위와 같이 "저는 ○○○를 모르는데요"라거나, "저는 □□□를 해본 적이 없는데요"라는 말은 리버싱을 공부를 시작할 때 전혀 의미 없는 말입니다. 사실 이런 말은 지레 겁을 먹게 만들고, 도전 의식을 꺾어버립니다. 시도조차 하지 않고 포기하게 만드는 부정적인 말인거죠. 오히려 "×××를 모르기 때문에 배우고 싶다"라고 긍정적인 생각을 해보기 바랍니다.

배워야 할 것을 따지자면 수십 가지가 넘을 것입니다. 그런데 리버싱 초보자가 그걸 처음부터 다 배워야 할까요? 그렇다면 사실 너무 힘들겠지요. 또한 지겨워질 겁니다. 그러니 그냥 새로운 내용이 튀어나올 때마다 다 해결하고 넘어가려고 하지 말고 일단 맘에 묻어둔 채로 계속 진행하는 것이 중요합니다. 반복 학습하는 과정에서 한 가지씩 차례로 배워나가면 됩니다.

예를 들어 'XOR EAX, EAX'의 의미는 디버깅을 몇 번 해보면 저절로 알게 되는 내용입니다. 처음 볼 때는 낯설고 흥미롭지요. 하지만 100번 봤다고 생각해보세요. 그냥 당연하게 받아들이게 됩니다. 오히려 같은 의미의 'MOV EAX, 0' 명령어가 이상하게 보일겁니다. "XOR EAX, EAX를 왜 안 썼을까? 아마추어인가?"하고 말이죠.

12.1.3. '재미'를 느껴야 합니다.

초보일수록 더더욱 리버싱 과정에서 재미를 찾아야 합니다. 어렵고 지겨운데 어떻게 계속 해나갈 수 있겠습니까? 리버싱이 재밌고, 하나씩 모르는 걸 배워나가고, 내가 맘먹은 대로 프로그램을 패치시키는 이런 과정에서 재미를 얻어야 하지요. 사람은 재미있는 일이라면 남들이 아무리 말려도 스스로 하게 되어있답니다.

12.1.4. '검색'을 생활화해야 합니다.

"검색하면 9할은 나온다"

제가 어디서 읽은 후 맘속에 담아둔 명언입니다. 특히 리버싱 기술은 수많은 검색을 통한 지식 습득이 필수적입니다. 역사가 짧고 관련 전문가도 적고 관련 서적도 거의 없다시피 하니까요. 일단 믿고 검색해보기 바랍니다. 반드시 원하는 내용을 찾을 수 있을 겁니다.

12.1.5. 제일 중요한 건 '실천'입니다.

"Just Do It"

누구나 아는 말이죠~ 뭔가를 이루고는 싶다는 맘을 먹었으면 행동을 해야하죠. 그것도 지금 당장 하는 겁니다. 이 책의 처음부터 무작정 따라해봅시다. 당연히 처음에는 하나도 아는 게 없지요. 모든 것이 낯설게 느껴질 겁니다(특히 어셈블리 명령어는 거의 외계 언어로 보이죠).

일단 첫 목표는 디버거를 이용해서 main() 함수를 찾아가는 겁니다. 디버거에 일단 익숙해지기 위해서 메뉴도 하나씩 건드려 보고요. tracing(StepIn[F7], Step Out[F8] 명령어를 이용)을 마구 해보는 겁니다. 차츰 감이 오면서 결국 main()을 찾을 겁니다. C 소스코드와 디스어셈블리 코드의 차이도 확인해보면서요. 시작만으로도 반은 성공한 겁니다! 출발이 좋군요.^^ 그 다음 간단한 crackme, patchme, unpackme 등을 찾아서 해봅시다. 흔히 볼 수 있는 메모장, 계산기 등을 패치해봅니다(아주 간단히 말이죠. 가령 기능을 막아본다거나 하는 그런 정도로요). 그 후 차츰차츰 대상을 넓혀 가는 겁니다.

12.1.6. '느긋한 마음'을 가지세요.

리버싱 초보자가 가장 걸리기 쉬운 병이 바로 '조급증'입니다. 빨리 성과를 내고는 싶은데 공부는 만만치 않고 실력은 제자리에서 맴돌고 있습니다. 자신이 얼마나 모르는 것인지, 제대로 가긴 하는 건지 너무 답답합니다. 어셈블리, Windows 내부 구조, PE 파일 포맷, API 후킹 등 뭐 하나 쉬운 게 없습니다. 어셈블리 한 가지만 봐도 어디까지 공부를 해야 하는지 알 수가 없지요. 이럴 때 마음이 급해지고 목표를 잃어 버리게 됩니다. 다음 이야기를 한 번 읽어보기 바랍니다.

世界最强 大韓民國

위 한자를 읽어보면, "세계최강 대한민국"입니다. 대부분 정확히 읽어냈을 텐데요. 만약 8글자 중에서 몇 글자를 모르더라도 주변 글자들을 통해서 전체를 읽을 수 있었을 겁니다. 그렇다면 안 보고 정확히 쓸 수도 있을까요? 그런데 아마 그건 쉽지 않을 겁니다.

사실 저를 비롯한 많은 리버서가 어셈블리 명령어를 100% 자유자재로 구사하지는 못합니다. 몇 명은 그래도 어셈블리 프로그래밍이 가능하지만, 실제로 많은 사람은 그렇지 못합니다. 마치 위의 경우처럼 한자를 읽을 수만 있고 쓸 수는 없는 것과 비슷한 상황입니다. 그래도 리버싱만 잘해요~ ^^

명령어를 모르면 찾아 보면 됩니다. 이런 방법으로도 프로그램의 동작 흐름을 알아낼 수 있습니다. 아마 이런 식으로 몇 년이 더 흐르면 지금보다 훨씬 더 잘하게 되겠지요. 중요한 것은 저와 제가 아는 모든 리버서도 초보 시절에는 (여러분과 같이) 다 고만고만한 조건이었다는 것입니다. 꾸준히 하다보니 자연스럽게 어느 정도의 실력이 쌓인 것이지요. 그래도 절대로 조급해 하지 않았습니다.

여러분도 지금 당장 시작해보세요. 분명히 성과가 나타날 것입니다. 어떻게 장담하는지 궁금할텐데, 사실 구체적인 성공 사례를 알기 때문입니다. 블로그를 운영하면서 많은 분께 과분한 감사의 메일을 받았습니다. 그 사연들을 읽어보면 감동에 이어 전율이 흐를 때도 있습니다.

- 리버싱을 주제로 한 대학 졸업작품이 단과대 전체 최우수 작품으로 선정되었습니다.
- 회사의 제품 개발 프로젝트에 후킹 기술을 적용해서 쉽게 해결할 수 있었습니다.
- 리버싱 기술을 어필하여 XX소프트웨어 멤버십에 합격했습니다.
- 대학교 동아리에서 리버싱 프로젝트(문서 암호화)를 성공시켰습니다.
- 기타...

이분들은 모두 다 리버싱 초보였습니다. 본인들의 불타는 열정으로 엄청난 성취를 이루어낸 것이지요. 따라서 제가 여러분도 할 수 있다고 장담할 수 있는 것입니다. 공부하다가 모르는 내용이 있나요? 검색을 해보고, 질문을 하세요. 저도 다른 분들의 생각을 들어보고 같이 고민하는 것을 좋아합니다.

자, 지금 당장 시작하세요~

2부
PE File Format

13
PE File Format

Windows 운영체제의 PE(Portable Executable) File Format에 대해서 상세히 공부해보겠습니다. PE File Format을 공부하면서 Windows 운영체제의 가장 핵심적인 부분인 Process, Memory, DLL 등에 대한 내용을 같이 정리할 수 있습니다.

13.1. 소개

PE(Portable Executable) 파일은 Windows 운영체제에서 사용되는 실행 파일 형식입니다. 기존 UNIX에서 사용되는 COFF(Common Object File Format)를 기반으로 Microsoft에서 만들었습니다. 애초에는 (Portable 단어가 의미하는 대로) 다른 운영체제에 이식성을 좋게 하려는 의도였으나 실제로는 Windows 계열의 운영체제에서만 사용되고 있습니다.

PE 파일은 32비트 형태의 실행 파일을 의미하며 PE32라는 용어를 사용하기도 합니다. 64비트 형태의 실행 파일은 PE+ 또는 PE32+라고 부르며 PE(또는 PE32) 파일의 확장 형태입니다(PE64가 아니라는 것에 주의하기 바랍니다).

13.2. PE File Format

PE 파일의 종류는 표 13.1과 같습니다.

종 류	주요 확장자	종 류	주요 확장자
실행 계열	EXE, SCR	드라이버 계열	SYS, VXD
라이브러리 계열	DLL, OCX, CPL, DRV	오브젝트 파일 계열	OBJ

표 13.1 PE 파일 종류

엄밀히 얘기하면 OBJ(오브젝트) 파일을 제외한 모든 것은 실행 가능한 파일입니다. DLL, SYS 파일 등은 셸(Explorer.exe)에서 직접 실행할 수는 없지만, 다른 형태의 방법(디버거, 서비스, 기타)을 이용하여 실행이 가능한 파일입니다.

> **참고**
>
> PE 공식 스펙에는 컴파일 결과물인 OBJ(오브젝트) 파일도 PE 파일로 간주합니다. 하지만 OBJ 파일 자체로는 어떠한 형태의 실행도 불가능하므로 리버싱에서 관심을 가질 필요는 거의 없습니다.

간단한 설명을 위해서 노트패드(notepad.exe) 파일을 헥스 에디터 HxD를 이용해서 열어보겠습니다.

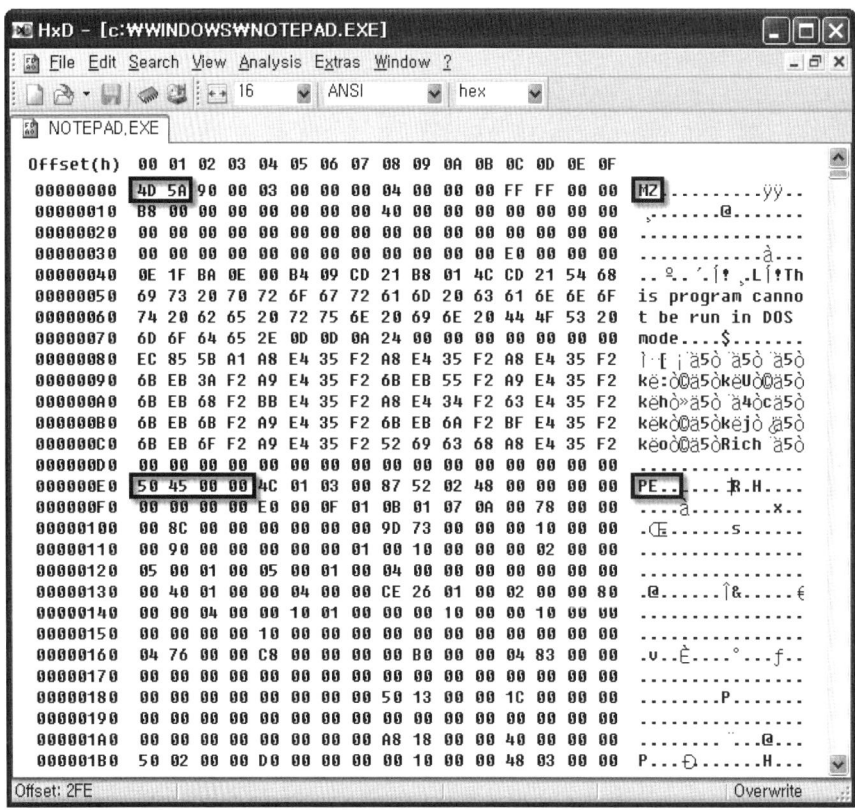

그림 13.1 notepad.exe 파일

그림 13.1은 notepad.exe 파일의 시작 부분이며, PE 파일의 헤더(PE header) 부분입니다. 바로 이 PE 헤더에 notepad.exe 파일이 실행되기 위해 필요한 모든 정보가 적혀있습니다. 어떻게 메모리에 적재되고, 어디서부터 실행되어야 하며, 실행에 필요한 DLL들은 어떤 것이 있고, 필요한 stack/heap 메모리의 크기를 얼마로 할지 등등... 수많은 정보가 PE 헤더에 구조체 형식으로 저장되어 있습니다. 즉 PE File Format을 공부한다는 것은 PE 헤더 구조체를 공부한다는 것과 같은 말입니다.

> **참고**
> Windows XP SP3의 notepad.exe로 설명하였습니다. 다른 버전의 Windows에 있는 notepad.exe 파일과 전체 구조는 비슷하지만 주소는 서로 다릅니다.

13.2.1. 기본 구조

notepad.exe는 일반적인 PE 파일의 기본 구조(Basic Structure)입니다. 그림 13.2는 notepad.exe 파일이 메모리에 적재(loading 또는 mapping)될 때의 모습을 나타낸 것입니다. 많은 내용을 함축하고 있는데, 하나씩 살펴보겠습니다.

DOS header부터 Section header까지를 PE 헤더, 그 밑의 Section들을 합쳐서 PE 바디(Body)라고 합니다. 파일에서는 offset으로, 메모리에서는 VA(Virtual Address, 질대주소)로 위치를 표현합니다. 파일이 메모리에 로딩되면 모양이 달라집니다(Section의 크기, 위치 등). 파일의 내용은 보통 코드(.text), 데이터(.data), 리소스(.rsrc) 섹션에 나뉘어서 저장됩니다.

> **참고**
> 개발도구(VB/VC++/Delphi/etc)와 빌드 옵션에 따라서 섹션의 이름, 크기, 개수, 저장 내용 등은 달라집니다. 중요한 것은 각 용도별로 여러 섹션이 나뉘어서 저장된다는 것입니다.

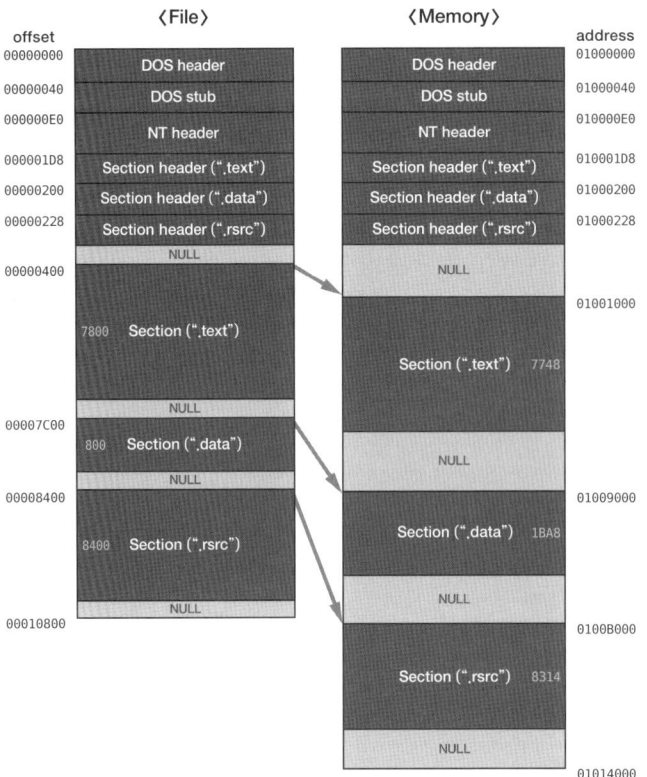

그림 13.2 PE 파일(notepad.exe)이 메모리에 로딩되는 모습

섹션 헤더에 각 Section에 대한 파일/메모리에서의 크기, 위치, 속성 등이 정의되어 있습니다.

PE 헤더의 끝부분과 각 섹션의 끝에는 NULL padding이라고 불리우는 영역이 존재합니다. 컴퓨터에서 파일, 메모리, 네트워크 패킷 등을 처리할 때 효율을 높이기 위해 최소 기본 단위 개념을 사용하는데, PE 파일에도 같은 개념이 적용된 것입니다. 파일/메모리에서 섹션의 시작 위치는 각 파일/메모리의 최소 기본 단위의 배수에 해당하는 위치여야 하고, 빈 공간은 NULL로 채워버립니다(그림 13.2를 보면 각 섹션의 시작 주소가 어떤 규칙에 의해 딱딱 끊어지는 걸 볼 수 있습니다).

13.2.2. VA & RVA

VA(Virtual Address)는 프로세스 가상 메모리의 절대주소를 말하며, RVA(Relative Virtual Address)는 어느 기준 위치(ImageBase)에서부터의 상대주소를 말합니다. VA와 RVA의 관계는 다음 식과 같습니다.

RVA + ImageBase = VA

PE 헤더 내의 정보는 RVA 형태로 된 것이 많습니다. 그 이유는 PE 파일(주로 DLL)이 프로세스 가상 메모리의 특정 위치에 로딩되는 순간 이미 그 위치에 다른 PE 파일(DLL)이 로딩되어 있을 수 있습니다. 그럴 때 재배치(Relocation) 과정을 통해서 비어 있는 다른 위치에 로딩되어야 하는데, 만약 PE 헤더 정보들이 VA(Virtual Address, 절대주소)로 되어 있다면 정상적인 엑세스가 이루어지지 않을 것입니다. 그러므로 정보를 RVA(Relative Virtual Address, 상대주소)로 해두면 Relocation이 발생해도 기준위치에 대한 상대주소가 변하지 않기 때문에 아무런 문제없이 원하는 정보에 엑세스할 수 있는 것입니다.

> **참고**
> 32비트 Windows OS에서 각 프로세스에게는 4GB 크기의 가상 메모리가 할당됩니다. 따라서 프로세스에서 VA 값의 범위는 00000000~FFFFFFFF까지 입니다.

13.3. PE 헤더

PE 헤더는 많은 구조체로 이루어져 있습니다. 지금부터 각 구조체에 대해서 하나씩 살펴보겠습니다. 또한 리버싱에서 중요한 의미를 가지는 구조체 멤버에 대해서는 자세한 설명을 덧붙여 놓았습니다.

13.3.1. DOS Header

Microsoft는 PE File Format을 만들 때 당시에 널리 사용되던 DOS 파일에 대한 하위 호환성을 고려해서 만들었습니다. 그 결과로 PE 헤더의 제일 앞부분에는 기존 DOS EXE Header를 확장시킨 IMAGE_DOS_HEADER 구조체가 존재합니다.

코드 13.1 IMAGE_DOS_HEADER 구조체

```c
typedef struct _IMAGE_DOS_HEADER {
    WORD    e_magic;            // DOS signature : 4D5A ("MZ")
    WORD    e_cblp;
    WORD    e_cp;
    WORD    e_crlc;
    WORD    e_cparhdr;
    WORD    e_minalloc;
    WORD    e_maxalloc;
    WORD    e_ss;
    WORD    e_sp;
    WORD    e_csum;
    WORD    e_ip;
    WORD    e_cs;
    WORD    e_lfarlc;
    WORD    e_ovno;
    WORD    e_res[4];
    WORD    e_oemid;
    WORD    e_oeminfo;
    WORD    e_res2[10];
    LONG    e_lfanew;           // offset to NT header
} IMAGE_DOS_HEADER, *PIMAGE_DOS_HEADER;
```

출처 : Microsoft Platform SDK - winnt.h

IMAGE_DOS_HEADER 구조체의 크기는 40입니다. 이 구조체에서 꼭 알아둬야 할 중요한 멤버는 e_magic과 e_lfanew입니다.

e_magic : DOS signature (4D5A => ASCII 값 "MZ")

e_lfanew : NT header의 옵셋을 표시(파일에 따라 가변적인 값을 가짐)

모든 PE 파일은 시작 부분(e_magic)에 DOS signature ("MZ")가 존재하고, e_lfanew 값이 가리키는 위치에 NT Header 구조체가 존재해야 합니다(NT Header 구조체의 이름은 IMAGE_NT_HEADERS이며 나중에 소개됩니다).

참고

MZ는 Microsoft에서 DOS 실행 파일을 설계한 마크 주비코브스키라는 사람의 영문 이니셜입니다.

출처 : http://en.wikipedia.org/wiki/Mark_Zbikowski

notepad.exe를 hex editor로 열어서 IMAGE_DOS_HEADER 구조체를 확인해 보겠습니다.

```
Offset(h)  00 01 02 03 04 05 06 07 08 09 0A 0B 0C 0D 0E 0F
00000000   4D 5A 90 00 03 00 00 00 04 00 00 00 FF FF 00 00   MZ..........ÿÿ..
00000010   B8 00 00 00 00 00 00 00 40 00 00 00 00 00 00 00   ¸.......@.......
00000020   00 00 00 00 00 00 00 00 00 00 00 00 00 00 00 00   ................
00000030   00 00 00 00 00 00 00 00 00 00 00 00 E0 00 00 00   ............à...
```

그림 13.3 IMAGE_DOS_HEADER

과연 PE 스펙에 맞게 파일 시작 2바이트는 4D5A이며, e_lfanew 값은 000000E0 입니다(E0000000이 아닙니다).

> **참고**
> Intel 계열 CPU는 자료를 역순으로 저장합니다. 이것을 리틀 엔디언(Little Endian) 표기법이라고 합니다.

시험 삼아 이 값들을 변경한 후 저장해서 실행해보세요. 정상 실행되지 않을 것입니다(PE 스펙에 따라서 더 이상 PE 파일이 아니기 때문입니다).

13.3.2. DOS Stub

DOS Header 밑에는 DOS Stub이 존재합니다. DOS Stub의 존재 여부는 옵션이며 크기도 일정하지 않습니다(DOS Stub이 없어도 파일 실행에는 문제가 없습니다). DOS Stub은 코드와 데이터의 혼합으로 이루어져 있으며, 그림 13.4에 notepad. exe의 DOS Stub이 나타나 있습니다.

```
00000040   0E 1F BA 0E 00 B4 09 CD 21 B8 01 4C CD 21 54 68   ..º..´.Í!¸.LÍ!Th
00000050   69 73 20 70 72 6F 67 72 61 6D 20 63 61 6E 6E 6F   is program canno
00000060   74 20 62 65 20 72 75 6E 20 69 6E 20 44 4F 53 20   t be run in DOS 
00000070   6D 6F 64 65 2E 0D 0D 0A 24 00 00 00 00 00 00 00   mode....$.......
00000080   EC 85 5B A1 A8 E4 35 F2 A8 E4 35 F2 A8 E4 35 F2   ì.[¡¨ä5ò¨ä5ò¨ä5ò
00000090   6B EB 3A F2 A9 E4 35 F2 6B EB 55 F2 A9 E4 35 F2   kë:ò©ä5òkëUò©ä5ò
000000A0   6B EB 68 F2 BB E4 35 F2 A8 E4 34 F2 63 E4 35 F2   këhò»ä5ò¨ä4òcä5ò
000000B0   6B EB 6B F2 A9 E4 35 F2 6B EB 6A F2 BF E4 35 F2   këkò©ä5òkëjò¿ä5ò
000000C0   6B EB 6F F2 A9 E4 35 F2 52 69 63 68 A8 E4 35 F2   këoò©ä5òRich¨ä5ò
000000D0   00 00 00 00 00 00 00 00 00 00 00 00 00 00 00 00   ................
```

그림 13.4 DOS Stub

그림 13.4에서 파일 옵셋 40~4D 영역은 16비트 어셈블리 명령어입니다. 32비트 Windows OS에서는 이쪽 명령어가 실행되지 않습니다(PE 파일로 인식하기 때문에 아예 이쪽 코드를 무시하지요). Notepad.exe 파일을 DOS 환경에서 실행하거나, DOS용 디버거(debug.exe)를 이용해서 실행하면 저 코드를 실행시킬 수 있습니다(DOS EXE 파일로 인식합니다. 이들은 PE File Format을 모르니까요).

커맨드 창(cmd.exe)를 띄워서 아래와 같이 명령을 입력합니다(Windows XP 환경에서만 가능).

debug C:\Windows\notepad.exe

그리고 나타나는 커서에 'u' 명령어(Unassemble)를 입력하면, 다음 그림과 같이 16비트 어셈블리 명령어가 나타납니다.

```
-u
0D1E:0000 0E          PUSH    CS
0D1E:0001 1F          POP     DS
0D1E:0002 BA0E00      MOV     DX,000E    ; DX = 0E : "This program cannot be
                                                      run in DOS mode"
0D1E:0005 B409        MOV     AH,09
0D1E:0007 CD21        INT     21         ; AH = 09 : WriteString()
0D1E:0009 B8014C      MOV     AX,4C01
0D1E:000C CD21        INT     21         ; AX = 4C01 : Exit()
```

코드는 매우 간단합니다. 화면에 문자열("This program cannot be run in DOS mode")을 출력하고 종료해버립니다. 즉 notepad.exe 파일은 32비트용 PE 파일이지만 MS-DOS 호환 모드를 가지고 있어서 DOS 환경에서 실행하면, DOS EXE 실행코드가 동작하면서 "This program cannot be run in DOS mode" 문자열을 출력하고 종료됩니다. 이 특성을 잘 이용하면 하나의 실행(EXE) 파일에 DOS와 Windows에서 모두 실행 가능한 파일을 만들 수도 있습니다(DOS 환경에서는 16비트 DOS용 코드가, Windows 환경에서는 32비트 Windows 코드가 각각 실행됨).

앞에서 언급한 대로 DOS Stub은 옵션이기 때문에 개발 도구에서 지원해줘야 합니다(VB, VC++, Delphi 등은 DOS Stub을 기본 지원합니다).

13.3.3. NT Header

NT header 구조체 IMAGE_NT_HEADERS입니다.

코드 13.2 IMAGE_NT_HEADERS 구조체
```
typedef struct _IMAGE_NT_HEADERS {
    DWORD Signature;                              // PE Signature : 50450000 ("PE"00)
    IMAGE_FILE_HEADER FileHeader;
    IMAGE_OPTIONAL_HEADER32 OptionalHeader;
} IMAGE_NT_HEADERS32, *PIMAGE_NT_HEADERS32;
```
출처 : Microsoft Platform SDK - winnt.h

IMAGE_NT_HEADERS 구조체는 3개의 멤버로 되어 있는데, 제일 첫 멤버는 Signature로 50450000h("PE"00) 값을 가집니다. 그리고 FileHeader와 Optional Header 구조체 멤버가 있습니다. 그럼 notepad.exe의 IMAGE_NT_HEADERS의 내용을 hex editor로 살펴보겠습니다.

```
000000E0  50 45 00 00 4C 01 03 00 87 52 02 48 00 00 00 00  PE..L....R.H....
000000F0  00 00 00 00 E0 00 0F 01 0B 01 07 0A 00 78 00 00  ....à........x..
00000100  00 8C 00 00 00 00 00 00 9D 73 00 00 00 10 00 00  .Œ.......s......
00000110  00 90 00 00 00 00 40 00 01 00 10 00 00 00 02 00 00  ................
00000120  05 00 01 00 05 00 01 00 04 00 00 00 00 00 00 00  ................
00000130  00 40 01 00 00 04 00 00 CE 26 01 00 02 00 00 80  .@......Î&.....€
00000140  00 00 04 00 00 10 01 00 00 00 00 10 00 00 10 00 00  ................
00000150  00 00 00 00 10 00 00 00 00 00 00 00 00 00 00 00  ................
00000160  04 76 00 00 C8 00 00 00 00 B0 00 00 04 83 00 00  .v..È....°...f..
00000170  00 00 00 00 00 00 00 00 00 00 00 00 00 00 00 00  ................
00000180  00 00 00 00 00 00 00 00 50 13 00 00 1C 00 00 00  ........P.......
00000190  00 00 00 00 00 00 00 00 00 00 00 00 00 00 00 00  ................
000001A0  00 00 00 00 00 00 00 00 A8 18 00 00 40 00 00 00  ............@...
000001B0  50 02 00 00 D0 AA AA AA AA 10 00 00 48 03 00 00  P...Ð.......H...
000001C0  00 00 00 00 00 00 00 00 00 00 00 00 00 00 00 00  ................
000001D0  00 00 00 00 00 00 00 00                          ........
```

그림 13.5 IMAGE_NT_HEADERS

IMAGE_NT_HEADERS 구조체의 크기는 F8입니다. 상당히 큰 구조체입니다. FileHeader와 OptionalHeader 구조체를 하나하나 설명하겠습니다.

13.3.4. NT Header – File Header

파일의 개략적인 속성을 나타내는 IMAGE_FILE_HEADER 구조체입니다.

코드 13.3 IMAGE_FILE_HEADER 구조체
```
typedef struct _IMAGE_FILE_HEADER {
    WORD    Machine;
```

```
    WORD      NumberOfSections;
    DWORD     TimeDateStamp;
    DWORD     PointerToSymbolTable;
    DWORD     NumberOfSymbols;
    WORD      SizeOfOptionalHeader;
    WORD      Characteristics;
} IMAGE_FILE_HEADER, *PIMAGE_FILE_HEADER;
```

출처 : Microsoft Platform SDK - winnt.h

IMAGE_FILE_HEADER 구조체에서 아래 4가지 멤버가 중요합니다(이 값이 정확히 세팅되어 있지 않으면 파일은 정상적으로 실행되지 않습니다).

#1. Machine

Machine 넘버는 CPU별로 고유한 값이며 32비트 Intel x86 호환 칩은 14C의 값을 가집니다. 아래는 winnt.h 파일에 정의된 Machine 넘버의 값들입니다.

코드 13.4 Machine 넘버

```
#define IMAGE_FILE_MACHINE_UNKNOWN      0
#define IMAGE_FILE_MACHINE_I386         0x014c  // Intel 386.
#define IMAGE_FILE_MACHINE_R3000        0x0162  // MIPS little-endian, 0x160
                                                //        big-endian
#define IMAGE_FILE_MACHINE_R4000        0x0166  // MIPS little-endian
#define IMAGE_FILE_MACHINE_R10000       0x0168  // MIPS little-endian
#define IMAGE_FILE_MACHINE_WCEMIPSV2    0x0169  // MIPS little-endian WCE v2
#define IMAGE_FILE_MACHINE_ALPHA        0x0184  // Alpha_AXP
#define IMAGE_FILE_MACHINE_POWERPC      0x01F0  // IBM PowerPC Little-Endian
#define IMAGE_FILE_MACHINE_SH3          0x01a2  // SH3 little-endian
#define IMAGE_FILE_MACHINE_SH3E         0x01a4  // SH3E little-endian
#define IMAGE_FILE_MACHINE_SH4          0x01a6  // SH4 little-endian
#define IMAGE_FILE_MACHINE_ARM          0x01c0  // ARM Little-Endian
#define IMAGE_FILE_MACHINE_THUMB        0x01c2
#define IMAGE_FILE_MACHINE_IA64         0x0200  // Intel 64
#define IMAGE_FILE_MACHINE_MIPS16       0x0266  // MIPS
#define IMAGE_FILE_MACHINE_MIPSFPU      0x0366  // MIPS
#define IMAGE_FILE_MACHINE_MIPSFPU16    0x0466  // MIPS
#define IMAGE_FILE_MACHINE_ALPHA64      0x0284  // ALPHA64
#define IMAGE_FILE_MACHINE_AXP64        IMAGE_FILE_MACHINE_ALPHA64
```

출처 : Microsoft Platform SDK - winnt.h

#2. NumberOfSections

PE 파일은 코드, 데이터, 리소스 등이 각각의 섹션에 나뉘어서 저장된다고 설명했습니다.

NumberOfSections는 바로 그 섹션의 개수를 나타냅니다. 그런데 이 값은 반드시 0보다 커야 합니다. 또 정의된 섹션 개수와 실제 섹션이 다르면 실행 에러가 발생합니다.

#3. SizeOfOptionalHeader

IMAGE_NT_HEADERS 구조체의 마지막 멤버는 IMAGE_OPTIONAL_HEADER32 구조체입니다. SizeOfOptionalHeader 멤버는 바로 이 IMAGE_OPTIONAL_HEADER32 구조체의 크기를 나타냅니다. IMAGE_OPTIONAL_HEADER32는 C 언어의 구조체이기 때문에 이미 그 크기가 결정되어 있습니다. 그런데 Windows의 PE 로더는 IMAGE_FILE_HEADER의 SizeOfOptionalHeader 값을 보고 IMAGE_OPTIONAL_HEADER32 구조체의 크기를 인식합니다.

PE32+ 형태의 파일인 경우에는 IMAGE_OPTIONAL_HEADER32 구조체 대신 IMAGE_OPTIONAL_HEADER64 구조체를 사용합니다. 두 구조체의 크기는 다르기 때문에 SizeOfOptionalHeader 멤버에 구조체 크기를 명시하는 것입니다.

> **참고**
>
> IMAGE_DOS_HEADER의 e_lfanew 멤버와 IMAGE_FILE_HEADER의 SizeOfOptionalHeader 멤버 때문에 일반적인(상식적인) PE 파일 형식을 벗어나는 일명 '꽈배기' PE 파일(PE Patch)을 만들 수 있습니다.

#4. Characteristics

파일의 속성을 나타내는 값으로, 실행이 가능한 형태인지(executable or not) 혹은 DLL 파일인지 등의 정보들이 bit OR 형식으로 조합됩니다.

다음은 winnt.h 파일에 정의된 Characteristics 값입니다(0002h와 2000h의 값을 기억해 두세요).

코드 13.5 Characteristics
```
#define IMAGE_FILE_RELOCS_STRIPPED          0x0001 // Relocation info
                                                   stripped from file.
```

```
#define IMAGE_FILE_EXECUTABLE_IMAGE          0x0002   // File is executable
                                                      // (i.e. no
                                                      unresolved externel
                                                      references).
#define IMAGE_FILE_LINE_NUMS_STRIPPED        0x0004   // Line numbers
                                                      stripped from file.
#define IMAGE_FILE_LOCAL_SYMS_STRIPPED       0x0008   // Local symbols
                                                      stripped from file.
#define IMAGE_FILE_AGGRESIVE_WS_TRIM         0x0010   // Agressively trim
                                                      working set
#define IMAGE_FILE_LARGE_ADDRESS_AWARE       0x0020   // App can handle >2gb
                                                      addresses
#define IMAGE_FILE_BYTES_REVERSED_LO         0x0080   // byte of machine
                                                      word are reversed.
#define IMAGE_FILE_32BIT_MACHINE             0x0100   // 32 bit word
                                                      machine.
#define IMAGE_FILE_DEBUG_STRIPPED            0x0200   // Debugging info
                                                      stripped from
                                                      // file in .DBG file
#define IMAGE_FILE_REMOVABLE_RUN_FROM_SWAP   0x0400   // If Image is on
                                                      removable media,
                                                      // copy and run from
                                                      the swap file.
#define IMAGE_FILE_NET_RUN_FROM_SWAP         0x0800   // If Image is on Net,
                                                      // copy and run from
                                                      the swap file.
#define IMAGE_FILE_SYSTEM                    0x1000   // System File.
#define IMAGE_FILE_DLL                       0x2000   // File is a DLL.
#define IMAGE_FILE_UP_SYSTEM_ONLY            0x4000   // File should only be
                                                      run on a UP machine
#define IMAGE_FILE_BYTES_REVERSED_HI         0x8000   // byte of machine
                                                      word are reversed.
```

출처 : Microsoft Platform SDK - winnt.h

참고로 PE 파일 중에 Characteristics 값에 0002h가 없는 경우(not executable)가 있을까요? 네. 실제로 그런 경우가 있습니다. 예를 들어 *.obj와 같은 object 파일 및 resource DLL 같은 파일을 들 수 있습니다.

마지막으로 IMAGE_FILE_HEADER의 TimeDateStamp 멤버에 대해서 설명하겠습니다. 이 값은 파일의 실행에 영향을 미치지 않는 값으로, 해당 파일의 빌드 시간을 나타낸 값입니다. 단, 개발 도구에 따라서 이 값을 세팅해주는 도구(VB, VC++)가 있고, 그렇지 않은 도구(Delphi)가 있습니다(또한 개발 도구의 옵션에 따라서 달라질 수 있습니다).

IMAGE_FILE_HEADER

Hex Editor에서 notepad.exe의 IMAGE_FILE_HEADER 구조체를 확인해보겠습니다.

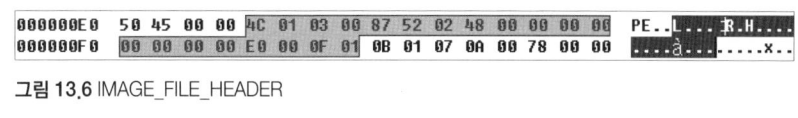

그림 13.6 IMAGE_FILE_HEADER

그림 13.6을 알아보기 쉽게 구조체 멤버로 표현하면 다음과 같습니다.

```
[ IMAGE_FILE_HEADER ] - notepad.exe

 offset    value     description
----------------------------------------------------------------
000000E4    014C     machine
000000E6    0003     number of sections
000000E8    48025287 time date stamp (Mon Apr 14 03:35:51 2008)
000000EC    00000000 offset to symbol table
000000F0    00000000 number of symbols
000000F4    00E0     size of optional header
000000F6    010F     characteristics
                     IMAGE_FILE_RELOCS_STRIPPED
                     IMAGE_FILE_EXECUTABLE_IMAGE
                     IMAGE_FILE_LINE_NUMS_STRIPPED
                     IMAGE_FILE_LOCAL_SYMS_STRIPPED
                     IMAGE_FILE_32BIT_MACHINE
```

13.3.5. NT Header - Optional Header

PE 헤더 구조체 중에서 가장 크기가 큰 IMAGE_OPTIONAL_HEADER32입니다.

코드 13.6 IMAGE_OPTIONAL_HEADER32 구조체
```c
typedef struct _IMAGE_DATA_DIRECTORY {
    DWORD    VirtualAddress;
    DWORD    Size;
} IMAGE_DATA_DIRECTORY, *PIMAGE_DATA_DIRECTORY;

#define IMAGE_NUMBEROF_DIRECTORY_ENTRIES    16

typedef struct _IMAGE_OPTIONAL_HEADER {
    WORD     Magic;
    BYTE     MajorLinkerVersion;
    BYTE     MinorLinkerVersion;
    DWORD    SizeOfCode;
```

```
    DWORD    SizeOfInitializedData;
    DWORD    SizeOfUninitializedData;
    DWORD    AddressOfEntryPoint;
    DWORD    BaseOfCode;
    DWORD    BaseOfData;
    DWORD    ImageBase;
    DWORD    SectionAlignment;
    DWORD    FileAlignment;
    WORD     MajorOperatingSystemVersion;
    WORD     MinorOperatingSystemVersion;
    WORD     MajorImageVersion;
    WORD     MinorImageVersion;
    WORD     MajorSubsystemVersion;
    WORD     MinorSubsystemVersion;
    DWORD    Win32VersionValue;
    DWORD    SizeOfImage;
    DWORD    SizeOfHeaders;
    DWORD    CheckSum;
    WORD     Subsystem;
    WORD     DllCharacteristics;
    DWORD    SizeOfStackReserve;
    DWORD    SizeOfStackCommit;
    DWORD    SizeOfHeapReserve;
    DWORD    SizeOfHeapCommit;
    DWORD    LoaderFlags;
    DWORD    NumberOfRvaAndSizes;
    IMAGE_DATA_DIRECTORY DataDirectory[IMAGE_NUMBEROF_DIRECTORY_ENTRIES];
} IMAGE_OPTIONAL_HEADER32, *PIMAGE_OPTIONAL_HEADER32;
```

출처 : Microsoft Platform SDK - winnt.h

IMAGE_OPTIONAL_HEADER32 구조체에서 주목해야 할 멤버들은 아래와 같습니다. 이 값들 역시 파일 실행에 필수적이라서 잘못 세팅되면 파일이 정상 실행되지 않습니다.

#1. Magic

Magic 넘버는 IMAGE_OPTIONAL_HEADER32 구조체인 경우 10B, IMAGE_OPTIONAL_HEADER64 구조체인 경우 20B 값을 가집니다.

#2. AddressOfEntryPoint

AddressOfEntryPoint는 EP(Entry Point)의 RVA(Relative Virtual Address) 값을 가지고 있습니다. 이 값이야말로 프로그램에서 최초로 실행되는 코드의 시작 주소로, 매우 중요한 값입니다.

#3. ImageBase

프로세스의 가상 메모리는 0~FFFFFFFF 범위입니다(32비트의 경우). ImageBase는 이렇게 광활한 메모리에서 PE 파일이 로딩되는 시작 주소를 나타냅니다.

 EXE, DLL 파일은 user memory 영역인 0~7FFFFFFF 범위에 로딩되고, SYS 파일은 kernel memory 영역인 80000000~FFFFFFFF 범위에 로딩됩니다. 일반적으로 개발 도구(VB/VC++/Delphi)들이 만들어내는 EXE 파일의 Image Base 값은 00400000이고, DLL 파일의 ImageBase 값은 10000000입니다(물론 다른 값도 지정할 수 있습니다). PE 로더는 PE 파일을 실행시키기 위해 프로세스를 생성하고 파일을 메모리에 로딩한 후 EIP 레지스터 값을 ImageBase + AddressOfEntry Point 값으로 세팅합니다.

#4. SectionAlignment, FileAlignment

PE 파일의 Body 부분은 섹션(Section)으로 나뉘어져 있습니다. 파일에서 섹션의 최소단위를 나타내는 것이 FileAlignment이고 메모리에서 섹션의 최소단위를 나타내는 것이 SectionAlignment입니다(하나의 파일에서 FileAlignment와 SectionAlignment의 값은 같을 수도 있고 다를 수도 있습니다). 파일/메모리의 섹션 크기는 반드시 각각 FileAlignment/SectionAlignment의 배수가 되어야 합니다.

#5. SizeOfImage

SizeOfImage는 PE 파일이 메모리에 로딩되었을 때 가상 메모리에서 PE Image가 차지하는 크기를 나타냅니다. 일반적으로 파일의 크기와 메모리에 로딩된 크기는 다릅니다(각 섹션의 로딩 위치와 메모리 점유 크기는 나중에 소개할 섹션 헤더에 정의되어 있습니다).

#6. SizeOfHeader

SizeOfHeader는 PE 헤더의 전체 크기를 나타냅니다. 이 값 역시 FileAlignment의 배수여야 합니다. 파일 시작에서 SizeOfHeader 옵셋만큼 떨어진 위치에 첫 번째 섹션이 위치합니다.

#7. Subsystem

이 Subsystem의 값을 보고 시스템 드라이버 파일(*.sys)인지, 일반 실행 파일(*.exe, *.dll)인지 구분할 수 있습니다. Subsystem 멤버는 표 13.2에 나타난 값을 가질 수 있습니다.

값	의미	비고
1	Driver file	시스템 드라이버(예: ntfs.sys)
2	GUI(Graphic User Interface) 파일	창 기반 애플리케이션(예: notepad.exe)
3	CUI(Console User Interface) 파일	콘솔 기반 애플리케이션(예: cmd.exe)

표 13.2 Subsystem

#8. NumberOfRvaAndSizes

NumberOfRvaAndSizes는 IMAGE_OPTIONAL_HEADER32 구조체의 마지막 멤버인 DataDirectory 배열의 개수를 나타냅니다. 구조체 정의에 분명히 배열 개수가 IMAGE_NUMBEROF_DIRECTORY_ENTRIES (16)이라고 명시되어 있지만, PE 로더는 NumberOfRvaAndSizes의 값을 보고 배열의 크기를 인식합니다. 즉 16이 아닐 수도 있다는 뜻입니다.

#9. DataDirectory

DataDirectory는 IMAGE_DATA_DIRECTORY 구조체의 배열로, 배열의 각 항목마다 정의된 값을 가집니다. 코드 13.7에 각 배열 항목을 나열하였습니다.

코드 13.7 DataDirectory 구조체 배열
```
DataDirectory[0] = EXPORT Directory
DataDirectory[1] = IMPORT Directory
DataDirectory[2] = RESOURCE Directory
DataDirectory[3] = EXCEPTION Directory
DataDirectory[4] = SECURITY Directory
DataDirectory[5] = BASERELOC Directory
DataDirectory[6] = DEBUG Directory
DataDirectory[7] = COPYRIGHT Directory
DataDirectory[8] = GLOBALPTR Directory
DataDirectory[9] = TLS Directory
```

```
DataDirectory[A] = LOAD_CONFIG Directory
DataDirectory[B] = BOUND_IMPORT Directory
DataDirectory[C] = IAT Directory
DataDirectory[D] = DELAY_IMPORT Directory
DataDirectory[E] = COM_DESCRIPTOR Directory
DataDirectory[F] = Reserved Directory
```

여기서 말하는 Directory란 그냥 어떤 구조체의 배열이라고 생각하면 됩니다. EXPORT, IMPORT, RESOURCE, TLS Directory를 눈여겨보기 바랍니다. 특히 IMPORT와 EXPORT Directory 구조는 PE 헤더에서 매우 중요하기 때문에 나중에 따로 설명하도록 하겠습니다. 나머지는 일단 크게 중요하지 않다고 봐도 됩니다.

IMAGE_OPTIONAL_HEADER

중요 멤버들에 대해 간단히 소개했습니다. 이제 notepad.exe의 IMAGE_OPTIONAL_HEADER 구조체 전체를 확인해보겠습니다.

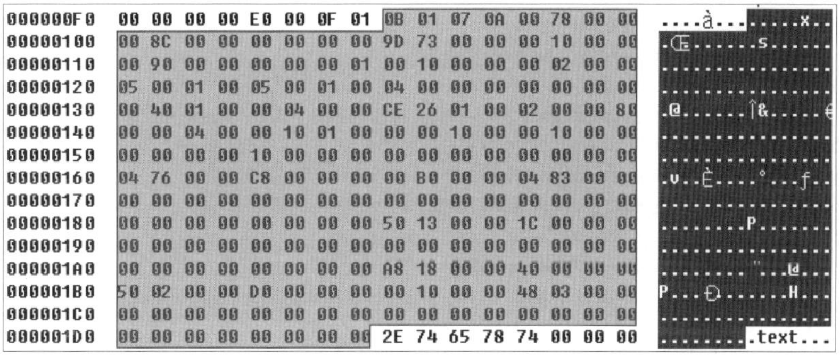

그림 13.7 notepad.exe 의 IMAGE_OPTIONAL_HEADER

그림 13.7은 Hex Editor(HxD)에서 notepad.exe 파일의 IMAGE_OPTIONAL_HEADER 구조체 영역을 표시한 것입니다. 구조체 멤버들의 값과 설명은 코드 13.8과 같습니다.

코드 13.8 notepad.exe 파일의 IMAGE_OPTIONAL_HEADER

```
[ IMAGE_OPTIONAL_HEADER ] - notepad.exe

 offset    value    description
-----------------------------------------------------------------------
000000F8      010B  magic
000000FA        07  major linker version
000000FB        0A  minor linker version
000000FC  00007800  size of code
00000100  00008C00  size of initialized data
00000104  00000000  size of uninitialized data
00000108  0000739D  address of entry point
0000010C  00001000  base of code
00000110  00009000  base of data
00000114  01000000  image base
00000118  00001000  section alignment
0000011C  00000200  file alignment
00000120      0005  major OS version
00000122      0001  minor OS version
00000124      0005  major image version
00000126      0001  minor image version
00000128      0004  major subsystem version
0000012A      0000  minor subsystem version
0000012C  00000000  win32 version value
00000130  00014000  size of image
00000134  00000400  size of headers
00000138  000126CE  Checksum
0000013C      0002  subsystem
0000013E      8000  DLL characteristics
00000140  00040000  size of stack reserve
00000144  00011000  size of stack commit
00000148  00100000  size of heap reserve
0000014C  00001000  size of heap commit
00000150  00000000  loader flags
00000154  00000010  number of directories
00000158  00000000  RVA  of EXPORT Directory
0000015C  00000000  size of EXPORT Directory
00000160  00007604  RVA  of IMPORT Directory
00000164  000000C8  size of IMPORT Directory
00000168  0000B000  RVA  of RESOURCE Directory
0000016C  00008304  size of RESOURCE Directory
00000170  00000000  RVA  of EXCEPTION Directory
00000174  00000000  size of EXCEPTION Directory
00000178  00000000  RVA  of SECURITY Directory
0000017C  00000000  size of SECURITY Directory
00000180  00000000  RVA  of BASERELOC Directory
00000184  00000000  size of BASERELOC Directory
00000188  00001350  RVA  of DEBUG Directory
0000018C  0000001C  size of DEBUG Directory
00000190  00000000  RVA  of COPYRIGHT Directory
00000194  00000000  size of COPYRIGHT Directory
```

```
00000198 00000000 RVA  of GLOBALPTR Directory
0000019C 00000000 size of GLOBALPTR Directory
000001A0 00000000 RVA  of TLS Directory
000001A4 00000000 size of TLS Directory
000001A8 000018A8 RVA  of LOAD_CONFIG Directory
000001AC 00000040 size of LOAD_CONFIG Directory
000001B0 00000250 RVA  of BOUND_IMPORT Directory
000001B4 000000D0 size of BOUND_IMPORT Directory
000001B8 00001000 RVA  of IAT Directory
000001BC 00000348 size of IAT Directory
000001C0 00000000 RVA  of DELAY_IMPORT Directory
000001C4 00000000 size of DELAY_IMPORT Directory
000001C8 00000000 RVA  of COM_DESCRIPTOR Directory
000001CC 00000000 size of COM_DESCRIPTOR Directory
000001D0 00000000 RVA  of Reserved Directory
000001D4 00000000 size of Reserved Directory
```

13.3.6. 섹션 헤더

각 섹션의 속성(property)을 정의한 것이 섹션 헤더입니다. 섹션 헤더 구조체를 보기 전에 한번 생각을 해보겠습니다. 앞서 PE 파일은 code, data, resource 등을 각각의 섹션으로 나눠서 저장한다고 설명했습니다. 그렇다면 분명 PE File Format을 설계한 사람들은 어떤 장점이 있기 때문에 그랬을 겁니다.

PE 파일을 여러 개의 섹션 구조로 만들었을 때 (제가 생각하는) 장점은 바로 프로그램의 안정성입니다. code와 data가 하나의 섹션으로 되어 있고 서로 뒤죽박죽 섞여 있다면, (실제로 구현이 가능하긴 합니다만) 그 복잡함은 무시하고라도 안정성에 문제가 생길 수 있습니다.

가령 문자열 data에 값을 쓰다가 어떤 이유로 overflow가 발생(버퍼 크기를 초과해서 입력)했을 때 바로 다음의 code(명령어)를 그대로 덮어써버릴 것이므로 프로그램은 그대로 뻗어 버리겠죠. 그래서 PE File Format 설계자들은 비슷한 성격의 자료를 섹션이라고 이름 붙인 곳에 모아두기로 결정하였고, 각각의 섹션의 속성을 기술할 섹션 헤더가 필요하게 된 것입니다(섹션의 속성에는 file/memory에서의 시작 위치, 크기, 엑세스 권한 등이 있어야겠지요).

즉 code/data/resource마다 각각의 특성, 접근 권한 등을 다르게 설정할 필요가 있는 것입니다.

종류	액세스 권한
code	실행, 읽기 권한
data	비실행, 읽기, 쓰기 권한
resourse	비실행, 읽기 권한

표 13.3 메모리 속성별 액세스 권한

이제 섹션 헤더가 무슨 역할을 하는지 이해가 될 것입니다.

IMAGE_SECTION_HEADER

섹션 헤더는 각 섹션별 IMAGE_SECTION_HEADER 구조체의 배열로 되어 있습니다.

```
코드 13.9 IMAGE_SECTION_HEADER 구조체

#define IMAGE_SIZEOF_SHORT_NAME          8

typedef struct _IMAGE_SECTION_HEADER {
    BYTE    Name[IMAGE_SIZEOF_SHORT_NAME];
    union {
            DWORD   PhysicalAddress;
            DWORD   VirtualSize;
    } Misc;
    DWORD   VirtualAddress;
    DWORD   SizeOfRawData;
    DWORD   PointerToRawData;
    DWORD   PointerToRelocations;
    DWORD   PointerToLinenumbers;
    WORD    NumberOfRelocations;
    WORD    NumberOfLinenumbers;
    DWORD   Characteristics;
} IMAGE_SECTION_HEADER, *PIMAGE_SECTION_HEADER;
```

출처 : Microsoft Platform SDK - winnt.h

IMAGE_SECTION_HEADER 구조체에서 알아야 할 중요 멤버는 표 13.4와 같습니다(나머지는 사용되지 않습니다).

항목	의미
VirtualSize	메모리에서 섹션이 차지하는 크기
VirtualAddress	메모리에서 섹션의 시작 주소(RVA)
SizeOfRawData	파일에서 섹션이 차지하는 크기
PointerToRawData	파일에서 섹션의 시작 위치
Characteristics	섹션의 속성(bit OR)

표 13.4 IMAGE_SECTION_HEADER 구조체의 중요 멤버

VirtualAddress와 PointerToRawData는 아무 값이나 가질 수 없고, 각각 (IMAGE_OPTIONAL_HEADER32에 정의된) SectionAlignment와 FileAlignment에 맞게 결정됩니다.

VirtualSize와 SizeOfRawData는 일반적으로 서로 다른 값을 가집니다. 즉 파일에서의 섹션 크기와 메모리에 로딩된 섹션의 크기는 다르다는 얘기가 되는 거죠.

Characteristics는 코드 13.10에 표시된 값들의 조합(bit OR)으로 이루어집니다.

```
코드 13.10 Characteristics
#define IMAGE_SCN_CNT_CODE               0x00000020 // Section
                                                    contains code.
#define IMAGE_SCN_CNT_INITIALIZED_DATA   0x00000040 // Section contains
                                                    initialized data.
#define IMAGE_SCN_CNT_UNINITIALIZED_DATA 0x00000080 // Section contains
                                                    uninitialized data.
#define IMAGE_SCN_MEM_EXECUTE            0x20000000 // Section is
                                                    executable.
#define IMAGE_SCN_MEM_READ               0x40000000 // Section is
                                                    readable.
#define IMAGE_SCN_MEM_WRITE              0x80000000 // Section is
                                                    writable.
```

출처 : Microsoft Platform SDK - winnt.h

마지막으로 Name 항목에 대해서 얘기해보겠습니다. Name 멤버는 C 언어의 문자열처럼 NULL로 끝나지 않습니다. 또한 ASCII 값만 와야한다는 제한도 없습니다. PE 스펙에는 섹션 Name에 대한 어떠한 명시적인 규칙이 없기 때문에 어떠한 값을 넣어도 되고 심지어 NULL로 채워도 됩니다. 따라서 섹션의 Name은 그냥 참고용일 뿐 어떤 정보로써 활용하기에는 100% 장담할 수 없습니다(데이터 섹션

이름을 '.code'로 해도 되거든요).

자 그러면 실제 notepad.exe의 섹션 헤더 배열을 살펴보죠(총 3개의 섹션이 있습니다).

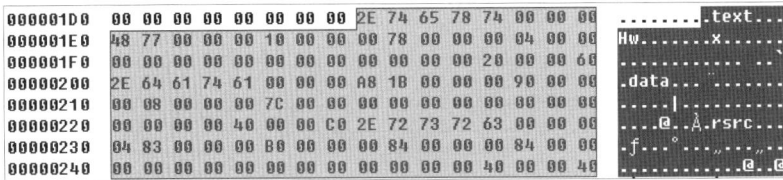

그림 13.8 notepad.exe의 IMAGE_SECTION_HEADER 구조체 배열

구조체 멤버별로 살펴보면 코드 13.11과 같습니다.

```
코드 13.11 notepad.exe의 IMAGE_SECTION_HEADER 구조체 배열의 실제 값
[ IMAGE_SECTION_HEADER ]

offset    value     description
-------------------------------------------------
000001D8  2E746578  Name (.text)
000001DC  74000000
000001E0  00007748  virtual size
000001E4  00001000  RVA
000001E8  00007800  size of raw data
000001EC  00000400  offset to raw data
000001F0  00000000  offset to relocations
000001F4  00000000  offset to line numbers
000001F8      0000  number of relocations
000001FA      0000  number of line numbers
000001FC  60000020  characteristics
                    IMAGE_SCN_CNT_CODE
                    IMAGE_SCN_MEM_EXECUTE
                    IMAGE_SCN_MEM_READ

00000200  2E646174  Name (.data)
00000204  61000000
00000208  00001BA8  virtual size
0000020C  00009000  RVA
00000210  00000800  size of raw data
00000214  00007C00  offset to raw data
00000218  00000000  offset to relocations
0000021C  00000000  offset to line numbers
00000220      0000  number of relocations
00000222      0000  number of line numbers
00000224  C0000040  characteristics
```

```
                    IMAGE_SCN_CNT_INITIALIZED_DATA
                    IMAGE_SCN_MEM_READ
                    IMAGE_SCN_MEM_WRITE
00000228 2E727372 Name (.rsrc)
0000022C 63000000
00000230 00008304 virtual size
00000234 0000B000 RVA
00000238 00008400 size of raw data
0000023C 00008400 offset to raw data
00000240 00000000 offset to relocations
00000244 00000000 offset to line numbers
00000248     0000 number of relocations
0000024A     0000 number of line numbers
0000024C 40000040 characteristics
                    IMAGE_SCN_CNT_INITIALIZED_DATA
                    IMAGE_SCN_MEM_READ
```

> **참고**
>
> PE 파일 설명에서 자주 등장하는 이미지(Image)라는 용어를 잘 알아두기 바랍니다. PE 파일이 메모리에 로딩될 때 파일이 그대로 올라가는 것이 아니라, 섹션 헤더에 정의된 대로 섹션 시작 주소, 섹션 크기 등에 맞춰서 올라갑니다. 따라서 파일에서의 PE와 메모리에서의 PE는 서로 다른 모양을 가집니다. 이를 구별하기 위해서 메모리에 로딩된 상태를 이미지라는 용어를 사용해서 구별합니다.

13.4. RVA to RAW

섹션 헤더를 잘 이해했다면, 이제부터는 PE 파일이 메모리에 로딩되었을 때 각 섹션에서 메모리의 주소(RVA)와 파일 옵셋을 잘 매핑할 수 있어야 합니다. 이러한 매핑을 일반적으로 'RVA to RAW'라고 부릅니다. 방법은 아래와 같습니다.

1. RVA가 속해 있는 섹션을 찾습니다.
2. 간단한 비례식을 사용해서 파일 옵셋(RAW)을 계산합니다.

IMAGE_SECTION_HEADER 구조체에 의하면 비례식은 이렇습니다.

```
RAW - PointerToRawData = RVA - VirtualAddress
            RAW = RVA - VirtualAddress + PointerToRawData
```

Quiz

간단한 퀴즈를 내보겠습니다. 그림 13.9는 notepad.exe의 File과 Memory에서의 모습입니다. 각각의 RAW(File Offset)를 계산해보세요(계산기 calc.exe를 Hex 모드로 세팅하면 계산이 편합니다).

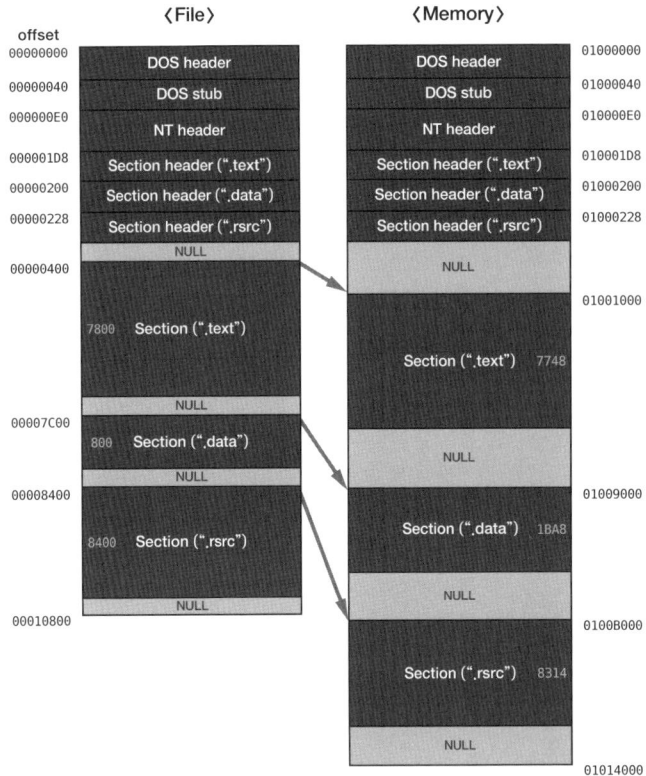

그림 13.9 notepad.exe의 File과 Memory에서의 모습

Q1. RVA = 5000일 때 File Offset = ?

A1. 먼저 해당 RVA 값이 속해 있는 섹션을 찾아야 합니다.

→ RVA 5000는 첫 번째 섹션(.text)에 속해 있습니다(ImageBase 01000000를 고려하세요).

비례식 사용

→ RAW = 5000(RVA) - 1000(VirtualAddress) + 400(PointerToRawData) = 4400

Q2. RVA = 13314일 때 File Offset = ?

A2. 해당 RVA 값이 속해 있는 섹션을 찾습니다.

→ 세 번째 섹션(.rsrc)에 속해 있습니다.

비례식 사용

→ RAW = 13314(RVA) – B000(VA) + 8400(PointerToRawData) = 10714

Q3. RVA = ABA8일 때 File Offset = ?

A3. 해당 RVA 값이 속해 있는 섹션을 찾습니다.

→ 두 번째 섹션(.data)에 속해 있습니다.

비례식 사용

→ RAW = ABA8(RVA) – 9000(VA) + 7C00(PointerToRawData) = 97A8 (X)

→ 계산 결과로 RAW = 97A8가 나왔지만, 이 옵셋은 세 번째 섹션(.rsrc)에 속해 있습니다. RVA는 두 번째 섹션이고, RAW는 세 번째 섹션이라면 말이 안 되지요. 이 경우에 "해당 RVA(ABA8)에 대한 RAW 값은 정의할 수 없다"고 해야 합니다. 이런 이상한 결과가 나온 이유는 위 경우에 두 번째 섹션의 VirtualSize 값이 SizeOfRawData 값보다 크기 때문입니다.

> **참고**
>
> RVA ↔ RAW(file offset) 변환 작업은 PE 헤더를 공부할 때 가장 기본이 되는 개념이므로 잘 익혀두어야 합니다.

PE 파일의 섹션에는 Q3)의 경우와 같이 VirtualSize와 SizeOfRawData 값이 서로 달라서 벌어지는 이상하고 재미있는(?) 일들이 많이 있습니다(앞으로 살펴보게 될 것입니다).

이것으로 PE 헤더의 기본 구조체들에 대한 설명을 마쳤습니다. 다음에는 PE 헤더의 핵심인 IAT(Import Address Table), EAT(Export Address Table)에 대해서 공부해보겠습니다.

13.5. IAT

PE 헤더를 처음 배울 때 최대 난관은 IAT(Import Address Table)입니다. IAT에는 Windows 운영체제의 핵심 개념인 process, memory, DLL 구조 등에 대한 내용이 함축되어 있습니다. 즉 IAT만 잘 이해해도 Windows 운영체제의 근간을 이해한다고 할 수 있습니다. IAT란 쉽게 말해서 프로그램이 어떤 라이브러리에서 어떤 함수를 사용하고 있는지를 기술한 테이블입니다.

13.5.1. DLL

IAT를 설명하기 앞서 Windows OS의 근간을 이루는 DLL(Dynamic Linked Library) 개념을 짚고 넘어가야 합니다(뭐든지 이유를 알면 이해하기 쉬운 법이지요). DLL을 우리말로 '동적 연결 라이브러리'라고 하는데, 이렇게 표현한 이유를 알아보겠습니다.

16비트 DOS 시절에는 DLL 개념이 없었습니다. 그냥 'Library'만 존재하였습니다. 예를 들면 C 언어에서 printf() 함수를 사용할 때 컴파일러는 C 라이브러리에서 해당 함수의 binary 코드를 그대로 가져와서 프로그램에 삽입(포함)시켜 버렸습니다. 즉 실행 파일에 printf() 함수의 바이너리 코드를 가지고 있는 것입니다. Windows OS에서는 멀티 태스킹(Multi-Tasking)을 지원하기 때문에 이러한 라이브러리 포함 방식이 비효율적이 되어 버렸습니다. 32비트 Windows 환경을 제대로 지원하기 위해 기본적으로 매우 많은 라이브러리 함수(process, memory, window, message 등)를 사용해야 합니다. 여러 프로그램이 동시에 실행되어야 하는 상황에서 모든 프로그램마다 위와 같이 동일한 라이브러리가 포함되어서 실행된다면 심각한 메모리 낭비를 불러옵니다(물론 디스크 공간의 낭비도 무시할 수 없지요). 그래서 Windows OS 설계자들은 (필요에 의해) 아래와 같은 DLL 개념을 고안해냈습니다.

- 프로그램에 라이브러리를 포함시키지 말고 별도의 파일(DLL)로 구성하여 필요할 때마다 불러 쓰자.

- 일단 한 번 로딩된 DLL의 코드, 리소스는 Memory Mapping 기술로 여러 Process에서 공유해 쓰자.
- 라이브러리가 업데이트되었을 때 해당 DLL 파일만 교체하면 되니 쉽고 편해서 좋다.

실제 DLL 로딩 방식은 2가지입니다. 프로그램에서 사용되는 순간에 로딩하고 사용이 끝나면 메모리에서 해제되는 방법(Explicit Linking)과 프로그램 시작할 때 같이 로딩되어 프로그램 종료할 때 메모리에서 해제되는 방법(Implicit Linking)이 있습니다. IAT는 바로 Implicit Linking에 대한 메커니즘을 제공하는 역할을 합니다. IAT의 확인을 위해 OllyDbg로 notepad.exe를 열어보겠습니다. 그림 13.10은 kernel32.dll의 CreateFileW를 호출하는 코드입니다.

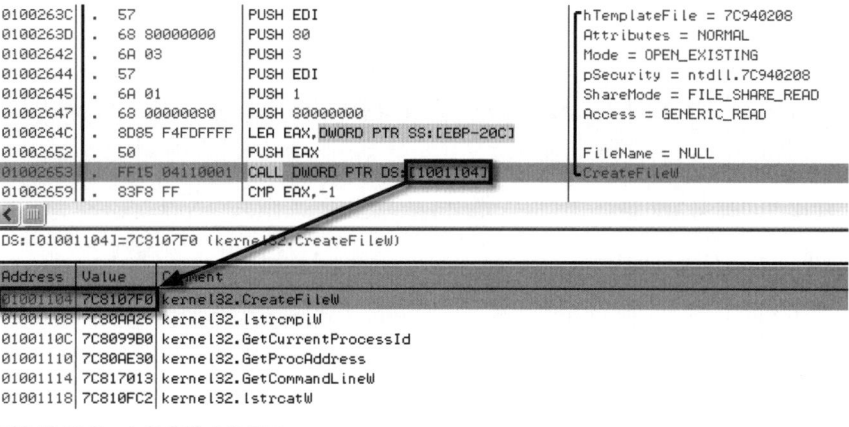

그림 13.10 CreateFileW( ) 호출 코드

CreateFileW를 호출할 때 직접 호출하지 않고 01001104 주소에 있는 값을 가져와서 호출합니다(모든 API 호출은 이런 방식으로 되어 있습니다).

01001104 주소는 notepad.exe에서 '.text' 섹션의 메모리 영역입니다(더 정확히는 IAT 메모리 영역입니다). 01001104 주소의 값은 7C8107F0이며, 7C8107F0 주소가 바로 notepad.exe 프로세스 메모리에 로딩된 kernel32.dll의 CreateFileW 함수 주소입니다. 그런데 여기서 한 가지 의문이 생깁니다.

"그냥 CALL 7C8107F0라고 하면 더 편하고 좋지 않나요?"

컴파일러가 CALL 7C8107F0라고 정확히 써줬다면 더 좋지 않냐는 의문이 들 수 있습니다만, 그건 바로 앞에서 설명했던 DOS 시절의 방식입니다.

notepad.exe 제작자가 프로그램을 컴파일(생성)하는 순간에는 이 notepad.exe 프로그램이 어떤 Windows(9X, 2K, XP, Vista, 7), 어떤 언어(KOR, ENG, JPN 등), 어떤 Service Pack에서 실행될지 알 수 없습니다. 위에서 열거한 모든 환경에서 kernel32.dll의 버전이 달라지고, CreateFileW 함수의 위치(주소)가 달라집니다. 모든 환경에서 CreateFileW 함수 호출을 보장하기 위해서 컴파일러는 CreateFileW의 실제 주소가 저장될 위치(01001104)를 준비하고 CALL DWORD PTR DS:[1001104] 형식의 명령어를 적어두기만 합니다. 그러다 파일이 실행되는 순간 PE 로더가 01001104의 위치에 CreateFileW의 주소를 입력해줍니다.

컴파일러가 CALL 7C8107F0라고 쓰지 못하는 또 다른 이유는 DLL Relocation 때문입니다. 일반적인 DLL 파일의 ImageBase 값은 10000000입니다. 예를 들어 어떤 프로그램이 a.dll과 b.dll을 사용한다고 했을 때, PE 로더는 먼저 a.dll을 ImageBase 값인 메모리 10000000에 잘 로딩합니다. 그 다음 b.dll을 ImageBase 값인 메모리 10000000에 로딩하려고 봤더니, 이미 그 주소는 a.dll이 사용하고 있습니다. 그래서 PE 로더는 다른 비어있는 메모리 공간(ex:3E000000)을 찾아서 b.dll을 로딩시켜 줍니다.

이것이 DLL Relocation이며 실제 주소를 하드코딩할 수 없는 이유입니다. 또한 PE 헤더에서 주소를 나타낼 때 VA를 쓰지 못하고 RVA를 써야 하는 이유이기도 합니다.

참고

DLL은 PE 헤더에 명시된 ImageBase에 로딩된다고 보장할 수 없습니다. 반면 process 생성 주체가 되는 EXE 파일은 자신의 ImageBase에 정확히 로딩되지요(자신만의 가상 메모리 공간을 가지기 때문입니다).

리버싱에 있어서 PE 헤더의 IAT는 매우 핵심적인 내용입니다. 개념을 잘 이해하기 바랍니다. 이제 IAT의 역할을 이해할 수 있을 겁니다(이후 설명할 IAT 구조가 왜 이리 복잡해야 하는지에 대해서도 이해하기 쉬울 겁니다).

13.5.2. IMAGE_IMPORT_DESCRIPTOR

PE 파일은 자신이 어떤 라이브러리를 임포트(Import)하고 있는지 IMAGE_IMPORT_DESCRIPTOR 구조체에 명시하고 있습니다.

> **참고**
> · Import: library에게 서비스(함수)를 제공받는 일
> · Export: library 입장에서 다른 PE 파일에게 서비스(함수)를 제공하는 일

IMAGE_IMPORT_DESCRIPTOR 구조체는 코드 13.12와 같습니다.

코드 13.12 IMAGE_IMPORT_DESCRIPTOR 구조체
```c
typedef struct _IMAGE_IMPORT_DESCRIPTOR {
    union {
        DWORD   Characteristics;
        DWORD   OriginalFirstThunk;     // INT(Import Name Table) address
                                        //   (RVA)
    };
    DWORD   TimeDateStamp;
    DWORD   ForwarderChain;
    DWORD   Name;                       // library name string address (RVA)
    DWORD   FirstThunk;                 // IAT(Import Address Table) address
                                        //   (RVA)
} IMAGE_IMPORT_DESCRIPTOR;

typedef struct _IMAGE_IMPORT_BY_NAME {
    WORD    Hint;                       // ordinal
    BYTE    Name[1];                    // function name string
} IMAGE_IMPORT_BY_NAME, *PIMAGE_IMPORT_BY_NAME;
```

출처 : Microsoft Platform SDK - winnt.h

일반적인 프로그램에서는 보통 여러 개의 라이브러리를 임포트하기 때문에 라이브러리의 개수만큼 위 구조체의 배열 형식으로 존재하며, 구조체 배열의 마지막은 NULL 구조체로 끝나게 됩니다. IMAGE_IMPORT_DESCRIPTOR 구조체에서 중요한 멤버는 표 13.5와 같습니다(전부 RVA 값을 가집니다).

항목	의미
OriginalFirstThunk	INT(Import Name Table)의 주소(RVA)
Name	Library 이름 문자열의 주소(RVA)
FirstThunk	IAT(Import Address Table)의 주소(RVA)

표 13.5 IMAGE_IMPORT_DESCRIPTOR 구조체 중요 멤버

참고

- PE 헤더에서 'Table'이라고 하면 '배열'을 뜻합니다.
- INT와 IAT는 long type(4바이트 자료형) 배열이고 NULL로 끝납니다(크기가 따로 명시되어 있지 않습니다).
- INT에서 각 원소의 값은 IMAGE_IMPORT_BY_NAME 구조체 포인터입니다(IAT도 같은 값을 가지는 경우가 있습니다).
- INT와 IAT의 크기는 같아야 합니다.

그림 13.11은 notepad.exe의 kernel32.dll에 대한 IMAGE_IMPORT_DESCRIPTOR 구조를 표시하고 있습니다.

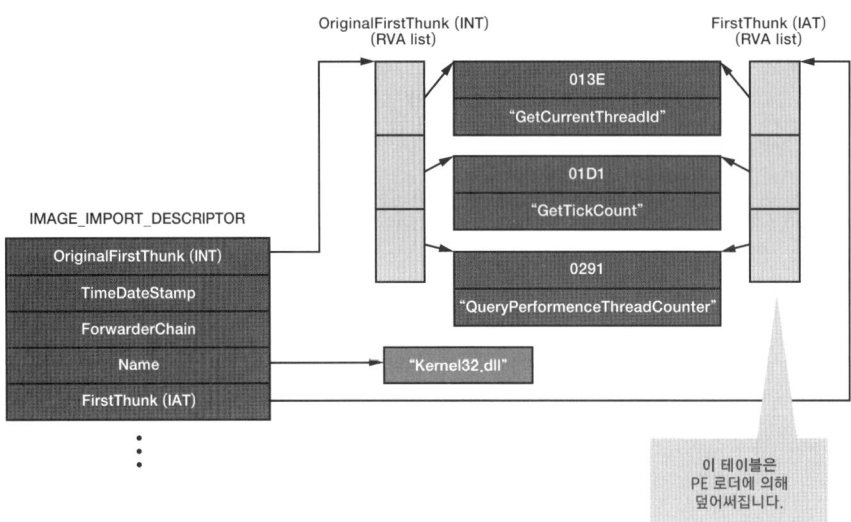

그림 13.11 IAT

PE 로더가 임포트 함수 주소를 IAT에 입력하는 기본적인 순서를 설명하겠습니다.

```
코드 13.13 IAT 입력 순서
1. IID의 Name 멤버를 읽어서 라이브러리의 이름 문자열("kernel32.dll")을 얻습니다.
2. 해당 라이브러리를 로딩합니다.
   → LoadLibrary("kernel32.dll")
3. IID의 OriginalFirstThunk 멤버를 읽어서 INT 주소를 얻습니다.
4. INT에서 배열의 값을 하나씩 읽어 해당 IMAGE_IMPORT_BY_NAME 주소(RVA)를 얻습니다.
5. IMAGE_IMPORT_BY_NAME의 Hint(ordinal) 또는 Name 항목을 이용하여 해당 함수의 시작 주소를 얻습니다.
   → GetProcAddress("GetCurrentThreadId")
6. IID의 FirstThunk(IAT) 멤버를 읽어서 IAT 주소를 얻습니다.
7. 해당 IAT 배열 값에 위에서 구한 함수 주소를 입력합니다.
8. INT가 끝날 때까지(NULL을 만날 때까지) 위 4~7 과정을 반복합니다.
```

그림 13.11에서는 INT와 IAT의 각 원소가 동시에 같은 주소를 가리키고 있지만, 그렇지 않은 경우도 많습니다(변칙적인 PE 파일에 대해서는 향후 많은 파일을 접해보면서 하나씩 배워 나가야 합니다).

13.5.3. notepad.exe를 이용한 실습

실제로 notepad.exe를 대상으로 하나씩 살펴보겠습니다. 그런데 실제 IMAGE_IMPORT_DESCRIPTOR 구조체 배열은 PE 파일의 어느 곳에 존재할까요?

바로 PE 헤더가 아닌 PE 바디에 위치합니다. 그곳을 찾아가기 위한 정보는 역시 PE 헤더에 있는데, IMAGE_OPTIONAL_HEADER32.DataDirectory[1].VirtualAddress 값이 실제 IMAGE_IMPORT_DESCRIPTOR 구조체 배열의 시작 주소입니다(RVA 값). IMAGE_IMPORT_DESCRIPTOR 구조체 배열을 다른 용어로는 IMPORT Directory Table이라고 합니다(위 용어를 전부 알아두어야 남들과 의사소통이 원활해집니다).

IMAGE_OPTIONAL_HEADER32.DataDirectory[1] 구조체 값은 그림 13.12와 같습니다(첫 번째 4바이트가 VirtualAddress, 두 번째 4바이트가 Size 멤버입니다).

```
00000150  00 00 00 00 10 00 00 00 00 00 00 00 00 00 00 00  ................
00000160  04 76 00 00 C8 00 00 00 00 B0 00 00 04 83 00 00  .v..Ë.....°..f..
00000170  00 00 00 00 00 00 00 00 00 00 00 00 00 00 00 00  ................
```

그림 13.12 notepad.exe의 IMAGE_OPTIONAL_HEADER32.DataDirectory[1]

그림 13.12의 IMAGE_OPTIONAL_HEADER32.DataDirectory 구조체 배열 정보를 보기 쉽게 나타내면 표 13.6과 같습니다(진하게 표시된 부분이 임포트 관련 정보입니다).

offset	value	description
00000158	00000000	RVA of EXPORT Directory
0000015C	00000000	size of EXPORT Directory
00000160	00007604	RVA of IMPORT Directory
00000164	000000C8	size of IMPORT Directory
00000168	0000B000	RVA of RESOURCE Directory
0000016C	00008304	size of RESOURCE Directory

표 13.6 notepad.exe 파일의 DataDirectory 배열 – Import

그림 13.12에서 보듯이 RVA가 7604이니까 File Offset은 6A04입니다. 파일에서 6A04를 보면 그림 13.13과 같습니다('RVA to RAW' 변환 공식을 이용하기 바랍니다).

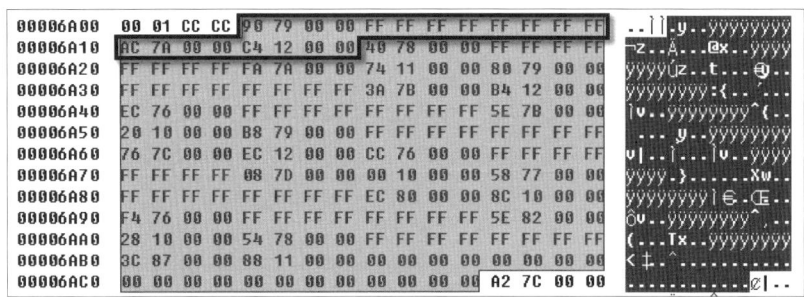

그림 13.13 notepad.exe의 IMAGE_IMPORT_DESCRIPTOR 구조체 배열

그림 13.13에서 음영으로 표시된 부분이 전부 IMAGE_IMPORT_DESCRIPTOR 구조체 배열이고, 박스로 되어 있는 부분은 구조체 배열의 첫 번째 원소입니다(참고로 배열의 마지막은 NULL 구조체로 되어 있는 것도 확인할 수 있습니다). 박스 부분의 IMAGE_IMPORT_DESCRIPTOR 구조체를 각 멤버별로 살펴보겠습니다.

File Offset	Member	RVA	RAW
6A04	OriginalFirstThunk(INT)	00007990	00006D90
6A08	TimeDateStamp	FFFFFFFF	–
6A0C	ForwarderChain	FFFFFFFF	–
6A10	Name	00007AAC	00006EAC
6A14	FirstThunk(IAT)	000012C4	000006C4

표 13.7 notepad.exe 파일의 첫 번째 IMAGE_IMPORT_DESCRIPTOR 구조체

우리는 IAT를 공부하는 입장이기 때문에 전문 PE Viewer를 사용하지 않고 Hex Editor를 이용하여 하나하나 따라가도록 하겠습니다(편의를 위해 위 구조체 값(RVA)을 미리 file offset으로 변환해 놓았습니다. 여러분도 직접 변환해보기 바랍니다). 그럼 순서대로 진행해 볼까요?

1. 라이브러리 이름(Name)

Name 항목은 임포트 함수가 소속된 라이브러리 파일의 이름 문자열 포인터입니다. RVA: 7AAC → RAW: 6EAC 파일 옵셋 6EAC에 "comdlg32.dll" 문자열이 보이죠?

```
00006E90  70 65 6E 46 69 6C 65 4E 61 6D 65 57 00 00 12 00  penFileNameW....
00006EA0  50 72 69 6E 74 44 6C 67 45 78 57 00 63 6F 6D 64  PrintDlgExW.comd
00006EB0  6C 67 33 32 2E 64 6C 6C 00 00 03 01 53 68 65 6C  lg32.dll....Shel
00006EC0  6C 41 62 6F 75 74 57 00 1F 00 44 72 61 67 46 69  lAboutW...DragFi
```

그림 13.14 "comdlg32.dll" 문자열

2. OriginalFirstThunk – INT(Import Name Table)

INT는 임포트하는 함수의 정보(Ordinal, Name)가 담긴 구조체 포인터 배열입니다. 이 정보를 얻어야 프로세스 메모리에 로딩된 라이브러리에서 해당 함수의 시

작 주소를 정확히 구할 수 있습니다(이후 나올 EAT 설명을 참고하세요).

OriginalFirstThunk 멤버를 따라갑니다(RVA: 7990 → RAW: 6D90).

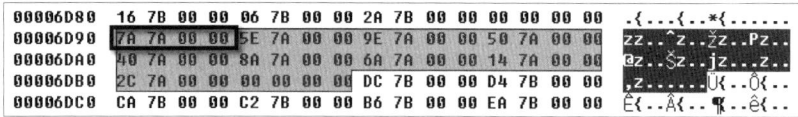

그림 13.15 INT

그림 13.5가 INT입니다. 주소 배열 형태로 되어 있습니다(배열의 끝은 NULL로 되어 있습니다). 주소 값 하나하나가 각각의 IMAGE_IMPORT_BY_NAME 구조체를 가리키고 있습니다(그림 13.11 참고). 배열의 첫 번째 값인 7A7A(RVA)를 따라가 볼까요? 이 주소를 따라가면 임포트하는 API 함수 이름 문자열이 나타날 겁니다.

3. IMAGE_IMPORT_BY_NAME

RVA: 7A7A는 RAW: 6E7A입니다.

그림 13.16 IMAGE_IMPORT_BY_NAME

파일 옵셋 6E7A의 최초 2바이트 값(000F)은 Ordinal로, 라이브러리에서 함수의 고유번호입니다. Ordinal 뒤로 'PageSetupDlgW' 함수 이름 문자열이 보입니다(문자열 마지막은 C 언어와 마찬가지로 Terminating NULL ['\0'] 로 끝납니다).

여기까지 정리하면 INT는 IMAGE_IMPORT_BY_NAME 구조체 포인터 배열입니다(코드 13.12 참고). 배열의 첫 번째 원소가 가리키는 함수의 Ordinal 값은 000F이고 함수의 이름은 'PageSetupDlgW'입니다.

4. FirstThunk - IAT(Import Address Table)

IAT의 RVA: 12C4는 RAW: 6C4입니다.

```
000006B0  00 00 00 00 3C 64 F5 72 40 4D F5 72 91 50 F5 72   ....<dõr@Mõr 'Põr
000006C0  00 00 00 00 06 49 32 76 CE 85 31 76 84 9D 32 76   .....I2v Î…1v„.2v
000006D0  E1 C3 31 76 06 23 30 76 9D 7B 31 76 02 86 31 76   áÃ1v.#0v.{1v..1v
000006E0  36 00 31 76 2B 7C 31 76 00 00 00 00 AE 2D 40 4D   6.1v+|1v....®-@M
000006F0  9A 9E 40 4D CE 9E 40 4D CF AE 41 4D 69 AB 41 4D   šž@MÎž@MÏ®AMi«AM
```

그림 13.17 FirstThunk – IAT

그림 13.17에서 파일 옵셋 6C4~6EB 영역이 'comdlg32.dll' 라이브러리에 해당하는 IAT 배열 영역입니다. INT와 마찬가지로 구조체 포인터 배열 형태로 되어 있으며 배열은 NULL로 끝납니다.

IAT의 첫 번째 원소 값은 이미 76324906로 하드코딩되어 있습니다. 이 값은 의미 없는 값으로, notepad.exe 파일이 메모리에 로딩될 때 이 값은 정확한 주소 값으로 대체됩니다.

> **참고**
> - 사실 제 시스템(Windows XP SP3)에서 76324906 주소는 comdlg32.dll!PageSetupDlgW 함수의 정확한 주소 값입니다. 하지만 이 파일은 Windows7에서도 잘 실행됩니다. notepad.exe 프로세스가 실행될 때 PE 로더가 이 값을 해당 API의 시작 주소 값으로 대체시키기 때문입니다.
> - MS가 서비스팩을 제작하면서 관련 시스템 파일을 재빌드할 때 이미 정확한 주소를 하드코딩한 것입니다(일반적인 DLL은 IAT에 실제 주소가 하드코딩되어 있지 않고, INT와 같은 값을 가지는 경우가 많습니다).
> - 참고로 일반적인 DLL 파일은 ImageBase가 10000000으로 되어 있어서 보통 DLL relocation이 발생하는 경우가 많지만, Windows 시스템 DLL 파일들(kernel32, user32, gdi32 등)은 자신만의 고유한 ImageBase가 있어서 DLL Relocation이 발생하지 않습니다.

OllyDbg를 이용해서 notepad.exe의 IAT를 확인해보겠습니다.

```
Address   Value     Comment
010012B8  72F54D40  WINSPOOL.ClosePrinter
010012BC  72F55091  WINSPOOL.OpenPrinterW
010012C0  00000000
010012C4  76324906  comdlg32.PageSetupDlgW
010012C8  763185CE  comdlg32.FindTextW
010012CC  76329D84  comdlg32.PrintDlgExW
010012D0  7631C3E1  comdlg32.ChooseFontW
010012D4  76302306  comdlg32.GetFileTitleW
010012D8  76317B9D  comdlg32.GetOpenFileNameW
010012DC  76318602  comdlg32.ReplaceTextW
010012E0  76310036  comdlg32.CommDlgExtendedError
010012E4  76317C2B  comdlg32.GetSaveFileNameW
010012E8  00000000
```

그림 13.18 notepad.exe의 IAT

notepad.exe의 ImageBase 값은 01000000입니다. 따라서 comdlg32.dll!PageSetupDlgW 함수의 IAT 주소는 010012C4이며, 그 값은 76324906로 정확한 API의 시작 주소 값이 들어와 있습니다.

> **참고**
>
> XP SP3 notepad.exe를 다른 OS(2000, Vista 등) 혹은 다른 ServicePack(SP1, SP2)에서 실행하면, 010012C4 주소에는 다른 값이 세팅됩니다(해당 OS의 comdlg32.dll!PageSetupDlgW 주소).

해당 주소(76324906)로 가면 그림 13.19와 같이 comdlg32.dll의 PageSetupDlgW 함수 시작이 나타납니다.

```
76324904                NOP
76324905                NOP
76324906  comdlg32.PageSetupDlgW    MOV EDI,EDI             ntdll.7C940208
76324908                PUSH EBP
76324909                MOV EBP,ESP
7632490B                SUB ESP,4A0
76324911                MOV EAX,DWORD PTR DS:[763311CC]
76324916                MOV EDX,DWORD PTR SS:[EBP+8]    notepad.<ModuleEntryPoint>
76324919                PUSH ESI
7632491A                PUSH EDI                        ntdll.7C940208
7632491B                MOV DWORD PTR SS:[EBP-4],EAX
7632491E                XOR EAX,EAX
76324920                MOV ECX,127
76324925                LEA EDI,DWORD PTR SS:[EBP-4A0]
7632492B                REP STOS DWORD PTR ES:[EDI]
7632492D                LEA EAX,DWORD PTR SS:[EBP-4A0]
76324933                PUSH EAX
76324934                MOV DWORD PTR SS:[EBP-498],EDX  ntdll.KiFastSystemCallRet
7632493A                MOV DWORD PTR SS:[EBP-4A0],1
76324944                CALL 76323965                   comdlg32.76323965
76324949                CMP DWORD PTR SS:[EBP-49C],0
76324950                MOV ESI,EAX
76324952                JE SHORT 76324960               comdlg32.76324960
76324954                PUSH DWORD PTR SS:[EBP-49C]
7632495A                CALL DWORD PTR DS:[76301164]    kernel32.GlobalFree
76324960                MOV ECX,DWORD PTR SS:[EBP-4]
76324963                POP EDI                         kernel32.7C817067
```

그림 13.19 comdlg32.PageSetupDlgW

이상으로 IAT(Import Address Table)에 대한 기본 설명을 마치겠습니다. 초보자에게 쉽지 않은 개념입니다. 앞의 설명을 여러 번 읽어본 후 직접 해당 주소를 따라가면서 확인해보면 개념을 이해하는 데 도움이 될 것입니다. IAT는 Windows 리버싱에서 중요한 개념이기 때문에 반드시 잘 익혀두어야 합니다. 향후 변칙적인 IAT를 가지는 PE Patch 파일을 볼 때 IAT를 다시 살펴볼 기회가 있을 것입니다.

13.6. EAT

Windows 운영체제에서 라이브러리(Library)란 다른 프로그램에서 불러 쓸 수 있도록 관련 함수들을 모아놓은 파일(DLL/SYS)입니다. Win32 API가 대표적인 라이브러리이며, 그 중에서도 kernel32.dll 파일이 가장 핵심적인 라이브러리 파일이라고 할 수 있습니다.

EAT(Export Address Table)는 라이브러리 파일에서 제공하는 함수를 다른 프로그램에서 가져다 사용할 수 있도록 해주는 핵심 메커니즘입니다. 즉 EAT를 통해서만 해당 라이브러리에서 익스포트하는 함수의 시작 주소를 정확히 구할 수 있습니다. 앞서 설명한 IAT와 마찬가지로 PE 파일 내의 특정 구조체(IMAGE_EXPORT_DIRECTORY)에 익스포트 정보를 저장하고 있습니다. 라이브러리의 EAT를 설명하는 IMAGE_EXPORT_DIRECTORY 구조체는 PE 파일에 하나만 존재합니다.

> **참고**
>
> IAT를 설명하는 IMAGE_IMPORT_DESCRIPTOR 구조체는 여러 개의 멤버를 가진 배열 형태로 존재합니다. 왜냐하면 PE 파일은 여러 개의 라이브러리를 동시에 임포트할 수 있기 때문이지요.

PE 파일에서 IMAGE_EXPORT_DIRECTORY 구조체의 위치는 PE 헤더에서 찾을 수 있습니다. IMAGE_OPTIONAL_HEADER32.DataDirectory[0].VirtualAddress 값이 실제 IMAGE_EXPORT_DIRECTORY 구조체 배열의 시작 주소입니다(역시 RVA 값입니다).

그림 13.20은 kernel32.dll 파일의 IMAGE_OPTIONAL_HEADER32.DataDirectory[0]를 보여주고 있습니다(첫 번째 4바이트가 VirtualAddress, 두 번째 4바이트가 Size 멤버입니다. 코드 13.6 참고).

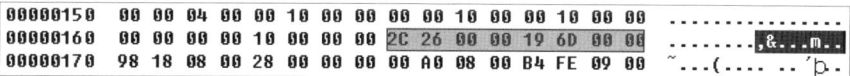

그림 13.20 IMAGE_OPTIONAL_HEADER32.DataDirectory[0]

그림 13.20의 IMAGE_OPTIONAL_HEADER32.DataDirectory 구조체 배열 정보를 보기 쉽게 나타내면 표 13.8과 같습니다(진한 색으로 표시된 부분이 익스포트 관련 정보입니다.)

offset	value	description
00000160	00000000	loader flags
00000164	00000010	number of directories
00000168	0000262C	RVA of EXPORT Directory
0000016C	00006D19	size of EXPORT Directory
00000170	00081898	RVA of IMPORT Directory
00000174	00000028	size of IMPORT Directory

표 13.8 kernel32.dll 파일의 DataDirectory 배열 – Export

RVA 값이 262C이므로 File offset은 1A2C입니다(RVA와 File offset 사이의 변환 과정을 잘 연습해두기 바랍니다).

13.6.1. IMAGE_EXPORT_DIRECTORY

IMAGE_EXPORT_DIRECTORY 구조체는 코드 13.14와 같습니다.

```
코드 13.14 IMAGE_EXPORT_DIRECTORY 구조체
typedef struct _IMAGE_EXPORT_DIRECTORY {
    DWORD   Characteristics;
    DWORD   TimeDateStamp;          // creation time date stamp
    WORD    MajorVersion;
    WORD    MinorVersion;
    DWORD   Name;                   // address of library file name
    DWORD   Base;                   // ordinal base
    DWORD   NumberOfFunctions;      // number of functions
    DWORD   NumberOfNames;          // number of names
    DWORD   AddressOfFunctions;     // address of function start address
                                    //     array
    DWORD   AddressOfNames;         // address of function name string array
    DWORD   AddressOfNameOrdinals;  // address of ordinal array
} IMAGE_EXPORT_DIRECTORY, *PIMAGE_EXPORT_DIRECTORY;
```

출처 : Microsoft Platform SDK - winnt.h

중요 멤버들에 대한 설명입니다(여기에 나오는 주소는 모두 RVA입니다).

항목	의미
NumberOfFunctions	실제 Export 함수 개수
NumberOfNames	Export 함수 중에서 이름을 가지는 함수 개수 (<= NumberOfFunctions)
AddressOfFunctions	Export 함수 주소 배열 (배열의 원소 개수 = NumberOfFunctions)
AddressOfNames	함수 이름 주소 배열 (배열의 원소 개수 = NumberOfNames)
AddressOfNameOrdinals	Ordinal 배열 (배열의 원소 개수 = NumberOfNames)

표 13.9 IMAGE_EXPORT_DIRECTORY 구조체 중요 멤버

그림 13.21은 kernel32.dll 파일의 IMAGE_EXPORT_DIRECTORY 구조체와 EAT 전체 구조를 나타내고 있습니다.

라이브러리에서 함수 주소를 얻는 API는 GetProcAddress()입니다. 이 API가 바로 EAT를 참조해서 원하는 API의 주소를 구하는 것입니다. GetProcAddress() API가 함수 이름을 가지고 함수 주소를 얻어내는 과정을 설명하겠습니다. 이것을 이해하면 EAT를 정복하는 것입니다.

> **참고**
>
> **GetProcAddress() 동작 원리**
> 1. AddressOfNames 멤버를 이용해 '함수 이름 배열'로 갑니다.
> 2. '함수 이름 배열'은 문자열 주소가 저장되어 있습니다. 문자열 비교(strcmp)를 통하여 원하는 함수 이름을 찾습니다(이때 배열의 인덱스를 name_index라고 하겠습니다).
> 3. AddressOfNameOrdinals 멤버를 이용해 'ordinal 배열'로 갑니다.
> 4. 'ordinal 배열'에서 name_index로 해당 ordinal 값을 찾습니다.
> 5. AddressOfFunctions 멤버를 이용해 '함수 주소 배열(EAT)'로 갑니다.
> 6. '함수 주소 배열(EAT)'에서 아까 구한 ordinal을 배열 인덱스로 하여 원하는 함수의 시작 주소를 얻습니다.

그림 13.21은 kernel32.dll 파일의 경우를 보여주고 있습니다. kernel32.dll은 익스포트하는 모든 함수에 이름이 존재하며, AddressOfNameOrdinals 배열의 값이 index = ordinal 형태로 되어 있습니다. 하지만 모든 DLL 파일이 이와 같지는 않습니다. 익스포트하는 함수 중에 이름이 존재하지 않을 수도 있으며(Ordinal로만 익스포트 함), AddressOfNameOrdinals 배열의 값이 index != ordinal인 경우도 있습니다. 따라서 위 순서를 따라야만 정확한 함수 주소를 얻을 수 있습니다.

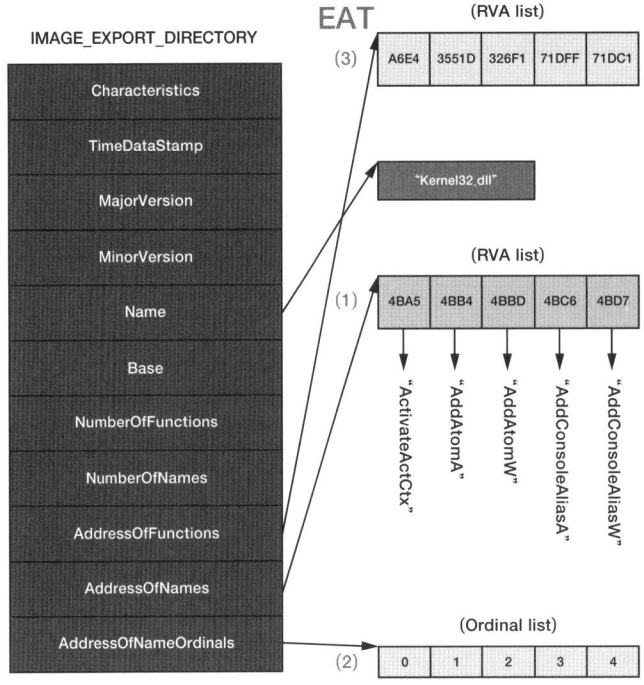

그림 13.21 EAT

참고

함수 이름 없이 Ordinal로만 익스포트된 함수의 주소를 찾을 수도 있습니다. 그 Ordinal 값에 IMAGE_EXPORT_DIRECTORY.Base 멤버를 뺀 값을 '함수 주소 배열'의 인덱스로 하여 해당 함수 주소를 찾을 수 있습니다.

13.6.2. kernel32.dll을 이용한 실습

실제 kernel32.dll 파일의 EAT에서 AddAtomW 함수 주소를 찾는 실습을 해 보겠습니다(그림 13.21 참고). 앞의 표 13.8에 의하면 kernel32.dll의 IMAGE_EXPORT_DIRECTORY 구조체 RAW는 1A2C입니다. 그림 13.22와 같이 Hex Editor에서 1A2C 옵셋으로 갑니다.

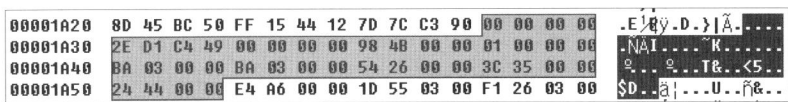

그림 13.22 kernel32.dll의 IMAGE_EXPORT_DIRECTORY 구조체

그림 13.22에서 진하게 표시된 부분이 바로 IMAGE_EXPORT_DIRECTORY 구조체 영역입니다. 이 IMAGE_EXPORT_DIRECTORY 구조체를 각 멤버별로 살펴보겠습니다.

File Offset	Member	Value	RAW
1A2C	Characteristics	00000000	-
1A30	TimeDateStamp	49C4D12E	-
1A34	MajorVersion	0000	-
1A36	MinorVersion	0000	-
1A38	Name	00004B98	3F98
1A3C	Base	00000001	-
1A40	NumberOfFunctions	000003BA	-
1A44	NumberOfNames	000003BA	-
1A48	AddressOfFunctions	00002654	1A54
1A4C	AddressOfNames	0000353C	293C
1A50	AddressOfNameOrdinals	00004424	3824

표 13.10 kernel32.dll 파일의 IMAGE_EXPORT_DIRECTORY 구조체

앞서 소개한 GetProcAddress( ) 동작 원리의 순서대로 진행하겠습니다.

1. 함수 이름 배열

AddressOfNames 멤버의 값은 RVA = 353C이고, 이는 RAW = 293C입니다. 이 주소를 Hex Editor에서 보면 그림 12.23과 같습니다.

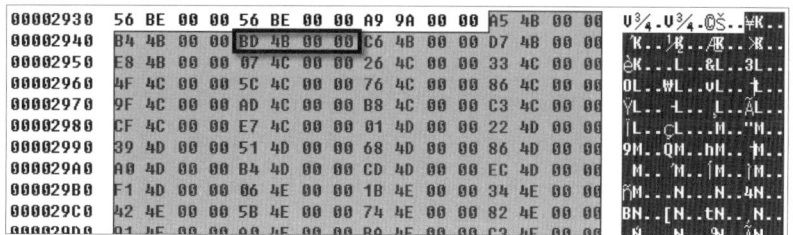

그림 13.23 AddressOfNames

이곳은 4바이트의 RVA로 이루어진 배열입니다. 배열 원소의 개수는 NumberOfNames(3BA)입니다. 저 모든 RVA 값을 하나하나 따라가면 함수 이름 문자열이 나타납니다.

2. 원하는 함수 이름 찾기

우리가 찾는 'AddAtomW' 함수 이름 문자열은 앞의 그림 13.23에서 RVA 배열의 세 번째 원소의 값(RVA: 4BBD → RAW: 3FBD)를 따라가면 됩니다.

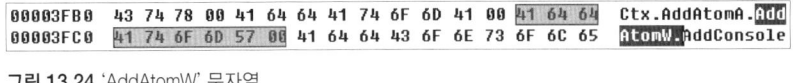

그림 13.24 'AddAtomW' 문자열

해당 주소를 따라가면 그림 13.24처럼 'AddAtomW' 문자열을 만날 수 있습니다. 이때 'AddAtomW' 함수 이름은 그림 13.23 배열의 세 번째 원소이고 배열 인덱스(index)로는 2입니다.

3. Ordinal 배열

이제 'AddAtomW' 함수의 Ordinal 값을 알아낼 차례입니다. AddressOfNameOrdinals 멤버의 값은 RVA: 4424 → RAW: 3824입니다.

그림 13.25 AddressOfNameOrdinals

그림 13.25와 같이 2바이트의 ordinal 로 이루어진 배열이 나타납니다(ordinal 배열의 각 원소 크기는 2바이트입니다).

4. ordinal

2번에서 구한 index 값(2)을 3번의 'Ordinal 배열'에 적용하면 Ordinal(2)을 구할 수 있습니다.

AddressOfNameOrdinals[index] = ordinal (index = 2, ordinal = 2)

5. 함수 주소 배열 – EAT

이제 마지막으로 'AddAtomW'의 실제 함수 주소로 찾아갈 수 있습니다. Address OfFunctions 멤버의 값은 RVA: 2654 → RAW: 1A54입니다.

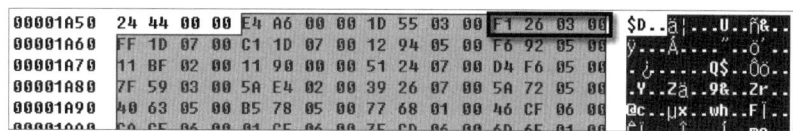

그림 13.26 AddressOfFunctions

그림 13.26과 같이 4바이트 함수 주소 RVA 배열이 나타납니다. 이게 바로 Export 함수 주소들입니다.

6. AddAtomW 함수 주소

그림 13.26에서 'AddAtomW' 함수의 주소를 얻기 위해 그림 13.25에서 구한 Ordinal을 그림 13.26의 배열 Index로 적용하면, RVA = 000326F1을 얻을 수 있습니다.

AddressOfFunctions[ordinal] = RVA (ordinal = 2, RVA = 326F1)

kernel32.dll의 ImageBase = 7C7D0000입니다. 따라서 'AddAtomW' 함수의 실제 주소(VA)는 7C8026F1입니다(7C7D0000 + 326F1 = 7C8026F1). 이를 OllyDbg를 이용해서 확인해보겠습니다.

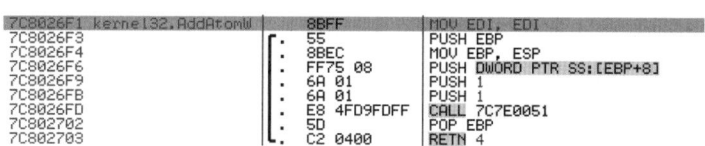

그림 13.27 AddAtomW( ) 함수 주소

정확히 7C8026F1 주소(VA)에 우리가 찾는 'AddAtomW' 함수가 나타납니다. 위 과정이 DLL 파일에서 Export 함수 주소를 찾아내는 방법인데, GetProcAddress() API가 특정 함수 주소를 얻어내는 방법과 동일합니다.

이제 가장 기본적이면서 중요한 부분은 전부 끝났습니다. 아마 쉽지는 않았을 겁니다. 아직 이해 안 되는 부분이 있다면 실습 위주로 차근차근 따라해보기 바랍니다.

13.7. Advanced PE

지금까지 오랜 시간에 걸쳐 PE File Format에 대해 살펴보았습니다. PE 스펙을 보면 각 구조체 멤버 하나하나 자세히 기술하고 있지만 리버싱에서 주목해야 하는 멤버들만 추려서 설명했습니다. 특히 IAT, EAT에 관한 내용은 실행 압축(Run-Time 패커), 안티 디버깅, DLL 인젝션, API 후킹 등 매우 다양한 중/고급 리버싱 주제들의 기반 지식이 됩니다. Hex Editor와 연필, 종이만 가지고 IAT/EAT의 주소를 하나하나 계산해서 파일/메모리에서 실제 주소를 찾는 훈련을 많이 해보기 바랍니다. 이 내용은 쉽지 않지만 그만큼 리버싱에서 중요한 위치를 차지하고 있기 때문에 고급 리버싱 기술을 얻기 위해 반드시 습득해야 합니다.

13.7.1. PEView.exe

간단하고 사용하기 편리한 PE Viewer 프로그램(PEView.exe)을 소개합니다(개인이 만든 무료 공개 SW입니다).

http://www.magma.ca/~wjr/PEview.zip

그림 13.28은 PEView.exe 의 실행 화면입니다.

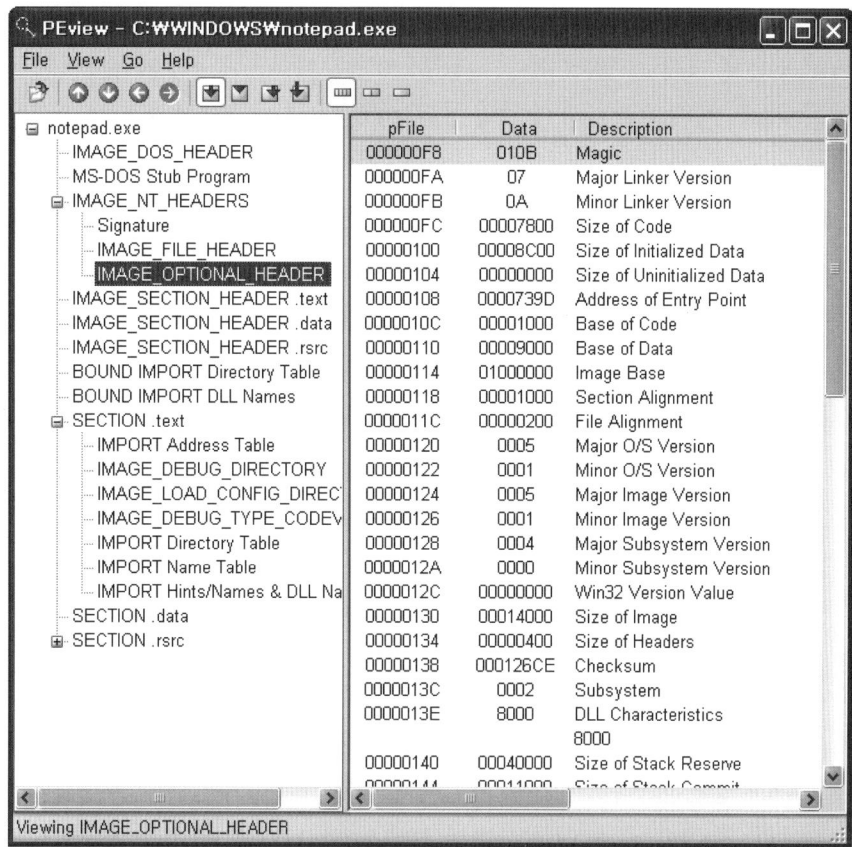

그림 13.28 PEView

PE 헤더를 각 구조체별로 보기 쉽게 표현해주고, RVA ↔ File Offset 변환을 간단히 수행해줍니다(앞서 설명했던 내용과 용어 사용에 있어서 약간 다를 수 있습니다. 그러나 둘 다 익혀 두는 게 원활한 의사소통에 도움이 됩니다).

위와 같은 PE Viewer를 직접 제작해보는 것을 추천합니다. 저 또한 처음 PE 헤더를 공부할 때 (검증을 위해) 콘솔 기반의 PE Viewer를 만들어서 지금까지 잘 사용하고 있습니다. 직접 제작하다 보면 자신이 잘 몰랐거나 잘못 이해하던 부분을 정확히 파악하고 제대로 공부할 수 있습니다.

13.7.2. Patched PE

PE 스펙은 말 그대로 권장 스펙이기 때문에 각 구조체 내부에 보면 사용되지 않는 멤버가 많이 있습니다. 또한 말 그대로 스펙만 맞추면 PE 파일이 되기 때문에 일반적인 상식을 벗어나는 PE 파일을 만들어낼 수 있습니다.

Patched PE란 바로 그런 PE 파일을 말합니다. PE 스펙에 어긋나지는 않지만 굉장히 창의적인 PE 헤더를 가진 파일들입니다(정확히 표현하면 PE 헤더를 이리저리 꼬아 놨다고 할 수 있습니다). Patched PE만 해도 따로 고급 주제로 다뤄야 할 만큼 (리버싱에 있어서) 넓고도 깊은 분야입니다.

여기서는 한 가지만 소개할 것인데, 지금까지 배웠던 PE 헤더에 대한 상식이 사뿐히 깨지는 경험을 할 수 있습니다(그러나 PE 스펙에 벗어난 건 없답니다).

아래 사이트는 tiny pe라고 가장 작은 크기의 PE 파일을 만드는 내용입니다.

http://blogs.securiteam.com/index.php/archives/675

411바이트 크기의 (정상적인) PE 파일을 만들어냈습니다. IMAGE_NT_HEADERS 구조체 크기만 해도 248바이트라는 걸 생각하면 이것은 매우 작은 크기의 PE 파일입니다. 다른 사람들이 계속 도전해서 304바이트 크기의 파일까지 나타납니다. 그리고 마지막으로 어떤 다른 사람이 위 사이트를 본 후 자극을 받아서 아래와 같이 극단적이고 매우 황당한 PE 파일을 만들어냈습니다.

http://www.phreedom.org/solar/code/tinype/

이곳에 가면 Windows XP에서 정상 실행되는 97바이트짜리 PE 파일을 다운받을 수 있습니다. 또한 PE 헤더와 tiny pe 제작과정에 대한 내용을 자세히 설명하고 있어서 읽어보면 크게 도움이 될 겁니다(어셈블리 언어에 대한 지식이 약간 요구됩니다). 모두 다운받아서 하나씩 분석해 보기 바랍니다. 분명 실력이 일취월장할 겁니다.

13.8. 마무리

이러한 Patched PE 파일들은 저뿐만 아니라 일반적인 리버서들의 고정관념을 깨트리는 내용이며, 그래서 리버싱 공부가 더 즐겁습니다. PE 헤더에 대해서 다시 한 번 강조하고 싶은 내용은 아래와 같습니다.

- PE 스펙은 그저 스펙일 뿐이다(만들어 놓고 사용되지 않는 내용이 많다).
- 내가 지금 알고 있는 PE 헤더에 대한 지식도 잘못된 부분이 있을 수 있다(tiny pe 외에도 PE 헤더를 조작하는 여러 창의적인 기법들이 계속 쏟아져 나온다).
- 항상 모르는 부분을 체크해서 보강하자.

앞으로 Patched PE 파일을 상세하게 분석할 기회가 있습니다. 재밌고 특이한 PE 헤더 조작 기법에 대해서는 그때 다시 소개하도록 하겠습니다.

Q & A

Q. 실행 파일이 메모리에 로딩될 때 Imagebase 기준으로 주소를 정한다고 하셨는데, 그럼 만약 노트패드가 2개 동시에 실행될 때는 둘의 Imagebase가 1000000로 같기 때문에 서로의 영역을 침범하게 되는 것이 아닌지요?

A. OS는 프로세스를 생성(메모리에 로딩)할 때 4GB 크기의 독립적인 가상 메모리를 할당해줍니다. 가상 메모리이기 때문에 실제 물리적인 메모리와는 다릅니다. 노트패드 2개가 동시에 실행되면 각 프로세스별로 독립된 자신만의 가상 메모리 공간에 존재하기 때문에 서로 겹치지 않습니다. 이를 OS에서 보장하는 것입니다. 따라서 Imagebase가 동일해도 문제가 없습니다.

Q. Padding 개념이 잘 이해가 되지 않네요.

A. PE 파일의 padding 개념에 대해서 궁금하신 분이 많으실 걸로 생각합니다. 패딩(Padding)은 '기본단위'를 맞추기 위해서 추가하는 '덤'이라고 보면 됩니다. 이러한 '기본단위' 개념은 컴퓨터뿐만 아니라 일상 생활에서도 많이 볼 수 있습니다.

가령 귤을 많이 보관할 때는 낱개로 보관하는 것이 아니고 박스에 담아서 창고에 보관하지요. 그때 박스가 바로 '기본단위'인 것입니다. 귤이 몇 개라고 하지 않고 귤이 몇 박스라고 말을 합니다. 왜냐구요? 편하니까요. 귤 박스가 아주 많아지면 보관 창고를 더 늘려야 하고, 그때는 귤이 몇 박스라고 하지 않고 "귤이 창고 몇 개에 보관되어 있다"라고 할 수 있습니다. 사실 저렇게 귤을 보관하면 검색이 매우 편리해집니다. "몇 번 창고 몇 번 박스의 몇 번 귤"이라고 하면 되니까요. 즉 대량의 데이터를 보관할 때 묶어서 보관하면 정리도 잘되고 검색도 쉬워지는 장점이 있지요. 이러한 '기본단위' 개념은 컴퓨터 설계에도 그대로 녹아 있어서 메모리, 하드디스크 등에도 적용되어 있습니다. 하드디스크가 섹터 단위로 구분된다고 들어보셨지요?

마찬가지로 PE File Format 의 '섹션'에도 '기본단위(크기)' 개념이 적용되어 있습니다. 프로그래밍한 코드가 (기계어로 컴파일되어) 크기가 '100d'바이트 밖에 안 된다고 하더라도, 섹션의 기본단위가 1000d(3E8h)바이트라면 코드 섹션의 크기는 최소 1000d가 되어야 합니다. 100바이트 코드가 채워지고 남은 900바이트의 영역에는 그냥 NULL(0)로 채워지는데, 그 영역을 NULL Padding 영역이라고 합니다. 메모리도 같은 개념이 적용됩니다(보통 파일보다는 단위 크기가 좀 더 크지요). PE 파일에서 padding은 누가 만들까요? 당연히 개발도구(VC++, VB 등)에서 PE 파일 생성할 때 옵션에 따라서 결정됩니다.

Q. 숫자 옆에 h 단위를 쓰셨는데 어떤 단위인가요?

A. 숫자 옆의 알파벳 h는 16진수를 의미하는 Hex를 나타냅니다. 참고로 10진수는 d(Decimal), 8진수는 o(Octal), 2진수는 b(Binary)로 각각 표시합니다.

Q. 어떻게 Hex Editor만 보고 이게 'DOS Stub이다, IMAGE_FILE_HEADER이다'라고 판단할 수 있나요?

A. PE 스펙에 따르면 IMAGE_DOS_HEADER의 크기는 40이므로 DOS Stub 영역은 40~PE 시그니처까지 입니다. 그리고 PE 시그니처 바로 뒤부터 IMAGE_FILE_HEADER가 시작되고 그 구조체 크기를 알고 있기 때문에 Hex Editor에서도 표시를 할 수 있습니다. 즉 모든 것은 PE 스펙에 정의된 구조체와 구조체 멤버들의 의미를

해석해서 따라갈 수 있습니다(몇 번 보면 금방 익숙해질 것입니다).

Q. IMAGE_FILE_HEADER의 TimeDateStamp 값은 0x47918EA2인데요, PEView에서는 2008/01/19, 05:46:10 UTC 이런 식으로 나타납니다. 어떻게 하면 이렇게 해석할 수 있나요?

A. C 언어의 표준 라이브러리에서 제공하는 ctime()을 사용하면 4바이트 숫자를 실제 날짜 문자열로 변환할 수 있습니다.

Q. PE IMAGE란 것이 무엇인가요?

A. PE Image라는 용어는 PE 구조를 만든 Microsoft에서 사용하기 시작했습니다. 보통은 PE 파일이 실행되어 메모리에 로딩된 모습을 말합니다. PE 헤더 정보 중에 SizeOfImage라는 항목이 있는데, 이것이 바로 PE Image가 점유한 메모리의 크기를 의미하는 것입니다. 이 크기는 당연히 파일 크기와는 다르지요. PE File Format의 묘미 중의 하나가 바로 파일 상태의 모습과 메모리 상태의 모습이 다르다는 것입니다.

Q. EP(Entry Point) 개념을 잘 모르겠습니다.

A. EP 주소는 프로그램에서 최초로 실행되는 코드의 주소를 말합니다. CPU는 가장 먼저 EP 주소로 가서 명령어를 차례대로 실행시킵니다.

Q. 저도 PEView에서 메모장을 열어서 보고 있는데요. 각 섹션의 시작 주소, 크기 등이 다르게 나타납니다. 왜 그럴까요?

A. notepad.exe 파일은 OS 버전에 따라 모두 달라집니다(다른 모든 시스템 파일도 마찬가지입니다). 즉 OS 버전마다 시스템 파일 버전이 다 다릅니다. Microsoft에서 코드를 수정하기도 하고 빌드 옵션을 바꾸기도 하면서 재빌드하여 배포합니다.

Q. 그림 13.9와 그 밑의 퀴즈가 잘 이해가 되지 않습니다. RVA 5000이 어느 섹션에 포함되어 있는지 어떻게 알 수 있나요?

A. 그림 13.9는 섹션 헤더의 정보를 바탕으로 그려진 것입니다. 그림(또는 섹션 헤더 정보)에서 .text 섹션은 VA 01001000~01009000 영역입니다. 이를 RVA 형식으로 변경하면 RVA 1000~9000 영역입니다(Imagebase 값 01000000을 빼면 됩니다). 따라서 RVA 5000은 .text 섹션에 포함되어 있다는 것을 알 수 있습니다.

Q. 섹션 헤더 멤버 VirtualAddress를 설명할 때 '메모리에서 섹션의 시작 주소(RVA)' 라고 하셨는데, VirtualAddress는 VA 아닌가요? 그게 왜 RVA라는 거죠?

A. 섹션 헤더 멤버 VirtualAddress 항목은 RVA 값으로 표현되어 있다는 말로 이해하면 됩니다. 섹션 헤더 구조체(IMAGE_SECTION_HEADER)의 멤버 VirtualAddress 멤버와 가상 메모리 주소(VA: Virtual Address) 용어가 동일해서 혼란을 일으킬 수 있습니다. 여기서 VirtualAddress 멤버는 가상 메모리에서 해당 섹션의 시작 주소를 의미하고, 그 주소 형식은 RVA로 저장되어 있다고 이해하면 됩니다.

Q. 어떤 파일을 보면 IMAGE_IMPORT_DESCRIPTOR 구조체의 OriginalFirst Thunk 멤버는 NULL로 되어 있고, FirstThunk 멤버를 따라가 보니 실제 사용될 API 이름 문자열 배열(INT)이 있더군요. FirstThunk를 따라가면 INT가 아니라 IAT가 나와야 하는 것 아닌가요?

A. PE 로더는 OriginalFirstThunk를 따라가서 API 이름 문자열 배열(INT)를 찾을 수 없다면 FirstThunk로 시도해봅니다. 원래 FirstThunk는 IAT를 의미하므로 실제 메모리 내에서 실제 API 함수 주소로 덮어써버립니다(이런 경우는 INT와 IAT가 같은 영역이지만 그래도 잘 동작합니다).

Q. 제 Windows7의 notepad.exe를 가지고 테스트하고 있습니다. PEView를 보면 IAT 시작 주소는 01001000으로 나오는데, OllyDbg에서 보면 IAT가 00831000 에 있다고 나타납니다. 이게 어떻게 된 걸까요?

A. 그것은 Windows Vista, 7에 추가된 ASLR(Address Space Layout Randomization) 기법 때문입니다. 41장을 참고하기 바랍니다.

> **Q. EAT 설명에서 도대체 Ordinal이란 것이 뭔가요? 이해가 잘 안가네요.**
>
> A. Ordinal은 그냥 Export Function의 고유 번호라고 생각하면 됩니다. 종종 함수 이름 없이 (이름을 공개하지 않고) 고유 번호(Ordinal)만 공개하는 경우가 있습니다. 따라서 이런 함수를 임포트해서 사용하는 경우에는 Ordinal로 해당 함수 주소를 찾아서 호출할 수 있습니다. 아래 예1)은 함수 이름으로 주소를 얻는 경우이고, 예2)는 함수 Ordinal을 이용해서 주소를 얻어내는 경우입니다.
>
> 예1) pFunc = GetProcAddress("TestFunc");
> 예2) pFunc = GetProcAddress(5);

14
실행 압축

실행 압축(Run-Time 패커)은 소프트웨어 역공학(Reverse Code Engineering)의 단골 주제입니다. 이를 잘 이해하기 위해서는 PE 파일 포맷과 운영체제의 기본적인 사항들(프로세스, 메모리, DLL 등)에 대해 잘 알고 있어야 하며, 또한 압축/해제(Compress/Decompress) 알고리즘에 대한 기본적인 내용에 대해서 알아야 합니다. 이미 많은 부분은 앞에서 다뤘던 내용입니다. 실행 압축에 대한 공부가 지금까지 익혀왔던 리버싱 지식을 체계화시키는 데 큰 도움을 줄 것입니다.

14.1. 데이터 압축

먼저 모두 잘 알고 있는 압축에 대해서 간단히 정리해 보겠습니다. 데이터 압축(Data Compression)은 컴퓨터 공학의 주요 분야로, 수십 년간 깊은 연구가 이뤄지고 있으며 계속해서 더 좋은 알고리즘들이 나타나고 있습니다.

만약에 실생활에서 어떤 물건을 쉽게 압축시킬 수 있다면 엄청나게 편리하겠죠? 창고, 주차장, 컨테이너 박스 등이 필요 없어질 것입니다. 물론 그게 가능하다면 말이지요. 하지만 디지털 세상에서는(이미 압축된 정보가 아니라면) 어떤 정보라도 쉽게 압축할 수 있습니다.

어떤 형태의 파일(또는 데이터)이라도 내부는 바이너리(0 또는 1)로 되어 있으며, 이는 적절한 압축 알고리즘을 사용하여 크기를 줄일 수 있습니다. 이렇게 압축된 파일을 100% 원래대로 복원할 수 있다면 이를 비손실 압축(Lossless Data Compression)이라 하고, 원래대로 복원할 수 없다면 이를 손실 압축(Loss Data Compression)이라고 합니다.

14.1.1. 비손실 압축

파일(데이터) 크기를 줄여서 보관 및 이동에 용이하도록 하려는 목적으로 사용됩니다. 파일을 사용할 때는 해당 압축을 해제해서 사용합니다(이 과정에서 데이터의 무결성이 보장되어야 합니다).

여러분이 7-zip, 빵집과 같은 압축 프로그램을 이용해서 파일을 압축시키는 경우가 비손실 압축의 예에 해당합니다. 대표적인 비손실 압축 알고리즘은 Run-Length, Lempel-Ziv, Huffman 등이 있습니다. 또한 이를 기반으로 무수히 많은 알고리즘들이 나와 있지만, 위 3개만 제대로 이해한다면 나머지도 결국 이해할 수 있습니다. 대표적인 압축 파일 포맷인 ZIP, RAR 등도 근본 압축개념은 결국 Run-Length, Lempel-Ziv, Huffman이며, 추가로 자신들만의 독특한 노하우(압축률, 압축/해제시간)를 적용한 것입니다.

14.1.2. 손실 압축

반면에 손실 압축은 파일(데이터)에 의도적인 손상을 주어서 그 댓가로 압축률을 높이는 목적으로 사용됩니다. 주로 멀티미디어 파일들(jpg, mp3, mp4)은 대부분 손실 압축기법을 사용합니다. 손실 압축은 그 특성상 원본으로 되돌릴 수 없습니다. 이러한 멀티미디어 파일들은 사람의 눈과 귀가 거의 알아차리지 못하는 수준에서 데이터에 손상을 입힙니다. 분명 원본과는 (데이터 측면에서는) 차이가 발생합니다만, 중요한 점은 사람이 그 차이를 거의 구분할 수 없다는 것이지요. mp3 파일을 예로 들어 보겠습니다. mp3의 핵심 알고리즘은 일반적인 사람의 가청 주파수 범위(20~20,000Hz)를 벗어나는 영역을 의도적으로 제거시켜서 (불필요한) 데이터의 크기를 줄이는 것입니다.

14.2. 실행 압축

실행 압축이란 말 그대로 실행(PE: Portable Executable) 파일을 대상으로 파일 내부에 압축해제 코드를 포함하고 있어서 실행되는 순간에 메모리에서 압축을 해제시킨 후 실행시키는 기술입니다.

실행 압축된 파일 역시 PE 파일이며, 내부에 원본 PE 파일과 decoding 루틴이 존재합니다. EP(Entry Point) 코드에 decoding 루틴이 실행되면서 메모리에서 압축을 해제시킨 후 실행됩니다. 일반적인 ZIP 압축과 어떤 차이점이 있는지 표 14.1을 보며 살펴봅시다.

항목	일반 압축	실행 압축
대상파일	모든 파일	PE 파일(exe, dll, sys)
압축 결과물	압축(zip, rar) 파일	PE 파일(exe, dll, sys)
압축해제 방식	전용 압축해제 프로그램 사용	내부의 decoding 루틴
파일 실행 여부	자체 실행 불가	자체 실행 가능
장점	모든 파일에 대해 높은 압축율로 압축 가능	별도의 해제 프로그램 없이 바로 실행 가능
단점	전용 압축해제 프로그램이 없으면 해당 압축 파일을 사용할 수 없다.	실행할 때마다 decoding 루틴이 호출되기 때문에 실행시간이 아주 미세하게 느려진다.

표 14.1 일반 압축과 실행 압축의 비교

'실행 압축'이 '일반 압축'과 비교하여 두드러진 차이점은 'PE 파일의 실행이 가능하다'입니다.

일반 PE 파일을 실행 압축 파일로 만들어 주는 유틸리티를 패커라고 부릅니다. 또한 좀 더 Anti-Reversing 기법에 특화된 패커를 프로텍터라고 합니다.

14.2.1. 패커

PE 패커(Packer)란 실행 파일 압축기를 말합니다. 정확한 명칭은 Run-Time 패커로, PE 파일 전문 압축기입니다.

#1. 사용 목적

PE 파일의 크기를 줄이고자 하는 목적

파일의 크기가 작다는 것은 큰 장점 중 하나입니다. 네트워크로 전송하기 좋고 보관하기에도 좋습니다.

PE 파일의 내부 코드와 리소스를 감추기 위한 목적

패커를 사용하는 또 다른 이유가 바로 PE 파일 내부의 코드와 리소스(문자열, API name string) 등을 감출 수 있기 때문입니다. 압축된 데이터는 알아 보기 힘든 형태의 바이너리로 저장되기 때문에 파일 그 자체로 놓고 보면 내부 코드와 리소스를 감춰주는 효과가 있습니다(물론 압축이 해제된 메모리의 덤프를 뜨면 볼 수 있습니다).

#2. 사용 현황

실행 압축의 개념은 DOS 시절부터 존재하였습니다. 하지만 그때는 잘 쓰여지지 않았는데, 이유는 당시 PC 속도가 별로 빠르지 못하여 파일이 실행될 때마다 압축을 해제시키는 과정이 큰 오버헤드로 작용했기 때문입니다. 하지만 지금의 PC 속도는 엄청나게 빨라져서 실행 압축된 파일이나 원본 파일이나 사용자는 실행 시간 차이를 느낄 수 없을 정도가 되었습니다. 그래서 최근에 실행 압축은 유틸리티, 패치 파일, 일반 프로그램 등에 널리 사용되고 있습니다.

#3. 패커 종류

유명한 패커들을 소개하겠습니다. 크게 두 가지 종류로 나눌 수 있습니다. 평범한 PE 파일을 만들어 내는 순수한 의도의 패커와 원본 파일을 크게 변형하고, PE 헤더를 심하게 훼손시키는 약간 불순한 의도의 패커로 나눌 수 있습니다. 여기서 말하는 불순한 의도의 패커는 전문적으로 악성 프로그램(예: Virus, Trojan, Worm 등)에서 사용됩니다.

이 책에서 나오는 순수/불순의 분류 기준은 제 경험과 www.virustotal.com의 진단 결과에 의한 것입니다.

목록 14.1 패커 분류
순수한 의도의 패커(VirusTotal에서 진단 안 됨): UPX, ASPack 등
불순한 의도의 패커(VirusTotal에서 진단됨): UPack, PESpin, NSAnti 등

14.2.2. 프로텍터

PE 프로텍터(Protector)란 PE 파일을 'Reverse Code Engineering'으로부터 보호하기 위한 유틸리티입니다. 즉 단순히 일반적인 패커처럼 실행 압축을 해주는 것만이 아니라 리버싱을 막기 위한 다양한 기법(Anti-Debugging, Anti-Emulating, Code Obfuscating, Polymorphic Code, Garbage Code, Debugger Detection 등)이 추가됩니다. 이러한 프로텍터들로 압축된 PE 파일들의 크기는 오히려 원본 PE 파일보다 커지는 경향이 있습니다. 그리고 당연히 디버깅하기 매우 어렵습니다.

프로텍터를 상세 분석하기 위해서는 많은 리버싱 경험이 요구됩니다. 물론 인터넷에는 온갖 편법을 이용해서 프로텍터를 해제하는 방법이 많이 공개되어 있기 때문에 운이 좋으면 초보자도 원본 파일의 OEP(Original Entry Point)로 갈 수 있습니다만, 항상 그런 것은 아니지요.

#1. 사용 목적

크래킹(Cracking) 방지

자신이 만든 프로그램이 크랙되어 불법적으로 사용되는 걸 좋아할 사람은 없겠죠? 그런 경우 프로텍터를 이용해서 PE 파일을 보호하면 꽤 도움이 됩니다.

코드 및 리소스 보호

프로텍터는 PE 파일 자체를 보호하며 또한 파일이 실행되었을 때 프로세스 메모리를 보호하여 덤프를 뜨지 못하게 합니다. 따라서 비교적 안전하게 자신의 코드와 리소스를 보호할 수 있습니다.

#2. 사용 현황

특히 크래킹에 민감한 보안 프로그램들이 이런 프로텍터를 많이 사용합니다. 예를 들어 온라인 게임을 설치하면 자동으로 같이 설치되는 보안 프로그램들이 있습니다. 게임 보안 프로그램은 '게임 해킹 툴'의 실행을 방지합니다.

악의적인 게임 크래커들은 이러한 보안 프로그램을 어떻게든지 크랙하려고 시도합니다. 크랙이 성공하면 '게임핵'을 이용하여 금전적인 이익을 얻을 수 있기 때문입니다. 따라서 보안 프로그램들은 크랙 방지를 위해서 프로텍터를 사용하여 자신을 보호합니다(프로텍터를 지속적으로 바꿔주면 게임 크래커들이 짜증 좀 나겠죠?).

한편 일반적인 악성 코드(Trojan, Worm)에서 많이 사용합니다. 어떻게든 AV 제품의 진단을 막기(혹은 늦추기) 위해서 프로텍터를 사용하지요. 일부 프로텍터는 '다형성 코드'를 제공하기 때문에 매번 다른 모양(하지만 같은 기능)의 코드가 생성되므로 AV 제품에서 진단하기 까다로워집니다.

#3. 프로텍터 종류

공개용 프로그램과 상용 프로그램이 있습니다. 또한 전문적으로 악성 코드에서만 사용되는 프로텍터들도 있습니다.

목록 14.2 프로텍터 분류

상용 프로텍터: ASProtect, Themida, SVKP 등
공개용 프로텍터: UltraProtect, Morphine 등

> **참고**
> 리버싱에서 패커와 프로텍터는 매우 중요합니다. 원본 PE 파일의 OEP까지 가야 분석을 시작할 수 있기 때문에 이와 같은 패커와 프로텍터들에 대하여 잘 알고 있어야 합니다. 또한 패커와 프로텍터 자체만 분석해도 전반적인 리버싱 지식이 크게 향상됩니다. 특히 프로텍터에서 사용되는 안티 디버깅 기법들은 수준이 매우 높기 때문에 CPU와 OS에 대한 깊은 지식이 요구됩니다.

14.3. 실행 압축 테스트

실제로 notepad.exe를 실행 압축해보겠습니다.

> **참고**
> Windows XP SP3의 notepad.exe를 사용하였습니다.

제가 사용할 패커는 UPX입니다. 무료이며 사용이 간단하고 기본 기능에 충실하기 때문에 매우 인기가 좋습니다.

http://upx.sourceforge.net에서 'Win32 Console Version'을 다운받아 커맨드 창에서 실행시키면, 그림 14.1과 같이 사용법에 대한 설명이 나타납니다.

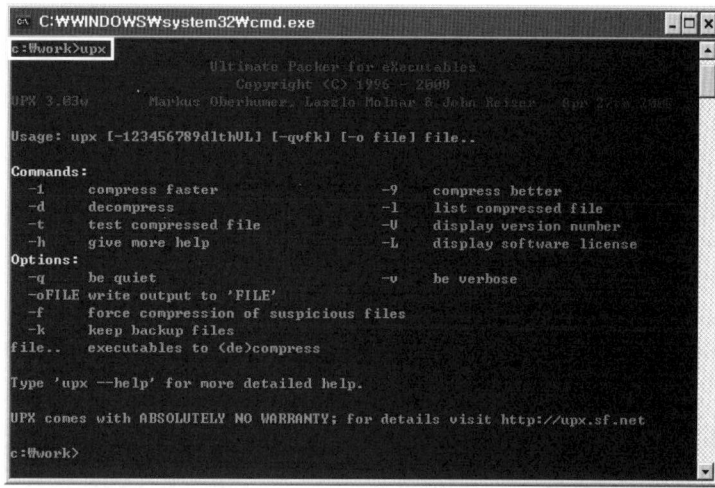

그림 14.1 UPX 패커

Notepad.exe 파일을 작업 폴더에 복사한 후 그림 14.2와 같이 실행 파라미터를 주고 notepad.exe 파일을 실행 압축합니다.

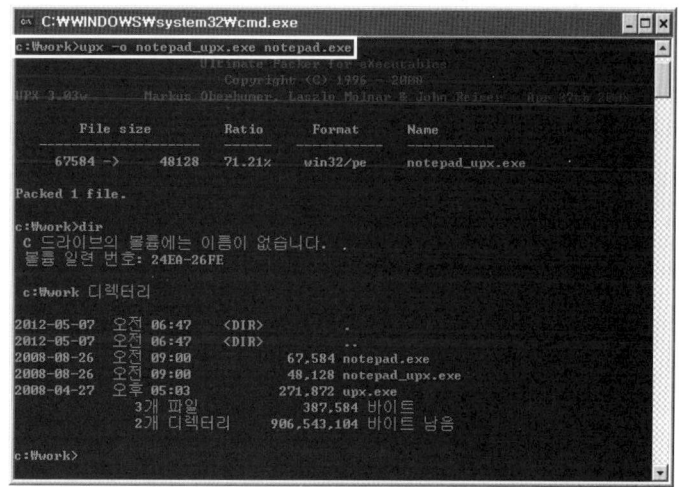

그림 14.2 notepad.exe 실행 압축

14 실행 압축 **199**

파일 크기가 줄어든 것을 확인할 수 있습니다(67,584 → 48,128). 참고로 ZIP 압축을 하면 35,231 크기로 줄어듭니다. 즉 일반적인 ZIP 압축보다 압축률이 떨어진다고 볼 수 있는데, 그 이유는 결과물이 PE 파일이기 때문에 PE 헤더를 추가해야 하고, 압축해제를 위한 코드도 넣어야 하기 때문입니다.

14.3.1. notepad.exe와 notepad_upx.exe 파일 비교

그림 14.3은 두 파일을 PE 파일 관점에서 비교한 그림입니다.

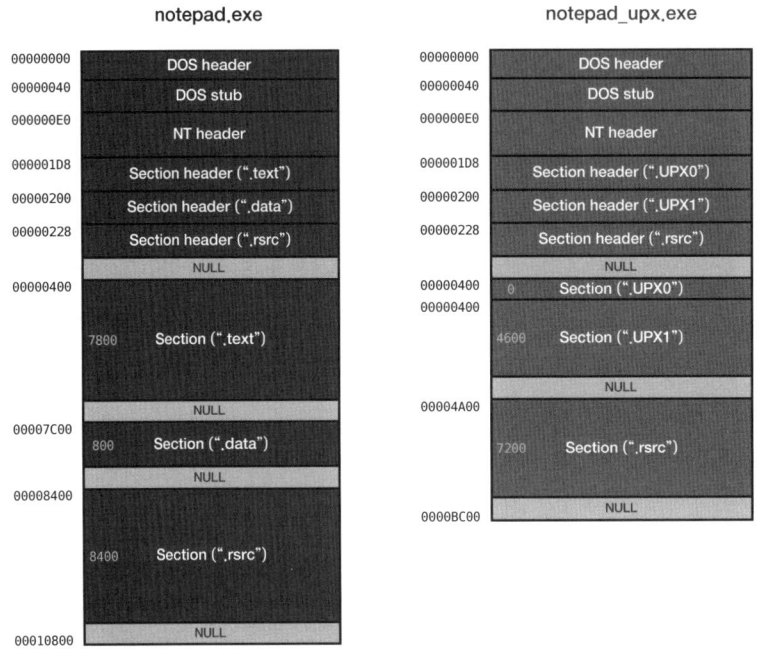

그림 14.3 notepad.exe와 notepad_upx.exe의 비교

그림 14.3에 UPX 패커의 특징이 잘 나타나 있습니다(패커 종류와 각 옵션에 따라서 실행 압축된 파일의 모양은 제각각입니다).

목록 14.3 notepad.exe와 notepad_upx.exe 비교 목록
- PE header의 크기는 동일(0~400h 영역)
- 섹션 이름 변경(".text" → "UPX0", ".data" → "UPX1")
- 첫 번째 섹션의 RawDataSize = 0(파일에서의 크기는 0)
- EP(Entry Point)는 두 번째 섹션에 위치(원본 notepad.exe의 EP는 첫 번째 섹션에 위치)
- 리소스 섹션(.rsrc)의 크기는 거의 변하지 않았음

주목해야 할 부분은 첫 번째 섹션(UPX0)의 RawDataSize가 0이라는 것입니다. 즉 첫 번째 섹션은 파일 내에서는 존재하지 않습니다. UPX는 왜 이렇게 비어 있는 섹션을 만들었을까요? PEView를 이용해서 첫 번째 섹션 헤더를 보겠습니다.

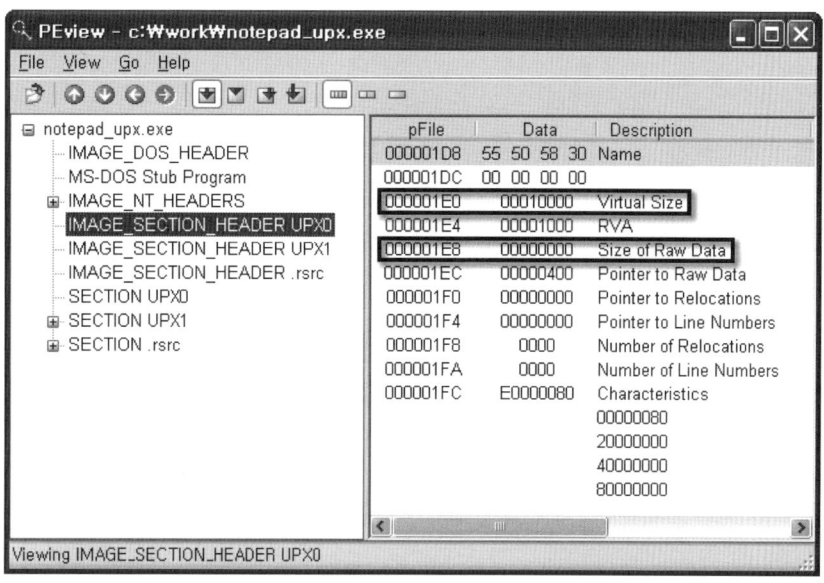

그림 14.4 PEView

실마리는 VirtualSize 값에서 찾을 수 있습니다. 첫 번째 섹션(UPX0)의 VirtualSize 값은 무려 10000으로 세팅되어 있습니다(SizeOfRawData 값은 0인데 말이죠). 즉 UPX로 실행 압축된 파일은 실행되는 순간에 (파일에 있는) 압축된 코드를 (메모리에 있는) 첫 번째 섹션에 풀어 버립니다. 좀 더 자세히 설명하면, 압축해제 코드와 압축된 원본 코드는 두 번째 섹션에 존재합니다. 파일이 실행되면 먼저 압축해제 코드가 실행되어 압축된 원본 코드를 첫 번째 섹션에 해제시키는 것입니다. 압축해제 과정이 끝나면 원본 EP 코드를 실행하는 것이지요.

다음 장에서는 디버거를 이용해서 실제 압축해제 과정을 디버깅해보겠습니다.

15
UPX 실행 압축된 notepad 디버깅

UPX 실행 압축된 notepad_upx.exe를 디버깅하여 실행 압축에 대한 개념을 이해합니다. 코드를 하나하나 트레이싱(tracing)하면서 결국 원본 notepad.exe 코드를 찾아내는 것이 목표입니다. 마지막에는 UPX 실행 압축 파일을 디버거에서 간단히 통과하는 팁을 설명하겠습니다.

> **참고**
> Windows XP SP3의 notepad.exe를 사용하였습니다.

15.1. notepad.exe의 EP Code

먼저 원본 notepad.exe의 EP 코드를 보겠습니다.

```
0100739D   $  6A 70              PUSH 70
0100739F   .  68 98180001        PUSH notepad.01001898
010073A4   .  E8 BF010000        CALL notepad.01007568
010073A9   .  33DB               XOR EBX,EBX
010073AB   .  53                 PUSH EBX
010073AC   .  8B3D CC100001      MOV EDI,DWORD PTR DS:[<&KERNEL32.  pModule = ""
010073B2   .  FFD7               CALL EDI                           kernel32.GetModuleHandleA
010073B4   .  66:8138 4D5A       CMP WORD PTR DS:[EAX],5A4D         GetModuleHandleA
010073B9   .v 75 1F              JNZ SHORT notepad.010073DA
010073BB   .  8B48 3C            MOV ECX,DWORD PTR DS:[EAX+3C]
010073BE   .  03C8               ADD ECX,EAX
010073C0   .  8139 50450000      CMP DWORD PTR DS:[ECX],4550
010073C6   .v 75 12              JNZ SHORT notepad.010073DA
010073C8   .  0FB741 18          MOVZX EAX,WORD PTR DS:[ECX+18]
010073CC   .  3D 0B010000        CMP EAX,10B
010073D1   .v 74 1F              JE SHORT notepad.010073F2
010073D3   .  3D 0B020000        CMP EAX,20B
010073D8   .v 74 05              JE SHORT notepad.010073DF
010073DA   >  895D E4            MOV DWORD PTR SS:[EBP-1C],EBX
010073DD   .v EB 27              JMP SHORT notepad.01007406
010073DF   >  83B9 84000000 0E   CMP DWORD PTR DS:[ECX+84],0E
010073E6   .^ 76 F2              JBE SHORT notepad.010073DA
010073E8   .  33C0               XOR EAX,EAX
010073EA   .  3999 F8000000      CMP DWORD PTR DS:[ECX+F8],EBX
010073F0   .v EB 0E              JMP SHORT notepad.01007400
010073F2   >  8379 74 0E         CMP DWORD PTR DS:[ECX+74],0E
010073F6   .^ 76 E2              JBE SHORT notepad.010073DA
```

그림 15.1 notepad.exe의 EP 코드

010073B2 주소에서 GetModuleHandleA() API를 호출해서 notepad.exe 프로세스의 ImageBase를 구합니다. 그리고 010073B4와 010073C0 주소에서 각각 MZ

와 PE 시그니처를 비교하는군요. 원본 notepad.exe의 EP 코드를 눈에 잘 익혀두기 바랍니다.

15.2. notepad_upx.exe의 EP Code

notepad_upx.exe를 OllyDbg로 열어보면 그림 15.2와 같은 경고 메시지 박스가 나타납니다.

그림 15.2 OllyDbg 경고 메시지 박스

디버거가 해당 파일이 압축되었다고 판단하였습니다. 예/아니오 중에 아무거나 선택해서 넘어가면 그림 15.3과 같이 UPX EP 코드가 나타납니다.

```
01015330  $  60             PUSHAD
01015331  .  BE 00100101    MOV ESI,notepad_.01011000
01015336  .  8DBE 0000FFFF  LEA EDI,DWORD PTR DS:[ESI+FFFF0000]
0101533C  .  57             PUSH EDI                              ntdll.7C940228
0101533D  .  83CD FF        OR EBP,FFFFFFFF
01015340  .v EB 10          JMP SHORT notepad_.01015352
01015342     90             NOP
01015343     90             NOP
01015344     90             NOP
01015345     90             NOP
01015346     90             NOP
01015347     90             NOP
01015348  >  8A06           MOV AL,BYTE PTR DS:[ESI]
0101534A  .  46             INC ESI
0101534B  .  8807           MOV BYTE PTR DS:[EDI],AL
0101534D  .  47             INC EDI                               ntdll.7C940228
0101534E  >  01DB           ADD EBX,EBX
01015350  .v 75 07          JNZ SHORT notepad_.01015359
01015352  >  8B1E           MOV EBX,DWORD PTR DS:[ESI]
01015354  .  83EE FC        SUB ESI,-4
01015357  .  11DB           ADC EBX,EBX
01015359  >^ 72 ED          JB SHORT notepad_.01015348
0101535B  .  B8 01000000    MOV EAX,1
01015360  >  01DB           ADD EBX,EBX
01015362  .v 75 07          JNZ SHORT notepad_.0101536B
01015364  .  8B1E           MOV EBX,DWORD PTR DS:[ESI]
01015366  .  83EE FC        SUB ESI,-4
01015369  .  11DB           ADC EBX,EBX
0101536B  >  11C0           ADC EAX,EAX
0101536D  .  01DB           ADD EBX,EBX
0101536F  .^ 73 EF          JNB SHORT notepad_.01015360
01015371  .v 75 09          JNZ SHORT notepad_.0101537C
01015373  .  8B1E           MOV EBX,DWORD PTR DS:[ESI]
01015375  .  83EE FC        SUB ESI,-4
01015378  .  11DB           ADC EBX,EBX
0101537A  .^ 73 E4          JNB SHORT notepad_.01015360
0101537C  >  31C9           XOR ECX,ECX
0101537E  .  83E8 03        SUB EAX,3
01015381  >v 72 0D          JB SHORT notepad_.01015390
01015383  .  C1E0 08        SHL EAX,8
01015386  .  8A06           MOV AL,BYTE PTR DS:[ESI]
01015388  .  46             INC ESI
01015389  .  83F0 FF        XOR EAX,FFFFFFFF
0101538C  .v 74 74          JE SHORT notepad_.01015402
0101538E  .  89C5           MOV EBP,EAX
01015390  >  01DB           ADD EBX,EBX
01015392  .v 75 07          JNZ SHORT notepad_.0101539B
01015394  .  8B1E           MOV EBX,DWORD PTR DS:[ESI]
01015396  .  83EE FC        SUB ESI,-4
```

그림 15.3 notepad_upx.exe의 EP 코드

EP 주소는 01015330이며, 이곳은 두 번째 섹션의 끝부분입니다. 실제로 압축된 notepad 원본 코드는 EP 주소(01015330) 위쪽으로 존재합니다.

코드 시작 부분(01015330)을 살펴보겠습니다.

```
01015330    60              PUSHAD
01015331    BE 00100101     MOV ESI, 01011000
01015336    8DBE 0000FFFF   LEA EDI, DWORD PTR DS:[ESI+FFFF0000]
```

PUSHAD 명령으로 EAX~EDI 레지스터 값을 스택에 저장하고, ESI와 EDI 레지스터를 각각 두 번째 섹션 시작 주소(01011000)와 첫 번째 섹션 시작 주소(01001000)로 세팅합니다. UPX 파일에서 첫 번째 섹션은 메모리에서만 존재합니다. 이곳이 바로 압축해제된 원본 파일의 코드가 저장될 장소입니다.

디버깅할 때 이처럼 ESI와 EDI가 동시에 세팅되면 ESI가 가리키는 버퍼에서 EDI가 가리키는 버퍼로 메모리 복사가 일어날 거라고 예측할 수 있습니다. 이 경우는 Source(ESI)로부터 데이터를 읽어서 압축을 해제한 후 Destination(EDI)에 저장시킬 것입니다. 우리 목표는 그림 15.3의 UPX EP 코드를 전부 쫓아가서(트레이싱) 결국 그림 15.1과 같이 원본 notepad의 EP 코드를 찾아내는 것입니다.

> **참고**
> - 리버싱에서는 원본 EP를 OEP(Original Entry Point)라고 표현합니다.
> - 트레이스(Trace)란 단어의 의미 그대로 코드를 하나하나 실행하면서 쫓아가는 것을 말합니다.
> - 실제 리버싱에서는 이러한 실행 압축 코드를 일일이 트레이싱(Tracing)하지 않고 자동화 스크립트, 노하우 등을 통하여 OEP로 바로 갑니다. 하지만 실행 압축 파일을 처음 공부하는 사람들은 하나하나 코드를 트레이싱하는 것이 올바른 방법입니다.

15.3. UPX 파일 트레이싱

이제부터 트레이싱을 시작해보겠습니다. 이처럼 방대한 코드를 트레이싱할 때의 원칙은 아래와 같습니다.

"루프(Loop)를 만나면 그 역할을 살펴본 후 탈출한다."

압축해제 과정은 무수히 많은 루프의 연속입니다. 따라서 적절히 루프를 탈출해야 빠르게 진행할 수 있습니다.

15.3.1. OllyDbg의 트레이스 명령어

방대한 코드를 트레이싱할 때는 일반적인 Step Into[F7] 명령을 사용하지 않고, OllyDbg에서 별도로 제공되는 명령을 사용합니다.

명령어	단축키	설 명
Animate Into	Ctrl+F7	Step Into 명령 반복(화면 표시 됨)
Animate Over	Ctrl+F8	Step Over 명령 반복(화면 표시 됨)
Trace Into	Ctrl+F11	Step Into 명령 반복(화면 표시 안 됨)
Trace Over	Ctrl+F12	Step Over 명령 반복(화면 표시 안 됨)

표 15.1 OllyDbg의 트레이스 명령어

화면 표시가 되는 것 말고는 애니메이트(Animate) 명령어와 트레이스 명령어가 비슷해 보입니다. 애니메이트 명령어는 트레이싱 과정이 화면에 표시되기 때문에 속도가 좀 느립니다. 하지만 가장 큰 차이점은 트레이스 명령어는 미리 설정한 트레이스 조건에서 자동으로 멈출 수 있고, 로그를 남길 수도 있다는 것입니다. UPX 파일 트레이싱에서는 Animate Over[Ctrl+F8]을 사용할 것입니다.

15.3.2. 루프 #1

EP 코드에서 Animate Over[Ctrl+F8] 명령을 내리면 트레이싱이 시작됩니다. 정신없이 커서가 위아래로 움직일 것입니다.

트레이싱을 멈추고 싶을 때는 Step Into[F7] 명령을 내려주세요.

조금 진행하다 보면 짧은 루프가 나타납니다. 트레이스를 멈추고 해당 루프를 자세히 살펴보겠습니다.

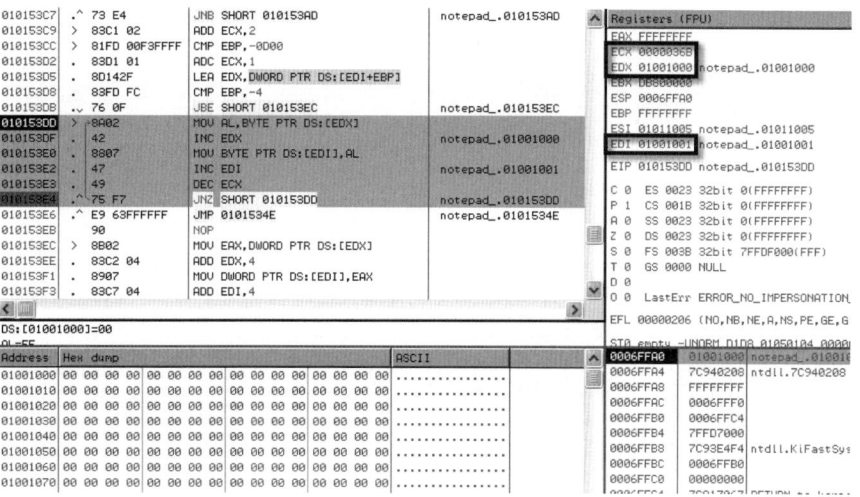

그림 15.4 첫 번째 루프

루프 회전 수 ECX = 36B이고, 루프의 내용은 EDX(01001000)에서 한 바이트를 읽어 EDI(01001001)에 쓰는 것입니다. EDX 레지스터가 가리키는 01001000 주소는 첫 번째 섹션(UPX0)의 시작 주소이며, 메모리에서만 존재하는 섹션입니다(내용은 어차피 전부 NULL입니다).

실행 압축된 파일을 디버깅할 때 이러한 루프를 만났다면 그 루프를 빠져 나와야 합니다. 010153E6 주소에 BP(Break Point)를 설치[F2]한 후 실행 명령[F9]으로 해당 루프를 탈출합니다.

15.3.3. 루프 #2

그 위치에서부터 다시 Animate Over[Ctrl+F8] 명령으로 트레이싱을 시작합니다. 조금 더 진행하다 보면 다시 그림 15.5와 같은 루프를 만나게 됩니다(아까보다 좀 더 큰 루프입니다).

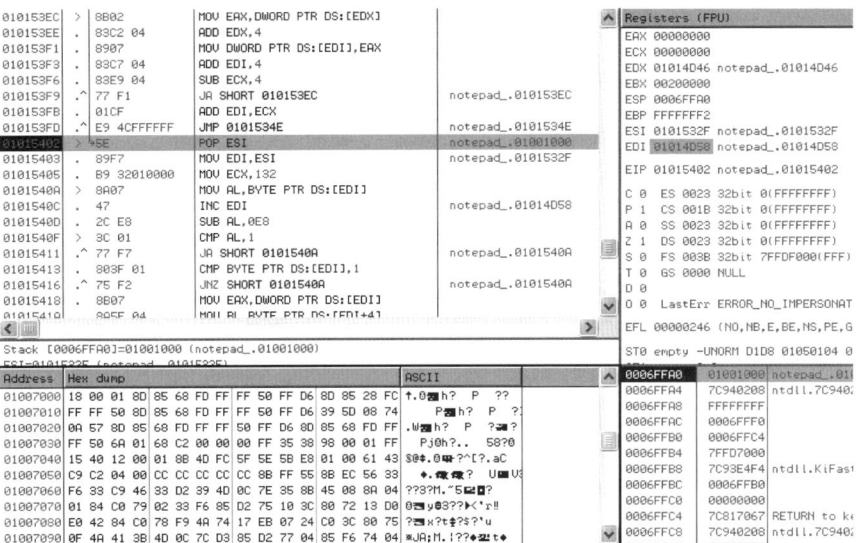

그림 15.5 두 번째 루프

이것이 본격적인 디코딩(decoding) 루프입니다(또는 압축해제 루프).

ESI가 가리키는 두 번째 섹션(UPX1)의 주소에서 차례대로 값을 읽어서 적절한 연산을 거쳐 압축을 해제하여 EDI가 가리키는 첫 번째 섹션(UPX0)의 주소에 값을 써줍니다. 이 과정에서 사용되는 명령어들은 다음과 같습니다.

```
0101534B    8807        MOV BYTE PTR DS:[EDI],AL
0101534D    47          INC EDI

...

010153E0    8807        MOV BYTE PTR DS:[EDI],AL
010153E2    47          INC EDI

...

010153F1    8907        MOV DWORD PTR DS:[EDI],EAX
010153F3    83C7 04     ADD EDI,4
```

* AL(EAX)에는 압축해제된 데이터가 있고, EDI는 첫 번째 섹션의 주소를 가리키고 있습니다.

이 두 번째 루프를 탈출하기 위해서는 그림 15.5와 같이 01015402 주소에 BP를 설치하고 실행하면 됩니다. 01015402 주소까지 잘 도착했다면, 그림 15.5의 덤프 창에 나타나 있는 것처럼 첫 번째 섹션(UPX0) 영역(01007000)에 압축해제된 코드가 쓰여진 걸 확인할 수 있습니다(원래는 NULL로 채워져 있던 영역입니다).

15.3.4. 루프 #3

다시 트레이싱을 시작해서 조금 더 내려가면 그림 15.6과 같은 세 번째 루프를 만나게 됩니다.

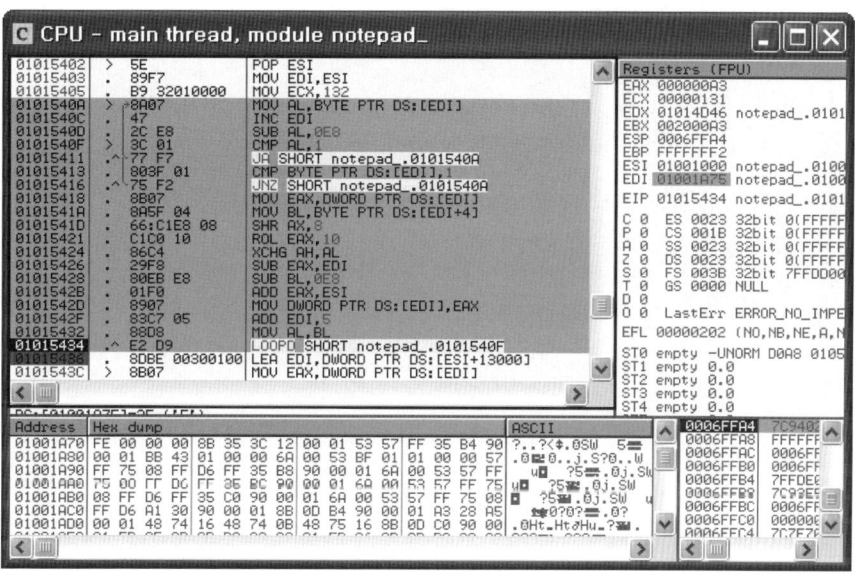

그림 15.6 세 번째 루프

이것은 원본 코드의 CALL/JMP 명령어(op code : E8/E9)의 destination 주소를 복원시켜주는 코드입니다. 이 루프도 01015436 주소에 BP를 설치하여 탈출할 수 있습니다.

이제 거의 막바지입니다. IAT(Import Address Table) 세팅만 하면 UPX 압축해제 코드는 끝이 납니다.

참고

일반적인 실행 압축 파일은 원본 파일의 코드, 데이터, 리소스의 압축해제 과정이 끝나면 IAT를 세팅하고 OEP로 갑니다.

15.3.5. 루프 #4

다시 트레이싱을 시작하여 조금만 더 내려가 보겠습니다.

```
0101542D  .    MOV DWORD PTR DS:[EDI],EAX                kernel32.GetCurrentThreadId
0101542F  .    ADD EDI,5
01015432  .    MOV AL,BL
01015434  .^   LOOPD SHORT notepad_.0101540F
01015436  .    LEA EDI,DWORD PTR DS:[ESI+13000]          EDI = 01014000, 2nd sect. ("UPX1")
0101543C  >    MOV EAX,DWORD PTR DS:[EDI]
0101543E  .    OR EAX,EAX
01015440  .v   JE SHORT notepad_.0101547E
01015442  .    MOV EBX,DWORD PTR DS:[EDI+4]
01015445  .    LEA EAX,DWORD PTR DS:[EAX+ESI+1BE04]      EAX = DLL name string
0101544C  .    ADD EBX,ESI                               EBX = IAT
0101544E  .    PUSH EAX
0101544F  .    ADD EDI,8
01015452  .    CALL DWORD PTR DS:[ESI+1BECC]             kernel32.LoadLibraryA
01015458  .    XCHG EAX,EBP
01015459  >    MOV AL,BYTE PTR DS:[EDI]
0101545B  .    INC EDI
0101545C  .    OR AL,AL
0101545E  .^   JE SHORT notepad_.0101543C
01015460  .    MOV ECX,EDI
01015462  .    PUSH EDI                                  EDI = API name string
01015463  .    DEC EAX
01015464  .    REPNE SCAS BYTE PTR ES:[EDI]
01015466  .    PUSH EBP                                  EBP = hModule
01015467  .    CALL DWORD PTR DS:[ESI+1BED0]             kernel32.GetProcAddress
0101546D  .    OR EAX,EAX
0101546F  .v   JE SHORT notepad_.01015478
01015471  .    MOV DWORD PTR DS:[EBX],EAX
01015473  .    ADD EBX,4
01015476  .^   JMP SHORT notepad_.01015459
01015478  >    CALL DWORD PTR DS:[ESI+1BEE0]             kernel32.ExitProcess
0101547E  >    MOV EBP,DWORD PTR DS:[ESI+1BED4]          kernel32.VirtualProtect
01015484  .    LEA EDI,DWORD PTR DS:[ESI-1000]
0101548A  .    MOV EBX,1000
0101548F  .    PUSH EAX
01015490  .    PUSH ESP
```

그림 15.7 네 번째 루프

그림 15.7에서 진하게 표시된 부분이 바로 IAT를 세팅하는 루프입니다. 01015436 주소에서 EDI = 01014000으로 세팅되며, 이곳은 두 번째 섹션(UPX1) 영역입니다. 이곳에는 원본 notepad.exe에서 사용되는 API 이름 문자열이 저장되어 있습니다(그림 15.8 참고).

```
Address   Hex dump                                         ASCII
01014000  24 01 00 00 8C 00 00 00 01 47 65 74 43 75 72 72  $0..?..0GetCurr
01014010  65 6E 74 54 68 72 65 61 64 49 64 00 01 47 65 74  entThreadId.0Get
01014020  54 69 63 6B 43 6F 75 6E 74 00 01 51 75 65 72 79  TickCount.0Query
01014030  50 65 72 66 6F 72 6D 61 6E 63 65 43 6F 75 6E 74  PerformanceCount
01014040  65 72 00 01 47 65 74 4C 6F 63 61 6C 54 69 6D 65  er.0GetLocalTime
01014050  00 01 47 65 74 55 73 65 72 44 65 66 61 75 6C 74  .0GetUserDefault
01014060  4C 43 49 44 00 01 47 65 74 44 61 74 65 46 6F 72  LCID.0GetDateFor
01014070  6D 61 74 57 00 01 47 65 74 54 69 6D 65 46 6F 72  matW.0GetTimeFor
01014080  6D 61 74 57 00 01 47 6C 6F 62 61 6C 4C 6F 63 6B  matW.0GlobalLock
01014090  00 01 47 6C 6F 62 61 6C 55 6E 6C 6F 63 6B 00 01  .0GlobalUnlock.0
010140A0  47 65 74 46 69 6C 65 49 6E 66 6F 72 6D 61 74 69  GetFileInformati
010140B0  6F 6E 42 79 48 61 6E 64 6C 65 00 01 43 72 65 61  onByHandle.0Crea
010140C0  74 65 46 69 6C 65 4D 61 70 70 69 6E 67 57 00 01  teFileMappingW.0
010140D0  47 65 74 53 79 73 74 65 6D 54 69 6D 65 41 73 46  GetSystemTimeAsF
010140E0  69 6C 65 54 69 6D 65 00 01 54 65 72 6D 69 6E 61  ileTime.0Termina
010140F0  74 65 50 72 6F 63 65 73 73 00 01 47 65 74 43 75  teProcess.0GetCu
```

그림 15.8 API 이름 문자열

이 문자열들은 UPX가 원본 notepad.exe를 실행 압축시킬 때 원본 파일의 IAT를 분석하여 프로그램에 사용되는 API 이름 목록을 뽑아 놓은 것입니다.

이 API 이름 문자열들을 가지고 그림 15.7에서 01015467 주소의 GetProcAddress()를 호출하여 API 시작 주소를 얻은 후 EBX 레지스터가 가리키는 원본 notepad.exe의 IAT 영역에 API 주소를 입력합니다. 이 과정을 API 이름 문자열이 끝날 때까지 반복하면 원본 notepad.exe의 IAT 복원 과정이 마무리됩니다.

원본 notepad.exe의 압축을 모두 해제하였으므로, OEP로 제어를 돌려줘야겠지요? 그림 15.9가 바로 OEP로 점프하는 코드입니다.

```
010154AD    .      POPAD
010154AE    .      LEA EAX,DWORD PTR SS:[ESP-80]
010154B2    >      PUSH 0
010154B4    .      CMP ESP,EAX
010154B6    .^     JNZ SHORT notepad_.010154B2
010154B8    .      SUB ESP,-80
010154BB    .-     JMP notepad_.0100739D           JUMP to OEP
```

그림 15.9 JUMP to OEP

참고로 010154AD 주소의 POPAD 명령은 바로 UPX 코드 중 가장 첫 번째 명령인 PUSHAD에 대응되는 명령으로, 이제 레지스터를 원래대로 복원시키는 명령입니다(그림 15.3 참고).

최종적으로 010154BB 주소의 JMP 명령어에 의해서 OEP로 갑니다. JMP하는 주소 0100739D는 원본 notepad.exe의 EP 주소입니다(각자 확인해보세요).

15.4. UPX의 OEP를 빨리 찾는 방법

이 설명대로 트레이싱을 잘 완료했나요? 여러분이 리버싱 초보자라면 꼭 한 번 해보기 바랍니다. 다른 패커로 압축된 파일을 디버깅할 때 큰 도움이 될 것입니다. 하지만 매번 위와 같은 방법(루프 탈출)으로 OEP로 가는 것은 힘들겠지요? 실전 리버싱에서는 간단히 OEP로 들어갑니다. 그 방법들을 설명하겠습니다(UPX 기준입니다).

15.4.1. POPAD 명령어 이후의 JMP 명령어에 BP 설치

UPX 패커의 특징 중 하나는 EP 코드가 PUSHAD/POPAD 명령어로 둘러싸여 있다는 것입니다. 그리고 OEP 코드로 가는 JMP 명령어가 POPAD 명령어 바로 이후에 나타납니다. 이 JMP 명령어에 BP를 설치하고 실행하면 바로 OEP로 갈 수 있습니다.

> 참고
> - PUSHAD는 8개의 범용 레지스터(EAX~EDI)의 값을 스택에 저장하는 명령입니다.
> - POPAD는 PUSHAD 명령에 의해서 스택에 저장된 값을 다시 각 레지스터들에게 입력하는 명령입니다.

15.4.2. 스택에 하드웨어 브레이크 포인트(Hardware Break Point) 설치

이 방법도 역시 UPX 특징인 PUSHAD/POPAD 명령어의 특성을 이용하는 것입니다. 그림 15.3에서 01015330 주소의 PUSHAD 명령을 실행한 후 스택을 보면 그림 15.10과 같습니다.

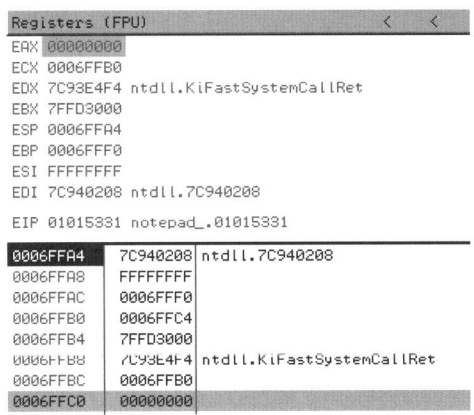

그림 15.10 PUSHAD 명령어 이후 스택의 모습

EAX에서 EDI까지 스택에 차곡차곡 저장되어 있습니다. OllyDbg의 Dump 창에서 저 스택 주소(0006FFA4)로 갑니다. 마우스 커서를 정확히 6FFA4 주소 위치에 위치시킨 후 마우스 우측 메뉴를 이용하여 그림 15.11과 같이 하드웨어 BP를 설치합니다.

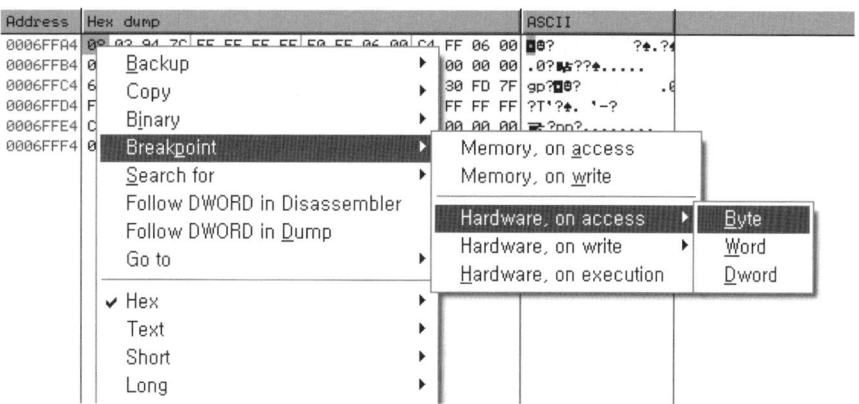

그림 15.11 하드웨어 브레이크 포인트

하드웨어 BP란 CPU에서 지원하는 브레이크 포인트이며, 4개까지 설치 가능합니다. 일반적인 BP와 다른 점은 BP 설치된 명령어가 실행된 이후에 제어가 멈추게 된다는 것입니다. 이 상태에서 실행하면 압축이 해제되면서 코드가 실행되고, POPAD가 호출되는 순간에 하드웨어 BP가 설치된 0006FFA4 주소를 엑세스하고, 그때 제어가 멈춥니다. 바로 밑에 OEP로 가는 JMP 명령어가 있지요(이 기법의 동작 원리를 잘 익혀두면 향후 다양한 파일의 디버깅 시에 요긴하게 사용할 수 있습니다).

15.5. 마무리

이상으로 UPX 실행 압축 파일의 디버깅 설명을 마치도록 하겠습니다. 위 설명대로 직접 디버깅하여 루프를 하나하나 탈출해서 OEP로 가보길 권해드립니다. 여러분의 디버깅 실력이 크게 향상됨을 느낄 수 있을 겁니다.

Q & A

Q. 언패킹(Unpacking) 과정에서 덤프를 뜨고 IAT를 다시 설정해주지 않으면 초기화 에러가 나는데 도대체 이게 왜 생기는 걸까요?

A. 예를 들어 UPX 파일을 실행시킨 후 덤프하면 IAT에는(현재 시스템에 맞는) 정확한 API 주소가 들어 있지요. 하지만 INT(Import Name Table)는 깨져 있습니다.

PE 로더는 INT에 있는 API 이름 문자열을 이용해(LoadLibrary()/GetProcAddress() 개념으로) 실제 API 주소를 구해 IAT에 적어줍니다. INT가 깨져있기 때문에 이 과정에서 에러가 발생하는 것입니다.

Q. 모르는 어셈블리 명령어가 많은데요. 모르는 명령어를 찾아 볼 수 있는 사이트를 알려주시면 감사하겠습니다.

A. 저도 모르는 명령어가 나오면 Intel 공식 문서를 참고합니다.

http://www.intel.com/products/processor/manuals/

Q. 어떻게 ESI, EDI가 가리키는 주소가 몇 번째 섹션에 해당하는 주소인지, 어떻게 파악하는 건지 모르겠습니다. 그리고 IAT 복구해주는 코드와 디코딩 루프 등을 어떻게 알 수 있는지 궁금합니다.

A. 메모리 복사 명령에서 ESI는 Source를, EDI는 Destination을 각각 의미합니다. 따라서 ESI/EDI가 가리키는 주소를 PEView(또는 OllyDbg의 'Memory Map' 창)로 확인해보면 어느 섹션을 가리키는지 알 수 있습니다.

IAT 복구하는 것은 GetProcAddress()를 반복적으로 호출하는 것으로 알 수 있었습니다. 그리고 가장 중요한 언패킹 경험이 많았기 때문에 처음 하는 분들보다 좀 더 수월하게(예측해 가면서) 진행할 수 있었습니다.

16
Base Relocation Table

PE 파일의 재배치(Relocation) 과정에 사용되는 Base Relocation Table의 구조와 동작 원리에 대해서 알아보겠습니다.

16.1. PE 재배치

PE 파일(EXE/DLL/SYS)이 프로세스 가상 메모리에 로딩(Loading)될 때 PE 헤더의 ImageBase 주소에 로딩됩니다. DLL(SYS) 파일의 경우 ImageBase 위치에 이미 다른 DLL(SYS) 파일이 로딩되어 있다면 다른 비어 있는 주소 공간에 로딩됩니다. 이 것을 PE 파일 재배치라고 합니다. 즉 PE 재배치란 PE 파일이 ImageBase에 로딩되지 못하고 다른 주소에 로딩될 때 수행되는 일련의 작업들을 의미합니다.

> **참고**
> SDK(Software Development Kit) 또는 Visual C++로 PE 파일을 생성하면 기본적으로 EXE의 경우 ImageBase = 00400000, DLL의 경우 ImageBase = 10000000으로 설정됩니다. 또한 DDK(Driver Development Kit)로 생성된 SYS 파일은 기본적으로 ImageBase = 10000으로 설정됩니다.

16.1.1. DLL/SYS

그림 16.1을 보면 TEST.EXE 프로세스에 A.DLL이 10000000 주소에 로딩되어 있습니다. 이후 B.DLL이 같은 주소(10000000)에 로딩을 시도하면 PE 로더는 비어 있는 주소(3C000000)에 B.DLL을 로딩시킵니다.

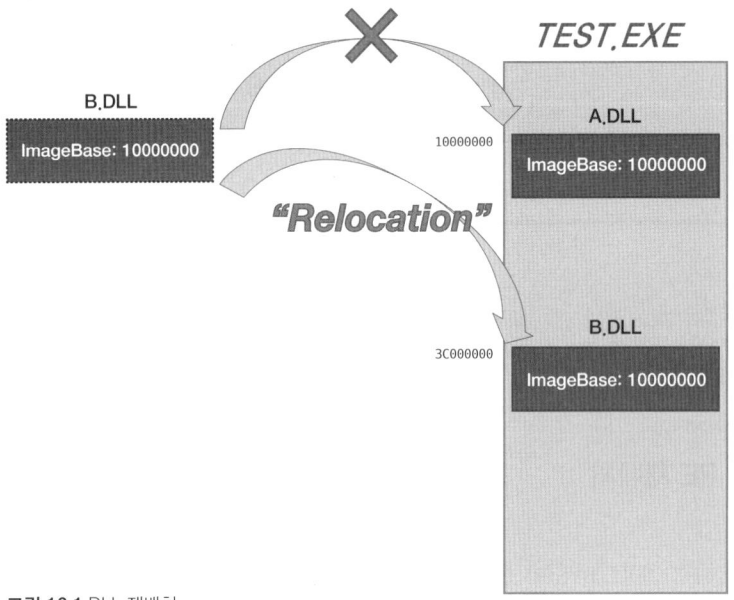

그림 16.1 DLL 재배치

16.1.2. EXE

프로세스가 생성될 때 EXE 파일이 가장 먼저 메모리에 로딩되기 때문에 EXE에서는 재배치를 고려할 필요가 없었습니다. 그러나 Windows Vista 이후부터는 보안 강화를 위해 ASLR(Address Space Layout Randomization) 기능이 추가되었습니다. 이것은 EXE 파일이 실행될 때마다 랜덤한 주소에 로딩하는 것입니다.

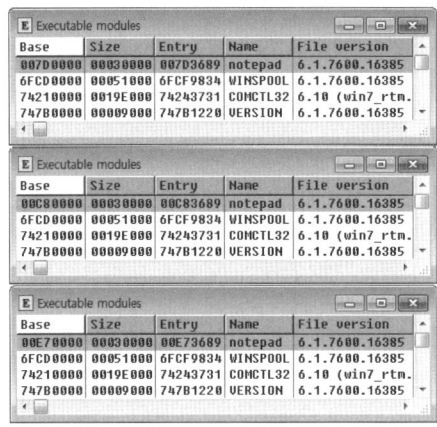

그림 16.2 notepad.exe 파일의 ASLR

그림 16.2는 notepad.exe를 3회 실행하고, 그때마다 매번 다른 주소에 로딩되는 것을 잘 보여주고 있습니다.

> **참고**
>
> ASLR 기능은 DLL/SYS 파일에도 적용되는 개념입니다. MS에서는 각 OS의 주요 시스템 DLL들에 대해 버전별로 각자 고유한 ImageBase를 부여하였습니다. 따라서 한 시스템에서 kernel32.dll, user32.dll 등은 자신만의 고유 ImageBase에 로딩되기 때문에 실제로 시스템 DLL들끼리는 Relocation이 발생할 일이 없습니다.

Windows Vista/7의 시스템 DLL들도 자신만의 고유한 ImageBase를 가지고 있지만 ASLR 기능으로 인해서 로딩 주소는 매 부팅 시마다 달라집니다. ASLR에 대한 더 자세한 내용은 41장을 참고하기 바랍니다.

16.2. PE 재배치 발생시 수행되는 작업

Windows7의 notepad.exe 프로그램으로 PE 재배치를 확인해보도록 하겠습니다. 그림 16.3과 같이 notepad.exe의 ImageBase는 01000000입니다.

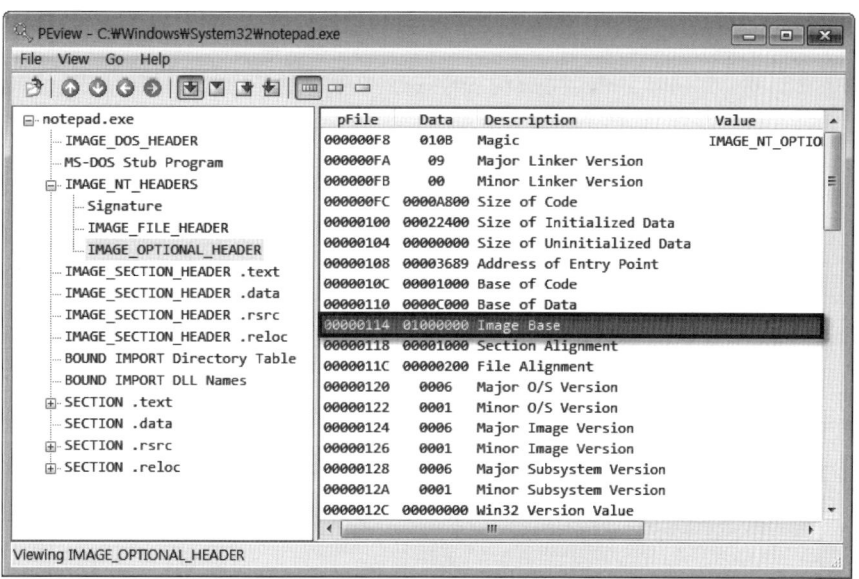

그림 16.3 notepad.exe의 ImageBase

OllyDbg로 notepad.exe를 실행해보겠습니다.

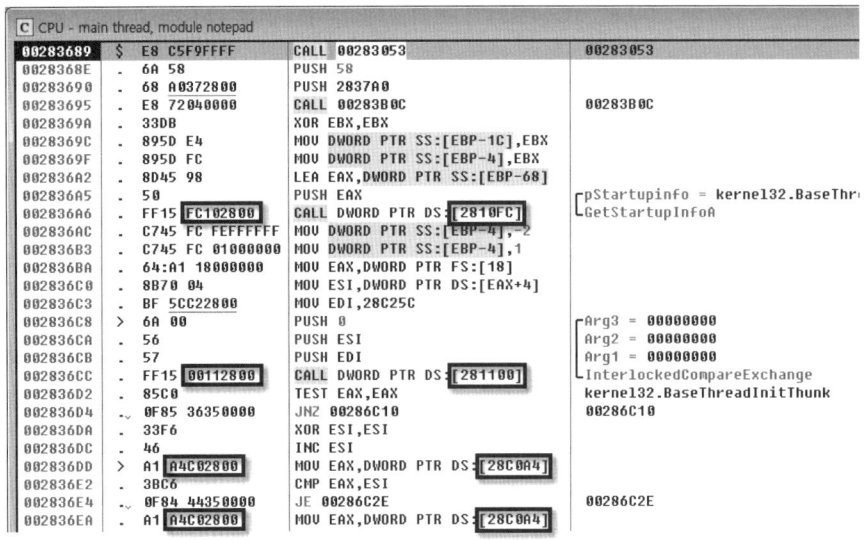

그림 16.4 notepad.exe의 EP 코드

그림 16.4는 Windows 7에서 notepad.exe의 EP 코드 부분입니다. 현재 Windows 7의 ASLR 기능에 의해서 00280000 주소에 로딩된 상태입니다. 그림의 Instruction을 보면 박스 표시 안에 프로세스 메모리 주소가 하드코딩되어 있습니다. 2810FC, 281100 주소는 '.text' 섹션의 IAT 영역이고, 28C0A4 주소는 '.data' 섹션의 전역 변수입니다. OllyDbg에서 notepad.exe를 재실행(Restart[Ctrl+F2])할 때마다 위 그림에 표시된 주소 값은 로딩 주소에 맞게 매번 변경됩니다. 이렇게 프로그램에 하드코딩된 메모리 주소를 현재 로딩된 주소에 맞게 변경해주는 작업이 바로 PE 재배치입니다.

ImageBase 주소에 로딩되지 않는 경우에 이 PE 재배치 작업이 없다면 프로그램은 정상적으로 실행될 수 없습니다('잘못된 메모리 주소 참조 에러'에 의해서 비정상 종료됩니다).

참고

Notepad.exe 파일에서 그림 16.4에 표시된 EP 영역을 확인해보겠습니다.

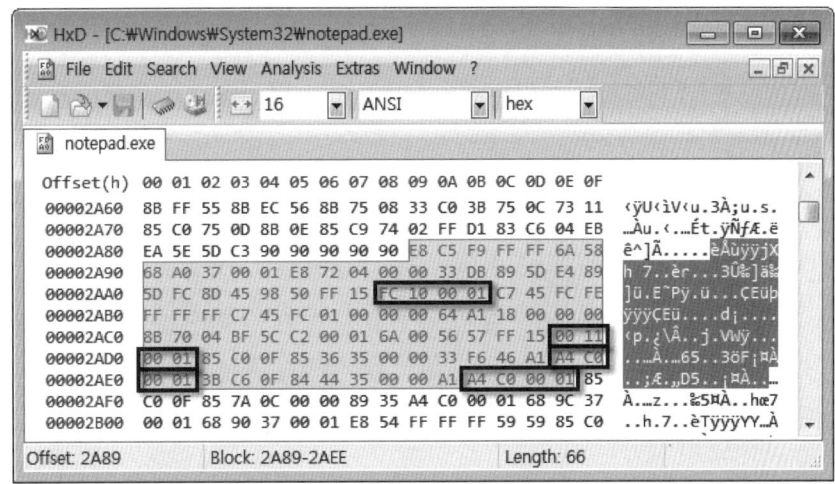

그림 16.5 Notepad.exe 파일의 EP 코드

그림 16.4와 그림 16.5에 표시된 하드코딩 주소를 비교해보면 표 16.1과 같습니다.

파일 (ImageBase : 01000000)	프로세스 메모리 (로딩 주소 : 00280000)
010010FC	002810FC
01001100	00281100
0100C0A4	0028C0A4

표 16.1 파일과 프로세스 메모리에 표시된 하드코딩 주소

그림 16.5에서는 하드코딩된 주소가 ImageBase(01000000) 기준으로 되어 있습니다. notepad.exe 파일이 생성(빌드)될 때는 실제 어느 주소에 로딩이 될지 예측할 수 없기 때문에 ImageBase 기준으로 하드코딩 주소를 적어놓았습니다. 하지만 실행되는 순간에 PE 재배치 과정을 거치면서 이 주소들은 모두 로딩 주소 기준으로 변경됩니다. 따라서 프로그램이 에러 없이 정상 동작할 수 있게 됩니다.

그럼 이제부터 PE 파일의 PE 재배치 동작 원리에 대해서 알아보겠습니다.

16.3. PE 재배치 동작 원리

Windows의 PE 로더가 수행하는 PE 재배치 작업의 기본 동작 원리는 목록 16.1과 같이 간단합니다.

> **목록 16.1 PE 재배치 작업의 기본 동작 원리**
> · 프로그램에서 하드코딩된 주소 위치를 찾는다.
> · 값을 읽은 후 ImageBase만큼 뺀다(VA → RVA).
> · 실제 로딩 주소를 더한다(RVA → VA).

여기서 핵심은 하드코딩된 주소 위치를 찾는 것입니다. 이를 위해 PE 파일 내부에 Relocation Table이라고 하는 하드코딩 주소들의 옵셋(위치)을 모아 놓은 목록이 존재합니다(Relocation Table은 PE 파일 빌드(컴파일/링크) 과정에서 제공됩니다). Relocation Table로 찾아가는 방법은 PE 헤더의 Base Relocation Table 항목을 따라가는 것입니다.

16.3.1. Base Relocation Table

Base Relocation Table 주소는 PE 헤더에서 DataDirectory 배열의 여섯 번째 항목에 들어있습니다(배열 Index는 5).

IMAGE_NT_HEADERS \ IMAGE_OPTIONAL_HEADER \ IMAGE_DATA_DIRECTORY[5]

PEView에서 notepad.exe의 Base Relocation Table 주소를 확인해보겠습니다.

RVA	Data	Description	Value
0000014C	00001000	Size of Heap Commit	
00000150	00000000	Loader Flags	
00000154	00000010	Number of Data Directories	
00000158	00000000	RVA	EXPORT Table
0000015C	00000000	Size	
00000160	0000A048	RVA	IMPORT Table
00000164	0000012C	Size	
00000168	0000F000	RVA	RESOURCE Table
0000016C	0001F160	Size	
00000170	00000000	RVA	EXCEPTION Table
00000174	00000000	Size	
00000178	00000000	Offset	CERTIFICATE Table
0000017C	00000000	Size	
00000180	0002F000	RVA	BASE RELOCATION Table
00000184	00000E34	Size	
00000188	0000B62C	RVA	DEBUG Directory
0000018C	00000038	Size	
00000190	00000000	RVA	Architecture Specific Data
00000194	00000000	Size	

그림 16.6 Base Relocation Table 주소

그림 16.6에서 Base Relocation Table 주소는 RVA 2F000입니다. PEView에서 확인해보겠습니다.

RVA	Data	Description	Value
0002F000	00001000	RVA of Block	
0002F004	00000150	Size of Block	
0002F008	3420	Type RVA	00001420 IMAGE_REL_BASED_HIGHLOW
0002F00A	342D	Type RVA	0000142D IMAGE_REL_BASED_HIGHLOW
0002F00C	3436	Type RVA	00001436 IMAGE_REL_BASED_HIGHLOW
0002F00E	3461	Type RVA	00001461 IMAGE_REL_BASED_HIGHLOW
0002F010	3467	Type RVA	00001467 IMAGE_REL_BASED_HIGHLOW
0002F012	3475	Type RVA	00001475 IMAGE_REL_BASED_HIGHLOW
0002F014	347B	Type RVA	0000147B IMAGE_REL_BASED_HIGHLOW
0002F016	349D	Type RVA	0000149D IMAGE_REL_BASED_HIGHLOW
0002F018	34AF	Type RVA	000014AF IMAGE_REL_BASED_HIGHLOW
0002F01A	34B5	Type RVA	000014B5 IMAGE_REL_BASED_HIGHLOW
0002F01C	34BB	Type RVA	000014BB IMAGE_REL_BASED_HIGHLOW
0002F01E	34C9	Type RVA	000014C9 IMAGE_REL_BASED_HIGHLOW
0002F020	34D3	Type RVA	000014D3 IMAGE_REL_BASED_HIGHLOW

그림 16.7 Base Relocation Table

16.3.2. IMAGE_BASE_RELOCATION 구조체

그림 16.7의 Base Relocation Table에 하드코딩 주소들의 옵셋(위치)들이 나열되어 있습니다. 이 테이블만 읽어 내면 하드코딩 주소 옵셋을 정확히 알아낼 수 있습니다. Base Relocation Table은 IMAGE_BASE_RELOCATION 구조체 배열입니다. IMAGE_BASE_RELOCATION 구조체 정의는 목록 16.2와 같습니다.

목록 16.2 IMAGE_BASE_RELOCATION 구조체

```
//
// Based relocation format.
//

typedef struct _IMAGE_BASE_RELOCATION {
    DWORD   VirtualAddress;
    DWORD   SizeOfBlock;
//  WORD    TypeOffset[1];
} IMAGE_BASE_RELOCATION;
typedef IMAGE_BASE_RELOCATION UNALIGNED * PIMAGE_BASE_RELOCATION;

//
// Based relocation types.
//

#define IMAGE_REL_BASED_ABSOLUTE          0
#define IMAGE_REL_BASED_HIGH              1
#define IMAGE_REL_BASED_LOW               2
#define IMAGE_REL_BASED_HIGHLOW           3
```

```
#define IMAGE_REL_BASED_HIGHADJ              4
#define IMAGE_REL_BASED_MIPS_JMPADDR         5
#define IMAGE_REL_BASED_MIPS_JMPADDR16       9
#define IMAGE_REL_BASED_IA64_IMM64           9
#define IMAGE_REL_BASED_DIR64                10
```

출처 : MS SDK의 WinNT.h

IMAGE_BASE_RELOCATION 구조체의 첫 번째 멤버 VirtualAddress는 기준 주소(Base Address)이며, 실제로는 RVA 값입니다. 두 번째 멤버 SizeOfBlock은 각 단위 블록의 크기를 의미합니다. 마지막으로 구조체 멤버는 아니지만 주석으로 표시된 TypeOffset 배열의 의미는 이 구조체 밑으로 WORD 타입의 배열이 따라온다는 뜻입니다. 그리고 이 배열 항목의 값이 바로 프로그램에 하드코딩된 주소들의 옵셋입니다.

16.3.3. Base Relocation Table의 해석 방법

표 16.2에 그림 16.7의 Base Relocation Table의 일부 내용을 표시하였습니다.

RVA	Data	Comment
0002F000	00001000	VirtualAddress
0002F004	00000150	SizeOfBlock
0002F008	3420	TypeOffset
0002F00A	342D	TypeOffset
0002F00C	3436	TypeOffset
...	...	...

표 16.2 Base Relocation Table 일부

IMAGE_BASE_RELOCATION 구조체 정의에 따르면 VirtualAddress 멤버(기준 주소)의 값은 1000이고, SizeOfBlock 멤버의 값은 150입니다. 즉, 표 16.2에 표시된 TypeOffset 배열의 기준 주소(시작 주소)는 RVA 1000이며, 블록의 전체 크기는 150입니다(기준 주소별로 이러한 블록이 배열 형태로 존재합니다). 블록의 끝은 0으로 표시합니다. TypeOffset 값은 2바이트(16비트) 크기를 가지며 Type(4비트)과 Offset(12비트)이 합쳐진 형태입니다. 예를 들어 TypeOffset 값이 3420이라면 표 16.3과 같이 해석됩니다.

Type (4비트)	Offset (12비트)
3	420

표 16.3 TypeOffset

최상위 4비트는 Type으로 사용됩니다. PE 파일에서 일반적인 값은 3(IMAGE_REL_BASED_HIGHLOW)이고, 64비트용 PE+ 파일에서는 A(IMAGE_REL_BASED_DIR64)입니다.

> **참고**
>
> 간혹 악성 코드 중에서 정상 파일의 코드를 패치한 후 해당 영역을 가리키는 Relocation Table을 수정하는 경우가 있습니다(PE 로더의 재배치 과정을 피하기 위해서 Type을 0(IMAGE_REL_BASED_ABSOLUTE)으로 수정해 버립니다).

TypeOffset의 하위 12비트가 진짜 Offset을 의미합니다. 이 Offset 값은 Virtual Address 기준의 옵셋입니다. 따라서 프로그램에서 하드코딩 주소가 있는 옵셋은 다음과 같이 계산됩니다.

VirtualAddress(1000) + Offset(420) = 1420(RVA)

실제로 RVA 1420에 PE 재배치 작업을 수행해야 하는 하드코딩된 주소가 있는지 확인해보겠습니다.

```
C CPU - main thread, module notepad
00AF1414    33C0              XOR EAX,EAX                          kernel32.BaseThreadInitThunk
00AF1416    8975 E4           MOV DWORD PTR SS:[EBP-1C],ESI
00AF1419    8D7D E8           LEA EDI,DWORD PTR SS:[EBP-18]
00AF141C    F3:AB             REP STOS DWORD PTR ES:[EDI]
00AF141E    FF15 C410AF00     CALL DWORD PTR DS:[AF10C4]           kernel32.GetCommandLineW
00AF1424    56                PUSH ESI
00AF1425    56                PUSH ESI
00AF1426    6A 01             PUSH 1
00AF1428    56                PUSH ESI
00AF1429    8BF8              MOV EDI,EAX                          kernel32.BaseThreadInitThunk
00AF142B    FF15 DC10AF00     CALL DWORD PTR DS:[AF10DC]           kernel32.HeapSetInformation
00AF1431    6A 02             PUSH 2
00AF1433    56                PUSH ESI
00AF1434    FF15 9413AF00     CALL DWORD PTR DS:[AF1394]           ole32.CoInitializeEx
00AF143A    85C0              TEST EAX,EAX                         kernel32.BaseThreadInitThunk
00AF143C  v 0F8C BA050000     JL 00AF19FC                          00AF19FC
00AF1442    53                PUSH EBX
00AF1443    FF75 14           PUSH DWORD PTR SS:[EBP+14]
```

그림 16.8 하드코딩된 주소 예제

그림 16.8의 경우 notepad.exe는 AF0000 주소에 로딩되었습니다. 따라서 RVA 1420은 VA AF1420이고, 그 주소에는 AF10C4라는 IAT 주소(VA)가 저장되어 있습니다. 이 값은 PE 재배치 과정을 통해서 값이 변경된 것입니다. 같은 원리로 AF142D, AF1436 주소의 내용도 프로그램에 하드코딩된 주소 값이며, 이 옵셋은 표 16.2에서 구할 수 있습니다.

> **참고**
>
> TypeOffset 항목에서 Offset을 가리키는 하위 12비트는 최대 1000의 값을 가질 수 있습니다. 그 이상 되는 주소를 표시하기 위해서는 그에 맞는 블록을 하나 추가하면 됩니다. 이러한 블록이 배열 형태로 나열되기 때문에 Relocation Table이라고 말합니다.

16.3.4. 실습

간단한 실습을 통해서 PE 재배치 작업의 동작 원리를 이해해보도록 하겠습니다. 실습 과정은 목록 16.1을 참고하여 진행합니다. Notepad.exe가 실행되면서 ImageBase(01000000)에 로딩되지 않고 00AF0000 주소에 로딩되었다고 가정합니다. 이때 PE 재배치 작업이 어떻게 이루어지는지 살펴보겠습니다.

#1 – 프로그램에서 하드코딩된 주소 위치를 찾는다

프로그램에서 사용되는 하드코딩 주소의 옵셋(위치)은 Base Relocation Table을 통해서 찾습니다(여기서는 위에서 구한 RVA 1420을 사용합니다). PEView를 통해 실제 RVA 1420 주소의 내용을 보면 그림 16.9와 같습니다.

```
RVA                           Raw Data
000013F0  15 1A E0 3F E9 18 E0 3F  51 1B E0 3F 00 00 00 00
00001400  90 90 90 90 90 8B FF 55  8B EC 83 EC 1C 56 57 6A
00001410  06 33 F6 59 33 C0 89 75  E4 8D 7D E8 F3 AB FF 15
00001420  C4 10 00 01 56 56 6A 01  56 8B F8 FF 15 DC 10 00
00001430  01 6A 02 56 FF 15 94 13  00 01 85 C0 0F 8C BA 05
00001440  00 00 53 FF 75 14 57 E8  C0 21 00 00 50 FF 75 08
00001450  E8 11 0A 00 00 85 C0 0F  84 B5 05 00 00 56 56 FF
```

그림 16.9 RVA 1420 주소의 내용

RVA 1420 주소에는 프로그램의 하드코딩된 주소 010010C4 값이 들어 있습니다(이 값과 그림 16.8의 값(00AF10C4)을 비교해보세요).

#2 - 값을 읽은 후 ImageBase만큼 뺀다(VA → RVA)

010010C4 - 01000000 = 000010C4

#3 - 실제 로딩 주소를 더한다(RVA → VA)

000010C4 + 00AF0000 = 00AF10C4

PE 로더는 프로그램 내에 하드코딩된 주소(010010C4)를 위와 같은 과정을 거쳐서 실제 로딩된 메모리 주소에 맞게 보정을 한 값(00AF10C4)을 같은 위치에 덮어씁니다. 이 과정을 하나의 IMAGE_BASE_RELOCATION 구조체의 모든 TypeOffset에 대해 반복하면 RVA 1000~2000 주소 영역에 해당되는 모든 하드코딩 주소에 대해 PE 재배치 작업이 수행된 것입니다(그림 16.7 참고). TypeOffset 값이 0이 되면 하나의 IMAGE_BASE_RELOCATION 구조체가 끝납니다.

Relocation Table에 나와 있는 모든 IMAGE_BASE_RELOCATION 구조체에 대해서 같은 작업을 반복하면 프로세스 메모리 전체 영역에 대한 모든 하드코딩 주소의 PE 재배치 작업이 완료되는 것입니다. Relocation Table은 NULL 구조체로 끝납니다(IMAGE_BASE_RELOCATION 구조체 멤버의 값이 모두 NULL).

이상으로 PE 재배치 작업의 동작 원리와 Relocation Table의 구조에 대해서 살펴보았습니다.

17
실행 파일에서 .reloc 섹션 제거하기

PE 파일에서 .reloc 섹션을 수동으로 제거하는 실습을 해보겠습니다. 본 실습을 통하여 PE File Format에 대한 이해가 깊어지고, Hex Editor 등의 툴을 사용하는데 익숙해질 것입니다.

17.1. .reloc 섹션

EXE 형식의 PE 파일에서 Base Relocation Table 항목은 실행에 큰 영향을 끼치지 않습니다. 실제로 제거 후 실행 테스트 해보면 정상적으로 실행이 잘 됩니다. (DLL, SYS 형식의 파일은 Base Relocation Table이 거의 필수입니다.)

VC++에서 생성된 PE 파일의 Relocation 섹션 이름은 '.reloc'입니다. .reloc 섹션이 제거되면 PE 파일 크기가 약간 줄어드는 효과를 볼 수 있습니다(실제로 이러한 유틸리티도 있습니다). .reloc 섹션은 보통 마지막에 위치하는데, 이렇게 마지막에 위치한 (사용되지 않는) 섹션을 제거하는 건 생각보다 어렵지 않습니다. PEView와 Hex editor만 가지고도 (수동으로) 충분히 할 수 있습니다.

17.2. reloc.exe

실습 파일의 끝에 존재하는 '.reloc' 섹션을 정확히 제거하려면, 목록 17.1과 같은 네 단계의 작업을 해야 합니다.

목록 17.1 작업단계
1단계 - .reloc 섹션 헤더 정리
2단계 - .reloc 섹션 제거
3단계 - IMAGE_FILE_HEADER 수정
4단계 - IMAGE_OPTIONAL_HEADER 수정

17.2.1. .reloc 섹션 헤더 정리

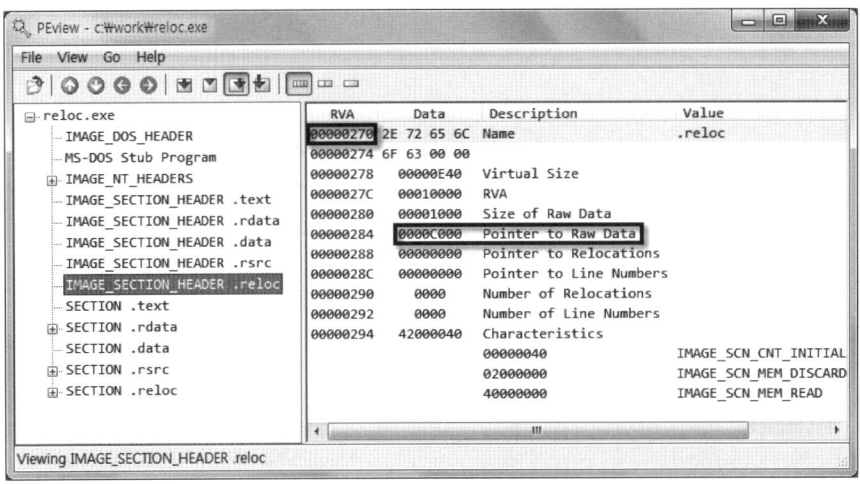

그림 17.1 .reloc 섹션 헤더

그림 17.1을 보면 .reloc 섹션 헤더는 파일 옵셋 270에서 시작됩니다(섹션 헤더 크기는 28). 이 부분(270~297)을 Hex Editor를 이용해서 0으로 덮어 씁니다(HxD의 'Fill selection…' 기능을 이용하면 편리합니다).

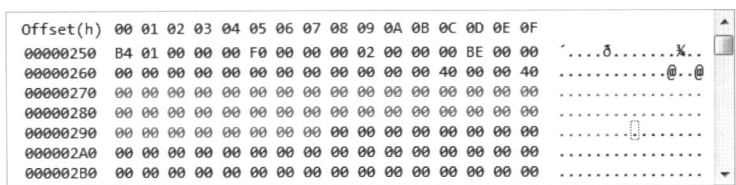

그림 17.2 .reloc 섹션 헤더 제거

17.2.2. .reloc 섹션 제거

그림 17.1을 보면 파일에서 .reloc 섹션의 시작 옵셋은 C000입니다(이곳부터 파일 끝까지 .reloc 섹션 영역입니다).

Hex Editor로 C000 옵셋부터 파일 끝까지 삭제해버립니다(HxD의 'Delete' 기능을 이용하면 편리합니다).

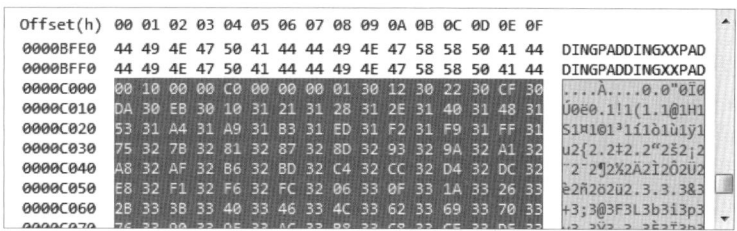

그림 17.3 .reloc 섹션 제거

이로써 .reloc 섹션은 물리적으로 제거되었습니다. 하지만 다른 PE 헤더 정보들이 아직 수정되지 않아서 파일이 정상적으로 실행되지는 않습니다.

이제부터 관련 PE 헤더 정보를 수정하여 정상 실행되도록 만들어 보겠습니다.

17.2.3. IMAGE_FILE_HEADER 수정

섹션을 하나 제거했으니 IMAGE_FILE_HEADER - Number of Sections 항목을 수정해줘야 합니다.

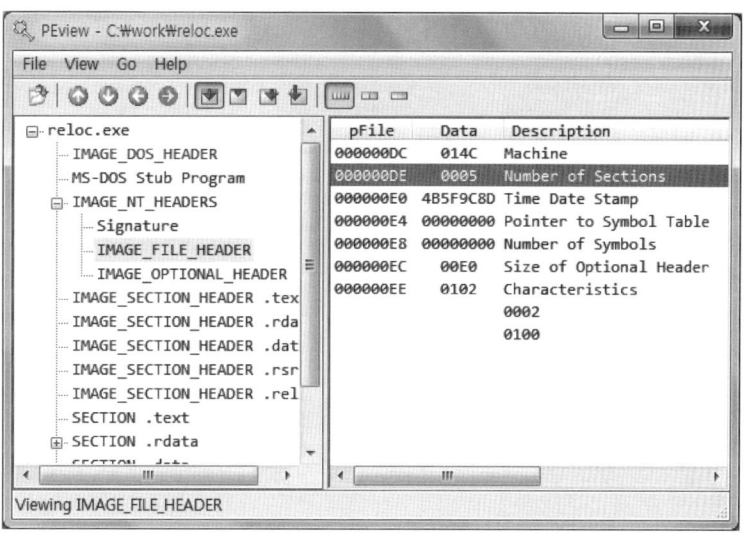

그림 17.4 Number of Sections

Number of Sections 항목의 값은 현재 5로 되어 있는데, 섹션이 하나 줄었으므로 이 값을 4로 바꿔 줍니다.

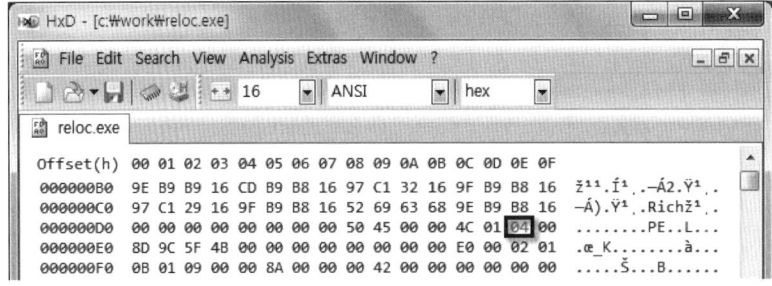

그림 17.5 Number of Sections 변경

17.2.4. IMAGE_OPTIONAL_HEADER 수정

.reloc 섹션이 제거되면서 (프로세스 가상 메모리에서) 섹션 크기만큼 전체 이미지 크기가 줄어들었습니다. 이미지 크기는 IMAGE_OPTIONAL_HEADER - Size of Image 값에 명시되어 있으므로 이를 수정해줘야 합니다.

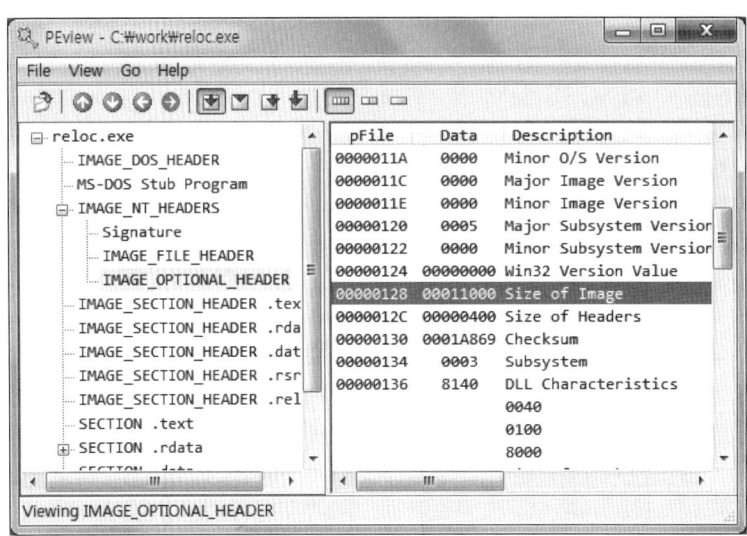

그림 17.6 Size of Image

그림 17.6을 보면 현재 Size of Image 값은 11000입니다. 문제는 얼마만큼을 빼줘야 정상적으로 실행될지 계산해야 합니다. 그림 17.1에 따르면 .reloc 섹션의

VirtualSize 값은 E40이고, 이를 Section Alignment에 맞게 확장하면 1000이 됩니다 (참고로 실습 파일의 Section Alignment 값은 1000입니다). 따라서 Size of Image 값을 1000만큼 빼야 하지요.

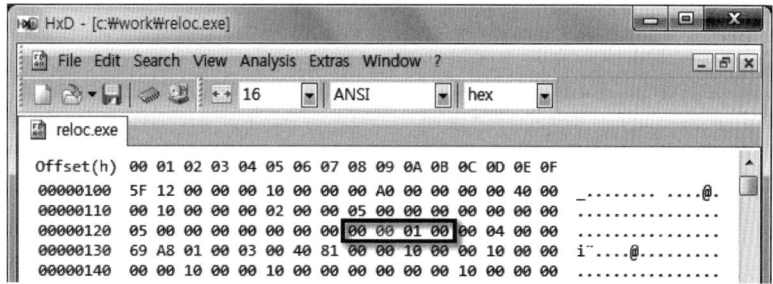

그림 17.7 Size of Image 수정

이제 수정된 reloc.exe 파일은 정상적으로 실행될 것입니다. 이처럼 PEView와 Hex Editor만 가지고 실행 파일을 마음대로 주무를 수 있습니다. 이 외에도 마지막 섹션의 크기 변경, 섹션 추가 등의 작업을 할 수 있습니다.

17.3. 마무리

위 내용과 관련하여 좀 더 실습을 해보고 싶다면, 예제 파일(reloc.exe)에 빈 섹션을 하나 더 추가해보기 바랍니다. 총 6개의 섹션이 되는 것이지요. 위 내용을 참고하면 무난히 해낼 수 있을 겁니다. 이러한 연습을 통해 PE 파일에 대한 지식과 경험이 풍부해집니다. 향후 PE 파일을 마음대로 조작할 수 있습니다.

18
UPack PE 헤더 상세 분석

UPack(Ultimate PE 패커)은 실행 압축기(PE Run-Time 패커)입니다. UPack의 특징은 PE 헤더를 굉장히 독특한 방식으로 변형하는 것입니다. UPack 때문에 기존의 많은 PE 분석 프로그램들이 오작동을 일으켜서 각 제작자(사)들은 프로그램을 패치해야 했습니다. 그만큼 획기적인 기법을 사용했다는 얘기겠죠. UPack 상세 분석을 통해서 여러분의 PE 헤더에 대한 지식을 한 단계 더 높이 끌어올릴 수 있습니다. 이번 장의 내용은 여러분께서 알고 있는 PE 헤더에 대한 지식을 완전히 엎어 버리는 내용이며, 리버싱에 대한 흥미와 열정을 더욱 끌어낼 수 있을 것입니다.

18.1. UPack 설명

UPack은 중국의 dwing이라는 사람이 만든 PE 패커입니다.

> 홈페이지 : "http://wex.cn/dwing/mycomp.htm"
> UPack 0.39 Final : http://wex.cn/dwing/download/Upack039.7z

UPack 제작자는 PE 헤더에 대한 깊은 지식을 가지고 있으며, Windows OS의 PE 로더를 상세하게 분석한 걸로 추정됩니다. 많은 PE 패커 중에서도 특히 UPack은 PE 헤더를 독특하게 변형하는 기법으로 유명해졌습니다. UPack으로 실행 압축된 파일들의 PE 헤더를 처음 보면 "이게 뭐지? 이게 과연 실행될까?"라는 의문이 들 정도로 특이하게 변형되어 있습니다.

UPack이 처음 등장했을 때는 이런 특이한 PE 헤더 때문에 각종 PE 유틸리티들(debugger, PE Viewer 등)이 정상적으로 동작하지 않았습니다(아예 비정상 종료되기 일쑤였죠).

이 특징 때문에 많은 악성 코드 제작자들이 자신들의 악성 코드를 UPack으로 실행 압축하여 배포하였습니다. 그런 악성 코드가 너무 많아져서 현재 대부분의 Anti-Virus 제품들은 아예 UPack으로 실행 압축된 파일에 대해서는 그 자체만으로 악성파일로 진단/삭제해버립니다(이렇게 악성 코드에 자주 사용되는 패커들이 몇 개 더 있습니다).

아래 내용을 다 이해한 후 PE Viewer 또는 PE 패커/Crypter를 직접 만들어보면, 여러분은 PE 헤더에 관한 전문가가 될 것입니다. 향후 PE 헤더를 아무리 변형해도 어렵지 않게 분석해낼 수 있습니다.

> **참고**
> UPack을 상세 분석하려면 시스템에 동작 중인 Anti-Virus 제품의 '실시간 감시' 기능을 꺼놓고 하기 바랍니다(대부분의 AV 제품에서 UPack을 진단/삭제해 버립니다). 향후 분석이 다 끝나면 다시 실시간 감시 기능을 켜기 바랍니다.

18.2. UPack으로 notepad.exe 실행 압축하기

> **참고**
> Windows XP SP3의 Notepad.exe를 사용하였습니다.

UPack 0.39 Final 버전을 이용해서 notepad.exe를 실행 압축해보겠습니다. 먼저 적절한 곳에 upack.exe와 notepad.exe를 복사합니다(그림 18.1 참고). 커맨드 창에서 그림 18.2와 같이 명령을 내립니다(원래 몇 가지 실행 옵션이 있지만 그냥 default 옵션으로도 충분합니다).

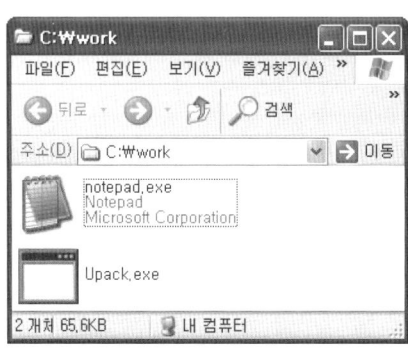

그림 18.1 notepad.exe & Upack.exe 파일

UPack은 원본 파일 자체를 실행 압축하며 따로 백업하지 않으니, 중요 파일을 실행 압축하기 전에는 꼭 미리 백업해두기 바랍니다.

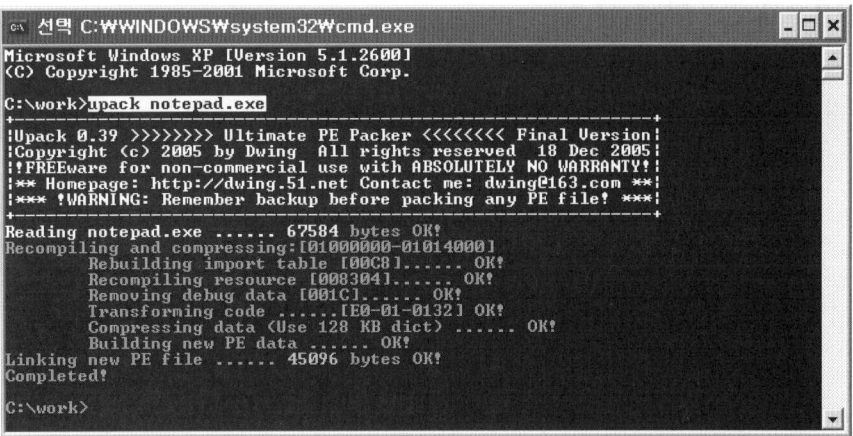

그림 18.2 UPack으로 notepad.exe 실행 압축

실행 압축된 파일 이름을 notepad_upack.exe로 변경하겠습니다. PE View로 살펴볼까요?

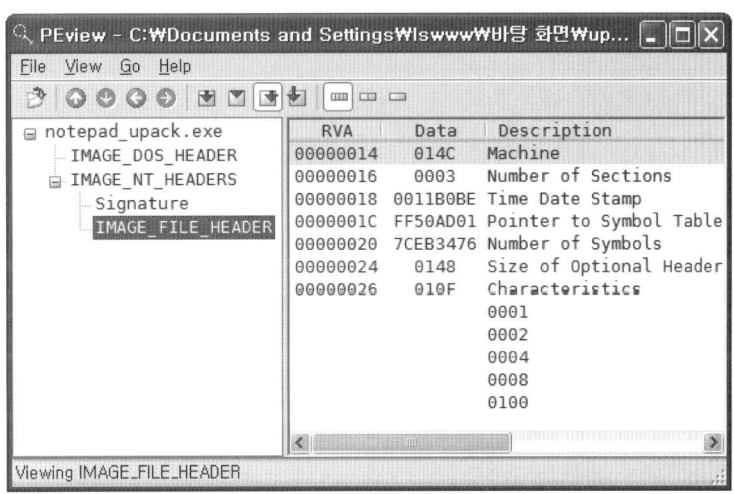

그림 18.3 notepad_upack.exe

PE View 최신버전(0.9.8)입니다만, PE 헤더를 제대로 읽어들이지 못하고 있습니다(IMAGE_OPTIONAL_HEADER, IMAGE_SECTION_HEADER 등의 정보들이 없습니다). 참고로 예전 버전의 PE View에서는 프로그램이 아예 비정상 종료됩니다.

18.3. Stud_PE 이용

최강의 PE Viewer 유틸리티인 PEView가 정상 동작하지 않으니 비슷한 다른 유틸리티인 Stud_PE를 소개합니다.

　홈페이지 : http://www.cgsoftlabs.ro

　Stud_PE : http://www.cgsoftlabs.ro/zip/Stud_PE.zip

최신 버전은 2.4.0.1입니다. 업데이트 소개에 재미있는 내용이 있군요.

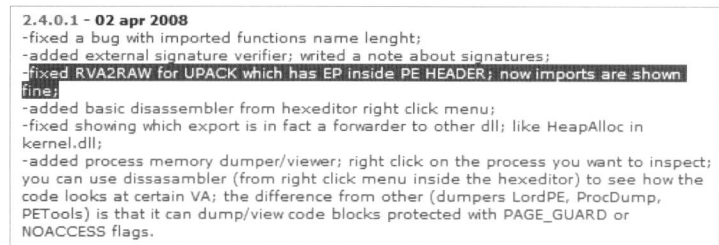

그림 18.4 Stud_PE 업데이트 소개

UPack 때문에 RVA2RAW 기능을 수정하였답니다(UPack이 여기저기 민폐를 많이 끼쳤군요.^^). 그림 18.5는 Stud_PE의 실행 화면입니다.

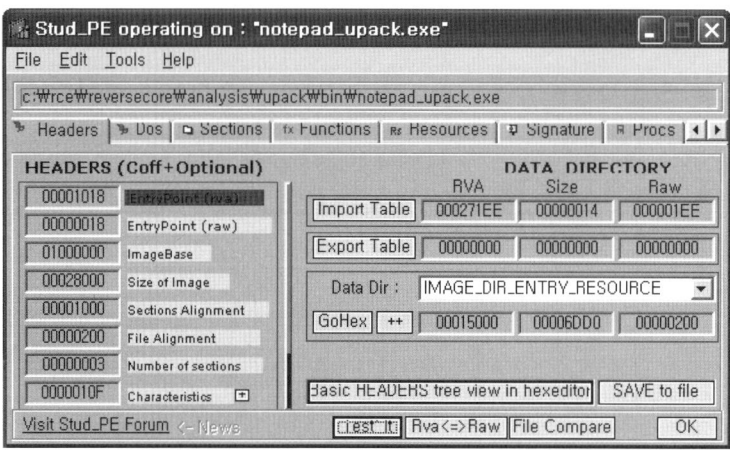

그림 18.5 Stud_PE.exe 실행 화면

PE View보다는 좀 더 복잡한 화면 구성이지만 나름 장점이 많은 유틸리티입니다(UPack도 잘 보이구요). Stud_PE에 대해서는 UPack 파일의 PE 헤더 분석할 때 자세히 설명하도록 하겠습니다.

18.4. PE 헤더 비교

Hex Editor로 두 파일(notepad.exe, notepad_upack.exe)의 헤더 부분을 비교해서 보겠습니다.

18.4.1. notepad.exe(원본)의 PE 헤더

```
Offset(h) 00 01 02 03 04 05 06 07 08 09 0A 0B 0C 0D 0E 0F
00000000  4D 5A 90 00 03 00 00 00 04 00 00 00 FF FF 00 00  MZ..........ÿÿ..
00000010  B8 00 00 00 00 00 00 00 40 00 00 00 00 00 00 00  ¸.......@.......
00000020  00 00 00 00 00 00 00 00 00 00 00 00 00 00 00 00  ................
00000030  00 00 00 00 00 00 00 00 00 00 00 00 E0 00 00 00  ............à...
00000040  0E 1F BA 0E 00 B4 09 CD 21 B8 01 4C CD 21 54 68  ..º..´.Í!¸.LÍ!Th
00000050  69 73 20 70 72 6F 67 72 61 6D 20 63 61 6E 6E 6F  is program canno
00000060  74 20 62 65 20 72 75 6E 20 69 6E 20 44 4F 53 20  t be run in DOS
00000070  6D 6F 64 65 2E 0D 0D 0A 24 00 00 00 00 00 00 00  mode....$.......
00000080  EC 85 5B A1 A8 E4 35 F2 A8 E4 35 F2 A8 E4 35 F2  ì.[¡¨ä5ò¨ä5ò¨ä5ò
00000090  6B EB 3A F2 A9 E4 35 F2 6B EB 55 F2 A9 E4 35 F2  kë:ò©ä5òkëUò©ä5ò
000000A0  6B EB 68 F2 BB E4 35 F2 A8 E4 34 F2 63 E4 35 F2  këhò»ä5ò¨ä4òcä5ò
000000B0  6B EB 6B F2 A9 E4 35 F2 6B EB 6A F2 BF E4 35 F2  këkò©ä5òkëjò¿ä5ò
000000C0  6B EB 6F F2 A9 E4 35 F2 52 69 63 68 A8 E4 35 F2  këoò©ä5òRich¨ä5ò
000000D0  00 00 00 00 00 00 00 00 00 00 00 00 00 00 00 00  ................
000000E0  50 45 00 00 4C 01 03 00 87 52 02 48 00 00 00 00  PE..L....R.H....
000000F0  00 00 00 00 E0 00 0F 01 0B 01 07 0A 00 78 00 00  ....à........x..
00000100  00 8C 00 00 00 00 00 00 9D 73 00 00 00 10 00 00  .Œ.......s......
00000110  00 90 00 00 00 00 00 01 00 10 00 00 00 02 00 00  ................
00000120  05 00 01 00 05 00 01 00 04 00 00 00 00 00 00 00  ................
00000130  00 40 01 00 00 04 00 00 CE 26 01 00 02 00 00 80  .@......Î&.....€
00000140  00 00 04 00 00 10 01 00 00 00 10 00 00 10 00 00  ................
00000150  00 00 00 00 10 00 00 00 00 00 00 00 00 00 00 00  ................
00000160  04 76 00 00 C8 00 00 00 00 B0 00 00 04 83 00 00  .v..È....°...ƒ..
00000170  00 00 00 00 00 00 00 00 00 00 00 00 00 00 00 00  ................
00000180  00 00 00 00 00 00 00 00 50 13 00 00 1C 00 00 00  ........P.......
00000190  00 00 00 00 00 00 00 00 00 00 00 00 00 00 00 00  ................
000001A0  00 00 00 00 00 00 00 00 A8 18 00 00 40 00 00 00  ........¨...@...
000001B0  50 02 00 00 D0 00 00 00 00 10 00 00 48 03 00 00  P...Ð.......H...
000001C0  00 00 00 00 00 00 00 00 00 00 00 00 00 00 00 00  ................
000001D0  00 00 00 00 00 00 00 00 2E 74 65 78 74 00 00 00  .........text...
000001E0  48 77 00 00 00 10 00 00 00 78 00 00 00 04 00 00  Hw.......x......
000001F0  00 00 00 00 00 00 00 00 00 00 00 00 20 00 00 60  ............ ..`
00000200  2E 64 61 74 61 00 00 00 A8 1B 00 00 00 90 00 00  .data...¨.......
00000210  00 08 00 00 00 7C 00 00 00 00 00 00 00 00 00 00  .....|..........
00000220  00 00 00 00 40 00 00 C0 2E 72 73 72 63 00 00 00  ....@..À.rsrc...
00000230  04 83 00 00 00 B0 00 00 00 84 00 00 00 84 00 00  .ƒ...°...„...„..
00000240  00 00 00 00 00 00 00 00 00 00 00 00 40 00 00 40  ............@..@
```

그림 18.6 notepad.exe의 PE 헤더

평범한 PE 헤더의 모습입니다. IMAGE_DOS_HEADER, DOS Stub, IMAGE_NT_HEADERS, IMAGE_SECTION_HEADER 순으로 전형적인 PE 헤더를 보여주고 있습니다.

18.4.2. notepad_upack.exe(실행 압축)의 PE 헤더

```
Offset(h) 00 01 02 03 04 05 06 07 08 09 0A 0B 0C 0D 0E 0F
00000000  4D 5A 4B 45 52 4E 45 4C 33 32 2E 44 4C 4C 00 00  MZKERNEL32.DLL..
00000010  50 45 00 00 4C 01 03 00 BE B0 11 00 01 AD 50 FF  PE..L...¾°...-PÿÏ
00000020  76 34 EB 7C 48 01 0F 01 0B 01 4C 6F 61 64 4C 69  v4ë|H.....LoadLi
00000030  62 72 61 72 79 41 00 00 18 10 00 00 10 00 00 00  braryA..........
00000040  00 90 00 00 00 00 01 00 01 00 00 00 02 00 00 00  ................
00000050  04 00 00 00 00 00 39 00 04 00 00 00 00 00 00 00  ......9.........
00000060  00 80 02 00 00 02 00 00 00 00 00 00 02 00 00 80  .€.............€
00000070  00 00 04 00 00 10 01 00 00 00 00 00 10 00 00 00  ................
00000080  00 00 00 00 0A 00 00 00 00 00 00 00 00 00 00 00  ................
00000090  EE 71 02 00 14 00 00 00 00 50 01 00 D0 6D 00 00  îq.......P..Ðm..
000000A0  FF 76 38 AD 50 8B 3E BE F0 70 02 01 6A 27 59 F3  ÿv8-P‹>¾ðp..j'Yó
000000B0  A5 FF 76 04 83 C8 FF 8B DF AB EB 1C 00 00 00 00  ¥ÿv.ƒÈÿ‹ß«ë.....
000000C0  47 65 74 50 72 6F 63 41 64 64 72 65 73 73 00 00  GetProcAddress..
000000D0  00 00 00 00 00 00 00 00 40 AB 40 B1 04 F3 AB C1  ........@«@±.ó«Á
000000E0  E0 0A B5 1C F3 AB 8B 7E 0C 57 51 E9 23 EC 01 00  à.µ.ó«‹~.WQé#ì..
000000F0  56 10 E2 E3 B1 04 D3 E8 8D 53 18 33 C0 55        V.âã±.Óè.S.3ÀU
00000100  40 51 D3 E0 8B EA 91 FF 56 4C 99 59 D1 E8 13 D2  @QÓà‹ê'ÿVL™YÑè.Ò
00000110  E2 FA 5D 03 EA 45 59 89 6B 08 56 8B F7 2B F5 F3  âú].êEY‰k.V‹÷+õó
00000120  A4 AC 5E B1 80 AA 3B 7E 34 0F 82 AC FE FF FF 58  ¤¬^±€ª;~4..‚¬þÿÿX
00000130  5F 59 E3 1B 8A 07 47 04 18 3C 02 73 F7 8B 07 3C  _Yã.Š.G..<.s÷‹.<
00000140  01 75 F3 B0 00 07 C8 04 46 38 2D C7 AB E2 E5 5E  .uó°..È.F8-Ç«âå^
00000150  5D 59 46 AD 85 C0 74 1F 51 56 97 FF D1 93 AC 84  ]YF-…Àt.QV—ÿÑ"¬„
00000160  C0 75 FB 38 06 74 EA 8B C6 79 05 46 33 C0 66 AD  Àuû8.tê‹Æy.F3Àf-
00000170  50 53 FF D5 AB EB E7 C3 00 40 01 00 00 10 00 00  PSÿÕ«ëçÃ.@......
00000180  F0 01 00 00 10 00 00 00 D0 BD 01 01 CB FC 01 01  ð.......Ð½..Ëü..
00000190  32 01 00 00 60 00 00 E0 01 00 01 00 FD 01 01  2...`..à....ý..
000001A0  00 20 01 00 00 50 01 00 28 AE 00 00 00 02 00 00  . ...P..(®......
000001B0  9D 73 00 01 FF 3F 01 01 28 FE 01 01 60 00 00 E0  .s..ÿ?..(þ..`..à
000001C0  5A 4B 01 01 FC 0F 00 01 00 10 00 00 00 70 02 00  ZK..ü........p..
000001D0  F0 01 00 00 10 00 00 00 98 FC 01 01 9B FC 01 01  ð.......˜ü..›ü..
000001E0  AA FC 01 01 60 00 00 E0 28 00 00 00 BE 00 00 00  ªü..`..à(...¾...
000001F0  00 00 00 00 00 00 00 00 00 02 00 00 00 E8 11     .............è.
00000200  00 00 00 00 00 00 00 00 00 00 00 00 00 08 00     ...............
```

그림 18.7 notepad_upack.exe의 PE 헤더

뭔가 좀 이상한 게 보이나요? MZ, PE 시그니처가 매우 가깝게 붙어있고, DOS Stub은 아예 없어졌고, 여러 문자열이 보이고, 중간에 코드가 존재하는 것 같기도 하고 말이죠. 한 마디로 수상한 점 투성이입니다.

그럼 이제부터 UPack에서 사용되는 독특한 PE 헤더 구조에 대해서 상세하게 살펴보도록 하겠습니다.

18.5. UPack의 PE 헤더 분석

18.5.1. 헤더 겹쳐쓰기

다른 패커에서도 많이 쓰이는 기법입니다. MZ 헤더(IMAGE_DOS_HEADER)와 PE 헤더(IMAGE_NT_HEADERS)를 교묘하게 겹쳐쓰는 것입니다. 헤더를 겹쳐씀으로 해서 헤더 공간을 절약할 수 있습니다. 부가적으로 복잡성을 증가시켜 분석을 어렵게 만드는 효과도 있습니다(PE 관련 툴들이 힘들어 하지요).

Stud_PE를 이용해서 MZ 헤더를 살펴보겠습니다. 'Headers' 탭의 [Basic HEADERS tree view in hexeditor] 버튼을 눌러주세요.

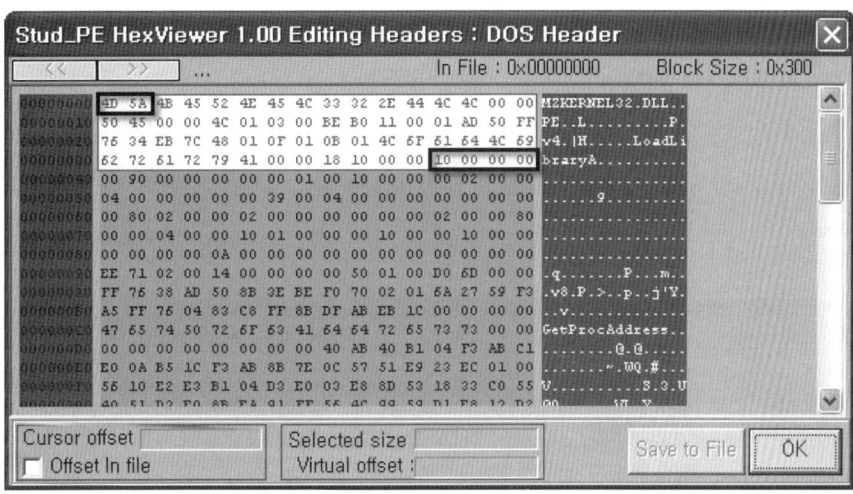

그림 18.8 헤더 겹쳐쓰기

MZ 헤더(IMAGE_DOS_HEADER)에서 아래 2가지 멤버가 중요합니다.

```
(offset  0) e_magic  : Magic number = 4D5A('MZ')
(offset 3C) e_lfanew : File address of new exe header
```

그외 나머지는 크게 중요하지 않습니다(프로그램 실행에 아무 의미가 없습니다). 문제는 PE File Format의 스펙에 따라서 IMAGE_NT_HEADERS의 시작 위치가 '가변적'이라는 것입니다. 즉 e_lfanew의 값에 따라서 IMAGE_NT_HEADERS의 시작 위치가 결정됩니다. 보통 정상적인 프로그램에서는 e_lfanew 값은(빌드 환경마다 틀리긴 하지만) 아래와 같습니다.

```
e_lfanew = MZ 헤더크기(40) + DOS Stub 크기(가변 : VC++의 경우 보통 A0) = E0
```

UPack에서는 e_lfanew 값이 10입니다. PE 스펙에 어긋나진 않았습니다. 그냥 스펙 자체의 허술함을 이용한 것이지요. 이런 식으로 MZ 헤더와 PE 헤더의 겹쳐쓰기가 가능해집니다.

18.5.2. IMAGE_FILE_HEADER.SizeOfOptionalHeader

IMAGE_FILE_HEADER.SizeOfOptionalHeader의 값을 변경합니다. 이 값을 조작하여 헤더 안에 디코딩 코드를 삽입하기 위한 목적입니다.

값의 의미는 PE 헤더에서 바로 뒤따르는 IMAGE_OPTIONAL_HEADER 구조체의 크기(E0)입니다. UPack은 이 값을 그림 18.9와 같이 148로 변경합니다(아래 그림에서 박스로 표시된 부분).

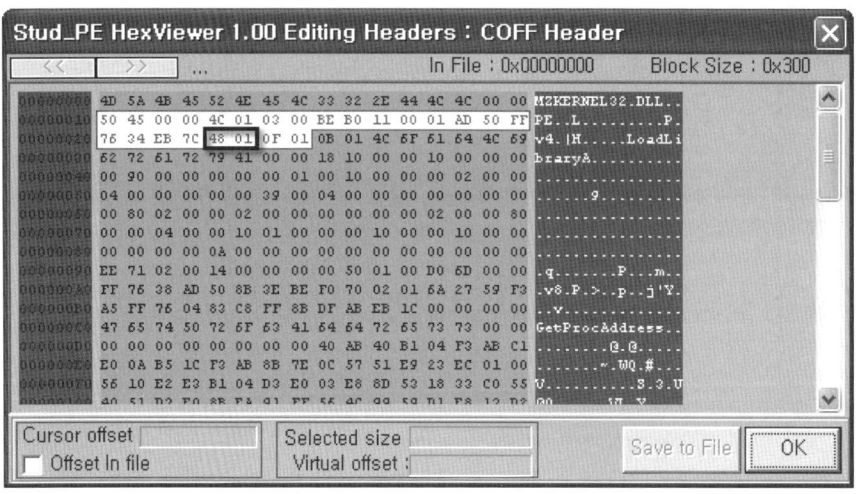

그림 18.9 SizeOfOptionalHeader

여기서 한 가지 의문사항이 생깁니다. IMAGE_OPTIONAL_HEADER는 말 그대로 '구조체'이기 때문에 PE32 파일 포맷에서 크기는 이미 E0로 결정되어 있습니다.

그런데 왜 PE File Format 설계자들은 IMAGE_OPTIONAL_HEADER 구조체의 크기를 따로 입력하게 했을까요? 원래 의도는 PE 파일의 형태에 따라서 각각 다른 IMAGE_OPTIONAL_HEADER 형태의 구조체를 바꿔 낄 수 있도록 설계한 것입니다. 한마디로 IMAGE_OPTIONAL_HEADER의 종류가 여러 개이므로 구조체의 크기를 따로 입력할 필요가 있는 것입니다(예: 64비트용 PE32+의 IMAGE_OPTIONAL_HEADER 구조체 크기는 F0).

SizeOfOptionalHeader의 또 다른 의미는 섹션 헤더(IMAGE_SECTION_HEADER)의 시작 옵셋을 결정하는 것입니다.

PE 헤더를 그냥 보면 IMAGE_OPTIONAL_HEADER에 이어서 IMAGE_SECTION_HEADER가 나타나는 듯이 보입니다. 하지만 실제로는(더 정확히 표현하면) IMAGE_OPTIONAL_HEADER 시작 옵셋에 SizeOfOptionalHeader 값을 더한 위치(옵셋)부터 IMAGE_SECTION_HEADER가 나타납니다.

UPack에서는 SizeOfOptionalHeader 값이 148로, 정상적인 값(E0 혹은 F0)보다 더 크게 설정됩니다. 따라서 IMAGE_SECTION_HEADER는 옵셋 170부터 시작하게 됩니다(IMAGE_OPTIONAL_HEADER 시작 옵셋(28) + SizeOfOptionalHeader(148) = 170).

UPack의 의도는 무엇일까요? 왜 이 값(SizeOfOptionalHeader)을 바꿨을까요?

UPack의 특징은 기본적으로 PE 헤더를 꽈배기처럼 꼬아놓고 헤더 안에 디코딩에 필요한 코드를 적절히 끼워 넣는 것입니다. SizeOfOptionalHeader 값을 늘리면 IMAGE_OPTIONAL_HEADER와 IMAGE_SECTION_HEADER 사이에 추가적인 공간을 확보할 수 있습니다. UPack은 바로 이 영역에 디코딩 코드를 추가합니다. PE 헤더에 대한 일반 상식을 뛰어넘는 교묘한 방법입니다.

실제로 문제의 영역을 살펴보겠습니다. IMAGE_OPTIONAL_HEADER의 끝은 D7이고, IMAGE_SECTION_HEADER 시작은 170입니다. 이 사이 영역을 Hex Editor로 보면 그림 18.10과 같습니다.

```
000000C0  47 65 74 50 72 6F 63 41 64 64 72 65 73 73 00 00
000000D0  00 00 00 00 00 00 00 00 40 AB 40 B1 04 F3 AB C1
000000E0  E0 0A B5 1C F3 AB 8B 7E 0C 57 51 E9 23 EC 01 00
000000F0  56 10 E2 E3 B1 04 D3 E0 03 E8 8D 53 18 33 C0 55
00000100  40 51 D3 E0 8B EA 91 FF 56 4C 99 59 D1 E8 13 D2
00000110  E2 FA 5D 03 EA 45 59 89 6B 08 56 8B F7 2B F5 F3
00000120  A4 AC 5E B1 80 AA 3B 7E 34 0F 82 AC FE FF FF 58
00000130  5F 59 E3 1B 8A 07 47 04 18 3C 02 73 F7 8B 07 3C
00000140  01 75 F3 B0 00 0F C8 03 46 38 2B C7 AB E2 E5 5E
00000150  5D 59 46 AD 85 C0 74 1F 51 56 97 FF D1 93 AC 84
00000160  C0 75 FB 38 06 74 EA 8B C6 79 05 46 33 C0 66 AD
00000170  50 53 FF D5 AB EB E7 C3 00 40 01 00 00 10 00 00
```

그림 18.10 디코딩 코드

디버거를 이용해서 디스어셈 코드를 보면 그림 18.11과 같습니다.

```
010010D8    40              INC EAX
010010D9    AB              STOS DWORD PTR ES:[EDI]
010010DA    40              INC EAX
010010DB    B1 04           MOV CL,4
010010DD    F3:AB           REP STOS DWORD PTR ES:[EDI]
010010DF    C1E0 0A         SHL EAX,0A
010010E2    B5 1C           MOV CH,1C
010010E4    F3:AB           REP STOS DWORD PTR ES:[EDI]
010010E6    8B7E 0C         MOV EDI,DWORD PTR DS:[ESI+C]
010010E9    57              PUSH EDI
010010EA    51              PUSH ECX
010010EB    E9 23EC0100     JMP notepad_.0101FD13
010010F0    56              PUSH ESI
010010F1    10E2            ADC DL,AH
010010F3    E3 B1           JECXZ SHORT notepad_.010010A6
010010F5    04 D3           ADD AL,0D3
010010F7    E0 03           LOOPDNE SHORT notepad_.010010FC
010010F9    E8 8D531833     CALL 3418648B
010010FE    C055 40 51      RCL BYTE PTR SS:[EBP+40],51
01001102    D3E0            SHL EAX,CL
01001104    8BEA            MOV EBP,EDX
01001106    91              XCHG EAX,ECX
01001107    FF56 4C         CALL DWORD PTR DS:[ESI+4C]
0100110A    99              CDQ
0100110B    59              POP ECX
```

그림 18.11 디코딩 코드

위 그림은 PE 헤더 정보가 아니라 UPack에서 사용하는 코드입니다. 만약 PE 관련 유틸리티들이 여기를 PE 헤더 정보라고 판단하면 오동작을 하게 됩니다.

18.5.3. IMAGE_OPTIONAL_HEADER.NumberOfRvaAndSizes

IMAGE_OPTIONAL_HEADER.NumberOfRvaAndSizes 값을 변경합니다. 이 역시 헤더에 자신의 코드를 삽입하기 위한 목적입니다.

이 값의 의미는 바로 뒤에 이어지는 IMAGE_DATA_DIRECTORY 구조체 배열의 원소 개수를 나타냅니다. 정상적인 파일에서는 IMAGE_DATA_DIRECTORY 배열의 원소 개수는 10개이지만, UPack에서는 A개로 변경됩니다(그림 18.12의 박스 영역 참고).

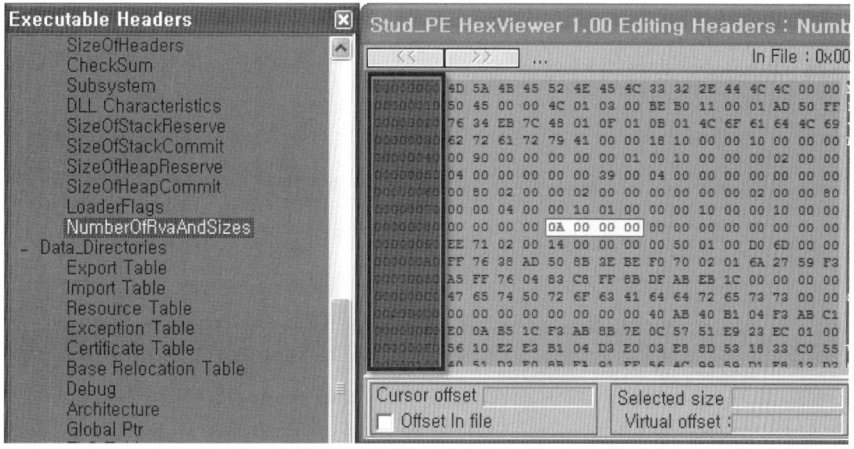

그림 18.12 NumberOfRvaAndSizes

IMAGE_DATA_DIRECTORY 구조체 배열의 원소 개수는 이미 10으로 정해져 있지만, PE 스펙에 따르면 NumberOfRvaAndSizes 값을 배열의 원소 개수로 인정하도록 되어 있습니다(앞서 설명한 SizeOfOptionalHeader와 비슷한 개념입니다). 따라서 UPack의 경우 IMAGE_DATA_DIRECTORY 구조체 배열의 뒤쪽 6개 원소들은 무시됩니다.

IMAGE_DATA_DIRECTORY 구조체 배열의 각 항목들을 표 18.1에 설명하였습니다. 굵은 이탤릭체로 쓰여진 항목들은 잘못 변경했을 때 실행에러가 발생하는 항목들입니다.

UPack은 IMAGE_OPTIONAL_HEADER.NumberOfRvaAndSizes 값을 A로 변경하여 LOAD_CONFIG 항목(파일 옵셋 D8 이후)부터는 사용하지 않습니다. 그리고 바로 그 무시된 IMAGE_DATA_DIRECTORY 영역에 자신의 코드를 덮어써버렸습니다. 정말 UPack은 헤더의 1바이트까지 알뜰하게 사용하는군요.

Index	Contents
0	EXPORT Directory
1	**IMPORT Directory**
2	**RESOURCE Directory**
3	**EXCEPTION Directory**
4	SECURITY Directory
5	BASERELOC Directory
6	**DEBUG Directory**
7	COPYRIGHT Directory
8	GLOBALPTR Directory
9	**TLS Directory**
A	**LOAD_CONFIG Directory**
B	**BOUND_IMPORT Directory**
C	**IAT Directory**
D	DELAY_IMPORT Directory
E	**COM_DESCRIPTOR Directory**
F	Reserved Directory

표 18.1 IMAGE_DATA_DIRECTORY 구조체 배열

hex editor로 IMAGE_DATA_DIRECTORY 구조체 배열 영역을 보도록 하겠습니다.

```
Offset(h)  00 01 02 03 04 05 06 07  08 09 0A 0B 0C 0D 0E 0F
00000070   00 00 04 00 00 10 01 00  00 00 10 00 00 10 00 00   ................
00000080   00 00 00 00 0A 00 00 00  00 00 00 00 00 00 00 00   ................
00000090   EE 71 02 00 14 00 00 00  00 50 01 00 D0 6D 00 00   îq.......P..Ðm..
000000A0   FF 76 38 AD 50 8B 3E BE  F0 70 02 01 6A 27 59 F3   ÿv8.P‹>¾ðp..j'Yó
000000B0   A5 FF 76 04 83 C8 FF 8B  DF AB EB 1C 00 00 00 00   ¥ÿv.ƒÈÿ‹ß«ë.....
000000C0   47 65 74 50 72 6F 63 41  64 64 72 65 73 73 00 00   GetProcAddress..
000000D0   00 00 00 00 00 00 00 00  40 AB 40 B1 04 F3 AB C1   ........@«@±.ó«Á
000000E0   E0 0A B5 1C F3 AB 8B 7E  0C 57 51 E9 23 EC 01 00   à.µ.ó«‹~.WQé#ì..
000000F0   56 10 E2 E3 B1 04 D3 E0  03 E8 8D 53 18 33 C0 55   V.âã±.Óà.è.S.3ÀU
00000100   40 51 D3 E0 8B EA 91 FF  56 4C 99 59 D1 E8 13 D2   @QÓà‹ê'ÿVL™YÑè.Ò
00000110   E2 FA 5D 03 EA 45 59 89  6B 08 56 8B F7 2B F5 F3   âú].êEY‰k.V‹÷+õó
```

그림 18.13 IMAGE_DATA_DIRECTORY 구조체 배열

그림 18.13에서 흐리게 표시된 부분이 정상 파일의 IMAGE_DATA_DIRECTORY 구조체 배열 영역이고, 그 밑으로 진하게 표시된 부분이 UPack에서 무시되는 부분입니다(D8~107 영역 = LOAD_CONFIG Directory 이후). 무시되는 영역을 디버거로 확인하면 그림 18.11과 같습니다. UPack 자체의 디코딩 코드입니다.

참고로 NumberOfRvaAndSizes 값이 변경되면 OllyDbg에서 파일을 열 때 그림 18.14와 같은 에러 메시지가 나타납니다.

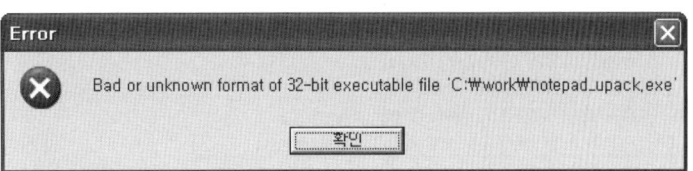

그림 18.14 OllyDbg 에러 메시지 박스

OllyDbg의 PE 파일 검증 과정에서 NumberOfRvaAndSizes 값이 10인지 체크하는데, 중요한 메시지는 아니므로 무시해도 됩니다. 별도의 PlugIn을 사용하면 아예 없앨 수도 있습니다. 참고하기 바랍니다.

18.5.4. IMAGE_SECTION_HEADER

IMAGE_SECTION_HEADER 구조체에서 프로그램 실행에 사용되지 않는 항목들에게 UPack 자신의 데이터를 기록합니다. 이 기법 역시 PE 헤더에서 쓰이지 않는 영역에 자신의 코드와 데이터로 덮어쓰는 기법입니다(생각보다 PE 헤더에서 제대로 사용되지 않는 영역이 상당히 많죠?).

이미 앞에서 섹션의 개수는 3개이고 IMAGE_SECTION_HEADER 구조체 배열의 시작 위치는 170이라는 것을 알았습니다. Hex Editor로 IMAGE_SECTION_HEADER 구조체를 보겠습니다(옵셋 170~1E7 영역).

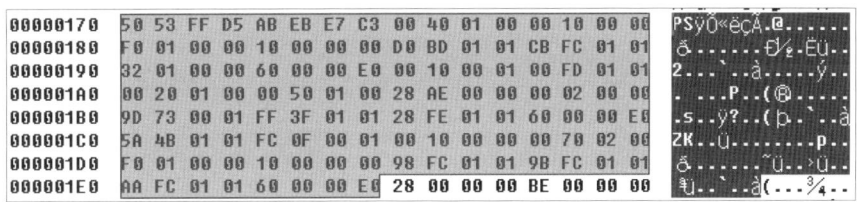

그림 18.15 IMAGE_SECTION_HEADER

그림 18.15에서 보이는 영역을 IMAGE_SECTION_HEADER 구조체에 맞게 보기 좋게 뽑아보면 다음과 같습니다(제가 직접 만든 PE Viewer를 사용했습니다).

코드 18.1 IMAGE_SECTION_HEADER 구조체 배열

```
[ IMAGE_SECTION_HEADER ]

-------------------------------------------------
file       memory     data      description
-------------------------------------------------
00000170  01000170   5053FFD5   Name(PS諾揖?
00000174  01000174   ABEBE7C3
00000178  01000178   00014000   virtual size
0000017C  0100017C   00001000   RVA
00000180  01000180   000001F0   size of raw data
00000184  01000184   00000010   offset to raw data
00000188  01000188   0101BDD0   offset to relocations
0000018C  0100018C   0101FCCB   offset to line numbers
00000190  01000190       0132   number of relocations
00000192  01000192       0000   number of line numbers
00000194  01000194   E0000060   characteristics

00000198  01000198   00100001   Name()
0000019C  0100019C   00FD0101
000001A0  010001A0   00012000   virtual size
000001A4  010001A4   00015000   RVA
000001A8  010001A8   0000AE28   size of raw data
000001AC  010001AC   00000200   offset to raw data
000001B0  010001B0   0100739D   offset to relocations
000001B4  010001B4   01013FFF   offset to line numbers
000001B8  010001B8       FE28   number of relocations
000001BA  010001BA       0101   number of line numbers
000001BC  010001BC   E0000060   characteristics

000001C0  010001C0   5A4B0101   Name(ZK?)
000001C4  010001C4   FC0F0001
000001C8  010001C8   00001000   virtual size
000001CC  010001CC   00027000   RVA
000001D0  010001D0   000001F0   size of raw data
000001D4  010001D4   00000010   offset to raw data
000001D8  010001D8   0101FC98   offset to relocations
000001DC  010001DC   0101FC9B   offset to line numbers
000001E0  010001E0       FCAA   number of relocations
000001E2  010001E2       0101   number of line numbers
000001E4  010001E4   E0000060   characteristics
```

위에 박스로 표시된 구조체 멤버들은 프로그램 실행에 아무런 의미 없는 멤버들입니다. 일례로 파일 옵셋 1B0 위치에 있는 offset to relocations의 값 0100739D

는 원본 notepad.exe의 EP(Entry Point) 값입니다. 이 외에도 섹션 헤더에는 몇 가지 비밀이 더 숨어 있습니다(곧 설명합니다).

18.5.5. 섹션 겹쳐쓰기

UPack의 주요 특징 중 하나가 바로 섹션과 헤더를 마구 겹쳐쓰는 것입니다(이제 막 PE 헤더의 기초를 공부한 여러분은 이러한 기법에 당황할 수 있습니다).

간략한 보기를 제공하는 Stud_PE를 이용해서 UPack의 IMAGE_SECTION_HEADER를 살펴보겠습니다. Stud_PE의 'Sections' 탭을 선택해주세요.

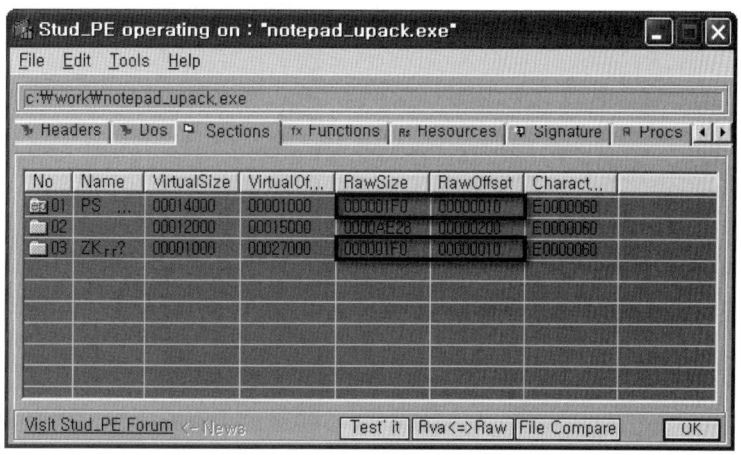

그림 18.16 Stud_PE의 'Sections' 탭

그림 18.16을 잘 보면 뭔가 이상한 부분들이 보입니다. 먼저 눈에 띄는 것은 첫 번째 섹션과 세 번째 섹션의 파일 시작 옵셋(RawOffset) 값이 10으로 되어 있습니다. 옵셋 10은 헤더 영역인데 UPack에서는 이곳에서부터 섹션이 시작됩니다.

그 다음 눈에 띄는 내용은 첫 번째 섹션과 세 번째 섹션의 파일 시작 옵셋(RawOffset)과 파일에서의 크기(RawSize)가 완전히 동일하다는 것입니다. 단, 섹션의 메모리 시작 RVA(VirtualOffset) 항목과 메모리 크기(VirtualSize) 값이 서로 다릅니다. PE 스펙에 따르면 이렇게 해도 문제가 없습니다(더 정확하게 말하면 PE 스펙에 이렇게 하면 안 된다는 내용이 없는 것이죠).

위 두 가지 이상한 사실을 종합해보면 UPack은 PE 헤더, 첫 번째 섹션, 세 번째 섹션이 겹쳐 있습니다. 숫자만 봐서는 이게 무슨 의미인지 잘 와닿지 않습니다. 이해를 돕기 위해서 그림 18.17을 살펴봅시다.

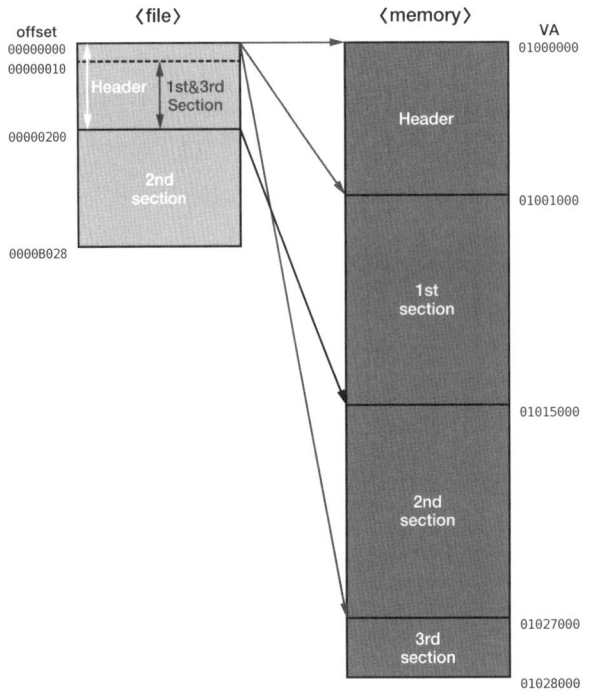

그림 18.17 UPack의 겹쳐쓰기 특징

그림 18.17의 왼쪽은 파일에서의 섹션 정보를, 오른쪽은 메모리에서의 섹션 정보를 보여주고 있습니다.

섹션 헤더(IMAGE_SECTION_HEADER)에 정의된 값에 의해서 PE 로더는 파일 옵셋 0~1FF 영역을 3군데 다른 메모리 위치(헤더, 첫 번째 섹션, 세 번째 섹션)에 각각 매핑합니다. 같은 파일 이미지를 가지고 각각 다른 위치와 다른 크기의 메모리 이미지를 만들 수 있다는 사실에 주목하기 바랍니다.

파일의 헤더(첫째/셋째 섹션) 영역의 크기는 200입니다. 사실 매우 작은 크기입니다. 반면 두 번째 섹션(2nd Section) 영역의 크기(AE28)는 파일의 대부분을 차지할 정도로 큽니다. 바로 이곳에 원본 파일(notepad.exe)이 압축되어 있습니다.

또 하나 주목해야 하는 부분은 메모리에서의 첫 번째 섹션 영역입니다. 섹션의 메모리 크기는 14000입니다. 이는 원본 파일(notepad.exe)의 Size of Image와 같은 값입니다. 즉 두 번째 섹션에 압축된 파일 이미지를 첫 번째 섹션에 (notepad의 메모리 이미지) 그대로 압축해제하는 것입니다. 참고로 notepad.exe 원본은 3개의 섹션이 있습니다. 이를 하나의 섹션에 풀어내는 것이지요.

압축이 해제된 첫 번째 섹션은 그림 18.18과 같습니다.

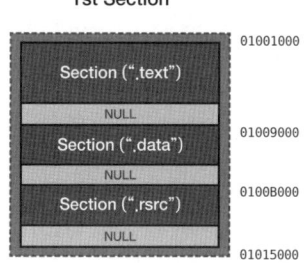

그림 18.18 압축 해제된 첫 번째 섹션

다시 한 번 정리하면 메모리 두 번째 섹션 영역에 압축된 notepad가 들어 있고, 압축이 풀리면서 첫 번째 섹션 영역에 기록됩니다. 중요한 건 notepad.exe(원본 파일)의 메모리 이미지가 통째로 풀리기 때문에 프로그램이 정상적으로 실행될 수 있습니다(주소가 정확히 일치하게 됩니다).

18.5.6. RVA to RAW

각종 PE 유틸리티들이 UPack 앞에서 맥을 못 추던 원인이 바로 RVA → RAW 변환에 어려움을 겪었기 때문입니다. UPack 제작자는 많은 테스트(혹은 PE 로더 리버싱)를 통해서 Windows PE 로더의 버그(혹은 예외 처리)를 알아낸 후 이를 UPack에 적용하였습니다.

이 기법을 처음 접한 PE 유틸리티들은 대부분 '잘못된 메모리 참조에 의한 비정상 종료'를 당해버렸습니다(후에 많은 유틸리티는 패치가 이루어졌습니다).

먼저 일반적인 RVA → RAW 변환 방법을 복습해보겠습니다.

```
RAW - PointerToRawData = RVA - VirtualAddress
              RAW = RVA - VirtualAddress + PointerToRawData
(VirtualAddress, PointerToRawData는 RVA가 속하는 섹션 헤더에서 얻는 값입니다.
즉 known value입니다).
```

그렇다면 위 공식대로 EP의 파일 옵셋(RAW)을 계산해볼까요? UPack의 EP는 RVA 1018입니다(그림 18.19 참고).

그림 18.19 AdressOfEntryPoint

RVA 1018은 목록 18.1, 그림 18.17, 그림 18.18에 의하면 1st Section에 존재합니다. 따라서 공식에 그대로 대입하면 아래와 같습니다.

```
RAW = 1018 - 1000 + 10 = 28
* 1st Section의 VirtualAddress = 1000이고 PointerToRawData = 10입니다.
```

RAW 28 영역을 hex editor로 살펴보겠습니다.

```
Offset(h) 00 01 02 03 04 05 06 07 08 09 0A 0B 0C 0D 0E 0F
00000000  4D 5A 4B 45 52 4E 45 4C 33 32 2E 44 4C 4C 00 00   MZKERNEL32.DLL..
00000010  50 45 00 00 4C 01 03 00 BE B0 11 00 01 AD 50 FF   PE..L...¾...·Pÿ
00000020  76 34 EB 7C 48 01 0F 01 0B 01 4C 6F 61 64 4C 69   v4ë|H.....LoadLi
00000030  62 72 61 72 79 41 00 00 18 10 00 00 10 00 00 00   braryA..........
00000040  00 90 00 00 00 00 00 01 00 10 00 00 00 02 00 00   ................
```

그림 18.20 RAW 28 영역

RAW 28 영역은 코드가 아니라 (ordinal:010B) "LoadLibraryA" 문자열 영역입니다. 우리는 지금 UPack의 트릭에 걸려들었습니다(OllyDbg 초기 버전은 실제로 UPack의 EP를 찾아내지 못하였습니다). 비밀은 바로 첫 번째 섹션의 PointerToRawData 값 10에 있습니다.

일반적으로 섹션 시작의 파일 옵셋을 가리키는 PointerToRawData 값은 FileAlignment의 배수가 되어야 합니다. UPack의 FileAlignment는 200이므로 PointerToRawData 값은 0, 200, 400, 600 등의 값을 가져야 합니다. 따라서 PE 로더는 첫 번째 섹션의 PointerToRawData(10)가 FileAlignment(200)의 배수가 아니므로 강제로 배수에 맞춰서 인식합니다(이 경우는 0). 이것이 바로 UPack 파일이 정상적으로 실행은 되지만, 많은 PE 관련 유틸리티에서 에러가 발생했던 이유입니다.

정상적인 RVA → RAW 변환은 아래와 같습니다.

```
RAW = 1018 - 1000 + 0 = 18
* PointerToRawData = 0으로 인식
```

디버거로 해당 영역의 코드를 살펴보겠습니다.

그림 18.21 실제 EP 주소의 코드

이제 여러분은 UPack 파일에 대해서 정상적인 RVA → RAW 계산을 할 수 있게 되었습니다.

18.5.7. Import Table(IMAGE_IMPORT_DESCRIPTOR array)

UPack의 Import Table은 매우 특이하게 구성되어 있습니다(아주 기발한 트릭이 숨어 있지요).

Hex Editor를 이용해서 IMAGE_IMPORT_DESCRIPTOR 구조체를 따라가보

겠습니다. 먼저 Directory Table에서 Import Directory Table(IMAGE_IMPORT_ DESCRIPTOR 구조체 배열) 주소를 얻어야 합니다.

그림 18.22 Import Table 주소

그림 18.22에서 오른쪽 박스 부분의 8바이트 크기의 data가 바로 Import Table 을 가리키는 IMAGE_DATA_DIRECTORY 구조체입니다. 앞의 4바이트가 Import Table의 주소(RVA), 뒤의 4바이트가 Import Table의 크기(Size)를 나타냅니다. 따라서 위의 그림을 보면 Import Table의 RVA는 271EE입니다.

이를 Hex Editor로 보기 위해서는 RVA → RAW 변환을 해야 합니다. 먼저 이 RVA 값이 어느 섹션에 속해 있는지 알아야 하는데, 메모리 주소 271EE는 메모리에서 세 번째 섹션 영역입니다(그림 18.23 참고).

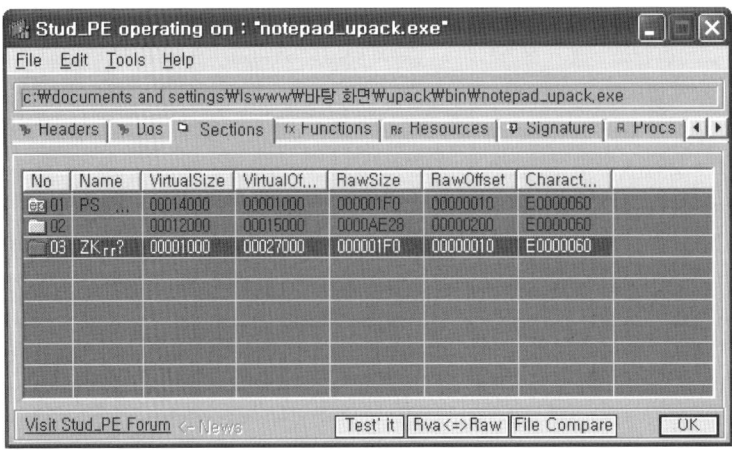

그림 18.23 세 번째 섹션 영역

RVA → RAW 변환을 하면 아래와 같습니다.

```
RAW = RVA(271EE) - VirtualOffset(27000) + RawOffset(0) = 1EE
주의 : 3rd Section의 RawOffset 값이 10이 아니라 0으로 강제 변환되는 사실을 꼭 이해하기
바랍니다.
```

Hex Editor로 파일 옵셋 1EE를 살펴보겠습니다.

```
000001D0  F0 01 00 00 10 00 00 00 98 FC 01 01 9B FC 01 01   ð.......˜ü..›ü..
000001E0  AA FC 01 01 60 00 00 E0 28 00 00 00 BE 00 00 00   ªü..`..à(...¾...
000001F0  00 00 00 00 00 00 00 00 00 00 02 00 00 00 E8 11   ..............è.
00000200  00 00 00 00 00 00 00 00 00 00 00 00 00 00 08 00   ................
00000210  03 00 00 00 50 00 00 80 04 00 00 00 10 02 00 80   ....P..€.......€
```

그림 18.24 파일 옵셋 1EE

여기가 바로 UPack의 섹션을 이용한 트릭이 숨겨진 곳입니다.

먼저 IMAGE_IMPORT_DESCRIPTOR 구조체 정의를 보고 난 후 계속 진행하겠습니다(구조체 크기는 14바이트).

코드 18.2 IMAGE_IMPORT_DESCRIPTOR 구조체
```
typedef struct _IMAGE_IMPORT_DESCRIPTOR {
    union {
        DWORD    Characteristics;
        DWORD    OriginalFirstThunk;    // INT
    };
    DWORD    TimeDateStamp;
    DWORD    ForwarderChain;
    DWORD    Name;
    DWORD    FirstThunk;                // IAT
} IMAGE_IMPORT_DESCRIPTOR;
```

PE 스펙에 따르면 Import Table은 IMAGE_IMPORT_DESCRIPTOR 구조체 배열로 이루어지고 마지막은 NULL 구조체로 끝나야 합니다.

그림 18.24를 보면 선택된 영역이 Import Table을 나타내는 IMAGE_IMPORT_DESCRIPTOR 구조체 배열입니다. 1EE~201 옵셋까지 첫 번째 구조체이며, 그 뒤는 두 번째 구조체도 아니고, 그렇다고(Import Table의 끝을 나타내는) NULL 구조체도 아닙니다.

얼핏 보면 이는 분명 PE 스펙에 어긋난 듯이 보입니다. 하지만 그림 18.24의 200 옵셋 위에 있는 굵은 선을 주목하기 바랍니다. 이 선은 파일에서 세 번째 섹션의 끝을 의미합니다(그림 18.23 참고). 따라서 실행할 때 200 옵셋 이하는 세 번째 섹션 메모리에 매핑되지 않습니다. 그림 18.25를 봅시다.

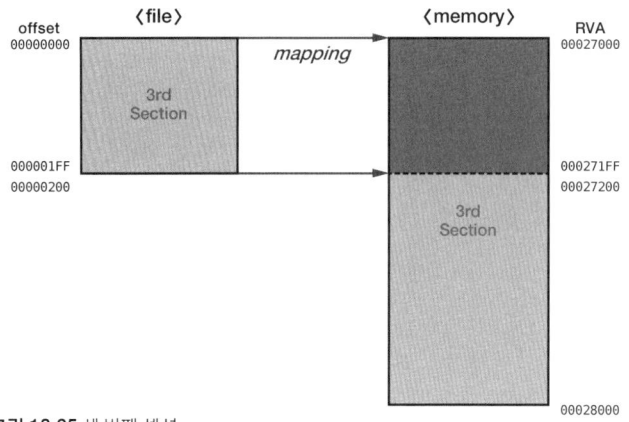

그림 18.25 세 번째 섹션

세 번째 섹션이 메모리에 로딩될 때 파일 옵셋 0~1FF 영역이 메모리 주소 27000~271FF에 매핑되고 (세 번째 섹션의 남은 메모리 영역인) 27200~28000 영역은 NULL로 채워집니다. 똑같은 영역을 디버거로 확인해보겠습니다.

그림 18.26 세 번째 섹션 메모리 영역 확인

정확하게 010271FF까지만 매핑되고, 01027200 이후부터는 NULL로 채워진 걸 확인할 수 있습니다.

다시 PE 스펙의 Import Table 조건으로 돌아가서 01027202 주소 이후부터 NULL 구조체가 나타난다고 본다면 PE 스펙에 어긋나지 않는 셈입니다. 이것이 바로 섹션을 이용한 UPack의 트릭입니다. 파일로 볼 때는 Import Table이 깨진 것처럼 보이지만, 실제 메모리에서는 Import Table이 정확히 나타나는 것입니다.

대부분의 PE 유틸리티들이 파일에서 Import Table을 읽을 때 이 트릭에 걸려서 잘못된 주소를 쫓아가다가 메모리 참조 에러로 죽어버립니다(한마디로 굉장한 트릭입니다!).

18.5.8. IAT(Import Address Table)

UPack이 어떤 DLL에서 어떤 API를 임포트하는지 실제로 IAT를 따라가서 확인해 보겠습니다. 코드 18.2의 IMAGE_IMPORT_DESCRIPTOR 구조체와 그림 18.24를 매핑하면 표 18.2와 같습니다.

offset	member	RVA
1EE	OriginalFirstThunk(INT)	0
1FA	Name	2
1FE	FirstThunk(IAT)	11E8

표 18.2 UPack의 IMAGE_IMPORT_DESCRIPTOR 구조체 중요 멤버

먼저 Name의 RVA 값은 2이고, 이는 Header 영역에 속해 있습니다(첫 번째 섹션이 RVA 1000에서 시작하기 때문입니다).

헤더 영역에서는 그냥 RVA와 RAW 값이 같으므로 Hex Editor로 파일 옵셋 (RAW) 2를 살펴보겠습니다.

```
Offset(h)  00 01 02 03 04 05 06 07 08 09 0A 0B 0C 0D 0E 0F
00000000   4D 5A 4B 45 52 4E 45 4C 33 32 2E 44 4C 4C 00 00  MZKERNEL32.DLL..
00000010   50 45 00 00 4C 01 03 00 BE B0 11 00 01 AD 50 FF  PE..L...¾...Pÿ
```

그림 18.27 파일 옵셋 2

"KERNEL32.DLL" 문자열이 보이는군요. 이 위치는 DOS 헤더(IMAGE_DOS_HEADER)의 사용되지 않는 영역이라서 UPack이 이곳에 Import DLL 이름을 써두었습니다. 빈 공간을 그냥 낭비하지 않습니다(알뜰한 UPack ^^). DLL 이름을 알았으니 어떤 API를 임포트하는지 알아보겠습니다.

보통은 OriginalFirstThunk(INT)를 쫓아가면 API 이름 문자열이 나타나지만, UPack과 같이 OriginalFirstThunk(INT)가 0일 때는 FirstThunk(IAT) 값을 따라가도 상관없습니다(INT, IAT 둘 중 어느 한쪽에서만 API 이름 문자열이 나타나면 됩니다). 그림 18.23에 의하면 IAT 값 11E8은 첫 번째 섹션 영역이므로 RVA → RAW 변환을 하면 아래와 같습니다.

```
RAW = RVA(11E8) - VirtualOffset(1000) + RawOffset(0) = 1E8
 * 주의 : 1st Section의 RawOffset 값이 10이 아니라 0으로 강제 변환되는 사실을 꼭 이해하기
 바랍니다.
```

IAT의 파일 옵셋 1E8은 그림 18.28에 나타나 있습니다.

그림 18.28 파일 옵셋 1E8

그림 18.28의 박스로 표시된 영역은 IAT이면서 동시에 INT 역할도 하고 있습니다. 즉 이곳은 Name Pointer(RVA) 배열이고 배열의 끝은 NULL입니다. 또 2개의 API를 임포트하는 것을 알 수 있습니다. 각각 RVA 28과 BE입니다.

이 RVA 위치에 Import 함수의 [ordinal + 이름 문자열]이 있습니다. 모두 헤더 영역이므로 RVA 값은 RAW 값과 동일합니다.

그림 18.29 Import 함수의 [ordinal + 이름 문자열]

그림 18.29를 보면 'LoadLibraryA'와 'GetProcAddress' API를 임포트한다는 것을 알 수 있습니다. 이 두 함수는 원본 파일의 IAT를 구성할 때 편리하기 때문에 일반적인 패커에서도 많이 임포트해서 사용되고 있습니다.

18.6. 마무리

지금까지 UPack의 독특한 PE 헤더에 대해서 상세히 살펴보았습니다. PE 파일 포맷에 대해서 공부할 때는 각 구조체 멤버들에 대한 의미가 와닿지 않습니다. 하지만 UPack 같이 PE 헤더를 크게 변형하는 실행 압축 파일의 PE 헤더를 분석해보면 PE 파일 포맷에 대한 이해가 깊어지는 것을 느낄 수 있습니다. 비록 초보자에게 쉽지 않은 내용이지만 이 정도 수준만 제대로 이해할 수 있다면 앞으로 어떠한 형태의 PE 헤더를 만나도 어려움 없이 분석할 수 있을 것입니다.

> **Q & A**
>
> Q. UPack 패커가 악성 바이러스 파일인가요?
>
> A. UPack 패커 자체는 악성이 아닙니다. 다만 많은 악성 코드 제작자들이 자신이 만든 악성 코드를 UPack으로 실행 압축하고, 파일 형태 자체도 기형적이기 때문에 많은 Anti-Virus 업체에서 UPack으로 실행 압축된 파일은 무조건 진단/삭제해버립니다.

19
UPack 디버깅 - OEP 찾기

UPack으로 압축된 메모장(notepad_upack.exe) 파일을 디버깅하여 OEP(Original Entry Point)로 가보겠습니다. UPack은 PE 헤더를 독특하게 변경하는 것이 문제가 될 뿐 안티 디버깅(Anti-Debugging) 기법은 없으므로 디버깅은 어렵지 않습니다.

19.1. OllyDbg 실행 에러

UPack은 IMAGE_OPTIONAL_HEADER에서 NumberOfRvaAndSizes 값을 A로 변경(기본 값 10)하기 때문에 OllyDbg의 초기 검증 과정에서 그림 19.1과 같은 에러 메시지를 출력합니다.

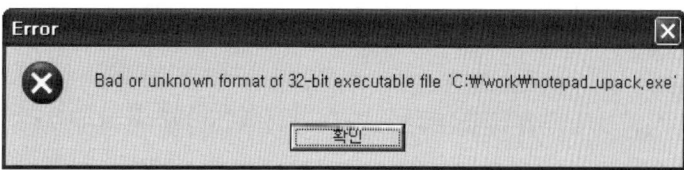

그림 19.1 OllyDbg 에러 메시지

크리티컬한 에러가 아니므로 [확인] 버튼을 눌러서 넘어갑니다. 위 에러 때문에 OllyDbg는 EP로 가지 못하고, 그림 19.2와 같이 ntdll.dll 영역에서 멈춰버립니다.

```
C CPU - main thread, module ntdll
7C93120F    C3              RETN
7C931210    8BFF            MOV EDI,EDI
7C931212    CC              INT3
7C931213    C3              RETN
7C931214    8BFF            MOV EDI,EDI
7C931216    8B4424 04       MOV EAX,DWORD PTR SS:[ESP+4]
7C93121A    CC              INT3
7C93121B    C2 0400         RETN 4
7C93121E    64:A1 18000000  MOV EAX,DWORD PTR FS:[18]
7C931224    C3              RETN
7C931225    57              PUSH EDI
7C931226    8B7C24 0C       MOV EDI,DWORD PTR SS:[ESP+C]
7C93122A    8B5424 08       MOV EDX,DWORD PTR SS:[ESP+8]
7C93122E    C702 00000000   MOV DWORD PTR DS:[EDX],0
7C931234    897A 04         MOV DWORD PTR DS:[EDX+4],EDI
7C931237    0BFF            OR EDI,EDI
7C931239    74 1E           JE SHORT ntdll.7C931259
7C93123B    83C9 FF         OR ECX,FFFFFFFF
```

그림 19.2 ntdll.dll 코드 영역

이는 어디까지나 OllyDbg의 버그(혹은 엄격한 PE 체크) 때문에 이런 현상이 발생한 것이므로 강제로 EP를 설정해줘야 합니다. 그럼 먼저 EP가 어디인지 알아야겠죠? Stud_PE를 이용하여 확인해보겠습니다.

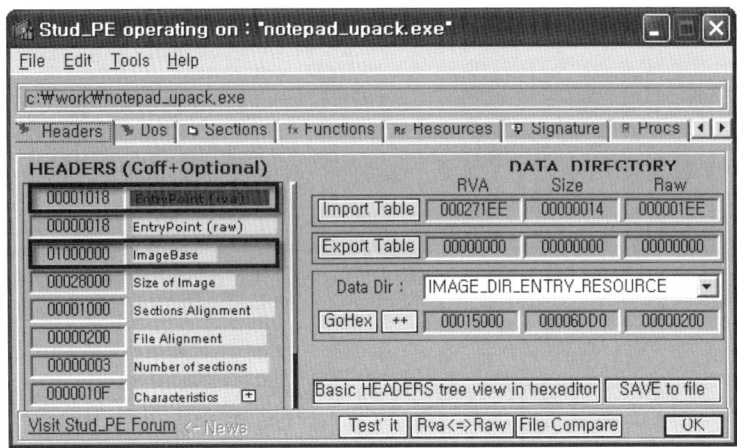

그림 19.3 Stud_PE

그림 19.3을 보면 ImageBase가 01000000이고, EP의 RVA 값이 1018입니다. 따라서 EP의 VA 값은 01001018입니다. OllyDbg의 Code 창에서 01001018로 이동한 후 'New origin here' 명령을 이용하여 강제로 EIP를 변경합니다.

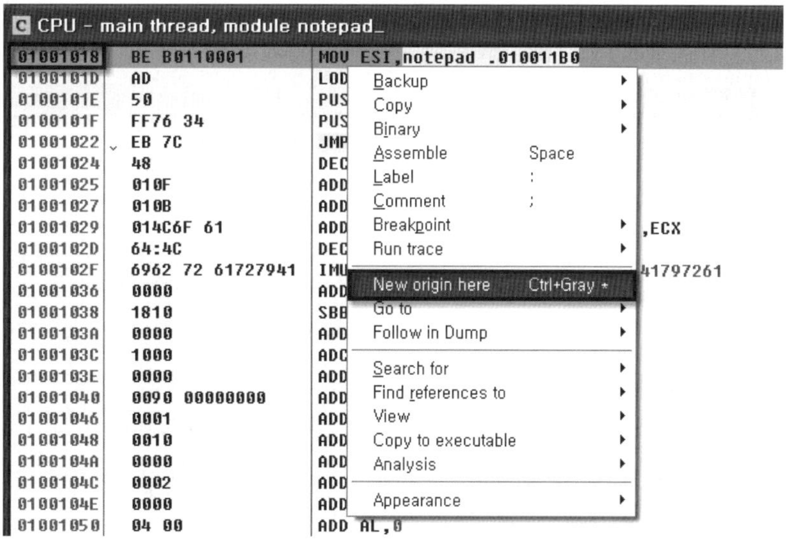

그림 19.4 UPack의 EP 코드

New origin here 명령을 실행하면 경고 메시지 박스가 뜨는데, [확인]을 눌러주면, 이제부터 정상적인 디버깅이 가능합니다.

19.2. 디코딩 루프

모든 패커에는 디코딩 루프(Decoding Loop)가 존재합니다. 압축/해제 알고리즘 자체가 많은 조건 분기와 루프로 구성되어 있다는 걸 알고 있다면 디코딩 루프가 왜 그리 복잡하게 보이는지 이해할 수 있을 것입니다.

이러한 디코딩 루프를 디버깅할 때는 조건 분기를 적절히 건너뛰어서 루프를 탈출해야 합니다. 경우에 따라서는 한눈에 루프가 파악되지 않을 수도 있습니다. 레지스터를 잘 보면서 어떤 주소에 값을 쓰고 있는지 잘 살펴야 합니다(사실 이건 많은 경험이 필요한 부분입니다).

UPack은 두 번째 섹션에 압축된 원본 데이터가 존재하고, 이 데이터를 디코딩 루프를 돌면서 첫 번째 섹션에 압축해제합니다. 그럼 EP 코드부터 디버깅을 시작해 보겠습니다.

```
C CPU - main thread, module notepad_
01001018    BE B0110001     MOV ESI,notepad_.010011B0
0100101D    AD              LODS DWORD PTR DS:[ESI]
0100101E    50              PUSH EAX                        notepad_.0100739D
0100101F    FF76 34         PUSH DWORD PTR DS:[ESI+34]      kernel32.LoadLibraryA
01001022  v EB 7C           JMP SHORT notepad_.010010A0
01001024    48              DEC EAX                         notepad_.0100739D
```

그림 19.5 UPack 디버깅

처음 두 명령은 010011B0 주소에서 4바이트를 읽어서 EAX에 저장하는 명령입니다. EAX는 0100739D 값을 가지는데, 이는 원본 notepad의 OEP(Original Entry Point)입니다(LODS DWORD PTR DS:[ESI] 명령어를 해석해보면 ESI가 가리키는 주소에서 4바이트 값을 읽어서 EAX 레지스터에 저장하라는 의미입니다). 사실 이 값이 OEP인 것을 알고 있다면, 하드웨어 BP를 설치한 후 실행[F9]하면 정확히 OEP에서 멈춥니다.

> **참고**
> 리버서들은 보통 BP 설치 후 실행한다는 말을 'BP 걸고 달린다'라고 표현합니다.

우리는 디버깅 실력 향상이 목표이므로 정석대로 계속 진행하겠습니다(익숙해지면 BP 걸고 달리세요~). 조금 진행하다 보면 그림 19.6과 같은 함수 호출 코드가 나타납니다.

```
C CPU - main thread, module notepad_
0101FD11    9D              POPFD
0101FD12    C3              RETN
0101FD13    58              POP EAX
0101FD14    8D5483 58       LEA EDX,DWORD PTR DS:[EBX+EAX*4+58]
0101FD18    FF16            CALL DWORD PTR DS:[ESI]
0101FD1A  v 72 4F           JB SHORT notepad_.0101FD6B
0101FD1C    04 FD           ADD AL,0FD
0101FD1E    1AD2            SBB DL,DL
0101FD20    22C2            AND AL,DL

DS:[0102718C]=0101FCCB (notepad_.0101FCCB)
```

그림 19.6 함수 호출

이때 ESI 값은 0101FCCB이고, 이게 바로 decode() 함수의 주소입니다. 앞으로 이 함수가 반복적으로 호출될 것입니다. decode() 함수(101FCCB)를 살짝 살펴보겠습니다.

```
0101FCCB   50           PUSH EAX                              decode()
0101FCCC   8B03         MOV EAX,DWORD PTR DS:[EBX]
0101FCCE   52           PUSH EDX
0101FCCF   C1E8 0B      SHR EAX,0B
0101FCD2   F722         MUL DWORD PTR DS:[EDX]
0101FCD4   8B53 FC      MOV EDX,DWORD PTR DS:[EBX-4]
0101FCD7   8B12         MOV EDX,DWORD PTR DS:[EDX]
0101FCD9   0FCA         BSWAP EDX
0101FCDB   2B53 04      SUB EDX,DWORD PTR DS:[EBX+4]
0101FCDE   3BC2         CMP EAX,EDX
0101FCE0   5A           POP EDX
0101FCE1   76 0F        JBE SHORT notepad_.0101FCF2
0101FCE3   8903         MOV DWORD PTR DS:[EBX],EAX
0101FCE5   33C0         XOR EAX,EAX
0101FCE7   B4 08        MOV AH,8
0101FCE9   2B02         SUB EAX,DWORD PTR DS:[EDX]
0101FCEB   C1E8 05      SHR EAX,5
0101FCEE   0102         ADD DWORD PTR DS:[EDX],EAX
0101FCF0   EB 0D        JMP SHORT notepad_.0101FCFF
0101FCF2   0143 04      ADD DWORD PTR DS:[EBX+4],EAX
0101FCF5   2903         SUB DWORD PTR DS:[EBX],EAX
```

그림 19.7 decode() 함수

이 부분만 봐서는 뭐 하는 코드인지 아직 감이 오지 않을 겁니다. StepInto[F7] 명령으로 트레이싱을 계속하면 그림 19.8과 같은 코드를 만나게 됩니다.

```
C CPU - main thread, module notepad_
0101FE55   2BF5         SUB ESI,EBP
0101FE57   F3:A4        REP MOVS BYTE PTR ES:[EDI],BYTE PTR DS:[ESI]
0101FE59   AC           LODS BYTE PTR DS:[ESI]
0101FE5A   5E           POP ESI
0101FE5B   B1 80        MOV CL,80
0101FE5D   AA           STOS BYTE PTR ES:[EDI]
0101FE5E   3B7E 34      CMP EDI,DWORD PTR DS:[ESI+34]
0101FE61 ^ 0F82 ACFEFFFF JB notepad_.0101FD13
0101FE67   58           POP EAX
0101FE68   5F           POP EDI
0101FE69   59           POP ECX

DS:[010271C0]=01014B5A (notepad_.01014B5A)
EDI=01001001 (notepad_.01001001), ASCII "ZKERNEL32.DLL"
```

그림 19.8 압축해제 코드

0101FE57과 0101FE5D 주소에는 EDI 값이 가리키는 곳에 뭔가를 쓰는 명령어 (MOVS, STOS)가 있습니다. 이때 EDI 값은 첫 번째 섹션 내의 주소를 가리킵니다. 즉 압축을 해제한 후 실제 메모리에 쓰는 명령어들입니다. 0101FE5E와 0101FE61 주소에는 CMP/JB 명령어를 통해서 EDI 값이 01014B5A가 될 때까지 계속 루프를 돌게 됩니다([ESI+34] = 01014B5A). 0101FE61 주소가 바로 디코딩 루프의 끝부분입니다. 실제로 이 루프를 반복해서 트레이싱하면 EDI가 가리키는 주소에 어떤 값들이 쓰여지는 것을 볼 수 있습니다.

19.3. IAT 세팅

일반적인 패커에서는 디코딩 루프가 끝나면 원본 파일에 맞게 IAT를 새롭게 구성합니다. UPack도 같은 과정을 거칩니다. 그림 19.9를 살펴보죠.

```
C CPU - main thread, module notepad_
0101FE87    5E              POP ESI
0101FE88    5D              POP EBP
0101FE89    59              POP ECX
0101FE8A    46              INC ESI
0101FE8B    AD              LODS DWORD PTR DS:[ESI]
0101FE8C    85C0            TEST EAX,EAX
0101FE8E    74 1F           JE SHORT notepad_.0101FEAF
0101FE90    51              PUSH ECX
0101FE91    56              PUSH ESI
0101FE92    97              XCHG EAX,EDI
0101FE93    FFD1            CALL ECX                    kernel32.LoadLibraryA
0101FE95    93              XCHG EAX,EBX
0101FE96    AC              LODS BYTE PTR DS:[ESI]
0101FE97    84C0            TEST AL,AL
0101FE99    75 FB           JNZ SHORT notepad_.0101FE96
0101FE9B    3806            CMP BYTE PTR DS:[ESI],AL
0101FE9D    74 EA           JE SHORT notepad_.0101FE89
0101FE9F    8BC6            MOV EAX,ESI
0101FEA1    79 05           JNS SHORT notepad_.0101FEA8
0101FEA3    46              INC ESI
0101FEA4    33C0            XOR EAX,EAX
0101FEA6    66:AD           LODS WORD PTR DS:[ESI]
0101FEA8    50              PUSH EAX
0101FEA9    53              PUSH EBX
0101FEAA    FFD5            CALL EBP                    kernel32.GetProcAddress
0101FEAC    AB              STOS DWORD PTR ES:[EDI]
0101FEAD    EB E7           JMP SHORT notepad_.0101FE96
0101FEAF    C3              RETN                        => go to OEP (0100739D)
```

그림 19.9 IAT 세팅

UPack이 임포트하는 2개의 함수 LoadLibraryA와 GetProcAddress를 이용하여 루프를 돌면서 원본 notepad의 IAT를 구성합니다(notepad에서 임포트하는 함수들의 실제 메모리 주소를 얻어서 원본 IAT 영역에 쓰는 것입니다). 이 과정이 끝나면 0101FEAF 주소의 RETN 명령어에 의해서 드디어 OEP로 갑니다.

```
0100739D   6A 70           PUSH 70
0100739F   68 98180001     PUSH notepad_.01001898
010073A4   E8 BF010000     CALL notepad_.01007568
010073A9   33DB            XOR EBX,EBX
010073AB   53              PUSH EBX
010073AC   8B3D CC100001   MOV EDI,DWORD PTR DS:[10010CC]
010073B2   FFD7            CALL EDI
010073B4   66:8138 4D5A    CMP WORD PTR DS:[EAX],5A4D
010073B9 ^ 75 1F           JNZ SHORT notepad_.010073DA
010073BB   8B48 3C         MOV ECX,DWORD PTR DS:[EAX+3C]
010073BE   03C8            ADD ECX,EAX
010073C0   8139 50450000   CMP DWORD PTR DS:[ECX],4550
010073C6 ^ 75 12           JNZ SHORT notepad_.010073DA
010073C8   0FB741 18       MOVZX EAX,WORD PTR DS:[ECX+18]
010073CC   3D 0B010000     CMP EAX,10B
010073D1 ^ 74 1F           JE SHORT notepad_.010073F2
010073D3   3D 0B020000     CMP EAX,20B
010073D8 ^ 74 05           JE SHORT notepad_.010073DF
```

그림 19.10 UPack의 OEP

수고하셨습니다. UPack은 PE 헤더 분석이 어렵지만 디버깅은 쉬운 편입니다. 익숙해질 때까지 반복해보기 바랍니다.

19.4. 마무리

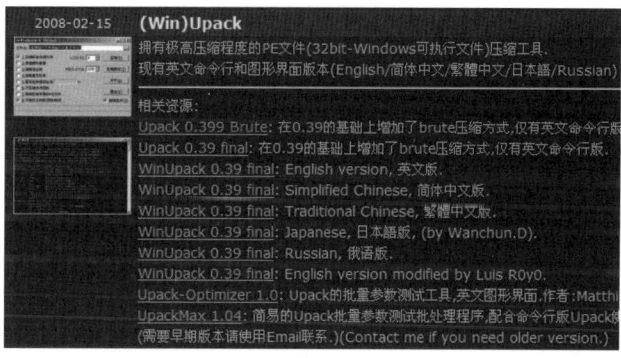

출처: UPack 제작자 - dwing's homepage

그동안 UPack의 PE 헤더 분석과 디버깅에 대해서 얘기했습니다. 다른 패커도 많은데 굳이 UPack에 이렇게 많은 공(?)을 들인 까닭은 제 개인적인 추억(경험) 때문입니다.

예전 PE 공부를 마친 후 드디어 PE 파일 포맷에 자신 있던 그 당시, 전혀 새로운 PE 세계가 있다는 걸 알려준 소중한 패커입니다. 또한 PE 스펙은 그냥 스펙일 뿐이고, 실제 구현은 PE 로더 개발자에 의해 좌우되기 때문에 OS별로 실제 테스트를 해봐야 한다는 깨우침(?)을 주었습니다. 그래서 여러분도 저와 같은 경험과 느낌을 가져보면 좋겠다는 뜻으로 UPack을 상세히 소개하였습니다. 물론 UPack에서 소개된 내용이 PE 헤더 패치의 전부는 아닙니다. 하지만 제가 분명히 장담할 수 있는 것은 "UPack을 정복한 사람에겐 앞으로 어떤 PE 헤더 변형이 나타나더라도 두렵지 않다."는 것입니다. PE 헤더에서 실제 사용되는 값들과 사용되지 않는 값들을 잘 숙지하고 있다면 어떤 변형도 무리 없이 분석이 가능합니다(제 경험입니다 ^^).

20
인라인 패치 실습

실행 압축되거나 암호화된 파일을 패치할 때 자주 사용되는 인라인 패치(Inline Patch) 기법을 실습해보겠습니다.

20.1. 인라인 패치

인라인 코드 패치(Inline Code Patch) 혹은 줄여서 인라인 패치(Inline Patch)라고 하는 기법은 원하는 코드를 직접 수정하기 어려울 때 간단히 코드 케이브(Code Cave)라고 하는 패치 코드를 삽입한 후 실행해 프로그램을 패치시키는 기법입니다. 주로 대상 프로그램이 실행 압축(혹은 암호화)되어 있어서 파일을 직접 수정하기 어려운 경우 많이 사용되는 기법입니다. 자세한 설명을 위해 그림 20.1을 살펴보겠습니다.

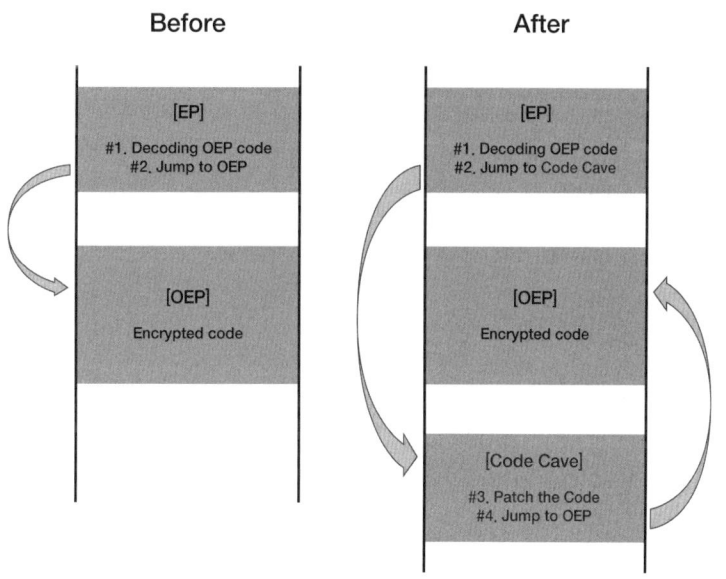

그림 20.1 인라인 코드 패치

그림 20.1의 왼쪽 그림을 보면 전형적인 실행 압축(또는 암호화) 코드가 있습니다. EP(Entry Point) 코드는 암호화된 OEP(Original Entry Point) 코드를 복호화한 후 OEP 코드로 점프합니다. 만약 우리가 패치하길 원하는 코드가 암호화된 OEP 영역에 존재한다면 (위치를 알고 있다고 하더라도) 그냥은 패치시키기 어렵습니다. 복호화 과정에서 엉뚱하게 복호화되기 때문입니다.

위와 같은 문제를 해결하는 간단한 방법은 그림 20.1의 오른쪽 그림과 같이 파일 내에 코드 케이브라고 하는 별도의 패치 코드를 설치한 후 EP 코드의 복호화 과정 이후 JMP 명령어를 수정하여 코드 케이브가 실행되도록 합니다. 그리고 코드 케이브 내에 패치 코드를 실행 후 (이미 OEP는 복호화되었기 때문에 그대로 수정 가능) OEP로 가면 됩니다. 즉 실행될 때마다 (별도의 패치 코드를 실행해) 매번 프로세스 메모리의 코드를 패치하기 때문에 이러한 패치 기법을 인라인 코드 패치(혹은 인라인 패치)라고 부르는 것입니다. 이것이 바로 일반적인 코드 패치 방법과 다른 점입니다. 표 20.1에서는 코드 패치와 인라인 패치의 차이점에 대해서 설명하고 있습니다.

	코드 패치	인라인 패치
대상	파일	파일 & 메모리
횟수	1번	파일에는 1번만, 메모리는 실행될 때마다
방법	Direct(원하는 위치에 직접 패치)	Indirect (코드 케이브를 미리 설치한 후 메모리에서 원하는 영역이 복호화되었을 때 패치)

표 20.1 코드 패치와 인라인 패치의 차이점

20.2. 실습 – Patchme

인라인 패치를 잘 보여줄 수 있는 간단한 예제를 골라봤습니다. ap0x라는 리버서가 제작한 patchme 예제로, 리버싱 연습을 위해 완전 공개된 프로그램입니다.

http://ap0x.jezgra.net/download/patchme_no1.rar

(출처: ap0x – Reversing Labs 홈페이지)

5KB 크기의 간단한 예제입니다. 일단 악성 코드 검사 후 실행해보겠습니다.

그림 20.2 메시지 박스

실행하면 그림 20.2와 같이 메시지 박스가 나타납니다. 메시지를 읽어보니 표시 문자열을 변경하라고 합니다. [확인] 버튼을 누르면 그림 20.3과 같은 다이얼로그가 표시됩니다.

그림 20.3 메인 다이얼로그

다이얼로그에는 자신을 unpack하라는 문자열이 있습니다. 위 두 군데의 문자열을 바꾸면 되는 간단한 개념의 patchme 파일입니다. 그런데 문제는 파일에서 해당 문자열이 암호화되어 있어서 쉽게 바꿀 수 없다는 것입니다.

20.3. 디버깅 – 코드 흐름 살펴보기

OllyDbg로 해당 파일을 열어보겠습니다.

```
00401000  r$  60              PUSHAD
00401001  .   E8 E3000000     CALL unpackme.004010E9
00401006  L.  C3              RETN
00401007      EC              DB EC
00401008  .   20              DB 20                      CHAR ' '
00401009  .   44 75 44 27     ASCII "DuD'ha'sont'ankb"
00401019  .   27 6F 66 74     ASCII "'oft'ebbi'jhcnan"
00401029      62              DB 62                      CHAR 'b'
0040102A      63              DB 63                      CHAR 'c'
0040102B      27              DB 27                      CHAR '''
0040102C      26              DB 26                      CHAR '&'
0040102D      26              DB 26                      CHAR '&'
0040102E      26              DB 26                      CHAR '&'
0040102F      07              DB 07
00401030      EC              DB EC
00401031      00              DB 00
00401032      42              DB 42                      CHAR 'B'
00401033      75              DB 75                      CHAR 'u'
00401034      75              DB 75                      CHAR 'u'
00401035      68              DB 68                      CHAR 'h'
00401036      75              DB 75                      CHAR 'u'
00401037      3D              DB 3D                      CHAR '='
00401038      07              DB 07
```

그림 20.4 EP 코드

EP 코드는 매우 간단합니다. 401007 주소 이후는 암호화된 코드가 보입니다. 그림 20.2와 그림 20.3에서 보이는 메시지를 찾기 위해서 마우스 우측 메뉴의 'Search for All referenced text strings'를 선택합니다.

```
Text strings referenced in unpackme:.text
Address    Disassembly                              Text string
00401000 unpackme. PUSHAD                           (Initial CPU selecti
00401009          ASCII "DuD'ha'sont'ankb"
00401019          ASCII "'oft'ebbi'jhcnan"
0040110B          ASCII ": u8 &↕u ;%4"
00401124          ASCII ": u8 &↕u%4↕6"
0040114D          ASCII "4↕6=u"
00401152          ASCII "su",0
00402096          ASCII "BeginPaint",0
004020A4          ASCII "DialogBoxParamA",0
004020B6          ASCII "EndDialog",0
004020C2          ASCII "LoadIconA",0
004020CE          ASCII "MessageBoxA",0
004020DC          ASCII "SendMessageA",0
004020EC          ASCII "SetDlgItemTextA",0
004020FC          ASCII "user32.dll",0
0040210A          ASCII "ExitProcess",0
00402118          ASCII "GetModuleHandleA"
00402128          ASCII 0
0040212A          ASCII "kernel32.dll",0
00403024          ASCII "TESTWIN",0
004040F8          ASCII "0A",0
0040411A          UNICODE "TESTWIN",0
0040414E          UNICODE "Dialog",0
00404162          UNICODE "Verdana",0
0040417F          ASCII "X#",0
004041B0          UNICODE ":: Exit "
004041C0          UNICODE "::",0
004041E4          UNICODE "Status",0
0040423C          ASCII "≡?,0
00404524          ASCII "≡?,0
0040454B          ASCII "L☠",0
004045B2          ASCII "☆☠?,0
004045C3          ASCII "D☠",0
```

그림 20.5 Search for All referenced text strings

역시 예상대로 모든 문자열이 암호화되어 있기 때문에 이 상태로는 원하는 문자열을 찾을 수 없습니다. 그림 20.4에서 401001 주소의 CALL 명령의 함수(4010E9)를 따라 들어가서 조금 진행하다 보면 그림 20.6과 같은 코드를 만나게 됩니다.

```
0040109B    r$  50              PUSH EAX                        unpackme.004010F5
0040109C    .   8BD8            MOV EBX,EAX                     unpackme.004010F5
0040109E    .   B9 54010000     MOV ECX,154
004010A3    >   8033 44         XOR BYTE PTR DS:[EBX],44
004010A6    .   83E9 01         SUB ECX,1
004010A9    .   43              INC EBX
004010AA    .   83F9 00         CMP ECX,0
004010AD    .^  75 F4           JNZ SHORT unpackme.004010A3
004010AF    .   50              PUSH EAX                        unpackme.004010F5
004010B0    .   E8 08000000     CALL unpackme.004010BD
004010B5    .   50              PUSH EAX                        unpackme.004010F5
004010B6    .   E8 7EFFFFFF     CALL unpackme.00401039
004010BB    .   58              POP EAX                         unpackme.004010F4
004010BC    L.  C3              RETN
```

그림 20.6 복호화 루프

이 코드가 바로 복호화 루프입니다. 4010A3 주소의 XOR BYTE PTR DS:[EBX], 44 명령을 사용하여 특정 영역(4010F5~401248)을 XOR 명령으로 복호화합니다. 4010B0 주소의 CALL 함수(4010BD)를 따라가면 그림 20.7과 같이 또 다른 2개의 복호화 루프를 볼 수 있습니다.

```
004010BD    r$  50              PUSH EAX                        unpackme.004010F5
004010BE    .   BB 07104000     MOV EBX,unpackme.00401007
004010C3    .   B9 7F000000     MOV ECX,7F
004010C8    >   8033 07         XOR BYTE PTR DS:[EBX],7
004010CB    .   83E9 01         SUB ECX,1
004010CE    .   43              INC EBX                         unpackme.00401249
004010CF    .   83F9 00         CMP ECX,0
004010D2    .^  75 F4           JNZ SHORT unpackme.004010C8
004010D4    .   8BD8            MOV EBX,EAX
004010D6    .   B9 54010000     MOV ECX,154                     unpackme.004010F5
004010DB    >   8033 11         XOR BYTE PTR DS:[EBX],11
004010DE    .   83E9 01         SUB ECX,1
004010E1    .   43              INC EBX                         unpackme.00401249
004010E2    .   83F9 00         CMP ECX,0
004010E5    .^  75 F4           JNZ SHORT unpackme.004010DB
004010E7    .   58              POP EAX                         unpackme.004010B5
004010E8    L.  C3              RETN
```

그림 20.7 또 다른 복호화 코드

4010C8 주소의 XOR 명령에 의해서 401007~401085 영역이 복호화되고, 다시 4010DB 주소의 XOR 명령에 의해서 4010F5~401248 영역이 복호화됩니다. 특히 이 영역은 그림 20.6에 의해 복호화되는 영역과 동일한 영역으로, 이중으

로 암호화되어 있는 것을 알 수 있습니다. 4010BD 함수의 호출이 완료되면, 그림 20.6에서 보듯이 4010B6 주소의 CALL 401039 명령을 만나게 됩니다. 해당 함수(401039)로 따라 들어가면 그림 20.8과 같은 코드가 나타납니다.

```
00401039  $  50                PUSH EAX                              unpackme.00401280
0040103A  .  8BD8              MOV EBX,EAX                           unpackme.00401280
0040103C  .  B9 54010000       MOV ECX,154
00401041  .  BA 00000000       MOV EDX,0
00401046  >  0313              ADD EDX,DWORD PTR DS:[EBX]
00401048  .  83E9 01           SUB ECX,1
0040104B  .  43                INC EBX                               unpackme.00401280
0040104C  .  83F9 00           CMP ECX,0
0040104F  .^ 75 F5             JNZ SHORT 00401046
00401051  .  B8 4A124000       MOV EAX,<JMP.&user32.BeginPaint>
00401056  .  BE 80124000       MOV ESI,00401280
0040105B  .  50                PUSH EAX                              unpackme.00401280
0040105C  .  56                PUSH ESI                              unpackme.0040124A
0040105D  .  E8 28000000       CALL 0040108A
00401062  .  81FA B08DEB31     CMP EDX,31EB8DB0
00401068  .v 74 19             JE SHORT 00401083
0040106A  .  6A 30             PUSH 30
0040106C  .  68 32104000       PUSH 00401032                         ASCII "Error:"
00401071  .  68 09104000       PUSH 00401009                         ASCII "CrC of this file
00401076  .  6A 00             PUSH 0
00401078  .  E8 E5010000       CALL <JMP.&user32.MessageBoxA>
0040107D  .  50                PUSH EAX                              unpackme.00401280
0040107E  .  E8 F1010000       CALL <JMP.&kernel32.ExitProcess>
00401083  >  E9 96010000       JMP 0040121E
00401088  .  58                POP EAX                               unpackme.00401280
00401089  .  C3                RETN
```

그림 20.8 401039 함수

401039 함수에서 눈여겨볼 부분은 401046 주소에 있는 Checksum 계산 루프입니다. 먼저 401041 주소의 MOV EDX, 0 명령으로 EDX에 0을 대입(초기화)합니다. 그리고 401046 주소의 ADD 명령으로 특정 주소 영역(4010F5~401248)에서 4바이트 단위로 순차적으로 값을 읽어들여서 EDX 레지스터에 덧셈 연산으로 누적시킵니다.

루프를 종료하면 EDX 레지스터에는 특정한 값이 저장될 것입니다. 이 값이 바로 Checksum 값이 됩니다. 이 Checksum 계산 영역은 위에서 설명했던 이중으로 암호화되어 있는 영역입니다. 바로 이 영역에 우리가 패치하려는 문자열이 존재할 것으로 예상됩니다.

> **참고**
>
> 4바이트 크기를 가지는 EDX 레지스터에 이처럼 4바이트 값을 계속 더해나가다 보면 overflow가 발생합니다. 일반적인 Checksum 계산은 이러한 overflow는 무시하고 최종적으로 EDX에 남아 있는 값을 사용합니다.

401062~401068 주소의 CMP/JE 명령은 이렇게 계산한 Checksum(EDX 레지스터에 저장된) 값이 31EB8DB0과 같다면(코드가 변조되지 않았다면), 401083 주소의 JMP 명령어에 의해서 OEP(40121E)로 갑니다. 하지만 Checksum 값이 다르다면 에러 메시지("CrC of this file has been modified !!!")를 출력하고 프로그램이 종료됩니다.

이러한 Checksum 계산 방법은 특정 영역의 코드/데이터가 변조되지 않았음을 검증하는 용도로 많이 사용됩니다. 해당 영역 내에서 한 바이트만 변경되어도 Checksum 값이 달라집니다. 따라서 해당 영역의 코드/데이터를 변경하고 싶다면 관련 Checksum 비교 부분도 수정해야 합니다.

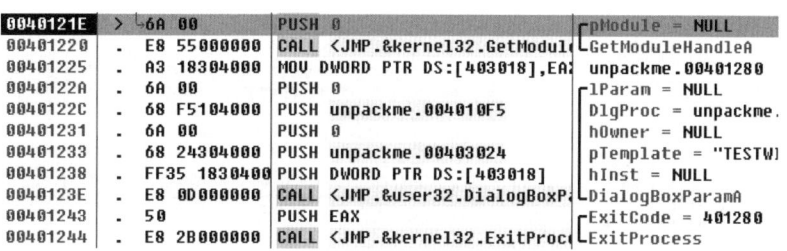

그림 20.9 OEP 코드

그림 20.9에 OEP 코드가 나타나 있습니다. 내용은 다이얼로그를 실행시키는 것입니다. 40123E 주소의 CALL user32.DialogBoxParamA() 명령을 실행하면 다이얼로그가 나타납니다. 아래는 DialogBoxParam() API의 정의입니다.

```
INT_PTR WINAPI DialogBoxParam(
  __in_opt  HINSTANCE hInstance,
  __in      LPCTSTR lpTemplateName,
  __in_opt  HWND hWndParent,
  __in_opt  DLGPROC lpDialogFunc,
  __in      LPARAM dwInitParam
);
```

출처 : MSDN

DialogBoxParam() API의 4번째 lpDialogFunc 파라미터가 Dialog Box Procedure 주소입니다(OllyDbg에서는 DlgProc으로 표시합니다). 그림 20.9의 40122C 주소의 PUSH 4010F5 명령에 의해서 4번째 파라미터 DlgProc 주소는 4010F5라는 것을 알 수 있습니다. 그림 20.10은 DlgProc(4010F5)의 코드입니다.

```
004010F5    .  55                PUSH EBP
004010F6    .  8BEC              MOV EBP,ESP
004010F8    .  83C4 C0           ADD ESP,-40
004010FB    .  817D 0C 10010000  CMP DWORD PTR SS:[EBP+C],110
00401102    .v 0F85 C8000000     JNZ unpackme.004011D0
00401108    .  EB 17             JMP SHORT unpackme.00401121
0040110A    .  59 6F 75 20 6D 75 ASCII "You must unpack "
0040111A    .  6D 65 20 21 21 21 ASCII "me !!!",0
00401121    >  EB 1C             JMP SHORT unpackme.0040113F
00401123    .  59 6F 75 20 6D 75 ASCII "You must patch t"
00401133    .  68 69 73 20 4E 41 ASCII "his NAG !!!",0
0040113F    >  EB 24             JMP SHORT unpackme.00401165
00401141    .  3C 3C 3C 20 41 70 ASCII "<<< Ap0x / Patch"
00401151    .  20 26 20 55 6E 70 ASCII " & Unpack Me #1 "
00401161    .  3E 3E 3E 00       ASCII ">>>",0
00401165    >  68 41114000       PUSH unpackme.00401141       ; rlParam = 401141
0040116A    .  6A 00             PUSH 0                        ; wParam = 0
0040116C    .  6A 0C             PUSH 0C                       ; Message = WM_SETTEXT
0040116E    .  FF75 08           PUSH DWORD PTR SS:[EBP+8]    ; hWnd = 401000
00401171    .  E8 F2000000       CALL <JMP.&user32.SendMessag  LSendMessageA
00401176    .  68 C8000000       PUSH 0C8                      ; RsrcName = 200.
0040117B    .  FF35 18304000     PUSH DWORD PTR DS:[403018]   ; hInst = NULL
00401181    .  E8 D6000000       CALL <JMP.&user32.LoadIconA>  LLoadIconA
00401186    .  A3 20304000       MOV DWORD PTR DS:[403020],EA  unpackme.00401280
0040118B    .  FF35 20304000     PUSH DWORD PTR DS:[403020]    ; rlParam = 0
00401191    .  6A 01             PUSH 1                        ; wParam = 1
00401193    .  68 80000000       PUSH 80                       ; Message = WM_SETICON
00401198    .  FF75 08           PUSH DWORD PTR SS:[EBP+8]    ; hWnd = 401000
0040119B    .  E8 C8000000       CALL <JMP.&user32.SendMessag  LSendMessageA
004011A0    .  BB 01000000       MOV EBX,1
004011A5    .  68 0A114000       PUSH unpackme.0040110A       ; Text = "You must unpack me !!!"
004011AA    .  6A 64             PUSH 64                       ; ControlID = 64 (100.)
004011AC    .  FF75 08           PUSH DWORD PTR SS:[EBP+8]    ; hWnd = 00401000
004011AF    .  E8 BA000000       CALL <JMP.&user32.SetDlgItem  LSetDlgItemTextA
004011B4    .  6A 40             PUSH 40                       ; Style = MB_OK|MB_ICONASTERISK|MB_APPL
004011B6    .  68 41114000       PUSH unpackme.00401141       ; Title = "<<< Ap0x / Patch & Unpack Me
004011BB    .  68 23114000       PUSH unpackme.00401123       ; Text = "You must patch this NAG !!!"
004011C0    .  FF75 08           PUSH DWORD PTR SS:[EBP+8]    ; hOwner = 00401000
004011C3    .  E8 9A000000       CALL <JMP.&user32.MessageBox  LMessageBoxA
```

그림 20.10 DlgProc( ) 코드

그림 20.10의 가장 위쪽에 박스로 표시된 부분이 우리가 패치해야 할 문자열들입니다(아래 쪽의 박스 부분에서 이 문자열들이 사용되고 있습니다).

이로써 디버깅을 통하여 프로그램의 개략적인 흐름과 패치해야 할 문자열의 위치(40110A, 401123)를 모두 확인하였습니다(이와 같은 바이너리 파일의 디버깅은 소스코드 없이 진행되는데, 마치 미로 찾기 또는 퍼즐 맞추기와 같은 재미를 줍니다).

이 프로그램은 곳곳이 암호화되어 있으며, 특히 패치하려는 문자열은 이중으로 암호화되어 있습니다. 또한 프로그램 내에서 문자열 영역에 대하여 Checksum 값을 계산하여 문자열의 변경 여부를 검증하기 때문에 쉽게 수정하기 어렵도록 되어 있습니다. 이런 식의 프로그램은 그냥 일반적인 파일 패치로는 해결할 수 없고 인라인 패치 방법을 사용해야 쉽게 해결할 수 있습니다.

참고
이 정도 암호화라면 사실 간단한 편이기 때문에 XOR 암호화와 Checksum 코드를 고려해서 직접 파일을 수정해도 됩니다. 하지만 인라인 패치 실습이 주제이기 때문에 그런 방법을 쓰지 않고 정석대로 코드 케이브를 추가하는 방법을 사용하겠습니다.

20.4. 코드 구조

설명의 편의를 위해서 실습 예제의 코드 구조를 먼저 살펴보겠습니다. 구조를 파악하면 어느 부분을 어떻게 패치시킬지 알아보기 쉽습니다.

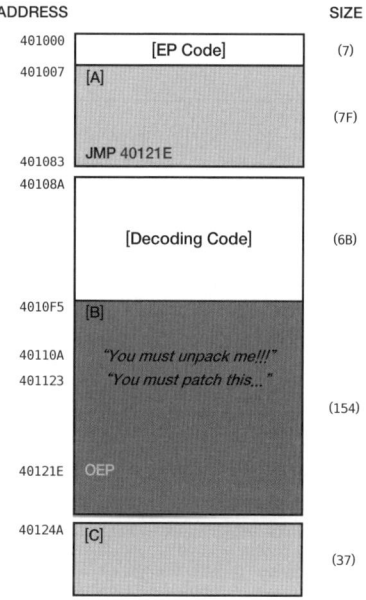

그림 20.11 코드 구조

그림 20.11에서 [A], [B], [C] 영역은 암호화된 코드이며, [EP Code]와 [Decoding Code] 영역에는 암호화를 해제하는 복호화 코드가 존재합니다. 대략적인 코드 흐름은 다음과 같습니다.

```
401000  [EP Code]
40109B      [Decoding Code]
4010A3          XOR [B] with 44
4010C8          XOR [A] with 7
4010DB          XOR [B] with 11
```

```
401039              [A]
401046              Checksum [B]
401090              XOR [C] with 17
401083              JMP OEP
```

[EP Code]는 단순히 [Decoding Code]를 호출하는 역할만 하며, 실제 [Decoding Code]에서 디코딩 작업이 이루어집니다. [B] - [A] - [B] 순서로 디코딩(XOR)을 하고 암호가 해제된 [A] 영역 코드를 실행합니다. [A] 영역 코드 내에서 [B] 영역의 Checksum을 구하여 [B] 영역의 변경 여부를 판별합니다. 그런 다음 [C] 영역을 디코딩(XOR)한 다음 마지막으로 OEP(40121E)로 점프합니다.

> **참고**
>
> 코드 구조와 코드 흐름을 보고 각자 직접 디버깅을 하면서 확인해보기 바랍니다. 이렇게 패치를 진행하기 전에 코드 구조를 파악하면 패치 작업이 훨씬 수월해집니다. 이 정도면 초보자에게 상당히 재미있는 샘플입니다. 좀 더 재밌게 디버깅하려면 '코드 구조'와 '코드 흐름'을 참고하지 말고 디버깅해보기 바랍니다. 스스로 직접 도전해서 성공하면 엄청난 희열을 느낄 수 있습니다.

20.5. 인라인 패치 실습

우리가 패치시킬 문자열들은 모두 [B] 영역에 존재하는데, 앞에서 보았다시피 [B] 영역은 특별히 이중으로 암호화되어 있습니다. 그리고 따로 Checksum을 구하여 변경 여부를 판별하기 때문에 문자열을 직접 수정하기는 좀 까다로운 편입니다. 이럴 때 쉽게 사용할 수 있는 방법이 바로 패치 코드를 이용한 인라인 패치 방법입니다(이러한 패치 코드를 코드 케이브라고 합니다).

작업 순서를 간단히 설명하겠습니다.

파일의 적절한 위치에 문자열을 패치시키는 코드를 삽입합니다. 그런 후 그림 20.11의 [A] 영역의 JMP OEP 명령을 JMP Patch Code로 수정합니다(물론 파일에서 [A] 영역은 암호화되어 있다는 점을 고려해서 수정해야 합니다). 프로그램이 실행되어 [A] 영역의 JMP Patch Code 문을 만나면 (이미 모든 코드는 복호화(암호 풀린 상태)되어 있고 Checksum을 통과했기 때문에) 패치 코드에서 문자열을 변경한 후 OEP로 JMP하면 인라인 패치가 완성됩니다.

20.5.1. 패치 코드를 어디에 설치할까?

인라인 패치에 있어서 중요한 질문입니다. 세 가지 정도의 방법이 있습니다.

① 파일의 빈 영역에 설치
② 마지막 섹션을 확장한 후 설치
③ 새로운 섹션을 추가한 후 설치

보통 패치 코드의 크기가 작은 경우 ①번 방법을 사용하고, 나머지 경우 ② 또는 ③번 방법을 사용하면 됩니다. 먼저 ①번 방법으로 시도해보겠습니다. PEView로 예제 파일의 첫 번째 섹션(.text) 헤더를 살펴봅시다.

```
000001C0  2E 74 65 78  Name                          .text
000001C4  74 00 00 00
000001C8  00000280     Virtual Size
000001CC  00001000     RVA
000001D0  00000400     Size of Raw Data
000001D4  00000400     Pointer to Raw Data
000001D8  00000000     Pointer to Relocations
000001DC  00000000     Pointer to Line Numbers
000001E0  0000         Number of Relocations
000001E2  0000         Number of Line Numbers
000001E4  E0000020     Characteristics
          00000020                                   IMAGE_SCN_CNT_CODE
          20000000                                   IMAGE_SCN_MEM_EXECUTE
          40000000                                   IMAGE_SCN_MEM_READ
          80000000                                   IMAGE_SCN_MEM_WRITE
```

그림 20.12 첫 번째 섹션 헤더

첫 번째 섹션의 파일 모습과 메모리에 로딩되었을 때의 모습을 그림 20.13에 표시하였습니다.

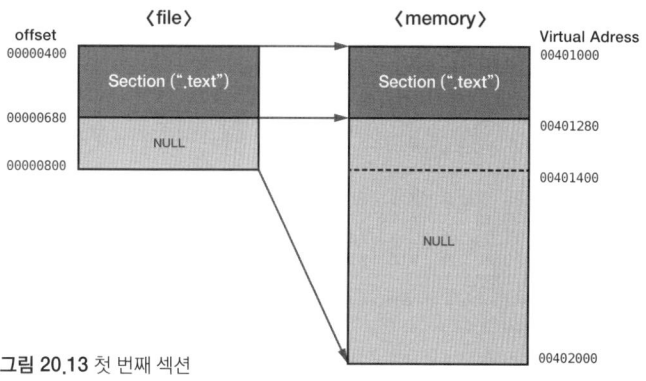

그림 20.13 첫 번째 섹션

첫 번째 섹션(.text)의 Size of Raw Data는 400이고, Virtual Size는 280입니다.
즉 첫 번째 섹션의 (파일에서) 크기는 400이지만, 여기서 280 크기만 메모리에 로
딩한다는 얘기이지요. 나머지 영역(680~800)은 쓰이지 않는 영역입니다. 바로 이
곳이 우리가 찾는 빈 영역(Null-Padding 영역)입니다.

> **주의**
> 섹션의 Virtual Size가 280이라고 해서 실제 섹션의 메모리 크기가 280이 되는 것은 아닙니다.
> Section Alignment(위 예제 파일의 경우에는 1000)의 배수 단위로 확장되어서 실제로는 1000 크
> 기가 됩니다.

이렇게 찾은 빈 영역을 Hex Editor로 확인해보겠습니다.

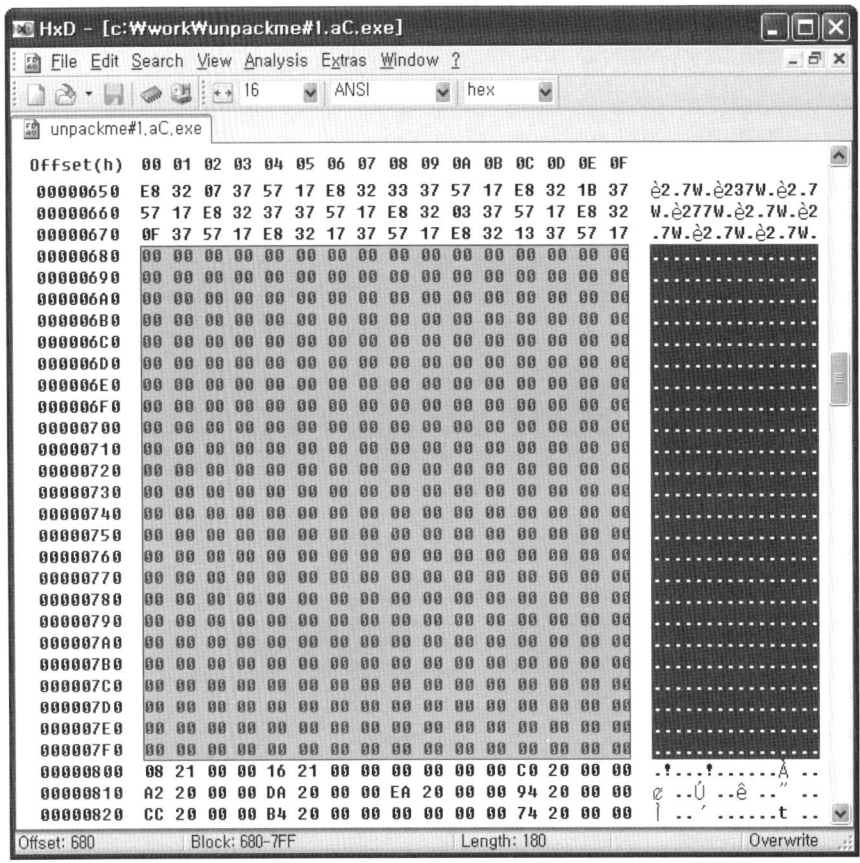

그림 20.14 첫 번째 섹션 빈 영역

역시 해당 영역(680~800)이 0으로 채워져 있습니다(이런 영역을 Null-Padding 영역이라고 부릅니다). 이 곳에 패치 코드(코드 케이브)를 설치하도록 하겠습니다.

> **참고**
>
> 그림 20.12에서 또 하나 주목할 부분은 1E4 주소의 Characteristics에 IMAGE_SCN_MEM_WRITE(쓰기 속성)이 추가되어 있다는 것입니다. 프로그램 내에서 복호화 작업을 수행하기 위해서는 반드시 섹션 헤더에 쓰기 속성을 추가해서 해당 메모리에 대한 쓰기 권한을 얻어야 합니다(메모리에 쓰기 권한이 없는 상태에서 Write 작업을 시도하면 Access Violation 에러가 발생합니다). 보통 일반적인 PE 파일의 코드 섹션은 쓰기 속성이 없는데, 위 예제를 포함하여 패커, Crypter 류의 파일들은 코드 섹션에 쓰기 속성이 존재합니다. 향후 파일을 분석할 때 참고하세요.

20.5.2. 패치 코드 만들기

다시 OllyDbg를 이용해서 실습 예제를 디버깅하여 OEP(40121E)까지 갑니다.

```
0040121E  > 6A 00            PUSH 0
00401220  . E8 55000000      CALL <JMP.&kernel32.GetModuleHandleA>
00401225  . A3 18304000      MOV DWORD PTR DS:[403018],EAX
0040122A  . 6A 00            PUSH 0
0040122C  . 68 F5104000      PUSH unpackme.004010F5
00401231  . 6A 00            PUSH 0
00401233  . 68 24304000      PUSH unpackme.00403024
00401238  . FF35 18304000    PUSH DWORD PTR DS:[403018]
0040123E  . E8 0D000000      CALL <JMP.&user32.DialogBoxParamA>
00401243  . 50               PUSH EAX
00401244  . E8 2B000000      CALL <JMP.&kernel32.ExitProcess>
00401249    CC               INT3
0040124A  $- FF25 1C204000   JMP DWORD PTR DS:[<&user32.BeginPaint
00401250  $- FF25 10204000   JMP DWORD PTR DS:[<&user32.DialogBoxP
00401256  $- FF25 24204000   JMP DWORD PTR DS:[<&user32.EndDialog>
0040125C  $- FF25 0C204000   JMP DWORD PTR DS:[<&user32.LoadIconA>
00401262  $- FF25 20204000   JMP DWORD PTR DS:[<&user32.MessageBox
00401268  $- FF25 14204000   JMP DWORD PTR DS:[<&user32.SendMessag
0040126E  $- FF25 18204000   JMP DWORD PTR DS:[<&user32.SetDlgItem
00401274  .- FF25 00204000   JMP DWORD PTR DS:[<&kernel32.ExitProc
0040127A  $- FF25 04204000   JMP DWORD PTR DS:[<&kernel32.GetModul
00401280    00               DB 00
00401281    00               DB 00
00401282    00               DB 00
00401283    00               DB 00
00401284    00               DB 00
00401285    00               DB 00
00401286    00               DB 00
00401287    00               DB 00
00401288    00               DB 00
00401289    00               DB 00
```

그림 20.15 OEP 코드

앞에서 찾아낸 빈 영역의 파일 옵셋(file offset)은 680~800입니다. 이를 프로세스 가상 메모리(VA: Virtual Address)로 변환하면 401280~401400입니다(그림 20.13 참고). 그림 20.15를 보면 401280부터 Null-Padding 영역이 시작됩니다. 401280 위치에 패치 코드를 만들어보겠습니다. OllyDbg의 'Assemble'[Space] 명령과 'Edit'[Ctrl+E] 명령을 이용하여 아래와 같이 편집하세요.

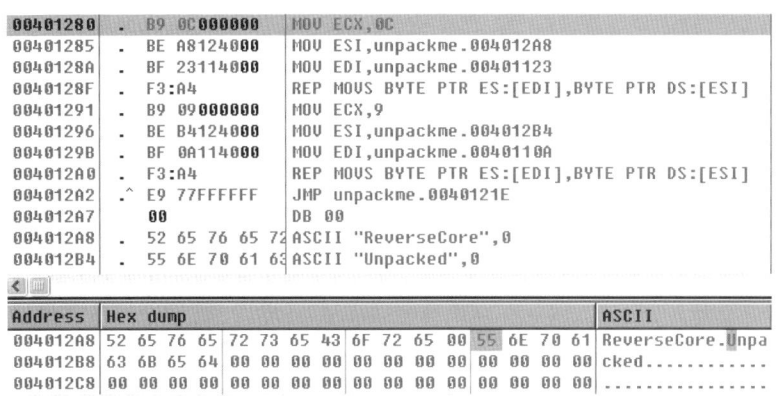

그림 20.16 패치 코드 편집

그림 20.16의 어셈 코드는 매우 간단합니다. 40128F와 4012A0의 REP MOVSB 명령에 의해서 아래 문자열들이 패치됩니다(401123, 40110A 문자열들은 복호화된 상태이기 때문에 아래처럼 정상적으로 표시됩니다).

```
(401123) "You must patch this NAG !!!"    →    (4012A8) "ReverseCore"
(40110A) "You must unpack me !!!"         →    (4012B4) "Unpacked"
```

이제 그림 20.16의 4012A2의 JMP 명령에 의해서 OEP로 갑니다. 이것으로 패치 코드를 완성하였습니다. 이 패치 코드가 실행될 때마다 프로세스 메모리의 복호화된 문자열들(401123, 40110A)이 패치될 것입니다. OllyDbg에서 변경된 내용을 저장합니다('Copy to executable - All modifications' 명령).

20.5.3. 패치 코드 실행하기

인라인 패치의 마지막 작업으로써 앞에서 만든 패치 코드(코드 케이브)가 실행되도록 파일을 직접 수정해야 합니다. 어느 부분을 수정하는 게 좋을까요? 앞에서 소개한 코드 흐름을 보면 401083 주소에 JMP OEP(40121E) 명령어가 있습니다.

```
00401078   . E8 E5010000    CALL <JMP.&user32.MessageBoxA>
0040107D   . 50             PUSH EAX
0040107E   . E8 F1010000    CALL <JMP.&kernel32.ExitProcess>
00401083   > E9 96010000    JMP  unpackme.0040121E
00401088   . 58             POP EAX
00401089   . C3             RETN
```

그림 20.17 JMP 40121E 명령어

JMP OEP(40121E) 명령을 JMP 'Code Cave'(401280)로 변경하면 될 것 같습니다. 즉 OEP로 가기 전에 코드 케이브로 제어를 돌려서 문자열 패치가 이뤄지도록 만듭니다.

여기서 주의할 것은 이 영역(401083)은 원래 암호화되어 있는 영역이라는 것입니다. 그림 20.11에 따르면 401083 주소는 [A] 영역에 속하며 XOR 7로 암호화되어 있는 영역입니다(코드 흐름 참조). 그림 20.17은 암호가 풀린 모습이고, 파일에서 실제로 암호화된 모습은 그림 20.18과 같습니다.

```
Offset(h) 00 01 02 03 04 05 06 07 08 09 0A 0B 0C 0D 0E 0F
00000460  07 07 86 FD B7 8A EC 36 73 1E 6D 37 6F 35 17 47  ..†ý·ŠÌ6s.m7o5.G
00000470  A7 6F 0E 17 47 07 6D 07 EF E2 06 07 57 EF F6     .o..G.m.ïâ..Wïö
00000480  06 07 07 EE 91 06 00 00 58 C3 50 56 8B D8 8B CE  ...î'..XÃPV‹Ø‹Î
00000490  80 33 17 43 3B D9 75 F8 58 5E C3 50 8B D8 B9 54  €3.C;Ùuø X^ÃP‹Ø¹T
000004A0  01 00 00 80 33 44 83 E9 01 43 83 F9 00 75 F4 50  ...€3Dƒé.Cƒù.uôP
```

그림 20.18 암호화된 코드의 모습

암호화된 영역은 파일 옵셋으로 485까지이며 뒤의 00 00은 암호화 영역이 아닙니다(그림 20.11 참조). 그림 20.17과 그림 20.18을 비교해보면 'EE 91 06'이 XOR 7 복호화를 통해서 'E9 96 01'로 바뀌는 것을 알 수 있습니다. 패치 코드 주소는 401280이므로 JMP 명령문의 Instruction은 그림 20.19와 같습니다.

그림 20.19 JMP 401280 명령어

이 Instruction(E9 F8 01)을 그대로 쓰면 안 되고 복호화를 고려해서 XOR 7 명령을 수행한 후 써야 합니다.

```
E9   XOR 7   =   EE
F8   XOR 7   =   FF
01   XOR 7   =   06
```

Hex Editor로 그림 20.20과 같이 수정합니다.

```
Offset(h) 00 01 02 03 04 05 06 07 08 09 0A 0B 0C 0D 0E 0F
00000460  07 07 86 FD B7 8A EC 36 73 1E 6D 37 6F 35 17 47   ..†ý·ŠÌ6s.m7o5.G
00000470  07 6F 0E 17 47 07 6D 07 EF E2 06 07 07 57 EF F6   .o..G.m.ïâ...Wïö
00000480  06 07 07 EE FF 06 00 00 58 C3 50 56 8B D8 8B CE   ...îÿ...XÃPV‹Ø‹Î
00000490  80 33 17 43 3B D9 75 F8 58 5E C3 50 8B D8 B9 54   €3.C;Ùuø X^ÃP‹Ø¹T
000004A0  01 00 00 80 33 44 83 E9 01 43 83 F9 00 75 F4 50   ...€3Dƒé.Cƒù.uôP
```

그림 20.20 복호화된 코드

이로써 인라인 기법을 이용하여 패치 파일이 완성되었습니다(Unpackme#1.aC_patched.exe 파일명으로 저장합니다).

20.5.4. 결과 확인

패치된 파일(Unpackme#1.aC_patched.exe)을 실행합니다.

그림 20.21 패치된 파일 실행

그림 20.21과 그림 20.2, 20.3을 비교해보면 문자열이 제대로 패치된 것을 알 수 있습니다. 인라인 패치 기법을 통하여 암호화된 파일을 간단히 패치하였습니다. 마지막으로 디버거를 이용해서 패치된 파일의 401083 주소를 잠깐 살펴보겠습니다.

```
0040107D   .  50           PUSH EAX
0040107E   .  E8 F1010000  CALL <JMP.&kernel32.ExitProcess>
00401083   >. E9 F8010000  JMP unpackme.00401280
00401088   .  58           POP EAX
00401089   .  C3           RETN
```

그림 20.22 JMP 401280(코드 케이브)

원래는 JMP 40121E(OEP)였는데, JMP 401280 (코드 케이브)로 변경되었습니다 (그림 20.17, 그림 20.22 참고).

```
00401280  >  B9 0C000000  MOV ECX,0C
00401285   .  BE A8124000  MOV ESI,unpackme.004012A8
0040128A   .  BF 23114000  MOV EDI,unpackme.00401123
0040128F   .  F3:A4        REP MOVS BYTE PTR ES:[EDI],BYTE PTR DS:[ESI]
00401291   .  B9 09000000  MOV ECX,9
00401296   .  BE B4124000  MOV ESI,unpackme.004012B4
0040129B   .  BF 0A114000  MOV EDI,unpackme.0040110A
004012A0   .  F3:A4        REP MOVS BYTE PTR ES:[EDI],BYTE PTR DS:[ESI]
004012A2   .^ E9 77FFFFFF  JMP unpackme.0040121E
```

그림 20.23 JMP 40121E(OEP)

그림 20.23과 같이 패치 코드(코드 케이브)를 실행하면, 문자열이 패치되고 마지막에 OEP(40121E)로 점프합니다.

```
004011A5 | PUSH unpackme.0040110A          ┌Text = "Unpacked"
004011AA | PUSH 64                          │ControlID = 64 (100.)
004011AC | PUSH DWORD PTR SS:[EBP+8]        │hWnd = 00401000
004011AF | CALL <JMP.&user32.SetDlgItemTextA> └SetDlgItemTextA
004011B4 | PUSH 40                          ┌Style = MB_OK|MB_ICONASTERIS
004011B6 | PUSH unpackme.00401141           │Title = "<<< Ap0x / Patch &
004011BB | PUSH unpackme.00401123           │Text = "ReverseCore"
004011C0 | PUSH DWORD PTR SS:[EBP+8]        │hOwner = 00401000
004011C3 | CALL <JMP.&user32.MessageBoxA>   └MessageBoxA
```

그림 20.24 패치된 문자열

그림 20.24는 패치된 문자열이 다이얼로그와 메시지 박스에 사용되는 코드를 보여줍니다. 인라인 패치는 그 자체로 흥미 있는 주제이면서 동시에 리버싱 실력을 종합적으로 점검할 수 있는 기회라고 할 수 있습니다(PE 파일 포맷, 디버깅, 어셈블리 등). 인라인 패치 기법은 향후 API 후킹에도 활용됩니다.

3부
DLL 인젝션

21
Windows 메시지 후킹

21.1. 훅

영어로 Hook, 우리말로는 갈고리, 낚시바늘 정도의 뜻을 가지고 있는데, 원하는 것을 낚아채고 싶을 때 사용하는 도구라는 건 다들 있을 겁니다. 이 갈고리의 뜻이 확장되어서 정보를 엿보거나 가로채는 경우에도 훅이라는 말을 씁니다. 확장된 훅의 개념을 설명드리기 위해 예를 하나 들어 보겠습니다.

> **훅의 개념**
> 군사적으로 아주 중요한 시설이 있다고 칩시다. 이곳은 아주 중요하기 때문에 3중으로 경비 초소를 설치했다고 하겠습니다. 내부로 들어가기 위해서는 3군데의 경비 초소에서 검문 절차(신원 조회, 소지품 검사, 방문 목적 설명 등)를 거쳐야 합니다. 만약 스파이가 중간에 몰래 경비 초소를 하나 추가하였다면, 이곳을 통과하는 사람들은 아무런 의심 없이 동일한 검문 절차를 밟을 것입니다. 스파이는 중간에 앉아서(너무나 쉽게) 오고가는 모든 정보를 얻을 수 있는 것입니다(심지어 조작도 가능하지요).

이렇게 중간에서 오고가는 정보를 엿보거나 가로채기 위해 초소를 설치하는 일을 훅(hook)을 건다(설치한다)라고 하고, 실제로 정보를 엿보고 조작하는 행위를 후킹(hooking)한다 라고 얘기합니다.

컴퓨터 분야에서도 후킹이 광범위하게 사용되고 있습니다. 실제로 'OS - 애플리케이션 - 사용자' 사이에 오고가는 정보를 전부 엿보고 조작할 수 있습니다. 그것도 사용자 몰래 말이지요. 여러 가지 방식이 있는데, 그 중에서 가장 기본적인 메시지 훅(Message Hook)에 대해서 설명하겠습니다.

> **참고**
> 후킹은 리버싱에서 매우 중요하고 흥미로운 주제입니다. 이후 각종 다양한 방식의 후킹 기법에 대해서 하나씩 설명하겠습니다.

21.2. 메시지 훅

Windows 운영체제는 GUI(Graphic User Interface)를 제공하고, 이는 Event Driven 방식으로 동작합니다. 키보드/마우스를 이용하여 메뉴 선택, 버튼 선택, 마우스 이동, 창 크기 변경, 창 위치 이동 등의 작업은 모두 이벤트(Event)입니다. 이런 이벤트가 발생할 때 OS는 미리 정의된 메시지를 해당 응용 프로그램으로 통보합니다. 응용 프로그램은 해당 메시지를 분석하여 필요한 작업을 진행하는 것입니다(위 내용은 찰스 펫졸드의 『Programming Windows』에 자세히 설명되어 있습니다). 즉 키보드를 입력할 때에도 OS로부터 응용 프로그램으로 메시지가 이동합니다. 메시지 훅이란 바로 이런 메시지를 중간에서 엿보는 것입니다. 메시지 훅에 대한 이해를 돕기 위해 키보드 메시지를 예로 설명하겠습니다. 그림 21.1을 보세요.

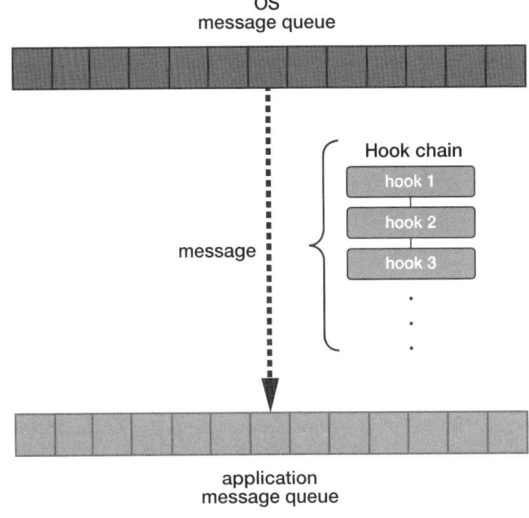

그림 21.1 메시지 후킹 동작 원리

다음은 일반적인 경우의 Windows 메시지 흐름에 대한 설명입니다.

- 키보드 입력 이벤트가 발생하면 WM_KEYDOWN 메시지가 [OS message queue]에 추가됩니다.
- OS는 어느 응용 프로그램에서 이벤트가 발생했는지 파악해서 [OS message

queue]에서 메시지를 꺼내어 해당 응용 프로그램의 [application message queue]에 추가합니다.
- 응용 프로그램(메모장)은 자신의 [application message queue]를 모니터링하고 있다가 WM_KEYDOWN 메시지가 추가된 걸 확인하고 해당 event handler를 호출합니다.

그림 21.1에서와 같이 키보드 메시지 훅이 설치되었다면 OS 메시지 큐와 응용 프로그램 메시지 큐 사이에 설치된 훅 체인(Hook Chain)에 있는 키보드 메시지 훅들이 응용 프로그램보다 먼저 해당 메시지를 볼 수가 있습니다. 키보드 메시지 훅 함수 내에서는 메시지를 단순히 엿보는 기능뿐만 아니라 메시지 자체의 변경도 가능하며 또한 메시지를 가로채서 아래로 내려보내지 않게 할 수도 있습니다.

> **참고**
> 같은 키보드 메시지 훅이라도 여러 개를 동시에 설치할 수 있습니다. 이러한 훅은 설치 순서대로 호출되기 때문에 이를 훅 체인이라고 말합니다.

이러한 메시지 훅 기능은 Windows 운영체제에서 제공하는 기본 기능이며, 대표적인 프로그램으로 MS Visual Studio에서 제공되는 SPY++가 있습니다. SPY++는 막강한 메시지 후킹 프로그램으로서 운영체제에서 오고가는 모든 메시지를 볼 수 있습니다.

21.3. SetWindowsHookEx( )

메시지 훅은 SetWindowsHookEx( ) API를 사용해서 간단히 구현할 수 있습니다. SetWindowsHookEx( ) API의 정의는 아래와 같습니다.

```
HHOOK SetWindowsHookEx(
    int idHook,              // hook type
    HOOKPROC lpfn,           // hook procedure
    HINSTANCE hMod,          // 위 hook procedure가 속해 있는 DLL 핸들
    DWORD dwThreadId         // hook을 걸고 싶은 trhread의 ID
);
```

출처: http://msdn.microsoft.com/en-us/library/windows/desktop/ms644990(v=vs.85).aspx

hook procedure는 운영체제가 호출해주는 콜백 함수입니다. 메시지 훅을 걸 때 hook procedure는 DLL 내부에 존재해야 하며, 그 DLL의 인스턴스 핸들이 바로 hMod입니다.

> **참고**
> dwThreadId 파라미터에 0을 주고 호출하면 글로벌 훅(Global Hook)이 설치되며, 실행 중인(그리고 향후 실행될) 모든 프로세스에 영향을 미칩니다.

이렇게 SetWindowsHookEx()를 이용해서 훅을 설치해 놓으면, 어떤 프로세스에서 해당 메시지가 발생했을 때 운영체제가 해당 DLL 파일을 해당 프로세스에 강제로 인젝션(injection)하고 등록된 hook procedure를 호출합니다. 너무 편리합니다. 프로세스 인젝션을 위해 사용자가 할 일이 거의 없습니다.

21.4. 키보드 메시지 후킹 실습

위 설명에 대한 이해를 돕기 위해서 간단한 키보드 후킹을 해보겠습니다. 그림 21.2를 보세요.

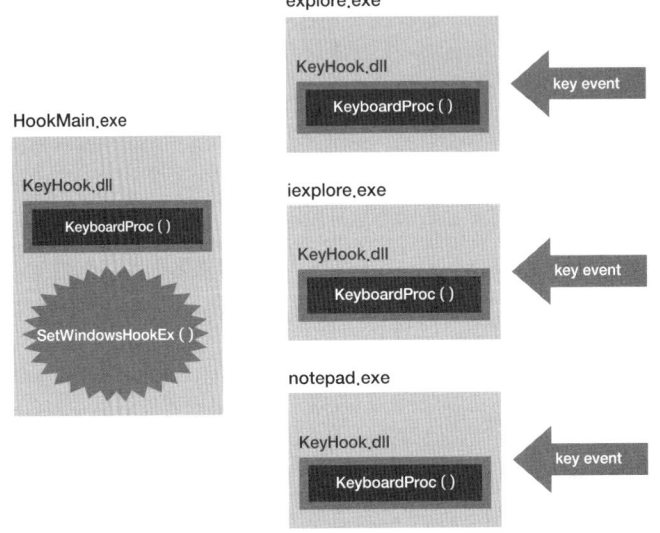

그림 21.2 키보드 메시지 후킹

KeyHook.dll 파일은 훅 프로시저(KeyboardProc)가 존재하는 DLL 파일입니다. 그리고 HookMain.exe는 KeyHook.dll을 최초로 로딩하여 키보드 훅을 설치하는 프로그램입니다. HookMain.exe에서 KeyHook.dll 파일을 로딩한 후 SetWindowsHookEx()를 이용하여 키보드 훅(KeyboardProc)을 설치합니다. 만약 다른 프로세스(explorer.exe, iexplore.exe, notepad.exe 등)에서 키 입력 이벤트가 발생하면 OS에서 해당 프로세스의 메모리 공간에 KeyHook.dll을 강제로 로딩하고 KeyboardProc() 함수가 호출됩니다.

여기서 중요한 점은 키 입력 이벤트가 발생한 프로세스에게 OS가 KeyHook.dll을 강제로 로딩시켜 준다는 점입니다. 즉 메시지 후킹 기법은 DLL 인젝션 기법의 하나로 사용됩니다(DLL 인젝션에 대해서는 나중에 따로 설명합니다).

21.4.1. 실습 예제 HookMain.exe

실제 예제 파일을 가지고 키보드 후킹 실습을 해보도록 하겠습니다. Notepad.exe 프로세스의 키보드 메시지를 가로채서 입력을 받지 못하도록 하는 간단한 실습입니다.

HookMain.exe 실행 – 키보드 훅 설치

그림 21.3과 같이 HookMain.exe 프로그램을 실행하기 바랍니다.

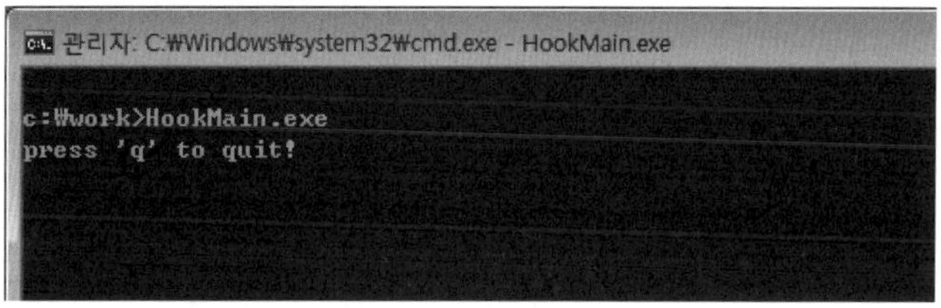

그림 21.3 HookMain.exe 실행

HookMain.exe 프로그램을 실행하면 "press 'q' to quit!"라는 메시지가 나타납니다. 키보드 후킹을 멈추고 싶을 때는 HookMain.exe 프로그램에서 'q'를 눌러주면 됩니다.

Notepad.exe 실행

현재 시스템에 키보드 훅이 설치된 상태입니다. Notepad.exe를 실행하여 키보드 입력을 해봅시다.

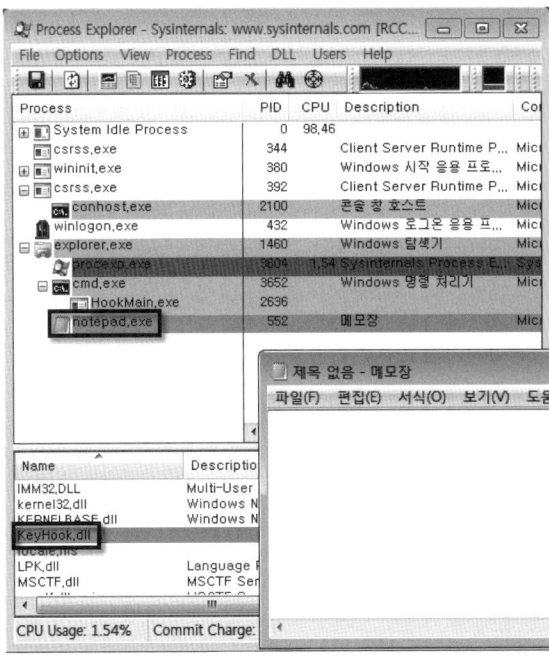

그림 21.4 키보드 입력이 먹히지 않는 Notepad.exe 프로세스

Notepad.exe 프로세스는 사용자의 키보드 입력을 무시할 것입니다. Process Explorer를 이용하여 notepad.exe 프로세스를 살펴보면, KeyHook.dll이 로딩되어 있는 것을 확인할 수 있습니다(그림 21.4 참고).

Process Explorer에서 KeyHook.dll이 인젝션된 프로세스를 검색해 보았습니다(그림 21.5). 다른 프로그램을 실행하고 키보드 이벤트를 발생하면 저절로 KeyHook.dll이 인젝션되는 것을 확인할 수 있습니다(실제로 키보드 이벤트를 무시하는 동작은 notepad.exe에서만 발생합니다. 다른 프로세스에서는 키보드 이벤트가 정상적으로 동작합니다).

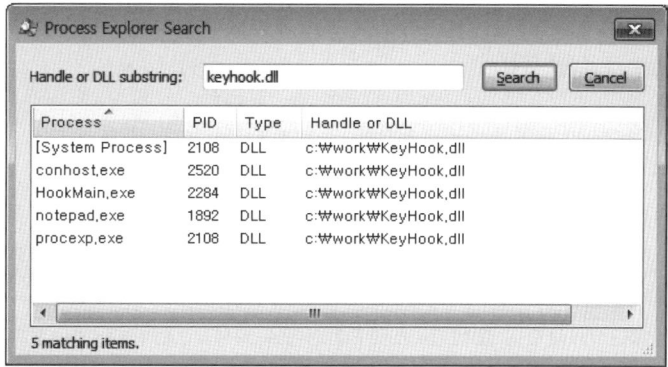

그림 21.5 KeyHook.dll이 인젝션된 프로세스들

HookMain.exe 종료 – 키보드 훅 제거

HookMain.exe 프로그램에서 다음 그림과 같이 'q' 키를 입력하면 HookMain.exe는 키보드 훅을 제거하고 종료합니다.

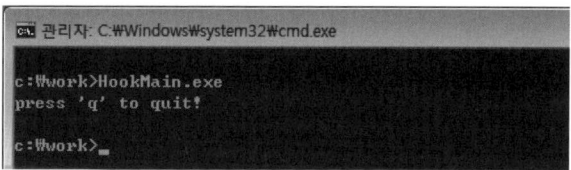

그림 21.6 HookMain.exe 프로세스 종료

이제 notepad.exe에 키보드 입력을해보면 정상적으로 입력되는 것을 확인할 수 있습니다. Process Explorer에서 KeyHook.dll을 검색해 보면 그림 21.7과 같이 어떠한 프로세스도 KeyHook.dll을 로딩하지 않고 있습니다.

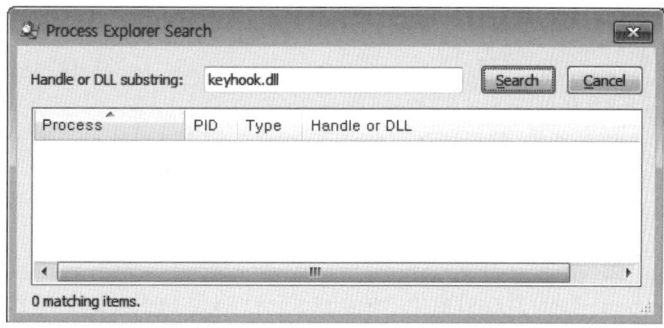

그림 21.7 키보드 후킹 제거됨

키보드 훅이 제거되면서 관련 프로세스에서 KeyHook.dll 파일이 모두 언로딩(Unloading) 되었습니다.

21.4.2. 소스코드 분석

실습 예제의 소스코드를 분석해보겠습니다.

> **참고**
>
> 실습 예제는 MS Visual C++ 2010 Express Edition으로 제작되었으며 Windows XP/7(32비트) 환경에서 테스트되었습니다. 설명의 편의를 위하여 예제 코드에는 리턴 값/에러 처리 구문이 제거되어 있습니다.

HookMain.cpp

먼저 HookMain.exe 파일의 소스코드(HookMain.cpp)입니다.

코드 21.1 HookMain.cpp

```cpp
// HookMain.cpp

#include "stdio.h"
#include "conio.h"
#include "windows.h"

#define DEF_DLL_NAME    "KeyHook.dll"
#define DEF_HOOKSTART   "HookStart"
#define DEF_HOOKSTOP    "HookStop"

typedef void(*PFN_HOOKSTART)();
typedef void(*PFN_HOOKSTOP)();

void main()
{
    HMODULE      hDll = NULL;
    PFN_HOOKSTART HookStart = NULL;
    PFN_HOOKSTOP  HookStop = NULL;
    char    ch = 0;

    // KeyHook.dll 로딩
    hDll = LoadLibraryA(DEF_DLL_NAME);

    // export 함수 주소 얻기
    HookStart =(PFN_HOOKSTART)GetProcAddress(hDll, DEF_HOOKSTART);
    HookStop =(PFN_HOOKSTOP)GetProcAddress(hDll, DEF_HOOKSTOP);
```

```
    // 후킹 시작
    HookStart();

    // 사용자가 'q'를 입력할 때까지 대기
    printf("press 'q' to quit!\n");
    while( _getch() != 'q' ) ;

    // 후킹 종료
    HookStop();

    // KeyHook.dll 언로딩
    FreeLibrary(hDll);
}
```

소스코드가 매우 간단합니다. KeyHook.dll 파일을 로딩해서 HookStart() 함수를 호출하면 후킹이 시작되고, HookStop() 함수를 호출하면 후킹이 종료됩니다. 주석을 참고하면, 코드를 이해하는데 어려움이 없을 것으로 생각됩니다.

KeyHook.cpp

그럼 이번엔 KeyHook.dll 파일의 소스코드(KeyHook.cpp)를 살펴보겠습니다.

코드 21.2 KeyHook.cpp

```
// KeyHook.cpp

#include "stdio.h"
#include "windows.h"

#define DEF_PROCESS_NAME    "notepad.exe"

HINSTANCE g_hInstance = NULL;
HHOOK g_hHook = NULL;
HWND g_hWnd = NULL;

BOOL WINAPI DllMain(HINSTANCE hinstDLL, DWORD dwReason, LPVOID
                    lpvReserved)
{
    switch( dwReason )
    {
        case DLL_PROCESS_ATTACH:
            g_hInstance = hinstDLL;
            break;

        case DLL_PROCESS_DETACH:
```

```c
            break;
    }
    return TRUE;
}

LRESULT CALLBACK KeyboardProc(int nCode, WPARAM wParam, LPARAM lParam)
{
    char szPath[MAX_PATH] = {0,};
    char *p = NULL;

    if( nCode >= 0 )
    {
        // bit 31: 0 = key press, 1 = key release
        if( !(lParam & 0x80000000) ) // 키보드가 눌렀다 떨어질 때
        {
            GetModuleFileNameA(NULL, szPath, MAX_PATH);
            p = strrchr(szPath, '\\');

            // 현재 프로세스 이름을 비교해서 만약 notepad.exe라면,
            // 메시지는 응용 프로그램(혹은 다음 훅)으로 전달되지 않음
            if( !_stricmp(p + 1, DEF_PROCESS_NAME) )
                return 1;
        }
    }

    // 일반적인 경우에는 CallNextHookEx()를 호출하여
    // 응용 프로그램(혹은 다음 훅)으로 메시지를 전달함
    return CallNextHookEx(g_hHook, nCode, wParam, lParam);
}

#ifdef __cplusplus
extern "C" {
#endif
__declspec(dllexport) void HookStart()
{
    g_hHook = SetWindowsHookEx(WH_KEYBOARD, KeyboardProc, g_hInstance, 0);
}
__declspec(dllexport) void HookStop()
{
    if( g_hHook )
    {
        UnhookWindowsHookEx(g_hHook);
        g_hHook = NULL;
    }
}
#ifdef __cplusplus
}
#endif
```

DLL 소스코드 역시 간단합니다. 익스포트 함수인 HookStart() 함수가 호출되면 SetWindowsHookEx()에 의해서 키보드 훅 체인에 KeyboardProc()이 추가됩니다.

> **참고**
>
> MSDN의 KeyboardProc 함수 정의를 보겠습니다.
>
> ```
> LRESULT CALLBACK KeyboardProc(
>     int code,            // HC_ACTION(0), HC_NOREMOVE(3)
>     WPARAM wParam,       // virtual-key code
>     LPARAM lParam        // extra information
> );
> ```
>
> 위 파라미터 중에서 wParam은 사용자가 누른 키보드의 virtual key code를 의미합니다. 키보드의 하드웨어적인 의미로써 영문 'A' 와 'a' 그리고 한글 'ㅁ'은 모두 같은 virtual key code를 가집니다. 또한 lParam 값에는 각 비트별로 다양한 의미를 가지고 있습니다(repeat count, scan code, extended-key flag, context code, previous key-state flag, transition-state flag). ToAscii() API 함수를 사용하면 실제 눌린 키보드의 ASCII 값을 구할 수 있습니다.

키보드 훅이 설치된 상황에서 어떤 프로세스에서 키 입력 이벤트가 발생하면 OS는 해당 프로세스에게 강제로 KeyHook.dll을 인젝션합니다. 이제 KeyHook.dll을 로딩한 프로세스에서 키보드 이벤트가 발생하면 KeyHook.KeyboardProc()이 먼저 호출됩니다.

KeyboardProc() 함수의 내용을 보면 키보드 입력이 발생했을 때 현재 프로세스 이름과 "notepad.exe" 문자열과 비교하여 만약 같다면 1을 리턴해서 KeyboardProc() 함수를 종료시킵니다. 이것은 메시지를 가로채서 없애버리는 것입니다. 결국 키보드 메시지는 notepad.exe 프로그램의 메시지 큐에 전달되지 않습니다.

notepad.exe는 아무런 키보드 메시지를 받지 못하였으므로 아무것도 출력되지 않습니다.

그 외의 경우에는 return CallNextHookEx(g_hHook, nCode, wParam, lParam); 명령을 실행하면 메시지는 다른 응용 프로그램 혹은 훅 체인의 또 다른 훅 함수로 전달됩니다.

> **참고**
>
> 사용자의 키보드 입력을 감시/기록하는 프로그램을 키로거(Key Logger)라고 합니다. PC 악성 코드 중에는 키보드 메시지를 후킹하여 PC 사용자 몰래 키보드 입력을 빼돌리기도 합니다. 그러한 악성 코드의 동작 원리도 KeyHook.dll의 동작 원리와 크게 다르지 않습니다.

21.5. 디버깅 실습

Windows 메시지 후킹 기법을 어떻게 디버깅하는지 살펴보도록 하겠습니다.

21.5.1. HookMain.exe 디버깅

먼저 키보드 후킹을 설치해주는 HookMain.exe를 디버깅합니다. OllyDbg로 HookMain.exe를 열어주세요.

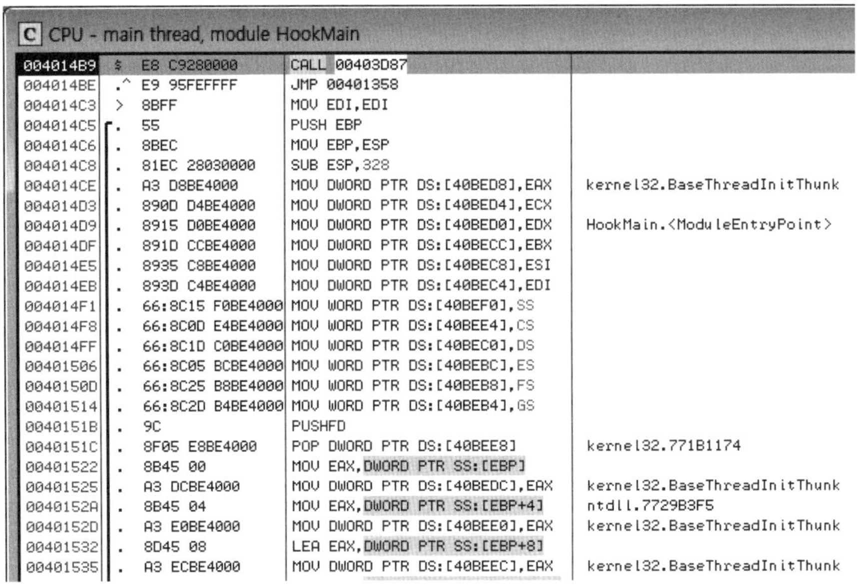

그림 21.8 HookMain.exe의 EP 코드

그림 21.8은 HookMain.exe의 EP(Entry Point) 코드입니다. 전형적인 VC++의 스텁(Stub) 코드네요. 우리가 관심 있는 코드는 키보드 후킹을 시작하는 부분입니다.

핵심 코드 찾기

관심 있는 핵심 코드를 찾아가기 위해서는 다음과 같이 몇 가지 방법이 있습니다.

· 한 줄씩 트레이싱
· 관련 API 검색
· 관련 문자열 검색

한 줄씩 트레이싱하는 방법은 프로그램이 잘 동작하지 않거나 예측이 어려운 경우에 사용하는 최후의 방법이므로 제외하겠습니다. 그럼 API 또는 문자열 검색 방법이 남아있군요.

우린 이미 HookMain.exe을 실행해봤기 때문에 이 프로그램의 기능(키보드 후킹)과 출력되는 문자열을 알고 있습니다. 여기서 그림 21.3의 "press 'q' to quit!" 문자열을 검색해 보겠습니다. 이 문자열을 참조하는 코드 전/후에 우리가 관심 있는 코드가 있을 것입니다. OllyDbg의 코드 창에서 마우스 우측메뉴의 'Search for - All referenced text strings' 항목을 선택하기 바랍니다(그림 21.9 참고).

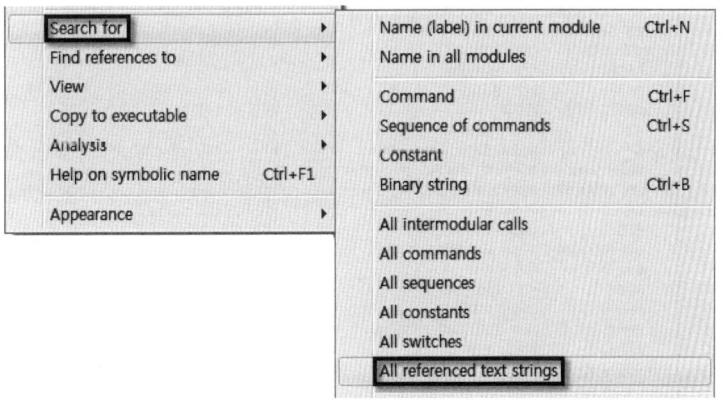

그림 21.9 Search for - All referenced text strings 메뉴

그림 21.9와 같이 문자열 창이 나타납니다.

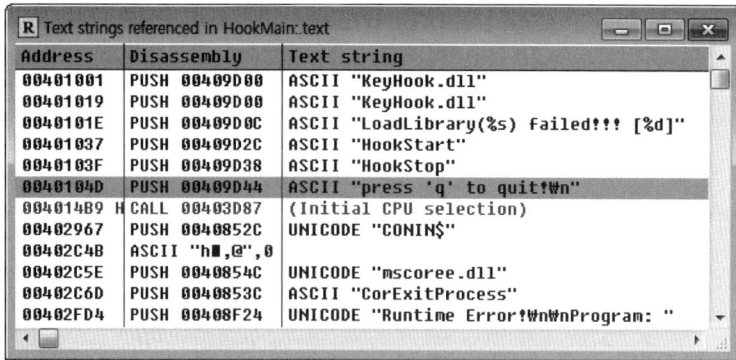

그림 21.10 Text strings referenced in HookMain

그림 21.10을 보면 우리가 찾는 문자열이 40104D 주소의 명령어에서 참조된다는 것을 알 수 있습니다. 문자열을 더블클릭하면 해당 주소(40104D)로 갑니다.

그림 21.11 main() 함수

그림 21.11에서 보여지는 코드는 사실 HookMain.exe 프로그램의 main() 함수입니다(OllyDbg의 문자열 검색 기능으로 너무나 간단히 찾아왔군요).

main() 함수 디버깅

401000 주소에 BP(BreakPoint)를 설치한 후 실행하면 이 주소에서 멈추면서 디버깅이 가능해집니다. 위 코드를 차례대로 트레이싱해서 내려오다 보면 주요 흐름을 알 수 있습니다. 401006 주소에서 LoadLibrary("KeyHook.dll")을 호출한 후 40104B 주소의 CALL EBX 명령에 의해서 KeyHook.HookStart() 함수가 호출되는 것을 알 수 있습니다. 40104B 주소의 CALL EBX 명령을 따라가 보겠습니다(StepInto[F7]). 그럼 그림 21.12와 같은 코드가 나타납니다.

```
C CPU - main thread, module KeyHook
100010E0 KeyHook.HookStart  $  A1 98A70010      MOV EAX,DWORD PTR DS:[1000A798]
100010E5                    .  6A 00            PUSH 0                            Thread
100010E7                    .  50               PUSH EAX                          hModul
100010E8                    .  68 20100010      PUSH 10001020                     Hookpr
100010ED                    .  6A 02            PUSH 2                            HookTy
100010EF                    .  FF15 E060001     CALL DWORD PTR DS:[100060E0]      SetWin
100010F5                    .  A3 9CA70010      MOV DWORD PTR DS:[1000A79C],EAX
100010FA                    .  C3               RETN
100010FB                       CC               INT3
100010FC                       CC               INT3
100010FD                       CC               INT3
100010FE                       CC               INT3
```

그림 21.12 KeyHook.HookStart() 함수

그림 21.12의 코드는 HookMain.exe 프로세스에 로딩된 KeyHook.dll의 HookStart() 함수입니다(그림의 주소 영역을 확인하기 바랍니다). 100010EF 주소에서 CALL SetWindowsHookExW() 명령어를 볼 수 있습니다. 그리고 100010E8과 100010ED 주소의 PUSH 명령어를 보면 SetWindowsHookExW() API의 1, 2번째 파라미터를 알 수 있습니다.

먼저 API의 첫 번째 파라미터(idHook)의 값은 WH_KEYBOARD(2)입니다. 두 번째 파라미터(lpfn)의 값은 10001020이며, 이 값이 바로 훅 프로시저(Hook Procedure)의 주소입니다. 이 주소는 뒤에서 KeyHook.dll을 디버깅할 때 다시 살펴 볼 것입니다. HookMain.exe의 main() 함수(401000)에서 나머지 코드는 사용자로부터 'q' 입력을 받아서 후킹을 종료하는 것입니다. 간단한 내용이므로 각자 디버깅해보기 바랍니다.

21.5.2. Notepad.exe 프로세스 내의 KeyHook.dll 디버깅

이제 notepad.exe 프로세스에 인젝션된 KeyHook.dll의 훅 프로시저를 디버깅해보도록 하겠습니다. Notepad.exe를 OllyDbg로 열어보겠습니다(실행 중인 notepad.exe 프로세스에 Attach해도 됩니다). OllyDbg의 실행[F9] 명령으로 notepad.exe 프로세스를 정상적으로 동작하도록 만들어줍니다(그림 21.13 참고).

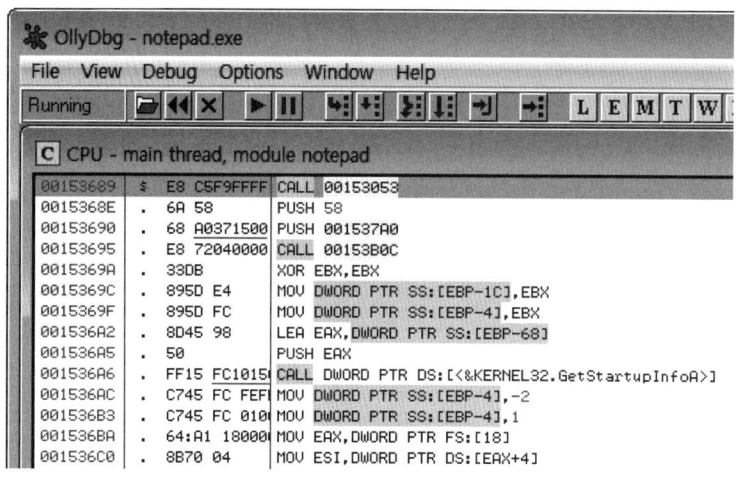

그림 21.13 notepad.exe 프로세스를 정상적으로 실행함

그림 21.14와 같이 OllyDbg의 옵션('Break on new module(DLL)'을 Check 상태로 변경합니다.

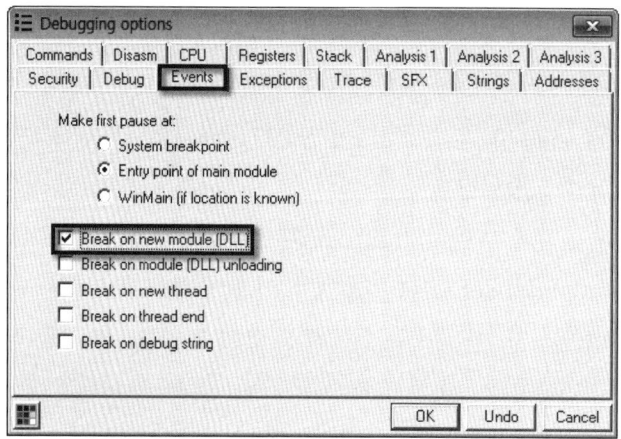

그림 21.14 OllyDbg 옵션 변경: Break on new module(DLL)

이 옵션은 디버기(Debuggee) 프로세스(notepad.exe)에 새로운 DLL이 로딩될 때 자동으로 디버깅을 멈추는 옵션입니다(DLL이 인젝션되는 순간부터 디버깅할 때 매우 유용합니다).

이 상태에서 HookMain.exe를 실행합니다(그림 21.3 참고). 이제 notepad.exe 에서 키보드 입력을 해보기 바랍니다. 그림 21.15와 같이 OllyDbg가 멈추면서 'Executable modules' 창이 뜹니다.

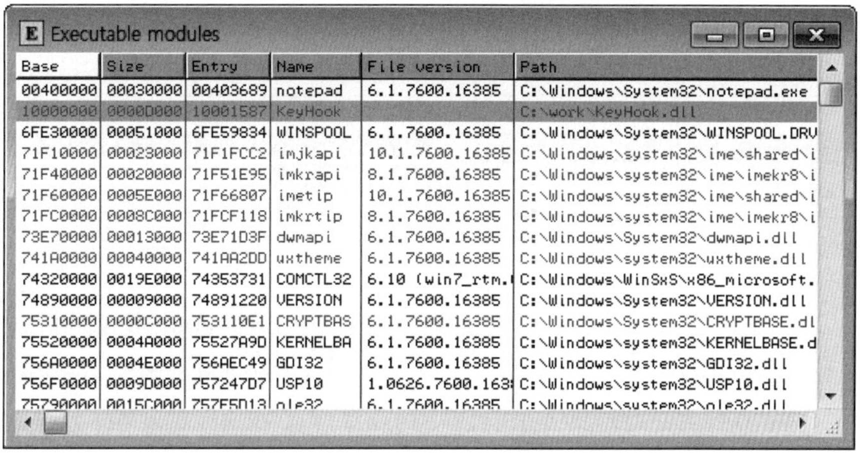

그림 21.15 Executable modules 창

10000000 주소에 KeyHook.dll이 로딩된 것을 확인할 수 있습니다.

> **참고**
>
> 시스템 환경에 따라서 KeyHook.dll이 바로 나오지 않고 다른 DLL들이 먼저 로딩되는 경우도 있습니다. 그럴 땐 KeyHook.dll이 로딩될 때까지 실행[F9] 버튼을 눌러주면 됩니다. 간혹 이 기능이 정상적으로 동작하지 않는 시스템들이 있습니다. 그런 경우에는 OllyDbg 2.0을 사용해보기 바랍니다. 훨씬 더 매끄럽게 동작할 것입니다.

그림 21.15에서 KeyHook.dll을 더블클릭하면 KeyHook.dll의 EP 주소로 갑니다. 우린 이미 훅 프로시저의 주소(10001020)를 알고 있으므로 바로 가보겠습니다(미리 OllyDbg의 Break on new module(DLL) 옵션을 원래대로 Uncheck 상태로 변경하기 바랍니다).

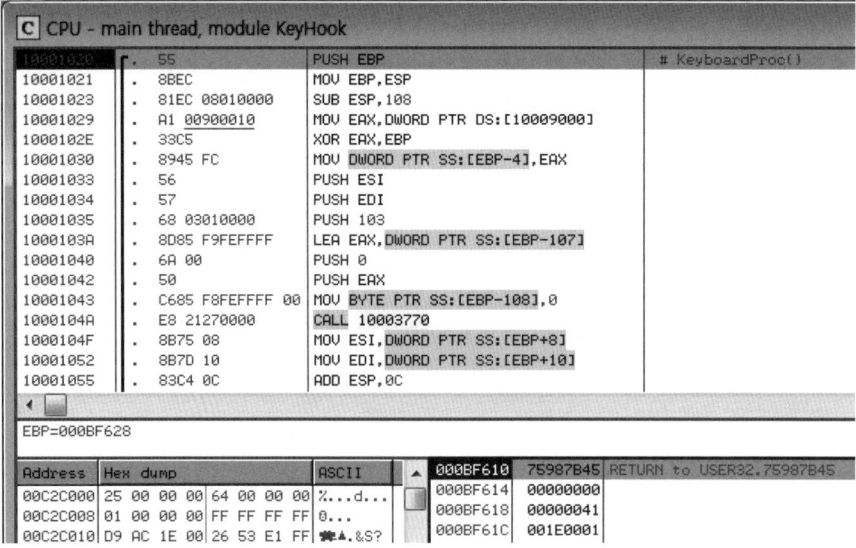

그림 21.16 훅 프로시저: KeyboardProc()

그림 21.16과 같이 훅 프로시저(10001020)에 BP(BreakPoint)를 설치하면, notepad.exe에 키보드 입력 이벤트가 발생할 때마다 이곳에서 멈춰집니다. 스택에 KeyboardProc() 함수의 파라미터도 잘 보이는군요. 현재까지 진행한 것을 순서대로 정리해보면 다음과 같습니다.

- OllyDbg로 notepad.exe 실행(혹은 실행 중인 notepad.exe에 Attach)
- Break on new module(DLL) 옵션 설정
- KeyLogger.exe 실행 → global keyboard message hook 설치
- notepad에서 키 입력 → 키보드 메시지 이벤트 발생('a'키 입력)
- notepad.exe 프로세스에 KeyLogger.dll이 인젝션됨
- OllyDbg에서 KeyboardProc(훅 프로시저)에 BP 설치

KeyboardProc() 함수(10001020)의 내용은 앞에서 소스코드로 설명한 바와 같으므로 각자 디버깅해보기 바랍니다.

21.6. 마무리

이것으로 Windows Message Hooking 기법과 후킹 DLL의 Hook Procedure를 디버깅하는 방법에 대해서 살펴보았습니다. 리버싱에서 유용하게 사용되는 기술이니만큼 확실히 이해해두는 것이 좋습니다. 특히 인젝션되는 DLL의 EP 코드부터 디버깅하는 방법은 익숙해질 때까지 연습해보기 바랍니다.

Q & A

Q. 콜백(CALLBACK) 함수가 뭔가요?
A. 간단히 말해서 특정 이벤트가 발생하면 호출해달라고 지정해 놓은 함수를 말합니다. Windows 프로시저(WndProc)가 대표적인 콜백 함수입니다(키보드, 마우스, 기타 이벤트가 발생하면 OS에서 등록된 Windows 프로시저를 호출해줍니다).

Q. 사실 너무 초보라 거의 아무것도 이해가 안 되네요. 어느 부분을 중점적으로 공부해야 할까요? 저 C 코드부터 이해해야 하나요?
A. 사실 예제 코드는 Win32 프로그래밍 지식이 있어야 쉽게 이해하실 수 있습니다(물론 C 언어 지식도 어느 정도 있어야 하구요). 또한 리버싱을 처음 시작할 때는 수많은 용어들이 튀어나와서 정신이 하나도 없지요. 이러한 것들이 리버싱 입문에 방해요소로 작용합니다……라고 (몇 년 전까지) 생각했습니다. 그런데 처음에 그러한 사전 지식이 없어도 리버싱을 잘 하는 사람들을 보면서 차츰 생각을 고쳐 먹게 되었습니다.

제가 아는 리버서들 중에 C 언어를 잘 모른 채 리버싱을 시작한 사람들이 몇 있습니다. 저런 C 코드가 튀어나오면 직접 타이핑하고 물어 물어서 빌드도 해봅니다. 모르는 용어가 튀어나오면 수첩에 기록합니다(처음 보면 어렵지만 10번만 보면 더 이상 어렵게 느껴지지 않습니다). 중요한 것은 자신들이 모른다고 좌절하는 것이 아니라 오히려 겸손하게 새로운 지식으로 편안하게 받아들였다는 것입니다. 지금 그 사람들은 모두 리버싱 분야의 전문가들이 되어 있습니다.^^

Q. declspec 함수는 뭔가요?

A. declspec은 컴파일러를 위한 키워드입니다. 해당 함수를 'export'한다고 알려주는 역할을 합니다.

Q. SetWindowsHookEx() API 호출이 왜 KeyHook.dll 내부에 있지요? 이건 훅을 설치하는 API라면서요?

A. 네. SetWindowsHookEx() API는 지정한 훅 프로시저를 훅 체인에 등록합니다. DLL 내부 혹은 외부에서 호출해도 상관이 없습니다(편하신 대로 프로그래밍하면 됩니다).

22
악의적인 목적으로 사용되는 키로거

관리 차원에서 (사용자의 동의하에) 사용되는 키로거(Key Logger)가 꼭 나쁘다고 말할 수는 없을 것입니다. 문제는 악의적인 목적으로 사용자 몰래 실행되는 악성 키로거들입니다. 이러한 악성 키로거가 왜 생겨나는지를 알아보겠습니다.

22.1. 악성 키로거의 목표

바로 '돈'입니다. 키로거는 사용자가 입력한 키보드 정보를 저장하고 빼돌리는 기능을 합니다. 정보화 사회에서 '정보는 돈'이기 때문입니다. 그럼 어떻게 키로거를 이용해서 돈을 버는지 알아볼까요? 몇 가지 사례를 들어보겠습니다.

22.1.1. 온라인 게임

대한민국에 널리 퍼져있는 PC방 아무데나 가서 몰래 키로거를 설치합니다. 키로거가 설치된 PC에서 다른 사람이 온라인 게임을 하겠지요? 키로거는 사용자의 계정(ID, Password)을 몰래 저장하여 해커에게 메일로 전송합니다. 수집한 계정으로 온라인 게임에 접속하여 게임 머니와 아이템을 현금으로 교환합니다. 온라인 게임을 하는 여러분은 게임 머니와 게임 아이템들이 실제로 현금 거래가 된다는 것을 잘 알고 있을 겁니다(1년에 거래되는 게임 아이템 거래 금액은 일반인들의 상상을 초월합니다).

22.1.2. 인터넷 뱅킹

그렇다면 게임을 안하는 사람들은 키로거의 피해가 없을까요? 좀 더 피부로 와닿는 사례는 인터넷 뱅킹입니다. 만약 여러분의 인터넷 뱅킹 계정(ID, Password, 계좌번호) 정보를 빼간다면 어떨까요? 자신도 모르게 어느 순간 통장의 잔고가 0이 되버렸다면요?

위 이야기는 지금 실제로 국내/해외에서 벌어지고 있는 일입니다. 특히 남미(멕시코, 브라질, 기타)에서는 인터넷 뱅킹으로 수만~수십만 달러의 피해를 당한 사람들이 나타나고 있습니다. 우리나라는 그나마 인터넷 뱅킹을 하기 위해서는 대부분 IE(Internet Explorer)를 사용해서 접속해야 하고, 은행 사이트에 ActiveX 보안 모듈을 이용하여 2중 3중으로 보안장치를 마련해놨습니다. 하지만 그 누구도 100% 안전하다고 장담할 수 없는 상황입니다.

22.1.3. 기업 정보 유출

간간히 언론에 대기업의 핵심 비밀 정보가 외국으로 유출되어 막대한 피해를 입었다는 기사를 접할 수 있습니다. 이러한 기업 정보 유출 사례는 비록 건수가 그리 많지 않더라도 일단 발생하면 그 피해 규모가 어마어마합니다(몇 년 간 막대한 돈을 들여 힘들게 개발한 핵심 기술이 외부로 유출된다면 해당 기업은 존폐위기에 몰릴 수도 있겠지요). 더구나 우리나라의 핵심 산업인 반도체, 자동차, 조선 등의 핵심 기술이 외국으로 유출되면 그야말로 국가 위기 상황이 벌어질 수도 있는 것이지요. 일반적으로 기업 정보 유출 사고를 보면 대부분 내부에 동조자가 있는 경우가 많습니다. 내부에 동조자가 있다면 키로거를 설치하기에 매우 좋은 상황이 되는 것이지요.

이제 키로거의 위험성이 좀 느껴지나요? 왜 대부분의 Anti-Virus 제품들이 키로거를 '악성' 파일로 분류하는지 알겠지요? 또한 왜 인터넷 뱅킹(혹은 온라인 게임)을 하려고 해당 사이트에 접속할 때 ActiveX 보안 모듈로 도배를 해놨는지 이해할 수 있을 것입니다.

22.2. 키로거의 종류와 향후 발전 방향

하드웨어 키로거를 아시나요? 작은 USB 메모리처럼 생겨서 키보드 케이블 끝에 연결하여 PC에 설치할 수 있습니다.

내부에 flash memory를 내장하고 있어서 키보드로부터 들어오는 전기신호를 직접 입력 받아 저장하는 장치입니다. 최신 제품들은 WIFI 무선 연결을 지원하여 편리하게 키로깅 정보를 전송할 수 있습니다. 설치에 불편함이 있긴 하지만 일단 설치되면 사용자는 자신이 키로깅을 당한다는 사실을 절대로 알 수 없을 겁니다. 누가 책상 밑에 놓여 있는 PC를 (그것도 뒷면을) 자세히 보려고 하겠습니까? 게다가 일반인들은 봐도 모를수 있습니다. 사실 소프트웨어만으로는 이러한 하드웨어 키로거들을 막을 수 없습니다. 소프트웨어 키로거들에 대해서는 각종 Anti-Virus 프로그램들과 키보드 보안 프로그램들이 키로거를 차단하기 위해서 노력하고 있습니다만, 악의적 키로거를 생성하는 사람들의 목표(=돈)가 너무나 뚜렷하기 때문에 모든 키로거의 완벽한 차단은 불가능합니다. 키로거 프로그램 제작자들은 주로 개발도상국, 후진국에 많다고 합니다. 그들은 주로 선진국을 대상으로 하여 무차별적으로 키로거를 생성/배포시키고 있습니다. 결국 자신들의 생계가 걸려 있는 핵심 사업(?)인데, 직접 만든 키로거 프로그램이 각종 보안 모듈에 잡히지 않도록 전부 테스트해서 내보내는 센스를 갖추고 있는 경우가 많습니다.

이런 키로거는 앞으로 더 정교하고 은밀하게 발전해나갈 것입니다. 우리가 입력장치로 키보드를 계속 쓰는 한 말이지요.

그럼 키보드를 안쓰면 키로거의 위협에서 자유로울까요? 아마 기존 키로그 제작자들은 또 새로운 뭔가를 만들어내겠지요. 미래에 키보드가 없어지고 대신에 '필기인식' 혹은 '음성인식' 장치가 널리 사용된다면, 반드시 그에 상응하는 '필기로거', '음성로거'가 만들어질 것입니다.

22.3. 키로거에 대처하는 우리의 자세

키로거를 100% 막을 수는 없지만 노력에 따라서는 피해를 최소화할 수 있습니다. 제가 제안하는 간단한 행동수칙입니다.

키로거에 대응하는 행동 수칙
· 공공장소(PC방, 학교실습실, 기타)의 PC에서는 개인정보를 아예 입력하지 말 것
· 보안 프로그램을 항상 최신으로 업데이트할 것

- 개인 정보 입력에 Copy(Cut) & Paste를 활용해 볼 것(*)
- 개인 방화벽을 사용할 것(키로깅을 당하더라도 정보가 유출되지만 않으면 됩니다).

만약 ID가 reversecore라면 corereverse라고 입력한 후 마우스로 core 문자열을 선택해서 Cut & Paste 기능으로 reversecore로 만들어 내는 겁니다. 사람마다 다양한 응용이 가능하겠지요? 귀찮음을 감수하는 대신 보안을 약간 높일 수 있습니다. 물론 고급 키로거는 클립보드까지 후킹하기 때문에 이 방법도 완벽하진 않습니다만 아마추어 (저급) 키로거에게는 효과가 있습니다.

22.4. 개인정보

마지막으로 개인정보에 대해서 언급하도록 하겠습니다. 정보화 시대에서 개인정보는 그 자체로 그 사람을 대신할 수 있는 정보입니다. 따라서 스스로 소중히 여기고 보호하는 마음을 가져야합니다. 특히 비밀번호는 자신만이 알 수 있도록 복잡하게(숫자+문자+특수문자 조합하고 최소 8자리 이상으로) 설정하고 절대로 남에게 알려주지 말아야합니다. 또한 비밀번호를 입력하는 순간에도 외부에 노출되지 않도록 신경써야 합니다.

> **참고**
> 사회공학기법 관련 책을 보면 전문적으로 키보드 입력을 훔쳐보는 해커에 대한 이야기가 나옵니다. 이 해커는 1미터 정도 떨어진 거리에서 신문을 보는 척하면서 남들의 키보드 입력(로그인 정보)을 몰래 훔쳐보는 기술을 가지고 있답니다. 즉 해커 입장에서는 시스템 관리자의 암호를 힘들게 유추할 필요 없이 (가능하다면) 그냥 가서 편하게 훔쳐보는 것입니다. 훔쳐보기에 성공한다면 해커는 간단히 시스템 관리자의 권한을 얻습니다.

자신의 소중한 개인정보를 잘 지킵시다.

23
DLL 인젝션

다른 프로세스에 침투하는 가장 쉽고 강력한 방법인 DLL 인젝션(DLL Injection)에 대해서 자세히 알아보겠습니다. DLL 인젝션 기법을 통하여 API 후킹, 프로그램 기능 개선 및 버그 패치 등의 작업을 수행할 수 있습니다.

23.1. DLL 인젝션

DLL 인젝션이란 실행 중인 다른 프로세스에 특정 DLL 파일을 강제로 삽입하는 것이라고 말할 수 있습니다. 조금 더 기술적으로 표현하자면 다른 프로세스에게 LoadLibrary() API를 스스로 호출하도록 명령하여 사용자가 원하는 DLL을 로딩(Loading)하는 것입니다. DLL 인젝션이 일반적인 DLL 로딩과 다른 점은 로딩 대상이 되는 프로세스가 내 자신이냐 아니면 다른 프로세스냐 하는 것입니다. 그림 23.1은 DLL 인젝션의 개념을 설명하고 있습니다.

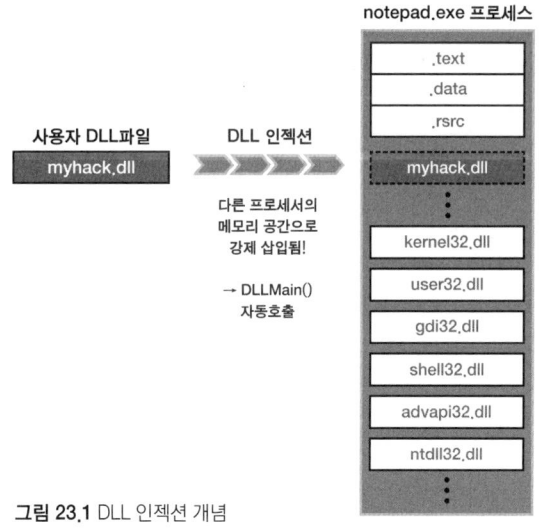

그림 23.1 DLL 인젝션 개념

notepad 프로세스에 myhack.dll을 강제로 삽입했습니다(원래 notepad는 myhack.dll을 로딩하지 않습니다). 이처럼 notepad.exe 프로세스에 로딩된 myhack. dll은 notepad.exe 프로세스에 이미 로딩된 DLL들(kernel32.dll, user32.dll 등)과 마찬가지로 notepad.exe 프로세스 메모리에 대한 (정당한) 접근 권한을 가집니다. 따라서 사용자가 원하는 어떤 일이라도 수행할 수 있습니다(예: notepad에 통신기능을 추가하여 메신저나 텍스트 웹 브라우저 등의 기능을 추가할 수 있습니다).

> **참고**
>
> **DLL(Dynamic Linked Library)**
> 프로세스에 DLL이 로딩되면 자동으로 DllMain() 함수가 실행됩니다. 따라서 DllMain()에 사용자가 원하는 코드를 추가하면 DLL이 로딩될 때 자연스럽게 해당 코드가 실행됩니다. 이 특성을 이용하면 기존 애플리케이션의 버그를 수정하거나 새로운 기능을 추가할 수 있습니다.
>
> **DllMain() 함수**
> ```
> BOOL WINAPI DllMain(HINSTANCE hinstDLL, DWORD dwReason, LPVOID lpvReserved)
> {
>     switch( dwReason )
>     {
>         case DLL_PROCESS_ATTACH:
>             // 원하는 코드를 추가한다.
>             break;
>
>         case DLL_THREAD_ATTACH:
>             break;
>
>         case DLL_THREAD_DETACH:
>             break;
>
>         case DLL_PROCESS_DETACH:
>             break;
>     }
>
>     return TRUE;
> }
> ```

23.2. DLL 인젝션 활용 예

LoadLibrary() API를 이용해서 어떤 DLL을 로딩하면 해당 DLL의 DllMain() 함수가 실행됩니다. DLL 인젝션의 동작 원리는 외부에서 다른 프로세스로 하여금

LoadLibrary() API를 호출하도록 만드는 것이기 때문에 (일반적인 DLL 로딩과 마찬가지로) 강제 삽입된 DLL의 DllMain() 함수가 실행됩니다. 또한 삽입된 DLL은 해당 프로세스의 메모리에 대한 접근 권한을 갖기 때문에 사용자가 원하는 다양한 일(버그 패치, 기능 추가, 기타)을 수행할 수 있습니다. 아래에 DLL 인젝션 기법이 활용될 수 있는 사례를 들어보겠습니다.

23.2.1. 기능 개선 및 버그 패치

[기능 개선] 및 [버그 패치]에 사용될 수 있습니다. 만약 어떤 프로그램의 소스코드가 없거나 수정이 여의치 않을 때 DLL 인젝션을 사용하여 전혀 새로운 기능을 추가(PlugIn 개념)하거나, 문제가 있는 코드와 데이터를 수정할 수 있습니다.

23.2.2. 메시지 후킹

Windows OS에서 기본으로 제공되는 메시지 후킹(Message Hooking) 기능도 일종의 DLL 인젝션 기법이라고 볼 수 있습니다. 이 경우는 등록된 후킹 DLL을 OS에서 직접 인젝션시켜준다는 차이점이 있을 뿐입니다.

> **참고**
>
> 제가 예전에 인터넷에서 다운받은 헥사 에디터에 마우스 휠 스크롤 기능이 없길래 메시지 후킹 기법을 사용해서 해당 기능을 추가시켜 사용한 적이 있었습니다. 더 좋은 헥사 에디터도 많았지만, 배운 기술을 활용해보고 싶은 마음에 그렇게 했던 것 같습니다(사실 그 이후부터 리버싱을 이용하여 기존 제품의 기능을 개선하는 쪽에 관심이 생겨 버렸지요).

23.2.3. API 후킹

실제 개발 프로젝트에도 많이 사용되는 API 후킹을 할 때 DLL 인젝션 기법이 많이 사용됩니다. 후킹 함수를 DLL 형태로 만든 후 후킹을 원하는 프로세스에 간단히 인젝션하는 것만으로 API 후킹이 완성됩니다. 이 역시 삽입된 DLL은 해당 프로세스의 메모리에 대한 접근 권한을 가지고 있다는 특성을 잘 활용한 것입니다.

23.2.4. 기타 응용 프로그램

주로 PC 사용자들을 감시하고 관리하기 위한 애플리케이션들에서 사용되기도 합니다. 예를 들면 특정 프로그램(예: 게임, 주식 거래, 기타)의 실행 차단, 유해 사이트 접속 차단, PC 사용 모니터링 프로그램 등이 있습니다. 이런 류의 차단/방지 프로그램들은 주로 관리자(혹은 부모님)가 사용자(혹은 자녀)를 관리/감시하기 위한 목적으로 설치됩니다. 관리/감시당하는 쪽에서는 당연히 이런 프로그램들을 어떻게 해서든지 종료하고 싶어하겠지요. 하지만 DLL 인젝션 기법으로 정상 프로세스에 살짝 숨어들어가서 실행된다면, 들킬 염려도 없고 프로세스가 종료 당할 걱정도 없습니다(만약 사용자가 무리하게 Windows 시스템 프로세스를 강제로 종료하면 시스템도 같이 종료되기 때문에 결국 차단/방지라는 목적을 달성하는 셈이 됩니다).

23.2.5. 악성 코드

이렇게 좋은 기술을 악성 코드 제작자들이 그냥 놔둘 리가 없습니다. DLL 인젝션 기법을 자신들의 악성 코드에 적극적으로 활용하고 있습니다. 정상적인 프로세스(winlogon.exe, services.exe, svchost.exe, explorer.exe 등)에 몰래 숨어들어가 백도어 포트(Backdoor port)를 열어서 외부에서 접속을 시도하거나, 키로깅 기능으로 사용자의 개인 정보를 훔치는 등의 악의적인 짓을 합니다. 따라서 악성 코드 제작자들이 사용하는 기법을 잘 알아야 그에 대한 대응책을 세울 수 있습니다.

23.3. DLL 인젝션 구현 방법

다른 프로세스에게 DLL 인젝션을 하기 위해 아래와 같이 크게 세 가지 방법이 존재합니다.

DLL 인젝션 방법
· 원격 스레드 생성(CreateRemoteThread() API)
· 레지스트리 이용(AppInit_DLLs 값)
· 메시지 후킹(SetWindowsHookEx() API)

23.4. CreateRemoteThread( )

이 방법은 windows 프로그래밍 서적의 바이블인 제프리 리쳐의 『Windows via C/C++』에 소개된 내용입니다. 먼저 간단한 실습을 통하여 전체적인 동작 흐름을 살펴보겠습니다.

23.4.1. 실습 예제 myhack.dll

notepad.exe 프로세스에 myhack.dll을 인젝션하겠습니다. 인젝션된 myhack.dll 은 인터넷에 접속하여 http://www.naver.com/index.html 파일을 다운받도록 프로그래밍되어 있습니다.

실습 파일 복사

실습 파일(InjectDll.exe, myhack.dll)을 각자 작업 폴더(C:\work)에 복사합니다.

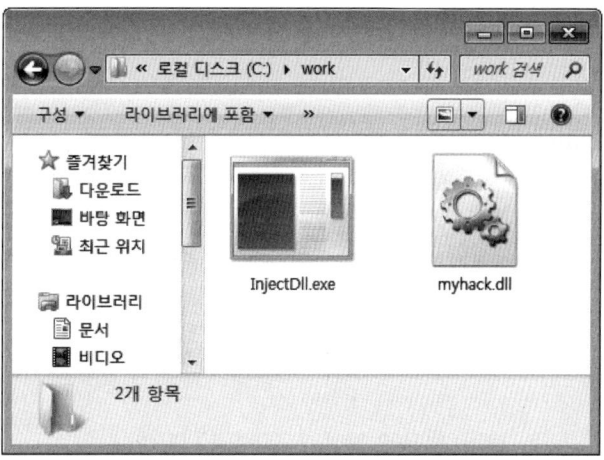

그림 23.2 실습 파일 복사

notepad.exe 프로그램 실행

notepad.exe(메모장)를 실행한 후 Process Explorer(혹은 창 작업 관리자)를 실행하여 notepad.exe 프로세스의 PID(Process ID)를 알아냅니다.

그림 23.3 Process Explorer

그림 23.3에서 notepad.exe 프로세스의 PID 값은 1016입니다.

DebugView 실행

DebugView는 시스템에서 실행되는 프로세스들이 출력하는 모든 디버그 문자열(Debug String)을 가로채서 보여주는 매우 유용한 유틸리티입니다(Process Explorer의 제작자로 유명한 마크 루시노비치가 개발하였습니다). 아래 URL에서 다운받아서 실행해보기 바랍니다.

http://technet.microsoft.com/en-us/sysinternals/bb896647

실습 예제 DLL 파일은 notepad.exe 프로세스에 성공적으로 인젝션되면 디버그 문자열을 출력하게 되는데, DebugView로 그 순간 확인할 수 있습니다.

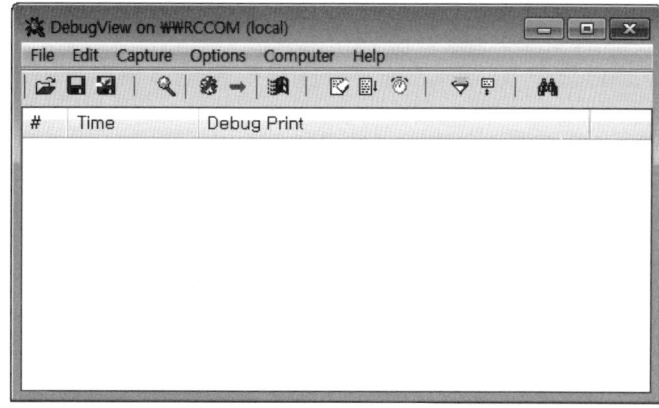

그림 23.4 DebugView

> **참고**
> 응용 프로그램 개발 과정에서 DebugView를 활용하여 디버깅 로그를 확인하는 것은 매우 좋은 습관입니다.

myhack.dll 인젝션

InjectDll.exe 프로그램은 DLL 인젝션 유틸리티입니다(뒤에서 동작 원리와 소스 코드를 자세히 살펴보겠습니다). 그림 23.5와 같이 커맨드 창을 띄워서 실행 파라미터를 입력해서 InjectDll.exe를 실행하세요.

그림 23.5 InjectDll.exe 실행

DLL 인젝션 확인

myhack.dll 파일이 notepad.exe 프로세스에 성공적으로 인젝션되었는지 검증을 해보겠습니다. 먼저 DebugView의 로그를 살펴봅니다.

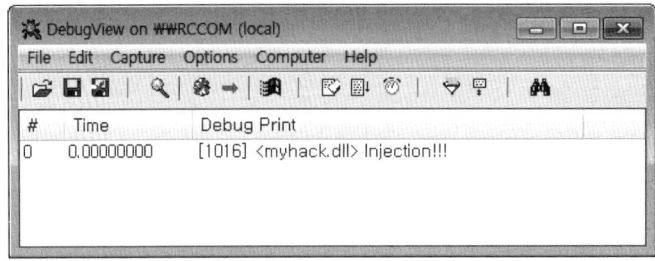

그림 23.6 DLL 인젝션 성공 메시지

DebugView에 디버그 문자열이 출력되어 있습니다. 이 문자열은 PID: 1016 프로세스에서 출력한 것입니다. PID: 1016이 바로 우리가 myhack.dll을 인젝션한 notepad.exe 프로세스입니다. 즉 myhack.dll이 정상적으로 인젝션되어서 DllMain() 함수의 OutputDebugString() API가 호출된 것입니다.

Process Explorer에서도 myhack.dll이 인젝션된 것을 확인할 수 있습니다. Process Explorer의 View 메뉴에서 Show Lower Pane 항목과 Lower Pane Views - DLLs 항목을 선택합니다. 그리고 notepad.exe 프로세스를 선택하면 그림 23.7 과 같이 notepad.exe 프로세스에 로딩된 모든 dll 목록을 보여줍니다. 여기서 myhack.dll 파일이 보일 것입니다.

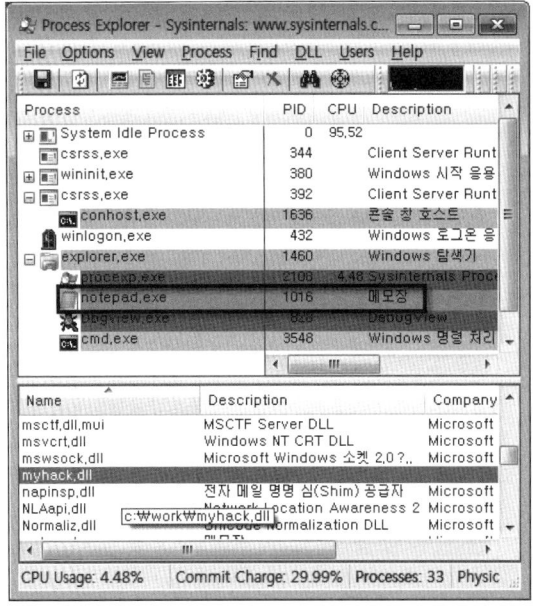

그림 23.7 notepad.exe 프로세스에 인젝션된 myhack.dll

결과 확인

그렇다면 네이버 사이트의 index.html 파일이 정상적으로 다운로드가 되었는지 확인해볼까요?

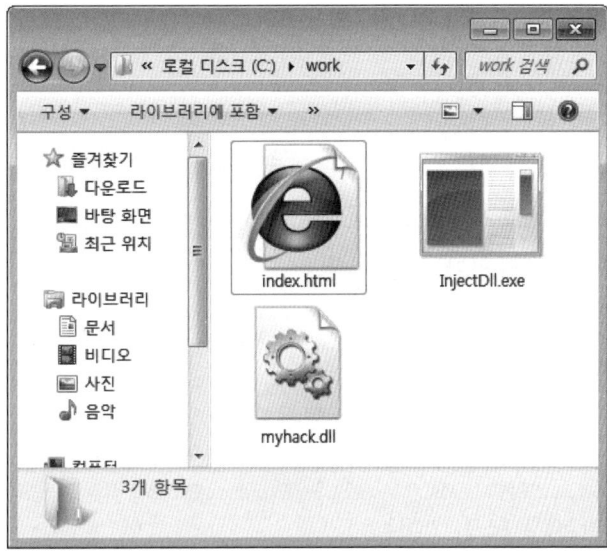

그림 23.8 다운로드된 네이버 사이트의 index.html

그림 23.8의 Index.html 파일을 더블클릭하여 IE(Internet Explorer)에서 보도록 하겠습니다.

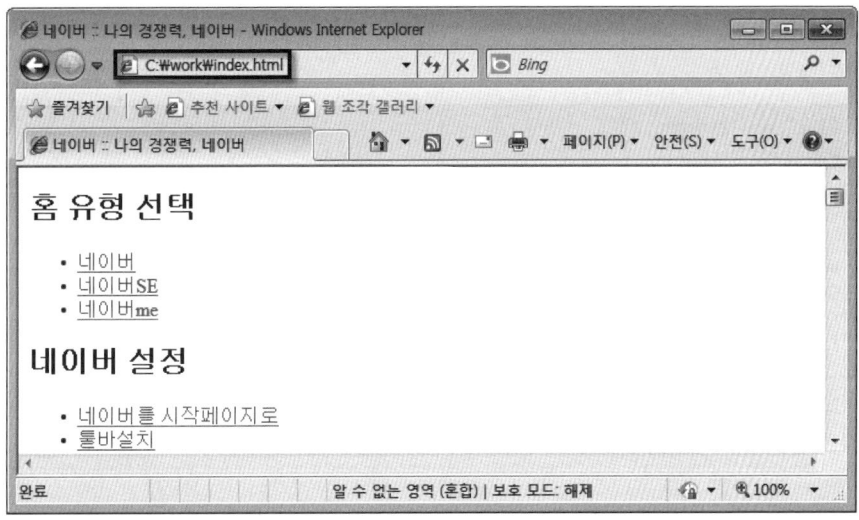

그림 23.9 IE로 연 index.html

실제 인터넷으로 보는 네이버 초기 화면과는 다르지만 분명히 네이버 사이트의 index.html 파일이 맞습니다.

> **참고**
> 간혹 작업 시스템의 사용자 권한, 보안 설정 등에 의해서 index.html 파일을 다운받지 못하는 경우가 있습니다.

위 실습에서 확인한 바와 같이 다른 프로세스에 침투하여 원하는 동작을 마음껏 수행할 수 있는 CreateRemoteThread() API를 이용하는 DLL 인젝션 기법의 원리와 구현 방법에 대해서 알아보겠습니다.

23.4.2. 예제 소스코드 분석

> **참고**
> 아래 소개되는 소스코드는 Microsoft Visual C++ Express 2010으로 작성되었습니다. Windows XP/7 32비트 환경에서 테스트되었습니다.

Myhack.cpp

먼저 인젝션할 myhack.dll 소스코드(myhack.cpp)입니다.

코드 23.1 myhack.cpp
```cpp
// myhack.cpp

#include "windows.h"
#include "tchar.h"

#pragma comment(lib, "urlmon.lib")

#define DEF_URL         (L"http://www.naver.com/index.html")
#define DEF_FILE_NAME   (L"index.html")

HMODULE g_hMod = NULL;

DWORD WINAPI ThreadProc(LPVOID lParam)
{
```

```
    TCHAR szPath[_MAX_PATH] = {0,};

    if( !GetModuleFileName( g_hMod, szPath, MAX_PATH ) )
        return FALSE;

    TCHAR *p = _tcsrchr( szPath, '\\' );
    if( !p )
        return FALSE;

    _tcscpy_s(p+1, _MAX_PATH, DEF_FILE_NAME);

    URLDownloadToFile(NULL, DEF_URL, szPath, 0, NULL);

    return 0;
}
BOOL WINAPI DllMain(HINSTANCE hinstDLL, DWORD fdwReason, LPVOID
                    lpvReserved)
{
    HANDLE hThread = NULL;

    g_hMod = (HMODULE)hinstDLL;

    switch( fdwReason )
    {
    case DLL_PROCESS_ATTACH :
        OutputDebugString(L"myhack.dll Injection!!!");
        hThread = CreateThread(NULL, 0, ThreadProc, NULL, 0, NULL);
        CloseHandle(hThread);
        break;
    }

    return TRUE;
}
```

DllMain()을 보면 DLL이 로딩(DLL_PROCESS_ATTACH)될 때 디버그 문자열("myhack.dll Injection!!!")을 출력하고 스레드(ThreadProc)를 실행합니다. ThreadProc()의 내용은 urlmon!URLDownloadToFile() API를 호출하여 네이버 사이트의 index.html 파일을 다운받습니다. 프로세스에 DLL 인젝션이 발생하면 해당 DLL의 DllMain() 함수가 호출된다고 앞에서 설명했습니다. 따라서 notepad.exe 프로세스에 myhack.dll이 인젝션되면 결국 URLDownloadToFile() API가 호출됩니다.

InjectDll.cpp

이제 myhack.dll을 notepad.exe 프로세스에 인젝션해주는 프로그램(InjectDll.exe)의 소스코드를 보겠습니다.

코드 23.2 InjectDll.cpp

```cpp
// InjectDll.cpp

#include "windows.h"
#include "tchar.h"

BOOL InjectDll(DWORD dwPID, LPCTSTR szDllPath)
{
    HANDLE hProcess = NULL, hThread = NULL;
    HMODULE hMod = NULL;
    LPVOID pRemoteBuf = NULL;
    DWORD dwBufSize = (DWORD)(_tcslen(szDllPath) + 1) * sizeof(TCHAR);
    LPTHREAD_START_ROUTINE pThreadProc;

    // #1. dwPID를 이용하여 대상 프로세스(notepad.exe)의 HANDLE을 구한다.
    if ( !(hProcess = OpenProcess(PROCESS_ALL_ACCESS, FALSE, dwPID)) )
    {
        _tprintf(L"OpenProcess(%d) failed!!! [%d]\n", dwPID,
                GetLastError());
        return FALSE;
    }

    // #2. 대상 프로세스(notepad.exe) 메모리에 szDllPath 크기만큼 메모리를 할당한다.
    pRemoteBuf = VirtualAllocEx(hProcess, NULL, dwBufSize, MEM_COMMIT,
                        PAGE_READWRITE);

    // #3. 할당 받은 메모리에 myhack.dll 경로("c:\\myhack.dll")를 쓴다.
    WriteProcessMemory(hProcess, pRemoteBuf, (LPVOID)szDllPath, dwBufSize,
                    NULL);

    // #4. LoadLibraryW() API 주소를 구한다.
    hMod = GetModuleHandle(L"kernel32.dll");
    pThreadProc = (LPTHREAD_START_ROUTINE)GetProcAddress(hMod,
                                                    "LoadLibraryW");

    // #5. notepad.exe 프로세스에 스레드를 실행
    hThread = CreateRemoteThread(hProcess,          // hProcess
                            NULL,                   // lpThreadAttributes
                            0,                      // dwStackSize
                            pThreadProc,            // lpStartAddress
                            pRemoteBuf,             // lpParameter
                            0,                      // dwCreationFlags
                            NULL);                  // lpThreadId
    WaitForSingleObject(hThread, INFINITE);
```

```
    CloseHandle(hThread);
    CloseHandle(hProcess);

    return TRUE;
}

int _tmain(int argc, TCHAR *argv[])
{
    if( argc != 3 )
    {
        _tprintf(L"USAGE : %s pid dll_path\n", argv[0]);
        return 1;
    }

    // inject dll
    if( InjectDll((DWORD)_tstol(argv[1]), argv[2]) )
        _tprintf(L"InjectDll(\"%s\") success!!!\n", argv[2]);
    else
        _tprintf(L"InjectDll(\"%s\") failed!!!\n", argv[2]);

    return 0;
}
```

main() 함수의 주요기능은 프로그램의 파라미터를 체크한 후 InjectDll() 함수를 호출하는 것입니다. InjectDll() 함수가 바로 DLL 인젝션을 해주는 핵심 함수입니다. InjectDll() 함수는 대상 프로세스(notepad.exe)로 하여금 스스로 LoadLibrary("myhack.dll") API를 호출하도록 명령하는 기능을 가지고 있습니다. InjectDll() 함수를 한 라인씩 자세히 살펴보겠습니다.

대상 프로세스 핸들 구하기

```
hProcess = OpenProcess(PROCESS_ALL_ACCESS, FALSE, dwPID))
```

OpenProcess() API를 이용하여 PROCESS_ALL_ACCESS 권한의 notepad.exe 프로세스 핸들을 구합니다(이때 프로그램 실행 파라미터로 넘어온 dwPID 값을 사용함). PROCESS_ALL_ACCESS 권한을 얻었으므로 이 프로세스 핸들(hProcess)을 이용해서 해당 프로세스(notepad.exe)를 제어할 수 있습니다.

대상 프로세스 메모리에 인젝션할 DLL 경로를 써주기

```
pRemoteBuf = VirtualAllocEx(hProcess, NULL, dwBufSize, MEM_COMMIT, PAGE_
READWRITE);
```

상대방 프로세스(notepad.exe)에게 로딩할 DLL 파일의 경로(문자열)를 알려줘야 합니다. 아무 메모리 공간에나 쓸 수 없으므로 VirtualAllocEx() API를 이용하여 상대방 프로세스(notepad.exe) 메모리 공간에 버퍼를 할당합니다. 버퍼 크기는 DLL 파일 경로 문자열 길이(Terminating NULL 포함)로 지정하면 됩니다.

> **참고**
> VirtualAllocEx() 함수의 리턴 값(pRemoteBuf)은 할당된 버퍼 주소입니다. 이 주소는 내 프로세스(Inject.exe)의 메모리 주소가 아니라 hProcess 핸들이 가리키는 상대방 프로세스(notepad.exe)의 메모리 주소라는 것을 꼭 기억하기 바랍니다.

```
WriteProcessMemory(hProcess, pRemoteBuf, (LPVOID)szDllName, dwBufSize,
NULL);
```

앞에서 할당받은 버퍼 주소(pRemoteBuf)에 WriteProcessMemory() API를 이용하여 DLL 경로 문자열("C:\\work\\dummy.dll")을 써줍니다. WriteProcessMemory() API 역시 hProcess 핸들이 가리키는 상대방 프로세스(notepad.exe)의 메모리 공간에 쓰는 것이다. 이로써 상대방 프로세스(notepad.exe) 메모리 공간에 인젝션할 DLL 파일의 경로를 써주었습니다.

> **참고**
> **Debug API**
> Windows 운영체제는 Debug API를 제공하여 다른 프로세스 메모리 공간에 접근할 수 있습니다. 대표적인 Debug API는 VirtualAllocEx(), VirtualFreeEx(), WriteProcessMemory(), ReadProcessMemory() 등이 있습니다.

LoadLibraryW( ) API 주소를 구하기

```
hMod = GetModuleHandle("kernel32.dll");
pThreadProc = (LPTHREAD_START_ROUTINE)GetProcAddress(hMod,
    "LoadLibraryW");
```

LoadLibrary() API를 호출하기 위해 그 주소가 필요합니다(LoadLibraryW()는 LoadLibrary()의 유니코드 문자열 버전입니다).

먼저 위 코드의 의미를 잘 이해하는 것이 중요합니다. 우리는 분명 notepad.exe 프로세스에 로딩된 kernel32.dll의 LoadLibraryW() API의 시작 주소를 알아내야 합니다. 하지만 위 코드는 InjectDll.exe 프로세스에 로딩된 kernel32.dll의 LoadLibraryW() API의 시작 주소를 얻어내고 있습니다. notepad.exe에 로딩된 kernel32.dll의 주소와 InjectDll.exe에 로딩된 kernel32.dll의 주소가 동일하다면 위 코드는 문제가 없습니다. 만약 kernel32.dll이 프로세스마다 서로 다른 주소에 로딩된다면 위 코드는 잘못된 것이며 메모리 참조 오류가 발생할 것입니다.

실제로는 Winodows 운영체제에서 kernel32.dll은 프로세스마다 같은 주소에 로딩됩니다.

앞에서 잠깐 언급한 제프리 리쳐가 이 사실에 주목하여 자신의 책에 소개한 이후로 DLL 인젝션 기법이 널리 사용되고 있습니다.

> **참고**
>
> Kernel32.dll은 OS의 종류, 언어, 버전에 따라서 로딩 주소가 달라집니다. 또한 Vista/7은 새로 추가된 ASLR(Address Space Layout Randomization) 기능에 의해서 부팅할 때마다 시스템 DLL의 로딩 주소가 변합니다. 다만 시스템이 살아있는 동안에는 프로세스마다 같은 주소에 매핑(Mapping)되어 있다고 보면 됩니다. Windows 운영체제에서는 DLL이 최초로 메모리에 올라갈 때 로딩(Loading)이라는 용어를 쓰고, 그 이후 다른 프로세스에 의해 같은 DLL이 다시 로딩되어야 할 필요가 있을 때는 기존에 로딩되어 있는 DLL의 코드와 리소스를 매핑(Mapping)하는 기법을 사용하여 메모리를 효율적으로 사용합니다.

DLL 인젝션 기법은 바로 위와 같이 OS 핵심 DLL들은 자신만의 고유한 주소에 로딩되는 것을 보장해주는 Windows OS 특성을 이용한 것입니다(이 특성이

Windows 보안 취약점으로 이용되기도 합니다). 따라서 InjectDll.exe 프로세스
에 임포트된 LoadLibraryW() 주소와 notepad.exe 프로세스에 임포트된 Load
LibraryW() 주소는 동일합니다.

> **참고**
>
> 일반적인 DLL 파일의 ImageBase는 기본적으로 0x10000000으로 설정되기 때문에 a.dll과 b.dll
> 을 차례대로 로딩하면, a.dll은 정상적으로 0x1000000 주소에 로딩이 되겠지만 b.dll은 자신이
> 원하는 0x10000000 주소에 로딩되지 못하고 다른 비어 있는 주소 공간에 로딩됩니다. 즉 DLL
> Relocation이 발생하는 것입니다(a.dll이 같은 주소에 이미 로딩되어 있기 때문입니다).
>
> 만약 kernel32.dll이 프로세스마다 다른 주소에 로딩된다면 위 코드는 잘못된 것입니다. 하지만
> 실제 Winodows 운영체제에서 kernel32.dll은 프로세스마다 같은 주소에 로딩됩니다. 어째서 그런
> 걸까요? PE View를 통해서 Windows 운영체제의 핵심 DLL 파일들의 ImageBase 값을 조사해봤
> 습니다(Windows XP SP3 KOR 버전입니다. Windows 업데이트 상태에 따라서 아래 값들은 달라
> 질 수 있습니다).
>
> | DLL file | ImageBase | SizeOfImage |
> | --- | --- | --- |
> | msvcrt.dll | 77BC0000 | 00058000 |
> | user32.dll | 77CF0000 | 00090000 |
> | gdi32.dll | 77E20000 | 00049000 |
> | advapi32.dll | 77F50000 | 000A8000 |
> | kernel32.dll | 7C7D0000 | 0013D000 |
> | shell32.dll | 7D5A0000 | 007FD000 |
> | ... | ... | ... |
>
> System DLL의 ImageBase와 SizeOfImage
>
> Microsoft에서 친절하게 OS 핵심 DLL 파일들의 ImageBase 값을 예쁘게 정리해놨습니다. 즉 자
> 신들끼리는 절대로 로딩 영역이 겹치지 않고 따라서 DLL Relocation이 발생하지 않습니다.

대상 프로세스에 원격 스레드(Remote Thread)를 실행함

```
hThread = CreateRemoteThread(hProcess, NULL, 0, pThreadProc, pRemoteBuf,
0, NULL);

    pThreadProc = notepad.exe 프로세스 메모리 내의 LoadLibraryW() 주소
    pRemoteBuf = notepad.exe 프로세스 메모리내의 "c:\\work\\myhack.dll" 문자열 주소
```

모든 준비는 끝났고 마지막으로 notepad.exe로 하여금 LoadLibraryW() API를 호출하도록 명령만 내리면 됩니다. 하지만 Windows에서는 그런 API를 제공하지 않습니다. 그래서 편법(?)으로 CreateRemoteThread() API를 사용합니다(편법이라기 보다는 DLL 인젝션의 정석이라고 말할 수 있습니다). CreateRemoteThread() API는 다른 프로세스에게 스레드를 실행시켜주는 함수입니다.

```
CreateRemoteThread()
HANDLE WINAPI CreateRemoteThread(
    __in   HANDLE                  hProcess,              // 프로세스 핸들
    __in   LPSECURITY_ATTRIBUTES   lpThreadAttributes,
    __in   SIZE_T                  dwStackSize,
    __in   LPTHREAD_START_ROUTINE  lpStartAddress,        // 스레드 함수 주소
    __in   LPVOID                  lpParameter,           // 스레드 파라미터 주소
    __in   DWORD                   dwCreationFlags,
    __out  LPDWORD                 lpThreadId
);
```
출처: MSDN

첫 번째 파라미터인 hProcess만 빼면 일반적으로 사용되는 CreateThread() 함수와 다 똑같습니다. hProcess 파라미터가 바로 스레드를 실행할 프로세스의 핸들입니다. lpStartAddress와 lpParameter 파라미터는 각각 스레드 함수 주소와 스레드 파라미터 주소입니다. 중요한 것은 이 주소들이 대상 프로세스의 가상 메모리 공간의 주소이어야 한다는 것입니다(그래야 그 프로세스에서 인식을 할 수 있겠죠).

DLL 인젝션 기법을 처음 접하는 독자들은 좀 어리둥절할 것입니다. 다른 프로세스에 DLL을 인젝션하려고 하는데, 왜 뜬금없이 스레드 실행 함수가 나타났을까요? 스레드 함수 ThreadProc()과 LoadLibrary() API를 보면 힌트를 얻을 수 있습니다.

```
ThreadPorc과 LoadaLibrary 함수 형태 비교
DWORD WINAPI ThreadProc(
    __in  LPVOID            lpParameter
);

HMODULE WINAPI LoadLibrary(
    __in  LPCTSTR           lpFileName
);
```
출처: MSDN

두 함수 모두 4바이트 파라미터를 하나 받고, 4바이트 값을 리턴합니다. 즉 두 함수의 모양이 똑같지요. 바로 여기서 아이디어를 얻은 것입니다. CreateRemoteThread()를 호출해서 4번째 파라미터 lpStartAddress에 'LoadLibrary() 주소'를 입력하고, 5번째 파라미터 lpParameter에 인젝션을 원하는 'DLL의 경로 문자열 주소'를 주면 됩니다(반드시 대상 프로세스의 가상 메모리 공간에의 주소여야 합니다). 우린 이미 위에서 다 준비해놨기 때문에 편안하게 호출해주면 됩니다.

CreateRemoteThread()는 실제로 LoadLibraryW()를 호출하도록 만드는 역할을 하는 것입니다.

23.4.3. 디버깅 방법

DLL 파일이 인젝션되는 순간부터 디버깅할 수 있는 방법에 대해서 살펴보겠습니다. 다시 notepad.exe를 새로 실행합니다. 그리고 OllyDbg2로 새로 생성된 notepad.exe 프로세스에 Attach시킵니다(DLL 인젝션 디버깅에는 최신 버전의 OllyDbg2를 사용하는 것이 더 편리합니다).

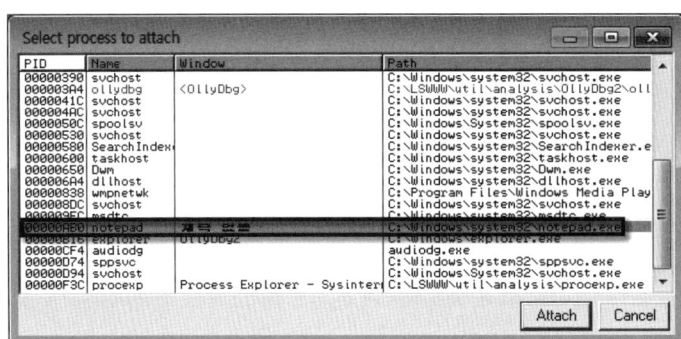

그림 23.10 Attach

실행 중인 프로세스를 위 화면과 같이 디버거로 Attach하면 실행이 일시적으로 멈추게 됩니다. 실행[F9]키를 눌러서 notepad.exe 프로세스를 동작하도록 만들어 줍니다. 그런 후 그림 23.11과 같이 옵션 다이얼로그의 Events 메뉴의 "Pause on new module(DLL)" 항목을 체크합니다. 이제부터 notepad.exe 프로세스에 새로운 DLL이 로딩될 때마다 해당 DLL의 EP(Entry Point)에서 실행이 멈출 것입니다.

DLL 인젝션이 될 때도 마찬가지로 해당 DLL의 EP에서 멈춥니다. InjectDll.exe를 이용해서 myhack.dll 파일을 notepad.exe 프로세스에 인젝션하면 그림 23.12와 같이 디버거가 멈출 것입니다.

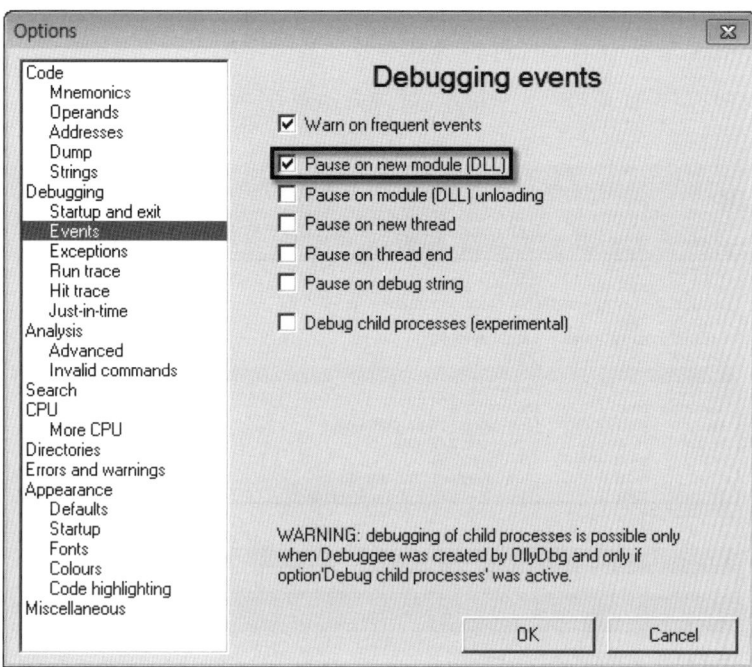

그림 23.11 OllyDbg2 Options: Events Pause on new module(DLL)

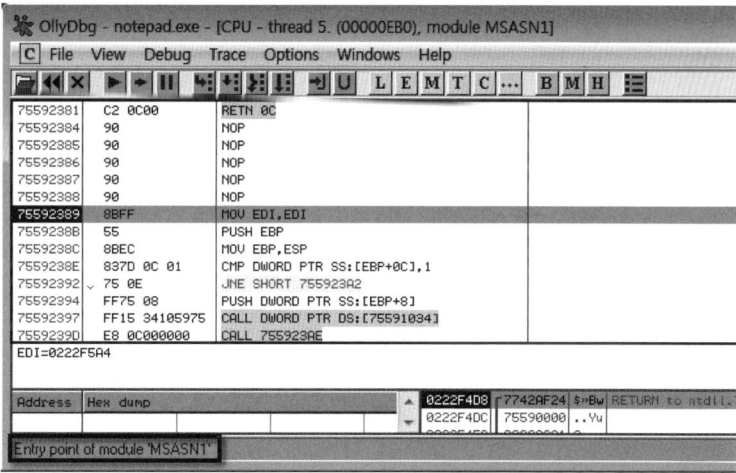

그림 23.12 다른 DLL의 Entry Point

이곳은 myhack.dll의 EP(Entry Point)가 아니고 MSASN1.dll이라는 모듈의 EP 입니다. Myhack.dll을 로딩하기 위해 먼저 myhack.dll이 임포트하는 모든 DLL 파일을 로딩하는 과정에서 MSASN1.dll 파일도 로딩이 된 것입니다. OllyDbg2의 Pause on new module(DLL) 옵션을 check했기 때문에 이렇게 새로 로딩되는 dll 파일들이 로딩될 때 각 DLL의 EP에서 실행이 멈춥니다. 우리가 원하는 myhack. dll의 EP가 나타날 때까지 실행[F9]키를 계속 눌러줍니다.

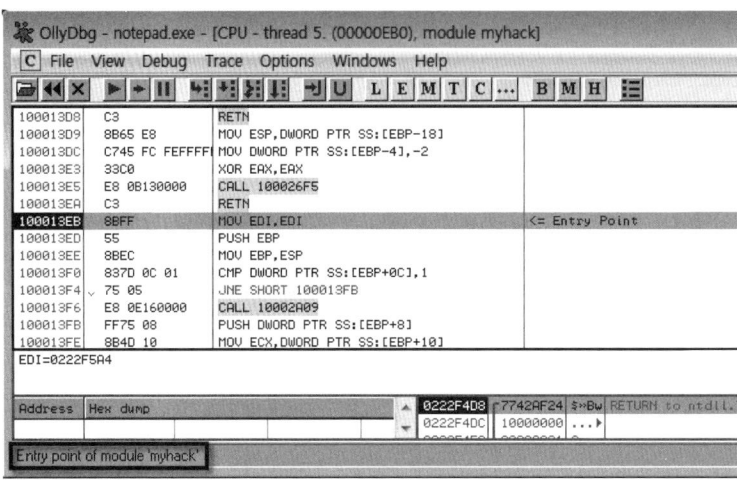

그림 23.13 myhack.dll의 Entry Point

그림 23.13과 같이 드디어 myhack.dll 모듈의 EP에 도착하였습니다. 여기서부터 디버깅을 진행하면 됩니다(이제 Pause on new module(DLL) 옵션을 다시 원래대로 uncheck로 변경하세요).

참고

사용자 시스템 환경에 따라서 로딩되는 DLL들의 종류와 개수가 달라질 수 있습니다.

CreateRemoteThread()를 이용한 DLL 인젝션 기법에 대한 설명을 마치겠습니다. 처음에는 잘 이해가 되지 않을 수 있습니다. 설명을 다시 차근차근 읽어보고 직접 실습해보면 개념을 이해하는 데 도움이 될 것입니다.

> **참고**
>
> CreateRemoteThread() API를 이용해서 인젝션시킨 DLL 파일을 Ejection하는 방법에 대해서는 24장을 참고하기 바랍니다..

23.5. AppInit_DLLs

DLL 인젝션을 하기 위한 두 번째 방법은 레지스트리(Registry)를 이용하는 것입니다. Windows 운영체제에서 기본으로 제공하는 AppInit_DLLs와 LoadAppInit_DLLs라는 이름의 레지스트리 항목이 있습니다.

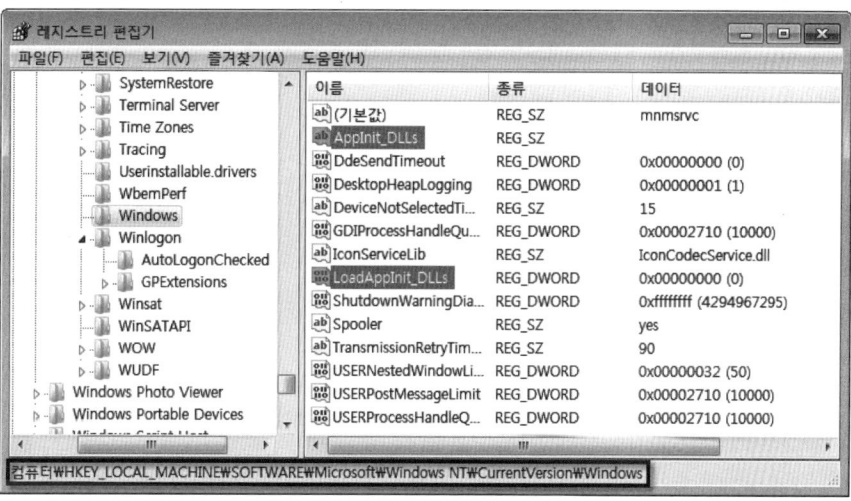

그림 23.14 레지스트리 편집기(regedit.exe)

AppInit_DLLs 항목에 인젝션을 원하는 DLL 경로 문자열을 쓰고 LoadAppInit_DLLs 항목의 값을 1로 변경한 후 재부팅하면, 실행되는 모든 프로세스에 해당 DLL을 인젝션해줍니다. 너무 간단하면서도 매우 강력한 기능이지요.

> **참고**
>
> 위 기법의 동작 원리는 User32.dll이 프로세스에 로딩될 때 AppInit_DLLs 항목을 읽어서 값이 존재하면 LoadLibrary() API를 이용하여 사용자 DLL을 로딩하는 것입니다. 따라서 정확히 표현하자면 (모든 프로세스가 아니라) user32.dll을 로딩하는 프로세스에만 해당되는 사항입니다. XP에서는 LoadAppInit_DLLs 항목이 무시됩니다.

23.5.1. 예제 소스코드 분석

Myhack2.cpp

실습 예제 myhack2.dll의 소스코드(myhack2.cpp)를 보겠습니다.

코드 25.3 myhack2.cpp
```cpp
// myhack2.cpp

#include "windows.h"
#include "tchar.h"

#define DEF_CMD      L"c:\\Program Files\\Internet Explorer\\iexplore.exe"
#define DEF_ADDR     L"http://www.naver.com"
#define DEF_DST_PROC L"notepad.exe"

BOOL WINAPI DllMain(HINSTANCE hinstDLL, DWORD fdwReason, LPVOID
                    lpvReserved)
{
    TCHAR szCmd[MAX_PATH] = {0,};
    TCHAR szPath[MAX_PATH] = {0,};
    TCHAR *p = NULL;
    STARTUPINFO si = {0,};
    PROCESS_INFORMATION pi = {0,};

    si.cb = sizeof(STARTUPINFO);
    si.dwFlags = STARTF_USESHOWWINDOW;
    si.wShowWindow = SW_HIDE;

    switch( fdwReason )
    {
    case DLL_PROCESS_ATTACH :
        if( !GetModuleFileName( NULL, szPath, MAX_PATH ) )
            break;

        if( !(p = _tcsrchr(szPath, '\\')) )
            break;

        if( _tcsicmp(p+1, DEF_DST_PROC) )
            break;

        wsprintf(szCmd, L"%s %s", DEF_CMD, DEF_ADDR);
        if( !CreateProcess(NULL, (LPTSTR)(LPCTSTR)szCmd,
                    NULL, NULL, FALSE,
                    NORMAL_PRIORITY_CLASS,
                    NULL, NULL, &si, &pi) )
```

```
            break;

        if( pi.hProcess != NULL )
            CloseHandle(pi.hProcess);

        break;
    }

    return TRUE;
}
```

소스코드 내용은 간단합니다. 현재 자신을 로딩한 프로세스 이름이 'notepad. exe'와 같다면 IE를 숨김 모드로 실행시켜 Naver 사이트에 접속합니다. 목적에 따라서 다양한 업무를 수행할 수 있겠죠?

23.5.2. 실습 예제 myhack2.dll

직접 실습을 해보도록 하겠습니다. 차례대로 따라하면 됩니다.

파일 복사

첨부된 파일을 적절한 위치에 복사합니다(제 경우엔 C:\work\myhack2.dll).

그림 23.15 myhack2.dll 파일을 작업 폴더에 복사

레지스트리 값 입력

regedit.exe를 실행하여 아래 경로로 이동합니다.

HKEY_LOCAL_MACHINE\SOFTWARE\Microsoft\Windows NT\CurrentVersion\Windows

AppInit_DLLs 항목의 값을 그림 23.16과 같이 편집합니다(myhack2.dll의 전체 경로를 입력해주세요).

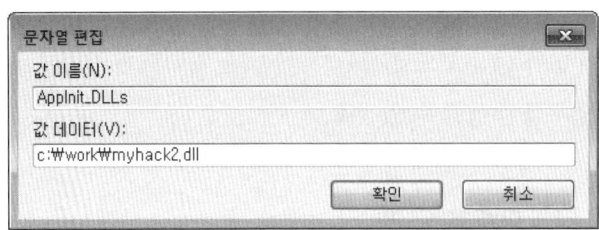

그림 23.16 - AppInit_DLLs 항목 편집

그리고 LoadAppInit_DLLs 항목의 값을 1로 변경합니다.

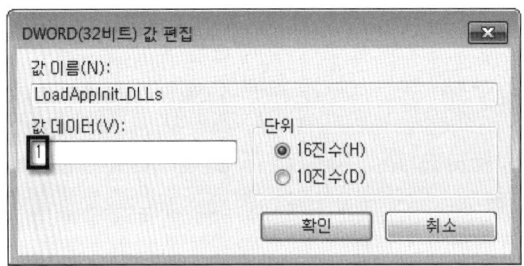

그림 23.17 - LoadAppInit_DLLs 항목 편집

재부팅

앞에서 변경한 항목을 적용하기 위하여 시스템을 재부팅합니다. 재부팅이 완료되었으면 Process Explorer를 이용해서 과연 myhack2.dll이 (user32.dll을 로딩한) 모든 프로세스에 인젝션되었는지 확인합니다.

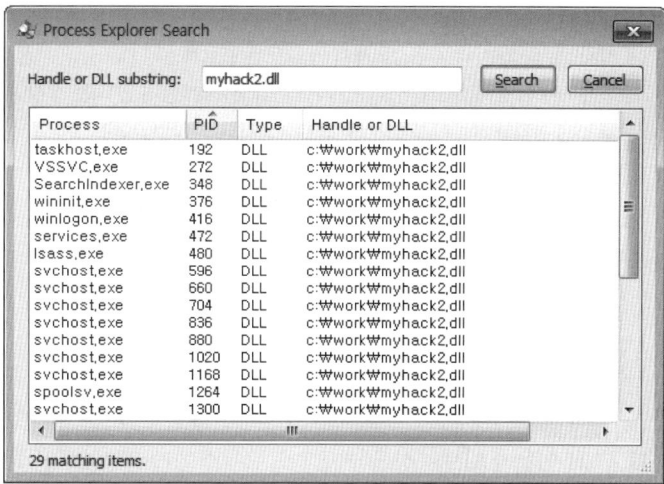

그림 23.18 인젝션된 myhack2.dll

myhack2.dll이 성공적으로 인젝션되었습니다. 그런데 인젝션된 myhack2.dll은 아무 동작을 하고 있지 않습니다(notepad 프로세스만 대상으로 한다는 걸 기억하세요). notepad를 실행하면 그림 23.19와 같이 IE가 (숨김 속성으로) 실행되는 걸 확인할 수 있습니다.

그림 23.19 notepad.exe의 myhack2.dll이 IE를 실행시킴

> **참고**
>
> AppInit_DLLs 레지스트리 키는 너무나 강력해서 거의 모든 프로세스에 DLL을 인젝션시켜버립니다. 만약 인젝션되는 DLL에 문제(버그)가 있다면 자칫 Windows 부팅이 안 되는 상황이 발생할 수 있으니, AppInit_DLLs 기법을 사용하기 전에 철저한 테스트를 하기 바랍니다.

23.6. SetWindowsHookEx( )

DLL 인젝션을 하기 위한 세 번째 방법은 메시지 후킹을 이용하는 것입니다. SetWindowsHookEx( ) API를 이용하여 메시지 훅을 설치하면 OS에서 hook procedure를 담고 있는 DLL을 (창을 가진) 프로세스에게 강제로 인젝션합니다. 이 또한 DLL 인젝션의 한 기법입니다. 자세한 동작 원리와 사용 방법은 21장을 참고하기 바랍니다.

23.7. 마무리

지금까지 DLL 인젝션의 개념과 구현 방법에 대하여 알아보았습니다. 리버싱에서 큰 비중을 가지고 있는 만큼 내부 동작 원리에 대해 자세히 이해하는 것이 중요합니다. 프로세스 후킹과 패치 작업에서 DLL 인젝션 기술이 널리 쓰이고 있습니다.

Q & A

Q. 리버싱을 시작하려면 어셈블리(Assembly), C, Win32 API를 미리 배워야 하나요?

A. 제 경우는 어셈블리를 전혀 모르는 상태에서 리버싱에 입문하였습니다(아마 대부분의 리버서들이 저와 비슷할 것입니다). 입문 과정에서는 어셈블리 지식보다는 디버거 사용법, Windows 내부 구조에 대한 지식 등이 좀 더 유익한 것 같습니다. C 언어와 Win32 API는 어차피 잘 배워두셔야 합니다. 미리 배워 놓았다면 좋겠지만 잘 모른다 하더라도 걱정할 필요는 없습니다. 직접 부딪쳐서 그때그때 자료를 조사하면서도 잘들 하십니다. 입문 과정에서는 일단 먼저 부딪쳐 보는 게 가장 좋은 방법입니다.

Q. 제가 만든 DLL 파일을 Explorer.exe 프로세스에 인젝션해보니 백신에서 진단됩니다.

A. 시스템 프로세스에 DLL 인젝션하면 대부분의 AV(Anti-Virus) 제품에서 행위 기반 알고리즘에 의해서 차단될 수 있습니다. 참고하기 바랍니다.

Q. "CreateRemoteThread()는 실제로 LoadLibrary()를 호출하는 것이다"라고 하셨는데요. 실제로 스레드가 생성되는 게 맞지 않나요?

A. 네. 대상 프로세스에 스레드가 생성됩니다. 일반적인 의미의 스레드 생성 자체보다는 LoadLibrary() 호출에 비중을 두기 위해서 말씀을 드린 것입니다(좀 혼란의 여지가 있지요?).

Q. A 프로세스에 시리얼 통신 기능이 없어서, DLL 인젝션을 이용해 시리얼 통신 기능을 추가 하고 싶은데, 혹시 가능할까요?

A. 기술적으로 얼마든지 가능합니다. 인젝션하는 DLL에 원하는 시리얼 통신 기능을 넣으면 됩니다. 다만 원래 프로그램과 어떤 연동이 필요하다면 더 정확히 분석하신 후 설계를 하셔야 합니다(제가 생각하는 리버싱 기술의 활용 방안 중 하나가 바로 문의하신 그런 내용입니다. 원래는 없던 기능을 추가하거나 불편한 부분을 수정하는 것이지요).

24
DLL 이젝션

DLL 이젝션(DLL Ejection)은 프로세스에 강제로 삽입한 DLL을 빼내는 기법입니다. 기본 동작 원리는 CreateRemoteThread API를 이용한 DLL 인젝션(Injection)의 동작 원리와 같습니다.

24.1. DLL 이젝션 동작 원리

앞에서 소개했던 CreateRemoteThread() API를 이용한 DLL 인젝션의 동작 원리는 아래와 같습니다.

대상 프로세스로 하여금 LoadLibrary() API를 호출하도록 만드는 것

마찬가지로 DLL 이젝션의 동작 원리도 아래와 같이 간단합니다.

대상 프로세스로 하여금 FreeLibrary() API를 호출하도록 만드는 것

즉 CreateRemoteThread()의 lpStartAddress 파라미터에 FreeLibrary() API 주소를 넘겨주고, lpParameter 파라미터에 이젝션할 DLL의 HANDLE을 넘겨주면 됩니다.

> **참고**
> Windows Kernel Object에게는 참조 카운트(Reference Count)라는 것이 있습니다. LoadLibrary("a.dll")를 10번 호출하면 a.dll에 대한 참조 카운트도 10이 되어서, 나중에 a.dll을 해제할 때 역시 Freelibrary()를 10번 호출해줘야 합니다(LoadLibrary()는 참조 카운트 +1하고, FreeLibrary()는 참조 카운트 -1함). 따라서 DLL 이젝션을 할 때는 이 참조 카운트를 잘 고려해야 합니다.

24.2. DLL 이젝션 구현

> 참고
> 아래 소개되는 소스코드는 Microsoft Visual C++ Express 2010으로 작성되었으며, Windows XP/7 32비트 환경에서 테스트 되었습니다.

인젝션된 myhack.dll을 이젝션할 프로그램(EjectDll.exe)을 설명하겠습니다. 소스 코드(EjectDll.cpp)를 보죠.

코드 24.1 EjectDll.cpp

```cpp
// EjectDll.exe

#include "windows.h"
#include "tlhelp32.h"
#include "tchar.h"

#define DEF_PROC_NAME    (L"notepad.exe")
#define DEF_DLL_NAME     (L"myhack.dll")

DWORD FindProcessID(LPCTSTR szProcessName)
{
    DWORD dwPID = 0xFFFFFFFF;
    HANDLE hSnapShot = INVALID_HANDLE_VALUE;
    PROCESSENTRY32 pe;

    // 시스템의 스냅샷 가져오기
    pe.dwSize = sizeof( PROCESSENTRY32 );
    hSnapShot = CreateToolhelp32Snapshot( TH32CS_SNAPALL, NULL );

    // 프로세스 찾기
    Process32First(hSnapShot, &pe);
    do
    {
        if(!_tcsicmp(szProcessName, (LPCTSTR)pe.szExeFile))
        {
            dwPID = pe.th32ProcessID;
            break;
        }
    }
    while(Process32Next(hSnapShot, &pe));

    CloseHandle(hSnapShot);

    return dwPID;
}
```

```c
BOOL SetPrivilege(LPCTSTR lpszPrivilege, BOOL bEnablePrivilege)
{
    TOKEN_PRIVILEGES tp;
    HANDLE hToken;
    LUID luid;

    if( !OpenProcessToken(GetCurrentProcess(),
                          TOKEN_ADJUST_PRIVILEGES | TOKEN_QUERY,
                          &hToken) )
    {
        _tprintf(L"OpenProcessToken error: %u\n", GetLastError());
        return FALSE;
    }

    if( !LookupPrivilegeValue(NULL,            // lookup privilege on local
                                               // system
                              lpszPrivilege,   // privilege to lookup
                              &luid) )         // receives LUID of
                                               // privilege
    {
        _tprintf(L"LookupPrivilegeValue error: %u\n", GetLastError() );
        return FALSE;
    }

    tp.PrivilegeCount = 1;
    tp.Privileges[0].Luid = luid;
    if( bEnablePrivilege )
        tp.Privileges[0].Attributes = SE_PRIVILEGE_ENABLED;
    else
        tp.Privileges[0].Attributes = 0;

    // Enable the privilege or disable all privileges.
    if( !AdjustTokenPrivileges(hToken,
                               FALSE,
                               &tp,
                               sizeof(TOKEN_PRIVILEGES),
                               (PTOKEN_PRIVILEGES) NULL,
                               (PDWORD) NULL) )
    {
        _tprintf(L"AdjustTokenPrivileges error: %u\n", GetLastError() );
        return FALSE;
    }

    if( GetLastError() == ERROR_NOT_ALL_ASSIGNED )
    {
        _tprintf(L"The token does not have the specified privilege. \n");
        return FALSE;
    }

    return TRUE;
}
```

```c
BOOL EjectDll(DWORD dwPID, LPCTSTR szDllName)
{
    BOOL bMore = FALSE, bFound = FALSE;
    HANDLE hSnapshot, hProcess, hThread;
    HMODULE hModule = NULL;
    MODULEENTRY32 me = { sizeof(me) };
    LPTHREAD_START_ROUTINE pThreadProc;

    // dwPID = notepad 프로세스 ID
    // TH32CS_SNAPMODULE 파라미터를 이용해서 notepad 프로세스에 로딩된 DLL 이름을 얻음
    hSnapshot = CreateToolhelp32Snapshot(TH32CS_SNAPMODULE, dwPID);

    bMore = Module32First(hSnapshot, &me);
    for( ; bMore ; bMore = Module32Next(hSnapshot, &me) )
    {
        if( !_tcsicmp((LPCTSTR)me.szModule, szDllName) ||
            !_tcsicmp((LPCTSTR)me.szExePath, szDllName) )
        {
            bFound = TRUE;
            break;
        }
    }

    if( !bFound )
    {
        CloseHandle(hSnapshot);
        return FALSE;
    }

    if ( !(hProcess = OpenProcess(PROCESS_ALL_ACCESS, FALSE, dwPID)) )
    {
        _tprintf(L"OpenProcess(%d) failed!!! [%d]\n", dwPID,
                GetLastError());
        return FALSE;
    }

    hModule = GetModuleHandle(L"kernel32.dll");
    pThreadProc = (LPTHREAD_START_ROUTINE)GetProcAddress(hModule,
                                                        "FreeLibrary");
    hThread = CreateRemoteThread(hProcess, NULL, 0,
                            pThreadProc, me.modBaseAddr,
                            0, NULL);
    WaitForSingleObject(hThread, INFINITE);

    CloseHandle(hThread);
    CloseHandle(hProcess);
    CloseHandle(hSnapshot);

    return TRUE;
}
```

```
int _tmain(int argc, TCHAR* argv[])
{
    DWORD dwPID = 0xFFFFFFFF;

    // process 찾기
    dwPID = FindProcessID(DEF_PROC_NAME);
    if( dwPID == 0xFFFFFFFF )
    {
        _tprintf(L"There is no %s process!\n", DEF_PROC_NAME);
        return 1;
    }

    _tprintf(L"PID of \"%s\" is %d\n", DEF_PROC_NAME, dwPID);

    // privilege 바꾸기
    if( !SetPrivilege(SE_DEBUG_NAME, TRUE) )
        return 1;

    // eject dll
    if( EjectDll(dwPID, DEF_DLL_NAME) )
        _tprintf(L"EjectDll(%d, \"%s\") success!!!\n", dwPID, DEF_DLL_
                NAME);
    else
        _tprintf(L"EjectDll(%d, \"%s\") failed!!!\n", dwPID, DEF_DLL_
                NAME);

    return 0;
}
```

앞에서 DLL 이젝션의 원리가 대상 프로세스로 하여금 스스로 FreeLibrary() API를 호출하도록 만드는 것이라고 말했습니다. 위 코드에서 EjectDll() 함수가 바로 그 역할을 수행합니다. EjectDll() 함수를 자세히 살펴보겠습니다.

24.2.1. 프로세스에 로딩된 DLL 정보 구하기

```
hSnapshot = CreateToolhelp32Snapshot(TH32CS_SNAPMODULE, dwPID);
```

CreateToolhelp32Snapshot() API를 이용하면 프로세스에 로딩된 모듈(DLL)의 정보를 얻을 수 있습니다. 이렇게 구한 hSnaphot 핸들을 Module32First()/Module32Next() 함수에 넘겨주면 MODULEENTRY32 구조체에 해당 모듈의 정보가 세팅됩니다. 코드 24.2는 MODULEENTRY32 구조체 정의입니다.

```
코드 24.2 MODULEENTRY32 구조체
typedef struct tagMODULEENTRY32
{
    DWORD   dwSize;
    DWORD   th32ModuleID;       // This module
    DWORD   th32ProcessID;      // owning process
    DWORD   GlblcntUsage;       // Global usage count on the module
    DWORD   ProccntUsage;       // Module usage count in th32ProcessID's
                                // context
    BYTE  * modBaseAddr;        // Base address of module in
                                // th32ProcessID's context
    DWORD   modBaseSize;        // Size in bytes of module starting at
                                // modBaseAddr
    HMODULE hModule;            // The hModule of this module in
                                // th32ProcessID's context
    char    szModule[MAX_MODULE_NAME32 + 1];
    char    szExePath[MAX_PATH];
} MODULEENTRY32;
```

출처: MSDN

szModule 멤버가 DLL 이름이고, modBaseAddr 멤버가 해당 DLL이 로딩된 주소(프로세스 가상 메모리)입니다. EjectDll() 함수의 for 루프에서 szModule와 이젝션을 원하는 DLL 파일 이름을 비교하면 정확한 모듈 정보를 찾을 수 있습니다.

24.2.2. 대상 프로세스 핸들 구하기

```
hProcess = OpenProcess(PROCESS_ALL_ACCESS, FALSE, dwPID);
```

프로세스 ID를 이용해서 대상 프로세스(notepad)의 프로세스 핸들을 구합니다(밑에서 이 프로세스 핸들을 이용하여 CreateRemoteThread() API를 호출하게 됩니다).

24.2.3. FreeLibrary() API 주소 구하기

```
hModule = GetModuleHandle(L"kernel32.dll");
pThreadProc = (LPTHREAD_START_ROUTINE)GetProcAddress(hModule,
    "FreeLibrary");
```

notepad 프로세스로 하여금 스스로 FreeLibrary() API를 호출하도록 하려면 FreeLibrary()의 주소를 알아야 합니다. 하지만 위 코드는 notepad.exe 프로세스에 로딩된 Kernel32!FreeLibrary 주소가 아니라 EjectDll.exe 프로세스에 로딩된 Kernel32!FreeLibrary 주소를 얻어오고 있습니다. DLL 인젝션을 이해한 여러분은 이유를 눈치챘을 겁니다. FreeLibrary 주소는 모든 프로세스에 대해 동일하다는 것을 말입니다.

24.2.4. 대상 프로세스에 스레드를 실행시킴

```
hThread = CreateRemoteThread(hProcess, NULL, 0, pThreadProc,
me.modBaseAddr , 0, NULL);
```

pThreadProc 파라미터는 FreeLibrary() API의 주소이며, me.modBaseAddr 파라미터는 이젝션하길 원하는 DLL의 로딩 주소입니다. 즉 스레드 함수로 FreeLibrary 함수를 지정하고 스레드 파라미터에 DLL 로딩 주소를 넘겨주면, 결국 대상 프로세스에서는 FreeLibrary() API가 성공적으로 호출됩니다(CreateRemoteThread() API의 원래 의도는 외부 프로세스에 스레드 함수를 실행시키는 것인데, 이 경우에 스레드 함수는 FreeLibrary()가 되는 것입니다).

```
코드 24.3 FreeLibrary()
BOOL WINAPI FreeLibrary(
    HMODULE hLibModule
);
```
출처: MSDN

ThreadProc 함수와 FreeLibrary 함수의 파라미터가 하나뿐이라는 점에 착안해서 나온 아이디어입니다.

24.3. DLL 이젝션 간단 실습

notepad에 인젝션된 myhack.dll을 이젝션해보도록 하겠습니다. Notepad.exe 프로세스에 myhack.dll을 인젝션해본 후 다시 이젝션하겠습니다.

24.3.1. 파일 복사 및 notepad.exe 실행

작업 폴더(예: c:\work)에 아래와 같이 3개의 파일을 복사합니다.

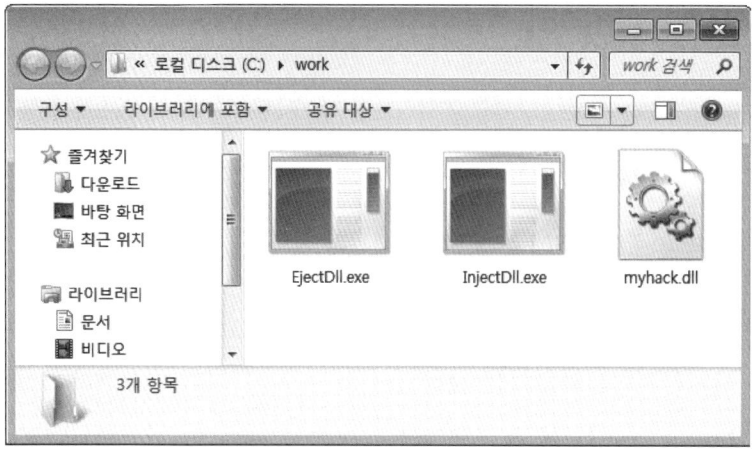

그림 24.1 작업 폴더에 파일 복사

그리고 notepad.exe를 실행하여 PID를 확인합니다.

그림 24.2 Process Explorer

제 환경에서 notepad.exe의 PID는 2832입니다.

24.3.2. 인젝션

Myhack.dll 파일을 notepad.exe 프로세스에게 인젝션합니다. 커맨드 창(cmd.exe)를 띄워서 그림 24.3과 같이 입력하기 바랍니다.

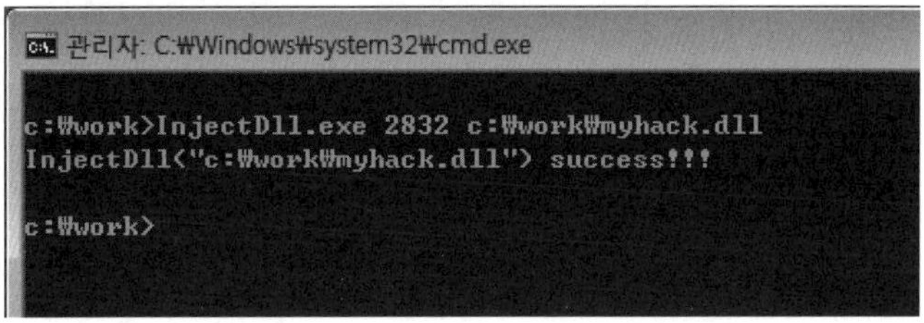

```
c:\work>InjectDll.exe 2832 c:\work\myhack.dll
InjectDll("c:\work\myhack.dll") success!!!

c:\work>
```

그림 24.3 InjectDll.exe 실행

Process Explorer에서 인젝션된 myhack.dll을 확인해보겠습니다.

그림 24.4 인젝션 확인

24.3.3. 이젝션

이제 notepad.exe에 인젝션된 myhack.dll을 이젝션해보도록 하겠습니다. 커맨드 창(cmd.exe)을 띄워서 그림 24.5과 같이 입력하기 바랍니다.

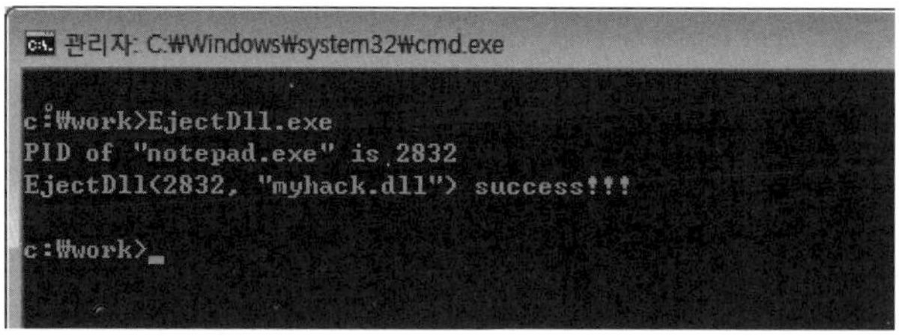

그림 24.5 EjectDll.exe 실행

제대로 이젝션이 되었는지 Process Explorer를 이용하여 각자 확인해보기 바랍니다. DLL 이젝션의 기본 동작 원리는 DLL 인젝션과 동일하기 때문에 쉽게 이해할 수 있습니다. 여러분도 설명을 차근차근 읽어보고 직접 실습해보기 바랍니다.

> **Q & A**
>
> Q. FreeLibrary()로 DLL을 제거하는 방식은 CreateRemoteThread()로 인젝션한 경우만 정상적으로 동작하는 것 같습니다. 혹시 일반적으로 로딩한 DLL 파일도 이젝션하는 방법은 없을까요?
>
> A. 말씀한 대로 '내가 강제로 인젝션한 DLL에 대해서만' 적용 가능한 방법입니다. PE 파일에서 직접 임포트하는 DLL의 경우 프로세스 실행 중에 이젝션할 수 없습니다.

25
PE 패치를 이용한 DLL 로딩

실행 파일을 수작업으로 패치시켜 사용자 DLL 파일을 로딩시키는 방법에 대해서 알아보도록 하겠습니다. 이 작업을 위해서는 PE File Format에 대한 지식이 필요합니다.

지금까지 우리가 원하는 DLL을 '실행 중인 프로세스'에 강제로 인젝션하는 방법에 대해서 알아봤습니다. 이번에는 접근 방법을 바꿔서 아예 대상 프로그램의 '실행 파일을 직접 수정'하여 DLL을 강제로 로딩하는 방법에 대해서 알아보겠습니다. 이 방법은 한 번 적용해 놓으면 (별도의 인젝션 과정 없이) 프로세스가 시작할 때마다 원하는 DLL을 로딩하게 만들 수 있습니다. 일종의 크랙(Crack)이라고 생각하면 됩니다.

25.1. 실습 파일

이해를 돕기 위하여 간단한 실습을 해보겠습니다. 실습 목표는 TextView.exe 파일을 직접 수정하여 실행 시 myhack3.dll을 로딩하도록 만드는 것입니다(이를 위해서는 PE 헤더를 자유자재로 다룰 수 있는 실력이 필요합니다).

25.1.1. TextView.exe
TextView.exe 프로그램은 아주 간단한 텍스트 뷰어입니다. 보고 싶은 텍스트 파일(myhack3.cpp)을 마우스로 드롭(Drop)하면 그림 25.1과 같이 그 내용을 표시합니다.

그림 25.1 TextView.exe 실행 화면

여러분 각자 가지고 있는 텍스트 파일을 드롭해서 테스트해보기 바랍니다. PEView를 이용하여 TextView.exe 실행 파일의 IDT(Import Directory Table)를 살펴보겠습니다.

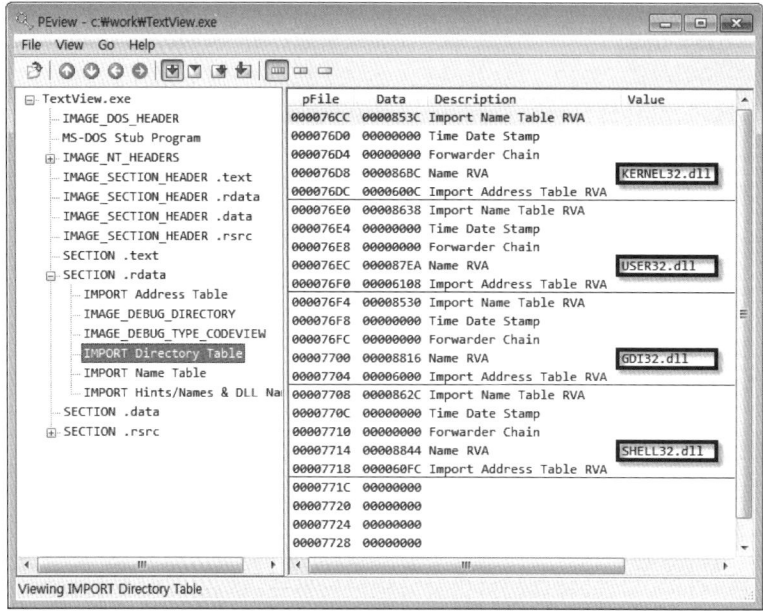

그림 25.2 PEView : TextView.exe의 IDT

TextView.exe에서 직접 임포트하는 DLL 파일은 KERNEL32.dll, USER32.dll, GDI32.dll, SHELL32.dll입니다.

25.1.2. TextView_patched.exe

TextView_Patched.exe 파일은 TextView.exe 파일의 IDT를 변경하여 myhack3.dll을 임포트하도록 미리 패치시킨 파일입니다. PEView로 TextView_Patched.exe의 IDT를 확인해보겠습니다.

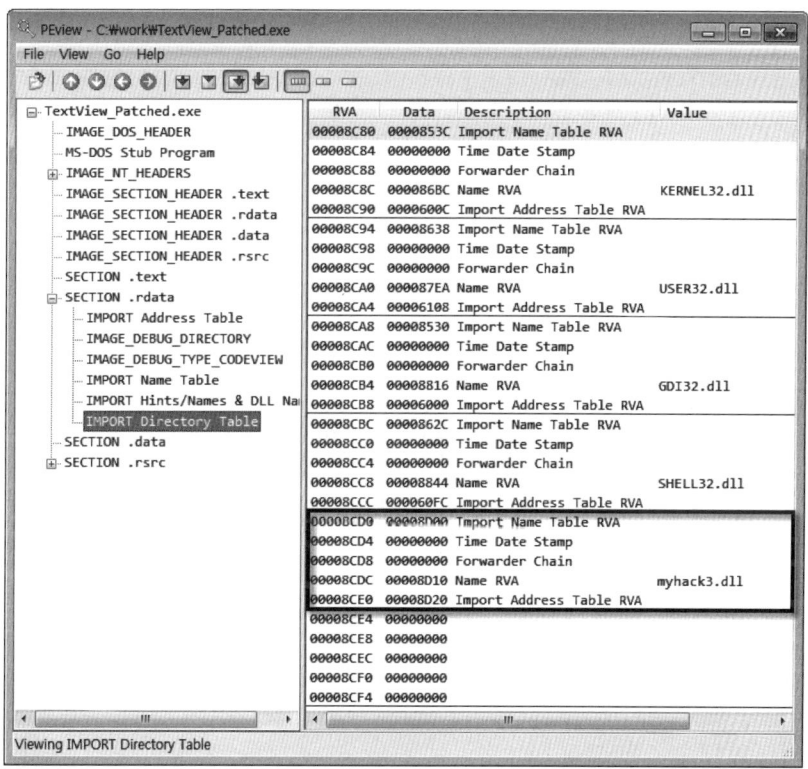

그림 25.3 PEView : TextView_Patched.exe의 IDT

IDT에 기존 4개의 DLL 파일 외에 myhack3.dll 파일이 추가된 것을 볼 수 있습니다. 이제부터 TextView_Patched.exe 파일은 실행 시에 myhack3.dll 파일을 로딩합니다. TextView_Patched.exe 파일을 실행해보겠습니다.

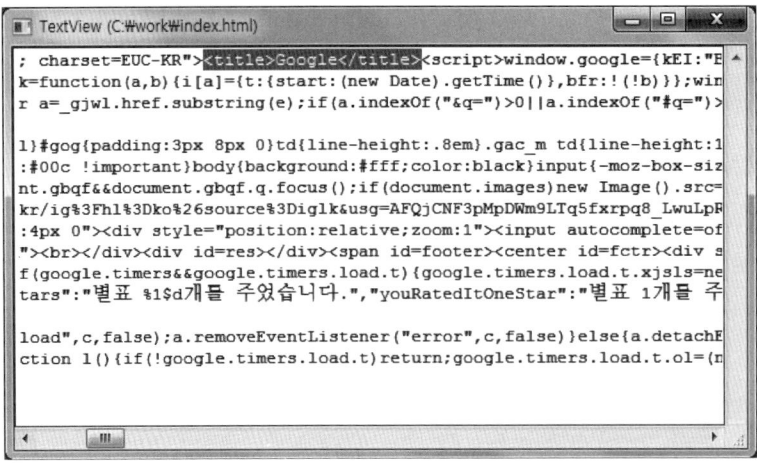

그림 25.4 TextView_Patched.exe의 실행 화면

실행 후 잠시만 기다리면 그림 25.4와 같이 index.html 파일이 자동으로 열립니다 (이것은 새롭게 로딩된 myhack3.dll 파일이 Google 사이트에 접속하여 index.html 파일을 다운받아 TextView_Patched.exe 프로세스에 드롭(Drop)시켰기 때문입니다). 작업 경로에 다운로드된 index.html 파일을 웹 브라우저에서 열어보겠습니다.

그림 25.5 웹 브라우저에서 index.html 파일 보기

그림 25.5과 같이 Google의 index.html 파일이 맞습니다.

> **참고**
> 시스템 환경(네트워크, 방화벽 정책, 보안/관리 프로그램 등)에 따라서 index.html 파일을 다운받지 못하는 경우가 있습니다. 에러 없이 잘 실행되는데, index.html 파일을 다운받지 못하는 경우 다른 환경에서 테스트해보기 바랍니다.

25.2. 소스코드 – myhack3.cpp

myhack3.dll 파일의 소스코드(myhack3.cpp)입니다.

> **참고**
> 모든 소스코드는 MS Visual C++ 2010 Express Edition으로 제작되었습니다. Windows XP/7 32비트 환경에서 테스트되었습니다.

25.2.1. DllMain( )

코드 25.1 DllMain()
```
#include "stdio.h"
#include "windows.h"
#include "shlobj.h"
#include "Wininet.h"
#include "tchar.h"

#pragma comment(lib, "Wininet.lib")

#define DEF_BUF_SIZE            (4096)
#define DEF_URL                 L"http://www.google.com/index.html"
#define DEF_INDEX_FILE          L"index.html"

DWORD WINAPI ThreadProc(LPVOID lParam)
{
    TCHAR szPath[MAX_PATH] = {0,};
    TCHAR *p = NULL;

    GetModuleFileName(NULL, szPath, sizeof(szPath));

    if( p = _tcsrchr(szPath, L'\\') )
    {
        _tcscpy_s(p+1, wcslen(DEF_INDEX_FILE)+1, DEF_INDEX_FILE);
```

```
        if( DownloadURL(DEF_URL, szPath) )
        {
            DropFile(szPath);
        }
    }

    return 0;
}

BOOL WINAPI DllMain(HINSTANCE hinstDLL, DWORD fdwReason, LPVOID
                    lpvReserved)
{
    switch( fdwReason )
    {
        case DLL_PROCESS_ATTACH :
            CloseHandle(CreateThread(NULL, 0, ThreadProc, NULL, 0, NULL));
            break;
    }

    return TRUE;
}
```

DllMain()의 기능은 단순히 사용자 스레드를 실행시키는 것입니다. 그 스레드 프로시저(ThreadProc)에서 DownloadURL()과 DropFile() 함수를 호출하여 실제적인 작업을 수행합니다. 하나씩 자세히 살펴보겠습니다.

25.2.2. DownloadURL()

코드 25.2 DownloadURL()
```
BOOL DownloadURL(LPCTSTR szURL, LPCTSTR szFile)
{
    BOOL        bRet = FALSE;
    HINTERNET   hInternet = NULL, hURL = NULL;
    BYTE        pBuf[DEF_BUF_SIZE] = {0,};
    DWORD       dwBytesRead = 0;
    FILE        *pFile = NULL;
    errno_t     err = 0;

    hInternet = InternetOpen(L"ReverseCore",
                             INTERNET_OPEN_TYPE_PRECONFIG,
                             NULL,
                             NULL,
                             0);
    if( NULL == hInternet )
    {
```

```
        OutputDebugString(L"InternetOpen() failed!");
        return FALSE;
    }

    hURL = InternetOpenUrl(hInternet,
                           szURL,
                           NULL,
                           0,
                           INTERNET_FLAG_RELOAD,
                           0);
    if( NULL == hURL )
    {
        OutputDebugString(L"InternetOpenUrl() failed!");
        goto _DownloadURL_EXIT;
    }

    if( err = _tfopen_s(&pFile, szFile, L"wt") )
    {
        OutputDebugString(L"fopen() failed!");
        goto _DownloadURL_EXIT;
    }

    while( InternetReadFile(hURL, pBuf, DEF_BUF_SIZE, &dwBytesRead) )
    {
        if( !dwBytesRead )
            break;

        fwrite(pBuf, dwBytesRead, 1, pFile);
    }

    bRet = TRUE;

_DownloadURL_EXIT:
    if( pFile )
        fclose(pFile);

    if( hURL )
        InternetCloseHandle(hURL);

    if( hInternet )
        InternetCloseHandle(hInternet);

    return bRet;
}
```

DownloadURL() 함수는 szURL에 명시된 인터넷 파일을 다운받아 szFile 경로에 저장하는 기능을 수행합니다. 예제에서는 구글(www.google.com) 사이트에 접속하여 index.html 파일을 받아옵니다.

> **참고**
>
> 사실 위 DownloadURL() 함수는 URLDownloadToFile() API를 직접 구현했다고 보면 됩니다.
> InternetOpen(), InternetOpenUrl(), InternetReadFile() API만으로 간단히 구현할 수 있습니다.
> InternetOpen(), InternetOpenUrl(), InternetReadFile() API들은 모두 wininet.dll에서 제공되며,
> URLDownloadToFile() API는 urlmon.dll에서 제공됩니다.

25.2.3. DropFile()

코드 25.3 DropFile()

```
BOOL CALLBACK EnumWindowsProc(HWND hWnd, LPARAM lParam)
{
    DWORD dwPID = 0;

    GetWindowThreadProcessId(hWnd, &dwPID);

    if( dwPID == (DWORD)lParam )
    {
        g_hWnd = hWnd;
        return FALSE;
    }

    return TRUE;
}

HWND GetWindowHandleFromPID(DWORD dwPID)
{
    EnumWindows(EnumWindowsProc, dwPID);

    return g_hWnd;
}

BOOL DropFile(LPCTSTR wcsFile)
{
    HWND        hWnd = NULL;
    DWORD       dwBufSize = 0;
    BYTE        *pBuf = NULL;
    DROPFILES   *pDrop = NULL;
    char        szFile[MAX_PATH] = {0,};
    HANDLE      hMem = 0;

    WideCharToMultiByte(CP_ACP, 0, wcsFile, -1,
                        szFile, MAX_PATH, NULL, NULL);

    dwBufSize = sizeof(DROPFILES) + strlen(szFile) + 1;

    if( !(hMem = GlobalAlloc(GMEM_ZEROINIT, dwBufSize)) )
```

```
    {
        OutputDebugString(L"GlobalAlloc() failed!!!");
        return FALSE;
    }

    pBuf = (LPBYTE)GlobalLock(hMem);

    pDrop = (DROPFILES*)pBuf;
    pDrop->pFiles = sizeof(DROPFILES);
    strcpy_s((char*)(pBuf + sizeof(DROPFILES)), strlen(szFile)+1, szFile);

    GlobalUnlock(hMem);

    if( !(hWnd = GetWindowHandleFromPID(GetCurrentProcessId())) )
    {
        OutputDebugString(L"GetWndHandleFromPID() failed!!!");
        return FALSE;
    }

    PostMessage(hWnd, WM_DROPFILES, (WPARAM)pBuf, NULL);

    return TRUE;
}
```

DropFile() 함수는 다운받은 index.html 파일을 TextView_Patch.exe 프로세스에 드롭시켜 그 내용을 보여줍니다. 이를 위해 TextView_Patch.exe 프로세스의 메인 Window Handle을 구해서 WM_DROPFILES 메시지를 전송합니다. PID 로부터 Window Handle을 구하여 PostMessage(WM_DROPFILES) API를 호출하는 것이 주요 내용입니다(자세한 API 설명은 생략합니다).

25.2.4. dummy()

여기 myhack3.cpp 소스코드에서 주목해야 하는 함수가 있습니다.

코드 25.4 dummy()
```
#ifdef __cplusplus
extern "C" {
#endif
// IDT 형식을 위한 dummy export function...
__declspec(dllexport) void dummy()
{
    return;
}
```

```
#ifdef __cplusplus
}
#endif
```

dummy( ) 함수는 myhack3.dll 파일에서 외부로 서비스하는 익스포트(Export) 함수입니다. 하지만 보는 바와 같이 아무런 기능이 없습니다. 아무 기능이 없는 함수를 익스포트하는 이유는 myhack3.dll을 TextView.exe 파일의 임포트 테이블에 추가시킬 수 있도록 형식적인 완전성을 제공하기 위한 것입니다.

PE 파일에서 어떤 DLL을 임포트한다는 것은 파일의 코드 내에서 그 DLL이 제공하는 익스포트 함수를 호출한다는 의미입니다. PE 헤더에는 DLL 이름, 함수 이름 등의 정보가 기록되어 있습니다. 따라서 myhack3.dll 파일은 형식적인 완전성을 위해 익스포트 함수를 최소한 하나 이상 제공해야 합니다.

일반적으로 임포트 테이블에 DLL을 추가하는 것은 빌드 툴(VC++, VB, Delphi 등)이지만, 여기서는 리버싱 관점으로 TextView.exe 파일을 직접 PE Viewer와 Hex Editor를 이용해서 임포트 테이블을 수정해보도록 하겠습니다.

25.3. TextView.exe 파일 패치 준비 작업

25.3.1. 패치 아이디어

실습 예제에서 잠깐 살펴봤듯이 IDT에는 PE 파일에서 임포트하는 DLL에 대한 정보들이 구조체 리스트 형식으로 저장되어 있습니다. 이 리스트의 마지막에 myhack3.dll을 추가하면 되는 것이죠. 물론 추가하기 전에 그만한 여유 공간이 있는지 먼저 확인해야 합니다.

25.3.2. 패치 사전 조사

PEView를 이용하여 TextView.exe의 IDT 주소를 확인해봅니다(PE 헤더의 IMAGE_OPTIONAL_HEADER 구조체에서 IMPORT Table RVA 값이 바로 IDT의 RVA입니다).

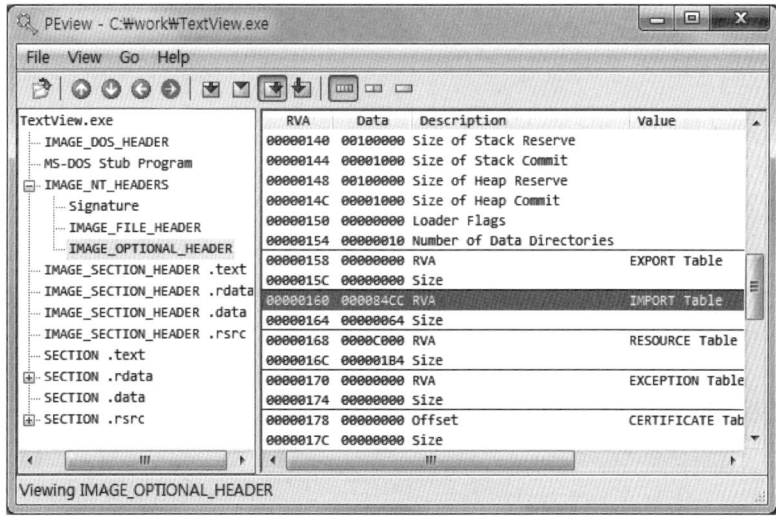

그림 25.6 PEView: IMAGE_OPTIONAL_HEADER에서 IDT의 RVA 값

그림 25.6에서 IDT 주소는 RVA로 84CC입니다. PEView에서 IDT를 직접 확인해보겠습니다(PEView의 주소 보기 옵션을 'RVA'로 변경해주세요).

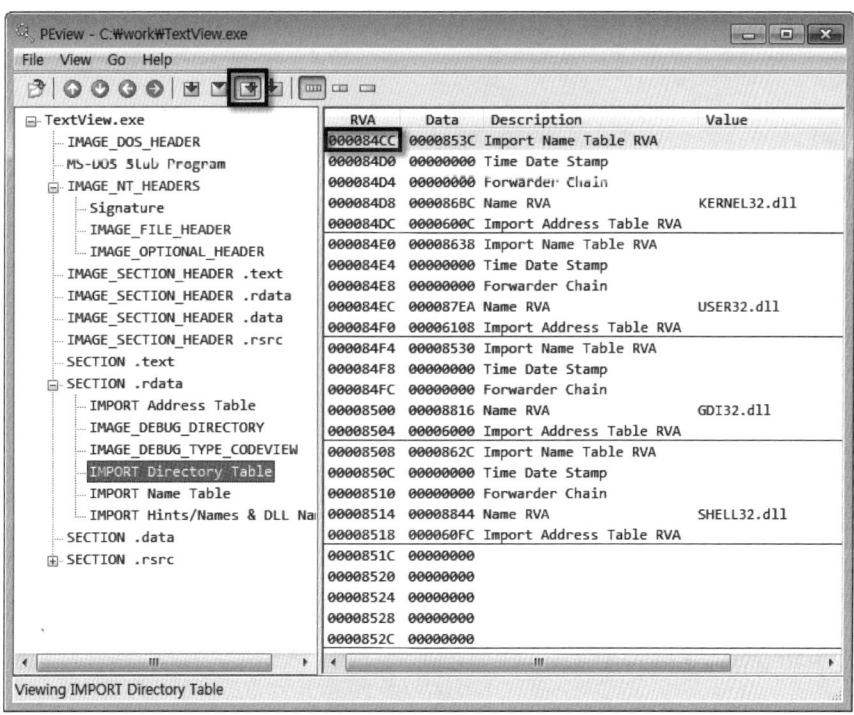

그림 25.7 PEView: IDT(Import Directory Table)

25 PE 패치를 이용한 DLL 로딩

TextView.exe의 IDT는 '.rdata' 섹션에 존재합니다. PE 헤더 지식을 사용해보면 IDT는 IMAGE_IMPORT_DESCRIPTOR(이하 IID) 구조체 배열로 이루어져 있으며, 배열의 마지막은 NULL 구조체로 끝납니다. 임포트하는 DLL 파일 하나당 IID 구조체가 하나씩 필요합니다(IID 구조체 하나의 크기는 14바이트). 그림 25.7에서 전체 IID의 영역은 RVA: 84CC~852F입니다(전체 크기는 14 * 5 = 64).

> **참고**
>
> **IID 구조체 정의**
>
> ```
> IMAGE_IMPORT_DESCRIPTOR
> typedef struct _IMAGE_IMPORT_DESCRIPTOR {
>     union {
>         DWORD    Characteristics;
>         DWORD    OriginalFirstThunk;    // RVA to INT(Import Name Table)
>     };
>     DWORD    TimeDateStamp;
>     DWORD    ForwarderChain;
>     DWORD    Name;                      // RVA to DLL Name String
>     DWORD    FirstThunk;                // RVA to IAT(Import Address
>                                         Table)
> } IMAGE_IMPORT_DESCRIPTOR;
> ```

PEView의 주소 보기 옵션을 'File Offset'으로 변환하면 IDT의 파일 옵셋은 76CC입니다(그림 25.8 참고).

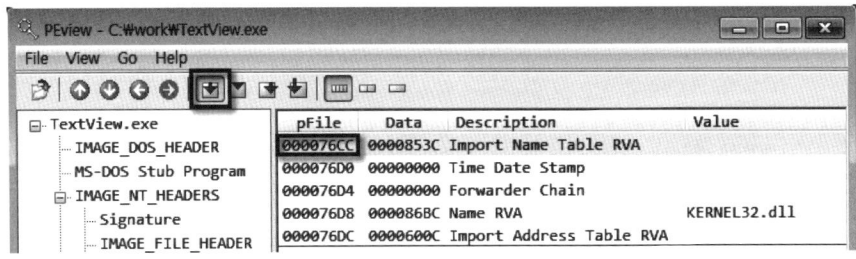

그림 25.8 PEView: Import Directory Table(File Offset)

HxD 유틸리티를 이용해 TextView.exe 파일을 열고 76CC 주소를 찾으면 그림 25.9와 같습니다.

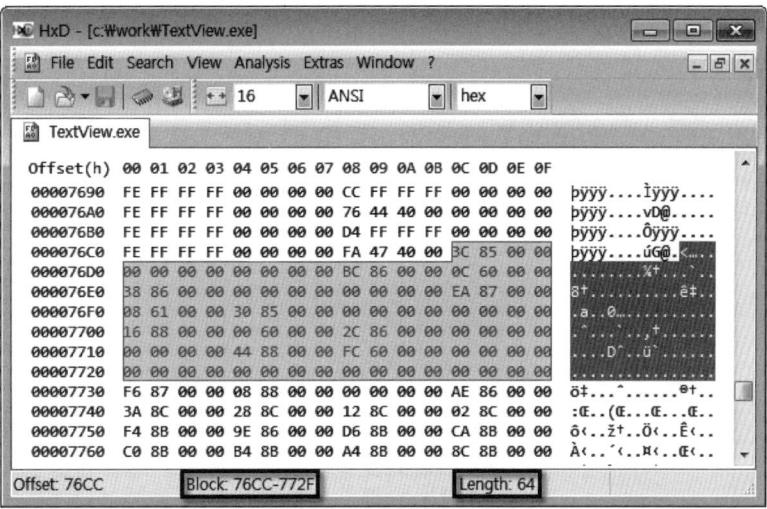

그림 25.9 HxD: Import Directory Table

　IDT는 file offset으로 76CC~772F 범위에 있으며 전체 크기는 64입니다. 마지막 NULL 구조체를 포함하여 총 5개의 IID 구조체가 있습니다. 위 그림에서 IDT 끝 부분은 다른 데이터가 존재하기 때문에 myhack3.dll을 위한 IID 구조체를 덧붙일 공간이 없음을 알 수 있습니다.

25.3.3. IDT 이동

이런 경우 IDT 전체를 다른 넓은 위치로 옮긴 후 새로운 IID를 추가시켜야 합니다. 위치를 선택할 때 다음과 같은 방법들이 가능합니다.

· 파일의 다른 빈 영역을 찾습니다.
· 파일 마지막 섹션의 크기를 늘립니다.
· 파일 끝에 새로운 섹션을 추가합니다.

　먼저 첫 번째 방법인 '파일의 다른 빈 영역(프로그램 실행에 사용되지 않는 영역)을 찾아보기'로 시도해보겠습니다. 그림 25.10에서 보이는 것처럼 .rdata 섹션 끝부분에 알맞은 크기가 비어 있습니다(보통은 섹션 끝 또는 파일 끝에 빈 영역이 존재합니다. PE 파일에서 이러한 빈 영역을 Null-Padding 영역이라고 부릅니다).

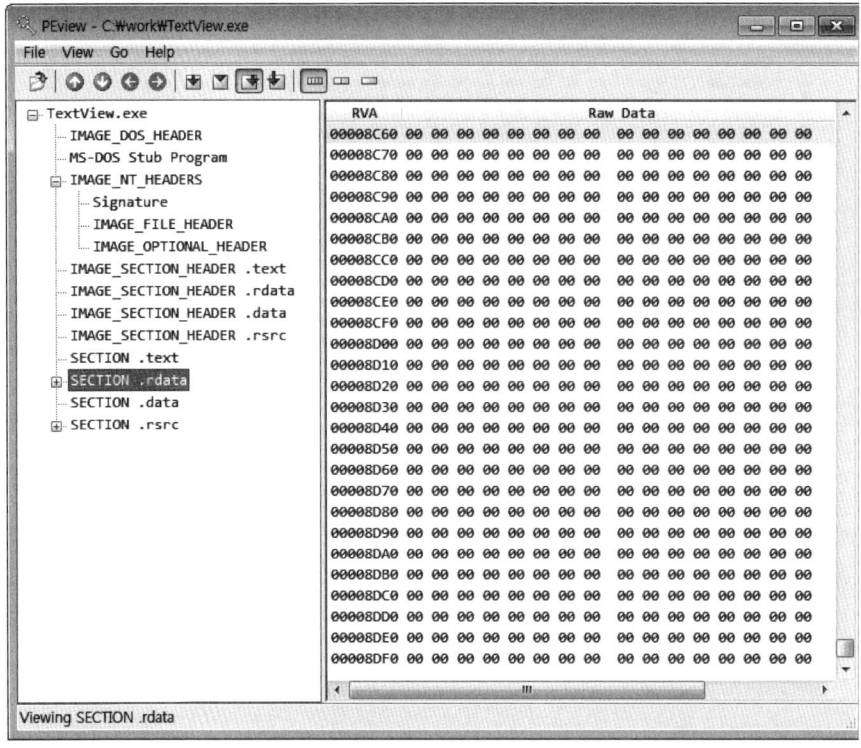

그림 25.10 HxD: .rdata 섹션 끝의 Null-Padding 영역

이 Null-Padding 영역(RVA: 8C60~8DFF)에서 적당한 위치에 기존 IDT를 옮겨올 예정입니다. 그 전에 과연 저 비어있는 영역(RVA: 8C60~8DFF)이 진짜 Null-Padding 영역인지 확인해야 합니다. 파일에 있는 영역이라고 해서 무조건 프로세스 가상 메모리에도 로딩되는 것은 아닙니다. 섹션 헤더에 명시된 영역만큼만 메모리에 로딩됩니다. PEView를 이용해서 TextView.exe 파일의 '.rdata' 섹션 헤더를 살펴보겠습니다.

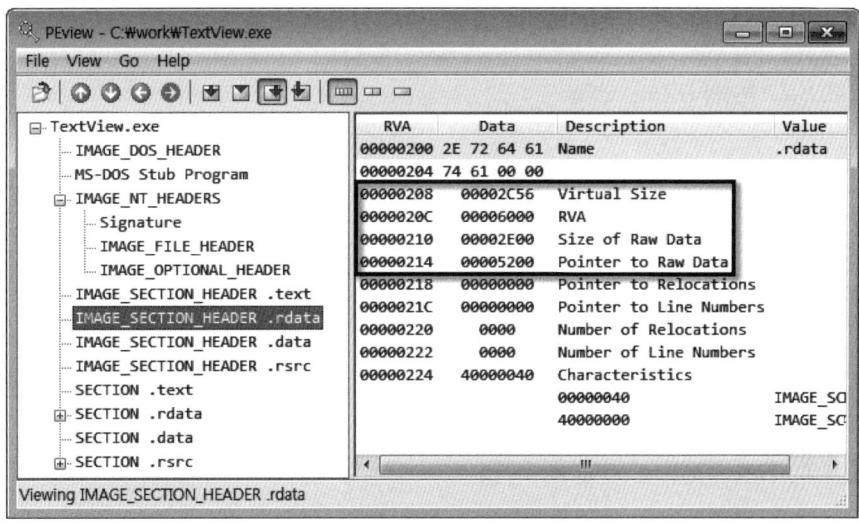

그림 25.11 TextView.exe 파일의 .rdata 섹션 헤더

섹션 헤더는 해당 섹션에 대한 위치, 크기, 속성 등에 대한 정보가 저장되어 있습니다. 그림 25.11을 참고로 .rdata 섹션을 분석하겠습니다.

Item	Value	Comment
Pointer to Raw Data	5200	[파일] 섹션의 시작
Size of Raw Data	2E00	[파일] 섹션의 크기
RVA	6000	[메모리] 섹션의 시작
Virtual Size	2C56	[메모리] 섹션의 크기

표 25.1 .rdata 섹션의 헤더 정보

파일과 메모리에서 섹션의 크기가 서로 다르다는 것을 눈여겨보기 바랍니다.

.rdata 섹션의 파일 크기는 2E00이지만, 파일이 실행되어 메모리에 로딩될 때 실제 프로그램에서 사용되는 데이터의 크기(매핑되는 크기)는 2C56뿐이라는 뜻입니다. 따라서 나머지 사용되지 않는 영역의 크기는 1AA(2E00 - 2C56)이고, 이 위치에 IDT를 재구성하는 것은 아무런 문제가 없습니다.

> **참고**
>
> PE 파일의 끝 부분이 NULL로 채워져 있다고 해서 무조건 Null-Padding이라고 가정하면 안됩니다. 프로그램에서 사용되는 영역일 수도 있는 것입니다. 또한 모든 Null-Padding 영역이 메모리에 로딩된다고 가정해서도 안 됩니다. 오로지 섹션 헤더의 정보를 분석한 이후에 판단해야 합니다. 만약에 위 TextView.exe의 Null-Padding 영역이 IDT를 재구성할 수 없을 정도로 작다면, 마지막 섹션의 크기를 늘리거나 새로운 섹션을 추가하여 IDT 크기를 확보해야 합니다.

그림 25.10의 Null-Padding 영역은 사용가능하므로 새로운 IDT를 RVA: 8C80 (RAW: 7E80) 위치에 생성하겠습니다(이 위치를 잘 기억해두기 바랍니다).

25.4. TextView.exe 패치 작업

TextView.exe를 작업 폴더로 복사 후 이름을 TextView_Patch.exe로 변경합니다. 이제부터 TextView_Patch.exe 파일을 가지고 패치 실습을 진행합니다. 기본적으로 PEView로는 TextView.exe 원본 파일을 열어서 각 PE 정보를 확인하는 데 사용하고, HxD로는 TextView_Patch.exe 파일을 열어서 실제로 값을 변경시키는 데 사용하겠습니다.

25.4.1. IMPORT Table의 RVA 값 변경

IMAGE_OPTIONAL_HEADER의 IMPORT Table 구조체 멤버는 IDT의 위치(RVA)와 크기를 알려줍니다.

```
00000158  00000000 RVA                    EXPORT Table
0000015C  00000000 Size
00000160  000084CC RVA                    IMPORT Table
00000164  00000064 Size
00000168  0000C000 RVA                    RESOURCE Table
0000016C  000001B4 Size
```

그림 25.12 PEView: IMAGE_OPTIONAL_HEADER의 IMPORT Table RVA/Size

TextView.exe 파일에서 IMPORT Table의 RVA 값은 84CC입니다. 이 RVA 값을 새로운 IDT의 RVA 값인 8C80으로 변경하고, Size 값을 기존 64에 14(IID 구조체 크기)를 더한 값인 78로 변경합니다(그림 25.13 참고).

```
00000150  00 00 00 00 10 00 00 00 00 00 00 00 00 00 00 00  ................
00000160  80 8C 00 00 78 00 00 00 00 C0 00 00 B4 01 00 00  €Œ..x....À..´...
00000170  00 00 00 00 00 00 00 00 00 00 00 00 00 00 00 00  ................
```

그림 25.13 HxD: TextView_Patch.exe IMPORT Table RVA/Size

이제부터 IMPORT Table이 RVA: 8C80(RAW: 7E80)에 존재하는 걸로 간주됩니다.

25.4.2. BOUND IMPORT TABLE 제거

BOUND IMPORT TABLE은 DLL 로딩 속도를 조금 향상시킬 수 있는 기법입니다.

```
000001A8  00000000  RVA                    LOAD CONFIGURATION Table
000001AC  00000000  Size
000001B0  00000000  RVA                    BOUND IMPORT Table
000001B4  00000000  Size
000001B8  00006000  RVA                    IMPORT Address Table
000001BC  00000154  Size
```

그림 25.14 PEView: IMAGE_OPTIONAL_HEADER의 BOUND IMPORT Table RVA/Size

myhack3.dll을 정상적으로 임포트하기 위해서는 이 BOUND IMPORT TABLE에도 정보를 추가해야 합니다. 다행히 이 테이블은 옵션으로써 반드시 존재할 필요는 없기 때문에 작업의 편의성을 위해 제거합니다(0으로 변경하면 됩니다). BOUND IMPORT TABLE이 아예 존재하지 않으면 상관없지만, 만약 존재하면서 그 정보가 잘못 기재되어 있다면 실행 시 에러가 발생하기 때문입니다. 실습 예제인 TextView.exe 파일은 다행히 이 값이 0으로 되어 있습니다. 혹시 다른 파일을 패치할 때는 이 값을 잘 확인하기 바랍니다.

25.4.3. 새로운 IDT 생성

Hex Editor로 기존 IDT(RAW: 76CC~772F)를 전부 복사하여 새로운 IDT 위치(RAW: 7E80)에 덮어쓰기(Paste write)합니다.

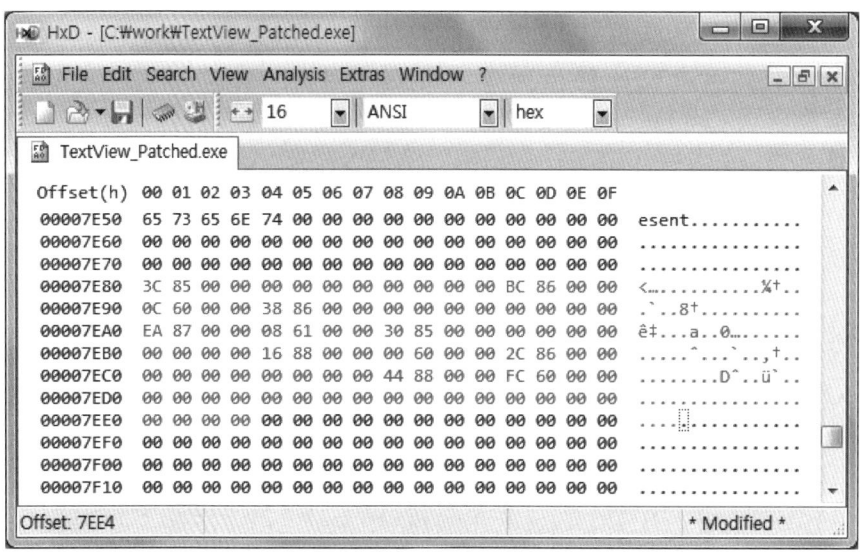

그림 25.15 HxD : TextView_Patch.exe의 새로운 IDT

이 상태에서 다음과 같이 myhack3.dll을 위한 IID를 구성하여 새로 생성한 IDT 의 끝(RAW: 7ED0)에 추가시킵니다(각 멤버의 데이터에 대해서는 뒤쪽에서 따로 설명합니다).

코드 25.5 IMAGE_IMPORT_DESCRIPTOR
```
typedef struct _IMAGE_IMPORT_DESCRIPTOR {
    union {
        DWORD   Characteristics;
        DWORD   OriginalFirstThunk;   // 00008D00 => RVA to INT
    };
    DWORD   TimeDateStamp;            // 0
    DWORD   ForwarderChain;           // 0
    DWORD   Name;                     // 00008D10 => RVA to DLL Name
    DWORD   FirstThunk;               // 00008D20 => RVA to IAT
} IMAGE_IMPORT_DESCRIPTOR;
```

위의 데이터를 정확한 위치(RAW: 7ED0)에 입력하면 그림 25.16과 같습니다.

```
00007E80  3C 85 00 00 00 00 00 00 00 00 00 00 BC 86 00 00   <...........¼...
00007E90  0C 60 00 00 38 86 00 00 00 00 00 00 00 00 00 00   .`..8...........
00007EA0  EA 87 00 00 08 61 00 00 30 85 00 00 00 00 00 00   ê...a..0......
00007EB0  00 00 00 00 16 88 00 00 00 00 00 00 2C 86 00 00   ............,...
00007EC0  00 00 00 00 00 00 00 00 44 88 00 00 FC 60 00 00   ........D...ü`..
00007ED0  00 8D 00 00 00 00 00 00 00 00 00 00 10 8D 00 00   ................
00007EE0  20 8D 00 00 00 00 00 00 00 00 00 00 00 00 00 00    ...............
00007EF0  00 00 00 00 00 00 00 00 00 00 00 00 00 00 00 00   ................
00007F00  00 00 00 00 00 00 00 00 00 00 00 00 00 00 00 00   ................
```

그림 25.16 HxD : myhack3.dll을 위한 IMAGE_IMPORT_DESCRIPTOR 구조체 데이터 추가

25.4.4. Name, INT, IAT 세팅

앞 단계에서 추가한 IID 구조체 멤버들은 또 다른 자료구조(INT, Name, IAT)를 가리키는 RVA 값을 가집니다. 따라서 TextView_Patch.exe 파일이 정상적으로 실행되기 위해서는 이러한 자료 구조들을 정확히 세팅해야 합니다. 앞 단계의 작업에 의하면 INT, Name, IAT의 RVA/RAW 값은 표 25.2와 같습니다.

	RVA	RAW
INT	8D00	7F00
Name	8D10	7F10
IAT	8D20	7F20

표 25.2 INT, Name, IAT

> 참고
>
> RVA ↔ RAW(FileOffset) 변환은 PEView에서 보면 됩니다. 하지만 변환 방법을 숙지한 후 직접 구하는 것이 가장 좋습니다(13장을 참고하세요).

이 주소들(RVA: 8D00, 8D10, 8D20)은 새로 생성한 IDT(RVA: 8C80)의 바로 아래쪽에 위치합니다. 제가 작업 편의상 이 영역을 선정한 것이며 다른 위치에 선정해도 상관 없습니다. HxD를 이용해서 7F00 위치로 가서 그림 25.17과 같이 값을 입력합니다.

```
00007ED0  00 8D 00 00 00 00 00 00 00 00 00 00 10 8D 00 00   ................
00007EE0  20 8D 00 00 00 00 00 00 00 00 00 00 00 00 00 00   ................
00007EF0  00 00 00 00 00 00 00 00 00 00 00 00 00 00 00 00   ................
00007F00  30 8D 00 00 00 00 00 00 00 00 00 00 00 00 00 00   0...............
00007F10  6D 79 68 61 63 6B 33 2E 64 6C 6C 00 00 00 00 00   myhack3.dll.....
00007F20  30 8D 00 00 00 00 00 00 00 00 00 00 00 00 00 00   0...............
00007F30  00 00 64 75 6D 6D 79 00 00 00 00 00 00 00 00 00   ..dummy.........
00007F40  00 00 00 00 00 00 00 00 00 00 00 00 00 00 00 00   ................
00007F50  00 00 00 00 00 00 00 00 00 00 00 00 00 00 00 00   ................
```

그림 25.17 HxD : myhack3.dll을 위한 INT, Name, IAT

이해하기 쉽게 TextView_Patch.exe 파일을 PEView로 열어서 동일한 영역을 살펴보겠습니다. 이번에는 'RVA 보기' 옵션을 사용합니다.

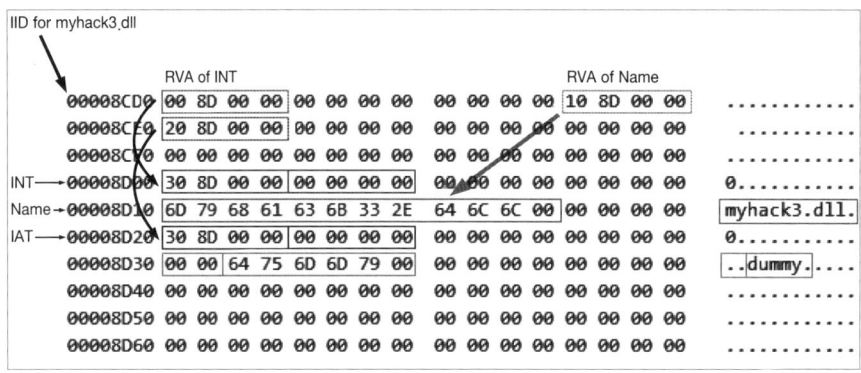

그림 25.18 PEView: myhack3.dll을 위한 INT, Name, IAT

그림 25.18에 나타난 여러 값의 의미를 설명하겠습니다.

8CD0 주소에 myhack3.dll을 위한 IID 구조체가 존재합니다. 3개의 중요 멤버(RVA of INT, RVA of Name, RVA of IAT)에 입력된 값들의 의미는 실제 INT, Name, IAT의 포인터 역할입니다.

INT(Import Name Table)는 쉽게 말해서 RVA 배열인데, 배열의 각 원소는 임포트하는 함수의 Ordinal(2 bytes) + Func Name String 구조체 형식의 주소(RVA)를 나타내며 배열의 끝은 NULL입니다. 또 INT에는 1개의 원소가 있고, 그 값은 8D30입니다. 그 주소로 가면 임포트하려는 함수의 Ordinal(2 bytes)과 함수 이름 문자열("dummy")이 나타납니다.

Name은 임포트하는 함수를 제공하는 DLL 파일의 이름 문자열입니다. 8D10 주소에 "myhack3.dll" 문자열이 보이네요.

IAT(Import Address Table) 역시 RVA 배열입니다. 각 원소는 INT와 같은 값을 가져도 좋고 다른 값을 가져도 좋습니다(INT가 정확하다면 IAT는 다른 값을 가져도 상관없습니다). 어차피 실행 시에 PE 로더에 의해 메모리상의 IAT 위치는 실제 함수 주소로 덮어 씁니다.

> **참고**
>
> INT의 각 원소가 가리키는 값은 사실 IMAGE_IMPORT_BY_NAME 구조체 포인터(RVA)입니다. IMAGE_IMPORT_BY_NAME 구조체 정의는 다음과 같습니다.
>
> **IMAGE_IMPORT_BY_NAME**
> ```
> typedef struct _IMAGE_IMPORT_BY_NAME {
>     WORD    Hint;
>     BYTE    Name[1];
> } IMAGE_IMPORT_BY_NAME, *PIMAGE_IMPORT_BY_NAME;
> ```
> 출처: MSDN
>
> Hint 멤버는 함수의 Ordinal을 의미하고, Name 멤버가 바로 임포트하려는 함수 이름 문자열입니다.

25.4.5. IAT 섹션의 Characteristics 변경

IAT는 PE 로더에 의해서 메모리에 로딩될 때 실제 함수 주소로 덮어쓰기 때문에 해당 섹션은 반드시 WRITE 속성을 가지고 있어야 합니다. 그래야 PE 로더가 정상적으로 쓸 수 있기 때문입니다. PEView로 .rdata 섹션 헤더를 보면 그림 25.19와 같습니다.

pFile	Data	Description	Value
00000200	2E 72 64 61	Name	.rdata
00000204	74 61 00 00		
00000208	00002C56	Virtual Size	
0000020C	00006000	RVA	
00000210	00002E00	Size of Raw Data	
00000214	00005200	Pointer to Raw Data	
00000218	00000000	Pointer to Relocations	
0000021C	00000000	Pointer to Line Numbers	
00000220	0000	Number of Relocations	
00000222	0000	Number of Line Numbers	
00000224	40000040	Characteristics	
		00000040	IMAGE_SCN_CNT_INITIALIZED_DATA
		40000000	IMAGE_SCN_MEM_READ

그림 25.19 PEView: .rdata 섹션 헤더

원래 Characteristics 값 40000040에 IMAGE_SCN_MEM_WRITE(80000000) 속성 값을 추가해줍니다. bit OR 연산을 수행하면 최종 Characteristics는 C0000040이 됩니다.

```
00000200  2E 72 64 61 74 61 00 00 56 2C 00 00 00 60 00 00  .rdata..V,...`..
00000210  00 2E 00 00 00 52 00 00 00 00 00 00 00 00 00 00  .....R..........
00000220  00 00 00 00 40 00 00 C0 2E 64 61 74 61 00 00 00  ....@..À.data...
00000230  E0 2B 00 00 00 90 00 00 00 0C 00 00 00 80 00 00  à+...........€..
00000240  00 00 00 00 00 00 00 00 00 00 00 00 40 00 00 C0  ............@..À
```

그림 25.20 HxD: .text 섹션에 [쓰기] 속성 추가

참고

TextView.exe 파일의 IAT는 원래부터 .rdata 섹션에 존재했었고, .rdata 섹션은 원래부터 쓰기 속성이 없었습니다. 그래도 프로그램이 잘 실행되었죠. 그런데 TextView_Patched.exe에서는 이 과정을 안 해주면 정상 실행되지 않습니다. 왜 그럴까요? 해답은 바로 PE Header에서 IMAGE_OPTIONAL_HEADER 구조체의 Data Directory 배열 중 'IMPORT Address Table'에 있습니다.

```
000001A8  00000000 RVA              LOAD CONFIGURATION Table
000001AC  00000000 Size
000001B0  00000000 RVA              BOUND IMPORT Table
000001B4  00000000 Size
000001B8  00006000 RVA              IMPORT Address Table
000001BC  00000154 Size
000001C0  00000000 RVA              DELAY IMPORT Descriptors
000001C4  00000000 Size
000001C8  00000000 RVA              CLI Header
000001CC  00000000 Size
```

그림 25.21 Data Directory: IMPORT Address Table

이곳에 명시된 주소 영역(6000~6154)에 IAT가 존재하면 그 섹션에는 쓰기 속성이 없어도 됩니다. 그림 25.22는 TextView.exe 파일의 IAT 영역(RVA 6000)의 일부입니다.

그림 25.22를 보면 모든 IAT들이 같은 영역(6000~6154)에 모여 있는 것을 확인할 수 있습니다. 마찬가지로 TextView_Patched.exe에서도 .rdata 섹션에 쓰기 속성을 주지 않으려면 기존 IAT 영역 뒤에 dummy()를 위한 IAT를 추가시키고, IMPORT Address Table(SIZE)을 8바이트 늘려주면 됩니다. 이렇게 패치시킨 파일을 TextView_Patched2.exe로 저장해 놓았으니 TextView_Patched.exe와 비교해보기 바랍니다.

```
RVA       Data      Description        Value
00006000  000087F6  Hint/Name RVA      020D  GetStockObject
00006004  00008808  Hint/Name RVA      0041  CreateFontW
00006008  00000000  End of Imports           GDI32.dll
0000600C  000086AE  Hint/Name RVA      0052  CloseHandle
00006010  00008C3A  Hint/Name RVA      0304  IsProcessorFeaturePresent
00006014  00008C28  Hint/Name RVA      0269  GetStringTypeW
00006018  00008C12  Hint/Name RVA      0367  MultiByteToWideChar
0000601C  00008C02  Hint/Name RVA      032D  LCMapStringW
00006020  00008BF4  Hint/Name RVA      02D2  HeapReAlloc
00006024  0000869E  Hint/Name RVA      0202  GetLastError
00006028  00008BD6  Hint/Name RVA      030A  IsValidCodePage
0000602C  00008BCA  Hint/Name RVA      0237  GetOEMCP
00006030  00008BC0  Hint/Name RVA      0168  GetACP
00006034  00008BB4  Hint/Name RVA      0172  GetCPInfo
00006038  00008BA4  Hint/Name RVA      033F  LoadLibraryW
0000603C  00008B8C  Hint/Name RVA      00EE  EnterCriticalSection
00006040  00008690  Hint/Name RVA      008F  CreateFileW
00006044  00008BE8  Hint/Name RVA      0418  RtlUnwind
00006048  00008684  Hint/Name RVA      03C0  ReadFile
0000604C  00008B74  Hint/Name RVA      0339  LeaveCriticalSection
00006050  00008B68  Hint/Name RVA      02D4  HeapSize
00006054  00008850  Hint/Name RVA      0186  GetCommandLineA
00006058  00008862  Hint/Name RVA      02D3  HeapSetInformation
0000605C  00008878  Hint/Name RVA      0263  GetStartupInfoW
00006060  0000888A  Hint/Name RVA      04C0  TerminateProcess
00006064  0000889E  Hint/Name RVA      01C0  GetCurrentProcess
```

그림 25.22 TextView.exe의 IAT(Import Address Table)

이제 모든 패치 작업이 끝났습니다. TextView_Patch.exe 파일은 실행을 하면 정상적으로 myhack3.dll 파일을 로딩할 것입니다.

25.5. 검증(Test)

새로 만든 TextView_Patch.exe 파일을 PEView로 열어서 IDT를 살펴보겠습니다.

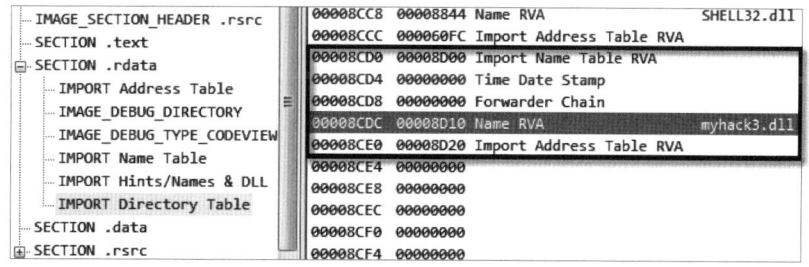

그림 25.23 PEView: TextView_Patch.exe 파일의 IDT에 myhack3.dll이 등록된 모습

IDT에 myhack3.dll을 임포트하기 위한 IID 구조체가 정상적으로 세팅되었습니다. 그리고 그림 25.24는 INT에 myhack3.dll의 dummy() 함수가 추가된 모습입니다.

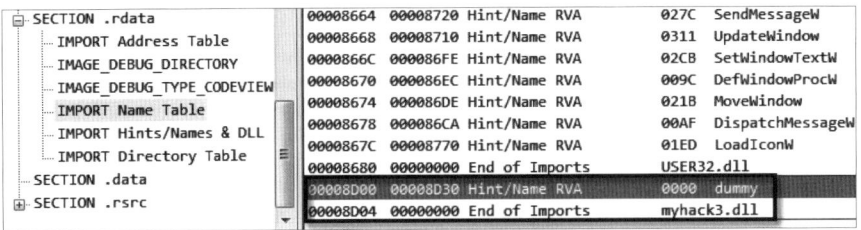

그림 25.24 PEView: TextView_Patch.exe 파일의 INT에 dummy() 함수가 임포트된 모습

파일 외형적인 테스트는 잘 통과하였습니다. 이제 실행 테스트를 해볼 차례입니다. TextView_Patch.exe와 myhack3.dll 파일을 같은 폴더에 넣고 TextView_Patch.exe를 실행합니다.

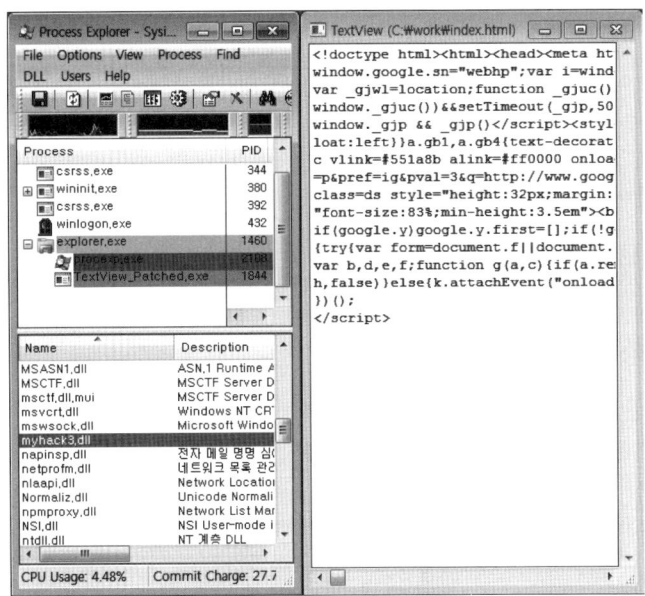

그림 25.25 TextView_Patch.exe의 실행 모습

Process Explorer로 TextView_Patch.exe 프로세스에 로딩된 myhack3.dll을 확인할 수 있습니다. 그리고 로딩된 myhack3.dll 파일은 특정 웹 사이트의 index.html 파일을 다운받아서 TextView_Patch.exe 창에 보여주고 있습니다.

25.6. 마무리

이상으로 PE 파일을 직접 패치시키는 방법으로 원하는 DLL을 로딩하는 방법에 대해서 알아보았습니다. Import Directory Table에 사용자 dll을 추가시켜서 실행할 때 자동으로 로딩하게 한다는 기본 원리만 확실히 이해하고, 관련된 PE 헤더를 참고하면 쉽게 따라할 수 있을 것입니다(PE 헤더에 관련한 내용은 13장을 참고하세요).

26
PE Tools

다재다능한 PE 유틸리티를 소개하겠습니다. 프로세스 메모리 덤프, PE 헤더 Editing, PE Rebuilding 등의 기능을 가진 PE Tools입니다.

26.1. PE Tools

홈페이지: http://petools.org.ru

다운경로: http://petools.org.ru/updates/pt_update_08_rc7.zip

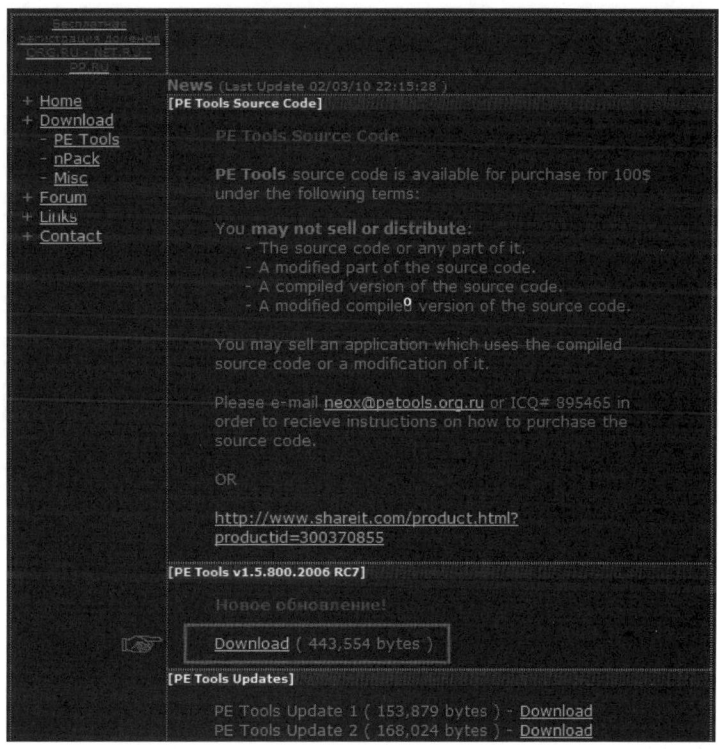

그림 26.1 PE Tools 홈페이지

홈페이지로 추정해보면 PE Tools 제작자는 러시아 사람으로 보입니다. PE Tools를 실행하면 다음 그림과 같은 초기화면이 나타납니다. "REVERSE ENGINEER'S SWISS ARMY KNIFE"라는 문구에서 제작자의 자부심이 엿보이네요.

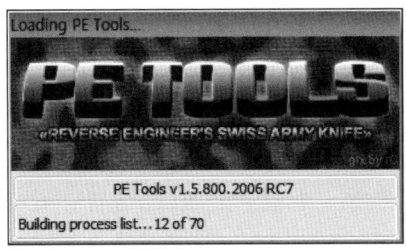

그림 26.2 PE Tools의 초기 화면

PE Tools는 시스템에서 실행 중인 모든 프로세스 리스트를 구해옵니다. 그리고 다음 그림과 같이 메인 화면에서 프로세스 리스트를 보여줍니다.

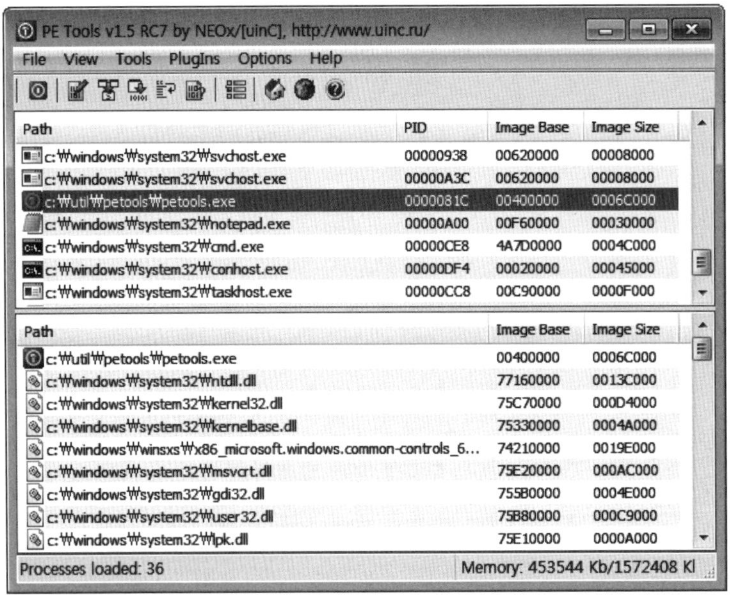

그림 26.3 PE Tools 메인 화면

제가 PE Tools를 사용하는 주된 목적은 프로세스 메모리 덤프입니다. 그리고 간혹 PE 헤더를 수정할 때 사용하지요. 주요 기능에 대한 사용법에 대해서 간단히 살펴보겠습니다.

26.1.1. 프로세스 메모리 덤프

리버싱에서 '덤프(Dump)'라는 용어는 메모리의 내용을 그대로 파일로 저장시킨다는 뜻입니다. 주로 실행 중인 프로세스의 메모리 내용을 확인할 때 자주 사용되는 기술입니다. 또한 실행 압축된 파일의 경우 일반적으로 메모리에서는 압축이 해제된 상태로 존재하므로 거의 원본과 비슷한 코드와 데이터를 확인할 수 있다는 장점이 있습니다.

> 참고
> - PE Protector 류의 경우 메모리에서조차 압축과 암호화가 되어 있어 메모리 덤프로도 내부를 정확히 파악할 수 없는 경우가 많습니다. 또한 Anti-Dump 기법을 사용하여 덤프를 어렵게 만들어 놓는 경우가 대부분입니다.
> - 실행 중인 프로세스에 디버거를 Attach시키면 프로세스 내부 메모리를 정확히 확인할 수 있습니다. 그럼에도 불구하고 덤프를 사용하는 이유는 디버거를 사용하는 것보다 작업이 쉽고 간단하기 때문입니다. 특히 단순 실행 압축된 프로그램의 경우 덤프를 통하여 내부 문자열 등을 빠르고 간단하게 확인할 수 있다는 장점이 있습니다.

그림 26.3을 보면 프로그램의 화면이 상/하로 나뉘어져 있습니다. 위쪽 화면은 실행 중인 프로세스를 나타내고, 아래쪽 화면은 해당 프로세스에 로딩된 DLL 모듈을 나타냅니다. 프로세스의 실행 파일 이미지를 덤프하려면 위쪽 화면에서 프로세스 이름을 선택한 후 마우스 우측 버튼을 클릭합니다(그림 26.4 참고).

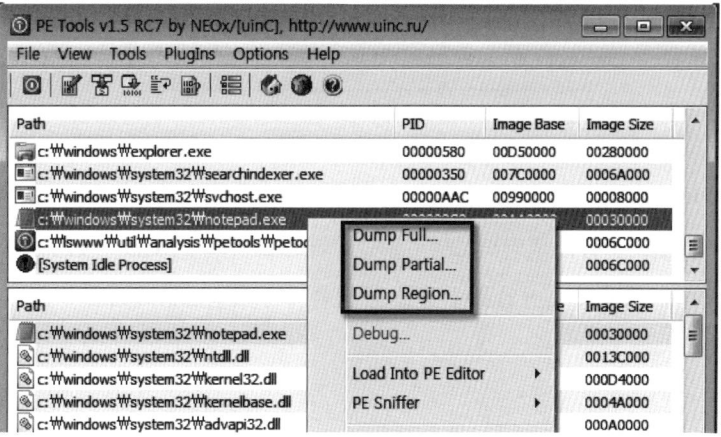

그림 26.4 프로세스 이미지 덤프 메뉴

PE Tools는 덤프 작업을 좀 더 편리하게 지원하기 위해 세 종류의 덤프 옵션을 제공합니다.

Dump Full

프로세스의 PE 헤더를 검사하여 ImageBase 주소에서부터 SizeOfImage 크기만큼을 덤프하는 기능입니다(이 영역이 바로 PE 파일이 메모리에 로딩되었을 때 이미지의 크기입니다).

> **참고**
>
> PE Image란?
> 보통 PE 파일이 실행되어 메모리에 로딩되었을 때의 모습을 PE Image라고 말하며, PE 파일과 구별할 때 자주 사용되는 용어입니다. 리버서들 사이에서 자주 사용되는 용어이므로 잘 알아두기 바랍니다.

Dump Partial

아래 그림과 같이 해당 프로세스의 지정된 주소에서부터 지정된 크기만큼만 덤프를 하는 기능입니다.

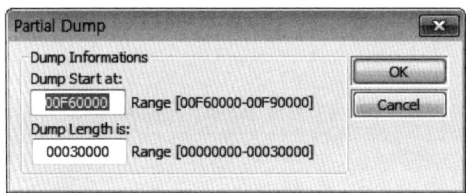

그림 26.5 Dump Partial 다이얼로그

Dump Region

프로세스 메모리(유저 영역)의 모든 분할 영역이 표시되며, State가 COMMIT인 메모리 영역에 대해 덤프 작업을 수행할 수 있습니다(그림 26.6 참고).

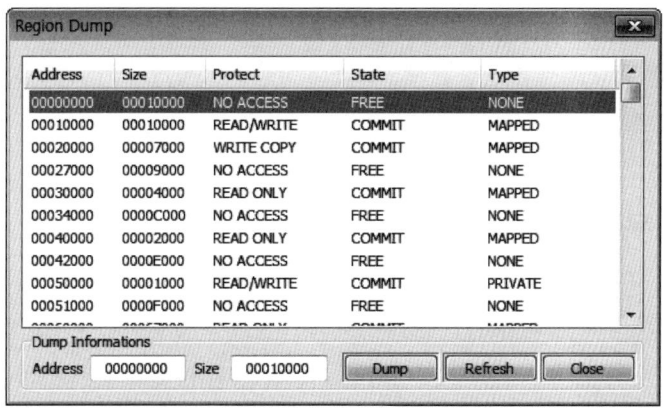

그림 26.6 Dump Region 다이얼로그

> **참고**
> PE Tools가 특별히 프로세스 메모리 덤프 분야에서 명성을 얻은 이유는 Anti-Dump 기법을 회피해서 덤프해내는 특징을 가지고 있기 때문입니다. 제 경험상 다른 덤프 프로그램에서 실패하는 경우 PE Tools에서는 성공하는 경우가 종종 있었습니다.

26.1.2. PE Editor

PE 파일을 수동으로 직접 패치할 때 PE 헤더 정보를 수정해야 할 필요가 있습니다. 그럴 때 PE Tools의 'PE Editor' 기능을 사용하면 편리합니다. 대상 PE 파일을 드래그(Drag)하거나 메뉴의 Tools - PE Editor 항목을 선택하기 바랍니다.

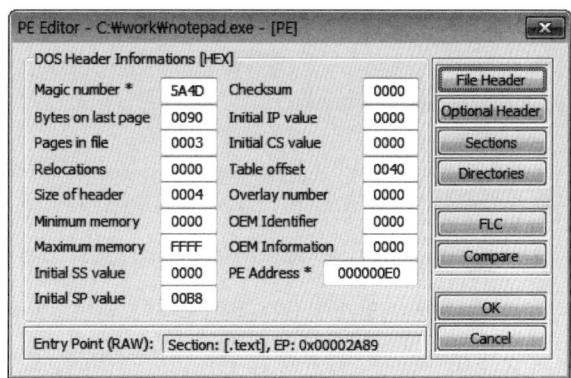

그림 26.7 PE Editor 다이얼로그

위 그림을 보면 PE 헤더 정보를 세세하게 수정할 수 있도록 구성되어 있습니다. 전 가끔 PE 파일을 직접 수정할 때 Hex Editor를 사용하거나 PE Tools (혹은 다른 PE 관련 유틸리티)를 사용합니다.

26.2. 마무리

막강한 프로세스 메모리 덤프 기능과 PE 헤더 수정 기능을 제공하는 PE Tools 유틸리티에 대해 살펴보았습니다. 이러한 기능들은 각각 OllyDbg와 Hex Editor에서도 가능한 작업들이긴 하지만, 아무래도 전용 프로그램이 훨씬 사용하기 쉽습니다. 이러한 유용한 유틸리티를 잘 활용하면 리버싱 작업에 크게 도움이 될 것입니다.

> **참고**
> - PE Tools의 나머지 기능들은 잘 사용되지 않는 것들입니다. 사용법이 조금 직관적이지 못하고 버그도 약간 존재합니다. 관심 있는 여러분은 각자 한 번씩 실행해보기 바랍니다.
> - OllyDbg에도 특정한 Plugin(예: OllyDump)을 설치하면 덤프를 할 수 있습니다.

쉬어가기 - 리버싱의 참맛

"끓을 만큼 끓어야 밥이 되지, 생쌀이 재촉한다고 밥이 되나."

윤오영님의 수필 [방망이 깎던 노인]에 나오는 구절입니다. 필수적인 과정을 거쳐야 제대로 된 결과가 나온다는 뜻이지요.

    리버싱을 제대로 하려면 공부해야 할 내용이 무척 많습니다. 우리는 리버싱 공부에 시간과 노력을 쏟아야 합니다. 하지만 조급한 마음이 사람을 초조하게 만들고 반복된 실패를 참을 수 없게 만드는 것 같습니다. 리버싱을 하다 보면 매 순간마다 (내가 알지 못하는) '벽'에 부딪힙니다. 이러한 '벽'을 도전 과제로 삼고 극복하는 과정에서 희열이 느껴집니다. 제 생각에는 이게 바로 리버싱의 본질이 아닐까 생각합니다.

잘 안 된다고 스트레스 받지 마세요.
리버싱은 원래 '잘 안 되는 속성'을 가지고 있습니다.
마음을 편안하게 먹고 차근차근 정보를 수집하세요.
성공할 때까지 계속 시도해보는 겁니다.
머리 아프면 쉬었다 하세요.
중요한 건 포기하지 말고 꾸준히 하는 것입니다.

마치 퍼즐 조각을 맞추는 것과 같습니다.
해결 방법은 분명히 있습니다.
노력과 시간을 투자한다면 결국에는 성공할 수 있습니다.

어찌 보면 모든 엔지니어링의 본질적인 속성이 이와 같다고 생각됩니다. 결국 시간을 투자하고 노력할 수록 실력이 늘어나는 이치는 똑같은 것이니까요.

"시간과 노력을 투자한 만큼 정직하게 실력이 쌓여간다."

전 이 맛에 리버싱을 하나 봅니다. 여러분은 어떠세요?

27
Code 인젝션

Code 인젝션(Code Injection) 기법에 대해 설명하고 실습 예제를 분석하겠습니다. DLL 인젝션 기법과 어떻게 다른지 비교분석을 해보겠습니다.

27.1. Code 인젝션

Code 인젝션이란 상대방 프로세스에 독립 실행 코드를 삽입한 후 실행하는 기법입니다. 일반적으로 CreateRemoteThread() API를 이용하여 원격 스레드 형태로 실행하므로 Thread 인젝션이라고도 얘기합니다. 그림 27.1은 Code 인젝션의 개념을 보여주고 있습니다.

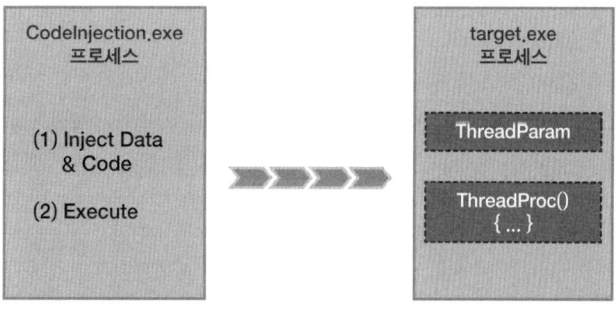

그림 27.1 Code 인젝션

인젝션 대상이 되는 target.exe 프로세스에 코드와 데이터를 삽입합니다. 이때 코드의 형식은 스레드 프로시저(Thread Procedure) 형식으로 해주고, 코드에서 사용되는 데이터는 스레드의 파라미터로 전달하면 됩니다. 즉 코드와 데이터를 각각 인젝션해주는 것입니다. 이와 같이 개념은 간단한데, 구현에 있어서 주의해야 할 내용이 있습니다. Code 인젝션 구현의 주의사항에 대해서 DLL 인젝션과 비교하여 설명하겠습니다.

27.2. DLL 인젝션 vs Code 인젝션

아래와 같이 간단한 코드가 있습니다. 코드의 내용은 Windows 메시지 박스를 출력하는 것입니다.

```
목록 27.1 ThreadProc()
DWORD WINAPI ThreadProc(LPVOID lParam)
{
    MessageBoxA(NULL, "www.reversecore.com", "ReverseCore", MB_OK);

    return 0;
}
```
출처: MSDN

DLL 인젝션 기법이라면 위 코드를 DLL 파일 형태로 만든 후 다른 프로세스에 인젝션하면 됩니다. OllyDbg를 실행시켜 위 ThreadProc() 코드 영역을 살펴보면 그림 27.2와 같습니다.

```
10001000    .  6A 00              PUSH 0                              Style = MB_OK|MB_APPLMODAL
10001002    .  68 90920010        PUSH 10009290                       Title = "ReverseCore"
10001007    .  68 9C920010        PUSH 1000929C                       Text = "www.reversecore.com"
1000100C    .  6A 00              PUSH 0                              hOwner = NULL
1000100E    .  FF15 F0800010      CALL DWORD PTR DS:[100080F0]       LMessageBoxA
10001014    .  33C0               XOR EAX,EAX
10001016    .  C2 0400            RETN 4
```
그림 27.2 ThreadProc()

그림 27.2의 코드에서 사용되는 주소를 주목하기 바랍니다. 먼저 10001002 주소의 PUSH 10009290 명령어와 그 밑의 PUSH 1000929C 명령어에 사용된 10009290, 1000929C 주소를 보겠습니다.

```
Address   Hex dump                                          ASCII
10009270  72 41 70 72 4D 61 79 4A 75 6E 4A 75 6C 41 75 67   rAprMayJunJulAug
10009280  53 65 70 4F 63 74 4E 6F 76 44 65 63 00 00 00 00   SepOctNovDec
10009290  52 65 76 65 72 73 65 43 6F 72 65 00 77 77 77 2E   ReverseCore.www.
100092A0  72 65 76 65 72 73 65 63 6F 72 65 2E 63 6F 6D 00   reversecore.com.
100092B0  48 00 00 00 00 00 00 00 00 00 00 00 00 00 00 00   H...............
100092C0  00 00 00 00 00 00 00 00 00 00 00 00 00 00 00 00   ................
```
그림 27.3 문자열

그림 27.3을 보면 이 주소(10009290, 1000929C)들은 DLL의 데이터 섹션 영역에 위치한 문자열("ReverseCore", "www.reversecore.com")을 가리킵니다. 이 PUSH

명령어들은 MessageBoxA( ) API에 사용될 문자열("ReverseCore", "www.reverse core.com") 주소를 스택에 저장시킵니다. 이번에는 그림 27.2에서 1000100E 주소의 CALL DWORD PTR DS:[100080F0] 명령어에 사용된 100080F0 주소를 보겠습니다. 참고로 이 CALL 명령어는 바로 user32!MessageBoxA( ) API 호출 명령입니다.

```
Address  Value     Comment
100080E4 772C0E51  kernel32.LCMapStringW
100080E8 77B36103  ntdll.RtlSizeHeap
100080F0 7793EA71  USER32.MessageBoxA
100080F8 00000000
100080FC 00000000
```

그림 27.4 USER32.MessageBoxA( )

그림 27.4에서 100080F0 주소는 바로 DLL의 IAT(Import Address Table) 영역임을 알 수 있습니다(그 위로 다른 API들의 주소를 확인할 수 있습니다). 이와 같이 DLL의 코드에서 사용되는 모든 데이터는 DLL의 데이터 영역에 위치합니다. 따라서 DLL 인젝션 기법으로 DLL을 통째로 상대방 프로세스 메모리에 삽입시키면, 코드와 데이터가 같이 메모리에 존재하기 때문에 코드는 정상적으로 실행될 수 있습니다. Code 인젝션은 필요한 코드(그림 27.2)를 인젝션하는 것입니다. 하지만 코드에서 사용되는 데이터(그림 27.3, 그림 27.4)도 같이 인젝션해야 정상적으로 코드의 실행이 가능해집니다(또한 인젝션된 데이터의 주소를 코드에서 잘 알아볼 수 있도록 프로그래밍해야 합니다). 이러한 이유 때문에 DLL 인젝션 기법보다 고려할 사항이 좀 더 많습니다. 아래의 실습 예제 코드를 보면 더 확실히 파악할 수 있습니다.

27.2.1. 코드 인젝션을 사용하는 이유

코드 인젝션은 DLL 인젝션과 비교하여 기능은 비슷하면서 고려해야 할 사항은 더 많기 때문에 사용하기 불편하게 느껴질 수 있습니다. 과연 코드 인젝션의 장점은 무엇일까요?

1) 메모리를 조금만 차지한다.

아주 작은 크기의 코드와 데이터를 인젝션할 때는 DLL로 만들어서 인젝션할 필요가 없습니다. 간단히 Code 인젝션으로 구현하면 DLL 인젝션과 같은 기능을 제공하면서 메모리를 훨씬 덜 차지합니다.

2) 흔적을 찾기 어렵다.

DLL 인젝션은 해당 프로세스 메모리에 흔적을 남기기 때문에 간단히 인젝션 여부를 알 수 있습니다. 하지만 Code 인젝션은 쉽게 흔적을 남기지 않습니다(물론 이 역시 알아낼 수 있는 방법이 있습니다). 이 특징 때문에 악성 코드에서도 코드 인젝션을 많이 사용합니다.

3) 기타

별도의 DLL 파일 없이 'Code Injector 프로그램'만 있으면 됩니다. 또한 처음에는 생소하지만 일단 익숙해지면 아주 쉽고 편리하게 구현할 수 있습니다.

간단히 정리하면 DLL 인젝션은 규모가 크고 복잡한 일을 수행할 때 사용하고, Code 인젝션은 규모가 작고 간단한 일을 수행할 때 사용합니다.

27.3. 실습 예제

실습 예제(CodeInjection.exe)는 notepad.exe 프로세스에 간단한 코드를 인젝션해서 메시지 박스를 출력하는 내용입니다.

27.3.1. notepad.exe 실행

notepad.exe를 실행한 후 Process Explorer를 이용하여 notepad.exe 프로세스의 PID를 확인합니다.

제 테스트 환경에서 notepad.exe의 PID는 1896입니다.

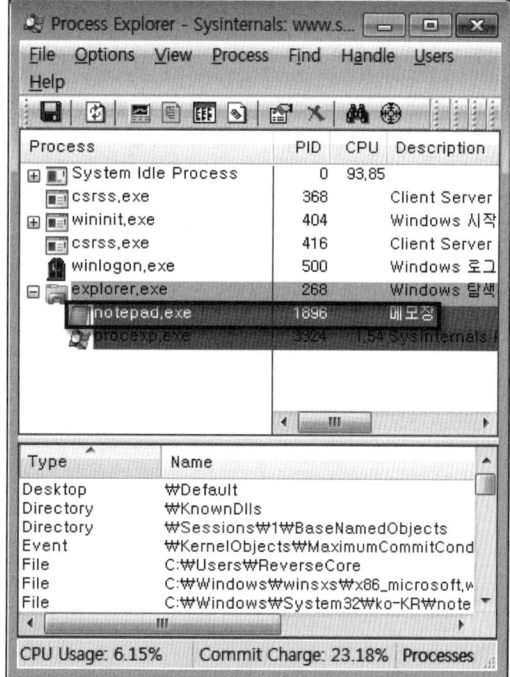

그림 27.5 notepad.exe의 PID 확인

27.3.2. CodeInjection.exe 실행

첨부된 CodeInjection.exe 파일을 실행시킵니다. 이때 실행 파라미터로 앞에서 구한 notepad.exe의 PID 값을 입력합니다.

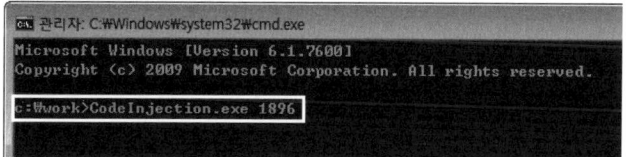

그림 27.6 CodeInjection.exe 실행

27.3.3. 메시지 박스 확인

그림 27.7과 같이 Notepad.exe 프로세스에서 메시지 박스가 출력됩니다.

그림 27.7 메시지 박스 출력

> **참고**
> 보통 메시지 박스가 notepad.exe 창의 밑에 깔려 있으므로 확인할 때 주의하기 바랍니다.

실습 예제의 소스코드를 보면서 어떻게 구현되었는지 자세히 확인해보겠습니다.

27.4. CodeInjection.cpp

아래 소개되는 코드들은 설명의 편의를 위하여 에러 처리 부분을 생략하였습니다. 완전한 코드는 첨부된 CodeInjection.cpp 파일을 참고하기 바랍니다.

> **참고**
> CodeInjection.cpp는 Visual C++ 2010 Express Edition으로 개발되었으며, Windows XP/7 32비트 환경에서 테스트되었습니다.

27.4.1. main( )

먼저 main( ) 함수를 살펴보겠습니다.

코드 27.1 main() 함수
```
int main(int argc, char *argv[])
{
    DWORD dwPID     = 0;

    if( argc != 2 )
    {
        printf("\n USAGE   : %s pid\n", argv[0]);
        return 1;
    }

    // code injection
    dwPID = (DWORD)atol(argv[1]);
    InjectCode(dwPID);

    return 0;
}
```

main() 함수의 역할은 InjectCode() 함수를 호출하는 것입니다. 이때 함수 파라미터로 상대방 프로세스의 PID 값을 넘겨줍니다.

27.4.2. ThreadProc()

InjectCode() 함수를 살펴보기 전에 먼저 상대방 프로세스에 인젝션할 코드(스레드 함수)를 살펴보겠습니다.

코드 27.2 ThreadProc() 함수
```
// Thread Parameter
typedef struct _THREAD_PARAM
{
    FARPROC pFunc[2];            // LoadLibraryA(), GetProcAddress()
    char    szBuf[4][128];       // "user32.dll", "MessageBoxA",
                                 // "www.reversecore.com", "ReverseCore"
} THREAD_PARAM, *PTHREAD_PARAM;

// LoadLibraryA()
typedef HMODULE (WINAPI *PFLOADLIBRARYA)
(
    LPCSTR lpLibFileName
);

// GetProcAddress()
typedef FARPROC (WINAPI *PFGETPROCADDRESS)
(
    HMODULE hModule,
```

```
    LPCSTR lpProcName
);

// MessageBoxA()
typedef int (WINAPI *PFMESSAGEBOXA)
(
    HWND hWnd,
    LPCSTR lpText,
    LPCSTR lpCaption,
    UINT uType
);

// Thread Procedure
DWORD WINAPI ThreadProc(LPVOID lParam)
{
    PTHREAD_PARAM   pParam      = (PTHREAD_PARAM)lParam;
    HMODULE         hMod        = NULL;
    FARPROC         pFunc       = NULL;

    // LoadLibrary("user32.dll")
    //     pParam->pFunc[0] -> kernel32!LoadLibraryA()
    //     pParam->szBuf[0] -> "user32.dll"
    hMod = ((PFLOADLIBRARYA)pParam->pFunc[0])(pParam->szBuf[0]);

    // GetProcAddress("MessageBoxA")
    //     pParam->pFunc[1] -> kernel32!GetProcAddress()
    //     pParam->szBuf[1] -> "MessageBoxA"
    pFunc = (FARPROC)((PFGETPROCADDRESS)pParam->pFunc[1])(hMod, pParam->
                                                          szBuf[1]);

    // MessageBoxA(NULL, "www.reversecore.com", "ReverseCore", MB_OK)
    //     pParam->szBuf[2] -> "www.reversecore.com"
    //     pParam->szBuf[3] -> "ReverseCore"
    ((PFMESSAGEBOXA)pFunc)(NULL, pParam->szBuf[2], pParam->szBuf[3],
                           MB_OK);

    return 0;
}
```

위 코드에서 실제로 인젝션되는 부분은 ThreadProc() 함수입니다(그 위의 typedef문은 C 언어 문법을 위한 것이므로 인젝션할 필요가 없습니다). ThreadProc()의 코드는 함수 포인터를 많이 사용해서 얼핏 복잡하게 보이지만 사실 내용은 다음과 같이 간단합니다.

```
hMod = LoadLibraryA("user32.dll");
pFunc = GetProcAddress(hMod, "MessageBoxA");
pFunc(NULL, "www.reversecore.com", "ReverseCore", MB_OK);
```

코드 27.2의 주석을 참조하면 ThreadProc()의 코드는 쉽게 이해가 갈 것입니다.

사실 중요한 것은 ThreadProc() 코드의 개념입니다. Code 인젝션 기법의 핵심은 독립 실행 코드를 인젝션하는 것입니다. 그러기 위해서 코드와 (코드에서 참조하는) 데이터를 같이 인젝션하는 것입니다. 그리고 인젝션하는 코드에서 역시 인젝션한 데이터를 정확히 참조할 수 있도록 해야 합니다. 위 ThreadProc() 함수를 보면 직접 API를 호출하지 않습니다. 또한 문자열도 직접 정의해서 사용하지 않습니다. 전부 스레드 파라미터로 넘어온 THREAD_PARAM 구조체에서 가져다 사용하고 있습니다.

만약 일반적인 프로그램이라면 ThreadProc()의 코드는 다음과 같이 간단히 작성할 수 있습니다.

```
코드 27.3 일반적인 프로그램에서의 ThreadProc()
DWORD WINAPI ThreadProc(LPVOID lParam)
{
    MessageBoxA(NULL, "www.reversecore.com", "ReverseCore", MB_OK);

    return 0;
}
```

코드 27.3을 빌드하여 생성된 파일을 디버거로 보면 다음 그림과 같습니다.

```
10001000  .  6A 00              PUSH 0                              ┌Style = MB_OK|MR_APPLMODAL
10001002  .  68 90920010        PUSH 10009290                       │Title = "ReverseCore"
10001007  .  68 9C920010        PUSH 1000929C                       │Text = "www.reversecore.com"
1000100C  .  6A 00              PUSH 0                              │hOwner = NULL
1000100E  .  FF15 F0800010      CALL DWORD PTR DS:[100080F0]        └MessageBoxA
10001014  .  33C0               XOR EAX,EAX
10001016  .  C2 0400            RETN 4
```

그림 27.8 ThreadProc()

그림 27.8의 코드(10001000~10001018 영역)를 다른 프로세스에 그대로 인젝션한다면 정상적으로 실행되지 않습니다. 그 이유는 코드에서 사용되는 10009290, 1000929C, 100080F0 주소의 내용이 상대방 프로세스에는 없기 때문입니다. 따라서 저 주소에 해당하는 문자열과 API 주소를 같이 인젝션해야 합니다. 또한 그림 27.8의 코드 역시 그 인젝션된 데이터의 주소를 정확히 참조하도록 프로그래밍되어야 합니다.

이와 같은 조건을 만족시키기 위해서 코드 27.2의 ThreadProc() 함수는 THREAD_PARAM 구조체를 이용해서 2개의 API 주소와 4개의 문자열 데이터를 받아들입니다. 2개의 API는 바로 LoadLibraryA()와 GetProcAddress()입니다. 이 2개의 API만 있으면 모든 라이브러리의 함수를 호출할 수 있습니다.

> **참고**
>
> 1. 위 실습 예제의 경우에 LoadLibraryA()와 GetProcAddress()의 주소 말고 MessageBoxA()의 주소를 직접 전달하여 사용해도 됩니다. 하지만 정석은 LoadLibraryA()와 GetProcAddress()만을 전달한 후 이를 이용해서 필요한 DLL을 로딩시켜 원하는 함수 주소를 직접 구하는 것입니다. 이 방식의 장점은 해당 라이브러리를 프로세스에 정확히 로딩시킨다는 것입니다. 가령 notepad.exe 프로세스에 윈도우 소켓(Socket) API인 ws2_32!connect()의 주소를 넘겨준 후 사용하면 에러가 발생할 것입니다(notepad.exe에 기본적으로 ws2_32.dll이 로딩되지 않았으니까요).
> 2. 대부분의 유저 모드 프로세스는 kernel32.dll을 로딩하므로 LoadLibraryA(), GetProcAddress()의 주소를 직접 넘기는 것은 크게 무리가 없습니다. 단, kernel32.dll을 로딩하지 않는 시스템 프로세스(예: smss.exe)도 있으니 사전에 꼭 확인하기 바랍니다.
> 3. Kernel32.dll 같은 시스템 라이브러리는 OS가 부팅되어 있는 상태에서는 모든 프로세스에서 동일한 주소에 로딩되어 있습니다. OS 버전이 다르거나 재부팅(Vista, 7의 경우)을 하거나 하면 같은 모듈이라도 로딩 주소는 달라집니다.

코드 27.2의 내용을 디버거로 살펴보면 그림 27.9와 같습니다.

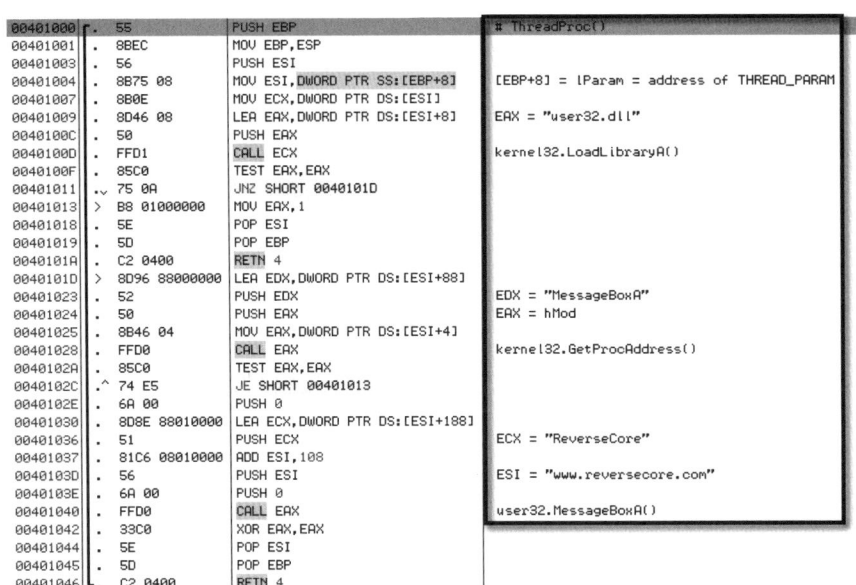

그림 27.9 ThreadProc() 코드

그림 27.9의 코드를 보면 모든 중요한 데이터는 스레드 파라미터인 lParam ([EBP+8])으로 받아서 사용하는 것을 알 수 있습니다. 즉 그림 27.9의 ThreadProc() 함수는 독립 실행 코드라고 말할 수 있습니다(하드코딩된 주소의 데이터를 직접 참조하지 않습니다). 위의 그림 27.9와 앞에서 소개한 그림 27.8을 비교해 보면 그 차이점을 확인할 수 있습니다.

> **참고**
>
> Visual C++ 2010 Express Edition에서 프로젝트의 [Release/Debug] 모드와 [최적화] 옵션에 따라서 CodeInjection.cpp 파일은 그림 27.9와는 다른 형태로 빌드될 수 있습니다.

27.4.3. InjectCode()

아래는 Code 인젝션 기법의 핵심인 InjectCode() 함수입니다.

코드 27.4 InjectCode() 함수

```c
BOOL InjectCode(DWORD dwPID)
{
    HMODULE        hMod              = NULL;
    THREAD_PARAM   param             = {0,};
    HANDLE         hProcess          = NULL;
    HANDLE         hThread           = NULL;
    LPVOID         pRemoteBuf[2]     = {0,};
    DWORD          dwSize            = 0;

    hMod = GetModuleHandleA("kernel32.dll");

    // set THREAD_PARAM
    param.pFunc[0] = GetProcAddress(hMod, "LoadLibraryA");
    param.pFunc[1] = GetProcAddress(hMod, "GetProcAddress");
    strcpy_s(param.szBuf[0], "user32.dll");
    strcpy_s(param.szBuf[1], "MessageBoxA");
    strcpy_s(param.szBuf[2], "www.reversecore.com");
    strcpy_s(param.szBuf[3], "ReverseCore");

    // Open Process
    hProcess = OpenProcess(PROCESS_ALL_ACCESS,    // dwDesiredAccess
                           FALSE,                 // bInheritHandle
                           dwPID);                // dwProcessId

    // Allocation for THREAD_PARAM
    dwSize = sizeof(THREAD_PARAM);
    pRemoteBuf[0] = VirtualAllocEx(hProcess,      // hProcess
                                   NULL,          // lpAddress
```

```
                                dwSize,            // dwSize
                                MEM_COMMIT,        // flAllocationType
                                PAGE_READWRITE);   // flProtect

    WriteProcessMemory(hProcess,                   // hProcess
                       pRemoteBuf[0],              // lpBaseAddress
                       (LPVOID)&param,             // lpBuffer
                       dwSize,                     // nSize
                       NULL);                      // [out]
                                                   // lpNumberOfBytesWritten

    // Allocation for ThreadProc()
    dwSize = (DWORD)InjectCode - (DWORD)ThreadProc;
    pRemoteBuf[1] = VirtualAllocEx(hProcess,       // hProcess
                                NULL,              // lpAddress
                                dwSize,            // dwSize
                                MEM_COMMIT,        // flAllocationType
                                PAGE_EXECUTE_READWRITE); // flProtect

    WriteProcessMemory(hProcess,                   // hProcess
                       pRemoteBuf[1],              // lpBaseAddress
                       (LPVOID)ThreadProc,         // lpBuffer
                       dwSize,                     // nSize
                       NULL);                      // [out]
                                                   // lpNumberOfBytesWritten

    hThread = CreateRemoteThread(hProcess,         // hProcess
                                NULL,              // lpThreadAttributes
                                0,                 // dwStackSize
                                (LPTHREAD_START_ROUTINE)pRemoteBuf[1],
                                pRemoteBuf[0],     // lpParameter
                                0,                 // dwCreationFlags
                                NULL);             // lpThreadId

    WaitForSingleObject(hThread, INFINITE);

    CloseHandle(hThread);
    CloseHandle(hProcess);

    return TRUE;
}
```

코드 27.4는 DLL 인젝션 코드와 매우 유사합니다. InjectCode() 함수의 앞 부분은 THREAD_PARAM 구조체 변수를 세팅하고 있습니다. 이 값들은 상대방 프로세스에 인젝션되어 ThreadProc() 스레드 함수에 파라미터로 전달될 것입니다.

> **참고**
>
> Windows OS에서 모든 프로세스에 로딩된 kernel32.dll의 주소가 동일하므로 CodeInjection.exe 프로세스에서 구한 API("LoadLibraryA", "GetProcAddress") 주소와 notepad.exe 프로세스에서 구한 API("LoadLibraryA", "GetProcAddress") 주소가 서로 동일하다는 것을 기억하기 바랍니다.

그리고 API 함수 호출이 이어지는데, 핵심 API 함수들의 호출 흐름만 살펴보면 다음과 같습니다.

```
OpenProcess()

// data : THREAD_PARAM
VirtualAllocEx()
WriteProcessMemory()

// code : ThreadProc()
VirtualAllocEx()
WriteProcessMemory()

CreateRemoteThread()
```

위 코드의 핵심은 상대방 프로세스에 data와 code를 각각 메모리 할당하고 인젝션해준다는 것입니다. 마지막으로 CreateRemoteThread() API를 이용해서 원격 스레드를 실행시킵니다. 이로써 Code 인젝션 기법을 이용한 실습 예제 소스코드에 대한 설명을 마치도록 하겠습니다.

설명의 편의성을 위하여 매우 기초적인 실습 예제를 소개하였습니다만, Code 인젝션의 개념을 이해하는 데 어려움이 없을 거라 생각됩니다. 위 개념을 이해했다면, 다양한 아이디어로 자신만의 Code 인젝션 기법을 연습해보기 바랍니다

> **참고**
>
> 제가 Code 인젝션 기법을 구현할 때 인젝션할 코드 부분은 어셈블리 언어로 프로그래밍합니다. 복잡한 것은 MASM을 사용하고, 간단한 것은 OllyDbg의 'Assemble' 명령(단축키 [Space])을 사용합니다. 이렇게 만들어진 Hex 코드 버퍼를 위 InjectCode() 함수 내에서 상대방 프로세스에 인젝션해줍니다. 이러한 방법은 좀 더 직관적인 인젝션 코드를 만드는 데 도움이 됩니다.

27.5. Code 인젝션 디버깅 실습

Code 인젝션 기법을 디버깅하는 방법에 대해서 알아보겠습니다.

27.5.1. notepad.exe 디버깅

OllyDbg를 이용하여 notepad.exe 파일의 디버깅을 시작합니다. 그림 27.10과 같이 실행[F9] 버튼을 선택해서 notepad.exe를 'Running' 상태로 만드세요.

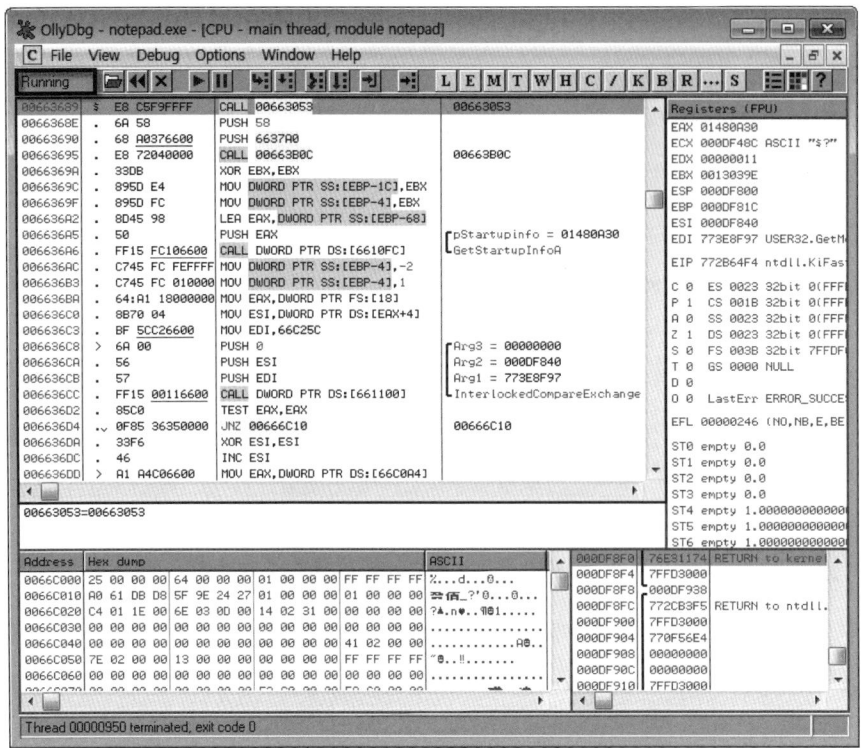

그림 27.10 notepad.exe 프로세스 디버깅

27.5.2. OllyDbg 옵션 변경

Code 인젝션은 상대방 프로세스에 새로운 스레드를 생성하는 기법이므로 그림 27.11과 같이 OllyDbg의 옵션을 변경하면, 인젝션된 스레드 코드 시작부터 디버깅이 가능합니다.

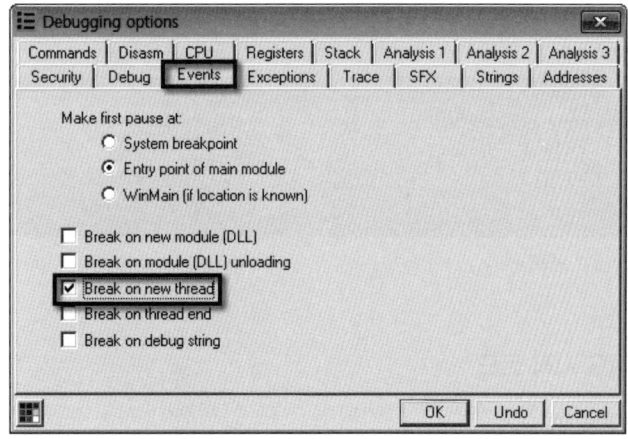

그림 27.11 Break on new thread 옵션

이제부터 notepad.exe 프로세스에서 스레드가 생성된다면, 해당 스레드 함수 시작코드에서 멈추게 됩니다.

27.5.3. CodeInjection.exe 실행

Process Explorer를 이용하여 notepad.exe 프로세스의 PID를 구합니다.

그림 27.12 notepad.exe 프로세스의 PID

PID 값을 실행 파라미터로 하여 CodeInjection.exe를 실행합니다.

그림 27.13 CodeInjection.exe 실행

27.5.4. 스레드 시작 코드

CodeInjection.exe 프로세스가 실행되어 코드 인젝션이 성공하면 그림 27.14와 같이 인젝션된 스레드 코드 시작 위치에서 디버깅이 멈추게 됩니다.

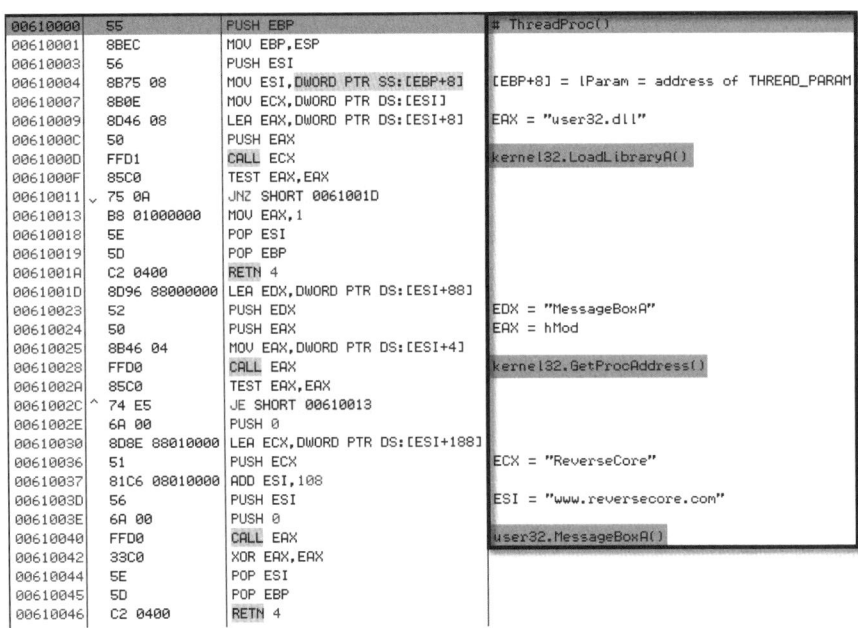

그림 27.14 인젝션된 ThreadProc() 함수

정확하게 ThreadProc() 함수 시작 위치에서 디버깅이 멈춥니다. 이제부터 편안하게 디버깅을 진행하면 됩니다.

> **주의**
> 간혹 디버깅만 멈추고 EIP가 이곳으로 세팅되지 않는 경우가 있습니다. 그럴 때에는 ThreadProc()
> 시작 주소(610000)에 BP를 설치한 후 실행[F9]해주세요. 실행 제어가 정확히 BP 설치 주소
> (610000)에 옵니다.

610004 주소의 MOV ESI, DWORD PTR SS:[EBP+8] 명령어에서 [EBP+8] 주소가 의미하는 것은 ThreadProc() 함수의 파라미터 lParam입니다. 이 lParam은 같이 인젝션된 THREAD_PARAM 구조체를 가리키고 있습니다(그림 27.15 참고).

> **참고**
> 사용자의 실행 환경에 따라서 위 주소는 다르게 표시될 수 있습니다.

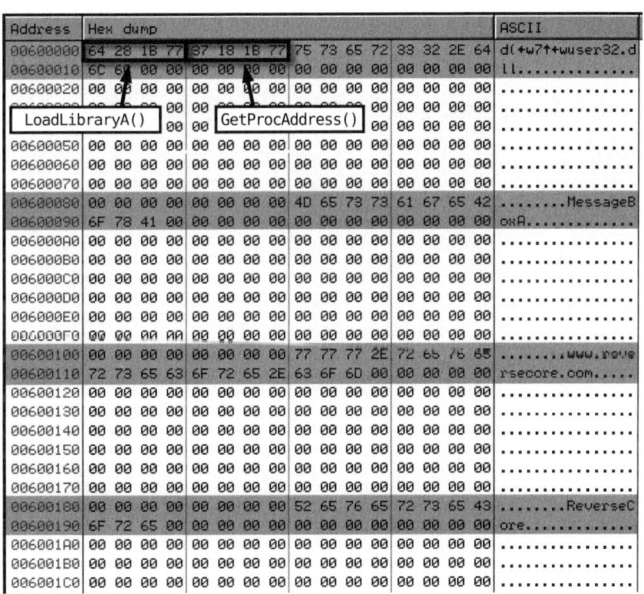

그림 27.15 THREAD_PARAM 구조체

27.6. 마무리

OllyDbg의 편리한 기능을 이용하여 인젝션된 코드를 디버깅하는 방법에 대해서 살펴보았습니다. 다음에는 C 언어가 아닌 어셈블리 언어를 이용해서 인젝션 코드를 만들어보겠습니다.

Q & A

Q. InjectCode() 코드에서 ThreadProc() 함수 크기를 구하는 방법이 잘 이해가 안갑니다.

dwSize = (DWORD)InjectCode - (DWORD)ThreadProc;

위처럼 하면 그냥 주소 값을 빼는 거 아닌가요?

A. MS Visual C++을 이용해서 Release 모드로 빌드하면 소스코드에 적힌 함수 순서대로 바이너리에도 위치하게 됩니다. 예를 들어 Func1(), Func2() 순서대로 소스코드에 프로그래밍했다면 빌드된 바이너리 파일에도 그 순서 그대로 나타난다는 것입니다. InjectCode.cpp를 받아 보면 제가 의도적으로 ThreadProc(), InjectCode() 순서로 프로그래밍하였습니다. 따라서 빌드 결과물 InjectCode.exe에서도 같은 순서대로 나란히 이어져서 나타납니다. 함수 이름은 곧 그 함수 주소이므로 InjectCode - ThreadProc 형식으로 뺄셈을 하면 곧 ThreadProc() 함수의 크기를 알 수 있습니다.

28

어셈블리 언어를 이용한 Code 인젝션

어셈블리(Assembly) 프로그래밍 언어를 이용하여 Code 인젝션 기법에 사용되는 코드를 생성해보도록 하겠습니다.

28.1. 목표

OllyDbg의 Assemble 기능을 이용하여 어셈블리 언어로 인젝션할 코드(Thread Proc() 함수)를 만들어보겠습니다. 어셈블리 언어는 C 언어보다 훨씬 더 자유로운 (정형화되지 않은) 코드를 생성할 수 있습니다(예: 스택, 레지스터에 직접 접근 가능). 그리고 순수 어셈블리 언어로 제작된 ThreadProc() 함수를 notepad.exe 프로세스에 인젝션해보겠습니다. 이전 글에서 설명한 (C 언어로 생성된) Thread Proc()과 어떤 차이점이 있는지 잘 살펴보기 바랍니다.

28.2. 어셈블리 프로그래밍

C/C++ 언어의 대표적인 개발 툴은 Microsoft Visual C++와 Borland C++ Builder 입니다. 어셈블리 언어에도 MASM(Microsoft Macro Assembler), TASM(Borland Turbo Assembler), FASM(Flat Assembler) 등의 개발 툴(Assembler)이 있습니다.

참고로 제 경우 C/C++ 언어는 MS Visual C++로 개발하고, 어셈블리 언어는 MASM으로 개발합니다. MASM은 다양한 Macro 함수와 라이브러리를 지원하기 때문에 거의 C 언어와 비슷한 수준으로 편리하게 프로그래밍을 할 수 있습니다.

어셈블리 프로그래밍(Assembly Programming)을 정식으로 하려면 MASM을 설치하고 프로그래밍하면 됩니다. 또는 Visual C++ 같은 C 언어 개발 툴에서 인라인 어셈블리(Inline Assembly)를 사용할 수도 있습니다. 이는 개발자에게 잘 어울리는 방식입니다. 이번 장에서는 리버서에게 좀 더 잘 어울리는 방식을 소개하겠습니다. 바로 OllyDbg에서 지원하는 'Assemble' 기능을 이용해서 프로그래밍을 하는 것입니다.

> **참고**
>
> OllyDbg의 Assemble 기능은 간단한 어셈블리 프로그래밍을 지원하는데, 이는 리버싱에서 매우 유용합니다(디버깅하면서 코드를 이리저리 수정할 일이 많기 때문이지요).

28.3. OllyDbg의 Assemble 명령

OllyDbg의 Assemble 명령을 이용하여 어셈블리 프로그래밍을 해보겠습니다. asmtest.exe 실습 예제 파일을 OllyDbg로 열어보겠습니다(asmtest.exe는 어셈블리 프로그래밍 테스트 용도로 제작된 (아무런 기능이 없는) 실행 파일입니다).

```
00401000  r$  55              PUSH EBP                            test()
00401001  .   8BEC            MOV EBP,ESP
00401003  .   33C0            XOR EAX,EAX
00401005  .   5D              POP EBP
00401006  L.  C3              RETN
00401007      CC              INT3
00401008      CC              INT3
00401009      CC              INT3
0040100A      CC              INT3
0040100B      CC              INT3
0040100C      CC              INT3
0040100D      CC              INT3
0040100E      CC              INT3
0040100F      CC              INT3
00401010  r$  55              PUSH EBP                            main()
00401011  .   8BEC            MOV EBP,ESP
00401013  .   E8 E8FFFFFF     CALL 00401000
00401018  .   5D              POP EBP
00401019  L.  C3              RETN
0040101A  $   3B0D 04A04000   CMP ECX,DWORD PTR DS:[40A004]
00401020  .v  75 02           JNZ SHORT 00401024
00401022  .   F3:             PREFIX REP:
00401023  .   C3              RETN
00401024  >   E9 85010000     JMP 004011AE
00401029  r$  8BFF            MOV EDI,EDI
0040102B  .   55              PUSH EBP
0040102C  .   8BEC            MOV EBP,ESP
0040102E  .   833D 48AC400    CMP DWORD PTR DS:[40AC48],2
00401035  .v  74 05           JE SHORT 0040103C
00401037  .   E8 AB070000     CALL 004017E7
0040103C  >   FF75 08         PUSH DWORD PTR SS:[EBP+8]
0040103F  .   E8 F8050000     CALL 0040163C
00401044  .   68 FF000000     PUSH 0FF
00401049  .   E8 3A030000     CALL 00401388
0040104E  .   59              POP ECX                             kernel32.771B1174
0040104F  .   59              POP ECX                             kernel32.771B1174
```

그림 28.1 asmtest.exe

코드 섹션의 맨 윗부분(401000)을 살펴보면서, OllyDbg의 새로운 명령어를 소개하겠습니다. 바로 EIP를 원하는 주소로 바꿔버리는 기능입니다. OllyDbg의 코드 창에서 401000 주소에 커서를 위치시킨 후 마우스 우측 메뉴의 'New origin here[Ctrl+Gray*]' 항목을 선택해주세요.

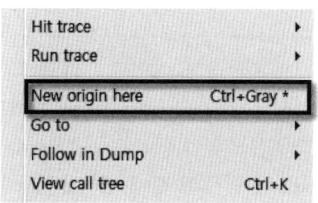

그림 28.2 New origin here [Ctrl+Gray*] 메뉴 항목

그림 28.3과 같이 EIP는 401000 주소로 변합니다.

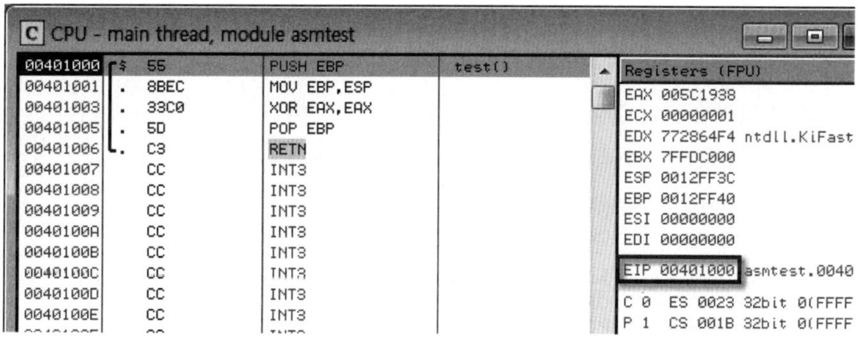

그림 28.3 EIP 변경

EIP 변경 기능은 디버깅에 유용하게 사용될 수 있으므로 잘 기억해두기 바랍니다.

참고

New origin here 기능은 단순히 EIP만 바꿔버리는 것이기 때문에 직접 디버깅을 해서 그 주소로 가는 것과는 틀립니다. 레지스터와 스택의 내용은 전혀 바뀌지 않기 때문입니다.

이제 401000 주소에서 'Assemble' 명령(단축키: [Space])을 내리면 그림 28.4와 같은 Assemble 입력 창이 나타납니다.

이제부터 OllyDbg에서 간단한 어셈블리 프로그래밍을 할 수 있게 되었습니다.

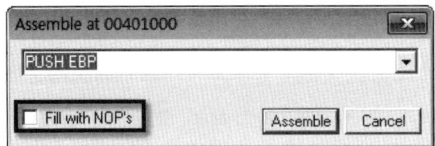

그림 28.4 Assemble 기능

> **참고**
>
> 그림 28.4에서 'Fill with NOP's' 항목은 uncheck해두기 바랍니다. OllyDbg의 Assemble 명령은 해당 주소에 사용자 코드를 입력하는 것입니다. 만약 이 항목이 체크되어 있으면 기존의 코드보다 짧은 길이의 코드를 입력했을 때 남은 길이만큼 NOP(No Operation) 명령어를 채워 넣어서 전체적인 Code Alignment를 맞춥니다. 이번 장에서는 설명의 편의를 위해서 체크하지 않은 상태로 진행하겠습니다.

28.3.1. ThreadProc( ) 작성

어셈블리 언어로 ThreadProc( ) 함수를 만들겠습니다. 지난번에 C로 만든 Thread Proc( ) 함수와의 차이점은 Code 사이에 필요한 Data(문자열)를 포함하는 것입니다. 각자 그림 28.5와 같이 입력해보기 바랍니다. 각 어셈블리 명령어에 대한 설명은 뒤쪽에서 하겠습니다('Fill with NOP's' 옵션은 체크하지 말고, 오타가 나면 그 주소에 가서 다시 입력하면 됩니다).

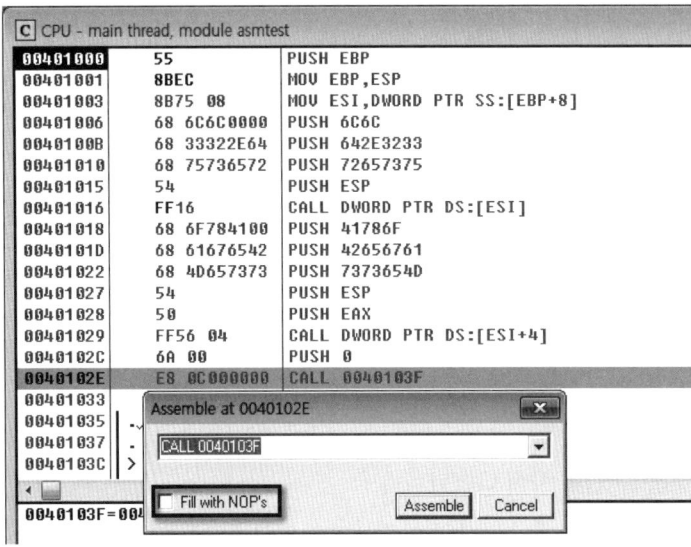

그림 28.5 ThreadProc( ) 입력

40102E 주소의 CALL 명령어까지 잘 입력했나요? 그 다음에는 문자열을 입력합니다. Assemble 창을 닫아주세요. OllyDbg의 코드 창에서 401033 주소에 커서를 위치시킨 후 그림 28.6과 같이 'Edit' 명령(단축키: [Ctrl+E])을 내려줍니다.

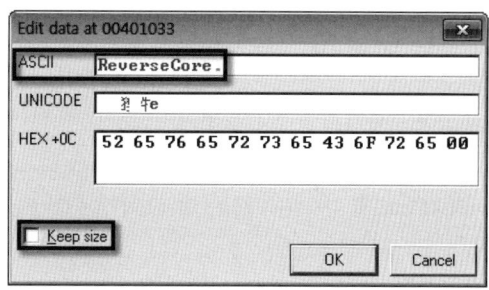

그림 28.6 문자열 입력

위 그림의 Edit 창에서 'ASCII' 항목에 "ReverseCore"를 입력합니다. 문자열은 반드시 NULL로 끝나야 하므로 'HEX' 항목에서 00 값을 추가해줍니다('Keep size' 옵션은 체크하지 마세요). 이와 같이 입력한 후 OllyDbg에서 코드를 보면 그림 28.7과 같습니다.

```
00401029      FF56 04         CALL DWORD PTR DS:[ESI+4]
0040102C      6A 00           PUSH 0
0040102E      E8 0C000000     CALL 0040103F
00401033      52              PUSH EDX
00401034      65:76 65        JBE SHORT 0040109C
00401037      72 73           JB SHORT 004010AC
00401039      65:43           INC EBX
0040103B      6F              OUTS DX,DWORD PTR ES:[EDI]
0040103C      72 65           JB SHORT 004010A3
0040103E      00E8            ADD AL,CH
00401040   ?  F8              CLC
00401041   ?  05 000068FF     ADD EAX,FF680000
00401046   ?  0000            ADD BYTE PTR DS:[EAX],AL
```

그림 28.7 "ReverseCore" 문자열 영역

그림 28.7에서 진하게 표시된 영역이 바로 "ReverseCore" 문자열 영역입니다. 매우 이상한 명령어로 표시된 것을 볼 수 있습니다. 이렇게 표시되는 이유는 OllyDbg의 Disassembler가 문자열을 IA-32 Instruction으로 잘못 해석했기 때문입니다. 그런데 이것은 어디까지나 Code 위치에 문자열을 입력한 저의 잘못(?)이지 OllyDbg의 Disassembler 문제는 아닙니다.

> **참고**
> 디버깅을 할 때 이와 같이 Disassemble이 깨지는 상황을 종종 만나게 됩니다. 또한 이를 이용한 안티 디버깅 기법도 있습니다. 향후 안티 디버깅에 대해서 설명할 때 소개하겠습니다.

그림 28.7 화면처럼 문자열을 선택한 상태에서 'Analysis' 명령(단축키: Ctrl+A)을 내려보겠습니다.

> **참고**
> OllyDbg의 'Analysis' 명령은 코드를 다시 해석하라는 명령입니다. 주로 Unpack된 코드를 재해석할 때 많이 사용합니다.

```
00401000     55             DB 55
00401001     8B             DB 8B
00401002     EC             DB EC
00401003     8B             DB 8B
00401004     75             DB 75
00401005     08             DB 08
00401006  .  68 6C 6C 00    ASCII "hll",0
0040100A     00             DB 00
0040100B     68             DB 68
0040100C     33             DB 33
0040100D     32             DB 32
0040100E     2E             DB 2E
0040100F     64             DB 64
00401010  $  68 75736572    PUSH 72657375
00401015     54             DB 54
00401016     FF             DB FF
00401017     16             DB 16
00401018     68             DB 68
00401019     6F             DB 6F
0040101A  $. 78 41          JS SHORT 0040105D
0040101C  .  0068 61        ADD BYTE PTR DS:[EAX+61],CH
0040101F  .  67:65:42       INC EDX
00401022  .  68 4D657373    PUSH 7373654D
00401027  .  54             PUSH ESP
00401028  .  50             PUSH EAX
00401029  $  FF56 04        CALL DWORD PTR DS:[ESI+4]
0040102C  .  6A 00          PUSH 0
0040102E  .  E8 0C000000    CALL 0040103F
00401033  .  52 65 76 65    ASCII "ReverseCore",0
0040103F  .  E8             ASCII "?
00401040     F8             DB F8
```

그림 28.8 Analysis 명령 수행

그림 28.8은 Analysis 명령이 수행된 이후에 코드의 모습입니다. 401033 주소의 "ReverseCore" 문자열은 잘 보입니다만, 401000 주소 이후의 명령어들은 잘못 해석이 되었습니다(OllyDbg 2.0에서도 코드와 데이터를 100% 정확히 구별해서 보여주지는 못합니다. 사실 기계 입장에서는 이것이 문자열인지 명령어인지 판

단하기는 어렵습니다). 그림 28.8은 코드를 보기 어려우므로 마우스 우측 메뉴의 'Analysis - Remove analysis from module' 명령을 사용하여 코드를 원래대로 되돌립니다.

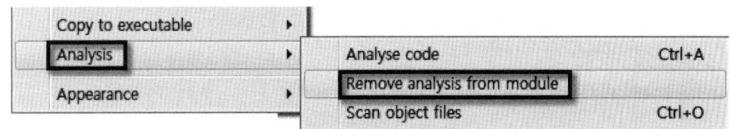

그림 28.9 Remove analysis from module 메뉴

Remove analysis 명령을 사용하면, 다시 그림 28.7 같은 형태의 코드로 보입니다. 이제 Assemble 명령으로 401033 주소의 "ReverseCore" 문자열 뒤의 40103F 주소부터 명령어를 다시 입력할 차례입니다.

그림 28.10 40103F 주소부터 명령어 입력

그리고 Edit 명령으로 401044 주소에 문자열("www.reversecore.com")을 입력합니다(마지막에 NULL 입력을 잊지 마세요).

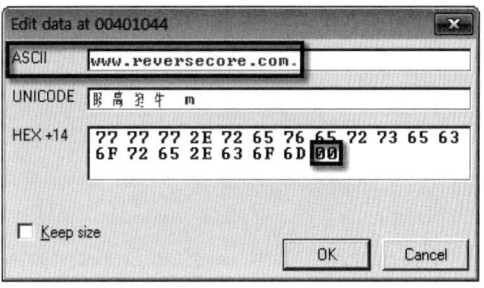

그림 28.11 문자열 입력

다시 Assemble 명령으로 401058 주소부터 그림 28.12와 같이 명령어를 입력합니다.

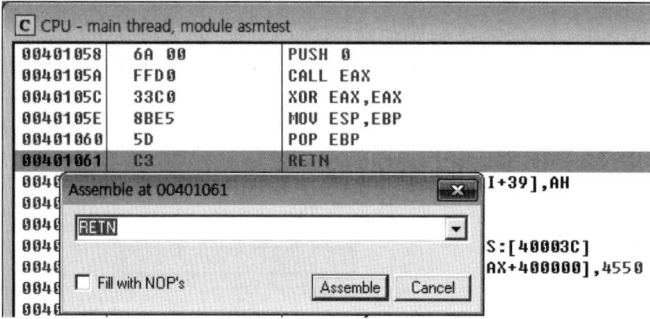

그림 28.12 어셈블리 코드 입력 완료

이로써 ThreadProc() 코드 입력이 모두 완료되었습니다. 그림 28.13에 전체 코드가 나타나 있으니 각자 오타를 점검해보기 바랍니다.

```
00401000    55              PUSH EBP
00401001    8BEC            MOV EBP,ESP
00401003    8B75 08         MOV ESI,DWORD PTR SS:[EBP+8]
00401006    68 6C6C0000     PUSH 6C6C
0040100B    68 33322E64     PUSH 642E3233
00401010    68 75736572     PUSH 72657375
00401015    54              PUSH ESP
00401016    FF16            CALL DWORD PTR DS:[ESI]
00401018    68 6F784100     PUSH 41786F
0040101D    68 61676542     PUSH 42656761
00401022    68 4D657373     PUSH 4D657373
00401027    54              PUSH ESP
00401028    50              PUSH EAX
00401029    FF56 04         CALL DWORD PTR DS:[ESI+4]
0040102C    6A 00           PUSH 0
0040102E    E8 0C000000     CALL 0040103F
00401033    52              PUSH EDX
00401034    65:76 65        JBE SHORT 0040109C
00401037    72 73           JB SHORT 004010AC
00401039    65:43           INC EBX
0040103B    6F              OUTS DX,DWORD PTR ES:[EDI]
0040103C    72 65           JB SHORT 004010A3
0040103E    00E8            ADD AL,CH
00401040    14 00           ADC AL,0
00401042    0000            ADD BYTE PTR DS:[EAX],AL
00401044    77 77           JA SHORT 004010BD
00401046    77 2E           JA SHORT 00401076
00401048    72 65           JB SHORT 004010AF
0040104A    76 65           JBE SHORT 004010B1
0040104C    72 73           JB SHORT 004010C1
0040104E    65:636F 72      ARPL WORD PTR GS:[EDI+72],BP
00401052    65:             PREFIX GS:
00401053    2E:636F 6D      ARPL WORD PTR CS:[EDI+6D],BP
00401057    006A 00         ADD BYTE PTR DS:[EDX],CH
0040105A    FFD0            CALL EAX
0040105C    33C0            XOR EAX,EAX
0040105E    8BE5            MOV ESP,EBP
00401060    5D              POP EBP
00401061    C3              RETN
```

그림 28.13 ThreadProc() 코드

> **참고**
> 401033, 401044 주소의 내용은 명령어가 아니고 문자열입니다. OllyDbg에서 문자열을 명령어로 인식하여 이상하게 표시하고 있습니다.

28.3.2. Save File

앞에서 생성한 코드를 잘 저장합니다. OllyDbg의 코드 메뉴에서 마우스 우측 버튼 메뉴 중 'Copy to executable - All modifications'를 선택합니다(그림 28.14 참고).

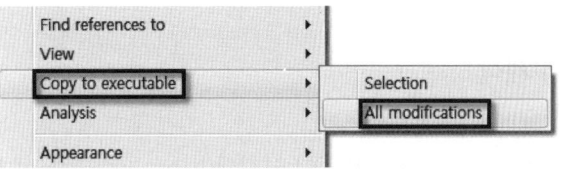

그림 28.14 Copy to executable - All modifications 메뉴

그림 28.15와 같이 확인 메시지 박스가 뜹니다. 'Copy all'을 선택해주세요.

그림 28.15 'Copy all' 선택

마지막으로 변경 내용을 보여주는 창이 나타납니다. 마우스 우측 메뉴의 'Save file' 항목을 선택합니다(그림 28.16 참고).

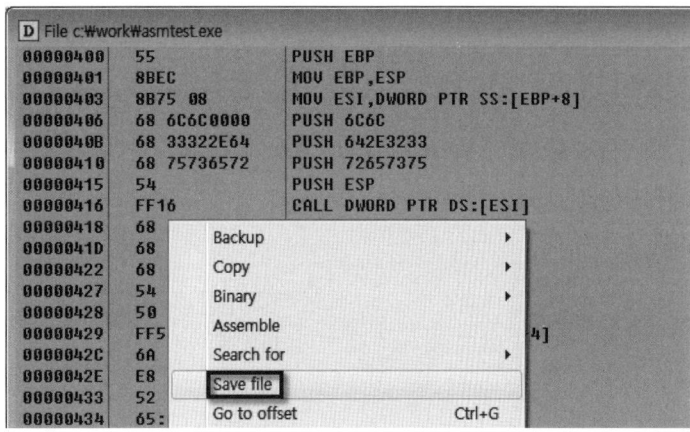

그림 28.16 'Save file' 메뉴 항목

이후에 나타나는 파일 저장 다이얼로그에서 적당한 파일 이름(asmtest_patch.exe)을 적어준 후 저장합니다.

> **참고**
>
> **중요 OllyDbg 명령어 단축키**
>
> Assemble [Space] : 어셈블리 코드 입력
> Analysis [Ctrl+A] : 코드 재해석
> New origin here [Ctrl+Gray *] : EIP 변경

28.4. 인젝터 제작

앞에서 만든 어셈블리 코드를 이용하여 인젝터(Injector)를 만들어 보겠습니다.

28.4.1. ThreadProc( ) 함수의 바이너리 코드 얻기

앞에서 생성한 asmtest_patch.exe 파일을 OllyDbg로 열어보겠습니다. 우리가 프로그래밍한 ThreadProc( )의 주소는 401000입니다. 메모리 창에서 401000 주소로 갑니다(이동 명령 [Ctrl+G]).

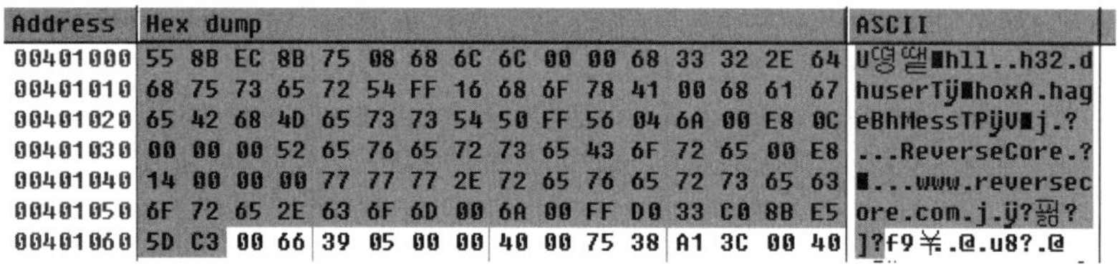

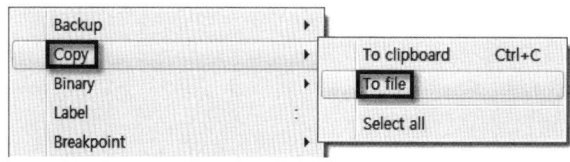

그림 28.17 401000 주소

ThreadProc( ) 함수는 401000~401061의 주소 영역입니다. 그림 28.17과 같이 이 영역을 선택한 후 마우스 우측 메뉴의 'Copy - To file' 항목을 누르기 바랍니다(그림 28.18 참고).

그림 28.18 Copy - To file 메뉴

이렇게 저장한 파일을 텍스트 에디터로 열어보겠습니다(여기서는 GVIM을 사용하였습니다만, 각자 익숙한 에디터를 사용해도 무방합니다).

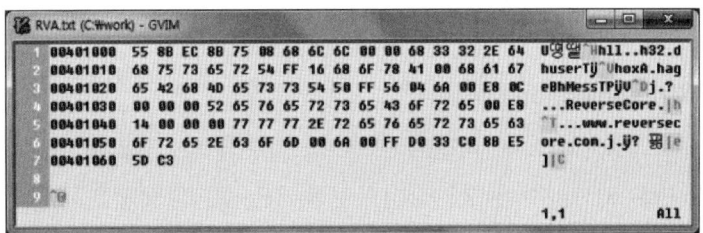

그림 28.19 텍스트 에디터

그림 28.19의 텍스트 파일의 내용은 Hex 값으로 표현된 ThreadProc() 함수인데, IA-32 명령어로 표현되어 있습니다. 이 내용이 곧 상대방 프로세스에 인젝션할 코드가 되는 것입니다.

> **참고**
> IA-32 명령어를 해석하는 방법에 대해서는 50장을 참고하기 바랍니다.

텍스트 파일을 그림 28.20과 같이 편집합니다. 불필요한 부분을 제거하고 모든 바이트마다 '0x' 표시를 붙여주고 ','로 연결합니다. 텍스트 에디터의 편집 기능(열 선택, 문자열 변경)을 적절히 사용하면 편리합니다.

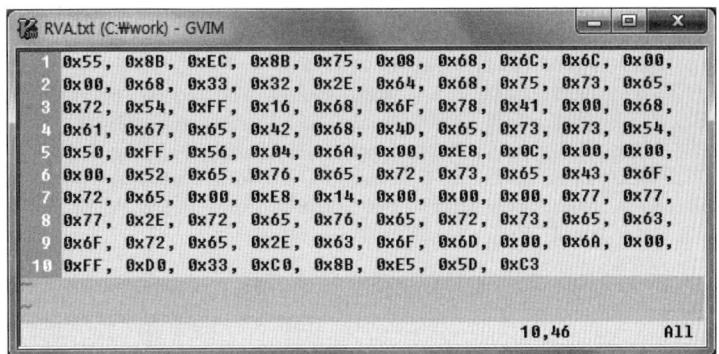

그림 28.20 내용 편집

그림 28.20에서 편집된 텍스트 내용을 보면 마치 C 언어의 바이트 배열처럼 보입니다. 이게 바로 인젝션할 코드 버퍼입니다(아래에 설명되는 CodeInjection2.cpp 파일에서 사용됩니다).

28.4.2. CodeInjection2.cpp

인젝터 프로그램의 소스코드(CodeInjection2.cpp)입니다. 그림 28.20에서 텍스트 에디터로 만든 코드 버퍼는 코드 28.1의 g_InjectionCode 바이트 배열에 사용되었습니다.

> **참고**
> 아래 소스코드는 MS Visual C++ 2010 Express Edition으로 개발되었으며, Windows XP/7 32 비트 환경에서 테스트되었습니다. 또한 설명의 편의를 위하여 리턴 값 체크와 에러 처리 코드는 생략되었습니다.

코드 28.1 CodeInjection2.cpp

```
typedef struct _THREAD_PARAM
{
    FARPROC pFunc[2];              // LoadLibraryA(), GetProcAddress()
} THREAD_PARAM, *PTHREAD_PARAM;

// ThreadProc()
BYTE g_InjectionCode[] =
{
    0x55, 0x8B, 0xEC, 0x8B, 0x75, 0x08, 0x68, 0x6C, 0x6C, 0x00,
    0x00, 0x68, 0x33, 0x32, 0x2E, 0x64, 0x68, 0x75, 0x73, 0x65,
    0x72, 0x54, 0xFF, 0x16, 0x68, 0x6F, 0x78, 0x41, 0x00, 0x68,
    0x61, 0x67, 0x65, 0x42, 0x68, 0x4D, 0x65, 0x73, 0x73, 0x54,
    0x50, 0xFF, 0x56, 0x04, 0x6A, 0x00, 0xE8, 0x0C, 0x00, 0x00,
    0x00, 0x52, 0x65, 0x76, 0x65, 0x72, 0x73, 0x65, 0x43, 0x6F,
    0x72, 0x65, 0x00, 0xE8, 0x14, 0x00, 0x00, 0x00, 0x77, 0x77,
    0x77, 0x2E, 0x72, 0x65, 0x76, 0x65, 0x72, 0x73, 0x65, 0x63,
    0x6F, 0x72, 0x65, 0x2E, 0x63, 0x6F, 0x6D, 0x00, 0x6A, 0x00,
    0xFF, 0xD0, 0x33, 0xC0, 0x8B, 0xE5, 0x5D, 0xC3
};

/*
// ThreadProc()
    55              PUSH EBP
    8BEC            MOV EBP,ESP
    8B75 08         MOV ESI,DWORD PTR SS:[EBP+8]
    68 6C6C0000     PUSH 6C6C
    68 33322E64     PUSH 642E3233
```

```
    68 75736572        PUSH 72657375
    54                 PUSH ESP
    FF16               CALL DWORD PTR DS:[ESI]
    68 6F784100        PUSH 41786F
    68 61676542        PUSH 42656761
    68 4D657373        PUSH 7373654D
    54                 PUSH ESP
    50                 PUSH EAX
    FF56 04            CALL DWORD PTR DS:[ESI+4]
    6A 00              PUSH 0
    E8 0C000000        CALL 0040103F
    ASCII              "ReverseCore"
    E8 14000000        CALL 00401058
    ASCII              "www.reversecore.com"
    6A 00              PUSH 0
    FFD0               CALL EAX
    33C0               XOR EAX,EAX
    8BE5               MOV ESP,EBP
    5D                 POP EBP
    C3                 RETN
*/

BOOL InjectCode(DWORD dwPID)
{
    HMODULE         hMod            = NULL;
    THREAD_PARAM    param           = {0,};
    HANDLE          hProcess        = NULL;
    HANDLE          hThread         = NULL;
    LPVOID          pRemoteBuf[2]   = {0,};

    hMod = GetModuleHandleA("kernel32.dll");

    // set THREAD_PARAM
    param.pFunc[0] = GetProcAddress(hMod, "LoadLibraryA");
    param.pFunc[1] = GetProcAddress(hMod, "GetProcAddress");

    // Open Process
    hProcess = OpenProcess(PROCESS_ALL_ACCESS,
                           FALSE,
                           dwPID);

    // Allocation for THREAD_PARAM
    pRemoteBuf[0] = VirtualAllocEx(hProcess,
                                   NULL,
                                   sizeof(THREAD_PARAM),
                                   MEM_COMMIT,
                                   PAGE_READWRITE);

    WriteProcessMemory(hProcess,
                       pRemoteBuf[0],
                       (LPVOID)&param,
                       sizeof(THREAD_PARAM),
```

```
                              NULL);

        // Allocation for g_InjectionCode
        pRemoteBuf[1] = VirtualAllocEx(hProcess,
                                       NULL,
                                       sizeof(g_InjectionCode),
                                       MEM_COMMIT,
                                       PAGE_EXECUTE_READWRITE);

        WriteProcessMemory(hProcess,
                           pRemoteBuf[1],
                           (LPVOID)&g_InjectionCode,
                           sizeof(g_InjectionCode),
                           NULL);

        hThread = CreateRemoteThread(hProcess,
                                     NULL,
                                     0,
                                     (LPTHREAD_START_ROUTINE)pRemoteBuf[1],
                                     pRemoteBuf[0],
                                     0,
                                     NULL);

        WaitForSingleObject(hThread, INFINITE);

        CloseHandle(hThread);
        CloseHandle(hProcess);

        return TRUE;
}
```

코드 28.1의 인젝션 코드는 앞서 나온 CodeInjection.cpp의 코드와 유사합니다 (사용되는 API도 동일합니다). 하지만 이 코드와 지난번 CodeInjection.cpp 코드와의 가장 큰 차이점은 인젝션하는 코드에 필요한 문자열 데이터를 같이 포함시킨 것입니다. 따라서 _THREAD_PARAM 구조체에서 문자열 멤버가 사라졌습니다. 그리고 기존 C 언어로 된 ThreadProc() 함수 대신 그림 28.20의 명령어 바이트 배열(g_InjectionCode)이 사용됩니다. 조금 더 정교하게 프로그래밍을 한다면 _THREAD_PARAM 구조체조차 필요 없도록 만들 수도 있습니다. 세부적인 구현 방법은 어디까지나 구현하는 사람의 마음입니다. 중요한 것은 어셈블리 프로그래밍을 통해서 생성된 명령어 버퍼를 인젝터 소스코드에 사용하여 상대방 프로세스에 인젝션한다는 것입니다. 그럼 실제로 상대방 프로세스에 인젝션한 후 디버깅을 하면서 저 어셈블리 코드가 어떤 의미를 가지고 있는지 알아보겠습니다.

> **참고**
>
> 이전 장에서 소개한 CodeInjection.cpp 소스코드와 CodeInjection2.cpp 소스코드를 서로 비교해보면 차이점을 더 명확히 이해할 수 있을 것입니다.

28.5. 디버깅 실습

notepad.exe 프로세스에 어셈블리 언어로 제작한 코드를 인젝션하고 디버깅하면서 동작 원리를 알아보겠습니다.

28.5.1. notepad.exe 디버깅

OllyDbg를 이용하여 notepad.exe 파일의 디버깅을 시작합니다. 그림 28.21과 같이 실행[F9] 버튼을 선택해서 notepad.exe를 'Running' 상태로 만들어주세요.

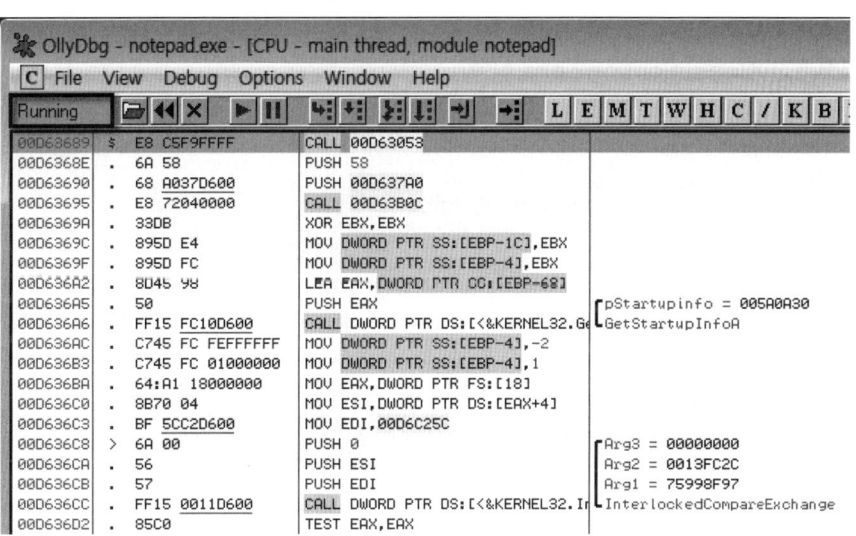

그림 28.21 notepad.exe 프로세스 디버깅

28.5.2. OllyDbg 옵션 변경

Code 인젝션은 상대방 프로세스에 새로운 스레드를 생성하는 기법이므로 그림 28.22와 같이 OllyDbg의 옵션을 변경하면 인젝션된 스레드 코드 시작부터 디버깅이 가능합니다.

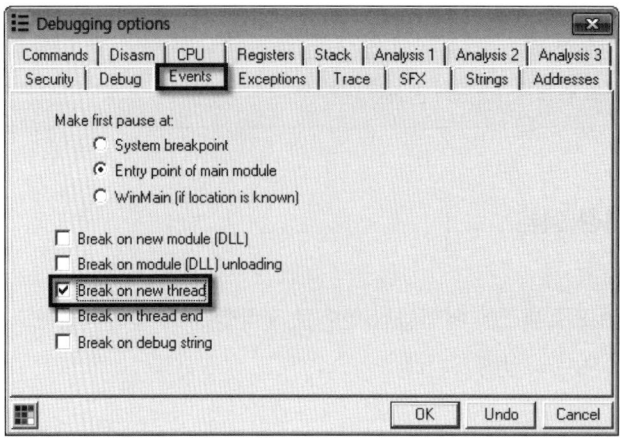

그림 28.22 Break on new thread 옵션

이제부터 notepad.exe 프로세스에서 스레드가 생성된다면, 해당 스레드 함수의 시작 코드에서 멈춥니다.

28.5.3. CodeInjection2.exe 실행

Process Explorer를 이용하여 notepad.exe 프로세스의 PID를 구합니다.

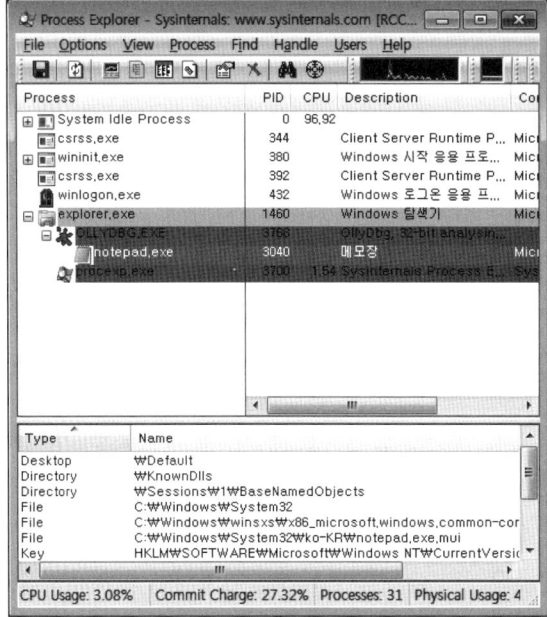

그림 28.23 notepad.exe 프로세스의 PID

PID 값을 실행 파라미터로 하여 CodeInjection2.exe를 실행합니다.

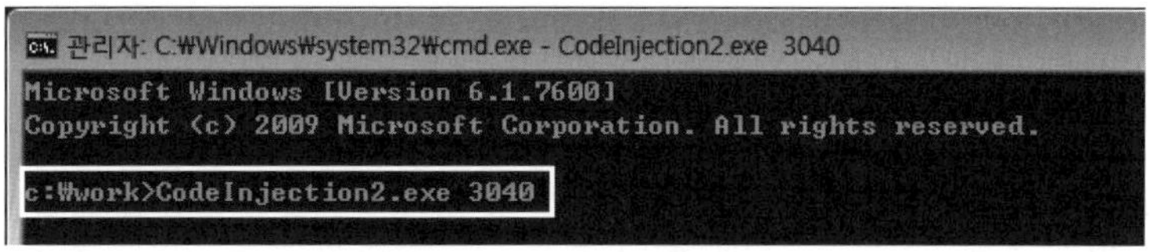

그림 28.24 CodeInjection2.exe 실행

28.5.4. 스레드 시작 코드

CodeInjection.exe 프로세스가 실행되어 코드 인젝션이 성공하면, 그림 28.25와 같이 인젝션된 스레드 코드 시작 위치에서 디버깅이 멈추게 됩니다.

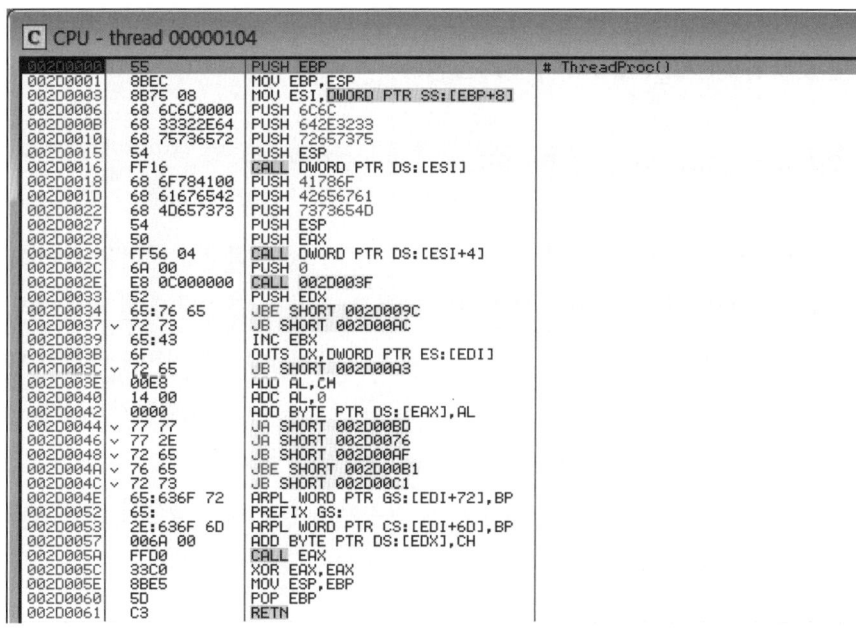

그림 28.25 인젝션된 코드: ThreadProc()

> 참고
>
> 코드의 시작 주소(2D0000)는 사용자 환경에 따라서 달라집니다.

그림 28.25의 코드를 상세하게 분석해보겠습니다.

28.6. 상세 분석

28.6.1. 스택 프레임 생성

```
002D0000    55        PUSH EBP              ; # ThreadProc()
002D0001    8BEC      MOV EBP,ESP
```

전형적인 스택 프레임 생성 명령어입니다. 이 명령어가 낯설은 여러분은 이 기회에 '55 8BEC'라고 외워두는 것도 좋습니다. 스택 프레임을 생성하는 이유는 이후에 나오는 명령어들이 스택에 문자열들을 집어넣는 기법을 사용하기 때문에 위 ThreadProc() 함수가 종료될 때 스택을 깨끗이 정리하기 위해서입니다.

28.6.2. THREAD_PARAM 구조체 포인터

```
002D0003    8B75 08   MOV ESI,DWORD PTR SS:[EBP+8]
```

스택 프레임이 생성된 이후에 [EBP+8]이 의미하는 것은 함수로 넘어온 첫 번째 파라미터입니다. 이 경우에는 THREAD_PARAM 구조체 포인터가 될 것입니다. 아래에 THREAD_PARAM 구조체를 표시하였습니다. 구조체의 멤버는 2개의 함수 포인터인데 각각 'LoadLibraryA'와 'GetProcAddress()'의 포인터가 저장됩니다(누가 이 포인터를 구해서 저장시켰을까요? 네. 앞에서 소개한 CodeInjection2.exe 프로그램에서 구해서 notepad.exe에 인젝션한 후 스레드 실행할 때 파라미터로 넣어주었습니다).

```c
typedef struct _THREAD_PARAM
{
    FARPROC pFunc[2];              // LoadLibraryA(), GetProcAddress()
} THREAD_PARAM, *PTHREAD_PARAM;
```

위 2D0003 주소의 MOV ESI, DWORD PTR SS:[EBP+8] 명령어를 실행한 이후에 ESI 레지스터에 저장된 주소를 따라가서 확인해보겠습니다.

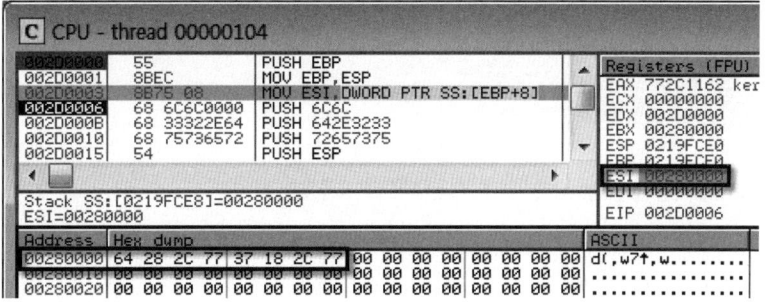

그림 28.26 THREAD_PARAM 구조체 확인

ESI에 280000 주소가 저장되었으며, 이 주소는 CodeInjection2.exe에서 THREAD_PARAM 구조체를 위해 notepad.exe 프로세스 메모리 공간에 할당한 메모리 버퍼의 주소입니다.

> **참고**
> THREAD_PARAM 구조체 주소(280000)는 사용자 환경에 따라서 달라집니다.

그림 28.26의 메모리 창을 보면 280000 주소에 두 개의 4바이트 값이 저장된 걸 확인할 수 있습니다. 저 값들이 LoadLibraryA와 GetProcAddress API 함수의 시작 주소일 것입니다. 좀 더 직관적으로 확인하기 위해서 OllyDbg 메모리 창의 보기 옵션을 변경해보겠습니다. 메모리 창에 커서를 위치시킨 후 마우스 우측 메뉴의 'Long - Address' 항목을 선택하기 바랍니다.

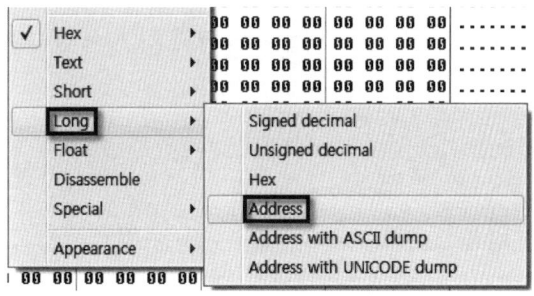

그림 28.27 'Long - Address' 메뉴 항목

그림 28.27의 메뉴 항목을 선택하면 OllyDbg의 메모리 창은 그림 28.28과 같이 표시 형식이 변경됩니다.

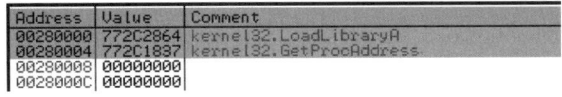

그림 28.28 API 시작 주소

주소가 훨씬 더 직관적으로 표시되지요? 또한 친절하게 Comment에 각 주소에 해당되는 API 이름을 표시해주고 있습니다(다시 Hex 표시 형식으로 보고 싶을 때는 Hex - Hex/ASCII(16바이트) 메뉴를 선택합니다).

28.6.3. "user32.dll" 문자열

```
002D0006    68 6C6C0000    PUSH 6C6C        ; "\0\0ll"
002D000B    68 33322E64    PUSH 642E3233    ; "d.23"
002D0010    68 75736572    PUSH 72657375    ; "resu"
```

위 코드는 스택에 문자열을 저장하는 기법입니다. 스택에 직접 접근할 수 있는 어셈블리 프로그래밍 언어에서만 가능한 독특한 기법이지요. 2D0006 주소의 PUSH 6C6C 명령어는 스택에 값을 저장하라는 뜻입니다. 6C는 ASCII로 'l'로, 즉 이 명령은 "\0\0ll" 문자열을 스택에 집어 넣는 것입니다. 그 밑의 2D000B와 2D0010 주소의 PUSH 명령어도 각각 "d.23" 문자열과 "resu" 문자열을 입력하는 명령어입니다. x86 CPU의 Little Endian 표기법과 스택의 거꾸로 자라는 특성 때문에 문자열을 거꾸로 뒤집어서 입력하는 것을 주의 깊게 보기 바랍니다. 이것은 디버깅할 때 잘 알고 있어야 하는 내용입니다.

2D0015 주소까지 tracing한 후 스택을 보면 그림 28.29와 같습니다.

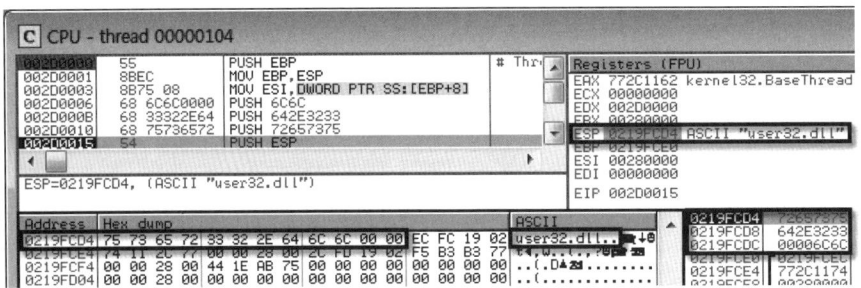

그림 28.29 스택에 저장된 "user32.dll" 문자열

이와 같이 PUSH 명령어를 이용하여 원하는 문자열을 스택에 입력할 수 있습니다. 또한 Code 인젝션을 할 때 문자열 데이터를 따로 인젝션하지 않고 코드에 포함시켜서 코드만 인젝션할 수 있습니다.

> **참고**
> - 문자열 데이터를 코드에 포함시키는 방법은 한 가지가 더 있으며, 뒤에서 따로 소개합니다.
> - 32비트 OS에서 PUSH 명령어는 한번에 4바이트 크기의 데이터만 스택에 저장이 가능합니다.

28.6.4. "user32.dll" 문자열 파라미터 입력

```
002D0015        54              PUSH ESP
```

LoadLibraryA() API는 파라미터로 로딩시킬 DLL 파일 이름 문자열 주소를 받습니다.

코드 28.2 이름 문자열 주소 받기
```
HMODULE WINAPI LoadLibrary(
    __in  LPCTSTR lpFileName
);
```
출처: MSDN

그림 28.29를 보면 현재 ESP의 값은 219FCD4이며, 이것은 "user32.dll" 문자열의 시작 주소입니다. 따라서 2D0015 주소의 PUSH ESP 명령어는 "user32.dll" 문자열 주소(219FCD4)를 스택에 입력하는 명령입니다(그림 28.30 참고).

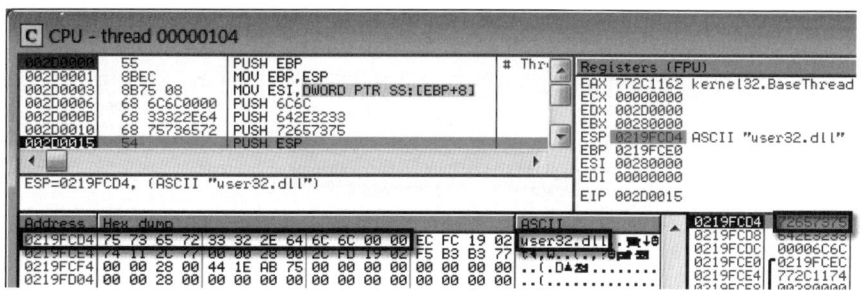

그림 28.30 2D0015 주소 명령어

28.6.5. LoadLibraryA("user32.dll") 호출

```
002D0016      FF16      CALL DWORD PTR DS:[ESI]        ; kernel32.LoadLibraryA
```

ESI 레지스터는 그림 28.31에서 보다시피 280000 값을 가지며, 이 주소에는 Load LibraryA() API의 시작 주소(772C2864)가 저장되어 있습니다. 그림 28.31을 보세요.

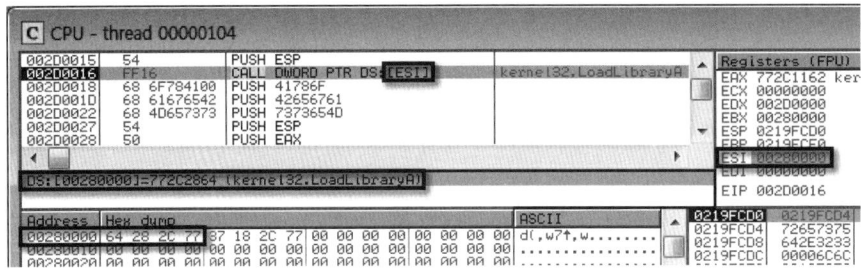

그림 28.31 ESI 레지스터

어셈블리 언어의 메모리 참조 문법이 생소한 여러분은 이번 기회에 확실히 익혀 두기 바랍니다. 아래와 같은 간단한 전개식을 사용하면 쉽게 이해할 수 있습니다([]는 C 언어의 포인터 참조와 같은 개념입니다).

* [ESI] = [280000] = 772C2864 (address of kernel32.LoadLibraryA)
  = 280000 주소에 저장된 값
* CALL [ESI] = CALL [280000] = CALL 772C2864 = CALL Kernel32.LoadLibraryA

2D0016 주소의 CALL DWORD PTR DS:[ESI] 명령어를 실행하면 LoadLibraryA() API가 호출되면서 파라미터로 입력된 'user32.dll'이 로딩됩니다. notepad.exe 프로세스는 실행될 때 이미 user32.dll를 로딩하였으므로 그 로딩 주소만 리턴합니다.

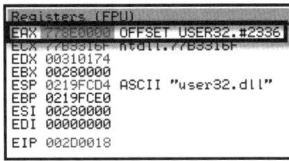

그림 28.32 USER32.dll 로딩 주소

함수의 리턴 값은 EAX에 저장되므로 그림 28.32을 보면 EAX = 778E0000이 저장되었습니다. OllyDbg 메뉴의 'View - Executable modules [ALT + E]' 항목을 선택하면 다음 그림과 같이 프로세스 메모리에 로딩된 DLL을 확인할 수 있습니다. user32.dll의 로딩 주소가 778E0000임을 확인할 수 있습니다.

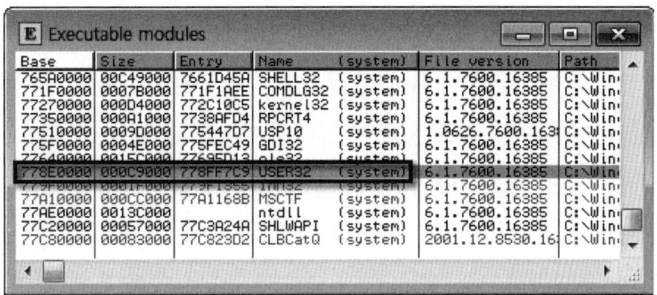

그림 28.33 USER32.dll 로딩 주소 확인

28.6.6. "MessageBoxA" 문자열

```
002D0018    68 6F784100    PUSH 41786F    ; "\0Axo"
002D001D    68 61676542    PUSH 42656761  ; "Bega"
002D0022    68 4D657373    PUSH 7373654D  ; "sseM"
```

역시 PUSH 명령어를 이용해서 문자열 "MessageBoxA"를 스택에 입력하는 명령어입니다(위의 "user32.dll" 문자열 입력과 동일한 방법입니다). 2D0022 주소의 PUSH 명령까지 디버깅을 하고 나면, 그림 28.34와 같이 스택에 "MessageBoxA" 문자열이 저장됩니다.

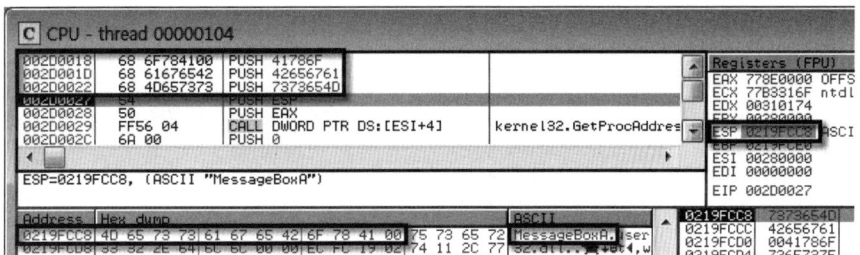

그림 28.34 스택에 "MessageBoxA" 문자열 저장

28.6.7. GetProcAddress(hMod, "MessageBoxA") 호출

```
002D0027    54          PUSH ESP                      ; - "MessageBoxA"
002D0028    50          PUSH EAX                      ; - hMod (778E0000)
002D0029    FF56 04     CALL DWORD PTR DS:[ESI+4]     ; kernel32.GetProcAddress
```

현재 ESP의 값은 0219FCC8입니다(그림 28.34 참고). 따라서 2D0027 주소의 PUSH ESP 명령어는 "MessageBoxA" 문자열 주소(0219FCC8)를 스택에 입력하는 명령입니다(이 문자열 주소는 2D0029 주소에서 호출되는 GetProcAddress() API의 두 번째 파라미터로 사용됩니다). 그리고 현재 EAX의 값은 778E0000입니다. 이는 user32.dll 모듈의 로딩 주소이지요(그림 28.32 참고). 따라서 2D0028 주소의 PUSH EAX 명령어는 user32.dll의 시작 주소(hMod)를 스택에 입력하는 명령입니다(이 문자열 주소는 2D0029 주소에서 호출되는 GetProcAddress() API의 첫 번째 파라미터로 사용됩니다). 여기까지 디버깅을 진행한 후 스택의 모습은 그림 28.35와 같습니다.

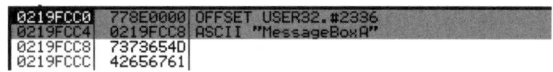

그림 28.35 스택의 모습

ESI 레지스터의 값은 280000입니다. 따라서 [ESI+4]의 전개식은 다음과 같습니다(그림 28.28, 그림 28.31 참고).

* [ESI+4] = [280004] = 772C1837 (address of kernel32.GetProcAddress)

    = 280004 주소에 저장된 값

* CALL [ESI+4] = CALL [280004] = CALL 772C1837 = CALL Kernel32.GetProcAddress

따라서 2D0029 주소의 CALL DWORD PTR DS:[ESI+4] 명령어는 GetProcAddress(778E0000, "MessageBoxA") API를 호출하는 것입니다. 이 CALL 명령어를 실행하면 user32.MessageBoxA() API 시작 주소가 EAX 레지스터에 저장됩니다(사용자 환경에 따라서 이 주소는 달라집니다. 제 경우에는 EAX = 7793EA71입니다).

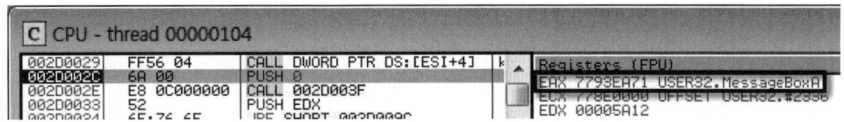

그림 28.36 MessageBoxA( ) API 시작 주소

28.6.8. MessageBoxA( ) 파라미터 입력 1 - MB_OK

```
002D002C      6A 00           PUSH 0
```

PUSH 0은 스택에 0을 입력하는 명령입니다. 이 0의 의미는 아래에서 호출될 MessageBoxA( ) API의 네 번째 파라미터(uType)로 사용됩니다. 참고로 Message BoxA( ) API는 코드 28.3과 같이 4개의 파라미터를 받습니다.

코드 28.3 4개의 파라미터 받기
```
int WINAPI MessageBox(
  __in_opt  HWND hWnd,
  __in_opt  LPCTSTR lpText,
  __in_opt  LPCTSTR lpCaption,
  __in      UINT uType
);
```
출처: MSDN

참고

uType 값이 0이면 MB_OK를 의미하며, 단순히 OK(확인) 버튼 한 개만 보여줍니다.

28.6.9. MessageBoxA( ) 파라미터 입력 2 - "ReverseCore"

```
002D002E      E8 0C000000     CALL 002D003F
002D0033      52              PUSH EDX
002D0034      65:76 65        JBE SHORT 002D009C
002D0037      72 73           JB SHORT 002D00AC
002D0039      65:43           INC EBX
002D003B      6F              OUTS DX,DWORD PTR ES:[EDI]
002D003C      72 65           JB SHORT 002D00A3
002D003E      00E8            ADD AL,CH
```

이번에는 CALL 명령으로 코드 사이에 포함된 문자열 데이터 주소를 스택에 입력하는 기법을 소개하겠습니다. 이 역시 어셈블리 프로그래밍 언어에서만 가능한 기법입니다. 2D0033~2D003E 주소 영역은 분명히 프로그램 코드 영역이지만 그 내용은 사실 "ReverseCore" 문자열 데이터입니다. 즉 "ReverseCore" 문자열의 시작 주소는 2D0033입니다. 그리고 이 문자열은 MessageBoxA() API의 세 번째 파라미터(lpCaption)로 사용됩니다.

함수 파라미터로 사용되려면 문자열 주소를 스택에 넣어줘야 하는데 과연 어떤 방식으로 입력할까요? 2D002E 주소의 CALL 명령을 디버깅으로 쫓아가 보겠습니다(StepIn[F7]). 그림 28.37에서 스택 주소를 살펴보기 바랍니다.

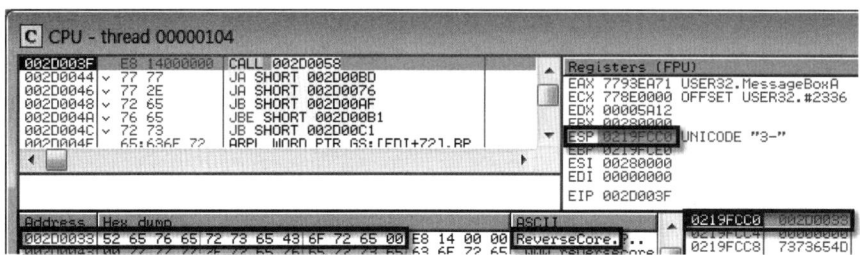

그림 28.37 2D003F 코드

스택에 "ReverseCore" 문자열 시작 주소인 2D0033이 입력되었습니다. Message BoxA()의 세 번째 파라미터가 입력된 셈이죠. 이 트릭은 CALL 명령어의 "동작 원리"를 응용한 것입니다. 2D002E 주소의 CALL 명령을 수행하면 함수(2D003F)가 종료된 후 돌아올 리턴 주소(2D0033)를 스택에 입력(PUSH)한 후 해당 함수 주소 (2D003F)로 이동(JMP)합니다. 즉 CALL 명령어는 PUSH, JMP 명령어를 합쳐 놓은 것입니다. 그런데 사실 2D003F는 함수가 아닙니다. RETN 명령어로 되돌아가는 형태가 아니란 얘기지요. 여기서의 CALL 명령어는 바로 뒤에 이어지는 "ReverseCore" 문자열 주소를 스택에 입력하고 그 다음 코드 명령어로 가기 위해서 사용되고 있는 것입니다. 이해되는지요? 아주 흥미로운 CALL 명령어 사용법입니다.

28.6.10. MessageBoxA( ) 파라미터 입력 3 - "www.reversecore.com"

```
002D003F    E8 14000000    CALL 002D0058
002D0044    77 77          JA SHORT 002D00BD
002D0046    77 2E          JA SHORT 002D0076
```

```
002D0048      72 65         JB SHORT 002D00AF
002D004A      76 65         JBE SHORT 002D00B1
002D004C      72 73         JB SHORT 002D00C1
002D004E      65:636F 72    ARPL WORD PTR GS:[EDI+72],BP
002D0052      65:           PREFIX GS:
002D0053      2E:636F 6D    ARPL WORD PTR CS:[EDI+6D],BP
002D0057      006A 00       ADD BYTE PTR DS:[EDX],CH
```

역시 위 "ReverseCore" 문자열과 마찬가지로 MessageBoxA( ) API의 두 번째 파라미터 lpText 문자열("www.reversecore.com")을 입력하는 명령입니다. 위 코드에서 2D0044~2D0057 주소 영역은 코드 명령어가 아니라 문자열 데이터("www.reversecore.com")입니다.

2D003F 주소의 CALL 명령어는 (앞에서 설명한 바와 같이) 바로 뒤에 이어지는 문자열("www.reversecore.com") 데이터의 주소(2D0044)를 스택에 입력하고, 그다음 명령어 주소(2D0058)로 갑니다(그림 28.38 참고).

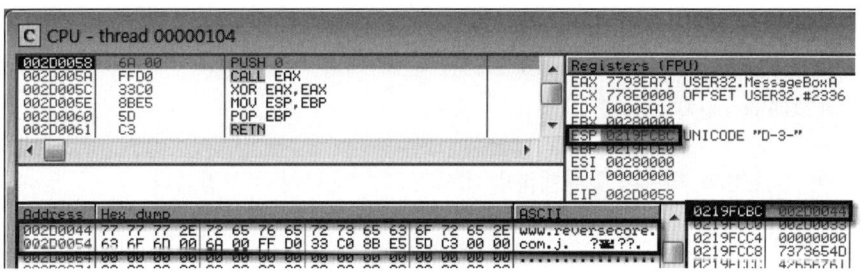

그림 28.38

28.6.11. MessageBoxA( ) 파라미터 입력 4 – NULL

```
002D0058      6A 00         PUSH 0
```

MessageBoxA( ) API의 첫 번째 파라미터인 hWnd 값을 입력합니다. 일반적으로는 메시지 박스가 소속된 창의 핸들을 입력하지만, 여기서는 NULL을 입력하여 무소속(?) 메시지 박스가 출력되도록 만들겠습니다.

28.6.12. MessageBoxA( ) 호출

```
002D005A      FFD0            CALL EAX
```

드디어 MessageBoxA( ) API를 호출하는 CALL 명령어입니다. 현재 EAX 레지스터에는 위에서 호출한 GetProcAddress( )에 의해서 리턴된 MessageBoxA( ) API의 시작 주소(7793EA71)가 저장되어 있습니다(그림 28.36, 그림 28.38 참고). 2D005A 주소의 CALL EAX 명령어까지 디버깅한 후 레지스터와 스택을 살펴보면 그림 28.39과 같습니다.

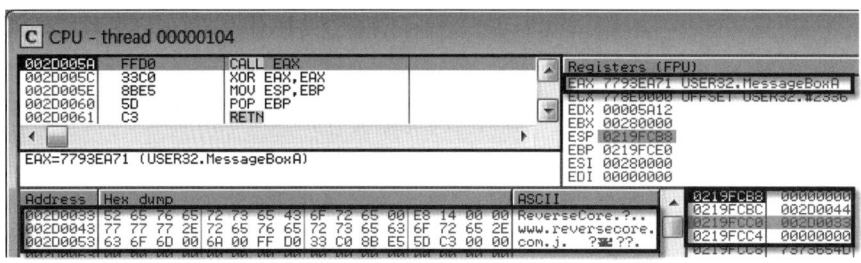

그림 28.39 MessageBoxA( ) 호출

이 CALL EAX 명령어를 실행하면 메시지 박스가 나타날 것입니다.

그림 28.40 메시지 박스

28.6.13. ThreadProc( ) 리턴 값 세팅

```
002D005C      33C0            XOR EAX,EAX
```

notepad.exe 프로세스에 인젝션된 코드(ThreadProc( ) 스레드 함수)가 종료될 준비를 합니다. 스레드 함수의 리턴 값을 0으로 세팅하기 위해서 XOR EAX, EAX 명령어가 사용됩니다. 함수의 리턴 값은 EAX 레지스터를 사용한다는 것을 기억하죠?

> **참고**
>
> XOR EAX, EAX 명령어는 EAX 레지스터를 0으로 초기화하는 가장 쉽고 빠른 명령어입니다(CPU 에게는 MOV EAX, 0 명령어보다 더 쉽고 빠릅니다).

28.6.14. 스택 프레임 해제 및 함수 리턴

```
002D005E    8BE5        MOV  ESP,EBP
002D0060    5D          POP  EBP
002D0061    C3          RETN
```

ThreadProc() 함수를 시작할 때 생성한 스택 프레임을 해제합니다. 그리고 RETN 명령으로 함수가 종료됩니다. 이 ThreadProc() 함수에서 스택 프레임은 매우 중요합니다. 앞에서 설명한 "PUSH를 이용한 스택에 문자열 넣는 기법"에서 스택에 입력된 문자열을 일일이 POP 명령으로 힘들게 없앨 필요 없이 스택 프레임 해제 명령어 한 방으로 가볍게 초기화할 수 있습니다.

28.7. 마무리

이상으로 어셈블리 언어를 이용한 Code 인젝션에 관한 설명을 마치겠습니다. 여러분도 C 언어보다 더 자유로운 어셈블리 언어를 사용하여 다양하고 창의적인 코드를 생성해보기 바랍니다. 어셈블리 초보자도 OllyDbg의 'Assemble' 명령어를 이용하면 좀 더 쉽게 어셈블리 언어를 사용할 수 있습니다.

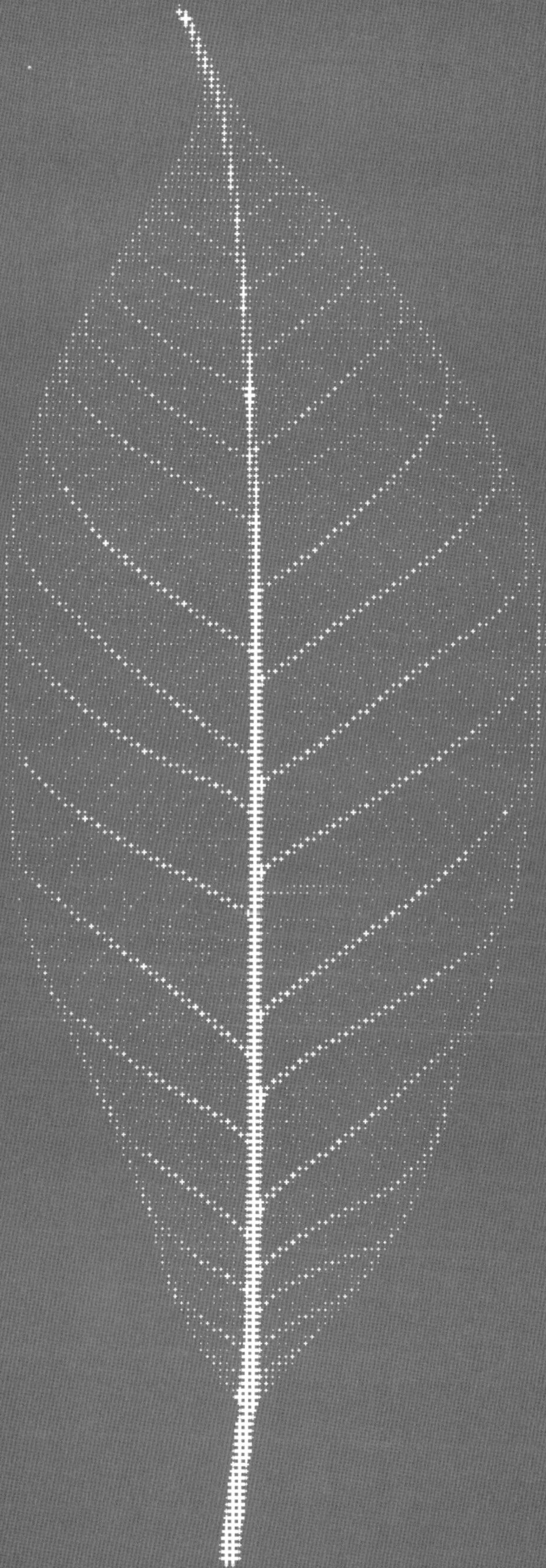

4부
API 후킹

29
API 후킹: 리버싱의 '꽃'

API 후킹(API Hooking)에 대한 강좌입니다. User 모드에서 API 후킹의 다양한 기법들에 대하여 자세히 설명하도록 하겠습니다.

29.1. 후킹

리버싱에서 후킹은 정보를 가로채고, 실행 흐름을 변경하고, 원래와는 다른 기능을 제공하게 하는 기술입니다. 후킹의 전체 프로세스는 아래와 같습니다.

- 디스어셈블러/디버거를 이용하여 프로그램의 구조와 동작 원리를 파악
- 버그 수정 또는 기능 개선에 필요한 훅(Hook) 코드를 개발
- 실행 파일과 프로세스 메모리를 자유롭게 조작하여 훅 코드 설치

위와 같은 일련의 작업들은 그야말로 리버스 엔지니어링 기술의 핵심(Core)이라고 할 수 있습니다. 그래서 전 후킹을 '리버싱의 꽃'이라고 부릅니다.

여러 가지 후킹 기술이 있지만, 그 중에서도 Win32 API를 후킹하는 기술을 API 후킹이라고 합니다. User 모드 후킹 중에서 메시지 후킹(Message Hooking)과 함께 가장 널리 사용되는 기술입니다. 매우 응용 범위가 넓은 기술이므로 잘 익혀두기 바랍니다.

> 참고
> 1. 프로그램 소스가 있다면 대부분의 경우 후킹은 필요하지 않을 것입니다. 하지만 특수한 상황(소스코드가 없거나, 소스코드의 수정이 여의치 않은 상황)에서는 후킹 기술이 요긴하게 사용될 수 있습니다.
> 2. 메시지 후킹에 대한 내용은 21장을 참고하기 바랍니다.

29.2. API란?

API 후킹을 설명하려면 먼저 API(Application Programming Interface)에 대해서 짚고 넘어가야 합니다. Windows OS는 사용자 애플리케이션이 시스템 자원(메모리, 파일, 네트워크, 비디오, 사운드, 기타)을 사용하고 싶을 때 직접 접근할 수 있는 방법이 없습니다. 왜냐하면 그것들은 OS가 직접 관리하며, 여러 가지 이유(안정성, 보안, 효율, 기타)로 사용자 애플리케이션의 직접적인 접근을 막아놓았기 때문입니다. 이럴 때 사용자 애플리케이션은 시스템 커널(Kernel)에게 요청해야 합니다. 그 요청 방법이 바로 MS에서 제공한 Win32 API를 이용하는 것입니다(API는 해당 OS 제작사에서 제공합니다). 즉 API 함수 없이는 어떤 의미 있는 프로그램을 만들어낼 수 없습니다(프로세스, 스레드, 메모리, 파일, 네트워크, 레지스트리, 그래픽, 사운드 및 기타 시스템 자원에 접근할 수 없기 때문이지요). 그림 29.1은 32비트 Windows OS의 프로세스 메모리를 간략히 나타낸 것입니다.

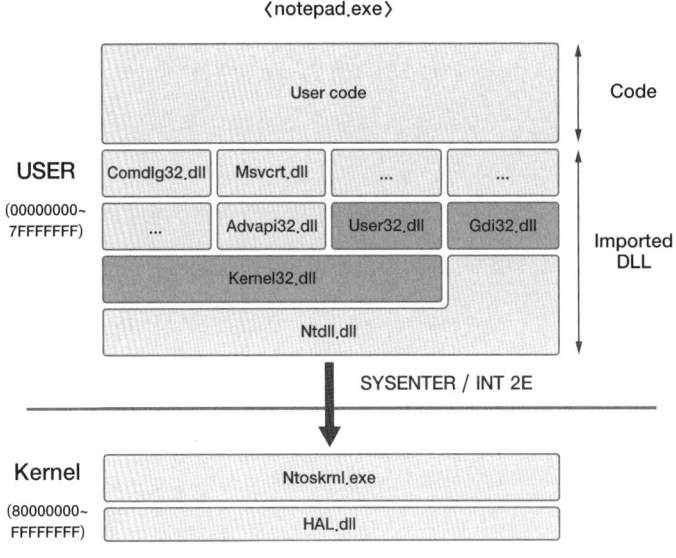

그림 29.1 사용자 모드와 커널 모드

실제 애플리케이션 코드를 실행하기 위해 많은 시스템 라이브러리(DLL)가 로딩됩니다. 모든 프로세스에는 기본적으로 kernel32.dll이 로딩되며, kernel32.dll은 ntdll.dll을 로딩합니다.

> **참고**
> 특정 시스템 프로세스(smss.exe)의 경우 kernel32.dll을 로딩하지 않는 예외적인 경우도 있습니다. 그리고 GUI 애플리케이션에서는 user32.dll과 gdi32.dll 또한 필수 라이브러리입니다.

ntdll.dll의 역할이 바로 유저 모드 애플리케이션의 코드에서 발생하는 시스템 자원에 대한 접근을 커널 모드에게 요청하는 것입니다. 간단한 예를 들어보겠습니다.

notepad.exe에서 c:\abc.txt라는 파일을 열고자 합니다. 코드에서는 msvcrt!fopen() API를 호출합니다. 그 이후의 API 호출 흐름을 보면 다음과 같습니다.

```
-msvcrt!fopen()
  kernel32!CreateFileW()
    ntdll!ZwCreateFile()
      ntdll!KiFastSystemCall()
        SYSENTER                      // IA-32 Instruction
          → 커널 모드 진입
```

일반적인 시스템 자원을 사용하는 API는 kernel32.dll과 ntdll.dll을 타고 내려가다가 결국 SYSENTER 명령을 통해 커널 모드로 진입하게 됩니다.

29.3. API 후킹

API 후킹이란 Win32 API 호출을 중간에서 가로채서 제어권을 얻어내는 것입니다. API 후킹의 이점은 다음과 같습니다.

- API 호출 전/후에 사용자의 훅 코드(Hook Code)를 실행시킬 수 있습니다.
- API에 넘어온 파라미터 혹은 API 함수의 리턴 값을 엿보거나 조작할 수 있습니다.
- API 호출 자체를 취소시키거나 사용자 코드로 실행 흐름을 변경시킬 수 있습니다.

이해를 돕기 위해 그림 29.2를 살펴보겠습니다.

29.3.1. 정상 API 호출

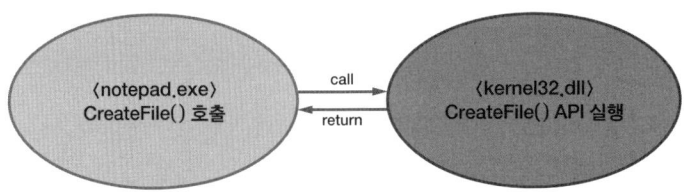

그림 29.2 정상적인 API 호출

먼저 정상적인 API 호출입니다. 코드 영역 주소에서 CreateFile() API를 호출하였습니다. CreateFile() API는 kernel32.dll에서 서비스(export)하므로 kernel32.dll 영역의 CreateFile() API가 실행되고 정상적으로 리턴합니다.

29.3.2. 후킹 API 호출

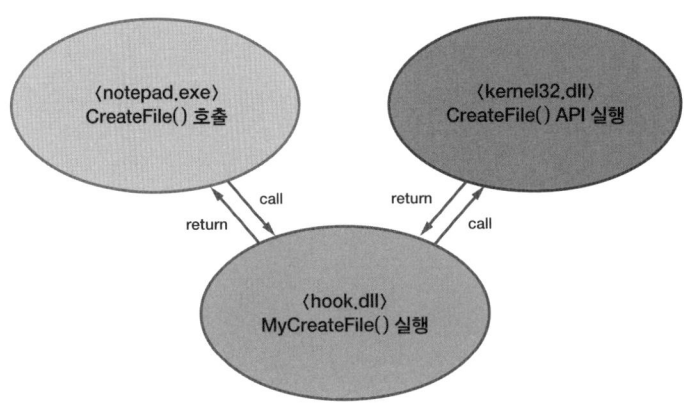

그림 29.3 후킹된 API 호출

다음은 kernel32!CreateFile()가 후킹된 경우입니다. 사용자가 DLL 인젝션 기술로 hook.dll을 프로세스 메모리 공간에 침투시킵니다. 그리고 kernel32!Create File()를 hook!MyCreateFile()로 후킹하였습니다(후킹 함수 설치하는 방법엔 여러 가지가 있습니다). 이제부터 해당 프로세스에서 kernel32!CreateFile() API가 호출될 때마다 hook!MyCreateFile()이 먼저 호출됩니다.

후킹 목적에 따라서 원본 함수 호출 전/후에 사용자 코드를 실행시키거나 원본 함수를 아예 호출하지 않는 등의 여러 가지 변형이 가능합니다. 따라서 후킹 목적과 상황에 따라서 적절히 사용하면 되겠습니다. 이것이 바로 API 후킹의 기본 개념입니다.

API 후킹을 구현하는 방법은 다양합니다. 하지만 후킹의 기본 개념은 변하지 않습니다. 위의 개념을 잘 이해하면 이후에 설명할 구현 방법에 대해서도 쉽게 이해할 수 있습니다.

29.4. 테크 맵

다음 그림을 API 후킹의 모든 기술적 범주를 포함하는 테크 맵(Tech Map)입니다.

Method	Object (what)	Location (where)	Technique (how)		API
static	File		X		X
dynamic	Process Memory 00000000 ~ 7FFFFFFF	1) IAT 2) Code 3) EAT	A) Debug (Interactive)		DebugActiveProcess GetThreadContext SetThreadContext
			B) Injection (stand alone)	B-1) Independant Code	CreateRemoteThread
				B-2) DLL file	Registry(AppInit_DLLs) BHO (IE only)
					SetWindowsHookEx CreateRemoteThread

그림 29.4 API 후킹 테크 맵

위에 나온 테크 맵을 이용하면 그동안 막연하게만 보였던 API 후킹이 (기술적으로) 쉽게 파악됩니다. API 후킹 작업을 할 때 상황에 맞게 위의 테크 맵에서 적절한 기법을 골라서 적용하면 됩니다(가장 널리 사용되는 기법은 밑줄로 표시하였습니다).

앞으로 위 테크 맵의 기법들을 하나씩 소개하고 실습해보겠습니다.

29.4.1. Method Object(what)

API 후킹 방식(Method)에 대한 대분류입니다. API 후킹 방식은 작업 대상(Object)에 따라서 크게 static 방식과 dynamic 방식으로 나눌 수 있습니다.

static 방식은 작업 대상이 '파일'이며, dynamic 방식은 작업 대상이 프로세스 메모리입니다. 일반적으로 API 후킹이라고 하면, dynamic 방식을 말하는데, 매우 특수한 상황에서 static 방식을 사용할 때도 있습니다. 각각에 대한 설명은 아래의 표에 정리하였습니다.

Static	Dynamic
파일 대상	메모리 대상
프로그램 실행 전 후킹	프로그램 실행 후 후킹
최초 한 번만 후킹	실행될 때마다 후킹
특수한 상황에서 사용됨	일반적인 후킹 방법
Unhook 불가!	프로그램 실행 중에 Unhook 가능 (유연성 제공)

표 29.1 후킹 방식에 따른 분류

> **참고**
>
> static 방식의 API 후킹은 잘 쓰이지는 않기 때문에 여기서는 소개 정도만 하고 넘어갑니다.

29.4.2. Location(where)

API 후킹을 위해 어느 부분을 공략(조작)해야 하는지에 대한 내용입니다. 일반적으로 세 군데의 공략 위치가 있습니다.

IAT

IAT(Import Address Table)에 있는 API 주소를 후킹 함수 주소로 변경하는 방법입니다. 장점은 가장 단순하며, 구현 방법이 가장 쉽습니다. 단점으로는 IAT에 없는데 프로그램에서 사용되는 API들에 대해서는 후킹할 수 없습니다(예: DLL을 동적으로 로딩해서 사용하는 경우).

Code

프로세스 메모리에 매핑된 시스템 라이브러리(*.dll)에서 API의 실제 주소를 찾아가 코드를 직접 수정해버리는 방법입니다. 참고로 이 방법이 가장 널리 사용되는 방법이며, 구현에 있어서 아래와 같은 여러 가지 다양한 옵션이 있습니다.

- 시작 코드를 JMP 명령어로 패치하는 방법
- 함수 일부를 덮어쓰는 방법
- 필요한 부분만 일부 변경하는 방법

EAT

DLL의 EAT(Export Address Table)에 기록된 API의 시작 주소를 후킹 함수 주소로 변경하는 방법입니다. 개념은 간단하지만 코드 구현에 있어서 앞서 나온 Code의 방법이 더 간단하고 강력하므로 EAT 수정 방법은 잘 사용되지 않습니다.

29.4.3. Technique(How)

후킹 대상 프로세스 메모리에 침투하여 후킹 함수를 설치하는 구체적 기법(Technique)에 대한 내용입니다. 크게 디버그(Debug)와 인젝션(Injection) 기법으로 나눌 수 있으며, 인젝션 기법은 다시 Code와 DLL 기법으로 나뉩니다.

Debug

대상 프로세스를 디버깅하면서 API 후킹을 하는 방법입니다. 아마 이 말이 무슨 의미인지 이해가 잘 되지 않을 것입니다. "그게 디버깅이지 무슨 API 후킹이야?" 하고 말이죠. 디버거는 디버깅을 당하는 프로세스인 디버기에 대한 모든 권한(실행 제어, 메모리 액세스, 기타)을 가지기 때문에, 디버기의 프로세스 메모리에 후킹 함수를 자유롭게 설치할 수 있습니다.

여기서 얘기하는 디버거는 일반적인 OllyDbg, WinDbg, IDAPro 등이 아니라, 후킹을 위하여 사용자가 직접 제작한 프로그램입니다. 즉 프로그램에서 Debug API를 이용하여 대상 프로세스에 Attach하고, (실행이 잠깐 멈춰진 상태에서) 후킹 함수를 설치합니다. 그런 후에 실행을 재개시키면 완벽한 API 후킹이 이뤄지는 것입니다(XP 이상의 시스템에서는 디버기의 종료 없이 디버거를 Detach할 수도 있습니다).

물론 기존 디버거(OllyDbg, WinDbg, IDAPro)에 자동화 스크립트를 사용하여 API 후킹을 자동화하는 방법도 있습니다. 이 방식의 장점은 구현만 완벽하다면 (하나의 프로세스에 대한) 가장 강력한 후킹 방법입니다. API 후킹 뿐만 아니라 필요에 따라서 실행 흐름까지도 완벽히 제어할 수 있습니다. 따라서 API 후킹 도중이라도 사용자가 Interactive하게 프로그램의 실행을 멈추고 API 후킹을 추가/수정/제거 등의 작업을 할 수 있습니다(다른 방식과 가장 큰 차이점입니다). 단점은 디버거에 대한 지식(혹은 자동화 스크립트에 대한 지식)이 필요합니다. 또한 안정적인 동작을 위해서는 많은 테스트가 필요합니다. 이와 같은 단점들 때문에 (강력함에도 불구하고) 널리 사용되지는 않습니다.

인젝션

인젝션 기법은 해당 프로세스 메모리 영역에 침투하는 기술로, 인젝션 대상에 따라 DLL 인젝션과 Code 인젝션으로 나눌 수 있습니다. 그 중에서 DLL 인젝션 기법이 가장 널리 사용됩니다.

DLL 인젝션

DLL 인젝션 기법은 대상 프로세스로 하여금 강제로 사용자가 원하는 DLL 파일을 로딩하게 만드는 기술입니다(DLL 인젝션에 대한 자세한 설명은 앞서 나온 23장을 참고하기 바랍니다). 인젝션할 DLL에 미리 후킹 코드와 설치 코드를 만들고 DllMain()에서 설치 코드를 호출해주면, 인젝션되는 순간에 API 후킹이 완료됩니다.

Code 인젝션

Code 인젝션 기법은 기존 DLL 인젝션보다 좀 더 발전된 (복잡한) 기술이며, 주로 악성 코드(바이러스, 셸 코드, 기타)에서 많이 사용됩니다(DLL 인젝션은 AV 제품에서 탐지가 잘 되므로, 악성 코드들은 좀 더 탐지하기 어려운 Code 인젝션을 많이 시도하고 있습니다). Code 인젝션 기법의 구현 방법은 조금 까다로운 편입니다. 그 이유는 DLL 인젝션처럼 완전한 형태의 PE Image가 아니라 실행 코드와 데이터만 인젝션된 상태에서 자신이 필요한 API 주소를 직접 구해서 사용해야 하며, 코드 내의 메모리 주소에 접근할 때 잘못된 주소를 액세스하지 않도록 매우 주의해야 하기 때문입니다(Code 인젝션 기법에 대한 자세한 설명은 27장을 참고하기 바랍니다).

29.4.4. API

테크 맵에 소개된 방법들을 실제로 구현하기 위해서 사용되는 API들을 보여줍니다. 한 번씩 읽어 보고 향후 실습할 때 자세한 사용법을 살펴보도록 하겠습니다.

> **참고**
> 테크 맵에 소개된 API 말고도 OpenProcess(), WriteProcessMemory(), ReadProcessMemory() API들은 다른 프로세스 메모리에 접근하려고 할 때 항상 사용되는 API들입니다.

설명이 많이 길었습니다. 다소 지루하더라도 세부 기술 설명에 앞서 이러한 이론적인 설명은 꼭 필요합니다. 위와 같이 테크 맵으로 전체 기술에 대해 이론적으로 잘 정리해두면 기술에 대해서 더 잘 이해할 수 있고, 실전에서 (상황에 맞게) API 후킹을 적용하기 쉬워집니다.

앞으로 위 방법을 하나씩 실습해볼 것입니다(static 방법에 대한 설명은 생략하겠습니다). 각 경우에 대한 실습을 진행하면서 그때그때 필요한 설명을 자세히 추가하겠습니다.

30

메모장 WriteFile() 후킹

앞서 소개한 각 기법들 중에서 디버그(Debug) 기법에 대한 설명입니다. 실습을 통해 메모장의 kernel32!WriteFile() API를 후킹하여 기존과는 다른 동작을 하도록 만들어 보겠습니다.

실습 예제: WriteFile() API 후킹

30.1. 테크 맵 – 디버그 테크닉

Method	Object (what)	Location (where)	Technique (how)		API
static	File		X		X
dynamic	Process Memory 00000000 ~ 7FFFFFFF	1) IAT 2) Code 3) EAT	A) Debug (Interactive)		DebugActiveProcess GetThreadContext SetThreadContext
			B) Injection (stand alone)	B-1) Independant Code	CreateRemoteThread
				B-2) DLL file	Registry(AppInit_DLLs) BHO (IE only)
					SetWindowsHookEx CreateRemoteThread

그림 30.1 테크 맵(디버그)

디버그 방식의 API 후킹을 설명하겠습니다(그림 30.1의 테크 맵에서 밑줄 친 부분을 참고하세요).

이 방식의 장점은 후킹을 위해서 '디버깅'을 사용하므로 사용자와 좀 더 interactive한 후킹을 수행할 수 있다는 것입니다. 즉 사용자에게 간단한 인터페이스를 제공하여 후킹 대상 프로그램의 실행을 제어하고, 메모리를 자유롭게 사용할 수 있습니다. 하지만 먼저 디버거 구조에 대한 이해가 필요합니다.

30.2. 디버거 설명

30.2.1. 용어

간단한 용어 정리부터 하겠습니다.

디버거(Debugger) - 디버깅 프로그램

디버기(Debuggee) - 디버깅 당하는 프로그램

30.2.2. 디버거 기능

디버거의 기능은 디버기가 올바르게 실행되는지 확인하고 (예상치 못한) 프로그램의 오류를 발견하는 것입니다. 디버거는 디버기의 명령어를 하나씩 실행할 수 있으며, 레지스터와 메모리에 대한 모든 접근 권한을 가집니다.

30.2.3. 디버거 동작 원리

일단 디버거 프로세스로 등록되면 OS는 디버기에서 디버그 이벤트(Debug Event)가 발생할 때 디버기의 실행을 멈추고 해당 이벤트를 디버거에게 통보합니다. 디버거는 해당 이벤트에 대해 적절한 처리를 한 후 디버기의 실행을 재개할 수 있습니다.

- 일반적인 예외(Exception)도 디버그 이벤트에 해당합니다.
- 만약 해당 프로세스가 디버깅 중이 아니었다면 디버그 이벤트는 자체 예외 처리 혹은 OS의 예외 처리 루틴에서 처리됩니다.

- 디버거는 디버그 이벤트 중에서 처리할 수 없거나 관심 없는 이벤트들은 OS가 처리하도록 만들어줍니다.

그림 30.2는 위 설명을 도식화한 것입니다.

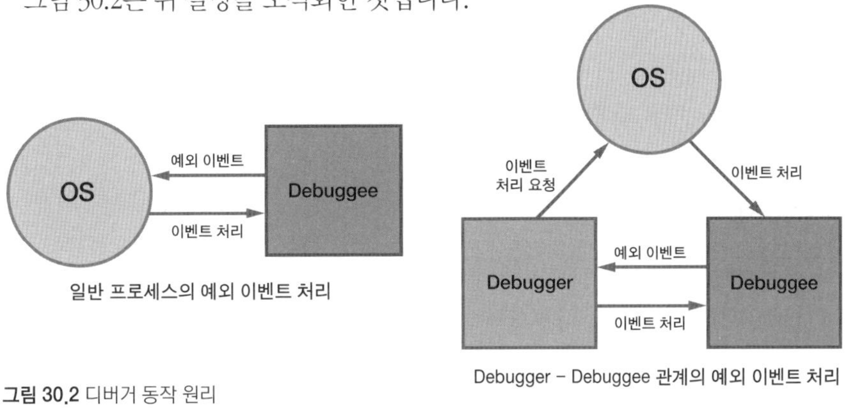

그림 30.2 디버거 동작 원리

30.2.4. 디버그 이벤트

디버그 이벤트(Debug Event)의 종류입니다.

- EXCEPTION_DEBUG_EVENT
- CREATE_THREAD_DEBUG_EVENT
- CREATE_PROCESS_DEBUG_EVENT
- EXIT_THREAD_DEBUG_EVENT
- EXIT_PROCESS_DEBUG_EVENT
- LOAD_DLL_DEBUG_EVENT
- UNLOAD_DLL_DEBUG_EVENT
- OUTPUT_DEBUG_STRING_EVENT
- RIP_EVENT

위 디버그 이벤트 중에서 디버깅에 관련된 이벤트는 EXCEPTION_DEBUG_EVENT입니다. 다음은 이와 관련된 예외(Exception) 목록입니다.

- EXCEPTION_ACCESS_VIOLATION

- EXCEPTION_ARRAY_BOUNDS_EXCEEDED
- EXCEPTION_BREAKPOINT
- EXCEPTION_DATATYPE_MISALIGNMENT
- EXCEPTION_FLT_DENORMAL_OPERAND
- EXCEPTION_FLT_DIVIDE_BY_ZERO
- EXCEPTION_FLT_INEXACT_RESULT
- EXCEPTION_FLT_INVALID_OPERATION
- EXCEPTION_FLT_OVERFLOW
- EXCEPTION_FLT_STACK_CHECK
- EXCEPTION_FLT_UNDERFLOW
- EXCEPTION_ILLEGAL_INSTRUCTION
- EXCEPTION_IN_PAGE_ERROR
- EXCEPTION_INT_DIVIDE_BY_ZERO
- EXCEPTION_INT_OVERFLOW
- EXCEPTION_INVALID_DISPOSITION
- EXCEPTION_NONCONTINUABLE_EXCEPTION
- EXCEPTION_PRIV_INSTRUCTION
- EXCEPTION_SINGLE_STEP
- EXCEPTION_STACK_OVERFLOW

각종 예외 중에서 디버거가 반드시 처리해야 하는 예외는 바로 EXCEPTION_BREAKPOINT 예외입니다. 브레이크 포인트(BreakPoint), 일명 BP는 어셈블리 명령어로 'INT3'이며, IA-32 Instruction으로는 0xCC입니다. 코드 디버깅 중에 INT3 명령어를 만나면 실행이 중지되고, 디버거에게 EXCEPTION_BREAKPOINT 예외 이벤트가 날아갑니다. 이때 디버거는 다양한 작업을 할 수 있습니다.

참고로 디버거에서 BP를 구현하는 방법은 간단합니다. BP를 설치하기 원하는 코드의 메모리 시작 주소의 1바이트를 0xCC로 바꾸는 것입니다. 디버깅을 계속 진행하고 싶을 때는 다시 원래 값으로 복원시키고 실행해줍니다. 디버그 방식의 API 후킹은 이와 같은 BP의 특성을 이용하는 것입니다.

30.3. 작업 순서

디버그 기법을 통한 API 후킹에 대해 좀 더 자세히 설명하겠습니다. 기본적인 아이디어는 디버거-디버기 관계를 가진 상태에서 디버기의 API 시작 부분을 0xCC로 바꿔 제어를 디버거로 가져온 상태에서 원하는 작업을 수행한 후 디버기를 다시 실행상태로 바꾸는 것입니다.

작업 순서는 다음과 같습니다.

- 후킹을 원하는 프로세스에 'attach'하여 디버기로 만듦
- 훅: API 시작 주소의 첫 바이트를 0xCC로 변경
- 해당 API가 호출되면 제어는 디버거에게 넘어옴
- 원하는 작업을 수행 (파라미터, 리턴 값 조작 등)
- 언훅: 0xCC를 원래대로 복원시킴 (API의 정상 실행을 위해)
- 해당 API 실행 (0xCC가 빠진 정상적인 상태)
- 훅: 다시 0xCC로 바꿈 (지속적인 후킹을 위해)
- 디버기에게 제어를 되돌려줌

위 방식은 가장 간단한 경우를 소개한 것입니다. 이걸 기준으로 다양하게 변형할 수 있습니다. 가령 original API를 호출하지 않을 수도 있고, 사용자가 제공한 custom API를 호출할 수도 있고, 한 번만 후킹할 수도 있고, 여러 번 후킹할 수도 있습니다. 작업 목적에 따라서 알맞게 변형해서 사용하면 됩니다.

30.4. 실습

지금까지 공부한 내용을 바탕으로 실제 코드를 살펴보면서 실습을 해보겠습니다. 작업할 내용은 Notepad.exe의 WriteFile() API 후킹입니다. 파일이 저장될 때 입력된 파라미터를 조작하여 소문자로 입력된 내용을 전부 대문자로 바꿔보겠습니다. 즉 Notepad에서 입력된 모든 소문자는 파일에 저장될 때 모두 대문자로 변경되어 저장됩니다.

> **참고**
> 아래 소개되는 예제 파일은 Windows XP 32비트 환경에서 테스트되었습니다.

Notepad.exe를 실행시킨 후 PID를 알아냅니다.

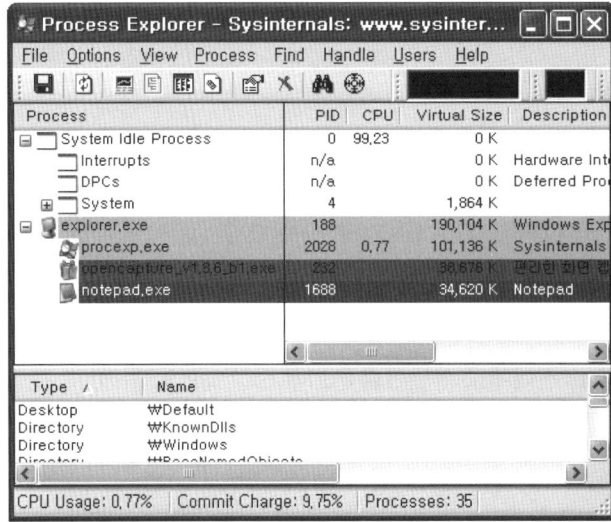

그림 30.3 Process Explorer

첨부된 후킹 프로그램(hookdbg.exe)을 실행합니다. hookdbg.exe는 콘솔 기반 프로그램이며 실행 파라미터로 후킹할 프로세스의 PID를 넘겨 받습니다.

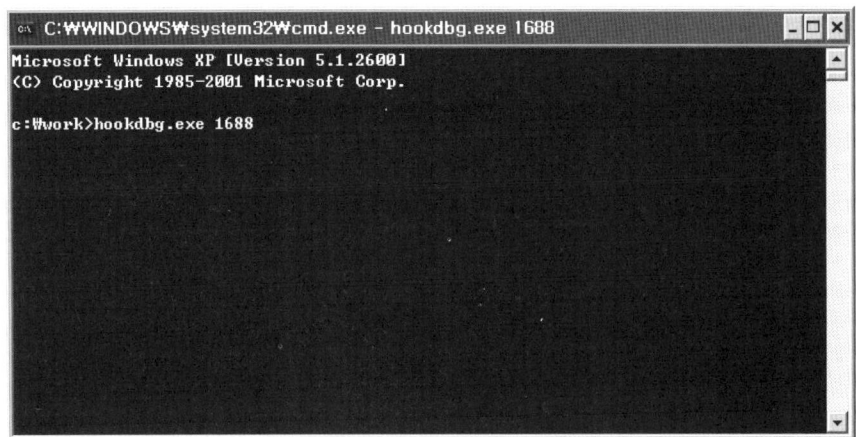

그림 30.4 Hookdbg.exe 실행

그림 30.4와 같이 hookdbg.exe를 실행하면 PID 1688에 해당하는 notepad 프로세스의 WriteFile() API 후킹이 시작됩니다. 그럼 notepad에 아무 글자나 입력해보세요.

그림 30.5 notepad에 글자 입력

입력을 완료했으면 저장을 하세요.

그림 30.6 파일 저장

저장을 마치면 notepad 화면에는 아무런 변화가 일어나지 않습니다(WriteFile() API만 후킹했다는 사실을 기억하세요). 이제 notepad를 종료하고, hookdbg 프로그램을 봅시다.

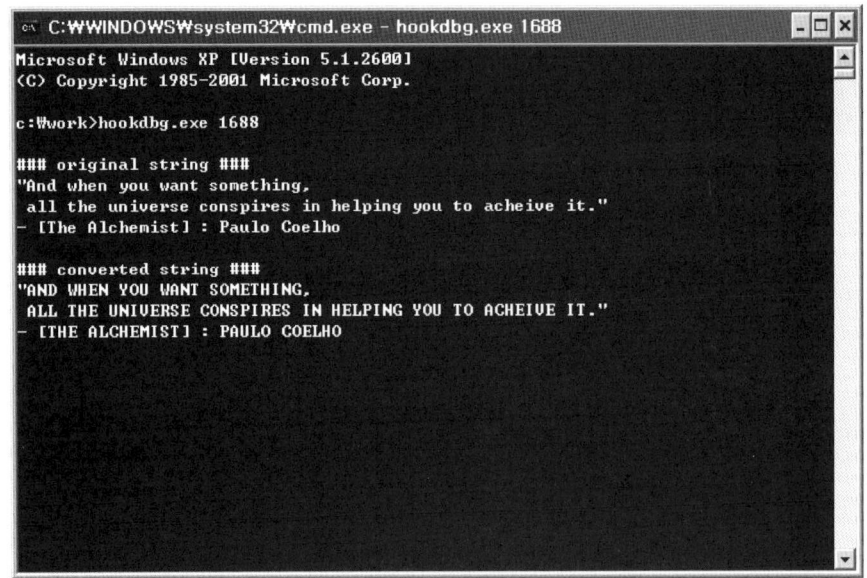

그림 30.7 Hookdbg.exe 결과

그림 30.7을 보면 'original string'에는 처음 입력한 문자열이 나타나고, 'converted string'에는 WriteFile() API 후킹에 의해서 변경된(소문자 → 대문자) 문자열이 나타납니다. 이것은 hookdbg.exe 프로그램 내부에서 후킹의 진행과정을 표시하기 위해서 출력하는 문자열입니다. 실제로 대문자로 저장되었는지 test.txt 파일을 열어서 확인합니다.

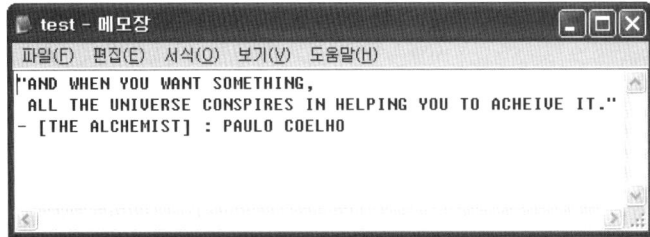

그림 30.8 test.txt 파일 내용

정확히 모든 소문자가 대문자로 변경되어서 저장되었습니다. 이 예제는 아주 간단한 기능을 가지고 있지만 디버그 후킹 방법에 대한 기본적인 개념을 잘 설명하고 있습니다.

30.5. 동작 원리

이해를 돕기 위해 먼저 동작 원리를 설명하겠습니다. notepad에서 뭔가를 파일에 저장하려면 kernel32!WriteFile() API를 사용할 거라고 가정합니다(일단 가정이 맞는지 확인을 해봐야겠군요).

30.5.1. 스택

WriteFile() API 정의(출처: MSDN)를 보세요.

```
BOOL WriteFile(
    HANDLE hFile,
    LPCVOID lpBuffer,
    DWORD nNumberOfBytesToWrite,
    LPDWORD lpNumberOfBytesWritten,
    LPOVERLAPPED lpOverlapped
);
```

두 번째 파라미터(lpBuffer)가 '쓰기 버퍼'이고, 세 번째 파라미터(nNumberOfBytesToWrite)가 '써야 할 크기'입니다. 함수의 파라미터는 스택에 역순으로 저장된다는 사실을 기억해주세요. OllyDbg를 이용해 실제로 notepad를 디버깅하면서 확인해보겠습니다.

> **참고**
> Windows XP SP3(32비트)의 notepad.exe를 사용하였습니다.

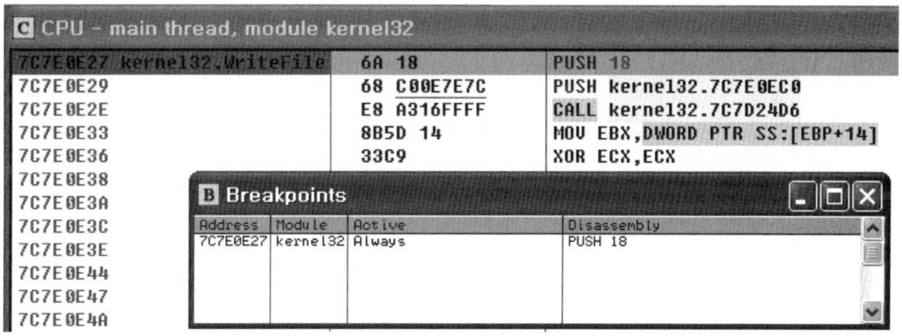

그림 30.9 kernel32.WriteFile()

그림 30.9처럼 OllyDbg를 이용하여 notepad를 열어서 kernel32!WriteFile() API에 BP를 설치한 후 실행[F9]해봅니다. 그리고 테스트로 아래와 같이 적당한 문자열을 입력한 후 적당한 파일 이름으로 저장합니다.

그림 30.10 notepad에 글자 입력

예상대로 BP를 설치해둔 kernel32!WriteFile()에 멈춥니다. 이 상태에서 스택을 살펴보겠습니다.

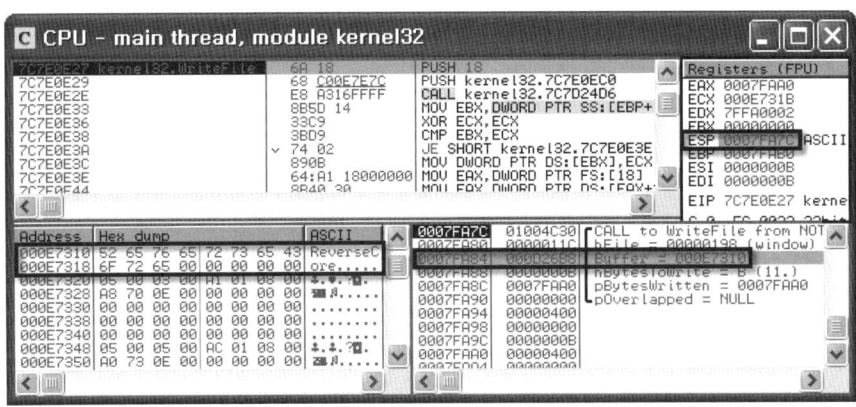

그림 30.11 스택의 파라미터 확인

현재 스택(ESP: 7FA7C)에는 리턴 주소(01004C30)가 있고, ESP+8 (7FA84)에 '쓰기버퍼' 주소(0E7310)가 저장되어 있습니다(그림 30.11의 스택 창 참고). 바로 그 쓰기버퍼 주소(0E7310)로 가면, notepad에서 저장하려고 하는 문자열 ("ReverseCore")이 보입니다(위 그림의 메모리 창 참고). 따라서 WriteFile() API를 후킹해서 쓰기버퍼를 원하는 문자열로 덮어쓰면 목표 달성입니다.

30.5.2. 실행 흐름

이제 디버기의 프로세스 메모리 어느 부분을 수정해야 하는지 알았습니다. 다음은 WriteFile()을 정상적으로 실행시켜서 수정한 문자열이 파일에 저장되도록 하면 됩니다.

지금 우린 디버그 방법를 사용해서 API 후킹을 하고 있습니다. 앞에서 소개한 hookdbg.exe를 이용하여 WriteFile() API 시작 주소에 BP (INT3)를 설치하면, 디버기(notepad.exe)에서 파일을 저장할 때 디버거(hookdbg.exe)에게 EXCEPTION_BREAKPOINT 이벤트가 올 것입니다. 그렇다면 그 순간 디버기(notepad.exe)의 EIP 값은 얼마일까요?

얼핏 생각하면 WriteFile() API 시작 주소(7C7E0E27)라고 생각하기 쉽습니다. 하지만 실제 EIP는 WriteFile() API 시작 주소(7C7E0E27) + 1 = 7C7E0E28입니다.

그 이유는 이렇습니다. 먼저 BP를 WriteFile() API 시작 주소에 설치했죠? 디버기(notepad.exe) 내부에서 WriteFile()이 호출되면 시작 주소인 7C7E0E27에 있는 INT3 (0xCC) 명령어를 만나게 됩니다. 이 명령어(BreakPoint - INT3)를 실행하면 EIP는 INT3 명령어 길이(1바이트)만큼 증가하게 됩니다. 그 후에 제어가 디버거(hookdbg.exe)로 넘어오는 것입니다(디버거 - 디버기 관계에서 디버기에서 발생한 EXCEPTION_BREAKPOINT 예외는 디버거에서 처리하도록 되어 있기 때문입니다). 따라서 '쓰기 버퍼'에 있는 내용을 수정해서 덮어쓴 다음에 EIP를 WriteFile() API 시작 주소로 되돌려서 실행해야 합니다.

30.5.3. 언훅 & 훅

또 하나의 문제는 단순히 실행 흐름을 WriteFile() 시작 주소로 되돌리기만 해서는 똑같은 INT3 명령을 만나기 때문에 무한루프(EXCEPTION_BREAKPOINT 발생)에 빠지게 된다는 것입니다. 이러한 무한루프에 빠지지 않으려면 WriteFile() API 시작 주소에 설치한 BP를 제거해야 합니다. 즉 0xCC를 original byte인 0x6A로 변경해줘야 합니다(original byte는 API 후킹 전에 미리 저장해둡니다). 이것을 언훅이라고 합니다. API 후킹을 풀어버리는 것이지요.

'쓰기버퍼'를 덮어쓰고 WriteFile() API 코드를 정상으로 되돌린 후 EIP 값을 WriteFile() API로 변경하면, 드디어 변경된 문자열이 파일에 저장됩니다. 이것이

hookdbg.cpp의 동작 원리입니다.

후킹이 일회성이면 여기서 끝이지만, 지속적인 후킹을 원하면 다시 BP를 설치합니다. 설명만 읽어서는 잘 이해되지 않을 수 있으니, 아래 소스코드(hookdbg.cpp)를 보면서 설명하겠습니다.

> **참고**
>
> OllyDbg 같이 범용적인 디버거의 경우는 그림 30.11에서 보듯이 EIP 값이 BP 설치 주소와 같고, INT3(0xCC) 명령어가 보이지 않습니다. 이것은 편리한 사용자 인터페이스를 위하여 OllyDbg에서 제공하는 기능입니다. 즉 INT3(0xCC)를 덮어쓴 후 이 명령어를 실행하면, EIP가 1 증가합니다. 그때 OllyDbg에서 0xCC를 원래 바이트로 복원하고 EIP도 보정하는 것이지요(결과적으로 구현 알고리즘은 위 설명과 동일합니다).

30.6. 소스코드 설명

첨부된 hookdbg.cpp의 코드를 살펴보도록 하겠습니다.

30.6.1. main()

```
코드 30.1 main()
#include "windows.h"
#include "stdio.h"

LPVOID g_pfWriteFile = NULL;
CREATE_PROCESS_DEBUG_INFO g_cpdi;
BYTE g_chINT3 = 0xCC, g_chOrgByte = 0;

int main(int argc, char* argv[])
{
    DWORD dwPID;

    if( argc != 2 )
    {
        printf("\nUSAGE : hookdbg.exe pid\n");
        return 1;
    }

    // Attach Process
    dwPID = atoi(argv[1]);
    if( !DebugActiveProcess(dwPID) )
    {
```

```
            printf("DebugActiveProcess(%d) failed!!!\n"
                   "Error Code = %d\n", dwPID, GetLastError());
            return 1;
    }

    // 디버거 루프
    DebugLoop();

    return 0;
}
```

main() 함수의 코드는 간단합니다. 프로그램 실행 파라미터로 API 후킹하려는 프로세스의 PID를 받습니다. 그리고 DebugActiveProcess() API(출처: MSDN)를 통해서 다음과 같이 실행 중인 프로세스에 Attach하여 디버깅을 시작합니다(위에서 입력한 PID를 파라미터로 넘겨줍니다).

```
BOOL WINAPI DebugActiveProcess(
    DWORD dwProcessId
);
```

그 다음 DebugLoop() 함수로 들어가서 디버기로부터 오는 디버그 이벤트를 처리합니다.

> **참고**
> 또 다른 디버깅 시작 방법은 CreateProcess() API를 사용하여 아예 처음부터 해당 프로세스를 디버그 모드로 실행시키는 방법이 있습니다. 이와 관련된 설명은 MSDN을 참고하세요.

30.6.2. DebugLoop()

코드 30.2 DebugLoop()
```
void DebugLoop()
{
    DEBUG_EVENT de;
    DWORD dwContinueStatus;

    // Debuggee로부터 event가 발생할 때까지 기다림
    while( WaitForDebugEvent(&de, INFINITE) )
    {
        dwContinueStatus = DBG_CONTINUE;
```

```
        // Debuggee 프로세스 생성 혹은 attach 이벤트
        if( CREATE_PROCESS_DEBUG_EVENT == de.dwDebugEventCode )
        {
            OnCreateProcessDebugEvent(&de);
        }
        // 예외 이벤트
        else if( EXCEPTION_DEBUG_EVENT == de.dwDebugEventCode )
        {
            if( OnExceptionDebugEvent(&de) )
                continue;
        }
        // Debuggee 프로세스 종료 이벤트
        else if( EXIT_PROCESS_DEBUG_EVENT == de.dwDebugEventCode )
        {
            // Debuggee 종료 - Debugger 종료
            break;
        }
        // Debuggee의 실행을 재개시킴
        ContinueDebugEvent(de.dwProcessId, de.dwThreadId,
                            dwContinueStatus);
    }
}
```

DebugLoop() 함수는 마치 윈도우 프로시저 함수(WndProc)와 유사하게 동작합니다. 디버기로부터 발생하는 이벤트를 받아서 처리한 후 디버기의 실행을 재개하는 역할입니다. 역시 간단한 코드이므로 주석을 보면 쉽게 이해할 수 있을 것입니다. 그럼 여기에서 몇 가지 중요 API를 알아보겠습니다.

WaitForDebugEvent() API(출처: MSDN)는 이름 그대로 디버기로부터 디버그 이벤트가 발생할 때까지 기다리는 함수입니다(WaitForSingleObject() API와 비슷하게 동작합니다).

```
BOOL WINAPI WaitForDebugEvent(
    LPDEBUG_EVENT lpDebugEvent,
    DWORD dwMilliseconds
);
```

DebugLoop() 함수 코드에서 디버그 이벤트가 발생하면 WaitForDebugEvent() API는 첫 번째 파라미터인 de 변수(DEBUG_EVENT 구조체 객체)에 해당 이벤트에 대한 정보를 설정한 후 즉시 리턴합니다. DEBUG_EVENT 구조체 정의(출처: MSDN)는 다음과 같습니다.

```
typedef struct _DEBUG_EVENT {
    DWORD dwDebugEventCode;
    DWORD dwProcessId;
    DWORD dwThreadId;
    union {
        EXCEPTION_DEBUG_INFO        Exception;
        CREATE_THREAD_DEBUG_INFO    CreateThread;
        CREATE_PROCESS_DEBUG_INFO   CreateProcessInfo;
        EXIT_THREAD_DEBUG_INFO      ExitThread;
        EXIT_PROCESS_DEBUG_INFO     ExitProcess;
        LOAD_DLL_DEBUG_INFO         LoadDll;
        UNLOAD_DLL_DEBUG_INFO       UnloadDll;
        OUTPUT_DEBUG_STRING_INFO    DebugString;
        RIP_INFO                    RipInfo;
    } u;
} DEBUG_EVENT, *LPDEBUG_EVENT;
```

앞의 설명에서 디버그 이벤트는 9가지 종류가 있다고 설명했습니다. DEBUG_EVENT.dwDebugEventCode 멤버에 9가지 이벤트 종류 중 하나가 세팅되며, 해당 이벤트 종류에 따라 적절한 DEBUG_EVENT.u (유니온) 멤버가 세팅됩니다 (DEBUG_EVENT.u 유니온 멤버 역시 이벤트 종류 개수에 맞춰서 내부에 9개의 구조체로 구성되어 있습니다).

> **참고**
>
> 예) Exception event인 경우 dwDebugEventCode 멤버가 EXCEPTION_DEBUG_EVENT로 세팅되고, u.Excoption 구조체가 세팅됩니다.

ContinueDebugEvent() API(출처: MSDN)는 디버기의 실행을 재개하는 함수입니다.

```
BOOL WINAPI ContinueDebugEvent(
    DWORD dwProcessId,
    DWORD dwThreadId,
    DWORD dwContinueStatus
);
```

ContinueDebugEvent() API의 마지막 파라미터인 dwContinueStatus는 DBG_CONTINUE 또는 DBG_EXCEPTION_NOT_HANDLED 중에서 하나의 값을 가질 수 있습니다.

정상적으로 처리된 경우 DBG_CONTINUE로 세팅하고, 처리하지 못했거나 애플리케이션의 SEH(Structured Exception Handler)에서 처리하길 원할 때는 DBG_EXCEPTION_NOT_HANDLED로 세팅합니다.

> **참고**
> SEH(Structured Exception Handler)는 Windows에서 제공하는 예외 처리 메커니즘입니다. 이를 이용한 예외 처리와 안티 디버깅 기법들에 대해서는 49장을 참고하기 바랍니다.

코드 30.2의 DebugLoop() 함수에서는 세 가지 디버그 이벤트를 처리합니다.

- EXIT_PROCESS_DEBUG_EVENT
- CREATE_PROCESS_DEBUG_EVENT
- EXCEPTION_DEBUG_EVENT

하나씩 살펴보겠습니다.

30.6.3. EXIT_PROCESS_DEBUG_EVENT

디버기 프로세스가 종료될 때 발생하는 이벤트입니다. 위 소스코드에서는 이 이벤트가 발생하면 디버거도 같이 종료하도록 하였습니다.

30.6.4. CREATE_PROCESS_DEBUG_EVENT - OnCreateProcessDebugEvent( )

CREATE_PROCESS_DEBUG_EVENT 이벤트 핸들러인 OnCreateProcessDebugEvent()를 살펴보겠습니다. 이 함수는 디버기의 프로세스가 시작(혹은 Attach)될 때 호출됩니다.

```
코드 30.3 OnCreateProcessDebugEvent()
BOOL OnCreateProcessDebugEvent(LPDEBUG_EVENT pde)
{
    // WriteFile() API 주소구하기
    g_pfWriteFile = GetProcAddress(GetModuleHandle("kernel32.dll"),
                                   "WriteFile");
```

```
    // API 훅 - WriteFile()
    //    첫번째byte를 0xCC (INT3)로 변경
    //    (originalbyte는 백업 g_chOrgByte)
    memcpy(&g_cpdi, &pde->u.CreateProcessInfo, sizeof(CREATE_PROCESS_DEBUG_
           INFO));
    ReadProcessMemory(g_cpdi.hProcess, g_pfWriteFile,
                      &g_chOrgByte, sizeof(BYTE), NULL);

    WriteProcessMemory(g_cpdi.hProcess, g_pfWriteFile,
                       &g_chINT3, sizeof(BYTE), NULL);
    return TRUE;
}
```

먼저 WriteFile() API의 시작 주소를 구합니다. 주목할 점은 디버기 프로세스의 메모리 주소가 아니라 디버거 프로세스의 메모리 주소를 얻어서 사용한다는 것입니다. Windows OS에서 System DLL인 경우 모든 프로세스에서 동일한 주소(가상 메모리)에 로딩되므로 이렇게 해도 문제없습니다.

g_cpdi는 CREATE_PROCESS_DEBUG_INFO 구조체(출처: MSDN) 변수입니다.

```
typedef struct _CREATE_PROCESS_DEBUG_INFO {
    HANDLE                hFile;
    HANDLE                hProcess;
    HANDLE                hThread;
    LPVOID                lpBaseOfImage;
    DWORD                 dwDebugInfoFileOffset;
    DWORD                 nDebugInfoSize;
    LPVOID                lpThreadLocalBase;
    LPTHREAD_START_ROUTINE lpStartAddress;
    LPVOID                lpImageName;
    WORD                  fUnicode;
}CREATE_PROCESS_DEBUG_INFO, *LPCREATE_PROCESS_DEBUG_INFO;
```

CREATE_PROCESS_DEBUG_INFO 구조체 hProcess 멤버(디버기 프로세스 핸들)를 이용하여 WriteFile() API를 후킹할 수 있습니다(디버그 방법이 아니라면 OpenProcess() API를 통해서 해당 프로세스의 핸들을 얻어야 합니다). 디버그 방법에서 후킹 방법은 아주 간단합니다.

API 시작 위치에 'BP를 설치'하면 됩니다. 디버거의 프로세스 핸들(디버그 권한을 가짐)을 가지고 있기 때문에 ReadProcessMemory(), WriteProcess Memory() API를 이용하여 디버기의 프로세스 메모리 공간에 자유롭게 읽기/쓰기 작업을

할 수 있습니다. 위 함수들을 이용해서 디버기에 BP('INT3' 0xCC)를 설치할 수 있습니다. ReadProcessMemory()로 WriteFile() API의 첫 바이트를 읽어서 g_chOrgByte 변수에 저장합니다. 다음 그림을 보면 WriteFile() API의 첫 바이트는 0x6A입니다(Windows XP의 경우).

```
7C7E0E27 kernel32.WriteFile    6A 18           PUSH 18
7C7E0E29                       68 C00E7E7C     PUSH kernel32.7C7E0EC0
7C7E0E2E                       E8 A316FFFF     CALL kernel32.7C7D24D6
7C7E0E33                       8B5D 14         MOV EBX,DWORD PTR SS:[EBP+14]
7C7E0E36                       33C9            XOR ECX,ECX
```

그림 30.12 WriteFile() 첫 바이트

g_chOrgByte 변수에 첫 바이트를 저장하는 이유는 나중에 후킹을 해제(Unhook)할 때 필요하기 때문입니다. 그런 후 WriteProcessMemory()를 이용해서 이 값을 0xCC로 바꿔버립니다(그림 30.13 참고).

```
7C7E0E27 kernel32.WriteFile  $ CC              INT3
7C7E0E28                       18              DB 18
7C7E0E29                     . 68 C00E7E7C     PUSH kernel32.7C7E0EC0
7C7E0E2E                     . E8 A316FFFF     CALL kernel32.7C7D24D6
7C7E0E33                     . 8B5D 14         MOV EBX,DWORD PTR SS:[EBP+14]
7C7E0E36                     . 33C9            XOR ECX,ECX
```

그림 30.13 0xCC 설치

0xCC는 'INT3' 명령어를 뜻하는 IA32 Instruction입니다. 즉 BP입니다. CPU는 INT3 명령을 만나면 프로그램 실행을 멈추고 예외를 발생시킵니다. 만약 해당 프로그램이 디버깅 중이라면 디버거에게 제어를 넘겨서 처리하도록 합니다. 이것이 일반적으로 디버거에서 BP를 설치하는 기본 원리입니다.

이제 디버기 프로세스에서 WriteFile() API가 호출되면 디버거에게 제어권이 넘어옵니다.

30.6.5. EXCEPTION_DEBUG_EVENT – OnExceptionDebugEvent()

이번에는 EXCEPTION_DEBUG_EVENT 이벤트 핸들러인 OnExceptionDebugEvent()를 살펴보겠습니다. 이 함수가 바로 디버기의 INT3 명령을 처리하게 될 함수입니다. 가장 핵심적인 내용이라 자세히 살펴보겠습니다.

코드 30.4 OnExceptionDebugEvent()

```c
BOOL OnExceptionDebugEvent(LPDEBUG_EVENT pde)
{
    CONTEXT ctx;
    PBYTE lpBuffer = NULL;
    DWORD dwNumOfBytesToWrite, dwAddrOfBuffer, i;
    PEXCEPTION_RECORD per = &pde->u.Exception.ExceptionRecord;

    // BreakPoint exception (INT 3)인 경우
    if( EXCEPTION_BREAKPOINT == per->ExceptionCode )
    {
        // BP 주소가 WriteFile() API 주소인 경우
        if( g_pfWriteFile == per->ExceptionAddress )
        {
            // #1. Unhook
            //    0xCC로 덮어쓴 부분을 original byte로 되돌림
            WriteProcessMemory(g_cpdi.hProcess, g_pfWriteFile,
                                &g_chOrgByte, sizeof(BYTE), NULL);

            // #2. Thread Context 구하기
            ctx.ContextFlags = CONTEXT_CONTROL;
            GetThreadContext(g_cpdi.hThread, &ctx);

            // #3. WriteFile()의 param 2, 3 값 구하기
            //     함수의 파라미터는 해당 프로세스의 스택에 존재함
            //     param 2 : ESP + 0x8
            //     param 3 : ESP + 0xC
            ReadProcessMemory(g_cpdi.hProcess, (LPVOID)(ctx.Esp + 0x8),
                                &dwAddrOfBuffer, sizeof(DWORD), NULL);
            ReadProcessMemory(g_cpdi.hProcess, (LPVOID)(ctx.Esp + 0xC),
                                &dwNumOfBytesToWrite, sizeof(DWORD), NULL);

            // #4. 임시 버퍼 할당
            lpBuffer = (PBYTE)malloc(dwNumOfBytesToWrite+1);
            memset(lpBuffer, 0, dwNumOfBytesToWrite+1);

            // #5. WriteFile()의 버퍼를 임시 버퍼에 복사
            ReadProcessMemory(g_cpdi.hProcess, (LPVOID)dwAddrOfBuffer,
                                lpBuffer, dwNumOfBytesToWrite, NULL);
            printf("\n### original string : %s\n", lpBuffer);

            // #6. 소문자 - 대문자 변환
            for( i = 0; i < dwNumOfBytesToWrite; i++ )
            {
                if( 0x61 <= lpBuffer[i] && lpBuffer[i] <= 0x7A )
                    lpBuffer[i] -= 0x20;
            }

            printf("\n### converted string : %s\n", lpBuffer);
```

```
        // #7. 변환된 버퍼를 WriteFile() 버퍼로 복사
        WriteProcessMemory(g_cpdi.hProcess, (LPVOID)dwAddrOfBuffer,
                        lpBuffer, dwNumOfBytesToWrite, NULL);

        // #8. 임시 버퍼 해제
        free(lpBuffer);

        // #9. Thread Context의 EIP를 WriteFile() 시작으로 변경
        // (현재는 WriteFile() + 1 위치 INT3 명령 이후)
        ctx.Eip = (DWORD)g_pfWriteFile;
        SetThreadContext(g_cpdi.hThread, &ctx);

        // #10. Debuggee 프로세스를 진행시킴
        ContinueDebugEvent(pde->dwProcessId, pde->dwThreadId, DBG_
                        CONTINUE);
        Sleep(0);

        // #11. API 훅
        WriteProcessMemory(g_cpdi.hProcess, g_pfWriteFile,
                        &g_chINT3, sizeof(BYTE), NULL);

        return TRUE;
        }
    }
    return FALSE;
}
```

코드 양이 좀 많지만, 하나씩 설명해보겠습니다. 처음 if문에서 EXCEPTION_BREAKPOINT 예외인지 체크합니다(이 외에도 약 19개의 EXCEPTION이 더 존재합니다. 445페이지 참고). 그 다음 if문에서 BP가 발생한 주소가 kernel32!WriteFile() 시작 주소와 같은지 체크합니다(WriteFile() 시작 주소는 OnCreateProcessDebugEvent()에서 미리 얻어 놓았습니다). 조건이 만족되면 다음과 같은 코드가 실행됩니다.

#1. 언훅(API 훅 제거)

```
// 0xCC로 덮어쓴 부분을 original byte로 되돌림
WriteProcessMemory(g_cpdi.hProcess, g_pfWriteFile, &g_chOrgByte,
                sizeof(BYTE), NULL);
```

먼저 언훅을 하는데, 이유는 소문자-대문자 작업 이후에 WriteFile()을 정상적

인 상태로 호출하기 위해서입니다(앞서 나온 '동작 원리 언훅 & 훅' 설명을 참고하세요). 언훅 방법은 훅과 마찬가지로 아주 간단합니다. 원래 바이트(g_chOrgByte)를 써주면 됩니다.

> **참고**
>
> 언훅 과정이 반드시 필요한 것은 아닙니다. 작업 내용에 따라서 해당 API 호출을 취소할 수도, 사용자 정의 함수 MyWriteFile()을 호출할 수도 있습니다. 상황에 따라서 적절히 변형해서 사용하기 바랍니다.

#2. 스레드 컨텍스트(Thread Context) 구하기

스레드 컨텍스트는 처음으로 등장하는 내용인데, 간단히 설명하면 이렇습니다. 모든 프로그램은 프로세스 단위로 실행됩니다. 그리고 프로세스의 실제 명령어 코드는 스레드 단위로 실행됩니다. Windows OS는 멀티스레드(multi-thread) 기반이기 때문에 하나의 프로세스에서 여러 스레드가 동시에 실행될 수 있습니다. 멀티태스킹(multi-tasking)이라는 개념이 결국은 CPU 자원을 시분할(time-slice)해서 모든 스레드를 (우선순위를 고려하여) 하나씩 골고루 실행하는 것이지요. CPU가 하나의 스레드를 실행하다가 (일정 시간 후) 다른 스레드를 실행하고자 할 때 기존 스레드에서 작업하던 내용을 잘 백업해둬야 다음 번 실행할 때 제대로 실행할 수 있을 것입니다.

　기존 스레드를 실행하면서 중요한 (다음 실행에 필요한) 정보는 바로 CPU 레지스터 값입니다. 이 값이 유지되어야 다음 실행에서 정확히 작업을 이어서 할 수 있습니다(메모리 정보 스택 & 힙은 해당 프로세스의 가상 메모리 공간에 있으므로 따로 보호할 필요가 없지요). 그 스레드의 CPU 레지스터 정보를 저장하는 구조체가 바로 CONTEXT 구조체입니다(스레드 하나당 CONTEXT 구조체 하나입니다). CONTEXT 구조체 정의(출처: MS VC++: winnt.h)를 보겠습니다.

```
typedef struct _CONTEXT {
    DWORD ContextFlags;

    DWORD   Dr0;
    DWORD   Dr1;
```

```
    DWORD   Dr2;
    DWORD   Dr3;
    DWORD   Dr6;
    DWORD   Dr7;

    FLOATING_SAVE_AREA FloatSave;

    DWORD   SegGs;
    DWORD   SegFs;
    DWORD   SegEs;
    DWORD   SegDs;

    DWORD   Edi;
    DWORD   Esi;
    DWORD   Ebx;
    DWORD   Edx;
    DWORD   Ecx;
    DWORD   Eax;

    DWORD   Ebp;
    DWORD   Eip;
    DWORD   SegCs;
    DWORD   EFlags;
    DWORD   Esp;
    DWORD   SegSs;

    byte    ExtendedRegisters[MAXIMUM_SUPPORTED_EXTENSION];
} CONTEXT;
```

아래는 스레드의 CONTEXT를 구하는 코드입니다.

```
// Thread Context 구하기
ctx.ContextFlags = CONTEXT_CONTROL;
GetThreadContext(g_cpdi.hThread, &ctx);
```

이와 같이 GetThreadContext() API(출처: MSDN)를 호출하면 ctx 구조체 변수에 해당 스레드(g_cpdi.hThread)의 CONTEXT를 저장합니다(g_cpdi.hThread는 디버기의 메인 스레드 핸들입니다).

```
BOOL WINAPI GetThreadContext(
    HANDLE hThread,
    LPCONTEXT lpContext
);
```

#3. WriteFile()의 param 2, 3 값 구하기

WriteFile()를 호출할 때 넘어온 파라미터 중에서 param 2(쓰기버퍼 주소), param 3(버퍼 크기)를 알아내야 합니다. 함수의 파라미터는 스택에 저장되므로 #2에서 구한 CONTEXT.Esp 멤버를 이용해서 각각의 값을 구합니다.

```
// 함수의 파라미터는 해당 프로세스의 스택에 존재함
// param 2 : ESP + 0x8
// param 3 : ESP + 0xC
ReadProcessMemory(g_cpdi.hProcess, (LPVOID)(ctx.Esp + 0x8),
                  &dwAddrOfBuffer, sizeof(DWORD), NULL);
ReadProcessMemory(g_cpdi.hProcess, (LPVOID)(ctx.Esp + 0xC),
                  &dwNumOfBytesToWrite, sizeof(DWORD), NULL);
```

> **참고**
> - dwAddrOfBuffer에 저장되는 쓰기버퍼 주소는 디버기(notepad.exe)의 가상 메모리 공간의 주소입니다.
> - param 2와 param 3가 각각 ESP+0x8, ESP+0xC인 이유는 7장을 참고하기 바랍니다.

#4 ~ #8 소문자 → 대문자 변환 후 덮어쓰기

쓰기버퍼 주소와 크기를 알았기 때문에 이를 디버거 메모리 공간으로 읽어들인 후 [소문자 → 대문자] 변환합니다. 그리고 다시 원래 위치(디버기의 가상 메모리)에 덮어쓰는 작업입니다. 어렵지 않은 코드이므로 주석을 보면 쉽게 이해할 수 있을 겁니다.

```
// #4. 임시 버퍼 할당
lpBuffer = (PBYTE)malloc(dwNumOfBytesToWrite+1);
memset(lpBuffer, 0, dwNumOfBytesToWrite+1);

// #5. WriteFile()의 버퍼를 임시 버퍼에 복사
ReadProcessMemory(g_cpdi.hProcess, (LPVOID)dwAddrOfBuffer,
                  lpBuffer, dwNumOfBytesToWrite, NULL);
printf("\n### original string : %s\n", lpBuffer);

// #6. 소문자 - 대문자 변환
for( i = 0; i < dwNumOfBytesToWrite; i++ )
{
    if( 0x61 <= lpBuffer[i] && lpBuffer[i] <= 0x7A )
        lpBuffer[i] -= 0x20;
}
```

```
printf("\n### converted string : %s\n", lpBuffer);

// #7. 변환된 버퍼를 WriteFile() 버퍼로 복사
WriteProcessMemory(g_cpdi.hProcess, (LPVOID)dwAddrOfBuffer,
                   lpBuffer, dwNumOfBytesToWrite, NULL);

// #8. 임시 버퍼 해제
free(lpBuffer);
```

#9. 스레드 컨텍스트의 EIP를 WriteFile() 시작으로 변경

위의 #2에서 구한 CONTEXT에서 Eip 멤버를 WriteFile() 시작 위치로 변경합니다. EIP 현재 위치는 WriteFile() + 1입니다(앞의 "# 실행흐름" 설명 참고).

CONTEXT.Eip 멤버를 변경한 후 SetThreadContext() API를 호출합니다.

```
// (현재는 WriteFile() + 1 위치 INT3 명령 이후)
ctx.Eip = (DWORD)g_pfWriteFile;
SetThreadContext(g_cpdi.hThread, &ctx);
```

SetThreadContext() API(출처: MSDN)입니다.

```
BOOL WINAPI SetThreadContext(
    HANDLE hThread,
    const CONTEXT *lpContext
);
```

#10. 디버거 프로세스를 진행시킴

모든 준비는 끝났습니다. 이제는 정상적인 WriteFile() API를 호출해야 할 때입니다. ContinueDebugEvent() API를 호출하여 디버기 프로세스의 실행을 재개합니다. #9에서 CONTEXT.Eip를 WriteFile() 시작으로 되돌렸으므로 깔끔한 WriteFile() 호출이 진행됩니다.

```
ContinueDebugEvent(pde->dwProcessId, pde->dwThreadId, DBG_CONTINUE);
Sleep(0);
```

> **참고**
>
> **Sleep(0)을 한 이유?**
>
> 원본 코드 그대로 테스트해보고, Sleep(0)를 주석 처리한 후 테스트하기 바랍니다(notepad에 글을 쓰고 빠르게 반복해서 저장해보세요). 두 경우 어떤 차이가 있으며, 왜 그런 차이가 발생하는지 생각해보기 바랍니다.

#11. API 훅 설치

다음 번 후킹을 위하여 다시 API 훅을 설치합니다(이 과정이 생략되면 #1에서 언훅되었기 때문에 WriteFile() API 후킹은 완전히 풀린 상태가 되버립니다).

```
WriteProcessMemory(g_cpdi.hProcess, g_pfWriteFile, &g_chINT3,
                   sizeof(BYTE), NULL);
```

이로써 DebugLoop() 함수를 상세하게 살펴봤습니다. 실제로 코드를 디버깅하면서 각 구조체에 어떤 값이 들어가는지 확인해보기 바랍니다. 몇 번만 디버깅해보면 저절로 흐름이 파악될 것입니다.

> **참고**
>
> Windows XP 이상부터는 DebugSetProcessKillOnExit()를 호출하여 디버거가 종료되는 (detach) 순간에 디버기가 종료되지 않도록 할 수 있습니다. 이때 조심해야 할 점은 디버거가 종료되기 전에 언훅을 해줘야 한다는 것입니다. 그렇지 않으면 해당 API 시작 부분의 0xCC가 남아있기 때문에 API가 호출될 때 EXCEPTION_BREAKPOINT 예외가 발생합니다. 이때는 디버거가 없기 때문에 디버기 프로세스는 종료됩니다.

> **참고**
>
> 디버거 동작 원리와 예외에 대한 더 자세한 설명은 48장을 참고하기 바랍니다.

Q & A

Q. OnExceptionDebugEvent() 함수에서 ContinueDebugEvent() 호출 후 Sleep(0)를 호출하는 이유?

A. Sleep(0)를 호출하는 이유는 현재 스레드에게 할당된 CPU 작업 시간을 포기시키기 위해서입니다. 즉 Sleep(0)가 호출되면 CPU는 즉시 다른 스레드를 실행합니다. 자연스럽게 디버기 프로세스(Notepad.exe)의 메인 스레드도 실행되면서 WriteFile() API가 정상적으로 호출됩니다. 그리고 일정 시간이 지나면 다시 HookDbg.exe에게 제어가 넘어오면서 Sleep(0) 아래의 Hook 코드(WriteProcessMemory() API)가 호출됩니다. 만약 Sleep(0)이 없다면 Notepad.exe가 WriteFile() API를 호출하는 중에 HookDbg.exe는 WriteFile() API의 첫 byte를 0xCC로 변경하려 시도합니다. 운이 나쁘면 Memory Access 에러가 발생할 수 있습니다.

31
디버거 이야기

리버서들이 가장 많이 사용하는 도구인 디버거(Debugger)에 대해 이야기해보겠습니다.

리버싱 현업에서 사용되는 디버거들을 설명하겠습니다.

31.1. OllyDbg

http://www.ollydbg.de

OllyDbg는 사용이 편리하고 가볍고 빠른 무료 디버거입니다. 도저히 무료라고 보기 힘든 다양한 기능과 많은 Plugin을 통한 확장성으로 인하여 수많은 리버서들의 열광적인 지지를 얻고 있습니다. OllyDbg는 리버싱 초보부터 전문가까지 폭넓게 사용되는 가장 인기 있는 디버거입니다.

  OllyDbg의 장점으로는 가볍고 빠르며 상당히 다양한 기능과 많은 옵션을 제공한다는 것입니다. 또한 PlugIn 기능을 통한 확장성을 제공합니다. 사용자가 가장 많고 OllyDbg를 이용한 리버싱 강좌가 많이 있기 때문에 초보자도 쉽게 배울 수 있습니다. 그리고 무료로 제공된다는 점도 큰 장점입니다.

  단점으로는 개인이 (취미로) 개발하는 것이어서 업데이트와 후속 제품의 개발 주기가 늦어서 현재 Ver 2.0까지만 나와 있습니다. 2.0 이전 버전과는 겉모습이 동일하지만 내부 코드를 완전히 새롭게 프로그래밍하여 속도와 정확성 등이 크게 향상되었다고 하네요. 그러나 아직 결정적으로 64비트 환경의 디버깅을 지원하지 않는 것이 아쉽습니다.

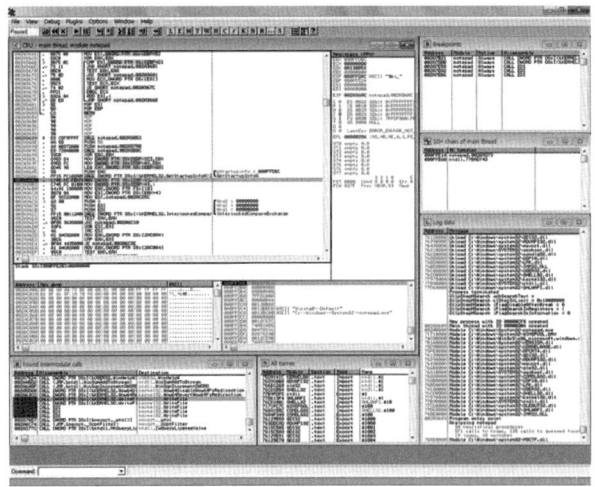

그림 31.1 OllyDbg

31.2. IDA Pro

http://www.hex-rays.com/idapro

Hex-rays사의 IDA Pro는 현재 최고의 디스어셈블러 & 디버거라고 말할 수 있습니다. 과거에는 디스어셈블러 성격이 강했으나, 수많은 업데이트를 통해 디버거 기능 또한 막강해졌습니다. 수없이 다양한 기능을 설명하는 전문 서적이 따로 존재할 정도로 엄청난 기능을 자랑합니다. 또한 Decompiler Plugin 등을 추가로 장착하면 리버싱이 말할 수 없이 편리해집니다. 그만큼 가격도 비싸지요. 현재 많은 리버싱 전문가들이 IDA Pro를 주력으로 삼으면서 리버싱 전문 툴의 입지를 탄탄히 굳히고 있습니다.

장점으로는 다 써보지도 못할 정도로 다양한 기능과 충실한 업데이트를 들 수 있습니다만, 가격이 비싸고 사용법이 비교적 복잡하며 초기 로딩 시간이 좀 걸린다는 것을 단점으로 들 수 있겠습니다.

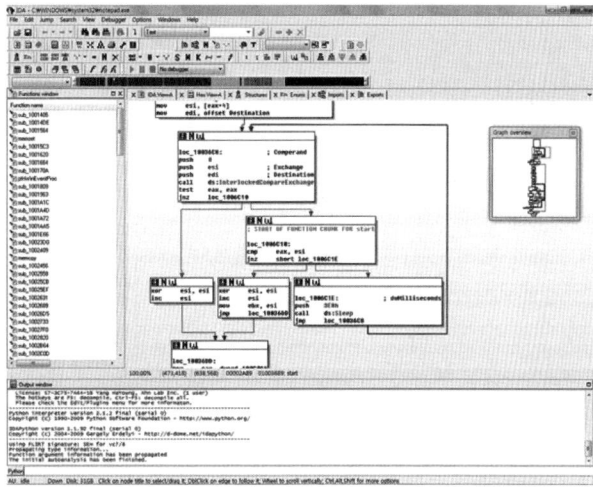

그림 31.2 IDA Pro

> **참고**
> IDA Pro는 기본적으로 유료 프로그램이지만 제작사 홈페이지에 Demo Version과 Free Version이 제공되므로 (기능이 제한적이기는 하지만) 개인 사용자들이 다운받아서 체험해볼 수 있습니다.

31.3. WinDbg

http://www.microsoft.com/whdc/DevTools/Debugging/default.mspx

WinDbg는 DOS 시절 16비트 디버거인 debug.exe의 Windows 버전입니다. MS에서 공식적으로 제공하는 Windows 디버거입니다.

유저 모드 디버깅(User Mode Debugging) 분야에서는 사용자 편리성이 뛰어난 OllyDbg나 IDA Pro가 대세로 자리잡고 있기 때문에 WinDbg는 커널 모드 디버깅(Kernel Mode Debugging)에 주로 사용됩니다. 전설적인 커널 디버거인 SoftICE의 후속 제품 개발이 중단된 이후 커널 디버깅 분야에서 사실상 독보적인 존재가 되어 버렸습니다(경쟁 제품이 없는 상태입니다). 역사가 오래된 만큼 기능도 다양하고 사용 방법에 대한 전문 서적이 여러 권 나와 있습니다.

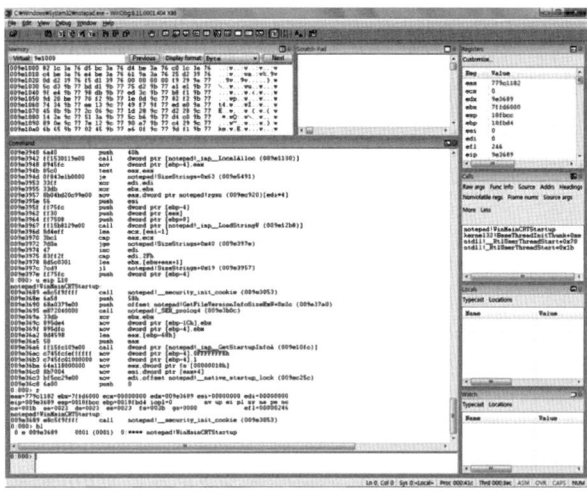

그림 31.3 WinDbg

　장점은 커널 디버깅이 가능하다는 것과 MS에서 직접 만든 디버거라는 점입니다. 또한 무료로 제공되며 64비트 디버깅을 지원한다는 것도 빼놓을 수 없는 장점입니다. 시스템 파일에 대한 심볼(Symbol)을 직접 다운받을 수 있어서 시스템 내부 구조체(Undocumented 포함) 및 API에 대한 정보를 얻을 수 있습니다. 또한 Windows OS의 덤프 파일을 읽어들여 분석할 수 있기 때문에 시스템 크래시(Crash)가 발생했을 때 원인을 분석할 수 있습니다.

　단점으로는 다른 디버거들에 비해 좀 떨어지는 사용자 환경과 편의성을 꼽을 수 있겠습니다(예를 들어 코드에 직접 주석을 입력할 수 없고, 디스어셈블리 코드에서 호출되는 API 이름도 잘 표시되지 않는 등의 불편함이 있습니다). 그래도 커널 드라이버 개발과 유지보수에 필수적으로 사용되는 디버거로, 리버싱에서는 커널 드라이버 파일 분석에 필수적으로 사용됩니다. 최근에는 대부분 WinDbg와 VirtualPC(또는 VMWare) 조합으로 커널 디버깅을 수행합니다. 향후 여러분의 리버싱 실력이 쌓인 후 커널 드라이버 등을 분석할 때 자주 사용할 디버거입니다.

> **참고**
>
> 다음 그림은 16비트 DOS 운영체제 때부터 기본 제공되던 Debug.exe의 실행화면입니다. 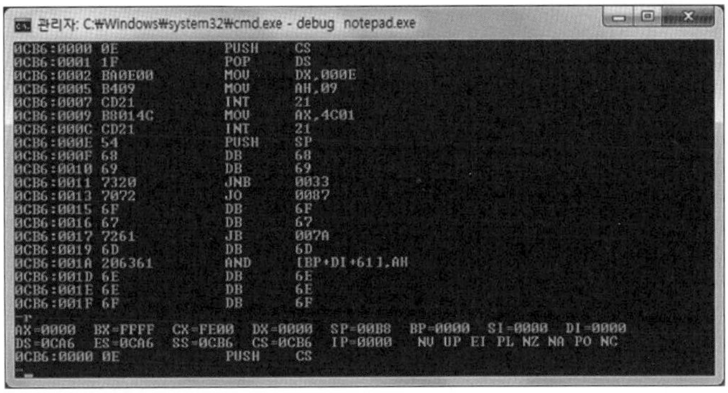
>
> 그림 34.4 Debug.exe

WinDbg는 콘솔 화면에서 키보드만으로 디버깅을 하는 debug.exe의 사용자 인터페이스를 그대로 가져왔습니다(저는 이런 스타일의 프로그램을 매우 좋아하지만 반대로 거부감을 갖는 사용자도 상당수 있습니다).

32
계산기, 한글을 배우다

API 후킹 기법 중에서 DLL 인젝션 기법을 설명하겠습니다. 프로세스에 인젝션된 DLL 파일은 IAT(Import Address Table)를 후킹하여 프로세스에서 호출되는 특정 API의 기능을 변경합니다.

Windows 계산기(calc.exe) 프로세스에 사용자 DLL 파일을 삽입해 IAT의 user32. SetWindowTextW() API 주소를 후킹합니다. SetWindowTextW() API가 후킹당한 계산기는 계산 결과를 숫자가 아닌 한글로 출력합니다.

SetWindowTextW()가 후킹된 계산기 프로세스

32.1. 테크 맵

그림 32.1은 API 후킹 테크 맵에서 'DLL 인젝션을 통한 IAT 후킹 기법'을 보여줍니다. 이 방식의 장점은 동작 원리와 구현이 비교적 간단하다는 것입니다(원하는 API를 사용자 DLL에 재정의하고 프로세스에 인젝션하면 됩니다). 단점으로는 후킹을 원하는 API가 대상 프로세스의 IAT에 존재하지 않다면 사용할 수 없다는 것

입니다. 즉 프로그램 코드에서 동적으로 DLL을 로딩해서 사용하는 API의 경우는 이 방법으로 후킹할 수 없습니다.

Method	Object (what)	Location (where)	Technique (how)		API
static	File		X		X
dynamic	Process Memory 00000000 ~ 7FFFFFFF	1) IAT 2) Code 3) EAT	A) Debug (Interactive)		DebugActiveProcess GetThreadContext SetThreadContext
			B) Injection (stand alone)	B-1) Independant Code	CreateRemoteThread
				B-2) DLL file	Registry(AppInit_DLLs) BHO (IE only)
					SetWindowsHookEx CreateRemoteThread

그림 32.1 테크 맵

32.2. 대상 API 선정

작업 목표를 설정한 후 API 후킹 기법을 사용하겠다고 결정하였다면, 그 다음으로 중요한 작업은 후킹 대상 API를 선정하는 작업입니다. 초보자라면 어쩌면 이 부분에서 어려움을 느낄 수 있겠습니다. 왜냐하면 후킹을 원하는 기능을 제공하는 API가 뭔지 알아야 하기 때문입니다. 예를 들면 파일 생성은 kernel32!CreateFile(), 레지스트리 생성은 advapi32!RegCreateKeyEx(), 네트워크 접속은 ws2_32!connect() 등에서 담당합니다. 개발/리버싱 경험이 많다면 원하는 API를 쉽게 떠올릴 수 있지만, 그렇지 않다면 검색이 필요합니다. 공개된 API 말고 공개되지 않은 undocumented API를 후킹해야 하는 상황도 있기 때문에 검색은 필수입니다. 검색이 잘 안 될 때는 일단 경험(또는 직관)에 의존하여 선택한 후 검증 작업을 거치면 됩니다.

적절한 API를 선택하기 전에 먼저 작업 목표를 설정합니다. 이번 장에서 실습 목표는 '계산기의 텍스트 에디터에 표시되는 모든 숫자를 한글로 변경하기'입니다. PE View 등의 유틸리티를 이용해서 계산기(calc.exe)에서 임포트하는 API를 확인합니다.

RVA	Data	Description	Value	
0000110C	77D1511C	Virtual Address	003B	CheckRadioButton
00001110	77CF61C9	Virtual Address	0287	SetWindowTextW
00001114	77CF8137	Virtual Address	0256	SetFocus
00001118	77CF630D	Virtual Address	024D	SetCursor
0000111C	77CFA216	Virtual Address	002C	CharNextW
00001120	77CFB898	Virtual Address	0218	RegisterClassExW
00001124	77CF7993	Virtual Address	015B	GetSysColorBrush
00001128	77CF48EF	Virtual Address	01BA	LoadCursorW
0000112C	77CFA0C4	Virtual Address	01BC	LoadIconW
00001130	77CF590C	Virtual Address	0193	InvalidateRect
00001134	77CF7CB6	Virtual Address	02BB	UpdateWindow
00001138	77CF7D27	Virtual Address	0292	ShowWindow
0000113C	77CF5E37	Virtual Address	0240	SendMessageW
00001140	77CFFE2D	Virtual Address	0254	SetDlgItemTextW
00001144	77D0C98C	Virtual Address	0039	CheckMenuItem

그림 32.2 calc.exe의 IAT

그림 32.2를 보면 두 개의 API가 눈에 띕니다. 바로 SetWindowTextW(), SetDlgItemTextW()입니다. 두 API 모두 텍스트 에디터에 글씨를 써주는 역할을 합니다. 그런데 SetDlgItemTextW()는 내부적으로 다시 SetWindowTextW()를 호출하기 때문에 여기서는 SetWindowTextW()를 후킹하면 될 것이라고 일단 가정합니다. SetWindowTextW() API(출처: MSDN)의 정의를 보겠습니다.

```
BOOL SetWindowText(
    HWND hWnd,
    LPCTSTR lpString
);
```

이 API는 파라미터로 창 핸들(hWnd)과 문자열 포인터(lpString)를 받는데, 우리가 딱 원하는 문자열 파라미터(lpString)가 있습니다. 실제 후킹할 때는 저 문자열(lpString)을 살펴보고 숫자를 한글로 변환하면 될 것 같습니다.

참고 ―――

API 이름 뒤 'W'의 의미는 해당 API의 'Wide character' 버전을 의미합니다. 이와 대응해서 같은 이름으로 끝에 'A'가 붙은 API들이 있는데, 이는 'ASCII character' 버전을 의미합니다. 그리고 Windows OS 내부에서 사용되는 WideCharacter는 유니코드(Unicode)를 의미합니다.

예) SetWindowTextA(), SetWindowTextW()

OllyDbg로 위 가정을 '검증'해보겠습니다.

> **참고**
> Windows XP SP3(32비트)의 calc.exe를 사용하였습니다. Windows Vista, 7(32비트)의 calc.exe도 동작 원리는 동일합니다.

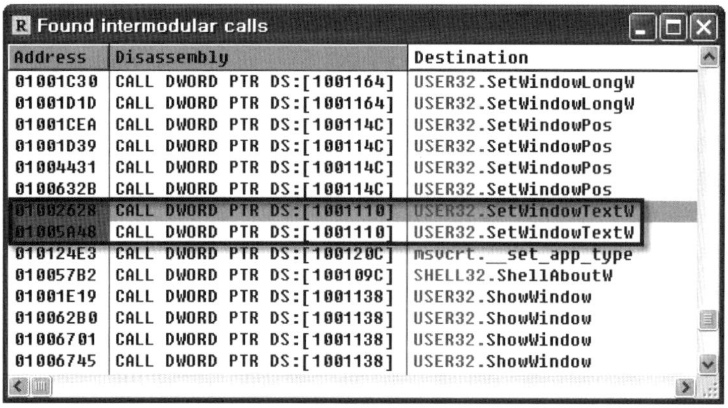

그림 32.3 calc.exe 내부에서 호출되는 SetWindowTextW() API

그림 32.3과 같이 마우스 우측 메뉴의 'Search for All intermodular calls' 명령을 사용하여 계산기(calc.exe) 코드에서 SetWindowTextW() API를 호출하는 부분을 찾습니다. 그리고 그 주소에 전부 BP를 설치한 후 실행합니다. 실행하자마자 그림 32.4와 같이 BP에 걸립니다.

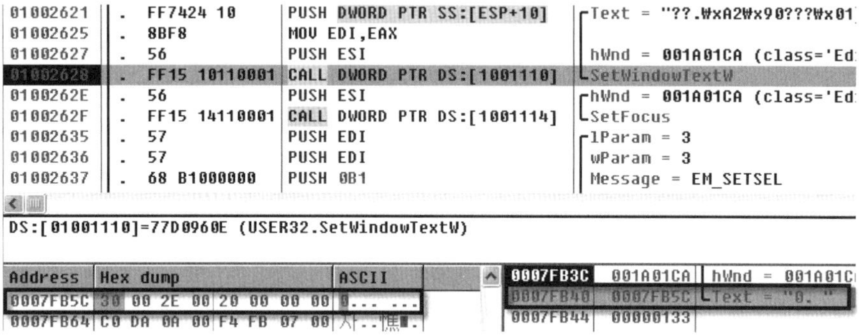

그림 32.4 SetWindowTextW()의 BP에 걸림

그림 32.4의 스택 창을 보면 SetWindowTextW() API의 lpString 파라미터의 값

은 7FB5C입니다(OllyDbg에서는 'Text'라고 표시하는군요). 7FB5C 주소에 가면 "0." 문자열이 유니코드 형식으로 저장되어 있습니다. 이 문자열은 계산기에 있는 텍스트 창의 초기 값입니다. 이 상태에서 그대로 실행해보겠습니다.

그림 32.5 calc.exe의 초기 실행 화면

그림 32.5와 같이 계산기(calc.exe)가 정상적으로 실행되고 텍스트 창에 그림 32.4에서 보았던 "0." 문자열이 나타납니다("."은 계산기에서 자동으로 붙여주는 문자열입니다). 좀 더 디버깅을 하기 위해서 계산기에 임의의 숫자 7을 입력하였습니다. 이미 BP가 걸려있기 때문에 그림 32.4와 동일한 위치에서 멈춥니다.

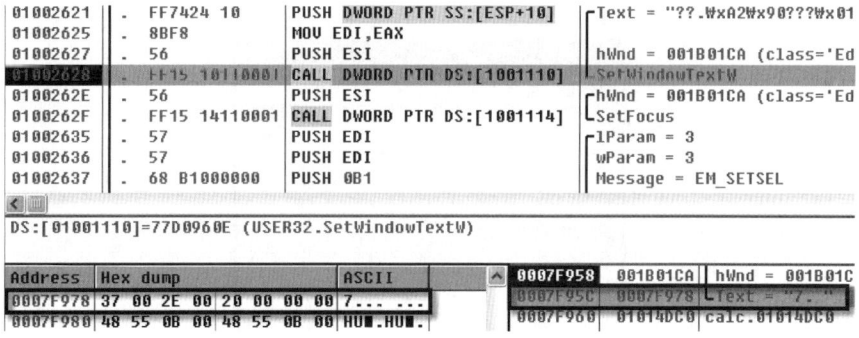

그림 32.6 SetWindowTextW()의 BP에 걸림

그림 32.6에서는 Text 파라미터에 저장된 문자열 주소는 7F978로 그림 32.4의 7FB5C 값과는 다릅니다만, 7F978 주소를 따라가 보면 지금 입력한 "7." 문자열이 보입니다(끝에 있는 "."은 계산기에서 자동으로 추가해주는 문자열입니다). 테스트를 위해서 이 숫자 '7'을 한글 '칠'로 바꿔보겠습니다. 한글 칠에 해당하는 유니코드는 CE60입니다.

> **참고**
> 한글 한 글자를 표현하기 위해서는 2바이트 크기의 유니코드가 필요합니다.

이 값을 그림 32.7과 같이 7F978 주소에 덮어쓰겠습니다.

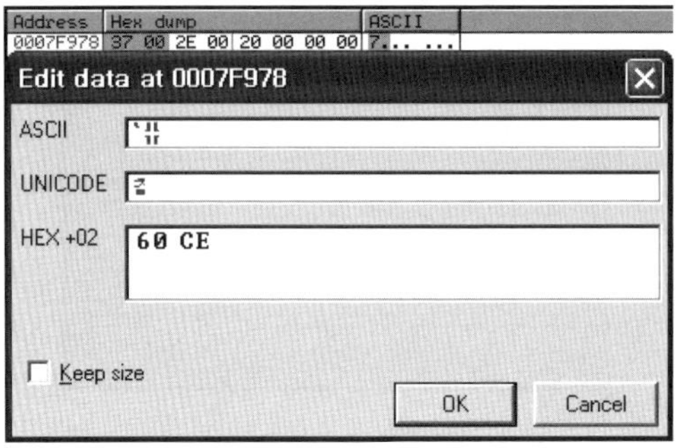

그림 32.7 한글 '칠' 문자로 변경

x86 계열의 CPU는 Little Endian 표기법을 사용하기 때문에 데이터를 역순(60CE)으로 써야한다는 걸 기억하세요. 위와 같이 SetWindowTextW() API의 lpString(또는 Text) 파리미터 내용을 변경한 후 실행하면, 그림 32.8과 같이 계산기 화면에서 숫자 '7'이 한글 '칠'로 변경되어 표시됩니다.

그림 32.8 한글 '칠'로 변경

이로써 SetWindowTextW() API에 대한 검증이 완료되었습니다. 어느 위치(01002628)에서 호출되는지 알았고, 파라미터의 문자열 내용을 고치면 화면출력이 변경된다는 것도 확인하였습니다. 이제부터 IAT 후킹의 동작 및 구현 원리를 알아보고, 계산기의 SetWindowText() API의 IAT 후킹 소스코드에 대해서 살펴보도록 하겠습니다.

32.3. IAT 후킹 동작 원리

프로세스에서 IAT(Import Address Table)는 프로그램에서 호출되는 API들의 주소가 저장되는 장소입니다.

> **참고**
> IAT 설명은 13장을 참고하세요.

IAT 후킹은 IAT에 저장된 API의 주소를 바꾸는 후킹 기법입니다. 그림 32.9를 살펴보죠.

〈calc.exe process : before hooking〉

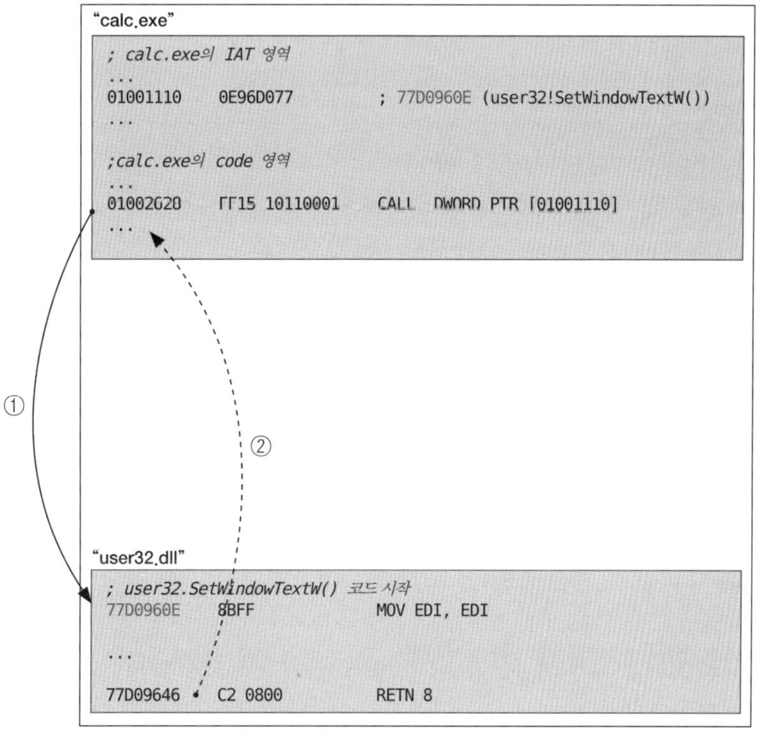

```
"calc.exe"
; calc.exe의 IAT 영역
...
01001110    0E96D077           ; 77D0960E (user32!SetWindowTextW())
...

;calc.exe의 code 영역
...
01002G20    FF15 10110001    CALL   DWORD PTR [01001110]
...
```

① ②

```
"user32.dll"
; user32.SetWindowTextW() 코드 시작
77D0960E    8BFF               MOV EDI, EDI
...
77D09646    C2 0800            RETN 8
```

그림 32.9 정상적인 SetWindowTextW() 호출 흐름

이것은 정상적인 계산기(calc.exe) 프로세스에서 user32.SetWindowTextW( ) API 호출을 나타낸 그림입니다. 01001110 주소가 바로 IAT 영역이며, 프로그램이 시작될 때 PE 로더가 이 주소(01001110)에 user32.SetWindowTextW( ) API 주소(77D0960E)를 기록해두었습니다. 01002628 주소의 CALL DWORD PTR [01001110] 명령은 01001110 주소에 저장된 값(77D0960E)을 호출하라는 뜻이므로 결국 CALL 77D0960E 명령과 같습니다.

01002628의 CALL 명령에 의해서 제어는 user32.SetWindowTextW( ) 시작 주소 (77D0960E)로 갔다가(①), 함수 실행이 완료되면 되돌아옵니다(②).

이제 IAT가 후킹된 계산기 프로세스를 보겠습니다.

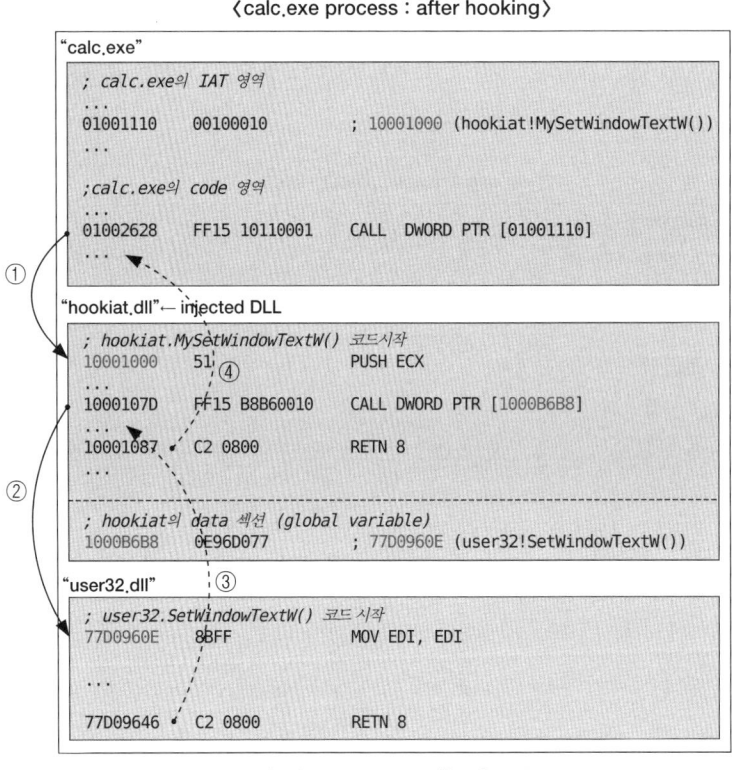

그림 32.10 IAT 후킹된 상태의 SetWindowTextW( ) 호출 흐름

IAT 후킹을 위해서 먼저 계산기 프로세스(calc.exe)에게 'hookiat.dll' 파일을 인젝션했습니다.

> **참고**
> DLL 인젝션 설명은 '23장'을 참고하세요.

hookiat.dll 파일은 MySetWindowTextW()라는 후킹 함수(10001000)를 제공합니다.

01002628 주소의 CALL 명령을 보면 그림 32.9의 그것과 완전히 동일합니다. 하지만 01001110 주소에 가면 값이 10001000으로 바뀌어 있습니다. 10001000 주소는 hookiat.MySetWindowTextW() 함수의 시작 주소입니다. 즉 실행 코드는 그대로 두고 IAT에 저장된 API의 시작 주소를 사용자 함수의 시작 주소로 변경하였습니다. 이것이 IAT 후킹의 기본 동작 원리입니다.

01002628 주소의 CALL 명령에 의해서 제어는 hookiat.MySetWindowTextW() 시작 주소(10001000)로 갔다가(①), 뭔가 작업을 하고 1000107D 주소의 CALL 명령에 의해서 (원래 호출하려 했던) user32.SetWindowTextW() 시작 주소로 갑니다(②).

> **참고**
> 1000B6B8은 hookiat.dll의 data 섹션 영역이며 전역 변수 g_pOrgFunc의 주소입니다. DLL 인젝션될 때 DllMain()에서 원본 함수(user32.SetWindowTextW())의 시작 주소를 구해서 저장해두었습니다.

이후 user32.SetWindowTextW() API가 종료되면, 제어는 hookiat.dll의 1000107D 주소의 명령어 다음으로 돌아오고(③), 최종적으로 calc.exe의 코드 영역인 01002628 주소의 명령어 다음으로 되돌아옵니다(④). 즉 user32.SetWindowTextW() API를 호출하기 전에 hookiat.MySetWindowTextW()를 호출한 것입니다. 대상 프로세스(calc.exe)에 사용자 DLL(hookiat.dll)을 인젝션하고, calc.exe 프로세스의 IAT 영역에서 4바이트 크기의 주소만 변경하면 위와 같이 쉽게 API 후킹을 할 수 있습니다(IAT 패치를 이용한 API 후킹을 간단히 IAT 후킹이라고도 말합니다). 위 IAT 후킹의 동작 원리를 잘 숙지한 후 실습 예제를 따라해보기 바랍니다.

32.4. 실습

계산기의 에디터 창에 숫자 대신 한글을 표시하는 예제 파일입니다. 이 파일들은 앞에서 설명한 IAT 패치를 통한 API 후킹 기법을 사용하였습니다.

> **참고**
>
> hookiat.dll과 InjectDll.exe 파일 모두 VC++ Express Edition으로 제작되었으며, Windows XP SP3, Windows 7(32비트)에서 테스트하였습니다.

예제 파일을 적당한 위치(c:\work)에 복사하세요. 먼저 계산기(calc.exe)를 실행한 후 Process Explorer 등으로 PID 값을 알아냅니다.

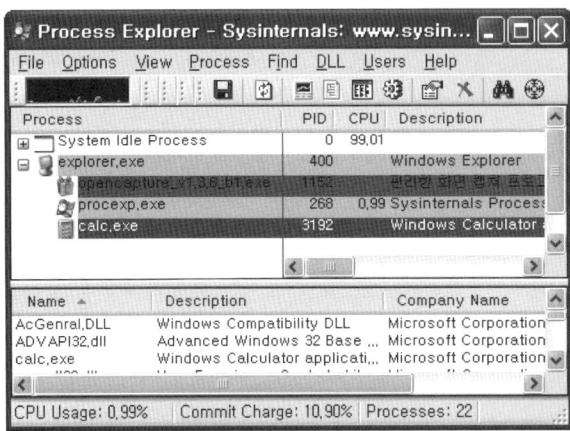

그림 32.11 calc.exe의 PID

커맨드 창에서 그림 32.12와 같이 입력하세요.

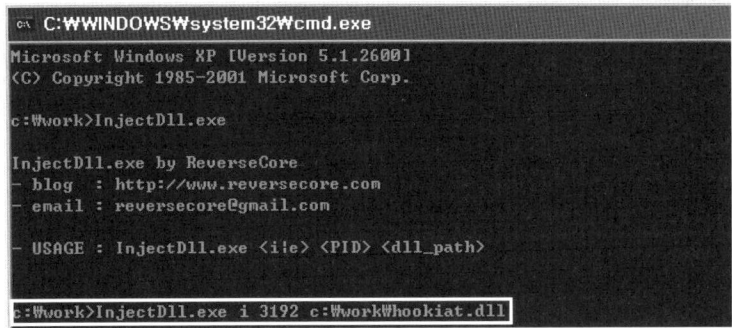

그림 32.12 calc.exe에 hookiat.dll 파일을 인젝션시킴

Process Explorer로 인젝션된 hookiat.dll을 확인해보겠습니다.

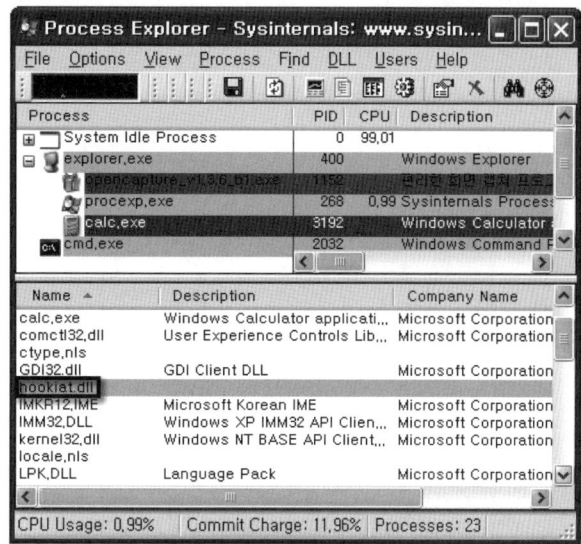

그림 32.13 calc.exe 프로세스에 인젝션된 hookiat.dll

자 이제 계산기 프로그램에 아무 숫자나 입력해서 연산을 해보기 바랍니다.

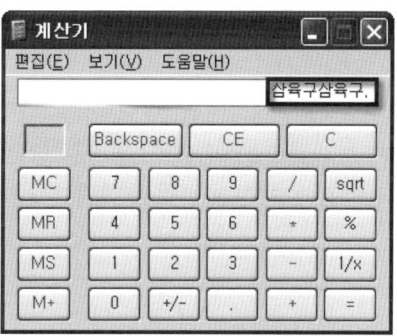

그림 32.14 IAT 후킹된 calc.exe 프로세스

입력하는 모든 숫자가 한글로 변경됩니다. 이 상태에서 계산기의 연산 기능은 완벽하게 잘 동작합니다(우리는 화면출력 부분만 후킹했다는 것을 기억하세요. 나머지 기능은 정상적으로 잘 실행됩니다). 그럼 이번에는 언훅을 해볼까요? 언훅은 IAT를 원래 값으로 복원하고 삽입시킨 DLL(hookiat.dll)을 빼내면 됩니다. 커맨드 창에서 그림 32.15와 같이 입력하세요.

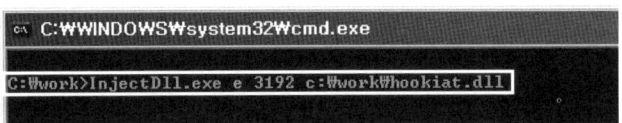

그림 32.15 calc.exe 프로세스에서 hookiat.dll을 이젝션시킴

다시 계산기 프로그램에 숫자를 입력해보기 바랍니다.

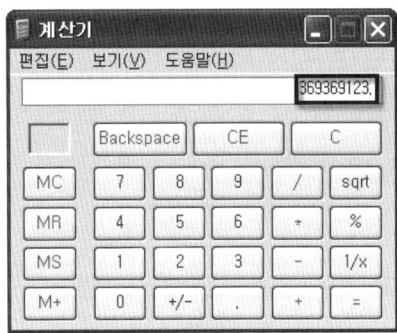

그림 32.16 언후킹된 calc.exe 프로세스

정상적으로 숫자가 찍혀 나타납니다. 언훅 성공입니다.

32.5. 소스코드 분석

앞에서 소개했던 예제 프로그램(hookiat.dll)의 소스코드를 상세히 분석하여 IAT 후킹의 동작 원리를 점검하고 실제 구현 방법에 대해서 공부합니다.

> **참고**
> 모든 소스코드는 VC++ 2010 Express Edition으로 개발하였으며, Windows XP SP3, Windows 7(32비트) 환경에서 테스트되었습니다. 또한 설명의 편의를 위해서 리턴 값 확인과 에러 처리 구문 등은 생략하였습니다.

InjectDll.cpp 소스는 예전에 설명했던 내용과 기본적인 구조는 비슷합니다(자세한 설명은 23장을 참고하기 바랍니다). 그럼 hookiat.dll의 소스코드(hookiat.cpp)에 대해서 살펴보겠습니다.

32.5.1. DllMain()

```
코드 32.1 DllMain()
BOOL WINAPI DllMain(HINSTANCE hinstDLL, DWORD fdwReason, LPVOID
                    lpvReserved)
{
    switch( fdwReason )
    {
        case DLL_PROCESS_ATTACH :
            // original API 주소저장
            g_pOrgFunc = GetProcAddress(GetModuleHandle(L"user32.dll"),
                                        "SetWindowTextW");
            // # hook
            //    user32.SetWindowTextW()를 hookiat.MySetWindowText()로 후킹
            hook_iat("user32.dll", g_pOrgFunc, (PROC)MySetWindowTextW);
            break;

        case DLL_PROCESS_DETACH :
            // # unhook
            //    calc.exe의IAT 를 원래대로 복원
            hook_iat("user32.dll", (PROC)MySetWindowTextW, g_pOrgFunc);
            break;
    }
    return TRUE;
}
```

늘 그렇듯이 DllMain() 함수의 코드는 간단합니다. 중요 코드를 한 라인씩 살펴보겠습니다.

SetWindowTextW() 주소 저장

```
case DLL_PROCESS_ATTACH :
    g_pOrgFunc = GetProcAddress(GetModuleHandle(L"user32.dll"),
                                "SetWindowTextW");
```

먼저 DLL_PROCESS_ATTACH 이벤트에서 user32.SetWindowTextW() API 주소를 구합니다. 이는 나중에 언훅 작업에서 사용되기 때문에 전역 변수(g_pOrgFunc)에 잘 저장해 놓습니다.

> **참고**
>
> 계산기에 user32.dll이 이미 로딩되어 있는 걸 알기 때문에 위와 같이 GetProcAddress()를 바로 호출해도 문제가 없습니다. 하지만 실전에서는 미리 자신이 후킹할 API를 서비스하는 DLL이 해당 프로세스에 제대로 로딩되어 있는지 확인해야 합니다(만약 원하는 DLL이 후킹 직전까지 로딩되어 있지 않다면, LoadLibrary() API를 호출하여 직접 로딩하면 됩니다).

IAT 후킹

```
hook_iat("user32.dll", g_pOrgFunc, (PROC)MySetWindowTextW);
```

hook_iat() 함수를 호출하여 IAT를 후킹합니다(user32.SetWindow TextW() 주소를 hookiat.MySetWindowTextW() 주소로 변경). 여기까지가 DLL이 로딩되는 DLL_PROCESS_ATTACH 이벤트에서 벌어지는 작업들입니다.

IAT 언후킹

```
case DLL_PROCESS_DETACH :
    hook_iat("user32.dll", (PROC)MySetWindowTextW, g_pOrgFunc);
```

DLL이 언로딩되는 DLL_PROCESS_DETACH 이벤트에서 IAT 후킹을 풀어줍니다 (hookiat.MySetWindowTextW() 주소를 user32.SetWindow TextW() 주소로 변경).

이상으로 DllMain() 함수에 대한 설명을 마치겠습니다. 다음에는 user32. SetWindowTextW()의 후킹 함수 MySetWindowTextW()에 대한 설명이 이어집니다(hook_iat()는 마지막에서 자세히 살펴보겠습니다).

32.5.2. MySetWindowTextW()

SetWindowTextW()의 후킹 함수 MySetWindowTextW()를 살펴봅시다.

코드 32.2 MySetWindowTextW()
```
BOOL WINAPI MySetWindowTextW(HWND hWnd, LPWSTR lpString)
{
```

```
    wchar_t* pNum = L"영일이삼사오육칠팔구";
    wchar_t temp[2] = {0,};
    int i = 0, nLen = 0, nIndex = 0;

    nLen = wcslen(lpString);
    for(i = 0; i < nLen; i++)
    {
        // '수'문자를 '한글'문자로 변환
        //    lpString은 wide-character(2바이트) 문자열
        if( L'0' <= lpString[i] && lpString[i] <= L'9' )
        {
            temp[0] = lpString[i];
            nIndex = _wtoi(temp);
            lpString[i] = pNum[nIndex];
        }
    }

    // user32.SetWindowTextW() API 호출
    // (위에서 lpString 버퍼 내용을 변경하였음)
    return ((PFSETWINDOWTEXTW)g_pOrgFunc)(hWnd, lpString);
}
```

IAT가 후킹된 계산기(calc.exe) 프로세스는 코드에서 user32.SetWindowTextW() 함수를 호출할 때마다 사실은 위의 hookiat.MySetWindowTextW() 함수가 호출됩니다.

중요 코드를 따로 설명하도록 하겠습니다. MySetWindowTextW() 함수의 파라미터 lpString은 출력할 문자열 버퍼입니다. 따라서 이 lpString 파라미터를 조작하면 사용자가 원하는 문자열을 출력시킬 수 있습니다.

```
nLen = wcslen(lpString);
for(i = 0; i < nLen; i++)
{
    if( L'0' <= lpString[i] && lpString[i] <= L'9' )
    {
        temp[0] = lpString[i];
        nIndex = _wtoi(temp);
        lpString[i] = pNum[nIndex];
    }
}
```

위의 for 루프에서 lpString에 저장된 '숫자' 문자열을 '한글' 문자열로 교체합니다. 그림 35.17은 lpString 버퍼의 변경 전/후의 그림입니다.

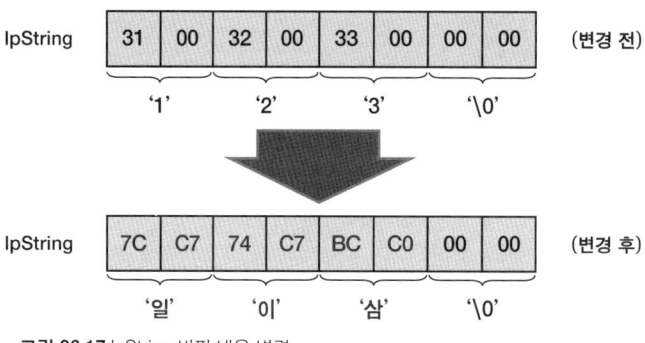

그림 32.17 lpString 버퍼 내용 변경

숫자 '123'에 대해서 한글은 '일이삼'으로 표시할 수 있습니다. 즉 숫자 한 글자당 한글 한 글자로 1:1 대응이 가능하다는 것이죠. 이런 특성은 기존 버퍼를 그대로 사용할 수 있다는 장점이 있습니다. 즉 숫자를 문자로 변경하는데 있어서 버퍼의 크기가 변경되지 않는다는 의미입니다. 코드 32.2를 보면 lpString 문자열 버퍼에 직접 변환된 문자열(한글)을 기록합니다.

> **참고**
>
> 만약 영어라면 "ONETWOTHREE"와 같이 길게 표시해야 하기 때문에 기존 버퍼(123)에 덮어쓸 수 없고, 새롭게 버퍼를 할당받아서 사용한 후 그 버퍼 주소를 original API에 넘겨야 합니다.

```
return ((PFSETWINDOWTEXTW)g_pOrgFunc)(hWnd, lpString);
```

for 루프가 종료하면 마지막으로 함수 포인터 g_pOrgFunc를 호출합니다. g_pOrgFunc는 DllMain()에서 미리 구해놓은 user32.SetWindowTextW() API 시작 주소입니다. 즉 원본 함수를 호출해서 계산기의 에디트 창에 (변환된) '한글' 문자열을 출력합니다. MySetWindowTextW() 함수 내용을 요약하면 함수 파라미터로 입력받은 lpString 문자열 버퍼의 내용을 직접 변경한 후 원본 함수 SetWindowTextW()를 호출하여 변경된 lpString 문자열 버퍼를 화면에 출력하는 것입니다.

이제 실제로 IAT 후킹을 해주는 핵심 함수인 hook_iat() 함수에 대해서 살펴보겠습니다.

32.5.3. hook_iat()

코드 32.3 hook_iat()

```c
BOOL hook_iat(LPCSTR szDllName, PROC pfnOrg, PROC pfnNew)
{
    HMODULE hMod;
    LPCSTR szLibName;
    PIMAGE_IMPORT_DESCRIPTOR pImportDesc;
    PIMAGE_THUNK_DATA pThunk;
    DWORD dwOldProtect, dwRVA;
    PBYTE pAddr;

    // hMod, pAddr = ImageBase of calc.exe
    //             = VA to MZ signature (IMAGE_DOS_HEADER)
    hMod = GetModuleHandle(NULL);
    pAddr = (PBYTE)hMod;

    // pAddr = VA to PE signature (IMAGE_NT_HEADERS)
    pAddr += *((DWORD*)&pAddr[0x3C]);

    // dwRVA = RVA to IMAGE_IMPORT_DESCRIPTOR Table
    dwRVA = *((DWORD*)&pAddr[0x80]);

    // pImportDesc = VA to IMAGE_IMPORT_DESCRIPTOR Table
    pImportDesc = (PIMAGE_IMPORT_DESCRIPTOR)((DWORD)hMod+dwRVA);

    for( ; pImportDesc->Name; pImportDesc++ )
    {
        // szLibName = VA to IMAGE_IMPORT_DESCRIPTOR.Name
        szLibName = (LPCSTR)((DWORD)hMod + pImportDesc->Name);

        if( !stricmp(szLibName, szDllName) )
        {
            // pThunk = IMAGE_IMPORT_DESCRIPTOR.FirstThunk
            //        = VA to IAT(Import Address Table)
            pThunk = (PIMAGE_THUNK_DATA)((DWORD)hMod +
                                          pImportDesc->FirstThunk);

            // pThunk->u1.Function = VA to API
            for( ; pThunk->u1.Function; pThunk++ )
            {
                if( pThunk->u1.Function == (DWORD)pfnOrg )
                {
                    // 메모리 속성을 E/R/W로 변경
                    VirtualProtect((LPVOID)&pThunk->u1.Function,
                                   4,
                                   PAGE_EXECUTE_READWRITE,
                                   &dwOldProtect);

                    // IAT 값을 변경(후킹)
```

```
                    pThunk->u1.Function = (DWORD)pfnNew;

                    // 메모리 속성 복원
                    VirtualProtect((LPVOID)&pThunk->u1.Function,
                                    4,
                                    dwOldProtect,
                                    &dwOldProtect);

                    return TRUE;
                }
            }
        }
    }

    return FALSE;
}
```

실제 IAT 후킹을 수행하는 함수입니다. 코드 자체는 짧은데 주석이 많아서 전체적으로 길어 보입니다. 하나씩 살펴보도록 하겠습니다. hook_iat( ) 함수의 초반부는 PE 헤더 정보를 읽어서 IAT를 따라가는 내용입니다(위 코드를 이해하려면 꼭 IAT 구조를 알고 있어야 합니다).

```
hMod = GetModuleHandle(NULL);        // hMod = ImageBase
pAddr = (PBYTE)hMod;                 // pAddr = ImageBase
pAddr += *((DWORD*)&pAddr[0x3C]);    // pAddr = "PE" signature
dwRVA = *((DWORD*)&pAddr[0x80]);     // dwRVA = RVA of IMAGE_IMPORT_
                                     //         DESCRIPTOR
pImportDesc = (PIMAGE_IMPORT_DESCRIPTOR)((DWORD)hMod+dwRVA);
```

이 코드는 ImageBase로부터 'PE' Signature를 거쳐서 IDT(Import Directory Table)까지 따라가는 코드입니다. pImportDesc 변수에 calc.exe 프로세스의 IDT의 첫 번째 IMAGE_IMPORT_DESCRIPTOR 구조체 시작 주소가 저장됩니다. IDT는 IMAGE_IMPORT_DESCRIPTOR 구조체 배열로 이루어져 있습니다. IAT를 구하려면 먼저 이곳을 찾아야 합니다. 위의 코드에서 pImportDesc에는 01012B80 값이 들어옵니다. 이 주소를 PEView로 보면 다음 그림 32.18과 같습니다.

VA	Data	Description	Value
01012B80	00012CA8	Import Name Table RVA	
01012B84	FFFFFFFF	Time Date Stamp	
01012B88	FFFFFFFF	Forwarder Chain	
01012B8C	00012E42	Name RVA	SHELL32.dll
01012B90	0000109C	Import Address Table RVA	
01012B94	00012DC8	Import Name Table RVA	
01012B98	FFFFFFFF	Time Date Stamp	
01012B9C	FFFFFFFF	Forwarder Chain	
01012BA0	00012F60	Name RVA	msvcrt.dll
01012BA4	000011BC	Import Address Table RVA	
01012BA8	00012C0C	Import Name Table RVA	
01012BAC	FFFFFFFF	Time Date Stamp	
01012BB0	FFFFFFFF	Forwarder Chain	
01012BB4	00012FFC	Name RVA	ADVAPI32.dll
01012BB8	00001000	Import Address Table RVA	
01012BBC	00012C2C	Import Name Table RVA	
01012BC0	FFFFFFFF	Time Date Stamp	
01012BC4	FFFFFFFF	Forwarder Chain	
01012BC8	000131D4	Name RVA	KERNEL32.dll
01012BCC	00001020	Import Address Table RVA	
01012BD0	00012C1C	Import Name Table RVA	
01012BD4	FFFFFFFF	Time Date Stamp	
01012BD8	FFFFFFFF	Forwarder Chain	
01012BDC	0001320C	Name RVA	GDI32.dll
01012BE0	00001010	Import Address Table RVA	
01012BE4	00012CB0	Import Name Table RVA	
01012BE8	FFFFFFFF	Time Date Stamp	
01012BEC	FFFFFFFF	Forwarder Chain	
01012BF0	000136A4	Name RVA	USER32.dll
01012BF4	000010A4	Import Address Table RVA	

그림 32.18 calc.exe 프로세스의 IDT

그림 32.18이 계산기 프로세스의 IMAGE_IMPORT_DESCRIPTOR 테이블(배열)입니다. PEView에서는 Import Directory Table라고 표시하는 곳이죠. 우리기 목표로 하는 user32.dll은 그림 32.18의 아래쪽에 위치하는군요. 저곳을 찾아가겠습니다.

```
for( ; pImportDesc->Name; pImportDesc++ )
{
    // szLibName = VA to IMAGE_IMPORT_DESCRIPTOR.Name
    szLibName = (LPCSTR)((DWORD)hMod + pImportDesc->Name);
    if( !stricmp(szLibName, szDllName) )
    {
```

위의 for 루프에서 pImportDesc->Name과 szDllName("user32.dll")을 비교해서 user32.dll의 IMAGE_IMPORT_DESCRIPTOR 구조체 주소를 찾아냅니다. 결국 pImportDesc = 01012BE4가 됩니다(그림 32.18 참고). 이제 user32.dll에 대한 IAT로 가야합니다. ImportDesc->FirstThunk 멤버가 바로 IAT를 가리키는 멤버입니다.

```
// pThunk = IMAGE_IMPORT_DESCRIPTOR.FirstThunk
//        = VA to IAT(Import Address Table)
pThunk = (PIMAGE_THUNK_DATA)((DWORD)hMod +
                              pImportDesc->FirstThunk);
```

위 코드에서 pThunk가 user32.dll에 대한 IAT(010010A4)입니다(그림 32.18 참고). 이 주소(010010A4)를 PEView로 보면 그림 32.19와 같습니다.

주소	값	타입	서수	함수명
010010A4	77D0BC10	Virtual Address	012C	GetMenu
010010A8	77D22697	Virtual Address	0252	SetDlgItemInt
010010AC	77CFA331	Virtual Address	017A	GetWindowTextW
010010B0	77CFFF4A	Virtual Address	0038	CheckDlgButton
010010B4	77CF817F	Virtual Address	017F	HideCaret
010010B8	77CF741F	Virtual Address	001C	CallWindowProcW
010010BC	77CF76C3	Virtual Address	00BF	DrawTextW
010010C0	77D1B765	Virtual Address	02D3	WinHelpW
010010C4	77CFB816	Virtual Address	0201	PostQuitMessage
010010C8	77CF6450	Virtual Address	0110	GetDlgCtrlID
010010CC	77CF81CD	Virtual Address	0231	ScreenToClient
010010D0	77D20FEF	Virtual Address	003C	ChildWindowFromPoint
010010D4	77CF5A4D	Virtual Address	008F	DefWindowProcW
010010D8	77D0D209	Virtual Address	019F	IsClipboardFormatAvaila
010010DC	77CFC1B3	Virtual Address	00C2	EnableMenuItem
010010E0	77D26326	Virtual Address	02A5	TrackPopupMenuEx
010010E4	77CF7E92	Virtual Address	010E	GetDesktopWindow
010010E8	77D0E310	Virtual Address	01F3	OpenClipboard
010010EC	77D0E38C	Virtual Address	0101	GetClipboardData
010010F0	77CF72EC	Virtual Address	002A	CharNextA
010010F4	77D0E303	Virtual Address	0042	CloseClipboard
010010F8	77CF432A	Virtual Address	015A	GetSysColor
010010FC	77D029CE	Virtual Address	009F	DialogBoxParamW
01001100	77CFF5CB	Virtual Address	00C6	EndDialog
01001104	77D0EAE6	Virtual Address	01DB	MessageBeep
01001108	77CFC0C8	Virtual Address	0159	GetSubMenu
0100110C	77D1511C	Virtual Address	003B	CheckRadioButton
01001110	77CF61C9	Virtual Address	0287	SetWindowTextW
01001114	77CF8137	Virtual Address	0256	SetFocus
01001118	77CF630D	Virtual Address	024D	SetCursor

그림 32.19 calc.exe 프로세스의 IAT

User32.dll의 IAT에 상당히 많은 함수가 임포트되어 있는 걸 볼 수 있습니다. 우리가 찾는 SetWindowTextW는 01001110 주소에 있으며 값은 77CF61C9입니다.

```
// pThunk->u1.Function = VA to API
for( ; pThunk->u1.Function; pThunk++ )
{
    if( pThunk->u1.Function == (DWORD)pfnOrg )
    {
```

앞의 for 루프에서 pThunk->u1.Function과 pfnOrg(77CF61C9 SetWindow
TextW 시작 주소)를 비교하여 정확히 SetWindowTextW의 IAT 주소(01001110)를
찾아냅니다(이제 pThunk = 01001110이고, pThunk->u1.Function = 77CF61C9입
니다).

여기까지의 코드가 계산기 프로세스의 ImageBase에서부터 user32.SetWindow
TextW의 IAT 주소를 찾아가는 과정입니다.

> **참고**
> 위 코드 설명이 잘 이해가 안 가면 13장의 IAT 설명부분을 참고하여 PEView로 하나씩 따라가보기
> 바랍니다.

이후부터는 앞에서 구한 IAT 주소의 값을 바꾸는 (후킹) 코드가 이어집니다.

```
// IAT 값을 변경
pThunk->u1.Function = (DWORD)pfnNew;
```

pThunk->u1.Funcion에는 원래 77CF61C9 (SetWindowTextW 주소) 값이 있었
지만, pfnNew (10001000 hookiat.MySetWindowTextW 주소) 값으로 변경합니
다. 이제 계산기 코드에서 user32.SetWindowTextW() API를 호출하면 실제로는
hook_iat.MySetWindowTextW()가 호출되는 것입니다.

> **참고**
> 저 위쪽의 hook_iat() 함수 코드를 보면 후킹하기 전에 VirtualProtect() 함수를 이용해서 해당 IAT
> 메모리 영역을 '읽기&쓰기' 모드로 변경하고, 후킹한 후에 다시 원래 모드로 되돌리는 코드가 존재
> 합니다. 이것은 메모리 속성을 변경하는 작업인데, 계산기 프로세스의 IAT 메모리 영역이 읽기전용
> 이기 때문에 미리 이러한 작업을 해주는 것입니다.

이상으로 hook_iat.cpp의 코드 설명을 마치겠습니다. IAT 후킹의 내부 동작 원
리를 잘 이해한 후 코드를 보면 어려움 없이 잘 이해할 수 있을 거라 생각합니다.

32.6. 인젝션된 DLL의 디버깅

OllyDbg를 이용하여 후킹 코드를 디버깅하면서 후킹된 IAT 메모리 영역을 확인해 보겠습니다. 또한 프로세스에 인젝션된 DLL 파일을 디버깅하는 법을 살펴보도록 하겠습니다. 계산기(calc.exe) 프로세스에 인젝션된 hookiat.dll을 디버깅하려 합니다. 일단 계산기 프로그램을 실행한 후 Process Explorer로 PID 값을 확인합니다.

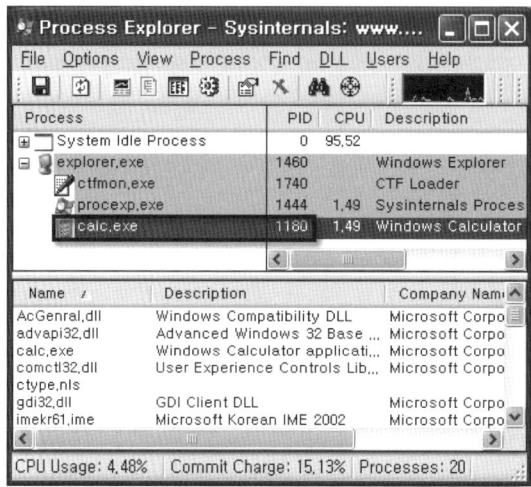

그림 32.20 calc.exe 프로세스의 PID

이제 OllyDbg를 calc.exe 프로세스에 Attach합니다.

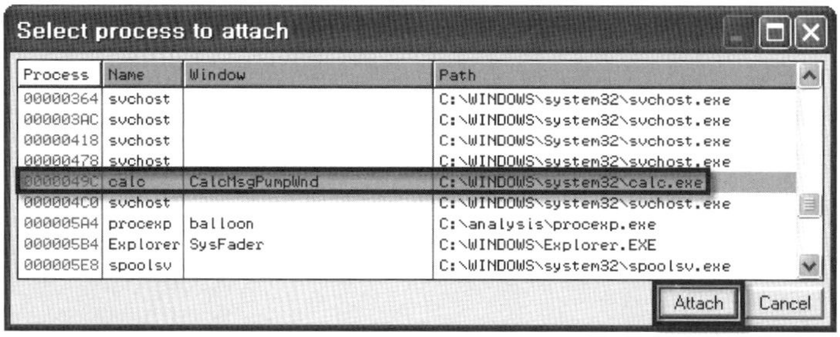

그림 32.21 OllyDbg Attach

참고

OllyDbg 2.0 버전을 사용합니다. 기존 1.10 버전은 인젝션 된 DLL을 디버깅할 때 약간의 버그가 있어서 디버기 프로세스가 종료되는 경우가 있습니다.

Attach가 잘 되었으면 Run[F9] 명령으로 calc.exe 프로세스를 실행합니다. 그런 다음 그림 32.22와 같이 OllyDbg의 옵션을 수정하여 DLL 파일(hookiat.dll)이 인젝션될 때 제어가 디버거에게 넘어오도록 합니다.

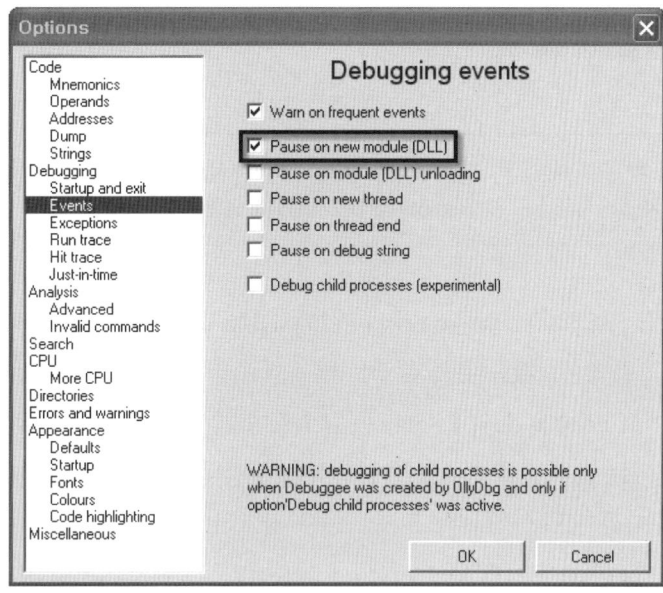

그림 32.22 Pause on new module(DLL) 옵션을 체크

'Pause on new module(DLL)' 옵션을 체크하면 디버기 프로세스에 DLL이 로딩(인젝션 포함)될 때마다 제어가 디버거에게 넘어옵니다. 이제 준비를 마쳤으니 OllyDbg를 Run[F9]해서 계산기 프로세스가 정상적으로 실행되도록 합니다. InjectDll.exe에 파라미터를 적절히 주고, 실행하면 계산기 프로세스에 hookiat.dll이 인젝션됩니다(그림 32.23 참고).

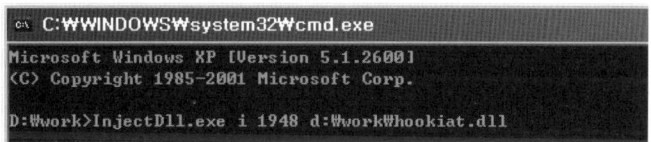

그림 32.23 hookiat.dll 인젝션

calc.exe 프로세스에 'DLL Load' 이벤트가 발생하였으므로, OllyDbg에 해당 이벤트가 통지되고, 그림 32.22의 옵션에 따라서 그림 32.24처럼 hookiat.dll의 EP(EntryPoint)에서 실행이 멈춥니다.

```
100013E6   8BFF            MOV EDI,EDI                           <Entry Point>
100013E8   55              PUSH EBP
100013E9   8BEC            MOV EBP,ESP
100013EB   837D 0C 01      CMP DWORD PTR SS:[EBP+0C],1
100013EF ^ 75 05           JNE SHORT 100013F6
100013F1   E8 B6190000     CALL 10002DAC
100013F6   FF75 08         PUSH DWORD PTR SS:[EBP+8]
100013F9   8B4D 10         MOV ECX,DWORD PTR SS:[EBP+10]
100013FC   8B55 0C         MOV EDX,DWORD PTR SS:[EBP+0C]
100013FF   E8 ECFEFFFF     CALL 100012F0
10001404   59              POP ECX
10001405   5D              POP EBP
10001406   C2 0C00         RETN 0C
```

그림 32.24 hookiat.dll의 EP 코드

> **참고**
> 로딩된 DLL의 EP에 자동으로 멈추는 것은 OllyDbg 2.0에서 지원되는 기능입니다. 이전 1.1 버전에서는 EP가 아닌 다른 코드 위치(ntdll.dll 영역)에서 실행이 멈춥니다.

이제 그림 32.22의 'Pause on new module(DLL)' 옵션의 체크를 해제한 후 DllMain() 코드를 찾아보겠습니다.

디버거에서 hookiat.dll의 DllMain() 함수로 쉽게 찾아가는 방법은 DllMain()에서 사용되는 문자열 혹은 API를 검색하는 것입니다(물론 StepIn[F7] 명령으로 하나씩 따라가도 좋습니다). 코드 32.1을 참고하면 DllMain() 함수에서 사용되는 문자열은 "user32.dll"과 "SetWindowTextW"입니다. 이처럼 코드에서 사용되는 "user32.dll"과 "SetWindowTextW" 문자열로 DllMain()을 찾아보겠습니다. OllyDbg의 코드 창에서 마우스 우측 메뉴의 'Search for - All referenced text strings' 항목을 선택합니다.

```
R Text strings referenced in hookiat
Address    Command                        Comments
100010C4   PUSH OFFSET 100092BC           ASCII "user32.dll"
1000113E   PUSH OFFSET 10009294           ASCII "SetWindowTextW"
10001143   PUSH OFFSET 100092A4           UNICODE "user32.dll"
100017F4   MOV ESI,OFFSET 10008158        UNICODE "KERNEL32.DLL"
1000180F   PUSH OFFSET 10008148           ASCII "EncodePointer"
1000186F   MOV ESI,OFFSET 10008158        UNICODE "KERNEL32.DLL"
1000188A   PUSH OFFSET 10008174           ASCII "DecodePointer"
1000192F   MOV ESI,OFFSET 10008158        UNICODE "KERNEL32.DLL"
1000195C   PUSH OFFSET 10008148           ASCII "EncodePointer"
10001970   PUSH OFFSET 10008174           ASCII "DecodePointer"
Found 29 references
```

그림 32.25 사용 문자열

그림 32.25를 보면 "user32.dll" 문자열은 2군데가 있고, "SetWindowTextW"

문자열은 1군데가 있습니다. "SetWindowTextW" 문자열이 참조되는 코드 주소 1000113E로 가봅니다.

```
1000112E   CC              INT3
1000112F   CC              INT3
10001130   8B4424 08       MOV EAX,DWORD PTR SS:[ESP+8]
10001134   83E8 00         SUB EAX,0
10001137 v 74 37           JE SHORT 10001170
10001139   83E8 01         SUB EAX,1
1000113C v 75 45           JNE SHORT 10001183
1000113E   68 94920010     PUSH OFFSET 10009294              ASCII "SetWindowTextW"
10001143   68 A4920010     PUSH OFFSET 100092A4              UNICODE "user32.dll"
10001148   FF15 00800010   CALL DWORD PTR DS:[<&KERNEL32.GetModuleHandleW>]
1000114E   50              PUSH EAX
1000114F   FF15 04800010   CALL DWORD PTR DS:[<&KERNEL32.GetProcAddress>]
10001155   68 00100010     PUSH 10001000
1000115A   50              PUSH EAX
1000115B   A3 B8B60010     MOV DWORD PTR DS:[1000B6B8],EAX
10001160   E8 2BFFFFFF     CALL 10001090
10001165   83C4 08         ADD ESP,8
10001168   B8 01000000     MOV EAX,1
1000116D   C2 0C00         RETN 0C
```

그림 32.26 DllMain() 코드

그림 32.26에서 박스 부분의 디스어셈 코드는 코드 32.1의 C 언어 코드와 정확히 일치합니다. 따라서 이 부분(10001130~)이 DllMain()입니다(참고로 DllMain()의 시작 주소는 10001130입니다).

여기까지가 프로세스에 인젝션된 DLL을 디버깅하는 방법에 대한 설명입니다

32.6.1. DllMain()

앞에서 구한 DllMain() 함수 위치부터 디버깅을 시작해보겠습니다(코드 32.1과 비교하면서 보면 좀 더 쉽게 파악할 수 있습니다). DllMain()에서 조금만 디버깅해 내려가면 그림 32.27과 같은 코드가 나타납니다.

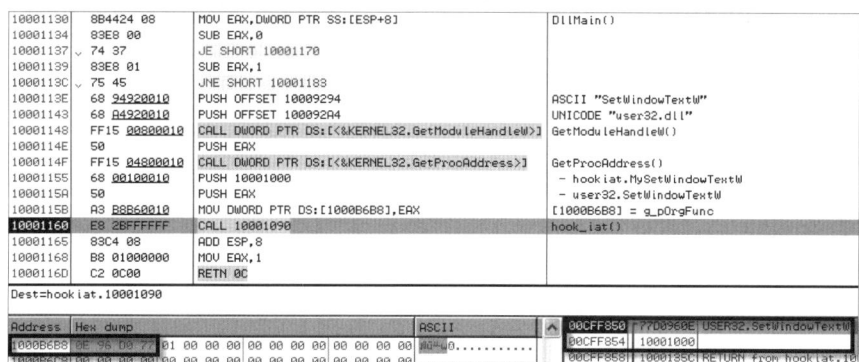

그림 32.27 hook_iat() 함수 호출

10001160 주소의 CALL 10001090 명령이 바로 hook_iat() 함수 호출 부분입니다. 함수 파라미터는 역순으로 스택에 저장되므로 각 파라미터의 의미는 주석으로 쓰여진 부분 그대로입니다(코드 32.1과 그림 32.27를 함께 비교해보세요). 한 가지 특이한 사항은 코드 32.1에서 보면 hook_iat() 함수는 파라미터가 3개입니다. 그러나 그림 32.27에서 hook_iat()는 파라미터가 2개뿐입니다(Stack Window 참조). 잘 보면 hook_iat()의 첫 번째 파라미터인 "user32.dll" 문자열 주소가 생략된 걸 알 수 있습니다. 이것은 VC++ 컴파일러의 코드 최적화 기능이 적용되어서 문자열 주소(4바이트 상수)는 함수 파라미터로 넘기지 않고 hook_iat() 함수 내에 하드코딩해버린 것입니다. 앞으로 여러분이 직접 작성한 프로그램을 디버깅할 때 위와 같은 코드 최적화 기능을 자주 볼 수 있을 겁니다.

32.6.2. hook_iat()

실제로 IAT를 후킹하는 핵심 함수인 hook_iat()를 디버깅합니다.

IMAGE_IMPORT_DESCRIPTOR 찾기

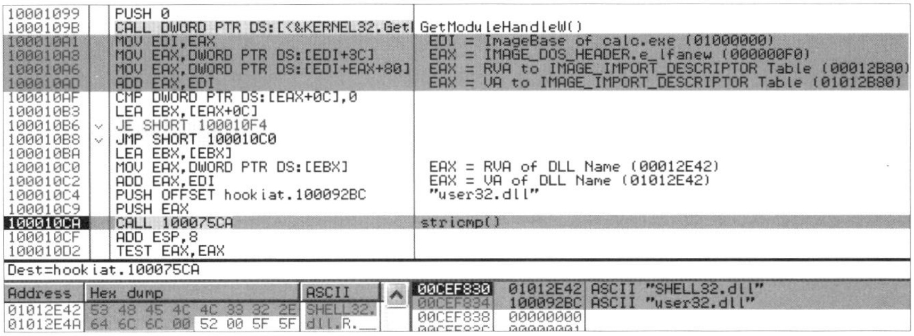

그림 32.28 IMAGE_IMPORT_DESCRIPTOR 찾기

그림 32.28에서 음영으로 표시된 부분의 코드는 PE 헤더에서 어떻게 IMAGE_IMPORT_DESCRIPTOR Table(이하 IID Table)을 찾아내는지 보여줍니다(IID를 PEView에서는 Import Directory Table로 표시합니다). 이 코드(100010A1 ~ 100010AD)에서는 어셈블리 명령어 4개만을 써서 IID Table을 따라갑니다.

> **참고**
>
> 아직 PE 헤더 구조에 익숙하지 않거나 또는 위와 같은 어셈블리 코드를 처음 접한 여러분은 코드의 내용이 잘 이해되지 않을 겁니다. 그럴 때는 PEView를 같이 띄워서 하나씩 참고해 가면서 디버깅해보기 바랍니다. 이건 숙련도의 문제이기 때문에 계속해서 보면 점차 나아집니다. 나중에는 [EDI+3C], [EDI+EAX+80] 등의 코드만 봐도 이게 대충 IID Table을 따라가는 코드라는 걸 알 수 있습니다.

100010CA 주소의 CALL 100075CA 명령어는 stricmp( ) 함수 호출 코드입니다. IID Table을 훑으면서 IID.Name 항목과 "user32.dll" 문자열을 비교하여 user32.dll에 해당하는 IID를 찾습니다.

IAT에서 SetWindowTextW API 위치 찾기

user32.dll에 해당하는 IID를 찾았다면, 이제는 IAT에서 SetWindowTextW API를 찾는 코드가 이어집니다(그림 32.29 참고). 우리는 그 위치의 내용을 변경해서 API를 후킹할 겁니다.

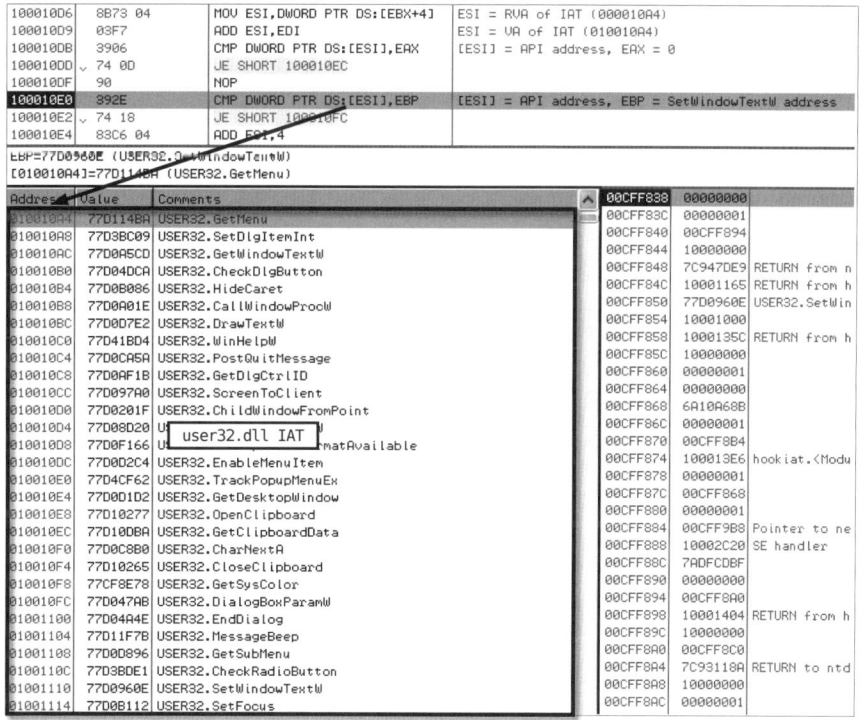

그림 32.29 IAT

100010E0 주소의 CMP DWORD PTR DS:[ESI], EBP 명령어에서 ESI 값은 user32.dll의 IAT 시작 주소(010010A4)입니다. 그리고 EBP의 값은 SetWindowTextW의 주소(77D0960E)입니다. 즉 그림 32.29의 코드는 루프를 돌면서 IAT를 따라 내려가면서 01001110 주소의 SetWindowTextW 주소 값(77D0960E)을 찾는 내용입니다.

> **참고**
> OllyDbg의 Memory Window(그림 32.29의 굵은 테두리 부분)의 보기 옵션을 'Long - Address'로 변경하면, 그림 32.29와 같이 [Address & API Name] 형식으로 볼 수 있습니다.

IAT 후킹

이제 실제로 IAT를 후킹하는 코드입니다.

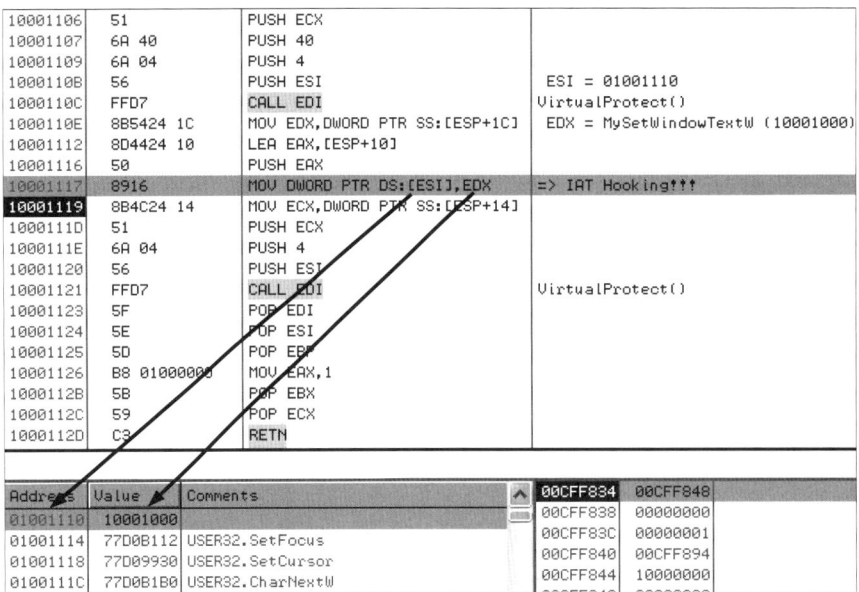

그림 32.30 IAT 후킹

10001117 주소의 MOV DWORD PTR DS:[ESI], EDX 명령이 바로 앞에서 구한 IAT에서 SetWindowTextW 위치(01001110)에 후킹 함수 MySetWindowTextW 주소(10001000)를 덮어쓰는 코드입니다. 01001110 주소는 calc.exe 프로세스에

서 user32.dll의 IAT 영역입니다. 원래 이 위치에는 SetWindowTextW 주소 값 (77D0960E)이 저장되어 있었습니다(그림 32.29 참고).

그리고 10001117 주소의 MOV 명령어에 의해서 user32.SetWindowTextW 주소 값(77D0960E)이 hookiat.MySetWindowTextW 주소 값(10001000)으로 변경됩니다(그림 32.30 참고). 이제부터 calc.exe 프로세스의 코드에서 (IAT를 통해) user32.SetWindowTextW() API를 호출하면, 실제로는 hookiat.MySetWindowTextW()가 호출됩니다.

32.6.3. MySetWindowTextW()

앞에서 IAT 후킹이 완료되었으므로 OllyDbg를 실행[F9]해서 계산기(calc.exe) 프로세스가 정상적으로 동작하게 만듭니다.

calc.exe 프로세스에서 user32.SetWindowTextW() API를 호출하는 코드에 BP를 설치하여 실제로 hookiat.MySetWindowTextW() 함수가 호출되는 상황을 디버깅해보겠습니다. 먼저 user32.SetWindowTextW() 호출 코드에 BP를 설치합니다. OllyDbg의 'Search for All intermodular calls' 기능을 쓰면 그림 32.31과 같은 다이얼로그가 나타납니다.

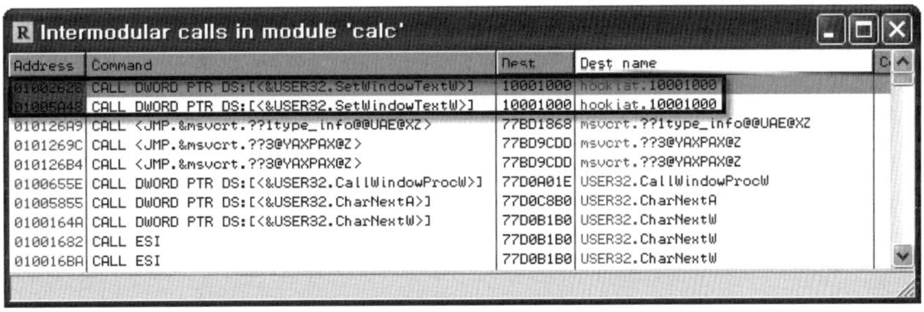

그림 32.31 Search for All intermodular calls 다이얼로그

calc.exe 프로세서에서 user32.SetWindowTextW() API를 호출하는 위치는 총 2곳입니다. 2곳 모두 BP를 설치합니다(실제로는 01002628 주소의 명령어가 우리가 찾는 위치입니다). 그리고 계산기 프로그램에 숫자 '1'을 입력하면 (바로 위에서 설치한) 01002628 주소의 BP에 걸립니다(그림 32.32 참고).

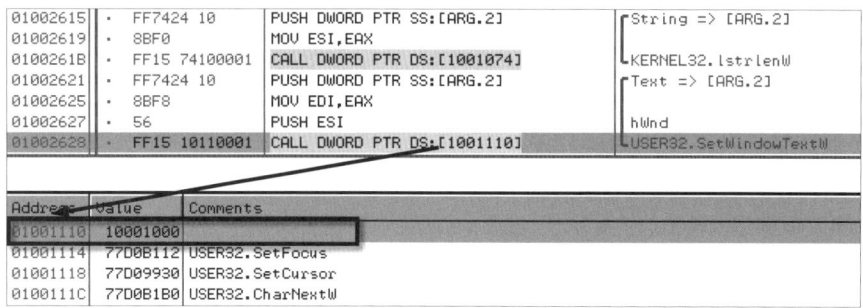

그림 32.32 MySetWindowTextW() 호출

01001110 주소에는 원래 user32.SetWindowTextW() 주소(77D0960E)가 있었으나, 후킹된 이후에는 그림 32.32에서 보듯이 hookiat.MySetWindowTextW() 주소(10001000)가 있습니다. MySetWindowTextW() 함수 안으로 디버깅해보면 그림 32.33과 같은 코드가 나타납니다.

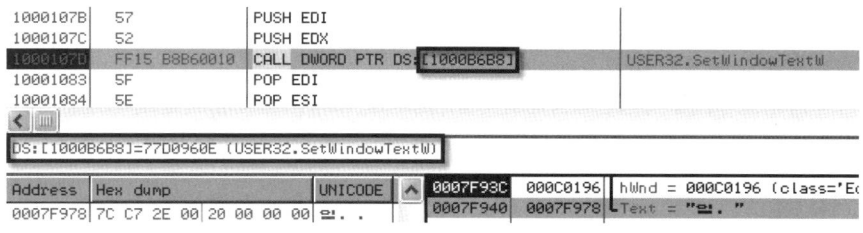

그림 32.33 user32.SetWindowTextW() 호출

MySetWindowTextW() 함수의 기능은 "숫자" 문자열을 "한글" 문자열로 변환한 후 원래 함수인 user32.SetWindowTextW() API를 호출하는 것입니다. 1000107D 주소의 CALL DWORD PTR DS:[1000B6B8] 명령어가 바로 user32.SetWindowTextW() API를 호출하는 코드입니다. 1000B6B8 주소는 hookiat.dll에서 .data 섹션의 전역 변수(g_pOrgFunc)를 의미합니다. DllMain()에서 이곳에 미리 SetWindowTextW 주소를 저장해두었습니다(코드 32.1, 그림 32.27 참고). 이로써 calc.exe 프로세스에 인젝션된 hookiat.dll을 디버깅을 해보았습니다.

32.7. 마무리

지금까지 API 후킹 기법 중의 하나인 IAT 후킹의 내부 동작 원리에 대해서 상세히 살펴보았습니다. 그리고 DLL 인젝션 기법을 통하여 hookiat.dll을 인젝션해서 API 후킹 실습을 해보았습니다. 일련의 동작 원리와 개념을 잘 이해한 후 다음 장으로 넘어가보죠.

33
'스텔스' 프로세스

API 코드 패치(Code Patch)를 통한 API 후킹 방법에 대해서 공부합니다. 또한 모든 프로세스를 후킹하는 글로벌 후킹(Global hooking) 방법에 대해서 살펴봅니다. 위 기법을 사용하여 특정 프로세스를 감추는 은폐(stealth) 기법에 대해 실습해보겠습니다.

> 참고
>
> 은폐 프로세스를 리버싱 전문 용어로 루트킷(Rootkit)이라고합니다. 보통 루트킷이라고 하면 커널 모드 후킹을 통한 프로세스, 파일, 레지스트리 등의 은폐 기술을 지칭합니다. 루트킷은 이번 장의 설명 범위를 벗어나기 때문에 편의상 스텔스 프로세스라고 하겠습니다.

33.1. 테크 맵

시작하기 전에 테크 맵을 살펴보겠습니다.

Method	Object (what)	Location (where)	Technique (how)		API
static	File		X		X
dynamic	Process Memory 00000000 ~ 7FFFFFFF	1) IAT 2) Code 3) EAT	A) Debug (Interactive)		DebugActiveProcess GetThreadContext SetThreadContext
			B) Injection (stand alone)	B-1) Independant Code	CreateRemoteThread
				B-2) DLL file	Registry(AppInit_DLLs) BHO (IE only)
					SetWindowsHookEx CreateRemoteThread

그림 33.1 테크 맵

API 코드 패치 기법을 위 테크 맵에서 밑줄로 표시하였습니다. 이 기법은 프로세스 메모리에 로딩된 라이브러리 이미지에서 후킹을 원하는 API 코드 자체를 수정하는 방법입니다. 이 기법은 API 후킹에서 가장 널리 사용됩니다. 그 이유는 대부분의 API를 자유롭게 후킹할 수 있기 때문입니다.

> **참고**
> IAT 후킹 기법은 후킹하려는 API가 프로세스의 IAT에 존재하지 않을 경우 후킹이 불가능한 반면에 'API 코드 패치' 기법은 그러한 제약 조건이 없습니다.

덧붙여 대상 프로세스의 메모리를 자유롭게 사용하기 위해 DLL 인젝션 기법을 사용하였습니다.

33.2. API 코드 패치 동작 원리

API 코드 패치를 통한 API 후킹 기법의 동작 원리에 대해서 알아보겠습니다. 이전 장에서 설명한 IAT 후킹 기법과 비교해 살펴보면 더 쉽게 이해될 것입니다. IAT 후킹 방식이 프로세스의 특정 IAT 값을 조작해서 후킹을 하는 방식이라면, 코드 패치 방식은 실제 API 코드 시작 5바이트 값을 JMP XXXXXXXX 명령어로 패치하는 방식입니다. 후킹된 API가 호출되면 (패치된) JMP XXXXXXXX 명령어가 실행되어 후킹 함수로 제어가 넘어옵니다. 다음에 나오는 그림 33.2는 Process Explorer (procexp.exe) 프로세스에 stealth.dll 파일을 인젝션한 후 ntdll.ZwQuerySystemInformation() API를 후킹하는 방법을 설명하는 그림입니다(ntdll.ZwQuerySystemInformation() API는 프로세스를 숨기기 위해서 후킹할 API입니다).

33.2.1. 후킹 전
먼저 후킹되기 전의 정상적인 프로세스 메모리의 모습입니다.

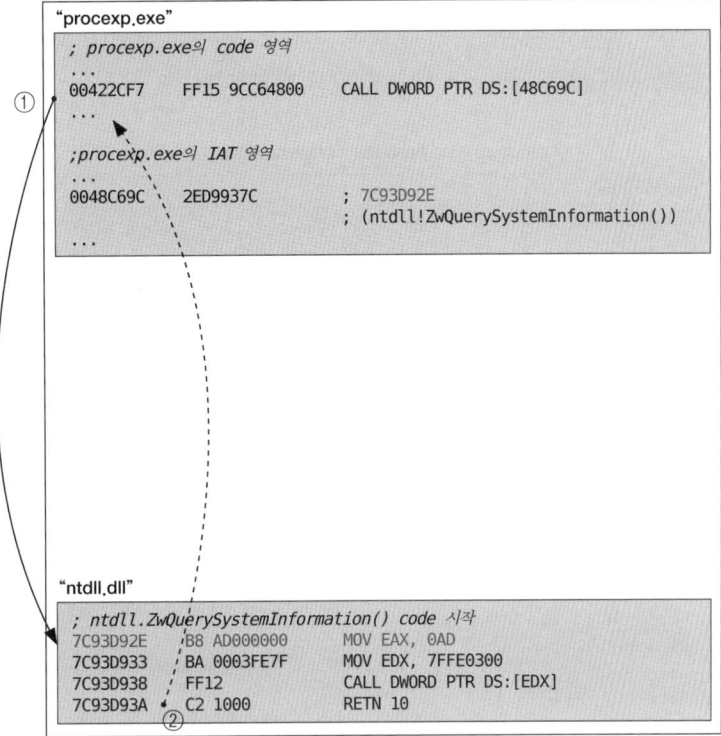

그림 33.2 API 후킹 전 API 호출 흐름

procexp.exe 코드에서 ntdll.ZwQuerySystemInformation() API를 호출하면 코드 흐름은 아래 순서와 같습니다.

① procexp.exe의 00422CF7 주소의 CALL DWORD PTR DS:[48C69C] 명령어는 ntdll.ZwQuerySystemInformation() API를 호출하고 있습니다(48C69C 주소는 프로세스의 IAT 영역으로써 7C93D92E 값을 가지며, 이는 ntdll.ZwQuerySystemInformation() API의 시작 주소입니다).

② 해당 API는 실행이 완료되면, 호출 코드 다음 명령어 주소로 되돌아갑니다.

이것은 매우 정상적인 상황의 API 호출 흐름입니다.

33.2.2. 후킹 후

그럼 이제 API가 후킹된 프로세스의 그림을 보겠습니다. stealth.dll을 인젝션하여 ntdll.ZwQuerySystemInformation() API를 코드 패치하였습니다.

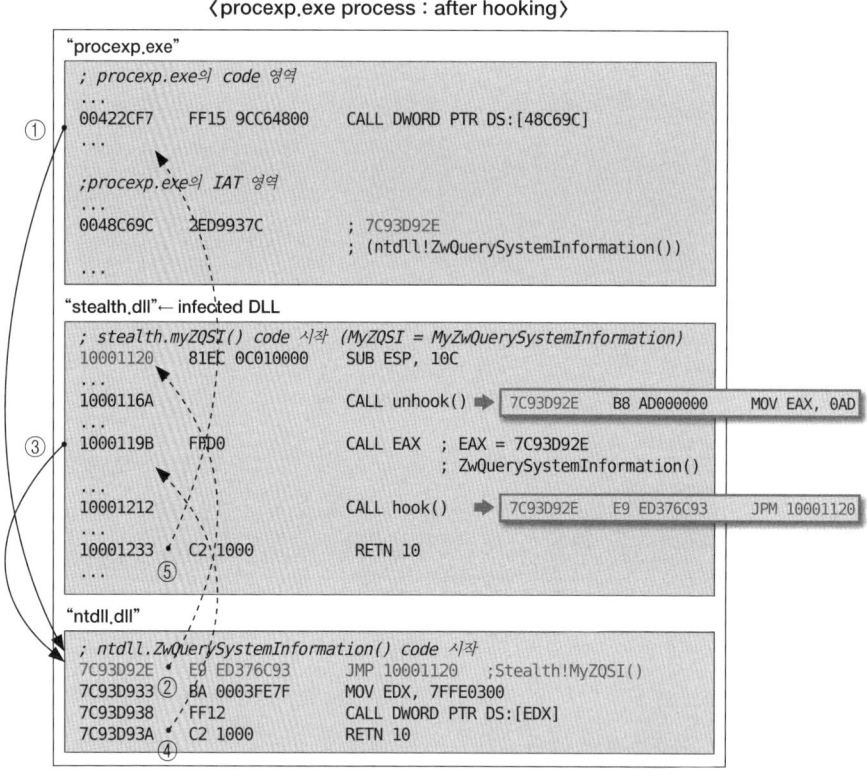

그림 33.3 후킹 후 API 호출 흐름

그림 33.3이 상당히 복잡하게 보입니다만, 하나씩 차근차근 살펴보도록 하겠습니다.

먼저 stealth.dll이 인젝션되면서 ntdll.ZwQuerySystemInformation() API를 후킹하였습니다. ntdll.ZwQuerySystemInformation() API 시작 주소(7C93D92E)의 5바이트 코드를 JMP 10001120으로 덮어 써버린 것이죠(5바이트 패치). 10001120 주소는 stealth.MyZwQuerySystemInformation() 함수 주소입니다. 이때 procexp. exe 코드에서 ntdll.ZwQuerySystemInformation() API를 호출하면 코드 흐름은 다음 순서와 같습니다.

① 422CF7 주소에서 ntdll.ZwQuerySystemInformation() API를 호출(7C93D92E) 합니다.
② 7C93D92E 주소에 있는 패치된 코드 JMP 10001120에 의해서 10001120 주소(후킹 함수)로 점프합니다. 1000116A 주소의 CALL unhook() 명령어에 의해서 ntdll.ZwQuerySystemInformation() API 시작 5바이트는 원래대로 복원됩니다.
③ 1000119B 주소의 CALL EAX(7C93D92E) 명령어에 의해서 원본 함수(ntdll.ZwQuerySystemInformation)가 호출됩니다(언훅 상태이기 때문에 정상적으로 실행됩니다).
④ ntdll.ZwQuerySystemInformation()의 실행이 완료되면 7C93D93A 주소의 RETN 10 명령에 의해 stealth.dll 코드 영역(자신을 호출한 위치)으로 리턴됩니다. 그리고 10001212 주소의 CALL hook() 명령어에 의해서 ntdll.ZwQuerySystemInformation() API를 다시 후킹합니다(시작 5바이트를 JMP 10001120 명령어로 패치함)
⑤ stealth.MyZwQuerySystemInformation()의 실행이 완료되면, 10001233 주소의 RETN 10 명령어에 의해서 procexp.exe 프로세스 코드 위치로 리턴됩니다.

처음에는 좀 어려운 듯 보여도 몇 번만 읽어보면 금방 이해할 수 있을 겁니다.

코드 패치 방법의 장점은 프로세스에서 사용되는 어떤 API라도 후킹할 수 있다는 것입니다. IAT 후킹의 경우에는 후킹 가능한 API가 제한된다는 사실과 비교해 보세요(비록 코드는 조금 더 복잡하지만 말이죠). 코드 패치 방법에 있어서 제한 사항은 후킹하려는 API 코드의 길이가 최소 5바이트보다 커야 한다는 것입니다. 그러나 모든 API의 코드 크기는 5바이트보다 크기 때문에 사실상 제한이 없다고 보면 됩니다.

> **주의**
> 코드 패치 방법은 말 그대로 프로세스 메모리 공간에 매핑된 시스템 DLL의 코드를 직접 수정하는 것입니다. 만약 프로세스의 다른 스레드에서 어떤 함수를 read하고 있을 때 코드 패치를 시도하면 어떻게 될까요? Access Violation 에러가 발생할 수 있습니다(뒤쪽에서 이 문제에 대한 해결 방법에 대해서 알아보겠습니다).

다음에는 스텔스 기법(프로세스 은폐)에 대한 동작 원리에 대해서 알아보도록 하겠습니다.

33.3. 프로세스 은폐

프로세스 은폐에 관한 내용은 이미 많은 정보가 공개되어 있습니다. 그 중에서 유저 모드(User Mode)에서 가장 널리 사용되는 'ntdll.ZwQuerySystemInformation() API 후킹 방법'에 대해서 살펴보겠습니다.

33.3.1. 프로세스 은폐 동작 원리

스텔스 전투기는 레이더에 포착되지 않기 위해서 각종 첨단 과학을 동원하여 전투기 자체를 (기존 전투기와 다르게) 완전히 새롭게 개발한 것입니다. 즉 작업 대상이 스텔스 전투기 그 자체입니다. 반면 은폐 프로세스의 개념은 이와는 정반대입니다. 특정 프로세스를 은폐시키기 위해서는 다른 모든 프로세스의 메모리에 침투하여 API를 후킹합니다. 즉 작업 대상은 다른 프로세스입니다. 은폐 프로세스의 개념을 스텔스 전투기의 설명에 적용해보면 아래와 같습니다.

그냥 일반 전투기를 띄워 보낸 후 모든 레이더를 고장내면(조작하면), 그 일반 전투기는 그 순간부터 레이더에 잡히지 않는 스텔스 전투기가 되는 것입니다.

좀 억지스러운 개념 같기도 한데요. 하지만 이것이 바로 은폐 프로세스의 핵심 동작 원리입니다.

33.3.2. 관련 API

프로세스(Process)는 커널 객체이기 때문에 (유저 모드 프로그램은) API를 통해서만 검색이 가능합니다. 일반적으로 유저 모드에서 프로세스를 검색하기 위한 API는 다음과 같이 2종류(출처: MSDN)가 있습니다.

1. CreateToolhelp32Snapshot() & EnumProcesses()

```
HANDLE WINAPI CreateToolhelp32Snapshot(
    DWORD     dwFlags,
    DWORD     th32ProcessID
);
BOOL EnumProcesses(
    DWORD*    pProcessIds,
    DWORD     cb,
    DWORD*    pBytesReturned
);
```

위 2가지 API들은 모두 내부적으로 ntdll.ZwQuerySystemInformation() API를 호출합니다.

2. ZwQuerySystemInformation()

```
NTSTATUS ZwQuerySystemInformation(
    SYSTEM_INFORMATION_CLASS    SystemInformationClass,
    PVOID     SystemInformation,
    ULONG     SystemInformationLength,
    PULONG    ReturnLength
);
```

ZwQuerySystemInformation() API를 이용하면 실행 중인 모든 프로세스의 정보(구조체)를 연결 리스트 형태로 얻을 수 있습니다. 그 연결 리스트를 조작하면 (리스트에서 빼내면) 해당 프로세스는 은폐되는 것입니다. 따라서 유저 모드에서는 CreateToolhelp32Snapshot()나 EnumProcesses() API를 따로 후킹할 필요 없이 ZwQuerySystemInformation() API 하나만 후킹하면 확실하게 원하는 프로세스를 은폐시킬 수 있습니다. 후킹 대상 프로세스는 숨겨지길 원하는 프로세스가 아니라 다른 모든 프로세스라는 것에 주의하기 바랍니다(비행기가 아니라 레이더를 조작한다는 것을 기억하세요).

33.3.3. 은폐 기법의 문제점

우리가 은폐하고자 하는 프로세스를 test.exe라고 하겠습니다. 실행 중인 ProcExp.exe(또는 taskmgr.exe) 프로세스의 ZwQuerySystemInformation() API를 후킹하면 ProcExp.exe는 test.exe를 찾지 못할 것입니다.

> **참고**
> ProcExp.exe = 프로세스 익스플로러
> taskmgr.exe = 윈도우 작업 관리자

이처럼 하면 ProcExp.exe(또는 taskmgr.exe) 프로세스 하나에 대해서 test.exe가 은폐되었다고 말할 수 있습니다. 하지만 이 방법에는 두 가지 문제점이 있습니다.

첫 번째 문제점: 후킹 대상 프로세스 개수

프로세스 검색 유틸리티가 과연 이 두 가지만 있을까요? 이 외에도 수많은 프로세스 검색 유틸리티가 있을 것이며, 사용자가 직접 만든 유틸리티도 있을 수 있습니다. 따라서 시스템에 실행 중인 모든 프로세스를 후킹해야만 내 프로세스가 은폐되었다고 확신할 수 있습니다.

두 번째 문제점: 새로 생성되는 프로세스

만약 사용자가 ProcExp.exe(또는 taskmgr.exe)를 하나 더 실행하면 어떻게 될까요? 첫 번째 ProcExp.exe 프로스세는 이미 후킹이 되어 있으므로 test.exe 프로세스를 찾지 못하겠지만, 두 번째 실행된 ProcExp.exe 프로세스는 후킹되지 않았으므로 test.exe 프로세스를 정상적으로 찾아낼 것입니다.

해결 방법: 글로벌 후킹 이용

이 두 가지 문제를 정리해보면 우리는 test.exe 프로세스를 완전히 숨기기 위해서 시스템에 실행 중인 모든 프로세스의 ZwQuerySystemInformation() API를 후킹해야 하며, 추가적으로 나중에 실행되는 모든 프로세스에 대해서도 똑같이 후킹해야 합니다(물론 자동으로 해야겠지요). 이것이 바로 글로벌 후킹의 개념입니다. 시스템 전체에 걸쳐서 후킹을 한다고 해서 글로벌(Global)이라는 단어가 붙어있습니다.

> **참고**
> 글로벌 API 후킹에 대해서는 이번 장의 뒷부분과 다음 장에서 본격적으로 다루겠습니다.

이제 실습 예제를 통하여 API 코드 패치 기법을 이용한 API 후킹에 대해서 실습을 해보겠습니다.

33.4. 실습 #1 (HideProc.exe, stealth.dll)

HideProc.exe는 실행 중인 모든 프로세스에게 Stealth.dll 파일을 인젝션하는 역할을 합니다. Stealth.dll은 인젝션된 프로세스의 ntdll.ZwQuerySystemInformation() API를 후킹하는 역할을 합니다. 위 두 파일을 이용해서 notepad.exe 프로세스를 은폐시켜 보도록 하겠습니다.

> **참고**
> 위 실습 파일은 'global hooking - 새로운 프로세스' 문제를 해결하지 못한 버전입니다. 따라서 HideProc.exe 실행 이후에 생성된 프로세스는 자동으로 후킹되지 않습니다. 반쪽짜리 은폐 기술이라고 볼 수 있습니다. 실습 예제는 Windows XP SP3 & Windows 7(32비트) 환경에서 테스트 되었습니다.

33.4.1. notepad.exe, procexp.exe, taskmgr.exe 실행
Notepad.exe(은폐 대상), ProcExp.exe(후킹 대상1), TaskMgr.exe(후킹 대상2) 프로세스를 각각 실행하기 바랍니다.

33.4.2. HideProc.exe 실행
실습 예제 HideProc.exe를 이용하여 현재 실행 중인 모든 프로세스에게 stealth.dll을 인젝션합니다.

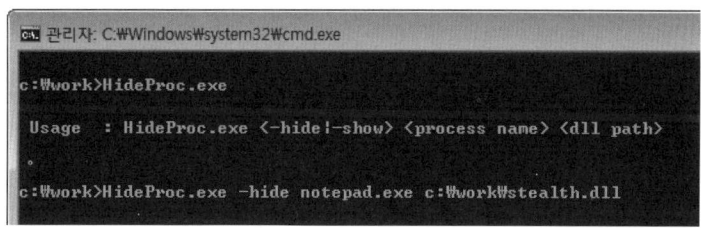

그림 33.4 HideProc.exe 실행(은폐)

실행 파라미터에 대해서 간략히 설명하겠습니다.

-hide/-show: 은폐시킬 때는 -hide, 은폐 해제시킬 때 -show

process name: 은폐시킬 프로세스 이름

dll path: 인젝션시킬 DLL 파일 경로

33.4.3. stealth.dll 인젝션 확인

Process Explorer을 이용해서 모든 프로세스에 stealth.dll이 제대로 인젝션되었는지 확인합니다.

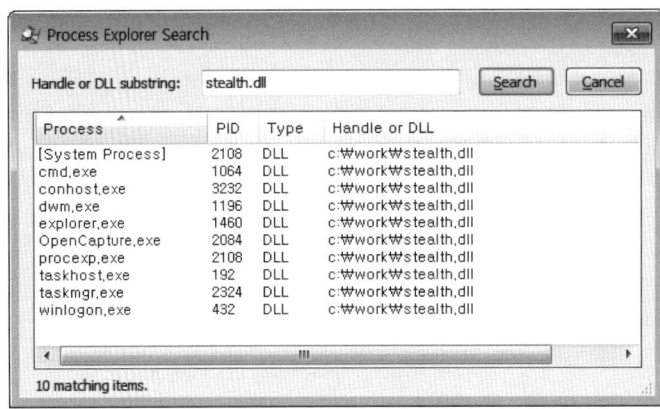

그림 33.5 실행 중인 모든 프로세스에 stealth.dll이 인젝션됨

> 참고
> 시스템 프로세스들(PID 0 & PID 4)에 대해서는 (시스템 안정성을 위해) 인젝션하지 않았습니다.

33.4.4. notepad.exe 프로세스 은폐 확인

procexp.exe와 taskmgr.exe에서 notepad.exe 프로세스가 사라진 것을 확인합니다.

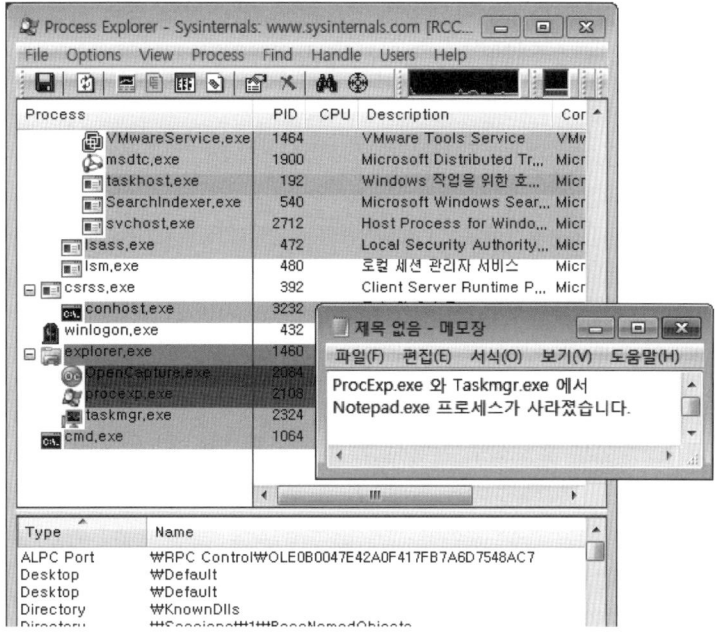

그림 33.6 Process Explorer에서 notepad.exe 프로세스가 사라짐

그림 33.7 Task Manager에서 notepad.exe 프로세스가 사라짐

그림 33.6과 그림 33.7을 보면 notepad.exe 프로세스가 분명히 실행 중이지만, procexp.exe와 taskmgr.exe에서 notepad.exe 프로세스가 사라진 걸 확인할 수 있습니다.

> **참고**
> 메모장의 창이 보이기 때문에 프로세스가 완벽히 숨은 게 아니라고 생각할 수 있겠습니다만, 우리의 목표는 프로세스 자체의 은폐이기 때문에 창은 그냥 놔뒀습니다.

33.4.5. notepad.exe 프로세스 은폐 해제

HideProc.exe를 -show 모드로 실행시킵니다. 이제 모든 프로세스에서 stealth.dll이 이젝션됩니다.

그림 33.8 HideProc.exe 실행(은폐 해제)

procexp.exe와 taskmgr.exe에서 notepad.exe 프로세스가 정상적으로 보이는지 직접 확인해보기 바랍니다.

33.5. 소스코드 분석

이제 실습 예제 프로그램의 소스를 분석하면서 '코드 패치' 방식의 API 후킹을 알아보겠습니다.

> **참고**
> 모든 소스코드는 VC++ 2010 Express Edition으로 개발되었으며, Windows XP SP3 & Windows 7(32비트) 환경에서 테스트되었습니다.

33.5.1. HookProc.cpp

HookProc.exe는 실행 중인 모든 프로세스에 특정 DLL 파일을 인젝션/이젝션 시켜주는 프로그램입니다. 기존의 InjectDll.exe 프로그램에서 모든 프로세스에게 인젝션하는 기능을 추가한 거라고 생각하면 됩니다.

InjectAllProcess( )

새로 추가된 InjectAllProcess( ) 함수에 대해서 설명하겠습니다. 이 함수에서 실행 중인 모든 프로세스를 검색하여 각각 DLL 인젝션/이젝션을 수행합니다.

코드 33.1 InjectAllProcess()
```cpp
BOOL InjectAllProcess(int nMode, LPCTSTR szDllPath)
{
    DWORD               dwPID = 0;
    HANDLE              hSnapShot = INVALID_HANDLE_VALUE;
    PROCESSENTRY32      pe;

    // 시스템의 스냅샷 가져오기
    pe.dwSize = sizeof(PROCESSENTRY32);
    hSnapShot = CreateToolhelp32Snapshot(TH32CS_SNAPALL, NULL);

    // 프로세스 찾기
    Process32First(hSnapShot, &pe);
    do
    {
        dwPID = pe.th32ProcessID;

        // 시스템의 안정성을 위해서
        // PID가 100보다 작은 시스템 프로세스에 대해서는
        // DLL 인젝션을 수행하지 않는다.
        if( dwPID < 100 )
            continue;

        if( nMode == INJECTION_MODE )
            InjectDll(dwPID, szDllPath);
        else
            EjectDll(dwPID, szDllPath);
    }while( Process32Next(hSnapShot, &pe) );

    CloseHandle(hSnapShot);

    return TRUE;
}
```

CreateToolhelp32Snapshot() API를 이용해서 시스템에 실행 중인 모든 프로세스 리스트를 얻어내고 Process32First()와 Process32Next() API를 이용해서 PID를 구합니다.

다음은 CreateToolhelp32Snapshot(), Process32First(), Process32Next() API에 대한 함수 정의(출처: MSDN)입니다.

```
HANDLE WINAPI CreateToolhelp32Snapshot(
    __in  DWORD dwFlags,
    __in  DWORD th32ProcessID
);

BOOL WINAPI Process32First(
    __in     HANDLE hSnapshot,
    __inout  LPPROCESSENTRY32 lppe
);

BOOL WINAPI Process32Next(
    __in   HANDLE hSnapshot,
    __out  LPPROCESSENTRY32 lppe
);
```

> **주의**
>
> 미리 HideProc.exe 프로세스의 권한(특권)을 상승시켜 놓아야 전체 프로세스의 리스트를 정확하게 얻을 수 있습니다. HideProc.cpp에서는 main() 함수에서 미리 SetPrivilege() 사용자 함수를 호출시켜 그 내부의 AdjustTokenPrivileges() API 호출을 이용하여 권한을 얻습니다.

PID를 구했으면 모드(인젝션/이젝션)에 따라 InjectDll()/EjectDll() 함수를 호출합니다. 한 가지 특이한 점은 PID 값이 100보다 작다면, 그 프로세스는 작업하지 않고 그냥 통과합니다. 그 이유는 시스템의 안정성을 위해서 시스템 프로세스(PID = 0, 4, 8, …)에게는 DLL 인젝션을 하지 않는 것입니다(이런 PID 값은 Windows XP, Vista, 7 OS에 대해서 경험적으로 얻은 값으로, 다른 Windows 버전에서는 시스템 프로세스의 PID 값이 달라질 수 있습니다).

33.5.2. stealth.cpp

실제 API 후킹을 담당하는 Stealth.dll 파일의 소스코드(Stealth.cpp)를 살펴보겠습니다.

SetProcName( )

먼저 export 함수인 SetProcName( )을 살펴보죠.

코드 33.2 SetProcName()
```
// global variable (in sharing memory)
#pragma comment(linker, "/SECTION:.SHARE,RWS")
#pragma data_seg(".SHARE")
    TCHAR g_szProcName[MAX_PATH] = {0,};
#pragma data_seg()

// export function
#ifdef __cplusplus
extern "C" {
#endif
__declspec(dllexport) void SetProcName(LPCTSTR szProcName)
{
    _tcscpy_s(g_szProcName, szProcName);
}
#ifdef __cplusplus
}
#endif
```

위 코드를 보면 '.SHARE' 이름의 공유 메모리 섹션을 만들고, g_szProcName 버퍼를 생성합니다. 그리고 export 함수인 SetProcName( )에 의해서 은폐하고 싶은 프로세스 이름을 g_szProcName에 저장시킵니다(SetProcName( ) 함수는 HookProc.exe에서 호출됩니다).

> **참고**
>
> g_szProcName 버퍼를 공유 메모리 섹션에 만들면 stealth.dll이 모든 프로세스에게 인젝션될 때 간단하게 은폐 프로세스 이름을 서로 공유시킬 수 있는 장점이 있습니다(향후 프로그램을 더 발전시켜서 동적으로 은폐 프로세스를 변경시킬 수도 있습니다).

DllMain( )

그럼 DllMain( ) 함수를 살펴볼까요?

코드 33.3 DllMain()
```
BOOL WINAPI DllMain(HINSTANCE hinstDLL, DWORD fdwReason, LPVOID
                    lpvReserved)
{
```

```
    char        szCurProc[MAX_PATH] = {0,};
    char        *p = NULL;

    // #1. 예외 처리
    // 현재 프로세스가 HookProc.exe라면 후킹하지 않고 종료
    GetModuleFileNameA(NULL, szCurProc, MAX_PATH);
    p = strrchr(szCurProc, '\\');
    if( (p != NULL) && !_stricmp(p+1, "HideProc.exe") )
        return TRUE;

    switch( fdwReason )
    {
        // #2. API 후킹
        case DLL_PROCESS_ATTACH :
        hook_by_code(DEF_NTDLL, DEF_ZWQUERYSYSTEMINFORMATION,
                    (PROC)NewZwQuerySystemInformation, g_pOrgBytes);
        break;

        // #3. API 언후킹
        case DLL_PROCESS_DETACH :
        unhook_by_code(DEF_NTDLL, DEF_ZWQUERYSYSTEMINFORMATION,
                    g_pOrgBytes);
        break;
    }

    return TRUE;
}
```

DllMain()은 보다시피 매우 간단합니다. 먼저 문자열 비교를 통해 프로세스 이름이 'HookProc.exe'와 같다면 API 후킹하지 않도록 예외 처리를 해둡니다. 그리고 DLL_PROCESS_ATTACH 이벤트에 hook_by_code() 함수로 API를 후킹하고, DLL_PROCESS_DETACH 이벤트에 unhook_by_code() 함수로 API 후킹을 해제합니다.

hook_by_code()

코드 패치를 이용하여 API를 후킹하는 hook_by_code() 함수입니다.

코드 33.4 hook_by_code()

```
BOOL hook_by_code(LPCSTR szDllName, LPCSTR szFuncName, PROC pfnNew, PBYTE
                pOrgBytes)
{
    FARPROC pfnOrg;
    DWORD dwOldProtect, dwAddress;
    byte pBuf[5] = {0xE9, 0, };
```

```
    PBYTE pByte;

    // 후킹 대상 API 주소를 구한다
    pfnOrg = (FARPROC)GetProcAddress(GetModuleHandleA(szDllName),
            szFuncName);
    pByte = (PBYTE)pfnOrg;

    // 만약 이미 후킹되어 있다면 return FALSE
    if( pByte[0] == 0xE9 )
        return FALSE;

    // 5바이트 패치를 위하여 메모리에 WRITE 속성 추가
    VirtualProtect((LPVOID)pfnOrg, 5, PAGE_EXECUTE_READWRITE,
                &dwOldProtect);

    // 기존코드(5바이트) 백업
    memcpy(pOrgBytes, pfnOrg, 5);

    // JMP 주소계산(E9 XXXXXXXX)
    // XXXXXXXX = (DWORD)pfnNew - (DWORD)pfnOrg - 5;
    dwAddress = (DWORD)pfnNew-(DWORD)pfnOrg - 5;
    memcpy(&pBuf[1], &dwAddress, 4);

    // Hook: 5바이트 패치(JMP XXXXXXXX)
    memcpy(pfnOrg, pBuf, 5);

    // 메모리 속성 복원
    VirtualProtect((LPVOID)pfnOrg, 5, dwOldProtect, &dwOldProtect);

    return TRUE;
}
```

hook_by_code() 함수 파라미터 소개입니다.

LPCTSTR szDllName: [IN] 후킹하려는 API가 포함된 DLL 파일 이름

LPCTSTR szFuncName: [IN] 후킹하려는 API 이름

PROC pfnNew: [IN] 사용자가 제공한 후킹 함수 주소

PBYTE pOrgBytes: [OUT] 원본 5바이트를 저장시킬 버퍼 - 나중에 언훅에서 사용됨

동작 원리에서 설명했듯이 hook_by_code() 함수의 기능은 원본 API 코드 시작 부분의 5바이트를 'JMP XXXXXXXX' 명령어로 변경하는 것입니다. 소스코드가 간단하여 주석을 보면 대부분 쉽게 이해가 되는 내용입니다만, 중간의 점프 주소 계산 부분은 리버싱에서 매우 중요한 내용이기 때문에 자세히 살펴보도록 하겠습니다.

Intel x86 (IA-32) Instruction Format에 따르면 JMP 명령어의 Op Code(Operation Code)는 'E9'입니다. 그리고 뒤에 4바이트 값이 이어집니다. 즉 JMP 명령어의 Instruction은 'E9 XXXXXXXX' 형태가 됩니다. 중요한 것은 XXXXXXXX의 값이 점프할 절대주소 값이 아니라, 현재 JMP 명령어부터 점프할 위치까지의 상대 거리라는 것입니다. 이 XXXXXXXX 값은 아래의 공식으로 구할 수 있습니다.

XXXXXXXX = 점프할 주소 - 현재 명령어 주소 - 현재 명령어 길이(5)

마지막에 5를 더 빼주는 이유는 JMP 명령어 자체 길이 5바이트를 보정해주는 것입니다. 예를 들어 402000 주소의 JMP 명령어에서 401000 주소로 가고 싶을 때는 'E9 00104000'이라고 쓰는 것이 아니고, 위 계산 공식대로 적용해서 XXXXXXXX 값을 구해야 합니다.

XXXXXXXX = 401000 - 402000 - 5 = FFFFEFFB

따라서 이 JMP 명령어의 Instruction은 'E9 FBEFFFFF'입니다. OllyDbg의 [Assemble] 또는 [Edit] 기능으로 확인해보기 바랍니다.

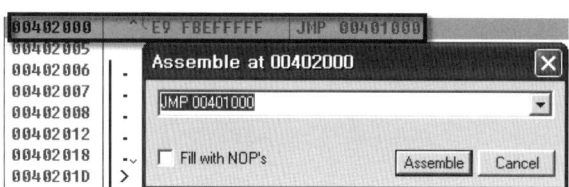

그림 33.9 OllyDbg의 Assemble 기능

> **참고**
>
> JMP 말고 short JMP 명령이 있습니다. 말 그대로 짧은 거리를 점프할 때 쓰이는 명령어로 IA32 Instruction은 'EB XX'입니다(명령어 크기 2바이트). OllyDbg에서 'EB' 명령어도 테스트해보기 바랍니다.

> **참고**
>
> 위와 같이 상대 거리를 계산해서 JMP 명령어를 써주는 것이 좀 불편해보일 수 있습니다. 물론 다른 명령어를 써서 절대주소로 점프할 수도 있습니다. 하지만 명령어 길이는 좀 늘어납니다.

예1) PUSH + RET
68 00104000   PUSH 00401000
C3   RETN

예2) MOV + JMP
B8 00104000   MOV EAX, 00401000
FFE0   JMP EAX

> **참고**
> 32비트 주소 계산할 때 Windows 기본 계산기는 좀 불편합니다. 다양한 기능이 있는 '32비트 Calculator v1.7 by cybult'를 추천합니다.

> **참고**
> Op Code Map을 해석하는 방법에 대해서는 49장을 참고하기 바랍니다.

실제로 hook_by_code() 함수에 의해서 ZwQuerySystemInformation() API가 후킹되기 전/후의 모습을 디버거를 통하여 살펴보겠습니다(해당 프로세스는 procexp.exe입니다).

후킹 전

먼저 API 후킹 전의 ZwQuerySystemInformation() API 코드입니다.

ZwQuerySystemInformation() 주소는 7C93D92E이며, 명령어 코드는 그림 33.10과 같습니다.

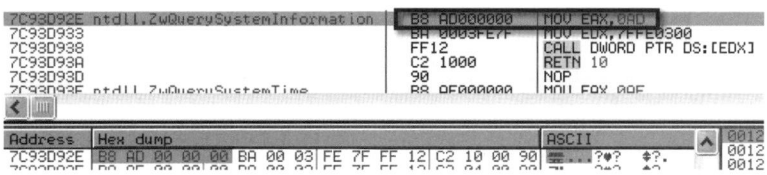

그림 33.10 후킹 전의 ZwQuerySystemInformation() 코드 내용

```
7C93D92E    B8 AD000000    MOV EAX, 0AD
```

33 '스텔스' 프로세스   525

후킹 후

stealth.dll이 인젝션되면서 hook_by_code() 함수에 의해서 API가 후킹된 이후의 코드입니다.

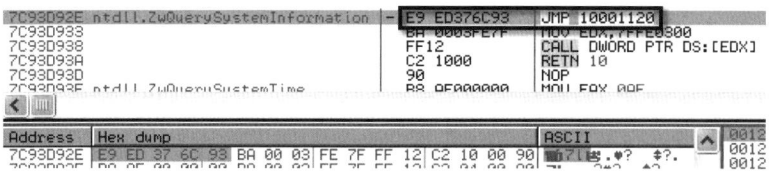

그림 33.11 후킹 후의 ZwQuerySystemInformation() 코드 내용

ZwQuerySystemInformation() 코드 시작 명령어가 아래와 같이 변경되었습니다(정확히 5바이트).

```
7C93D92E    E9 ED376C93    JMP 10001120
```

10001120 주소는 바로 후킹 함수 stealth.NewZwQuerySystemInformation()의 주소입니다. 그리고 E9 뒤의 4바이트(936C37ED) 값은 바로 위에서 설명한 계산 공식에 의해서 구할 수 있습니다(가능하면 직접 해보기 바랍니다).

> **참고**
> 위 실습 환경에서 Stealth.dll은 ProcExp.exe 프로세스의 10000000 주소에 로딩되었습니다.

unhok_by_code()

후킹을 해제하는 unhook_by_code() 코드입니다.

```
코드 33.5 unhook_by_code()
BOOL unhook_by_code(LPCTSTR szDllName, LPCTSTR szFuncName, PBYTE
                    pOrgBytes)
{
    FARPROC pFunc;
    DWORD dwOldProtect;
    PBYTE pByte;

    // API 주소 구함
```

```
    pFunc = GetProcAddress(GetModuleHandleA(szDllName), szFuncName);
    pByte = (PBYTE)pFunc;

    // 만약 이미 언후킹되어 있다면 return FALSE
    if( pByte[0] != 0xE9 )
        return FALSE;

    // 원래 코드(5바이트)를 덮어쓰기 위해 메모리에 WRITE 속성 추가
    VirtualProtect((LPVOID)pFunc, 5, PAGE_EXECUTE_READWRITE,
                    &dwOldProtect);

    // 언훅
    memcpy(pFunc, pOrgBytes, 5);

    // 메모리 속성 복원
    VirtualProtect((LPVOID)pFunc, 5, dwOldProtect, &dwOldProtect);

    return TRUE;
}
```

언훅의 동작 원리는 원래 코드의 5바이트를 복원하는 것입니다(코드가 단순하므로 설명은 주석으로 대체합니다).

NewZwQuerySystemInformation()

마지막으로 후킹 함수 NewZwQuerySystemInformation()에 대해서 살펴볼 차례입니다. 그전에 먼저 ntdll.ZwQuerySystemInformation() API에 대해서 알아야 합니다.

```
NTSTATUS WINAPI ZwQuerySystemInformation(
  __in        SYSTEM_INFORMATION_CLASS SystemInformationClass,
  __inout     PVOID SystemInformation,
  __in        ULONG SystemInformationLength,
  __out_opt   PULONG ReturnLength
);

typedef struct _SYSTEM_PROCESS_INFORMATION {
    ULONG NextEntryOffset;
    ULONG NumberOfThreads;
    byte Reserved1[48];
    PVOID Reserved2[3];
    HANDLE UniqueProcessId;
    PVOID Reserved3;
    ULONG HandleCount;
    byte Reserved4[4];
```

```
    PVOID Reserved5[11];
    SIZE_T PeakPagefileUsage;
    SIZE_T PrivatePageCount;
    LARGE_INTEGER Reserved6[6];
} SYSTEM_PROCESS_INFORMATION, *PSYSTEM_PROCESS_INFORMATION;
```

간단히 설명해서 SystemInformationClass 파라미터를 SystemProcessInformation(5)로 세팅하고, ZwQuerySystemInformation() API를 호출하면, SystemInformation [inout] 파라미터에 SYSTEM_PROCESS_INFORMATION 구조체 단방향 연결 리스트(single linked list)의 시작 주소가 저장됩니다. 바로 이 구조체 연결 리스트에 실행 중인 모든 프로세스의 정보가 담겨 있습니다. 따라서 프로세스 은폐를 구현하려면 은폐하고 싶은 프로세스에 해당하는 리스트 멤버를 찾아서 리스트 연결을 끊어버리면 됩니다. 아래 NewZwQuerySystemInformation() 코드를 살펴보면서 실제로 어떤 식으로 구현되었는지 알아보겠습니다.

코드 33.6 NewZwQuerySystemInformation()

```
NTSTATUS WINAPI NewZwQuerySystemInformation(
                SYSTEM_INFORMATION_CLASS SystemInformationClass,
                PVOID SystemInformation,
                ULONG SystemInformationLength,
                PULONG ReturnLength)
{
    NTSTATUS status;
    FARPROC pFunc;
    PSYSTEM_PROCESS_INFORMATION pCur, pPrev;
    char szProcName[MAX_PATH] = {0,};

    // 작업 전에 unhook
    unhook_by_code(DEF_NTDLL, DEF_ZWQUERYSYSTEMINFORMATION, g_pOrgBytes);

    // original API 호출
    pFunc = GetProcAddress(GetModuleHandleA(DEF_NTDLL),
                           DEF_ZWQUERYSYSTEMINFORMATION);
    status = ((PFZWQUERYSYSTEMINFORMATION)pFunc)
               (SystemInformationClass, SystemInformation,
                SystemInformationLength, ReturnLength);

    if( status != STATUS_SUCCESS )
        goto __NTQUERYSYSTEMINFORMATION_END;

    // SystemProcessInformation인 경우만 작업함
    if( SystemInformationClass == SystemProcessInformation )
    {
```

```
            // SYSTEM_PROCESS_INFORMATION 타입캐스팅
            // pCur는 single linked list의 head
            pCur = (PSYSTEM_PROCESS_INFORMATION)SystemInformation;

            while(TRUE)
            {
                // 프로세스 이름 비교
                // g_szProcName은 은폐 프로세스 이름
                // (= SetProcName()에서 세팅됨)
                if(pCur->Reserved2[1] != NULL)
                {
                    if(!_tcsicmp((PWSTR)pCur->Reserved2[1], g_szProcName))
                    {
                        // 연결 리스트에서 은폐 프로세스 노드 제거
                        if(pCur->NextEntryOffset == 0)
                            pPrev->NextEntryOffset = 0;
                        else
                            pPrev->NextEntryOffset += pCur->NextEntryOffset;
                    }
                    else
                        pPrev = pCur;
                }

                if(pCur->NextEntryOffset == 0)
                    break;

                // 연결 리스트의 다음 항목
                pCur = (PSYSTEM_PROCESS_INFORMATION)
                        ((ULONG)pCur + pCur->NextEntryOffset);
            }
        }

__NTQUERYSYSTEMINFORMATION_END:

        // 함수 종료 전에 다음 번 호출을 위해서 다시 API 후킹
        hook_by_code(DEF_NTDLL, DEF_ZWQUERYSYSTEMINFORMATION,
                    (PROC)NewZwQuerySystemInformation, g_pOrgBytes);

        return status;
}
```

위 NewZwQuerySystemInformation() 함수의 구조를 간단히 설명하면 다음과 같습니다.

· 언훅(unhook) ZwQuerySystemInformation()
· ZwQuerySystemInformation() 호출

- SYSTEM_PROCESS_INFORMATION 구조체 연결 리스트를 검사하면서 은폐 프로세스 찾음
- 은폐 프로세스를 찾으면 리스트에서 제거
- 훅(hook) ZwQuerySystemInformation()

NewZwQuerySystemInformation() 코드의 중간쯤 while()문을 보면 SYSTEM_PROCESS_INFORMATION 구조체 연결 리스트를 검사하면서 프로세스 이름(pCur->Reserved2[1])을 비교합니다(프로세스 이름은 유니코드 문자열입니다). 함수의 동작 원리만 이해하면 (주석과 함께) 코드를 보는 데 어려움이 없을 걸로 생각합니다.

33.6. 글로벌 API 후킹

이번에는 본격적으로 글로벌 API 후킹의 개념과 구현 방법에 대해서 알아보도록 하겠습니다. 글로벌 API 후킹이란 ① 현재 실행 중인 모든 프로세스와 ② 앞으로 실행될 모든 프로세스에 대해서 API 후킹을 하는 것입니다.

참고로 앞에서 설명한 예제 프로그램(HideProc.exe, stealth.dll)은 글로벌 후킹이 아닙니다. 위에서 설명한 ②번 조건이 만족되지 않았기 때문입니다. HideProc.exe를 실행하여 notepad.exe 프로세스를 은폐시켜도 이후에 Process Explorer(혹은 task manager)를 실행시키면, 이들 프로세스에서는 notepad.exe 프로세스를 볼 수 있습니다. 그 이유는 HideProc.exe 실행 이후에 생성된 프로세스들에게는 stealth.dll 파일이 (자동으로) 인젝션되지 않기 때문입니다. 이러한 문제를 해결하기 위한 다양한 방법이 있을 수 있습니다. 그 중에서 또 다른 API를 후킹하여 글로벌 API 후킹을 구현하는 방법에 대해서 설명하겠습니다.

33.6.1. Kernel32.CreateProcess() API

새로운 프로세스가 생성되려면 kernel32.CreateProcess() API를 사용해야 합니다. 프로세스를 실행시키는 다른 API(WinExec(), ShellExecute(), system())도 내부적으로는 CreateProcess()(출처: MSDN)를 호출합니다.

```
BOOL WINAPI CreateProcess(
  __in_opt      LPCTSTR lpApplicationName,
  __inout_opt   LPTSTR lpCommandLine,
  __in_opt      LPSECURITY_ATTRIBUTES lpProcessAttributes,
  __in_opt      LPSECURITY_ATTRIBUTES lpThreadAttributes,
  __in          BOOL bInheritHandles,
  __in          DWORD dwCreationFlags,
  __in_opt      LPVOID lpEnvironment,
  __in_opt      LPCTSTR lpCurrentDirectory,
  __in          LPSTARTUPINFO lpStartupInfo,
  __out         LPPROCESS_INFORMATION lpProcessInformation
);
```

따라서 현재 실행 중인 모든 프로세스에 stealth.dll을 인젝션하고, stealth.dll에서 CreateProcess() API까지 같이 후킹하면 이후 실행되는 프로세스에게도 자동으로 stealth.dll을 인젝션하도록 만들 수 있습니다. 부연 설명을 하자면 모든 프로세스는 부모 프로세스에서 (CreateProcess()를 이용하여) 생성해주기 때문에 부모 프로세스의 CreateProcess() API를 후킹하여 자식 프로세스에게 stealth.dll을 인젝션하도록 만들면 됩니다(보통 부모 프로세스는 explorer.exe가 될 것입니다). 어떤가요? 좋은 아이디어지요? 글로벌 API 후킹의 구현 방법은 생각보다 어렵지 않습니다. 하지만 CreateProcess() API를 후킹하면 아래와 같이 고려해야 할 사항들이 있습니다.

1. CreateProcess() API를 후킹할 때는 kernel32.CreateProcessA(), kernel32.CreateProcessW() 두 개의 API를 각각 후킹해야 합니다(ASCII 버전과 유니코드 버전).

2. CreateProcessA(), CreateProcessW()는 각각 내부적으로 CreateProcessInternalA(), CreateProcessInternalW()를 호출합니다. 일반적인 프로그래밍에서는 CreaProcess()를 많이 사용하지만 일부 MS 제품 중에서 CreateProcessInternalA/W를 직접 호출하는 경우도 있습니다. 따라서 좀 더 정확한 글로벌 API 후킹을 구현하기 위해서는 이 두 함수를 후킹하는 것이 좋습니다(가능하다면 Low Level API를 후킹하는 편이 더 좋습니다).

3. 후킹 함수(NewCreateProcess)는 원본 함수(CreateProcess)를 호출한 후 생성된 자식 프로세스에 대해서 API를 후킹해야 합니다. 따라서 아주 짧은 시간 동

안 자식 프로세스가 후킹되지 않은 채로 실행될 가능성이 있습니다.

우리는 이와 같은 문제들을 해결해야 하는데요. 다행히 많은 리버싱 선배님들에 의하여 kernel32.CreateProcess()보다 더 후킹하기 좋은 (위의 문제들을 한 방에 해결할 수 있는) Low Level API가 발견되었습니다. 바로 ntdll.ZwResumeThread() API입니다.

33.6.2. Ntdll.ZwResumeThread() API

```
ZwResumeThread(
    IN    HANDLE    ThreadHandle,
    OUT   PULONG    SuspendCount OPTIONAL
);
```

유저 모드에서는 NtXXX 계열과 ZwXXX 계열은 이름만 다를 뿐 실제로는 같은 API입니다.

ZwResumeThread()(출처: MSDN)는 프로세스가 생성된 후 메인 스레드 실행 직전에 호출되는 함수입니다(CreateProcess() API 내부에서 호출됩니다). 따라서 이 함수 하나만 후킹하면 자식 프로세스의 코드가 하나도 실행되지 않은 상태에서 API를 후킹시킬 수 있습니다. 단점은 ZwResumeThread()는 undocumented API라서 언제 바뀔지 알 수 없어서, 그만큼 안정성을 보장할 수 없습니다. 따라서 ZwResumeThread() 같은 undocumented API를 후킹할 때는 OS가 패치되면서 변경될 수 있다는 것을 항상 염두에 두어야 합니다. 하위 버전에서는 잘 되던 후킹이 최신 버전에서는 갑자기 안 되는 일이 많기 때문입니다.

33.7. 실습 #2(HideProc2.exe, stealth2.dll)

> **참고**
> 위 stealth2.dll는 CreateProcess 후킹 버전입니다. ZwResumeThread 후킹 버전은 34장을 참고하세요. 실습 예제는 Windows XP SP3 & Windows 7(32비트) 환경에서 테스트되었습니다.

실습을 간단히 하기 위해서 은폐 프로세스를 notepad.exe로 고정하였습니다. 참고하기 바랍니다.

33.7.1. stealth2.dll 파일을 %SYSTEM% 폴더에 복사

그림 33.12 stealth2.dll 복사

실행 중인 모든 프로세스에 stealth2.dll 파일을 인젝션시킬 예정입니다. 따라서 모든 프로세스에서 공통적으로 인식할 수 있는 path인 %SYSTEM% 폴더에 stealth2.dll 파일을 복사합니다.

33.7.2. HideProc2.exe -hide 실행

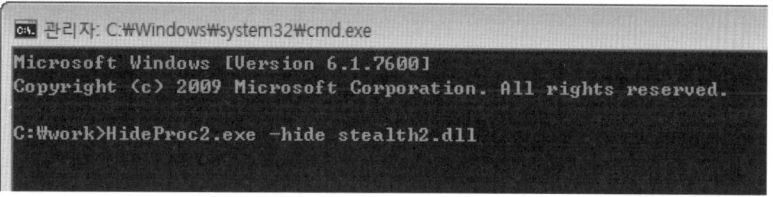

그림 33.13 HideProc2.exe 실행(은폐)

기존 HideProc.exe와 비교해서 실행 파라미터가 변경되었습니다. 은폐 프로세스 이름이 notepad.exe로 하드코딩되어 있기 때문에 따로 입력할 필요가 없습니다. HideProc2.exe를 -hide 옵션으로 실행시키면 이제부터 글로벌 API 후킹이 시작됩니다(각자 Process Explorer를 이용해서 실행 중인 프로세스들에게 c:\windows\system32\stealth2.dll이 인젝션되었는지 확인하기 바랍니다).

33.7.3. ProcExp.exe & notepad.exe 실행

Process Explorer(혹은 작업관리자)와 notepad를 여러 개 실행해주세요.

그림 33.14 Process Explorer와 notepad

그림 33.14를 보면 ProcExp.exe와 notepad.exe 프로세스가 각각 2개씩 실행되고 있습니다. 하지만 ProcExp.exe에서는 notepad.exe 프로세스가 은폐되어 있습니다. 추가로 ProcExp.exe를 몇 개 더 실행해보기 바랍니다. 마찬가지로 새로 생성된 ProcExp.exe 프로세스에서도 notepad.exe 프로세스가 은폐되어서 보이지 않을 것입니다. 이것이 바로 글로벌 API 후킹의 효과입니다.

33.7.4. HideProc2.exe -show 실행

글로벌 API 후킹을 해제합니다.

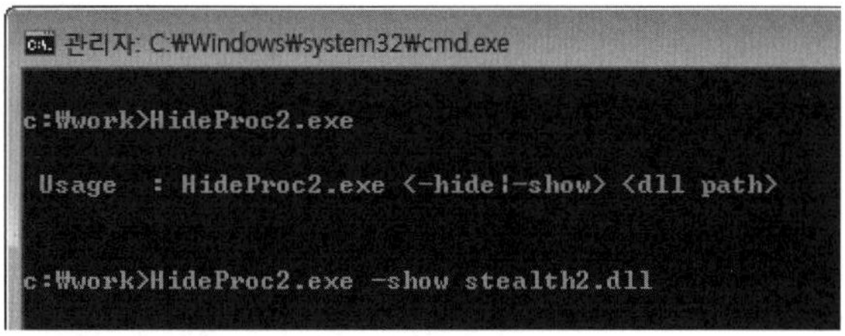

그림 33.15 HideProc.exe 실행(은폐 해제)

이제 Process Explorer(혹은 작업관리자)에서 notepad.exe 프로세스가 보일 것입니다.

33.8. 소스코드 분석

33.8.1. HideProc2.cpp

HideProc2.cpp는 기존 HideProc.cpp에서 실행 파라미터를 줄이기만 했기 때문에, 기존 설명을 참고하면 되겠습니다.

33.8.2. stealth2.cpp

stealth2.cpp는 기존 stealth.cpp에서 은폐 프로세스 이름을 'notepad.exe'로 하드코딩하였고, 글로벌 후킹을 위해서 CreateProcessA() API와 CreateProcessW() API를 후킹하는 코드가 추가되었습니다.

DllMain( )

코드 33.7 DllMain()
```
BOOL WINAPI DllMain(HINSTANCE hinstDLL, DWORD fdwReason, LPVOID
                    lpvReserved)
{
    char            szCurProc[MAX_PATH] = {0,};
    char            *p = NULL;

    // HideProc2.exe 프로세스에는 인젝션되지 않도록 예외 처리
```

```
    GetModuleFileNameA(NULL, szCurProc, MAX_PATH);
    p = strrchr(szCurProc, '\\');
    if( (p != NULL) && !_stricmp(p+1, "HideProc2.exe") )
        return TRUE;

    // privilege 변경
    SetPrivilege(SE_DEBUG_NAME, TRUE);

    switch( fdwReason )
    {
        case DLL_PROCESS_ATTACH :
            // hook
            hook_by_code("kernel32.dll", "CreateProcessA",
                        (PROC)NewCreateProcessA, g_pOrgCPA);
            hook_by_code("kernel32.dll", "CreateProcessW",
                        (PROC)NewCreateProcessW, g_pOrgCPW);
            hook_by_code("ntdll.dll", "ZwQuerySystemInformation",
                        (PROC)NewZwQuerySystemInformation, g_pOrgZwQSI);
            break;
        case DLL_PROCESS_DETACH :
            // unhook
            unhook_by_code("kernel32.dll", "CreateProcessA",
                        g_pOrgCPA);
            unhook_by_code("kernel32.dll", "CreateProcessW",
                        g_pOrgCPW);
            unhook_by_code("ntdll.dll", "ZwQuerySystemInformation",
                        g_pOrgZwQSI);
            break;
    }

    return TRUE;
}
```

위 DllMain() 함수를 보면 CreateProcessA(), CreateProcessW() API를 훅/언훅하는 코드가 추가되었습니다.

NewCreateProcessA()

CreateProcessA() API의 후킹 함수인 NewCreateProcessA() 코드를 살펴보겠습니다(NewCreateProcessW() 코드도 거의 동일합니다).

코드 33.8 NewCreateProcessA()
```
BOOL WINAPI NewCreateProcessA(
    LPCTSTR lpApplicationName,
    LPTSTR lpCommandLine,
    LPSECURITY_ATTRIBUTES lpProcessAttributes,
```

```
    LPSECURITY_ATTRIBUTES lpThreadAttributes,
    BOOL bInheritHandles,
    DWORD dwCreationFlags,
    LPVOID lpEnvironment,
    LPCTSTR lpCurrentDirectory,
    LPSTARTUPINFO lpStartupInfo,
    LPPROCESS_INFORMATION lpProcessInformation
)
{
    BOOL bRet;
    FARPROC pFunc;

    // unhook
    unhook_by_code("kernel32.dll", "CreateProcessA", g_pOrgCPA);

    // original API 호출
    pFunc = GetProcAddress(GetModuleHandleA("kernel32.dll"),
                           "CreateProcessA");
    bRet = ((PFCREATEPROCESSA)pFunc)(lpApplicationName,
                                     lpCommandLine,
                                     lpProcessAttributes,
                                     lpThreadAttributes,
                                     bInheritHandles,
                                     dwCreationFlags,
                                     lpEnvironment,
                                     lpCurrentDirectory,
                                     lpStartupInfo,
                                     lpProcessInformation);

    // 생성된 자식 프로세스에 stealth2.dll을 인젝션시킴
    if( bRet )
        InjectDll2(lpProcessInformation->hProcess, STR_MODULE_NAME);

    // hook
    hook_by_code("kernel32.dll", "CreateProcessA",
                 (PROC)NewCreateProcessA, g_pOrgCPA);

    return bRet;
}
```

코드는 단순합니다. 일단 후킹을 풀고(unhook_by_code) 원본 함수를 실행해서 생성된 자식 프로세스에 stealth2.dll을 인젝션(InjectDll2)합니다. 그리고 다음 실행을 위해서 다시 후킹(hook_by_code)합니다. 한 가지 눈여겨볼 사항은 인젝션 함수인 InjectDll2()입니다. 기존 InjectDll() 함수는 프로세스 ID(PID)를 이용하여 프로세스 핸들을 얻어 인젝션하는 방법이었습니다(OpenProcess() API 이용). 하지만 위의 경우는 CreateProcessA() API를 호출하면서 자연스럽게 자식 프로세

스의 핸들(lpProcessInformaiton->hProcess)을 얻을 수 있습니다. 이 내용도 같이 참고하면 좋을 것 같습니다.

지금까지 글로벌 API 후킹에 대해서 알아보았습니다. 시스템 전체 프로세스에 대해서 후킹을 하는 기술이기 때문에 예상치 못한 에러가 발생할 수 있습니다. 따라서 사전에 꼼꼼한 테스트가 필요합니다. 그리고 undocumented API를 후킹할 때는 현재 OS 버전에서 예상대로 동작하는지 반드시 확인해야 합니다.

33.9. 핫 패치 방식의 API 후킹

33.9.1. 기존 API 코드 패치 방법의 문제점

코드 33.8 NewCreateProcessA()의 구조를 간략히 정리하면 다음과 같습니다.

```
NewCreateProcessA( ... )
{
    // ① 언훅

    // ② Call original API

    // ③ 인젝션

    // ④ 훅
}
```

원본 API를 정상적으로 호출하기 위해서 먼저 ① 언훅을 해줘야 합니다(언훅을 안 하면, ② Call original API에서 무한루프에 빠지게 됩니다). 그리고 후킹 함수(NewCreateProcessA)가 리턴하기 전에 다시 ④ 훅을 시켜서 후킹 상태를 유지합니다.

즉 프로그램 내부에서 CreateProcessA() API가 호출될 때마다 NewCreateProcessA()가 호출되면서 언훅/훅이 계속 발생합니다. 반복적인 언훅/훅으로 인하여 성능이 저하될 뿐만 아니라 그보다 더 심각한 것은 멀티 스레드 상황에서 Run-Time Error가 발생할 수 있습니다. 에러 발생 이유는 훅/언훅 작업이 원본 API의 시작 코드 5바이트를 패치시키는(덮어쓰는) 방법을 사용하기 때문입니다.

즉 한 스레드가 코드를 '실행'하려 할 때 다른 스레드가 같은 코드에 '쓰기' 시도를 하게 되는 경우에 서로 충돌이 발생하는 것입니다. 따라서 좀 더 안정적인 API 후킹 방법이 필요합니다.

> **참고**
> 제프리 리처는 저서 『Windows Via C/C++』에서 위와 같은 코드 패치를 이용한 API 후킹 방법의 위험성에 대해 언급하고 있습니다.

33.9.2. 핫 패치 (7바이트 코드 패치)

기존 5바이트 코드 패치 방법보다 더 안정적으로 사용할 수 있는 핫 패치(Hot Patch) 방법에 대해서 소개합니다.

> **참고**
> 핫 패치(Hot Patch) 방법을 다른 말로 핫 픽스(Hot Fix) 방법이라고도 합니다. 또한 기존 5바이트 코드 패치 방법과는 달리 7바이트를 패치하기 때문에 7바이트 코드 패치 방법이라고도 말합니다.

일반적인 API 시작 코드 형태

소개에 앞서 일반적으로 많이 사용하는 API의 시작 코드 부분을 살펴봅시다.

```
7C802366                      90          NOP
7C802367                      90          NOP
7C802368                      90          NOP
7C802369                      90          NOP
7C80236A                      90          NOP
7C80236B  kernel32.CreateProcessA  8BFF   MOV EDI,EDI
7C80236D                      55          PUSH EBP
7C80236E                      8BEC        MOV EBP,ESP
7C802370                      6A 00       PUSH 0
7C802372                      FF75 2C     PUSH DWORD PTR SS:[EBP+2C]
```

그림 33.16 kernel32.CreateProcessA( )

```
7C801D76                      90          NOP
7C801D77                      90          NOP
7C801D78                      90          NOP
7C801D79                      90          NOP
7C801D7A                      90          NOP
7C801D7B  kernel32.LoadLibraryA  8BFF     MOV EDI,EDI
7C801D7D                      55          PUSH EBP
7C801D7E                      8BEC        MOV EBP,ESP
7C801D80                      837D 08 00  CMP DWORD PTR SS:[EBP+8],0
7C801D84                      53          PUSH EBX
```

그림 33.17 kernel32.LoadLibraryA( )

```
77D307E5                              90                      NOP
77D307E6                              90                      NOP
77D307E7                              90                      NOP
77D307E8                              90                      NOP
77D307E9                              90                      NOP
77D307EA  USER32.MessageBoxA          8BFF                    MOV EDI,EDI
77D307EC                              55                      PUSH EBP
77D307ED                              8BEC                    MOV EBP,ESP
77D307EF                              833D BC14D577 00        CMP DWORD PTR DS:[77D514BC],0
77D307F6                              74 24                   JE SHORT USER32.77D3081C
```

그림 33.18 user32.MessageBoxA( )

```
77E27EA7                              90                      NOP
77E27EA8                              90                      NOP
77E27EA9                              90                      NOP
77E27EAA                              90                      NOP
77E27EAB                              90                      NOP
77E27EAC  GDI32.TextOutW              8BFF                    MOV EDI,EDI
77E27EAE                              55                      PUSH EBP
77E27EAF                              8BEC                    MOV EBP,ESP
77E27EB1                              53                      PUSH EBX
77E27EB2                              56                      PUSH ESI
```

그림 33.19 gdi32.TextOutW( )

앞에 나열한 API 들의 시작 코드에는 뚜렷한 두 가지 공통점이 있습니다.

1. API 코드는 'MOV EDI, EDI' 명령어로 시작됨(IA32 Instruction : 0x8BFF)
2. API 코드 바로 위에 5 개의 'NOP' 명령어가 존재함(IA32 Instruction : 0x90)

MOV EDI, EDI 명령어는 EDI 레지스터의 값을 다시 EDI 레지스터에 입력하는 아무런 의미가 없는 2바이트 크기의 명령어입니다. 그리고 NOP 명령어 또한 아무런 동작을 하지 않는(NOPeration) 1바이트 크기의 명령어입니다(이 NOP 명령어는 함수와 함수 사이의 공간에 존재하기 때문에 심지어 실행조차 되지 않습니다). API 시작 코드의 MOV 명령어(2바이트)와 바로 그 위 5개의 NOP 명령어(5바이트)를 합쳐서 총 7바이트의 코드가 아무런 의미가 없는 명령어인 셈입니다.

분명 kernel32.dll, user32.dll, gdi32.dll 들은 Windows OS의 시스템 중요 라이브러리입니다. 도대체 왜 MS에서는 시스템 라이브러리들을 저런 식으로 제작했을까요? 그건 바로 핫 패치(또는 핫 픽스)를 위해서인데, 핫 패치는 API 후킹으로 이루어집니다. 핫 패치(또는 핫 픽스)란 프로세스가 실행 중인 상태에서 라이브러리를 프로세스 메모리에서 일시적으로 변경하는 기술입니다(시스템을 재부팅하면 패치 대상 라이브러리 파일이 완전히 교체됩니다).

동작 원리 및 특징

핫 패치 방식의 핵심 동작 원리를 파악하기 위해서는 두 가지 특징을 이해하면 됩니다. 이해를 돕기 위해 그림 33.16의 kernel32.CreateProcessA() API를 핫 패치 방식으로 후킹해보겠습니다.

A) 2단 점프

API 시작 코드 위쪽의 5바이트를 'FAR JMP' 명령어(E9 XXXXXXXX)로 변경하여 사용자 후킹 함수(10001000)로 점프하도록 만듭니다. 그리고 API의 시작 코드 2바이트를 'SHORT JMP' 명령어(EB F9)로 변경합니다. 이 SHORT JMP 명령어는 바로 위의 명령어로 점프합니다(그림 33.20 참고).

```
7C802366                             E9 95EC7F93   JMP 10001000
7C80236B kernel32.CreateProcessA     EB F9         JMP SHORT kernel32.7C802366
7C80236D                             55            PUSH EBP
7C80236E                             8BEC          MOV EBP,ESP
7C802370                             6A 00         PUSH 0
7C802372                             FF75 2C       PUSH DWORD PTR SS:[EBP+2C]
7C802375                             FF75 28       PUSH DWORD PTR SS:[EBP+28]
7C802378                             FF75 24       PUSH DWORD PTR SS:[EBP+24]
7C80237B                             FF75 20       PUSH DWORD PTR SS:[EBP+20]
7C80237E                             FF75 1C       PUSH DWORD PTR SS:[EBP+1C]
7C802381                             FF75 18       PUSH DWORD PTR SS:[EBP+18]
```

그림 33.20 핫 패치 방식으로 후킹된 CreateProcessA() API

이렇게 후킹된 CreateProcessA() API가 호출되면 먼저 API 시작 주소(7C80236B)의 'JMP SHORT 7C802366' 명령어에 의해서 바로 위쪽 명령어 주소(7C802366)로 점프합니다. 그리고 'JMP 10001000' 명령어를 만나서 실제 후킹 함수 주소(10001000)로 점프하게 됩니다. 이와 같이 2번 연속으로 점프하도록 패치하면 API 후킹이 완성됩니다(저는 이 기법을 '2단 점프'라고 부릅니다. 2단 점프 기법이 어떤 장점이 있는지는 뒤에서 설명합니다). 기존의 아무 의미 없는 7바이트 크기의 명령어(NOP * 5, MOV EDI, EDI)를 패치시킨 사실을 눈여겨봐두기 바랍니다.

> **참고**
>
> 그림 33.20의 7C802366, 7C80236B 주소를 보면 같은 JMP 명령어라도 Instruction이 서로 다른 것을 알 수 있습니다. 7C802366 주소의 Instruction은 'E9 XXXXXXXX' 형태로 5바이트 크기를 가지며 FAR JMP라고 부릅니다. 이름처럼 멀리 (프로세스 메모리 유저 영역 어느 곳으로도) 점

프 가능합니다. 반면 7C80236B 주소의 Instruction은 'EB YY' 형태로 2바이트 크기를 가지며 SHORT JMP라고 부릅니다. 이건 현재 EIP 기준으로 -128~127 범위에서만 점프가 가능합니다. IA-32 Instruction에는 이처럼 같은 명령어라 할지라도 실제 Instruction 형태가 달라지는 경우가 있습니다. IA-32 Instruction의 해석 방법에 대해서는 49장을 참고하기 바랍니다.

참고

기존 5바이트 코드 패치 방식으로 시작 코드의 5바이트를 패치하여 후킹 함수(10001000)로 점프 하도록 만들면 그림 33.21과 같습니다. 그림 33.20과 비교해보기 바랍니다.

```
7C802366                         90              NOP
7C802367                         90              NOP
7C802368                         90              NOP
7C802369                         90              NOP
7C80236A                         90              NOP
7C80236B  kernel32.CreateProcessA  E9 90EC7F93   JMP 10001000
7C802370                         6A 00           PUSH 0
7C802372                         FF75 2C         PUSH DWORD PTR SS:[EBP+2C]
7C802375                         FF75 28         PUSH DWORD PTR SS:[EBP+28]
7C802378                         FF75 24         PUSH DWORD PTR SS:[EBP+24]
7C80237B                         FF75 20         PUSH DWORD PTR SS:[EBP+20]
```

그림 33.21 기존 5바이트 코드 패치 방법

B) 후킹 함수 내에서 언훅/훅 과정 필요 없음

5바이트 코드 패치 기법을 이용한 후킹 함수 NewCreateProcessA() 내부에서 언 훅/훅 과정이 반복되면서 안정성이 떨어진다고 설명했습니다.

핫 패치 기법을 이용한 API 후킹의 경우는 이러한 언훅/훅 과정이 필요가 없습 니다. 언훅/훅을 하는 이유는 '원본 함수를 호출'하기 위함인데, 핫 패치 기법을 이용한 API 후킹의 경우는 API 코드가 패치된 상태에서도 원본 API를 완벽하게 실행시킬 수 있습니다. 그 이유는 API 입장에서 보면 시작 코드의 (의미 없는 2바 이트 크기의) "MOV EDI, EDI" 명령어만을 패치했기 때문에 [API 시작 + 2] 주소 부터 실행하면 원본 API 호출과 정확히 동일하게 동작하기 때문입니다.

Kernel32.CreateProcessA()의 예를 들면 그림 33.16의 원본 API 시작 주 소(7C80236B)부터 실행하는 것과 그림 33.20의 패치된 [API 시작 + 2] 주소 (7C80236B)부터 실행하는 것은 정확히 동일한 결과를 가져옵니다. 후킹 함수 내 부에서 언훅/훅 과정이 생략되기 때문에 멀티 스레드 환경에서도 안정적인 API 후킹이 가능하게 되는 것입니다. 이것이 바로 2단 점프의 장점입니다.

33.10. 실습 #3 – stealth3.dll

핫 패치 API 후킹 방법을 사용한 stealth3.dll을 실습해보겠습니다.

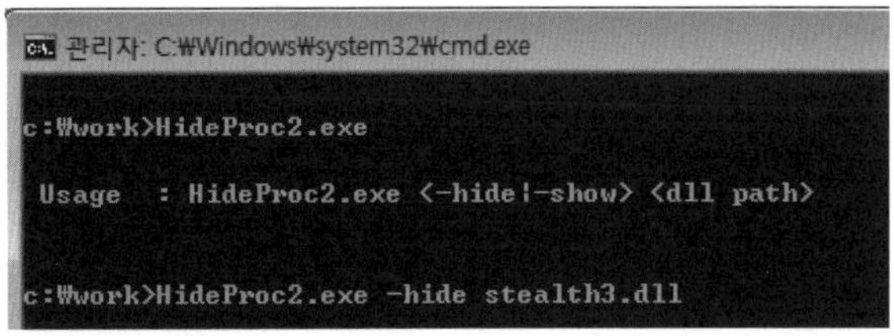

그림 33.22 stealth3.dll 실습(은폐)

실습 방법은 stealth2.dll과 동일합니다. Stealth3.dll 파일을 %SYSTEM% 폴더에 복사한 후 위 그림과 같이 HideProc2.exe를 실행하세요(실습 2의 1~4단계를 그대로 따라하면 됩니다). HideProc2.exe는 변경 사항이 없기 때문에 그대로 재활용합니다(Notepad.exe 프로세스가 사라지는 동작도 동일합니다).

> **참고**
> 실습 예제는 Windows XP SP3 & Windows 7(32비트) 환경에서 테스트되었습니다.

33.11. 소스코드 분석

Stealth3.cpp 소스코드를 살펴보도록 하겠습니다. 대략적인 내용은 stealth2.cpp와 유사하므로 핫 패치 관련 코드에 관하여 집중적으로 보겠습니다.

33.11.1. Stealth3.cpp

hook_by_hotpatch( )

핫 패치 기법의 API 후킹 설치 함수인 hook_by_hotpatch( )를 분석하겠습니다.

```
코드 33.9 hook_by_hotpatch()
BOOL hook_by_hotpatch(LPCSTR szDllName, LPCSTR szFuncName, PROC pfnNew)
{
```

```
    FARPROC pFunc;
    DWORD dwOldProtect, dwAddress;
    BYTE pBuf[5] = { 0xE9, 0, };
    byte pBuf2[2] = { 0xEB, 0xF9 };
    PBYTE pByte;

    pFunc = (FARPROC)GetProcAddress(GetModuleHandleA(szDllName),
                                    szFuncName);
    pByte = (PBYTE)pFunc;
    if( pByte[0] == 0xEB )
        return FALSE;

    VirtualProtect((LPVOID)((DWORD)pFunc-5), 7, PAGE_EXECUTE_READWRITE,
            &dwOldProtect);

    // 1. NOP (0x90)
    dwAddress = (DWORD)pfnNew-(DWORD)pFunc;
    memcpy(&pBuf[1], &dwAddress, 4);
    memcpy((LPVOID)((DWORD)pFunc-5), pBuf, 5);

    // 2. MOV EDI, EDI (0x8BFF)
    memcpy(pFunc, pBuf2, 2);

    VirtualProtect((LPVOID)((DWORD)pFunc-5), 7, dwOldProtect,
                            &dwOldProtect);

    return TRUE;
}
```

핫 패치 기법의 API 후킹은 패치 순서가 중요합니다. 첫 번째로 API 시작 주소 위의 NOP * 5 명령어를 JMP XXXXXXXX로 변경해야 합니다. XXXXXXXX 값(위 코드에서는 dwAddress 변수)은 아래와 같이 간단히 구할 수 있습니다.

```
dwAddress = (DWORD)pfnNew-(DWORD)pFunc;
```

참고

이 공식은 앞쪽의 hook_by_code( ) 함수 설명에서 소개한 주소 계산 공식과 사실은 동일합니다.

XXXXXXXX = 점프할 주소 – 현재 명령어 주소 – 현재 명령어 길이(5)

현재 명령어(NOP * 5) 주소 = pFunc – 5이므로 위 공식은 아래와 같이 고쳐쓸 수 있습니다.

```
XXXXXXXX = (DWORD)pfnNew - ((DWORD)pFunc - 5) - 5
        = (DWORD)pfnNew - (DWORD)pFunc
```

* pfnNew = 사용자 후킹 함수
* pFunc = 원본 API 주소

XXXXXXXX 값을 구하면 아래 코드로 NOP * 5 명령어(5바이트 크기)를 JMP XXXXXXXX 명령어로 덮어씁니다.

```
memcpy(&pBuf[1], &dwAddress, 4);
memcpy((LPVOID)((DWORD)pFunc-5), pBuf, 5);
```

두 번째로 API 시작 주소에 있는 2바이트 크기의 'MOV EDI, EDI' 명령을 'JMP YY' 명령어로 덮어씁니다.

```
memcpy(pFunc, pBuf2, 2);
```

> **참고**
>
> JMP YY에서 YY의 값을 계산해보겠습니다. 역시 같은 계산 공식을 적용하면 YY 값도 구할 수 있습니다.
>
> YY = 점프할 주소 − 현재 명령어 주소 − 현재 명령어 길이(2)
>
> 점프할 주소는 pFunc − 5이고, 현재 명령어 주소는 pFunc이므로 YY는 아래와 같이 계산됩니다.
>
> YY = (pFunc − 5) − pFunc − 2 = −7 = 0xF9
>
> 다만 핫 패치 기법에서 항상 YY 값은 0xF9로 고정되기 때문에 소스에 하드코딩되어 있습니다 (0xF9는 −7의 '2의 보수' 표현입니다).

unhook_by_hotpatch()

핫 패치 기법의 API 후킹 해제 함수인 unhook_by_hotpatch()를 분석하겠습니다.

```
코드 33.10 unhook_by_hotpatch()
BOOL unhook_by_hotpatch(LPCSTR szDllName, LPCSTR szFuncName)
{
    FARPROC pFunc;
    DWORD dwOldProtect;
    PBYTE pByte;
    byte pBuf[5] = { 0x90, 0x90, 0x90, 0x90, 0x90 };
```

```c
    byte pBuf2[2] = { 0x8B, 0xFF };

    pFunc = (FARPROC)GetProcAddress(GetModuleHandleA(szDllName),
            szFuncName);
    pByte = (PBYTE)pFunc;
    if( pByte[0] != 0xEB )
        return FALSE;

    VirtualProtect((LPVOID)pFunc, 5, PAGE_EXECUTE_READWRITE,
                   &dwOldProtect);

    // 1. NOP (0x90)
    memcpy((LPVOID)((DWORD)pFunc-5), pBuf, 5);

    // 2. MOV EDI, EDI (0x8BFF)
    memcpy(pFunc, pBuf2, 2);

    VirtualProtect((LPVOID)pFunc, 5, dwOldProtect, &dwOldProtect);

    return TRUE;
}
```

위 코드의 내용은 NOP * 5 명령어와 MOV EDI, EDI 명령어를 원래대로 복원해주는 것입니다. 핫 패치 기법에서는 모두 고정된 명령어들이기 때문에 소스에 하드코딩하였습니다.

NewCreateProcessA( )

사용자 후킹 함수 NewCreateProcessA()를 분석하겠습니다.

코드 33.11 수정된 NewCreateProcessA()

```c
BOOL WINAPI NewCreateProcessA(
    LPCTSTR lpApplicationName,
    LPTSTR lpCommandLine,
    LPSECURITY_ATTRIBUTES lpProcessAttributes,
    LPSECURITY_ATTRIBUTES lpThreadAttributes,
    BOOL bInheritHandles,
    DWORD dwCreationFlags,
    LPVOID lpEnvironment,
    LPCTSTR lpCurrentDirectory,
    LPSTARTUPINFO lpStartupInfo,
    LPPROCESS_INFORMATION lpProcessInformation
)
{
    BOOL bRet;
```

```
FARPROC pFunc;

// original API 호출
pFunc = GetProcAddress(GetModuleHandleA("kernel32.dll"),
                      "CreateProcessA");
pFunc = (FARPROC)((DWORD)pFunc + 2);
bRet = ((PFCREATEPROCESSA)pFunc)(lpApplicationName,
                                  lpCommandLine,
                                  lpProcessAttributes,
                                  lpThreadAttributes,
                                  bInheritHandles,
                                  dwCreationFlags,
                                  lpEnvironment,
                                  lpCurrentDirectory,
                                  lpStartupInfo,
                                  lpProcessInformation);

// 생성된 자식 프로세스에 stealth3.dll을 인젝션함
if( bRet )
    InjectDll2(lpProcessInformation->hProcess, STR_MODULE_NAME);

return bRet;
}
```

위 코드를 보면 더 이상 unhook_by_code() 함수와 hook_by_code() 함수를 호출하지 않습니다. 그리고 기존 함수와의 결정적인 차이점은 아래 pFunc 계산이 추가된 것입니다.

pFunc = (FARPROC)((DWORD)pFunc + 2);

이 코드의 의미는 후킹된 API 시작 주소에 있는 2바이트 명령어 JMP YY(원래 명령어는 MOV EDI, EDI)를 건너뛰고, 그 다음 명령어부터 실행하겠다는 뜻입니다. 결과는 원본 API 실행과 동일합니다.

33.12. 핫 패치 방식의 API 후킹에서 고려사항

안타깝게도 이렇게 뛰어난 핫 패치 방식도 만능은 아닙니다. 핫 패치 방식이 가능하기 위한 제약 조건(NOP * 5 명령어 + MOV EDI, EDI 명령어)이 만족되지 않는 API 도 존재하기 때문입니다(그림 33.23, 그림 32.24 참고).

```
7C801EED                        90          NOP
7C801EEE                        90          NOP
7C801EEF                        90          NOP
7C801EF0                        90          NOP
7C801EF1                        90          NOP
7C801EF2 kernel32.GetStartupInfoA  6A 18    PUSH 18
7C801EF4                        68 B82F817C PUSH kernel32.7C812FB8
7C801EF9                        E8 D0050000 CALL kernel32.7C8024D6
7C801EFE                        64:A1 18000000 MOV EAX,DWORD PTR FS:[18]
7C801F04                        8B40 30     MOV EAX,DWORD PTR DS:[EAX+30]
```

그림 33.23 핫 패치 적용이 쉽지 않은 예: kernel32.GetStartInfoA( )

```
7C93D910 ntdll.ZwQuerySystemInformation  B8 AD000000  MOV EAX,0AD
7C93D915                                 BA 0003FE7F  MOV EDX,7FFE0300
7C93D91A                                 FF12         CALL DWORD PTR DS:[EDX]
7C93D91C                                 C2 1000      RETN 10
7C93D91F                                 90           NOP
7C93D920 ntdll.ZwQuerySystemTime         B8 AE000000  MOV EAX,0AE
7C93D925                                 BA 0003FE7F  MOV EDX,7FFE0300
7C93D92A                                 FF12         CALL DWORD PTR DS:[EDX]
7C93D92C                                 C2 0400      RETN 4
7C93D92F                                 90           NOP
7C93D930 ntdll.ZwQueryTimer              B8 AF000000  MOV EAX,0AF
7C93D935                                 BA 0003FE7F  MOV EDX,7FFE0300
7C93D93A                                 FF12         CALL DWORD PTR DS:[EDX]
7C93D93C                                 C2 1400      RETN 14
7C93D93F                                 90           NOP
7C93D940 ntdll.ZwQueryTimerResolution    B8 B0000000  MOV EAX,0B0
7C93D945                                 BA 0003FE7F  MOV EDX,7FFE0300
7C93D94A                                 FF12         CALL DWORD PTR DS:[EDX]
7C93D94C                                 C2 0C00      RETN 0C
7C93D94F                                 90           NOP
```

그림 33.24 핫 패치 적용이 불가능한 예: ntdll.dll에서 제공하는 API들

이처럼 모든 API에게 핫 패치 방식의 API 후킹을 사용할 수는 없으므로 자신이 후킹할 API가 핫 패치 방식을 지원하는지 미리 확인해야 합니다. 만약 지원하지 않는다면 전통적인 5바이트 코드 패치 기법을 사용해야 합니다.

> **참고**
>
> Ntdll.dll에서 제공되는 API들처럼 코드 크기가 작을 때 사용할 수 있는 좋은 방법이 있습니다. 원본 API를 사용자 메모리 영역에 백업해두고 원본 API 시작부분은 5바이트 코드 패치 기법을 사용하는 것입니다. 사용자 후킹 함수 내부에서 원본 API를 호출할 때는 백업해둔 API 코드를 호출하면 간단하고 안정적인 API 후킹을 구현할 수 있습니다. 코드 크기가 작고 코드 내부에 주소 의존성이 없는 Ntdll.dll API들에게 딱 알맞은 후킹 방법입니다.

33.13. 마무리

이상으로 API 코드 패치를 통한 API 후킹 기법에 대한 설명을 마치겠습니다. 핵심

적인 내용들을 소개하느라 분량이 좀 많습니다. 내용을 억지로 외울 필요는 없고, 후킹의 동작 원리를 이해하는 데 포커스를 맞추면 됩니다. 이 장의 내용과 다음 장에 소개될 더 세련된 형태의 글로벌 API 후킹을 공부하면 API 후킹을 마스터하는 셈입니다.

Q & A

Q. hideproc.exe 실행시켜봤는데 0.5초만에 저절로 꺼지던데 왜 이런 건가요?

A. 할 일을 다 마쳤으면 hideproc.exe 프로세스가 종료하도록 프로그래밍하였습니다. 작업관리자에서 notepad.exe가 안 보인다면 성공입니다.

Q. HideProc.exe -hide abc.exe d:\stealth.dll을 하니 아래와 같이 인젝션 실패라고 뜹니다.

OpenProcess3976 failed!!!
OpenProcess4040 failed!!!

왜 인젝션이 실패하는 걸까요?

A. Windows Vista, 7에 도입된 '세션 분리' 기능에 의해서 DLL 인젝션이 실패하는 경우가 있습니다. 그럴 때는 kernel32.CreateRemoteThread() 대신 ntdll.NtCreateThreadEx()를 사용하면 해결됩니다. 관련 내용은 'Session in Windows 7'을 참고하기 바랍니다. 간혹 Anti-Virus 제품에서 자체 프로세스 보호 기능을 가지고 있기 때문에 DLL 인젝션이 실패하는 경우도 있습니다. 마지막으로 PE32 포맷의 DLL을 PE32+ 포맷의 프로세스에 인젝션하려고 시도할 때 실패합니다(반대도 마찬가지입니다). 인젝션시킬 DLL 파일과 대상 프로세스의 PE 포맷이 일치해야 합니다(PE32+ 포맷은 Windows 64비트 OS에서 동작할 수 있는 실행 파일 포맷입니다).

Q. 윈도우 작업 관리자에서 프로세스 탭에서는 사라지는데요. 응용 프로그램 탭에는 그대로 있네요. 화면에도 그대로 보이구요. 이 창 자체도 없앨 수 없을까요?

A. 네. 프로세스 목록에서만 감추기 때문에 창은 그대로 보이는 것입니다. 창까지 같이

없애주면 작업관리자의 응용 프로그램 탭에서 사라집니다. 위 예제는 API 후킹을 위주로 작성한 거라서 창은 그대로 놔뒀습니다(분명 창은 있는데, 프로세스만 사라지는 현상을 보여주려고 말이지요). 스텔스 전투기가 실제로 눈으로 안 보이는 것이 아니라 레이더에서만 사라지는 것을 생각하면 되겠습니다. 그리고 이미 DLL이 해당 프로세스에 인젝션되어 있기 때문에 창 없애는 건 관련 API를 사용하면 쉽게 될 것입니다(SetWindowPos( ), MoveWindow( ) 등).

Q. 앞에서 소개한 5바이트 패치법 말고 다른 방법으로 API 후킹을 할 수도 있나요? 후킹 함수에서 훅/언훅을 반복호출하는 것도 좀 거추장스럽네요.

A. 제가 소개한 방법(5바이트 패치)은 말 그대로 일반적인 상황에서 잘 돌 수 있는 방법입니다. 그 외에 7바이트 패치 방법이 있는데요, 후킹 함수에서 훅( )/언훅( )을 할 필요가 없습니다. 그런데 모든 API에서 가능한 것은 아닙니다. 특히 ntdll.dll에서 서비스하는 native API들은 7바이트 후킹이 불가능하지요. 7바이트 핫 패치 방식에 대해서는 본문을 참고하시기 바랍니다. 또한 API 코드를 통째로 다른 곳에 copy해두는 방법도 있습니다만, relocation 이슈를 해결해야 하는 상황이 발생합니다(근데 이 방법은 ntdll의 native API들한테는 잘 먹힙니다. 코드가 매우 단순하거든요). 따라서 범용적으로 간단한 방법이 바로 위에서 소개한 5바이트 패치 방법입니다.

Q. 혹시 이 dll이 전역적으로 후킹을 한다면 시스템에 부하가 걸리는 건 아닌지 궁금해서요. 모든 프로세스가 생성될 때마다 dll이 인젝션된다면 메모리 사용량도 늘어나는건 아닌지요?

A. 모든 후킹은 그 만큼의 부하가 걸립니다. 다만 프로그래밍을 잘하면 그 부하가 미미하기 때문에 큰 문제는 없습니다만, 어디까지나 시스템의 안정성과 자원을 잘 고려해야 합니다. 그리고 모든 프로세스에 DLL이 인젝션되면 말한 대로 메모리 사용량도 같이 증가합니다. 다만 DLL 크기 * 인젝션 프로세스 개수만큼 늘어나는 것은 아닙니다. Windows에서는 같은 DLL의 경우 한 번만 메모리에 전체를 로딩하고 프로세스들에게는 매핑의 개념을 사용합니다. 쉽게 설명해서 코드 섹션은 다 같은 메모리를 볼 수 있도록 매핑하고, 매핑하고, 데이터 섹션만 해당 프로세스별로 새로 생성합니다.

34

고급 글로벌 API 후킹 - IE 접속 제어

좀 더 고급스러운 글로벌 API 후킹 방법에 대해서 알아보겠습니다. 실습 예제로는 IE(Internet Explorer)를 후킹하여 특정 사이트로 향하는 접속을 우회시켜 제 블로그로 접속하도록 만들겠습니다.

실습 목표는 IE 프로세스의 API를 후킹하여 특정 사이트로 향하는 접속을 다른 사이트로 우회시키는 것입니다. 주소창에 직접 입력을 하든, 링크를 클릭하든 제가 막아놓은 사이트에는 접속하지 못하도록 만드는 것입니다(유해 사이트 차단 기능을 생각하면 이해하기 쉬울 것입니다).

참고

유해 사이트 차단 기능 자체로 보면 사실 방화벽 차원에서 지원해주는 것이 훨씬 효과적입니다. 어디까지나 실습을 위한 예제이므로 실제 제품에 위 기능을 사용한다면 이 점을 고려하기 바랍니다.

34.1. 후킹 대상 API

API 후킹에서 가장 핵심적인 사항은 바로 후킹 대상 API를 선정하는 것입니다. 이 부분은 사실 개개인의 노하우가 필요한 부분입니다. 개발 경험 혹은 API 후킹 경험이 많을수록 유리합니다(요즘은 인터넷 검색으로 대부분 해결이 가능하지요). 작업 전에 간단히 '예상'을 해보자면 소켓 라이브러리(ws2_32.dll) 혹은 MS에서 제공하는 인터넷 관련 라이브러리(wininet.dll, winhttp.dll)들을 후킹하면 될 것 같습니다(후자 쪽이 훨씬 수월한 작업이 되겠지요).

IE를 실행해서 간단히 분석해보도록 하겠습니다. 먼저 Process Explorer를 이용하여 로딩된 DLL들을 살펴보겠습니다.

그림 34.1 IE에 로딩된 라이브러리

    다행히 IE에서는 ws2_32.dll 뿐만 아니라 Wininet.dll도 같이 로딩하고 있습니다. Wininet.dll에서 제공하는 API 중에 InternetConnect()라는 API(출처: MSDN)가 있습니다. 함수 이름 그대로 어떤 웹 사이트에 접속하려고 할 때 사용하는 API입니다.

```
HINTERNET InternetConnect(
  __in  HINTERNET hInternet,
  __in  LPCTSTR lpszServerName,        // 접속 URL
  __in  INTERNET_PORT nServerPort,
  __in  LPCTSTR lpszUsername,
  __in  LPCTSTR lpszPassword,
  __in  DWORD dwService,
  __in  DWORD dwFlags,
  __in  DWORD_PTR dwContext
);
```

Wininet.InternetConnect() API가 후킹 대상 API로 적절한지 검증해보겠습니다.

34.1.1. 검증 – IE 프로세스 디버깅

OllyDbg를 IE 프로세스(PID: 3484 = 0xD9C)에 attach시킨 후 wininet!Internet ConnectW() API에 BP를 설치하겠습니다(InternetConnectW() API는 Internet Connect()의 Wide Character 버전입니다).

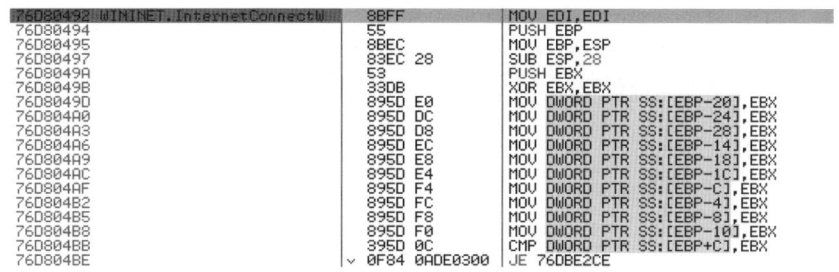

그림 34.2 WININET.InternetConnectW()에 BP 설치

이 상태에서 IE 주소창에 접속하려는 사이트의 주소를 입력해보겠습니다.

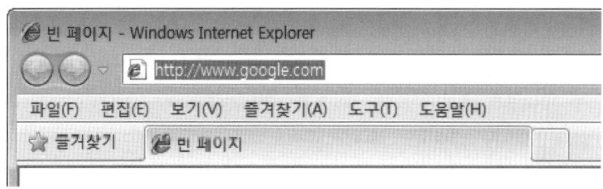

그림 34.3 IE 주소창

앞에서 설치한 BP에 걸렸습니다. 이때 프로세스의 스택 메모리를 살펴보겠습니다.

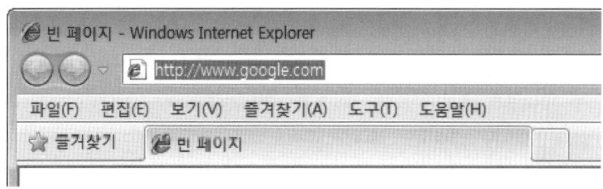

그림 34.4 BP 위치에서 스택

스택의 정보를 보면 접속 주소(lpszServerName)는 앞에서 IE 주소창에 입력한 www.google.com 주소라는 것을 알 수 있습니다. 시험 삼아 이 주소를 한번 조작해볼까요?

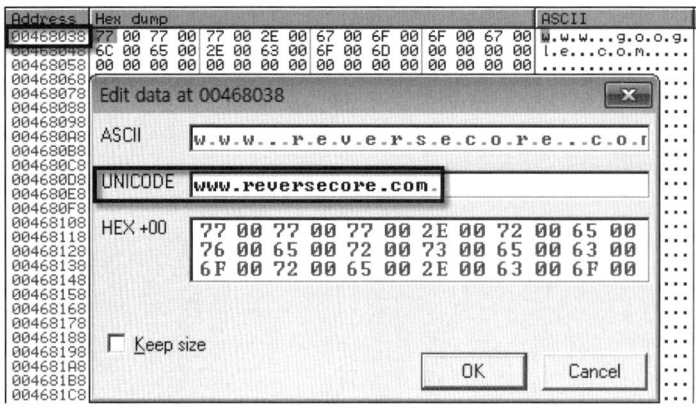

그림 34.5 접속 주소 변경

그림 34.5와 같이 "www.google.com" 문자열을 "www.reversecore.com" 문자열로 변경합니다.

주의

위 주소들은 모두 유니코드 문자열이므로 마지막에 2바이트 NULL(0000)로 끝나야 합니다(HEX 창에서 문자열 끝에 00 00을 입력하면 됩니다).

접속 주소를 수정한 후 디버거를 실행합니다. 아마 wininet!InternetConnectW() 에 설치된 BP에서 계속 멈출 것입니다. 이는 보통 하나의 웹 사이트가 여러 개의 링크 주소로 이루어져 있기 때문입니다. BP를 제거 후 계속 실행하세요(스택 조작은 최초 InternetConnectW() 호출에서 한 번만 하면 됩니다). 결과적으로 IE는 그림 34.6과 같이 (원래 의도했던) www.google.com이 아닌 (변경된) www.reversecore.com 주소로 접속합니다.

그림 34.6 변경된 주소에 접속

따라서 wininet!InternetConnectW()를 후킹한 후 lpszServerName 파라미터를 조작하면 IE 접속을 제어할 수 있습니다. wininet.InternetConnectW() API를 후킹하는 것은 좋은 선택이라고 볼 수 있습니다. 원리는 매우 간단하지요. 다행히 IE에서 wininet.dll를 사용하기 때문에 쉽게 API 후킹할 수 있었습니다. 여기까지는 일반적인 API 후킹 방법과 동일합니다. 하지만 실제 구현에 있어서 한 가지 중요한 고려사항이 있습니다. 바로 IE 8의 독특한 프로세스 구조 때문에 글로벌 API 후킹 기법을 써야 한다는 것입니다.

34.2. IE 프로세스 구조

IE를 새롭게 실행한 후 탭(tab)을 여러 개 띄워서 각각 다른 사이트에 접속해보겠습니다.

그림 34.7 IE 탭

Process Explorer를 이용하여 IE 프로세스 구조를 살펴보겠습니다.

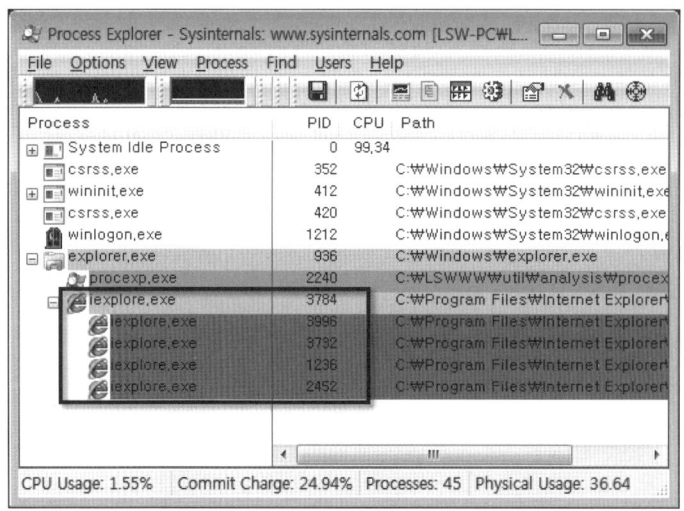

그림 34.8 iexplore.exe 프로세스 구조

그림 34.7과 그림 34.8을 보면 IE에 7개의 탭이 띄워져 있고, IE 프로세스(iexplore.exe)는 총 5개 실행되고 있습니다. 그리고 iexplore.exe 프로세스(PID: 3784)는 나머지 iexplore.exe 프로세스들과 부모-자식 관계를 형성하고 있습니다. IE 프로세스 구조를 봤을 때 IE 애플리케이션은 부모에 해당되는 메인 프로세스(PID: 3784)가 각 탭에 해당되는 자식 프로세스들을 관리하는 구조라고 볼 수 있습니다.

> **참고**
>
> IE 7부터 탭 개념을 도입하면서 위와 같은 프로세스 구조로 변경되었는데, 이 방식의 장점은 탭별로 독립적인 프로세스로 동작하기 때문에 하나의 탭에서 오류가 발생하더라도 나머지 탭과 부모 프로세스(IE 본체)에는 영향을 끼치지 않는다는 것입니다(최신 웹 브라우저들에서 사용되는 방법입니다).

이와 같이 IE 프로그램은 각 탭에 해당하는 자식 iexplore.exe 프로세스가 실제 접속을 담당하므로 탭 프로세스가 생성되는 순간에 (해당 프로세스의) API를 자동으로 후킹할 수 있어야 합니다. 즉 글로벌 API 후킹 방법으로 구현되어야 한다는 뜻입니다. 그렇지 않다면 새로운 탭으로 접속하는 경우에는 후킹이 되지 않기 때문이지요. 지난 번에 글로벌 API 후킹을 구현하기 위하여 kernel32!CreateProcess() API를 후킹하는 방법에 대해서 소개하였습니다. 하지만 CreateProcess() API를 후킹하는 방법에는 약간의 제약 사항이 있다는 것도 같이 설명했습니다.

이번 장의 목적은 CreateProcess() API의 후킹을 통한 글로벌 API 후킹 방법의 불편함을 없애고 좀 더 안정적이고 편리한 방법으로 글로벌 API 후킹을 구현하는 데 있습니다. 그 방법은 바로 ntdll!ZwResumeThread() API를 후킹하여 프로세스가 생성된 후 메인 스레드가 Resume될 때 원하는 API를 후킹하는 방법입니다.

34.3. 글로벌 API 후킹 개념 정리

글로벌 API 후킹에 대해서 다시 한번 간단히 정리하고 넘어가겠습니다. 지금까지의 과정을 통해서 우리는 특정 프로세스에 대해 원하는 API의 후킹을 간단하게 구현할 수 있게 되었습니다.

34.3.1. 일반적인 API 후킹

일반적인 API 후킹의 문제는 후킹을 원하는 프로세스가 생성될 때마다 매번 API 후킹을 해줘야 한다는 것입니다. 그림 34.9는 DLL 인젝션 기법을 이용한 일반적인 API 후킹을 표현한 것입니다.

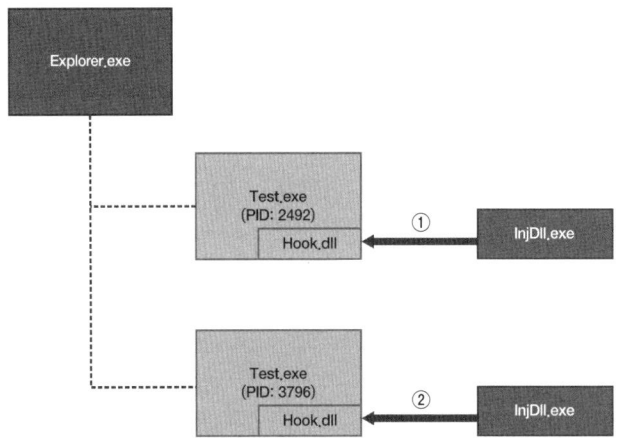

그림 34.9 일반 API 후킹

그림 34.9에서 후킹 대상 프로세스는 Test.exe(PID: 2492)입니다. InjDll.exe 프로그램을 이용해서 Hook.dll을 Test.exe 프로세스에 인젝션해서 원하는 API를 후킹하였습니다①. 그런데 이후에 또 다른 Test.exe(PID: 3796) 프로세스가 생성되었다면 이 프로세스에도 역시 Hook.dll을 인젝션해줘야 (PID: 3796 프로세스에 대한) 정상적인 API 후킹이 이루어질 것입니다②. 즉 후킹 대상 프로세스가 새로 생성될 때마다 계속해서 수동으로 API 후킹을 해야 합니다.

34.3.2. 글로벌 API 후킹

이번에는 글로벌 API 후킹을 살펴보도록 하겠습니다.

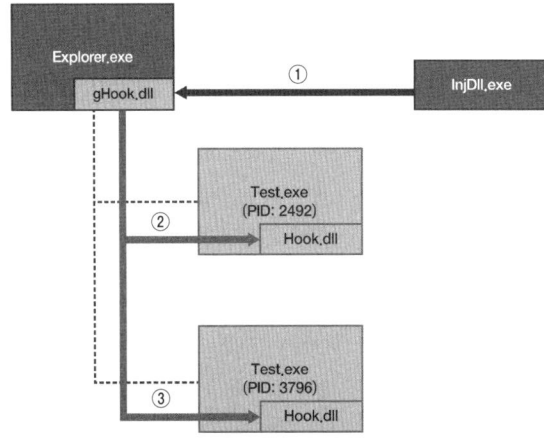

그림 34.10 글로벌 API 후킹

InjDll.exe는 Windows 운영체제의 기본 셸(Shell)인 Explorer.exe 프로세스에 gHook.dll을 인젝션합니다. 후킹하고자 하는 Test.exe가 아닌, Test.exe를 실행시켜주는 프로세스인 Explorer.exe를 후킹한다는 것이 핵심입니다. gHook.dll은 그림 34.9의 Hook.dll의 기능에다가 자식 프로세스 생성에 관련된 API를 후킹하여 자식 프로세스를 생성할 때마다 자신(gHook.dll)을 인젝션하는 기능을 가지고 있습니다(그림 34.10 참고). 따라서 Windows 셸인 Explorer.exe 프로세스에 gHook.dll을 한 번 인젝션해놓으면, 이후 Explorer.exe에서 생성되는 모든 자식 프로세스들에게 자동으로 gHook.dll이 인젝션됩니다. 이것이 자동 API 후킹의 기본 개념이며, 이를 시스템에 실행 중인 모든 프로세스를 대상으로 확장한 것이 바로 글로벌 API 후킹입니다.

> **참고**
>
> Explorer.exe 외에 다른 프로세스들도 자식 프로세스를 생성할 수 있습니다. 따라서 원칙적으로 글로벌 API 후킹을 완벽히 구현하려면, 현재 실행 중인 모든 프로세스를 후킹해야 합니다. 하지만 시스템 안정성과 불필요한 오버헤드를 막기 위해 (작업 내용에 따라서) 특정 프로세스만 후킹하는 경우도 있습니다(실습 예제로 준비한 IE 후킹이 대표적인 경우입니다).

지금까지 글로벌 API 후킹 개념에 대해서 정리해보았는데, 이제부터는 어떤 API를 후킹해야 글로벌 API 후킹을 쉽게 구현할 수 있는지 알아보도록 하겠습니다.

34.4. ntdll!ZwResumeThread( ) API

이번엔 자식 프로세스를 생성하는 API에 대해서 생각해봅시다. 프로세스를 생성하는 API는 단연 kernel32!CreateProcess( ) API가 대표적입니다. CreateProcess( ) API의 디버깅을 위하여 다음과 같이 간단한 프로그램을 만들어 보겠습니다.

> **참고**
>
> 모든 소스코드는 MS Visual C++ Express Edition 2010으로 개발되었으며, Windows 7 32비트 & IE 8에서 테스트되었습니다.

코드 34.1 cptest.cpp

```cpp
// cptest.cpp

#include "windows.h"
#include "tchar.h"
void main()
{
    STARTUPINFO             si = {0,};
    PROCESS_INFORMATION     pi = {0,};
    TCHAR                   szCmd[MAX_PATH] = {0,};

    si.cb = sizeof(STARTUPINFO);
    _tcscpy(szCmd, L"notepad.exe");

    if( !CreateProcess(NULL,                        // lpApplicationName
                       szCmd,                       // lpCommandLine
                       NULL,                        // lpProcessAttributes
                       NULL,                        // lpThreadAttributes
                       FALSE,                       // bInheritHandles
                       NORMAL_PRIORITY_CLASS,       // dwCreationFlags
                       NULL,                        // lpEnvironment
                       NULL,                        // lpCurrentDirectory
                       &si,                         // lpStartupInfo
                       &pi) )                       // lpProcessInformation
        return;

    if( pi.hProcess != NULL )
        CloseHandle(pi.hProcess);
}
```

코드 34.1을 빌드해서 cptest.exe를 생성합니다. 이 파일을 디버깅해보면 프로세스 생성과 관련된 API들의 호출 흐름을 알 수 있습니다.

참고

CreateProcessW는 CreateProcess의 Wide Character(UNICODE)버전입니다.

그림 34.11은 cptest.exe의 kernel32!CreateProcessW() 호출 코드입니다.

그림 34.11 CreateProcessW() 호출 코드

kernel32!CreateProcessW() 내부로 따라 들어가면(StepInto[F7]) 그림 34.12와 같이 kernel32!CreateProcessInternalW() 호출 코드를 볼 수 있습니다.

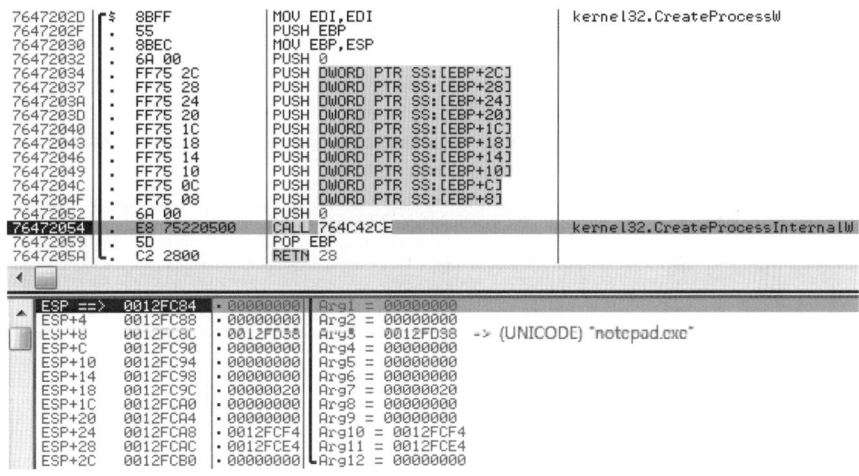

그림 34.12 CreateProcessInternalW() 호출 코드

그림 34.12에서 아래쪽의 스택 메모리를 보면 그림 34.11의 스택(함수 파라미터)이 거의 동일하게 넘어온 걸 알 수 있습니다. kernel32!CreateProcessInternalW() 내부를 살펴보겠습니다.

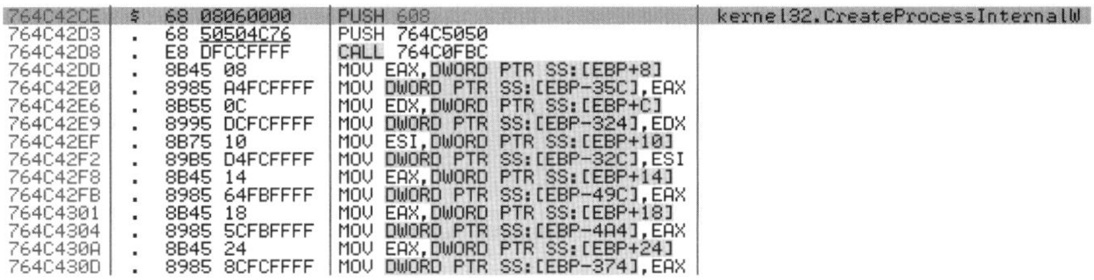

그림 34.13 CreateProcessInternalW( ) 코드

kernel32!CreateProcessInternalW()는 상당히 큰 함수입니다. 아래로 쭉 스크롤하면 그림 34.14와 같이 ntdll!ZwCreateUserProcess()를 호출하는 코드가 나타납니다.

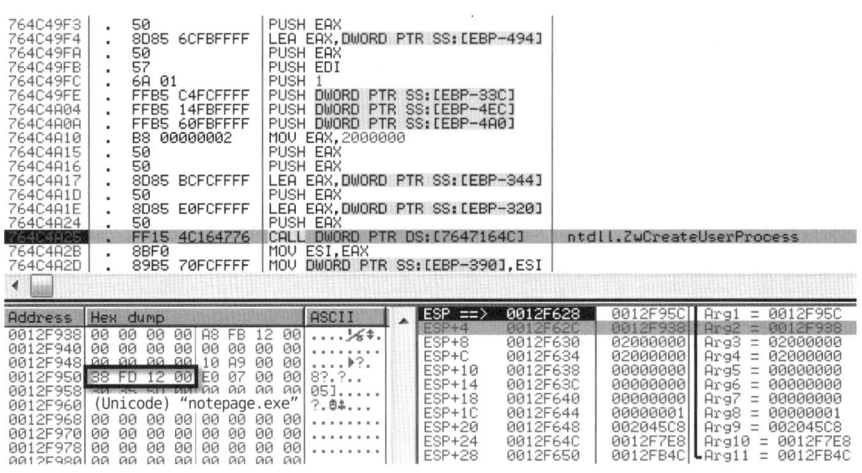

그림 34.14 ZwCreateUserProcess( ) 호출 코드

그림 34.14에서 아래쪽의 스택을 보면 그림 34.12에서의 스택과는 많이 다른 형태인 것을 알 수 있습니다. 2번째 파라미터(Arg2)는 어떤 구조체인데 왼쪽의 Hex dump 창을 보면 구조체 멤버 중에 12F950 주소의 12FD38("notepad") 문자열 주소를 확인할 수 있습니다(그림 34.11 스택 참고). Ntdll!ZwCreateUserProcess()가 호출되면 자식 프로세스가 Suspend 모드로 실행됩니다.

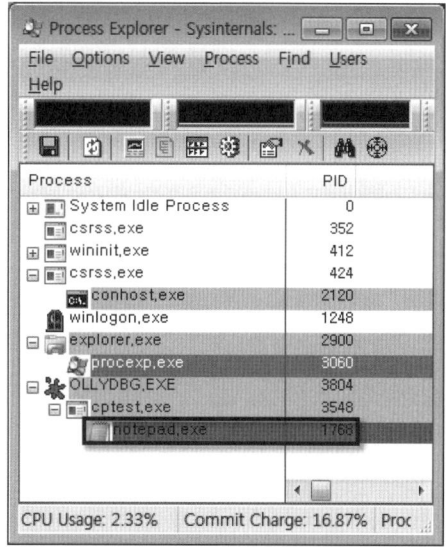

그림 34.15 Suspend 모드로 실행된 notepad.exe

notepad.exe 프로세스는 생성되었지만 아직 EP(Entry Point) 코드가 실행되지 않은 상태입니다. 그림 34.14 코드에서 계속 아래로 진행하면 ntdll!ZwResume Thread() API 호출 코드가 나타납니다.

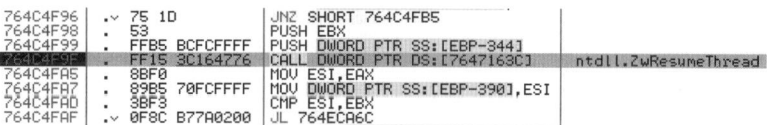

그림 34.16 ZwResumeThread() 함수 호출 코드

ntdll!ZwResumeThread()는 함수 이름 그대로 스레드를 Resume해줍니다. 이 스레드가 바로 자식 프로세스(notepad.exe)의 메인 스레드입니다. 따라서 이 API가 호출되면 비로소 자식 프로세스의 EP 코드가 실행됩니다.

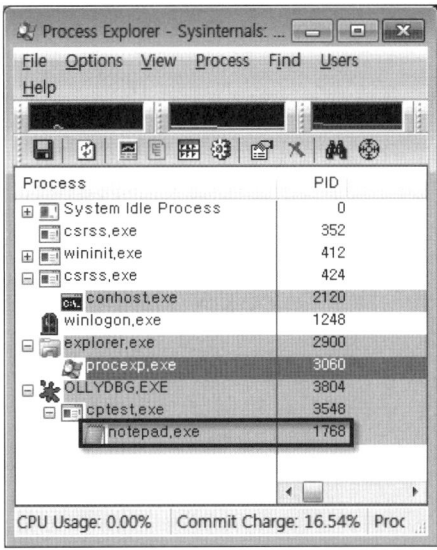

그림 34.17 Resume 상태로 실행된 notepad.exe

지금까지의 CreateProcessW( ) API 호출 흐름을 정리하면 다음과 같습니다.

```
kernel32!CreateProcessW
    kernel32!CreateProcessInternalW
        ntdll!ZwCreateUserProcess    // 프로세스 생성됨(메인 스레드는 Suspend 상태)
        ntdll!ZwResumeThread         // 메인 스레드 Resume시킴(프로세스 실행됨)
```

자식 프로세스 생성에 있어서 가장 마지막에 호출되는 API가 바로 ntdll!Zw ResumeThread()입니다. 따라서 우리는 이 API를 후킹하여 자식 프로세스의 EP 코드가 실행되기 직전에 제어를 가로챈 후 원하는 API를 후킹시킬 수 있습니다. ntdll!ZwResumeThread()는 undocumented API이며, 함수 정의(출처: MSDN)는 다음과 같습니다.

```
NTSTATUS NtResumeThread(
  IN     HANDLE ThreadHandle,
  OUT    PULONG SuspendCount OPTIONAL
);
```

> 참고
>
> User Mode에서 ntdll!ZwResumeThread( ) API와 ntdll!NtResumeThread( ) API는 비록 이름이 다르지만 같은 함수입니다.

앞에서 소개한 4개의 API(CreateProcessW, CreateProcessInternalW, ZwCreateUserProcess, ZwResumeThread) 중에서 어떤 걸 후킹해도 우리 목적에 맞는 글로벌 API 후킹이 가능합니다(여기서는 ntdll.ZwResumeThread( ) API 후킹을 실습하겠습니다).

> 참고
>
> 상위에 위치한 CreateProcessW( ) 함수를 후킹하면 특정 경우(CreateProcessInternalW를 직접 호출하는 경우)에 후킹이 되지 않을 수 있습니다. 따라서 CreateProcessInternalW( ) 이하를 후킹하는 것이 더 좋은 방법입니다(각자 장단점이 있을 수 있으므로 모두 연습해두는 것이 좋을 것 같습니다).

34.5. 실습 예제 - IE 접속 제어

간단한 실습 예제 파일을 준비하였습니다. 실습 내용은 IE 프로세스의 특정 API를 후킹하여 국내 4대 포털 사이트(Naver, Daum, Nate, Yahoo)에 접속 시도할 때 다른 주소(www.reversecore.com)로 연결해버리는 것입니다. 또한 IE의 탭이 새로 생성되면서 동시에 프로세스가 추가되는 경우를 대비해서 글로벌 API 후킹 기법을 사용해보겠습니다.

> 참고
>
> 이 실습 예제는 Windows XP SP3, Windows 7 32비트 운영체제와 IE 8에서 실습이 가능합니다.

API 후킹은 redirect.dll을 인젝션해서 구현합니다. redirect.dll은 아래 2개의 API를 후킹합니다.

wininet!InternetConnectW( )   - IE 프로세스의 접속 주소를 제어하기 위해 후킹
ntdll!ZwResumeThread( )   - 글로벌 API 후킹 구현을 위해 후킹

34.5.1. IE 실행

실습을 위해서 먼저 IE를 실행하기 바랍니다. 그리고 Process Explorer를 이용하여 현재 실행 중인 IE 프로세스의 구조를 살펴보겠습니다.

그림 34.18을 보면 IE 프로세스는 부모 - 자식 관계로 실행되는 것을 알 수 있습니다. 부모 프로세스만 ntdll!ZwResumeThread() API를 후킹해도 이후부터 생성되는 모든 자식 IE 프로세스들은 자동으로 후킹됩니다.

그림 34.18 iexplore.exe 프로세스

34.5.2. DLL 인젝션

redirect.dll 파일을 IE 프로세스(iexplore.exe)에 인젝션합니다.

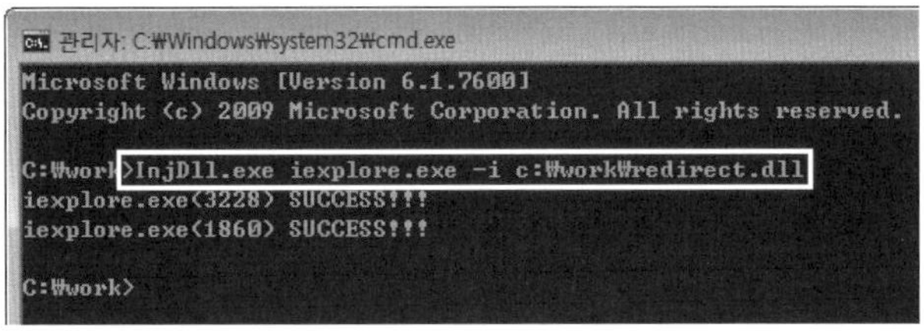

그림 34.19 InjDll.exe 실행 - iexplore.exe에 redirect.dll 인젝션

Process Explorer를 이용해서 IE 프로세스에 redirect.dll 파일이 정상적으로 인젝션되었는지 확인합니다.

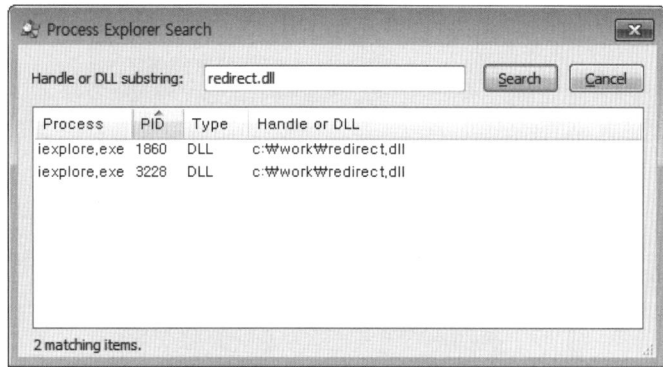

그림 34.20 redirect.dll 인젝션 확인

> **참고**
> InjDll.exe는 인젝션 전용 프로그램입니다. 관련 설명은 44장의 'DLL 인젝션 전용 도구'를 참고하기 바랍니다.

34.5.3. 새로운 탭 생성

IE에서 새로운 탭을 생성합니다.

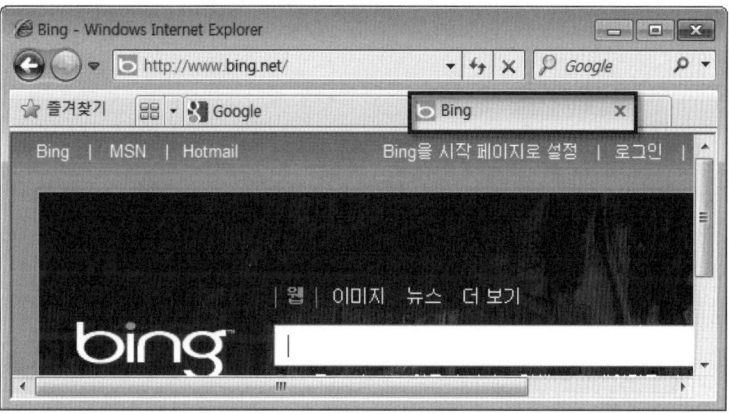

그림 34.21 새로 생성된 IE 탭

Process Explorer를 이용해서 새로 생긴 탭과 연결된 프로세스(PID: 3136)에 redirect.dll이 제대로 인젝션되었는지 확인합니다.

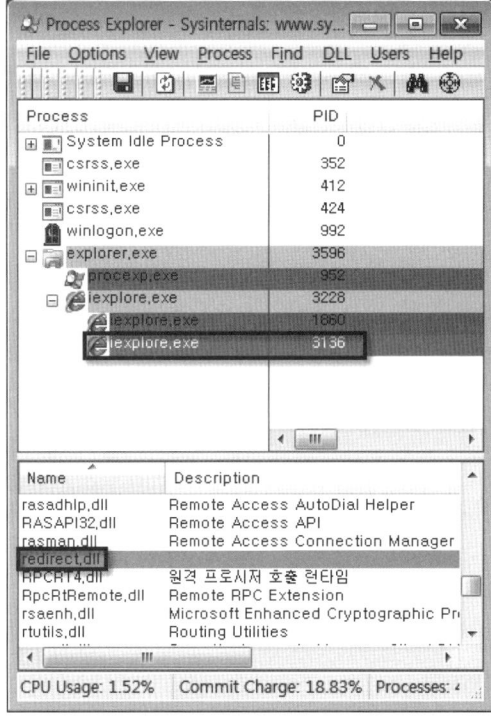

그림 34.22 새로운 IE 프로세스에 redirect.dll 인젝션됨

ntdll!ZwResumeThread() API 후킹을 통한 글로벌 API 후킹이 성공했습니다.

34.5.4. 포털 사이트 접속

IE의 아무 탭에서 국내 4대 포털 사이트에 접속을 시도해보세요.

- www.naver.com
- www.daum.net
- www.nate.com
- www.yahoo.com

그림 34.23 후킹된 IE 프로세스

그림 34.23에서처럼 주소는 naver지만 실제로는 ReverseCore 사이트가 연결되었습니다.

34.5.5. DLL 이젝션

IE 프로세스에서 redirect.dll을 내려(Unloading) 보겠습니다.

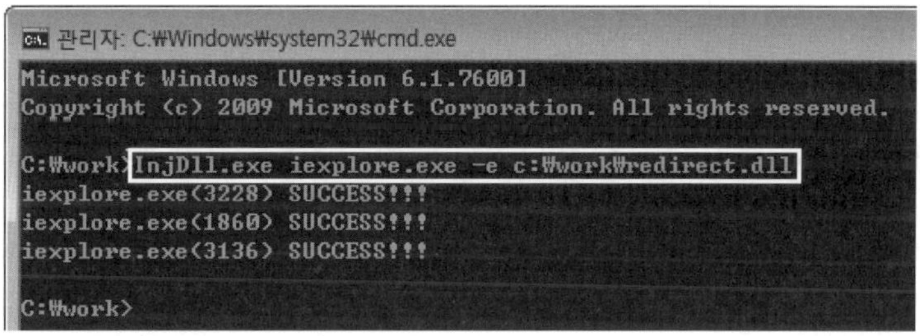

그림 34.24 iexplore.exe 프로세스에 redirect.dll 이젝션

Process Explorer를 이용하여 redirect.dll가 정상적으로 이젝션되었는지 확인합니다(그림 34.25 참고).

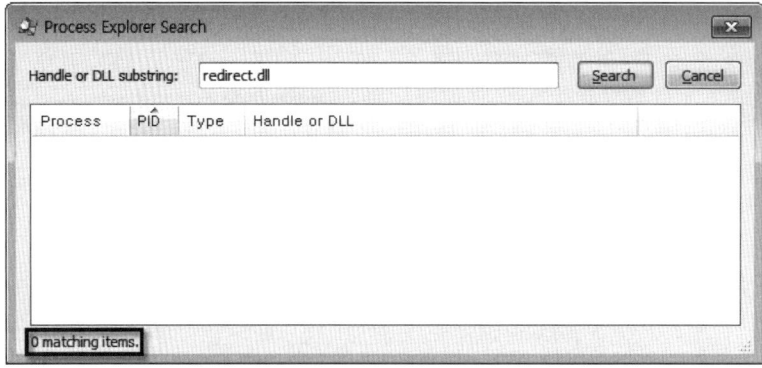

그림 34.25 redirect.dll 이젝션 확인

이제 다시 naver에 접속해보면, 이제는 정상적으로 접속하는 것을 확인할 수 있습니다.

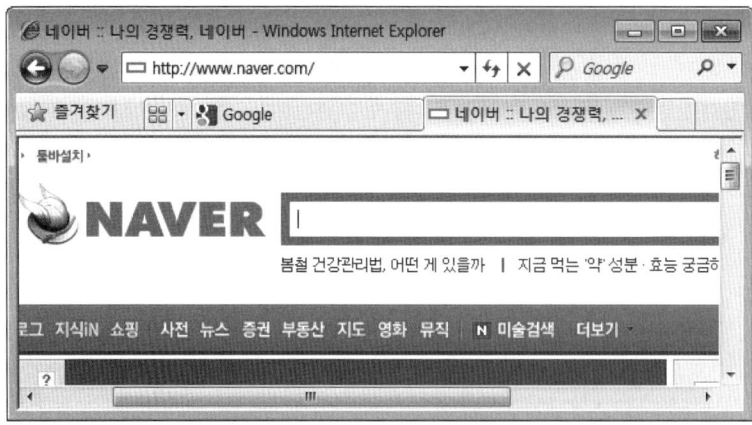

그림 34.26 후킹이 풀린 IE 프로세스

34.5.6. 추가 실습

앞에서 소개된 InjDll.exe 와 redirect.dll 파일을 이용해서 각자 좀 더 실습을 많이 해보기 바랍니다. 글로벌 API 후킹 기법에 대한 개념을 확실히 이해할 수 있을 것입니다.

- 모든 프로세스 후킹
- explorer.exe만 후킹(이후 IE 실행)

34.6. 예제 소스코드

주요 함수에 대해 설명하겠습니다(설명의 편의를 위해서 에러 처리 관련 코드는 제거하였습니다).

34.6.1. DllMain()

먼저 DllMain() 함수를 살펴봅시다.

코드 34.2 DllMain()

```c
BOOL WINAPI DllMain(HINSTANCE hinstDLL, DWORD fdwReason, LPVOID
                    lpvReserved)
{
    char            szCurProc[MAX_PATH] = {0,};
    char            *p = NULL;

    switch( fdwReason )
    {
        case DLL_PROCESS_ATTACH :
            GetModuleFileNameA(NULL, szCurProc, MAX_PATH);
            p = strrchr(szCurProc, '\\');
            if( (p != NULL) && !_stricmp(p+1, "iexplore.exe") )
            {
                // wininet!InternetConnectW() API를 후킹하기 전에
                // 미리 wininet.dll을 로딩시킴
                LoadLibrary(L"wininet.dll") )
            }

            // hook
            hook_by_code("ntdll.dll", "ZwResumeThread",
                        (PROC)NewZwResumeThread, g_pZWRT);
            hook_by_code("wininet.dll", "InternetConnectW",
                        (PROC)NewInternetConnectW, g_pICW);
            break;

        case DLL_PROCESS_DETACH :
            // unhook
            unhook_by_code("ntdll.dll", "ZwResumeThread",
                        g_pZWRT);
            unhook_by_code("wininet.dll", "InternetConnectW",
                        g_pICW);
            break;
    }

    return TRUE;
}
```

DllMain() 함수의 핵심 기능은 ntdll!ZwResumeThread()와 wininet!Internet
ConnectW() API의 훅/언훅입니다. 한 가지 특이한 코드는 실행 프로세스 이름
이 iexplorer.exe인 경우 wininet.dll을 로딩하는 코드입니다. iexplore.exe 프로
세스가 정상적으로 실행되면 기본적으로 wininet.dll을 로딩하고 있는데 왜 굳이
추가적으로 로딩을 하는 걸까요? 그 이유는 글로벌 API 후킹의 특성 때문입니다.
ntdll!ZwResumeThread()를 이용한 API 후킹은 해당 프로세스의 메인 스레드가
시작되기 전에 제어를 가로채기 때문에 우리가 후킹하려는 wininet.dll 모듈이 아
직 로딩되어 있지 않은 상황이 발생할 수 있습니다. 모듈이 로딩되지도 않은 상태
에서 그 내부의 API에 대한 후킹을 시도하면 실패할 것입니다. 이런 문제를 예방
하기 위해서 iexplore.exe 프로세스인 경우 wininet!InternetConnectW() API를
후킹하기 전에 무조건 wininet.dll을 로딩시키는 것입니다.

> **참고**
>
> 예제 코드에서는 Wininet.InternetConnectW() API를 5바이트 패치 기법으로 후킹을 하였습니다
> 만, 7바이트 패치 기법으로도 역시 후킹할 수 있습니다. 그러나 ntdll.ZwResumeThread() API는 5
> 바이트 패치 기법으로만 후킹이 가능합니다(7바이트 여유 공간이 없기 때문입니다). 7바이트 패치
> (핫 픽스) 기법에 대해서는 33장을 참고하기 바랍니다.

34.6.2. NewInternetConnectW()

wininet!InternetConnectW()의 후킹 함수인 NewInternetConnectW() 함수에 대
한 설명입니다. 이 함수는 IE의 접속 주소를 모니터링하면서 특정 사이트에 접속
을 시도할 때 원하는 사이트로 접속을 돌리는 역할을 수행합니다.

코드 34.3 NewInternetConnectW()
```
HINTERNET WINAPI NewInternetConnectW
(
    HINTERNET hInternet,
    LPCWSTR lpszServerName,
    INTERNET_PORT nServerPort,
    LPCTSTR lpszUsername,
    LPCTSTR lpszPassword,
    DWORD dwService,
    DWORD dwFlags,
    DWORD_PTR dwContext
)
```

```
{
    HINTERNET hInt = NULL;
    FARPROC pFunc = NULL;
    HMODULE hMod = NULL;

    // unhook
    unhook_by_code("wininet.dll", "InternetConnectW", g_pICW);

    // call original API
    hMod = GetModuleHandle(L"wininet.dll");
    pFunc = GetProcAddress(hMod, "InternetConnectW");

    if( !_tcsicmp(lpszServerName, L"www.naver.com") ||
        !_tcsicmp(lpszServerName, L"www.daum.net") ||
        !_tcsicmp(lpszServerName, L"www.nate.com") ||
        !_tcsicmp(lpszServerName, L"www.yahoo.com") )
    {
        hInt = ((PFINTERNETCONNECTW)pFunc)(hInternet,
                                        L"www.reversecore.com",
                                        nServerPort,
                                        lpszUsername,
                                        lpszPassword,
                                        dwService,
                                        dwFlags,
                                        dwContext);
    }
    else
    {
        hInt = ((PFINTERNETCONNECTW)pFunc)(hInternet,
                                        lpszServerName,
                                        nServerPort,
                                        lpszUsername,
                                        lpszPassword,
                                        dwService,
                                        dwFlags,
                                        dwContext);
    }

    // hook
    hook_by_code("wininet.dll", "InternetConnectW",
                (PROC)NewInternetConnectW, g_pICW);

    return hInt;
}
```

NewInternetConnectW() 함수의 코드 역시 복잡하지 않습니다. 함수의 2번째 파라미터인 lpszServerName 문자열이 바로 접속 주소입니다. 이 접속 주소를 모니터링하여 우리나라 4대 포털 사이트(Naver, Daum, Nate, Yahoo)일 경우, 제 블로그 접속 주소(ReverseCore)로 바꿔버립니다.

34.6.3. NewZwResumeThread()

글로벌 API 후킹을 위한 ntdll!ZwResumeThread()의 후킹 함수인 NewZwResumeThread() 함수입니다.

코드 34.4 NewZwResumeThread()

```
NTSTATUS WINAPI NewZwResumeThread(HANDLE ThreadHandle, PULONG
                                  SuspendCount)
{
    NTSTATUS status, statusThread;
    FARPROC pFunc = NULL, pFuncThread = NULL;
    DWORD dwPID = 0;
    static DWORD dwPrevPID = 0;
    THREAD_BASIC_INFORMATION tbi;
    HMODULE hMod = NULL;
    TCHAR szModPath[MAX_PATH] = {0,};

    hMod = GetModuleHandle(L"ntdll.dll");

    // ntdll!ZwQueryInformationThread() 호출
    pFuncThread = GetProcAddress(hMod, "ZwQueryInformationThread");

    statusThread = ((PFZWQUERYINFORMATIONTHREAD)pFuncThread)
                   (ThreadHandle, 0, &tbi, sizeof(tbi), NULL);

    dwPID = (DWORD)tbi.ClientId.UniqueProcess;
    if ( (dwPID != GetCurrentProcessId()) && (dwPID != dwPrevPID) )
    {
        dwPrevPID = dwPID;

        // privilege 변경
        SetPrivilege(SE_DEBUG_NAME, TRUE);

        // injection dll 경로 받아오기
        GetModuleFileName(GetModuleHandle(STR_MODULE_NAME),
                          szModPath,
                          MAX_PATH);

        InjectDll(dwPID, szModPath);
    }

    // ntdll!ZwResumeThread() 호출
    unhook_by_code("ntdll.dll", "ZwResumeThread", g_pZWRT);
```

```
    pFunc = GetProcAddress(hMod, "ZwResumeThread");
    status = ((PFZWRESUMETHREAD)pFunc)(ThreadHandle, SuspendCount);

    hook_by_code("ntdll.dll", "ZwResumeThread",
                 (PROC)NewZwResumeThread, g_pZWRT);

    return status;
}
```

NewZwResumeThread() 함수의 첫 번째 파라미터는 Resume할 스레드의 ThreadHandle입니다. 지난번 설명에서 이 스레드는 바로 자식 프로세스의 메인 스레드라고 설명했습니다. 따라서 NewResumeThread() 함수 초반부의 ZwQuery InformationThread() API를 호출하는 이유는 바로 ThreadHandle이 가리키는 스레드(자식 프로세스의 스레드)가 소속된 자식 프로세스의 PID를 얻기 위함입니다. 이렇게 ThreadHandle 파라미터를 이용하여 (지금 막 생성된) 자식 프로세스의 PID를 얻어냈습니다. 이 PID를 이용하여 redirect.dll(후킹 DLL)을 인젝션해줍니다. 해당 자식 프로세스는 메인 스레드가 실행되기도 전에 이미 redirect.dll이 인젝션되면서 자동으로 API 후킹이 걸립니다. 마지막으로 ntdll!ZwResumeThread() API를 정상적으로 호출하여 자식 프로세스의 메인 스레드를 Resume합니다. 이제 자식 프로세스는 API가 후킹된 채로 정상 실행됩니다.

> **참고**
>
> **High-Level API 후킹 vs Low-Level API 후킹**
>
> ntdll!ZwResumeThread() API 후킹 방법은 단순히 kernel32!CreateProcess() API를 후킹하는 것보다 더 강력하고 편리한 방법입니다. 왜냐하면 CreateProcess()는 내부적으로 CreateProcessInternal()을 호출합니다. 만약 프로그램에서 CreateProcessInternal()을 직접 호출한다면 정상적인 후킹이 되지 않습니다(차라리 CreateProcessInternal()을 후킹하는 것이 더 좋은 방법입니다). 이런 식으로 Low-Level API(ntdll.dll에서 제공되는 API)를 후킹할수록 더 강력합니다. 하지만 대부분의 Low-Level API들은 문서화되어 있지 않으며, OS 버전에 따라 변경될 가능성이 존재합니다. 반면 High-Level API(kernel32.dll 레벨 - documented)들은 변경될 가능성이 없고, 문서화가 잘 되어 있기 때문에 안정적인 후킹이 가능합니다. 대신 후킹 성능은 좀 떨어집니다. 따라서 High-Level API 후킹과 Low-Level API 후킹은 서로 일장 일단이 있기 때문에 상황에 맞게 적절히 선택하여 구현하는 것이 현명한 방법입니다.

34.7. 마무리

지금까지 실습 예제의 소스코드를 모두 살펴보면서, 글로벌 API 후킹의 구현 원리를 알아보았습니다. 이것으로 API 후킹에 필요한 모든 지식을 습득했습니다. API 후킹 전문가가 되려면 추가적으로 많은 시행착오를 통한 실전 경험이 필요합니다. 다양한 문제를 접하고 해결하는 과정을 통해 리버싱 실력이 향상되는 느낌을 받을 수 있습니다.

35
좋은 분석 도구를 선택하는 다섯 가지 기준

35.1. 도구

분야를 막론하고 기술자(엔지니어)들은 자신만의 작업환경과 손에 익은 도구(장비)가 있습니다. 기술자란 특정 업무를 위해서 필요한 도구를 아주 능숙하게 다룰 줄 아는 사람들입니다. 같은 도구를 사용하더라도 기술자의 능력에 따라서 전혀 다른 결과를 보여줍니다(더 나아가서 필요한 도구를 직접 만들어내기도 합니다). 또한 기술자들은 각자 자신만의 도구를 가지고 있으며, 한 번 손에 익힌 도구를 되도록 오래 쓰고 웬만해서는 바꾸려 하지 않습니다(바꿀 때도 될 수 있으면 같은 회사의 후속 제품으로 바꾸려 하지요). 남의 도구, 남의 작업 환경에서 일을 하면 아무래도 불편하다고 생각합니다. 즉 자신만의 작업환경과 자신만의 도구가 갖춰져야 그 기술자의 진정한 실력이 100% 발휘된다고 할 수 있습니다.

35.2. 리버스 코드 엔지니어

리버서(Reverser)라고 불리는 리버스 코드 엔지니어들은 어떨까요? 리버서도 역시 IT 엔지니어 범주에 들어가기 때문에 위에서 언급한 일반적인 기술자의 성향과 다를 바가 없습니다. 리버싱을 하기 위한 도구의 종류만도 수십 가지가 넘으며, 각 종류별로 다양한 제품이 존재합니다. 또한 IT 분야의 특성상 계속해서 새로운 도구가 개발되고 있습니다. 리버싱 도구의 종류는 다음과 같이 매우 많습니다(언급하지 못한 것도 많습니다).

리버싱 도구 종류
- disassembler

- debugger - PE, script 등
- development tool - assembly, C/C++ 등
- editor(viewer) - text, hex, resource, registry, string, PE 등
- monitoring tool - process, file, registry, network, message 등
- memory dump
- classifier
- calculator - hex, binary
- compare tool - text, hex
- packer/unpacker
- encoder/decoder
- virtual machine
- decompiler - C, VB, Delphi 등
- emulator

35.3. 좋은 분석 도구 선택의 다섯 가지 기준

아래에 저만의 도구 선택 기준(가이드)을 제시합니다. 여러분도 자신만의 기준을 세워보기 바랍니다.

35.3.1. 도구 개수를 최소화한다.

남들이 쓴다고 해서 기능을 알지도 못하는 도구를 잔뜩 가지고 있어 봐야 도움이 되지 않습니다. 자신에게 필요한 도구만을 각 종류별로 하나씩만 사용하는 것이 좋습니다. 처음에는 자신의 실력에 맞는 것만을 선택하고 차츰 하나씩 늘려가면 됩니다. 또한 중복된 기능의 도구들은 하나로 정리하는 것이 좋습니다.

35.3.2. 도구는 기능이 단순하고 사용 방법이 편리한 것이 좋다.

실력이 늘어날수록 사용해야 할 도구의 개수도 늘어납니다. 당연히 기능이 단순하고 인터페이스가 직관적일수록 사용하기에 편리합니다. 여기서 기능이 단순하다는 말은 리버싱 도구치고는 단순하다는 것이지, 일반인들의 시각에서는 상당히

사용법이 복잡한 도구입니다. 따라서 아무리 단순한 리버싱 도구라 하더라도 익히는 데 많은 시간이 필요합니다.

35.3.3. 기능을 철저히 익힌다.

아무리 좋은 도구라도 사용할 줄 모르면 무용지물입니다. 자신이 이미 가지고 있는 도구에서 제공되는 기능인데도, 그걸 알지 못하고 다른 도구를 찾는 경우가 많습니다. 일단 도구를 선택한 후에는 제공되는 매뉴얼을 일단 정독해보는 것이 좋습니다. 자주 사용하는 기능의 단축키 정도는 외워 두면 작업이 훨씬 수월합니다(단축키를 잘 쓰면 도구에 대한 애착이 강해지고, 무엇보다 확실히 폼이 난답니다).

35.3.4. 꾸준히 업데이트한다.

리버싱의 기술 발전 속도는 매우 빠릅니다. 새로운 기술에 대응하기 위해 도구들도 빠르게 변화하기 때문에 사용하는 도구의 업데이트는 매우 중요한 일입니다. 따라서 이왕이면 꾸준히 업데이트를 지원하는 도구를 선택하는 것이 좋습니다.

35.3.5. 도구의 핵심 동작 원리를 이해한다.

도구를 더 잘 사용하기 위해서 동작 원리를 이해하는 것이 좋습니다. 더 나아가 테스트용 프로토타입을 만들 수 있다면 금상첨화입니다. 이 부분을 간과하는 경우가 매우 많습니다. 하지만 높은 수준의 리버싱 실력을 쌓기 위해서는 필수적인 사항입니다. 예를 들어 디버거의 동작 원리를 이해하고 있으면, 안티 디버깅 기법을 잘 회피할 수 있습니다. 원리를 이해하지 못하고 도구에만 의존하면, 간단한 트릭도 해결하지 못하고 다른 도구를 찾아 나서야 합니다. 소위 말하는 '도구의 노예'가 되는 것이지요(이것만은 꼭 경계해야 합니다).

35.4. 숙련도의 중요성

debug.exe라는 프로그램을 들어보았나요? MS-DOS 시절부터 존재하던 16비트 디버거입니다(Windows XP에도 존재합니다). 커맨드 창에서 debug.exe를 실행하고, '?' 명령으로 도움말을 보겠습니다.

```
C:\WINDOWS\system32\debug.exe
-?
어셈블          A [주소]
비교            C 범위 주소
덤프            D [범위] <KA - ASCII, KK - 한글>
입력            E 주소 [목록]
채우기          F 범위 목록
실행            G [=주소] [주소]
16진수          H 값1 값2
입력            I 포트
읽어들이기      L [주소] [드라이브] [첫 섹터] [갯수]
이동            M 범위 주소
이름            N [경로 이름] [인수 목록]
출력            O 포트 바이트
진행            P [=주소] [값]
종료            Q
레지스터        R [레지스터]
찾기            S 범위 목록
추적            T [=주소] [값]
역어셈블        U [범위]
쓰기            W [주소] [드라이브] [첫 섹터] [갯수]
EMS 할당                XA [페이지 번호]
EMS 할당 해제           XD [핸들]
EMS 페이지 매핑         XM [Lpage] [Ppage] [핸들]
EMS 상태 표시           XS
```

그림 35.1 debug.exe 프로그램 도움말

위에 보이는 명령어가 전부입니다. 단순하지요? 제가 아는 어떤 분이 debug.exe로 16비트 DOS 프로그램을 분석하는 걸 본 적이 있습니다. 뭔가를 실행시키더니 키보드를 다다다 두들기면서 화면이 번쩍 번쩍 넘어가는데, 바로 옆에서 지켜보면서도 무슨 작업을 하는지 도저히 알 수 없었습니다(제 눈이 그분의 작업 속도를 따라가지 못한 거죠). 처음에는 실행되는 프로그램이 debug.exe인지 몰랐습니다(전 그때 당시 이미 debug.exe를 한 달 정도 써본 경험이 있었음에도 불구하고 말이죠). 그분이 사용한 프로그램이 debug.exe라는 걸 알고 충격에 휩싸였었죠. '저런 단순한 debug.exe만으로 이 일을 이렇게 빨리 해냈단 말인가?' 하고 말이죠. 그 이후로 제가 어떤 도구를 고를 때 나름대로의 기준을 세우게 되었습니다. 그리고 하나의 깨달음을 얻었습니다.

"평범한 도구라도 극한까지 연마하면 천하에 다시 없는 비범한 도구가 된다."

마치 무림고수(武林高手)가 수련에 수련을 거듭해서 검(劍)을 버리고 결국에는 초(草)/목(木)/죽(竹)/석(石)을 모두 검처럼 사용할 수 있듯이 말이죠. 여러분은 어떻게 생각하십니까?^^

5부
64비트 & Windows Kernel 6

36
64비트 컴퓨팅

어느덧 64비트 OS가 빠르게 보급되고 있습니다. 리버스 엔지니어로서 당연히 64비트에 관하여 공부를 해놓아야겠지요? 이번 장에서는 64비트 컴퓨팅에 대해서 알아보겠습니다.

36.1. 64비트 컴퓨팅 환경

Intel의 32비트 CPU인 80386은 1985년에 처음 발표되었지만 당시에는 높은 가격과 지원 OS의 부족으로 거의 보급되지 않았습니다. 그러다가 1995년 Microsoft에서 32비트 OS인 Windows 95를 발표하면서 본격적인 32비트 컴퓨팅 시대가 열렸습니다. Windows 95는 16비트 하위 호환을 지원하여 기존의 DOS 응용 프로그램들도 대부분 안정적으로 동작하였습니다. 몇 년간의 16비트/32비트가 혼용되는 과도기를 거쳐 Windows 2000/XP 시대에 들어서면서 완전히 32비트 응용 프로그램이 주류를 이루기 시작하여 지금까지 이어지고 있습니다. 그러던 중 32비트용 PC의 한계(주로 물리 메모리 4GB용량 제한)를 예견한 CPU, OS 제조업체에서 64비트 버전을 내놓기 시작합니다. 이것이 바로 '64비트 CPU'와 '64비트 OS'로 이루어진 64비트 컴퓨팅 환경입니다.

36.1.1. 64비트 CPU

32비트 CPU 시대까지는 Intel이 기술(x86)을 리드하고 AMD가 x86 호환 칩을 만들어 추격하는 형국이었습니다. 그런데 64비트 CPU에서는 조금 재미있는 일이 벌어졌습니다. Intel에서 발표한 최초의 64비트 CPU인 IA-64(제품명: Itanium)은 64비트 본래의 강력한 성능 위주로 설계된 칩이었습니다. 흥미로운 점은 새로운 IA-64가 기존 x86 계열(IA-32) CPU와는 전혀 다른 형태의 칩이라는 것입니다. 마치

IBM의 PowerPC 계열과 마찬가지로 탑재된 Register나 사용되는 Instruction이 서로 전혀 다르기 때문에 기존 IA-32와 직접 호환이 되지 않았습니다(에뮬레이터를 이용하여 간접적으로 지원합니다만 속도가 느립니다).

사실 IA-64는 Intel과 HP의 합작품입니다. 아마 하위호환을 포기하는 대신 최고의 성능을 뽑아내서 PC와 서버 시장을 모두 석권하려는 생각이었는지도 모릅니다. 하지만 시장(특히 PC 시장)은 하위호환을 그리 쉽게 포기할 수 없었습니다. 이후 AMD에서 AMD64를 발표하였는데 이것은 기존의 IA-32와 호환되는 64비트 칩이었습니다. PC 시장에서는 하위호환을 지원하는 AMD64를 주목하였습니다. 이에 다급해진 Intel에서는 AMD로부터 라이선스를 사들여 AMD64와 호환되는 EM64T를 발표하고, 향후 Intel64로 이름을 변경합니다. 최근 Intel에서 출시되는 Core 2 Duo, i7/i5/i3 등의 CPU들이 바로 Intel64 계열입니다. AMD64와 Intel64를 합쳐서 보통 x64라고 부르며, 이는 기존 x86(IA-32)과 호환되는 64비트 CPU를 말하는 것입니다. 일반 PC와 서버에 사용되고 있습니다. 반면 IA-64는 x64와는 전혀 다른 형태의 CPU로, 주로 대형 서버와 슈퍼 컴퓨터 등에 사용됩니다.

용어 정리

64비트 CPU를 설명하기 위해 상당히 많은 용어가 튀어나와서 복잡하게 느껴질테니, 이를 아래 표에 간단히 정리해보겠습니다.

용어	설명
AMD64	AMD에서 제작한 64비트 CPU(직접적인 x86 하위 호환)
EM64T	Intel에서 제작한 AMD64 호환 CPU
Intel64	EM64T의 새로운 이름
IA-64	Intel과 HP에서 제작한 64비트 CPU(에뮬레이터를 통한 간접적인 x86 하위 호환)
x86	Intel의 IA-32, IA-16, IA-8 계열 CPU
x64	AMD64 & Intel64

표 36.1 CPU 용어 정리

36.1.2. 64비트 OS

PC에 사용되는 Windows 64비트 운영체제로는 Windows XP/Vista/7의 64비트

버전이 있습니다. Microsoft는 32비트 하위호환 지원 기능이야말로 64비트 OS의 성공 여부를 판가름하는 핵심 기능으로 보았습니다. 이를 위해 기존 32비트 응용 프로그램들이 잘 동작할 수 있는 메커니즘(WOW64)을 제공하고, 기존 32비트 소스를 64비트로 쉽게 포팅할 수 있도록 많은 배려를 하였습니다.

LLP64 데이터 모델

64비트 Windows에서는 하위 호환을 위하여 LLP64 데이터 모델을 사용합니다. 기존 32비트 Windows에서 사용되는 데이터 모델(ILP32)에서 Pointer 항목만 64비트 크기로 변경된 것입니다. 따라서 기존 32비트 소스코드를 64비트로 포팅할 때 Pointer 타입만 잘 신경 써서 변환하면 됩니다.

Data Model	short	int	long	longlong	pointer	OS
ILP32	16	32	32	64	32	MS Windows 32비트
LLP64	16	32	32	64	64	MS Windows 64비트
LP64	16	32	64	64	64	UNIX 64비트

표 36.2 데이터 모델

또 하나 주의할 점은 64비트 Windows에서 HANDLE 타입이 64비트 크기로 변경되었다는 것입니다.

참고로 64비트 UNIX 계열은 LP64 데이터 모델을 사용합니다. LLP64과의 차이점은 long 타입의 크기가 64비트라는 것입니다.

참고

약어 설명

ILP32: Integer, Long, Pointer - 32비트
LLP64: LongLong, Pointer - 64비트
LP64: Long, Pointer - 64비트

36.1.3. Win32 API

64비트 응용 프로그램을 만들 때 기존의 Win32 API(Application Programming Interface)를 거의 그대로 사용합니다. Win64 API를 따로 제공하는 것이 아니니

다. 기존 개발자 입장에서는 새로운 API를 추가로 익혀야 하는 부담이 없다는 것이 큰 매력입니다. 이와 같은 여러 가지 배려를 통하여 기존 32비트용 소스코드를 비교적 쉽게 64비트용으로 포팅할 수 있게 되었습니다.

> **참고**
> MS는 하위호환을 위하여 Win64를 따로 만들지 않았습니다. 향후 64비트가 정착되면 Win64를 제공할 수도 있겠지요.

36.1.4. WOW64

지금은 32비트에서 64비트로 넘어가는 과도기이기 때문에 64비트 OS에서 기존의 32비트 프로그램을 잘 실행시키는 것이 무엇보다도 중요합니다. 마치 예전의 Windows 95에서 32비트 Windows 프로그램과 16비트 DOS 프로그램이 모두 잘 실행되도록 지원했던 것과 마찬가지입니다. WOW64(Windows On Windows 64)는 기존 32비트 응용 프로그램을 64비트 OS에서 실행시켜주는 메커니즘입니다.

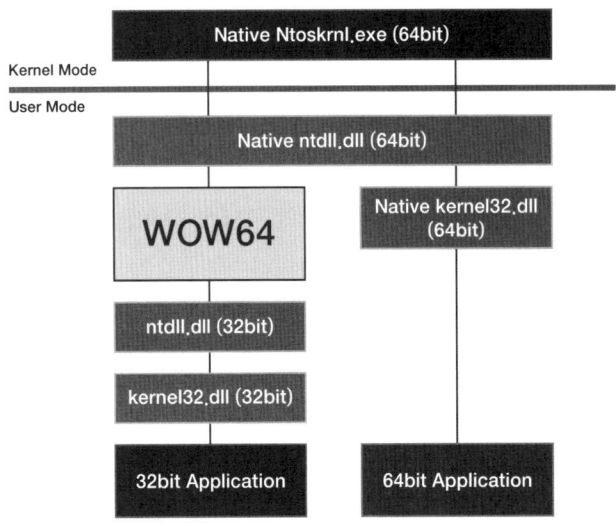

그림 36.1 WOW64

64비트 Windows에서는 32비트 응용 프로그램과 64비트 응용 프로그램이 모두 실행될 수 있습니다. 64비트 응용 프로그램은 kernel32.dll(64비트)과 ntdll.dll(64비트)을 로딩합니다. 반면 32비트 응용 프로그램은 kernel32.dll(32비트)과 ntdll.

dll(32비트)을 로딩하는데, 중간에서 'WOW64'가 ntdll.dll(32비트)의 요청(API 호출)을 ntdll.dll(64비트)로 리다이렉션(redirection)해줍니다.

즉 64비트 Windows에는 32비트 Windows의 시스템 환경을 준비해놓고 32비트 응용 프로그램이 실행될 때 이를 제공합니다. 그리고 중간에서 WOW64가 64비트 환경으로 변환시켜주는 것입니다.

> **참고**
>
> WOW64는 유저 모드(User mode)에서만 동작하기 때문에 커널 모드(Kernel mode)에서 실행되는 드라이버(Driver) 파일들은 반드시 64비트용으로 재빌드되어야 합니다. 커널 모드에서 만약 잘못된 메모리 참조가 발생하면, 그대로 BSOD(Blue Screen Of Death)가 발생하기 때문에 시스템의 안정성을 위해서 WOW64를 유저 모드로 제한해놓은 것 같습니다.

폴더 구조

64비트 Windows의 폴더 구조에서 개발자와 리버서들이 꼭 알아야 하는 내용이 있습니다. 바로 System32 폴더인데, 64비트 환경에서도 시스템 폴더의 이름은 'System32'입니다. 그리고 32비트 하위 호환을 위하여 'SysWOW64' 폴더를 따로 제공합니다.

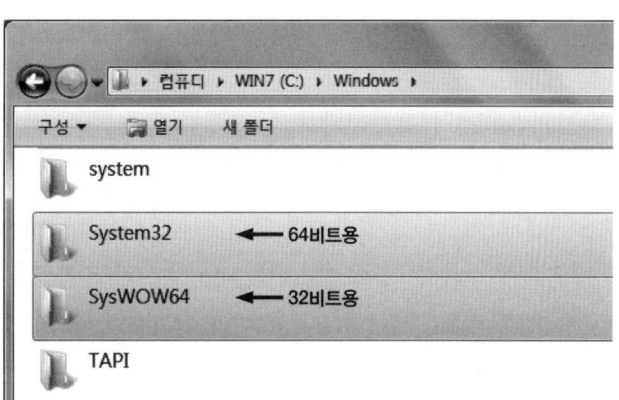

그림 36.2 두 개의 시스템 폴더

System32 폴더에는 64비트 시스템 파일들이 존재하고, SysWOW64 폴더에는 32비트용으로 제작된 시스템 파일들이 존재합니다. 중요 시스템 파일들이 각각 64비트와 32비트용으로 빌드되어 제공됩니다(그림39-3, 그림39-4 참고).

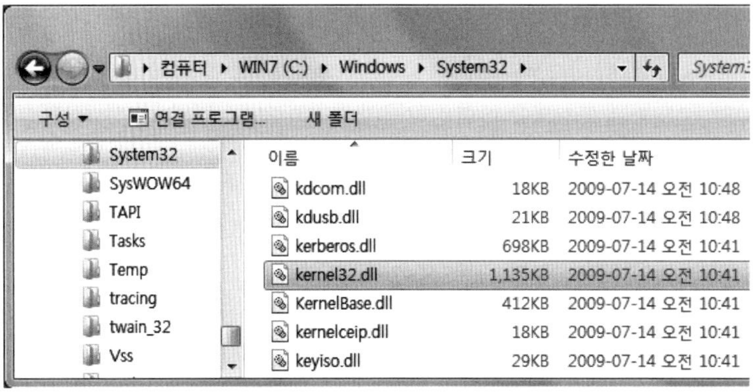

그림 36.3 System32 폴더의 kernel32.dll(64비트)

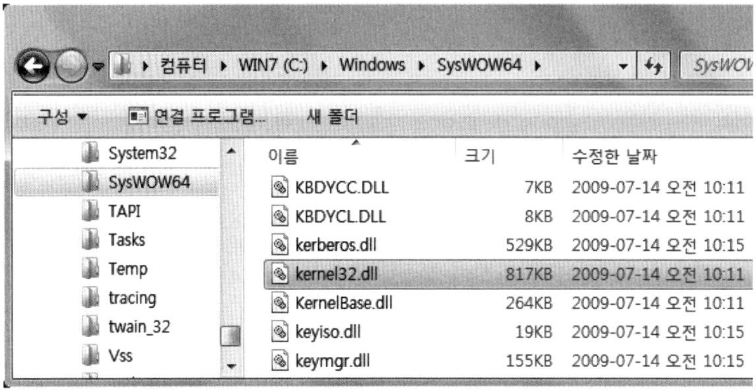

그림 36.4 SysWOW64 폴더의 kernel32.dll(32비트)

재미있는 사실은 64비트 프로그램에서 GetSystemDirectory() API를 이용해서 시스템 폴더를 찾으면 System32 폴더가 정상적으로 리턴됩니다. 32비트 프로그램에서 GetSystemDirectory()를 호출하면 폴더 이름은 'System32'로 리턴되고, 실제 폴더의 내용은 'SysWOW64'와 같습니다. WOW64가 중간에서 API 호출을 가로채서 조작한 결과입니다. 이로 인해 32비트 프로그램은 별다른 문제 없이 잘 동작할 수 있는 것입니다.

참고

Program Files와 Program Files(x86) 폴더는 System32/SysWOW64와 같이 직접적인 리다이렉션 대상은 아닙니다. 다만 32비트 프로그램에서 SHGetSpecialFolderPath() API를 사용하여 Program Files 폴더 경로를 구할 때 중간에서 WOW64가 가로채서 'Program Files(x86)' 경로를

리턴시킵니다. 32비트 프로그램에서 'SysWOW64' 폴더 이름은 'System32'로 변경되어 보입니다만, 'Program Files(x86)' 폴더 이름은 그대로 보인다는 차이가 있습니다.

레지스트리

레지스트리(Registry)도 32비트용과 64비트용으로 따로 구분되어 있습니다.

그림 36.5 32비트용과 64비트용으로 분리된 레지스트리

만약 32비트 프로세스에서 HKLM\SOFTWARE 아래의 키를 요청하면 중간에서 WOW64가 32비트용 HKLM\SOFTWARE\Wow6432Node 키로 리다이렉션해버립니다. 이러한 Registry Redirection에 대한 내용은 다음에 나오는 MSDN 링크를 참고하기 바랍니다. 레지스트리는 파일 시스템의 리다이렉션보다 더 복잡한 상황이 많습니다. 정확한 개발과 리버싱을 위해서 꼭 읽어보기 바랍니다.

http://msdn.microsoft.com/en-us/library/aa384232(v=VS.85).aspx

> **참고**
> 파일 시스템과 달리 레지스트리는 32비트와 64비트를 완벽히 분리시킬 수 없는 경우가 있습니다. 32/64비트 공용으로 쓰는 경우도 있고, 32비트 쪽에 값을 쓰면 자동으로 64비트 쪽으로 옮겨버리는 경우도 있습니다. 따라서 WOW64 환경에서 실행되는 프로그램을 리버싱할 때는 어떤 레지스트리(32비트 또는 64비트)를 Access하는지 정확히 알고 있어야 합니다.

36.1.5. 실습 - WOW64Test

WOW64를 테스트하기 위한 간단한 실습 예제를 준비하였습니다. WOW64Test_x86.exe는 32비트용으로 빌드된 파일이며 WOW64 모드로 동작합니다. 그리고 WOW64Test_x64.exe는 64비트용으로 빌드되었으며 64비트 Native 모드로 동작합니다. 두 파일 모두 소스코드(WOW64Test.cpp)는 동일합니다.

> **참고**
> WOW64Test_x64.exe 파일을 정상적으로 실행/디버깅하기 위해서는 Windows XP/Vista/7 64비트 시스템이 필요합니다.

아래 그림은 각각의 실행 화면입니다.

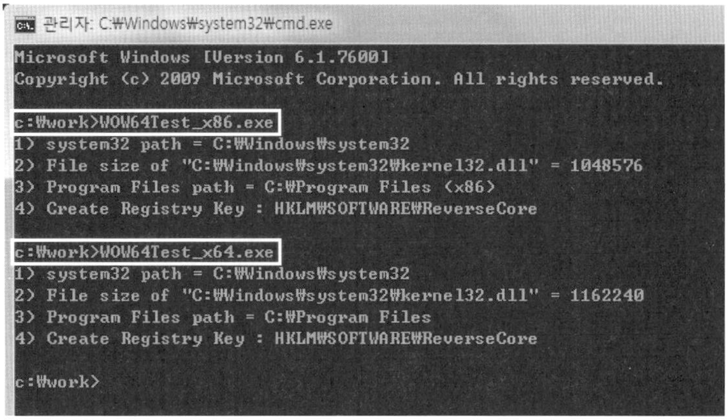

그림 36.6 WOW64Test_x86.exe, WOW64Test_x64.exe

실습 프로그램은 총 네 가지 정보를 구해옵니다.

"system32" path

File size of "kernel32.dll"

"Program Files" path

Create Registry Key : "HKLM\SOFTWARE\ReverseCore"

64비트용 WOW64Test_x64.exe에서는 모두 소스코드의 내용과 동일하게 정확한 위치에서 값을 구하고 키를 생성합니다. 그러나 WOW64 모드로 실행되는 32비트용 WOW64Test_x86.exe는 조금 다르게 동작하고 있습니다. System32 폴더 경로를 'C:\Windows\system32'로 인식하지만, 그 내용은 'SysWOW64'를 가리키고 있습니다(kernel32.dll의 파일 크기를 보면 확인할 수 있습니다). 또한 Program Files 경로를 'Program Files(x86)'으로 리턴합니다. 레지스트리를 생성할 때도 HKLM\SOFTWARE\ReverseCore 키를 생성하는 것이 아니라 실제로는 'HKLM\SOFTWARE\Wow6432Node\ReverseCore' 키를 생성합니다. 이와 같이 WOW64 모드로 실행되는 32비트용 애플리케이션은 파일(폴더)과 레지스트리가 리다이렉션될 수 있으므로 주의를 해야 합니다.

> **참고**
>
> 64비트 Windows 환경에서 위 실습 예제 파일들을 하나씩 실행해보면서 탐색기와 레지스트리 편집기를 이용해서 결과를 확인해보기 바랍니다.

36.2. 64비트 빌드

64비트 PE 파일(PE+ 또는 PE32+)을 빌드하는 방법에 대해서 알아보도록 하겠습니다. 32비트와 64비트 Windows OS 모두에서 각각 32비트/64비트용 PE 파일을 생성(Cross Compile)할 수 있습니다. 가장 간단한 방법은 Visual C++ 2010 Express Edition과 Microsoft Windows SDK for Windows 7 and .NET Framework 4를 설치하는 것입니다.

Visual C++ 2010 Professional 버전부터는 64비트 빌드 환경이 기본 지원됩니다. 그러나 무료로 제공되는 Express 버전에서는 최신 버전의 Windows SDK를 설치해야 64비트 빌드를 수행할 수 있습니다.

36.2.1. Microsoft Windows SDK(Software Development Kit)

기존 'Platform SDK'의 이름이 'Windows SDK'로 변경되었습니다. 최신 버전을 다운받아 설치하면 됩니다.

그림 36.7 Microsoft Windows SDK

위 그림과 같이 32비트용 x86 라이브러리와 64비트용 x64, Itanium(IA-64) 라이브러리를 지원합니다.

36.2.2. Visual C++ 2010 Express 환경 설정

64비트 빌드를 위해서 VC++의 빌드 플랫폼 구성을 추가해야 합니다. 위 실습 예제를 기준으로 설명하겠습니다. 메인 메뉴의 '빌드(B) - 구성 관리자(O)'를 선택하면 '구성 관리자' 다이얼로그가 나타납니다.

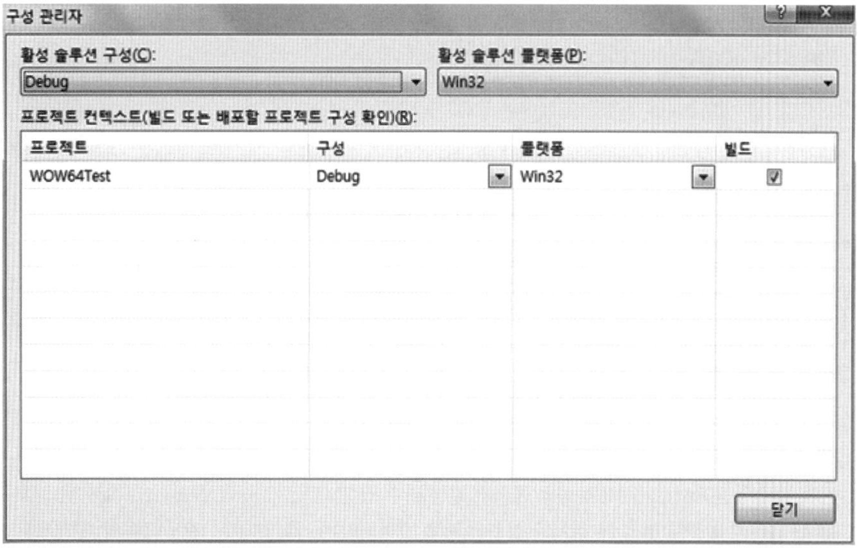

그림 36.8 구성 관리자

빌드 플랫폼을 새로 설정하기 위하여 구성 관리자의 '활성 솔루션 플랫폼(P)'의 '〈새로 만들기…〉'를 선택해주세요.

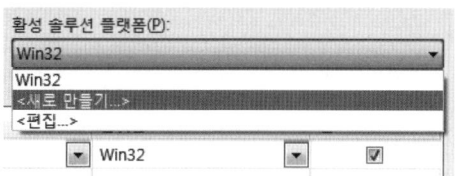

그림 36.9 활성 솔루션 플랫폼

그림 36.10과 같이 '새 솔루션 플랫폼' 다이얼로그가 나타납니다.

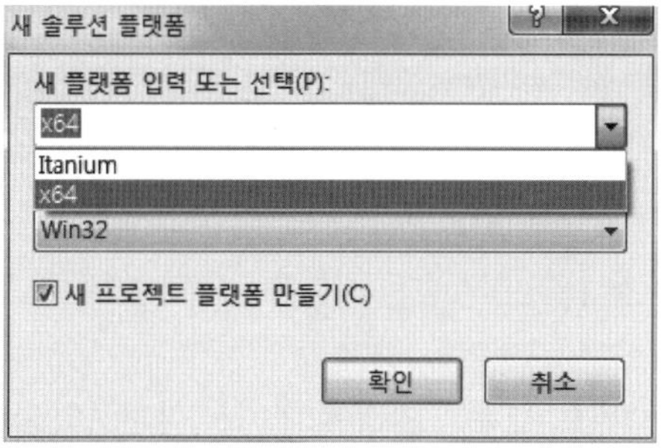

그림 36.10 새 솔루션 플랫폼

36 64비트 컴퓨팅 593

여기서 원하는 빌드 플랫폼(Itanium, x64)을 선택하고, 이제 새로 생성한 64비트 환경에서 빌드를 시작하면 됩니다.

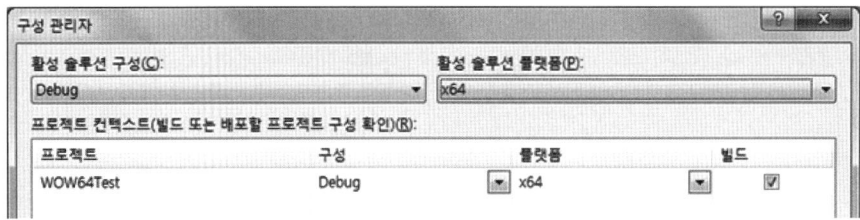

그림 36.11 새로 생성된 64비트 빌드 환경

참고

간혹 빌드 과정에서 LINK1104 등의 에러가 발생할 수 있습니다. VC++과 Windows SDK을 설치할 때 다양한 버전을 여러 개 동시에 설치했을 때 꼬여버리는 상황입니다. 메인 메뉴의 '프로젝트(P) – 속성(P)'를 선택하면 '속성 페이지' 다이얼로그가 나타납니다. '구성 속성 – VC++ 디렉터리' 항목을 선택하기 바랍니다.

그림 36.12 VC++ 디렉터리 항목

아래와 같이 기존 경로의 마지막에 'Windows SDK' 설치 폴더 경로를 추가합니다(Debug/Release 각각 편집해주세요).

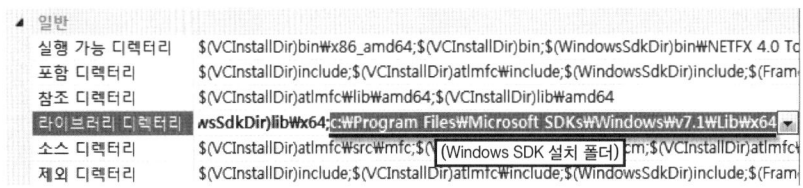

그림 36.13 라이브러리 디렉터리 수정

이상으로 간단히 64비트 컴퓨팅 환경에 대해서 살펴보았습니다.

37
x64 프로세서 이야기

64비트 환경에서 리버싱을 수행하기 위해서는 x64 CPU에 대한 기반 지식이 필요합니다. x64 CPU를 살펴보도록 하겠습니다.

37.1. x64에서 추가/변경된 사항

x64는 하위 호환을 위하여 기존의 x86를 확장시킨 형태로 만들어졌습니다. 리버싱 관점에서 x64에 추가/변경된 내용들에 대해서 간략히 살펴보겠습니다.

> **참고**
>
> 일반적으로 쉽게 접할 수 없는 IA-64에 대한 설명은 생략합니다. 또한 x64에서 추가된 내용은 일반적인 예상보다 훨씬 많습니다. 그 중에서 리버싱에 꼭 필요한 내용들만 추려서 소개합니다. 자세한 내용은 Intel 매뉴얼과 MSDN 등의 정보를 참고하기 바랍니다.

37.1.1. 64비트

64비트에서는 메모리 주소가 64비트(8바이트)로 표현됩니다. 즉 64비트 크기의 Pointer를 사용한다는 뜻입니다. 따라서 절대주소(VA)가 포함된 Instruction의 크기가 기존보다 4바이트만큼 추가로 증가하였습니다. 마찬가지로 레지스터의 크기와 스택의 기본 단위 크기도 64비트입니다.

37.1.2. 메모리

X64에서 프로세스 가상 메모리의 실제 크기는 16TB(Tera Byte: 10^{12})입니다(커널 영역과 유저 영역이 각각 8TB의 크기를 가집니다). X86의 4GB(Giga Byte: 10^9) 크기와 비교하면 엄청나게 늘어난 크기입니다.

> **참고**
>
> 64비트로 표현할 수 있는 수는 2^{64} = 16EB(Exa Byte: 10^{18})입니다. 일상 생활에서는 볼 수 없는 (거의 무한대라고 해도 좋을) 큰 수입니다. 그렇다면 64비트 CPU 또한 이론적으로 16EB만큼의 메모리 어드레싱(Memory Addressing)이 가능할 것입니다만, x64와 IA-64 CPU는 모두 성능을 고려하여 그 정도로 큰 가상 메모리를 지원하지 않습니다. 가상 메모리가 이 정도로 커지면 메모리 관리에만 엄청난 오버헤드가 걸릴 테니까요.

37.1.3. 범용 레지스터

x64에서 범용 레지스터의 크기는 64비트(8바이트)로 확장되었으며, 개수도 18개로 늘어났습니다(R8~R15 레지스터가 추가되었습니다). X64에서 모든 범용 레지스터 들의 이름은 'R'로 시작합니다(X86은 'E'로 시작하지요).

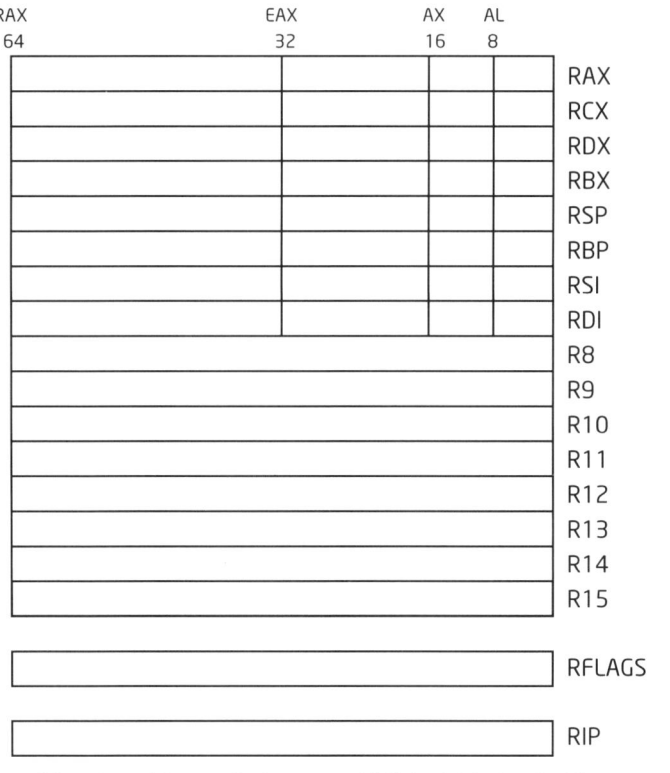

그림 37.1 General Purpose Registers in x64(출처: Intel IA 32/64 매뉴얼)

하위 호환을 위하여 레지스터의 8비트, 16비트, 32비트의 액세스를 제공합니다 (예: AL, AX, EAX).

> **참고**
> 64비트 Native Mode에서 Segment Register(CS, DS, ES, SS, FS, GS)들은 사용되지 않습니다.
> 오직 32비트 하위 호환용으로만 제공됩니다.

37.1.4. CALL/JMP Instruction

32비트 x86의 CALL/JMP 명령어 중에 아래와 같은 '주소 참조 CALL/JMP' 형식이 있습니다.

```
x86의 주소 참조 CALL/JMP 명령어
Address       Instruction       Disassembly
-----------------------------------------------------------------
00401000      FF1500504000      CALL DWORD PTR DS:[00405000]   ; CALL 75CE1E12
                                                                 (LoadLibraryW)
...
00401030      FF2510504000      JMP DWORD PTR DS:[00405010]    ; JMP 75CE10EF
                                                                 (Sleep)


00405000      121ECE75          ; 75CE1E12 (Kernel32!LoadLibraryW)
...
00405010      EF10CE75          ; 75CE10EF (Kernel32!Sleep)
```

특히 'FF15 XXXXXXXX' 형식의 Instruction은 API 호출에 사용되며, XXXXXXXX 주소는 IAT 영역의 한 곳을 가리키는 '절대주소(VA: Virtual Address)'입니다. X64 에도 동일한 명령어가 존재하지만 해석 방법이 달라집니다.

```
x64의 주소 참조 CALL/JMP 명령어
Address              Instruction         Disassembly
-----------------------------------------------------------------
00000001`00401000    FF15FA3F0000        CALL QWORD PTR DS:[00000001`00405000]
                                         ; CALL 00000000`75CE1E12
...
00000001`00401030    FF250A400000        JMP QWORD PTR DS:[00000001`00405010]
                                         ; JMP 00000000`75CE10EF


00000001`00405000    121ECE7500000000    ; 00000000`75CE1E12
                                           (Kernel32!LoadLibraryW)
...
00000001`00405010    EF10CE7500000000    ; 00000000`75CE10EF (Kernel32!Sleep)
```

일단 주소 체계가 8바이트 형식으로 변경된 것을 확인할 수 있습니다. x86에서는 FF15 명령어 다음에 4바이트 크기의 절대주소(VA)가 따라옵니다. X64에서도 x86과 같은 방식을 적용하려면 FF15 뒤에 8바이트 크기의 절대주소(VA)가 따라와야 하지만, 명령어 길이는 변경되지 않고 여전히 4바이트 크기의 주소가 따라옵니다. X64에서는 이 값이 '상대주소(RVA: Relative Virtual Address)'로 해석됩니다. 따라서 위 목록에서 FF15 뒤의 4바이트(3FFA)는 상대주소로 인식하여 아래와 같은 방법을 통해 절대주소로 계산됩니다.

00000001`00401000 + 3FFA + 6 = 00000001`00405000

- *00000001`00401000 : CALL 명령어 주소*
- *3FFA : 상대 (주소)*
- *6 : CALL 명령어(FF15XXXXXXXX) 길이*
- *00000001`00405000 ; 변환된 절대주소*

00000001`00405000 주소에는 00000000`75CE1E12 값이 들어 있으므로 결국 위에 나온 첫 번째 CALL 명령어는 'CALL 00000000`75CE1E12' 명령과 같은 것입니다.

> **참고**
> 명령어 해석 방법은 49장 'IA-32 Instruction'을 참고하세요.

37.1.5. 함수 호출 규약

또 다른 중요 변경 사항은 함수 호출 규약(Calling convention)입니다. 32비트의 함수 호출 규약에 대해서는 소개한 적이 있습니다. cdecl, stdcall, fastcall 등이 존재하였습니다만, 64비트에서는 '변형된 fastcall' 하나로 통일되었습니다. 64비트 fastcall은 함수 파라미터 4개까지 레지스터에 저장하여 전달하는 것이 특징입니다.

Parameter	정수형	실수형
1st	RCX	XMM0
2nd	RDX	XMM1
3rd	R8	XMM2
4th	R9	XMM3

표 37.1 64비트 fastcall 파라미터

각 파라미터 순서에 대한 레지스터가 결정되어 있습니다. 예를 들어 첫 번째 파라미터는 무조건 RCX(실수인 경우 XMM0)에 저장되는 식입니다. 함수 파라미터가 4개를 초과하는 경우에는 스택을 같이 사용합니다. 즉 5번째 파라미터부터는 스택에 저장시켜서 전달하는 것이지요. 그리고 함수가 리턴할 때 파라미터 전달에 사용된 스택에 대한 정리는 Caller에서 담당합니다. 어찌 보면 기존 32비트 함수 호출 규약의 cdecl과 fastcall 방식을 섞어 놓은 것 같습니다(그래서 처음에 '변형된 fastcall'이라고 설명했습니다). Fastcall을 이용하면 함수 호출의 속도가 빨라진다는 장점이 있습니다. 또 한 가지 흥미로운 점은 분명히 처음 4개의 파라미터는 레지스터를 이용하여 전달하지만, 스택에 첫 4개 파라미터에 대한 공간(32바이트)을 예약해 놓는다는 것입니다(아래의 스택 설명에서 자세히 살펴보도록 하겠습니다).

37.1.6. 스택 & 스택 프레임

Windows 64비트 OS에서는 스택(Stack)과 스택 프레임(Stack Frame)을 사용하는 방식이 변경되었습니다. 간단히 설명하자면 함수에서 실제 필요한 크기보다 훨씬 크게 스택을 확보합니다. 서브 함수(Sub Function)를 호출할 때 PUSH 명령을 통해서 파라미터를 전달하지 않고, 레지스터와 미리 확보한 스택에 MOV 명령어를 통해서 전달합니다. VC++로 생성된 x64용 프로그램의 코드를 보면 실제로 PUSH/POP 명령어가 거의 보이지 않습니다. 또한 스택 프레임을 구성할 때도 RBP 레지스터를 이용하는 것이 아니라 직접 RSP 레지스터를 이용하여 구현합니다.

> **참고**
>
> 32비트에서도 Visual C++의 컴파일러 최적화 옵션을 사용하면 EBP를 이용한 스택 프레임을 거의 볼 수 없었습니다.

 이 방식의 장점은 서브 함수를 호출할 때 스택 포인터(RSP)가 변경되지 않으며, 함수가 리턴될 때도 스택 포인터를 정리할 필요가 없기 때문에 실행 속도를 향상시킬 수 있습니다. 실제 예제를 통하여 32비트와 64비트의 스택의 동작 원리의 - 차이점을 알아보도록 하겠습니다.

37.2. 실습 - Stack32.exe & Stack64.exe

CreateFile( ) API를 이용하여 간단하게 32비트와 64비트에서 각각 어떻게 스택이 동작하는지 비교해보겠습니다.

```
코드 37.1 Stack.cpp
#include "stdio.h"
#include "windows.h"

void main()
{
    HANDLE hFile = INVALID_HANDLE_VALUE;

    hFile = CreateFileA("c:\\work\\ReverseCore.txt",    // 1st - (string)
                        GENERIC_READ,                    // 2nd - 0x80000000
                        FILE_SHARE_READ,                 // 3rd - 0x00000001
                        NULL,                            // 4th - 0000000000
                        OPEN_EXISTING,                   // 5th - 0x00000003
                        FILE_ATTRIBUTE_NORMAL,           // 6th - 0x00000080
                        NULL);                           // 7th - 0x00000000

    if( hFile != INVALID_HANDLE_VALUE )
        CloseHandle(hFile);
}
```

 코드 37.1을 Visual C++ 2010 Express Edition을 이용하여 각각 32비트(Stack32.exe)와 64비트(Stack64.exe) 프로그램을 생성하였습니다.

37.2.1. Stack32.exe

먼저 32비트용 Stack32.exe를 디버깅하겠습니다. OllyDbg를 이용하여 Stack32.exe를 열어서 main() 함수(401000)로 가보겠습니다.

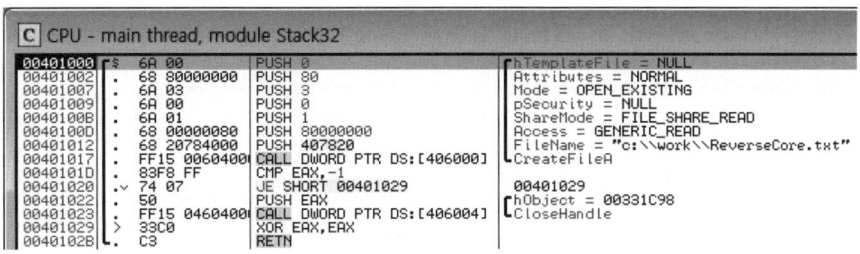

그림 37.2 Stack32.exe의 main() 함수

먼저 Stack32.exe에서 main() 함수의 특징을 살펴보겠습니다.

첫 번째 특징은 스택 프레임이 사용되지 않습니다. 코드가 간단하고 멤버 변수가 많지 않기 때문에 컴파일러의 최적화 옵션에 따라서 스택 프레임이 생략되었습니다.

두 번째 특징은 서브 함수(CreateFileA, CloseHandle) 호출 시 스택을 이용하여 파라미터를 전달하고 있습니다.

세 번째 특징은 PUSH 명령어를 이용해 스택에 입력한 함수 파라미터들을 정리하지 않습니다. 32비트 환경에서 Win32 API 호출은 stdcall 방식을 사용하므로 Callee(CreateFileA, CloseHandle)에서 스택을 정리하기 때문입니다. 그림 37.2에서 401017 주소의 CreateFileA() 함수 호출까지 Tracing한 다음 스택을 보면 그림 37.3과 같습니다.

그림 37.3 CreateFileA() API 호출 직전의 스택

총 7개의 파라미터가 스택에 입력된 걸 확인할 수 있습니다. 이제 StepInto[F7] 명령으로 CreateFileA() API 내부로 들어가 보겠습니다.

```
C CPU - main thread, module kernel32
7637CA6E   8BFF            MOV EDI,EDI
7637CA70   55              PUSH EBP              ← Stack Frame: Prologue
7637CA71   8BEC            MOV EBP,ESP
7637CA73   51              PUSH ECX
7637CA74   51              PUSH ECX
7637CA75   FF75 08         PUSH DWORD PTR SS:[EBP+8]
7637CA78   8D45 F8         LEA EAX,DWORD PTR SS:[EBP-8]
7637CA7B   50              PUSH EAX
7637CA7C   E8 9C81FFFF     CALL 76374C1D         Basep8BitStringToDynamicUnico
7637CA81   85C0            TEST EAX,EAX
7637CA83   0F84 6C2F0200   JE 7639F9F5           7639F9F5
7637CA89   56              PUSH ESI
7637CA8A   FF75 20         PUSH DWORD PTR SS:[EBP+20]
7637CA8D   FF75 1C         PUSH DWORD PTR SS:[EBP+1C]
7637CA90   FF75 18         PUSH DWORD PTR SS:[EBP+18]
7637CA93   FF75 14         PUSH DWORD PTR SS:[EBP+14]
7637CA96   FF75 10         PUSH DWORD PTR SS:[EBP+10]   ntdll.77D39F42
7637CA99   FF75 0C         PUSH DWORD PTR SS:[EBP+C]
7637CA9C   FF75 FC         PUSH DWORD PTR SS:[EBP-4]
7637CA9F   E8 5758FFFF     CALL 763722FB         CreateFileW
7637CAA4   8BF0            MOV ESI,EAX
7637CAA6   8D45 F8         LEA EAX,DWORD PTR SS:[EBP-8]
7637CAA9   50              PUSH EAX
7637CAAA   FF15 5C053776   CALL DWORD PTR DS:[7637055C]  ntdll.RtlFreeUnicodeString
7637CAB0   8BC6            MOV EAX,ESI
7637CAB2   5E              POP ESI               Stack32.0040101D
7637CAB3   C9              LEAVE                 ← Stack Frame: Epilogue
7637CAB4   C2 1C00         RETN 1C
```

그림 37.4 CreateFileA( ) API

그림 37.4에서 CreateFileA( ) API는 스택 프레임을 사용하는 것을 볼 수 있습니다. 또한 CreateFileW( ) API를 호출하기 위해 PUSH 명령어를 이용하여 스택에 (자신이 받은) 파라미터를 입력합니다. 스택에는 같은 내용이 두 번 입력되는 셈입니다(차이점은 ASCII 문자열이 유니코드 문자열로 변경된 것뿐입니다).

```
0018FEF4   7637CAA4   CALL to CreateFileW from kernel32.7637CA9F
0018FEF8   00545D90   FileName = "c:\\work\\ReverseCore.txt"
0018FEFC   80000000   Access = GENERIC_READ
0018FF00   00000001   ShareMode = FILE_SHARE_READ     ← CreateFileW()
0018FF04   00000000   pSecurity = NULL                  파라미터 7개
0018FF08   00000003   Mode = OPEN_EXISTING
0018FF0C   00000080   Attributes = NORMAL
0018FF10   00000000   hTemplateFile = NULL
0018FF14   00000000
0018FF18   0030002E
0018FF1C   00545D90   UNICODE "c:\\work\\ReverseCore.txt"
0018FF20   0018FF88
0018FF24   0040101D   RETURN to Stack32.0040101D from kernel32.CreateFileA
0018FF28   00407820   ASCII "c:\\work\\ReverseCore.txt"
0018FF2C   80000000
0018FF30   00000001                                   ← CreateFileA()
0018FF34   00000000                                     파라미터 7개
0018FF38   00000003
0018FF3C   00000080
0018FF40   00000000
0018FF44   0040116F   RETURN to Stack32.0040116F from Stack32.00401000
```

그림 37.5 CreateFileW( ) API 스택

그림 37.5에서 CreateFileW() API가 호출되었을 때의 스택의 모습을 보여주고 있습니다. 동일한 파라미터가 스택에 중복으로 저장된 것을 확인할 수 있습니다. 여기까지의 내용이 우리가 일반적으로 알고 있는 32비트 환경의 함수 호출 스택 동작 원리입니다.

37.2.2. Stack64.exe

이번에는 64비트용 Stack64.exe를 디버깅합니다. WinDbg(x64)를 이용하여 간단히 Stack64.exe의 디스어셈블리 코드를 설명하겠습니다.

> **참고**
>
> 실습 파일을 정상적으로 실행/디버깅하기 위해서는 Windows XP/Vista/7 64비트 시스템이 필요합니다.

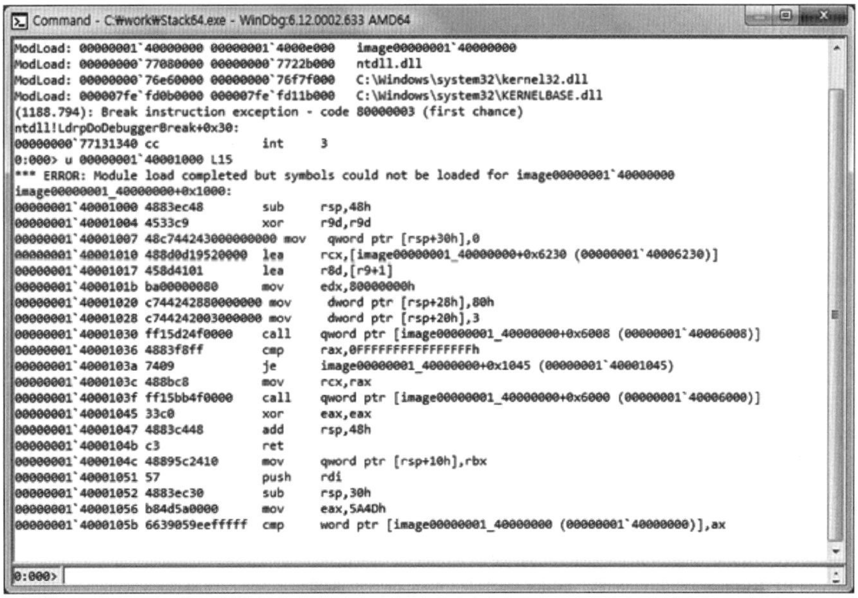

그림 37.6 WinDbg: Stack64.exe 디버깅 화면

그림 37.6은 WinDbg(64비트)에서 Stack64.exe를 디버깅하는 화면입니다. WinDbg에서 64비트 프로그램의 디스어셈블리 코드는 주석이 거의 없고 복잡해 보이므로 다음과 같이 간략히 편집하였습니다.

```
코드 37.2 Stack64.exe의 main() 함수
00000001`40001000    sub   rsp,48h
00000001`40001004    xor   r9d,r9d                              ; 4th - pSecurity
00000001`40001007    mov   qword ptr [rsp+30h],0                ; 7th - hTemplateFile
00000001`40001010    lea   rcx,[00000001`40006230]              ; 1st - FileName
00000001`40001017    lea   r8d,[r9+1]                           ; 3rd - ShareMode
00000001`4000101b    mov   edx,80000000h                        ; 2nd - Access
00000001`40001020    mov   dword ptr [rsp+28h],80h              ; 6th - Attributes
00000001`40001028    mov   dword ptr [rsp+20h],3                ; 5th - Mode
00000001`40001030    call  qword ptr [00000001`40006008]        ; CreateFileA()
00000001`40001036    cmp   rax,0FFFFFFFFFFFFFFFFh
00000001`4000103a    je    00000001`40001045
00000001`4000103c    mov   rcx,rax
00000001`4000103f    call  qword ptr [00000001`40006000]        ; CloseHandle()
00000001`40001045    xor   eax,eax
00000001`40001047    add   rsp,48h
00000001`4000104b    ret
```

Stack64.exe 코드의 특징을 살펴보겠습니다.

첫 번째 특징은 변형된 스택 프레임의 사용입니다. 코드 시작에서 48h(72d) 바이트 크기의 스택을 할당하고 RET 명령 직전에 스택을 해제합니다. 이 정도 크기의 스택이면 로컬 변수와 함수 파라미터 등을 고려했을 때 충분한 크기입니다. 또한 RBP 레지스터를 사용하지 않고 그냥 RSP 레지스터를 사용한다는 사실도 눈여겨보기 바랍니다.

두 번째 특징은 PUSH/POP 명령어가 거의 사용되지 않는 것입니다. CreateFileA() API를 호출할 때 파라미터를 세팅하는 코드(00000001`40001004~00000001`40001028)를 잘 보기 바랍니다. 1~4번 파라미터는 레지스터(RCX, RDX, R8, R9)를 이용하고, 5~7번 파라미터는 스택을 이용합니다. main() 함수 시작할 때 할당받은 스택에 MOV 명령어를 이용해서 파라미터를 입력합니다. 흥미로운 점은 64비트 fastcall의 특징인 Caller에서 스택을 정리하는 모습도 보이지 않는다는 것입니다. 그 이유는 서브 함수들이 main() 함수에서 할당받은 스택을 가져다 사용할 뿐 서브 함수 자신이 스택을 할당받거나 늘리지 않기 때문입니다. main() 함수의 스택 관리는 main() 함수 자체에서 알아서 하기 때문에 서브 함수는 스택으로 넘어온 파라미터에 대한 관리를 신경 쓸 필요가 없습니다.

세 번째 특징은 5번째 이후의 파라미터들의 스택 저장 위치입니다. Create

FileA() API 호출 전에 파라미터를 세팅하는데, 그 순서는 뒤죽박죽입니다(32비트에서는 순서대로 스택에 저장한다는 사실과 비교해보기 바랍니다). 1~4번 파라미터는 레지스터(RCX, RDX, R8, R9)를 이용하고 5번째 파라미터부터는 스택을 이용합니다. 그런데 5번째 파라미터가 저장되는 스택 주소가 이상합니다.

```
00000001`40001028    mov    dword ptr [rsp+20h],3         ; 5th - Mode
```

위 코드를 보면 5번째 파라미터가 저장되는 스택 위치는 [rsp+20h]입니다. 스택의 top을 가리키는 [rsp]가 아닙니다. 그 이유는 x64에서 1~4번 파라미터 전달은 비록 레지스터를 이용하지만 같은 크기(20h = 32d = 4param * 8바이트)의 공간을 스택에 예약하는 특징이 있기 때문입니다. 따라서 5번째 파라미터부터는 스택의 [rsp] 위치가 아닌 [rsp+20h] 위치부터 저장되는 것입니다(이렇게 예약된 스택 공간은 서브 함수에서 사용되기도 합니다).

이제 CreateFileA() API 내부로 따라가 보겠습니다.

코드 37.3 CreateFileA() API 코드 일부

```
kernel32!CreateFileA:
00000000`76e82f90    mov     qword ptr [rsp+8],rbx
00000000`76e82f95    mov     qword ptr [rsp+10h],rbp
00000000`76e82f9a    mov     qword ptr [rsp+18h],rsi
00000000`76c82f9f    push    rdi
00000000`76e82fa0    sub     rsp,60h
00000000`76e82fa4    mov     edi,edx
00000000`76e82fa6    mov     rdx,rcx
00000000`76e82fa9    lea     rcx,[rsp+50h]
00000000`76e82fae    mov     rsi,r9
00000000`76e82fb1    mov     ebp,r8d
00000000`76e82fb4    call    qword ptr [kernel32!_imp_RtlInitAnsiStringEx]
00000000`76e82fba    test    eax,eax
00000000`76e82fbc    js      kernel32!zzz_AsmCodeRange_End+0x8ae8
...
00000000`76e83003    mov     edx,edi
00000000`76e83005    call    kernel32!BaseIsThisAConsoleName
00000000`76e8300a    test    rax,rax
00000000`76e8300d    jne     kernel32!zzz_AsmCodeRange_End+0x8ac3
00000000`76e83013    mov     rax,qword ptr [rsp+0A0h]
```

```
00000000`76e8301b    mov    r9,rsi
00000000`76e8301e    mov    r8d,ebp
00000000`76e83021    mov    qword ptr [rsp+30h],rax
00000000`76e83026    mov    eax,dword ptr [rsp+98h]
00000000`76e8302d    mov    edx,edi
00000000`76e8302f    mov    dword ptr [rsp+28h],eax
00000000`76e83033    mov    eax,dword ptr [rsp+90h]
00000000`76e8303a    mov    rcx,rbx
00000000`76e8303d    mov    dword ptr [rsp+20h],eax
00000000`76e83041    call   kernel32!CreateFileW
00000000`76e83046    mov    rbx,rax
00000000`76e8305c    mov    rbp,qword ptr [rsp+78h]
00000000`76e83061    mov    rsi,qword ptr [rsp+80h]
00000000`76e83069    add    rsp,60h
00000000`76e8306d    pop    rdi
00000000`76e8306e    ret
```

이 순간의 레지스터와 스택에 의해 전달된 파라미터를 살펴보겠습니다(그림 37.7 참고). 스택으로 전달된 파라미터 위쪽으로 1~4번 파라미터 예약 공간(00000000`0012FEF0~00000000`0012FF00)을 확인할 수 있습니다(그림 37.8 참고). 함수 파라미터 전달에는 사용되지 않지만, 코드 37.3의 처음 3 명령어를 보면 이 공간에 값을 입력하는 것을 확인할 수 있습니다(이런 식으로 사용되는 경우도 있습니다).

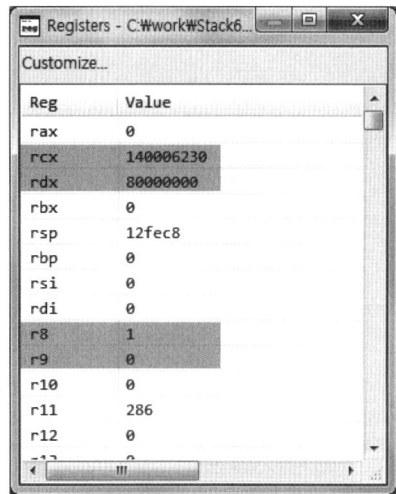

그림 37.7 레지스터로 전달된 파라미터 1~4

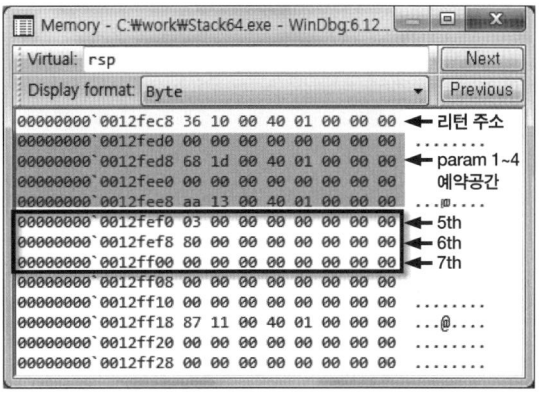

그림 37.8 스택으로 전달된 파라미터 5~7

마지막으로 코드 37.3에 대해 언급할 내용은 CreateFileA()의 자체 스택 프레임입니다. 크고 복잡한 함수이기 때문에 60h(96d) 크기만큼의 스택을 할당받았습니다. 위 경우에도 CreateFileW()를 호출할 때 레지스터와 스택을 사용하며 32비트의 경우와 동일하게 스택에 중복된 값이 입력됩니다.

참고

만약 CreateFileA() 함수가 자체 스택 프레임을 사용하지 않는 간단한 함수였다면 스택에 중복된 값을 입력할 필요 없이 그대로 CreateFileW()를 호출할 수 있었을 것입니다. 이 특징은 함수 호출에 있어서 32비트 방식에 비해 64비트 방식이 가지는 장점이 될 수 있습니다.

37.3. 마무리

x64는 x86의 단순 확장이라고 하기에는 꽤 많은 내용이 변경되었습니다. 또한 Windows 64비트 OS와 개발도구(VC++)에서도 기존 32비트와 다른 부분이 많이 존재합니다. 현재는 32비트에서 64비트로 넘어가는 과도기 단계이므로 정보도 부족하고 혼란스럽습니다. 하지만 HW/SW의 하위 호환을 매우 세심하게 고려하였기 때문에 무난히 이런 과도기를 극복할 수 있을 것이라고 생각됩니다. 조만간 64비트 시대가 본격적으로 열리면 리버싱 도구들과 리버싱 방법에 대한 정보들이 업데이트되면서 한결 편하게 리버싱을 할 수 있을 것입니다.

38
PE32+

64비트 Windows OS에서 사용되는 실행 파일 형식인 PE32+에 대해서 알아보겠습니다.

64비트 Windows OS에서 프로세스의 가상 메모리 크기는 16TB입니다. 유저 영역의 크기는 하위 8TB이고, 커널 영역의 크기는 상위 8TB입니다. 이처럼 변경된 가상 메모리 크기에 맞게 기존 PE 파일 포맷(PE32)이 약간 변경되었습니다.

38.1. PE32+ (PE+, PE64)

64비트 Native 모드에서 실행되는 PE 파일 포맷을 PE32+(혹은 PE+, PE64)라고 합니다. PE32+는 하위 호환을 위하여 기존 32비트 PE (PE32) 파일의 확장된 형태를 가집니다. 따라서 기존에 PE 파일 포맷에 익숙한 여러분이라면 쉽게 익힐 수 있습니다. 그럼 변경된 사항을 위주로 설명해보겠습니다.

38.1.1. IMAGE_NT_HEADERS

목록 38.1 IMAGE_NT_HEADERS 구조체
```
typedef struct _IMAGE_NT_HEADERS64 {
    DWORD Signature;
    IMAGE_FILE_HEADER FileHeader;
    IMAGE_OPTIONAL_HEADER64 OptionalHeader;
} IMAGE_NT_HEADERS64, *PIMAGE_NT_HEADERS64;

typedef struct _IMAGE_NT_HEADERS {
    DWORD Signature;
    IMAGE_FILE_HEADER FileHeader;
    IMAGE_OPTIONAL_HEADER32 OptionalHeader;
} IMAGE_NT_HEADERS32, *PIMAGE_NT_HEADERS32;
```

```
#ifdef _WIN64
typedef IMAGE_NT_HEADERS64              IMAGE_NT_HEADERS;
typedef PIMAGE_NT_HEADERS64             PIMAGE_NT_HEADERS;
#else
typedef IMAGE_NT_HEADERS32              IMAGE_NT_HEADERS;
typedef PIMAGE_NT_HEADERS32             PIMAGE_NT_HEADERS;
#endif
```

출처: Windows SDK의 winnt.h

PE32+에서는 IMAGE_NT_HEADERS64 구조체를 사용합니다. PE32에서는 IMAGE_NT_HEADERS32 구조체를 사용하였습니다. 둘의 차이점은 세 번째 멤버가 각각 IMAGE_OPTIONAL_HEADER64와 IMAGE_OPTIONAL_HEADER32라는 것입니다. 아래쪽의 #ifdef _WIN64 전처리문에 의해서 64비트/32비트 구조체가 알맞게 IMAGE_NT_HEADERS/PIMAGE_NT_HEADERS 이름으로 재정의됩니다.

38.1.2. IMAGE_FILE_HEADER

또 다른 변경 사항은 IMAGE_FILE_HEADER 구조체의 Machine 멤버의 값이 변경됩니다. PE32에서 이 Machine의 값은 014C로 고정되었습니다. X64용 PE32+ 파일의 Machine 넘버는 8664입니다(IA-64용 PE32+ 파일의 경우 0200). 아래 목록은 Winnt.h 파일에 정의된 각종 CPU 타입에 대한 Machine 넘버입니다.

```
목록 38.2 IMAGE_FILE_HEADER.Machine
#define IMAGE_FILE_MACHINE_UNKNOWN        0
#define IMAGE_FILE_MACHINE_I386           0x014c  // Intel 386. - x86
#define IMAGE_FILE_MACHINE_R3000          0x0162  // MIPS little-endian,
                                                  0x160 big-endian
#define IMAGE_FILE_MACHINE_R4000          0x0166  // MIPS little-endian
#define IMAGE_FILE_MACHINE_R10000         0x0168  // MIPS little-endian
#define IMAGE_FILE_MACHINE_WCEMIPSV2      0x0169  // MIPS little-endian
                                                  WCE v2
#define IMAGE_FILE_MACHINE_ALPHA          0x0184  // Alpha_AXP
#define IMAGE_FILE_MACHINE_SH3            0x01a2  // SH3 little-endian
#define IMAGE_FILE_MACHINE_SH3DSP         0x01a3
#define IMAGE_FILE_MACHINE_SH3E           0x01a4  // SH3E little-endian
#define IMAGE_FILE_MACHINE_SH4            0x01a6  // SH4 little-endian
#define IMAGE_FILE_MACHINE_SH5            0x01a8  // SH5
#define IMAGE_FILE_MACHINE_ARM            0x01c0  // ARM Little-Endian
#define IMAGE_FILE_MACHINE_THUMB          0x01c2
#define IMAGE_FILE_MACHINE_AM33           0x01d3
#define IMAGE_FILE_MACHINE_POWERPC        0x01F0  // IBM PowerPC Little-
```

```
                                              Endian
#define IMAGE_FILE_MACHINE_POWERPCFP   0x01f1
#define IMAGE_FILE_MACHINE_IA64        0x0200  // IA-64
#define IMAGE_FILE_MACHINE_MIPS16      0x0266  // MIPS
#define IMAGE_FILE_MACHINE_ALPHA64     0x0284  // ALPHA64
#define IMAGE_FILE_MACHINE_MIPSFPU     0x0366  // MIPS
#define IMAGE_FILE_MACHINE_MIPSFPU16   0x0466  // MIPS
#define IMAGE_FILE_MACHINE_AXP64       IMAGE_FILE_MACHINE_ALPHA64
#define IMAGE_FILE_MACHINE_TRICORE     0x0520  // Infineon
#define IMAGE_FILE_MACHINE_CEF         0x0CEF
#define IMAGE_FILE_MACHINE_EBC         0x0EBC  // EFI Byte Code
#define IMAGE_FILE_MACHINE_AMD64       0x8664  // AMD64 (K8) - x64
#define IMAGE_FILE_MACHINE_M32R        0x9041  // M32R little-endian
#define IMAGE_FILE_MACHINE_CEE         0xC0EE
```

출처: Windows SDK의 winnt.h

상당히 많은 CPU 타입에 대한 Machine 넘버가 존재합니다. 여기서는 014C (x86), 0200(IA-64), 8664(x64) 정도만 눈여겨 보면 됩니다(사실 IA-64 환경을 만나기는 쉽지 않습니다).

38.1.3. IMAGE_OPTIONAL_HEADER

PE32+에서 기존과 가장 많이 변경된 부분이 바로 IMAGE_OPTIONAL_HEADER 구조체입니다.

목록 38.3 IMAGE_OPTIONAL_HEADER 구조체

```
typedef struct _IMAGE_OPTIONAL_HEADER32 {
    WORD    Magic;
    BYTE    MajorLinkerVersion;
    BYTE    MinorLinkerVersion;
    DWORD   SizeOfCode;
    DWORD   SizeOfInitializedData;
    DWORD   SizeOfUninitializedData;
    DWORD   AddressOfEntryPoint;
    DWORD   BaseOfCode;
    DWORD   BaseOfData;
    DWORD   ImageBase;
    DWORD   SectionAlignment;
    DWORD   FileAlignment;
    WORD    MajorOperatingSystemVersion;
    WORD    MinorOperatingSystemVersion;
    WORD    MajorImageVersion;
    WORD    MinorImageVersion;
    WORD    MajorSubsystemVersion;
    WORD    MinorSubsystemVersion;
    DWORD   Win32VersionValue;
```

```c
    DWORD       SizeOfImage;
    DWORD       SizeOfHeaders;
    DWORD       CheckSum;
    WORD        Subsystem;
    WORD        DllCharacteristics;
    DWORD       SizeOfStackReserve;
    DWORD       SizeOfStackCommit;
    DWORD       SizeOfHeapReserve;
    DWORD       SizeOfHeapCommit;
    DWORD       LoaderFlags;
    DWORD       NumberOfRvaAndSizes;
    IMAGE_DATA_DIRECTORY DataDirectory[IMAGE_NUMBEROF_DIRECTORY_ENTRIES];
} IMAGE_OPTIONAL_HEADER32, *PIMAGE_OPTIONAL_HEADER32;

typedef struct _IMAGE_OPTIONAL_HEADER64 {
    WORD        Magic;
    BYTE        MajorLinkerVersion;
    BYTE        MinorLinkerVersion;
    DWORD       SizeOfCode;
    DWORD       SizeOfInitializedData;
    DWORD       SizeOfUninitializedData;
    DWORD       AddressOfEntryPoint;
    DWORD       BaseOfCode;
    ULONGLONG   ImageBase;
    DWORD       SectionAlignment;
    DWORD       FileAlignment;
    WORD        MajorOperatingSystemVersion;
    WORD        MinorOperatingSystemVersion;
    WORD        MajorImageVersion;
    WORD        MinorImageVersion;
    WORD        MajorSubsystemVersion;
    WORD        MinorSubsystemVersion;
    DWORD       Win32VersionValue;
    DWORD       SizeOfImage;
    DWORD       SizeOfHeaders;
    DWORD       CheckSum;
    WORD        Subsystem;
    WORD        DllCharacteristics;
    ULONGLONG   SizeOfStackReserve;
    ULONGLONG   SizeOfStackCommit;
    ULONGLONG   SizeOfHeapReserve;
    ULONGLONG   SizeOfHeapCommit;
    DWORD       LoaderFlags;
    DWORD       NumberOfRvaAndSizes;
    IMAGE_DATA_DIRECTORY DataDirectory[IMAGE_NUMBEROF_DIRECTORY_ENTRIES];
} IMAGE_OPTIONAL_HEADER64, *PIMAGE_OPTIONAL_HEADER64;

#define IMAGE_NT_OPTIONAL_HDR32_MAGIC       0x10b
#define IMAGE_NT_OPTIONAL_HDR64_MAGIC       0x20b
```

```
#ifdef _WIN64
typedef IMAGE_OPTIONAL_HEADER64          IMAGE_OPTIONAL_HEADER;
typedef PIMAGE_OPTIONAL_HEADER64         PIMAGE_OPTIONAL_HEADER;
#else
typedef IMAGE_OPTIONAL_HEADER32          IMAGE_OPTIONAL_HEADER;
typedef PIMAGE_OPTIONAL_HEADER32         PIMAGE_OPTIONAL_HEADER;
#endif
```

출처 : Windows SDK의 winnt.h

Magic

먼저 Magic 넘버가 변경됩니다. PE32에서 Magic 넘버는 010B 값이고, PE32+에서 Magic 넘버는 020B입니다. Windows의 PE 로더는 이 값을 확인하여 IMAGE_OPTIONAL_HEADER 구조체가 32비트용인지 64비트용인지 구별합니다.

BaseOfData

PE 파일의 데이터 섹션의 시작 주소(RVA)를 의미하던 BaseOfData 항목이 제거되었습니다.

ImageBase

ImageBase 멤버의 자료형(Data Type)이 ULONGLONG(8바이트)으로 변경되었습니다. 이는 크기가 확장된 프로세스의 가상 메모리에 대응하기 위함입니다. 이로써 PE32+ 파일은 64비트 프로세스의 16TB에 달하는 가상 메모리 공간의 어느 곳에라도 로딩될 수 있습니다(EXE/DLL 파일은 하위 8TB의 유저 영역에, SYS 파일은 상위 8TB 커널 영역에 로딩됨).

> **참고**
>
> AddressOfEntryPoint, SizeOfImage 등의 멤버는 기존 PE32와 동일한 DWORD(32비트) 크기를 유지하고 있습니다. 이 멤버들의 자료형이 DWORD라는 의미는 PE32+ 형태의 파일이 실제 가상 메모리에서 점유하는 각 이미지(Image)의 크기는 최대 4GB(32비트)로 제한된다는 뜻입니다. 다만 ImageBase의 크기가 8바이트(64비트)이므로 프로세스 가상 메모리 안의 어떤 주소 위치라도 로딩이 가능합니다.
>
> ※ PE 파일 설명에서 자주 등장하는 'Image'라는 용어를 잘 알아두기 바랍니다. PE 파일이 메모리에 로딩될 때 파일이 그대로 올라가는 것이 아니라, 섹션 헤더에 정의된 대로 섹션 시작 주소, 섹션

크기 등에 맞춰서 올라갑니다. 따라서 파일에서의 PE와 메모리에서의 PE는 서로 다른 모양을 가집니다. 이를 구별하기 위해서 메모리에 로딩된 상태를 Image라는 용어를 사용해서 구별합니다.

스택 & 힙

마지막으로 스택과 힙을 위한 데이터(SizeOfStackReserve, SizeOfStack Commit, SizeOfHeapReserve, SizeOfHeapCommit)의 자료형의 크기가 ULONGLONG(8바이트)로 변경되었습니다. 이것도 역시 확장된 프로세스 가상 메모리에 대응하기 위한 것입니다.

38.1.4. IMAGE_THUNK_DATA

IMAGE_THUNK_DATA 구조체의 크기가 기존 4바이트에서 8바이트 크기로 변경되었습니다.

목록 38.4 IMAGE_THUNK_DATA 구조체
```
typedef struct _IMAGE_THUNK_DATA64 {
    union {
        ULONGLONG ForwarderString;   // PBYTE
        ULONGLONG Function;          // PDWORD
        ULONGLONG Ordinal;
        ULONGLONG AddressOfData;     // PIMAGE_IMPORT_BY_NAME
    } u1;
} IMAGE_THUNK_DATA64;
typedef IMAGE_THUNK_DATA64 * PIMAGE_THUNK_DATA64;

typedef struct _IMAGE_THUNK_DATA32 {
    union {
        DWORD ForwarderString;   // PBYTE
        DWORD Function;          // PDWORD
        DWORD Ordinal;
        DWORD AddressOfData;     // PIMAGE_IMPORT_BY_NAME
    } u1;
} IMAGE_THUNK_DATA32;
typedef IMAGE_THUNK_DATA32 * PIMAGE_THUNK_DATA32;

#ifdef _WIN64
typedef IMAGE_THUNK_DATA64            IMAGE_THUNK_DATA;
typedef PIMAGE_THUNK_DATA64           PIMAGE_THUNK_DATA;
#else
typedef IMAGE_THUNK_DATA32            IMAGE_THUNK_DATA;
```

```
typedef PIMAGE_THUNK_DATA32              PIMAGE_THUNK_DATA;
#endif
```

출처 : Windows SDK의 winnt.h

IMAGE_IMPORT_DESCRIPTOR 구조체의 OriginalFirstThunk(INT)와 First Thunk (IAT) 멤버의 값이 바로 IMAGE_THUNK_DATA 구조체 리스트의 RVA입니다.

목록 38.5 IMAGE_IMPORT_DESCRIPTOR 구조체
```
typedef struct _IMAGE_IMPORT_DESCRIPTOR {
    union {
        DWORD   Characteristics;
        DWORD   OriginalFirstThunk;      // - INT : RVA of IMAGE_THUNK_DATA
    } DUMMYUNIONNAME;
    DWORD   TimeDateStamp;
    DWORD   ForwarderChain;
    DWORD   Name;
    DWORD   FirstThunk;                  // - IAT : RVA of IMAGE_THUNK_DATA
} IMAGE_IMPORT_DESCRIPTOR;
typedef IMAGE_IMPORT_DESCRIPTOR UNALIGNED *PIMAGE_IMPORT_DESCRIPTOR;
```

출처 : Windows SDK의 winnt.h

즉 기존 PE32 파일의 INT, IAT 값을 따라가면, IMAGE_THUNK_DATA32 구조체(크기: 4바이트) 배열이 나타났지만, PE32+ 파일의 경우에는 IMAGE_THUNK_DATA64 구조체(크기: 8바이트) 배열이 나타납니다. 따라서 IAT를 따라갈 때 배열 원소의 크기에 주의해야 합니다. 다음 그림을 보면 이해가 빠를 것입니다.

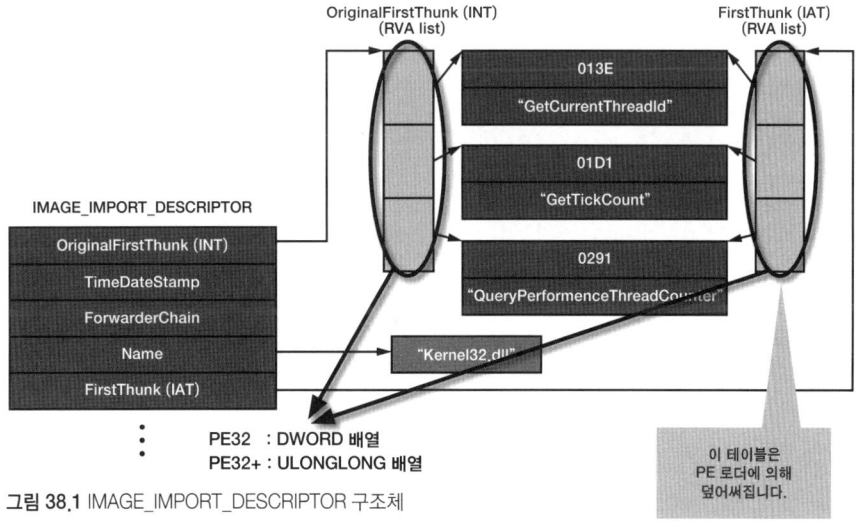

그림 38.1 IMAGE_IMPORT_DESCRIPTOR 구조체

그림 38.1에서 원으로 표시된 부분이 바로 IMAGE_THUNK_DATA 구조체 배열입니다. 하나는 INT(Import Name Table)이고, 다른 하나는 IAT(Import Address Table)입니다. PE 파일이 로딩될 때 OS의 PE Loader는 IAT(Import Address Table)에 실제 API 주소(VA)를 써주는데, 64비트 OS에서 주소(포인터)의 크기는 8바이트(64비트)이므로 IMAGE_THUNK_DATA 구조체의 크기는 8바이트로 커질 수밖에 없습니다.

38.1.5. IMAGE_TLS_DIRECTORY

IMAGE_TLS_DIRECTORY 구조체의 멤버 중 일부는 VA(Virtual Address)를 의미하는데, 이들도 8바이트의 크기로 확장되었습니다.

목록 38.6 IMAGE_TLS_DIRECTORY 구조체

```c
typedef struct _IMAGE_TLS_DIRECTORY64 {
    ULONGLONG   StartAddressOfRawData;
    ULONGLONG   EndAddressOfRawData;
    ULONGLONG   AddressOfIndex;            // PDWORD
    ULONGLONG   AddressOfCallBacks;        // PIMAGE_TLS_CALLBACK *
    DWORD       SizeOfZeroFill;
    DWORD       Characteristics;
} IMAGE_TLS_DIRECTORY64;
typedef IMAGE_TLS_DIRECTORY64 * PIMAGE_TLS_DIRECTORY64;

typedef struct _IMAGE_TLS_DIRECTORY32 {
    DWORD   StartAddressOfRawData;
    DWORD   EndAddressOfRawData;
    DWORD   AddressOfIndex;                // PDWORD
    DWORD   AddressOfCallBacks;            // PIMAGE_TLS_CALLBACK *
    DWORD   SizeOfZeroFill;
    DWORD   Characteristics;
} IMAGE_TLS_DIRECTORY32;
typedef IMAGE_TLS_DIRECTORY32 * PIMAGE_TLS_DIRECTORY32;

#ifdef _WIN64
typedef IMAGE_TLS_DIRECTORY64           IMAGE_TLS_DIRECTORY;
typedef PIMAGE_TLS_DIRECTORY64          PIMAGE_TLS_DIRECTORY;
#else
typedef IMAGE_TLS_DIRECTORY32           IMAGE_TLS_DIRECTORY;
typedef PIMAGE_TLS_DIRECTORY32          PIMAGE_TLS_DIRECTORY;
#endif
```

출처 : Windows SDK의 winnt.h

IMAGE_TLS_DIRECTORY 구조체의 StartAddressOfRawData, EndAddressOfRawData, AddressOfIndex, AddressOfCallBacks 멤버는 모두 VA(Virtual Address) 값을 가집니다. 따라서 64비트 OS의 주소 크기인 8바이트로 확장되었습니다. 여기까지의 내용이 PE+에서 변경된 사항들입니다. 다행히 기존 PE32 파일 포맷을 확장시킨 것이기 때문에 PE32에 익숙하다면 쉽게 받아들일 수 있을 것으로 생각됩니다.

> **참고**
>
> **CFF Explorer**
>
> 다기능 PE 유틸리티 'CFF Explore'를 소개합니다. 마치 Swiss Army Knife처럼 다양한 기능을 가지고 있으며, 특히 PE32+ 포맷을 지원하기 때문에 매우 유용합니다.
>
> 64비트 환경으로 넘어가면서 리버서들에게 많은 문제가 발생하였습니다. 기존 32비트용 리버싱 툴들이 64비트 환경에서 잘 동작하지 않는다는 게 가장 큰 문제일 겁니다. 제가 애용하는 PEView는 PE32+ 파일 포맷을 지원하지 않습니다. 따라서 PE32+를 지원하는 PE Viewer인 CFF Explorer를 소개하겠습니다.
>
> http://www.ntcore.com/exsuite.php

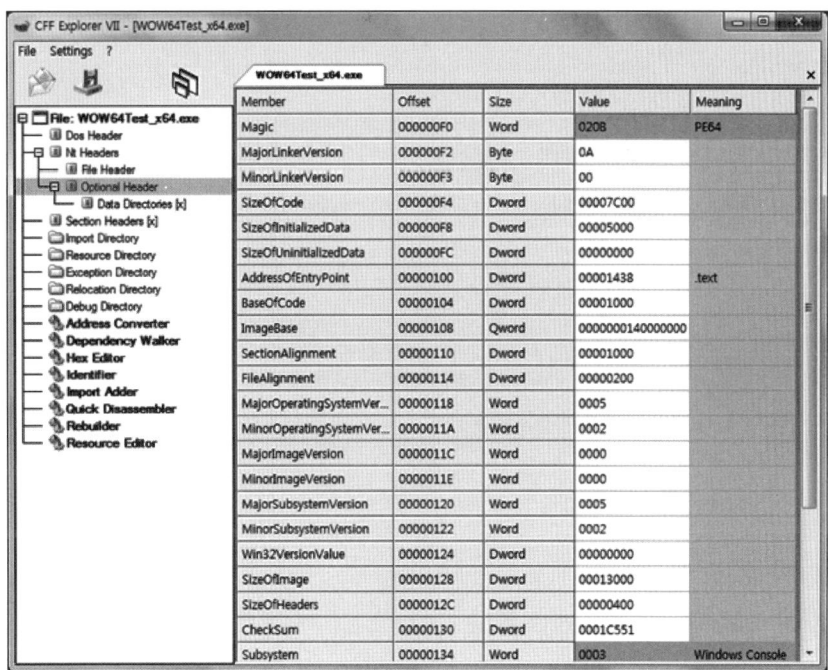

그림 38.2 CFF Explorer

CFF Explorer는 단순 PE Viewer 기능 외에도 PE Editor, PE Rebuilder, RVA↔RAW 변환기, Disassembler 등의 다양한 기능을 제공하는 종합 리버싱 툴입니다. 차후 PE32+ 파일을 다룰 때 유용하게 사용해보기 바랍니다.

참고 ───

CFF Explorer를 이용하면 섹션 하나를 잘라내고 붙이는 등의 작업을 매우 편하게 할 수 있습니다. 좋은 툴을 사용하면 작업에 편리할 수는 있지만 실력이 늘지 않습니다. 따라서 리버싱 초보 시절에는 좋은 툴을 구해서 사용하는 것을 권장하지 않습니다. 지식 습득을 위해 단순한 툴로 동작 원리를 살펴가면서 직접 실습하는 것이 좋습니다.

39
WinDbg

유저/커널 모드 디버깅이 가능한 전천후 디버거 WinDbg에 대해서 알아보도록 하겠습니다.

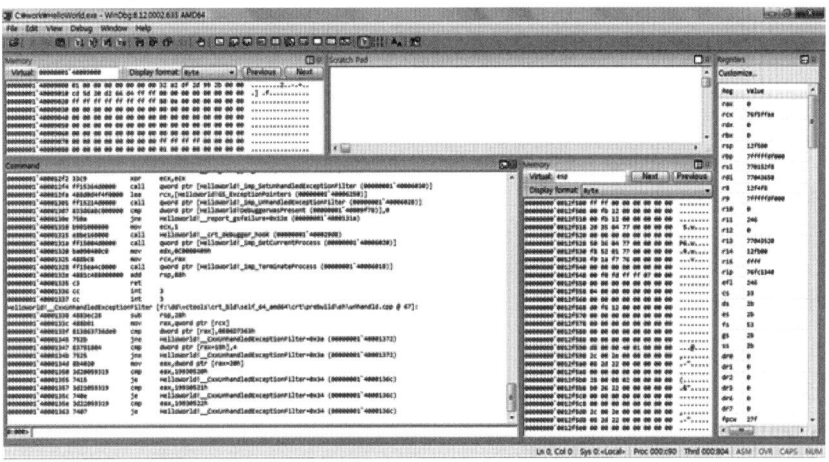

그림 39.1 WinDbg 실행 화면

39.1. WinDbg

WinDbg는 MS에서 무료로 제공하는 디버거입니다. 유저모드와 커널모드를 모두 커버하는 전천후 디버거입니다만 주로 커널 디버깅에 사용됩니다. WinDbg는 다음 경로에서 다운받을 수 있습니다.

http://www.microsoft.com/whdc/devtools/debugging/default.mspx

> 참고 ─
> WinDbg 64비트 버전으로 설명을 진행합니다. 32비트 버전과 화면 구성, 명령어 등에서 거의 차이가 없습니다.

39.1.1. WinDbg 특징

WinDbg는 기본적으로 CUI(Console User Interface) 환경으로 동작하도록 설계되었습니다. 즉 마우스보다는 키보드 위주로 조작합니다. 이 방식은 익숙해지기까지 시간이 많이 필요합니다만, 일단 손에 익으면 매우 편리하게 사용할 수 있습니다. 그러나 기존에 OllyDbg나 IDA Pro 등의 편리한 GUI(Graphic User Interface) 환경에 익숙한 여러분은 처음 WinDbg를 접했을 때 매우 낯설고 불편하게 느낄 수 있습니다(이 둘의 차이는 마치 Windows 사용자가 Linux의 터미널 환경을 접했을 때의 느낌과 비슷하다고 할 수 있겠네요). WinDbg에서도 많은 단축키와 추가적인 창(Disassembly, Memory, Register, Stack 등)들을 제공하기 때문에 OllyDbg와 비슷한 형태로 디버깅을 할 수도 있습니다(물론 OllyDbg와 IDA Pro의 화려한 GUI에 비할 바는 못되지만요).

39.1.2. WinDbg 실행

심볼

심볼(Symbol)이란 디버깅 정보 파일(*.pdb)을 의미합니다. Visual C++로 빌드하면 PE 파일 외에 *.pdb(Program Data Base) 파일이 같이 생성됩니다. 이 파일에 해당 PE 파일에 대한 각종 디버깅 정보(변수/함수 이름, 함수 주소, 소스코드 라인 등)가 담겨 있습니다. 이해를 돕기 위해 비교 화면을 준비하였습니다(그림 39.2, 그림 39.3 참고).

같은 PE 파일입니다만, 심볼 파일의 유무에 따라서 디스어셈블리 코드의 가독성은 심하게 차이가 납니다. 당연히 심볼 파일이 있는 경우 디버깅이 훨씬 편하고 빨라집니다. 하지만 보통 심볼 파일은 제작자만이 가지고 있으며 외부로 배포하지 않습니다. 따라서 우리가 디버깅하는 대부분의 파일들은 심볼 없이 디버깅을 진행해야 합니다.

```
0:000> u 00000001`4000128c L20
*** ERROR: Module load completed but symbols could not be loaded for .exe
+0x128c:
00000001`4000128c 488905858d0000   mov     qword ptr [+0xa018 (00000001`4000a018)],rax
00000001`40001293 488b05de8d0000   mov     rax,qword ptr [+0xa078 (00000001`4000a078)]
00000001`4000129a 4889054f8c0000   mov     qword ptr [+0x9ef0 (00000001`40009ef0)],rax
00000001`400012a1 488b842490000000 mov     rax,qword ptr [rsp+90h]
00000001`400012a9 488905508d0000   mov     qword ptr [+0xa000 (00000001`4000a000)],rax
00000001`400012b0 c705268c0000090400c0 mov dword ptr [+0x9ee0 (00000001`40009ee0)],0C0000409h
00000001`400012ba c705208c000001000000 mov dword ptr [+0x9ee4 (00000001`40009ee4)],1
00000001`400012c4 488b053d7d0000   mov     rax,qword ptr [+0x9008 (00000001`40009008)]
00000001`400012cb 4889442468       mov     qword ptr [rsp+68h],rax
00000001`400012d0 488b05397d0000   mov     rax,qword ptr [+0x9010 (00000001`40009010)]
00000001`400012d7 4889442470       mov     qword ptr [rsp+70h],rax
00000001`400012dc ff15564d0000     call    qword ptr [+0x6038 (00000001`40006038)]
00000001`400012e2 8905908c0000     mov     dword ptr [+0x9f78 (00000001`40009f78)],eax
00000001`400012e8 b901000000       mov     ecx,1
00000001`400012ed e8e6160000       call    +0x29d8 (00000001`400029d8)
00000001`400012f2 33c9             xor     ecx,ecx
00000001`400012f4 ff15364d0000     call    qword ptr [+0x6030 (00000001`40006030)]
00000001`400012fa 488d0d4f4f0000   lea     rcx,[+0x6250 (00000001`40006250)]
00000001`40001301 ff15214d0000     call    qword ptr [+0x6028 (00000001`40006028)]
00000001`40001307 833d6a8c000000   cmp     dword ptr [+0x9f78 (00000001`40009f78)],0
00000001`4000130e 750a             jne     +0x131a (00000001`4000131a)
00000001`40001310 b901000000       mov     ecx,1
00000001`40001315 e8be160000       call    +0x29d8 (00000001`400029d8)
00000001`4000131a ff15004d0000     call    qword ptr [+0x6020 (00000001`40006020)]
00000001`40001320 ba090400c0       mov     edx,0C0000409h
00000001`40001325 488bc8           mov     rcx,rax
00000001`40001328 ff15ea4c0000     call    qword ptr [+0x6018 (00000001`40006018)]
00000001`4000132e 4881c488000000   add     rsp,88h
00000001`40001335 c3               ret
```

그림 39.2 심볼 파일이 없는 경우

```
0:000> u 00000001`4000128c L20
HelloWorld!__report_gsfailure+0xa0 [f:\dd\vctools\crt_bld\self_64_amd64\crt\src\gs_report.c @ 23
00000001`4000128c 488905858d0000   mov     qword ptr [HelloWorld!GS_ContextRecord+0x98 (00000001`
00000001`40001293 488b05de8d0000   mov     rax,qword ptr [HelloWorld!GS_ContextRecord+0xf8 (00000
00000001`4000129a 4889054f8c0000   mov     qword ptr [HelloWorld!GS_ExceptionRecord+0x10 (0000000
00000001`400012a1 488b842490000000 mov     rax,qword ptr [rsp+90h]
00000001`400012a9 488905508d0000   mov     qword ptr [HelloWorld!GS_ContextRecord+0x80 (00000001`
00000001`400012b0 c705268c0000090400c0 mov dword ptr [HelloWorld!GS_ExceptionRecord (00000001`40
00000001`400012ba c705208c000001000000 mov dword ptr [HelloWorld!GS_ExceptionRecord+0x4 (0000000
00000001`400012c4 488b053d7d0000   mov     rax,qword ptr [HelloWorld!__security_cookie (00000001`
00000001`400012cb 4889442468       mov     qword ptr [rsp+68h],rax
00000001`400012d0 488b05397d0000   mov     rax,qword ptr [HelloWorld!__security_cookie_complement
00000001`400012d7 4889442470       mov     qword ptr [rsp+70h],rax
00000001`400012dc ff15564d0000     call    qword ptr [HelloWorld!_imp_IsDebuggerPresent (00000001
00000001`400012e2 8905908c0000     mov     dword ptr [HelloWorld!DebuggerWasPresent (00000001`400
00000001`400012e8 b901000000       mov     ecx,1
00000001`400012ed e8e6160000       call    HelloWorld!__crt_debugger_hook (00000001`400029d8)
00000001`400012f2 33c9             xor     ecx,ecx
00000001`400012f4 ff15364d0000     call    qword ptr [HelloWorld!_imp_SetUnhandledExceptionFilter
00000001`400012fa 488d0d4f4f0000   lea     rcx,[HelloWorld!GS_ExceptionPointers (00000001`4000625
00000001`40001301 ff15214d0000     call    qword ptr [HelloWorld!_imp_UnhandledExceptionFilter (0
00000001`40001307 833d6a8c000000   cmp     dword ptr [HelloWorld!DebuggerWasPresent (00000001`400
00000001`4000130e 750a             jne     HelloWorld!__report_gsfailure+0x12e (00000001`4000131a
00000001`40001310 b901000000       mov     ecx,1
00000001`40001315 e8be160000       call    HelloWorld!__crt_debugger_hook (00000001`400029d8)
00000001`4000131a ff15004d0000     call    qword ptr [HelloWorld!_imp_GetCurrentProcess (00000001
00000001`40001320 ba090400c0       mov     edx,0C0000409h
00000001`40001325 488bc8           mov     rcx,rax
00000001`40001328 ff15ea4c0000     call    qword ptr [HelloWorld!_imp_TerminateProcess (00000001`
00000001`4000132e 4881c488000000   add     rsp,88h
00000001`40001335 c3               ret
```

그림 39.3 심볼 파일이 있는 경우

심볼 설치

MS에서는 Windows OS의 시스템 라이브러리들의 심볼 파일을 공개하고 있습니다. WinDbg에서 이 심볼 위치를 설정해두면, 향후 응용 프로그램 또는 드라이버를 디버깅할 때 매우 편리합니다(최소한 시스템 라이브러리들의 디버깅 정보는 가지고 있는 셈이니까요). WinDbg의 File - Symbol File Path 메뉴를 선택하면 다음과 같은 다이얼로그가 나타납니다.

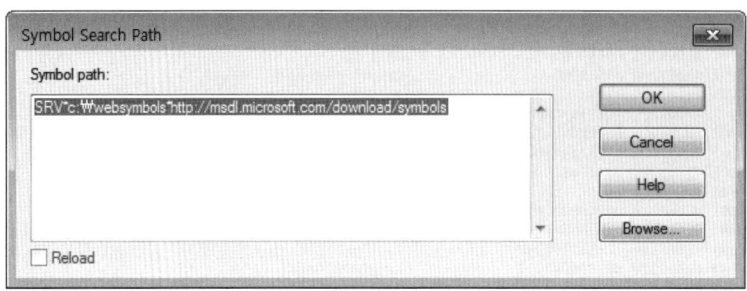

그림 39.4 Symbol 다이얼로그

위 그림과 같이 Symbol path를 입력하기 바랍니다. 앞으로 WinDbg는 필요할 때마다 여러분의 OS에 맞는 심볼 파일을 자동으로 다운받을 것입니다.

39.1.3. 커널 디버깅

WinDbg 특징 중의 하나는 커널 디버깅(Kernel Debugging)이 가능하다는 것입니다. WinDbg를 이용한 커널 디버깅 방법은 기본적으로 2대의 PC(디버거 - 디버기)를 이용합니다. 2대의 PC는 Null Modem, 1394, USB, Direct LAN Cable 등의 방법으로 연결하여 디버깅할 수 있습니다. 최근에는 Virtual Machine을 이용하여 하나의 PC에서 디버거와 디버기를 동시에 실행시킬 수 있게 되었습니다. 그리고 로컬 커널 디버깅(Local Kernel Debugging)이라고 해서 WinDbg가 실행되는 PC를 디버깅하는 기능이 있습니다(Windows XP 이후부터 지원되는 기능입니다). 디버거로서의 기능은 많이 제한되지만 간단히 정보를 확인하기 위한 용도로는 편리합니다.

> **참고**
>
> 일반 응용 프로그램 디버깅은 디버거와 디버기가 같은 PC에서 실행되는 것이 당연한 일이지만, 커널 디버깅은 얘기가 좀 다릅니다. 커널 디버깅에서는 디버기가 '커널' 즉 OS 자체이기 때문에 OS 시스템 자체가 멈춰버립니다. 그래서 물리적인 PC가 2대 필요한 것입니다. 예전 SoftICE 디버거는 로컬 커널 디버깅을 완벽하게 지원해서 큰 사랑을 받았습니다만, 더는 새로운 버전이 출시되지 않고 사실상 개발이 중단되었습니다. 그래서 WinDbg로 넘어갈 수밖에 없습니다. 커널 디버깅은 이 책의 범위를 벗어나기 때문에 더 이상 깊게 다루지는 않습니다. 다만 64비트 응용 프로그램 디버깅과 PEB/TEB 등의 시스템 구조체를 확인하는 용도로만 WinDbg를 소개합니다.

WinDbg의 로컬 커널 디버깅 기능을 이용하여 동작 모습을 살펴보겠습니다. 먼저 로컬 커널 디버깅을 하기 위해서 시스템을 디버그 모드로 변경해야 합니다. 콘솔 창에서 bcdedit 명령어를 이용하여 현재 시스템의 상태를 확인합니다.

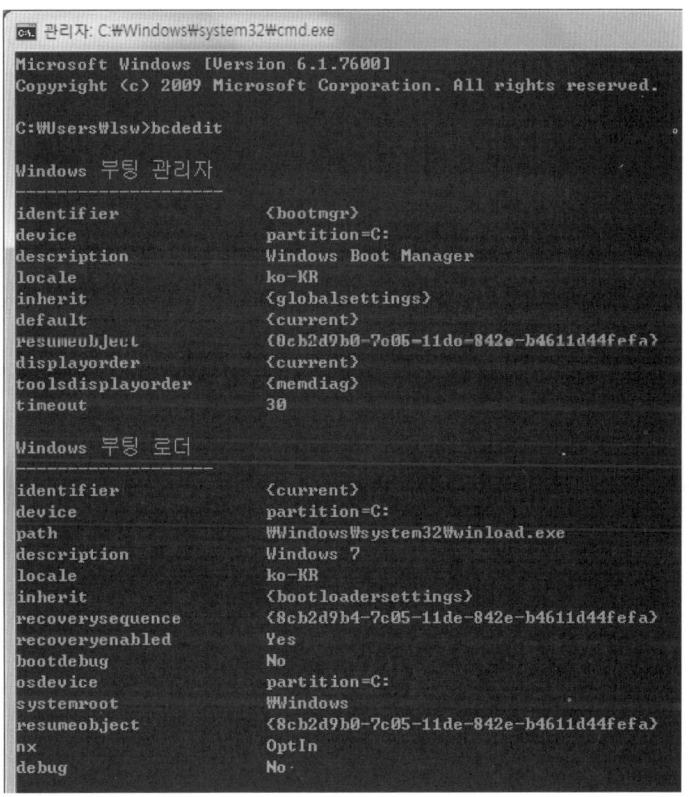

그림 39.5 bcdedit 명령어

39 WinDbg

가장 마지막 줄에 debug 항목의 값이 No라고 표시되어 있습니다. 즉 디버깅 모드가 아니라는 뜻입니다. 다음 명령어를 이용하여 상태 값을 변경하겠습니다.

그림 39.6 디버그 모드로 변경

이제 시스템을 리부팅하면 디버그 모드로 변경되고 로컬 커널 디버깅이 가능해 집니다(bcdedit 명령어로 다시 한 번 확인해보세요). WinDbg를 실행해서 File - Kernel Debug… 메뉴(단축키 [Ctrl+K])를 선택하세요. 그림 39.7과 같이 Kernel Debugging 시작 다이얼로그가 나타납니다.

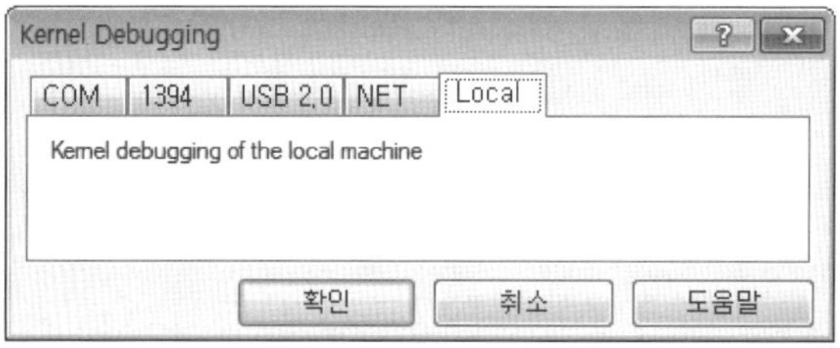

그림 39.7 Kernel Debugging 다이얼로그

'Local' 탭을 선택한 후 [확인] 버튼을 눌러봅시다. 약간의 시간이 흐른 후 그림 39.8과 같이 WinDbg 초기 실행 화면이 나타납니다.

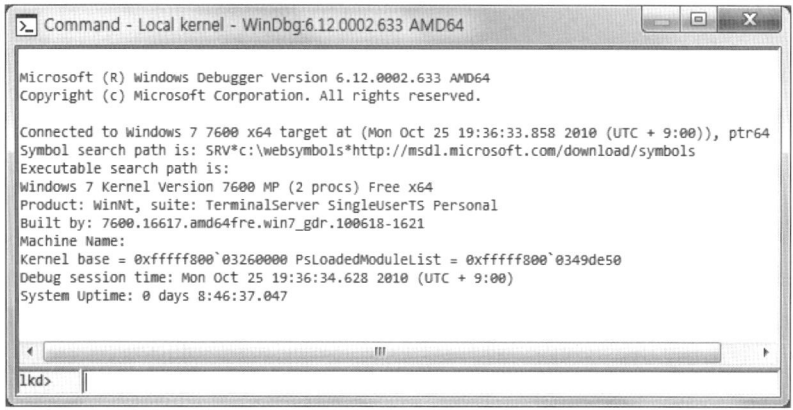

그림 39.8 Local Kernel Debugging

먼저 콘솔 기반의 인터페이스가 나타납니다(보기에는 이래도 막강한 기능이 가득 들어있습니다). 초기 화면에는 기본 시스템 정보와 커널 베이스 주소가 나타나 있습니다. 이 주소는 ntoskrnl.exe 파일의 로딩 주소입니다. Ntoskrnl.exe 파일은 사실 드라이버 파일이며 Windows 커널 그 자체입니다. 좀 더 기술적으로 표현하면 Windows 커널의 실체는 Ntoskrnl.exe 드라이버 파일의 메모리 로딩 이미지입니다. 간단한 명령어를 입력해서 ntoskrnl!ZwCreateFile() API의 실제 코드를 확인해보겠습니다.

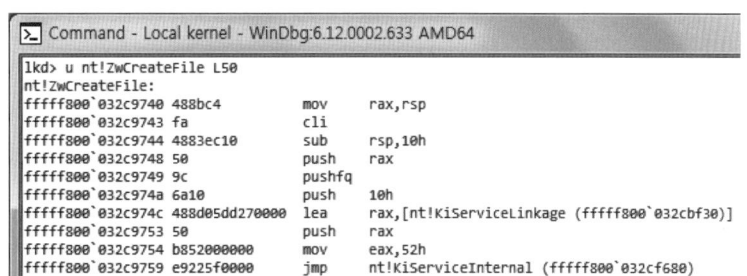

그림 39.9 ZwCreateFile() API

ZwCreateFile() API 코드는 매우 간단합니다. EAX 레지스터에 서비스 번호 52를 세팅하고, KiServiceInternal() 함수로 점프합니다(함수 파라미터는 레지스터와 스택에 그대로 존재합니다). 사실 거의 대부분의 ZwXXX 계열 함수들이 이런 구조로 되어 있습니다. 세부적인 코드는 KiServiceInternal() API를 따라가야겠지요? 이렇게 편리하게 시스템 커널의 코드를 확인할 수 있습니다. 다만 본격적인 커널 디버깅을 하려면 PC to PC 방식 혹은 가상머신(Virtual Machine)으로 연결해야 합니다.

39.1.4. WinDbg 기본 명령어

WinDbg 기본 명령어에 대해서 간단히 정리하였습니다. 향후 64비트 응용 프로그램 또는 커널 디버깅에서 활용하세요(더 자세한 설명은 WinDbg 도움말을 참고하기 바랍니다).

명령어	설명	활용
u	Unassemble	u: 다음 명령어 표시
		u address: 주소 이후의 명령어 표시
		u L10: 명령어 10줄 표시
		ub: 이전 명령어 표시
t	Trace [F11]	Step Into
p	Pass [F10]	Step Over
g	Go (Run)	g: 실행
		g address: 주소까지 실행
d	Dump	d address: 주소 내용 표시
		db address: byte
		dd address: dword
		dq address: qword
r	Register	r: 레지스터 표시
		r register: 지정된 레지스터만 표시
bp	Break Point	bp: Break Point(BP) 설정
		bl: BP List 목록 표시
		bc: BP Clear(BP 삭제)
lm	Loaded Module	lm: 디버기 프로세스에 로딩된 모듈(라이브러리) 표시
dt	Display Type	dt struct name: 구조체 멤버 표시
		dt struct name address: 주소를 구조체에 매핑시켜 표시
!dh	Display PE Header	!dh loaded address: PE Viewer

표 39.1 WinDbg 기본 명령어

WinDbg에서 지원하는 명령어는 수십 가지가 넘고 각 명령어의 활용법이 다양합니다. WinDbg를 이용한 디버깅에 익숙해질 때까지 반복적으로 연습해보기 바랍니다.

40
64비트 디버깅

64비트 환경에서의 디버깅 방법에 대해서 알아봅니다. 64비트 환경(X64 + Windows OS 64비트)에서는 32비트 프로세스와 64비트 프로세스가 서로 공존합니다. 따라서 PE32와 PE32+ 파일 모두 디버깅이 가능해야 합니다. 각각의 상황에서 디버깅 이슈에 대해 살펴보겠습니다.

> **참고**
>
> 이번 장에서는 IA-64 디버깅을 다루지 않습니다. 고성능 서버에 탑재되는 IA-64(Itanium)는 일반적으로 접하기도 어렵습니다. 다행히 WinDbg와 IDA Pro에서 X64와 IA-64를 모두 지원하기 때문에 디버깅에 문제는 없습니다. 하지만 IA-64의 Instruction 체계가 x64/x86과 다르기 때문에 상세한 코드 분석을 위해서는 Intel 매뉴얼을 참고해야 합니다.

40.1. x64 환경에서의 디버거 선택

X64칩은 태생부터가 X86을 완벽히 지원하도록 되어있으므로 32비트/64비트 OS를 모두 설치할 수 있습니다. Windows 64비트 OS는 64비트 프로세스(PE32+ 타입)뿐만 아니라 (하위 호환을 위하여) 32비트 프로세스(PE32 타입)를 동시에 실행시킬 수 있습니다. 이렇게 32비트/64비트 CPU, OS, Process가 서로 혼재되어 있는 상황에서 각 OS와 프로세스에 대해 사용 가능한 디버거를 정리해보았습니다(표 40.1 참고).

OS	PE32	PE32+
32비트	OllyDbg IDA Pro WinDbg	IDA Pro (Disassemble only)
64비트	OllyDbg IDA Pro WinDbg	IDA Pro WinDbg

표 40.1 OS와 PE 파일 타입에 따른 디버거

32비트 OS에서 PE32+ 파일의 디버깅은 불가능합니다. 다만 IDA Pro에서 PE32+ 파일 내부의 디스어셈블리 코드를 확인할 수는 있습니다. 또한 OllyDbg는 안타깝게도 PE32+를 지원하지 않습니다. 따라서 PE32+ 디버깅을 위해서는 반드시 64비트 OS에서 IDA Pro 정식버전과 WinDbg 64비트 버전을 사용해야 합니다. 이제 실습 파일(WOW64Test_x64.exe)을 이용하여 64비트 환경(X64 & Windows 7 64비트)에서 디버깅 실습을 해보겠습니다.

40.2. 64비트 디버깅

지난번 WOW64 테스트용으로 사용한 WOW64Test_x64.exe 파일을 디버깅 실습 예제로 사용하도록 하겠습니다.

40.2.1. 실습 예제 - WOW64Test

소스코드(WOW64Test.cpp)를 간단히 살펴보겠습니다.

코드 40.1 WOW64Test.cpp
```cpp
#include "stdio.h"
#include "windows.h"
#include "Shlobj.h"
#include "tchar.h"
#pragma comment(lib, "Shell32.lib")

int _tmain(int argc, TCHAR* argv[])
{
    HKEY    hKey              = NULL;
    HANDLE  hFile             = INVALID_HANDLE_VALUE;
    TCHAR   szPath[MAX_PATH]  = {0,};

    /////////////////
    // system32 folder
    if( GetSystemDirectory(szPath, MAX_PATH) )
    {
        _tprintf(L"1) system32 path = %s\n", szPath);
    }

    /////////////////
    // File size
    _tcscat_s(szPath, L"\\kernel32.dll");
    hFile = CreateFile(szPath, GENERIC_READ, 0, NULL,
                       OPEN_EXISTING, FILE_ATTRIBUTE_NORMAL, NULL);
    if( hFile != INVALID_HANDLE_VALUE )
    {
        _tprintf(L"2) File size of \"%s\" = %d\n",
            szPath, GetFileSize(hFile, NULL));
```

```
        CloseHandle(hFile);
    }
    //////////////////
    // Program Files
    if( SHGetSpecialFolderPath(NULL, szPath,
                                CSIDL_PROGRAM_FILES, FALSE) )
    {
        _tprintf(L"3) Program Files path = %s\n", szPath);
    }

    //////////////////
    // Registry
    if( ERROR_SUCCESS == RegCreateKey(HKEY_LOCAL_MACHINE,
                                    L"SOFTWARE\\ReverseCore", &hKey) )
    {
        RegCloseKey(hKey);
        _tprintf(L"4) Create Registry Key : HKLM\\SOFTWARE\\
                ReverseCore\n");
    }

    return 0;
}
```

위 WOW64Test는 크게 4개의 API, 즉 GetSystemDirectory(), CreateFile(), SHGetSpecialFolderPath(), RegCreateKey()를 호출한 후 결과를 출력하는 간단한 프로그램입니다. x86 프로그램은 WOW64 모드로 동작하기 때문에 시스템 폴더(System32)와 중요 레지스트리 키가 Redirecting된다는 것을 보여주는 예제입니다.

위 소스코드를 Visual C++ 2010 Express Edition으로 각각 x86용(WOW64Test_x86.exe)과 x64용(WOW64Test_x64.exe)으로 빌드한 후 실행하면 그림 40.1과 같습니다.

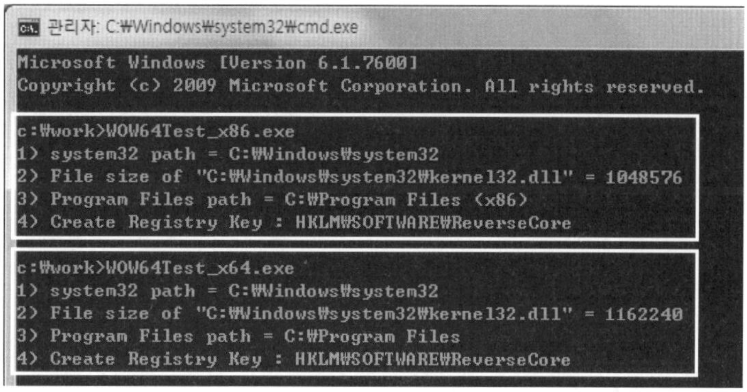

그림 40.1 WOW64Test_x86.exe & WOW64Test_x64.exe 실행 화면

이제부터 이 프로그램들을 하나씩 디버깅해보겠습니다

> **참고**
> 실습 예제 파일을 정상적으로 디버깅하기 위해서는 Windows XP/Vista/7 64비트 시스템이 필요합니다.

40.3. PE32 : WOW64Test_x86.exe

Windows OS 64비트에서 PE32 파일(SYS 형식 제외)은 WOW64 모드로 실행됩니다. 또한 기존 32비트에서 사용하던 리버싱 툴을 대부분 그대로 이용할 수 있습니다. 다만 OllyDbg 1.10 버전의 경우 x64 환경을 제대로 지원하지 않기 때문에 OllyDbg 2.0 버전을 사용합니다.

> **참고**
> 1. OllyDbg 1.10 버전은 WOW64 환경에서 직접 실행되지 않습니다만, Olly Advanced (혹은 AdvancedOlly) 플러그인(PlugIn)을 설치 후 x64 옵션을 체크해주면 정상 실행됩니다(그림 40.2 참고).
>
>   http://tuts4you.com/download.php?view.75
>
>   Olly Advanced는 OllyDbg 자체의 버그를 패치하고 안티 디버깅 등의 기능을 제공하는 매우 유용한 플러그인입니다. 대부분의 OllyDbg 사용자가 설치하여 사용하고 있습니다.
>
> 2. VC++ 2010으로 제작된 콘솔 기반 EXE 파일에서는 일반적으로 사용자 코드가 코드 섹션의 최상위 위치에 존재합니다. 이것도 알아두면 좋을 것 같습니다.

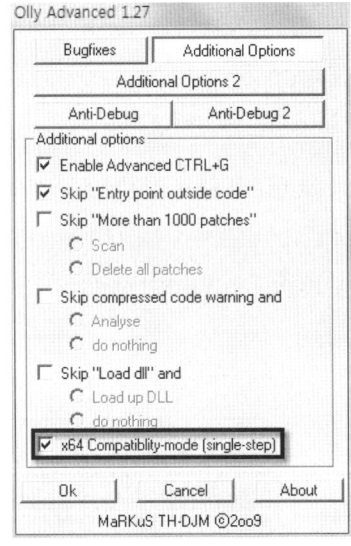

그림 40.2 'Olly Advanced' 설정

40.3.1. EP 코드

WOW64Test_x86.exe 파일을 열면 자동으로 EP 코드에서 멈추게 됩니다.

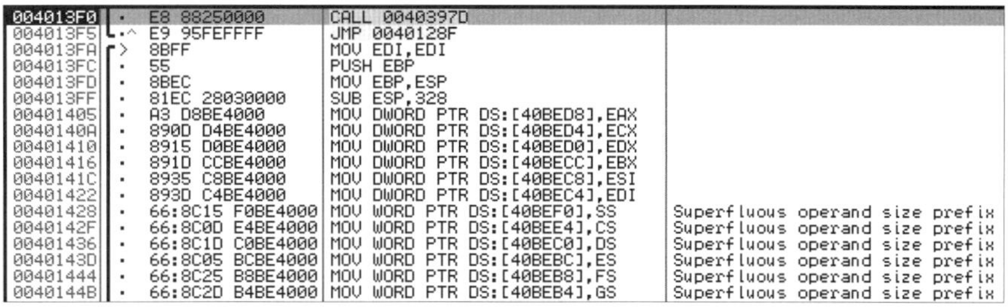

```
004013F0   E8 88250000        CALL 0040397D
004013F5   E9 95FEFFFF        JMP 0040128F
004013FA   8BFF               MOV EDI,EDI
004013FC   55                 PUSH EBP
004013FD   8BEC               MOV EBP,ESP
004013FF   81EC 28030000      SUB ESP,328
00401405   A3 D8BE4000        MOV DWORD PTR DS:[40BED8],EAX
0040140A   890D D4BE4000      MOV DWORD PTR DS:[40BED4],ECX
00401410   8915 D0BE4000      MOV DWORD PTR DS:[40BED0],EDX
00401416   891D CCBE4000      MOV DWORD PTR DS:[40BECC],EBX
0040141C   8935 C8BE4000      MOV DWORD PTR DS:[40BEC8],ESI
00401422   893D C4BE4000      MOV DWORD PTR DS:[40BEC4],EDI
00401428   66:8C15 F0BE4000   MOV WORD PTR DS:[40BEF0],SS     Superfluous operand size prefix
0040142F   66:8C0D E4BE4000   MOV WORD PTR DS:[40BEE4],CS     Superfluous operand size prefix
00401436   66:8C1D C0BE4000   MOV WORD PTR DS:[40BEC0],DS     Superfluous operand size prefix
0040143D   66:8C05 BCBE4000   MOV WORD PTR DS:[40BEBC],ES     Superfluous operand size prefix
00401444   66:8C25 B8BE4000   MOV WORD PTR DS:[40BEB8],FS     Superfluous operand size prefix
0040144B   66:8C2D B4BE4000   MOV WORD PTR DS:[40BEB4],GS     Superfluous operand size prefix
```

그림 40.3 OllyDbg : WOW64Test_x86.exe의 EP 코드

Visual C++ 2010으로 생성한 콘솔 기반 PE32 파일의 EP 코드는 예전에 살펴본 적이 있으므로 여기서는 바로 main() 함수를 찾아가도록 하겠습니다.

40.3.2. Startup 코드

004013F5 주소의 JMP 0040128F 명령어를 따라가면 그림 40.4와 같이 Startup 코드가 나타납니다.

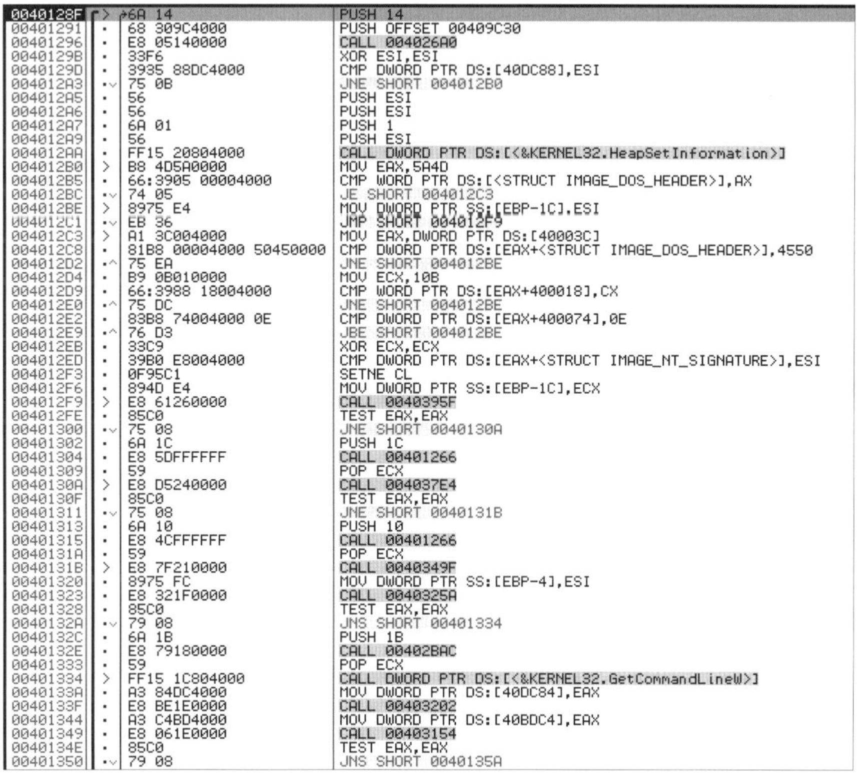

```
0040128F   6A 14                    PUSH 14
00401291   68 309C4000              PUSH OFFSET 00409C30
00401296   E8 05140000              CALL 004026A0
0040129B   33F6                     XOR ESI,ESI
0040129D   3935 88DC4000            CMP DWORD PTR DS:[40DC88],ESI
004012A3   75 0B                    JNE SHORT 004012B0
004012A5   56                       PUSH ESI
004012A6   56                       PUSH ESI
004012A7   6A 01                    PUSH 1
004012A9   56                       PUSH ESI
004012AA   FF15 20804000            CALL DWORD PTR DS:[<&KERNEL32.HeapSetInformation>]
004012B0   B8 4D5A0000              MOV EAX,5A4D
004012B5   66:3905 00004000         CMP WORD PTR DS:[<STRUCT IMAGE_DOS_HEADER>],AX
004012BC   74 05                    JE SHORT 004012C3
004012BE   8975 E4                  MOV DWORD PTR SS:[EBP-1C],ESI
004012C1   EB 36                    JMP SHORT 004012F9
004012C3   A1 3C004000              MOV EAX,DWORD PTR DS:[40003C]
004012C8   81B8 00004000 50450000   CMP DWORD PTR DS:[EAX+<STRUCT IMAGE_DOS_HEADER>],4550
004012D2   75 EA                    JNE SHORT 004012BE
004012D4   B9 0B010000              MOV ECX,10B
004012D9   66:3988 18004000         CMP WORD PTR DS:[EAX+400018],CX
004012E0   75 DC                    JNE SHORT 004012BE
004012E2   83B8 74004000 0E         CMP DWORD PTR DS:[EAX+400074],0E
004012E9   76 D3                    JBE SHORT 004012BE
004012EB   33C9                     XOR ECX,ECX
004012ED   39B0 E8004000            CMP DWORD PTR DS:[EAX+<STRUCT IMAGE_NT_SIGNATURE>],ESI
004012F3   0F95C1                   SETNE CL
004012F6   894D E4                  MOV DWORD PTR SS:[EBP-1C],ECX
004012F9   E8 61260000              CALL 0040395F
004012FE   85C0                     TEST EAX,EAX
00401300   75 08                    JNE SHORT 0040130A
00401302   6A 1C                    PUSH 1C
00401304   E8 5DFFFFFF              CALL 00401266
00401309   59                       POP ECX
0040130A   E8 D5240000              CALL 004037E4
0040130F   85C0                     TEST EAX,EAX
00401311   75 08                    JNE SHORT 0040131B
00401313   6A 10                    PUSH 10
00401315   E8 4CFFFFFF              CALL 00401266
0040131A   59                       POP ECX
0040131B   E8 7F210000              CALL 0040349F
00401320   8975 FC                  MOV DWORD PTR SS:[EBP-4],ESI
00401323   E8 321F0000              CALL 0040325A
00401328   85C0                     TEST EAX,EAX
0040132A   79 08                    JNS SHORT 00401334
0040132C   6A 1B                    PUSH 1B
0040132E   E8 79180000              CALL 00402BAC
00401333   59                       POP ECX
00401334   FF15 1C804000            CALL DWORD PTR DS:[<&KERNEL32.GetCommandLineW>]
0040133A   A3 84DC4000              MOV DWORD PTR DS:[40DC84],EAX
0040133F   E8 BE1E0000              CALL 00403202
00401344   A3 C4BD4000              MOV DWORD PTR DS:[40BDC4],EAX
00401349   E8 061E0000              CALL 00403154
0040134E   85C0                     TEST EAX,EAX
00401350   79 08                    JNS SHORT 0040135A
```

그림 40.4 OllyDbg: WOW64Test_x86.exe의 Startup 코드

WOW64Test_x86은 콘솔 프로그램이므로 Startup 코드 내에 main() 함수를 호출하는 CALL 명령어가 존재합니다. 리버싱 초보시절에는 CALL 명령어를 한 번씩 따라 들어가서 각 함수의 코드를 자세히 익혀보기 바랍니다.

> **참고**
> 처음부터 너무 깊이 따라가면 힘들어지므로 1-depth만 따라가서 코드를 살펴보세요. 디버깅에 익숙해지면 조금 더 깊이 따라가서 코드를 눈에 익혀두기 바랍니다. 이러한 훈련은 Visual C++의 'Startup 코드'와 '사용자 코드'의 차이를 파악하는 데 큰 도움이 됩니다. 훈련이 잘 된 리버서라면 실전에서 이러한 Startup 코드를 빠르게 건너뛰어서 바로 사용자 코드를 찾아낼 수 있습니다. 즉 엉뚱한 곳에서 길을 잃고 헤매는 상황이 줄어들겠지요.

40.3.3. main( ) 함수

실제 main() 함수를 찾아서 가볼텐데요. 우리가 이미 알고 있는 정보를 나열하고, 다음과 같은 정보를 바탕으로 main() 함수를 찾아 보겠습니다.

1. Debuggee(WOW64Test_x86.exe)는 콘솔 기반 프로그램이다.

    WOW64Test_x86.exe은 main() 함수 호출 전에 GetCommandLine() API를 호출할 거라고 예상할 수 있습니다. 왜냐하면 main(int argc, char* argv[]) 함수의 파라미터를 스택(x64의 경우 레지스터)에 입력해야 하기 때문이죠. 즉 GetCommandLine() API에 BP를 설치하면 그 리턴 주소를 확인해서 main() 함수 호출 부분을 찾아갈 수 있다는 뜻이 됩니다. 또한 main() 함수 호출 직전에 argc와 argv 파라미터가 스택(x64의 경우 레지스터)에 입력되기 때문에 스택(또는 레지스터)을 잘 살펴보면 main() 함수 호출 부분을 바로 찾아낼 수 있습니다.

2. GetSystemDirectory(), GetFileSize(), CreateFile() 등의 API를 호출한다.

    프로그램에서 사용되는 API가 명확한 경우 역시 그 API에 직접 BP를 설치하여 리턴 주소를 이용하여 main() 함수 코드 내부로 바로 찾아갈 수 있습니다.

3. 위 API로 구한 정보를 화면에 출력한다.

    OllyDbg의 막강한 문자열 검색 기능을 이용하면 원하는 코드로 바로 찾아갈 수 있습니다.

여기서는 3번 항목을 이용해보겠습니다. OllyDbg의 코드 창에서 마우스 우측 메뉴 'Search for - All referenced text strings' 항목을 선택합니다.

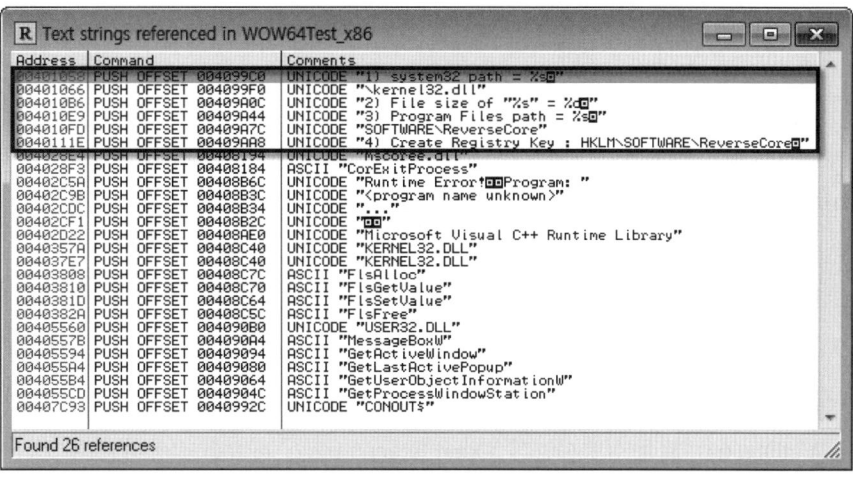

그림 40.5 OllyDbg : All referenced text strings 기능

그림 40.5에서 나타난 문자열 목록에서 가장 위에 위치한 00401058 주소를 더블클릭합니다. 그림 40.6과 같이 main( ) 함수 코드가 나타납니다.

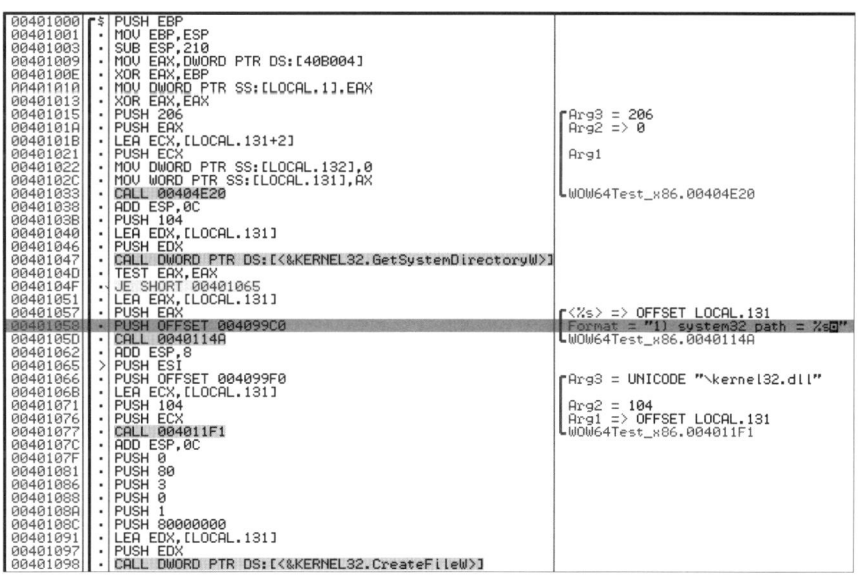

그림 40.6 OllyDbg : main( ) 함수

401000에서 스택 프레임이 시작되는 걸로 봐서 401000 주소가 main( ) 함수의 시작부분입니다(이 주소는 첫 번째 섹션 '.text'의 시작 주소입니다). 64비트 환경에서의 PE32 파일의 디버깅은 기존 32비트 환경에서와 동일한 방법으로 하면 됩니다. 다만 일부 리버싱 유틸리티 중에 64비트 환경을 지원하지 않는 경우가 있으니 자신이 사용하는 유틸리티들을 확인해보기 바랍니다.

40.4. PE32+ : WOW64Test_x64.exe

64비트 환경에서 PE32+ 파일을 제대로 디버깅하기 위해서는 IDA Pro 또는 WinDbg를 사용해야 합니다(표 40.1 참고). 여기서는 무료 프로그램인 WinDbg를 사용할 예정입니다. 앞에서 살펴본 OllyDbg + PE32 디버깅 방법과 비교해보세요.

WinDbg 64비트를 실행시켜서 'Open Executable…' 메뉴를 사용하여 WOW64Test_x64.exe 파일의 디버깅을 시작합니다.

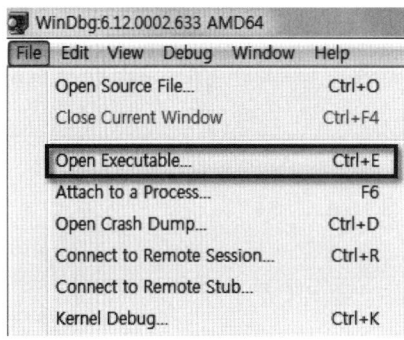

그림 40.7 Open Executable 메뉴

40.4.1. System Break Point

그림 40.8과 같이 System Break Point 에서 멈추게 됩니다(ntdll.dll 영역). WinDbg는 프로세스의 EP에서 멈추는 옵션이 없기 때문에 이 위치에서부터 사용자가 직접 EP로 가야 합니다.

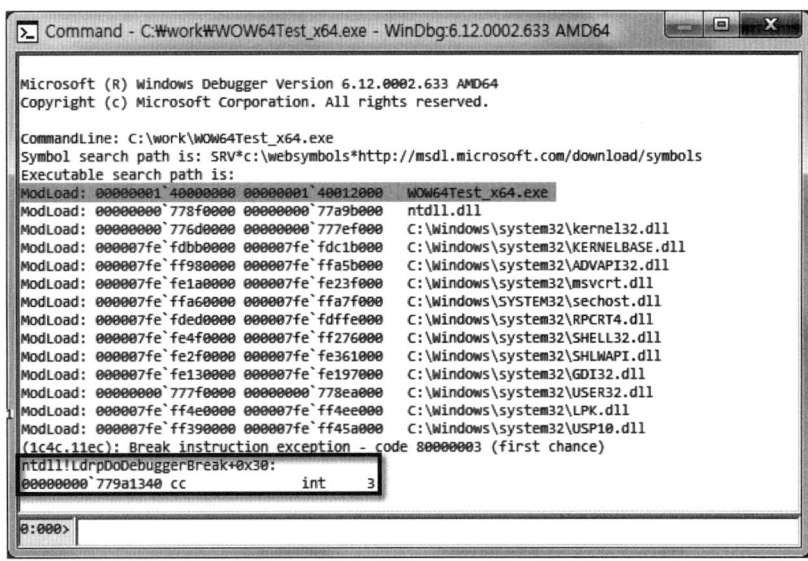

그림 40.8 WinDbg: System Break Point

40.4.2. EP 코드

일단 EP 주소를 구해보겠습니다. 프로세스의 PE 헤더를 표시하는 명령을 입력합니다.

```
!dh <module name 또는 loading address>
```

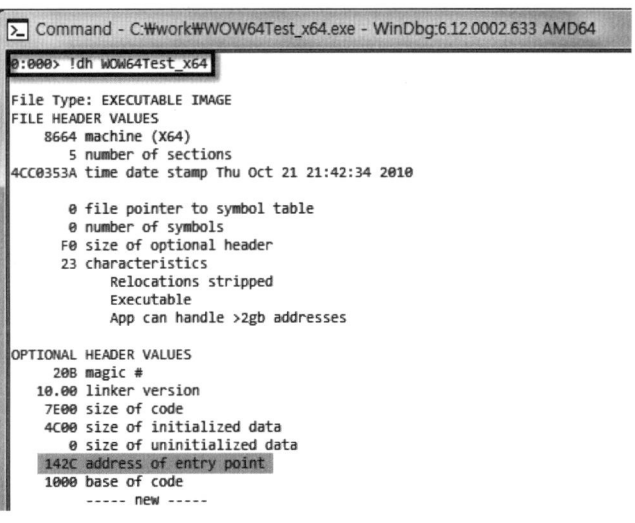

그림 40.9 WinDbg: PE 헤더 표시 기능

EP 주소(RVA)는 142C입니다. 이제 그곳으로 직접 가보도록 하겠습니다.

```
g <address>
```

```
0:000> g WOW64Test_x64 + 142c
ModLoad: 000007fe`ff950000 000007fe`ff97e000   C:\Windows\system32\IMM32.DLL
ModLoad: 000007fe`ff280000 000007fe`ff389000   C:\Windows\system32\MSCTF.dll
*** ERROR: Module load completed but symbols could not be loaded for WOW64Test_x64.exe
WOW64Test_x64+0x142c:
00000001`4000142c 4883ec28        sub     rsp,28h
```

그림 40.10 WinDbg: EP 코드

WinDbg는 기본적으로 명령어 한 줄만 표시합니다. 명령어 개수를 좀 늘려서 보겠습니다.

```
u <address> L<line number>
```

```
0:000> u eip L10
WOW64Test_x64+0x142c:
00000001`4000142c 4883ec28        sub     rsp,28h
00000001`40001430 e8072a0000      call    WOW64Test_x64+0x3e3c (00000001`40003e3c)
00000001`40001435 4883c428        add     rsp,28h
00000001`40001439 e976feffff      jmp     WOW64Test_x64+0x12b4 (00000001`400012b4)
00000001`4000143e cc              int     3
00000001`4000143f cc              int     3
00000001`40001440 48894c2408      mov     qword ptr [rsp+8],rcx
00000001`40001445 4881ec88000000  sub     rsp,88h
00000001`4000144c 488d0d0dbf0000  lea     rcx,[WOW64Test_x64+0xd360 (00000001`4000d360)]
00000001`40001453 ff151f7c0000    call    qword ptr [WOW64Test_x64+0x9078 (00000001`40009078
00000001`40001459 488b05f8bf0000  mov     rax,qword ptr [WOW64Test_x64+0xd458 (00000001`4000
00000001`40001460 4889442458      mov     qword ptr [rsp+58h],rax
00000001`40001465 4533c0          xor     r8d,r8d
00000001`40001468 488d542460      lea     rdx,[rsp+60h]
00000001`4000146d 488b4c2458      mov     rcx,qword ptr [rsp+58h]
00000001`40001472 e8f5750000      call    WOW64Test_x64+0x8a6c (00000001`40008a6c)
```

그림 40.11 WinDbg: EP 코드

Visual C++ 2010으로 제작된 PE32+ 파일의 EP Startup 코드입니다. 그림 40.3의 PE32 파일의 EP 코드와 비교해보기 바랍니다. CALL+JMP 명령어 구조가 동일합니다.

40.4.3. Startup 코드

00000001`40001439 주소의 JMP 명령어를 따라간[t] 후 길게 펼쳐보면[u eip L60], 코드 40.2와 같이 Startup 코드 전체를 볼 수 있습니다.

코드 40.2 WinDbg: Startup 코드

```
0:000 u eip L60
WOW64Test_x64+0x12b4:
00000001`400012b4 48895c2410      mov     qword ptr [rsp+10h],rbx
00000001`400012b9 57              push    rdi
00000001`400012ba 4883ec30        sub     rsp,30h
00000001`400012be b84d5a0000      mov     eax,5A4Dh
00000001`400012c3 66390536edffff  cmp     word ptr [WOW64Test_x64
                                                  (00000001`40000000)],ax
00000001`400012ca 7404            je      WOW64Test_x64+0x12d0 (00000001`400012d0)
00000001`400012cc 33db            xor     ebx,ebx
00000001`400012ce eb38            jmp     WOW64Test_x64+0x1308 (00000001`40001308)
00000001`400012d0 48630565edffff  movsxd  rax,dword ptr [WOW64Test_x64+0x3c
                                                  (00000001`4000003c)]
00000001`400012d7 488d0d22edffff  lea     rcx,[WOW64Test_x64 (00000001`40000000)]
00000001`400012de 4803c1          add     rax,rcx
00000001`400012e1 813850450000    cmp     dword ptr [rax],4550h
00000001`400012e7 75e3            jne     WOW64Test_x64+0x12cc (00000001`400012cc)
00000001`400012e9 b90b020000      mov     ecx,20Bh
00000001`400012ee 66394818        cmp     word ptr [rax+18h],cx
00000001`400012f2 75d8            jne     WOW64Test_x64+0x12cc (00000001`400012cc)
00000001`400012f4 33db            xor     ebx,ebx
00000001`400012f6 83b8840000000e  cmp     dword ptr [rax+84h],0Eh
00000001`400012fd 7609            jbe     WOW64Test_x64+0x1308 (00000001`40001308)
00000001`400012ff 3998f8000000    cmp     dword ptr [rax+0F8h],ebx
00000001`40001305 0f95c3          setne   bl
00000001`40001308 895c2440        mov     dword ptr [rsp+40h],ebx
00000001`4000130c e8d32a0000      call    WOW64Test_x64+0x3de4 (00000001`40003de4)
00000001`40001311 85c0            test    eax,eax
00000001`40001313 7522            jne     WOW64Test_x64+0x1337 (00000001`40001337)
00000001`40001315 833d94bf000002  cmp     dword ptr [WOW64Test_x64+0xd2b0
                                                  (00000001`4000d2b0)],2
00000001`4000131c 7405            je      WOW64Test_x64+0x1323 (00000001`40001323)
00000001`4000131e e8d51d0000      call    WOW64Test_x64+0x30f8 (00000001`400030f8)
00000001`40001323 b91c000000      mov     ecx,1Ch
00000001`40001328 e86b1b0000      call    WOW64Test_x64+0x2e98 (00000001`40002e98)
00000001`4000132d b9ff000000      mov     ecx,0FFh
00000001`40001332 e8b1170000      call    WOW64Test_x64+0x2ae8 (00000001`40002ae8)
00000001`40001337 e8242a0000      call    WOW64Test_x64+0x3d60 (00000001`40003d60)
00000001`4000133c 85c0            test    eax,eax
00000001`4000133e 7522            jne     WOW64Test_x64+0x1362 (00000001`40001362)
00000001`40001340 833d69bf000002  cmp     dword ptr [WOW64Test_x64+0xd2b0
                                                  (00000001`4000d2b0)],2
00000001`40001347 7405            je      WOW64Test_x64+0x134e (00000001`4000134e)
00000001`40001349 e8aa1d0000      call    WOW64Test_x64+0x30f8 (00000001`400030f8)
00000001`4000134e b910000000      mov     ecx,10h
00000001`40001353 e8401b0000      call    WOW64Test_x64+0x2e98 (00000001`40002e98)
00000001`40001358 b9ff000000      mov     ecx,0FFh
00000001`4000135d e886170000      call    WOW64Test_x64+0x2ae8 (00000001`40002ae8)
00000001`40001362 e8c1260000      call    WOW64Test_x64+0x3a28 (00000001`40003a28)
00000001`40001367 90              nop
```

```
00000001`40001368 e8e7230000      call    WOW64Test_x64+0x3754 (00000001`40003754)
00000001`4000136d 85c0            test    eax,eax
00000001`4000136f 790a            jns     WOW64Test_x64+0x137b (00000001`4000137b)
00000001`40001371 b91b000000      mov     ecx,1Bh
00000001`40001376 e8c91a0000      call    WOW64Test_x64+0x2e44 (00000001`40002e44)
00000001`4000137b ff15b77c0000    call    qword ptr [WOW64Test_x64+0x9038
                                                    (00000001`40009038)]
00000001`40001381 488905a8e20000  mov     qword ptr [WOW64Test_x64+0xf630
                                                    (00000001`4000f630)],rax
00000001`40001388 e83f230000      call    WOW64Test_x64+0x36cc (00000001`400036cc)
00000001`4000138d 48890514bf0000  mov     qword ptr [WOW64Test_x64+0xd2a8
                                                    (00000001`4000d2a8)],rax
00000001`40001394 e843220000      call    WOW64Test_x64+0x35dc (00000001`400035dc)
00000001`40001399 85c0            test    eax,eax
00000001`4000139b 790a            jns     WOW64Test_x64+0x13a7 (00000001`400013a7)
00000001`4000139d b908000000      mov     ecx,8
00000001`400013a2 e89d1a0000      call    WOW64Test_x64+0x2e44 (00000001`40002e44)
00000001`400013a7 e8601f0000      call    WOW64Test_x64+0x330c (00000001`4000330c)
00000001`400013ac 85c0            test    eax,eax
00000001`400013ae 790a            jns     WOW64Test_x64+0x13ba (00000001`400013ba)
00000001`400013b0 b909000000      mov     ecx,9
00000001`400013b5 e88a1a0000      call    WOW64Test_x64+0x2e44 (00000001`40002e44)
00000001`400013ba b901000000      mov     ecx,1
00000001`400013bf e808180000      call    WOW64Test_x64+0x2bcc (00000001`40002bcc)
00000001`400013c4 85c0            test    eax,eax
00000001`400013c6 7407            je      WOW64Test_x64+0x13cf (00000001`400013cf)
00000001`400013c8 8bc8            mov     ecx,eax
00000001`400013ca e8751a0000      call    WOW64Test_x64+0x2e44 (00000001`40002e44)
00000001`400013cf 4c8b05a2c40000  mov     r8,qword ptr [WOW64Test_x64+0xd878
                                                    (00000001`4000d878)]
00000001`400013d6 4c8905a3c40000  mov     qword ptr [WOW64Test_x64+0xd880
                                                    (00000001`4000d880)],r8
00000001`400013dd 488b157cc40000  mov     rdx,qword ptr [WOW64Test_x64+0xd860
                                                    (00000001`4000d860)]
00000001`400013e4 8b0d6ac40000    mov     ecx,dword ptr [WOW64Test_x64+0xd854
                                                    (00000001`4000d854)]
00000001`400013ea e811fcffff      call    WOW64Test_x64+0x1000 (00000001`40001000)
00000001`400013ef 8bf8            mov     edi,eax
00000001`400013f1 89442420        mov     dword ptr [rsp+20h],eax
00000001`400013f5 85db            test    ebx,ebx
00000001`400013f7 7507            jne     WOW64Test_x64+0x1400 (00000001`40001400)
00000001`400013f9 8bc8            mov     ecx,eax
00000001`400013fb e80c1a0000      call    WOW64Test_x64+0x2e0c (00000001`40002e0c)
00000001`40001400 e81f1a0000      call    WOW64Test_x64+0x2e24 (00000001`40002e24)
00000001`40001405 eb17            jmp     WOW64Test_x64+0x141e (00000001`4000141e)
00000001`40001407 8bf8            mov     edi,eax
00000001`40001409 837c244000      cmp     dword ptr [rsp+40h],0
00000001`4000140e 7508            jne     WOW64Test_x64+0x1418 (00000001`40001418)
00000001`40001410 8bc8            mov     ecx,eax
00000001`40001412 e8011a0000      call    WOW64Test_x64+0x2e18 (00000001`40002e18)
00000001`40001417 cc              int     3
```

```
00000001`40001418 e8171a0000        call    WOW64Test_x64+0x2e34
                                            (00000001`40002e34)
00000001`4000141d 90                 nop
00000001`4000141e 8bc7               mov     eax,edi
00000001`40001420 488b5c2448         mov     rbx,qword ptr [rsp+48h]
00000001`40001425 4883c430           add     rsp,30h
00000001`40001429 5f                 pop     rdi
00000001`4000142a c3                 ret
```

지금까지 OllyDbg를 이용해서 VC++의 PE32 파일의 Startup은 많이 봤습니다만, WinDbg로 VC++의 PE32+ 파일은 처음 소개하기 때문에 Startup 코드 전체를 표시하였습니다. 그림 40.4의 PE32 파일의 Startup 코드와 비교해 봐도 상당히 비슷하게 보입니다. 일반적인 애플리케이션 디버깅에는 심볼(Symbol : *.pdb) 파일이 제공되지 않기 때문에 위와 같이 주석이 전혀 없는 삭막한 코드가 나타납니다. VC++ 파일의 디버깅 경험이 별로 없다면 위 코드의 CALL 명령어를 전부 따라가서 확인해야 합니다(다시 한 번 강조하지만 초보자 여러분에게는 그런 방법을 권합니다. Startup 코드를 눈에 익혀두는 게 중요합니다).

40.4.4. main( ) 함수

콘솔 기반 프로그램이므로 GetCommandLineW( ) 함수에 BP를 설치한 후 그곳에서부터 main( ) 함수 호출까지 따라가보겠습니다. 먼저 kernel32!GetCommandLineW( ) API에 BP를 설치합니다.

```
bp <address 또는 모듈 이름!API 이름>
```

이제 디버거를 실행[g]해보면 그림 40.12와 같이 GetCommandLineW( ) API에서 멈춥니다.

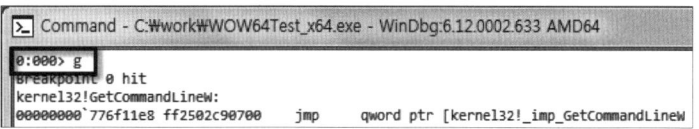

그림 40.12 WinDbg: GetCommandLineW( )의 BP에서 멈춤

이때 스택에 저장된 리턴 주소(Return Address)를 확인합니다.

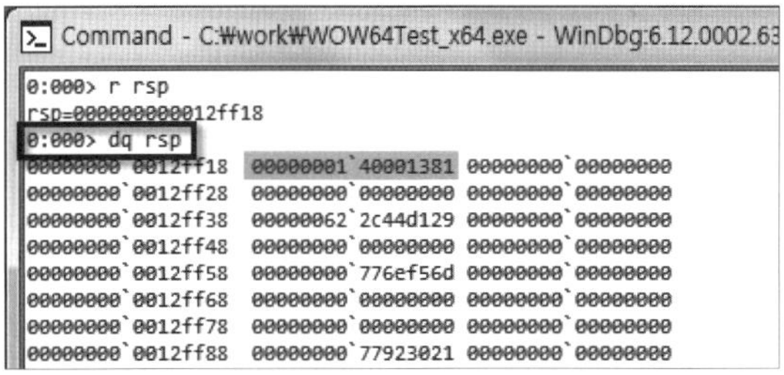

그림 40.13 WinDbg: 스택에 저장된 리턴 주소

리턴 주소는 00000001`40001381입니다. 이 주소로 따라갑니다.

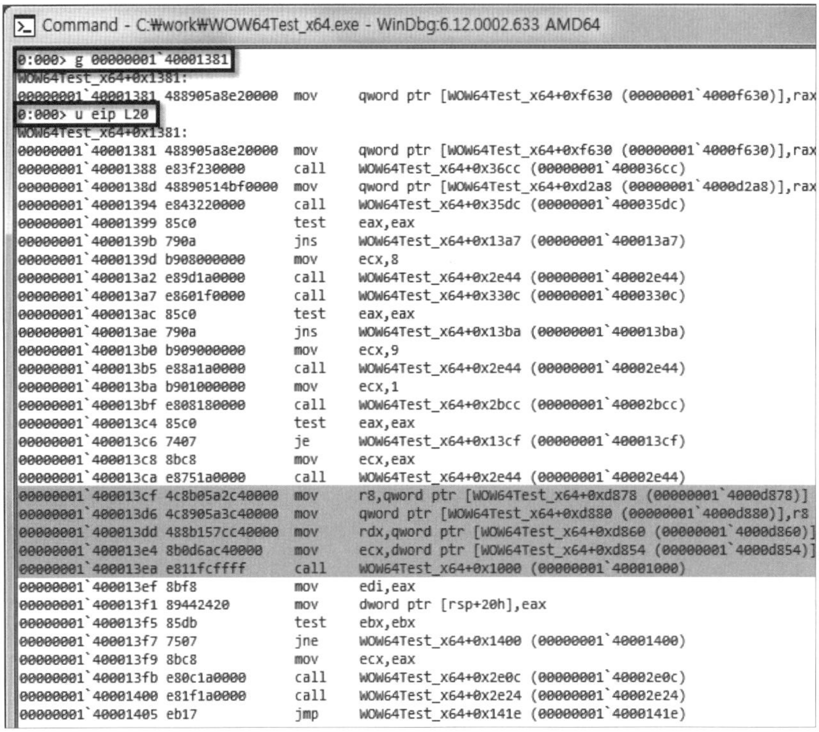

그림 40.14 WinDbg: Startup 코드 내부의 main( ) 함수 호출 코드

00000001`40001381 주소의 MOV 명령어는 GetCommandLineW( ) API의 리턴 값(RAX)을 '.data' 섹션의 특정 영역에 저장합니다. 그리고 많은 CALL 명령어

가 이어집니다. 여기서 호출되는 함수들은 모두 지금 구해온 "command line" 문자열을 쪼개어 main() 함수의 argc, argv 파라미터 만들어내는 역할을 담당합니다. 00000001`400013cf~00000001`400013e4 주소의 MOV 명령어들은 바로 main() 함수 파라미터(RCX, RDX, R8 레지스터)를 세팅하고 있습니다. 그 밑에 00000001`400013EA 주소의 CALL 명령어가 바로 main() 함수 호출 코드로 보입니다. 파라미터로 입력된 레지스터 값을 살펴보겠습니다.

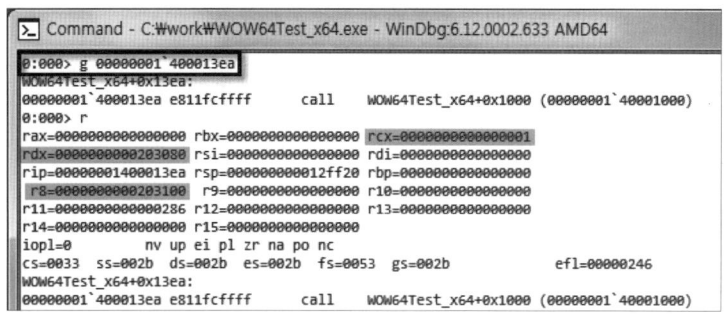

그림 40.15 WinDbg : main() 함수 파라미터

main(int argc, char* argv[ ]) 함수의 첫 번째 파라미터 argc를 의미하는 RCX 레지스터의 값은 1입니다. 추가적인 명령 인자가 없다는 뜻이지요. 두 번째 파라미터 argv[ ] 배열 시작 주소를 의미하는 RDX 레지스터의 값은 203080입니다. 이 주소에 argv[0]에 해당하는 명령행 문자열 주소가 들어 있을 것입니다.

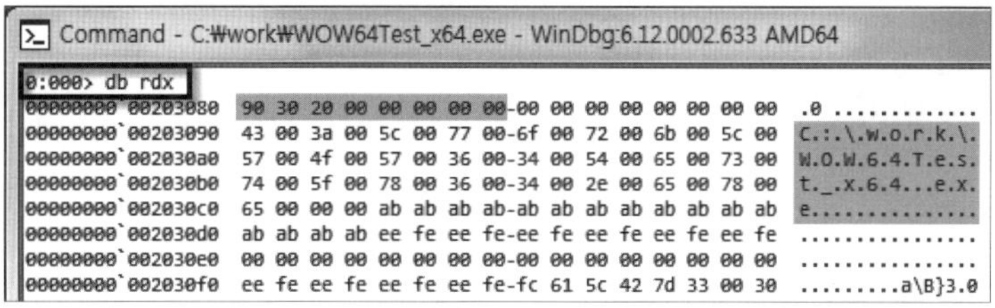

그림 40.16 WinDbg: argv 파라미터

그림 40.16을 보면 argv[ ] 파라미터(RDX)의 시작 주소는 203080이며, argv[0] = 203090입니다. 203090이 바로 첫 번째 명령행 문자열("C:\work\WOW64Test_x64.exe")입니다.

main() 함수의 argc와 argv 파라미터는 확인을 하였습니다. 그런데 그림 40.15의 R8 레지스터의 값 00000000`00203100은 무슨 의미일까요? main() 함수의 파라미터는 두 개(RCX, RDX)뿐인데, 세 번째 파라미터를 의미하는 R8 레지스터에 왜 값을 입력하였을까요? 확인해보겠습니다.

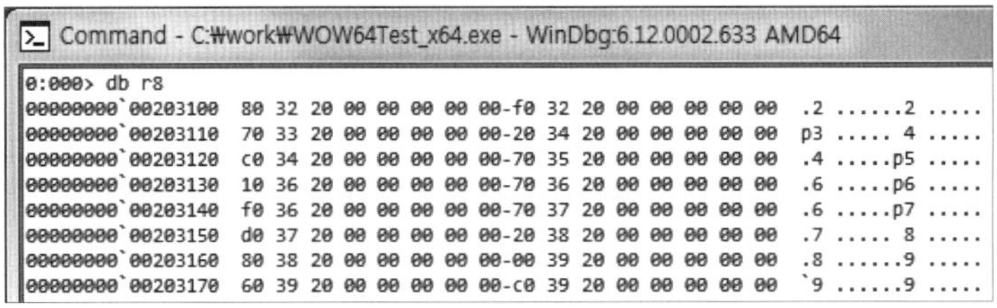

```
Command - C:₩work₩WOW64Test_x64.exe - WinDbg:6.12.0002.633 AMD64
0:000> db r8
00000000`00203100  80 32 20 00 00 00 00 00-f0 32 20 00 00 00 00 00  .2 ......2 .....
00000000`00203110  70 33 20 00 00 00 00 00-20 34 20 00 00 00 00 00  p3 ..... 4 .....
00000000`00203120  c0 34 20 00 00 00 00 00-70 35 20 00 00 00 00 00  .4 .....p5 .....
00000000`00203130  10 36 20 00 00 00 00 00-70 36 20 00 00 00 00 00  .6 .....p6 .....
00000000`00203140  f0 36 20 00 00 00 00 00-70 37 20 00 00 00 00 00  .6 .....p7 .....
00000000`00203150  d0 37 20 00 00 00 00 00-20 38 20 00 00 00 00 00  .7 ..... 8 .....
00000000`00203160  80 38 20 00 00 00 00 00-00 39 20 00 00 00 00 00  .8 ......9 .....
00000000`00203170  60 39 20 00 00 00 00 00-c0 39 20 00 00 00 00 00  `9 ......9 .....
```

그림 40.17 WinDbg: R8 레지스터(3rd parameter of main())

그림 40.17을 보면 R8 레지스터가 가리키는 것은 '포인터 배열'입니다. 배열의 원소는 모두 스택 영역을 가리키고 있습니다. 첫 번째 원소가 가리키는 주소 00000000`00203280를 확인합니다.

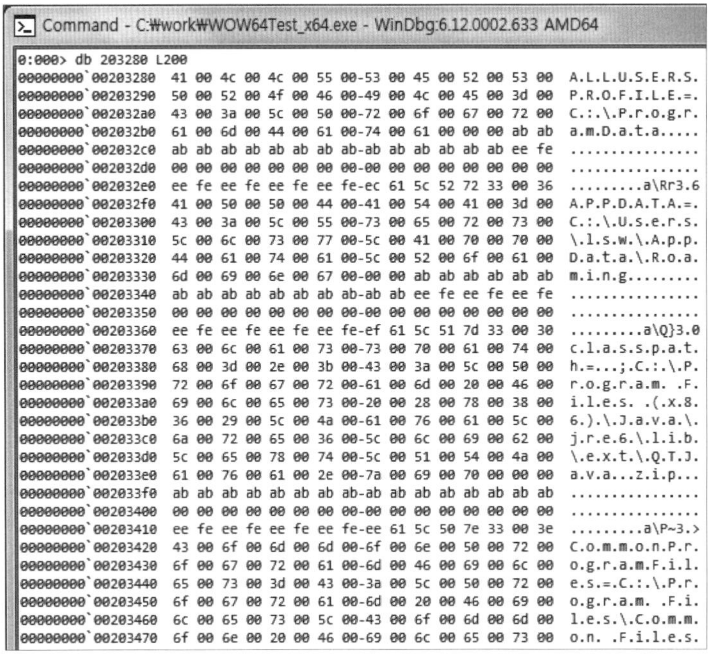

```
Command - C:₩work₩WOW64Test_x64.exe - WinDbg:6.12.0002.633 AMD64
0:000> db 203280 L200
00000000`00203280  41 00 4c 00 4c 00 55 00-53 00 45 00 52 00 53 00  A.L.L.U.S.E.R.S.
00000000`00203290  50 00 52 00 4f 00 46 00-49 00 4c 00 45 00 3d 00  P.R.O.F.I.L.E.=.
00000000`002032a0  43 00 3a 00 5c 00 50 00-72 00 6f 00 67 00 72 00  C.:.\.P.r.o.g.r.
00000000`002032b0  61 00 6d 00 44 00 61 00-74 00 61 00 00 00 ab ab  a.m.D.a.t.a.....
00000000`002032c0  ab ab ab ab ab ab ab ab-ab ab ab ab ab ab ee fe  ................
00000000`002032d0  00 00 00 00 00 00 00 00-00 00 00 00 00 00 00 00  ................
00000000`002032e0  ee fe ee fe ee fe ee fe-ec 61 5c 52 72 33 00 36  .........a\Rr3.6
00000000`002032f0  41 00 50 00 50 00 44 00-41 00 54 00 41 00 3d 00  A.P.P.D.A.T.A.=.
00000000`00203300  43 00 3a 00 5c 00 55 00-73 00 65 00 72 00 73 00  C.:.\.U.s.e.r.s.
00000000`00203310  5c 00 6c 00 73 00 77 00-5c 00 41 00 70 00 70 00  \.l.s.w.\.A.p.p.
00000000`00203320  44 00 61 00 74 00 61 00-5c 00 52 00 6f 00 61 00  D.a.t.a.\.R.o.a.
00000000`00203330  6d 00 69 00 6e 00 67 00-00 00 ab ab ab ab ab ab  m.i.n.g.........
00000000`00203340  ab ab ab ab ab ab ab ab-ab ab ee fe ee fe ee fe  ................
00000000`00203350  00 00 00 00 00 00 00 00-00 00 00 00 00 00 00 00  ................
00000000`00203360  ee fe ee fe ee fe ee fe-ef 61 5c 51 7d 33 00 30  .........a\Q}3.0
00000000`00203370  63 00 6c 00 61 00 73 00-73 00 70 00 61 00 74 00  c.l.a.s.s.p.a.t.
00000000`00203380  68 00 3d 00 2e 00 3b 00-43 00 3a 00 5c 00 50 00  h.=...;.C.:.\.P.
00000000`00203390  72 00 6f 00 67 00 72 00-61 00 6d 00 20 00 46 00  r.o.g.r.a.m. .F.
00000000`002033a0  69 00 6c 00 65 00 73 00-20 00 28 00 78 00 38 00  i.l.e.s. .(.x.8.
00000000`002033b0  36 00 29 00 5c 00 4a 00-61 00 76 00 61 00 5c 00  6.).\.J.a.v.a.\.
00000000`002033c0  6a 00 72 00 65 00 36 00-5c 00 6c 00 69 00 62 00  j.r.e.6.\.l.i.b.
00000000`002033d0  5c 00 65 00 78 00 74 00-5c 00 51 00 54 00 4a 00  \.e.x.t.\.Q.T.J.
00000000`002033e0  61 00 76 00 61 00 2e 00-7a 00 69 00 70 00 00 00  a.v.a...z.i.p...
00000000`002033f0  ab ab ab ab ab ab ab ab-ab ab ab ab ab ab ab ab  ................
00000000`00203400  00 00 00 00 00 00 00 00-00 00 00 00 00 00 00 00  ................
00000000`00203410  ee fe ee fe ee fe ee fe-ee 61 5c 50 7e 33 00 3e  .........a\P~3.>
00000000`00203420  43 00 6f 00 6d 00 6d 00-6f 00 6e 00 50 00 72 00  C.o.m.m.o.n.P.r.
00000000`00203430  6f 00 67 00 72 00 61 00-6d 00 46 00 69 00 6c 00  o.g.r.a.m.F.i.l.
00000000`00203440  65 00 73 00 3d 00 43 00-3a 00 5c 00 50 00 72 00  e.s.=.C.:.\.P.r.
00000000`00203450  6f 00 67 00 72 00 61 00-6d 00 20 00 46 00 69 00  o.g.r.a.m. .F.i.
00000000`00203460  6c 00 65 00 73 00 5c 00-43 00 6f 00 6d 00 6d 00  l.e.s.\.C.o.m.m.
00000000`00203470  6f 00 6e 00 20 00 46 00-69 00 6c 00 65 00 73 00  o.n. .F.i.l.e.s.
```

그림 40.18 WinDbg: R8 레지스터가 가리키는 스택 영역 확인

그림 4.19를 보니 의미가 명확해졌습니다. main() 함수의 세 번째 파라미터 R8
은 '시스템 환경 변수 문자열의 배열' 주소를 가리키는 것입니다. 이것은 Visual
C++ 2010의 특징으로써 사용자가 작성한 코드에는 없는 내용이지만 컴파일러 자
체적으로 추가시킨 파라미터입니다. 마지막으로 main() 함수를 살펴보겠습니다.

```
Command - C:\work\WOW64Test_x64.exe - WinDbg:6.12.0002.633 AMD64
0:000> t
WOW64Test_x64+0x1000:
00000001`40001000 4053              push    rbx
0:000> u eip L40
WOW64Test_x64+0x1000:
00000001`40001000 4053              push    rbx
00000001`40001002 4881ec70020000    sub     rsp,270h
00000001`40001009 488b05f8af0000    mov     rax,qword ptr [WOW64Test_x64+0xc008 (00000001`4000c0
00000001`40001010 4833c4            xor     rax,rsp
00000001`40001013 4889842460020000 mov     qword ptr [rsp+260h],rax
00000001`4000101b 33db              xor     ebx,ebx
00000001`4000101d 488d4c2452        lea     rcx,[rsp+52h]
00000001`40001022 33d2              xor     edx,edx
00000001`40001024 41b806020000      mov     r8d,206h
00000001`4000102a 48895c2440        mov     qword ptr [rsp+40h],rbx
00000001`4000102f 66895c2450        mov     word ptr [rsp+50h],bx
00000001`40001034 e897480000        call    WOW64Test_x64+0x58d0 (00000001`400058d0)
00000001`40001039 488d4c2450        lea     rcx,[rsp+50h]
00000001`4000103e ba04010000        mov     edx,104h
00000001`40001043 ff15df7f0000      call    qword ptr [WOW64Test_x64+0x9028 (00000001`40009028)]
00000001`40001049 85c0              test    eax,eax
00000001`4000104b 7411              je      WOW64Test_x64+0x105e (00000001`4000105e)
00000001`4000104d 488d542450        lea     rdx,[rsp+50h]
00000001`40001052 488d0d379c0000    lea     rcx,[WOW64Test_x64+0xac90 (00000001`4000ac90)]
00000001`40001059 e822010000        call    WOW64Test_x64+0x1180 (00000001`40001180)
00000001`4000105e 4c8d055b9c0000    lea     r8,[WOW64Test_x64+0xacc0 (00000001`4000acc0)]
00000001`40001065 488d4c2450        lea     rcx,[rsp+50h]
```

그림 40.19 WinDbg: main() 함수 코드 일부

main() 코드를 찾았으니 여기서부터 디버깅을 진행하면 됩니다. 연습 삼아 각
자 디버깅해보기 바랍니다.

> **참고**
> WinDbg의 기본적인 사용방법은 39장 'WinDbg'를 참고하기 바랍니다.

40.5. 마무리

64비트 환경에서 PE32+ 파일을 디버깅하는 방법에 대해서 알아보았습니다. 이전
장(64비트 컴퓨팅)에서 설명한 64비트의 추가/변경된 내용을 잘 읽어보았다면,
64비트 환경에서 디버깅이 생각보다 크게 어렵지는 않을 것이라고 생각됩니다.

무엇보다 x64, Windows OS 64비트, PE32+ 등이 하위 호환을 잘 지원함에 따라서 기존 32비트 디버깅을 해본 사람들은 큰 어려움 없이 64비트 디버깅에 적응할 수 있을 것입니다.

WinDbg의 인터페이스가 좀 낯설고 심볼(*.pdb) 파일이 없는 경우 주석(특히 API 이름)이 빈약한 것이 어려움으로 작용할 수 있습니다. 익숙해질 때까지 반복하는 것 외에는 다른 방법이 없겠지요(향후 리버싱 실력이 향상되어서 커널 드라이버 파일 디버깅을 하게 될 때 WinDbg를 다시 만나게 될 것입니다). 여유가 된다면 IDA Pro를 사용하는 것도 좋은 방법입니다.

41
ASLR

Windows Vista부터 적용된 ASLR(Address Space Layout Randomization) 기술에 대해서 알아보도록 하겠습니다.

41.1. Windows Kernel Version

표 41.1은 Windows OS별로 각 Kernel Version을 보여주고 있습니다.

OS	Kernel Version	OS	Kernel Version
Windows 2000	5.0	Windows Server 2008	6.0
Windows XP	5.1	Windows Server 2008 R2	6.1
Windows Server 2003	5.2	Windows7	6.1
Windows Vista	6.0		

표 **41.1** Kernel Version

Windows Vista 이후부터 Major Kernel Version이 '6'으로 올라갔습니다(약 7년 만에 Major 버전이 올라간 셈이죠). 여기서 설명하는 ASLR 기능은 Windows Vista(Kernel Version 6) 이후부터 지원되는 기능입니다.

41.2. ASLR

ASLR 기술은 PE 파일이 메모리에 로딩될 때 로딩 시작 주소 값을 랜덤하게 바꾸는 것입니다. 또한 해당 프로세스의 스택, 힙의 시작 주소도 실행될 때마다 랜덤하게 바뀝니다. 즉 EXE 파일이 실행될 때 프로세스 메모리에서 실제 로딩 주소는 매번 달라지며, DLL 파일이 최초로 로딩될 때도 역시 메모리에서 실제 로딩 주소가 달라집니다.

MS에서 PE 파일의 로딩 방식을 이런 식으로 바꾼 이유가 뭘까요? 바로 '보안을 강화'하기 위해서입니다. 대부분의 Windows OS 보안 취약점(보통 버퍼 오버플로)들은 특정 OS, 특정 모듈, 특정 버전에서만 동작합니다. 그러한 취약점을 노리는 exploit code에는 특정 메모리 주소가 하드코딩되어 있습니다(기존 OS에서는 버전에 따라 특정 DLL이 언제나 정해진 주소에 로딩되기 때문이죠). 따라서 MS에서는 OS 보안 취약점을 노리는 exploit code 작성을 어렵게 하기 위해서 이와 같이 ASLR 기술을 적용하게 된 것입니다(ASLR은 이미 UNIX/Linux OS에서 사용되던 기술입니다).

41.3. Visual C++

모든 실행 파일에 대해서 자동으로 ASLR 기술이 적용되는 것은 아닙니다. 위에서 설명한 대로 OS의 Kernel Version이 6 이상이어야 하고, 개발 도구(예: VC++)에서 /DYNAMICBASE 옵션을 지원해줘야 합니다.

일반적으로 MS Visual C++ 2010을 이용하여 실행(PE) 파일을 생성하면, (기본값으로) EXE 파일의 ImageBase는 00400000 값이 되고, DLL 파일의 ImageBase는 10000000 값이 됩니다. 하지만 그림 41.1과 같이 VC++의 옵션이 디폴트로 /DYNAMICBASE로 되어 있기 때문에 ASLR이 자동으로 적용됩니다.

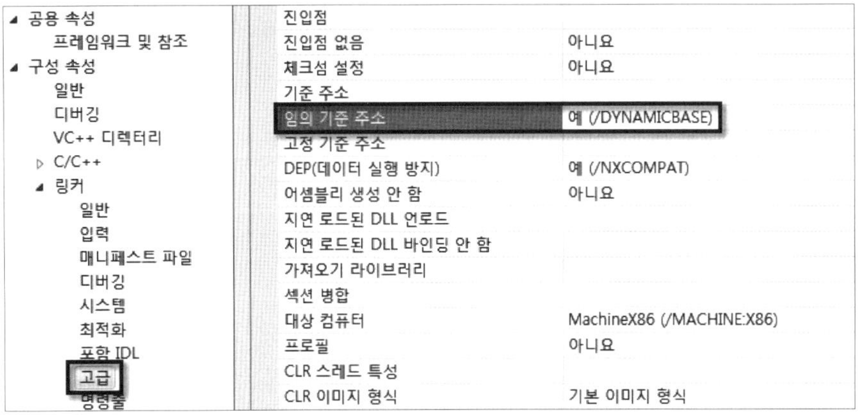

그림 41.1 /DYNAMICBASE 옵션

만약에 ASLR 기능을 원하지 않을 때는 그림 41.2와 같이 옵션을 /DYNAMIC BASE:NO로 변경하면 됩니다.

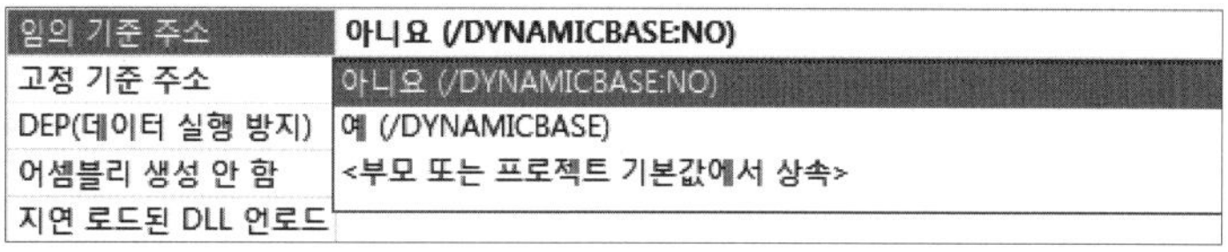

임의 기준 주소	아니요 (/DYNAMICBASE:NO)
고정 기준 주소	아니요 (/DYNAMICBASE:NO)
DEP(데이터 실행 방지)	예 (/DYNAMICBASE)
어셈블리 생성 안 함	<부모 또는 프로젝트 기본값에서 상속>
지연 로드된 DLL 언로드	

그림 41.2 /DYNAMICBASE:NO 옵션

41.4. ASLR.exe

참고 ─────────────
모든 소스코드는 MS Visual C++ 2010 Express Edition으로 개발되었으며, Windows 7 32비트 환경에서 테스트되었습니다.

ASLR 기술을 테스트하기 위하여 아주 간단한 콘솔 기반 실행 파일을 만들어 보았습니다. 소스코드는 아래와 같습니다.

코드 45.1 ASLR.cpp
```cpp
#include "stdio.h"

void main()
{
    printf("ASLR test program...\n");
}
```

ASLR.exe는 /DYNAMICBASE 옵션으로 빌드하였고, ASLR_no.exe는 /DYNAMIC BASE:NO 옵션으로 빌드하였습니다. 두 파일을 각각 디버거로 실행해보겠습니다.

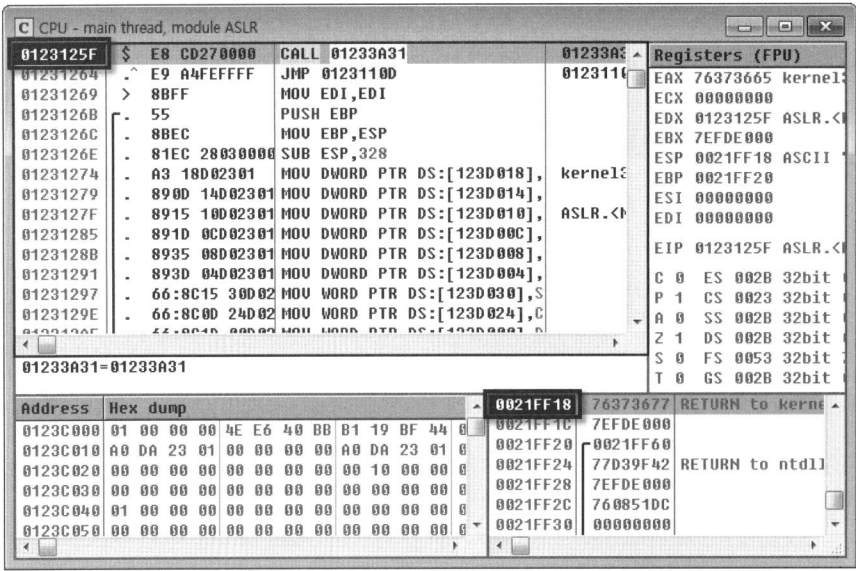

그림 41.3 ASLR.exe 디버깅

그림 41.3은 ASLR.exe 파일을 디버거로 실행시킨 화면입니다. EP 코드 주소와 스택 주소를 봐주세요(여러분의 OS 환경이 VISTA 이상이라면 실행시킬 때마다 랜덤한 주소가 나타날 것입니다).

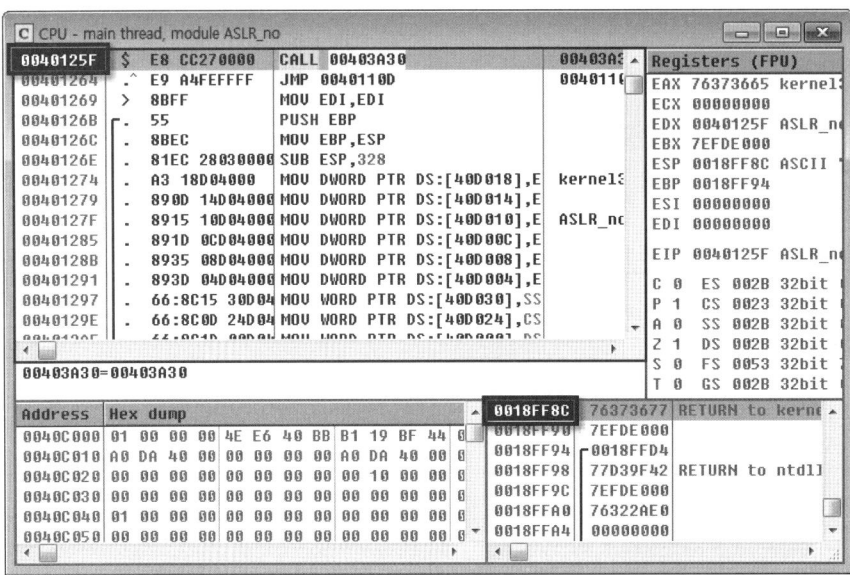

그림 41.4 ASLR_no.exe 디버깅

그림 41.4는 ASLR_no.exe 파일을 디버거로 실행시킨 화면입니다. EP 코드 주소와 스택 주소는 우리가 XP 환경에서 익히 보아오던 주소 그대로입니다. 이 두 파일을 PEView를 통해 서로 비교해보겠습니다.

41.4.1. 섹션 정보

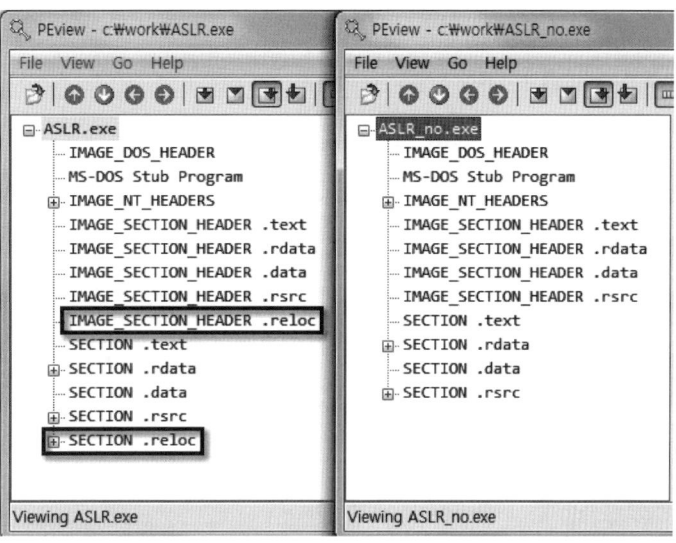

그림 41.5 ASLR.exe와 ASLR_no.exe

그림 41.5에서 왼쪽이 ASLR.exe 파일이고, 오른쪽이 ASLR_no.exe 파일입니다. ASLR.exe 파일에 '.reloc' 섹션이 추가되어 있는 걸 볼 수 있습니다. 보통 EXE 파일에는 .reloc 섹션이 없는데, ASLR 기능을 지원하는 파일에는 .reloc 섹션이 기본으로 생성됩니다. 이 섹션은 PE 파일이 메모리에 로딩되는 순간 재배치(Relocation)가 이루어질 때 참고하는 섹션입니다만, EXE 파일의 실행에 꼭 필수적인 섹션은 아닙니다. 즉 제거해도 되지요(다만 DLL 파일은 항상 재배치를 고려해야 하므로 제거하면 안됩니다). 그리고 가장 중요한 내용은 아래에 설명하는 IMAGE_FILE_HEADER \ Characteristics과 IMAGE_OPTIONAL_HEADER \ DLL Characteristics입니다.

41.4.2. IMAGE_FILE_HEADER \ Characteristics

그림 41.6에서 위쪽이 ASLR.exe 파일이고, 아래쪽이 ASLR_no.exe 파일입니다. .reloc 섹션을 가지는 ASLR.exe 파일에는 IMAGE_FILE_HEADER의 Characteristics 값에 IMAGE_FILE_RELOCS_STRIPPED(1) 플래그가 빠져 있습니다(ASLR.exe 파일에는 .reloc 섹션이 하나 더 있기 때문에 Number of Sections 값이 1 많습니다).

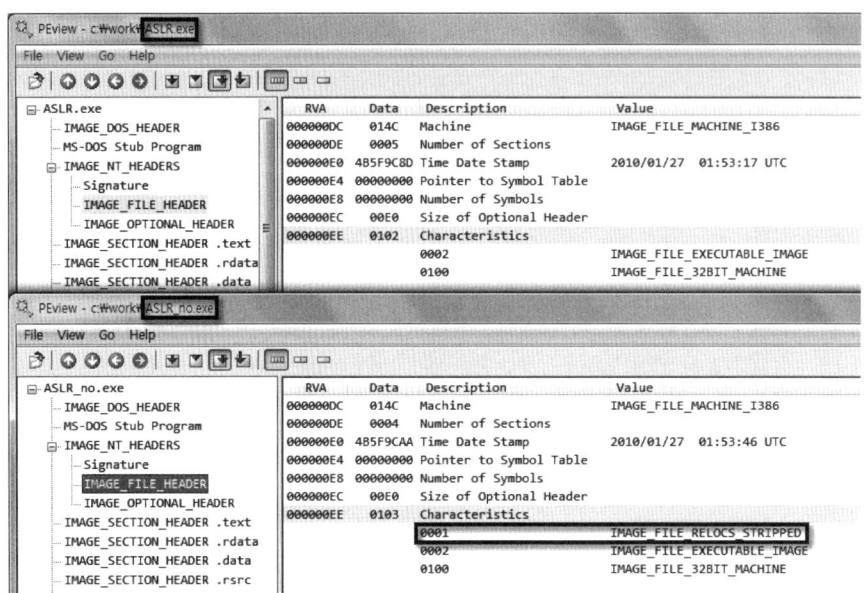

그림 41.6 IMAGE_FILE_HEADER \ Characteristics

41.4.3. IMAGE_OPTIONAL_HEADER \ DLL Characteristics

그림 41.7에서 위쪽이 ASLR.exe 파일이고, 아래쪽이 ASLR_no.exe 파일입니다. ASLR.exe 파일의 IMAGE_OPTIONAL_HEADER \ DLL Characteristics 값에는 IMAGE_DLLCHARACTERISTICS_DYNAMIC_BASE(40) 플래그가 세팅되어 있습니다. VC++에서 /DYNAMICBASE 옵션을 줘서 빌드하면 이 값이 세팅되는 것입니다(그림 41.2 참고).

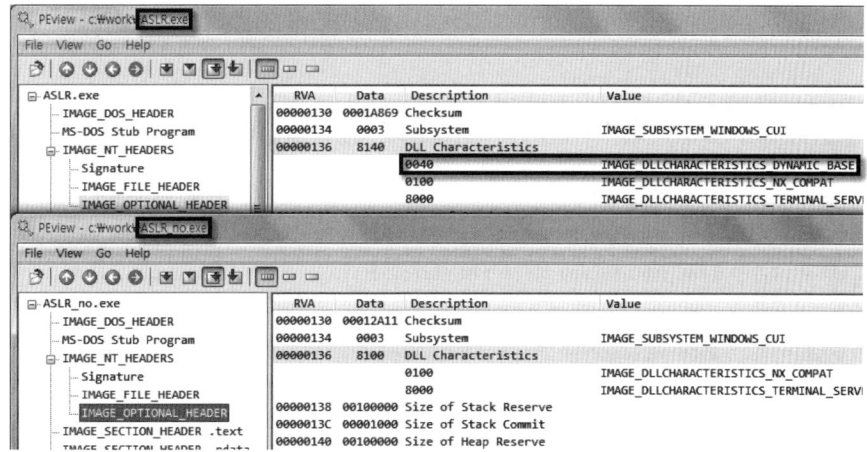

그림 41.7 IMAGE_OPTIONAL_HEADER_DLL Characteristics

지금까지 ASLR 기능을 지원하기 위해서 PE 헤더에 추가되어야 할 정보가 어떤 것인지 배웠습니다. 이제부터는 이 정보들을 조작하면서 실습을 해보겠습니다.

41.5. 실습 – ASLR 기능 제거

41.5.1. ASLR 기능 제거

ASLR.exe 파일을 hex editor로 수정하여 ASLR 기능을 제거할 겁니다. 그림 41.7 에 나타난 IMAGE_OPTIONAL_HEADER \ DLL Characteristics 값에서 IMAGE_DLLCHARACTERISTICS_DYNAMIC_BASE(40) 플래그를 없애면, ASLR 기능이 간단히 제거됩니다. Hex Editor에서 DLL Characteristics 값을 8140에서 8100으로 변경합니다(136 옵셋의 WORD 값, 그림 41.7, 그림 41.8 참고).

```
Offset(h) 00 01 02 03 04 05 06 07 08 09 0A 0B 0C 0D 0E 0F

000000F0  0B 01 09 00 00 8A 00 00 00 42 00 00 00 00 00 00   .....š...B......
00000100  5F 12 00 00 00 10 00 00 00 A0 00 00 00 00 40 00   _........ ....@.
00000110  00 10 00 00 00 02 00 00 05 00 00 00 00 00 00 00   ................
00000120  05 00 00 00 05 00 00 00 00 10 01 00 00 04 00 00   ................
00000130  69 A8 01 00 03 00 00 81 00 00 10 00 00 10 00 00   i...............
00000140  00 00 10 00 00 10 00 00 00 00 00 00 10 00 00 00   ................
00000150  00 00 00 00 00 00 00 00 14 B8 00 00 28 00 00 00   ............(...
```

그림 41.8 ASLR 기능 제거

저장 후 디버거로 실행해봅니다.

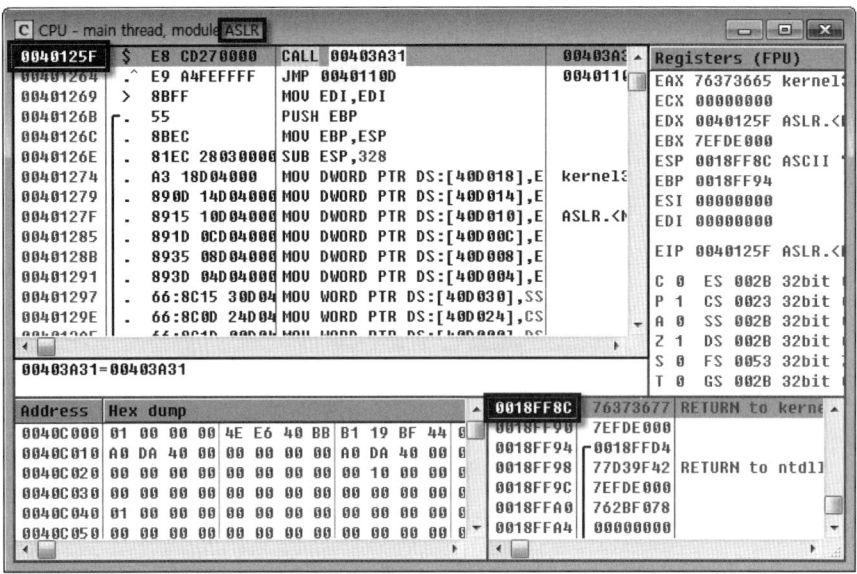

그림 41.9 ASLR 기능이 제거됨

그림 41.9를 보면 ASLR 기능이 제거된 걸 확인할 수 있습니다.

> **참고**
>
> 반대로 PE 헤더를 수정하여 ASLR 기능을 추가할 수도 있습니다만 전혀 의미가 없기 때문에 사용되지 않습니다. 재배치 섹션(".reloc")이 존재하지 않는 PE 파일에 ASLR 기능을 추가하면 실행 시 잘못된 메모리 참조로 인해 에러가 발생할 것이기 때문입니다.

상세하게 분석하고 싶은 파일은 잠시 ASLR 기능을 제거한 후 디버깅하면, 언제나 같은 메모리 주소에 로딩되기 때문에 편하게 분석할 수 있습니다.

42
Session in Kernel 6

Windows OS Kernel 6(Vista, 7, 8 등)에서 변경된 세션(Session) 관리 정책에 대해서 알아보겠습니다.

Windows 응용 프로그램 개발자라면, (XP에서 잘 실행되는) 서비스 프로그램이 Vista 혹은 7에서 정상적으로 동작하지 않는 경험을 해보았을 것입니다. 이는 주로 사용자와 인터렉티브하게 동작하는 서비스 프로그램에 해당됩니다. 즉 서비스로 동작하는 프로그램에서 사용자 다이얼로그를 출력하거나, 사용자 프로그램과 서비스 프로그램 사이의 메시지 통신 등을 시도할 때 예전의 XP처럼 잘 되지 않는 것입니다. 그 이유는 Kernel 6에서 적용된 세션 관리 정책이 변경되었기 때문입니다. Kernel 6에서의 세션 관리 정책 변경은 개발 관점에서도 중요한 일이지만, 리버싱 관점에서도 매우 중요한 사건입니다. 왜냐하면 기존부터 널리 사용되던 CreateRemoteThread( ) API를 이용한 DLL 인젝션 방법이 Kernel 6의 서비스 프로세스들에게는 더 이상 먹히지 않기 때문입니다(일반 프로세스에게는 아직도 잘 됩니다).

42.1. 세션

세션이란 간단히 말해서 로그온 사용자 환경을 의미합니다. 대부분의 OS는 동시에 여러 사용자의 로그온을 허가하고 각 로그온에 대해서 독립된 사용자 환경을 제공합니다. Windows 운영체제를 예로 들면 '사용자 전환' 기능으로 로컬 사용자 세션을 생성할 수 있으며, '원격 데스크톱 연결' 기능으로 리모트 사용자 세션을 생성할 수 있습니다. Process Explorer의 View 메뉴에서 세션 항목을 선택하면 현재 실행되고 있는 프로세스들이 각각 어떤 세션에 속해 있는지 표시해줍니다 (그림 42.1 참고).

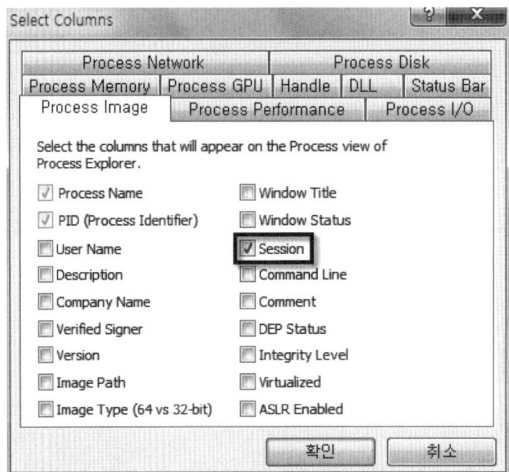

그림 42.1 Process Explorer의 'Session' 보기 옵션

현재 세션을 확인하기 위해서 '사용자 전환' 기능을 이용하여 두 명의 사용자를 로그온시켰습니다. 로그온 순서대로 세션 ID(0, 1, 2, …)가 부여됩니다. 그림 42.2는 Windows 7에서 실행 중인 프로세스와 세션을 나타냅니다.

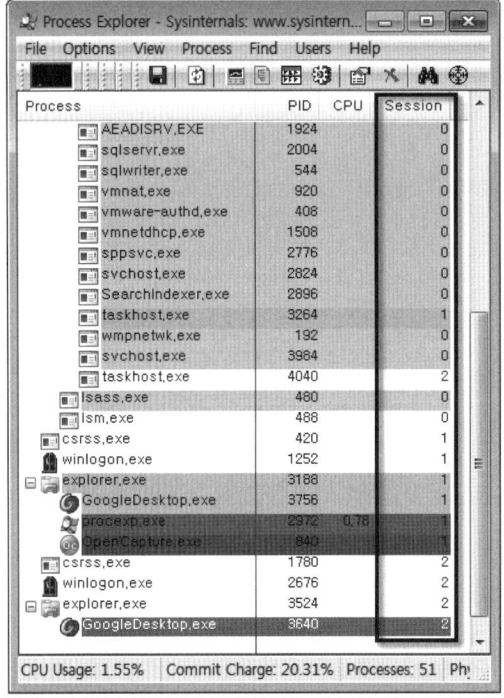

그림 42.2 Windows 7에서 실행 중인 프로세스의 세션

이번에는 Windows XP에서 실행 중인 프로세스와 세션을 살펴보겠습니다.

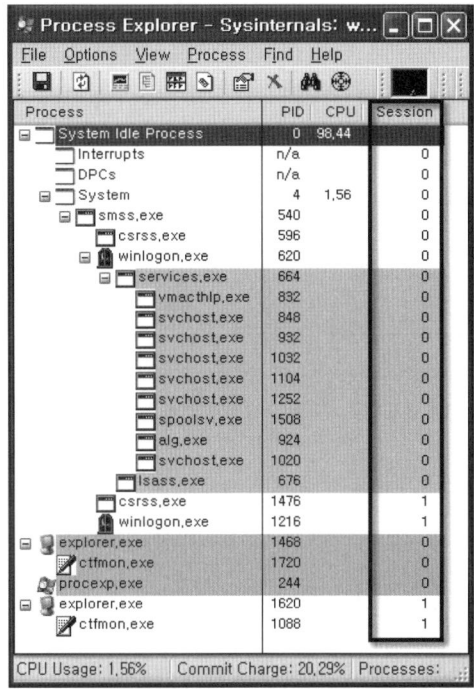

그림 42.3 Windows XP에서 실행 중인 프로세스의 세션

> **참고**
>
> 사용자 로그온을 하면 기본적으로 해당 섹션을 위한 csrss.exe, winlogon.exe, explorer.exe 프로세스가 생성됩니다.

    Windows 7(그림 42.2)과 Windows XP(그림 42.3) 사이에는 하나의 큰 차이점이 있습니다. 둘 다 똑같이 두 명의 사용자가 로그인하였으나, 7에서는 세션이 총 3개(0, 1, 2)인 반면 XP에서는 세션이 2개(0, 1)입니다. XP와 7에서 시스템 프로세스들과 서비스 프로세스들은 세션 ID 0(시스템 세션)에서 실행됩니다. 둘의 차이점은 바로 첫 번째 로그온 사용자의 세션 ID입니다. XP는 첫 번째 로그온 사용자의 세션 ID가 0으로 시스템 세션과 같고, 7은 첫 번째 로그온 사용자의 세션 ID가 1로 할당되어 시스템 세션과 다릅니다. 이 작은 차이로 인해 XP에서 잘 동작하던 기술들이 7에서는 비정상적으로 동작하는 것입니다. 참고로 제 환경은 UAC가 꺼진 상태입니다.

42.2. Session 0 Isolation

Windows 커널 버전 6 이후부터는 보안 강화를 위하여 첫 번째 로그온 사용자 세션을 1로 하여 시스템 세션 0과 구별되도록 하였습니다. 이렇게 시스템 세션과 사용자 세션을 분리시켜 서로에 대한 상호작용을 없애는 정책으로 인해서 비록 부분적으로 하위 호환 문제가 발생하였지만, 그 대신 시스템 보안이 강화되었습니다. 이러한 정책을 MS에서는 'Session 0 Isolation'이라고 부릅니다.

> **참고**
>
> Windows Team Blog에 'Session 0 Isolation' 관련된 설명이 아주 자세히 나와 있습니다.
> http://windowsteamblog.com/blogs/developers/archive/2009/10/01/session-0-isolation.aspx

42.3. 보안 강화

위와 같은 Session 0 Isolation과 이전 장에서 소개한 ASLR 기술 등은 모두 보안 강화를 위해 추가된 기능입니다. 그런데 의도는 좋지만, 실제적인 보안 강화 측면에는 의문이 남습니다. 세션 0 프로세스들이 완전히 분리된 것은 아니기 때문에 세션 1의 프로세스(예: Process Explorer)에서 세션 0의 프로세스들을 종료시킬 수 있으며, ReadProcessMemory( ), WriteProcessMemory( ), VirtualAllocEx( ) 등의 디버깅 API들도 정상적으로 동작합니다(ASLR 기술의 회피 방법도 쉽지요). 어쨌든 MS에서 새로운 기술이 추가되고 있고, 당장은 예전에 사용되던 기초적인 해킹 공격들은 막을 수 있습니다. 그러나 곧 그에 대응하는 리버싱 기술도 같이 발전하고 있기 때문에 더 새로운 고차원적인 공격 기법들이 나타날 것입니다. 그야말로 창과 방패의 끝없는 싸움이지요.

> **참고**
>
> 이런 경우에 방패(MS) 쪽이 절대적으로 불리합니다. 왜냐하면 고려해야 할 사항이 너무 많기 때문입니다. 각종 응용 프로그램들이 잘 실행되도록 지원해줘야 하고, 고객의 편의를 위해서 하위 호환을 신경써야 합니다. 또한 수많은 하드웨어들에 대한 지원은 또 어떻습니까. 결정적으로 너무나 많

은 PC에서 사용된다는 것이 문제입니다. 사용자가 너무 많기 때문에 공격하는 창(해커) 쪽에서는 MS Windows의 특수 환경(예: MS XP SP3 IE8 사용자) 하나만 노려도 됩니다. 전쟁에 비유를 하자면 전선이 너무 길다고 할까요. 공격자 입장에서는 아무데나 한 곳만 찔러 공격할 수 있으니 유리한 반면에 수비자 입장에서는 막을 곳이 너무나 많아서 힘들어지는 것이지요.

다음 장에서 이처럼 변경된 세션정책에 맞는 DLL 인젝션 방법을 알아보도록 하겠습니다.

43
DLL Injection in Kernel 6

Windows OS Kernel 6(Vista, 7, 8 등)에서 DLL 인젝션을 하는 방법에 대해 설명합니다. 새로 변경된 세션 정책에 의하여 기존 CreateRemoteThread() API를 이용한 DLL 인젝션 방법이 일부 프로세스(서비스)들에게 제대로 동작하지 않습니다. 관련 API를 직접 디버깅하여 문제 발생 원인과 해결 방법에 대하여 알아보도록 하겠습니다.

기존의 DLL 인젝션 기법은 CreateRemoteThread() API를 사용하는 방법으로, Windows XP, 2000에서는 아주 정확하게 잘 동작합니다. 하지만 Windows 7에서 약간 다르게 동작합니다. 정확하게 말하면 기존 CreateRemoteThread() API를 이용한 방법으로는 Windows 7의 서비스(Service) 프로세스에 DLL 인젝션이 되지 않습니다. 그 이유는 Windows 7에서 적용된 세션관리 정책이 변경되었기 때문입니다. 간단한 실습 예제 파일을 사용하여 DLL 인젝션 실패 상황을 재현해 보도록 하겠습니다.

> 참고
> 실습 예제 파일은 Windows 7 32비트에서 테스트되었습니다.

43.1. DLL 인젝션 실패 재현

Dummy.dll 파일을 Windows 7의 시스템 프로세스에 인젝션을 시도해서 실패하는 상황을 재현해보겠습니다(Injector는 기존에 사용하던 InjectDll.exe를 사용하였습니다).

43.1.1. 소스코드

관련 소스코드를 간단히 살펴보도록 하겠습니다.

InjectDll.cpp

InjectDll.cpp 소스코드에서 핵심 함수인 InjectDll()입니다.

코드 43.1 InjectDll()

```cpp
BOOL InjectDll(DWORD dwPID, LPCTSTR szDllPath)
{
    HANDLE hProcess = NULL, hThread = NULL;
    HMODULE hMod = NULL;
    LPVOID pRemoteBuf = NULL;
    DWORD dwBufSize = (DWORD)(_tcslen(szDllPath) + 1) * sizeof(TCHAR);
    LPTHREAD_START_ROUTINE pThreadProc;
    BOOL bRet = TRUE;

    if ( !(hProcess = OpenProcess(PROCESS_ALL_ACCESS, FALSE, dwPID)) )
    {
        _tprintf(L"OpenProcess(%d) failed!!! [%d]\n", dwPID,
                GetLastError());
        return FALSE;
    }

    pRemoteBuf = VirtualAllocEx(hProcess, NULL, dwBufSize, MEM_COMMIT,
                                PAGE_READWRITE);

    WriteProcessMemory(hProcess, pRemoteBuf, (LPVOID)szDllPath, dwBufSize,
                NULL);

    hMod = GetModuleHandle(L"kernel32.dll");
    pThreadProc = (LPTHREAD_START_ROUTINE)GetProcAddress(hMod,
                    "LoadLibraryW");

    hThread = CreateRemoteThread(hProcess, NULL, 0, pThreadProc,
                                pRemoteBuf, 0, NULL);
    if( hThread == NULL )
    {
        _tprintf(L"[ERROR] CreateRemoteThread() failed!!! [%d]\n",
                GetLastError());
        bRet = FALSE;
        goto _ERROR;
    }

    WaitForSingleObject(hThread, INFINITE);

_ERROR:
```

```
    if( pRemoteBuf )
        VirtualFreeEx(hProcess, pRemoteBuf, 0, MEM_RELEASE);

    if( hThread )
        CloseHandle(hThread);

    if( hProcess )
        CloseHandle(hProcess);

    return bRet;
}
```

지금까지 익히 보아오던 DLL 인젝션의 전형적인 소스코드입니다(자세한 설명은 23장을 참고하기 바랍니다).

Dummy.cpp

Dummy.dll 파일의 소스코드(dummy.cpp)입니다.

코드 43.2 DllMain()

```cpp
#include "windows.h"
#include "tchar.h"

BOOL WINAPI DllMain(HINSTANCE hinstDLL, DWORD fdwReason, LPVOID
                    lpvReserved)
{
    TCHAR   szPath[MAX_PATH]    = {0,};
    TCHAR   szMsg[1024]         = {0,};
    TCHAR   *p                  = NULL;

    switch( fdwReason )
    {
        case DLL_PROCESS_ATTACH :
            GetModuleFileName(NULL, szPath, MAX_PATH);
            p = _tcsrchr(szPath, L'\\');
            if( p != NULL )
            {
                _stprintf_s(szMsg, 1024 - sizeof(TCHAR),
                            L"Injected in %s(%d)",
                            p + 1,                      // Process Name
                            GetCurrentProcessId());     // PID
                OutputDebugString(szMsg);
            }

            break;
    }
```

```
    return TRUE;
}
```

DllMain() 함수는 아주 간단합니다. dummy.dll 파일이 프로세스에 정상적으로 인젝션되었다면, 디버그 메시지(프로세스 이름, 프로세스 ID)를 출력하는 것입니다.

43.1.2. 인젝션 테스트

Process Explorer를 실행한 후 Session 0의 svchost.exe(PID: 2712) 프로세스와 Session 1의 notepad.exe(PID: 4004) 프로세스에 각각 dummy.dll 파일을 인젝션하겠습니다.

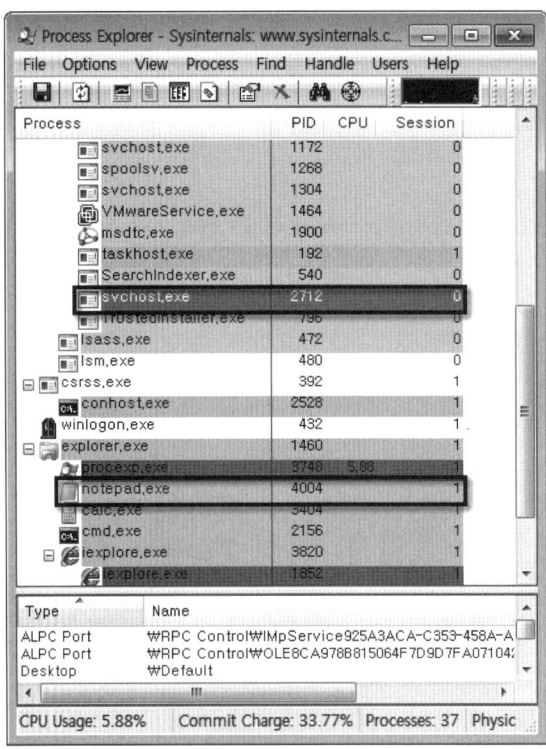

그림 43.1 svchost.exe와 notepad.exe 프로세스

InjectDll.exe와 dummy.dll 파일을 작업 폴더에 복사한 후 그림 43.2와 같이 실행합니다.

그림 43.2 InjectDll.exe 실행

그림 43.2와 같이 Session 1의 notepad.exe(4004) 프로세스에는 정상적으로 인젝션되었지만, Session 0의 svchost.exe(2712) 프로세스에는 인젝션이 실패(error code = 8)하였습니다. Process Explorer에서 dummy.dll 모듈을 검색해보겠습니다.

그림 43.3 dummy.dll 검색

그림 43.3에서 보는 것처럼 Session 1의 notepad.exe(4004) 프로세스에게만 정상적으로 dummy.dll 파일이 인젝션된 것을 확인할 수 있습니다.

43.2. 원인 분석

43.2.1. 디버깅 #1

그림 43.2에서 Session 0의 svchost.exe(2712) 프로세스에 인젝션할 때 Create

RemoteThread() API 함수 호출에서 실패하였고, 에러 코드는 8(ERROR_NOT_ENOUGH_MEMORY)입니다. OllyDbg를 이용해서 InjectDll.exe 파일을 디버깅하겠습니다. InjectDll.exe 파일을 파라미터(2712 c:\work\dummy.dll)를 입력해서 Open합니다.

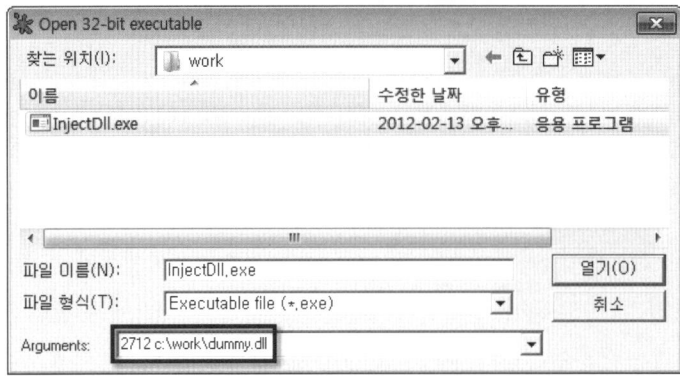

그림 43.4 OllyDbg의 open file 다이얼로그

CreateRemoteThread() API 호출 시에 에러가 발생하는 것을 알았으니 마우스 우측 메뉴의 Search for \ All intermodular calls 메뉴를 이용해서 해당 API 호출 코드에 바로 BP를 설치합니다.

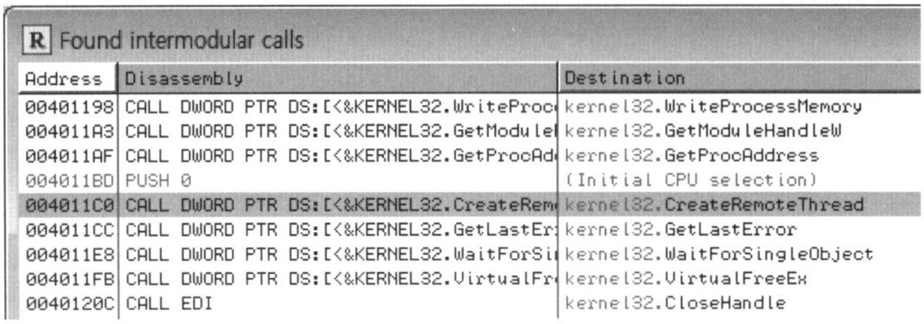

그림 43.5 Intermodular calls

> 참고
>
> InjectDll.exe 프로세스에는 ASLR이 적용되지 않았습니다.

디버거를 실행(Run)하면 그림 43.6의 BP에 멈춥니다.

```
004011A9  .  68 4CAB4000      PUSH 0040AB4C
004011AE  .  50               PUSH EAX
004011AF  .  FF15 34904000    CALL DWORD PTR DS:[<&KERNEL32.GetProcAddress>]
004011B5  .  6A 00            PUSH 0
004011B7  .  6A 00            PUSH 0
004011B9  .  57               PUSH EDI
004011BA  .  50               PUSH EAX
004011BB  .  6A 00            PUSH 0
004011BD  .  6A 00            PUSH 0
004011BF  .  56               PUSH ESI
004011C0  .  FF15 1C904000    CALL DWORD PTR DS:[<&KERNEL32.CreateRemoteThread>]
004011C6  .  8BD8             MOV EBX,EAX
004011C8  .  85DB             TEST EBX,EBX
004011CA  .v 75 19            JNZ SHORT 004011E5
004011CC  .  FF15 18904000    CALL DWORD PTR DS:[<&KERNEL32.GetLastError>]
004011D2  .  50               PUSH EAX
004011D3  .  68 60AB4000      PUSH 0040AB60
004011D8  .  E8 BF000000      CALL 0040129C
004011DD  .  83C4 08          ADD ESP,8
004011E0  .  895D FC          MOV DWORD PTR SS:[EBP-4],EBX
004011E3  .v EB 09            JMP SHORT 004011EE
```

그림 43.6 CreateRemoteThread() 호출 위치에서 BP 걸림

여기서 그대로 F8(StepOver)로 진행하면 OllyDbg의 레지스터 창에 그림 43.7과 같이 LastErr = ERROR_NOT_ENOUGH_MEMORY (8)이 찍힙니다.

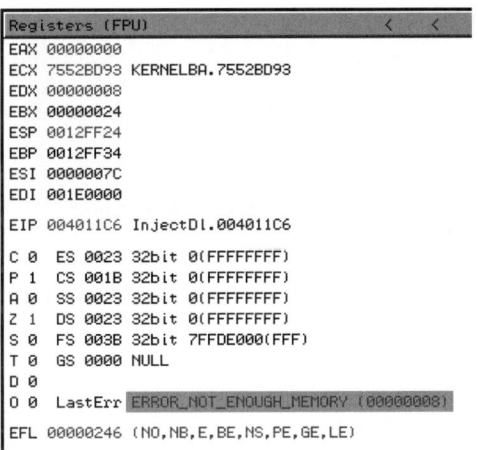

그림 43.7 ERROR_NOT_ENOUGH_MEMORY

OllyDbg로 동일한 실패 현상을 확인하였습니다. 아무래도 kernel32!CreateRemoteThread() API를 직접 디버깅해야만 정확한 이유를 알 수 있을 것 같습니다.

43.2.2. 디버깅 #2

OllyDbg를 재실행시켜 InjectDll.exe의 CreateRemoteThread() 호출 코드까지 옵니다(그림 43.8 참고).

```
004011BD   .  6A 00              PUSH 0
004011BF   .  56                 PUSH ESI
004011C0   .  FF15 1C904000      CALL DWORD PTR DS:[<&KERNEL32.CreateRemoteThread>]
004011C6   .  8BD8               MOV EBX,EAX
004011C8   .  85DB               TEST EBX,EBX
```

그림 43.8 CreateRemoteThread() 호출 위치까지 디버깅

스택에 저장된 CreateRemoteThread() API의 파라미터를 보겠습니다.

```
001BFD08   00000084   Arg1 = 00000084  ①
001BFD0C   00000000   Arg2 = 00000000
001BFD10   00000000   Arg3 = 00000000
001BFD14   76962884   Arg4 = 76962884  ②
001BFD18   002C0000   Arg5 = 002C0000  ③
001BFD1C   00000000   Arg6 = 00000000
001BFD20   00000000   Arg7 = 00000000
```

그림 43.9 CreateRemoteThread() 파라미터

위 그림의 중요 파라미터들에 대한 설명은 다음과 같습니다.

① svchost.exe(PID: 2712)의 프로세스 핸들
② kernel32!LoadLibraryA() API 주소
③ svchost.exe의 프로세스 메모리에 할당한 버퍼 주소

이제 그림 43.8에서 StepIn[F7] 명령으로 kernel32!CreateRemoteThread() API 내부로 들어가보죠.

```
7699F4DB   8BFF            MOV EDI,EDI
7699F4DD   55              PUSH EBP
7699F4DE   8BEC            MOV EBP,ESP
7699F4E0   FF75 20         PUSH DWORD PTR SS:[EBP+20]
7699F4E3   6A 00           PUSH 0
7699F4E5   FF75 1C         PUSH DWORD PTR SS:[EBP+1C]
7699F4E8   FF75 18         PUSH DWORD PTR SS:[EBP+18]
7699F4EB   FF75 14         PUSH DWORD PTR SS:[EBP+14]    kernel32.LoadLibraryA
7699F4EE   FF75 10         PUSH DWORD PTR SS:[EBP+10]
7699F4F1   FF75 0C         PUSH DWORD PTR SS:[EBP+C]
7699F4F4   FF75 08         PUSH DWORD PTR SS:[EBP+8]
7699F4F7   E8 4A33FCFF     CALL 76962846                 => kernelbase!CreateRemoteThreadEx()
7699F4FC   5D              POP EBP
7699F4FD   C2 1C00         RETN 1C
```

그림 43.10 CreateRemoteThread() 내부 코드

Kernel32!CreateRemoteThread()는 내부적으로 kernelbase!CreateRemoteThreadEx()를 호출합니다(그림 43.10 참고).

> **참고**
> kernelbase.dll은 Vista부터 추가된 DLL 파일로, kernel32.dll의 wrapper 역할을 담당합니다.

이 순간 스택에 저장된 파라미터를 살펴보겠습니다.

```
001BFCE0  00000084  Arg1 = 00000084  ①
001BFCE4  00000000  Arg2 = 00000000
001BFCE8  00000000  Arg3 = 00000000
001BFCEC  76962884  Arg4 = 76962884  ②
001BFCF0  002C0000  Arg5 = 002C0000  ③
001BFCF4  00000000  Arg6 = 00000000
001BFCF8  00000000  Arg7 = 00000000
001BFCFC  00000000  Arg8 = 00000000
```

그림 43.11 CreateRemoteThreadEx()의 파라미터

kernelbase!CreateRemoteThreadEx()의 파라미터들은 kernel32!CreateRemoteThread()와 거의 동일하고, lpAttributeList 파라미터(Arg8)가 추가되었습니다. 다시 kernelbase!CreateRemoteThreadEx() 코드 내부로 들어갑니다(StepInto[F7]). 스크롤을 조금 내려보면 그림 43.12와 같이 ntdll!ZwCreateThreadEx() API 호출 코드가 나타납니다.

```
758EBC2D  2345 10        AND EAX,DWORD PTR SS:[EBP+10]
758EBC30  50             PUSH EAX
758EBC31  53             PUSH EBX
758EBC32  56             PUSH ESI
758EBC33  FFB5 B8FDFFFF  PUSH DWORD PTR SS:[EBP-248]
758EBC39  FFB5 D0FDFFFF  PUSH DWORD PTR SS:[EBP-230]
758EBC3F  FFB5 CCFDFFFF  PUSH DWORD PTR SS:[EBP-234]
758EBC45  FFB5 BCFDFFFF  PUSH DWORD PTR SS:[EBP-244]   kernel32.LoadLibraryA
758EBC4B  68 FFFF1F00    PUSH 1FFFFF
758EBC50  8D85 E4FDFFFF  LEA EAX,DWORD PTR SS:[EBP-21C]
758EBC56  50             PUSH EAX
758EBC57  FF15 7C138E75  CALL DWORD PTR DS:[758E137C]   ntdll.ZwCreateThreadEx
```

그림 43.12 ZwCreateThreadEx() 호출 코드

스택에 저장된 파라미터를 살펴보겠습니다.

```
001BFA30  001BFABC  Arg1  = 001BFABC
001BFA34  001FFFFF  Arg2  = 001FFFFF
001BFA38  00000000  Arg3  = 00000000
001BFA3C  00000084  Arg4  = 00000084  ①
001BFA40  76962884  Arg5  = 76962884  ②
001BFA44  002C0000  Arg6  = 002C0000  ③
001BFA48  00000001  Arg7  = 00000001
001BFA4C  00000000  Arg8  = 00000000
001BFA50  00000000  Arg9  = 00000000
001BFA54  00000000  Arg10 = 00000000
001BFA58  001BFBA8  Arg11 = 001BFBA8
```

그림 43.13 ZwCreateThreadEx()의 파라미터

파라미터 개수가 더 많아졌습니다. 그림 43.9와 그림 43.13을 비교해보면 중요 파라미터 ①~③은 그대로 전달된 것을 확인할 수 있습니다. ntdll!ZwCreate

ThreadEx() API의 내부를 더 파고 들어가면, 결국 'SYSENTER' 명령어를 만나서 커널 모드로 진입하기 때문에 유저 모드 디버깅으로는 더 이상 진행할 수 없습니다.

사실 kernelbase!CreateRemoteThreadEx()와 ntdll!ZwCreateThreadEx()는 모두 Vista 이후에 추가된 API입니다(XP 이하에서는 존재하지 않는 API입니다). 참고로 XP에서는 kernel32!CreateRemoteThread() 내부에서 바로 ntdll!ZwCreateThread()를 호출합니다. XP와 7에서 kernel32!CreateRemoteThread() API의 호출 흐름을 다음 그림에 나타내었습니다.

Windows XP	Windows 7
Kernel32!CreateRemoteThread() → ntdll!ZwCreateThread()	Kernel32!CreateRemoteThread() → kernelbase!CreateRemoteThreadEx() → ntdll!ZwCreateThreadEx()

그림 43.14 XP와 7에서의 CreateRemoteThread() API 호출 흐름

따라서 새로 추가된 이 API들 때문에 Session 0에서 실행되는 서비스 프로세스들에게 DLL 인젝션이 실패한다고 가정할 수 있겠습니다.

NtdII!ZwCreateThreadEx()

kernelbase!CreateRemoteThreadEx()는 kernel32!CreateRemoteThread()의 wrapper라고 한다면, 문제의 원인은 ntdll!ZwCreateThreadEx()에 있을 것 같습니다. ntdll!ZwCreateThreadEx()는 undocumented API이므로 MSDN에서는 함수 정의를 찾을 수 없고, Google 검색으로 찾아야 합니다.

```
목록 43.1 ZwCreateThreadEx()
typedef struct
{
    ULONG    Length;
    ULONG    Unknown1;
    ULONG    Unknown2;
    PULONG   Unknown3;
    ULONG    Unknown4;
    ULONG    Unknown5;
    ULONG    Unknown6;
    PULONG   Unknown7;
    ULONG    Unknown8;
}UNKNOWN, *PUNKNOWN;
```

```
DWORD ZwCreateThreadEx
(
    PHANDLE                 ThreadHandle,
    ACCESS_MASK             DesiredAccess,
    POBJECT_ATTRIBUTES      ObjectAttributes,
    HANDLE                  ProcessHandle,
    LPTHREAD_START_ROUTINE  lpStartAddress,
    LPVOID                  lpParameter,
    BOOL                    CreateSuspended,
    DWORD                   dwStackSize,
    DWORD                   dw1,
    DWORD                   dw2,
    PUNKNOWN                pUnknown
);
```

XP 이하에서는 지원되지 않음
출처: securityxploded.com/ntcreatethreadex.php

Google 검색을 통하여 Vista 이후의 OS에서 DLL 인젝션을 할 때는 CreateRemoteThread() 대신에 ZwCreateThreadEx()를 직접 호출하면 잘 된다는 것을 발견하였습니다. 제가 테스트해보니 세션에 상관없이 성공하였습니다.

이 방법에서 사용된 파라미터와 그림 43.13의 파라미터를 비교하니 바로 7번째 파라미터인 CreateSuspended 항목에서 차이를 보였습니다. 즉 ZwCreateThreadEx()를 직접 호출하여 성공한 경우에는 CreateSuspended 파라미터가 FALSE(0)인데 반해, CreateRemoteThread() API 내부에서 호출되는 ZwCreateThreadEx() 호출에서는 CreateSuspended 파라미터가 TRUE(1)입니다. 이것이 바로 DLL 인젝션 실패의 원인입니다.

참고
XP 이전부터 CreateRemoteThread() API의 내부 구현 알고리즘은 일단 suspend 모드로 thread를 생성한 후 resume하는 방법을 사용해왔습니다(CreateSuspended = 1).

43.3. 실습 – CreateRemoteThread() 성공시키는 방법

DLL 인젝션 실패 원인을 알았으며 또한 성공시키기 위해서는 어떻게 해야 하는지도 확인하였습니다. 디버거를 이용해서 직접 테스트해보겠습니다.

43.3.1. 방법 #1 – CreateSuspended 파라미터 변경

ZwCreateThreadEx() API의 CreateSuspended 파라미터의 차이점을 이용한다면 Windows 7의 서비스 프로세스에 CreateRemoteThread() API 호출도 성공시킬 수 있을 것입니다. 다시 디버깅을 새로 시작하여 그림 43.12의 rtdll.ZwCreateThreadEx()까지 진행한 후 스택에 저장된 CreateSuspended 파라미터 값을 1에서 0으로 변경합니다.

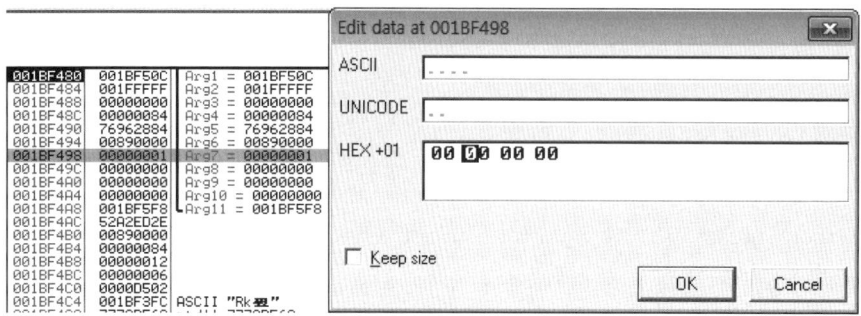

그림 43.15 ZwCreateThreadEx()의 CreateSuspend 파라미터 값 변경

이 상태로 ZwCreateThreadEx() 호출을 StepOver[F8]로 넘어가면, 그림 43.16과 같이 dummy.dll이 인젝션됩니다.

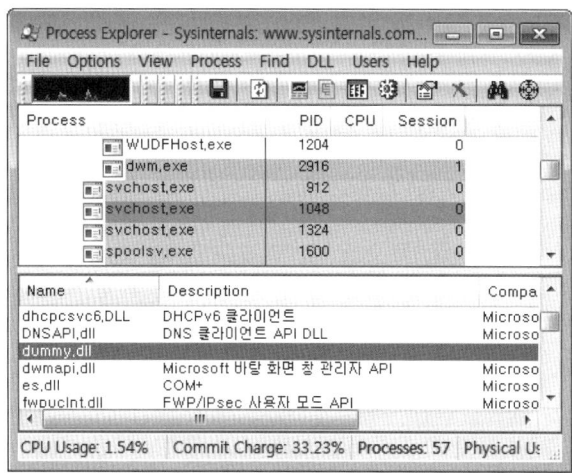

그림 43.16 svchost.exe에 인젝션된 dummy.dll

DebugView로 보면 그림 43.17과 같이 dummy.dll의 DllMain() 함수에서 찍은 디버깅 로그가 나타납니다.

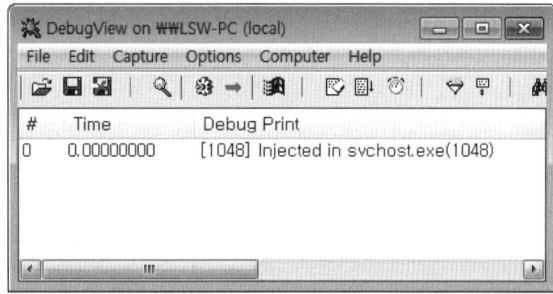

그림 43.17 DebugView

Windows 7에서 서비스 프로세스 svchost.exe에 CreateRemoteThread()를 이용한 DLL 인젝션을 간단히 성공시켰습니다.

43.3.2. 방법 #2 – 조건 분기 조작

kernelbase!CreateRemoteThreadEx()를 좀 더 디버깅해보면 몇 가지 사실을 더 알 수 있습니다. 그림 43.12에서 ZwCreateThreadEx()를 그대로(Create Suspended = TRUE) StepOver[F8]하면, 그림 43.18과 같이 첫 번째 파라미터 pThread Handle에 값이 세팅됩니다.

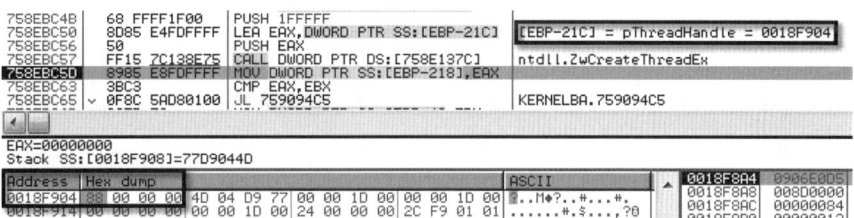

그림 43.18 ZwCreateThreadEx() 리턴 값

스레드 핸들이 생성되었다는 말은 스레드가 정상적으로 생성되었다는 얘기입니다. 즉 CreateRemoteThread() 호출에서도 리모트 스레드 '생성'만큼은 성공했다고 볼 수 있습니다.

매우 중요한 사실을 발견했군요. 하지만 이 리모트 스레드가 정상 동작하지 않앉던 이유는 이후에 호출될 ntdll!ZwResumeThread() API가 실패했거나, 아니면 아예 호출되지 못했거나 둘 중의 하나가 될 것입니다(suspend 모드로 생성하였으니 resume해야 스레드가 정상적으로 실행됩니다). 아래로 더 트레이싱해서 ZwResumeThread() API 호출 부분까지 살펴봅시다. 그림 43.19는 kernelbase!CreateRemoteThreadEx() API 코드의 끝 부분입니다.

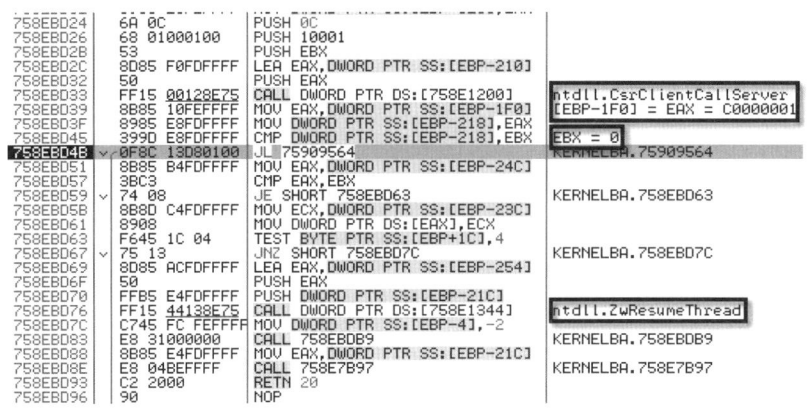

그림 43.19 CreateRemoteThreadEx()의 코드 끝부분

그림 43.19를 보면 758EBD33 주소의 ntdll!CsrClientCallServer() API가 호출된 이후에 그 아래쪽의 조건 분기 명령어(CMP/JL)에 의해 ZwResumeThread() API가 호출되지 않고 아래쪽으로 점프하는 것을 확인할 수 있습니다. 디버거에서 ntdll!CsrClientCallServer() API 호출 후에 저 조건 분기를 조작해서 ZwResumeThread()를 호출하도록 해주면 DLL 인젝션이 성공합니다. Intel IA-32 Reference에 의하면 JL 명령어는 SF != OF인 경우 점프하도록 되어 있으므로 다음 그림과 같이 S Flag를 마우스 더블클릭하여 변경합니다.

그림 43.20 분기 변경

DLL 인젝션이 정상적으로 되었는지 직접 확인해봅시다.

지금까지 디버깅을 통하여 Windows 7에서 서비스 프로세스에 DLL 인젝션할 때 kernel32!CreateRemoteThread() API 호출이 왜 실패하는지 알아보았습니다.

또한 kernel32!CreateRemoteThread() API의 파라미터와 코드를 조작하여 DLL 인젝션이 성공하도록 실습해봤습니다(디버깅을 이용하는 방법이라서 범용적으로 사용하기에는 불편합니다). 이제 Windows 7 뿐만 아니라 XP에서도 범용적으로 사용할 수 있는 InjectDll.exe를 만들어 보겠습니다.

> **참고**
> 모든 소스코드는 MS Visual C++ 2010 Express Edition으로 개발되었으며, Windows 7 & XP SP3 환경에서 테스트되었습니다.

43.4. 간단 정리

시작하기 전에 먼저 지금까지 소개한 내용을 짧게 정리해보겠습니다. Windows 7에서는 세션 관리 정책이 변경됨에 따라서 kernel32!CreateRemoteThread() API 내부 구현이 변경되었습니다. 그 결과 CreateRemoteThread()를 사용한 DLL 인젝션 기술이 Windows 7의 서비스 프로세스(Session 0)에게는 정상적으로 동작하지 않게 되었습니다. Kernel32!CreateRemoteThread()를 디버깅한 결과 원인은 API 내부에서 리모트 스레드를 생성할 때 suspend 모드로 생성하는데, 만약 리모트 프로세스가 Session 0이라면 resume 시키지 않고, 그냥 에러를 리턴하기 때문이었습니다.

> **참고**
> 리모트 스레드를 생성할 때 일단 suspend 모드로 생성시킨 후 resume시키는 구현 방법은 예전 XP 때부터 사용되던 방식입니다.

Kernel32!CreateRemoteThread() API 내부에서 호출되는 ntdll!ZwCreateThreadEx() API의 파라미터를 조작하거나 에러 조건 분기를 강제로 변경하면 정상적으로 리모트 스레드가 생성되면서 DLL 인젝션이 성공하는 것을 확인하였습니다.

43.5. InjectDll_new.exe

Windows 7에서는 kernel32!CreateRemoteThread()를 호출하는 것보다는 ntdll!ZwCreateThreadEx() API를 직접 호출하는 것이 더 좋은 방법임을 알게 되었습니다. 새로 알게 된 지식을 바탕으로 Windows Kernel 6(Vista, 7, 8 등)을 완벽히 지원하는 InjectDll_new.exe 프로그램을 새롭게 만들었습니다.

43.5.1. InjectDll_new.cpp
새롭게 프로그래밍한 InjectDll() 함수를 살펴보겠습니다.

코드 43.3 새로운 InjectDll()
```cpp
typedef DWORD (WINAPI *PFNTCREATETHREADEX)
(
    PHANDLE                 ThreadHandle,
    ACCESS_MASK             DesiredAccess,
    LPVOID                  ObjectAttributes,
    HANDLE                  ProcessHandle,
    LPTHREAD_START_ROUTINE  lpStartAddress,
    LPVOID                  lpParameter,
    BOOL                    CreateSuspended,
    DWORD                   dwStackSize,
    DWORD                   dw1,
    DWORD                   dw2,
    LPVOID                  Unknown
);

BOOL IsVistaOrLater()
{
    OSVERSIONINFO osvi;

    ZeroMemory(&osvi, sizeof(OSVERSIONINFO));
    osvi.dwOSVersionInfoSize = sizeof(OSVERSIONINFO);

    GetVersionEx(&osvi);

    // 커널 버전이 6 이상인지 확인!
    if( osvi.dwMajorVersion == 6 )
        return TRUE;

    return FALSE;
}
```

```c
BOOL MyCreateRemoteThread(HANDLE hProcess, LPTHREAD_START_ROUTINE 
pThreadProc, LPVOID pRemoteBuf)
{
    HANDLE      hThread = NULL;
    FARPROC     pFunc = NULL;

    // OS가 Vista 이상인지 확인!
    if( IsVistaOrLater() )      // Vista, 7, 8
    {
        pFunc = GetProcAddress(GetModuleHandle(L"ntdll.dll"),
                                "NtCreateThreadEx");
        if( pFunc == NULL )
        {
            printf("GetProcAddress(\"NtCreateThreadEx\") failed!!! 
                    [%d]\n",
                    GetLastError());
            return FALSE;
        }

        // NtCreateThreadEx() 호출
        ((PFNTCREATETHREADEX)pFunc)(&hThread,
                                    0x1FFFFF,
                                    NULL,
                                    hProcess,
                                    pThreadProc,
                                    pRemoteBuf,
                                    FALSE,
                                    NULL,
                                    NULL,
                                    NULL,
                                    NULL);
        if( hThread == NULL )
        {
            printf("NtCreateThreadEx() failed!!! [%d]\n", GetLastError());
            return FALSE;
        }
    }
    else                        // 2000, XP, Server2003
    {
        hThread = CreateRemoteThread(hProcess,
                                    NULL,
                                    0,
                                    pThreadProc,
                                    pRemoteBuf,
                                    0,
                                    NULL);
        if( hThread == NULL )
        {
            printf("CreateRemoteThread() failed!!! [%d]\n",
                    GetLastError());
            return FALSE;
```

```c
        }
    }

    if( WAIT_FAILED == WaitForSingleObject(hThread, INFINITE) )
    {
        printf("WaitForSingleObject() failed!!! [%d]\n", GetLastError());
        return FALSE;
    }

    return TRUE;
}

BOOL InjectDll(DWORD dwPID, char *szDllName)
{
    HANDLE hProcess = NULL;
    LPVOID pRemoteBuf = NULL;
    FARPROC pThreadProc = NULL;
    DWORD dwBufSize = strlen(szDllName)+1;

    if ( !(hProcess = OpenProcess(PROCESS_ALL_ACCESS, FALSE, dwPID)) )
    {
        printf("OpenProcess(%d) failed!!! [%d]\n",
                dwPID, GetLastError());
        return FALSE;
    }

    pRemoteBuf = VirtualAllocEx(hProcess, NULL, dwBufSize,
                                MEM_COMMIT, PAGE_READWRITE);

    WriteProcessMemory(hProcess, pRemoteBuf, (LPVOID)szDllName,
                       dwBufSize, NULL);

    pThreadProc = GetProcAddress(GetModuleHandle(L"kernel32.dll"),
                                 "LoadLibraryA");

    if( !MyCreateRemoteThread(hProcess, (LPTHREAD_START_ROUTINE)
                              pThreadProc, pRemoteBuf) )
    {
        printf("MyCreateRemoteThread() failed!!!\n");
        return FALSE;
    }

    VirtualFreeEx(hProcess, pRemoteBuf, 0, MEM_RELEASE);

    CloseHandle(hProcess);

    return TRUE;
}
```

InjectDll() 함수의 변경된 사항은 바로 kernel32!CreateRemoteThread()를 직접 호출하지 않고 MyCreateRemoteThread() 사용자 함수를 호출한다는 것입니다. MyCreateRemoteThread() 함수 내부에서 OS 버전을 구해서 Vista 이상이라면 ntdll!NtCreateThreadEx()를 호출하고, XP 이하라면 kernel32!CreateRemoteThread()를 호출하도록 하였습니다. 간단한 코드이므로 쉽게 이해할 수 있을 겁니다.

> **참고**
>
> 유저 모드에서 ntdll.dll 라이브러리의 NtCreateThreadEx()와 ZwCreateThreadEx() API는 사실 같은 함수입니다(두 함수의 시작 주소는 동일합니다). 커널 모드(ntoskrnl.exe)에서는 두 함수가 서로 달라집니다. 일단 유저 모드에서는 NtXXX()와 ZwXXX()는 같다는 것만 기억해두기 바랍니다.

43.5.2. 인젝션 실습

실습을 위해서 적당한 서비스 프로세스(Session 0)를 골라봅니다.

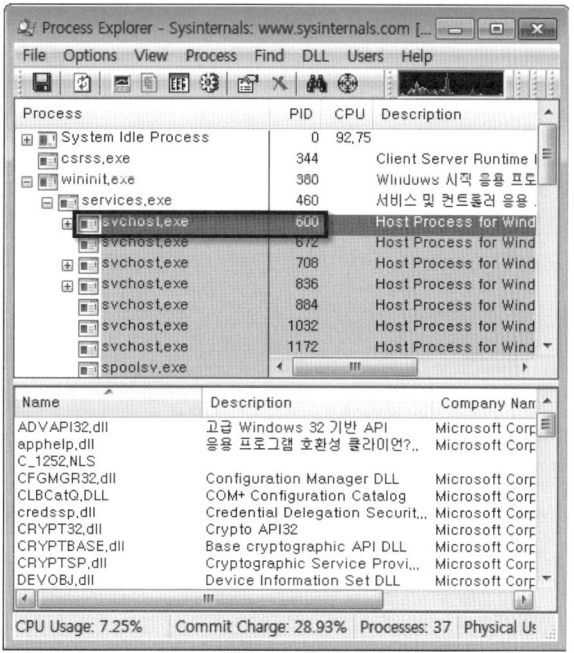

그림 43.21 svchost.exe 프로세스

그리고 그림 43.22와 같이 InjectDll_new.exe를 실행하세요.

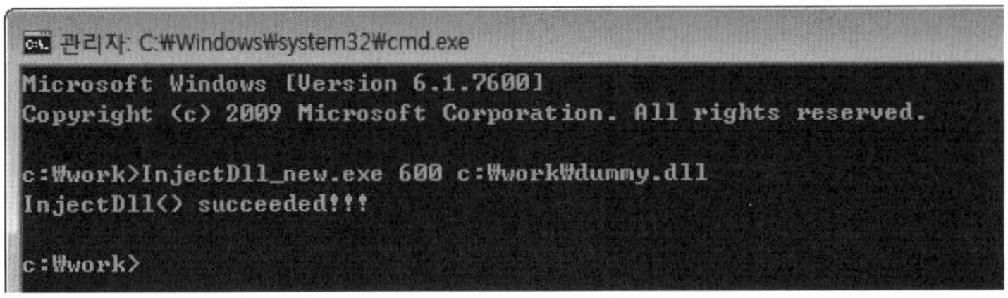

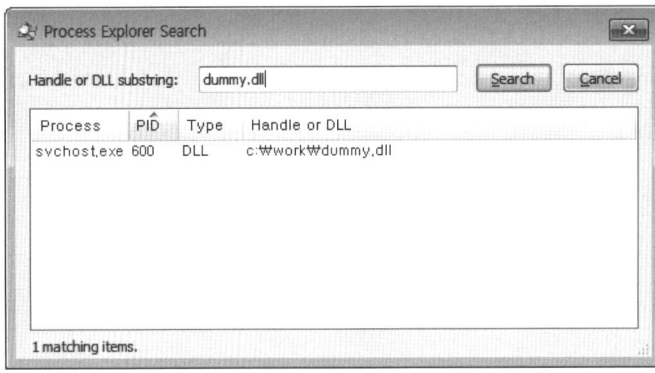

그림 43.22 새로운 InjectDll.exe 프로세스 실행

Process Explorer로 svchost.exe(PID: 600)를 확인해보면, dummy.dll이 인젝션되어 있는 걸 확인할 수 있습니다.

그림 43.23 svchost.exe 프로세스에 인젝션된 dummy.dll

이제 Windows Kernel 6(Vista, 7, 8 등)의 서비스 프로세스(Session 0)에도 무리 없이 DLL 인젝션을 할 수 있게 되었습니다.

> **참고**
>
> ntdll!NtCreateThreadEx() API는 undocument API입니다. 따라서 Microsoft에서 직접 호출을 권장하지 않을 뿐더러 시스템의 안정성을 보장할 수 없습니다. 제가 테스트해본 바로는 잘 동작하였지만 언제든지 MS에서 패치를 시킬 가능성도 있습니다. 따라서 업무용으로 이 방법을 사용하고 있다면 꼭 이러한 사항을 염두에 두기 바랍니다.

44
InjDll.exe – DLL 인젝션 전용 도구

제가 개발한 InjDll.exe 프로그램을 소개합니다. 이 프로그램을 이용해서 타깃(Target) 프로세스에 원하는 DLL을 인젝션/이젝션시킬 수 있습니다.

44.1. InjDll.exe

실습 예제에서 자주 소개되는 프로그램입니다. 소스를 조금 다듬고 기능을 추가시켜서 정식으로 배포합니다.

※ 참고로 이 프로그램은 공개용이며, 자유롭게 사용할 수 있습니다.

이 프로그램은 기본적으로 Windows 2000 이상의 운영체제만 지원합니다(Windows 9X 계열은 지원되지 않습니다). 또한 32비트/64비트 운영체제를 지원합니다(운영체제에 맞는 버전을 사용하기 바랍니다).

> **참고**
>
> 각 플랫폼(32/64비트)별로 Dll Injection을 할 때 다음의 내용을 주의하기 바랍니다.
>
> · Target 프로세스가 32비트인 경우: Injector & Dll → 모두 32비트(PE32 포맷)
> · Target 프로세스가 64비트인 경우: Injector & Dll → 모두 64비트(PE32+ 포맷)
>
> 64비트 OS에서는 32/64비트 프로세스가 모두 실행 가능하므로, Target 프로세스의 PE 파일 포맷을 확인한 후 적절한 Injector(InjDll32/InjDll64)와 DLL을 사용하면 됩니다.

44.1.1. 사용 방법

사용 방법은 그림 44.1과 같습니다.

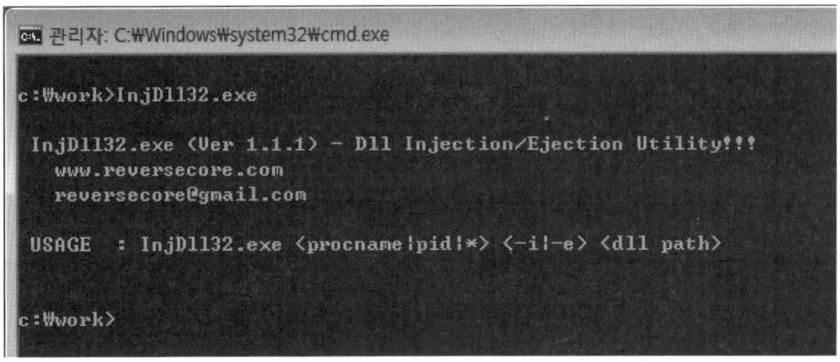

그림 44.1 사용 방법

InjDll32.exe는 콘솔 프로그램으로, 세 개의 파라미터를 받습니다. 파라미터 각각의 설명은 다음과 같습니다.

```
<procname|pid|*>
  procname         Process name (ex: explorer.exe, notepad.exe 등)
  pid              Process ID
  *                All Processes

<-i|-e>
  -i               Injection Mode
  -e               Ejection Mode

<dll path>         DLL File Path (relative or full)
```

> 참고 ─────────
> 64비트 버전(InjDll64.exe)도 사용 방법은 32비트 버전(InjDll32.exe)과 동일합니다.

44.1.2. 사용 예

Ex1) PID 1032 프로세스에게 c:\work\dummy32.dll 파일을 인젝션시킬 때

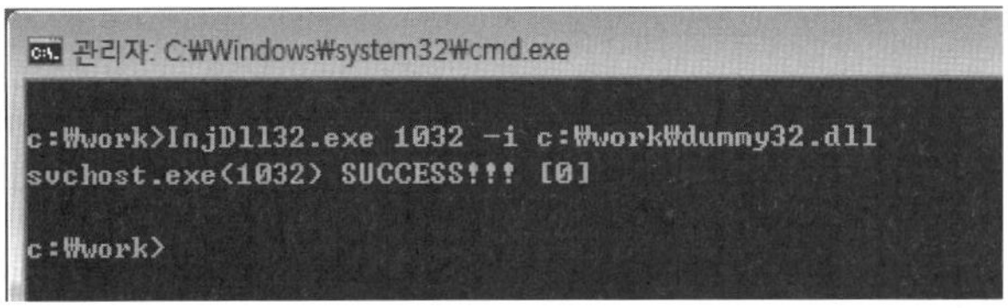

그림 44.2 사용 예1

Ex2) IE 프로세스에게 현재 경로의 dummy32.dll 파일을 인젝션시킬 때

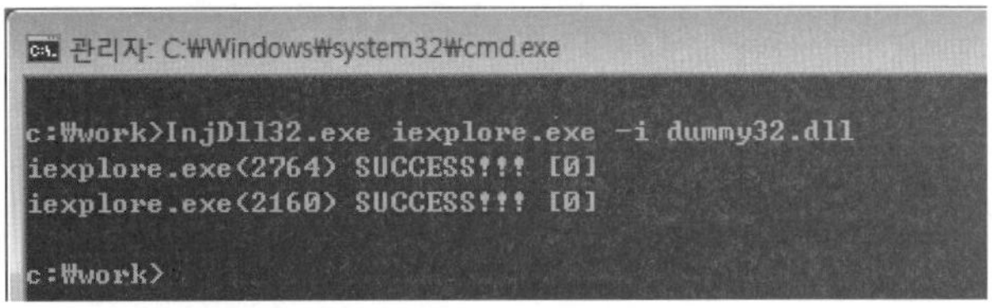

그림 44.3 사용 예2

Ex3) 모든 프로세스에게 C:\work\dummy.dll 파일을 인젝션시킬 때

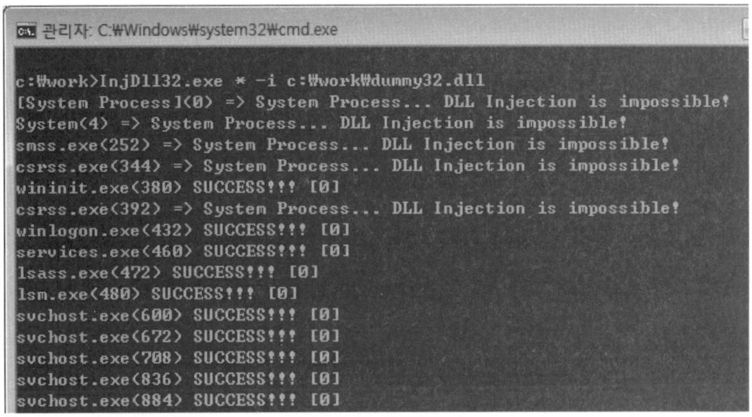

그림 44.4 사용 예3

이젝션은 -i 옵션 대신 -e 옵션을 사용하면 됩니다.

44.1.3. 주의사항

1. 원격 스레드를 실행시켜 LoadLibrary()를 호출하는 방식이므로 대상 프로세스에 kernel32.dll이 로딩되어 있지 않다면 인젝션/이젝션 작업은 실패합니다.
2. 접근 권한이 제한된 (보호받는) 프로세스나 Anti-Injection 기법이 적용된 프로세스들에게도 역시 인젝션/이젝션 작업은 실패합니다.
3. 원칙적으로 인젝션을 N번 했을 때 이젝션도 같은 횟수로 호출해야 해당 DLL이 제대로 unloading됩니다.

4. Target 프로세스의 PE 포맷(32비트 PE32, 64비트 PE32+)에 따라서 알맞는 Injector(InjDll32.exe, InjDll64.exe)와 DLL(32비트 PE32, 64비트 PE32+)을 사용하기 바랍니다.

6부
고급 리버싱

45
TLS 콜백 함수

리버싱 분야에서 안티 디버깅(Anti-Debugging) 기법으로 많이 사용되는 TLS (Thread Local Storage) 콜백 함수(Callback Function)에 대해서 알아보겠습니다. TLS 콜백 함수는 EP 코드보다 먼저 실행되는 특징을 가지고 있는데, 이 특징은 안티 디버깅 기법으로 활용될 수 있습니다. 먼저 실습 예제를 통해서 간단히 살펴보겠습니다.

> 참고
> 모든 실습 예제는 Windows XP & 7(32비트)에서 실행 가능합니다.

45.1. 실습 #1 – HelloTls.exe

실습 파일(HelloTls.exe)을 실행하면 그림 45.1과 같이 메시지 박스를 출력하고 종료합니다.

그림 45.1 HelloTls.exe 실행화면

OllyDbg를 이용하여 실습 파일을 디버깅하겠습니다. HelloTls.exe를 디버거에 올려서 실행하자마자 그림 45.2와 같은 메시지 박스가 나타납니다.

그림 45.2 OllyDbg로 실행한 HelloTls.exe

그냥 실행했을 때와는 다른 문구가 나타났군요. [확인] 버튼을 선택하면, Hello Tls.exe 프로세스는 종료됩니다.

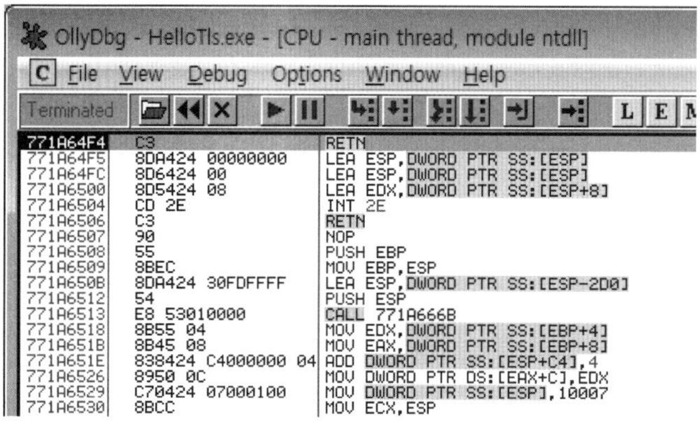

그림 45.3 OllyDbg: HelloTls.exe 프로세스 종료

일반 실행과 디버거 실행의 동작이 다른 이유는 EP 코드보다 먼저 실행되는 TLS 콜백 함수에서 Anti-Debugging 코드를 실행시켰기 때문입니다. 이 원리를 이해하지 못하면, 디버깅을 한 발짝도 진행할 수 없습니다. 이는 아주 간단한 실습 예제이지만, TLS 콜백 함수의 동작을 잘 표현하고 있습니다. 이제부터 TLS와 TLS 콜백에 대한 간략한 설명과 동작 원리에 대해서 살펴보도록 하겠습니다.

45.2. TLS

TLS 콜백 함수를 이야기하기에 앞서 TLS(Thread Local Storage)에 대해서 간단히 짚고 넘어가겠습니다. TLS란 스레드별로 독립된 데이터 저장 공간입니다. 스레드 내에서 프로세스의 전역(Global) 데이터나 정적(Static) 데이터를 마치 지역(Local)

데이터처럼 독립적으로 취급하고 싶을 때 사용합니다(프로그래밍을 하다 보면 이런 기능이 유용할 때가 있겠죠?).

> **참고**
> TLS에 대한 좀 더 자세한 설명은 아래 링크를 참고하기 바랍니다.
> http://msdn.microsoft.com/en-us/library/ms686749(VS.85).aspx

45.2.1. IMAGE_DATA_DIRECTORY[9]

TLS 기능을 사용하도록 프로그래밍하면, 다음 그림과 같이 PE 헤더의 TLS Table 항목이 세팅됩니다(IMAGE_NT_HEADERS - IMAGE_OPTIONAL_HEADER - IMAGE_DATA_DIRECTORY[9]).

RVA	Data	Description	Value
0000018C	0000001C	Size	
00000190	00000000	RVA	Architecture Specific Data
00000194	00000000	Size	
00000198	00000000	RVA	GLOBAL POINTER Register
0000019C	00000000	Size	
000001A0	**00009310**	**RVA**	**TLS Table**
000001A4	**00000018**	**Size**	
000001A8	000092C8	RVA	LOAD CONFIGURATION Table
000001AC	00000040	Size	
000001B0	00000000	RVA	BOUND IMPORT Table
000001B4	00000000	Size	
000001B8	00008000	RVA	IMPORT Address Table

그림 45.4 PEView: TLS Table

그림 45.4에 표시된 RVA 9310 주소에는 IMAGE_TLS_DIRECTORY 구조체가 있습니다.

45.2.2. IMAGE_TLS_DIRECTORY

```
코드 45.1 IMAGE_TLS_DIRECTORY 구조체
typedef struct _IMAGE_TLS_DIRECTORY64 {
    ULONGLONG   StartAddressOfRawData;
    ULONGLONG   EndAddressOfRawData;
    ULONGLONG   AddressOfIndex;         // PDWORD
    ULONGLONG   AddressOfCallBacks;     // PIMAGE_TLS_CALLBACK *;
    DWORD       SizeOfZeroFill;
    DWORD       Characteristics;
} IMAGE_TLS_DIRECTORY64;
typedef IMAGE_TLS_DIRECTORY64 * PIMAGE_TLS_DIRECTORY64;
```

```
typedef struct _IMAGE_TLS_DIRECTORY32 {
    DWORD   StartAddressOfRawData;
    DWORD   EndAddressOfRawData;
    DWORD   AddressOfIndex;              // PDWORD
    DWORD   AddressOfCallBacks;          // PIMAGE_TLS_CALLBACK *
    DWORD   SizeOfZeroFill;
    DWORD   Characteristics;
} IMAGE_TLS_DIRECTORY32;
typedef IMAGE_TLS_DIRECTORY32 * PIMAGE_TLS_DIRECTORY32;

#ifdef _WIN64
typedef IMAGE_TLS_DIRECTORY64          IMAGE_TLS_DIRECTORY;
typedef PIMAGE_TLS_DIRECTORY64         PIMAGE_TLS_DIRECTORY;
#else
typedef IMAGE_TLS_DIRECTORY32          IMAGE_TLS_DIRECTORY;
typedef PIMAGE_TLS_DIRECTORY32         PIMAGE_TLS_DIRECTORY;
#endif
```

출처: winnt.h from Microsoft SDK

IMAGE_TLS_DIRECTORY 구조체는 두 가지 버전(32비트/64비트)으로 준비되어 있으며, 위 실습 예제에서는 32비트 구조체(크기는 18)가 사용되고 있습니다. PEView를 이용하여 구조체 멤버를 확인해보겠습니다(RVA: 9310).

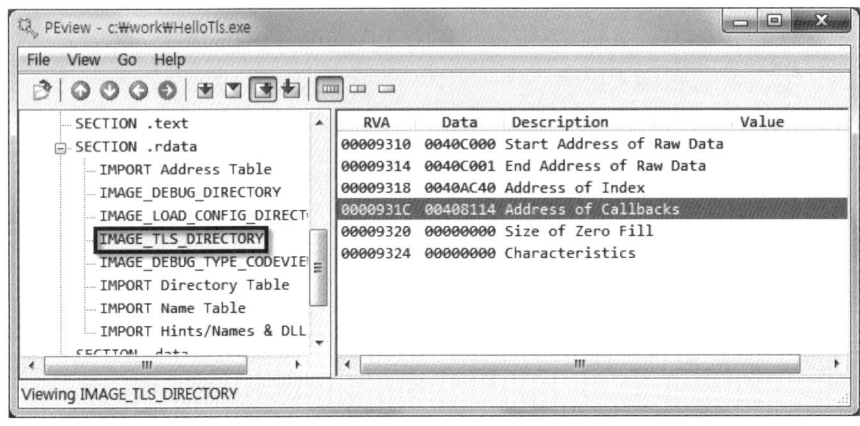

그림 45.5 PEView: IMAGE_TLS_DIRECTORY

리버싱에서 중요하게 다루는 멤버는 바로 AddressOfCallbacks입니다. 이 값은 TLS 콜백 함수 주소(VA 형태) 배열을 가리킵니다. 즉 프로그램에 TLS 콜백 함수를 여러 개 등록할 수 있다는 뜻입니다(배열의 끝은 NULL로 표시합니다).

45.2.3. 콜백 함수 주소 배열

그림이 바로 TLS 콜백 함수 주소 배열입니다.

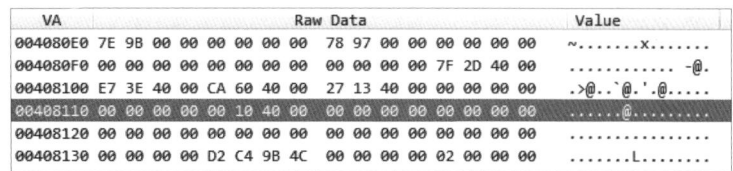

그림 45.6 PEView: AddressOfCallbacks

이 배열에 실제 TLS 콜백 함수들의 주소가 들어있습니다. 프로세스가 시작될 때 (EP 코드 실행 전에) 시스템에서 위 배열에 저장된 함수를 하나씩 호출해줍니다. 참고로 위 실습 예제에는 등록된 TLS 콜백 함수가 하나(401000)입니다만, 프로그램을 수정하여 여러 개를 등록할 수도 있습니다.

45.3. TLS 콜백 함수

TLS 콜백 함수에 대해서 앞에서 간략히 설명한 내용을 좀 더 기술적으로 정리해보겠습니다.

> "TLS 콜백 함수란 프로세스의 스레드가 생성/종료될 때마다 자동으로 호출되는 콜백 함수입니다. 흥미로운 점은 프로세스의 메인 스레드가 생성될 때도 이 콜백 함수가 호출됩니다. 그것도 EP 코드보다 더 먼저 호출됩니다. 바로 이 특징이 안티 디버깅 기법으로 사용됩니다."

TLS 콜백은 스레드의 생성시점과 종료시점에 (총 2회) 자동으로 호출되는 함수입니다(원래 의도는 그렇습니다). 다만 프로세스의 EP 코드를 실행하는 메인 스레드가 실행될 때 TLS 콜백 함수가 먼저 호출된다는 특징을 이용하여 많은 리버서들이 안티 디버깅 기법으로 응용한 것입니다.

45.3.1. IMAGE_TLS_CALLBACK

TLS 콜백 함수의 정의는 코드 45.2와 같습니다.

코드 45.2 TLS Callback 함수 정의
```
typedef VOID
(NTAPI *PIMAGE_TLS_CALLBACK) (
    PVOID DllHandle,
    DWORD Reason,
    PVOID Reserved
);
```
출처: winnt.h from Microsoft SDK

TLS 콜백 함수 정의를 잘 보면, DllMain()의 함수 정의와 비슷하다는 것을 알 수 있습니다.

코드 45.3 DllMain() 함수 정의
```
BOOL WINAPI DllMain(
    __in HINSTANCE hinstDLL,
    __in DWORD fdwReason,
    __in LPVOID lpvReserved
);
```
출처: http://msdn.microsoft.com/en-us/library/ms682583(VS.85).aspx

파라미터의 순서와 의미도 동일합니다. 즉 DllHandle 파라미터는 모듈의 핸들(즉 로딩 주소)이고, Reason 파라미터는 TLS 콜백 함수가 호출된 이유를 나타내며 코드 45.4에 표시되어 있습니다.

코드 45.4 Reason
```
#define DLL_PROCESS_ATTACH   1
#define DLL_THREAD_ATTACH    2
#define DLL_THREAD_DETACH    3
#define DLL_PROCESS_DETACH   0
```
출처: winnt.h from Microsoft SDK

TLS 콜백 함수의 동작 원리(어느 시점에 어떤 콜백 함수가 호출되는지)를 정확히 이해하는 가장 좋은 방법은 역시 직접 만들어보는 것입니다. TLS 콜백의 동작 원리를 파악하기 위해서 두 번째 실습 예제를 준비하였습니다.

45.4. 실습 #2 - TlsTest.exe

TlsTest.exe는 Visual C++을 이용하여 TLS 콜백 함수를 등록하는 방법을 잘 보여주고 있습니다. 코드 45.5에 나오는 소스코드(TlsTest.cpp)를 살펴봅시다.

코드 45.5 TlsTest.cpp

```cpp
#include <windows.h>

#pragma comment(linker, "/INCLUDE:__tls_used")

void print_console(char* szMsg)
{
    HANDLE hStdout = GetStdHandle(STD_OUTPUT_HANDLE);

    WriteConsoleA(hStdout, szMsg, strlen(szMsg), NULL, NULL);
}

void NTAPI TLS_CALLBACK1(PVOID DllHandle, DWORD Reason, PVOID Reserved)
{
    char szMsg[80] = {0,};
    wsprintfA(szMsg, "TLS_CALLBACK1() : DllHandle = %X, Reason = %d\n",
              DllHandle, Reason);
    print_console(szMsg);
}

void NTAPI TLS_CALLBACK2(PVOID DllHandle, DWORD Reason, PVOID Reserved)
{
    char szMsg[80] = {0,};
    wsprintfA(szMsg, "TLS_CALLBACK2() : DllHandle = %X, Reason = %d\n",
              DllHandle, Reason);
    print_console(szMsg);
}

#pragma data_seg(".CRT$XLX")
    PIMAGE_TLS_CALLBACK pTLS_CALLBACKs[] = {TLS_CALLBACK1, TLS_CALLBACK2,
                                            0};
#pragma data_seg()

DWORD WINAPI ThreadProc(LPVOID lParam)
{
    print_console("ThreadProc() start\n");

    print_console("ThreadProc() end\n");

    return 0;
}

int main(void)
{
    HANDLE hThread = NULL;

    print_console("main() start\n");

    hThread = CreateThread(NULL, 0, ThreadProc, NULL, 0, NULL);
    WaitForSingleObject(hThread, 60*1000);
    CloseHandle(hThread);
```

```
    print_console("main() end\n");

    return 0;
}
```

TlsTest.cpp에서는 두 개의 TLS 콜백 함수(TLS_CALLBACK1, TLS_CALLBACK2)를 등록합니다. 그리고 콜백 함수에서 간단히 DllHandle과 Reason 파라미터를 출력하고 종료합니다. main() 함수는 사용자 스레드(ThreadProc)를 생성한 후 종료하는데, main()과 ThreadProc() 내부에 각각 함수의 시작과 종료 로그를 출력합니다. 그림 45.7은 TlsTest.exe의 실행화면입니다.

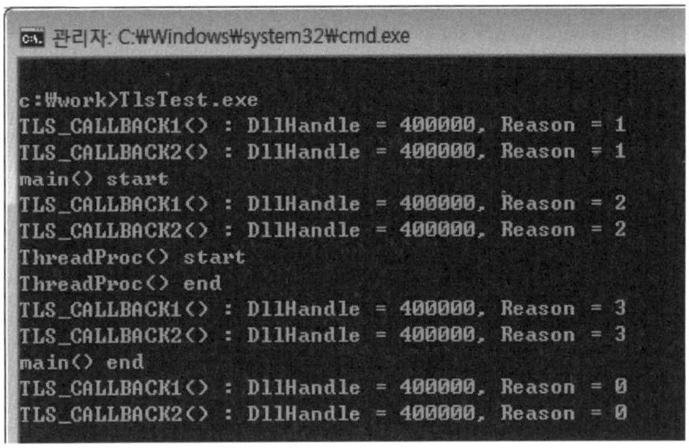

```
c:\work>TlsTest.exe
TLS_CALLBACK1() : DllHandle = 400000, Reason = 1
TLS_CALLBACK2() : DllHandle = 400000, Reason = 1
main() start
TLS_CALLBACK1() : DllHandle = 400000, Reason = 2
TLS_CALLBACK2() : DllHandle = 400000, Reason = 2
ThreadProc() start
ThreadProc() end
TLS_CALLBACK1() : DllHandle = 400000, Reason = 3
TLS_CALLBACK2() : DllHandle = 400000, Reason = 3
main() end
TLS_CALLBACK1() : DllHandle = 400000, Reason = 0
TLS_CALLBACK2() : DllHandle = 400000, Reason = 0
```

그림 45.7 TlsTest.exe의 실행화면

이제 각 함수의 호출 순서에 대한 설명을 하겠습니다.

45.4.1. DLL_PROCESS_ATTACH

프로세스의 메인 스레드가 main() 함수를 호출하기 전에 등록된 TLS 콜백 함수들(TLS_CALLBACK1, TLS_CALLBACK2)이 호출됩니다. 이때 Reason 값은 1(DLL_PROCESS_ATTACH)입니다.

45.4.2. DLL_THREAD_ATTACH

TLS 콜백 함수들이 모두 종료되면 main() 함수가 실행됩니다. 그리고 사용자 스레드(ThreadProc)를 생성하는 순간 Reason = 2(DLL_THREAD_ATTACH)로 TLS 콜백 함수들이 호출됩니다.

45.4.3. DLL_THREAD_DETACH

TLS 콜백 함수들이 모두 종료되면, ThreadProc() 스레드 함수가 실행됩니다. 그리고 스레드 함수가 종료되는 순간 Reason = 3(DLL_THREAD_DETACH)로 TLS 콜백 함수들이 호출됩니다.

45.4.4. DLL_PROCESS_DETACH

ThreadProc() 스레드가 종료되면 스레드의 종료를 기다리던 main() 함수(메인 스레드) 역시 종료합니다. 이때 마지막으로 Reason = 0(DLL_PROCESS_DETACH) 값으로 TLS 콜백 함수들이 호출됩니다. 위 TlsTest.exe 예제 샘플의 경우에 2개의 TLS 콜백 함수들이 각각 4회씩 총 8번 호출되었습니다. 이제 TLS 콜백 함수를 어떻게 등록하고 어떻게 동작하는지에 대해서 잘 알게 되었습니다. 그럼 이번에는 디버깅하는 방법을 배워봅시다.

> **참고**
>
> TlsTest.cpp에서 printf() 함수를 쓰지 않는 이유는 특정 빌드 옵션(/MT)으로 빌드한 경우 메인 스레드보다 먼저 후출되는 TLS 콜백 함수에서 Run-Time Error가 발생하는 경우가 있기 때문입니다. 따라서 이런 경우에는 WriteConsole() API를 직접 호출해주면 문제가 해결됩니다.

45.5. TLS 콜백 디버깅

TLS 콜백 함수가 등록된 프로그램을 그냥 디버거로 열면 EP 코드보다 먼저 실행되는 TLS 콜백 함수를 디버깅할 수 없습니다. 앞의 예제 #1 파일(HelloTls.exe)의 경우 TLS 콜백 함수 내에 안티 디버깅 코드가 존재하기 때문에 프로그램 자체의 디버깅이 불가능합니다. 이럴 때는 그림 45.8과 같이 OllyDbg의 옵션을 변경하면 TLS 콜백 함수를 디버깅할 수 있습니다.

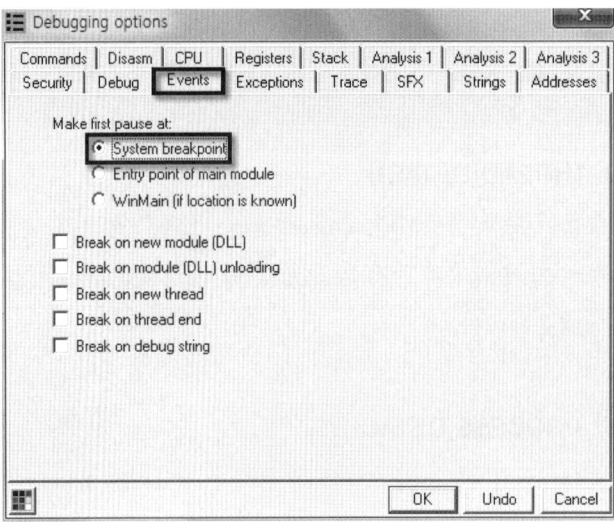

그림 45.8 OllyDbg: 'System breakpoint' 옵션

이제 HelloTls.exe를 재시작하면 그림 45.9와 같이 ntdll.dll 모듈 내부의 'System Startup Breakpoint'에서 멈춥니다.

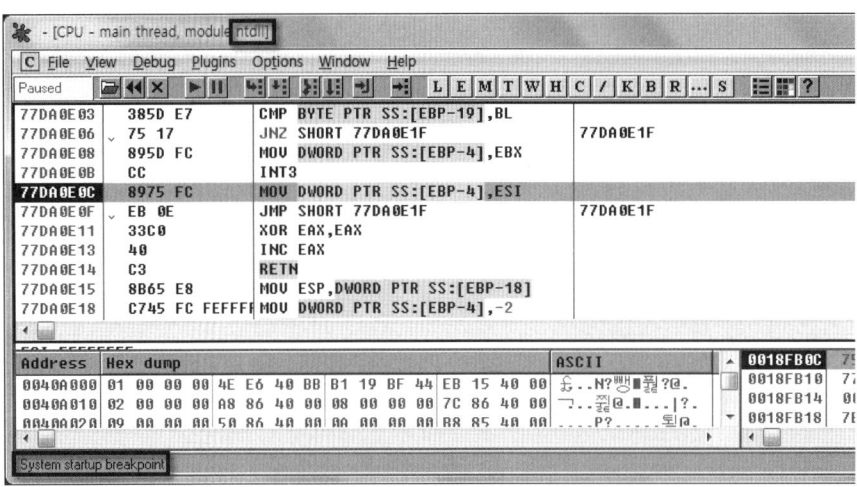

그림 45.9 OllyDbg: System startup breakpoint에서 멈춤

이곳은 용어 그대로 'System Startup Breakpoint' 위치입니다. OllyDbg의 경우 기본 옵션이 EP에서 멈추는 것이지만, WinDbg의 경우는 기본적으로 이 위치에서 멈춥니다.

이제 그림 45.5와 그림 45.6을 참고하여 TLS 콜백 함수의 주소를 알아내서 그곳에 BP를 설치하면, TLS 콜백 함수도 디버깅을 할 수 있습니다.

약간 번거롭다고 생각된다면, 특정 Plug-In(ex: Olly Advanced)을 사용할 경우 TLS 콜백 함수에 멈추는 옵션이 존재하니 이용해볼 수 있습니다. 또한 최신 버전의 OllyDbg(버전 2.0 이상)를 사용하면, 그림 45.10과 같이 기본 옵션으로 제공됩니다.

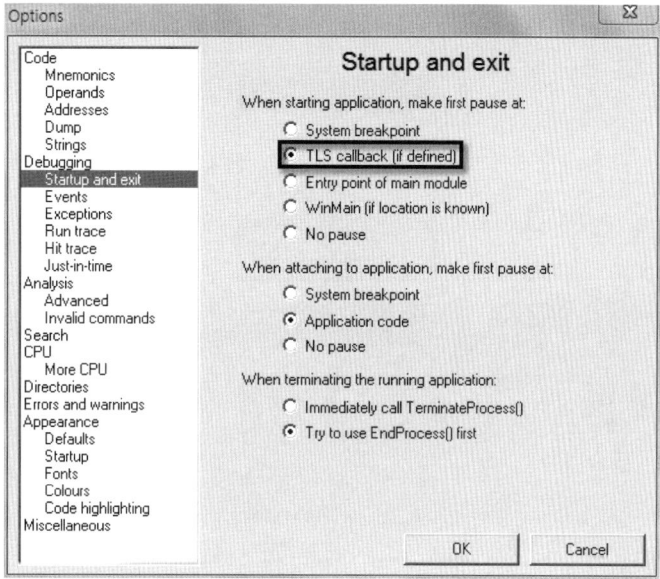

그림 45.10 OllyDbg 2.0의 'TLS callback' 옵션

HelloTls.exe의 TLS 콜백 함수를 직접 디버깅해보기 바랍니다.

45.6. 수작업으로 TLS 콜백 함수 추가하기

저는 PE 파일을 이리저리 뜯어 고치는 것을 좋아합니다. 덕분에 몇 가지 기본 유틸리티(OllyDbg, PEView, HxD)만 있으면 PE 파일을 제 마음대로 패치(Patch)할 수 있습니다. 목표는 일반적인 Hello.exe 파일을 가지고 앞에서 소개한 HelloTls.exe 실습 예제 파일과 비슷하게 만들어내는 것입니다. 이제부터 그 제작 과정을 여러분에게 소개하겠습니다.

> 참고
>
> PE 파일을 마음대로 주무르기 위해서는 먼저 PE File Format에 대한 이해가 필요합니다. 그리고 많은 연습을 해봐야 합니다. PE 로더의 동작이 Windows OS 버전별로 미묘하게 다르기 때문에 연습을 하다 보면 OS별 PE 로더의 차이점도 알게 될 겁니다.

45.6.1. 실습 재료

실습 재료는 Hello.exe 파일입니다. 실행하면 아래 그림과 같이 메시지 박스를 출력하고 종료되는 간단한 프로그램입니다.

그림 45.11 Hello.exe 실행 화면

이 파일에 수작업으로 TLS 콜백 함수를 추가시켜 HelloTls.exe와 같은 동작을 하도록 만들겠습니다.

45.6.2. 설계

가장 먼저 IMAGE_TLS_DIRECTORY 구조체와 TLS 콜백 함수를 파일의 어느 곳에 위치시킬지 결정해야 합니다. 기존 PE 파일에 코드나 데이터를 추가할 때 적당한 위치를 찾는 방법은 아래 3가지입니다.

첫째. 섹션 끝의 빈 영역
둘째. 마지막 섹션의 크기를 확장시킴
셋째. 마지막에 새로운 섹션을 추가시킴

여기서는 두 번째 방법(마지막 섹션의 크기를 확장시킴)을 사용해보겠습니다. PEView를 이용하여 Hello.exe 파일의 마지막 섹션(.rsrc) 헤더를 살펴봅시다(참고로 Hello.exe의 Section Alignment = 1000이고 File Alignment = 200입니다).

```
VA       Data      Description               Value
00400258 2E 72 73 72  Name                    .rsrc
0040025C 63 00 00 00
00400260 000001B4  Virtual Size
00400264 0000C000  RVA
00400268 00000200  Size of Raw Data
0040026C 00009000  Pointer to Raw Data
00400270 00000000  Pointer to Relocations
00400274 00000000  Pointer to Line Numbers
00400278 0000      Number of Relocations
0040027A 0000      Number of Line Numbers
0040027C 40000040  Characteristics
         00000040                            IMAGE_SCN_CNT_INITIALIZED_DATA
         40000000                            IMAGE_SCN_MEM_READ
```

그림 45.12 PEView: Hello.exe의 .rsrc

마지막 섹션(.rsrc)의 Pointer to Raw Data = 9000이고, Size of Raw Data = 200입니다. 따라서 PE 헤더에서 정의된 파일의 전체 크기는 9200입니다. 새로 추가할 코드와 데이터의 크기를 고려해서 200 크기만큼 마지막 섹션의 크기를 늘리도록 하겠습니다(파일 크기는 9400으로 증가됩니다). HxD로 Hello.exe 파일을 열고 커서를 마지막 위치로 이동시킨 후 메뉴의 Edit - Insert bytes 명령을 선택하세요.

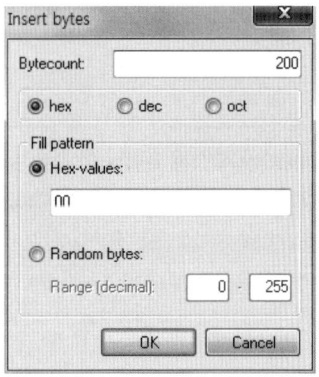

그림 45.13 HxD: Insert bytes 다이얼로그

그림 45.13과 같이 Bytecount 항목에 200을 입력하고, [OK] 버튼을 선택하면 현재 커서 위치에 200바이트가 추가됩니다.

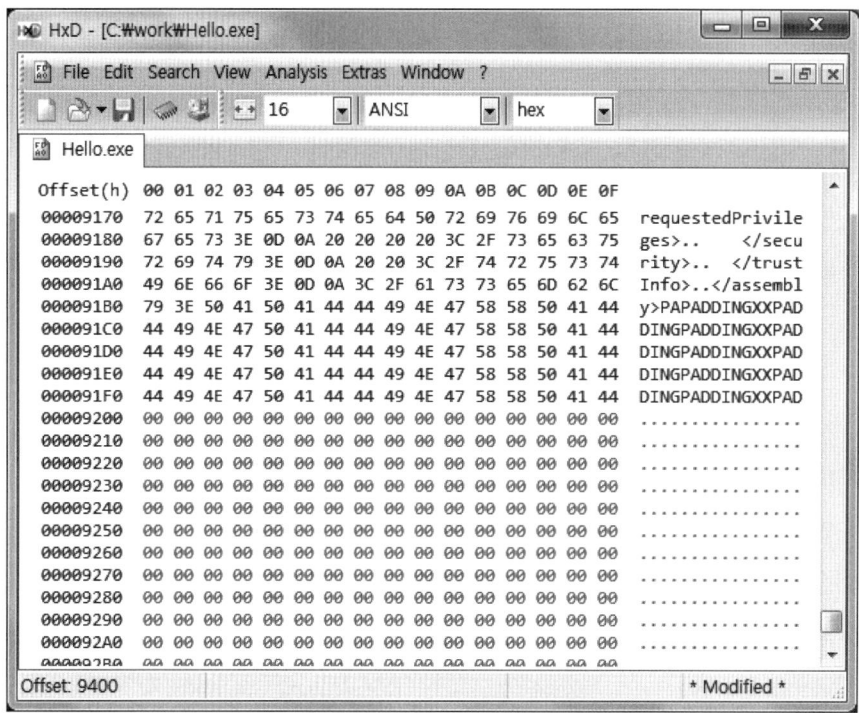

그림 45.14 HxD: 마지막 섹션 확장

> 참고
>
> 그림 45.12에서 Virtual Size = 1B4입니다. PE 로더는 이 값을 Section Alignment 값으로 보정하여 1000 크기만큼 메모리에 로딩시킵니다(이 관계를 잘 이해해야 합니다). 따라서 섹션의 파일 크기가 200만큼 늘어나서 실제 Virtual Size는 3B4가 되었지만 기존의 메모리에 로딩되는 크기 1000보다 작기 때문에 Virtual Size 값을 따로 더 늘리지 않아도 됩니다.

45.6.3. PE 헤더 편집

.rsrc 섹션 헤더

그림 45.12를 참고하여 .rsrc 섹션 헤더의 내용을 RawDataSize = 400, Characteristics = E0000060으로 수정합니다.

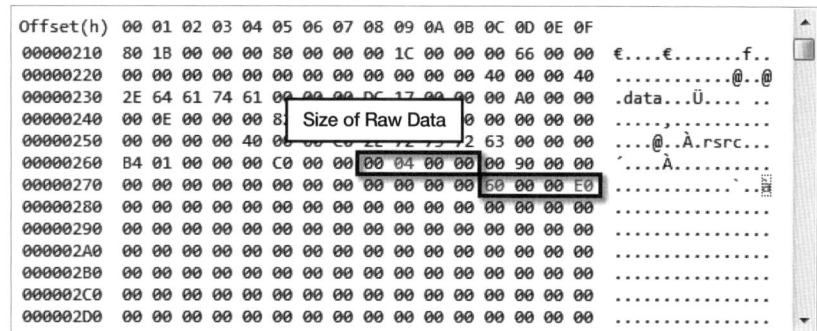

그림 45.15 HxD: .rsrc 섹션 헤더 수정

Chracteristics = E0000060의 뜻은 그림 45.16과 같습니다.

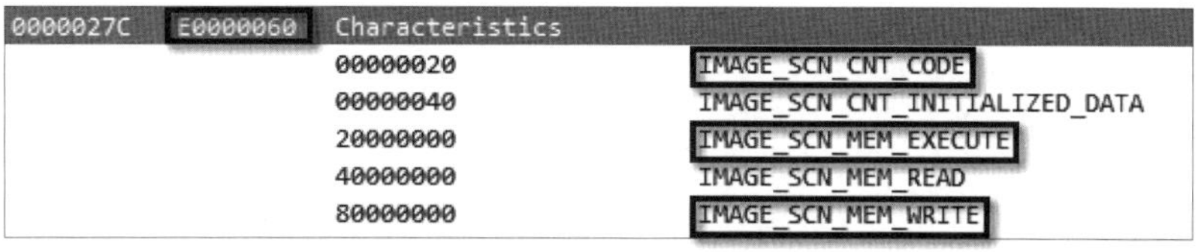

그림 45.16 PEView: Characteristics

기존 값에 IMAGE_SCN_CNT_CODE | IMAGE_SCN_MEM_EXECUTE | IMAGE_SCN_MEM_WRITE 속성을 추가시킨 것입니다.

> **참고**
>
> 확장한 영역에 IMAGE_TLS_DIRECTORY 구조체와 TLS 콜백 함수를 만들 것이기 때문에 IMAGE_SCN_CNT_CODE | IMAGE_SCN_MEM_EXECUTE 속성을 추가시키는 것은 자연스럽습니다. 또한 IMAGE_TLS_DIRECTORY 구조체가 포함된 섹션에는 반드시 IMAGE_SCN_MEM_WRITE 속성을 추가해야 정상적으로 실행이 됩니다.

IMAGE_DATA_DIRECTORY[9]

TLS Table(IMAGE_NT_HEADERS - IMAGE_OPTIONAL_HEADER - IMAGE_DATA_DIRECTORY[9]) 값을 설정합니다. 그림 45.14에서 확장한 영역의 시작 주소는 파일 옵셋으로 9200입니다. 이를 PEView에서 확인하면 RVA로 C200입니다. 이곳에 IMAGE_TLS_DIRECTORY 구조체를 만들 것입니다. 따라서 PE 헤더의 IMAGE_DATA_DIRECTORY[9]를 그림 45.17과 같이 수정합니다(RVA = C200, Size = 18).

```
Offset(h) 00 01 02 03 04 05 06 07 08 09 0A 0B 0C 0D 0E 0F
00000150  00 00 10 00 00 10 00 00 00 00 00 00 10 00 00 00  ................
00000160  00 00 00 00 00 00 00 00 0C 96 00 00 3C 00 00 00  .........–..<...
00000170  00 C0 00 00 B4 01 00 00 00 00 00 00 00 00 00 00  .À..´...........
00000180  00 00 00 00 00 00 00 00 00 00 00 00 00 00 00 00  ................
00000190  20 81 00 00 1C 00 00 00 00 00 00 00 00 00 00 00   ...............
000001A0  00 00 00 00 00 00 00 00 00 C2 00 00 18 00 00 00  .........Â......
000001B0  90 92 00 00 40 00 00 00 00 00 00 00 00 00 00 00  .'..@...........
000001C0  00 80 00 00 F0 00 00 00 00 00 00 00 00 00 00 00  .€..ð...........
000001D0  00 00 00 00 00 00 00 00 00 00 00 00 00 00 00 00  ................
000001E0  2E 74 65 78 74 00 00 00 A4 61 00 00 00 10 00 00  .text...¤a......
000001F0  00 62 00 00 00 04 00 00 00 00 00 00 00 00 00 00  .b..............
00000200  00 00 00 00 20 00 00 60 2E 72 64 61 74 61 00 00  .... ..`.rdata..
00000210  80 1B 00 00 00 80 00 00 00 1C 00 00 00 66 00 00  €....€.......f..
00000220  00 00 00 00 00 00 00 00 00 00 00 00 40 00 00 40  ............@..@
```

그림 45.17 HxD : IMAGE_DATA_DIRECTORY

수정된 값을 PEView로 확인해보겠습니다.

pFile	Data	Description	Value
00000198	00000000	RVA	Architecture Specific Data
0000019C	00000000	Size	
000001A0	00000000	RVA	GLOBAL POINTER Register
000001A4	00000000	Size	
000001A8	0000C200	RVA	TLS Table
000001AC	00000018	Size	
000001B0	00009290	RVA	LOAD CONFIGURATION Table
000001B4	00000040	Size	
000001B8	00000000	RVA	BOUND IMPORT Table
000001BC	00000000	Size	

그림 45.18 PEView: IMAGE_DATA_DIRECTORY

45.6.4. IMAGE_TLS_DIRECTORY 구성

IMAGE_TLS_DIRECTORY 구조체를 세팅할 차례입니다. 우리는 TLS 콜백 함수만 등록하면 됩니다. 그림 45.19와 같이 편집하기 바랍니다.

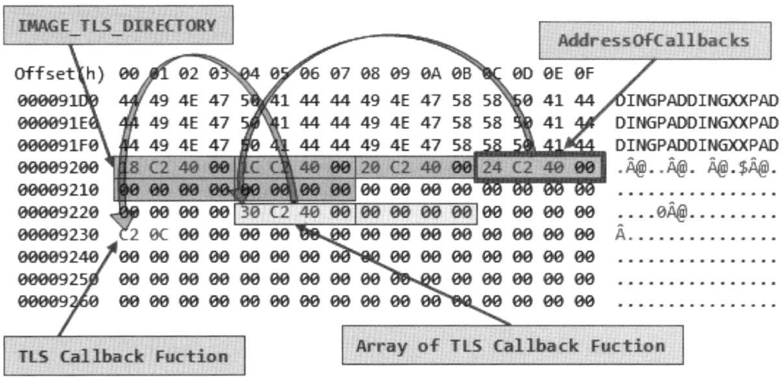

그림 45.19 HxD: IMAGE_TLS_DIRECTORY

파일 옵셋 9200(RVA C200)에 IMAGE_TLS_DIRECTORY 구조체를 만들었습니다. AddressOfCallbacks 멤버는 VA 40C224 값(파일 옵셋 9224)을 가지며 'Array of TLS Callback Function'의 의미입니다. 이 Array(VA: 40C224, Offset: 9224)에 우리가 등록하고자 하는 TLS 콜백 함수의 주소(40C230)를 적어주면 됩니다. PEView로 확인하면 다음 그림과 같습니다.

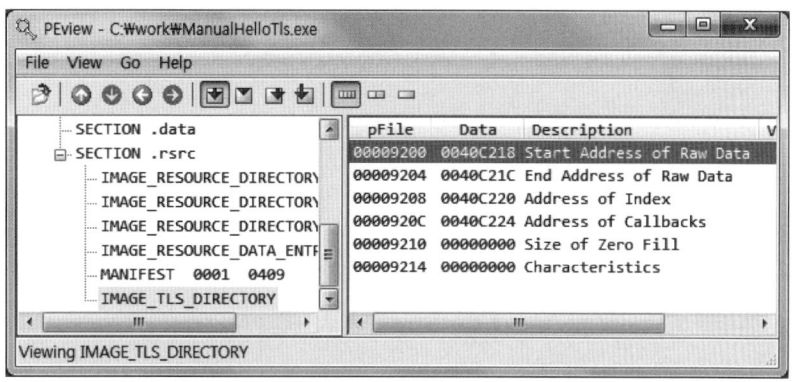

그림 45.20 PEView: IMAGE_TLS_DIRECTORY

일단 TLS 콜백 함수에 'C2 0C00 - RETN 0C' 명령어를 써놓았습니다. 즉 TLS 콜백 함수에서 아무런 작업도 하지 않고 바로 리턴하라는 뜻입니다.

참고
TLS Callback 함수의 리턴 명령어가 RETN이 아니고 RETN 0C 명령어인 이유는 함수의 파라미터가 3개(크기는 0C)이기 때문에 스택을 0C 크기만큼 보정해주기 위해서입니다.

이제 변경된 Hello.exe 파일을 실행해봅시다. 지금까지 작업에 이상이 없다면 정상적으로 실행될 것입니다.

45.6.5. TLS 콜백 함수 프로그래밍

드디어 TLS 콜백 함수를 프로그래밍할 수 있는 모든 준비가 완료되었습니다. OllyDbg의 Assemble 기능을 이용하여 40C230 주소부터 안티 디버깅 코드를 프로그래밍합니다(그림 45.21참고).

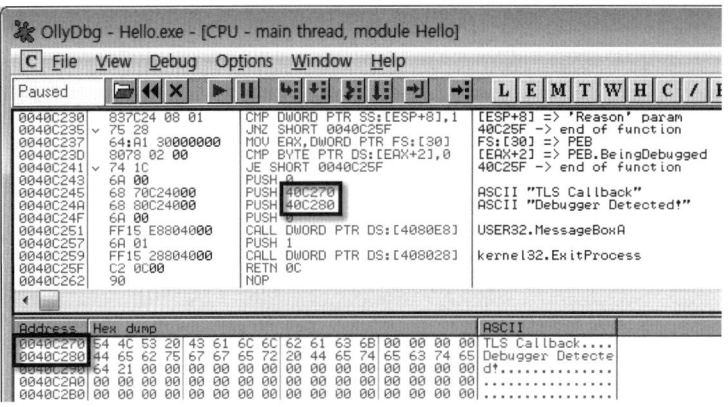

그림 45.21 OllyDbg: TLS 콜백 함수 프로그래밍

그림 45.21과 같이 코드와 데이터를 작성한 후 변경된 영역(40C230~40C291)을 전부 선택합니다. 마우스 우측 버튼 메뉴의 "Copy to executable - Selection - Save file"를 이용하여 ManualHelloTls.exe 이름으로 저장합니다.

위 코드에 대해서 간단히 설명하겠습니다. Reason 파라미터가 1(DLL_PROCESS_ATTACH)인 경우 PEB.BeingDebugged 멤버를 검사하여 디버깅 중이라면, 메시지 박스를 출력(MessageBoxA)시킨 후 프로세스를 종료(ExitProcess)합니다. 옆에 적힌 주석을 참고하면, 코드 구조를 쉽게 파악할 수 있을 겁니다. 그리고 MessageBoxA() 함수에 넘겨주는 문자열 파라미터는 40C270과 40C280에 따로 적어두었습니다.

> 참고
>
> MessageBoxA()와 ExitProcess() API에 대한 IAT 주소(각각 4080E8, 408028)는 원본 Hello.exe의 IAT에서 가져다 사용하였습니다. OllyDbg의 Assemble 다이얼로그에서 "CALL user32.MessageBoxA", "CALL Kernel32.ExitProcess"와 같은 형식으로 입력해도 됩니다. API 주소는 OllyDbg가 자동으로 구해서 입력해줍니다. 만약에 IAT에 없는 API를 호출해야 하는 상황이라면, 코드가 훨씬 복잡해집니다.

45.6.6. 최종 완성

앞에서 작성한 ManualHelloTls.exe 파일을 OllyDbg로 실행시켰을 때 그림 45.22와 같이 "Debugger Detected!" 메시지 박스와 함께 프로그램이 종료된다면 작업 성공입니다.

그림 45.22 OllyDbg:
Manual HelloTls.exe 실행

이로써 수작업으로 간단한 TSL 콜백 함수를 추가시키는 실습을 마치겠습니다.

45.7. 마무리

TLS 콜백 함수의 동작 원리와 구현 방법 그리고 디버깅 방법까지 알아보았습니다. 안티 디버깅에 종종 사용되므로 꼭 알아두기 바랍니다.

46
TEB

TEB(Thread Environment Block)에 대해서 알아보도록 하겠습니다. 이 내용은 향후 고급 디버깅의 기반 지식으로 사용되기 때문에 개념을 잘 이해해두기 바랍니다.

46.1. TEB

TEB는 프로세스에서 실행되는 스레드에 대한 정보를 담고 있는 구조체입니다. 스레드별로 TEB 구조체가 하나씩 할당됩니다. 또한 TEB 구조체는 OS 종류별로 그 모양이 조금씩 달라지며 세부적인 내용에 대해서는 문서화되어 있습니다.

46.1.1. TEB 구조체 정의

먼저 MSDN의 TEB 구조체 설명을 보겠습니다.

코드 46.1 TEB 구조체
```
typedef struct _TEB {
  BYTE   Reserved1[1952];
  PVOID  Reserved2[412];
  PVOID  TlsSlots[64];
  BYTE   Reserved3[8];
  PVOID  Reserved4[26];
  PVOID  ReservedForOle;
  PVOID  Reserved5[4];
  PVOID  TlsExpansionSlots;
} TEB, *PTEB;
```
출처: MSDN

보다시피 구조체 내용이 황당할 정도로 숨겨져 있습니다. 이 구조체 내용을 자세히 보기 위해서 WinDbg라는 커널 디버거(Kernel Debugger)를 사용하겠습니다.

> **참고**
> WinDbg에 대한 설치, 실행 방법은 'WinDbg'를 참고하기 바랍니다.

46.1.2. TEB 구조체 내용

WinDbg를 이용하여 알아낸 TEB 구조체 내용은 아래와 같습니다.

Windows XP SP3의 경우

```
코드 46.2 Windows XP SP3의 TEB 구조체 내용
+0x000 NtTib            : _NT_TIB
+0x01c EnvironmentPointer : Ptr32 Void
+0x020 ClientId         : _CLIENT_ID
+0x028 ActiveRpcHandle  : Ptr32 Void
+0x02c ThreadLocalStoragePointer : Ptr32 Void
+0x030 ProcessEnvironmentBlock : Ptr32 _PEB
+0x034 LastErrorValue   : Uint4B
+0x038 CountOfOwnedCriticalSections : Uint4B
+0x03c CsrClientThread  : Ptr32 Void
+0x040 Win32ThreadInfo  : Ptr32 Void
+0x044 User32Reserved   : [26] Uint4B
+0x0ac UserReserved     : [5] Uint4B
+0x0c0 WOW32Reserved    : Ptr32 Void
+0x0c4 CurrentLocale    : Uint4B
+0x0c8 FpSoftwareStatusRegister : Uint4B
+0x0cc SystemReserved1  : [54] Ptr32 Void
+0x1a4 ExceptionCode    : Int4B
+0x1a8 ActivationContextStack : _ACTIVATION_CONTEXT_STACK
+0x1bc SpareBytes1      : [24] UChar
+0x1d4 GdiTebBatch      : _GDI_TEB_BATCH
+0x6b4 RealClientId     : _CLIENT_ID
+0x6bc GdiCachedProcessHandle : Ptr32 Void
+0x6c0 GdiClientPID     : Uint4B
+0x6c4 GdiClientTID     : Uint4B
+0x6c8 GdiThreadLocalInfo : Ptr32 Void
+0x6cc Win32ClientInfo  : [62] Uint4B
+0x7c4 glDispatchTable  : [233] Ptr32 Void
+0xb68 glReserved1      : [29] Uint4B
+0xbdc glReserved2      : Ptr32 Void
+0xbe0 glSectionInfo    : Ptr32 Void
+0xbe4 glSection        : Ptr32 Void
+0xbe8 glTable          : Ptr32 Void
+0xbec glCurrentRC      : Ptr32 Void
+0xbf0 glContext        : Ptr32 Void
+0xbf4 LastStatusValue  : Uint4B
+0xbf8 StaticUnicodeString : _유니코드_STRING
```

```
+0xc00 StaticUnicodeBuffer : [261] Uint2B
+0xe0c DeallocationStack : Ptr32 Void
+0xe10 TlsSlots         : [64] Ptr32 Void
+0xf10 TlsLinks         : _LIST_ENTRY
+0xf18 Vdm              : Ptr32 Void
+0xf1c ReservedForNtRpc : Ptr32 Void
+0xf20 DbgSsReserved    : [2] Ptr32 Void
+0xf28 HardErrorsAreDisabled : Uint4B
+0xf2c Instrumentation  : [16] Ptr32 Void
+0xf6c WinSockData      : Ptr32 Void
+0xf70 GdiBatchCount    : Uint4B
+0xf74 InDbgPrint       : UChar
+0xf75 FreeStackOnTermination : UChar
+0xf76 HasFiberData     : UChar
+0xf77 IdealProcessor   : UChar
+0xf78 Spare3           : Uint4B
+0xf7c ReservedForPerf  : Ptr32 Void
+0xf80 ReservedForOle   : Ptr32 Void
+0xf84 WaitingOnLoaderLock : Uint4B
+0xf88 Wx86Thread       : _Wx86ThreadState
+0xf94 TlsExpansionSlots : Ptr32 Ptr32 Void
+0xf98 ImpersonationLocale : Uint4B
+0xf9c IsImpersonating  : Uint4B
+0xfa0 NlsCache         : Ptr32 Void
+0xfa4 pShimData        : Ptr32 Void
+0xfa8 HeapVirtualAffinity : Uint4B
+0xfac CurrentTransactionHandle : Ptr32 Void
+0xfb0 ActiveFrame      : Ptr32 _TEB_ACTIVE_FRAME
+0xfb4 SafeThunkCall    : UChar
+0xfb5 BooleanSpare     : [3] UChar
```

Windows 7의 경우

코드 46.3 Windows 7의 TEB 구조체 내용

```
+0x000 NtTib            : _NT_TIB
+0x01c EnvironmentPointer : Ptr32 Void
+0x020 ClientId         : _CLIENT_ID
+0x028 ActiveRpcHandle  : Ptr32 Void
+0x02c ThreadLocalStoragePointer : Ptr32 Void
+0x030 ProcessEnvironmentBlock : Ptr32 _PEB
+0x034 LastErrorValue   : Uint4B
+0x038 CountOfOwnedCriticalSections : Uint4B
+0x03c CsrClientThread  : Ptr32 Void
+0x040 Win32ThreadInfo  : Ptr32 Void
+0x044 User32Reserved   : [26] Uint4B
+0x0ac UserReserved     : [5] Uint4B
+0x0c0 WOW32Reserved    : Ptr32 Void
+0x0c4 CurrentLocale    : Uint4B
```

```
+0x0c8 FpSoftwareStatusRegister : Uint4B
+0x0cc SystemReserved1  : [54] Ptr32 Void
+0x1a4 ExceptionCode    : Int4B
+0x1a8 ActivationContextStackPointer : Ptr32 _ACTIVATION_CONTEXT_STACK
+0x1ac SpareBytes       : [36] UChar
+0x1d0 TxFsContext      : Uint4B
+0x1d4 GdiTebBatch      : _GDI_TEB_BATCH
+0x6b4 RealClientId     : _CLIENT_ID
+0x6bc GdiCachedProcessHandle : Ptr32 Void
+0x6c0 GdiClientPID     : Uint4B
+0x6c4 GdiClientTID     : Uint4B
+0x6c8 GdiThreadLocalInfo : Ptr32 Void
+0x6cc Win32ClientInfo  : [62] Uint4B
+0x7c4 glDispatchTable  : [233] Ptr32 Void
+0xb68 glReserved1      : [29] Uint4B
+0xbdc glReserved2      : Ptr32 Void
+0xbe0 glSectionInfo    : Ptr32 Void
+0xbe4 glSection        : Ptr32 Void
+0xbe8 glTable          : Ptr32 Void
+0xbec glCurrentRC      : Ptr32 Void
+0xbf0 glContext        : Ptr32 Void
+0xbf4 LastStatusValue  : Uint4B
+0xbf8 StaticUnicodeString : _유니코드_STRING
+0xc00 StaticUnicodeBuffer : [261] Wchar
+0xe0c DeallocationStack : Ptr32 Void
+0xe10 TlsSlots         : [64] Ptr32 Void
+0xf10 TlsLinks         : _LIST_ENTRY
+0xf18 Vdm              : Ptr32 Void
+0xf1c ReservedForNtRpc : Ptr32 Void
+0xf20 DbgSsReserved    : [2] Ptr32 Void
+0xf28 HardErrorMode    : Uint4B
+0xf2c Instrumentation  : [9] Ptr32 Void
+0xf50 ActivityId       : _GUID
+0xf60 SubProcessTag    : Ptr32 Void
+0xf64 EtwLocalData     : Ptr32 Void
+0xf68 EtwTraceData     : Ptr32 Void
+0xf6c WinSockData      : Ptr32 Void
+0xf70 GdiBatchCount    : Uint4B
+0xf74 CurrentIdealProcessor : _PROCESSOR_NUMBER
+0xf74 IdealProcessorValue : Uint4B
+0xf74 ReservedPad0     : UChar
+0xf75 ReservedPad1     : UChar
+0xf76 ReservedPad2     : UChar
+0xf77 IdealProcessor   : UChar
+0xf78 GuaranteedStackBytes : Uint4B
+0xf7c ReservedForPerf  : Ptr32 Void
+0xf80 ReservedForOle   : Ptr32 Void
+0xf84 WaitingOnLoaderLock : Uint4B
+0xf88 SavedPriorityState : Ptr32 Void
+0xf8c SoftPatchPtr1    : Uint4B
```

```
+0xf90 ThreadPoolData       : Ptr32 Void
+0xf94 TlsExpansionSlots    : Ptr32 Ptr32 Void
+0xf98 MuiGeneration        : Uint4B
+0xf9c IsImpersonating      : Uint4B
+0xfa0 NlsCache             : Ptr32 Void
+0xfa4 pShimData            : Ptr32 Void
+0xfa8 HeapVirtualAffinity  : Uint4B
+0xfac CurrentTransactionHandle : Ptr32 Void
+0xfb0 ActiveFrame          : Ptr32 _TEB_ACTIVE_FRAME
+0xfb4 FlsData              : Ptr32 Void
+0xfb8 PreferredLanguages   : Ptr32 Void
+0xfbc UserPrefLanguages    : Ptr32 Void
+0xfc0 MergedPrefLanguages  : Ptr32 Void
+0xfc4 MuiImpersonation     : Uint4B
+0xfc8 CrossTebFlags        : Uint2B
+0xfc8 SpareCrossTebBits    : Pos 0, 16 Bits
+0xfca SameTebFlags         : Uint2B
+0xfca SafeThunkCall        : Pos 0, 1 Bit
+0xfca InDebugPrint         : Pos 1, 1 Bit
+0xfca HasFiberData         : Pos 2, 1 Bit
+0xfca SkipThreadAttach     : Pos 3, 1 Bit
+0xfca WerInShipAssertCode  : Pos 4, 1 Bit
+0xfca RanProcessInit       : Pos 5, 1 Bit
+0xfca ClonedThread         : Pos 6, 1 Bit
+0xfca SuppressDebugMsg     : Pos 7, 1 Bit
+0xfca DisableUserStackWalk : Pos 8, 1 Bit
+0xfca RtlExceptionAttached : Pos 9, 1 Bit
+0xfca InitialThread        : Pos 10, 1 Bit
+0xfca SpareSameTebBits     : Pos 11, 5 Bits
+0xfcc TxnScopeEnterCallback : Ptr32 Void
+0xfd0 TxnScopeExitCallback  : Ptr32 Void
+0xfd4 TxnScopeContext      : Ptr32 Void
+0xfd8 LockCount            : Uint4B
+0xfdc SpareUlong0          : Uint4B
+0xfe0 ResourceRetValue     : Ptr32 Void
```

WinDbg의 심볼 파일을 통해서 살펴본 결과 TEB 구조체의 정확한 내용을 확인할 수 있었습니다. 코드 46.2와 코드 46.3을 비교해보면 Windows XP보다 Windows 7의 TEB 구조체가 더 커진 것을 확인할 수 있습니다.

46.1.3. 중요 멤버

위에 나온 복잡한 구조체 멤버 중에서 유저 모드 디버깅에 중요한 멤버들은 코드 46.4와 같습니다.

```
코드 46.4 TEB 구조체의 중요 멤버
+0x000 NtTib                  : _NT_TIB
...
+0x030 ProcessEnvironmentBlock : Ptr32 _PEB
```

ProcessEnvironmentBlock 멤버

먼저 30 옵셋에 위치한 ProcessEnvironmentBlock 멤버를 보겠습니다. 이 값은 PEB(Process Environment Block) 구조체의 포인터입니다. PEB는 프로세스별로 하나만 생성됩니다. 다음 장에서 PEB에 대하여 자세히 살펴볼 예정입니다.

NtTib 멤버

TEB 구조체의 첫 번째 멤버는 _NT_TIB 구조체입니다. _NT_TIB 구조체 정의를 보겠습니다(TIB는 Thread Information Block의 줄임말입니다).

```
코드 46.5 _NT_TIB 구조체
typedef struct _NT_TIB {
    struct _EXCEPTION_REGISTRATION_RECORD *ExceptionList;
    PVOID StackBase;
    PVOID StackLimit;
    PVOID SubSystemTib;
    union {
        PVOID FiberData;
        DWORD Version;
    };
    PVOID ArbitraryUserPointer;
    struct _NT_TIB *Self;
} NT_TIB;
typedef NT_TIB *PNT_TIB;
```
출처 : SDK의 winnt.h

 ExceptionList 멤버는 _EXCEPTION_REGISTRATION_RECORD 구조체 연결 리스트를 가리키고 있습니다. 이것은 SEH(Structured Exception Handler)라고 하는 Windows OS의 예외 처리 메커니즘에 사용됩니다(48장 참고). Self 멤버는 _NT_TIB 구조체의 셀프 포인터입니다. 이는 곧 TEB 구조체 포인터이기도 합니다 (TEB 구조체 첫 번째 멤버가 _NT_TIB 구조체이기 때문입니다). 그렇다면 과연 유저 모드에서는 어떻게 TEB 구조체에 접근할 수 있을까요? 일단 접근을 해야 해당 정보를 쓸 수 있겠지요? 다음에는 유저 모드에서 TEB에 접근하는 방법을 설명하겠습니다.

46.2. TEB 접근 방법

앞서 WinDbg 커널 디버거를 이용하면 쉽게 TEB 구조체에 접근할 수 있다고 설명했습니다. 그럼 유저 모드에서는 어떻게 접근해야 할까요? 바로 OS에서 제공하는 API를 사용하는 것입니다.

> **참고**
> 아래 소개되는 예제의 주소는 사용자 환경에 따라서 다르게 보일 수 있습니다.

46.2.1. Ntdll.NtCurrentTeb( )

Ntdll.NtCurrentTeb( ) API는 현재 스레드의 TEB 구조체 주소를 리턴하는 함수입니다. 이 함수가 어떻게 구현되어 있는지 OllyDbg로 살펴보겠습니다. Notepad.exe를 OllyDbg로 열어봅시다(아무 프로그램이나 상관없습니다). 그리고 마우스 우측 메뉴의 Search for Name in all modules를 선택합니다. 그리고 다음 그림과 같이 ntdll.NtCurrentTeb( ) API를 찾습니다('Name' 컬럼으로 정렬하면 쉽게 찾을 수 있습니다).

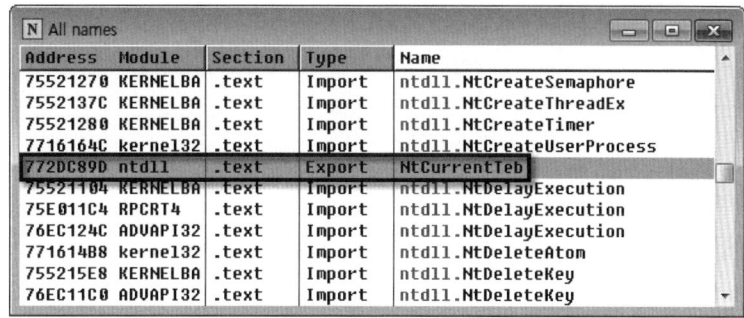

그림 46.1 Name in all modules 다이얼로그

그림 46.1에서 NtCurrentTeb 함수 이름을 마우스로 더블클릭하면 해당 API의 코드로 갈 수 있습니다.

```
C CPU - main thread, module ntdll
772DC89B                    90                  NOP
772DC89C                    90                  NOP
772DC89D  ntdll.NtCurrentTeb 64:A1 18000000     MOV EAX,DWORD PTR FS:[18]
772DC8A3                    C3                  RETN
772DC8A4                    90                  NOP
772DC8A5                    90                  NOP
772DC8A6                    90                  NOP

FS:[00000018]=[7FFDF018]=7FFDF000
EAX=771B1162 (kernel32.BaseThreadInitThunk)

Address   Hex dump                                          ASCII
7FFDF000  C4 FF 12 00 00 00 13 00 00 E0 12 00 00 00 00 00  ?■...■..?...
7FFDF010  00 1E 00 00 00 00 00 00 00 F0 FD 7F 00 00 00 00  .■......納■
7FFDF020  68 9D 00 00 AC 0F 00 00 00 00 00 00 2C F0 FD 7F  h..?....,納
7FFDF030  00 A0 FD 7F 00 00 00 00 00 00 00 00 00 00 00 00  .쬈■........
7FFDF040  00 00 00 00 00 00 00 00 00 00 00 00 00 00 00 00  ................
7FFDF050  00 00 00 00 00 00 00 00 00 00 00 00 00 00 00 00  ................
7FFDF060  00 00 00 00 00 00 00 00 00 00 00 00 00 00 00 00  ................
```

그림 46.2 NtCurrentTeb() API 내부 코드

NtCurrentTeb()의 내부 코드는 아주 간단하게 되어있습니다. 단순히 FS:[18] 주소의 값을 리턴하는 것입니다. 그림 46.2를 보면 OllyDbg 코드 설명 창에서 FS:[18]의 실제 주소는 7FFDF018이라고 나타납니다. 메모리 창에서 7FFDF018 주소에 가보면 7FFDF000 값이 들어 있습니다. NtCurrentTeb() API는 이 값(7FFDF000)을 리턴하고 있습니다. 따라서 이 값이 바로 현재 스레드의 TEB 주소입니다. 그런데 그림 46.2의 TEB 주소(7FFDF000)를 잘 보면 FS 세그먼트 레지스터가 가리키는 세그먼트 메모리의 베이스 주소와 일치합니다. 즉 TEB는 FS 세그먼트 레지스터와 어떤 연관이 있다는 것을 알 수 있습니다.

46.2.2. FS 세그먼트 레지스터

Segment Descriptor Table
사실 FS 세그먼트 레지스터는 현재 스레드의 TEB를 지시하는데 사용됩니다.

IA32 시스템에서는 프로세스의 가상 메모리 크기는 4GB이므로 32비트 크기의 포인터를 이용해야 전체 메모리 공간에 접근이 가능합니다. 그런데 FS 레지스터의 크기는 겨우 16비트밖에 안됩니다. 그럼 어떻게 FS 레지스터가 프로세스 메모

리 공간의 TEB 구조체 주소를 표시할 수 있을까요? 사실 FS 레지스터는 직접 TEB 주소를 가리키는 것이 아니라, 실제 TEB 주소를 가지고 있는 Segment Descriptor Table의 Index 값을 가지고 있는 것입니다.

> **참고**
>
> Segment Descriptor Table은 커널 메모리 영역에 존재하며, 특수한 레지스터인 GDTR(Global Descriptor Table Register)에 그 주소가 저장되어 있습니다.

이 개념을 그림으로 표현하면 그림 46.3과 같습니다.

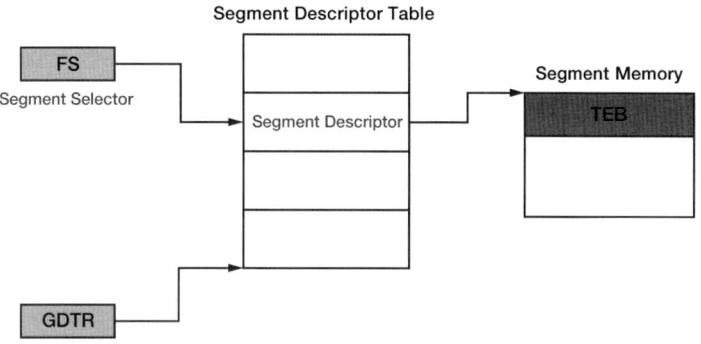

그림 46.3 Segment Descriptor Table

세그먼트 레지스터는 실세로 Segment Descriptor Table의 Index를 가지고 있기 때문에 'Segment Selector'라는 별명을 가지고 있습니다. 그림 46.3을 보면 FS 세그먼트 셀렉터가 가리키는 세그먼트 메모리의 시작 주소(base address)에 TEB 구조체가 위치하는 것을 확인할 수 있습니다.

FS:[0x18] = TEB 시작 주소

위 내용을 이해했다면, 이제 다음 공식의 의미를 이해할 수 있을 것입니다.

```
FS:[0x18] = TEB.NtTib.Self = address of TIB = address of TEB = FS:0 = 7FFDF000
* FS:0의 의미는 FS 레지스터가 Indexing하는 Segment Descriptor가 가리키는 Segment
  Memory의 시작 주소입니다.
```

FS:[0x18]은 그림 46.2에서 [7FFDF018](→ 7FFDF000)과 같은 의미입니다. 코드 46.5의 _NT_TIB 구조체 정의를 보면 마지막 멤버인 Self의 위치가 바로 TEB 구조체 시작으로부터 018 옵셋 떨어진 위치입니다. Self 포인터 변수는 _NT_TIB 구조체 시작 위치를 가리키며, 이는 곧 TEB 시작 위치입니다.

FS:[0x30] = PEB 시작 주소

또한 코드 46.2와 코드 46.3에 의하면 FS:[0x30]은 아래 공식으로 나타낼 수 있습니다.

```
FS:[0x30] = TEB.ProcessEnvironmentBlock = address of PEB
```

FS:[0x30]는 그림 46.2에서 [7FFDF030](→ 7FFD3000)과 같은 의미입니다. 즉 TEB의 ProcessEnvironment Block 멤버로 PEB 시작 주소를 알아낼 수 있는 것입니다. PEB는 주로 안티 디버깅에서 많이 참조됩니다. 향후 디버깅을 할 때 자세히 설명하겠습니다.

FS:[0] = SEH 시작 주소

참고로 FS:[0]에 대해서도 알아두기 바랍니다.

```
FS:[0] = TEB.NtTib.ExceptionList = address of SEH
```

FS:[0]은 그림 46.2에서 [7FFDF000](→ 1DFF64)과 같은 의미입니다.

SEH는 구조적 예외 핸들러(Structured Exception Handler)이며, 이 또한 안티 디버깅 기법에 자주 사용됩니다(48장 참고).

46.3. 마무리

디버깅을 하면서 자주 접하게 되는 FS:[0], FS:[0x18], FS:[0x30]의 의미를 알아보았습니다. FS:0이 TEB의 시작 주소를 가리킨다는 것을 이해하면 쉽게 그 의미를 파악할 수 있습니다. 설명의 편의를 위해서 복잡한 설명을 빼버렸는데, 향후 실력이 쌓인 후 따로 IA32 메모리 모델을 공부해보세요. 처음에는 좀 지루하지만, 일단 개념 정리가 되면 IA32 CPU와 Windows OS에 대한 이해 수준이 깊어지면서 좀 더 고급 리버싱에 도전할 수 있습니다.

47
PEB

PEB(Process Environment Block)에 대해서 알아보겠습니다. PEB와 이전에 배운 TEB는 향후 고급 디버깅의 기반 지식으로 사용되기 때문에 개념을 잘 이해해두기 바랍니다.

47.1. PEB

PEB는 프로세스 정보를 담고 있는 구조체입니다. 상당히 방대한 크기를 가진 구조체이며, 대부분의 내용이 문서화되어 있습니다. 그중에는 향후 디버깅에 자주 접하게 될 몇몇 멤버들이 있습니다.

47.1.1. PEB 접근 방법

PEB 구조체에 접근하는 방법에 대해서 알아보도록 하겠습니다. 이미 TEB 설명에서 TEB.ProcessEnvironmentBlock 멤버가 바로 PEB 구조체의 주소라고 설명했습니다. TEB 구조체는 FS 세그먼트 셀렉터가 가리키는 세그먼트 메모리의 시작 주소에 위치합니다. 그리고 ProcessEnvironmentBlock 멤버는 TEB 구조체 시작부터 30 옵셋만큼 떨어져 있습니다. 따라서 아래와 같은 공식이 가능합니다.

```
FS:[30] = TEB.ProcessEnvironmentBlock = address of PEB
```

위 공식을 어셈블리 코드로 만들어 보면 다음과 같습니다.

방법 #1 - 바로 PEB 주소를 구하는 방법

```
MOV EAX, DWORD PTR FS:[30]    ; FS[30] = address of PEB
```

방법 #2 – TEB 주소를 구하고 ProcessEnvironmentBlock 멤버(+30 옵셋)를 이용하는 방법

```
MOV EAX, DWORD PTR FS:[18]    ; FS[18] = address of TEB
MOV EAX, DWORD PTR DS:[EAX+30] ; DS[EAX+30] = address of PEB
```

방법#2는 방법#1을 풀어 쓴 형태이며, 둘 다 TEB.ProcessEnvironmentBlock 멤버의 값을 참조하고 있는 것을 알 수 있습니다.

> **참고**
> 아래 소개되는 예제의 주소는 사용자 환경에 따라서 다르게 보일 수 있습니다.

OllyDbg를 이용해서 PEB 구조체를 확인해보겠습니다. Notepad.exe를 실행한 후 EP 코드에서 Assemble 명령(단축키: Space)으로 그림 47.1과 같이 입력하세요(notepad.exe 말고 다른 아무 프로그램이나 실행해도 됩니다).

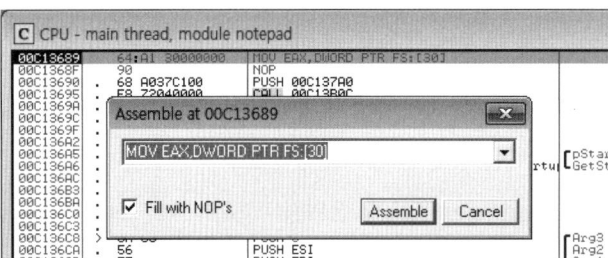

그림 47.1 OllyDbg의 Assemble 명령

새로 입력한 명령어를 실행(StepIn[F7] 혹은 StepOver[F8])합니다. EAX 레지스터에 FS:[30]의 값, 즉 PEB 주소가 입력됩니다.

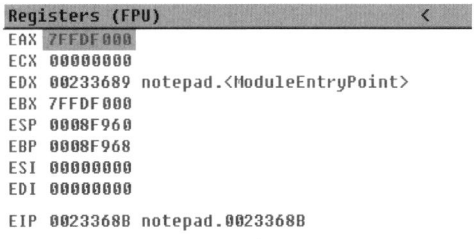

그림 47.2 EAX 레지스터에 저장된 PEB 주소

이 PEB 주소(7FFDF000)를 덤프 창에서 살펴보면 그림 47.3과 같습니다.

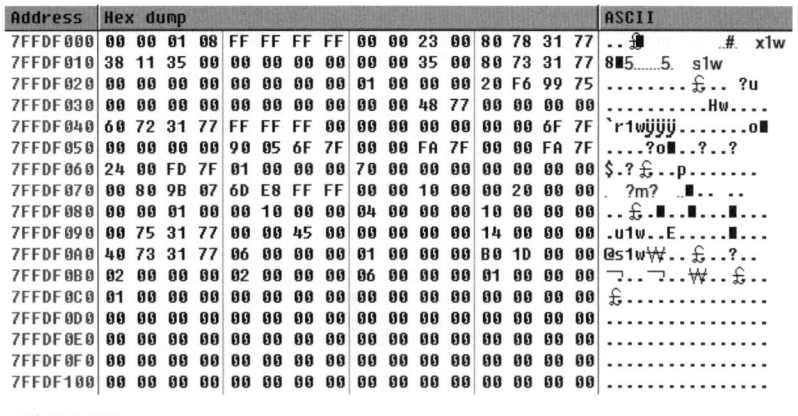

그림 47.3 PEB

그럼 이 PEB 구조체의 내용에 대해서 알아보도록 하겠습니다.

47.1.2. PEB 구조체 정의

PEB의 내용은 OS에 따라서 조금씩 달라지며, 많은 내용이 문서화되어 있습니다. MSDN에 소개된 구조체 정의는 아래와 같습니다.

코드 47.1 PEB 구조체 정의
```
typedef struct _PEB {
    BYTE                          Reserved1[2];
    BYTE                          BeingDebugged;
    BYTE                          Reserved2[1];
    PVOID                         Reserved3[2];
    PPEB_LDR_DATA                 Ldr;
    PRTL_USER_PROCESS_PARAMETERS  ProcessParameters;
    BYTE                          Reserved4[104];
    PVOID                         Reserved5[52];
    PPS_POST_PROCESS_INIT_ROUTINE PostProcessInitRoutine;
    BYTE                          Reserved6[128];
    PVOID                         Reserved7[1];
    ULONG                         SessionId;
} PEB, *PPEB;
```
출처 : MSDN

PEB 구조체에 대한 좀 더 자세한 내용은 WinDbg를 이용해서 확인할 수 있습니다.

47.1.3. PEB 구조체 내용

Windows XP SP3의 경우

```
코드 47.2 Windows XP SP3의 PEB 구조체 내용
+000 InheritedAddressSpace : UChar
+001 ReadImageFileExecOptions : UChar
+002 BeingDebugged    : UChar
+003 SpareBool        : UChar
+004 Mutant           : Ptr32 Void
+008 ImageBaseAddress : Ptr32 Void
+00c Ldr              : Ptr32 _PEB_LDR_DATA
+010 ProcessParameters : Ptr32 _RTL_USER_PROCESS_PARAMETERS
+014 SubSystemData    : Ptr32 Void
+018 ProcessHeap      : Ptr32 Void
+01c FastPebLock      : Ptr32 _RTL_CRITICAL_SECTION
+020 FastPebLockRoutine : Ptr32 Void
+024 FastPebUnlockRoutine : Ptr32 Void
+028 EnvironmentUpdateCount : Uint4B
+02c KernelCallbackTable : Ptr32 Void
+030 SystemReserved   : [1] Uint4B
+034 AtlThunkSListPtr32 : Uint4B
+038 FreeList         : Ptr32 _PEB_FREE_BLOCK
+03c TlsExpansionCounter : Uint4B
+040 TlsBitmap        : Ptr32 Void
+044 TlsBitmapBits    : [2] Uint4B
+04c ReadOnlySharedMemoryBase : Ptr32 Void
+050 ReadOnlySharedMemoryHeap : Ptr32 Void
+054 ReadOnlyStaticServerData : Ptr32 Ptr32 Void
+058 AnsiCodePageData : Ptr32 Void
+05c OemCodePageData  : Ptr32 Void
+060 UnicodeCaseTableData : Ptr32 Void
+064 NumberOfProcessors : Uint4B
+068 NtGlobalFlag     : Uint4B
+070 CriticalSectionTimeout : _LARGE_INTEGER
+078 HeapSegmentReserve : Uint4B
+07c HeapSegmentCommit : Uint4B
+080 HeapDeCommitTotalFreeThreshold : Uint4B
+084 HeapDeCommitFreeBlockThreshold : Uint4B
+088 NumberOfHeaps    : Uint4B
+08c MaximumNumberOfHeaps : Uint4B
+090 ProcessHeaps     : Ptr32 Ptr32 Void
+094 GdiSharedHandleTable : Ptr32 Void
+098 ProcessStarterHelper : Ptr32 Void
+09c GdiDCAttributeList : Uint4B
+0a0 LoaderLock       : Ptr32 Void
+0a4 OSMajorVersion   : Uint4B
+0a8 OSMinorVersion   : Uint4B
+0ac OSBuildNumber    : Uint2B
```

```
+0ae OSCSDVersion      : Uint2B
+0b0 OSPlatformId      : Uint4B
+0b4 ImageSubsystem    : Uint4B
+0b8 ImageSubsystemMajorVersion : Uint4B
+0bc ImageSubsystemMinorVersion : Uint4B
+0c0 ImageProcessAffinityMask : Uint4B
+0c4 GdiHandleBuffer   : [34] Uint4B
+14c PostProcessInitRoutine : Ptr32     void
+150 TlsExpansionBitmap : Ptr32 Void
+154 TlsExpansionBitmapBits : [32] Uint4B
+1d4 SessionId         : Uint4B
+1d8 AppCompatFlags    : _ULARGE_INTEGER
+1e0 AppCompatFlagsUser : _ULARGE_INTEGER
+1e8 pShimData         : Ptr32 Void
+1ec AppCompatInfo     : Ptr32 Void
+1f0 CSDVersion        : _유니코드_STRING
+1f8 ActivationContextData : Ptr32 Void
+1fc ProcessAssemblyStorageMap : Ptr32 Void
+200 SystemDefaultActivationContextData : Ptr32 Void
+204 SystemAssemblyStorageMap : Ptr32 Void
+208 MinimumStackCommit : Uint4B
```

Windows 7의 경우

코드 47.3 Windows 7의 PEB 구조체 내용

```
+000 InheritedAddressSpace : UChar
+001 ReadImageFileExecOptions : UChar
+002 BeingDebugged     : UChar
+003 BitField          : UChar
+003 ImageUsesLargePages : Pos 0, 1 Bit
+003 IsProtectedProcess : Pos 1, 1 Bit
+003 IsLegacyProcess   : Pos 2, 1 Bit
+003 IsImageDynamicallyRelocated : Pos 3, 1 Bit
+003 SkipPatchingUser32Forwarders : Pos 4, 1 Bit
+003 SpareBits         : Pos 5, 3 Bits
+004 Mutant            : Ptr32 Void
+008 ImageBaseAddress  : Ptr32 Void
+00c Ldr               : Ptr32 _PEB_LDR_DATA
+010 ProcessParameters : Ptr32 _RTL_USER_PROCESS_PARAMETERS
+014 SubSystemData     : Ptr32 Void
+018 ProcessHeap       : Ptr32 Void
+01c FastPebLock       : Ptr32 _RTL_CRITICAL_SECTION
+020 AtlThunkSListPtr  : Ptr32 Void
+024 IFEOKey           : Ptr32 Void
+028 CrossProcessFlags : Uint4B
+028 ProcessInJob      : Pos 0, 1 Bit
+028 ProcessInitializing : Pos 1, 1 Bit
+028 ProcessUsingVEH   : Pos 2, 1 Bit
```

```
+028 ProcessUsingVCH    : Pos 3, 1 Bit
+028 ProcessUsingFTH    : Pos 4, 1 Bit
+028 ReservedBits0      : Pos 5, 27 Bits
+02c KernelCallbackTable : Ptr32 Void
+02c UserSharedInfoPtr  : Ptr32 Void
+030 SystemReserved     : [1] Uint4B
+034 AtlThunkSListPtr32 : Uint4B
+038 ApiSetMap          : Ptr32 Void
+03c TlsExpansionCounter : Uint4B
+040 TlsBitmap          : Ptr32 Void
+044 TlsBitmapBits      : [2] Uint4B
+04c ReadOnlySharedMemoryBase : Ptr32 Void
+050 HotpatchInformation : Ptr32 Void
+054 ReadOnlyStaticServerData : Ptr32 Ptr32 Void
+058 AnsiCodePageData   : Ptr32 Void
+05c OemCodePageData    : Ptr32 Void
+060 UnicodeCaseTableData : Ptr32 Void
+064 NumberOfProcessors : Uint4B
+068 NtGlobalFlag       : Uint4B
+070 CriticalSectionTimeout : _LARGE_INTEGER
+078 HeapSegmentReserve : Uint4B
+07c HeapSegmentCommit  : Uint4B
+080 HeapDeCommitTotalFreeThreshold : Uint4B
+084 HeapDeCommitFreeBlockThreshold : Uint4B
+088 NumberOfHeaps      : Uint4B
+08c MaximumNumberOfHeaps : Uint4B
+090 ProcessHeaps       : Ptr32 Ptr32 Void
+094 GdiSharedHandleTable : Ptr32 Void
+098 ProcessStarterHelper : Ptr32 Void
+09c GdiDCAttributeList : Uint4B
+0a0 LoaderLock         : Ptr32 _RTL_CRITICAL_SECTION
+0a4 OSMajorVersion     : Uint4B
+0a8 OSMinorVersion     : Uint4B
+0ac OSBuildNumber      : Uint2B
+0ae OSCSDVersion       : Uint2B
+0b0 OSPlatformId       : Uint4B
+0b4 ImageSubsystem     : Uint4B
+0b8 ImageSubsystemMajorVersion : Uint4B
+0bc ImageSubsystemMinorVersion : Uint4B
+0c0 ActiveProcessAffinityMask : Uint4B
+0c4 GdiHandleBuffer    : [34] Uint4B
+14c PostProcessInitRoutine : Ptr32     void
+150 TlsExpansionBitmap : Ptr32 Void
+154 TlsExpansionBitmapBits : [32] Uint4B
+1d4 SessionId          : Uint4B
+1d8 AppCompatFlags     : _ULARGE_INTEGER
+1e0 AppCompatFlagsUser : _ULARGE_INTEGER
+1e8 pShimData          : Ptr32 Void
+1ec AppCompatInfo      : Ptr32 Void
+1f0 CSDVersion         : _유니코드_STRING
+1f8 ActivationContextData : Ptr32 _ACTIVATION_CONTEXT_DATA
```

```
+1fc ProcessAssemblyStorageMap : Ptr32 _ASSEMBLY_STORAGE_MAP
+200 SystemDefaultActivationContextData : Ptr32 _ACTIVATION_CONTEXT_DATA
+204 SystemAssemblyStorageMap : Ptr32 _ASSEMBLY_STORAGE_MAP
+208 MinimumStackCommit : Uint4B
+20c FlsCallback       : Ptr32 _FLS_CALLBACK_INFO
+210 FlsListHead       : _LIST_ENTRY
+218 FlsBitmap         : Ptr32 Void
+21c FlsBitmapBits     : [4] Uint4B
+22c FlsHighIndex      : Uint4B
+230 WerRegistrationData : Ptr32 Void
+234 WerShipAssertPtr  : Ptr32 Void
+238 pContextData      : Ptr32 Void
+23c pImageHeaderHash  : Ptr32 Void
+240 TracingFlags      : Uint4B
+240 HeapTracingEnabled : Pos 0, 1 Bit
+240 CritSecTracingEnabled : Pos 1, 1 Bit
+240 SpareTracingBits  : Pos 2, 30 Bits
```

위 코드 47.2와 코드 47.3을 비교해보면, Windows 7의 PEB 구조체가 더 커진 것을 확인할 수 있습니다.

47.2. PEB 중요 멤버 설명

PEB 구조체는 매우 크고 복잡한 구조체입니다. 리버싱에 중요한 멤버들을 간단히 살펴보겠습니다.

코드 47.4 중요한 PEB 구조체 멤버
```
+002 BeingDebugged    : UChar

+008 ImageBaseAddress : Ptr32 Void

+00c Ldr              : Ptr32 _PEB_LDR_DATA

+018 ProcessHeap      : Ptr32 Void

+068 NtGlobalFlag     : Uint4B
```

47.2.1. PEB.BeingDebugged

Kernel32!IsDebuggerPresent()라는 API가 있는데, 일반 응용 프로그램 개발에는 잘 사용되지 않는 API입니다.

```
BOOL WINAPI IsDebuggerPresent(void);
```

출처: MSDN

이 API 함수는 이름 그대로 현재 프로세스가 디버깅을 당하는지를 판단해서 결과를 리턴합니다. 이 API가 참조하는 정보가 바로 PEB.BeingDebugged 멤버입니다(디버깅 중이면 1, 아니면 0을 리턴합니다). 그림 47.4에 IsDebuggerPresent( ) API 코드가 나타나 있습니다.

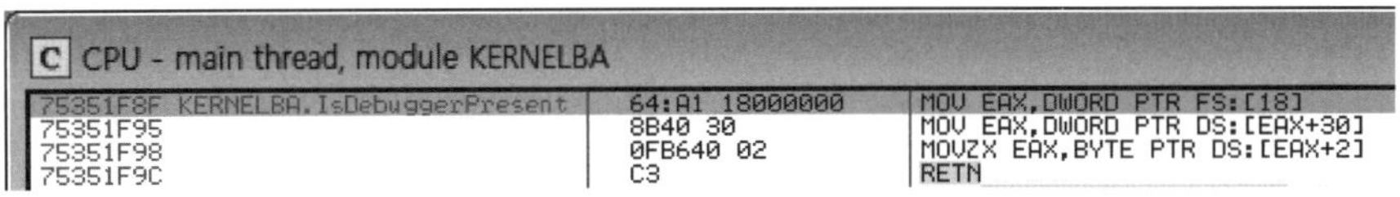

```
C CPU - main thread, module KERNELBA
75351F8F  KERNELBA.IsDebuggerPresent  64:A1 18000000   MOV EAX,DWORD PTR FS:[18]
75351F95                              8B40 30          MOV EAX,DWORD PTR DS:[EAX+30]
75351F98                              0FB640 02        MOVZX EAX,BYTE PTR DS:[EAX+2]
75351F9C                              C3               RETN
```

그림 47.4 IsDebuggerPresent( ) API

> **참고**
>
> IsDebuggerPresent( ) API는 Windows 7에서는 Kernelbase.dll에 구현되어 있고, Windows XP 이하에서는 kernel32.dll에 구현되어 있습니다.

그림 47.4의 내용을 보면 FS:[18]의 TEB 주소를 먼저 구한 후 DS:[TEB+30]의 TEB.ProcessEnvironmentBlock 멤버를 통해 PEB 구조체에 접근하고 있습니다. 이는 결국 FS:[30]과 같은 개념입니다(위와 같이 TEB를 먼저 구하는 것이 더 정석이라고 할 수 있습니다). 제 실습 환경에서 PEB 구조체의 주소는 7FFDF000입니다. 따라서 PEB.BeingDebugged 멤버의 주소는 7FFDF002이며 그 값은 01(TRUE)로 나타납니다(현재 디버깅 중이라는 뜻이지요).

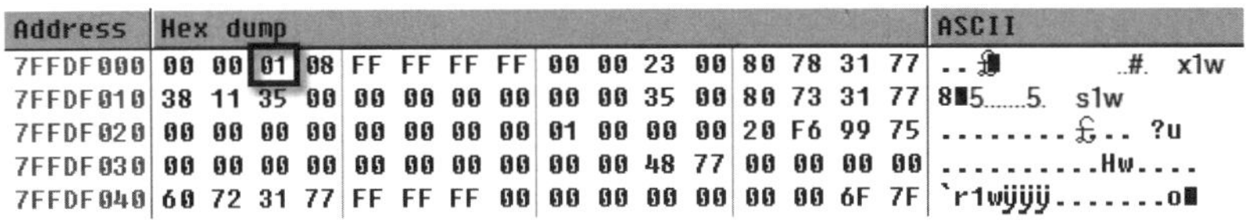

```
Address   Hex dump                                         ASCII
7FFDF000  00 00 01 08 FF FF FF FF 00 00 23 00 80 78 31 77  ..·¶......#..x1w
7FFDF010  38 11 35 00 00 00 00 00 00 00 35 00 80 73 31 77  8.5.......5..s1w
7FFDF020  00 00 00 00 00 00 00 00 01 00 00 00 20 F6 99 75  ........... £.. ?u
7FFDF030  00 00 00 00 00 00 00 00 00 00 48 77 00 00 00 00  ..........Hw....
7FFDF040  60 72 31 77 FF FF FF 00 00 00 00 00 00 00 6F 7F  `r1wÿÿÿ.......o□
```

그림 47.5 PEB.BeingDebugged 멤버

리버싱 분야에서 이 값은 주로 안티 디버깅에 이용됩니다. 이 값을 조사해서 디버깅 중이라고 판단되면 프로세스를 종료시킵니다. 매우 기초적인 안티 디버깅이라고 할 수 있습니다. 50장에서 좀 더 자세히 다루도록 하겠습니다.

47.2.2. PEB.ImageBaseAddress

PEB.ImageBaseAddress 멤버는 프로세스의 ImageBase를 표시합니다.

```
Address  Hex dump                                            ASCII
7FFDF000 00 00 01 08 FF FF FF FF 00 00 23 00 80 78 31 77  ..▒....#. x1w
7FFDF010 38 11 35 00 00 00 00 00 00 00 35 00 80 73 31 77  8.5.......5..s1w
7FFDF020 00 00 00 00 00 00 00 00 01 00 00 00 20 F6 99 75  ............ ö.?u
7FFDF030 00 00 00 00 00 00 00 00 00 00 48 77 00 00 00 00  ..........Hw....
7FFDF040 60 72 31 77 FF FF FF 00 00 00 00 00 00 00 6F 7F  `r1wÿÿÿ.......o.
```

그림 47.6 PEB.ImageBaseAddress 멤버

GetModuleHandle() API는 ImageBase를 얻어내는 API입니다.

```
HMODULE WINAPI GetModuleHandle(
  __in_opt  LPCTSTR lpModuleName
);
```

출처: MSDN

lpModuleName 파라미터에 NULL을 입력하고, GetModuleHandle()을 호출하면 프로세스가 로딩된 ImageBase를 리턴합니다. 그림 47.7은 GetModuleHandle() API의 코드의 일부를 보여주고 있습니다.

```
7533B8E4  64:A1 18000000   MOV EAX,DWORD PTR FS:[18]    FS:[18] = TEB
7533B8EA  8B40 30          MOV EAX,DWORD PTR DS:[EAX+30] DS:[EAX+30] = PEB
7533B8ED  8B40 08          MOV EAX,DWORD PTR DS:[EAX+8]  DS:[EAX+8] = PEB.ImageBaseAddress
7533B8F0  ^E9 76B4FFFF    JMP 75336D6B
```

그림 47.7 GetModuleHandleA()

lpModuleName 파라미터를 NULL로 입력한 후 GetModuleHandle()을 호출하면 위 그림의 코드가 실행됩니다. 역시 PEB.ImageBaseAddress 멤버를 EAX 레지스터(함수 리턴 값)에 세팅하는 것을 확인할 수 있습니다.

47.2.3. PEB.Ldr

PEB.Ldr 멤버는 _PEB_LDR_DATA 구조체의 포인터입니다. WinDbg로 확인한 _PEB_LDR_DATA 구조체의 모습은 코드 47.5와 같습니다.

코드 47.5 _PEB_LDR_DATA 구조체
```
+000 Length        : Uint4B
+004 Initialized   : UChar
+008 SsHandle      : Ptr32 Void
```

```
+00c InLoadOrderModuleList   : _LIST_ENTRY
+014 InMemoryOrderModuleList : _LIST_ENTRY
+01c InInitializationOrderModuleList : _LIST_ENTRY
+024 EntryInProgress  : Ptr32 Void
+028 ShutdownInProgress : UChar
+02c ShutdownThreadId : Ptr32 Void
```

이 PEB.Ldr 멤버가 중요한 이유는 프로세스에 로딩된 모듈(DLL)의 로딩 베이스 주소를 직접 구할 수 있는 방법을 제공하기 때문입니다. 위 목록에서 _LIST_ENTRY 타입의 멤버가 세 개 있습니다(InLoadOrderModuleList, InMemoryOrderModuleList, InInitializationOrderModuleList). _LIST_ENTRY 구조체 정의는 코드 47.6과 같습니다.

코드 47.6 _LIST_ENTRY 구조체
```
typedef struct _LIST_ENTRY {
  struct _LIST_ENTRY *Flink;
  struct _LIST_ENTRY *Blink;
} LIST_ENTRY, *PLIST_ENTRY;
```
출처: MSDN

구조체 정의를 보면 _LIST_ENTRY는 양방향 연결 리스트 메커니즘을 제공하는 구조체라는 것을 알 수 있습니다. 그럼 연결 리스트에 어떤 정보가 저장될까요? 바로 _LDR_DATA_TABLE_ENTRY 구조체 정보입니다.

코드 47.7 _LDR_DATA_TABLE_ENTRY 구조체
```
typedef struct _LDR_DATA_TABLE_ENTRY {
    PVOID Reserved1[2];
    LIST_ENTRY InMemoryOrderLinks;
    PVOID Reserved2[2];
    PVOID DllBase;
    PVOID EntryPoint;
    PVOID Reserved3;
    유니코드_STRING FullDllName;
    BYTE Reserved4[8];
    PVOID Reserved5[3];
    union {
        ULONG CheckSum;
        PVOID Reserved6;
    };
    ULONG TimeDateStamp;
} LDR_DATA_TABLE_ENTRY, *PLDR_DATA_TABLE_ENTRY;
```
출처: MSDN

프로세스에 로딩된 DLL 모듈마다 _LDR_DATA_TABLE_ENTRY 구조체가 하나씩 생성되고 이 구조체들은 코드 47.6의 _LIST_ENTRY 양방향 연결 리스트로 연결됩니다. 재미있는 것은 코드 47.5와 같이 세 가지 종류의 연결 리스트가 따로 존재한다는 것입니다. 다시 말하면 _LDR_DATA_TABLE_ENTRY 구조체들이 많이 있는데, 연결 방법을 세 가지나 제공한다는 뜻입니다.

47.2.4. PEB.ProcessHeap & PEB.NtGlobalFlag

PEB.ProcessHeap 멤버와 PEB.NtGlobalFlag 멤버는 (PEB.BeingDebugged 멤버와 마찬가지로) 안티 디버깅 기법에 사용됩니다. 프로세스가 디버깅 중이라면 ProcessHeap과 NtGlobalFlag 멤버는 특정한 값을 가집니다. 이를 이용해서 안티 디버깅 기법으로 활용하곤 합니다(50장에서 자세히 설명하도록 하겠습니다).

47.3. 마무리

지금까지 공부한 TEB, PEB의 내용은 향후 디버깅에 자주 나옵니다. 지금 당장 쓰임새가 이해되지 않더라도 이후에 소개될 실습 예제를 디버깅하다 보면 이해할 수 있을 것입니다.

48

SEH

Windows 운영체제의 기본 예외 처리 메커니즘인 SEH(Structured Exception Handler)에 대해서 알아보도록 하겠습니다. 리버싱 분야에서 SEH는 일반적인 예외 처리 기능 외에도 안티 디버깅 기법으로써 많이 사용됩니다.

48.1. SEH

48.1.1. 기본 설명

SEH는 Windows 운영체제에서 제공하는 예외 처리 시스템입니다. 소스코드에서 __try, __except, __finally 키워드로 간단히 구현할 수 있습니다. 이번 장에서는 리버싱 관점에서의 SEH를 설명하고자 합니다. SEH의 기본 동작 원리와 안티 디버깅에서 SEH가 어떻게 사용되는지 실습 예제를 통해서 자세히 살펴보겠습니다.

> **참고**
> SEH는 C++ 언어에서 제공하는 try, catch 예외 처리와는 서로 다른 구조이므로 혼동하지 말기 바랍니다. 순서로 보면 C++의 try, catch 예외 처리보다 먼저 MS에서 SEH를 만들어 VC++에 탑재하였습니다. 따라서 SEH는 VC++ 개발 도구와 Windows 운영체제에 종속된 예외 처리 메커니즘입니다.

48.2. SEH 예제 실습 #1

실습 예제 파일 seh.exe에 대해서 간단히 설명하겠습니다. 의도적으로 Memory Access Violation 예외를 발생시킨 후 SEH를 이용해서 해당 예외를 처리합니다. 그리고 PEB의 정보를 이용하여 간단한 안티 디버깅 코드를 추가하여 일반적으로 실행시킬 때와 디버거에서 실행시킬 때 서로 다르게 동작하도록 구현하였습니다.

> **참고**
>
> seh.exe 프로그램은 소스코드가 따로 존재하지 않습니다. 제작 과정은 이렇습니다. 일단 VC++을 이용해서 아무런 내용이 없는 main() 함수를 구현한 후 적절한 옵션을 선택해서 빌드합니다. 그러면 아무런 동작을 하지 않는 PE 파일이 생성됩니다. 이 파일을 OllyDbg로 열어서 'Assemble' 기능을 이용해서 어셈블리 코드를 추가하여 최종적으로 seh.exe 파일로 저장합니다.

> **참고**
>
> 실습 예제는 Windows XP & 7(32비트)에서 실행 가능합니다.

48.2.1. 일반 실행

seh.exe를 실행해봅시다. 그림 48.1과 같이 "Hello :)" 메시지 박스를 출력하는 간단한 프로그램입니다.

그림 48.1 seh.exe 실행 시 출력되는 메시지 박스

> **참고**
>
> 겉으로는 정상적으로 실행된 것처럼 보이지만 사실 프로세스 내부에서는 예외(Exception)가 발생하였고, 마침 프로그램에 준비된 SEH에 의해서 해당 예외가 잘 처리되어서 위와 같이 정상 실행되었습니다.

48.2.2. 디버거에서 실행

이번에는 OllyDbg로 파일을 열어 보겠습니다.

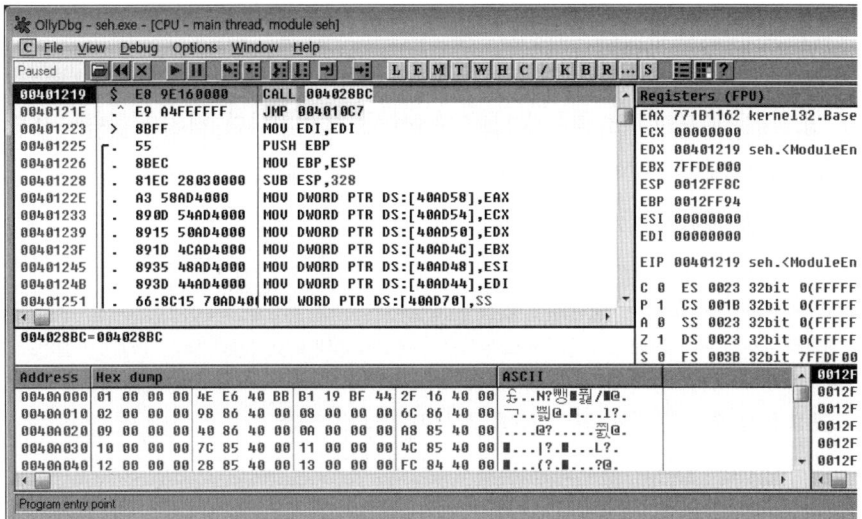

그림 48.2 OllyDbg로 seh.exe 파일 열기

예외 발생으로 인하여 디버거 실행 중지

이 상태에서 그대로 실행[F9]해보기 바랍니다. 그림 48.3과 같이 Access Violation 예외가 발생하면서 디버거 실행이 중지됩니다.

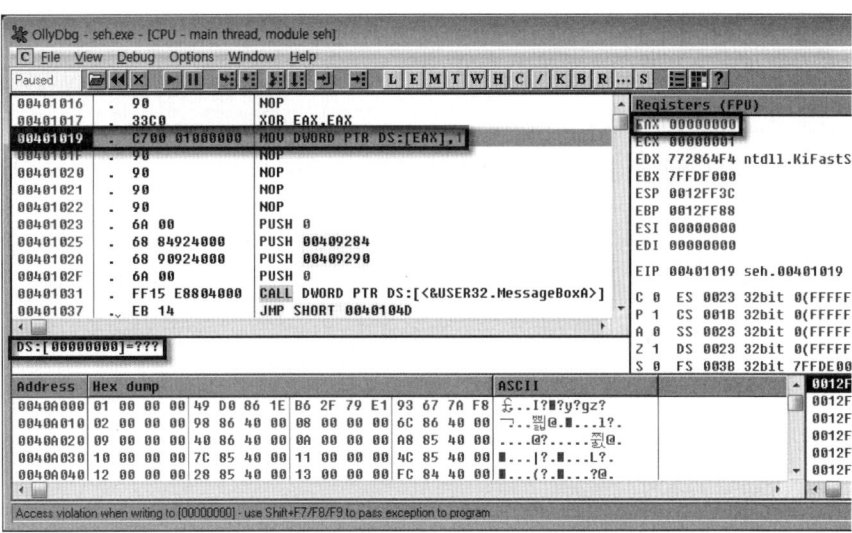

그림 48.3 디버깅 중에 Access violation 예외 발생

401019 주소의 MOV DWORD PTR DS:[EAX], 1 명령어는 예외를 발생시키기 위해서 의도적으로 추가한 코드로, 현재 EAX 레지스터의 값은 0입니다. 따라서 이 명령어는 메모리 주소 0에 값 1을 입력하라는 의미입니다. 하지만 할당되지 않은 메모리 주소 0에 어떤 값을 쓰려고 시도했기 때문에 그림 48.3과 같이 Memory Access Violation 에러가 발생하였습니다.

참고

메모리 주소 0은 비록 seh.exe 프로세스의 사용자 메모리 영역이 맞지만, 할당되지 않은 공간이므로 함부로 access할 수 없습니다. OllyDbg의 메모리 맵(View-Memory 메뉴)을 보면 메모리 주소 0은 프로세스에서 할당되지 않는 영역으로 표시됩니다(그림 48.4 참고).

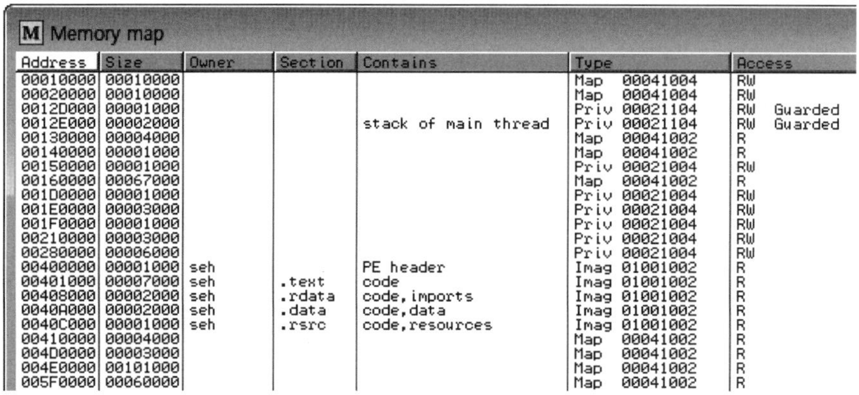
Memory map

Address	Size	Owner	Section	Contains	Type	Access
00010000	00010000				Map 00041004	RW
00020000	00010000				Map 00041004	RW
0012D000	00001000				Priv 00021104	RW Guarded
0012E000	00002000			stack of main thread	Priv 00021104	RW Guarded
00130000	00004000				Map 00041002	R
00140000	00001000				Map 00041002	R
00150000	00001000				Priv 00021004	RW
00160000	00067000				Map 00041002	R
001D0000	00001000				Priv 00021004	RW
001E0000	00003000				Priv 00021004	RW
001F0000	00001000				Priv 00021004	RW
00210000	00003000				Priv 00021004	RW
00280000	00006000				Priv 00021004	RW
00400000	00001000	seh		PE header	Imag 01001002	R
00401000	00007000	seh	.text	code	Imag 01001002	R
00408000	00002000	seh	.rdata	code,imports	Imag 01001002	R
0040A000	00002000	seh	.data	code,data	Imag 01001002	R
0040C000	00001000	seh	.rsrc	code,resources	Imag 01001002	R
00410000	00004000				Map 00041002	R
004D0000	00003000				Map 00041002	R
004E0000	00101000				Map 00041002	R
005F0000	00060000				Map 00041002	R

그림 48.4 Memory map

이와 같이 할당되지 않은 영역에 접근할 때 Access Violation 예외가 발생하게 되는 것입니다.

그럼 왜 디버깅 도중에 디버기 프로세스에서 예외가 발생하면, 디버거의 실행이 중지될까요? 그냥 실행할 때는 정상적으로 잘 되는데 말이죠. 그 이유는 지금부터 자세히 설명하도록 하겠습니다.

예외 발생시 디버거 실행

일단 그림 48.3에서 OllyDbg의 status창을 보면 다음과 같은 경고 문구가 나타나 있습니다.

"Access violation when writing to [00000000] – use Shift+F7/F8/F9 to pass exception to program"

– 메모리 0 번지에서 쓰기 예외가 발생하였으니, 예외를 프로그램에 넘겨주려면 Shift+F7/F8/F9를 사용하라.

'예외를 프로그램에 넘겨준다'는 말은 또 무슨 의미일까요? 여러 가지로 궁금증이 생깁니다만, 일단 지시한 것처럼 Shift+F9 단축키로 계속 진행해보겠습니다. 디버거가 실행되면서 그림 48.5와 같이 메시지 박스가 나타납니다.

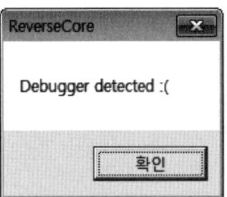

그림 48.5 디버거로 실행했을 때 출력되는 메시지 박스

아까 그냥 실행시켰을 때와 다른 메시지 박스가 나타났습니다. 메시지 내용은 디버거가 발견되었다는군요(제가 간단한 디버거 탐지 코드를 집어넣었습니다). 위 실습 예제의 핵심은 바로 일반 실행과 디버깅 실행의 프로그램 동작이 다르다는 것입니다. 사실은 예외 처리되는 방식이 서로 다른 것입니다(아래에서 설명합니다). 이와 같은 현상을 이용한 것이 바로 리버싱에서 자주 사용되는 'SEH를 이용한 안티 디버깅 기법'입니다.

이제 OS의 예외(Exception)와 예외 처리기(SEH) 구조에 대해서 자세히 설명하도록 하겠습니다. 또한 SEH를 구현하는 방법과 디버거에서 쉽게 예외를 처리하는 방법도 자세히 알아볼 것입니다.

> **참고**
>
> 혹시 실습하는 도중 그림 48.3과 같이 디버거가 멈추지 않고 그대로 잘 진행되는 경우가 있을 수 있습니다. 그것은 OllyDbg의 옵션(Option)이 세팅되어 있거나 특수한 플러그인(Plugin)이 설치되어 있는 경우입니다. 이런 경우는 뒤에 설명되는 [OllyDbg 옵션 설정]에 대한 내용을 참고하기 바랍니다.

48.3. OS의 예외 처리 방법

앞에서 소개한 바와 같이 같은 프로그램(seh.exe)을 '일반 실행'했을 때와 '디버깅 실행'했을 때의 프로그램 동작이 서로 달랐습니다. 그 이유는 Windows OS의 예외 처리 방법 차이 때문입니다.

48.3.1. 일반 실행의 경우 예외 처리 방법

OS는 프로세스 실행 중에 예외가 발생하면 프로세스에게 처리를 맡깁니다. 다행히 프로세스 코드에 (SEH 같은) 예외 처리가 구현되어 있다면, 해당 예외를 잘 처리한 후 계속 실행될 것입니다. 하지만 프로세스 내에 SEH가 구현되어 있지 않아서 해당 예외를 처리하지 못했다면, OS는 기본 예외 처리기를 동작시켜 프로세스를 종료시킵니다(그림 48.6 참고).

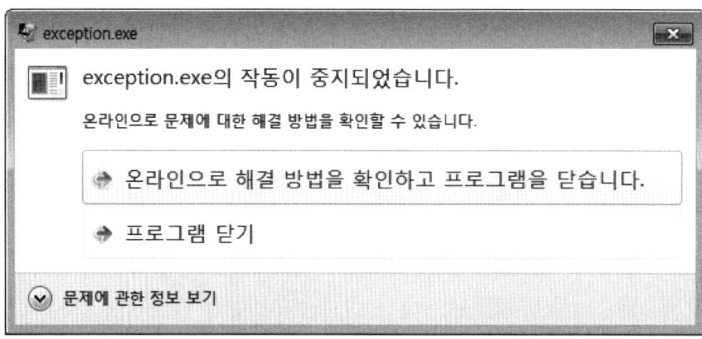

그림 48.6 Windows 7의 기본 예외 처리

48.3.2. 디버깅 실행의 경우 예외 처리 방법

디버깅의 경우는 위의 경우와는 좀 다릅니다. 디버깅 중에 디버기 프로세스에 예외가 발생하면 OS는 우선적으로 디버거에게 예외를 넘겨서 처리하도록 합니다. 디버거는 디버기에 대한 거의 모든 소유권을 가지고 있습니다. 즉 디버기의 실행, 종료의 제어뿐만 아니라 디버기 프로세스 내부의 가상 메모리, 레지스터에 대한 읽기/쓰기 권한도 가지고 있습니다. 여기에 덧붙여 디버기의 내부에서 발생하는 모든 예외(에러) 상황을 처리해야 할 책임도 갖고 있습니다. 따라서 디버깅 중에 발생하는 모든 예외(에러) 상황은 일차적으로 디버거에서 관리합니다(디버기의 SEH는 우선순위에서 디버거에게 밀립니다). 이와 같이 예외 발생으로 인하여 디버거 실행이 중지되면 별도의 조치를 취해야 디버깅을 계속할 수 있습니다. 다음과 같은 몇 가지 조치 방법이 있습니다.

1) 예외 직접 수정: 코드, 레지스터, 메모리

디버거는 예외가 발생한 코드 주소에 멈춰 있기 때문에 문제가 발생한 코드, 메모리, 레지스터 등을 디버거를 통하여 직접 수정하면 예외는 해결되고, 정상적인 실행이 가능합니다.

> **참고**
>
> 위에 나온 그림 48.3 같은 예외 상황을 예로 들어서 설명하겠습니다.
>
> - EAX 레지스터가 가리키는 주소의 값이 잘못되었으므로 EAX 레지스터 값을 유효한 메모리 주소로 변경하면 됩니다.
> - 401019 주소의 코드에서 예외가 발생하였기 때문에 OllyDbg의 'Assemble[Space]' 혹은 'Edit[Ctrl+E]' 기능을 이용하여 해당 코드를 NOP(No OPeration) 명령어로 바꿔서 실행하면 역시 예외가 발생하지 않습니다.
> - OllyDbg의 'New Origin here[Ctrl+Gray *]' 기능을 이용하여 프로그램 실행 경로를 바꿀 수도 있습니다(EIP 레지스터를 직접 변경할 수 없기 때문에 이 기능을 이용해서 EIP 레지스터를 변경해야 합니다).
>
> 이러한 수정 방법은 사실 부자연스럽기 때문에 프로그램의 오류를 정확히 알고 있는 경우에만 사용하는 것이 좋습니다.

2) 예외를 디버기에게 넘겨서 처리

디버기 내부에 이미 SEH가 존재하여 예외를 처리할 수 있다면, 예외(EXCEPTION) 통지를 그대로 디버기에게 되돌려 보내서 자체 해결하도록 만들 수 있습니다. 이렇게 되면 '일반 실행'의 예외 처리와 동일한 상황이 됩니다. 앞서 살펴본 seh.exe 실습에서 사용한 OllyDbg의 Shift+F7/F8/F9 명령(StepInto/StepOver/Run)이 바로 현재의 예외를 디버기에게 되돌려주는 명령입니다.

3) OS 기본 예외 처리기

현재 발생한 예외를 디버거와 디비기에서 처리할 수 없다면(혹은 의도적으로 처리하지 않는다면), 마지막으로 OS의 기본 예외 처리기에서 처리합니다. 디버기 프로세스가 종료되면서 디버깅은 완전히 중지됩니다.

48.4. 예외

예외 처리를 공부하기 전에 운영체제의 예외에 대해서 잘 알아둘 필요가 있습니다.

```
코드 48.1 Windows OS의 예외
EXCEPTION_DATATYPE_MISALIGNMENT     (0x80000002)
EXCEPTION_BREAKPOINT                (0x80000003)
EXCEPTION_SINGLE_STEP               (0x80000004)
EXCEPTION_ACCESS_VIOLATION          (0xC0000005)
EXCEPTION_IN_PAGE_ERROR             (0xC0000006)
EXCEPTION_ILLEGAL_INSTRUCTION       (0xC000001D)
EXCEPTION_NONCONTINUABLE_EXCEPTION  (0xC0000025)
EXCEPTION_INVALID_DISPOSITION       (0xC0000026)
EXCEPTION_ARRAY_BOUNDS_EXCEEDED     (0xC000008C)
EXCEPTION_FLT_DENORMAL_OPERAND      (0xC000008D)
EXCEPTION_FLT_DIVIDE_BY_ZERO        (0xC000008E)
EXCEPTION_FLT_INEXACT_RESULT        (0xC000008F)
EXCEPTION_FLT_INVALID_OPERATION     (0xC0000090)
EXCEPTION_FLT_OVERFLOW              (0xC0000091)
EXCEPTION_FLT_STACK_CHECK           (0xC0000092)
EXCEPTION_FLT_UNDERFLOW             (0xC0000093)
EXCEPTION_INT_DIVIDE_BY_ZERO        (0xC0000094)
EXCEPTION_INT_OVERFLOW              (0xC0000095)
EXCEPTION_PRIV_INSTRUCTION          (0xC0000096)
EXCEPTION_STACK_OVERFLOW            (0xC00000FD)
```

출처: SDK의 winnt.h

예의 목록 중에서 디버깅에서 자주 접하는 대표적인 예외 다섯 가지를 설명하겠습니다(나머지 예외에 대해서는 MSDN 등을 참고하기 바랍니다).

48.4.1. EXCEPTION_ACCESS_VIOLATION(C0000005)

존재하지 않거나 접근 권한이 없는 메모리 영역에 대해서 접근을 시도할 때 발생하는 예외입니다(가장 흔히 볼 수 있는 예외이지요).

```
코드 48.2 EXCEPTION_ACCESS_VIOLATION의 예
MOV DWORD PTR DS:[0], 1
→ 메모리 주소 0은 할당된 영역이 아님

ADD DWORD PTR DS:[401000], 1
→ .text 섹션의 시작 주소 401000은 READ 속성만을 가지고 있음(WRITE 속성 없음)

XOR DWORD PTR DS:[80000000], 1234
→ 메모리 주소 80000000은 Kernel 영역이라서 User 모드에서는 접근할 수 없음
```

48.4.2. EXCEPTION_BREAKPOINT(80000003)

실행 코드에 BP가 설치되면 CPU가 그 주소를 실행하려 할 때 EXCEPTION_BREAKPOINT 예외가 발생합니다. 디버거는 바로 이 EXCEPTION_BREAKPOINT 예외를 이용하여 BP 기능을 제공하는 것입니다. 그렇다면 디버거에서 BP를 구현하는 방법을 좀 더 자세히 알아보겠습니다.

INT3

BP를 설치하는 명령어는 어셈블리 명령어로 'INT3'입니다. 이 명령어의 기계어(IA32 Instruction) 형태는 '0xCC'입니다. 즉 CPU는 코드 실행 과정에서 어셈블리 명령어 INT3을 만나면 EXCEPTION_BREAKPOINT 예외를 발생시킵니다. OllyDbg에서 특정 주소에 BP를 설치했을 때 과연 INT3 명령어(0xCC)로 변경되는지 확인해봅시다. OllyDbg로 seh.exe 파일을 다시 열고, 401000 주소로 가서 [Ctrl+G] BP를 설치[F2]하겠습니다.

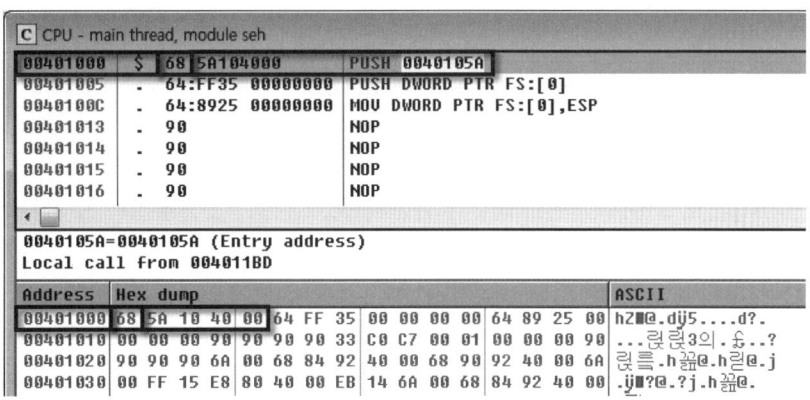

그림 48.7 401000 주소에 BP 설치

그림 52.7을 보면 401000 주소의 코드에 BP를 설치했지만, 해당 명령어가 INT3로 바뀌거나 해당 주소의 Instruction '68'이 'CC'로 변경되지도 않았습니다. 왜 배운 내용과 다른 걸까요? 사실 이것은 OllyDbg의 트릭입니다. OllyDbg에서 단축키[F2]로 설치하는 BP는 디버깅을 하기 위한 사용자 임시 BP(User Temporary Break Point)이기 때문에 굳이 화면에 표시하지 않습니다. 만약 사용자 임시 BP를 모두 코드와 메모리에 표시하면 오히려 가독성이 떨어져서 디버깅이 불편해지기 때문입니다. 즉 실제 프로세스 메모리에는 401000 주소의 Instruction '68'이 'CC'로 변경되어 있습니다만, OllyDbg에서 편의상 그 내용을 보여주지 않는 것입니다. 변경된 'CC'를 확인하려면 프로세스 메모리 덤프 프로그램을 이용하면 됩니다. PETools를 이용해서 덤프를 떠보겠습니다.

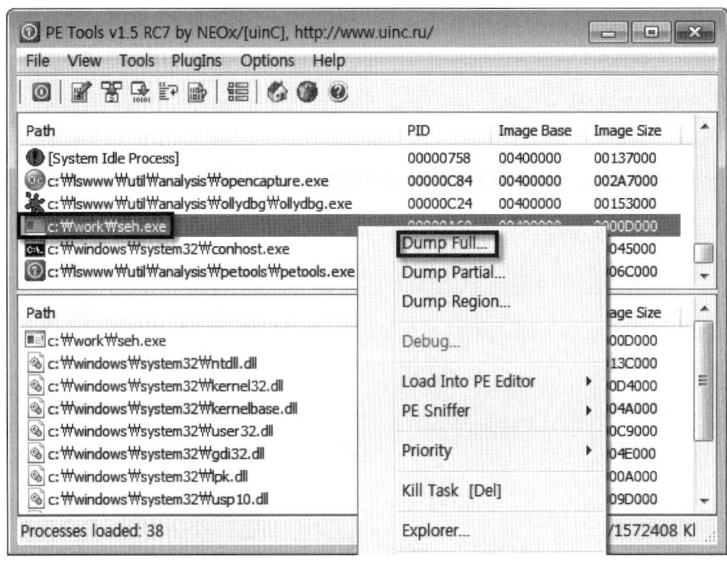

그림 48.8 PETools를 이용한 seh.exe 프로세스 메모리 덤프

덤프 파일을 seh_dump.exe 이름으로 저장합니다. 이 파일을 Hex Editor로 열어서 그림 48.7의 401000 주소의 내용을 확인하겠습니다. 파일 옵셋 1000을 봅시다.

참고 ─────
seh_dump.exe의 ImageBase는 400000입니다. 따라서 VA 401000은 RVA 1000입니다(RVA = VA - ImageBase). 또한 seh_dump.exe는 seh.exe 프로세스 메모리를 그대로 파일로 저장하였기 때문에 RVA가 곧 RAW(file offset)입니다.

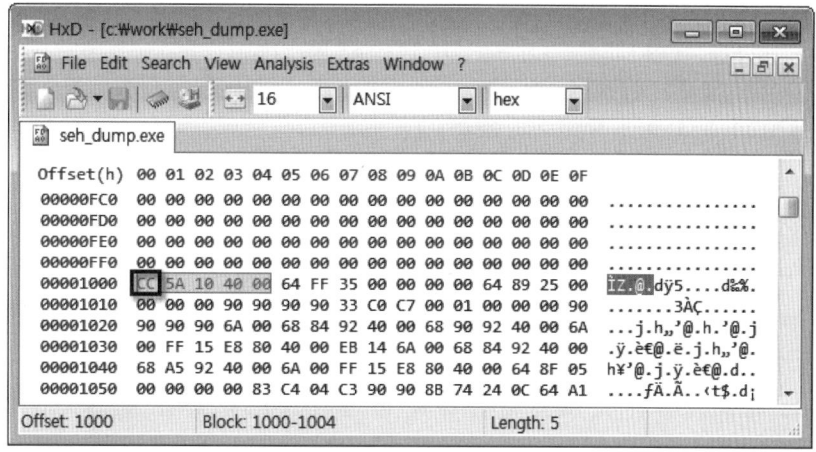

그림 48.9 HxD로 파일 옵셋 1000의 내용을 확인

파일 옵셋 1000을 보면 기계어(Instruction) 'CC' (INT3 명령어 - BreakPoint)를 확인할 수 있습니다. 즉 그림 48.7 상태의 메모리에는 '0xCC'가 들어있지만, OllyDbg에서 원래 Op-Code인 '68'로 바꿔서 보여준다는 것을 알 수 있습니다.

여러분은 지금까지 BP의 내부 동작 원리에 대해서 살펴보았습니다. 이러한 원리를 잘 활용하면 디버깅에 많은 도움이 됩니다. 예를 들어 어떠한 PE 파일을 Hex Editor로 열어서 EP 주소에 해당하는 파일 옵셋의 첫 바이트를 'CC'로 변경해보기 바랍니다. 그 PE 파일은 실행되자마자 EXCEPTION_BREAKPOINT 예외를 발생시키고 OS 기본 예외 처리기에 의해서 종료됩니다. 만약 시스템 레지스트리에 기본 디버거를 OllyDbg로 설정해두었다면 OS는 자동으로 OllyDbg를 실행시켜 예외가 발생한 프로세스에 Attach합니다(8부 전체에서 이를 활용한 디버깅 방법을 자세히 살펴보겠습니다).

48.4.3. EXCEPTION_ILLEGAL_INSTRUCTION(C000001D)

CPU가 해석할 수 없는 Instruction을 만날 때 발생하는 예외입니다. 예를 들어 '0FFF'라는 Instruction은 x86 CPU에 정의된 Instruction이 아니기 때문에 EXCEPTION _ILLEGAL_INSTRUCTION 예외를 발생시킵니다.

OllyDbg를 이용해서 간단히 테스트를 해보겠습니다. seh.exe를 OllyDbg로 열어서 EP 코드 주소에 직접 '0FFF'를 입력한 후 실행하면 그림 48.10과 같이 EXCEPTION_ILLEGAL_INSTRUCTION 예외가 발생하며 디버거 실행이 멈춥니다.

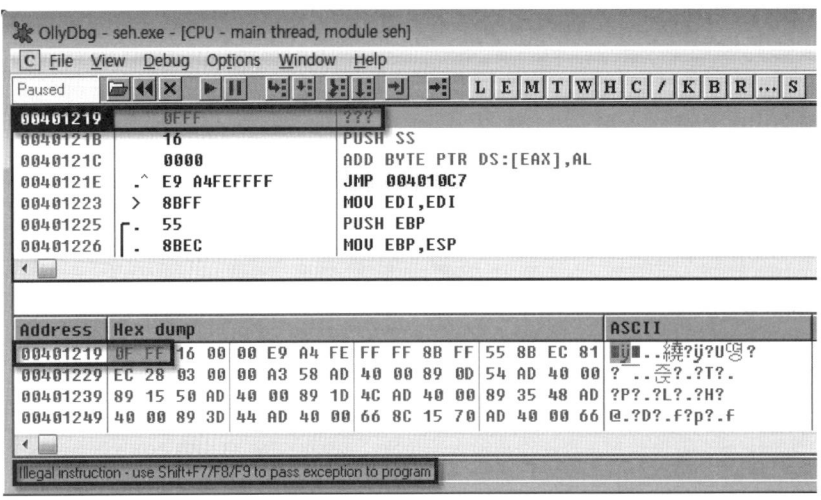

그림 48.10 EXCEPTION_ILLEGAL_INSTRUCTION 예외

48.4.4. EXCEPTION_INT_DIVIDE_BY_ZERO(C0000094)

INTEGER (정수) 나눗셈 연산에서 분모가 0인 경우(즉 0으로 나누는 경우) 발생하는 예외입니다. 프로그램을 개발할 때 간혹 발생하는 예외입니다. 분모가 변수로 잡혀 있고 어느 순간 값이 0이 되었을 때 나누기 연산을 수행하면 EXCEPTION_INT_DIVIDE_BY_ZERO 예외가 발생합니다. 간단한 테스트를 해보겠습니다. seh.exe를 OllyDbg로 열어 'Assemble' 명령[Space]을 이용해서 EP 코드에 다음 그림 48.11과 같이 프로그래밍한 후 실행해보기 바랍니다.

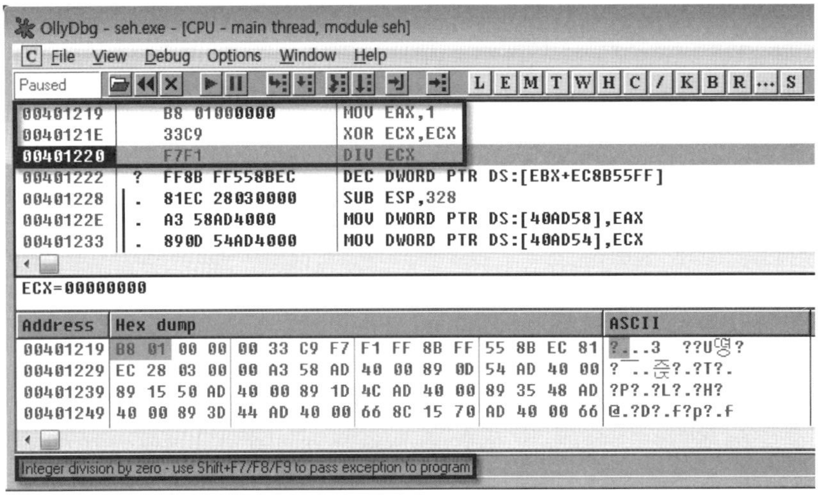

그림 48.11 EXCEPTION_INT_DIVIDE_BY_ZERO 예외

401220 주소의 'DIV ECX' 명령어는 EAX/ECX 연산을 수행하여 몫을 EAX 레지스터에 저장합니다. 하지만 이 순간 분모인 ECX 레지스터의 값은 0이므로 EXCEPTION_INT_DIVIDE_BY_ZERO 예외가 발생하면서 디버거의 실행이 중지됩니다.

48.4.5. EXCEPTION_SINGLE_STEP(80000004)

Single Step이란 명령어 하나를 실행하고 멈추는 것입니다. CPU가 Single Step 모드로 전환되면 명령어 하나를 실행 후 EXCEPTION_SINGLE_STEP 예외를 발생시켜 실행을 멈춥니다. CPU를 Single Step 모드로 변경하려면 EFLAGS 레지스터의 TF(Trap Flag) 비트를 1로 세팅하면 됩니다.

> **참고**
> Trap Flag와 Single Step에 대한 자세한 내용은 52장을 참고하기 바랍니다.

48.5. SEH 상세 설명

48.5.1. SEH 체인

SEH는 체인 형태로 구성되어 있습니다. 첫 번째 예외 처리기에서 해당 예외를 처리하지 못하면 (처리될 때까지) 다음 예외 처리기로 예외를 넘겨주는 형식입니다. 기술적으로 SEH는 _EXCEPTION_REGISTRATION_RECORD 구조체 연결 리스트의 형태로 구성됩니다.

코드 48.3 _EXCEPTION_REGISTRATION_RECORD 구조체
```
typedef struct _EXCEPTION_REGISTRATION_RECORD
{
    PEXCEPTION_REGISTRATION_RECORD Next;
    PEXCEPTION_DISPOSITION Handler;
} EXCEPTION_REGISTRATION_RECORD, *PEXCEPTION_REGISTRATION_RECORD;
```
출처: MSDN

Next 멤버는 다음 _EXCEPTION_REGISTRATION_RECORD 구조체 포인터이며, Handler 멤버가 예외 처리기 함수(예외 처리기)입니다. Next 멤버의 값이

FFFFFFFF이면, 연결 리스트의 마지막을 나타냅니다. 프로세스의 SEH 체인 구조를 그림으로 표현하면 그림 48.12와 같습니다.

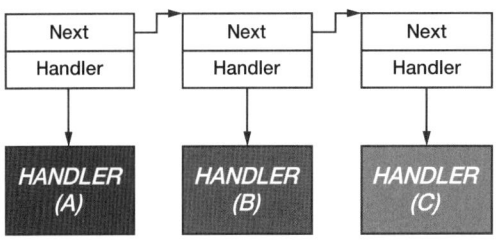

그림 48.12 SEH 체인

그림 48.12에는 총 3개의 SEH가 존재합니다. 어떤 예외가 발생하면, 예외가 해결될 때까지 처리기 (A) → (B) → (C)의 순서대로 예외 처리기가 호출됩니다.

48.5.2. 함수 정의

SEH의 함수 정의를 보겠습니다.

코드 48.4 예외 처리기 함수 정의
```
EXCEPTION_DISPOSITION _except_handler
(
    EXCEPTION_RECORD       *pRecord,
    EXCEPTION_REGISTRATION_RECORD *pFrame,
    CONTEXT                *pContext,
    PVOID                  pValue
);
```
출처: MSDN에 공개되지 않는 함수라서 여러 인터넷 사이트의 정보를 참고로 편집하였습니다.

예외 처리기는 4개의 파라미터를 입력받으며, EXCEPTION_DISPOSITION이라는 열거형(enum)을 리턴합니다. 이 예외 처리 함수는 시스템에 의해서 호출되는 콜백 함수입니다. 시스템은 코드 48.4와 같이 4개의 파라미터를 입력한 후 호출합니다. 입력 파라미터들에 예외와 관련된 정보가 저장되어 있습니다. 먼저 첫 번째 파라미터인 EXCEPTION_RECORD 구조체 정의는 다음과 같습니다.

코드 48.5 _EXCEPTION_RECORD 구조체 정의
```
typedef struct _EXCEPTION_RECORD {
    DWORD              ExceptionCode;      // 예외 코드
    DWORD              ExceptionFlags;
```

```
    struct _EXCEPTION_RECORD  *ExceptionRecord;
    PVOID            ExceptionAddress;       // 예외 발생 주소
    DWORD            NumberParameters;
    ULONG_PTR        ExceptionInformation[EXCEPTION_MAXIMUM_PARAMETERS];
                                             // 15
} EXCEPTION_RECORD, *PEXCEPTION_RECORD;
```

출처: MSDN

발생한 예외의 종류를 의미하는 ExceptionCode 멤버와 예외가 발생한 코드 주소를 나타내는 ExceptionAddress 멤버를 눈여겨보면 되겠습니다. 그리고 코드 48.4의 예외 처리기의 세 번째 파라미터인 CONTEXT 구조체 정의입니다(IA-32 용입니다).

코드 48.6 CONTEXT 구조체 정의

```
// CONTEXT_IA32
struct CONTEXT
{
DWORD ContextFlags;

    DWORD Dr0; // 04h
    DWORD Dr1; // 08h
    DWORD Dr2; // 0Ch
    DWORD Dr3; // 10h
    DWORD Dr6; // 14h
    DWORD Dr7; // 18h

    FLOATING_SAVE_AREA FloatSave;

    DWORD SegGs; // 88h
    DWORD SegFs; // 90h
    DWORD SegEs; // 94h
    DWORD SegDs; // 98h

    DWORD Edi; // 9Ch
    DWORD Esi; // A0h
    DWORD Ebx; // A4h
    DWORD Edx; // A8h
    DWORD Ecx; // ACh
    DWORD Eax; // B0h

    DWORD Ebp;      // B4h
    DWORD Eip;      // B8h
    DWORD SegCs;    // BCh (must be sanitized)
    DWORD EFlags;   // C0h
    DWORD Esp;      // C4h
    DWORD SegSs;    // C8h
```

```
    BYTE ExtendedRegisters[MAXIMUM_SUPPORTED_EXTENSION];  // 512 bytes
};
```

출처: MS SDK의 winnt.h

CONTEXT 구조체는 CPU 레지스터 값을 백업하는 용도로 사용됩니다. CPU 레지스터 값을 백업하는 이유는 멀티 스레드(Multi-Thread) 환경 때문입니다. 스레드는 내부적으로 CONTEXT 구조체를 하나씩 가지고 있습니다. CPU가 다른 스레드를 실행하러 잠시 떠날 때 CPU 레지스터들의 값을 현재 스레드의 CONTEXT 구조체에 백업합니다. 그 후 CPU가 다시 예전 스레드를 실행하러 오면 CONTEXT 구조체에 백업된 레지스터 값들을 실제 CPU 레지스터에 덮어씁니다. 그리고 아까 실행이 멈춰졌던 코드 위치부터 실행을 다시 시작합니다. 이러한 방식을 사용하여 OS는 멀티 스레드 환경에서 안전하게 스레드 단위별로 실행이 가능한 것입니다.

> **참고**
>
> 잘 알다시피 멀티 스레드의 구현 아이디어는 CPU의 시분할(Time-Slicing) 방식입니다. CPU가 각 스레드를 차례대로 일정 시간 동안 실행해주는 것입니다. 그 시간 간격이 극히 짧기 때문에 동시에 여러 개의 스레드가 실행되는 것처럼 보이는 것이지요(스레드의 우선순위에 따라서 CPU 제어권을 얻는 횟수에 차이가 발생합니다).

예외가 발생하면 그 코드를 실행한 스레드는 실행이 중지되고 SEH(예외 처리기)가 실행되는데, 그때 OS는 예외 처리기의 파라미터에 해당 스레드의 CONTEXT 구조체 포인터를 넘겨줍니다. 목록 48.6의 구조체 멤버 중에 Eip 멤버가 있습니다(옵셋: B8). 예외 처리기에서 파라미터로 넘어온 CONTEXT.Eip를 다른 주소로 설정한 후 예외 처리기 함수를 리턴시키면, 아까 중지된 스레드는 새로 설정된 EIP 주소의 코드를 실행합니다(이 특징이 안티 디버깅에 자주 사용되지요. 실습 예제 seh.exe에도 이 기법이 사용되었습니다. 뒤에서 상세히 분석합니다). 이제 코드 48.4 예외 처리기의 리턴 값 EXCEPTION_DISPOSITION 열거형에 대해서 알아보겠습니다.

코드 48.7 EXCEPTION_DISPOSITION 열거형

```
typedef enum _EXCEPTION_DISPOSITION
```

```
{
    ExceptionContinueExecution = 0,      // 예외 코드 재실행
    ExceptionContinueSearch = 1,         // 다음 예외 처리기 실행
    ExceptionNestedException = 2,        // OS 내부에서 사용됨
    ExceptionCollidedUnwind = 3          // OS 내부에서 사용됨
} EXCEPTION_DISPOSITION;
```

출처: http://www.nirsoft.net/kernel-struct/vista/EXCEPTION_DISPOSITION.html

예외 처리기(SEH)에서 예외를 잘 처리했다면 ExceptionContinueExecution(0)을 리턴할 경우 예외가 발생한 코드부터 재실행됩니다. 만약 예외를 처리할 수 없었다면 ExceptionContinueSearch(1)을 리턴하여 SEH 체인에서 다음 예외 처리기에서 처리하도록 합니다.

> **참고**
> 뒤에서 실습 예제 seh.exe를 이용하여 예외 처리기를 디버깅하면서 동작 원리를 자세히 살펴보겠습니다.

48.5.3. TEB.NtTib.ExceptionList

프로세스의 SEH 체인에 접근하는 방법은 간단합니다. TEB(THREAD ENVIRONMENT BLOCK) 구조체의 NtTib 멤버를 따라가면 됩니다.

```
<struct TEB>
+0x000 NtTib            : _NT_TIB
+0x01c Enviror
+0x020 Client   typedef struct _NT_TIB {
+0x028 ActiveR      struct _EXCEPTION_REGISTRATION_RECORD *ExceptionList;
+0x02c Threadl      PVOID StackBase;
                    PVOID StackLimit;
```

그림 48.13 TEB.NtTib.ExceptionList

그림 48.13을 보면 TEB.NtTib.ExceptionList 멤버는 TEB 구조체에서 가장 첫 멤버임을 알 수 있습니다. TEB는 FS 세그먼트 레지스터가 가리키는 세그먼트 메모리의 시작 주소(base address)에 위치하기 때문에 결국 TEB.NtTib.ExceptionList는 아래 공식으로 간단히 구할 수 있습니다.

TEB.NtTib.ExceptionList = FS:[0]

> **참고**
> TEB 구조체에 대한 자세한 내용은 46장을 참고하기 바랍니다.

48.5.4. SEH 설치 방법

C 언어에서 SEH를 추가하려면 __try, __except, __finally 키워드를 사용하여 간단히 구현할 수 있습니다. 어셈블리 언어에서는 그보다 더 간단히 SEH를 추가할 수 있습니다.

코드 48.8 어셈블리 언어를 이용한 SEH 설치
```
PUSH @MyHandler              ; 예외 처리기
PUSH DWORD PTR FS:[0]        ; Head of SEH Linked List
MOV DWORD PTR FS:[0], ESP    ; 연결 리스트 추가
```

코드 48.8을 보고 잘 이해가 되는지요? SEH를 설치한다는 말은 기존의 SEH 체인에 자신의 예외 처리기를 추가시킨다는 뜻입니다. 기술적인 표현으로는 EXCEPTION_REGISTRATION_RECORD 구조체 연결 리스트에 자신의 EXCEPTION_REGISTRATION_RECORD 구조체를 연결하는 것입니다. 이 코드를 그대로 이용하여 구현한 것이 처음에 실습한 seh.exe 파일입니다. seh.exe를 다시 상세하게 디버깅하면서 살펴보겠습니다.

48.6. SEH 예제 실습 #2 (seh.exe)

OllyDbg로 seh.exe를 열고 401000 주소까지 실행해봅시다(여기는 seh.exe 프로그램의 main() 함수입니다). 제가 프로그래밍한 전체 코드는 그림 48.14와 같습니다.

401000, 401005, 40100C 주소의 세 개의 명령어들은 앞서 'SEH 설치 방법'에서 설명한 코드와 동일합니다. 이 경우 새롭게 추가하려는 예외 처리기는 40105A 주소에 있는 함수입니다.

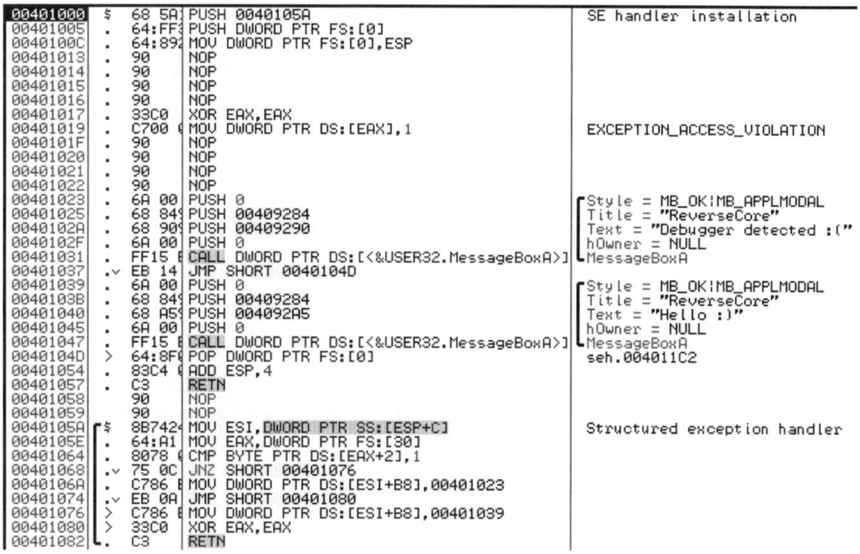

그림 48.14 seh.exe 코드

48.6.1. SEH 체인 확인

401005 주소까지 실행한 후 FS:[0] 값을 확인하겠습니다. 이 값이 바로 SEH 체인의 시작 주소입니다.

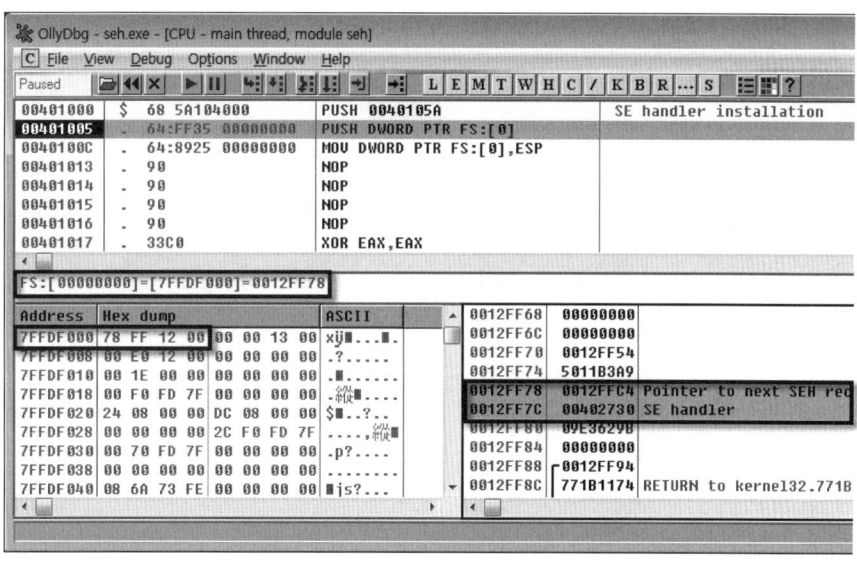

그림 48.15 FS:[0] = SEH Chain 시작 주소

코드 정보 창에서 FS[0] = [7FFDF000] = 12FF78로 나타납니다. 12FF78 주소가 바로 SEH 체인의 시작 주소입니다(_EXCEPTION_REGISTRATION_RECORD 구조체 연결 리스트의 시작 주소). 위 그림의 스택 창에서 12FF78 주소를 확인하니 첫 번째 EXCEPTION_REGISTRATION_RECORD 구조체가 나타납니다(Next=12FFC4, Handler=402730). 예외 처리기 주소 402730는 seh.exe 프로세스의 코드 섹션에 존재하는 주소입니다(참고로 이것은 VC++이 생성한 PE 파일의 Stub Code에 기본적으로 추가되는 예외 처리기입니다. 각자 402730 주소의 예외 처리기 코드를 확인해보기 바랍니다). 그림 두 번째 EXCEPTION_REGISTRATION_RECORD 구조체를 확인하기 위해 12FFC4 주소로 가보겠습니다.

```
0012FFB4  00000000
0012FFB8  00000000
0012FFBC  0012FFA0
0012FFC0  00000000
0012FFC4  FFFFFFFF  End of SEH chain
0012FFC8  7725D74D  SE handler
0012FFCC  00D68E80
0012FFD0  00000000
0012FFD4 └0012FFEC
0012FFD8  7729B3C8  RETURN to ntdll.7729B3C8 from ntdll.7729B3CE
```

그림 48.16 마지막 예외 처리기

Next 멤버가 FFFFFFFF이므로 이게 SEH 체인의 마지막이라는 것을 알 수 있습니다. 그리고 예외 처리기 주소 7717D74D는 ntdll.dll 모듈의 코드 영역입니다. 이것이 바로 OS 기본 예외 처리기입니다(프로세스가 생성되면 OS에서 자동으로 기본 SEH를 구성합니다).

48.6.2. SEH 추가

그림 48.15의 401005 주소의 PUSH DWORD PTR FS:[0] 명령어를 실행한 후 스택 창을 보기 바랍니다.

```
0012FF3C  0012FF78
0012FF40  0040105A
0012FF44  004011C2
0012FF48  00000001
```

그림 48.17 스택 창

스택에 새로운 _EXCEPTION_REGISTRATION_RECORD 구조체가 생성되었습

니다. 이제 그림 48.15에서 40100C 주소의 MOV DWORD PTR FS:[0], ESP 명령어를 실행하기 바랍니다.

```
0012FF3C  0012FF78  Pointer to next SEH record
0012FF40  0040105A  SE handler
0012FF44  004011C2  RETURN to seh.004011C2 from se
0012FF48  00000001
```

그림 48.18 새로운 SEH 추가

스택 창에 새로운 SEH가 생성되었다는 주석이 나타납니다(Next=12FF78, Handler=40105A). 이제 새로운 예외 처리기(40105A)가 SEH 체인에 추가되었습니다.

> **참고**
> 코드 48.6의 내용만 볼 때는 어렵게 느껴질 수 있습니다. 그러나 실제로 디버깅을 하면서 스택을 확인하면 쉽게 이해할 수 있습니다.

OllyDbg에는 이러한 SEH 체인을 확인할 수 있는 기능이 존재합니다. OllyDbg의 메인 메뉴에서 View - SEH 체인 항목을 선택하기 바랍니다.

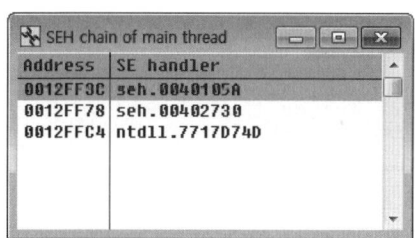

그림 48.19 SEH Chain 메뉴

그림 48.19를 보면 바로 위에서 추가한 예외 처리기(40105A)를 확인할 수 있습니다.

48.6.3. 예외 발생

그림 48.14의 401019 주소의 MOV DWORD PTR DS:[EAX], 1 명령어를 실행시키면 EXCEPTION_ACCESS_VIOLATION 예외가 발생합니다(이와 관련된 설명은 이미 앞에서 하였으므로 생략합니다). 지금은 디버깅 중이기 때문에 예외 처리 우

선순위에 따라 (예외 처리기(40105A)가 실행되지 않고) 제어가 디버거에게 넘어 왔습니다. 예외를 다시 디버기 프로세스(seh.exe)에게 되돌려주기 위해 40105A에 BP를 설치한 후 단축키 [Shift+F9]를 이용해서 실행하세요.

```
0040105A  r-$  8B7424 0C              MOV ESI,DWORD PTR SS:[ESP+C]
0040105E   .   64:A1 30000000         MOV EAX,DWORD PTR FS:[30]
00401064   .   8078 02 01             CMP BYTE PTR DS:[EAX+2],1
00401068   .v  75 0C                  JNZ SHORT 00401076
0040106A   .   C786 B8000000 23104000 MOV DWORD PTR DS:[ESI+B8],00401023
00401074   .v  EB 0A                  JMP SHORT 00401080
00401076   >   C786 B8000000 39104000 MOV DWORD PTR DS:[ESI+B8],00401039
00401080   >   33C0                   XOR EAX,EAX
00401082  L.   C3                     RETN
```

그림 48.20 예외 처리기(40105A)

그림 48.20과 같이 디버거는 예외를 처리하기 위해 자신의 SEH 체인에 등록된 예외 처리기를 호출합니다. BP를 설치해 두었으니 이제 예외 처리기를 디버깅할 수 있습니다.

48.6.4. 예외 처리기 파라미터 확인

먼저 예외 처리기(SEH)가 호출된 후 스택에 저장된 파라미터들은 다음 그림과 같습니다(파라미터들에 대한 설명은 코드 48.4를 참고하세요).

```
ESP ==>  0012FB54   771A65F9  RETURN to ntdll.771A65F9
ESP+4    0012FB58   0012FC3C
ESP+8    0012FB5C   0012FF3C
ESP+C    0012FB60   0012FC58
ESP+10   0012FB64   0012FC10
ESP+14   0012FB68   0012FF3C  Pointer to next SEH record
ESP+18   0012FB6C   771A660D  SE handler
ESP+1C   0012FB70   0012FF3C
ESP+20   0012FB74  r0012FC24
ESP+24   0012FB78  ||771A65CB  RETURN to ntdll.771A65CB fron
ESP+28   0012FB7C  ||0012FC3C
```

그림 48.21 예외 처리기 호출 시 스택의 모습

첫 번째 파라미터(ESP+4)인 EXCEPTION_RECORD 구조체 포인터 pRecord (12FC3C)의 내용을 확인하겠습니다.

```
Address   Hex dump
0012FC3C  05 00 00 C0 00 00 00 00 00 00 00 00 19 10 40 00
0012FC4C  02 00 00 00 01 00 00 00 00 00 00 00 3F 00 01 00
0012FC5C  00 00 00 00 00 00 00 00 00 00 00 00 00 00 00 00
0012FC6C  00 00 00 00 00 00 00 00 7F 02 00 00 00 00 00 00
0012FC7C  FF FF 00 00 00 00 00 00 00 00 00 00 00 00 00 00
```

그림 48.22 EXCEPTION_RECORD 구조체 내용

그림 48.22와 코드 48.5의 EXCEPTION_RECORD 구조체 정의를 참고하면, ExceptionCode(pRecord+0)는 C0000005(EXCEPTION_ACCESS_VIOLATION)이고, 예외 발생 코드 주소 ExceptionAddress는 401019인 것을 확인할 수 있습니다(그림 48.14를 보면 예외 발생 코드 위치가 정확합니다).

두 번째 파라미터(ESP+8)는 EXCEPTION_REGISTRATION_RECORD 구조체 포인터 pFrame입니다. 이 값은 12FF3C이며 SEH 체인의 시작 주소입니다.

세 번째 파라미터(ESP+C)는 CONTEXT 구조체 포인터 pContext(12FC58)입니다. pContext 포인터가 가리키는 주소 영역을 살펴보겠습니다.

그림 48.23 CONTEXT 구조체 내용

CONTEXT 구조체는 그림 48.23에서 보는 것과 같이 매우 큰 구조체입니다(대부분의 내용은 NULL). 여기서도 특히 주목할 만한 멤버는 구조체 시작에서 B8 옵셋만큼 떨어진 Eip 멤버입니다. Eip 멤버에는 예외가 발생한 코드의 주소가 저장되어 있습니다.

마지막 파라미터(ESP+10) pValue는 시스템 내부에서 사용되는 값이므로 우리는 신경 쓰지 않아도 됩니다.

48.6.5. 예외 처리기 디버깅

그림 48.20의 40105A 예외 처리기(SEH)에는 디버거 탐지 코드가 존재합니다. 간단하지만 대표적인 안티 디버깅 코드이므로 자세히 분석하도록 하겠습니다.

```
0040105A    MOV ESI,DWORD PTR SS:[ESP+C]    ; ESI = pContext
```

[ESP+C]는 예외 처리기의 세 번째 파라미터인 pContext 값을 의미합니다. 위 명령은 ESI 레지스터에 pContext 주소(12FC58)를 입력하는 것입니다.

```
0040105E    MOV EAX,DWORD PTR FS:[30]    ; EAX = address of PEB
```

EAX 레지스터에 FS:[30] 값을 입력합니다. FS:[30]은 PEB 구조체의 시작 주소 (7FFD7000)입니다(그림 48.24 참고).

```
| CPU - main thread, module seh
0040105A  r$  8B7424 0C              MOV ESI,DWORD PTR SS:[ESP+C]
0040105E  .   64:A1 30000000         MOV EAX,DWORD PTR FS:[30]
00401064  .   8078 02 01             CMP BYTE PTR DS:[EAX+2],1
00401068  .v  75 0C                  JNZ SHORT 00401076
0040106A  .   C786 B8000000 23104000 MOV DWORD PTR DS:[ESI+B8],00401023
00401074  .v  EB 0A                  JMP SHORT 00401080
00401076  >   C786 B8000000 39104000 MOV DWORD PTR DS:[ESI+B8],00401039
00401080  >   33C0                   XOR EAX,EAX
00401082  L.  C3                     RETN

FS:[00000030]=[7FFDF030]=7FFD7000
EAX=00000000
```

그림 48.24 PEB 시작 주소

```
00401064    CMP BYTE PTR DS:[EAX+2],1
```

[EAX+2] 주소의 1바이트 값을 읽어서 1과 비교하는 명령어입니다. EAX는 현재 PEB 시작 주소가 저장되어 있으므로 [EAX+2]는 PEB.BeingDebugged 멤버를 의미합니다.

> 참고
>
> **PEB 구조체 일부**
> +0x000 InheritedAddressSpace   : UChar

```
+0x001 ReadImageFileExecOptions    : UChar
+0x002 BeingDebugged               : UChar
+0x003 SpareBool                   : UChar
+0x004 Mutant                      : Ptr32 Void
+0x008 ImageBaseAddress            : Ptr32 Void
+0x00c Ldr                         : Ptr32 _PEB_LDR_DATA
+0x010 ProcessParameters           : Ptr32 _RTL_USER_PROCESS_PARAMETERS
...
```

그림 48.25 PEB.BeingDebugged

그림 48.25를 보면 [EAX+2] = [7FFD7002] = PEB.BeingDebugged 값이 1로 세팅되어 있습니다(디버깅 중이라는 뜻입니다).

```
00401068        JNZ SHORT 00401076
```

JNZ (Jump if Not Zero) 명령은 앞의 CMP 명령에서 두 비교 대상이 같지 않다면 점프하라는 뜻입니다. 이 경우는 PEB.BeingDebugged 값이 1과 같으므로 점프하지 않습니다.

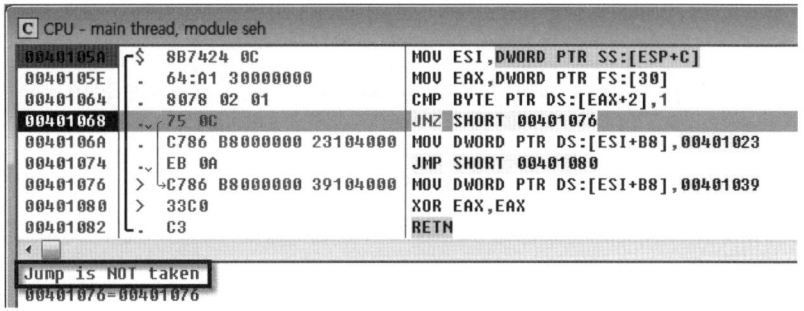

그림 48.26 JNZ 명령어

즉 일반 실행인 경우 401076 주소로 점프하고, 디버깅 실행이라면 아래의 40106A 주소의 명령어를 실행합니다.

```
0040106A    MOV DWORD PTR DS:[ESI+B8],00401023
```

현재 프로세스가 디버깅 중인 경우 이쪽 코드로 오게 됩니다. 현재 ESI 레지스터에는 CONTEXT 구조체의 시작 주소(pContext = 12FC58)가 저장되어 있습니다. 그림 48.26을 보면 [ESI+B8] = [12FD10] = pContext→Eip를 의미합니다(현재 값은 401019).

즉 위 명령어는 pContext→Eip의 값을 401023으로 변경하는 명령어입니다. 예외 처리기가 종료되면 예외가 발생한 스레드는 401023 주소의 코드를 실행합니다. 401023 주소의 코드는 'Debugger Detected :('라는 메시지 박스를 출력합니다.

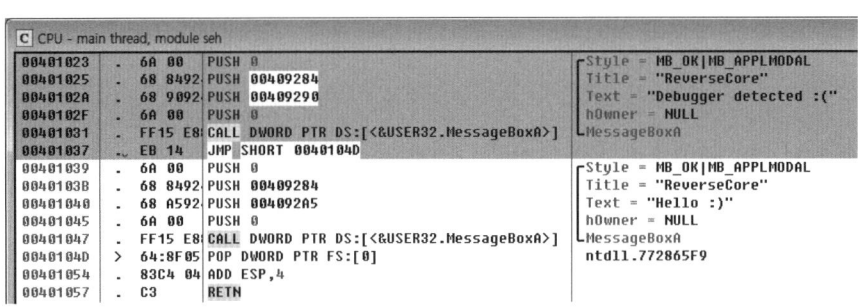

그림 48.27 401023 주소의 코드

디버깅을 쉽게 하기 위해 401023 주소에 BP를 설치하기 바랍니다.

```
00401074    JMP SHORT 00401080
```

pContext→Eip 값을 변경하였으므로 예외 처리기 종료 코드(401080)로 점프합니다.

```
00401076    MOV DWORD PTR DS:[ESI+B8],00401039
```

> **참고**
>
> 만약 디버깅 중이 아니고 일반 실행인 경우 그림 48.26에서 401068 주소의 JNZ 명령어에 의해서 이쪽 코드로 오게 됩니다. 역시 pContext→Eip 값을 401039로 변경합니다. 401039 주소의 코드는 'Hello :)' 메시지 박스를 출력합니다.

```
00401023   . 6A 00         PUSH 0                                    ┌Style = MB_OK|MB_APPLMODAL
00401025   . 68 84920900   PUSH 00409284                             │Title = "ReverseCore"
0040102A   . 68 90920900   PUSH 00409290                             │Text = "Debugger detected :("
0040102F   . 6A 00         PUSH 0                                    │hOwner = NULL
00401031   . FF15 E8204000 CALL DWORD PTR DS:[<&USER32.MessageBoxA>] └MessageBoxA
00401037   .^EB 14         JMP SHORT 0040104D
00401039   . 6A 00         PUSH 0                                    ┌Style = MB_OK|MB_APPLMODAL
0040103B   . 68 84920900   PUSH 00409284                             │Title = "ReverseCore"
00401040   . 68 A5920900   PUSH 004092A5                             │Text = "Hello :)"
00401045   . 6A 00         PUSH 0                                    │hOwner = NULL
00401047   . FF15 E8204000 CALL DWORD PTR DS:[<&USER32.MessageBoxA>] └MessageBoxA
0040104D   > 64:8F05 00000 POP DWORD PTR FS:[0]                      ntdll.772865F9
00401054   . 83C4 04       ADD ESP,4
00401057   . C3            RETN
```

그림 48.28 401039 주소의 코드

```
00401080    XOR EAX,EAX
00401082    RETN
```

마지막으로 리턴 값(EAX)을 0으로 세팅하고, 예외 처리기는 리턴합니다. 리턴 값 0의 의미는 EXCEPTION_CONTINUE_EXECUTION으로, '예외를 잘 처리하였으니 해당 스레드를 실행시켜달라'는 뜻입니다(코드 48.7 참고).

> **참고**
>
> 이 실습 예제(seh.exe)는 SEH를 이용한 안티 디버깅 기법을 보여주는 데 목적이 있습니다. 따라서 예외를 의도적으로 발생시킨 후 SEH에서는 디버깅 여부에 따라 단순히 실행 분기를 변경하였습니다. 이 기법을 잘 익혀두면 packer/protector 류의 파일을 디버깅할 때 크게 도움이 될 것입니다.

401082 주소의 RETN 명령어까지 실행하면 제어는 ntdll.dll 모듈의 코드 영역으로 리턴됩니다. 이곳은 시스템 영역이므로 OllyDbg의 실행[F9] 단축키를 이용하여 실행시키면, 아까 BP를 설치한 401023 주소에서 멈춥니다(그림 48.27 참고).

401031의 CALL 명령어까지 StepOver[F8] 명령어로 디버깅을 진행하면, 메시지 박스가 출력됩니다. 그 메시지 박스를 닫은 후 401037 주소의 JMP SHORT 40104D 명령어를 실행하여 SEH 제거 코드(40104D)로 갑니다.

48.6.6. SEH 제거

프로그램 종료하기 전에 등록한 SEH를 제거합니다.

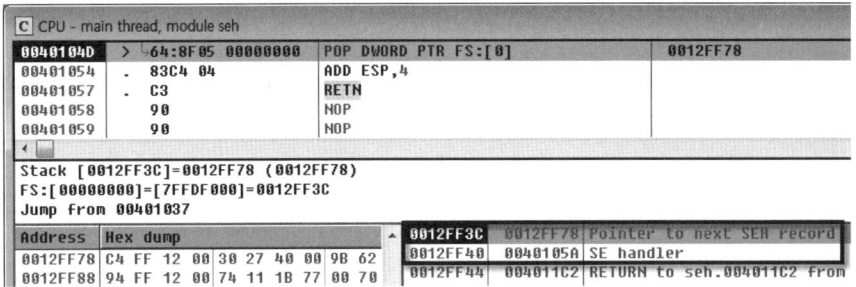

그림 48.29 SEH 제거 코드

40104D 주소까지 오면 스택에는 앞에서 입력한 EXCEPTION_REGISTRATION_RECORD 구조체가 들어 있습니다(12FF3C). 이 구조체는 SEH 체인에서 가장 먼저 실행되는 예외 처리기)입니다. 40104D 주소의 POP DWORD PTR FS:[0] 명령어는 스택의 값(12FF78)을 읽어 FS:[0]에 입력합니다. FS:[0]은 TEB.NtTib.ExceptionList이고, 12FF78은 다음 SEH 시작 주소입니다. 이 명령 이후에 앞에서 등록한 SEH(12FF3C)는 SEH 체인에서 제거됩니다. 그리고 마지막으로 401054 주소의 ADD ESP, 4 명령어에 의해서 스택에 입력한 예외 처리기 주소(40105A) 값도 제거됩니다. 각자 디버깅을 여러 번 진행하면서 스택의 변경 사항을 체크해보기 바랍니다.

48.7. OllyDbg 옵션 설정

지금까지 SEH의 동작 원리를 살펴보고 실습 예제를 통해 SEH를 이용한 안티 디버깅 기법에 대해서 알아보았습니다. 이번 장에서 가장 중요한 키워드는 다음과 같습니다.

디버기는 자신의 예외(Exception)를 디버거에게 먼저 보내어 처리하도록 한다

위 동작 원리 때문에 일반 실행과 디버깅 실행의 분기가 달라지고 SEH를 이용

한 안티 디버깅 기법이 발달한 것입니다. 디버깅할 때 불편하게 되었습니다. 그럼 좀 더 편리하게 디버깅 할 수 있는 방법은 없을까요? 마침 OllyDbg에는 디버깅 중에 예외(Exception)가 발생하면 (디버거를 멈추지 않고) 자동으로 디버기에게 예외를 되돌려 주는 옵션이 존재합니다(마치 일반 실행과 동일하게 동작합니다). OllyDbg의 'Options - Debugging options' 메뉴[Alt+O]를 선택해봅시다.

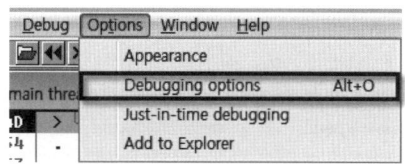

그림 48.30 Debugging options 메뉴

다음으로 Debugging options 다이얼로그의 'Exceptions' 탭을 선택합니다.

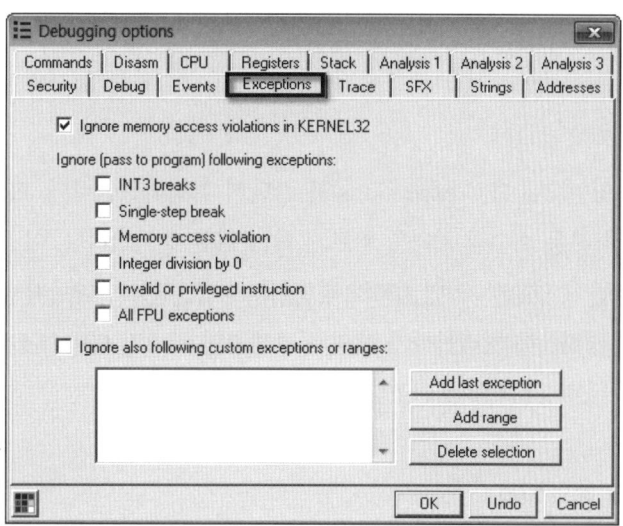

그림 48.31 Debugging options 다이얼로그의 Exceptions 탭

그림 48.31에 나온 옵션 항목을 살펴보도록 하겠습니다.

48.7.1. KERNEL32 예외 무시

'Ignore memory access violations in KERNEL32' 항목을 선택하면, kernel32.dll

모듈에서 발생하는 access violation 예외를 무시합니다(default 옵션이므로 계속 이렇게 사용하면 됩니다).

48.7.2. 예외를 디버기에게 전달

'Ignore (pass to program) following exceptions' 설명 아래에 그림 48.32와 같은 예외 항목이 있습니다.

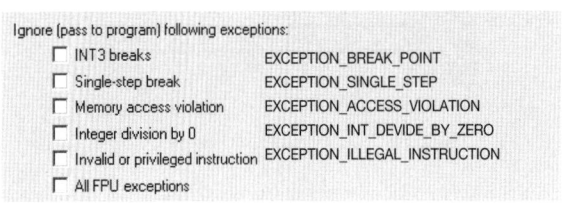

그림 48.32 Ignore (pass to program) following exceptions 항목

총 6개의 항목이 있는데, 위에서부터 5개는 우리가 앞에서 살펴본 예외 항목들입니다. 각 체크 버튼에 체크 표시를 해주면 OllyDbg는 해당 예외를 무시하고 디버기에게 되돌려 줍니다.

마지막에 있는 'All FPU exceptions'를 간단히 설명하겠습니다. FPU(Floating Point Unit)란 부동 소수점 처리를 빠르게 하기 위한 장치입니다. 이 FPU를 위한 전용 명령어들이 있는데, 일반 x86의 명령어와는 그 모양이 다르게 생겼습니다. 이러한 FPU 명령어를 처리하다가 예외가 발생하면 무조건 디버기에서 처리하겠다는 옵션이 바로 All FPU exceptions입니다.

48.7.3. 기타 예외 처리

그림 48.31의 'Ignore also following custom exceptions or ranges' 항목은 위에서 소개되지 않은 나머지 예외들에 대해서 바로 디버기에게 전달하고 싶을 때 사용자가 직접 입력할 수 있도록 되어 있습니다. 이러한 OllyDbg의 'Exceptions' 옵션을 잘 활용하면 디버거를 멈추지 않고 SEH를 이용한 안티 디버깅 트릭을 대부분 자동으로 피해서 디버깅을 계속할 수 있습니다.

48.7.4. 간단 실습

OllyDbg로 실습 예제 seh.exe를 열고 Exceptions 옵션 탭을 그림 48.33과 같이 설정하세요.

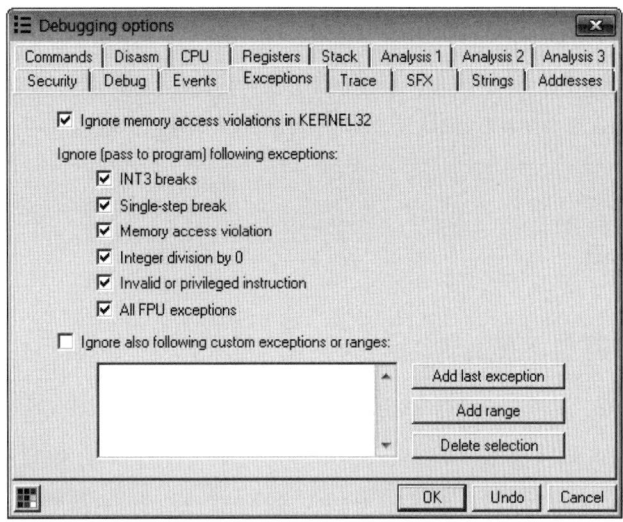

그림 48.33 6종류 예외 항목 무시

이제 앞에 나타난 6종류의 예외는 디버거에서 처리하지 않고 바로 디버기에게 넘어갑니다. 따라서 seh.exe 프로그램에서 발생하는 EXEPTION_ACCESS_VIOLATION 예외는 자체 SEH를 통해서 처리가 될 것입니다(디버깅이 도중에 멈추지 않고 말이죠). 옵션 다이얼로그를 닫고 디버깅을 실행[F9]하기 바랍니다.

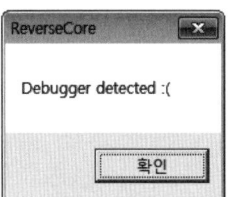

그림 48.34 메시지 박스
Debugger detected :(

예외에 의해서 디버깅이 중지되지 않고 디버기의 SEH에서 잘 처리되면서 그림 48.34의 메시지 박스가 출력되었습니다. 다만 SEH 내의 디버거 탐지 코드(PEB.

BeingDebugged)에 의해서 일반 실행과는 다른 메시지 박스가 출력되었군요(이에 대한 해결 방법은 50장에서 다루겠습니다).

> **참고**
>
> 제가 OllyDbg의 Exceptions 옵션을 처음부터 소개하지 않고 마지막에 소개하는 이유는 여러분들께 SEH 내부 동작 원리를 설명하기 위함입니다. 내부 동작 원리에 대한 이해 없이 툴의 기교만을 배우는 것은 모래 위에 집을 짓는 행위와 마찬가지입니다. SEH는 다양한 용도로 응용이 가능하기 때문에 리버싱을 잘 하기 위해 반드시 동작 원리를 확실하게 파악해두기 바랍니다.

48.8. 마무리

SEH는 주로 Packer, Protector, 악성 프로그램(Malware)에서 안티 디버깅 목적으로 사용됩니다. SEH를 연구하고 디버깅하는 과정에서 Windows OS의 내부 구조에 대한 지식과 리버싱 실력이 향상되는 것을 느낄 수 있습니다. 이제 SEH에 대한 설명은 여기서 마치고, 다음에는 실전 디버깅에서 다시 만나도록 합시다.

49
IA-32 Instruction

IA-32 Instruction(또는 x86 Instruction)에 대해서 알아보도록 하겠습니다. 처음에 복잡하게 보이는 Instruction도 해석 방법과 원리를 이해하면 쉽게 디스어셈블리 코드로 변환할 수 있습니다. 이것을 통해 여러분의 리버싱 실력이 한 차원 업그레이드될 것입니다.

49.1. IA-32 Instruction

Instruction이란 쉽게 말해서 CPU가 알아들을 수 있는 '기계어(Machine Language)'입니다. IA-32 Instruction는 IA-32(Intel Architecture 32비트) 계열의 CPU에서 사용되는 Instruction을 말하는 것입니다.

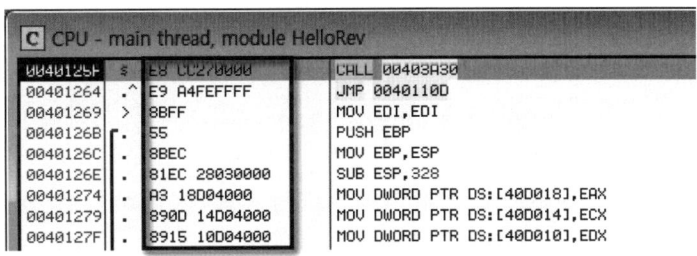

그림 49.1 IA-32 Instruction

그림 49.1에서 박스로 표시된 부분의 한 줄 한 줄이 각각의 Instruction입니다 ('E8 CC270000', 'E9 A4FEFFFF', '8BFF', '55' 등은 모두 IA-32 Instruction입니다). 프로그래머는 프로그래밍 언어(C/C++, JAVA, Python 등)를 사용하고 CPU는 기계어를 사용합니다. 따라서 프로그래머에 의해 작성된 소스코드를 Compile/Link 과정을 거쳐서 CPU가 알아들을 수 있는 기계어로 변환해야 합니다.

> **참고**
>
> IA-32에 대한 자세한 설명은 아래 링크를 참조하기 바랍니다.
>
> 위키 백과
> http://ko.wikipedia.org/wiki/IA-32 (한글판)
> http://en.wikipedia.org/wiki/IA-32 (영문판)
>
> IA-32 매뉴얼
> http://www.intel.com/products/processor/manuals/

49.2. 용어 정리

리버싱에서 자주 사용되는 용어에 대해서 정리하겠습니다. IA-32 Instruction의 설명을 위해서 아래의 용어들이 필요합니다. 또한 이러한 용어를 정확히 이해하고 사용하는 것은 원활한 커뮤니케이션에 큰 도움이 됩니다.

용어	설명
Machine Language	기계어, CPU가 해석할 수 있는 Binary(0과 1) 코드
Instruction	하나의 기계 명령어 단위(OpCode와 operand 등으로 구성됨)
OpCode	Operation Code, Instruction 내의 실제 명령어
Assembly	어셈블리 프로그래밍 언어
Assemble	어셈블리 코드를 기계어(OpCode)로 변환하는 작업(C/C++ 언어의 Compile과 유사)
Assembler	Assemble 작업을 수행하는 프로그램(ex: MASM, TASM, FASM 등)
Disassemble	기계어를 다시 어셈블리 언어로 변환하는 작업(Unassemble이라는 용어를 쓰기도 함)
Disassembler	Disassemble 작업을 수행하는 프로그램(보통 디버거에 탑재되어 있음 - OllyDbg, IDA Pro 등)
Disassembly	Disassemble 과정을 거쳐서 생성된 어셈블리 언어 (변수명, 함수명 등은 주소 값으로 대체되어 가독성이 떨어짐)
*Compile	C/C++ 등의 언어를 기계어로 변환하는 작업(Obj 파일 생성)
*Link	Obj 파일들을 실행 가능한 파일 형태로 연결하는 작업(Exe/Dll 파일 생성됨)

표 49.1 리버싱 용어

C/C++(또는 어셈블리) 언어를 이용하여 PE(Portable Executable) 파일을 생성하면 소스코드는 기계어로 변환됩니다. 리버서는 이러한 기계어를 해석하여 동작 원리를 파악하는 사람입니다. 하지만 2진수(0과 1)로 표현된 기계어를 사람이 그냥 보는 것은 너무 힘든 작업입니다. 그래서 보통 16진수로 변환해서 봅니다. 16진수로 변환하면 가독성은 좋아집니다만, 그러나 아직 사람이 코드를 인식하기에는 무리가 있습니다. 그래서 최종적으로 (디버거에 탑재된) Disassembler를 이용하여 기계어를 디스어셈블리 코드로 변환합니다.

49.2.1. Disassembler

그림 49.2는 우리가 익히 보아오던 OllyDbg의 화면입니다. OllyDbg에는 IA-32용 Disassembler가 탑재되어 있습니다.

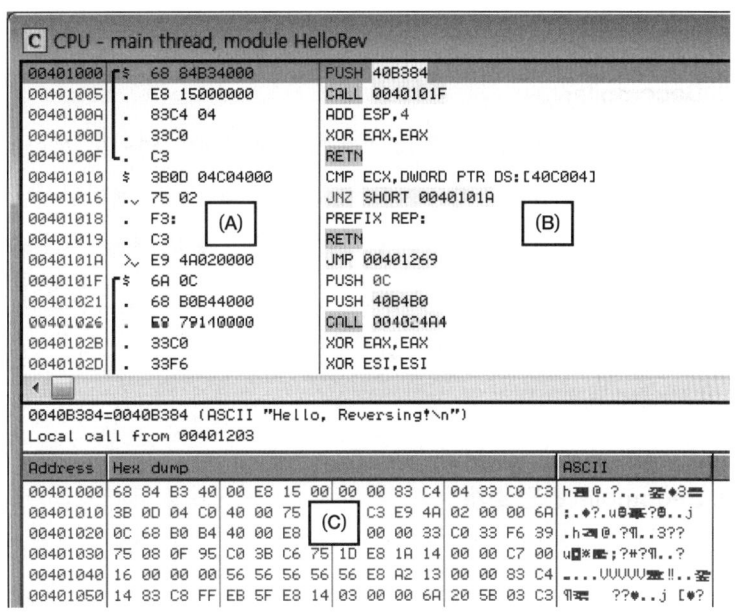

그림 49.2 OllyDbg 화면

그림 49.2를 보면 한 줄에 하나의 명령어(Instruction)가 표시되어 있습니다. (A) 영역이 기계어로 표시된 IA-32 Instruction입니다. 그리고 그에 해당하는 각각의 디스어셈블리 코드가 (B)에 나타나 있습니다. 메모리(혹은 파일)에서는 실제로 (C)처럼 되어 있습니다.

> **참고**
>
> 401000 주소를 예로 들면 (A) 영역의 '68 84B34000'이 IA-32 Instruction이고, (B) 영역의 'PUSH 0040B384'가 디스어셈블리 코드입니다.
>
> 추가적으로 디스어셈블리 코드는 크게 행위를 설명하는 'Mnemonic(니마닉)' 부분과 대상을 가리키는 'Operand(오퍼랜드)' 부분으로 나누어 집니다. 앞의 예에서 'PUSH'가 Mnemonic이고 '0040B384' Operand입니다.

이런 식으로 디버거에 탑재된 Disassembler는 (C) 영역의 Hex code(기계어 집합)를 해석하여 Instruction 단위로 쪼개서 표시(A)하고, 각 Instruction별로 디스어셈블리 코드(B)를 표시합니다. 사람 눈에는 당연히 (C)<(A)<(B) 순으로 보기 좋으며, 리버서들은 보통 (B) 형태의 디스어셈블리 코드를 보면서 분석을 수행합니다. 이제 IA-32 Instruction을 공부하고 나면, (A) 영역도 분석에 활용할 수 있습니다.

49.2.2. Decompiler

최근 많은 PE 파일들이 C/C++/VB/Delphi 프로그래밍 언어로 작성되고 있습니다. Decompiler는 기본적으로 Disassembler와 같은 개념입니다. 다만 Disassembler는 무조건 디스어셈블리 코드로 변환해 주는데 반해, Decompiler는 원본 소스코드 형태(C/C++/VB/Delphi)로 변환시켜 주는 차이가 있습니다(해당 언어에 맞는 Decompiler를 사용해야 합니다). 물론 원본 소스코드와는 차이가 있습니다만, 기술이 발전하면서 그 차이는 어느 정도 좁혀지고 있습니다.

49.2.3. Decompile 간단 소개

C 언어로 작성된 프로그램을 IDA Pro 분석 툴에서 Hex-Rays Decompiler 플러그인(PlugIn)을 사용하여 기계어 코드를 C 언어로 해석해내는 모습을 소개하겠습니다. 먼저 소스코드를 보겠습니다.

```c
4  int get_folder_count(LPCSTR szPath)
5  {
6      int             nCount = 0;
7      char            szFile[MAX_PATH] = {0,};
8      HANDLE          hFind = INVALID_HANDLE_VALUE;
9      WIN32_FIND_DATAA fd;
```

```
10
11      wsprintfA(szFile, "%s\\*.*", szPath);
12
13      hFind = FindFirstFileA(szFile, &fd);
14      if( INVALID_HANDLE_VALUE == hFind )
15      {
16          return 0;
17      }
18
19      do
20      {
21          if( (fd.dwFileAttributes & FILE_ATTRIBUTE_DIRECTORY) &&
22              (fd.cFileName[0] != '.') )
23          {
24              nCount++;
25          }
26      } while( FindNextFileA(hFind, &fd) );
27
28      FindClose(hFind);
29
30      return nCount;
31  }
32
```

그림 49.3 C 언어 소스코드

get_folder_count(LPCSTR szPath) 함수는 파라미터로 주어진 경로(szPath) 내에 폴더가 몇 개 있는지 계산해주는 간단한 함수입니다. 이 소스코드를 이용하여 생성한 PE 파일을 Decompile해보면 그림 49.4와 같은 코드가 나타납니다.

```
int __thiscall sub_401000(void *this)
{
  int v1; // edi@1
  HANDLE v2; // esi@1
  void *v3; // esi@1
  int result; // eax@2
  char v5; // [sp+Ch] [bp-254h]@1
  struct _WIN32_FIND_DATAA FindFileData; // [sp+10h] [bp-250h]@1
  CHAR FileName; // [sp+150h] [bp-110h]@1
  char v8; // [sp+151h] [bp-10Fh]@1
  unsigned int v9; // [sp+25Ch] [bp-4h]@1

  v9 = (unsigned int)&v5 ^ dword_40C004;
  v1 = 0;
  v3 = this;
  FileName = 0;
  memset(&v8, 0, 0x103u);
  wsprintfA(&FileName, "%s\\*.*", v3);
  v2 = FindFirstFileA(&FileName, &FindFileData);
  if ( v2 == (HANDLE)-1 )
  {
    result = 0;
  }
```

```
    else
    {
      do
      {
        if ( FindFileData.dwFileAttributes & 0x10 )
        {
          if ( FindFileData.cFileName[0] != 46 )
            ++v1;
        }
      }
      while ( FindNextFileA(v2, &FindFileData) );
      FindClose(v2);
      result = v1;
    }
    return result;
}
```

그림 49.4 Decompile된 C 언어 코드

정말 놀랍지 않습니까? 원본과 비슷하게 해석해냈습니다. 함수 이름(sub_401000)과 변수 이름(v1, v2, v3, v8)만 다른 정도입니다. 코드가 길고 복잡하다면 위 경우보다 보기 어렵겠지만, 빠르게 코드의 구조를 파악할 때는 더할 나위 없이 좋은 기능입니다.

이처럼 놀라운 기능의 IDA Pro 분석 툴과 Hex-Rays Decompiler 플러그인은 매우 비싼 상용 프로그램이라서 개인이 구매하여 사용하기에는 부담이 크기 때문에 보통 기업에서 구매하여 사용하는 경우가 대부분입니다. 참고로 그림 49.5는 같은 파일을 OllyDbg에서 열어본 그림입니다.

그림 49.5의 복잡한 디스어셈블리 코드를 보면 Decompiler가 얼마나 유용한지 확인할 수 있을 겁니다.

참고

Decompiler도 만능은 아닙니다. Protector와 같이 의도적으로 코드를 깨트려 놓고 실행 중간에 조합해서 사용하는 기법의 경우 Decompile이 불가능하거나 오히려 더 복잡하게 보일 수 있습니다. 따라서 고급 리버싱을 위해서는 디스어셈블리 코드와 Instruction을 잘 알아둬야 합니다.

```
00401000  $ 55            PUSH EBP
00401001  . 8BEC          MOV EBP,ESP
00401003  . 83E4 F8       AND ESP,FFFFFFF8
00401006  . 81EC 540200   SUB ESP,254
0040100C  . A1 04C04000   MOV EAX,DWORD PTR DS:[40C004]
00401011  . 33C4          XOR EAX,ESP
00401013  . 898424 5002   MOV DWORD PTR SS:[ESP+250],EAX                kernel32.BaseThreadInitT
0040101A  . 53            PUSH EBX
0040101B  . 56            PUSH ESI
0040101C  . 57            PUSH EDI
0040101D  . 68 03010000   PUSH 103
00401022  . 33FF          XOR EDI,EDI
00401024  . 8D8424 5501   LEA EAX,DWORD PTR SS:[ESP+155]
0040102B  . 57            PUSH EDI
0040102C  . 50            PUSH EAX                                      kernel32.BaseThreadInitT
0040102D  . 8BF1          MOV ESI,ECX
0040102F  . C68424 5C01   MOV BYTE PTR SS:[ESP+15C],0
00401037  . E8 04400000   CALL FolderCo.00405040
0040103C  . 56            PUSH ESI                                      <%s> = NULL
0040103D  . 8D8C24 6001   LEA ECX,DWORD PTR SS:[ESP+160]
00401044  . 68 94B34000   PUSH FolderCo.0040B394                        Format = "%s\\*.*"
00401049  . 51            PUSH ECX                                      s = NULL
0040104A  . FF15 1CA140   CALL DWORD PTR DS:[<&USER32.wsprintfA>]       wsprintfA
00401050  . 83C4 18       ADD ESP,18
00401053  . 8D5424 10     LEA EDX,DWORD PTR SS:[ESP+10]
00401057  . 52            PUSH EDX                                      pFindFileData = FolderCo
00401058  . 8D8424 5401   LEA EAX,DWORD PTR SS:[ESP+154]
0040105F  . 50            PUSH EAX                                      FileName = "\x8B\xFFU\x8
00401060  . FF15 00A040   CALL DWORD PTR DS:[<&KERNEL32.FindFirstFileA>] FindFirstFileA
00401066  . 8BF0          MOV ESI,EAX                                   kernel32.BaseThreadInitT
00401068  . 83FE FF       CMP ESI,-1
0040106B  .v 75 17        JNZ SHORT FolderCo.00401084
0040106D  . 33C0          XOR EAX,EAX                                   kernel32.BaseThreadInitT
0040106F  . 5F            POP EDI                                       kernel32.76181194
00401070  . 5E            POP ESI                                       kernel32.76181194
00401071  . 5B            POP EBX                                       kernel32.76181194
00401072  . 8B8C24 5002   MOV ECX,DWORD PTR SS:[ESP+250]
00401079  . 33CC          XOR ECX,ESP
0040107B  . E8 8D000000   CALL FolderCo.0040110D
00401080  . 8BE5          MOV ESP,EBP
00401082  . 5D            POP EBP                                       kernel32.76181194
00401083  . C3            RETN
00401084  > 8B1D 08A040   MOV EBX,DWORD PTR DS:[<&KERNEL32.FindNextFileA>] kernel32.FindNextFileA
0040108A  . 8D9B 000000   LEA EBX,DWORD PTR DS:[EBX]
00401090  > F64424 10 1   TEST BYTE PTR SS:[ESP+10],10
00401095  .v 74 08          JE SHORT FolderCo.0040109F
00401097  . 807C24 3C 2   CMP BYTE PTR SS:[ESP+3C],2E
0040109C  .v 74 01          JE SHORT FolderCo.0040109F
0040109E  . 47            INC EDI
0040109F  > 8D4C24 10     LEA ECX,DWORD PTR SS:[ESP+10]
004010A3  . 51            PUSH ECX
004010A4  . 56            PUSH ESI
004010A5  . FFD3          CALL EBX
004010A7  . 85C0          TEST EAX,EAX                                  kernel32.BaseThreadInitT
004010A9  .^ 75 E5        JNZ SHORT FolderCo.00401090
004010AB  . 56            PUSH ESI                                      hSearch = NULL
004010AC  . FF15 04A040   CALL DWORD PTR DS:[<&KERNEL32.FindClose>]     FindClose
004010B2  . 8B8C24 5C02   MOV ECX,DWORD PTR SS:[ESP+25C]
004010B9  . 8BC7          MOV EAX,EDI
004010BB  . 5F            POP EDI                                       kernel32.76181194
004010BC  . 5E            POP ESI                                       kernel32.76181194
004010BD  . 5B            POP EBX                                       kernel32.76181194
004010BE  . 33CC          XOR ECX,ESP
004010C0  . E8 48000000   CALL FolderCo.0040110D
004010C5  . 8BE5          MOV ESP,EBP
004010C7  . 5D            POP EBP                                       kernel32.76181194
004010C8  . C3            RETN
```

그림 49.5 디스어셈블리 코드

49.3. IA-32 Instruction 포맷

참고

지금부터의 내용은 중급 리버싱 과정입니다. 혹시 리버싱 초보라 잘 이해되지 않더라도 부담 없이 읽고 넘어가면 됩니다. 나중에 실력이 쌓이고 Instruction에 대한 이해가 필요할 때 다시 공부하기 바랍니다. 아래의 설명은 'Intel® 64 and IA-32 Architectures Software Developer's Manuals'의 내용을 제 나름대로 정리한 것입니다. 좀 더 자세한 설명은 해당 매뉴얼을 참고하기 바랍니다. 참고로 본문에 사용된 IA-32 Instruction에 관한 그림의 출처는 모두 Intel 매뉴얼입니다.

IA-32 Instruction 포맷에 대해서 알아보겠습니다.

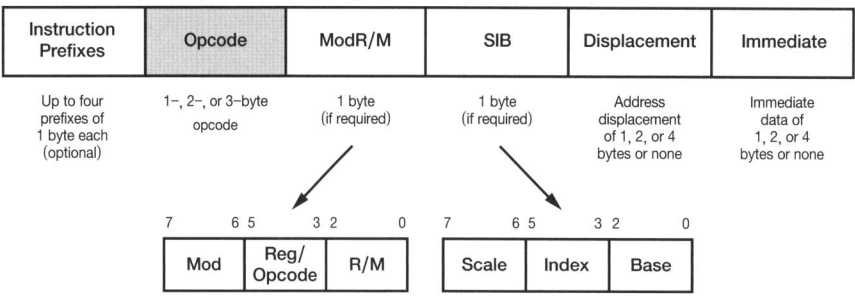

그림 49.6 IA32 Instruction 포맷

IA-32 Instruction은 그림 19.6과 같이 총 6개의 항목으로 구성되어 있습니다. 여기서 Opcode 항목은 반드시 존재해야 하며, 나머지 항목은 옵션입니다. 다음은 각 항목의 간략한 설명입니다.

49.3.1. Instruction Prefixes

Instruction Prefixes는 옵션 항목으로, 뒤에 특정한 Opcode가 나올 때 사용되어 Opcode의 의미를 보조하는 역할을 합니다. 간단한 예를 살펴보겠습니다.

```
66:81FE 4746      CMP SI,4647
66:C703 33D2      MOV WORD PTR DS:[EBX],0D233
F3:A4             REP MOVS BYTE PTR ES:[EDI],BYTE PTR DS:[ESI]
```

위 Instruction에서 제일 앞의 진하게 표시된 부분이 Prefix입니다.

Prefix 항목은 1바이트 크기를 가집니다(뒤쪽의 Opcode Map을 활용한 'Instruction 해석 방법'에서 Prefix 66에 대해서 자세히 살펴보겠습니다).

49.3.2. Opcode

Opcode(Operation Code)는 필수 항목이며 실제적인 명령어를 나타냅니다.

```
66:81FE 4746      CMP SI,4647
66:C703 33D2      MOV WORD PTR DS:[EBX],0D233
F3:A4             REP MOVS BYTE PTR ES:[EDI],BYTE PTR DS:[ESI]
8BF1              MOV ESI,ECX
E8 04400000       CALL 00405040
56                PUSH ESI
E9 4A020000       JMP 00401366
```

```
33C0         XOR EAX,EAX
0F95C1       SETNE CL
C3           RETN
CC           INT3
```

위 Instruction에서 진하게 표시된 부분이 Opcode입니다.

Opcode는 1~3바이트 크기를 가집니다. 일반적인 응용 프로그램 디버깅에서는 주로 1바이트 크기의 Opcode가 대부분이고, 가끔 2바이트 크기의 Opcode들이 있습니다. 3바이트 크기의 Opcode는 주로 MMX(MultiMedia eXtension) 관련 명령어라서 접할 기회가 거의 없습니다. Opcode는 보통 Operand(피연산자)를 가지는 경우가 많습니다('피연산자'라는 용어는 너무 딱딱하므로 그냥 원래대로 Operand라고 부릅시다). Operand의 종류는 Register, Memory Address, Constant(상수)입니다. 이러한 Opcode의 Operand를 결정하기 위해 (보조 수단으로) 보통 ModR/M과 SIB가 뒤따라오는 경우가 있습니다.

Opcode는 그 종류가 매우 많기 때문에 일반적으로는 Intel Manual의 Opcode Map을 보면서 해석을 해야 합니다. 이후 'Instruction 해석 방법'에서 직접 실습을 해보도록 하겠습니다.

49.3.3. ModR/M

ModR/M은 옵션 항목으로, 주로 Opcode를 도와서 Operand를 설명(Operand의 개수, 종류[Register, Address, Constant])하는 수단으로 사용됩니다.

```
66:81FE 4746      CMP SI,4647
66:C703 33D2      MOV WORD PTR DS:[EBX],0D233
8BF1              MOV ESI,ECX
33C0              XOR EAX,EAX
0F95C1            SETNE CL
```

위 Instruction에서 진하게 표시된 부분이 ModR/M입니다.

ModR/M은 1바이트의 크기를 가지며 그림 49.7과 같이 비트 단위로 분리되어 사용됩니다.

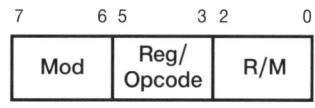

그림 49.7 ModR/M

간단한 ModR/M 계산 연습을 해보겠습니다.
Ex1.   ModR/M = FE
        FE를 2진수로 변환 = 11111110
        ModR/M 분리 = 11|111|110(Mod:11, Reg:111, R/M:110)

Ex2.   ModR/M = 03
        03을 2진수로 변환 = 00000011
        ModR/M 분리 = 00|000|011(Mod:00, Reg:000, R/M:011)

49.3.4. SIB

SIB(Scale-Index-Base)는 옵션 항목으로, ModR/M을 보조할 때 사용됩니다. Opcode의 Operand가 Memory Address인 경우 ModR/M과 함께 사용됩니다.

```
898424 50020000      MOV [ESP+250], EAX
C68424 5C010000 00   MOV [ESP+15C], 00
8D8428 B1354000      LEA EAX, [EAX+EBP+4035B1]
8B0C01               MOV ECX, [EAX+ECX]
```

위 Instruction에서 진하게 표시된 부분이 SIB입니다.

SIB는 1바이트의 크기를 가지며 ModR/M과 같이 비트 단위로 분리되어 사용됩니다.

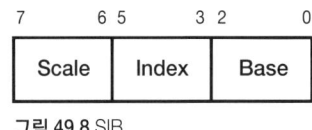

그림 49.8 SIB

* 간단한 SIB 계산 연습을 해보겠습니다.
Ex1.   SIB = 24
        24를 2진수로 변환 = 00100100
        SIB 분리 = 00|100|100(Scale:00, Index:100, Base:100)

Ex2.   SIB = 01
        01을 2진수로 변환 = 00000001
        SIB 분리 = 00|000|001(Scale:00, Index:000, Base:001)

49.3.5. Displacement

Displacement는 옵션 항목으로, Opcode의 Operand가 Memory Address인 경우 Displacement(변위)를 나타낼 때 사용됩니다('변위'라는 딱딱한 용어를 사용하지 않고 그냥 Displacement라고 부르겠습니다).

```
81B8 00004000 50450000    CMP DWORD PTR DS:[EAX+400000],4550
C705 68CF4000 01000100    MOV DWORD PTR DS:[40CF68],10001
833D 60CF4000 00          CMP DWORD PTR DS:[40CF60],0
814E 0C 00800000          OR  DWORD PTR DS:[ESI+C],8000
```

위 Instruction에서 진하게 표시된 부분이 Displacement입니다.

Displacement의 크기는 1, 2, 4바이트로 다양합니다.

49.3.6. Immediate

Immediate는 옵션 항목으로, Opcode의 Operand가 Constant(상수)인 경우에 그 Constant를 Immediate라고 말합니다.

```
81B8 00004000 50450000    CMP DWORD PTR DS:[EAX+400000],4550
C705 68CF4000 01000100    MOV DWORD PTR DS:[40CF68],10001
833D 60CF4000 00          CMP DWORD PTR DS:[40CF60],0
814E 0C 00800000          OR  DWORD PTR DS:[ESI+C],8000
```

위 Instruction에서 진하게 표시된 부분이 Immediate입니다.

Immediate의 크기는 1, 2, 4바이트로 다양합니다.

49.4. Instruction 해석 매뉴얼

먼저 'Instruction 해석 매뉴얼'을 만들겠습니다. 이 매뉴얼을 이용해 해석 실습을 진행합니다.

49.4.1. IA-32 Manuals 다운로드

IA-32에 대한 설명은 제조사인 Intel에서 제공한 공식 매뉴얼에 자세히 설명되어 있습니다. 앞으로 리버싱을 하면서 두고두고 참조할테니 미리 다운받기 바랍니다.

http://www.intel.com/products/processor/manuals/

위 경로에 접속해서 아래 두 파일을 다운받으면 됩니다.

Intel® 64 and IA-32 Architectures Software Developer's Manuals Volume 2A.pdf
Intel® 64 and IA-32 Architectures Software Developer's Manuals Volume 2B.pdf

49.4.2. Instruction 해석 매뉴얼 출력

위에서 다운받은 Intel 매뉴얼의 내용 중에서 Instruction을 해석할 때 필수적으로 참고해야 하는 테이블을 프린터로 출력합니다.

```
Vol. 2A
  Chapter 2 Instruction Format
    Table 2-2. 32-Bit Addressing Forms with the ModR/M Byte
    Table 2-3. 32-Bit Addressing Forms with the SIB Byte

Vol. 2C
  Appendix A Opcode map
    A.2 Key to Abbreviations
      A.2.1 Codes for Addressing Method
      A.2.2 Codes for Operand Type
      Table A-1. Superscripts Utilized in Opcode Tables

    A.3 One, Two, Three-byte Opcode Maps
      Table A-2. One-byte Opcode Map
      Table A-3. Two-byte Opcode Map

    A.4 Opcode Extensions for One-byte and Two-byte Opcodes
      Table A-6. Opcode Extentions for One- and Two Opcodes by Group Number
```

굵은 이탤릭 글씨체로 된 부분만 출력하면 됩니다.

준비가 완료되면 바로 실습을 통해 Opcode Map, ModR/M Table, SIB Table 등을 읽어서 Intruction을 해석하는 방법을 배워보겠습니다.

참고

위 출력물이 너덜너덜해질 때쯤 여러분은 IA-32 Instruction 해석의 고수가 되어 있을 겁니다. 저 또한 몇 년간 손 때묻은 저만의 Instruction Manual을 한 부 가지고 있습니다. 후배나 동료가 Instruction 해석에 관해서 물어오면 자랑스럽게 꺼내서 가르쳐 줍니다. 많이 참고하다 보면 어떤 내용이 대충 어느 페이지에 있다는 감이 생겨서 한번에 그 곳을 펼칠 수 있습니다. 제가 가장 존경하는

그림 49.9 OpCode 매뉴얼

선배님도 이러한 출력물을 가지고 계셨습니다. 그 당시에도 매우 낡아 보였지요. 어찌 보면 이것이 리버서의 연륜(?)을 나타내는 하나의 척도로 볼 수도 있겠습니다. 여러분도 꼭 자신만의 출력물을 한 부 만들어서 활용하기 바랍니다.

49.5. Instruction 해석 실습

본격적으로 IA-32 Instruction을 해석하는 방법에 대해 학습하겠습니다.

49.5.1. Opcode Map

첫 번째 실습 예제로 1바이트 Opcode를 골랐습니다.

```
41    INC ECX
```

앞에서 출력한 Opcode 매뉴얼(혹은 Intel Manual Vol. 2B)의 'Table A-2. One-byte Opcode Map'을 보세요.

Table A-2. One-byte Opcode Map: (00H — F7H) *

	0	1	2	3	4	5
0	ADD					
	Eb, Gb	Ev, Gv	Gb, Eb	Gv, Ev	AL, Ib	rAX, Iz
1	ADC					
	Eb, Gb	Ev, Gv	Gb, Eb	Gv, Ev	AL, Ib	rAX, Iz
2	AND					
	Eb, Gb	Ev, Gv	Gb, Eb	Gv, Ev	AL, Ib	rAX, Iz
3	XOR					
	Eb, Gb	Ev, Gv	Gb, Eb	Gv, Ev	AL, Ib	rAX, Iz
4	INC^{i64} general register / REX^{o64} Prefixes					
	eAX REX	eCX REX.B	eDX REX.X	eBX REX.XB	eSP REX.R	eBP REX.RB

그림 49.10 Opcode 41 in Table A-2

Instruction을 해석할 때 가장 먼저 확인해야 할 것이 바로 Table A-2 One-byte Opcode Map입니다. 찾으려 하는 Opcode 41을 '4'와 '1'로 쪼갠 후 Opcode Map에서 각각 '행'과 '열'로 하여 찾으면 됩니다. 이 경우 명령어는 INC이며, Operand는 ECX로 고정됩니다(같은 칸의 REX.B는 64비트 모드 전용 Operand이므로 무시합니다). 따라서 Instruction 41은 INC ECX 명령어를 의미합니다. 이것을 그림 49.6의 IA-32 Instruction Format으로 표시하면 다음과 같습니다.

[Prefixes]**[Opcode]**[ModR/M][SIB][Displacement][Immediate]

> **참고**
>
> 그림 49.10에서 INC 명령어의 위 첨자 i64와 REX 명령어의 위 첨자 o64에 대한 설명은 Opcode Manual의 'Table A-1. Superscripts Utilized in Opcode Tables'에 나와 있습니다. 이 테이블에 따르면 i64 기호는 64-bit mode에서 사용되지 않는다는 뜻이고, o64 기호는 오직 64-bit mode 에서만 사용된다는 뜻입니다. 따라서 Opcode 40~47은 32-bit 모드(i64)에서 INC 명령어로 사용 되며, 64-bit 모드(o64)에서는 REX prefixes로 사용됩니다. 여기서는 IA-32 Instruction을 다루기 때문에 INC 명령어로 해석해야 합니다. Operand도 마찬가지로 32-bit 모드에서는 ECX를 선택하 고, 64-bit 모드에서는 REX.B를 선택해야 합니다.

49.5.2. Operand

이번에는 Operand의 형태를 파악하는 연습을 해보도록 하겠습니다.

```
68 A0B44000    PUSH 0040B4A0
```

앞에서와 같은 방법으로 Instruction의 첫 바이트 68을 Table A-2 Opcode Map에 서 찾습니다.

Table A-2. One-byte Opcode Map: (08H — FFH) *

	8	9	A	B	C	D
0	\multicolumn{6}{c}{OR}					
	Eb, Gb	Ev, Gv	Gb, Eb	Gv, Ev	AL, Ib	rAX, Iz
1	\multicolumn{6}{c}{SBB}					
	Eb, Gb	Ev, Gv	Gb, Eb	Gv, Ev	AL, Ib	rAX, Iz
2	\multicolumn{6}{c}{SUB}					
	Eb, Gb	Ev, Gv	Gb, Eb	Gv, Ev	AL, Ib	rAX, Iz
3	\multicolumn{6}{c}{CMP}					
	Eb, Gb	Ev, Gv	Gb, Eb	Gv, Ev	AL, Ib	rAX, Iz
4	\multicolumn{6}{c}{DEC^{i64} general register / REX^{o64} Prefixes}					
	eAX REX.W	eCX REX.WB	eDX REX.WX	eBX REX.WXB	eSP REX.WR	eBP REX.WRB
5	\multicolumn{6}{c}{POP^{d64} into general register}					
	rAX/r8	rCX/r9	rDX/r10	rBX/r11	rSP/r12	rBP/r13
6	PUSH^{d64} Iz	IMUL Gv, Ev, Iz	PUSH^{d64} Ib	IMUL Gv, Ev, Ib	INS/ INSB Yb, DX	INS/ INSW/ INSD Yz, DX

그림 49.11 Opcode 68 in Table A-2

그림 49.11을 보면 Opcode 68은 PUSH Iz라고 표시되어 있습니다. 즉 Operand

를 하나 가지는 PUSH 명령어입니다.

> **참고**
>
> Table A-2 One-byte Opcode Map의 내용이 매우 방대하기 때문에 Intel Manual에는 두 페이지에 걸쳐 보여주고 있습니다. 그림 49.11은 그 두 번째 페이지의 일부입니다.

Operand 타입을 나타내는 Iz의 의미를 알아야 정확한 해석이 가능합니다. 대문자 I는 'Addressing Method'를 의미하고, 소문자 z는 'Operand Type'을 의미합니다. 이들은 각각 앞에서 만든 Opcode 매뉴얼의 'A.2.1 Codes for Addressing Method'과 'A.2.2 Codes for Operand Type'에 설명되어 있습니다.

표 49.2에 자주 사용되는 Addressing Method를 정리하였습니다.

E	A ModR/M byte follows the opcode and specifies the operand. The operand is either a general-purpose register or a memory address.
G	The reg field of the ModR/M byte selects a general register (for example, AX (000)).
I	Immediate data: the operand value is encoded in subsequent bytes of the instruction.
J	The instruction contains a relative offset to be added to the instruction pointer register (for example, JMP (0E9), LOOP).
M	The ModR/M byte may refer only to memory (for example, BOUND, LES, LDS, LSS, LFS, LGS, CMPXCHG8B).
X	Memory addressed by the DS:rSI register pair (for example, MOVS, CMPS, OUTS, or LODS).
Y	Memory addressed by the ES:rDI register pair (for example, MOVS, CMPS, INS, STOS, or SCAS).

표 49.2 Vol. 2B A.2.1 Codes for Addressing Method의 일부(출처: Intel 공식 매뉴얼)

'Addressing Method'를 의미하는 대문자 I는 Immediate(상수)입니다. 상수의 크기를 알려면 Operand Type을 참고해야 합니다.

표 49.3에 자주 사용되는 Operand Type을 정리하였습니다.

b	Byte, regardless of operand-size attribute.
d	Doubleword, regardless of operand-size attribute.
v	Word, doubleword or quadword (in 64-bit mode), depending on operand-size attribute.
z	Word for 16-bit operand-size or doubleword for 32 or 64-bit operand-size.

표 49.3 Vol. 2B A.2.2 Codes for Operand Type의 일부(출처: Intel 공식 매뉴얼)

'Operand Type'을 의미하는 소문자 z는 32-bit 모드에서 DWORD(32비트) 크기입니다. 따라서 이 모든 정보를 종합하면, Opcode 68은 PUSH Iz 명령어 형식이고, Operand 형식을 나타내는 Iz 기호는 4바이트(32비트) 상수를 의미하므로 68 뒤의 4바이트(0040B440)를 더 읽어서 최종적으로 PUSH 0040B4A0으로 해석이 됩니다. IA-32 Instruction Format으로 표시하면 아래와 같습니다.

[Prefixes]**[Opcode]**[ModR/M][SIB][Displacement]**[Immediate]**

여기까지는 몸풀기 과정이었고, 이제부터 본격적인 Instruction 해석을 해보도록 하겠습니다.

49.5.3. ModR/M

ModR/M이 포함된 Instruction을 해석하는 방법에 대해서 알아보겠습니다.

```
89C1 MOV ECX,EAX
```

먼저 Opcode 89를 Opcode Map에서 찾습니다.

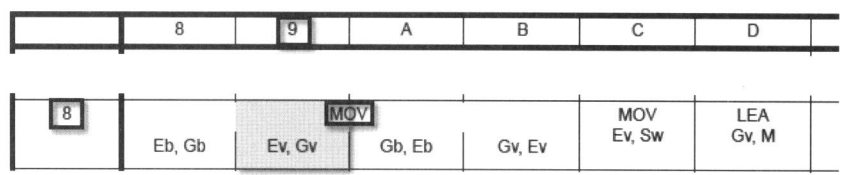

그림 49.12 Opcode 89 in Table A-2

Opcode Map에서 Opcode 89는 MOV Ev, Gv 명령어 형식입니다. Operand를 두 개 가지며, 첫 번째 Operand는 Ev 형식이고, 두 번째 Operand는 Gv 형식입니다.

앞서 나온 표 49.3에 의하면 Operand Type 소문자 v는 32비트(4바이트) 크기이므로, 두 개의 Operand의 크기가 모두 4바이트라는 것을 알 수 있습니다. 이제 대문자 E와 G의 의미를 알면 정확한 해석이 가능해집니다. 표 49.2의 설명에 따르면 E는 Register 혹은 Memory Address 형태의 Operand이며, G는 Register 형태만 가능한 Operand입니다. Operand 형태가 E 또는 G라면 Opcode 뒤에 반드시 ModR/M이 따라옵니다.

참고

Opcode를 알면 Opcode Map에서 Instruction 형태(Mnemonic, Operand 개수, Operand 크기)를 알 수 있습니다. 만약 Operand의 Addressing Method가 E 또는 G라면, Opcode 뒤에 따라오는 ModR/M을 분석하여 정확한 Operand를 해석할 수 있습니다.

따라서 전체 Instruction 89C1에서 Opcode 89 뒤의 1바이트 값 C1이 바로 ModR/M인 것을 알 수 있습니다. ModR/M 테이블은 Opcode 매뉴얼에서 'Table 2-2. 32-Bit Addressing Forms with the ModR/M Byte'입니다.

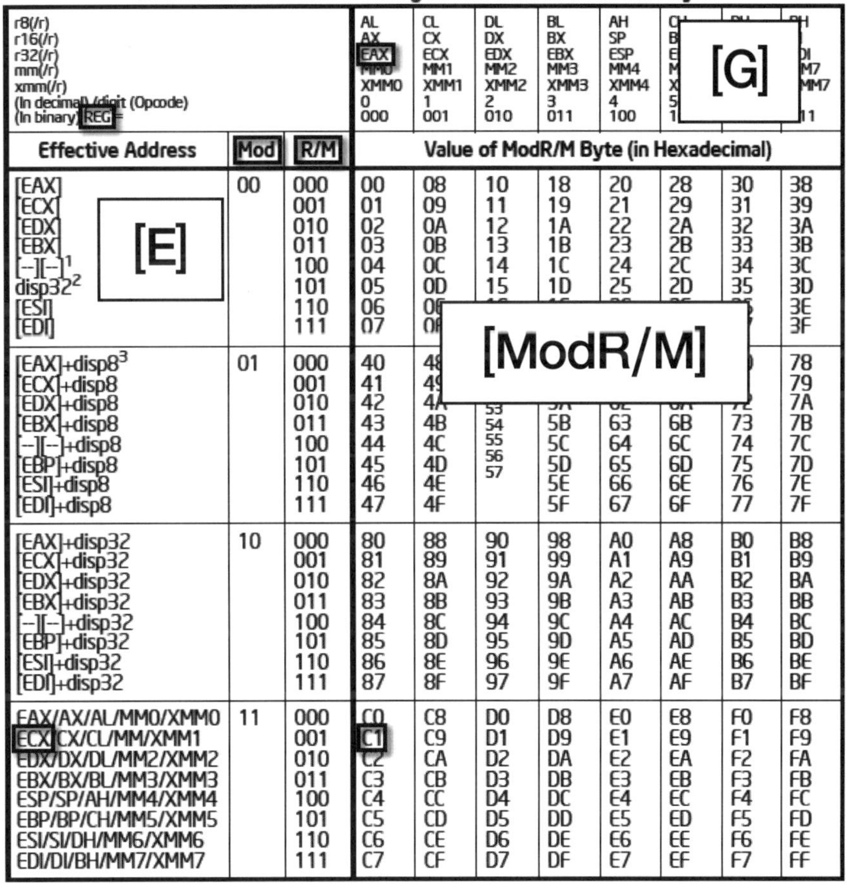

Table 2-2. 32-Bit Addressing Forms with the ModR/M Byte

r8(/r) r16(/r) r32(/r) mm(/r) xmm(/r) (In decimal) /digit (Opcode) (In binary) REG =			AL AX EAX MM0 XMM0 0 000	CL CX ECX MM1 XMM1 1 001	DL DX EDX MM2 XMM2 2 010	BL BX EBX MM3 XMM3 3 011	AH SP ESP MM4 XMM4 4 100	[illegible]	[illegible]	[illegible]
Effective Address	**Mod**	**R/M**	**Value of ModR/M Byte (in Hexadecimal)**							
[EAX]	00	000	00	08	10	18	20	28	30	38
[ECX]		001	01	09	11	19	21	29	31	39
[EDX]		010	02	0A	12	1A	22	2A	32	3A
[EBX]		011	03	0B	13	1B	23	2B	33	3B
[--][--][1]		100	04	0C	14	1C	24	2C	34	3C
disp32[2]		101	05	0D	15	1D	25	2D	35	3D
[ESI]		110	06	[illegible]	[illegible]	[illegible]	[illegible]	[illegible]	[illegible]	3E
[EDI]		111	07	[illegible]	[illegible]	[illegible]	[illegible]	[illegible]	[illegible]	3F
[EAX]+disp8[3]	01	000	40	[illegible]	[illegible]	[illegible]	[illegible]	[illegible]	[illegible]	78
[ECX]+disp8		001	41	[illegible]	[illegible]	[illegible]	[illegible]	[illegible]	[illegible]	79
[EDX]+disp8		010	42	4A	53	[illegible]	[illegible]	[illegible]	[illegible]	7A
[EBX]+disp8		011	43	4B	54	5B	63	6B	73	7B
[--][--]+disp8		100	44	4C	55	5C	64	6C	74	7C
[EBP]+disp8		101	45	4D	56 57	5D	65	6D	75	7D
[ESI]+disp8		110	46	4E		5E	66	6E	76	7E
[EDI]+disp8		111	47	4F		5F	67	6F	77	7F
[EAX]+disp32	10	000	80	88	90	98	A0	A8	B0	B8
[ECX]+disp32		001	81	89	91	99	A1	A9	B1	B9
[EDX]+disp32		010	82	8A	92	9A	A2	AA	B2	BA
[EBX]+disp32		011	83	8B	93	9B	A3	AB	B3	BB
[--][--]+disp32		100	84	8C	94	9C	A4	AC	B4	BC
[EBP]+disp32		101	85	8D	95	9D	A5	AD	B5	BD
[ESI]+disp32		110	86	8E	96	9E	A6	AE	B6	BE
[EDI]+disp32		111	87	8F	97	9F	A7	AF	B7	BF
EAX/AX/AL/MM0/XMM0	11	000	C0	C8	D0	D8	E0	E8	F0	F8
ECX/CX/CL/MM/XMM1		001	C1	C9	D1	D9	E1	E9	F1	F9
EDX/DX/DL/MM2/XMM2		010	C2	CA	D2	DA	E2	EA	F2	FA
EBX/BX/BL/MM3/XMM3		011	C3	CB	D3	DB	E3	EB	F3	FB
ESP/SP/AH/MM4/XMM4		100	C4	CC	D4	DC	E4	EC	F4	FC
EBP/BP/CH/MM5/XMM5		101	C5	CD	D5	DD	E5	ED	F5	FD
ESI/SI/DH/MM6/XMM6		110	C6	CE	D6	DE	E6	EE	F6	FE
EDI/DI/BH/MM7/XMM7		111	C7	CF	D7	DF	E7	EF	F7	FF

그림 49.13 Table 2-2. 32-bit ModR/M Byte

그림 49.13의 ModR/M 테이블은 Opcode Map에 비해서 상당히 복잡하게 보입니다만, 원리를 알면 쉽게 의미를 파악할 수 있습니다. ModR/M은 1바이트 크기를 가지며 그림 49.13의 ModR/M 테이블에서 [ModR/M] 영역에 00부터 FF까지 표시되어 있습니다. 앞서 ModR/M을 설명할 때 비트 단위로 세 부분(Mod, Reg, R/M)으로 나뉘어진다고 하였습니다(ModR/M 설명 참고). ModR/M C1을 예로 들어 설명하겠습니다.

```
Ex) ModR/M = C1
C1을 2진수로 변환 = 11000001
ModR/M 분리 = 11|000|001 (Mod:11, Reg:000, R/M:001)
```

이와 같이 ModR/M을 각각 분리해낸 값들이 친절하게 그림 49.13의 'Mod', 'REG', 'R/M' 항목에 표시되어 있습니다(2진수). 각자 그림 49.13에서 C1을 찾아 Mod, Reg, R/M 값을 확인하기 바랍니다. Operand의 Addressing Method가 'E'인 경우 Operand의 형태는 그림 49.13에서 왼쪽의 [E] 영역(그림 49.13 표 왼쪽 부분)에 나타납니다.

> **참고**
> Addressing Method 'E'는 Memory Address 또는 Register 형태입니다. 그림 49.13을 보면 ModR/M 값이 00~BF인 경우 [E] 영역에 표시된 Operand의 형태는 Memory Address이고, ModR/M 값이 C0~FF인 경우 [E] 영역에 표시된 Operand의 형태는 Register임을 알 수 있습니다.

Operand의 Addressing Method가 'G'인 경우 Operand의 형태는 그림 49.13에서 [G] 영역(그림 49.13의 표 위쪽 부분)에 나타납니다.

> **참고**
> Addressing Method 'G'는 오로지 Register 형태만 갖는다고 표 49.2에서 설명했습니다. 위 그림 49.13을 보면 ModR/M의 Reg 값(000~111)에 따라서 EAX에서부터 EDI까지 변화하고 있습니다 (32비트 크기의 Operand의 경우).

이제 다시 Instruction 89C1 해석으로 돌아오겠습니다. Opcode 89는 MOV Ev, Gv 형식의 명령어이고, ModR/M 값을 가집니다. ModR/M은 C1이므로 그림 49.13에서 Ev = ECX, Gv = EAX라는 것을 확인할 수 있습니다. 따라서 Instruction 89C1은 MOV ECX, EAX으로 해석이 됩니다.

> **참고**
>
> 대문자 E와 G는 Address Method로, 그림 49.13에서 각각 [E] 영역과 [G] 영역에 나타나 있습니다. 또한 소문자 v는 Operand Type이며, 32비트 연산의 경우 Operand 크기도 32비트가 됩니다. 이 정보를 바탕으로 그림 49.13에서 ModR/M 값 C1을 찾으면 Ev, Gv는 각각 ECX, EAX가 됩니다.

IA-32 Instruction 포맷은 아래와 같습니다.

[Prefixes]**[Opcode][ModR/M]**[SIB][Displacement][Immediate]

49.5.4. Group

Group 명령문은 Opcode를 ModR/M과 조합하여 최대 8가지 형태의 명령어(Mnemonic)를 가질 수 있는 Opcode들을 뜻합니다. 이렇게 Group 명령어를 잘 활용하면 해석이 좀 복잡해지는 대신 Opcode Map을 확장시키는 효과를 얻을 수 있습니다.

```
83C3 12    ADD EBX,12
```

먼저 Opcode Map에서 83을 찾습니다.

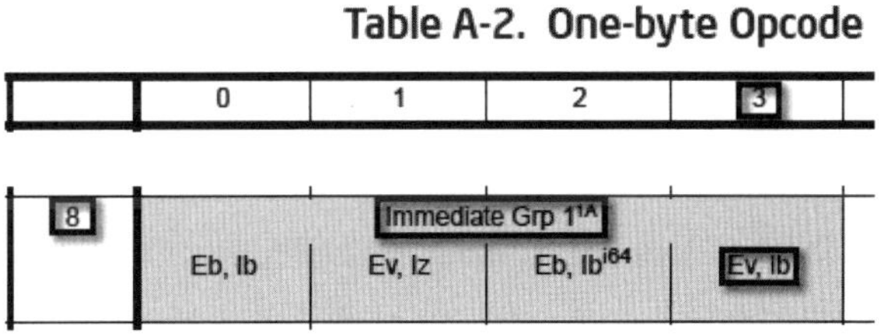

Table A-2. One-byte Opcode

	0	1	2	**3**
8	Eb, Ib	Ev, Iz	Eb, Ib^{64}	**Ev, Ib**

(Immediate Grp 1^{1A})

그림 49.14 Opcode 83 in Table A-2

Opcode 83은 'Grp 1 Ev, Ib' 형태의 Instruction입니다. 두 개의 Operand를 가지며 각각 Ev, Ib 형식입니다. 앞에서 설명한 대로 Ev 기호는 4바이트 크기의 레지스터(또는 메모리 주소)이고, Ib 기호는 1바이트 크기의 상수(Immediate)입니다(표 49.3에 의하면 Operand Type 기호 b는 바이트 크기를 의미합니다).

> **참고**
>
> 지금까지와 달리 명령어(Mnemonic)가 직접 나오지 않고 'Immediate Grp 1'이라고 표시된 것을 눈여겨보기 바랍니다. 여러 가지 형태의 Group 중에 'Immediate Grp 1' 형태를 의미하는 것입니다. Opcode 하나에 여러 가지 명령어들을 묶어 놓고 ModR/M에 따라서 해당 명령어가 결정되는 형태입니다. 앞의 그림에서 Immediate Group 1의 두 번째 Operand는 Immediate(상수)입니다. 이 Group에 속한 명령어들은 이러한 상수를 연산(ADD, SUB, XOR 등)하는 명령어입니다.

Operand 형식에 Ev 기호가 있기 때문에 ModR/M 바이트(C3)가 뒤따라옵니다. 또한 Opcode가 Group 명령문인 경우 무조건 ModR/M이 따라옵니다. 따라서 현재까지 얻은 정보를 가지고 Instruction 83C312를 해석하면 아래와 같습니다.

```
83C312   -   Grp1 Ev, Ib
```

아직 정확한 명령어(Mnemonic)와 Operand 내용을 모르는 상태입니다. ModR/M 'C3'을 분석하면 위의 Instruction을 정확히 해석할 수 있습니다(어떤 순서대로 해석해도 상관없습니다만, 왼쪽→오른쪽 순서로 해석해나가는 것이 조금 더 편리합니다).

```
Ex) ModR/M = C3
C3을 2진수로 변환 = 11000011
ModR/M 분리 = 11|000|011 (Mod:11, Reg:000, R/M:011)
```

먼저 Group 명령어 테이블을 참조하여 명령어(Mnemonic)를 확인하겠습니다. Group 명령어 테이블은 Opcode Manual의 'Table A-6. Opcode Extentions for One- and Two Opcodes by Group Number'에 나타나 있습니다.

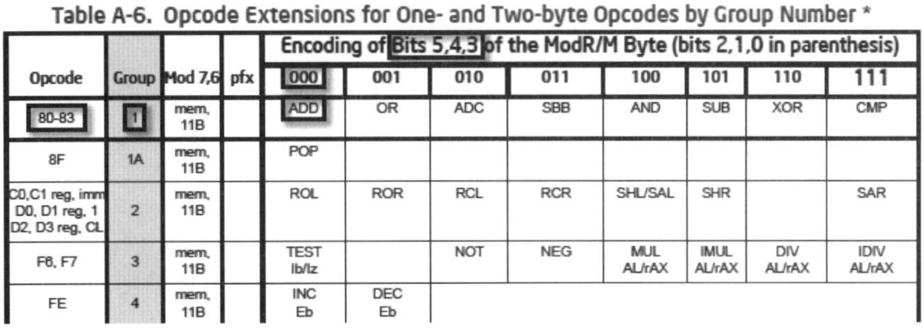

Table A-6. Opcode Extensions for One- and Two-byte Opcodes by Group Number *

Opcode	Group	Mod 7,6	pfx	Encoding of Bits 5,4,3 of the ModR/M Byte (bits 2,1,0 in parenthesis) 000	001	010	011	100	101	110	111
80-83	1	mem, 11B		ADD	OR	ADC	SBB	AND	SUB	XOR	CMP
8F	1A	mem, 11B		POP							
C0,C1 reg, imm D0, D1 reg, 1 D2, D3 reg, CL	2	mem, 11B		ROL	ROR	RCL	RCR	SHL/SAL	SHR		SAR
F6, F7	3	mem, 11B		TEST Ib/Iz		NOT	NEG	MUL AL/rAX	IMUL AL/rAX	DIV AL/rAX	IDIV AL/rAX
FE	4	mem, 11B		INC Eb	DEC Eb						

그림 49.15 Opcode 83 in Table A-6

그림 49.15에서 Opcode는 83이므로 Group 1 항목을 보면 됩니다. 그리고 ModR/M C3의 Reg 값이 000(2진수)이므로 해당되는 명령어(Mnemonic)는 ADD입니다. 여기까지 해석한 내용에 따르면 Instruction 83C312는 다음과 같습니다.

```
83C312  -  ADD Ev, Ib
```

이제 첫 번째 Operand를 확인하겠습니다. ModR/M 테이블에서 'C3' 값을 찾습니다.

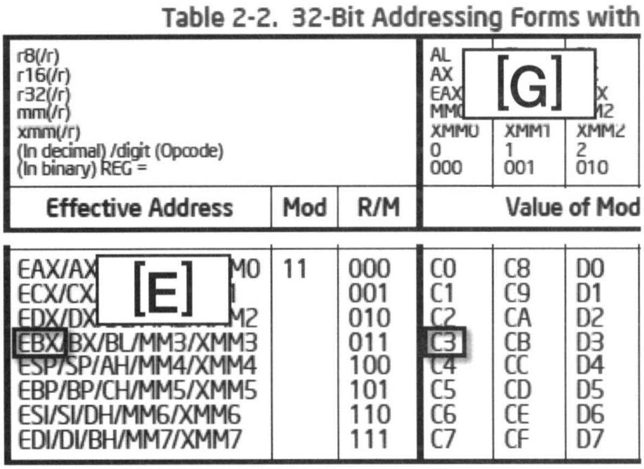

그림 49.16 ModR/M 'C3' in Table 2-2

그림 49.16을 보면 ModR/M 'C3'의 Ev 기호에 해당되는 값은 EBX입니다.

참고

첫 번째 Operand 형식이 Ev라는 것은 그림 49.14에 나타나 있습니다. Addressing Method 기호 E에 해당되는 값은 그림 49.13, 49.16의 [E] 영역에서 찾아야 합니다. EBX/BX/BL가 후보인데

Operand Type 기호가 v이므로 4바이트 크기의 EBX 레지스터를 선택해야 합니다(E는 General Purpose Register만 가능하므로 MM3와 XMM3 레지스터는 해당되지 않습니다). 혹시라도 [G] 영역의 EAX 값을 선택하면 안됩니다. [G] 영역은 Addressing Method 기호가 G인 경우에만 해당됩니다. ModR/M 테이블은 비교적 복잡하기 때문에 읽는 방법을 정확히 이해해야 합니다.

이제 Instruction 83C312 해석은 다음과 같습니다.

```
83C312   -   ADD EBX, Ib
```

두 번째 Operand의 기호는 Ib이고, 이는 1바이트 크기의 Immediate(상수)를 의미하므로 ModR/M 뒤의 1바이트(12)를 읽어오면 됩니다. 따라서 Instruction 83C312의 최종적인 해석은 다음과 같습니다.

```
83C312   -   ADD EBX, 12
```

IA-32 Instruction Format으로 표시하면 다음과 같습니다.

[Prefixes]**[Opcode][ModR/M]**[SIB][Displacement]**[Immediate]**

49.5.5. Prefix

Prefix가 포함된 Instruction 해석 방법에 대한 설명입니다. 어떤 Prefix(66, 67)는 전체 Instruction 해석에 큰 영향을 미치기 때문에 잘 알아둬야 합니다.

```
66:81FE 3412      CMP SI,1234
```

역시 같은 방식으로 Table A-2 Opcode Map에서 '66'을 찾습니다.

Table A-2. One-byte Opcode Map: (00H — F7H) *

	0	1	2	3	4	5	6	7
6	PUSHA[64]/ PUSHAD[64]	POPA[64]/ POPAD[64]	BOUND[64] Gv, Ma	ARPL[64] Ew, Gw MOVSXD[064] Gv, Ev	SEG=FS (Prefix)	SEG=GS (Prefix)	Operand Size (Prefix)	Address Size (Prefix)

그림 49.17 Prefix 66 in Table A-2

그림 49.17을 보면 66은 Operand Size(Prefix)라고 표시되어 있습니다. 더 정확한 표현은 Operand-Size Override Prefix이며, Prefix 66의 의미는 32비트 크기의 Operand를 16비트 크기로(또는 16비트 크기의 Operand를 32비트 크기로) 인식하도록 만드는 것입니다. Prefix 66 다음에 나타나는 바이트 81이 바로 Opcode입니다. 81을 Opcode Map에서 찾아보면 다음 그림과 같습니다.

Table A-2. One-byte Opcode

	0	1	2	3
		Immediate Grp 1[1A]		
8	Eb, Ib	Ev, Iz	Eb, Ib[i64]	Ev, Ib

그림 49.18 Opcode 81 in Table A-2

Opcode 81은 그림 49.18과 같이 Group 명령어이며, 2개의 Operand (Ev, Iz)를 가집니다. 일반적으로 기호 Ev는 32비트 크기의 레지스터(또는 메모리 주소)이고, Iv 기호는 32비트 크기의 상수(Immediate)를 의미합니다(Opcode Manual A.2.1 & A.2.2 참고). 그런데 Operand-Size Override Prefix 66이 적용되었기 때문에 Operand의 크기는 각각 32비트에서 16비트로 변경됩니다. Operand 형식에 E 기호가 나오면 ModR/M 바이트(FE)가 뒤따라옵니다. 현재까지 알아낸 정보에 따라서 Instruction 6681FE 3412를 해석하면 아래와 같습니다(Prefix 66에 의해서 Operand 크기는 16비트로 변경된 사실에 주의하기 바랍니다).

```
6681FE 3412   -  Grp1 Ev, Iz    (Operand Size = 16 bit)
```

정확한 명령어와 Operand를 알아내기 위해서 ModR/M 값 FE를 분석해야 합니다.

```
Ex) ModR/M = FE
FE을 2진수로 변환 = 11111110
ModR/M 분리 = 11|111|110 (Mod:11, Reg:111, R/M:110)
```

Group 명령어를 알아보겠습니다. 우선 Table A-6의 Group 명령어를 봅시다.

Table A-6. Opcode Extensions for One- and Two-byte Opcodes by Group Number *

Opcode	Group	Mod 7,6	pfx	000	001	010	011	100	101	110	111
80-83	1	mem, 11B		ADD	OR	ADC	SBB	AND	SUB	XOR	CMP
8F	1A	mem, 11B		POP							
C0,C1 reg, imm D0, D1 reg, 1 D2, D3 reg, CL	2	mem, 11B		ROL	ROR	RCL	RCR	SHL/SAL	SHR		SAR
F6, F7	3	mem, 11B		TEST Ib/Iz		NOT	NEG	MUL AL/rAX	IMUL AL/rAX	DIV AL/rAX	IDIV AL/rAX

그림 49.19 Opcode 81 in Table A-6

그림 49.19의 Group Table을 보면 Opcode 81(Group 1)에서 ModR/M의 REG 값(111)에 해당되는 명령어는 CMP입니다.

```
6681FE 3412  -  CMP Ev, Iz    (Operand Size = 16 bit)
```

이번에는 첫 번째 Operand를 확인하겠습니다. ModR/M 테이블에서 'FE'를 찾습니다.

Table 2-2. 32-Bit Addressing Forms with the ModR/M Byte

r8(/r) r16(/r) r32(/r) mm(/r) xmm(/r) (In decimal) /digit (Opcode) (In binary) REG =			AL AX EAX MM0 XMM0 000	CL CX ECX MM1 XMM1 001	DL DX EDX MM2 XMM2 010	BL BX EBX MM3 XMM3 011	AH SP ESP MM4 XMM4 100	CH BP EBP MM5 XMM5 101	DH SI ESI MM6 XMM6 110	BH DI EDI MM7 XMM7 111
Effective Address	Mod	R/M	Value of ModR/M Byte (in Hexadecimal)							
EAX/AX/AL/MM0/XMM0	11	000	C0	C8	D0	D8	E0	E8	F0	F8
ECX/CX/CL/MM1/XMM1		001	C1	C9	D1	D9	E1	E9	F1	F9
EDX/DX/DL/MM2/XMM2		010	C2	CA	D2	DA	E2	EA	F2	FA
EBX/BX/BL/MM3/XMM3		011	C3	CB	D3	DB	E3	EB	F3	FB
ESP/SP/AH/MM4/XMM4		100	C4	CC	D4	DC	E4	EC	F4	FC
EBP/BP/CH/MM5/XMM5		101	C5	CD	D5	DD	E5	ED	F5	FD
ESI/SI/DH/MM6/XMM6		110	C6	CE	D6	DE	E6	EE	F6	FE
EDI/DI/BH/MM7/XMM7		111	C7	CF	D7	DF	E7	EF	F7	FF

그림 49.20 ModR/M FE in Table 2-2

ModR/M 'FE'의 Ev 기호에 해당되는 값은 ESI이지만, Prefix 66 때문에 16비트 크기의 SI를 선택합니다.

```
6681FE 3412  -  CMP SI, Iz    (Operand Size = 16 bit)
```

두 번째 Operand의 기호는 Iz입니다. 원래는 4바이트(32비트) 크기의 Immediate 값이지만, Prefix 66의 영향을 받아서 2바이트(16비트) 크기로 변경됩니다. 따라서 ModR/M 뒤의 2바이트 값(1234)을 가져오면 Instruction은 최종적으로 아래와 같이 해석됩니다.

```
6681FE 3412  -  CMP SI, 1234
```

IA-32 Instruction Format으로 표시하면 다음과 같습니다.

[Prefixes][Opcode][ModR/M][SIB][Displacement]**[Immediate]**

49.5.6. 2바이트 Opcode

Opcode의 크기가 2바이트인 경우에 대해서 알아보겠습니다. 1바이트 Opcode만으로는 부족하기 때문에 2바이트로 확장시킨 것입니다. 다행히 2바이트 Opcode의 첫 바이트는 0F로 고정되어 있어서 Opcode Map에서 찾는 방식은 1바이트 Opcode와 동일합니다.

```
0F85 FA1F0000    JNZ XXXXXXXX
```

일단 Instruction의 첫 바이트(0F)를 1바이트 Opcode Map에서 찾아보겠습니다.

Table A-2. One-byte Opcode Map: (08H — FFH) *

	8	9	A	B	C	D	E	F
0	Eb, Gb	Ev, Gv	OR Gb, Eb	Gv, Ev	AL, Ib	rAX, Iz	PUSH CS[i64]	2-byte escape (Table A-3)

그림 49.21 Opcode 0F in Table A-2

'0F'는 2바이트 Opcode를 위한 Escape 기호라고 표시됩니다. 그리고 2바이트 Opcode는 Table A-3을 참조하라는군요. 2바이트 Opcode Map은 Intel Manual에서 총 4페이지로 구성되어 있습니다.

Table A-3. Two-byte Opcode Map: 80H — F7H (First Byte is 0FH) *

pfx	0	1	2	3	4	5	6	7
8	O	NO	B/CNAE	AE/NB/NC	E/Z	NE/NZ	BE/NA	A/NBE

Jcc[i64], Jz - Long-displacement jump on condition

그림 49.22 Opcode 0F85 in Table A-3

그림 49.22의 테이블 제목을 보면 첫 바이트가 '0F'로 되어 있다고 표시되어 있습니다. 두 번째 바이트 '85'를 찾으면 JNE(또는 JNZ) 명령어라는 것을 확인할 수 있습니다.

> **참고**
>
> Jcc는 Conditional Jump을 의미하는 명령어입니다. 보통 이러한 Conditional Jump 명령어 앞에 비교문(CMP, TEST)이 존재하며, 그 결과에 따라서 점프 여부가 결정되는 형태입니다. Jcc는 다양한 형태가 존재하며 위의 경우(0F85)에 JNE(Jump Not Equal) 또는 JNZ(Jump Not Zero) 명령어로 해석됩니다(둘은 같은 뜻입니다). Jcc 명령어(0F80~0F8F)의 Operand는 그림 49.22에서 'Long-displacement'라고 나타나 있습니다. 일반적으로 Operand 설명에서 Long은 4바이트(32비트)를 의미하고, Short은 1바이트(8비트)를 의미합니다. 따라서 Jcc 명령어의 Operand는 4바이트 크기의 Displacement(변위 값)입니다.

JNE 명령어의 Operand는 4바이트 크기의 Displacement이므로 Opcode 뒤의 4byte(00001FFA)를 읽어 오면 Instruction은 아래와 같이 해석됩니다.

```
0F85 FA1F0000   -   JNE XXXXXXXX
```

IA-32 Instruction Format은 다음과 같습니다.

[Prefixes]**[Opcode]**[ModR/M][SIB]**[Displacement]**[Immediate]

> **참고**
>
> 위 Instruction의 Displacement 값 00001FFA는 Relative Offset입니다. 즉 현재 EIP에 더해줘야 정확한 점프 주소가 계산됩니다. 예를 들어 위 Instruction 주소가 401000이라고 해보겠습니다. Instruction이 실행되면, EIP는 401006이 됩니다(Instruction 길이 6바이트만큼 증가). 이 EIP 값(401006)에 Displacement(1FFA)를 더하면 실제 점프 주소는 403000이 됩니다(JNE 403000). 디버깅에서 Relative Offset 개념은 자주 등장하므로 잘 알아둬야 합니다.

49.5.7. Displacement & Immediate

Instruction 형식 중에서 Displacement와 Immediate가 동시에 사용되는 경우에 대해서 살펴보겠습니다.

```
C705 00CF4000 01000100    MOV DWORD PTR DS:[40CF00], 10001
```

C7을 Opcode Map에서 찾아보겠습니다.

Table A-2. One-byte Opcode Map: (00H — F7H) *

	0	1	2	3	4	5	6	7
C		Shift Grp 2[1A]	RETN[64] Iw	RETN[64]	LES[64] Gz, Mp	LDS[64] Gz, Mp	Grp 11[1A] - MOV	
		Eb, Ib	Ev, Ib					Eb, Ib	Ev, Iz

그림 49.23 Opcode C7 in Table A-2

Opcode C7은 Group 11 MOV 명령어이며, 두 개의 Operand (Ev, Iz)를 가집니다. 따라서 위 Instruction은 아래와 같이 쓸 수 있습니다.

```
C705 00CF4000 01000100  -  Grp11 Ev, Iz
```

Group 명령어이거나 Operand 형식이 E, G가 오면 Opcode 뒤에 ModR/M이 따라온다고 하였습니다. 위 경우 ModR/M은 05입니다.

```
Ex.    ModR/M = 05
       05을 2진수로 변환 = 00000101
       ModR/M 분리 = 00|000|101 (Mod:00, Reg:000, R/M:101)
```

먼저 Group 명령어 테이블(Table A-6)에서 정확한 명령어(Mnemonic)를 찾아 보겠습니다.

Table A-6. Opcode Extensions for One- and Two-byte Op(

Opcode	Group	Mod 7,6	pfx	Encoding of Bits 5,4,3 of the ModR/M			
				000	001	010	011
C6	11	mem, 11B		MOV Eb, Ib			
C7		mem 11B		MOV Ev, Iz			

그림 49.24 Opcode C7 in Table A-6

Group 11에서 ModR/M의 Reg 값(000)에 해당하는 명령어는 MOV입니

다. Group 11에서 명령어는 MOV 하나밖에 없습니다(그래서 그림 49.23에서 'Group11 - MOV'라고 표시된 것입니다).

```
C705 00CF4000 01000100  -  MOV Ev, Iz
```

첫 번째 Operand (Ev)를 알아내기 위해 ModR/M 테이블(Table 2-2)에서 '05'를 찾으면 그림 49.25와 같습니다.

Table 2-2. 32-Bit Addressing Forms with the M

r8(/r) r16(/r) r32(/r) mm(/r) xmm(/r) (In decimal) /digit (Opcode) (In binary) REG =			AL AX EAX MM0 XMM0 0 000	CL CX ECX MM1 XMM1 1 001	DL DX EDX MM2 XMM2 2 010	BL BX EBX MM3 XMM3 3 011
Effective Address	**Mod**	**R/M**	**Value of ModR/M B**			
[EAX]	00	000	00	08	10	18
[ECX]		001	01	09	11	19
[EDX]		010	02	0A	12	1A
[EBX]		011	03	0B	13	1B
[--][--][1]		100	04	0C	14	1C
disp32[2]		101	05	0D	15	1D
[ESI]		110	06	0E	16	1E
[EDI]		111	07	0F	17	1F

그림 49.25 ModR/M 05 in Table 2-2

첫 번째 Operand (Ev)는 'disp32'입니다. 이것은 32비트 크기의 Displacement를 의미합니다. 그리고 ModR/M이 00~BF 범위에 속하는 경우에 Ev 형태의 Operand는 Memory Address를 의미합니다(참고로 ModR/M이 C0~FF 범위에 속하면 Ev 형태의 Operand는 Register를 의미합니다). 따라서 ModR/M 뒤의 4바이트(0040CF00)가 Displacement이며, 메모리 주소를 의미합니다(주소 표현이기 때문에 [] 기호를 꼭 써줘야 합니다).

```
C705 00CF4000 01000100  -  MOV [0040CF00], Iz
```

마지막으로 두 번째 Operand Iz는 4바이트 크기의 Immediate이므로 Displacement 뒤의 4바이트(00010001)를 읽어 오면 됩니다.

```
C705 00CF4000 01000100  -  MOV [0040CF00], 10001
```

위 Instruction은 40CF00 주소에 10001 값을 넣으라는 뜻입니다. IA-32 Instruction 포맷은 다음과 같습니다.

[Prefixes]**[Opcode][ModR/M]**[SIB]**[Displacement][Immediate]**

49.5.8. SIB

SIB(Scale, Index, Base)는 Operand가 Memory Address를 가리킬 때 사용됩니다. Instruction에 SIB가 존재하면 가장 복잡한 형태라고 볼 수 있습니다. 즉 SIB까지 마스터하면 Instruction 해석 실력은 마스터 경지에 오르는 셈입니다.

```
8B0C01      MOV ECX, [EAX+ECX]
```

Opcode Map에서 8B를 찾아보세요.

Table A-2. One-byte Opcode

	8	9	A	**B**
8	Eb, Gb	Ev, Gv	Gb, Eb	**Gv, Ev**

그림 49.26 Opcode 8B in Table A-2

Opcode 8B는 'MOV Gv, Ev' 형태의 명령어입니다. 첫 번째 Operand는 Gv 형식이므로 4바이트 크기의 Register를 의미합니다. 두 번째 Operand는 Ev 형식이므로 4바이트 크기의 레지스터 또는 메모리 주소를 의미합니다. Operand의 Addressing Method 기호가 G, E이므로 Opcode 뒤에 ModR/M이 따라옵니다. 이 ModR/M을 해석하면 정확한 Operand를 해석할 수 있습니다. 위 경우 ModR/M은 0C입니다. 이 값을 ModR/M 테이블에서 찾아보겠습니다.

Table 2-2. 32-Bit Addressing Forms with the M

r8(/r) r16(/r) r32(/r) mm(/r) xmm(/r) (In decimal) /digit (Opcode) (In binary) REG =			AL AX EAX MM0 XMM0 0 000	CL CX ECX MM1 XMM1 1 001	DL DX EDX MM2 XMM2 2 010	BL BX EBX MM3 XMM3 3 011
Effective Address	**Mod**	**R/M**	**Value of ModR/M By**			
[EAX]	00	000	00	08	10	18
[ECX]		001	01	09	11	19
[EDX]		010	02	0A	12	1A
[EBX]		011	03	0B	13	1B
[--][--][1]		100	04	0C	14	1C
disp32[2]		101	05	0D	15	1D
[ESI]		110	06	0E	16	1E
[EDI]		111	07	0F	17	1F

그림 49.27 ModR/M 0C in Table 2-2

첫 번째 Operand Gv에 해당되는 값은 ECX입니다. 그리고 두 번째 Operand Ev에 해당되는 값은 [--][--]라고 표시되어 있습니다. [--][--] 기호는 정확한 주소를 표현하기 위해 SIB 바이트가 필요하다는 뜻입니다. 지금까지 얻은 정보를 이용해 위의 Instruction을 해석하면 아래와 같습니다.

```
8B0C01  -  MOV ECX, [--][--]
```

두 번째 Operand의 기호 [--][--]는 메모리 주소를 가리키며, 정확한 해석을 위해서 SIB 바이트가 필요하다는 뜻입니다. 또한 아래와 같이 좀 더 직관적인 표현으로 바꿀 수도 있습니다.

```
[--][--] = [(Reg. A) + (Reg. B)]
* Register A, B 둘 중 하나는 생략 가능!
```

위에 나온 Instruction을 다시 써보면 다음과 같습니다.

```
8B0C01  -  MOV ECX, [(Reg. A) + (Reg. B)]
```

훨씬 직관적이지요? 이제 SIB 테이블에서 Reg. A와 Reg. B를 알아내면 됩니다.

Table 2-3. 32-Bit Addressing Forms with the SIB Byte

r32 (In decimal) Base = (In binary) Base =			EAX 0 000	ECX 1 001	EDX 2 010	[Reg. A]	[*] 5 101	ESI 6 110	EDI 7 111
Scaled Index	SS	Index	Value of SIB Byte (in Hexadecimal)						
[EAX] [ECX] [EDX] [EBX] none [EBP] [ESI] [Reg. B] [EDI]	00	000 001 010 011 100 101 110 111	00 08 10 18 20 28 30 38	01 09 11 19 21 29 31 39	02 0A 12 1A 22 2A 32 3A	03 0B 13 1B 23 2B 33 3B	04 0C 14 1C 24 2C 34 3C	05 0D 15 1D 25 2D 35 3D	06 0E 16 1E 26 2E 36 3E	07 0F 17 1F 27 2F 37 3F
[EAX*2] [ECX*2] [EDX*2] [EBX*2] none [EBP*2] [ESI*2] [EDI*2]	01	000 001 010 011 100 101 110 111	40 48 50 58 60 68 70 78	41 49 51 59 61 69 71 79	42 4A 52 5A 62 6A 72 7A	43 4B 53 5B 63 [SIB]	44 4C 54 5C 64	45 4D 55 5D 65 6D 76 7D	46 4E 56 5E 66 6E 77 7E	47 4F 57 5F 67 6F 77 7F
[EAX*4] [ECX*4] [EDX*4] [EBX*4] none [EBP*4] [ESI*4] [EDI*4]	10	000 001 010 011 100 101 110 111	80 88 90 98 A0 A8 B0 B8	81 89 91 89 A1 A9 B1 B9	82 8A 92 9A A2 AA B2 BA	83 8B 93 9B A3 AB B3 BB	84 8C 94 9C A4 AC B4 BC	85 8D 95 9D A5 AD B5 BD	86 8E 96 9E A6 AE B6 BE	87 8F 97 9F A7 AF B7 BF
[EAX*8] [ECX*8] [EDX*8] [EBX*8] none [EBP*8] [ESI*8] [EDI*8]	11	000 001 010 011 100 101 110 111	C0 C8 D0 D8 E0 E8 F0 F8	C1 C9 D1 D9 E1 E9 F1 F9	C2 CA D2 DA E2 EA F2 FA	C3 CB D3 DB E3 EB F3 FB	C4 CC D4 DC E4 EC F4 FC	C5 CD D5 DD E5 ED F5 FD	C6 CE D6 DE E6 EE F6 FE	C7 CF D7 DF E7 EF F7 FF

그림 49.28 Table 2-3, 32-bit SIB Byte

앞에 나온 Instruction에서 SIB 값은 01입니다. SIB 테이블은 Opcode Manual의 'Table 2-3'에 나타나 있습니다.

SIB 테이블을 보는 방법은 ModR/M 테이블을 보는 방법과 비슷합니다. SIB 값을 찾은 후 테이블 상단의 [Reg. A] 영역에서 Reg. A 레지스터를 구하고, 테이블 좌측의 [Reg. B] 영역에서 Reg. B 레지스터를 구하면 됩니다. 그림 49.28에서 SIB 01에 해당하는 Reg. A는 ECX이고, Reg. B는 EAX입니다. 최종적인 Instruction 해석은 아래와 같습니다.

```
8B0C01  -  MOV ECX, [ECX+EAX]
```

IA-32 Instruction Format은 다음과 같습니다.

[Prefixes]**[Opcode][ModR/M][SIB]**[Displacement][Immediate]

SIB는 이처럼 Operand가 (복잡한 형태의) 메모리 주소를 가리킬 때 사용됩니다. 그럼 조금 더 복잡한 형태의 SIB를 연습하도록 하겠습니다.

```
8D8428 B1354000      LEA EAX, [EAX+EBP+4035B1]
```

Opcode 8D는 그림 49.29에서와 같이 LEA Gv, M 명령어 형식입니다.

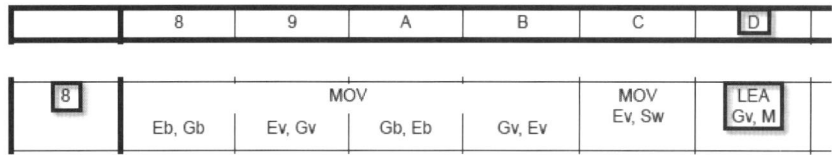

그림 49.29 Opcode 8D in Table A-2

LEA 명령어는 'Load Effective Address'라는 뜻입니다. 첫 번째 Operand는 Gv 형식으로써 4바이트 크기의 레지스터입니다. 두 번째 Operand는 M 형식으로써 오직 메모리 주소를 의미합니다(표 49.2 참고).

```
8D8428 B1354000   -   LEA Gv, M
```

Operand의 Addressing Method가 G, M 형식이므로 Opcode 뒤에 ModR/M의 byte가 따라옵니다. 이 ModR/M을 분석하면 정확한 Operand의 값을 얻을 수 있습니다. ModR/M 84를 찾아보겠습니다.

Table 2-2. 32-Bit Addressing Forms with the M

r8(/r) r16(/r) r32(/r) mm(/r) xmm(/r) (In decimal) /digit (Opcode) (In binary) REG =			AL AX EAX MM0 XMM0 0 000	CL CX ECX MM1 XMM1 1 001	DL DX EDX MM2 XMM2 2 010	BL BX EBX MM3 XMM3 3 011
Effective Address	**Mod**	**R/M**	**Value of ModR/M B**			
[EAX]+disp32 [ECX]+disp32 [EDX]+disp32 [EBX]+disp32 [--][--]+disp32 [EBP]+disp32 [ESI]+disp32 [EDI]+disp32	10	000 001 010 011 100 101 110 111	80 81 82 83 84 85 86 87	88 89 8A 8B 8C 8D 8E 8F	90 91 92 93 94 95 96 97	98 99 9A 9B 9C 9D 9E 9F

그림 49.30 ModR/M 84 in Table 2-2

첫 번째 Operand Gv 형식은 EAX입니다. 두 번째 Operand M 형식은 [--][--]+disp32입니다.

> **참고**
>
> 이제 ModR/M 테이블은 익숙해졌나요? G 형식은 테이블 상단에서, E 또는 M 형식은 테이블 좌측에서 값을 구하면 됩니다.

현재까지의 정보를 가지고 Instruction을 해석하면 다음과 같습니다.

```
8D8428 B1354000   -   LEA EAX, [--][--]+disp32
```

두 번째 Operand의 기호 [--][--]+disp32는 메모리 주소를 가리키며, 정확한 해석을 위해서 SIB 바이트와 32비트 크기의 displacement가 필요합니다. 한편 아래와 같이 좀 더 직관적인 표현으로 바꿀 수도 있습니다.

```
[--][--]+disp32 = [(Reg. A) + (Reg. B) + disp32]
* Register A, B 둘 중 하나는 생략 가능!
```

위 Instruction을 직관적으로 다시 써보면 아래와 같습니다.

```
8D8428 B1354000   -   LEA EAX, [(Reg. A)+(Reg. B) + disp32]
```

Reg. A와 Reg. B를 구하기 위해 SIB 테이블을 봐야 합니다. SIB는 28이므로 Reg. A는 EAX이고, Reg. B는 EBP입니다(그림 49.31 참고).

Table 2-3. 32-Bit Addressing Forms with

r32 (In decimal) Base = (In binary) Base =			EAX 0 000	ECX 1 001	EDX 2 010	EBX 3 011
Scaled Index	**SS**	**Index**	**Value of SIB Byte**			
[EAX]	00	000	00	01	02	03
[ECX]		001	08	09	0A	0B
[EDX]		010	10	11	12	13
[EBX]		011	18	19	1A	1B
none		100	20	21	22	23
[EBP]		101	28	29	2A	2B
[ESI]		110	30	31	32	33
[EDI]		111	38	39	3A	3B

그림 49.31 SIB 28 in Table 2-3

또한 위의 Instruction에서 disp32 값은 SIB 뒤의 004035B1입니다. 이 모든 정보를 조합하면 Instruction 해석이 완료됩니다.

```
8D8428 B1354000  -  LEA EAX, [EAX+EBP+4035B1]
```

IA-32 Instruction Format은 다음과 같습니다.

[Prefixes]**[Opcode][ModR/M][SIB][Displacement]**[Immediate]

49.6. Instruction 해석 추가 연습

Instruction 해석 방법을 완전히 자신의 것으로 만들려면 충분한 연습이 필요합니다. 앞서 실습한 내용을 여러 번 잘 숙지한 후 OllyDbg로 notepad.exe를 실행해 보기 바랍니다(그림 49.32 참고).

앞에서 출력한 'Opcode Manual'을 꺼내고, [1] 영역의 Instruction만 보면서 디스어셈블리 코드로 해석해봅시다(OllyDbg의 기본 디스어셈블리 창은 가려주세요). 이 작업에서 성공율이 99% 이상으로 높아지면, 그 다음으로는 [2] 영역의 기계어 코드를 직접 보면서 디스어셈블리 코드를 해석하세요. 이 훈련을 통하여 여러분은 IA-32 Instruction 해석의 고수로 도약할 수 있을 것입니다.

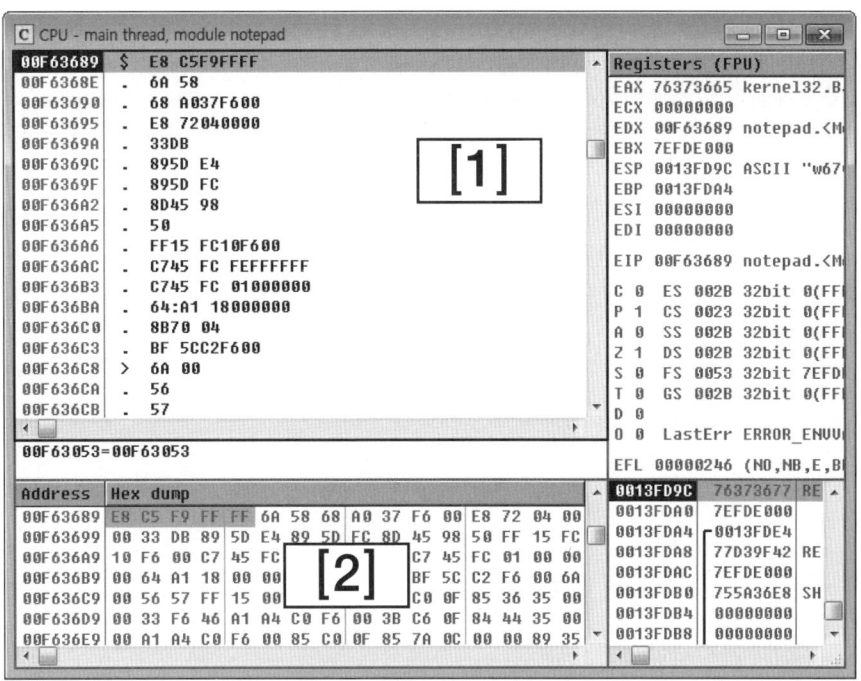

그림 49.32 OllyDbg를 이용한 Instruction 해석 연습

49.7. 마무리

IA-32 Instruction을 처음 접하는 여러분에게 위 내용이 매우 어렵게 느껴졌을 길로 생각됩니다. 그러나 Instruction 해석 방법까지 완벽하게 익힌다면, 리버싱 시야가 더 넓어집니다. 중급 수준 이상의 리버서가 되는 것이지요.

제가 IA-32 Instruction을 주로 사용하는 때는 악성 코드의 진단/치료 함수를 만들 때입니다. 다형성 바이러스(Polymorphic Virus)를 진단하기 위해서는 그 Polymorphic 엔진에서 만들어내는 Instruction들의 패턴을 탐지해야 하는데, 그때 Instruction에 대한 지식이 절대적으로 필요합니다. 또한 일단 Instruction 구조를 알고 난 후부터 디버깅을 하는 안목이 높아졌습니다. 기술 수준이 향상된 것이지요. 패치 코드를 만들 때, 취약점 셸 코드를 분석할 때 IA-32 Instruction 관련 지식이 큰 도움이 되었습니다. 독자 여러분들의 리버싱 실력을 향상시키는 데에도 큰 도움이 될 것으로 확신합니다.

> **참고**
>
> 위 내용은 Intel에서 제공하는 매뉴얼 중에서 극히 일부만 설명한 것입니다. IA-32 Instruction을 깊게 공부하고 싶은 여러분은 'Intel® 64 and IA-32 Architectures Software Developer's Manuals'를 꼭 읽어보기 바랍니다(Instruction 해석과 관련된 장은 Vol. 2A-2.1, Vol. 2B-Appendix A입니다).

7부
안티 디버깅

50
안티 디버깅

숙련된 리버서라면 디버깅을 통하여 프로그램의 코드 흐름과 데이터 구조를 쉽게 파악할 수 있습니다. 이러한 행위는 프로그램의 노하우가 그대로 드러나기 때문에 프로그램 개발자 입장에서는 전혀 바람직하지 않습니다. 따라서 디버깅을 방해하는 안티 디버깅 기술이 발전하게 되었습니다. 리버서 입장에서는 이러한 안티 디버깅 기법을 공부해야 하는 두 가지 이유가 있습니다.

1. 각종 안티 디버깅 기법들의 동작 원리를 파악한 후 회피하기 위해서
2. 안티 디버깅 기법을 공부하는 과정에서 저절로 고급 리버싱을 배울 수 있기 때문에

이번 장에서는 대표적인 안티 디버깅 기법들을 살펴보면서 동작 원리를 파악하고 회피 방법에 대해서 생각해보겠습니다.

50.1. 안티 디버깅 기법

안티 디버깅 기법은 고급 리버싱 과정이라고 말할 수 있습니다. 지금까지 배웠던 지식을 총동원해야 하는 것은 물론이고 추가적으로 새로운 지식을 습득해야 합니다. 또한 안티 디버깅 기술은 계속 발전하고 있으므로 항상 최신 기술 습득에 소홀해서는 안됩니다.

50.1.1. 의존성

안티 디버깅 기법은 디버거와 OS에 강한 의존성(Dependency)이 있습니다. 즉 어떤 기법들은 특정 OS 버전에서만 동작하는 경우가 있으며, 디버거 종류에 따라서 적용되는 안티 디버깅 기법이 조금씩 달라지기도 합니다.

> **참고**
>
> 이 장에서 소개되는 대부분의 기법은 Windows XP SP3(32비트)와 Windows 7(32비트) OS에서 동작합니다. 실제 안티 디버깅 기법이 적용된 파일을 디버깅할 때 이러한 Debugger/OS의 의존성 내용을 고려하기 바랍니다.

50.1.2. 다양한 기법

안티 디버깅 기법은 무수히 많고 수시로 새로운 기법이 나타납니다. 따라서 앞으로 가장 대표적이고 널리 사용되는 기법들을 살펴보겠습니다. 그리고 각종 PE 프로텍터에서 사용되는 고급 안티 디버깅 기법들도 다루겠습니다.

50.2. 안티 안티 디버깅 기법

안티 디버깅 기법이 덫을 놓고 리버서를 잡는 방법이라면, 안티 안티 디버깅(Anti-Anti-Debugging) 기법이란 그 덫을 해체하고 피하는 방법이라고 할 수 있습니다. 쉽게 말해 리버서들이 안티 디버깅을 상대하는 방법을 일컫는 말입니다.

> **참고**
>
> 외국의 리버스 포럼에서 종종 Anti-Anti-Debugging이라는 용어를 사용하는 경우가 있습니다. 용어 자체가 길고 어감이 좋지 않기 때문에 저는 '해체 기법' 또는 '회피 기법'이라는 용어를 사용하도록 하겠습니다.

50.3. 안티 디버깅 분류

수많은 안티 디버깅 기법이 존재하고 다양한 기준의 분류 방법이 있습니다. 분류를 잘 해놓으면 이해하기도 쉽고 공부하기도 편합니다. 저는 리버서의 입장에서 해체 방법을 기준으로 안티 디버깅 기법을 크게 Static 그룹과 Dynamic 그룹으로 분류합니다. 또한 Static 그룹과 Dynamic 그룹 안에서 다시 세부적으로 소규모의 그룹들로 분류됩니다.

Static 기법은 디버깅 시작할 때 한 번만 해체를 해주면 해결되는 기법입니다. 반면 Dynamic 기법은 디버깅을 진행하면서 (해당 Anti 기법을) 만날 때마다 해결하는 기법을 말합니다. 당연히 Dynamic 기법의 난이도가 더 높습니다. 아래 표에는 각 분류 그룹에 해당하는 특징들이 잘 설명되어 있습니다.

	Static	Dynamic
난이도	Low, Medium	High
구현원리	다양한 시스템 정보 활용	디버거의 동작 원리를 역이용
목적	디버거 탐지	내부 코드와 데이터를 숨김
해체 시점	디버깅 시작할 때	디버깅 도중
해체 횟수	1회	수시
해체 방법	API Hooking, Debugger PlugIn	API Hooking, Debugger PlugIn, Utilities

대표적 기법	PEB
	  BeingDebugged (IsDebuggerPresent ( ))
	  Ldr
	  Heap(Flags, Force Flags)
	  NtGlobalFlag
	TEB
	  StaticUnicodeString
	Using Native API
	  NtQueryInformationProcess ( )
	    ProcessDebugPort(0x7)
	    (CheckRemoteDebuggerPresent ( ))
	    ProcessDebugObjectHandle(0x1E)
	    ProcessDebugFlags(0x1F)
	  NtQuerySystemInformation ( )
	    SystemKernelDebuggerInformation (0x23)
	  NtQueryObject ( )
	Attack Debugger
	  Detach Debugger
	    NtSetInformationThread ( )
	      ThreadHideFromDebugger(0x11)
	  BlockInput ( )
	OpenProcess
	  SeDebugPrivilege
	TLS Callback Function
	Using Normal API
	  Parent Process
	  Window Name
	  Process Name
	  File Name
	  Register
	  Resource
		Using SEH
		  Exceptions
		    CloseHandle ( )
		  Break Points
		    INT3 (CC)
		    INT 3 (CD 03)
		    INT1 (F1)
		    INT 2D (CD 2D)
		  SetUnhandledExceptionFilter ( )
		Timing Check
		  RDTSC
		  QueryPerformanceCount ( )
		  GetTickCount ( )
		  timeGetTime ( )
		  _ftimo ( )
		Single Step
		  Trap Flag
		    PUSHFD/POPFD
		  INT 2D
		Patching Detection
		  0xCC Scanning
		  Calc Checksum (Hash)
		Stack Segment Register
		Anti-Disassembly
		PE Image Switching
		Self-Execution
		Debug Blocker (Self-Debugging)
		Nanomite
		Obfuscated Code
		Code Permutation
		Encryption/Decryption
		Stolen Bytes

표 50.1 해체 방법에 따른 안티 디버깅 분류

	Static	Dynamic
대표적 기법	String in Process Virtual Memory Kernel Mode Driver System Environment Targeting OutputDebugString() Memory Break Point Filename Format String ESI Value (Guard Page - Memory Break Point)	API Redirection Guard Page Virtual Machine(자체 구현)

표 50.1 해체 방법에 따른 안티 디버깅 분류

50.3.1. Static 안티 디버깅

Static 기법은 주로 디버거를 탐지하여 프로그램이 정상적으로 실행되지 못하도록 합니다. 따라서 Static 기법이 적용된 파일들은 디버거에 올렸을 때 제대로 실행(RUN)조차 되지 않습니다. 그러다 적용된 Static 기법을 해체하면, 그제서야 디버거에서도 제대로 실행될 것입니다.

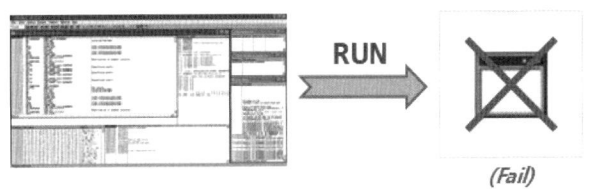

그림 50.1 Static 안티 디버깅 기법

50.3.2. Dynamic 안티 디버깅

Static 기법을 해결했다고 모든 게 끝난 것은 아닙니다. 프로그램의 동작 원리를 이해하려면 디버거에서 트레이싱(Tracing)하여 원본 프로그램의 코드와 데이터를 확인해야 합니다. 문제는 Dynamic 기법이 디버거 트레이싱을 방해하여 원본 프로그램의 코드와 데이터를 확인할 수 없게 만드는 것입니다.

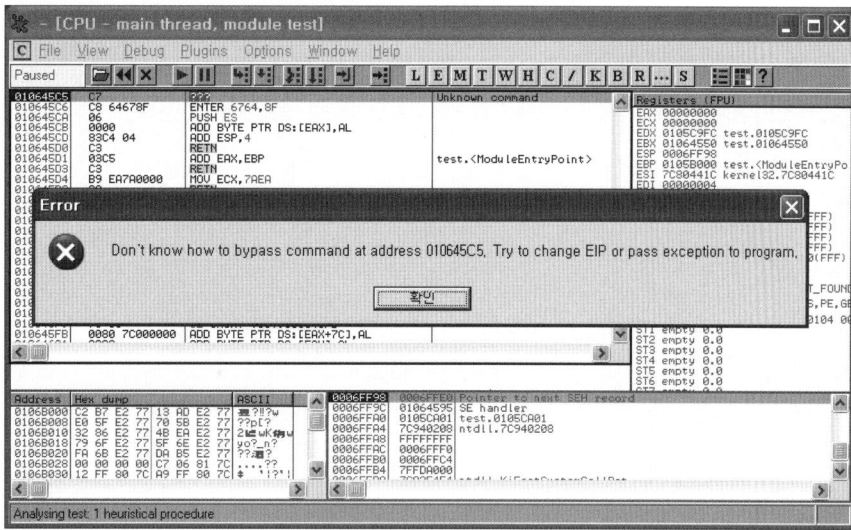

그림 50.2 Dynamic 안티 디버깅 기법

참고

디버거에서 Run과 Trace의 차이점

디버거에서 Run은 말 그대로 디버기 프로세스를 실행시키는 것입니다. 반면에 트레이스는 디버기의 내부 Instruction을 하나씩 실행하면서 레지스터, 메모리(스택) 등을 실시간으로 확인하는 것입니다. 트레이싱한다는 말은 결국 한 줄 한 줄 디버깅한다와 같은 말입니다. 디버거와 디버기 프로세스는 트레이스 과정에서 많은 Debug 이벤트를 주고 받습니다. Dynamic 안티 디버깅 기법은 이러한 이벤트들과 디버거의 동작 원리를 교묘히 이용하여 구현됩니다.

앞으로 각 분류 그룹에 해당되는 대표적인 기법들을 추려서 하나씩 자세히 살펴보도록 하겠습니다.

51
Static 안티 디버깅

Static 그룹에 속한 안티 디버깅 기법들에 대해서 알아보도록 하겠습니다. 각 기법들의 동작 원리를 이해하고 회피 방법에 대해 살펴보도록 하겠습니다.

51.1. Static 안티 디버깅의 목적

디버기 프로세스에서 자신이 디버깅 당하는지 여부를 파악하는 기법입니다. 만약 디버깅 중이라고 판단되면 일반 실행과는 다른 코드(주로 종료 코드)를 실행하는 것이 핵심입니다. 구현 방법으로는 디버거를 탐지하는 방법, 디버깅 환경을 탐지하는 방법, 디버거를 강제 분리시키는 방법 등이 있습니다. 회피 방법은 탐지 코드에서 얻어 오는 정보를 파악하여 아예 그 정보 자체를 변경해버리는 것입니다.

> **참고**
>
> 많은 Static 안티 디버깅(Static Anti-Debugging) 기법들이 OS 의존성을 가지고 있습니다. XP에서는 잘 동작하다가도 Vista/7에서는 동작하지 않는 경우가 많습니다. 실습 예제들은 모두 XP에서 테스트했습니다.

51.2. PEB

현재 프로세스의 디버깅 여부를 판단하기 위해 PEB(Process Environment Block) 구조체 정보를 이용할 수 있습니다. 정보를 신용할 수 있고 사용하기 쉽기 때문에 가장 널리 사용되는 안티 디버깅 기법입니다.

코드 51.1 PEB(Process Environment Block) 구조체
```
+0x000 InheritedAddressSpace : UChar
+0x001 ReadImageFileExecOptions : UChar
```

```
+0x002 BeingDebugged        : UChar
+0x003 SpareBool            : UChar
+0x004 Mutant               : Ptr32 Void
+0x008 ImageBaseAddress     : Ptr32 Void
+0x00c Ldr                  : Ptr32 _PEB_LDR_DATA
+0x010 ProcessParameters    : Ptr32 _RTL_USER_PROCESS_PARAMETERS
+0x014 SubSystemData        : Ptr32 Void
+0x018 ProcessHeap          : Ptr32 Void
+0x01c FastPebLock          : Ptr32 _RTL_CRITICAL_SECTION
+0x020 FastPebLockRoutine   : Ptr32 Void
+0x024 FastPebUnlockRoutine : Ptr32 Void
+0x028 EnvironmentUpdateCount : Uint4B
+0x02c KernelCallbackTable  : Ptr32 Void
+0x030 SystemReserved       : [1] Uint4B
+0x034 AtlThunkSListPtr32   : Uint4B
+0x038 FreeList             : Ptr32 _PEB_FREE_BLOCK
+0x03c TlsExpansionCounter  : Uint4B
+0x040 TlsBitmap            : Ptr32 Void
+0x044 TlsBitmapBits        : [2] Uint4B
+0x04c ReadOnlySharedMemoryBase : Ptr32 Void
+0x050 ReadOnlySharedMemoryHeap : Ptr32 Void
+0x054 ReadOnlyStaticServerData : Ptr32 Ptr32 Void
+0x058 AnsiCodePageData     : Ptr32 Void
+0x05c OemCodePageData      : Ptr32 Void
+0x060 UnicodeCaseTableData : Ptr32 Void
+0x064 NumberOfProcessors   : Uint4B
+0x068 NtGlobalFlag         : Uint4B
+0x070 CriticalSectionTimeout : _LARGE_INTEGER
+0x078 HeapSegmentReserve   : Uint4B
+0x07c HeapSegmentCommit    : Uint4B
+0x080 HeapDeCommitTotalFreeThreshold : Uint4B
+0x084 HeapDeCommitFreeBlockThreshold : Uint4B
+0x088 NumberOfHeaps        : Uint4B
+0x08c MaximumNumberOfHeaps : Uint4B
+0x090 ProcessHeaps         : Ptr32 Ptr32 Void
+0x094 GdiSharedHandleTable : Ptr32 Void
+0x098 ProcessStarterHelper : Ptr32 Void
+0x09c GdiDCAttributeList   : Uint4B
+0x0a0 LoaderLock           : Ptr32 Void
+0x0a4 OSMajorVersion       : Uint4B
+0x0a8 OSMinorVersion       : Uint4B
+0x0ac OSBuildNumber        : Uint2B
+0x0ae OSCSDVersion         : Uint2B
+0x0b0 OSPlatformId         : Uint4B
+0x0b4 ImageSubsystem       : Uint4B
+0x0b8 ImageSubsystemMajorVersion : Uint4B
+0x0bc ImageSubsystemMinorVersion : Uint4B
+0x0c0 ImageProcessAffinityMask : Uint4B
+0x0c4 GdiHandleBuffer      : [34] Uint4B
+0x14c PostProcessInitRoutine : Ptr32     void
+0x150 TlsExpansionBitmap   : Ptr32 Void
+0x154 TlsExpansionBitmapBits : [32] Uint4B
```

```
+0x1d4 SessionId         : Uint4B
+0x1d8 AppCompatFlags    : _ULARGE_INTEGER
+0x1e0 AppCompatFlagsUser : _ULARGE_INTEGER
+0x1e8 pShimData         : Ptr32 Void
+0x1ec AppCompatInfo     : Ptr32 Void
+0x1f0 CSDVersion        : _유니코드_STRING
+0x1f8 ActivationContextData : Ptr32 Void
+0x1fc ProcessAssemblyStorageMap : Ptr32 Void
+0x200 SystemDefaultActivationContextData : Ptr32 Void
+0x204 SystemAssemblyStorageMap : Ptr32 Void
+0x208 MinimumStackCommit : Uint4B
```

코드 51.1은 Windows XP SP3의 PEB 구조체입니다. PEB 구조체에서 안티 디버깅 기법에 사용되는 멤버는 코드 51.2와 같습니다.

코드 51.2 안티 디버깅 기법에 사용되는 PEB 멤버

```
+0x002 BeingDebugged    : UChar
+0x00c Ldr              : Ptr32 _PEB_LDR_DATA
+0x018 ProcessHeap      : Ptr32 Void
+0x068 NtGlobalFlag     : Uint4B
```

BeingDebugged 멤버는 디버깅 여부를 표시하는 Flag로 사용되며, 나머지 Ldr, ProcessHeap, NtGlobalFlag 멤버들은 디버깅 프로세스의 독특한 힙(Heap) 메모리 특성과 관련되어 있습니다.

위 멤버들을 하나씩 자세히 살펴보도록 하겠습니다.

> **참고**
>
> 프로세스의 PEB 구조체 주소는 FS 세그먼트 레지스터가 가리키는 TEB(Thread Environment Block) 구조체를 이용하여 구할 수 있습니다. TEB.ProcessEnvironmentBlock 멤버(+0x30 옵셋)는 PEB 구조체 주소를 가리킵니다. 두 가지 방법이 있습니다.
>
> 1. 바로 PEB 주소를 구하는 방법
>   MOV EAX, DWORD PTR FS:[0x30] ; FS[0x30] = address of PEB
>
> 2. 일단 TEB 주소를 구하고 ProcessEnvironmentBlock 멤버(+0x30 옵셋)를 이용하는 방법
>   MOV EAX, DWORD PTR FS:[0x18] ; FS[0x18] = address of TEB
>   MOV EAX, DWORD PTR DS:[EAX+0x30] ; DS[EAX+0x30] = address of PEB
>
> 두 번째 방법은 첫 번째 방법을 풀어 쓴 형태이며, 둘 다 TEB.ProcessEnvironmentBlock 멤버의 값을 참조하고 있는 것을 알 수 있습니다. 더 자세한 내용은 46, 47장을 참고하기 바랍니다.

51.2.1. BeingDebugged(+0x2)

PEB.BeingDebugged 멤버(+0x2)의 값은 디버깅 중일 때 1(TRUE)로 세팅되고, 일반 실행인 경우 0(FALSE)으로 세팅됩니다.

IsDebuggerPresent()

IsDebuggerPresent() API는 PEB.BeingDebugged 값을 참조하여 디버깅 여부를 판별합니다. 코드를 직접 보면 명확히 이해할 수 있습니다(제 환경에서 PEB 시작 주소는 7FFDF000입니다).

```
C CPU - main thread, module kernel32
7C813123   64:A1 18000000   MOV EAX,DWORD PTR FS:[18]       FS:[18] = TEB
7C813129   8B40 30          MOV EAX,DWORD PTR DS:[EAX+30]   DS:[EAX+30] = PEB
7C81312C   0FB640 02        MOVZX EAX,BYTE PTR DS:[EAX+2]   DS:[EAX+2] = PEB.BeingDebugged
7C813130   C3               RETN
7C813131   90               NOP
7C813132   90               NOP
7C813133   90               NOP
7C813134   90               NOP
```

그림 51.1 IsDebuggerPresent() API 코드와 PEB 구조체

IsDebuggerPresent() API의 코드는 매우 간단합니다. TEB 구조체 주소(FS:[18])를 구하고 TEB.ProcessEnvironmentBlock 멤버(+0x30)로 PEB 주소를 구한 다음 PEB.BeingDebugged 멤버(+0x2)에 접근하고 있습니다. 그림 51.1에서 PEB 주소는 7FFDF000이며, PEB.BeingDebugged 멤버 주소는 7FFDF002입니다. 현재 OllyDbg로 디버깅 중이므로 BeingDebugged 값이 1(TRUE)인 것을 확인할 수 있습니다.

회피 방법

OllyDbg의 Edit 명령을 이용하여 PEB.BeingDebugged 값을 0(FALSE)으로 변경하면 됩니다.

51.2.2. Ldr (+0xC)

디버깅 프로세스는 힙(Heap) 메모리 영역에 자신이 디버깅 당하는 프로세스라는 표시를 합니다. 그 중에서 아주 눈에 띄는 특징이 있는데요. 바로 힙 메모리의 사용되지 않는 영역을 0xFEEEFEEE 값으로 채워 버립니다. 이것은 프로세스가 디버깅을 당할 때 나타나는 흔적입니다. 이 특징을 바탕으로 프로세스의 디버깅 여부를 판별할 수 있습니다.

PEB.Ldr 멤버는 _PEB_LDR_DATA 구조체를 가리키는 포인터입니다. 마침 _PEB_LDR_DATA 구조체는 힙 메모리 영역에 생성되기 때문에 이 영역을 스캔(Scan)해보면 쉽게 알 수 있습니다(제 환경에서 PEB 시작 주소는 7FFDF000 입니다).

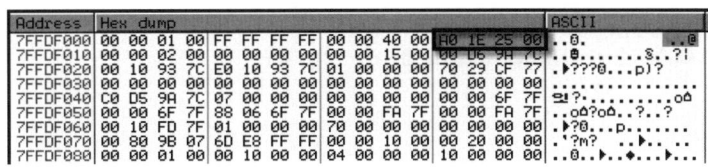

그림 51.2 PEB.Ldr

PEB.Ldr 주소(251EA0)로 가서 스크롤을 내려서 0xFEEEFEEE 영역을 찾아보겠습니다.

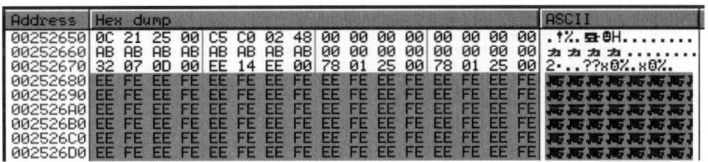

그림 51.3 힙 메모리에서 0xFEEEFEEEE로 채워진 영역

그림 51.3과 같이 힙 메모리에서 0xFEEEFEEE로 채워진 영역을 확인하였습니다.

회피 방법

0xFEEEFEEE로 채워진 영역을 NULL로 덮어쓰면 됩니다.

> **참고**
>
> XP 이하에서만 동작하고 Vista 이후부터는 동작하지 않습니다. 또한 실행 중인 프로세스에 디버거를 Attach시킨 경우에는 위와 같은 힙 메모리 특성이 나타나지 않습니다.

51.2.3. Process Heap(+0x18)

PEB.ProcessHeap 멤버(+0x18)는 HEAP 구조체를 가리키는 포인터입니다.

```
코드 51.3 HEAP 구조체의 일부
+0x000 Entry                        : _HEAP_ENTRY
+0x008 Signature                    : Uint4B
+0x00c Flags                        : Uint4B
+0x010 ForceFlags                   : Uint4B
+0x014 VirtualMemoryThreshold       : Uint4B
+0x018 SegmentReserve               : Uint4B
+0x01c SegmentCommit                : Uint4B
+0x020 DeCommitFreeBlockThreshold   : Uint4B
...
```

위 코드는 HEAP 구조체의 일부입니다. 이 중에서 Flags 멤버(+0xC)와 ForceFlags 멤버(+0x10)는 디버깅 중에 특정한 값으로 세팅됩니다.

GetProcessHeap()

PEB.ProcessHeap 멤버(+0x18)는 PEB 구조체에서 바로 구할 수도 있지만 GetProcessHeap() API를 사용하여 구할 수도 있습니다. GetProcessHeap() API의 코드를 살펴보겠습니다(제 환경에서 PEB 시작 주소는 7FFDF000입니다).

```
C CPU - main thread, module kernel32
7C80AC51  64:A1 18000000   MOV EAX,DWORD PTR FS:[18]     FS:[18] = TEB
7C80AC57  8B40 30          MOV EAX,DWORD PTR DS:[EAX+30] DS:[EAX+30] = PEB
7C80AC5A  8B40 18          MOV EAX,DWORD PTR DS:[EAX+18] DS:[EAX+18] = PEB.ProcessHeap
7C80AC5D  C3               RETN
7C80AC5E  90               NOP
7C80AC5F  90               NOP
7C80AC60  90               NOP
7C80AC61  90               NOP

Address  Hex dump                                          ASCII
7FFDF000 00 00 00 00 FF FF FF FF 00 00 40 00 A0 1E 25 00   ....    ..@...%.
7FFDF010 00 00 02 00 00 00 00 00 00 00 15 00 00 D6 9A 7C   ..@.......$.?|
7FFDF020 00 10 93 7C E0 10 93 7C 01 00 00 00 00 00 00 00   .▶???ð.......
7FFDF030 00 00 00 00 00 00 00 00 00 00 00 00 00 00 00 00   ................
7FFDF040 C0 D5 9A 7C 01 00 00 00 00 00 00 00 00 00 6F 7F   ?!?ð........o
```

그림 51.4 GetProcessHeap() API

GetProcessHeap() API의 코드는 기본적으로 IsDebuggerPresent()와 비슷합니다. TEB → PEB → PEB.ProcessHeap 순서대로 접근하고 있습니다.

그림 51.4에서 프로세스 HEAP 구조체 주소는 PEB.ProcessHeap = 150000입니다.

Flags(+0xC) & Force Flags(+0x10)

프로세스가 정상 실행 중일 때 Heap.Flags 멤버(+0xC)의 값은 0x2이고, Heap.ForceFlags 멤버(+0x10)의 값은 0x0입니다. 디버깅 중일 때는 이 값들이 변경됩니다(그림 51.5 참고).

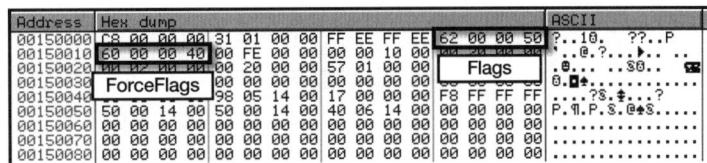

그림 51.5 HEAP.Flags & HEAP.ForceFlags

따라서 이 값들을 비교하면 프로세스의 디버깅 여부를 판별할 수 있습니다.

회피 방법

Heap.Flags = 2, Heap.ForceFlags = 0으로 세팅하면 됩니다.

> **참고**
> Windows XP에서만 효과가 있는 기법입니다. Windows 7에서는 이 특성이 없어졌습니다. 또한 실행 중인 프로세스에 디버거를 Attach시킨 경우에도 역시 이 특성이 나타나지 않습니다.

51.2.4. NtGlobalFlag(+0x68)

프로세스가 디버깅 중일 때 PEB.NtGlobalFlag 멤버(+0x68)의 값은 0x70으로 세팅됩니다. 이 값을 확인하면 디버깅 여부를 판별할 수 있습니다(제 환경에서 PEB 시작 주소는 7FFDF000입니다).

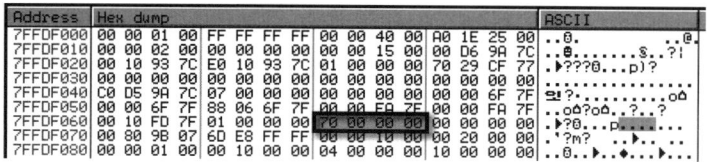

그림 51.6 PEB.NtGlobalFlag

NtGlobalFlag 0x70 값은 아래 Flags들의 bit OR 연산입니다.

```
FLG_HEAP_ENABLE_TAIL_CHECK      (0x10)
FLG_HEAP_ENABLE_FREE_CHECK      (0x20)
FLG_HEAP_VALIDATE_PARAMETERS    (0x40)
```

디버깅 프로세스의 힙 메모리에는 (일반 실행 프로세스와는 다른) 특별한 표시가 존재하며 이를 위해 PEB.NtGlobalFlag 멤버에 위와 같은 Flag들이 추가됩니다.

회피 방법

PEB.NtGlobalFlag = 0으로 세팅하면 됩니다.

> **참고**
> 실행 중인 프로세스에 디버거를 Attach시킨 경우에 NtGlobalFlag 값은 변하지 않습니다.

51.2.5. 실습 - StaAD_PEB.exe

예제 파일 StaAD_PEB.exe을 디버깅하면서 PEB 기반 안티 디버깅 기법과 회피 방법을 실습해 보도록 하겠습니다. OllyDbg에서 StaAD_PEB.exe 파일을 실행 [F9]하면 그림 51.7과 같이 모든 항목에서 디버깅 중이라고 표시됩니다. PEB 안티 디버깅에 걸려들었습니다.

```
c:\work\StaAD_PEB.exe
IsDebuggerPresent() = 1
  => Debugging!!!

PEB.Ldr
  => Debugging!!!

PEB.ProcessHeap.Flags = 0x50000062
  => Debugging!!!

PEB.ProcessHeap.ForceFlags = 0x40000060
  => Debugging!!!

PEB.NtGlobalFlag = 0x70
  => Debugging!!!

press any key to quit...
```

그림 51.7 StaAD_PEB.exe 디버깅 실행

51.2.6. 회피 방법

OllyDbg에서 PEB 안티 디버깅을 회피해 보도록 하겠습니다. OllyDbg를 Restart [Ctrl+F2]시킨 후 main() 함수 시작 주소(401000)로 곧장 가보겠습니다.

PEB.BeingDebugged

```
00401028  . 57              PUSH EDI                                    ntdll.7C940208
00401029  . 50              PUSH EAX
0040102A  . 8D45 F0         LEA EAX,DWORD PTR SS:[EBP-10]
0040102D  . 64:A3 00000000  MOV DWORD PTR FS:[0],EAX
00401033  . 8965 E8         MOV DWORD PTR SS:[EBP-18],ESP
00401036  . FF15 08804000   CALL DWORD PTR DS:[<&KERNEL32.IsDe IsDebuggerPresent
0040103C  . 8BF0            MOV ESI,EAX
0040103E  . 56              PUSH ESI
0040103F  . 68 009D4000     PUSH StaAD_PE.00409D00                      ASCII "IsDebuggerPresent() = %d\n"
00401044  . E8 CD020000     CALL StaAD_PE.00401316
```

그림 51.8 IsDebuggerPresent() API 호출

조금 트레이싱을 해보면 그림 51.8과 같이 401036 주소의 IsDebuggerPresent() API 호출 코드를 만나게 됩니다. StepInto[F7] 명령으로 API 내부로 따라 들어가면 그림 51.1과 같은 코드가 나타납니다. PEB.BeingDebugged 값을 0으로 바꿔주면 첫 번째 안티 디버깅을 회피할 수 있습니다.

PEB.Ldr

디버깅을 계속 진행하다 보면 그림 51.9와 같이 PEB.Ldr 안티 디버깅 코드를 만나게 됩니다.

```
00401064   . 68 489D4000      PUSH StaAD_PE.00409D48    ┌ProcNameOrOrdinal = "NtCurrentTeb"
00401069   . 68 589D4000      PUSH StaAD_PE.00409D58    │pModule = "ntdll.dll"
0040106E   . FF15 00804000    CALL DWORD PTR DS:[<&KERNEL32.GetM│ └GetModuleHandleW
00401074   . 50               PUSH EAX                   hModule = 00000013
00401075   . FF15 04804000    CALL DWORD PTR DS:[<&KERNEL32.GetP└ GetProcAddress
0040107B   . FFD0             CALL EAX
0040107D   . 8B58 30          MOV EBX,DWORD PTR DS:[EAX+30]  => EBX = PEB
00401080   . 895D D0          MOV DWORD PTR SS:[EBP-30],EBX
00401083   . 68 6C9D4000      PUSH StaAD_PE.00409D6C         ASCII "PEB.Ldr\n"
00401088   . E8 89020000      CALL StaAD_PE.00401316
0040108D   . 83C4 04          ADD ESP,4
00401090   . B8 FEEEFEEE      MOV EAX,EEFEEEFE
00401095   . 8945 D4          MOV DWORD PTR SS:[EBP-2C],EAX
00401098   . 8945 D8          MOV DWORD PTR SS:[EBP-28],EAX
0040109B   . 8945 DC          MOV DWORD PTR SS:[EBP-24],EAX
0040109E   . 8945 E0          MOV DWORD PTR SS:[EBP-20],EAX
004010A1   . 8B73 0C          MOV ESI,DWORD PTR DS:[EBX+C]   => [EBX+C] = PEB.Ldr
004010A4   . C745 FC 0000000{ MOV DWORD PTR SS:[EBP-4],0
004010AB   .v EB 03           JMP SHORT StaAD_PE.004010B0
```

그림 51.9 PEB.Ldr

코드를 간단히 설명하겠습니다. 40107B 주소의 CALL EAX 명령은 ntdll.NtCurrentTeb() API 호출 명령입니다. 40107D 주소의 MOV 명령에 의해 EBX 레지스터에 PEB 주소 값이 저장됩니다. 401090~40109E 주소의 명령어에 의해 로컬변수([EBP-20] ~ [EBP-2C])를 EFEEEFE 값으로 초기화합니다. 그리고 4010A1 주소의 MOV 명령에의해 ESI 레지스터에 PEB.Ldr 주소가 저장됩니다. 이제 트레이싱을 조금 더 진행하여 그림 51.10의 4010C7 주소까지 갑니다.

```
004010AB   .v EB 03           JMP SHORT StaAD_PE.004010B0
004010AD     8D49 00          LEA ECX,DWORD PTR DS:[ECX]
004010B0   > B8 10000000      MOV EAX,10
004010B5   . 8D4D D4          LEA ECX,DWORD PTR SS:[EBP-2C]
004010B8   . 8BD6             MOV EDX,ESI
004010BA   . 8D9B 00000000    LEA EBX,DWORD PTR DS:[EBX]
004010C0   > 83F8 04          CMP EAX,4
004010C3   .v 72 17           JB SHORT StaAD_PE.004010DC
004010C5   . 8B3A             MOV EDI,DWORD PTR DS:[EDX]     EDX = PEB.Ldr
004010C7   . 8B39             CMP EDI,DWORD PTR DS:[ECX]     ECX = "EEFEEEFE" array
004010C9   .v 75 0B           JNZ SHORT StaAD_PE.004010D6
004010CB   . 83E8 04          SUB EAX,4
004010CE   . 83C1 04          ADD ECX,4
004010D1   . 83C2 04          ADD EDX,4
004010D4   .^ EB EA           JMP SHORT StaAD_PE.004010C0
004010D6   > 46               INC ESI
004010D7   . 8975 CC          MOV DWORD PTR SS:[EBP-34],ESI
004010DA   .^ EB D4           JMP SHORT StaAD_PE.004010B0
004010DC   > 68 1C9D4000      PUSH StaAD_PE.00409D1C         ASCII "  => Debugging!!!\n\n"
004010E1   . E8 30020000      CALL StaAD_PE.00401316
004010E6   . 83C4 04          ADD ESP,4
004010E9   . C745 FC FEFFFFFF MOV DWORD PTR SS:[EBP-4],-2
004010F0   .v EB 20           JMP SHORT StaAD_PE.00401112
004010F2   . B8 01000000      MOV EAX,1
004010F7   . C3               RETN
004010F8   . 8B65 E8          MOV ESP,DWORD PTR SS:[EBP-18]
004010FB   . 68 309D4000      PUSH StaAD_PE.00409D30         ASCII "  => Not debugging...\n\n"
00401100   . E8 11020000      CALL StaAD_PE.00401316
```

그림 51.10 조건 비교문

4010B0~4010DA 코드는 루프로 구성되어 있습니다. 4010C7 주소의 CMP EDI, DWORD PTR DS:[ECX] 명령어를 살펴보겠습니다. EDI 레지스터에는 PEB.Ldr 주소에서 읽어들인 4바이트 값이 담겨 있고, [ECX]는 EEFEEEFE 값을 가지고 있습니다(ECX 레지스터에는 아까 EEFEEEFE로 초기화시킨 배열의 시작 주소가 저장되어 있습니다). 즉, 그림 51.10의 코드는 PEB.Ldr에서 EEFEEEFE로 초기화되어 있는 영역을 찾는 비교문입니다.

이 탐지 방법을 회피하기 위해서는 4010C5 주소의 EDX 레지스터가 가리키는 PEB.Ldr로 이동하여 EEFEEEFE 영역을 찾아 NULL로 덮어써버리는 것입니다.

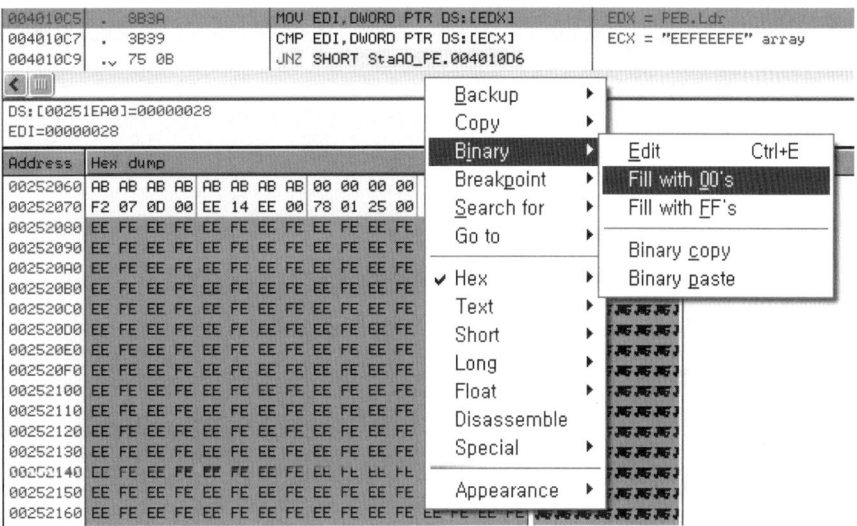

그림 51.11 Binary - Fill with 00's 메뉴

PEB.Ldr 밑의 EEFEEEFE 영역의 시작부터 끝까지 선택한 후 OllyDbg 메뉴의 "Binary - Fill with 00's"를 누르기 바랍니다(그림 51.11 참고). 이제 4010FB 주소에 BP를 설치[F2]하고 실행[F9]하면 루프를 안전하게 탈출할 수 있습니다.

PEB.ProcessHeap

디버깅을 계속 하면 그림 51.12와 같은 코드가 나타납니다.

```
00401112   > 8B7B 18        MOV EDI,DWORD PTR DS:[EBX+18]    EDI = PEB.ProcessHeap
00401115   . 8877 0C        MOV ESI,DWORD PTR DS:[EDI+C]     [EDI+C] = PEB.ProcessHeap.Flags
00401118   . 56             PUSH ESI
00401119   . 68 789D4000    PUSH StaAD_PE.00409D78           ASCII "PEB.ProcessHeap.Flags = 0x%X\n"
0040111E   . E8 F3010000    CALL StaAD_PE.00401316
00401123   . 83C4 08        ADD ESP,8
00401126   . 83FE 02        CMP ESI,2
00401129   .v 74 07         JE SHORT StaAD_PE.00401132
0040112B   . 68 1C9D4000    PUSH StaAD_PE.00409D1C           ASCII "   => Debugging!!!\n\n"
00401130   .v EB 05         JMP SHORT StaAD_PE.00401137
00401132   > 68 309D4000    PUSH StaAD_PE.00409D30           ASCII "   => Not debugging...\n\n"
00401137   > E8 DA010000    CALL StaAD_PE.00401316
0040113C   . 83C4 04        ADD ESP,4
0040113F   . 8877 10        MOV ESI,DWORD PTR DS:[EDI+10]    [EDI+10] = PEB.ProcessHeap.ForceFlags
00401142   . 56             PUSH ESI
00401143   . 68 989D4000    PUSH StaAD_PE.00409D98           ASCII "PEB.ProcessHeap.ForceFlags = 0x%X\n"
00401148   . E8 C9010000    CALL StaAD_PE.00401316
0040114D   . 83C4 08        ADD ESP,8
00401150   . 85F6           TEST ESI,ESI
00401152   .v 74 07         JE SHORT StaAD_PE.0040115B
00401154   . 68 1C9D4000    PUSH StaAD_PE.00409D1C           ASCII "   => Debugging!!!\n\n"
00401159   .v EB 05         JMP SHORT StaAD_PE.00401160
```

```
DS:[0015000C]=50000062
ESI=00252081, (ASCII "
```

```
Address  Hex dump
00150000 C8 00 00 00 BB 01 00 00 FF EE FF EE 62 00 00 50  ?..?..  ??..P
00150010 60 00 00 40 00 FE 00 00 00 00 10 00 00 20 00 00  `..0.?...>. ..
```

그림 51.12 Flags & ForceFlags

    PEB.ProcessHeap.Flags와 PEB.ProcessHeap.ForceFlags를 체크하는 안티 디버깅 기법인데요. 401112 주소의 MOV 명령어에 의해서 EDI 레지스터는 PEB.ProcessHeap 구조체 시작 주소 값을 가집니다(그림 51.12의 메모리 창에 나타난 150000 주소). 401115 주소의 [EDI+C]가 PEB.ProcessHeap.Flags 값입니다. 이 값을 2로 변경합니다. 그리고 40113F 주소의 [EDI+10]이 PEB.ProcessHeap.ForceFlags 값입니다. 이 값을 0으로 변경하기 바랍니다. 이제 PEB.ProcessHeap 관련 안티 디버깅은 무력화 되었습니다.

PEB.NtGlobalFlag

계속 진행하면 그림 51.13와 같이 PEB.NtGlobalFlag 안티 디버깅 트릭이 나타납니다.

```
00401168   . 8B73 68        MOV ESI,DWORD PTR DS:[EBX+68]    [EBX+68] = PEB.NtGlobalFlag
0040116B   . 56             PUSH ESI
0040116C   . 68 BC9D4000    PUSH StaAD_PE.00409DBC           ASCII "PEB.NtGlobalFlag = 0x%X\n"
00401171   . E8 A0010000    CALL StaAD_PE.00401316
00401176   . 83C4 08        ADD ESP,8
00401179   . 8BC6           MOV EAX,ESI
0040117B   . 83E0 70        AND EAX,70
0040117E   . 3C 70          CMP AL,70
00401180   .v 75 07         JNZ SHORT StaAD_PE.00401189
00401182   . 68 1C9D4000    PUSH StaAD_PE.00409D1C           ASCII "   => Debugging!!!\n\n"
00401187   .v EB 05         JMP SHORT StaAD_PE.0040118E
00401189   > 68 309D4000    PUSH StaAD_PE.00409D30           ASCII "   => Not debugging...\n\n"
0040118E   > E8 83010000    CALL StaAD_PE.00401316
```

그림 51.13 PEB.NtGlobalFlag

401168 주소의 [EBX+68]이 PEB.NtGlobalFlag입니다. 이 값을 0으로 바꾸면 간단히 해결됩니다.

> **참고**
> Windows XP에서는 OllyDbg로 디버깅을 시작할 때 EBX 레지스터에 PEB 주소가 저장되어 있습니다. 디버깅 팁으로 알아두시기 바랍니다.

51.3. NtQueryInformationProcess()

디버거를 탐지해 내는 또 다른 기법에 대한 설명입니다. ntdll!NtQueryInformationProcess() API를 이용하면 프로세스의 디버깅 관련 정보를 비롯하여 매우 다양한 정보를 얻을 수 있습니다. 함수 정의는 코드 51.4와 같습니다.

코드 51.4 NtQueryInformationProcess() API
```
NTSTATUS WINAPI NtQueryInformationProcess(
  __in       HANDLE ProcessHandle,
  __in       PROCESSINFOCLASS ProcessInformationClass,
  __out      PVOID ProcessInformation,
  __in       ULONG ProcessInformationLength,
  __out_opt  PULONG ReturnLength
);
```
출처 : MSDN

두 번째 파라미터 PROCESSINFOCLASS ProcessInformationClass에 원하는 정보형식을 입력한 후 NtQueryInformationProcess()를 호출하면 세 번째 파라미터 PVOID ProcessInformation에 해당 정보가 세팅됩니다. PROCESSINFOCLASS는 열거형(enum)으로써 코드 51.5와 같은 값을 가집니다.

코드 51.5 PROCESSINFOCLASS
```
enum PROCESSINFOCLASS
{
    ProcessBasicInformation = 0,
    ProcessQuotaLimits,
    ProcessIoCounters,
    ProcessVmCounters,
    ProcessTimes,
    ProcessBasePriority,
    ProcessRaisePriority,
```

```
    ProcessDebugPort = 7,                          // 0x7
    ProcessExceptionPort,
    ProcessAccessToken,
    ProcessLdtInformation,
    ProcessLdtSize,
    ProcessDefaultHardErrorMode,
    ProcessIoPortHandlers,
    ProcessPooledUsageAndLimits,
    ProcessWorkingSetWatch,
    ProcessUserModeIOPL,
    ProcessEnableAlignmentFaultFixup,
    ProcessPriorityClass,
    ProcessWx86Information,
    ProcessHandleCount,
    ProcessAffinityMask,
    ProcessPriorityBoost,
    MaxProcessInfoClass,
    ProcessWow64Information = 26,
    ProcessImageFileName = 27,
    ProcessDebugObjectHandle = 30,                 // 0x1E
    ProcessDebugFlags = 31,                        // 0x1F
};
```

출처: MSDN

위 코드에서 디버거 탐지에 사용되는 것은 ProcessDebugPort(0x7), ProcessDebugObjectHandle(0x1E), ProcessDebugFlags(0x1F)입니다.

51.3.1. ProcessDebugPort(0x7)

프로세스가 디버깅 중일 때 Debug Port가 할당됩니다. ProcessInformationClass 파라미터에 ProcessDebugPort(0x7) 값을 입력하면 Debug Port를 얻을 수 있습니다. 만약 프로세스가 디버깅 중이 아니라면 dwDebugPort 변수에 0이 세팅됩니다. 디버깅 중이라면 0xFFFFFFFF 이 세팅됩니다(코드 51.6 참고).

코드 51.6 ProcessDebugPort

```
// ProcessDebugPort (0x7)
DWORD dwDebugPort = 0;
pNtQueryInformationProcess(GetCurrentProcess(),
                           ProcessDebugPort,
                           &dwDebugPort,
                           sizeof(dwDebugPort),
                           NULL);
printf("NtQueryInformationProcess(ProcessDebugPort) = 0x%X\n", dwDebugPort);
if( dwDebugPort != 0x0  )   printf("  => Debugging!!!\n\n");
else                        printf("  => Not Debugging...\n\n");
```

CheckRemoteDebuggerPresent( )

CheckRemoteDebuggerPresent( ) API는 IsDebuggerPresent( ) API와 비슷하게 디버깅 여부를 판별해 주는 함수입니다. 둘의 차이점은 CheckRemoteDebuggerPresent( )는 다른 프로세스의 디버깅 여부까지 판단할 수 있다는 것입니다. 이 CheckRemoteDebuggerPresent( ) API 내부 코드를 보면 NtQueryInformationProcess(ProcessDebugPort) API를 이용하고 있습니다(그림 51.14 참고).

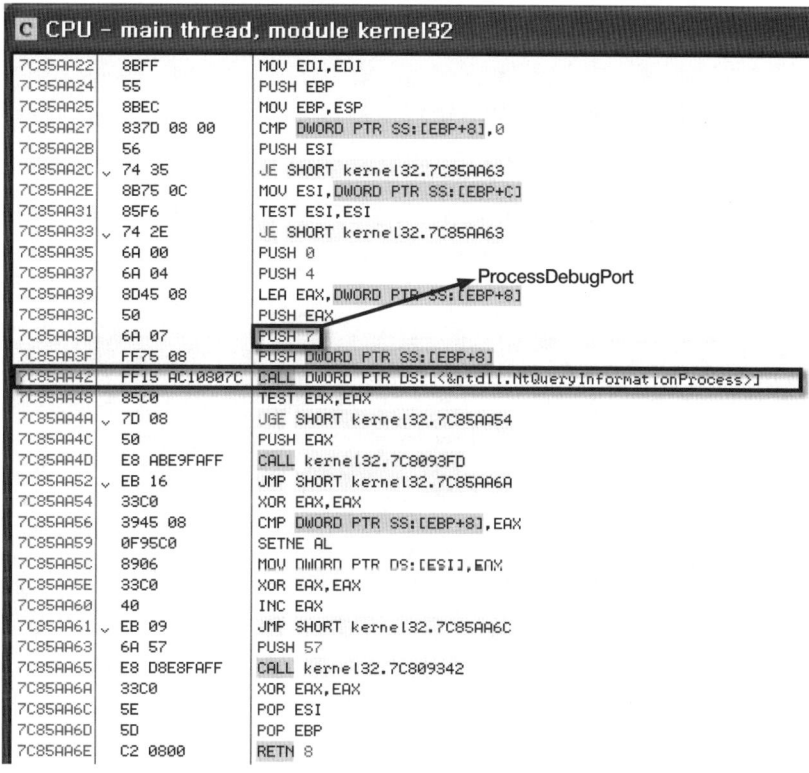

그림 51.14 CheckRemoteDebuggerPresent( ) API의 내부 코드

51.3.2. ProcessDebugObjectHandle(0x1E)

프로세스가 디버깅될 때 Debug Object가 생성됩니다. ProcessDebugObjectHandle(0x1E) 을 입력하면 Debug Object Handle을 구할 수 있습니다. 프로세스가 디버깅 중이라면 Debug Object Handle은 값이 존재할 것이고, 디버깅 중이 아니라면 Debug Object Handle은 NULL입니다.

코드 51.7 ProcessDebugObjectHandle
```
// ProcessDebugObjectHandle (0x1E)
HANDLE hDebugObject = NULL;
pNtQueryInformationProcess(GetCurrentProcess(),
                           ProcessDebugObjectHandle,
                           &hDebugObject,
                           sizeof(hDebugObject),
                           NULL);
printf("NtQueryInformationProcess(ProcessDebugObjectHandle) = 0x%X\n",
       hDebugObject);
if( hDebugObject != 0x0 )   printf("  => Debugging!!!\n\n");
else                         printf("  => Not Debugging...\n\n");
```

51.3.3. ProcessDebugFlags(0x1F)

Debug Flags를 확인해서 프로세스의 디버깅 여부를 판별합니다. ProcessDebug Flags(0x1F)를 입력하여 Debug Flags를 구합니다. Debug Flags 값이 0이면 디버깅 상태이고, 1이면 디버깅이 아닙니다.

코드 51.8 ProcessDebugFlags
```
// ProcessDebugFlags (0x1F)
BOOL bDebugFlag = TRUE;
pNtQueryInformationProcess(GetCurrentProcess(),
                           ProcessDebugFlags,
                           &bDebugFlag,
                           sizeof(bDebugFlag),
                           NULL);
printf("NtQueryInformationProcess(ProcessDebugFlags) = 0x%X\n",
       bDebugFlag);
if( bDebugFlag == 0x0 )   printf("  => Debugging!!!\n\n");
else                       printf("  => Not Debugging...\n\n");
```

51.3.4. 실습 – StaAD_NtQIP.exe

StaAD_NtQIP.exe 예제 파일을 이용하여 NtQueryInformationProcess() 안티 디버깅 실습을 해보도록 하겠습니다. 실습 예제 파일을 OllyDbg로 실행하면 그림 51.15와 같이 NtQueryInformationProcess() 안티 디버깅에 의해 디버거가 탐지되었다고 표시됩니다.

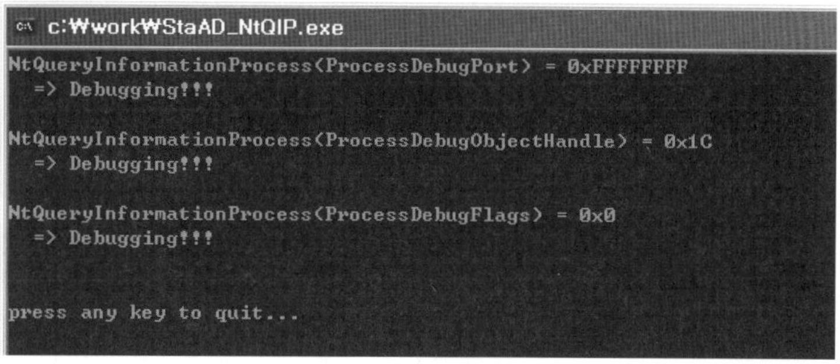

그림 51.15 StaAD_NtQIP.exe 디버깅 실행

51.3.5. 회피 방법

NtQueryInformationProcess() API를 이용한 디버거 탐지 기법을 회피하려면 특정한 입력(ProcessInformationClass) 값들에 대하여 출력(리턴 - Process Information) 값을 조작하는 것입니다(코드 51.9 참고). 특정한 입력 값이란 앞에서 설명한 ProcessDebugPort(0x7), ProcessDebugObjectHandle(0x1E), ProcessDebugFlags(0x1F)입니다.

API가 한두 번 정도 호출되는 거라면 디버거에서 수동으로 조작을 하고, 반복적으로 호출된다면 API 후킹을 시켜버리면 됩니다. 실습에서는 OllyDbg의 Assemble 명령을 이용하여 수동으로 후킹 코드를 설치하도록 하겠습니다.

> 참고
> 여기서 소개하는 API 후킹을 이용한 안티 디버깅 회피 방법은 어디까지나 개념을 소개하기 위한 것입니다. 실전에서는 보통 디버거 플러그인(PlugIn)을 사용하여 해결합니다(예: advanced olly.) 플러그인에서 디버깅을 실행할 때마다 자동으로 API 후킹을 시켜줍니다.

OllyDbg를 재실행하기 바랍니다.

후킹 함수 위치 선정

DLL 인젝션을 이용한 API 후킹의 경우 후킹 함수는 보통 인젝션된 DLL 내에 위치합니다. 이번 실습에서는 작업 편의상 코드 섹션의 마지막 NULL 패딩 영역의 적당한 주소 407E00에 후킹 코드를 위치시키도록 하겠습니다.

```
00407E00    00        DB 00
00407E01    00        DB 00
00407E02    00        DB 00
00407E03    00        DB 00
00407E04    00        DB 00
00407E05    00        DB 00
00407E06    00        DB 00
00407E07    00        DB 00
00407E08    00        DB 00
00407E09    00        DB 00
00407E0A    00        DB 00
00407E0B    00        DB 00
00407E0C    00        DB 00
00407E0D    00        DB 00
00407E0E    00        DB 00
00407E0F    00        DB 00
```

그림 51.16 코드 섹션 마지막의 NULL 패딩 영역

원본 API 코드 패치

원본 NtQueryInformationProcess( ) API 코드로 갑니다.

```
7C93D7E0 ntdll.ZwQueryInformationProcess  B8 9A000000   MOV EAX,9A
7C93D7E5                                  BA 0003FE7F   MOV EDX,7FFE0300
7C93D7EA                                  FF12          CALL DWORD PTR DS:[EDX]
7C93D7EC                                  C2 1400       RETN 14
```

그림 51.17 원본 NtQueryInformationProcess( ) API 코드

이곳에 후킹 함수 주소(407E00)로 가는 JMP 명령어를 설치하겠습니다. OllyDbg의 Assemble 기능을 이용하여 7C93D7EA 주소의 코드를 JMP 00407E00 명령어로 덮어씁니다.

```
7C93D7E0 ntdll.ZwQueryInformationProcess  B8 9A000000      MOV EAX,9A
7C93D7E5                                  BA 0003FE7F      MOV EDX,7FFE0300
7C93D7EA                                - E9 11A6AC83      JMP StaAD_Nt.00407E00
7C93D7EF                                  90               NOP
```

그림 51.18 패치된 NtQueryInformationProcess( ) API 코드

이 JMP 명령어는 5바이트 크기의 Instruction입니다. 원본 코드 7C93D7EA~7C93D7EC 주소의 "CALL DWORD PTR DS:[EDX]" & "RETN 14" 명령어(5바이트 크기)를 정확히 덮어쓴 것입니다.

> **참고**
>
> 일반적으로 API 후킹을 할 때 원본 API 시작주소 부분에 JMP 명령어를 설치합니다. 위 경우를 예로 들면 7C93D7E0 주소에 JMP 명령어를 덮어쓰는 것입니다. 하지만 제가 함수 시작(7C93D7E0)이 아니라 그보다 약간 밑에 떨어진 코드(7C93D7EA)에 JMP 명령어를 설치한 이유

는 특정 PE 프로텍터의 API 후킹 탐지 기법 때문입니다. 즉 NtQueryInformationProcess() API 시작 주소의 첫 바이트를 읽어서 "B8"이 아니라면 API 후킹이 되었다고 판단하고 일반적인 실행과는 다르게 동작하는 것이지요(일종의 디버거 탐지 기법입니다). 물론 좀 더 정교하게 API 후킹을 탐지해낸다면 저런 방법도 쓸모가 없겠지요. 다른 새로운 방법을 적용해야 합니다.

후킹 함수 작성

407E00 주소에 그림 51.19와 같이 후킹 함수를 작성합니다.

```
00407E00    FF12              CALL DWORD PTR DS:[EDX]
00407E02    50                PUSH EAX
00407E03    837C24 0C 07      CMP DWORD PTR SS:[ESP+C],7
00407E08    75 0C             JNZ SHORT StaAD_Nt.00407E16
00407E0A    8B4424 10         MOV EAX,DWORD PTR SS:[ESP+10]
00407E0E    C700 00000000     MOV DWORD PTR DS:[EAX],0
00407E14    EB 24             JMP SHORT StaAD_Nt.00407E3A
00407E16    837C24 0C 1E      CMP DWORD PTR SS:[ESP+C],1E
00407E1B    75 0C             JNZ SHORT StaAD_Nt.00407E29
00407E1D    8B4424 10         MOV EAX,DWORD PTR SS:[ESP+10]
00407E21    C700 00000000     MOV DWORD PTR DS:[EAX],0
00407E27    EB 11             JMP SHORT StaAD_Nt.00407E3A
00407E29    837C24 0C 1F      CMP DWORD PTR SS:[ESP+C],1F
00407E2E    75 0A             JNZ SHORT StaAD_Nt.00407E3A
00407E30    8B4424 10         MOV EAX,DWORD PTR SS:[ESP+10]
00407E34    C700 01000000     MOV DWORD PTR DS:[EAX],1
00407E3A    58                POP EAX
00407E3B    C2 1400           RETN 14
```

그림 51.19 후킹 함수

407E00 주소의 CALL DWORD PTR DS:[EDX] 명령어와 407E3B 주소의 RETN 14 명령어는 모두 원본 NtQueryInformationProcess() API 코드입니다. 이 두 명령어 사이에 후킹 코드가 설치되어 있습니다.

407C03 주소 이후의 CMP/JNZ 명령어 조합은 마치 C 언어의 switch/case 명령문과 같습니다. ProcessInformationClass 파라미터(DWORD PTR SS:[ESP+C])를 확인해서 0x7, 0x1E, 0x1F와 같다면, ProcessInformation 파라미터(DWORD PTR SS:[ESP+10])의 주소가 가리키는 리턴 값을 각각 0, 0, 1로 변경시키는 것입니다. 이 상태에서 (디버거에서) 프로세스를 실행시키면 그림 51.20과 같이 NtQueryInformationProcess() API를 이용한 안티 디버깅 기법을 회피할 수 있습니다.

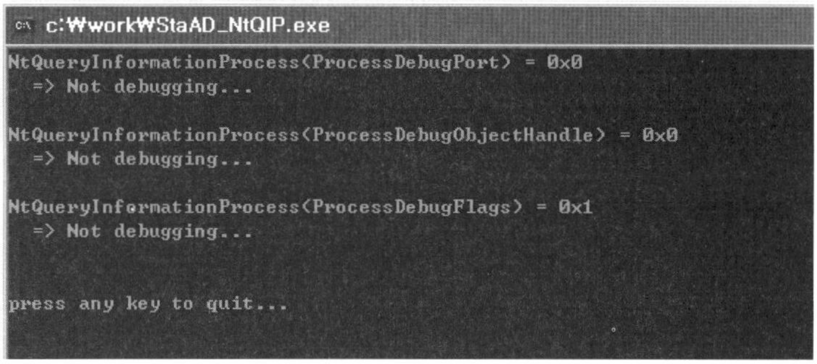

그림 51.20 NtQueryInformationProcess( ) API가 후킹된 상태

51.4. NtQuerySystemInformation( )

디버깅 환경을 체크하는 안티 디버깅 기법에 대한 설명입니다.

> **참고**
> 자신의 프로세스가 디버깅 당하는지를 체크하는 것이 직접적인 디버거 탐지 방법이라면, 디버깅 환경을 체크해서 디버거의 낌새가 조금이라도 보이면 즉시 실행을 멈추는 것은 간접적인 디버거 탐지 방법이라고 할 수 있습니다.

이 기법은 현재 OS가 Debug Mode로 부팅되었는지를 판단하는 안티 디버깅 기법입니다.

> **참고**
>
> **OS Debug Mode**
> WinDbg를 이용한 커널 디버깅(Kernel Debugging)을 하기 위해서는 기본적으로 시스템 2대(Host, Target)를 준비하여 서로 연결(Serial, 1394, USB, Direct Cable)시켜 작업합니다. 그 중 Target 시스템의 OS를 Debug Mode로 세팅하여 부팅시키면 Host 시스템의 WinDbg와 (부팅과정에서부터) 연결됩니다.
>
> **Debug Mode 설정 방법**
> 1) Windows XP – C:\boot.ini 편집 후 재부팅
>
> ```
> [boot loader]
> timeout=30
> ```

```
default=multi(0)disk(0)rdisk(0)partition(1)\WINDOWS
[operating systems]
multi(0)disk(0)rdisk(0)partition(1)\WINDOWS="Microsoft Windows
XP Professional" /noexecute=optin /fastdetect /debugport=com1 /
baudrate=115200 /Debug
```

2) Windows 7 - bcdedit.exe 유틸리티 사용

```
c:\work>bcdedit /debug on
작업을 완료했습니다.

c:\work>bcdedit

Windows 부팅 관리자
--------------------
identifier              {bootmgr}
device                  partition=C:
description             Windows Boot Manager
locale                  ko-KR
inherit                 {globalsettings}
default                 {current}
resumeobject            {8cb2d9b0-7c05-11de-842e-b4611d44fefa}
displayorder            {current}
toolsdisplayorder       {memdiag}
timeout                 30

Windows 부팅로더
--------------------
identifier              {current}
device                  partition=C:
path                    \Windows\system32\winload.exe
description             Windows 7
locale                  ko-KR
inherit                 {bootloadersettings}
recoverysequence        {8cb2d9b4-7c05-11de-842e-b4611d44fefa}
recoveryenabled         Yes
bootdebug               No
osdevice                partition=C:
systemroot              \Windows
resumeobject            {8cb2d9b0-7c05-11de-842e-b4611d44fefa}
nx                      OptIn
debug                   Yes
```

ntdll!NtQuerySystemInformation() API는 현재 동작 중인 OS 시스템에 대한 다양한 정보를 구할 수 있는 시스템 함수입니다.

코드 51.9 NtQuerySystemInformation() API

```
NTSTATUS WINAPI NtQuerySystemInformation(
  __in      SYSTEM_INFORMATION_CLASS SystemInformationClass,
  __inout   PVOID SystemInformation,
  __in      ULONG SystemInformationLength,
  __out_opt PULONG ReturnLength
);
```

출처: MSDN

SYSTEM_INFORMATION_CLASS SystemInformationClass 파라미터에 원하는 시스템 정보를 입력하고 PVOID SystemInformation 파라미터에 관련 구조체 주소를 넘겨주면 API가 리턴하면서 그 구조체에 관련 정보를 채워줍니다.

SYSTEM_INFORMATION_CLASS는 열거형(enum)으로, 코드 51.10과 같은 값을 가집니다.

코드 51.10 SYSTEM_INFORMATION_CLASS

```
typedef enum _SYSTEM_INFORMATION_CLASS {
    SystemBasicInformation = 0,
    SystemPerformanceInformation = 2,
    SystemTimeOfDayInformation = 3,
    SystemProcessInformation = 5,
    SystemProcessorPerformanceInformation = 8,
    SystemInterruptInformation = 23,
    SystemExceptionInformation = 33,
    SystemKernelDebuggerInformation = 35,    // 0x23
    SystemRegistryQuotaInformation = 37,
    SystemLookasideInformation = 45
} SYSTEM_INFORMATION_CLASS;
```

SystemInformationClass 파라미터에 SystemKernelDebuggerInformation (0x23) 값을 입력하면 현재 OS 시스템이 디버그 모드로 부팅되었는지 알 수 있습니다.

51.4.1. SystemKernelDebuggerInformation(0x23)

실제 안티 디버깅 소스코드를 보면 동작 원리를 쉽게 파악할 수 있습니다.

코드 51.11 NtQuerySystemInformation(SystemKernelDebuggerInformation) 소스코드

```
void MyNtQuerySystemInformation()
{
```

```
typedef NTSTATUS (WINAPI *NTQUERYSYSTEMINFORMATION)(
    ULONG SystemInformationClass,
    PVOID SystemInformation,
    ULONG SystemInformationLength,
    PULONG ReturnLength
);

typedef struct _SYSTEM_KERNEL_DEBUGGER_INFORMATION
{
    BOOLEAN DebuggerEnabled;
    BOOLEAN DebuggerNotPresent;
} SYSTEM_KERNEL_DEBUGGER_INFORMATION, *PSYSTEM_KERNEL_DEBUGGER_
  INFORMATION;

NTQUERYSYSTEMINFORMATION NtQuerySystemInformation;

NtQuerySystemInformation = (NTQUERYSYSTEMINFORMATION)
                           GetProcAddress(GetModuleHandle(L"ntdll"),
                                          "NtQuerySystemInformation");

ULONG SystemKernelDebuggerInformation = 0x23;
ULONG ulReturnedLength = 0;
SYSTEM_KERNEL_DEBUGGER_INFORMATION DebuggerInfo = {0,};

NtQuerySystemInformation(SystemKernelDebuggerInformation,
                         (PVOID) &DebuggerInfo,
                         sizeof(DebuggerInfo),      // 2바이트
                         &ulReturnedLength);

printf("NtQuerySystemInformation(SystemKernelDebuggerInformation) =
    0x%X 0x%X\n",
    DebuggerInfo.DebuggerEnabled, DebuggerInfo.
    DebuggerNotPresent);
if( DebuggerInfo.DebuggerEnabled ) printf("  => Debugging!!!\n\n");
else                               printf("  => Not Debugging...\n\n");
}
```

NtQuerySystemInformation() API를 호출할 때 첫 번째 파라미터(System InformationClass)에 SystemKernelDebuggerInformation(0x23) 값을 입력하고, 두 번째 파라미터(SystemInformation)에는 SYSTEM_KERNEL_DEBUGGER_ INFORMATION이라고 알려진 구조체 주소를 입력합니다. API가 리턴되면 시스템 디버그 모드인 경우 SYSTEM_KERNEL_DEBUGGER_INFORMATION.Debugger Enabled에 1이 세팅됩니다(SYSTEM_KERNEL_DEBUGGER_INFORMATION. DebuggerNotPresent 항목은 항상 1로 세팅됩니다).

51.4.2. 실습 – StaAD_NtQSI.exe

실습 예제 StaAD_NtQSI.exe를 실행시켜 보겠습니다.

```
c:\work\StaAD_NtQSI.exe
NtQuerySystemInformation(SystemKernelDebuggerInformation) = 0x1 0x1
=> Debugging!!!

press any key to quit...
```

그림 51.21 디버그 모드에서 StaAD_NtQSI.exe 실행

제 테스트 환경은 기본적으로 디버그 모드로 부팅되기 때문에 그림 51.21과 같이 디버깅 환경으로 탐지됩니다.

51.4.3. 회피 방법

Windows XP의 경우 boot.ini를 편집하고 '/debugport=com1 /baudrate=115200 /Debug' 값을 제거합니다. Windows 7의 경우 커맨드 창에서 'bcdedit /debug off' 명령을 내리면 됩니다. 그리고 재부팅하면 OS가 일반 모드(Normal Mode)로 부팅됩니다.

51.5. NtQueryObject( )

시스템에서 어떤 디버거가 다른 프로세스를 디버깅 중이라면 그때 DebugObject 타입의 커널 객체가 생성되는데, 그 DebugObject의 존재를 확인하는 것입니다.

ntdll!NtQueryObject( ) API는 시스템의 다양한 종류의 커널 객체 정보를 구해오는 함수입니다. NtQueryObject( ) API의 함수 정의를 살펴보겠습니다.

코드 51.12 NtQueryObject() API
```
NTSTATUS NtQueryObject(
  __in_opt   HANDLE Handle,
  __in       OBJECT_INFORMATION_CLASS ObjectInformationClass,
  __out_opt  PVOID ObjectInformation,
  __in       ULONG ObjectInformationLength,
  __out_opt  PULONG ReturnLength
);
```
출처: MSDN

두 번째 파라미터 OBJECT_INFORMATION_CLASS ObjectInformationClass
에 원하는 값을 입력하고 API를 호출하면, 세 번째 파라미터 PVOID Object
Information에 관련 정보의 구조체 포인터를 리턴합니다.

먼저 OBJECT_INFORMATION_CLASS는 열거형(enum)으로써 코드 51.13과 같
은 값을 가집니다.

코드 51.13 OBJECT_INFORMATION_CLASS

```
typedef enum _OBJECT_INFORMATION_CLASS {
    ObjectBasicInformation,
    ObjectNameInformation,
    ObjectTypeInformation,
    ObjectAllTypesInformation,    // 3
    ObjectHandleInformation
} OBJECT_INFORMATION_CLASS, *POBJECT_INFORMATION_CLASS;
```

우리는 ObjectAllTypesInformation 항목을 이용하여 시스템의 모든 객체 정보
를 구한 다음 그 중에 DebugObject가 있는지 확인할 것입니다. NtQueryObject( )
API 사용법은 약간 복잡한 편입니다.

NtQueryObject( ) API 사용법

1) 커널 객체(Kernel Object) 정보 리스트의 크기를 얻기

```
ULONG lSize = 0;
pNtQueryObject(NULL, ObjectAllTypesInformation, &lSize, sizeof(lSize),
               &lSize);
```

2) 메모리 할당

```
void *pBuf = NULL;
pBuf = VirtualAlloc(NULL, lSize, MEM_RESERVE | MEM_COMMIT, PAGE_
                    READWRITE);
```

3) 커널 객체 정보 리스트 구하기

```
typedef struct _OBJECT_TYPE_INFORMATION {
UNICODE_STRING TypeName;
    ULONG TotalNumberOfHandles;
    ULONG TotalNumberOfObjects;
}OBJECT_TYPE_INFORMATION, *POBJECT_TYPE_INFORMATION;

typedef struct _OBJECT_ALL_INFORMATION {
    ULONG                    NumberOfObjectsTypes;
    OBJECT_TYPE_INFORMATION ObjectTypeInformation[1];
} OBJECT_ALL_INFORMATION, *POBJECT_ALL_INFORMATION;

pNtQueryObject((HANDLE)0xFFFFFFFF, ObjectAllTypesInformation, pBuf, lSize,
            NULL);
POBJECT_ALL_INFORMATION pObjectAllInfo = (POBJECT_ALL_INFORMATION)pBuf;
```

NtQueryObject() 호출 이후에 pBuf에는 시스템의 모든 객체 정보 코드가 저장됩니다. 이를 POBJECT_ALL_INFORMATION 타입으로 캐스팅(casting)합니다. OBJECT_ALL_INFORMATION 구조체는 OBJECT_TYPE_INFORMATION 구조체 배열로 이루어져 있습니다. 실제 커널 객체 타입의 정보는 바로 OBJECT_TYPE_INFORMATION 구조체 배열에 저장되어 있으므로 루프를 돌면서 DebugObject 객체 타입을 확인하면 됩니다.

4) DebugObject 객체 타입 확인

이해를 돕기 위해 실제 소스코드를 첨부합니다.

코드 51.14 NtQueryObject(ObjectAllTypesInformation) 예제 코드

```
void MyNtQueryObject()
{
    typedef struct _LSA_UNICODE_STRING {
        USHORT Length;
        USHORT MaximumLength;
        PWSTR Buffer;
    } LSA_유니코드_STRING, *PLSA_UNICODE_STRING, UNICODE_STRING, *PUNICODE_
    STRING;

    typedef NTSTATUS (WINAPI *NTQUERYOBJECT)(
        HANDLE Handle,
        OBJECT_INFORMATION_CLASS ObjectInformationClass,
```

```
    PVOID ObjectInformation,
    ULONG ObjectInformationLength,
    PULONG ReturnLength
);

#pragma pack(1)
typedef struct _OBJECT_TYPE_INFORMATION {
    UNICODE_STRING TypeName;
    ULONG TotalNumberOfHandles;
    ULONG TotalNumberOfObjects;
}OBJECT_TYPE_INFORMATION, *POBJECT_TYPE_INFORMATION;

typedef struct _OBJECT_ALL_INFORMATION {
    ULONG                    NumberOfObjectsTypes;
    OBJECT_TYPE_INFORMATION  ObjectTypeInformation[1];
} OBJECT_ALL_INFORMATION, *POBJECT_ALL_INFORMATION;
#pragma pack()

POBJECT_ALL_INFORMATION pObjectAllInfo = NULL;
void *pBuf = NULL;
ULONG lSize = 0;
BOOL bDebugging = FALSE;

NTQUERYOBJECT pNtQueryObject = (NTQUERYOBJECT)
                        GetProcAddress(GetModuleHandle(L"ntd
                                       ll.dll"),
                                       "NtQueryObject");

// 리스트의 사이즈 가져오기
pNtQueryObject(NULL, ObjectAllTypesInformation, &lSize, sizeof(lSize),
            &lSize);

// 리스트 버퍼 할당
pBuf = VirtualAlloc(NULL, lSize, MEM_RESERVE | MEM_COMMIT, PAGE_
                    READWRITE);

// 실제 리스트 가져오기
pNtQueryObject((HANDLE)0xFFFFFFFF, ObjectAllTypesInformation, pBuf,
            lSize, NULL);

pObjectAllInfo = (POBJECT_ALL_INFORMATION)pBuf;

UCHAR *pObjInfoLocation = (UCHAR *)pObjectAllInfo->
                        ObjectTypeInformation;
POBJECT_TYPE_INFORMATION pObjectTypeInfo = NULL;
for( UINT i = 0; i < pObjectAllInfo->NumberOfObjectsTypes; i++ )
{
    pObjectTypeInfo = (POBJECT_TYPE_INFORMATION)pObjInfoLocation;
    if( wcscmp(L"DebugObject", pObjectTypeInfo->TypeName.Buffer) == 0 )
```

```c
    {
        bDebugging = (pObjectTypeInfo->TotalNumberOfObjects > 0) ? TRUE
                                                                 : FALSE;
        break;
    }

    // 다음 구조체 계산
    pObjInfoLocation = (UCHAR*)pObjectTypeInfo->TypeName.Buffer;
    pObjInfoLocation += pObjectTypeInfo->TypeName.Length;
    pObjInfoLocation = (UCHAR*)(((ULONG)pObjInfoLocation & 0xFFFFFFFC)
                                + sizeof(ULONG));
}

if( pBuf )
    VirtualFree(pBuf, 0, MEM_RELEASE);

printf("NtQueryObject(ObjectAllTypesInformation)\n");
if( bDebugging )  printf("  => Debugging!!!\n\n");
else              printf("  => Not Debugging...\n\n");
}
```

51.5.1. 실습 – StaAD_NtQO.exe

OllyDbg에서 실습 예제 파일 StaAD_NtQO.exe를 실행시키면 그림 51.22와 같이 디버깅 중이라는 메시지가 나타납니다. NtQueryObject() API에서 DebugObject를 탐지해냈기 때문입니다.

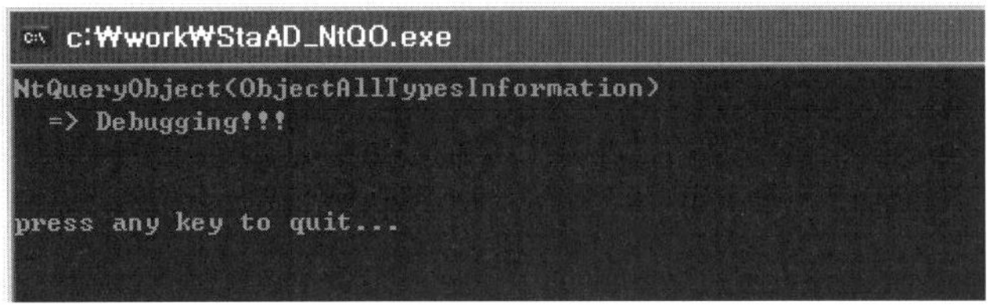

그림 51.22 StaAD_NtQO.exe 디버깅 실행

회피 방법

OllyDbg를 재실행[Ctrl+F2]시켜서 401059 주소에 BP를 설치[F2]한 후 실행[F9]합니다.

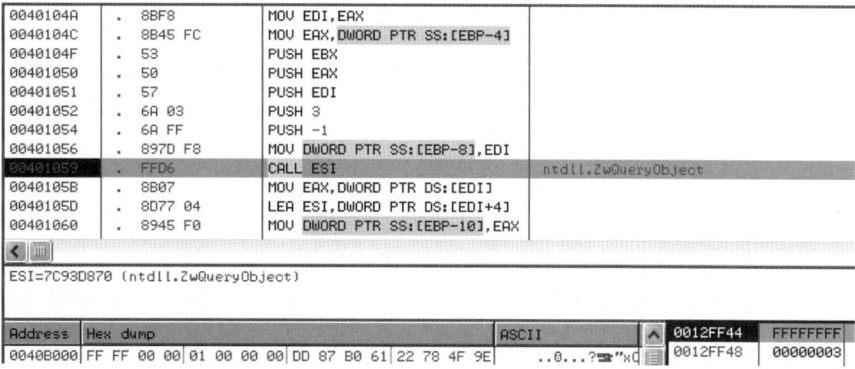

그림 51.23 ZwQueryObject() 호출

401059 주소의 CALL ESI 명령어가 ntdll.ZwQueryObject() API 호출 명령어입니다. 이때 스택을 보면 두 번째 파라미터의 값이 ObjectAllTypesInformation(3)입니다. 이 값을 0으로 변경한 후 401059 주소의 명령을 실행하면 디버거의 존재를 탐지하지 못합니다.

ntdll.ZwQueryObject() API를 직접 후킹하여 ObjectAllTypesInformation(3) 입력 또는 결과 값을 조작하도록 만들 수도 있습니다.

51.6. ZwSetInformationThread()

디버깅 당하는 쪽(디버기)에서 강제로 디버거를 떼어내는(Detach) 기법에 대한 설명입니다. ZwSetInformationThread() API를 사용하면 자신을 디버깅하고 있는 디버거를 떼어낼 수 있습니다.

코드 51.15 ZwSetInformationThread() API
```
typedef enum _THREAD_INFORMATION_CLASS {
        ThreadBasicInformation,
        ThreadTimes,
        ThreadPriority,
        ThreadBasePriority,
        ThreadAffinityMask,
        ThreadImpersonationToken,
        ThreadDescriptorTableEntry,
        ThreadEnableAlignmentFaultFixup,
        ThreadEventPair,
        ThreadQuerySetWin32StartAddress,
        ThreadZeroTlsCell,
```

```
        ThreadPerformanceCount,
        ThreadAmILastThread,
        ThreadIdealProcessor,
        ThreadPriorityBoost,
        ThreadSetTlsArrayAddress,
        ThreadIsIoPending,
        ThreadHideFromDebugger         // 17 (0x11)
    } THREAD_INFORMATION_CLASS, *PTHREAD_INFORMATION_CLASS;

NTSTATUS ZwSetInformationThread(
    __in  HANDLE ThreadHandle,
    __in  THREADINFOCLASS ThreadInformationClass,
    __in  PVOID ThreadInformation,
    __in  ULONG ThreadInformationLength
);
```

출처: MSDN

   ZwSetInformationThread() 함수는 이름 그대로 스레드에게 정보를 세팅하는 System Native API입니다. 첫 번째 파라미터 ThreadHandle에 현재 스레드의 핸들을 넘겨주고, 두 번째 파라미터 ThreadInformationClass에 ThreadHide From Debugger(0x11) 값을 입력하면 디버거 프로세스가 분리됩니다. ZwSet InformationThread() API는 일반 실행의 경우 프로그램에 아무런 영향을 주지 않고, 디버거 실행인 경우에는 디버거를 종료시켜 버립니다(자신의 프로세스도 같이 종료됩니다).

51.6.1. 실습 – StaAD_ZwSIT.exe

실습 예제 StaAD_ZwSIT.exe 파일을 OllyDbg로 열고 401027과 401029 주소에 각각 BP를 설치[F2]한 후 실행[F9]합니다.

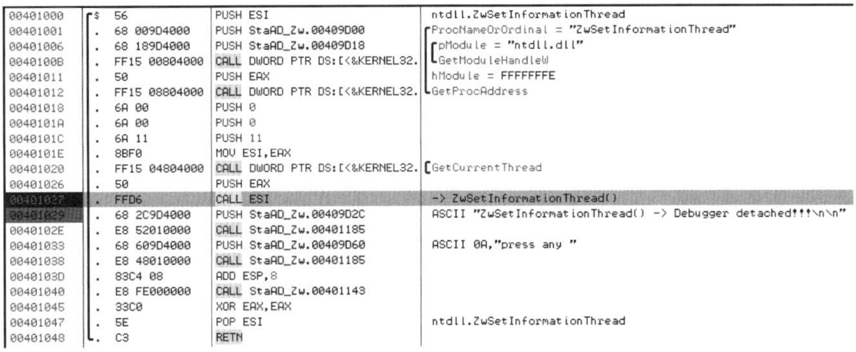

그림 51.24 - StaAD_ZwSIT.exe 디버깅

그림 51.24처럼 401027 주소의 BP에 멈춥니다. 401027 주소의 CALL ESI 명령어가 바로 ntdll.ZwSetInformationThread() API 호출하는 명령어입니다. 실행[F9] 명령을 내려서 401027 주소의 명령어를 실행시킵니다. 그러면 디버기 프로세스가 분리되면서 종료됩니다. 그리고 OllyDbg는 401029 주소를 디버깅하지 못하고 오동작하게 됩니다.

51.6.2. 회피 방법

간단히 회피하는 방법은 401027 주소의 ZwSetInformationThread() API가 호출되기 직전에 스택에 저장된 두 번째 파라미터 ThreadInformationClass 값을 살펴보고 ThreadHideFromDebugger(0x11) 값이 입력된 경우라면 0으로 변경해버리면 됩니다.

ZwSetInformationThread() API를 후킹하여 같은 방식으로 파라미터를 조작할 수도 있습니다.

참고

해당 API의 정확한 동작 원리는 스레드가 숨김(Hide) 상태가 되면서 디버깅이 불가능해지는 것입니다. 참고로 Windows XP 이후부터는 DebugActiveProcessStop() API가 추가되었습니다.

코드 51.16 DebugActiveProcessStop() API
```
BOOL WINAPI DebugActiveProcessStop(
  __in  DWORD dwProcessId
);
```
출처: MSDN

DebugActiveProcessStop() API는 디버거에서 디버깅을 멈추고 싶을 때 호출하는 함수입니다. 반면에 앞에서 소개한 ZwSetInformationThread() API는 디버기에서 디버깅을 당하는 걸 멈출 때 호출하는 함수입니다(혼동하기 쉬우니 잘 알아두기 바랍니다).

51.7. TLS 콜백 함수

TLS 콜백 함수는 유용하게 사용되는 안티 디버깅 기법입니다. 앞에서 설명한 모든 기법과 마찬가지로 이 기법도 원리를 모르면 속수무책으로 당할 수밖에 없습니다.

TLS 콜백은 그 자체로 안티 디버깅 기법이라고 볼 수 없지만 프로그램의 Entry Point 코드보다 먼저 실행되는 특징 때문에 안티 디버깅에 많이 활용됩니다. TLS 콜백 함수 내에서 IsDebuggerPresent() 등의 함수로 간단히 디버깅 여부를 판별하여 프로그램을 계속 실행할지 말지를 결정할 수 있습니다.

45장에서 안티 디버깅 관련 내용과 회피 방법에 대해서 자세히 설명하였으니 참고 바랍니다.

51.8. ETC

안티 디버깅 기법을 사용하는 목적은 특정 프로그램이 리버싱을 당하지 않도록 하기 위한 것입니다. 이러한 목적을 위해서라면 굳이 자신의 프로세스가 디버깅 당하는지 어렵게 판단할 필요가 없습니다. 간단히 현재 시스템이 (일반적인 시스템이 아니라) 리버싱을 위한 전용 시스템이라는 판단이 선다면 바로 프로그램의 실행을 멈춰버리는 것도 좋은 방법입니다. 이를 위해서 시스템에서 쉽게 구할 수 있는 일반적인 정보(Process, File, Window, Registry, host name, computer name, user name, Environment Variable 등)들을 활용하는 다양한 안티 디버깅 기법들이 존재합니다. 대부분의 경우 시스템 정보를 구하는 Win32 API를 이용하여 구현되어 있습니다. 몇 가지 간단한 예를 소개하겠습니다.

1. OllyDbg 창 검색 ← FindWindow()
2. OllyDbg 프로세스 검색 ← CreateToolhelp32Snapshot()
3. 컴퓨터 이름이 "TEST", "ANALYSIS" 등의 이름인지 확인 ← GetComputerName()

4. 프로그램 실행 경로를 검사하여 "TEST", "SAMPLE" 등의 이름인지 확인 ← GetCommandLine( )

5. 가상 머신에서 실행 중인지 확인(가상 머신 특유의 프로세스 이름을 확인 ← VMWareService.exe, VMWareTray.exe, VMWareUser.exe 등)

> **참고**
>
> 회피 방법이 어렵지 않기 때문에 유명 Protector들은 쓰지 않습니다(더 확실한 안티 디버깅 방법이 많으니까요). 하지만 의외로 잘 알려지지 않은 Protector/Packer에서 사용되는 경우가 있으며 종종 악성 코드에서 사용되기도 합니다. 이런 부분을 평소에 전혀 고려하지 않고 있다가 한번 당하게 되면 의외로 많은 시간을 뺏기기도 합니다.

51.8.1. 실습 – StaAD_FindWindow.exe

OllyDbg를 실행시킨 상태에서 실습 파일 StaAD_FindWindow.exe를 실행시킨다면, 그림 51.25와 같이 디버거 탐지 메시지가 나타납니다.

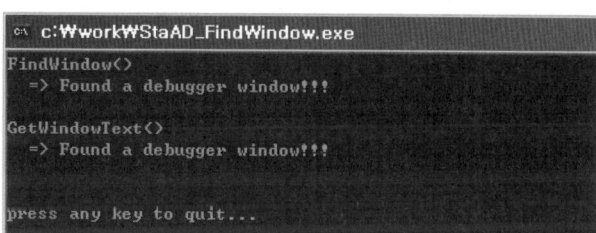

그림 51.25 StaAD_FindWindow.exe 실행 화면

StaAD_FindWindow.exe 코드에서 FindWindow( ) API와 GetWindowText( ) API를 이용하여 잘 알려진 디버거 창의 이름(OllyDbg, IDA Pro, WinDbg 등)을 찾아낸 것입니다.

51.8.2. 회피 방법

OllyDbg로 실습 파일을 열고 401023 주소에 BP를 설치한 후 실행합니다.

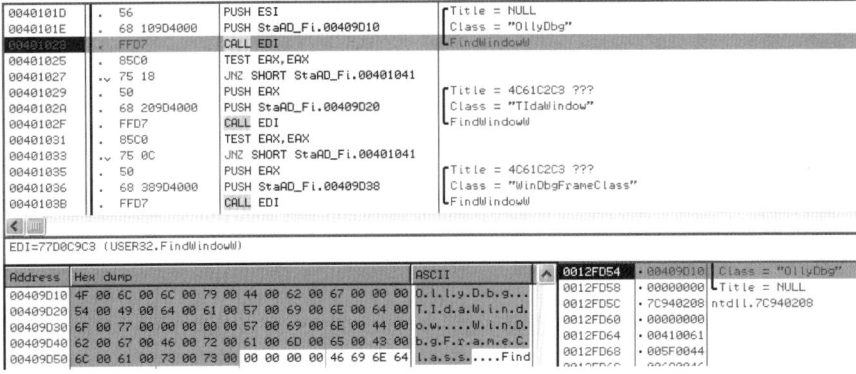

그림 51.26 FindWindow() 호출 코드

그림 51.26의 코드에 FindWindow() API 호출이 3군데 있습니다. 40101E 주소의 PUSH 409D10 명령어에서 409D10 주소는 FindWindow() API의 첫 번째 파라미터인 Window Class 이름 문자열을 가리킵니다. 이 409D10 주소로 가서 Window Class 이름 문자열 버퍼를 NULL로 덮어써버리면 FindWindow() API에서 디버거를 탐지하지 못합니다.

이제 GetWinodwText() API를 무력화시킬 차례입니다. 401093 주소에 BP를 설치하고 실행합니다(그림 51.27 참고).

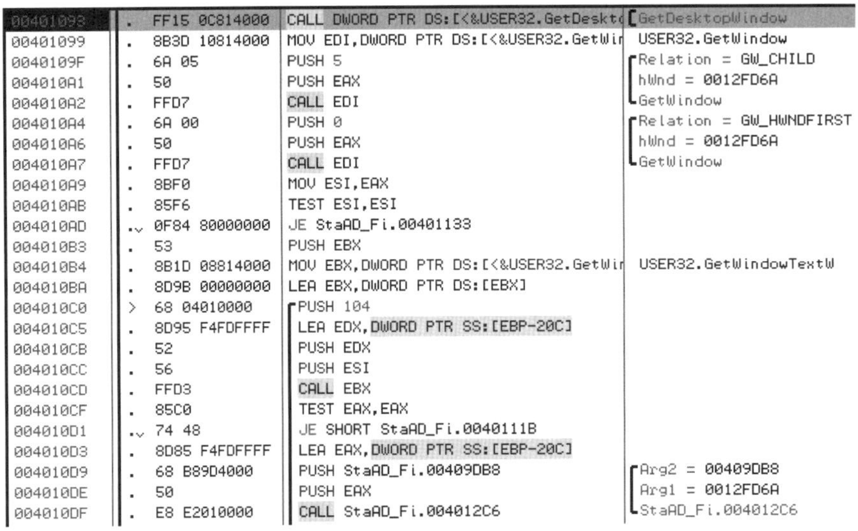

그림 51.27 GetDesktopWindow() 호출 코드

GetWindowTextW() API 호출 코드는 4010B4 주소에 있습니다. GetWindowTextW() API가 정상적으로 호출되려면 4010AD 주소의 조건 점프 명령어를 통과해야 합니다. 직접 조건 점프를 조작해도 되고, 그 위의 GetDesktopWindow()나 GetWindow() API 리턴 값(EAX 레지스터)을 NULL로 변경해도 됩니다. 물론 FindWindow() API와 GetWindowText() API를 후킹하는 것도 좋은 방법입니다.

51.9. 마무리

지금까지 Static 안티 디버깅 방법에 대하여 알아보았습니다. 여기서 소개된 방법 외에도 더 많은 방법이 존재하고, 또 계속 발견되고 있으니 직접 부딪히면서 관련 자료를 찾아보고 디버깅 경험을 쌓는 것이 가장 좋은 방법입니다. Static 안티 디버깅 기법은 회피 방법이 크게 어렵지는 않지만 내용을 전혀 모른다면 디버깅이 매우 어려워질 수 있습니다.

안티 디버깅 기법은 OS 의존성이 있기 때문에 사전에 이를 확인하는 것이 좋습니다. 실전에서는 다양한 디버거 플러그인을 사용하시면 많은 안티 디버깅 기법을 회피할 수 있기 때문에 편리합니다. 그러나 플러그인에서 지원되지 않는 방법도 존재하기 때문에 동작 원리와 기본 회피 방법을 공부하는 것이 큰 도움이 될 것입니다.

52
Dynamic 안티 디버깅

Dynamic 그룹에 속한 안티 디버깅 기법에 대해서 알아보도록 하겠습니다. Dynamic 안티 디버깅 기법(Dynamic Anti-Debugging)은 프로그램의 코드를 트레이싱하지 못하도록 지속적으로 방해하는 기법입니다. 일반적으로 Static 안티 디버깅 기법에 비해서 난이도가 높으며 회피 방법 또한 어렵습니다.

52.1. Dynamic 안티 디버깅의 목적

목적은 내부 코드와 데이터를 리버싱으로부터 감추고 보호하는 것입니다. 보통 PE 프로텍터들에서 많이 사용되며 원본 프로그램의 핵심 알고리즘을 보호하기 위하여 사용됩니다. 디버거로 해당 프로그램이 실행될 수는 있을지언정 원본 프로그램의 핵심 코드(OEP)로 트레이싱하여 찾아갈 수 없도록 방해합니다.

> **참고**
> 뛰어난 리버서라면 모든 어려움을 극복하고 리버싱에 성공할 수 있을 것입니다. 하지만 Dynamic 안티 디버깅 기법이 적용되어 있다면 디버깅 시간을 상당히 늦출 수 있습니다.

52.2. 예외

예외(Exception)를 이용하는 방법은 안티 디버깅의 단골 메뉴입니다. 정상적으로 실행된 프로세스에서 예외가 발생하면 SEH(Structured Exception Handling) 메커니즘에 의해 OS에서 예외를 받아서 프로세스에 등록된 SEH를 호출해줍니다. 그러나 디버기(Debuggee)에서 예외가 발생하면 디버거(Debugger)에서 예외 처리를 담당합니다. 바로 이러한 특징을 이용하여 정상 실행되는 경우와 디버깅 당하는 경우를 판별해서 서로 다른 동작을 수행할 수 있는 안티 디버깅 기법입니다.

> **참고**
>
> SEH를 이용한 안티 디버깅 동작 원리와 회피 방법에 대해서 48장에 자세히 소개되어 있으므로 관련 내용을 참고하기 바랍니다.

52.2.1. SEH

코드 52.1은 대표적인 예외들을 보여주고 있습니다.

코드 52.1 Windows OS의 예외

```
EXCEPTION_DATATYPE_MISALIGNMENT     (0x80000002)
EXCEPTION_BREAKPOINT                (0x80000003)
EXCEPTION_SINGLE_STEP               (0x80000004)
EXCEPTION_ACCESS_VIOLATION          (0xC0000005)
EXCEPTION_IN_PAGE_ERROR             (0xC0000006)
EXCEPTION_ILLEGAL_INSTRUCTION       (0xC000001D)
EXCEPTION_NONCONTINUABLE_EXCEPTION  (0xC0000025)
EXCEPTION_INVALID_DISPOSITION       (0xC0000026)
EXCEPTION_ARRAY_BOUNDS_EXCEEDED     (0xC000008C)
EXCEPTION_FLT_DENORMAL_OPERAND      (0xC000008D)
EXCEPTION_FLT_DIVIDE_BY_ZERO        (0xC000008E)
EXCEPTION_FLT_INEXACT_RESULT        (0xC000008F)
EXCEPTION_FLT_INVALID_OPERATION     (0xC0000090)
EXCEPTION_FLT_OVERFLOW              (0xC0000091)
EXCEPTION_FLT_STACK_CHECK           (0xC0000092)
EXCEPTION_FLT_UNDERFLOW             (0xC0000093)
EXCEPTION_INT_DIVIDE_BY_ZERO        (0xC0000094)
EXCEPTION_INT_OVERFLOW              (0xC0000095)
EXCEPTION_PRIV_INSTRUCTION          (0xC0000096)
EXCEPTION_STACK_OVERFLOW            (0xC00000FD)
```

EXCEPTION_BREAKPOINT

가장 대표적인 예외는 바로 BP(Break Point) 예외입니다. BreakPoint 명령어를 이용하여 예외를 발생시키면 일반 실행인 경우 등록된 SEH가 자동 실행되겠지만, 디버깅 실행의 경우 즉시 실행이 멈춰지고 제어권은 디버거로 넘어옵니다. 예외 처리기에는 보통 EIP 값을 변경시키는 코드가 들어 있습니다. 디버거 옵션을 조정해서 디버깅 중이라도 관련 예외를 OS에게 넘겨 SEH가 자동 실행되도록 만들 수 있습니다. 하지만 그렇게 한다고 해도 예외 처리기 내부에서 Static 안티 디버깅 기법을 적절히 사용한다면 디버깅 여부를 쉽게 판별해낼 수 있습니다. 또한 예외 처리기 내부에서 EIP 값이 어떻게 변경될지 모릅니다. 즉 디버깅을 계속 진행하기 위해서는 결국 예외 처리기를 따라 들어가야 합니다.

> **참고**
>
> SEH를 이용한 안티 디버깅 기법이 1~2개 뿐이라면 쉽게 해결할 수 있을 것입니다. 그러나 만약 수십, 수백 개가 존재한다면 디버깅 속도는 매우 느려지고 실수할 확률은 커집니다.

실습

실습 예제 파일(DynAD_SEH.exe)을 OllyDbg로 열고, 401000 주소에 BP를 설치 후 실행하세요.

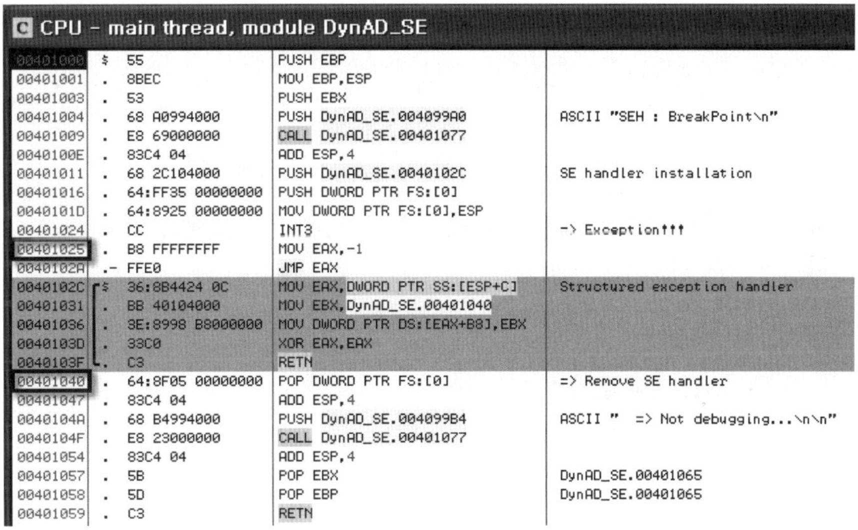

그림 52.1 INT3 기반 SEH 예제 코드

그림 52.1의 코드는 INT3 예외를 이용한 안티 디버깅 예제입니다. 간략한 코드 흐름은 그림 52.2와 같습니다.

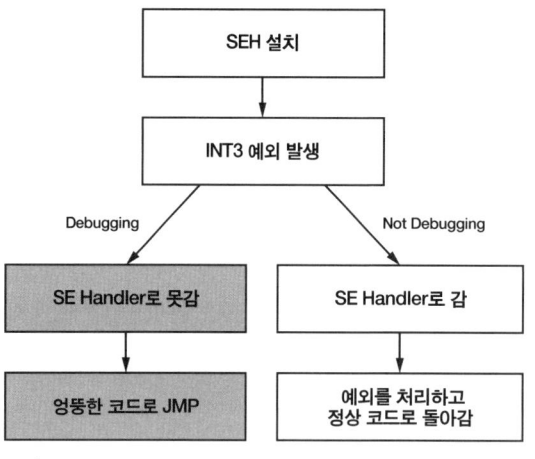

그림 52.2 코드 흐름

코드 흐름을 실제로 하나씩 따라가보겠습니다(직접 디버깅하면서 따라해보기 바랍니다).

#1. SEH 설치

먼저 아래 코드에서 SEH(40102C)를 설치합니다.

```
00401011    PUSH 40102C                        ;  SEH
00401016    PUSH DWORD PTR FS:[0]
0040101D    MOV DWORD PTR FS:[0],ESP
```

#2. INT3 예외 발생

의도적으로 INT3 예외를 발생시킵니다.

```
00401024    INT3
```

#3-1. 디버깅 실행 – 프로세스 종료

만약 디버깅 중이라면 예외는 디버거(이 경우 OllyDbg)에서 처리해야 합니다. INT3 명령어는 CPU 인터럽트(Interrupt) 명령이기 때문에 User Mode 디버거에서는 따로 할 수 있는 것이 없습니다. 그냥 그 아래 있는 명령을 실행합니다.

```
00401025    MOV EAX,-1                              ; -1 (0xFFFFFFFF)
0040102A    JMP EAX
```

디버깅을 당하고 있기 때문에 유효하지 않은 주소(FFFFFFFF)로 점프해버립니다. 더 이상 정상적인 디버깅이 불가능합니다.

> **참고**
>
> 위의 실습 예제에서는 디버깅 중일 때 바로 프로세스가 종료되기 때문에 리버서는 자신이 어디쯤에서 안티 디버깅에 걸렸다는 사실을 쉽게 알 수 있습니다. 하지만 어떤 Protector에서는 그럴듯한 쓰레기 코드로 점프시켜버립니다. 리버서는 그 엄청나게 큰 쓰레기 코드를 트레이싱하면서 점점 지치게 되지요. 그러다 프로세스가 종료되면, 대체 어디에서 안티 디버깅에 걸렸는지 파악하기 쉽지 않습니다. 일종의 끝도 없는 미로 속으로 안내하는 매우 교활한 방법입니다.

#3-2. 일반 실행 - SEH 실행됨

만약 디버깅 중이 아니라면 INT3 명령어가 실행될 때 앞에서 등록한 SEH가 실행됩니다.

```
0040102C    MOV EAX,DWORD PTR SS:[ESP+C]
00401031    MOV EBX,401040
00401036    MOV DWORD PTR DS:[EAX+B8],EBX
0040103D    XOR EAX,EAX
0040103F    RETN
```

SS:[ESP+C]는 SEH의 세 번째 파라미터인 CONTEXT *pContext 구조체 포인터를 나타냅니다. 이것은 예외가 발생한 스레드의 컨텍스트 구조체입니다. 그리고 DS:[EAX+B8] 은 pContext→Eip 멤버를 가리킵니다. 따라서 401036 주소의 MOV 명령은 예외가 발생한 스레드의 컨텍스트 구조체의 EIP 값을 401040으로 변경하고 있습니다. 그런 후 예외 처리기는 0(ExceptionContinueExecution)을 리턴합니다. 이제 예외가 발생한 스레드는 변경된 EIP 주소(401040)부터 실행을 다시 시작합니다. 참고로 SEH의 함수 정의는 다음과 같습니다.

```
EXCEPTION_DISPOSITION ExceptHandler
(
    EXCEPTION_RECORD    *pRecord,
```

```
    EXCEPTION_REGISTRATION_RECORD *pFrame,
    CONTEXT                       *pContext,
    PVOID                         pValue
);
```

* MSDN에 공개되지 않는 함수라서 여러 인터넷 사이트의 정보를 참고로 편집하였습니다.

```
typedef enum _EXCEPTION_DISPOSITION {
    ExceptionContinueExecution,          // 0
    ExceptionContinueSearch,
    ExceptionNestedException,
    ExceptionCollidedUnwind
} EXCEPTION_DISPOSITION;
```

출처: MS Visual C++ 2010 Express : excpt.h

CONTEXT 구조체 정의입니다(각 멤버의 옵셋을 표시해 두었습니다).

```
// CONTEXT_IA32
struct CONTEXT
{
    DWORD ContextFlags;

    DWORD Dr0; // 04h
    DWORD Dr1; // 08h
    DWORD Dr2; // 0Ch
    DWORD Dr3; // 10h
    DWORD Dr6; // 14h
    DWORD Dr7; // 18h

    FLOATING_SAVE_AREA FloatSave;

    DWORD SegGs; // 88h
    DWORD SegFs; // 90h
    DWORD SegEs; // 94h
    DWORD SegDs; // 98h

    DWORD Edi; // 9Ch
    DWORD Esi; // A0h
    DWORD Ebx; // A4h
    DWORD Edx; // A8h
    DWORD Ecx; // ACh
    DWORD Eax; // B0h

    DWORD Ebp;    // B4h
    DWORD Eip;    // B8h
    DWORD SegCs;  // BCh (must be sanitized)
    DWORD EFlags; // C0h
    DWORD Esp;    // C4h
    DWORD SegSs;  // C8h
```

```
        BYTE ExtendedRegisters[MAXIMUM_SUPPORTED_EXTENSION];  // 512bytes
};
```

출처: MS SDK의 winnt.h

> **참고**
>
> 만약 예외를 처리하지 않고 EIP 값이 그대로인 상태에서 ExceptionContinueExecution을 리턴하면 401024 주소의 INT3 명령이 다시 실행되고, 40102C 주소의 SEH가 다시 호출됩니다. 결국 무한루프에 빠져 스택 오버플로가 발생하여 프로세스가 종료됩니다.

#4. SEH 제거

```
00401040    POP DWORD PTR FS:[0]
00401047    ADD ESP,4
```

일반 실행인 경우 #1에서 등록한 SEH(40102C)를 제거합니다(만약 디버거 실행인 경우에는 #3-1의 코드에 의해서 비정상 종료하게 됩니다).

회피 방법

그림 52.3과 같이 디버기 프로세스에서 발생하는 INT3 예외를 무시하고, 자체 SEH에서 처리되도록 OllyDbg의 옵션을 수정합니다.

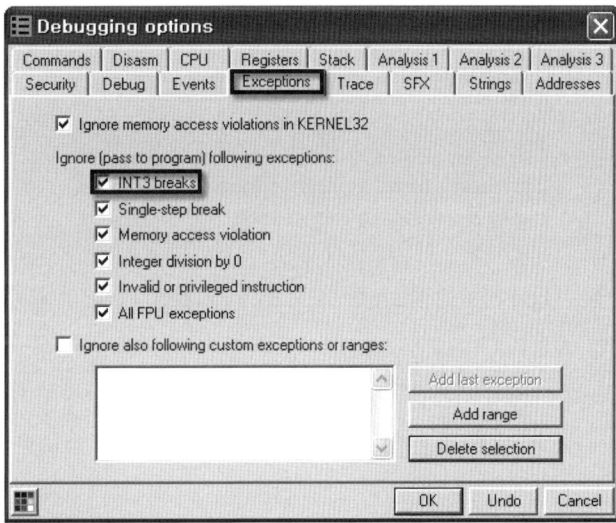

그림 52.3 OllyDbg 옵션 - Exceptions

위 옵션을 설정한 상태에서 디버깅을 시작하면 INT3 명령어를 만날 때 디버거가 멈추지 않고 디버거의 SEH가 자동 실행됩니다(일반 실행 상태와 동일). SEH(40102C)와 정상 실행 코드(401040)에 각각 BP를 설치 후 실행[F9] 명령어로 테스트해보기 바랍니다.

> **참고**
>
> 간혹 디버깅 환경(OS, 디버거 PlugIn 버그, 기타)에 따라서 INT3 명령어를 StepInto[F7] 또는 StepOver[F8]로 트레이싱할 때 디버거가 꼬이면서 비정상 종료되는 경우가 있습니다. 그럴 때는 위 설명과 같이 BP를 설치 후 실행[F9] 명령으로 진행해봅시다.

52.2.2. SetUnhandledExceptionFilter( )

프로세스에 예외가 발생했을 때 만약 SEH에서 예외가 처리되지 않았거나 등록된 SEH가 없다면 어떻게 될까요? 그때는 시스템의 kernel32!UnhandledExceptionFilter( ) API가 호출됩니다. 이 함수 내부에서 Top Level Exception Filter(혹은 Last Exception Filter)라고 불리는 시스템의 마지막 예외 처리기를 실행시킵니다. 시스템의 마지막 예외 처리기에서는 보통 그림 52.4와 같은 에러 메시지를 띄운 후 프로세스를 종료시킵니다.

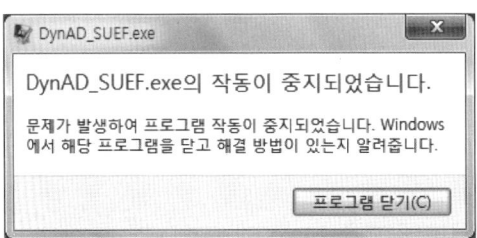

그림 52.4 시스템의 마지막 예외 처리

재미있는 점은 kernel32!UnhandledExceptionFilter( )의 내부에서 Static 안티 디버깅 기법인 ntdll!NtQueryInformationProcess(ProcessDebugPort) API를 호출하여 프로세스의 디버깅 여부를 판별한다는 것입니다. 일반 실행이라면 시스템의 마지막 예외 처리기를 실행시키고, 디버깅 중이라면 예외를 디버거에게 넘겨줍니다. Kernel32!SetUnhandledExceptionFilter() API를 이용하면 시스템의 마지막 예외 처리기(Top Level Exception Filter)를 변경시킬 수 있습니다.

코드 52.2 SetUnhandledExceptionFilter() API
```
LPTOP_LEVEL_EXCEPTION_FILTER WINAPI SetUnhandledExceptionFilter(
  __in  LPTOP_LEVEL_EXCEPTION_FILTER lpTopLevelExceptionFilter
);
```
출처: http://msdn.microsoft.com/en-us/library/ms680634(VS.85).aspx

lpTopLevelExceptionFilter 파라미터에 새로운 Top Level Exception Filter 함수 주소를 넘겨주면 됩니다(리턴 값은 이전 Last Exception Filter 함수 주소입니다). Top Level Exception Filter 함수의 정의는 아래와 같습니다.

코드 52.3 TopLevelExceptionFilter() API
```
typedef struct _EXCEPTION_POINTERS {
  PEXCEPTION_RECORD ExceptionRecord;
  PCONTEXT          ContextRecord;
} EXCEPTION_POINTERS, *PEXCEPTION_POINTERS;


LONG TopLevelExceptionFilter(
  PEXCEPTION_POINTERS pExcept
);
```
출처: MSDN

안티 디버깅 기법에서는 고의로 예외를 발생시킨 후 새로 등록한 Last Exception Filter 내에서 일반 실행과 디버깅 실행을 각각 판별하여 그에 맞도록 EIP 값을 변경시켜 버립니다. 이 과정에서 디버깅 판별은 시스템에서 자동으로 해줍니다. 이러한 안티 디버깅 기법은 Static과 Dynamic 방법이 혼합된 형태입니다. 아래의 실습 예제를 통하여 자세히 살펴보도록 하겠습니다.

실습

실습 예제 파일(DynAD_SUEF.exe)을 OllyDbg로 열고, 401030 주소에 BP를 설치 후 실행하세요(그림 52.5 참고).

```
00401030  $  55              PUSH EBP
00401031  .  8BEC            MOV EBP,ESP
00401033  .  68 A0994000     PUSH DynAD_SU.004099A0    ASCII "SEH : SetUnhandledExceptionF
00401038  .  E8 4A000000     CALL DynAD_SU.00401087
0040103D  .  83C4 04         ADD ESP,4
00401040  .  68 00104000     PUSH DynAD_SU.00401000    ┌pTopLevelFilter = DynAD_SU.00401000
00401045  .  FF15 00804000   CALL DWORD PTR DS:[<&KERNEL32.Set └SetUnhandledExceptionFilter
0040104B  .  A3 3CCB4000     MOV DWORD PTR DS:[40CB3C],EAX
00401050  .  33C0            XOR EAX,EAX
00401052  .  8900            MOV DWORD PTR DS:[EAX],EAX
00401054  .- FFE0            JMP EAX
00401056  .  68 C8994000     PUSH DynAD_SU.004099C8    ASCII "  => Not debugging...\n\n"
0040105B  .  E8 27000000     CALL DynAD_SU.00401087
00401060  .  83C4 04         ADD ESP,4
00401063  .  5D              POP EBP                   DynAD_SU.00401075
00401064  .  C3              RETN
```

그림 52.5 SetUnhandledExceptionFilter() 예제 코드

디버깅을 하면서 코드의 흐름과 안티 디버깅 동작 원리를 살펴보겠습니다. 먼저 printf() 함수를 이용한 문자열 출력 코드입니다.

```
00401030    PUSH EBP
00401031    MOV EBP,ESP
00401033    PUSH 4099A0         ; "SEH : SetUnhandledExceptionFilter()\n"
00401038    CALL 00401087       ; printf()
0040103D    ADD ESP,4
```

SetUnhandledExceptionFilter()를 호출하여 새로운 Top Level Exception Filter를 등록합니다(새로운 Exception Filter 함수에 예외 처리 코드가 들어있습니다).

```
00401040    PUSH 00401000                              ; New Top Level Exception Filter
00401045    CALL DWORD PTR DS:[&KERNEL32.SetUnhandledExceptionFilter]
0040104B    MOV DWORD PTR DS:[40CB3C],EAX  ; Old Filter 주소 저장
```

여기서 Top Level Exception Filter (401000)과 Kernel32!UnhandledException Filter() API에 BP를 설치합니다. 401045 주소의 CALL 명령어에 의해서 401000 주소의 함수는 Top Level Exception Filter로 등록됩니다. 그리고 다음과 같이 강제로 예외를 발생시키는 코드가 나타납니다.

```
00401050    XOR EAX,EAX                     ; EAX = 0
00401052    MOV DWORD PTR DS:[EAX],EAX      ; Invalid Memory Access Violation!
```

401052 주소를 실행하면 정의되지 않은 프로세스 가상 메모리 주소(0)에 값을 넣으려고 시도했기 때문에 Invalid Memory Access Violation 예외가 발생합니다. 이제 자동으로 앞에서 BP를 설치해둔 kernel32!UnhandledExceptionFilter() API 에서 실행이 멈춥니다(예외가 처리되지 않았기 때문에 시스템에서 실행시킨 것입니다).

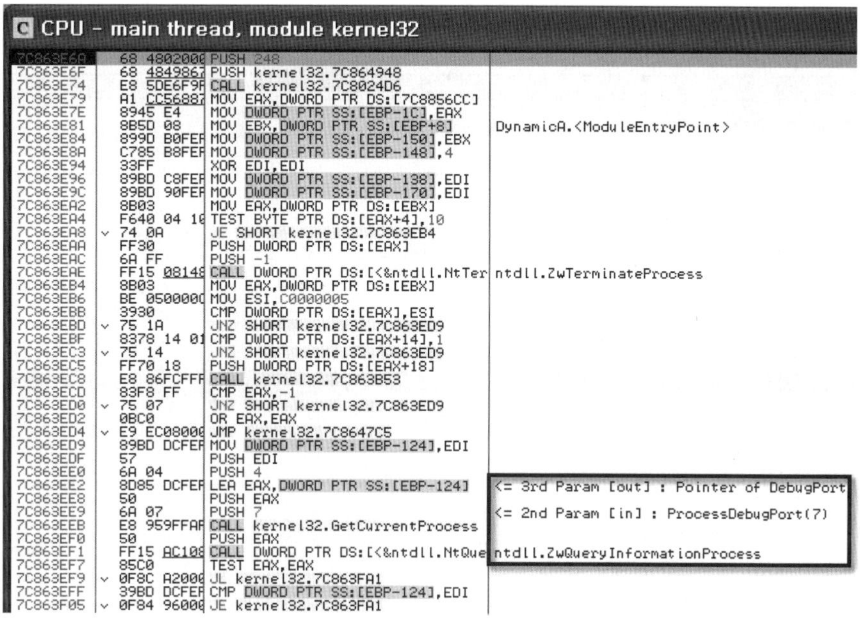

그림 52.6 Kernel32!UnhandledExceptionFilter() API

그림 52.6의 7C863EF1 주소의 CALL ntdll!NtQueryInformationProcess() API 호출을 보기 바랍니다. 두 번째 파라미터로 ProcessDebugPort(7)을 입력하고 있습니다. 이것은 이전 장에서 살펴본 Static 안티 디버깅의 디버거 탐지 기법 중 하나입니다. 디버깅을 계속 진행하기 위해서 이 함수 호출 후에 세 번째 파라미터 [EBP-124]에 세팅된 FFFFFFFF 값을 0으로 바꿔야 합니다(그림 52.7 참고).

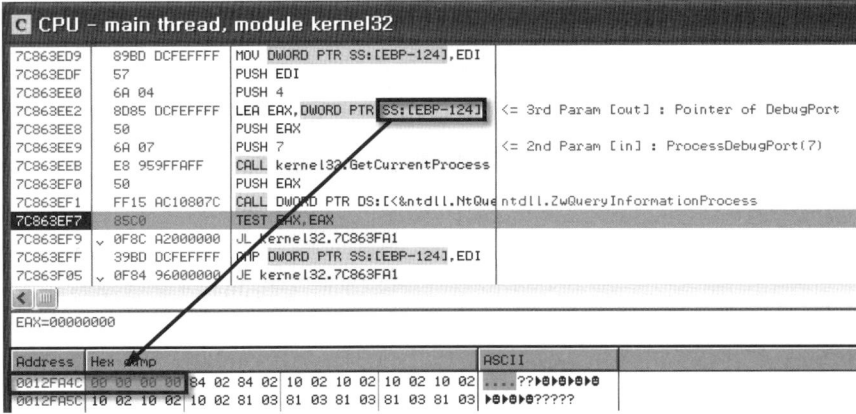

그림 52.7 3rd 파라미터 결과 값 변경

아래로 트레이싱을 진행하면 그림 52.8과 같은 코드가 나타납니다.

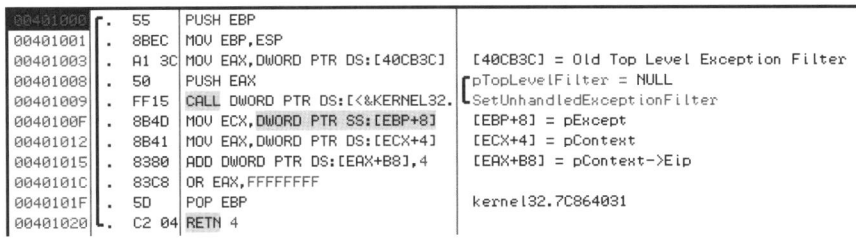

그림 52.8 New Top Level Exception Filter 호출

7C86402F 주소의 CALL EBX 명령은 바로 앞에서 등록한 New Top Level Exception Filter 함수(401000)를 호출하는 명령입니다. Exception Filter 함수를 따라가보겠습니다.

```
00401000  .  55            PUSH EBP
00401001  .  8BEC          MOV EBP,ESP
00401003  .  A1 3C         MOV EAX,DWORD PTR DS:[40CB3C]      [40CB3C] = Old Top Level Exception Filter
00401008  .  50            PUSH EAX                            pTopLevelFilter = NULL
00401009  .  FF15          CALL DWORD PTR DS:[<&KERNEL32.     SetUnhandledExceptionFilter
0040100F  .  8B4D          MOV ECX,DWORD PTR SS:[EBP+8]        [EBP+8] = pExcept
00401012  .  8B41          MOV EAX,DWORD PTR DS:[ECX+4]        [ECX+4] = pContext
00401015  .  8380          ADD DWORD PTR DS:[EAX+B8],4         [EAX+B8] = pContext->Eip
0040101C  .  83C8          OR EAX,FFFFFFFF
0040101F  .  5D            POP EBP                             kernel32.7C864031
00401020  L.  C2 04        RETN 4
```

그림 52.9 Top Level Exception Filter 함수

401003 주소의 [40CB3C]는 그림 52.5의 코드에서 백업받은 Old Top Level Exception Handler 주소입니다. 401009 주소에서 SetUnhandledException Filter()를 다시 호출하여 Exception Filter를 복원합니다. 또한 401015 주소에서

EIP 값에 4를 더해 줍니다. 그림 52.5를 보면 예외가 발생한 코드 주소는 401052 이므로 이 값에 4를 더하면 401056이 됩니다. 즉 Exception Filter를 리턴하면 401056 주소부터 코드 실행을 재개합니다(401056 주소에 BP를 설치하면 이후부터 계속 디버깅이 가능합니다). 코드가 복잡한 편이 아니므로 몇 번 디버깅해보면 동작 원리에 대해서 충분히 이해할 수 있을 겁니다

회피 방법

SetUnhandledExceptionFilter() API를 이용한 안티 디버깅 기법은 Static & Dynamic 기법이 혼합된 형태입니다. 따라서 먼저 Static 기법인 Kernel32! UnhandledExceptionFilter() 내부에서 호출되는 ntdll!NtQueryInformation Process() API를 (API 후킹 등의 방법으로) 무력화합니다. 그런 후 SetUnhandled ExceptionFilter() API 호출에 의해 등록된 Exception Filter를 따라가서 정상 실행인 경우 어느 주소로 분기하는지 확인하면 됩니다.

> **참고**
> 이 외에도 다양한 예외를 발생시켜 안티 디버깅에 활용하는 방법들이 존재합니다. 특히 SEH 기법의 디버깅은 실전에서 매우 자주 사용되므로 많은 연습을 통해서 잘 익혀두기 바랍니다.

52.3. Timing Check

디버거를 이용해 코드를 한 줄씩 트레이싱하면서 진행하면 그냥 정상적으로 실행될 때보다 엄청나게 오랜 시간이 소요됩니다. Timing Check 기법은 그러한 실행 시간의 차이를 측정하여 디버깅 여부를 판별하는 기법입니다(그림 52.10 참고).

동작 원리는 상당히 단순합니다. 회피 아이디어도 그리 어렵지 않습니다. 구해온 시간 정보를 직접 조작하거나 시간 비교 구문을 조작해버리면 됩니다. 하지만 실전에서는 보통 다른 안티 디버깅 기법들과 같이 사용되며 회피하는 것이 까다로울 수 있습니다

```
* Get 1st time (T1)

A bunch of code
 - loop
 - garbage code
 - code framgmentation
 - encryption / decryption
 - ...

* Get 2nd time (T1)

If T2 - T1 > 1 (sec)
Call ExitProcess()
```

그림 52.10 Timing Check 동작 원리

(특히 코드가 명확하게 눈에 보이지 않는 경우에 특히 그렇습니다).

> **참고**
>
> Timing Check 기법은 안티 에뮬레이팅(Anti-Emulating) 기법으로도 많이 사용됩니다. 에뮬레이터로 실행하면 일반 실행의 속도보다 훨씬 느리게 실행되기 때문에 이 기법으로 탐지가 가능합니다.

52.3.1. 시간 간격 측정 방법

아래와 같이 시간 간격을 측정하는 다양한 방법이 존재합니다.

코드 52.4 시간 간격 측정 방법

```
1. Counter based method
   RDTSC
   kernel32!QueryPerformanceCounter()/ntdll!NtQueryPerformanceCounter()
   kernel32!GetTickCount()

2. Time based method
   timeGetTime()
   _ftime()
```

크게 두 가지 방법이 존재합니다. CPU의 카운터(Counter)를 이용하는 방법과 시스템의 실제 시간(Time)을 이용하는 방법입니다. 위 방법 중에서 RDTSC(Read Time Stamp Counter)를 이용한 안티 디버깅을 살펴보겠습니다.

> **참고**
>
> Counter의 정밀도 순서는 아래와 같습니다.
>
> RDTSC > NtQueryPerformanceCounter() > GetTickCount()
>
> NtQueryPerformanceCounter()와 GetTickCount()는 같은 하드웨어(Performance Counter)를 사용하지만 정밀도에서 차이가 납니다(NtQueryPerformanceCounter()가 더 정밀합니다). 반면 RDTSC는 CPU 내부에 포함된 카운터이며 가장 정밀도가 높습니다. Time 기반의 방법도 Counter 기반의 방법과 비슷하게 구현되고 동작 원리도 유사합니다.

52.3.2. RDTSC

x86 CPU에는 TSC(Time Stamp Counter)라는 64비트 레지스터가 존재합니다. CPU는 매 순간 Clock Cycle을 카운트하여 TSC에 저장시킵니다. RDTSC(Read

Time Stamp Counter)는 그 TSC의 값을 EDX:EAX 형식으로 읽어오는 어셈블리 명령어입니다(64비트 크기를 가지는 TSC의 상위 32비트는 EDX 레지스터에 저장되고, 하위 32비트는 EAX 레지스터에 저장됩니다).

실습 - DynAD_RDTSC.exe

Timing Check 기법의 개념을 잘 나타내고 있는 예제 파일(DynAD_RDTSC.exe)을 가지고 디버깅 실습을 해보도록 하겠습니다. OllyDbg로 실습 파일을 띄운 후 401000 주소로 갑니다.

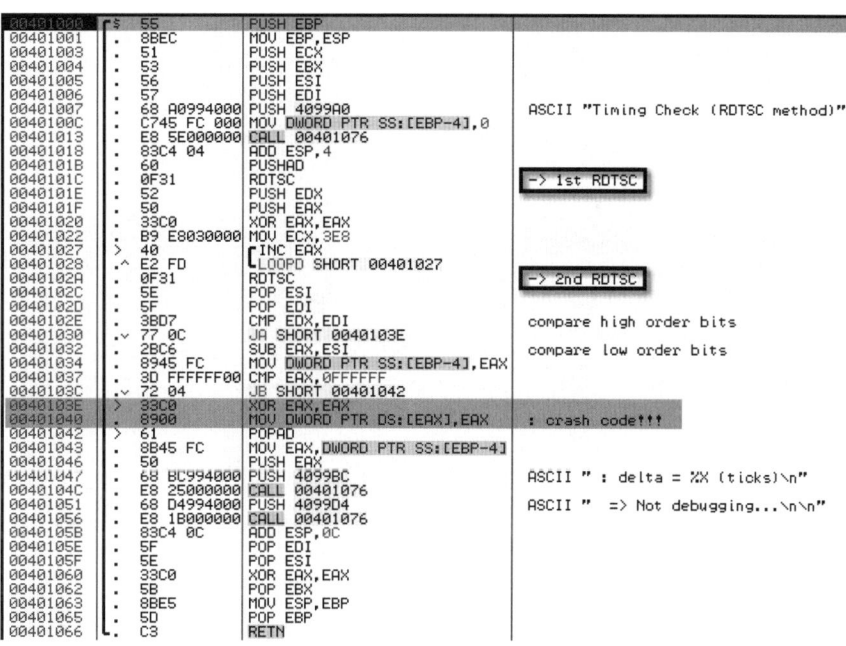

그림 52.11 DynAD_RDTSC.exe 실습 예제 코드

그림 52.11의 코드 흐름을 간단히 소개하겠습니다(각자 디버깅해보기 바랍니다).

```
; 첫 번째 RDTSC 호출 - EDX:EAX에 Time Stamp Count가 저장됨(64비트 값)
0040101C    RDTSC

; 결과 값을 스택에 저장
0040101E    PUSH EDX
0040101F    PUSH EAX

; 시간 소모용 loop(실전에서는 매우 복잡하게 구성되어 있음)
```

```
00401020    XOR EAX,EAX
00401022    MOV ECX,3E8
00401027    INC EAX
00401028    LOOPD SHORT 00401027

; 두 번째 RDTSC 호출
0040102A    RDTSC

; 스택에서 첫 번째 구했던 Time Stamp Count 가져옴
0040102C    POP ESI
0040102D    POP EDI

; 비교 1 - Count의 high order bits
0040102E    CMP EDX,EDI
00401030    JA SHORT 0040103E

; 비교 2 - Count의 low order bits
; 만약 특정 값(0xFFFFFF)보다 크다면 현재 디버깅 중이라고 판단함
00401032    SUB EAX,ESI
00401034    MOV DWORD PTR SS:[EBP-4],EAX
00401037    CMP EAX,0FFFFFF
0040103C    JB SHORT 00401042

; 비교문에서 걸린 경우 이쪽의 예외 발생 코드로 진입하여 프로세스가 비정상 종료됨
0040103E    XOR EAX,EAX
00401040    MOV DWORD PTR DS:[EAX],EAX        ; 예외!!!

; 비교문을 무사히 통과한 경우 실행을 계속 진행함
00401042    POPAD
```

위 코드를 보면 RDTSC를 시간 간격을 두고 두 번 호출합니다. 그리고 그 값의 차이(Delta)를 계산하여 디버깅 여부를 판별합니다. Delta의 값은 정확히 정해져 있지 않습니다. 일반적으로 0xFFFF~0xFFFFFFFF 사이의 값이 사용됩니다. 만약 40101C~40102A 주소의 코드 영역에서 한 번이라도 StepInto[F7]이나 StepOver[F8] 명령을 사용한다면, Count의 간격은 0xFFFFFFFF 이상으로 벌어질 것입니다.

회피 방법

몇 가지 회피 방법이 존재합니다.

1. 트레이싱을 하지 말고 RUN으로 해당 코드를 넘어갑니다.

40102C 주소에 BP를 각각 설치한 후 실행(RUN)합니다. 일반 실행보다는 다소 느릴 수 있지만 트레이싱보다는 비교할 수 없이 빠르게 코드를 실행합니다.

2. 두 번째 RDTSC 결과 값(EDX:EAX)을 조작합니다.

   첫 번째 결과 값과 비슷하도록 조작하면 CMP문을 통과할 수 있습니다.

3. 조건 분기 명령어(CMP/Jcc) 실행을 조작합니다.

   40103E 주소로 가지 않도록 디버거에서 Flags 값을 강제로 변경합니다. 대부분의 Jcc 명령어는 CF(Carry Flag) 또는 ZF(Zero Flag)의 영향을 받습니다. 이 플래그들을 변경하면 됩니다.

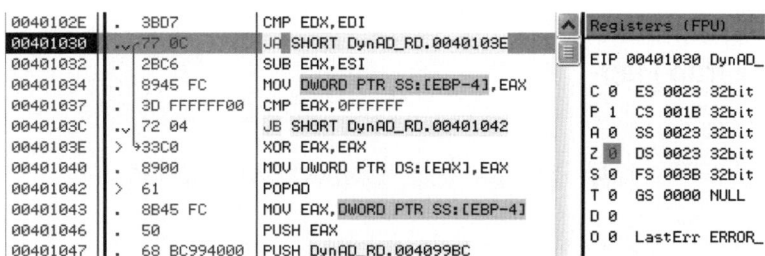

그림 52.12 JA 조건 분기 명령어

JA 명령어는 CF와 ZF가 모두 0인 경우 점프합니다. 둘 중 하나의 값을 1로 변경하세요. 디버깅을 계속하다 보면 40103C 주소의 JB 명령어에 의해서 예외 발생 코드(401040)를 건너뛰게 됩니다(그림 52.13 참고).

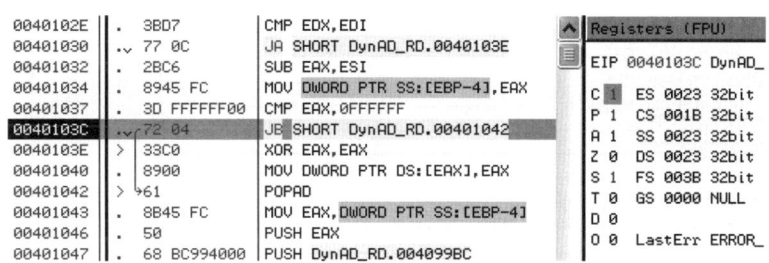

그림 52.13 JB 조건 분기 명령어

> **참고**
>
> Jcc 명령어들의 분기 조건을 정확히 알고 싶다면, Intel 웹 사이트에서 제공하는 매뉴얼을 참고하기 바랍니다(Intel 64 and IA-32 Architectures Software Developer's Manual).

4. 커널 드라이버를 이용하여 RDTSC 명령을 무력화시킬 수 있습니다.

커널 모드 드라이버를 이용하여 RDTSC를 이용한 Dynamic 안티 디버깅 기법을 원천적으로 무력화시킬 수 있습니다(실제로 Olly Advanced PlugIn에 이러한 기능이 탑재되어 있습니다).

> **참고**
>
> 위 실습 예제는 동작 원리를 보여주기 위해 매우 간단한 코드로 구현되어 있습니다. 실제로는 RDTSC 명령어나 CMP/Jcc 조건 분기 명령어들이 눈에 잘 보이지 않도록 교묘히 배치되어 있습니다. 또한 다른 안티 디버깅(SEH, Static Method) 기법들과 조합되어 매우 강력한 힘을 발휘합니다.

52.4. Trap Flag

Trap Flag(TP)란 EFLAGS 레지스터의 9번째(Index 8) 비트입니다.

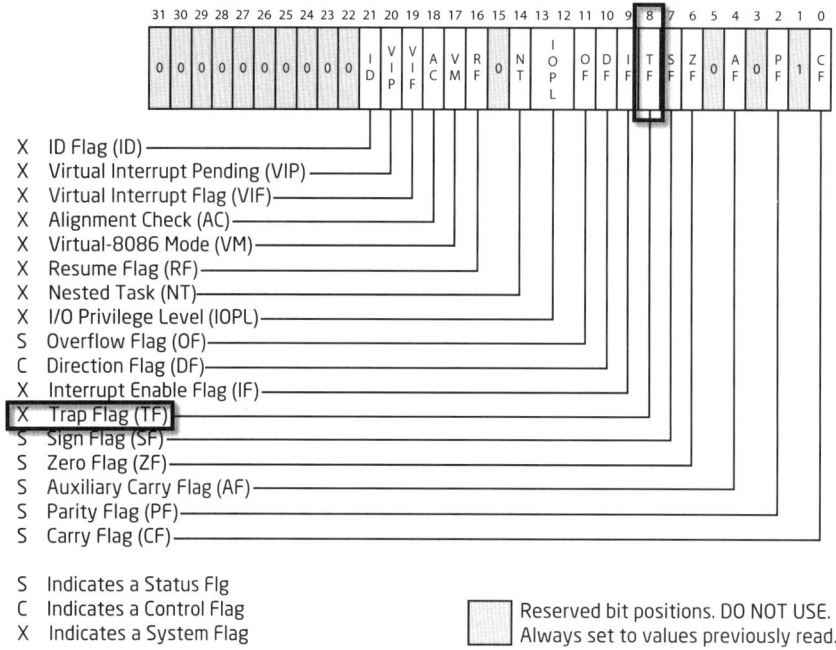

그림 52.14 EFLAGS 레지스터의 Trap Flag(TF)

52.4.1. Single Step

TF 값을 1로 세팅하면 CPU는 Single Step 모드로 변경됩니다. CPU는 Single Step 모드에서 하나의 명령어를 실행시킨 후 EXCEPTION_SINGLE_STEP 예외를 발생시킵니다. 이후 Trap Flag는 자동으로 초기화(0)됩니다. 이 EXCEPTION_SINGLE_STEP 예외는 SEH 기법과 결합하여 디버거를 탐지하기 위한 안티 디버깅 기법에 사용됩니다.

실습

간단한 실습을 통하여 Trap Flag 변경을 통한 안티 디버깅의 동작 원리에 대해서 살펴보도록 하겠습니다. 실습 파일(DynAD_SingleStep.exe)을 OllyDbg로 열고, 401000 주소로 갑니다.

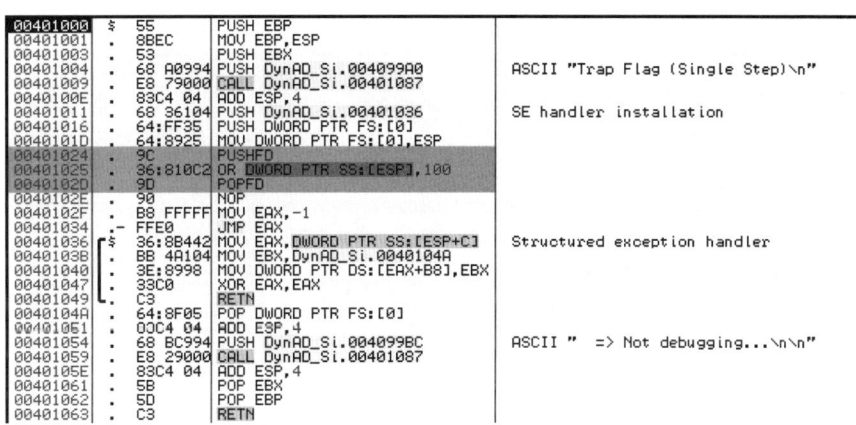

그림 52.15 DynAD_SingleStep.exe 코드

중요 코드에 대한 설명입니다.

```
; SEH 등록
00401011    PUSH DynAD_Si.00401036     ; new SEH(401036)
00401016    PUSH DWORD PTR FS:[0]
0040101D    MOV DWORD PTR FS:[0],ESP
```

```
; EFLAGS를 직접 수정할 수 없으므로 스택을 이용해서 값을 변경함
00401024        PUSHFD                          ; EFLAGS 레지스터의 값을 스택에 저장
00401025        OR DWORD PTR SS:[ESP],100       ; TF(TrapFlag)항목을 1로 세팅
0040102D        POPFD                           ; TF를 변경시킨 값을 EFLAGS에 저장

; EXCEPTION_SINGLE_STEP 예외는 그 다음 명령을 실행한 후 발생함
;   1) 일반실행의 경우 앞에서 등록한 SEH(401036)를 실행
;   2) 디버깅의 경우 아래 명령어를 계속 실행
0040102E        NOP

; 디버깅의 경우 이쪽 코드를 계속 실행함
0040102F        MOV EAX,-1
00401034        JMP EAX
```

위 코드에서 EFLAGS 레지스터를 직접 변경할 수 없으므로 PUSHFD/POPFD 명령과 OR 연산을 이용하여 Trap Flag를 세팅하는 것을 눈여겨보기 바랍니다.

OllyDbg로 40102E 주소까지 실행한 모습은 그림 52.16과 같습니다.

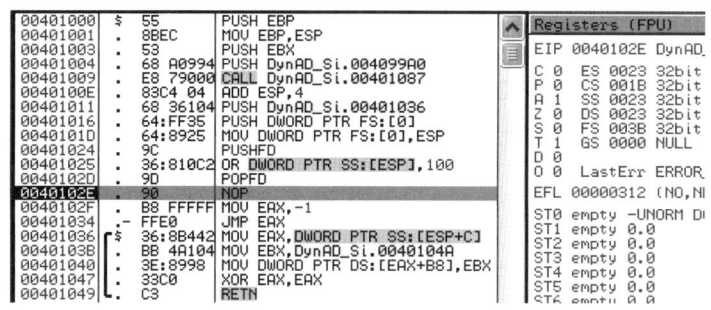

그림 52.16 TF 세팅

레지스터 창을 보면 EFLAGS 레지스터(EFL) 값이 312로 변경되면서 Trap Flag가 세팅된 것을 확인할 수 있습니다(제 환경에서 EFLAGS의 초기 값은 212였습니다). 이제부터 CPU는 Single Step 모드로 변경되었습니다. 40102E 주소의 NOP 명령어를 실행해보겠습니다(StepInto[F7], StepOver[F8], Run[F9] 어느 명령도 상관없습니다).

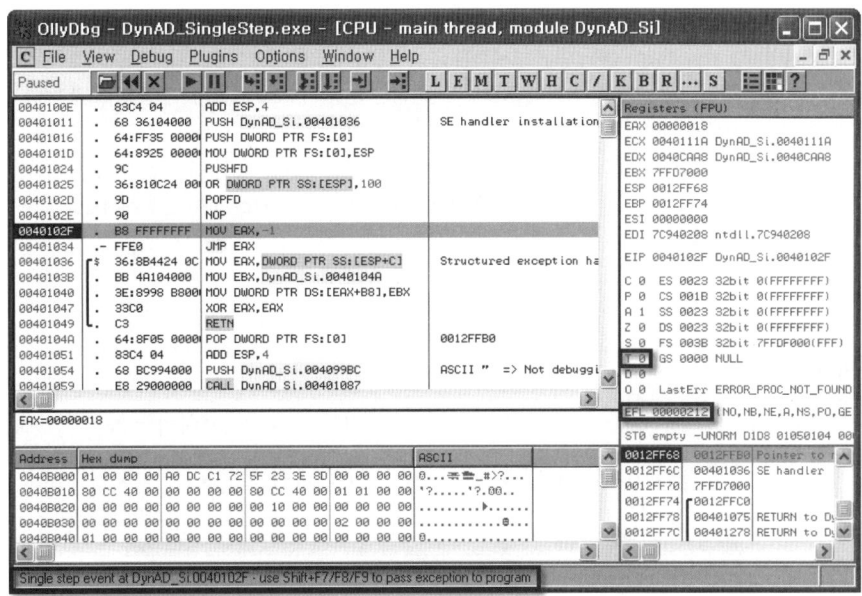

그림 52.17 EXCEPTION_SINGLE_STEP 예외 발생

예상대로 EXCEPTION_SINGLE_STEP 예외가 발생하였습니다.

> 참고
>
> CPU가 Single Step 모드인 상태(Trap Flag는 1)에서는 어떠한 명령어라도 단 한 개만 실행시킨 후 EXCEPTION_SINGLE_STEP 예외를 발생시킵니다. 위 예제에서는 편의상 1바이트 명령어인 NOP를 사용하였습니다.

그림 52.17의 EFLAG 레지스터(EFL)의 값이 212가 된 것을 주목하기 바랍니다. 명령어 하나가 실행된 후 Trap Flag는 자동으로 초기화(0)된 것을 확인할 수 있습니다. 즉 EXCEPTION_SINGLE_STEP 예외 발생 이후 CPU는 정상 실행 모드로 전환되었습니다. 그림과 같이 예외가 발생하였으므로 그냥 실행했을 때는 SEH가 실행되어 정상 코드를 타고 가겠지만, 디버깅 중이라면 SEH로 가지 못하고 40102F 주소의 명령어를 계속 실행합니다. 40102F 주소에서 StepInto[F7] 명령을 내리면 디버깅이 계속 진행됩니다(Trap Flag가 초기화된 것을 기억하기 바랍니다). 결국 401034 주소의 JMP EAX(0xFFFFFFFF) 명령어에 의해서 프로세스가 비정상 종료됩니다. 이런 식으로 일반 실행과 디버깅 실행의 분기가 나뉘어집니다.

> **참고**
>
> 위 예제에서는 Trap Flag 트릭으로 프로세스를 종료시키는 코드를 사용했습니다. 경우에 따라서는 (리버서를 혼란시키기 위해서) 상당히 그럴듯한 (엄청난 분량의) fake 코드가 나타나기도 합니다. 디버깅을 수행하는 리버서는 자신이 안티 디버깅 기법에 당한 줄도 모르고 fake 코드를 한참 동안 디버깅하게 될 것입니다. 아마 한참이 지나서야 이상하다는 느낌을 받겠지요? 자신이 어디서부터 길을 잘못 들었는지 파악하기 쉽지 않을 것입니다. 이런 식으로 리버서를 정신적, 육체적으로 괴롭히는 트릭들도 존재합니다.

회피 방법

먼저 EXCEPTION_SINGLE_STEP 예외를 디버기에서 직접 처리하도록 OllyDbg의 옵션을 변경합니다(EXCEPTION_SINGLE_STEP 예외 무시).

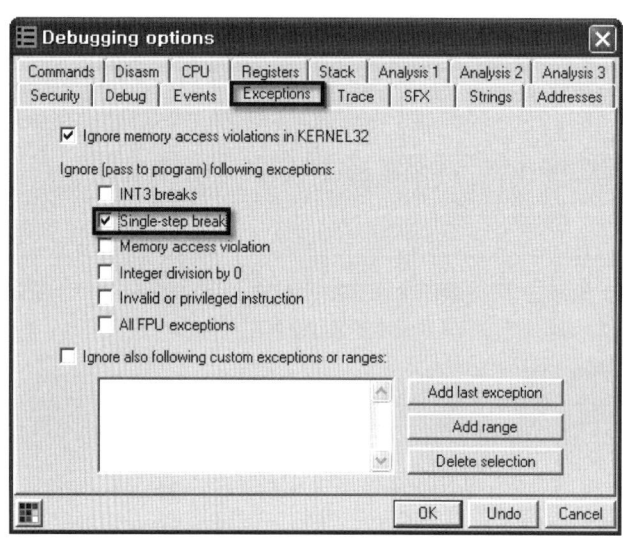

그림 52.18 EXCEPTION_SINGLE_STEP 예외 무시 옵션

그리고 등록된 SEH(401036)에 BP(Break Point)를 설치합니다. 40102E 주소의 명령을 실행하면 SEH의 BP에 멈추게 됩니다. 새로운 EIP 주소에 다시 BP를 설치하고, 실행하면 정상적인 코드를 따라갈 수 있습니다(그림 52.19 참고).

```
00401024    . 9C                  PUSHFD
00401025    . 36:810C24 00010000  OR DWORD PTR SS:[ESP],100
0040102D    . 9D                  POPFD
0040102E    . 90                  NOP
0040102F    . B8 FFFFFFFF         MOV EAX,-1
00401034    . FFE0                JMP EAX
00401036  r$ 36:8B4424 0C         MOV EAX,DWORD PTR SS:[ESP+C]    ← SE Handler
0040103B    . BB 4A104000         MOV EBX,DynAD_Si.0040104A
00401040    . 3E:8998 B8000000    MOV DWORD PTR DS:[EAX+B8],EBX
00401047    . 33C0                XOR EAX,EAX
00401049  L. C3                   RETN
0040104A    . 64:8F05 00000000    POP DWORD PTR FS:[0]            ← new EIP
00401051    . 83C4 04             ADD ESP,4
00401054    . 68 BC994000         PUSH DynAD_Si.004099BC
00401059    . E8 29000000         CALL DynAD_Si.00401087
0040105E    . 83C4 04             ADD ESP,4
00401061    . 5B                  POP EBX
00401062    . 5D                  POP EBP
00401063    . C3                  RETN
```

그림 52.19 SE Handler와 new EIP에 BP 설치

52.4.2. INT 2D

INT 2D 명령어는 본래 커널 모드에서 작동하는 Break Point 예외를 발생시키는 명령어입니다만, 유저 모드에서도 예외를 발생시킵니다. 그러나 디버깅 실행의 경우에는 예외를 발생시키지 않고 (그냥 무시하고) 넘어갑니다. 이렇게 일반 실행과 디버깅 실행의 동작에서 차이가 발생하면 안티 디버깅 기법의 좋은 재료가 됩니다. INT 2D 명령어를 디버깅해보면 몇 가지 흥미로운 특징들이 있습니다.

1. 1바이트 무시

    디버깅 모드에서 INT 2D를 실행(혹은 StepInto/StepOver)하면 다음 명령어의 첫 바이트는 무시되고, 그 다음 바이트부터 새로운 명령어로 인식하여 실행됩니다.

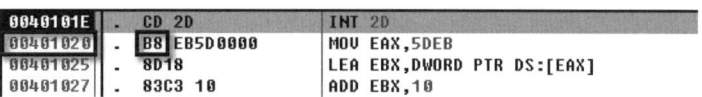

그림 52.20 INT 2D 호출 전의 정상적인 Instruction

그림 56.20에서 40101E 주소의 INT 2D 명령어(CD 2D)를 실행하면, 401020 주소의 MOV EAX, 5DEB 명령어(B8 EB5D0000)에서 첫 바이트 B8이 무시됩니다(그림 52.21 참고).

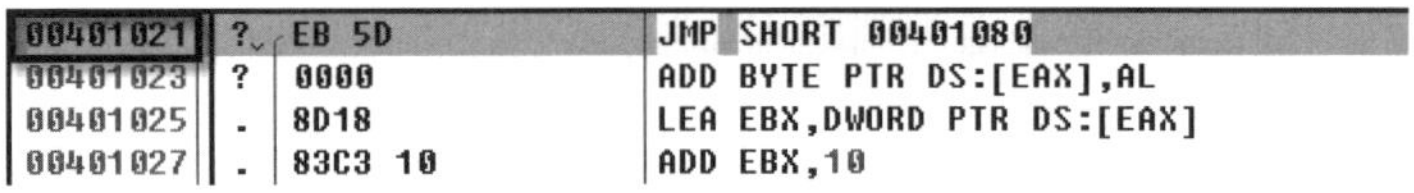

```
00401021   ?.  EB 5D         JMP SHORT 00401080
00401023   ?   0000          ADD BYTE PTR DS:[EAX],AL
00401025   .   8D18          LEA EBX,DWORD PTR DS:[EAX]
00401027   .   83C3 10       ADD EBX,10
```

그림 52.21 INT 2D 호출 후에 변경된 Instruction

결국 401021 주소부터 명령어를 다시 해석하여 JMP 401080(EB 5D) 명령을 실행하기 때문에 원래 명령어와는 전혀 다른 명령을 실행하는 셈이 됩니다. INT 2D 기반의 안티 디버깅 기법은 일종의 Obfuscated Code 효과를 보여주고 있습니다.

참고

이런 식의 Code Byte Ordering을 변경해서 프로그램의 코드를 혼란스럽게 만드는 것을 Code Obfuscating 기법이라고 하며, Dynamic 안티 디버깅 기법으로 자주 사용됩니다.

---

2. BP까지 그대로 실행

또 다른 특징은 INT 2D 명령을 Trace (StepInto[F7], StepOver[F8])하면, 그 다음 명령어 시작에서 멈추지 않습니다. 마치 RUN[F9] 명령을 수행한 것과 마찬가지로 도중에 BP를 만날 때까지 계속 실행됩니다.

참고

이것은 OllyDbg에서 나타나는 특징으로써 디버거별로 동작이 조금씩 다르게 나타납니다. OllyDbg에서 이렇게 Step이 멈춰지지 않고 계속 실행되는 이유는 INT 2D 실행 과정에서 발생한 Code Byte Ordering이 깨지는 문제 때문입니다. 즉 명령어가 도중에 변경되면서 Step을 멈추지 못하고 그대로 진행하게 되는 일종의 버그라고 생각하면 됩니다. 따라서 INT 2D 실행 이후에 트레이싱을 멈추길 원하는 주소에 BP를 걸어 주기 바랍니다.

실습 - DynAD_INT2D.exe

간단한 실습 파일(DynAD_INT2D.exe)을 이용해서 INT 2D 기반 안티 디버깅 기법의 동작 원리를 살펴 보겠습니다. 디버거를 이용해서 실습 파일을 열고 401000 주소로 갑니다.

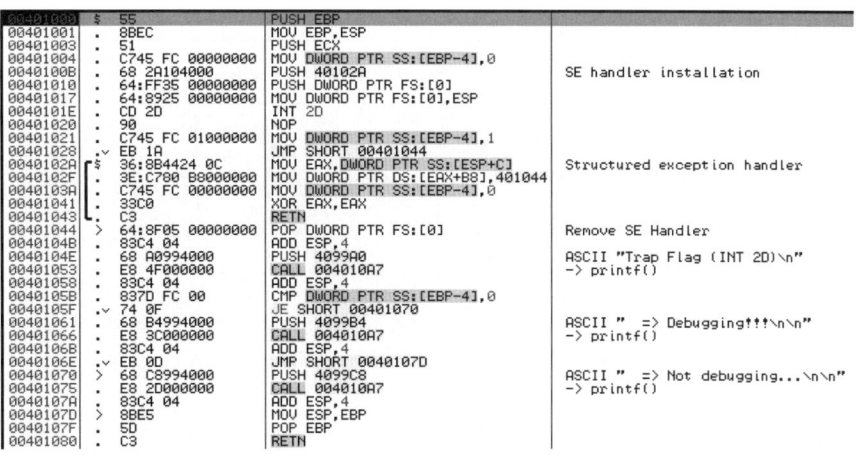

그림 52.22 DynAD_INT2D.exe 코드

일반 실행의 경우에는 40101E 주소의 INT 2D 명령에서 Exception이 발생하여 SEH(40102A)로 갑니다. Handler 내에서 EIP 값을 401044로 변경하고, [EBP-4] 변수에 0(FALSE)을 입력합니다(로컬 변수 [EBP-4]는 디버거 존재 여부를 판단하기 위해 사용되는 BOOL 타입 변수입니다). 그런 다음 401044 주소의 코드로 넘어와서 40105B 주소의 CMP/JE 조건 분기 명령에 의해 문자열("Not Debugging")을 출력합니다.

디버깅 실행의 경우에는 INT 2D 명령 이후에 SEH로 가지 못하고 한 바이트(90)를 건너뛰어서 401021 주소의 MOV 명령을 실행하여 [EBP-4] 변수에 1(TRUE)을 입력한 후 일반 실행의 경우와 마찬가지로 401044 주소로 넘어갑니다. 이 경우에는 "Debugging" 문자열이 출력됩니다. 이 두 과정을 간단히 도식화하면 그림 52.23과 같습니다.

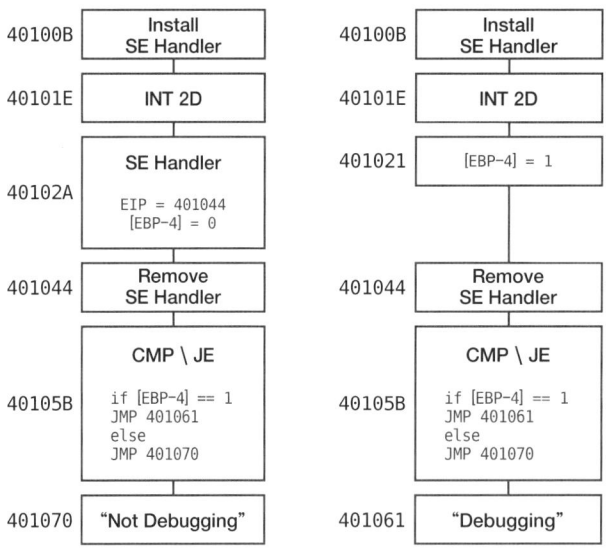

그림 52.23 일반 실행과 디버깅 실행의 code flow

회피 방법

위 실습 파일의 경우 최종적으로 401044 주소의 코드가 실행된 후 40105B 주소의 조건 분기(CMP/JE) 명령어가 실행된다는 것을 쉽게 알 수 있기 때문에 간단한 코드 패치에 의해서 해결이 가능합니다. 하지만 실전에서는 SEH를 반드시 따라가서 코드를 한 줄씩 디버깅해야 하는 경우가 있습니다. 그럴 때 우리는 쉽게 SEH로 갈 수 있는 방법이 필요합니다. TF(Trap Flag) 특징을 이용하면 SEH로 쉽게 갈 수 있습니다.

먼저 그림 52.18에서와 같이 EXCEPTION_SINGLE_STEP 예외를 무시하도록 OllyDbg의 옵션을 설정합니다. 그리고 40101E 주소까지 실행합니다.

그림 52.24 INT 2D 명령어 실행 직전

그림 52.24와 같이 40101E 주소의 INT 2D 명령어에서 일단 멈춘 후 (가고자 하는) 등록된 SEH (40102A)에 BP를 설치합니다.

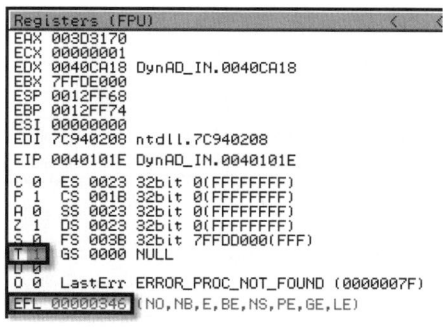

그림 52.25 레지스터 창: TF 세팅

그리고 그림 56.25와 같이 TF(Trap Flag)를 더블클릭하거나 EFL 값을 수정 (+0x100)하여 TF를 1로 세팅합니다. 이제 CPU는 Single Step 모드가 되었습니다. Single Step 모드에서 명령어 하나를 실행하면 바로 예외가 발생하면서 SEH로 갈 것입니다(앞서 소개한 Single Step 예제를 참고하기 바랍니다). 이제 40101E 주소의 INT 2D 명령어를 StepInto[F7] (또는 StepOver[F8]) 하겠습니다.

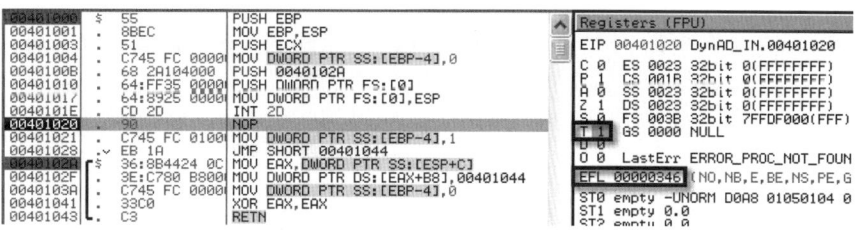

그림 52.26 예외 발생하지 않고 TF 변경되지 않음

분명히 40101E 주소의 INT 2D 명령어를 트레이스했음에도 불구하고 예외가 발생하지 않았고, TF 값도 0으로 변하지 않았습니다(앞에서 소개한 DynAD_SingleStep.exe 예제에 따르면 Single Step 모드에서는 명령어 하나를 실행하면 예외가 발생하고 TF = 0으로 변경되었습니다). 그 이유는 INT 2D가 원래 Kernel 명령어이기 때문에 User 모드 디버거에서는 정상적인 명령으로 인식되지 않기 때문입니다. 대신에 401020 주소의 NOP 명령어에서 멈췄습니다. TF = 0일 때는 INT 2D 명령어를 트레이스하면 그 다음 한 바이트는 무시되고 계속 진행되었는데, TF

= 1인 경우에는 그 다음 바이트가 무시되지 않고 정상적으로 인식됩니다. 이제 NOP 명령어를 StepInto[F7](또는 StepOver[F8])하겠습니다.

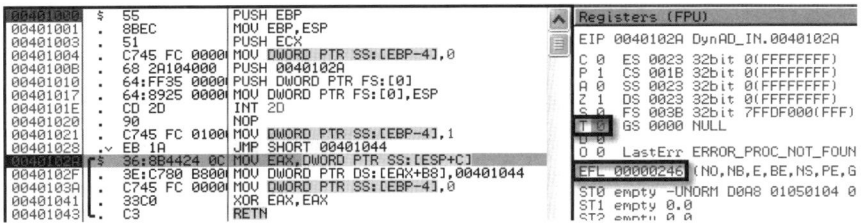

그림 52.27 예외 발생하고 TF 변경됨

Single Step 모드에서 정상적인 명령어 NOP를 실행하니까 예외가 발생하여 SEH에 설치해둔 BP에 멈추고, TF = 0으로 변경되었습니다(그림 52.27 참고). 이제 우리가 원하는 대로 SEH로 갈 수 있게 되었습니다.

52.5. 0xCC Detection

일반적으로 프로그램을 디버깅할 때 Software BP(BreakPoint)를 많이 설치합니다. BP의 x86 Instruction은 '0xCC'입니다. 이 값을 정확히 발견할 수만 있다면 디버깅 여부를 판별할 수 있습니다. 이러한 아이디어를 적용한 안티 디버깅 기법이 '0xCC 탐지'입니다.

> **참고**
>
> 코드에서 BP를 찾는 방법에 대해서는 약간의 고민이 필요합니다. 0xCC라는 값은 OpCode로 사용될 수도 있지만 Displacement, Immediate, 데이터, 주소 등으로 사용될 수도 있기 때문입니다. 따라서 프로세스 메모리의 코드 영역에서 단순히 0xCC 값을 스캔하는 방법은 정확성이 매우 떨어집니다.

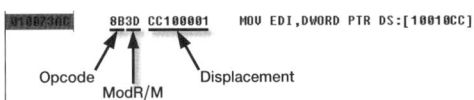

그림 52.28 Displacement로 사용된 0xCC

위 그림을 보면 010073AC 주소에는 BP가 설치되어 있습니다. 디버거에서는 OpCode가 8B로 보이지만 실제 디버기 프로세스 메모리에는 8B 대신 CC로 변경된 상태입니다. 그런데 뒤의

Displacement에도 CC가 포함되어 있습니다. 따라서 단순 CC 스캔으로는 BP를 정확히 판별하기 어렵습니다.

52.5.1. API Break Point

어떤 프로그램에서 원하는 기능만 빠르게 디버깅하는 방법 중의 하나는 해당 프로그램이 사용할 만한 API에 BP를 설치 후 실행하는 것입니다. 만약 해당 BP에서 실행이 멈춘다면 스택에 저장된 복귀 주소(Return Address)를 확인합니다. 복귀 주소로 따라가서 그 부분을 디버깅하는 식으로 작업을 하면 넓은 코드 영역의 디버깅 범위를 크게 줄일 수 있습니다. 안티 디버깅 기법 중에는 이와 같은 API에 설치된 BP를 확인해서 현재 디버깅을 당하는지 판단하는 방법이 있습니다. 일반적으로는 API 코드 시작 부분에 BP를 설치하므로 첫 바이트가 CC인지 검사해서 디버깅 중이라고 판단할 수 있습니다.

> **참고**
>
> 리버서가 관심을 가지는 API 리스트는 대략 다음과 같습니다.
>
> [프로세스]
>
> | | | |
> |---|---|---|
> | CreateProcess | CreateProcessAsUser | CreateRemoteThread |
> | CreateThread | GetThreadContext | SetThreadContext |
> | EnumProcesses | EnumProcessModules | OpenProcess |
> | CreateToolhelp32Snapshot | Process32First | Process32Next |
> | ShellExecuteA | WinExec | TerminateProcess |
>
> [메모리]
>
> | | | |
> |---|---|---|
> | ReadProcessMemory | WriteProcessMemory | VirtualAlloc |
> | VirtualAllocEx | VirtualProtect | VirtualProtectEx |
> | VirtualQuery | VirtualQueryEx | |
>
> [파일]
>
> | | | |
> |---|---|---|
> | CreateFile | ReadFile | WriteFile |
> | CopyFile | CreateDirectory | DeleteFile |
> | MoveFile | MoveFileEx | FindFirstFile |
> | FindNextFile | GetFileSize | GetWindowsDirectory |
> | GetSystemDirectory | GetFileAttributes | SetFileAttributes |
> | SetFilePointer | CreateFileMapping | MapViewOfFile |
> | MapViewOfFileEx | UnmapViewOfFile | _open |

_write   _read   _lseek
_tell

[레지스트리]
RegCreateKeyEx   RegDeleteKey   RegDeleteValue
RegEnumKeyEx   RegQueryValueEx   RegSetValue
RegSetValueEx

[네트워크]
WSAStartup   socket   inet_addr
closesocket   getservbyname   gethostbyname
htons   connect   inet_htoa
recv   send   HttpOpenRequest
HttpSendRequest   HttpQueryInfo   InternetCloseHandle
InternetConnect   InternetGetConnectedState InternetOpen
InternetOpenUrl   InternetReadFile   URLDownloadToFile

[기타]
OpenProcessToken LookupPrivilegeValue   AdjustTokenPrivileges
OpenSCManager   CreateService   OpenService
ControlService   DeleteService   RegisterServiceCtrlHandler
SetServiceStatus QueryServiceStatusEx   CreateMutex
OpenMutex   FindWindow   LoadLibrary
GetProcAddress   GetModuleFileNameA   GetCommandLine
OutputDebugString ...

실습

일단 파일이 저장될 때 사용되는 kernel32!CreateFileW() API를 떠올려 봅니다. 그림 52.29과 같이 OllyDbg의 기본 명령(Search for - Name in all modules)을 사용해봅시다.

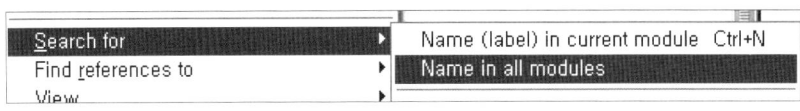

그림 52.29 Search for - Name in all modules 메뉴

Name in all modules 메뉴를 선택하면 그림 52.30과 같이 All names 다이얼로그에서 간단히 BP를 설치[F2]할 수 있습니다.

Address	Module	Section	Type	Name
7C8107F0	kernel32	.text	Export	CreateFileW
7D5A15BC	SHELL32	.text	Import	KERNEL32.CreateFileW
7E8C11A0	USERENV	.text	Import	KERNEL32.CreateFileW
4B541068	imekr61	.text	Import	GDI32.CreateFontA
73F81068	USP10	.text	Import	GDI32.CreateFontA
75111078	msctfime	.text	Import	GDI32.CreateFontA
77E4BC60	GDI32	.text	Export	CreateFontA
77E710DC	SHLWAPI	.text	Import	GDI32.CreateFontA
7D5A1150	SHELL32	.text	Import	GDI32.CreateFontA
73F810A0	USP10	.text	Import	GDI32.CreateFontIndirectA

그림 52.30 All names 다이얼로그에서 API에 BP를 설치한 모습

즉 API 시작 첫 바이트에 BP가 설치되었습니다(디버거에서 확인은 안 되지만 실제로 코드 시작 첫 바이트는 CC로 변경되었습니다). 따라서 kernel32!CreateFileW() API의 시작 주소를 구해서 첫 바이트를 검사해보면 디버깅 여부를 판단할 수 있습니다.

회피 방법

여기서 간단한 팁 하나! 중요 시스템 API에 BP를 설치할 때는 되도록 코드의 첫 바이트를 피해서 중간쯤(그림 52.30에서 7C8107F2 주소 이하)에 설치합니다. 또는 Hardware BP를 설치하는 것도 하나의 방법입니다.

52.5.2. Checksum 비교

코드에 설치된 Software Break Point를 확인하는 또 다른 방법은 특정 코드 영역의 Checksum 값을 비교하는 것입니다. 예를 들어 프로그램 401000~401070 주소 영역의 Checksum 값이 0x12345678이라고 하겠습니다. 만약 이 코드 영역에 디버깅을 위해서 BP('0xCC')를 하나라도 설치하였다면 새로운 Checksum 값은 원본 값과 달라집니다. 이렇게 Checksum 값의 비교를 통해서 디버깅 여부를 판단할 수 있습니다(그림 52.31 참고).

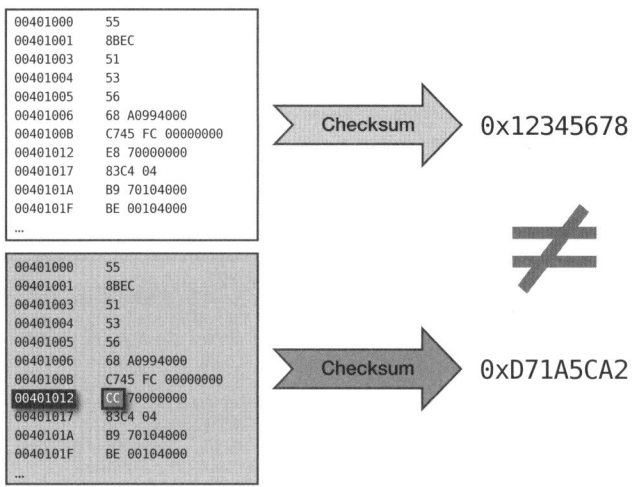

그림 52.31 Checksum 비교를 통한 디버깅 여부 판단

실습 - DynAD_Checksum.exe

Checksum을 계산하여 Software BP를 체크하는 안티 디버깅 기법에 대한 동작 원리를 이해하기 위해 간단한 실습을 해보겠습니다. OllyDbg를 이용하여 실습 파일(DynAD_Checksum.exe)을 열고 401000 주소로 갑니다.

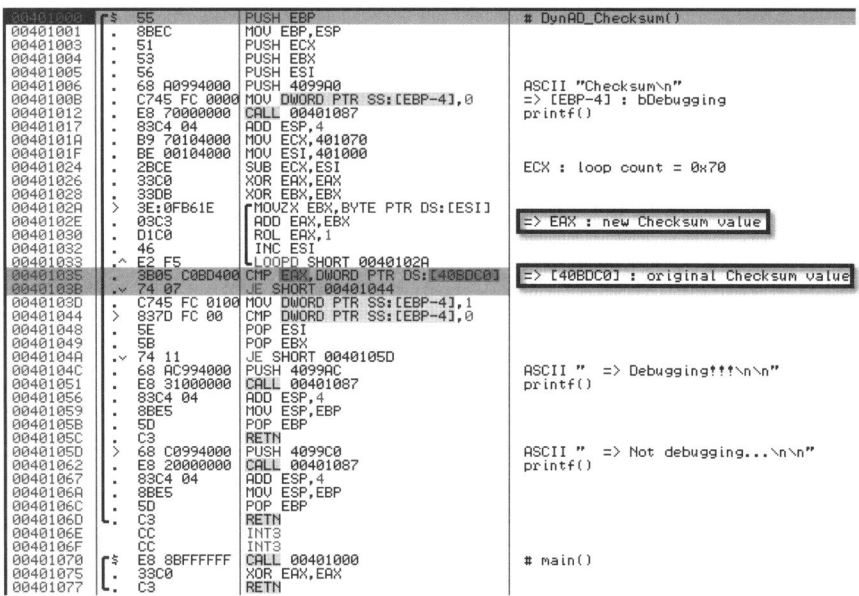

그림 52.32 DynAD_Checksum.exe 코드

코드의 핵심은 40102A의 Checksum 구하는 Loop와 그 밑의 401035 주소의 CMP/JE 조건 분기 명령어입니다. 그럼 먼저 Checksum을 구하는 Loop를 자세히 살펴보겠습니다.

```
0040102A    MOVZX EBX,BYTE PTR DS:[ESI]
0040102E    ADD EAX,EBX
00401030    ROL EAX,1
00401032    INC ESI
00401033    LOOPD SHORT 0040102A
```

40102A 주소에서 ESI의 초기 값은 401000입니다(40101F 주소 MOV 명령 참고). 그리고 Loop Count로 사용되는 ECX 값은 70입니다(401024 주소 SUB 명령 참고). 즉 401000~40106F 영역에 대한 Checksum을 구하는 Loop입니다. Checksum을 계산하기 위해서 한 바이트 값을 읽어서 ADD와 ROL 명령을 수행하여 EAX 레지스터에 저장합니다(이 과정을 Loop Count만큼 반복합니다).

> **참고**
>
> 코드 버퍼에 대한 Checksum을 구하는 방법은 다양합니다. 해당 메모리 영역이 기존과 동일한지 여부를 체크하기만 하면 되므로 다양한 알고리즘을 적용할 수 있습니다. 일반적으로 속도가 빠르고 충돌이 적은 CRC32(Cyclic Redundancy Check)를 많이 사용합니다.

이렇게 구한 Checksum 값을 미리 구해놓은 값과 비교하여 조건 분기를 수행합니다.

```
00401035    CMP EAX,DWORD PTR DS:[40BDC0]
0040103B    JE SHORT 00401044
```

EAX는 위 루프에서 지금 구한 Checksum 값이고, [40BDC0]은 프로그램 개발 과정에서 미리 구해놓은 Checksum 값입니다. 만약 이 두 값이 서로 다르다면, 401000~40106F 코드 영역에 BP가 설치되어 있거나 혹은 코드가 패치(patch)되었다고 판단할 수 있습니다.

회피 방법

원론적으로 CRC 계산 영역에 BP를 걸지 않거나 패치를 하지 않으면 Checksum 안티 디버깅을 무력화시킬 수 있습니다. 하지만 그것은 안티 디버깅이 노리는 점이기도 하지요(디버깅하기 어려워지니까요). 그래서 가장 좋은 방법은 CRC 비교 구문을 패치하는 것입니다. 앞의 예제의 경우 40103B 주소의 명령어를 JMP 40105D로 패치시키면 됩니다. 혹은 디버거에서 강제로 JMP 주소를 변경시키면 됩니다. 다른 안티 디버깅 기법과 마찬가지로 Checksum 비교 기법도 교묘하게 코드를 숨기고 수십~수백 개의 Checksum 비교 코드가 존재한다면, 디버깅하기가 매우 까다로워집니다.

53
고급 안티 디버깅

유명 프로텍터에서 실제 사용되는 고급 안티 디버깅(Advanced Anti-Debugging) 기법을 살펴보겠습니다. 예제 파일을 디버깅하면서 여러분의 실력도 같이 향상될 것입니다.

53.1. 고급 안티 디버깅 기법

PE 프로텍터에서 주로 사용되는 고급 안티 디버깅 기법의 공통된 특징은 기술적인 난이도가 높을뿐만 아니라 리버서를 정신적, 육체적으로 지치게 만든다는 것입니다.

  수없이 많은 가비지 코드, 조건 분기문, 루프문, 암호화/복호화 코드 그리고 도대체 그 깊이를 파악할 수 없는 Call-Tree에 빠져서 허우적대다 보면 자신이 지금 어디쯤 와 있는지 알 수 없게 되버립니다. 정작 분석하고 싶은 코드에서 접근조차 못하고 엉뚱한 곳에서 헤매게 되는 것이죠. 이런 식으로 리버서를 혼란시켜 놓고, 중간 중간 Dynamic 안티 디버깅 기법을 살짝 섞어 놓으면 그야말로 속수무책으로 당할 수밖에 없는 상황이 되어버립니다.

  물론 디버깅 자체가 아예 불가능한 것은 아니지만, 그 난이도가 매우 높습니다. 디버깅 경험이 많은 숙련된 리버싱 전문가들도 PE 프로텍터를 분석하는데 굉장히 애를 먹고, 오랜 시간이 소요됩니다. 더구나 완벽히 분석한다는 것은 그야말로 대단히 어려운 작업이라고 말할 수 있습니다.

  이번 장에서는 대표적인 고급 안티 디버깅 기법을 소개합니다. 기술적으로 매우 흥미로우며 디버깅 실력을 쌓는데도 도움이 많이 될 것입니다.

53.2. 가비지 코드

의미 없는 코드를 대량으로 추가시켜서 디버깅을 힘들게 만드는 기법입니다. 가비지 코드 중간 중간에 진짜 의미 있는 코드를 섞어 버리거나 다른 안티 디버깅 기법을 혼합해서 사용하면 디버깅이 매우 힘들어집니다. 그림 53.1은 가비지 코드(Garbage Code)의 한 예입니다.

```
0040B2D3  52        PUSH EDX
0040B2D4  87D2      XCHG EDX,EDX
0040B2D6  87F6      XCHG ESI,ESI
0040B2D8  5A        POP EDX
0040B2D9  87E4      XCHG ESP,ESP
0040B2DB  87D2      XCHG EDX,EDX
0040B2DD  0FAFFE    IMUL EDI,ESI
0040B2E0  0FC1F1    XADD ECX,ESI
0040B2E3  89E4      MOV ESP,ESP
0040B2E5  53        PUSH EBX
0040B2E6  5B        POP EBX
0040B2E7  56        PUSH ESI
0040B2E8  55        PUSH EBP
0040B2E9  89C0      MOV EAX,EAX
0040B2EB  5D        POP EBP
0040B2EC  87F6      XCHG ESI,ESI
0040B2EE  5E        POP ESI
0040B2EF  50        PUSH EAX
0040B2F0  55        PUSH EBP
0040B2F1  C1D6 45   RCL ESI,45
0040B2F4  90        NOP
0040B2F5  87DB      XCHG EBX,EBX
0040B2F7  D1D6      RCL ESI,1
0040B2F9  52        PUSH EDX
0040B2FA  5A        POP EDX
0040B2FB  87C9      XCHG ECX,ECX
0040B2FD  87D2      XCHG EDX,EDX
0040B2FF  87FF      XCHG EDI,EDI
0040B301  F2:       PREFIX REPNE:
0040B302  58        POP EAX
0040B303  89E4      MOV ESP,ESP
0040B305  F7D6      NOT ESI
```

그림 53.1 Garbage Code #1

그림 53.1의 코드에서는 몇 가지 명령어(PUSH/POP, XCHG, MOV)에 동일한 Operand를 대입하여 결과적으로 전혀 의미 없는 연산을 실행하고 있습니다(명령어 실행 이후 변화된 것이 없음!). 가비지 코드의 또 다른 예를 살펴보겠습니다.

```
0040412D    0FC0C2           XADD DL,AL
00404130    81EB 94200000    SUB EBX,2094
00404136    0FAFC8           IMUL ECX,EAX
00404139    85DA             TEST EDX,EBX
0040413B    87C8             XCHG EAX,ECX
0040413D    53               PUSH EBX
0040413E    81C3 E7020000    ADD EBX,2E7
00404144    D1D1             RCL ECX,1
00404146    0FB7FD           MOVZX EDI,BP
00404149    69FE 1C6F7661    IMUL EDI,ESI,61766F1C
0040414F    81C3 19040000    ADD EBX,419
00404155    0FBEC6           MOVSX EAX,DH
00404158    25 3C0F9601      AND EAX,1960F3C
0040415D    88F0             MOV AL,DH
0040415F    81C3 9E0E0000    ADD EBX,0E9E
00404165    0FA5C1           SHLD ECX,EAX,CL
00404168    8BCD             MOV ECX,EBP
0040416A    D1D1             RCL ECX,1
0040416C    81EB 88040000    SUB EBX,488
00404172    0FA5F7           SHLD EDI,ESI,CL
00404175    F7C3 EFF6E120    TEST EBX,20E1F6EF
0040417B    FECA             DEC DL
0040417D    53               PUSH EBX
0040417E    81EB 75050801    SUB EBX,1080575
00404184    0FC9             BSWAP ECX
00404186    0FBAFF 4C        BTC EDI,4C
0040418A    B9 DC2F3621      MOV ECX,21362FDC
0040418F    81C3 5FF40701    ADD EBX,107F45F
00404195    F6D8             NEG AL
00404197    C7C1 FCCF56C1    MOV ECX,C156CFFC
0040419D    0FC0C2           XADD DL,AL
004041A0  - FFE3             JMP EBX
```

그림 53.2 Garbage Code #2

SUB와 ADD 명령어를 이용하여 EBX 값을 복잡하게 세팅하고 최종적으로 4041A0 주소의 JMP EBX 명령어를 실행합니다. 나머지 명령어들은 모두 가비지 코드입니다. JMP XXXXXXXX 명령어 한 줄로 끝낼 수 있는 코드를 길고 복잡하게 작성한 것입니다.

> **참고**
> 위에서 보여드린 예제 코드는 간단한 형태라서 디버깅 과정에서 쉽게 건너뛸 수 있습니다. 하지만 좀 더 정교하고 복잡한 형태의 가비지 코드는 수많은 조건 분기와 끝없이 이어지는 함수 호출로 인하여 건너뛰기도 쉽지 않습니다.

53.3. Breaking Code Alignment

IA-32 Instruction을 잘 이해한 상태에서 정교하게 어셈블리 프로그래밍을 하면, 디버거의 디스어셈블 과정에 혼란을 줄 수 있습니다. 즉 디스어셈블리 코드가 깨진 것처럼 보이게 됩니다.

```
0041510F   FFE3            JMP EBX                          EBX = 415117
00415111   C9              LEAVE
00415112   C2 0800         RETN 8
00415115   A3 687201FF     MOV DWORD PTR DS:[FF017268],EAX
0041511A   5D              POP EBP
0041511B   33C9            XOR ECX,ECX
0041511D   41              INC ECX
0041511E   E2 17           LOOPD SHORT 00415137
00415120   EB 07           JMP SHORT 00415129
00415122   EA EB01EBEB 0DFF JMP FAR FF0D:EBEB01EB            Far jump
00415129   E8 01000000     CALL 0041512F
0041512E   EA 5A83EA0B FFE2 JMP FAR E2FF:0BEA835A            Far jump
00415135   EB 04           JMP SHORT 0041513B
00415137   9A EB0400EB FBFF CALL FAR FFFB:EB0004EB           Far call
0041513E   E8 02000000     CALL 00415145
00415143   A0 005A81EA     MOV AL,BYTE PTR DS:[EA815A00]
00415148   45              INC EBP
00415149   51              PUSH ECX
0041514A   0100            ADD DWORD PTR DS:[EAX],EAX
0041514C   83EA FE         SUB EDX,-2
```

그림 53.3 Breaking Code Alignment

그림 53.3의 코드를 보면 41510F 주소의 JMP 명령어에 의해서 415117 주소로 점프해야 하는데, 415117 주소의 디스어셈블리 코드가 제대로 보이지 않습니다. Breaking Code Alignment 트릭에 의해 OllyDbg가 디스어셈블리 코드를 잘못 생성했기 때문입니다.

415115 주소의 Instruction을 살펴보면 Opcode는 'A3'이고, 이는 MOV 명령어이며 4바이트 크기의 상수 값을 취하도록 되어있습니다. 따라서 415115 주소의 Instruction 크기는 총 5바이트로 해석이 됩니다. 이것이 바로 Breaking Code Alignment 트릭입니다. 415115 주소의 'A368'은 디스어셈블러를 혼란시키기 위해서 의도적으로 추가시킨 코드이며 프로그램에서 사용되지 않습니다. 실제로 사용되는 코드는 415117 주소의 '7201'입니다.

> **참고**
>
> IA-32 Instruction 해석에 관해서는 49장 'IA-32 Instruction'을 참고하기 바랍니다.

StepInto[F7] 명령으로 415117 주소로 가면 그림 53.4와 같이 정상적인 코드가 나타납니다.

```
00415117   72 01           JB SHORT 0041511A
00415119   FF5D 33         CALL FAR FWORD PTR SS:[EBP+33]   Far call
0041511C   C9              LEAVE
0041511D   41              INC ECX
0041511E   E2 17           LOOPD SHORT 00415137
```

그림 53.4 실제 415117 주소의 명령어

415117 주소의 JB 명령어 역시 같은 기법을 사용하여 Code Alignment를 깨뜨리고 있습니다. 이와 같이 코드 사이에 (정교하게 계산된) 불필요한 코드를 삽입시켜 디스어셈블리 코드의 가독성을 떨어뜨리는 것이 'Breaking Code Alignment' 기법입니다.

코드가 잘 파악되지 않는 상황에서 함부로 StepOver[F8] 등의 명령으로 트레이싱하다간 다른 안티 디버깅 기법이 쳐놓은 덫에 걸릴 수 있습니다. 리버서를 매우 성가시게 하는 기법 중 하나입니다.

> **참고**
>
> 대부분의 디버거에는 디스어셈블리 코드를 생성할 때 IA-32 Instruction을 스마트하게 해석하는 기능이 탑재되어 있습니다. OllyDbg에도 그러한 해석(Analysis) 기능이 있어서 디스어셈블리 코드의 가독성을 높여줍니다. 그림 53.3에서 단축키 [Ctrl+A]를 누르면 그림 53.5와 같은 경고창이 뜹니다(파일을 처음 디버깅할 때도 이상하다 싶으면 역시 동일한 경고창을 띄웁니다).

그림 53.5 OllyDbg 경고창

'예(Y)'를 선택하면 그림 53.6과 같은 코드가 나타납니다.

```
0041510F    .^ FFE0              JMP EBX                          EBX = 415117
00415111    .  C9                LEAVE
00415112    >  C2 0800           RETN 8
00415115       A3                DB A3
00415116       68                DB 68                             CHAR 'h'
00415117    .^72                DB 72                             CHAR 'r'
00415118       01                DB 01
00415119       FF                DB FF
0041511A       5D                DB 5D                             CHAR ']'
0041511B       33                DB 33                             CHAR '3'
0041511C       C9                DB C9
0041511D       41                DB 41                             CHAR 'A'
0041511E       E2                DB E2
0041511F       17                DB 17
00415120       EB                DB EB
00415121       07                DB 07
00415122       EA                DB EA
00415123       EB                DB EB
00415124       01                DB 01
00415125    .^ EB EB              JMP SHORT 00415112
```

그림 53.6 해석에 실패한 디스어셈블리 코드

그림 53.6은 OllyDbg에서 Instruction을 제대로 해석하지 못하여 415115 주소부터 디스어셈블

리 코드가 깨져 보이는 것입니다. 해석(Analysis)에 실패한 것이지요. 그 이유는 해석 결과 415115 ~415116 주소의 Instruction('A368')이 의미상 옳지 않다고 판단했기 때문입니다.

코드 흐름상 415117 주소로 점프해야 하는데 415112 주소의 명령과 415117 주소의 명령 사이에 끼어 있는 A368은 정상적인 (2바이트 크기의) IA-32 Instruction으로 해석되지 않는 것입니다(A3 은 총 5바이트 크기의 명령어인데 앞뒤 문맥상 2바이트 밖에는 없음!). 이럴 때는 OllyDbg의 해석 기능을 없애고 보는 편이 더 좋습니다. 마우스 우측 버튼 메뉴의 'Analysis - Remove analysis from module'을 선택하면 됩니다(그림 53.7참고).

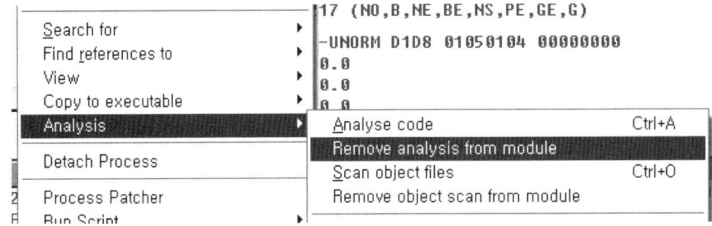

그림 53.7 Remove analysis from module 메뉴

이제 OllyDbg는 코드를 스마트하게 해석하려 시도하지 않고 원래대로 그림 53.3과 같은 디스어셈블리 코드를 생성하게 됩니다.

이번에 막강한 디스어셈블러 기능을 가지고 있는 IDA Pro를 이용해서 같은 코드를 살펴보겠습니다.

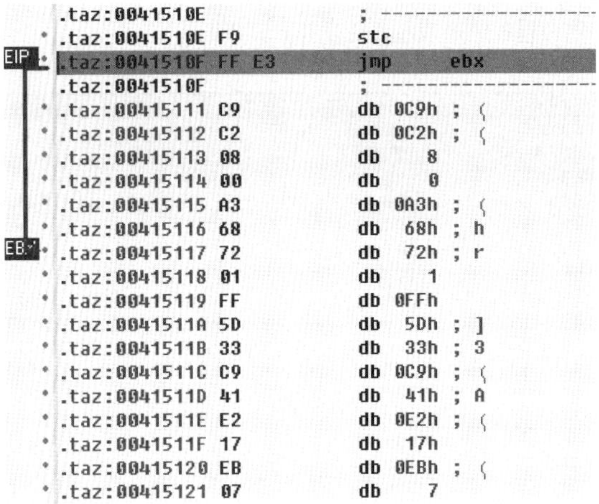

그림 53.8 IDA Pro로 살펴본 코드

역시 동일한 현상이 발생합니다. 실제로 해당 주소로 가기 전에는 OllyDbg, IDA Pro 모두 Code Alignment가 깨져 보입니다.

> **참고**
>
> 사람이 파악하기 어렵게 뒤죽박죽 섞어 놓은 코드를 난독화 코드(Obfuscated Code)라고 합니다. 가비지 코드와 Breaking Code Alignment 기법을 잘 조합하여 사용하면 훌륭한 Obfuscated Code를 생성해낼 수 있습니다.

53.4. Encryption/Decryption

Encryption/Decryption(암호화/복호화) 기법은 프로그램의 코드와 데이터를 숨기기 위해 패커/프로텍터에서 자주 사용되는 기법입니다.

> **참고**
>
> 정상적인 코드를 암호화시키는 행위를 인코딩(Encoding)이라고 하고, 암호화된 코드를 복호화 시키는 행위를 디코딩(Decoding)이라고 말합니다.

53.4.1. 간단한 디코딩 코드의 경우

간단한 예제 코드를 보겠습니다.

코드 53.1 디코딩 루프
```
0040B000    MOV ECX,100
0040B005    MOV ESI,0040B010
0040B00A    XOR BYTE PTR DS:[ESI],7F
0040B00D    INC ESI
0040B00E    LOOPD SHORT 0040B00A
0040B010    POP DS
0040B011    XCHG EAX,EDI
0040B012    JG SHORT 0040B093
0040B014    JG SHORT 0040B095
...
```

40B000~40B00E 주소의 코드는 40B010~40B110 주소 영역을 복호화(XOR '7F')시키는 루프입니다. 40B010 주소 이후의 코드는 복호화 과정이 완료되어야 정상적인 코드가 나타납니다.

> **참고**
>
> 안티 덤프 기법의 하나로써 복호화한 정상 코드를 실행시킨 이후에 다시 암호화하는 경우도 있습니다. 실행 중인 프로세스의 메모리 코드를 덤프해도 역시 암호화된 코드만 보이게 될 것입니다.

53.4.2. 복잡한 디코딩 코드의 경우

이번에는 가비지 코드가 포함된 좀 더 복잡한 형태의 디코딩 루프를 살펴보겠습니다.

코드 53.2 가비지 코드가 포함된 디코딩 루프

```
005910D1   CALL 005910E2                    ;(*)
005910D6   HLT
005910D7   SBB EAX,19606392
005910DC   FIDIVR WORD PTR DS:[EDI+DBEAD58C]
005910E2   JNB 005910ED
005910E8   ADC DX,0A953
005910ED   POP EBX                          ; EBX = 5910D6
005910F3   JNB 0059110B
005910F9   JMP 0059110B
0059110B   POP ESI
0059110C   ADD EBX,0A42                     ; EBX = 591B18
00591112   PUSH 7FFFAA31
00591117   MOV EDI,7944ECA2
0059111C   POP ESI
0059111D   MOV EAX,252                      ; EAX = 252 (loop count)
00591122   JMP 00591138
...
00591138   MOV ECX,DWORD PTR DS:[EBX]
0059113A   MOV EDI,22AC5676
0059113F   SUB ECX,425C7573
00591145   MOV ESI,EDI
00591147   ADD ECX,77193C30
0059114D   PUSH EDI
0059114E   CALL 00591164
...
00591164   MOV ESI,4B1DFA57
00591169   POP EDI
0059116A   POP EDI
0059116B   SUB ECX,233570A9
00591171   PUSH ESI
00591172   JG 0059117D
00591178   MOV EDI,0A7E8B74
0059117D   POP EDI
0059117E   MOV DWORD PTR DS:[EBX],ECX
00591180   PUSH EBX
```

```
00591181    MOV DX,CX
00591184    POP EDX
00591185    SUB EBX,4E777037
0059118B    JMP 00591197
00591190    RCL DWORD PTR DS:[EAX],CL
00591192    OR DWORD PTR DS:[ESI],ECX
00591194    DAS
00591195    CMP AL,0C5
00591197    ADD EBX,4E777033
0059119D    MOV DH,8B
0059119F    SUB EAX,1
005911A2    JNZ 005911C3
005911A8    SUB DX,421F
005911AD    JMP 005911D4              ; 디코딩 완료 후 복호화된 코드로 점프
005911B2    XOR EAX,B1583BCA
005911B7    XCHG EAX,ESI
005911B8    POP SS
005911B9    ADD AL,0ED
005911BB    AND DH,BYTE PTR DS:[EBX+F6EE970]
005911C1    PUSHFD
005911C2    MOVS DWORD PTR ES:[EDI],DWORD PTR DS:[ESI]
005911C3    JMP 00591138              ; 디코딩 계속 진행
```

이 코드는 유효 명령어와 가비지 명령어가 혼합되어 있어 복잡하게 보입니다. 그렇지만 트레이싱을 하다 보면, 패턴이 눈에 들어오고 이 코드가 디코딩 루프라는 것을 알게 되면서 유효 명령어를 뽑아낼 수 있습니다(위 코드에서 유효한 명령어는 굵은 글씨로 표시하였습니다). 가장 핵심이 되는 명령어들을 뽑아보면 다음과 같습니다.

```
00591138    MOV ECX,DWORD PTR DS:[EBX]

0059113F    SUB ECX,425C7573
00591147    ADD ECX,77193C30         } "ADD ECX,11875614"
0059116B    SUB ECX,233570A9

0059117E    MOV DWORD PTR DS:[EBX],ECX
```

EBX 레지스터가 가리키는 주소에서 DWORD(4바이트) 값을 읽은 후 0x11875614를 더하여 원래 주소에 쓰는 내용입니다. 즉 원래 값에 0x11875614 만큼 더해주는 것입니다.

디코딩 루프 카운트로 EAX 레지스터가 사용됩니다. EAX는 59111D 주소의 MOV 명령에 의해 0x252로 초기화되고, 59119F 주소의 SUB 명령에 의해 1씩 감소됩니다. 복호화할 영역의 주소는 EBX 레지스터에 저장됩니다. 005910D1, 005910ED, 0059110C 주소의 명령어에 의해서 초기 값은 591B18로 세팅됩니다. 그리고 아래 두 명령어에 의해 4씩 감소합니다(EBX의 범위는 5911D4~591B18).

```
00591185   SUB EBX,4E777037
00591197   ADD EBX,4E777033
```

마지막으로 디코딩이 모두 완료되면, 5911AD 주소의 JMP 명령에 의해 5911D4 주소(복호화 코드 시작 위치)로 점프합니다.

```
005911AD   JMP 005911D4
```

> **참고**
>
> 코드 53.2에서 Gargage 명령어를 제거하고 간단히 정리하면 다음과 같습니다.
>
> ```
> 005910D1   MOV EAX,252
> 005910D6   MOV EBX,00591B18
> 005910DB   MOV ECX,DWORD PTR DS:[EBX]
> 005910DD   ADD ECX,11875614
> 005910E3   MOV DWORD PTR DS:[EBX],ECX
> 005910E5   SUB EBX,4
> 005910E8   DEC EAX
> 005910E9   JNZ SHORT 005910DB
> 005910EB   JMP 005911D4
> ```

53.4.3. 특수한 경우 – 코드 재조합

어떤 프로텍터들은 코드의 가독성을 떨어뜨리고 트레이싱을 어렵게 하기 위해서 실행 코드를 실시간으로 재조합하는 경우가 있습니다.

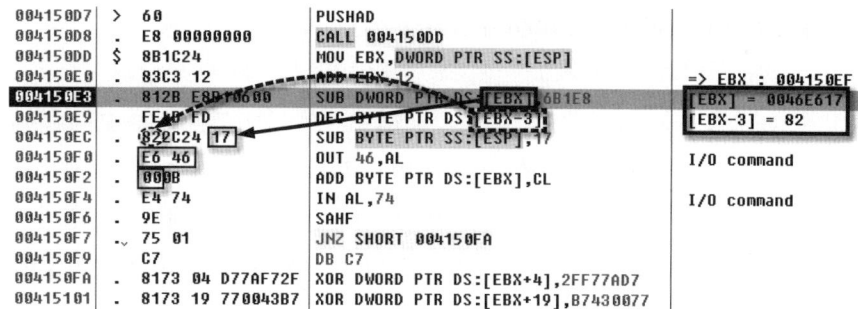

그림 53.9 코드 재조합 #1

그림 53.9에서 4150E3 주소의 SUB 명령어와 4150E9 주소의 DEC 명령어는 바로 그 아래쪽의 코드(각각 4150EF, 4150EC)를 변경시켜 버립니다. 이 명령어들이 실행된 후 그 아래쪽에 변경된 코드의 모습은 그림 53.10과 같습니다.

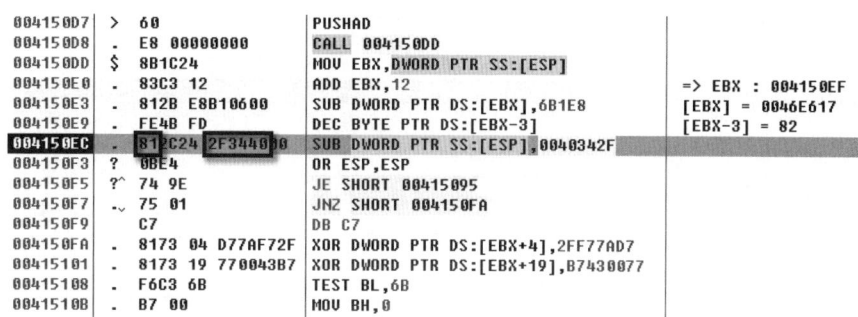

그림 53.10 코드 재조합 #2

4150EC 주소의 명령어가 완전히 새롭게 재생성되었습니다. CPU는 새로운 코드를 실행하게 되겠죠.

이 기법의 또 다른 장점은 사용자가 만약 디코딩되는 코드 위치에 Software BP(0xCC)를 설치했을 때 실행 에러를 발생시키는 것입니다. BP가 설치된 영역이 0xCC로 대체되었기 때문에 전혀 다른 계산 결과가 나오기 때문입니다(OllyDbg 같은 경우는 Software BP가 설치된 주소의 내용을 보호해서 아예 새로운 값으로 쓰지 못하게 합니다).

> 참고
> 위에 소개한 코드는 PESpin 프로텍터(PESpin(1.32).exe)의 EP 코드입니다.

53.5. Stolen Bytes(Remove OEP)

Stolen Bytes(또는 Remove OEP) 기법은 원본 코드의 일부(주로 OEP 코드)를 패커/프로텍터가 생성한 메모리 영역으로 옮겨 실행시키는 기법입니다.

이 기법의 장점은 프로세스 메모리를 덤프시켰을 때 OEP 코드의 일부분이 제거되었기 때문에 덤프된 파일은 정상적으로 실행되지 않습니다(Anti-Dump 기법). 또 다른 장점으로는 Stolen Bytes가 적용된 파일을 다른 패커/프로텍터로 다시 압축했을 때 리버서에게 혼란을 줄 수 있습니다. 언팩을 했을 때 눈에 익숙한 OEP 코드가 아닌 다른 형태의 코드가 나타나기 때문에 현재 자신이 언팩을 성공한 것인지 아니면 더 진행해야 하는지 혼란스러워집니다(이런 상황을 '길을 잃고 헤맨다'라고 표현합니다). 이해를 돕기 위해서 예제 파일을 살펴보겠습니다. 먼저 원본 파일(stolen_bytes.exe)의 EP(Entry Point) 코드입니다.

```
00401041  r$ 55              PUSH EBP                                <= Entry Point
00401042   . 8BEC            MOV EBP,ESP
00401044   . 6A FF           PUSH -1
00401046   . 68 B0604000     PUSH 004060B0
0040104B   . 68 88264000     PUSH 00402688
00401050   . 64:A1 00000000  MOV EAX,DWORD PTR FS:[0]
00401056   . 50              PUSH EAX
00401057   . 64:8925 0000000 MOV DWORD PTR FS:[0],ESP
0040105E   . 83EC 10         SUB ESP,10
00401061   . 53              PUSH EBX
00401062   . 56              PUSH ESI
00401063   . 57              PUSH EDI
00401064   . 8965 E8         MOV DWORD PTR SS:[EBP-18],ESP
00401067   . FF15 04604000   CALL DWORD PTR DS:[<&KERNEL32.GetVersion>]   GetVersion()
0040106D   . 33D2            XOR EDX,EDX
0040106F   . 8AD4            MOV DL,AH
00401071   . 8915 18994000   MOV DWORD PTR DS:[409918],EDX
00401077   . 8BC8            MOV ECX,EAX
00401079   . 81E1 FF000000   AND ECX,0FF
0040107F   . 890D 14994000   MOV DWORD PTR DS:[409914],ECX
00401085   . C1E1 08         SHL ECX,8
00401088   . 03CA            ADD ECX,EDX
0040108A   . 890D 10994000   MOV DWORD PTR DS:[409910],ECX
00401090   . C1E8 10         SHR EAX,10
00401093   . A3 0C994000     MOV DWORD PTR DS:[40990C],EAX
00401098   . 6A 00           PUSH 0
0040109A   . E8 92140000     CALL 00402531
0040109F   . 59              POP ECX
004010A0   . 85C0            TEST EAX,EAX
004010A2   .v 75 08          JNZ SHORT 004010AC
```

그림 53.11 원본 EP 코드

Microsoft Visual C++ 6.0으로 빌드된 실행 파일의 EP 코드 형태입니다(Visual C++ 2008/2010으로 빌드된 파일의 EP 코드 모양은 이와 다릅니다).

원본 파일을 PESpin 프로텍터의 'Remove OEP' 옵션으로 'Protect'시켰습니다 (stolen_bytes_pespin.exe). 그리고 디버거를 이용해서 OEP(Original Entry Point) 근처의 주소로 왔습니다(그림 53.12 참고).

```
0040107A    00              DB 00
0040107B    00              DB 00
0040107C    00              DB 00
0040107D    00              DB 00
0040107E    00              DB 00
0040107F    00              DB 00
00401080    00              DB 00
00401081    00              DB 00          ←"Stolen Bytes"
00401082    00              DB 00
00401083    00              DB 00
00401084    00              DB 00
00401085    00              DB 00
00401086    00              DB 00
00401087    00              DB 00
00401088  > 03CA            ADD ECX,EDX                     <= Pseudo OEP
0040108A  . 890D 10994000   MOV DWORD PTR DS:[409910],ECX
00401090  . C1E8 10         SHR EAX,10
00401093  . A3 0C994000     MOV DWORD PTR DS:[40990C],EAX
00401098  . 6A 00           PUSH 0
0040109A  . E8 92140000     CALL stolen_b.00402531
0040109F  . 59              POP ECX
004010A0  . 85C0            TEST EAX,EAX
004010A2  .v75 08           JNZ SHORT stolen_b.004010AC
```

그림 53.12 제거된 OEP 코드

놀랍게도 401088 주소 이전의 코드가 NULL로 대체되어 있습니다(이전 그림의 EP 코드와 비교해보세요). 그림 53.12에는 모두 나타나지 않았지만 정확하게 OEP(401041)~401087 영역의 코드가 제거되어 있습니다. 제거된 코드는 PESpin이 추가시킨 섹션에 저장되어 있고, 언팩 과정이 완료된 후에 호출됩니다. 다음 코드는 실제로 PESpin 섹션에 저장된 '사라진 OEP 코드'입니다.

코드 53.3 따로 저장된 OEP 코드

```
0040CCE8    PUSH EBP
0040CCE9    JMP SHORT 0040CCEC

0040CCEC    MOV EBP,ESP
0040CCEE    JMP SHORT 0040CCF1

0040CCF1    PUSH -1
0040CCF3    JMP SHORT 0040CCF6

0040CCF6    PUSH D021EE22                        } "PUSH 004060B0"
0040CCFB    ADD DWORD PTR SS:[ESP],301E728E
0040CD02    PUSH 4F6228                          } "PUSH 00402688"
0040CD07    SUB DWORD PTR SS:[ESP],0F3BA0
```

```
0040CD0E     MOV EAX,DWORD PTR FS:[0]
0040CD14     JMP SHORT 0040CD17

0040CD17     PUSH EAX
0040CD18     JMP SHORT 0040CD1B

0040CD1B     MOV DWORD PTR FS:[0],ESP
0040CD22     JMP SHORT 0040CD25

0040CD25     SUB ESP,10
0040CD28     JMP SHORT 0040CD2B

0040CD2B     PUSH EBX
0040CD2C     JMP SHORT 0040CD2F

0040CD2F     PUSH ESI
0040CD30     JMP SHORT 0040CD33

0040CD33     PUSH EDI
0040CD34     JMP SHORT 0040CD37

0040CD37     MOV DWORD PTR SS:[EBP-18],ESP
0040CD3A     JMP SHORT 0040CD3D

0040CD3D     CALL DWORD PTR DS:[40FE24]          ; kernel32.GetVersion
0040CD43     JMP SHORT 0040CD46

0040CD46     XOR EDX,EDX
0040CD48     JMP SHORT 0040CD4B

0040CD4B     MOV DL,AH
0040CD4D     JMP SHORT 0040CD50

0040CD50     MOV DWORD PTR DS:[409918],EDX
0040CD56     JMP SHORT 0040CD59

0040CD59     MOV ECX,EAX
0040CD5B     JMP SHORT 0040CD5E

0040CD5E     AND ECX,0FF
0040CD64     JMP SHORT 0040CD67

0040CD67     MOV DWORD PTR DS:[409914],ECX
0040CD6D     JMP SHORT 0040CD70

0040CD70     SHL ECX,8
0040CD73     JMP SHORT 0040CD76

0040CD76     JMP 00401088
```

OEP 코드는 'Breaking code alignment' 기법으로 쪼개져서 저장된 것을 알 수 있습니다. 최종적으로 40CD76 주소의 JMP 명령어에 의해서 원본 코드 섹션 영역인 401088 주소로 점프합니다.

프로텍터의 종류에 따라서 Stolen Bytes를 저장하고 실행하는 다양한 형태가 존재합니다. 또한 Stolen Bytes 실행 후 아예 메모리에서 제거하는 경우도 있습니다 (메모리 할당 - Stolen Bytes 코드 복호화 - 실행 - 메모리 해제).

53.6. API 리다이렉션

디버깅할 때 코드 흐름을 대략적으로 빨리 파악할 수 있는 좋은 방법은 주요 Win32 API(파일, 레지스트리, 프로세스, 네트워크 등)에 BP를 설치하는 것입니다.

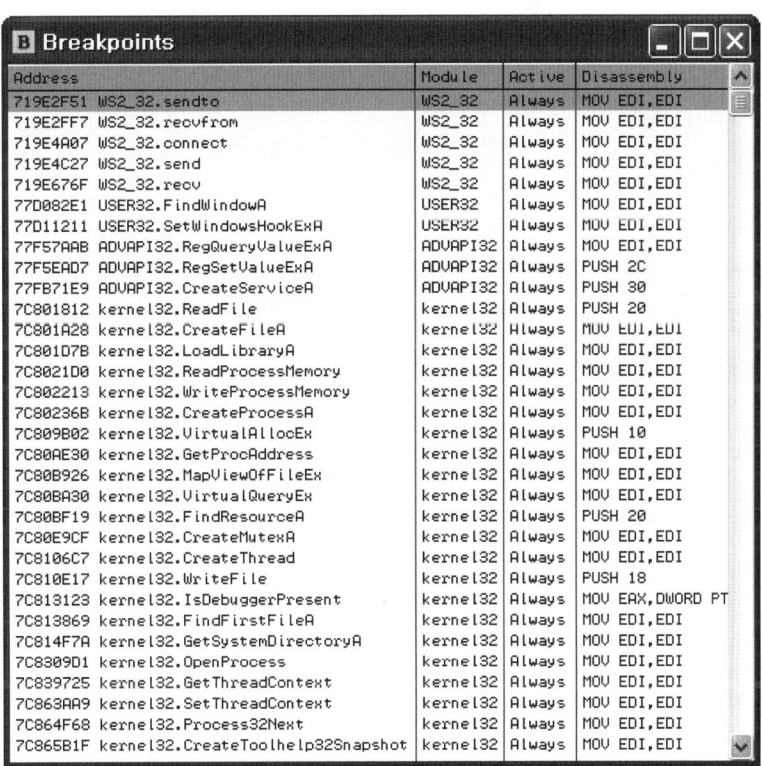

그림 53.13 Break Point

그림 53.13은 OllyDbg에서 주요 API의 시작 코드에 BP를 설치한 모습을 보여 주고 있습니다. 이 상태에서 디버기 프로세스를 실행(RUN[F9])합니다. 만약 위 BP 목록에 있는 API를 호출한다면, 실행이 멈추고 스택에는 리턴 주소가 저장됩 니다(그림 53.14 참고).

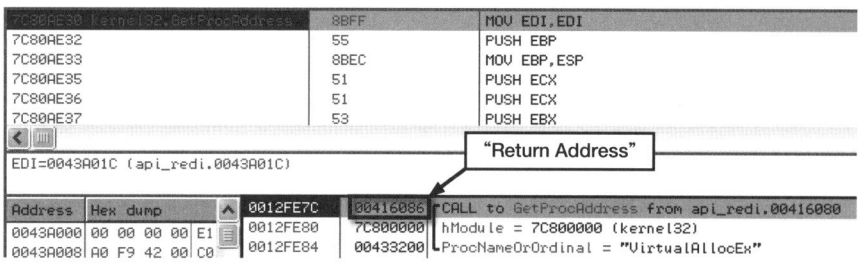

그림 53.14 Break Point

이제 리턴 주소에서부터 디버깅을 해나가면 됩니다. 디버깅해야 할 코드가 매우 큰 경우 이런 방법으로 매우 효과적으로 핵심 코드에 다가갈 수 있습니다.

API 리다이렉션(API Redirection)이란 바로 위와 같은 디버깅 노하우를 회피하는 기법입니다. 프로텍터는 주요 API들의 코드 전체(혹은 일부)를 다른 메모리 영역으로 복사합니다. 그리고 보호 대상 프로그램의 코드를 분석하여 해당 API를 호출하는 코드를 패치시켜서 자신이 복사해둔 API 코드가 실행되도록 합니다. 따라서 원본 API 주소에 BP를 설치 해봐야 소용이 없습니다(이 기법은 추가적으로 Anti-Dump 기능까지 제공합니다).

그럼 실제 API 리다이렉션 기법이 적용된 코드를 살펴보도록 하겠습니다.

53.6.1. 원본 코드

먼저 원본 정상 코드입니다(api_redirection_org.exe).

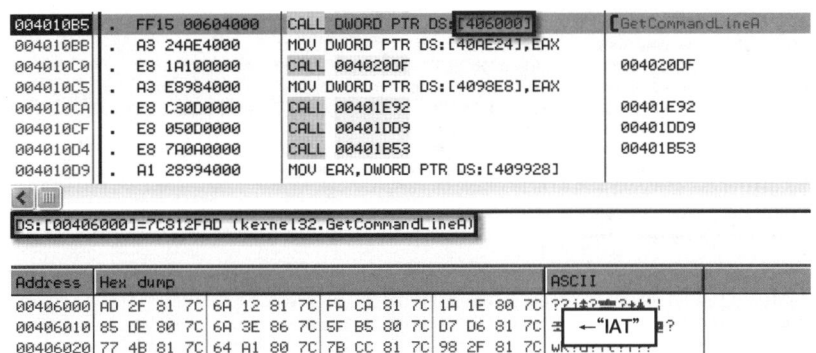

그림 53.15 원본 코드

4010B5 주소의 CALL DWORD PTR DS:[406000] 명령에서 406000 주소는 IAT(Import Address Table) 영역이며, kernel32!GetCommandLineA() API 주소 (7C812FAD)가 담겨 있습니다. Kernel32!GetCommandLineA() API의 실제 코드는 다음과 같습니다.

```
7C812FAD kernel32.GetCommandLineA    A1 F455887C    MOV EAX,DWORD PTR DS:[7C8855F4]
7C812FB2                             C3             RETN
7C812FB3                             90             NOP
7C812FB4                             90             NOP
```

그림 53.16 kernel32!GetCommandLineA() API 코드

내용은 매우 간단합니다. 7C8855F4 주소(kernel32.dll의 .data 영역)에 저장된 값을 리턴하는 것입니다. 좀 더 정확히 말하자면 DWORD PTR DS:[7C8855F4]는 kernel32.dll의 전역 변수(Global Variable)입니다.

53.6.2. API 리다이렉션 예제 #1

이제 동일한 코드에 API 리다이렉션이 적용된 경우(api_redirection1.exe)를 살펴보겠습니다.

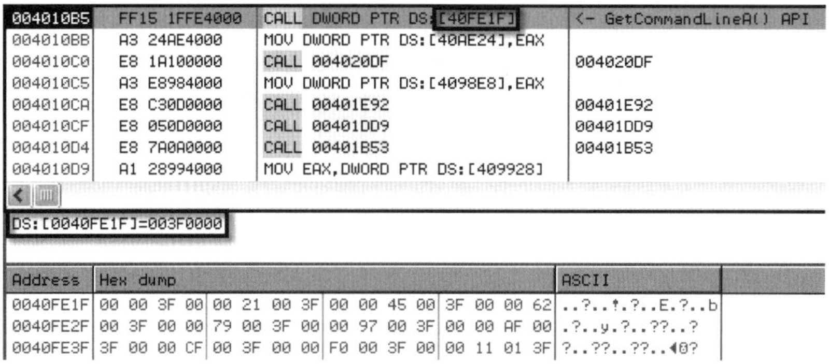

그림 53.17 API Redirection 예제 #1

원본 코드(그림 53.15)와 비교해보면 IAT 주소가 40FE1F로 변경된 것을 알 수 있습니다. 그리고 40FE1F 주소의 값은 3F0000로 되어 있습니다(원본 코드에서는 바로 kernel32.dll 영역의 API 주소가 나옵니다).

> **참고**
> api_redirection1.exe 파일은 PESpin 프로텍터의 'API Redirection' 옵션을 이용하여 제작하였습니다. 디버거로 실행 압축을 해제하고, OEP까지 진행하면 위 그림과 같이 (변형된 형태의) 원본 코드가 나타납니다. 그러나 API 리다이렉션 기법은 압축 해제 후에도 적용되지요.

3F0000 주소는 프로텍터에서 할당받은 메모리 영역의 시작 주소입니다. 프로텍터는 이 주소 영역에 주요 API 코드를 복사해 놓은 것입니다. 그림 53.17의 4010B5 주소의 CALL 명령어를 따라가서(StepInto[F7]) 3F0000의 코드를 확인해 봅시다.

그림 53.18 Redirection된 API Code

Breaking Code Alignment 기법이 사용된 것을 알 수 있습니다. JMP 명령어를 따라가면 실제 API 코드가 나타납니다.

```
003F0003    A1 F455887C         MOV EAX,DWORD PTR DS:[7C8855F4]
003F0008    C3                  RETN
003F0009    90                  NOP
003F000A    90                  NOP
```

그림 53.19 복사된 kernel32!GetCommandLineA() 코드

그림 53.19의 코드는 실제 kernel32!GetCommandLineA() API와 완전히 동일한 코드입니다(그림 53.16 참고). 프로텍터에서 원본 API 코드를 이곳으로 복사한 것입니다.

이와 같이 프로텍터는 원본 프로그램의 IAT를 재구성하고, 해당 API를 호출하는 코드를 전부 변경시켰습니다. 결국 Kernel32 모듈의 원본 API가 호출되는 것이 아니라 3F0000 주소 영역의 API가 호출됩니다.

53.6.3. API 리다이렉션 예제 #2

좀 더 복잡한 형태의 API 리다이렉션 기법을 살펴보겠습니다. ASProtect의 'Advanced Import Protection'과 'Emulate standard system function' 기능을 이용하여 제작된 예제 파일입니다(api_redirection2.exe).

```
004010B5    E8 46EF7600         CALL 00B70000
004010BA    B8 A324AE40         MOV EAX,40AE24A3
004010BF    00E8                ADD AL,CH
004010C1    1A10                SBB DL,BYTE PTR DS:[EAX]
004010C3    0000                ADD BYTE PTR DS:[EAX],AL
004010C5    A3 E8984000         MOV DWORD PTR DS:[4098E8],EAX
004010CA    E8 C30D0000         CALL 00401E92
004010CF    E8 050D0000         CALL 00401DD9
004010D4    E8 7A0A0000         CALL 00401B53
004010D9    A1 28994000         MOV EAX,DWORD PTR DS:[409928]
```

그림 53.20 API Redirection 예제 #2

4010B5 주소의 CALL 명령을 원본과 비교해보겠습니다(그림 53.15 참고).

```
(원본)
004010B5    FF15 00604000       CALL DWORD PTR DS:[406000]    ; 7C812FAD

(API Redirection #2)
004010B5    E8 46EF7600         CALL B70000
```

같은 CALL 명령어지만 OpCode가 서로 다릅니다. 'FF15' OpCode는 간접 호출을 의미하며 주어진 주소(406000)에서 얻은 함수 주소(7C812FAD)를 호출하는 방법이며, 'E8' OpCode는 직접 호출을 의미하며 주어진 값(76EF46)에 Next EIP(4010BA)를 더한 주소(76EF46 + 4010BA = B70000)를 호출합니다.

참고

원본 6바이트 CALL 명령어(FF15 00604000)가 5바이트 CALL 명령어(E8 46EF7600)로 변경되면서 4010BA 주소에 찌꺼기(B8)가 남게 되었습니다. 이로 인해 Code Alignment가 깨지는 효과가 있다는 것까지 눈여겨보기 바랍니다(B70000 함수 코드를 실행하면서 리턴 주소가 원본 코드와 동일한 4010BB로 변경됩니다).

B70000 주소 영역은 ASProtect에서 언팩 과정 도중에 할당한 많은 메모리 영역 중 하나입니다(그림 53.21참고).

M Memory map

Address	Size	Owner	Section	Contains	Type	Access
00400000	00001000	api_redi		PE header	Imag 01001002	R
00401000	00005000	api_redi		code	Imag 01001002	R
00406000	00001000	api_redi		code,data	Imag 01001002	R
00407000	00004000	api_redi		code	Imag 01001002	R
0040B000	0005B000	api_redi	.data	code,imports	Imag 01001002	R
00466000	00001000	api_redi	.adata	code	Imag 01001002	R
00470000	00005000				Map 00041020	R E
00530000	00002000				Map 00041020	R E
00540000	00103000				Map 00041002	R
00650000	000AC000				Map 00041020	R E
00950000	00004000				Priv 00021004	RW
0095C000	0000C000				Priv 00021004	RW
0096C000	00004000				Priv 00021004	RW
00A50000	00050000				Map 00041002	R
00AD0000	00001000				Priv 00021040	RWE
00B10000	00001000				Priv 00021040	RWE
00B20000	00001000				Priv 00021040	RWE
00B30000	00001000				Priv 00021040	RWE
00B40000	00001000				Priv 00021040	RWE
00B50000	00001000				Priv 00021040	RWE
00B60000	00002000				Priv 00021040	RWE
00B70000	00001000				Priv 00021040	RWE
00B80000	00001000				Priv 00021040	RWE
00B90000	00001000				Priv 00021040	RWE
00BA0000	00001000				Priv 00021040	RWE
5A480000	00001000	uxtheme		PE header	Imag 01001002	R
5A481000	00030000	uxtheme	.text	code,imports,exports	Imag 01001002	R
5A4B1000	00001000	uxtheme	.data	code,data	Imag 01001002	R

그림 53.21 ASProtect에서 생성한 메모리 영역

B70000 함수 내부로 따라 들어가면(StepInto[F7]), 그림 53.22와 같은 코드가 나타납니다.

```
00B70000   F3:              PREFIX REP:
00B70001 v EB 02            JMP SHORT 00B70005
00B70003   CD20 57F3EB02    VxDJump 2EBF357
00B70009   CD20 9CF3EB02    VxDJump 2EBF39C
00B7000F   CD20 3EEB02CD    VxDJump CD02EB3E
00B70015   208D 7C283F64    AND BYTE PTR SS:[EBP+643F287C],CL
00B7001B v EB 02            JMP SHORT 00B7001F
00B7001D   CD20 8D7C2FC1    VxDCall C12F7C8D
00B70023   2BFD             SUB EDI,EBP
00B70025   83EC 20          SUB ESP,20
00B70028   81C7 72D3E96F    ADD EDI,6FE9D372
00B7002E   26:EB 02         JMP SHORT 00B70033
00B70031   CD20 81C7985D    VxDJump 5D98C781
00B70037 v 7F 61            JG SHORT 00B7009A
00B70039   8D7C24 61        LEA EDI,DWORD PTR SS:[ESP+61]
00B7003D   83EF 61          SUB EDI,61
00B70040   8947 00          MOV DWORD PTR DS:[EDI],EAX
00B70043   83D8 CB          SBB EAX,-35
00B70046 v EB 01            JMP SHORT 00B70049
00B70048   F0:334424 28     LOCK XOR EAX,DWORD PTR SS:[ESP+28]
00B7004D v EB 02            JMP SHORT 00B70051
00B7004F   CD20 5536EB01    VxDCall 1EB3655
00B70055   9A 8F47148D 2C07 CALL FAR 072C:8D14478F
00B7005C   8977 18          MOV DWORD PTR DS:[EDI+18],ESI
```

그림 53.22 B70000 주소의 코드

한눈에 봐도 가비지 코드와 Breaking Code Alignment 기법이 적용되어 있는 것을 알 수 있습니다. 실제 GetCommandLineA( ) API 코드는 한참 후에야 나타납니다.

> **참고**
>
> 디버거를 이용해서 B70000 주소로 갈 때마다 코드의 모양이 달라집니다. ASProtect의 난독화 코드 생성기에 의해서 그때그때 새로운 가비지 코드가 생성되기 때문입니다. 이렇게 같은 결과를 내는 다른 모양의 코드를 다형성 코드(Polymorphic Code)라고 합니다. 앞서 소개한 난독화 코드(Obfuscated Code)와 함께 리버싱에 자주 등장하는 용어이므로 이번 기회에 잘 익혀 두기 바랍니다. 그림 53.22 코드는 Polymorphic Code와 Obfuscated Code의 특징을 모두 가지고 있습니다(그때그때 모양이 변하고, 사람이 파악하기 어렵게 되어 있지요).

B70000 주소의 코드는 디버깅을 힘들게 하기 위하여 ASProtect에서 추가시킨 가비지 코드입니다. OllyDbg에서 트레이스해보면 약 3만 개의 명령어(루프에서 반복 호출되는 명령어 포함)를 실행한 후 원본 코드의 4010BB 주소로 리턴합니다(그림 53.23 참고).

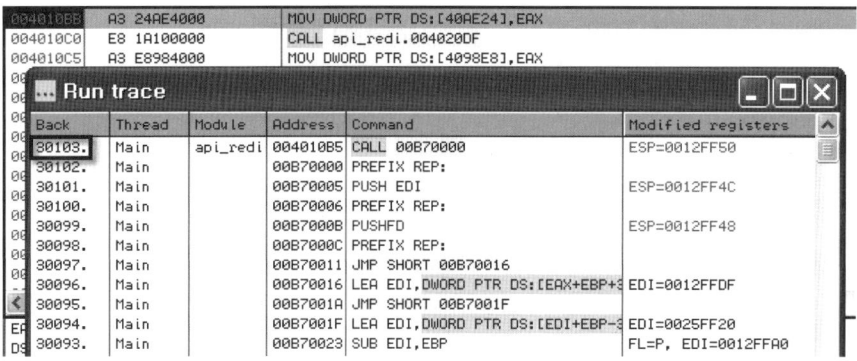

그림 53.23 Trace 결과

즉 원본 코드에서 CALL DWORD PTR DS:[406000] 명령어 한 줄로 된 것을 3만 개의 명령어로 바꿔 버린 셈입니다(Kernel32!GetCommandLineA( ) API 외에도 여러 API들을 이런 식으로 호출합니다). 실행 관점에서는 매우 비효율적인 방식이지만, 코드 보호(Protection)와 리버싱을 어렵게 만든다는 관점에서는 아주 훌륭한 방식이라고 할 수 있습니다.

가비지 코드에서 실제 API 호출이 이뤄지는 곳은 그림 53.24와 같습니다.

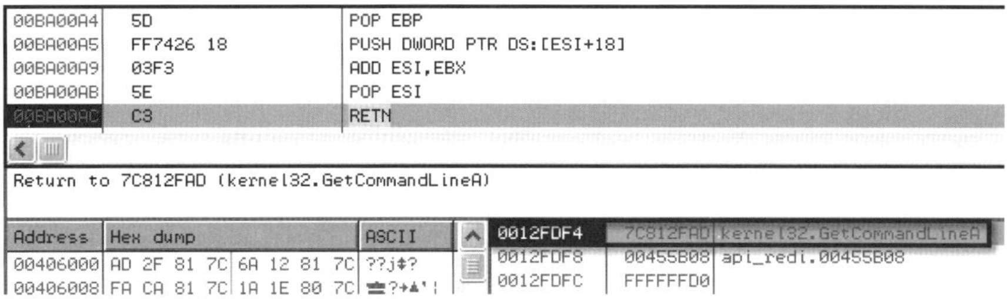

그림 53.24 kernel32!GetCommandLineA( ) API 호출

앞에서 소개한 PESpin 예제(api_redirection1.exe)와는 달리 실제 kernel32. dll!GetCommandLineA( ) API를 직접 호출하고 있습니다. 그리고 그림 53.25는 리턴 주소 변경 작업(4010BA → 4010BB)을 하는 코드입니다.

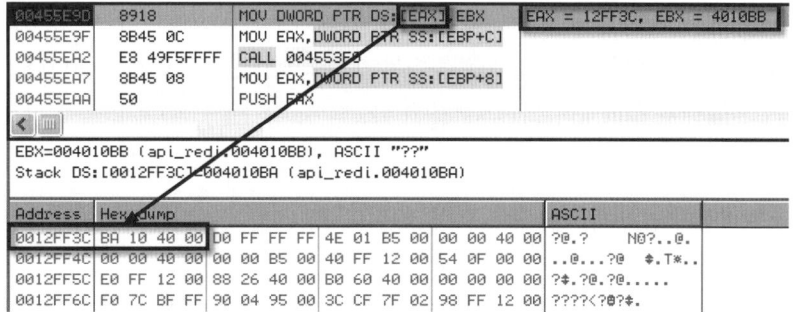

그림 53.25 kernel32!GetCommandLineA( ) API 호출

우리는 그림 53.20의 4010B5 주소의 CALL B70000 명령을 따라 들어왔습니다. 그림 53.25에서 [EAX] = [12FF3C] = 4010BA가 바로 B70000 함수 호출 이후의 리턴 주소입니다. 4010BA 주소 그대로 리턴하면 에러가 발생하기 때문에 위 그림의 455E9D 주소의 MOV 명령으로 리턴 주소를 4010BB로 변경해줍니다.

> **참고**
>
> 그림 53.25의 주소 영역(455E9D)은 ASProtect의 코드 섹션 영역입니다(그림 53.21 참고). B70000 영역과 같이 가비지 코드 생성을 위해 할당받은 메모리가 아닌 실제 ASProtect 코드 섹션 영역입니다.

마지막으로 원본 코드의 4010BB로 리턴시키는 코드는 그림 53.26과 같습니다.

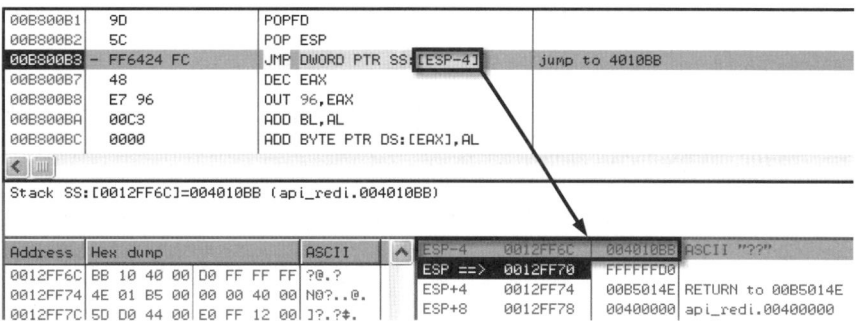

그림 53.26 4010BB 리턴 코드

그림 53.26의 코드 영역(B800B3)도 역시 ASProtect가 생성한 Polymorphic & Obfuscated 코드이며 디버깅할 때마다 코드가 변경됩니다.

지금까지 복잡한 형태의 API 리다이렉션 예제를 살펴보았습니다. 이 방식은 실행 속도를 희생해 가면서 복잡성을 높이는 개념이라고 생각하면 되겠습니다.

프로그램에서 어떤 API를 호출하는지 알 수 없다면 (또는 알기 위해 시간이 매우 많이 걸린다면) 리버싱 작업은 아주 까다로워집니다. 따라서 상당히 효과적인 안티 디버깅 방법이라고 할 수 있으며 많은 프로텍터에서 지원하고 있습니다.

> **참고**
>
> 지금까지 짚어본 포인트를 참고해서 직접 B70000 함수를 트레이싱해보기 바랍니다. 저는 그림 53.25, 그림 53.26에 나타난 455E9D와 B800B3의 주소를 OllyDbg의 'Hardware Break Point' 기능을 사용하여 알아내었습니다. B70000 함수로 들어오면 스택에 복귀 주소가 적혀 있으므로 그 ESP 값(제 경우는 12FF3C에 HWBP를 설치하여 455E9D 주소를 알 수 있었습니다.) 그리고 4010BB 주소에 BP를 설치 후 트레이싱하면 B800B3 주소에서 JMP 명령으로 넘어온다는 사실을 알 수 있습니다.

API 리다이렉션 기법은 구조상으로 API 후킹과 비슷한 면이 많습니다. 둘 다 원본 API를 직접 호출하는 것이 아니라 자신만의 코드를 추가하고 실행한 후 API를 호출시킵니다. 둘의 큰 차이점은 '목적'이라고 볼 수 있습니다. API 리다이렉션은 디버깅을 어렵게 만드는 것이 목적이고, API 후킹은 API 호출 전/후에 추가적인 기능을 제공하는 것이 목적입니다.

53.7. Debug Blocker(Self Debugging)

Debug Blocker(Self Debugging) 기법은 말 그대로 자기 자신을 디버깅 모드로 실행시키는 고급 안티 디버깅 기법입니다.

그림 53.27에서 PESpin(1.32).exe 프로세스는 PESpin 프로텍터입니다. 동일한 프로세스가 부모(PID: 184)/자식(PID: 1424) 구조로 실행되는 것을 확인할 수 있습니다. 사실 이 둘은 디버거(PID: 184)/디버기(PID: 1424) 관계입니다. PESpin이 실행되면 자신의 실행 파일을 찾아서 DEBUG 모드로 실행합니다.

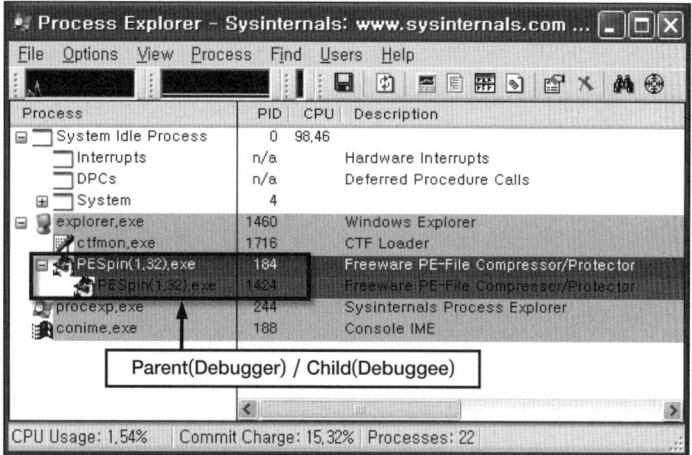

그림 53.27 Debug Blocker 특징: 디버거/디버기 관계

> **참고**
>
> Debug Blocker 기법은 자기 자신을 자식 프로세스로 실행시키는 Self Creating 기법의 발전된 형태입니다. Self Creating 기법에서 실제 원본 코드의 실행은 자식 프로세스에서 담당하지요. 부모 프로세스는 자식 프로세스의 생성, 메모리(코드/데이터) 변경, EP 주소 변경 등의 작업을 수행합니다. 따라서 부모 프로세스만을 디버깅 해서는 OEP 코드로 갈 수 없습니다. 이 기법은 디버거를 자식 프로세스에 Attach시키는 디버깅 방법에 의해서 쉽게 무력화된다는 단점이 있습니다. 이러한 단점을 보완한 것이 바로 Debug Blocker 기법입니다.

Debug Blocker 기법의 장점은 크게 두 가지입니다.

첫 번째는 디버깅 방지입니다. 실제 원본 코드를 실행하는 자식 프로세스는 이미 디버깅 중이므로 원칙적으로는 다른 디버거를 이용해서 Attach할 수 없습니다(디버깅할 수 있는 방법이 하나 있습니다. 57장에서 설명합니다).

두 번째는 자식(Debuggee) 프로세스를 제어(Control)할 수 있다는 것입니다. 디버거 - 디버기 관계에서 디버거는 막강한 권한을 가지고 있습니다. 즉 디버기 프로세스의 예외를 처리하고 실행 흐름을 제어하는 등의 작업을 수행할 수 있습니다.

그런데 특히 두 번째 장점으로 인해서 디버깅이 매우 까다로워집니다. 그럼 일반적인 안티 디버깅 기법과 Debug Blocker 기법을 비교해보겠습니다.

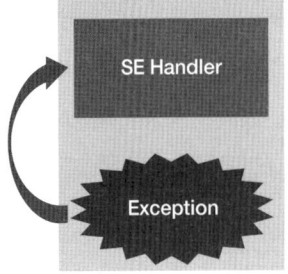
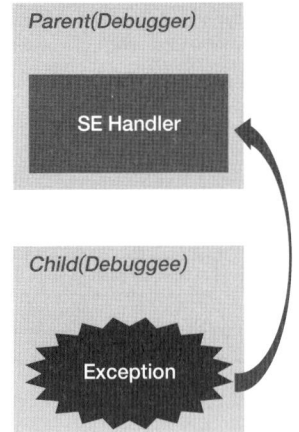

그림 53.28 디버기의 예외를 디버거에서 처리

그림 53.28에서 왼쪽은 일반적인 SEH 기법을 이용한 안티 디버깅 예제이고, 오른쪽은 Debug Blocker 기법을 이용한 안티 디버깅 예제입니다. 일반적인 SEH 기법의 경우 예외 처리기 코드가 같은 프로세스 메모리 공간에 위치하지만, Debug Blocker 기법의 경우 디버기 프로세스에서 발생한 예외를 처리하기 위한 예외 처리기 코드 위치는 디버거 프로세스에 존재합니다(디버기에서 발생한 예외에 대한 우선 처리권은 디버거에게 있다는 것을 기억하기 바랍니다).

따라서 자식(Debuggee) 프로세스를 디버깅하기 위해서는 기존 디버거의 연결을 끊어야 하는데, 그러면 자식 프로세스는 정상적인 실행이 불가능해집니다. 이것이 바로 Debug Blocker를 리버싱하는 데 가장 어려운 부분입니다.

57장에서 실제 Debug Blocker 기법의 실습 예제 파일을 디버깅해보겠습니다.

> **참고**
>
> Debug Blocker 기법의 발전된 형태로는 'Nanomite'라는 기법이 있습니다. 이 기법은 디버기 프로세스의 내부 코드를 뒤져서 Conditional Jump 명령어(Jcc 명령)를 전부 INT3(0xCC) 명령어(Software Break Point) 또는 기타 예외를 발생시키는 코드로 패치합니다. 그리고 패치시킨 Jcc 명령어의 실제 주소 위치와 점프할 주소를 디버거 내부에 테이블 형태로 가지고 있습니다. 이제 디버기에서 패치된 명령이 실행되면 예외가 발생하여 디버거에게 제어권이 넘어옵니다. 디버거는 예외가 발생한 주소를 이용해 테이블에서 점프해야 할 주소를 얻어서 디버기에게 알려줍니다. 다음 그림 53.29는 Conditional Jump 명령어가 포함된 원본 코드입니다.

```
0040122B    881D 14854000    MOV BYTE PTR DS:[408514],BL
00401231  v 75 3C            JNZ SHORT 0040126F
00401233    A1 F0894000      MOV EAX,DWORD PTR DS:[4089F0]
00401238    85C0             TEST EAX,EAX
0040123A  v 74 22            JE SHORT 0040125E
0040123C    8B0D EC894000    MOV ECX,DWORD PTR DS:[4089EC]
00401242    56               PUSH ESI
00401243    8D71 FC          LEA ESI,DWORD PTR DS:[ECX-4]
00401246    3BF0             CMP ESI,EAX
00401248  v 72 13            JB SHORT 0040125D
0040124A    8B06             MOV EAX,DWORD PTR DS:[ESI]
0040124C    85C0             TEST EAX,EAX
0040124E  v 74 02            JE SHORT 00401252
00401250    FFD0             CALL EAX
00401252    83EE 04          SUB ESI,4
00401255    3B35 F0894000    CMP ESI,DWORD PTR DS:[4089F0]
0040125B  ^ 73 ED            JNB SHORT 0040124A
0040125D    5E               POP ESI
0040125E    68 18604000      PUSH 00406018
```

그림 53.29 Conditional Jump 명령어가 포함된원본 코드

앞의 원본 코드를 PESpin 프로텍터를 이용하여 Nanomite 기법을 적용시키면, 그림 53.30과 같은 코드가 나타납니다.

```
0040122B    881D 14854000    MOV BYTE PTR DS:[408514],BL
00401231    8DC0             LEA EAX,EAX
00401233    A1 F0894000      MOV EAX,DWORD PTR DS:[4089F0]
00401238    85C0             TEST EAX,EAX
0040123A    8DC0             LEA EAX,EAX
0040123C    8B0D EC894000    MOV ECX,DWORD PTR DS:[4089EC]
00401242    56               PUSH ESI
00401243    8D71 FC          LEA ESI,DWORD PTR DS:[ECX-4]
00401246    3BF0             CMP ESI,EAX
00401248    8DC0             LEA EAX,EAX
0040124A    8DC0             LEA EAX,EAX
0040124C    85C0             TEST EAX,EAX
0040124E    8DC0             LEA EAX,EAX
00401250    FFD0             CALL EAX
00401252    83EE 04          SUB ESI,4
00401255    3B35 F0894000    CMP ESI,DWORD PTR DS:[4089F0]
0040125B    8DC0             LEA EAX,EAX
0040125D    5E               POP ESI
0040125E    68 18604000      PUSH 00406018
```

그림 53.30 Nanomite 기법이 적용된 코드

위 두 그림을 잘 비교해보면 2바이트 크기의 Jcc/MOV 명령어들이 모두 'LEA EAX, EAX'라는 해괴한 명령어로 변경되어 있습니다. 이 코드가 실행되면 바로 EXCEPTION_ILLEGAL_INSTRUCTION 예외가 발생하여 Debugger에게 제어가 넘어가는 구조입니다.

이러한 Nanomite 기법을 제대로 디버깅하기 위해서는 패치된 코드를 원본과 똑같이 복구시켜야 합니다. 일일이 수작업으로 진행하기에는 너무 힘들기에 복구 작업의 많은 부분을 자동화해야 합니다. 이는 어느 정도의 프로그래밍 센스와 노하우가 필요합니다. 따라서 디버깅 난이도가 매우 높다고 할 수 있습니다.

53.8. 마무리

지금까지 PE 프로텍터에서 사용되는 고급 안티 디버깅 기법에 대해서 살펴보았습니다(안티 디버깅 기법은 계속해서 발전하고 있으며, 다양한 기법이 꾸준히 소개되고 있습니다).

참고

제가 예전에 한창 리버싱 공부를 시작할 때 ASProtector를 디버깅할 기회가 있었습니다. 며칠 동안 열심히 파고들었지만 OEP 근처도 가보지 못하고 이상한 곳에서 계속 맴돌고 있었지요. 이미 안티 디버깅 코드에 걸려 들어서 소위 '죽음의 코드'에서 헤매는 상황이었습니다. 이 방대한 코드를 통과하면 결국 OEP가 나타날 것이란 믿음을 갖고 말이죠. 사실 죽음의 코드에 빠지면 OEP로 절대 갈 수 없습니다. 지쳐 쓰러질 때까지 난독화 코드가 계속 나타납니다. 지루하고 거대한 코드를 트레이싱하다보면 저도 모르게 꾸벅꾸벅 졸게 됩니다. 그때 안티 디버깅의 무서움을 새삼 깨달았습니다. 리버서의 의욕을 꺾고 정신과 육체를 피폐하게 만들더군요. ASProtector에게 다시 도전한 것은 그로부터 2년 후의 일입니다. 인터넷에서 각종 안티 디버깅 관련 자료를 구해 공부해가면서 결국 OEP에 도달하였습니다. 무척 기뻤습니다.

 그러나 안티 디버깅을 회피하여 OEP로 갈 수 있었을 뿐 아직 ASProtector의 동작 원리(내부 알고리즘)을 완벽히 파악한 것은 아니었습니다. 새삼스레 '아직 부족한 게 많구나. 겸손해야겠다.'라는 느낌과 함께 이런 PE 프로텍터를 만들어 내는 사람들이 정말 대단하다고 생각했습니다. 여러분도 어느 정도 리버싱에 자신감이 붙을 때쯤 PE 프로텍터 디버깅에 도전해 보기 바랍니다. 참고자료를 찾아 공부하고 디버깅하는 과정에서 수많은 지식과 경험을 쌓을 수 있을 것입니다.

8부
디버깅 실습

54
디버깅 실습1 – 서비스

다양한 형태의 예제들을 이용하여 디버깅 실습을 해보도록 하겠습니다. 이번 실습 과정을 통하여 디버깅 실력이 한층 향상될 것입니다. 첫 번째 실습 예제로 Windows 서비스 프로그램의 디버깅 방법에 대해서 살펴보겠습니다.

리버싱 경험자조차도 은근히 서비스 프로그램의 디버깅을 까다롭게 생각하는 경우가 있습니다. 그러므로 이번에는 서비스 프로그램의 디버깅 방법을 확실히 배우고 넘어가도록 합시다.

54.1. 서비스 프로세스 동작 원리

서비스(Service) 프로그램은 SCM(Service Control Manager)에 의해서 관리됩니다. 서비스 애플리케이션이 실행되기 위해서는 시작 명령을 내려줄 수 있는 서비스 제어기(Service Controller)가 필요합니다. 서비스 제어기는 SCM에게 서비스 제어 요청을 하면 SCM이 서비스 프로그램에게 제어 명령을 전달하고 리턴 값을 돌려 받는 구조로 되어있습니다(그림 54.1 참고).

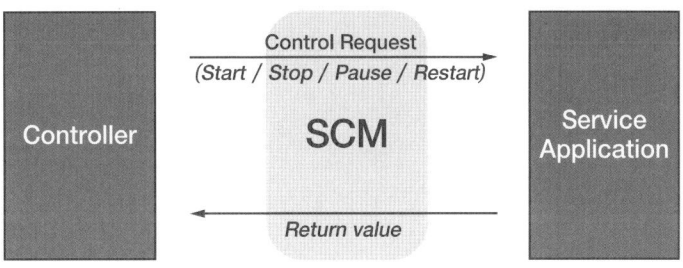

그림 54.1 서비스 시스템 개요

> **참고**
> 서비스 제어기에서 서비스 프로그램에 직접 명령을 내릴 수는 없고, SCM을 통해서 명령을 내려야 합니다.

54.1.1. 서비스 제어기

Windows에서 기본으로 제공하는 서비스 제어기를 실행해보겠습니다. '제어판 - 관리도구 - 서비스' 아이콘을 실행하세요.

그림 54.2 제어판 - 관리도구 - 서비스

그림 54.2의 '서비스' 아이콘을 실행하면 그림 54.3과 같은 서비스 제어기가 실행됩니다(콘솔 창에서 'services.msc' 명령을 실행해도 됩니다).

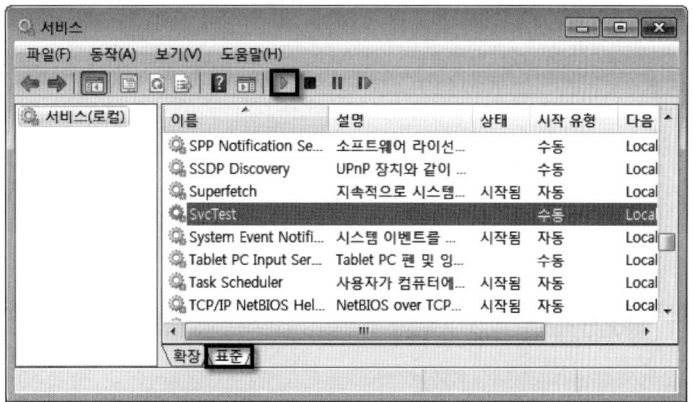

그림 54.3 서비스 목록

그림 54.3에는 시스템에 설치된 서비스 목록이 모두 나타나 있습니다. 제어를 원하는 서비스를 선택한 후 제어 명령(실행/중지/일시중지/재시작)을 내릴 수 있습니다. 서비스 시작 명령을 내리면 그림 54.4와 같이 '서비스 제어' 상태 창이 나타나면서 서비스가 시작될 때까지 기다립니다.

그림 54.4 서비스 제어

서비스 프로세스가 정상적으로 실행되면 그림 54.4의 서비스 제어 창은 사라지고, 상태가 '시작됨'으로 변경됩니다. 그럼 서비스 시작 과정에 대해서 좀 더 자세히 알아보도록 하겠습니다.

54.1.2. 서비스 시작 과정의 이해

그림 54.5에 서비스 프로그램의 시작 과정을 간략히 정리해보았습니다.

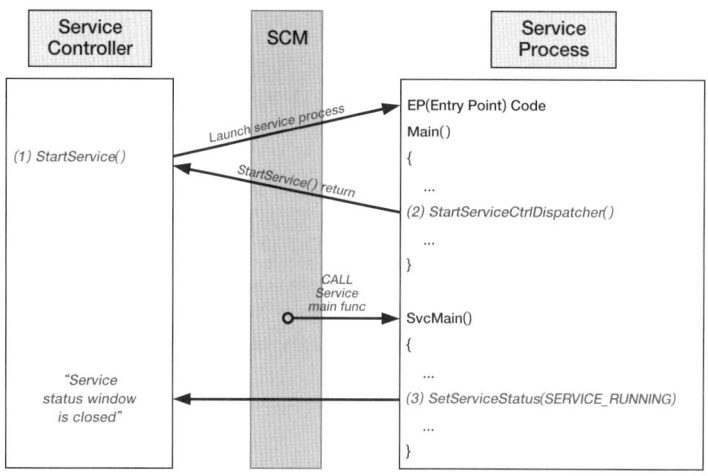

그림 54.5 서비스 시작 과정

모든 서비스 프로그램은 외부(서비스 제어기)에서 StartService() API를 호출하면서 시작됩니다(참고: '자동 실행' 서비스의 경우 SCM에서 StartService()를 호출해줍니다).

서비스 프로세스 시작 과정

1. 서비스 제어기에서 StartService() 호출

   서비스 제어기에서 StartService()를 호출하면 SCM은 해당 서비스 프로세스를 생성합니다. 그리고 서비스 프로세스의 EP 코드가 실행됩니다.

2. 서비스 프로세스에서 StartServiceCtrlDispatcher() 호출

   서비스로 동작하기 위해서는 반드시 서비스 프로세스 내부에서 StartServiceCtrlDispatcher() API를 호출하여 서비스 메인 함수 SvcMain() 주소를 등록해야 합니다. StartServiceCtrlDispatcher()가 호출되면 서비스 제어기의 StartService() 함수가 리턴됩니다. 그리고 SCM은 서비스 프로세스의 서비스 메인 함수 SvcMain()를 호출합니다.

3. 서비스 프로세스에서 SetServiceStatus() 호출

   서비스 프로세스가 생성되긴 했지만 아직 정식 서비스로 동작하는 것은 아닙니다. 현재까지는 SERVICE_START_PENDING 상태입니다. 서비스 메인 함수

SvcMain( ) 내부에서 SetServiceStatus(SERVICE_RUNNING) API를 호출해야 비로소 정상적인 서비스 프로세스로서 동작할 수 있습니다(이때 그림 54.4의 서비스 제어 상태 창은 사라집니다).

서비스 프로그램은 결국 SCM에 의해서 프로세스가 생성되고 SvcMain( ) 함수로 제어가 넘어오면서 SerServiceStatus(SERVICE_RUNNING) API를 호출해야만 비로소 정상적인 서비스 프로세스로 동작할 수 있는 것입니다. 아직 서비스 프로세스에 익숙하지 않은 여러분은 위에 설명한 서비스 프로세스 시작 과정을 잘 읽어 보기 바랍니다. 그럼 간단한 서비스 실습 파일(DebugMe1.exe)을 이용하여 동작 원리를 파악해보도록 하겠습니다.

참고
실습 예제는 Windows XP, 7(32비트)에서 실행 가능합니다.

54.2. DebugMe1.exe 예제 설명

DebugMe1.exe 프로세스는 두 가지 형태로 실행됩니다. 하나는 서비스 설치/제거를 담당하는 일반적인 실행 형태이고, 다른 하나는 SCM에 의해서 서비스로 실행되는 형태입니다. 일반 실행의 경우 실행 파라미터(install 혹은 uninstall)를 받고, 서비스 실행의 경우 실행 파라미터는 없습니다.

54.2.1. 서비스 설치

예제 파일을 서비스로 설치하기 위해서 예제 파일을 적당한 폴더에 복사한 후 그림 54.6과 같이 입력하기 바랍니다.

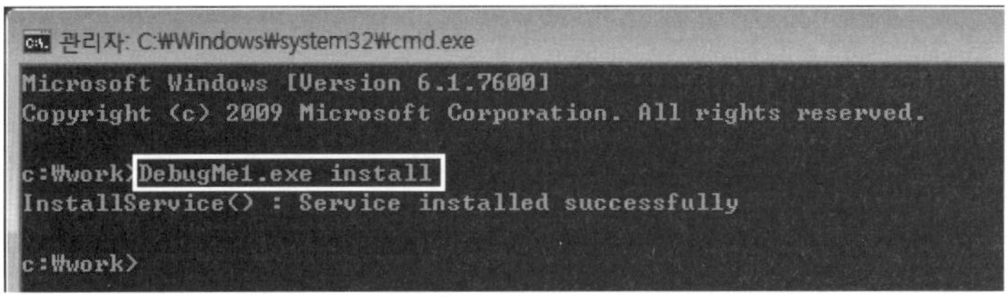

그림 54.6 서비스 설치

정상적으로 설치되었다면 그림 54.7과 같이 서비스 목록에 표시됩니다.

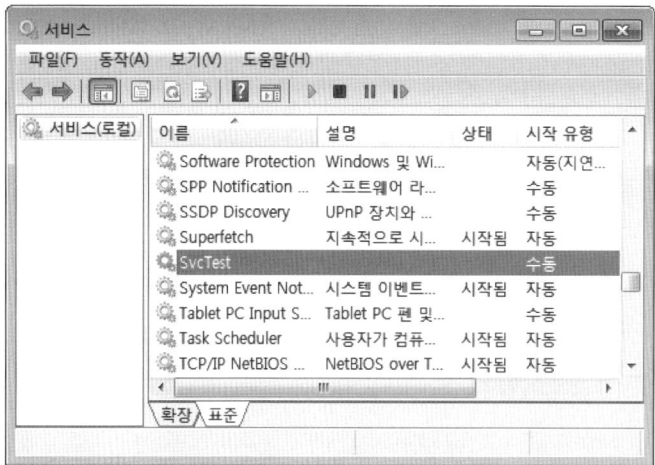

그림 54.7 시스템에 설치된 SvcTest 서비스

서비스 이름은 'SvcTest'입니다. 이 서비스에 대한 좀 더 자세한 정보를 보기 위해 메인 메뉴의 '동작 – 속성' 항목을 선택합니다(해당 서비스를 선택 후 마우스 우측 버튼 메뉴의 '속성'을 선택해도 됩니다).

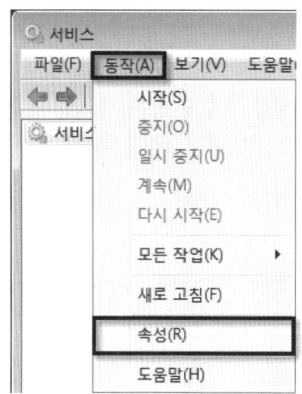

그림 54.8 동작 – 속성 메뉴 항목

이제 그림 54.9와 같이 서비스 속성 다이얼로그가 나타납니다.

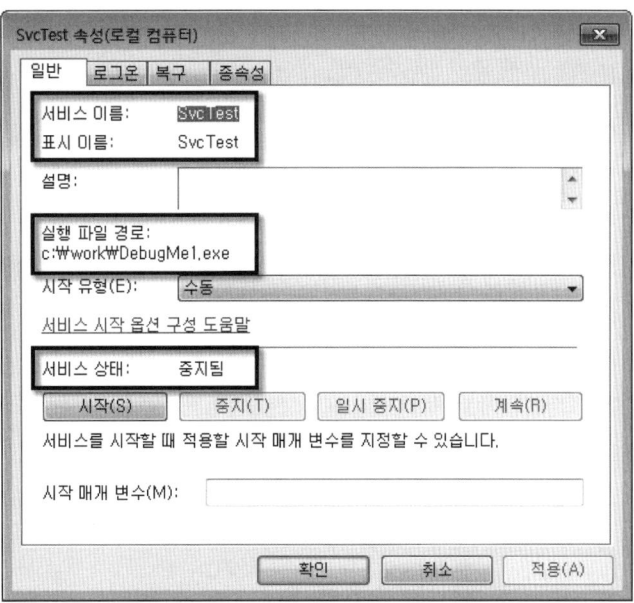

그림 54.9 SvcTest 서비스 속성

　서비스 속성 페이지에 우리가 주목해야 할 내용이 모두 포함되어 있습니다. 'SvcTest' 서비스 프로그램의 실행 파일 경로는 c:\work\DebugMe1.exe입니다 (예제 파일의 설치 경로). 그리고 이 서비스의 시작 유형은 '수동'이며(사용자가 원할 때 수동으로 실행시킨다는 뜻), 현재 서비스 상태는 '중지됨'입니다.

참고

서비스 시작 유형은 크게 수동과 자동으로 구분할 수 있습니다. 위 예제에서는 실습의 편의상 수동으로 설치하였습니다. 자동으로 설치하면, 시스템 시작과 동시에 실행됩니다.

54.2.2. 서비스 시작

이제 서비스를 시작시킬 차례입니다. [서비스 시작] 버튼을 선택하세요.

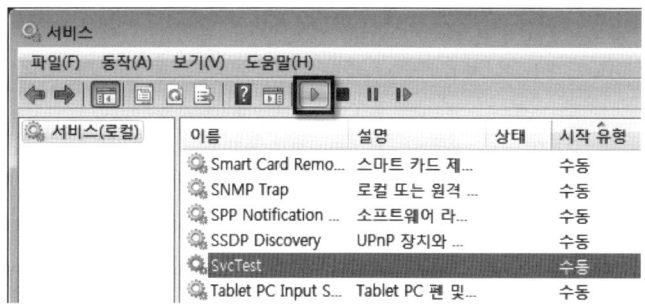

그림 54.10 SvcTest 서비스 시작

서비스 상태 창이 나타난 후 그림 54.11과 같이 서비스 프로세스(DebugMe1.exe)가 실행됩니다.

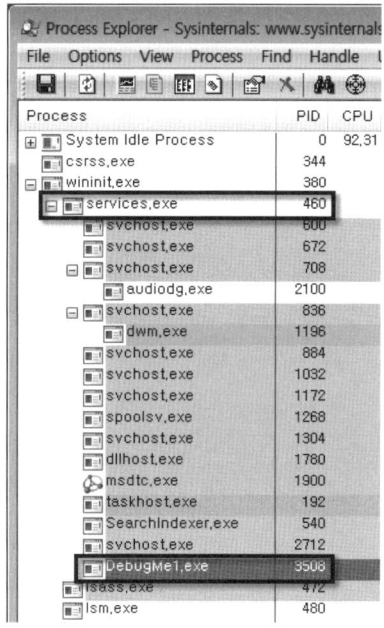

그림 54.11 SvcTest 서비스 프로세스
(DebugMe1.exe)

그림 54.11에서 눈여겨볼 것은 SvcTest 서비스의 프로세스(DebugMe1.exe)가 services.exe 프로세스의 자식(Child) 프로세스로 실행되었다는 것입니다. 사실 모든 서비스 프로세스는 services.exe 프로세스의 자식 프로세스로 실행됩니다.

Services.exe 프로세스가 바로 SCM(Service Control Manager)입니다. 실습 예제용 DebugMe1.exe의 기능은 매우 단순합니다. 일정 시간 간격으로 디버그 문자열을 출력하는 것입니다(OutputDebugString( ) API 이용). DebugView 유틸리티를 이용하여 디버그 문자열을 확인해보겠습니다.

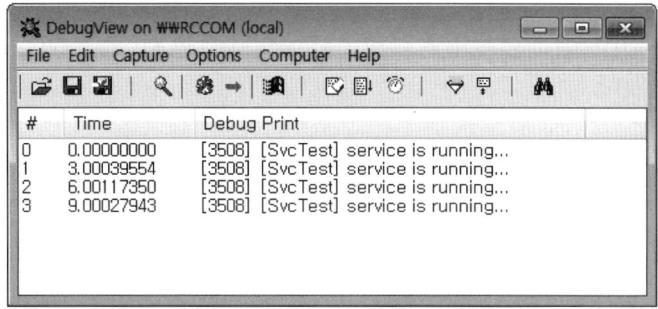

그림 54.12 SvcTest 서비스에서 출력하는 디버그 문자열

참고

Windows Vista 이상에서는 DebugView를 '관리자 권한'으로 실행하고, Capture - Capture Global Win32 메뉴를 선택해야 디버그 문자열이 출력됩니다.

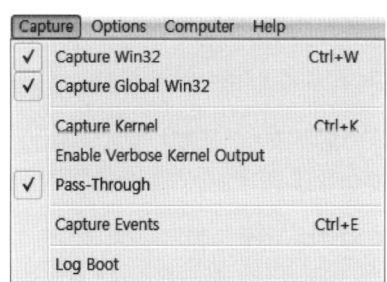

그림 54.13 DebugView의 Capture - Capture Global Win32 메뉴

54.2.3. 소스코드

DebugMe1.exe의 소스코드(DebugMe1.cpp)를 살펴보겠습니다.

main()

코드 54.1 main() 함수

```c
void _tmain(int argc, TCHAR *argv[])
{
    TCHAR szPath[MAX_PATH] = {0,};
    SERVICE_TABLE_ENTRY DispatchTable[] =
    {
        { SVCNAME, (LPSERVICE_MAIN_FUNCTION)SvcMain },
        { NULL, NULL }
    };

    // For service mode
    if( argc == 1 )
    {
        if (!StartServiceCtrlDispatcher( DispatchTable ))
        {
            _tprintf(L"StartServiceCtrlDispatcher() failed!!! [%d]\n",
                GetLastError());
        }
    }
    // For normal mode
    else if( argc == 2 )
    {
        if( !GetModuleFileName(NULL, szPath, MAX_PATH) )
        {
            _tprintf(L"GetModuleFileName() failed! [%d]\n",
                GetLastError());
            return;
        }

        // Install
        if( _tcsicmp(argv[1], L"install") == 0 )
        {
            InstallService(SVCNAME, szPath);
            return;
        }
        // Uninstall
        else if( _tcsicmp(argv[1], L"uninstall") == 0 )
        {
            UninstallService(SVCNAME);
            return;
        }
        else
        {
            _tprintf(L"Wrong parameters!!!\n");
        }
    }

    _tprintf(L"\nUSAGE : %s install | uninstall\n", argv[0]);
}
```

main() 함수 코드를 보면 실행 파라미터의 존재 여부에 따라서 서비스 모드(파라미터 없음)와 일반 실행 모드(파라미터 있음)로 구분됩니다. 서비스 모드로 실행된 경우에는 StartServiceCtrlDispatcher() API를 호출하여 서비스 메인 함수 SvcMain()을 시작하도록 만듭니다. 일반 모드로 실행된 경우에는 파라미터의 종류에 따라서 InstallService()/UninstallService() 함수를 호출합니다. 각각 서비스를 설치/제거하는 함수입니다(이 두 함수에 대한 자세한 설명은 생략하겠습니다. 내용이 간단하기 때문에 예제 소스코드와 MSDN을 참고해서 분석해보기 바랍니다).

SvcMain()

코드 54.2 SvcMain() 함수

```
VOID WINAPI SvcMain(DWORD argc, LPCTSTR *argv)
{
    // Service Control Handler
    g_hServiceStatusHandle = RegisterServiceCtrlHandler(
        SVCNAME,
        SvcCtrlHandler);
    if( !g_hServiceStatusHandle )
    {
        OutputDebugString(L"RegisterServiceCtrlHandler() failed!!!");
        return;
    }

    // Service Status - SERVICE_RUNNING
    g_ServiceStatus.dwCurrentState = SERVICE_RUNNING;
    SetServiceStatus(g_hServiceStatusHandle, &g_ServiceStatus);

    // debug 문자열 출력
    while( TRUE )
    {
        OutputDebugString(L"[SvcTest] service is running...");
        Sleep(3 * 1000);        // 3초
    }
}

VOID WINAPI SvcCtrlHandler(DWORD dwCtrl)
{
    switch(dwCtrl)
    {
        case SERVICE_CONTROL_STOP:
            g_ServiceStatus.dwCurrentState = SERVICE_STOP_PENDING;
            SetServiceStatus(g_hServiceStatusHandle, &g_ServiceStatus);

            g_ServiceStatus.dwCurrentState = SERVICE_STOPPED;
            SetServiceStatus(g_hServiceStatusHandle, &g_ServiceStatus);
```

```
            OutputDebugString(L"[SvcTest] service is stopped...");
        break;

    default:
        break;
    }
}
```

SvcMain() 코드입니다. RegisterServiceCtrlHandler() API를 호출하여 서비스 핸들러(SvcCtrlHandler)를 등록한 후 SerServiceStatus() API로 서비스 상태를 SERVICE_RUNNING으로 변경합니다(이때 그림 54.4의 서비스 제어 창은 사라집니다). 마지막으로 while 루프에서 3초 간격으로 OutputDebugString()을 호출합니다. 결국 이 예제 서비스(SvcTest)의 기능은 실제로 디버그 문자열 출력밖에 없는 것이지요.

54.3. 서비스 프로세스의 디버깅 이슈

서비스 프로그램을 정확히 디버깅하려면 일반적인 프로그램의 디버깅처럼 디버거로 서비스 프로그램을 시작하여 디버깅하면 안됩니다. 대신 SCM에 의해 실행되는 서비스 프로세스에 디버거를 Attach해서 디버깅을 해야 합니다. 이는 바로 서비스 프로세스 디버깅을 까다롭게 만드는 원인입니다. 하지만 서비스 동작 원리를 이해하고 나면 해결 방법은 매우 간단해집니다.

54.3.1. 문제는 SCM

서비스 프로세스는 SCM에 의해 실행된다는 것이 서비스 프로세스 디버깅의 핵심입니다.

- 서비스 프로세스는 SCM에 의해서 실행됨
- 서비스 핵심 코드는 주로 서비스 메인 함수(SvcMain())에 존재
- 서비스 메인 함수(SvcMain())는 SCM에 의해서 정상 호출됨

우리는 서비스 메인 함수(SvcMain())를 디버깅해야 하는데, 디버거로 서비스 프로그램의 실행 파일을 열고 디버깅을 시작하면 서비스 메인 함수가 실행되지 않습니다. 따라서 SCM을 통해서 정상 실행된 서비스 프로세스에 Attach해서 디버깅을 해야 합니다.

54.3.2. 디버거로 안 되는 것은 없다

디버거로 서비스 실행 파일을 열어서 디버깅하면 서비스 메인 함수(SvcMain()) 코드는 디버깅할 수 없습니다. 그 이유는 SCM이 서비스 메인 함수를 호출해주지 않기 때문입니다(SCM에 의해 실행되지 않았으니 실행시켜 줄 수 없지요). 그러나 방법이 없는 것은 아닙니다. 디버거는 디버기 프로세스에 대해 막강한 권한을 가지고 있기 때문에 강제로 디버깅 위치를 서비스 메인 함수로 지정한 후 디버깅을 할 수 있습니다(예: OllyDbg의 'New origin here' 메뉴). 이 방법으로 서비스 메인 함수를 디버깅해도 큰 무리가 없으며, 되도록이면 간단한 이 방법을 추천합니다. 하지만 이 방법은 막강한 디버거의 권한을 이용한 (어찌보면) 편법입니다. 가령 복잡하게 동작하는 서비스 프로세스의 경우 이 방법으로 완벽하게 디버깅할 수 없는 경우도 있습니다.

54.3.3. 정석대로 해보자

서비스 디버깅의 정석은 SCM에 의해서 실행된 서비스 프로세스에 디버거를 Attach해서 디버깅해야 하는 것입니다. 개념은 단순하지만 실행 방법에 있어서 문제가 있습니다. 그건 바로 SCM이 서비스를 실행시킨 이후에 Attach를 하면 핵심 코드(서비스 메인 함수)가 이미 실행된 이후라는 것입니다. 따라서 SCM이 서비스 프로세스를 생성하고 EP 코드를 실행시키기 직전에 디버거를 Attach해야 합니다. 이를 위해 약간의 디버깅 기술이 필요한데, 아래 실습 과정에서 소개하겠습니다.

54.4. 서비스 디버깅 실습

실습 예제 파일(DebugMe1.exe)을 이용하여 서비스 디버깅 실습을 해봅시다.

54.4.1. 그냥 디버깅 - EIP 강제 세팅

먼저 디버거로 서비스 파일을 직접 열고 디버깅하는 방법에 대해서 알아보겠습니다. 서비스 프로그램의 EP 코드와 main() 함수 코드를 분석하고 싶을 때는 일반 응용 프로그램 디버깅과 다를 것이 없습니다. 하지만 보통 서비스 프로그램의 주요 코드는 서비스 메인(SvcMain()) 함수와 서비스 핸들러(SvcHandler()) 함수에 존재합니다.

SCM에 의해서 실행되지 않고 디버거에 의해서 실행된 서비스 프로세스는 SvcMain()과 SvcHandler()가 호출되지 않습니다. 따라서 그 함수들의 주소를 알아내서 그곳으로 디버깅 위치를 옮겨야 합니다. OllyDbg를 이용해서 DebugMe1.exe 파일을 열고 main() 함수 위치까지 진행하면, 그림 54.14와 같은 코드가 나타납니다.

```
00401000 r$  55              PUSH EBP                                          <= main()
00401001 .   8BEC            MOV EBP,ESP
00401003 .   81EC 1C020000   SUB ESP,21C
00401009 .   A1 04C04000     MOV EAX,DWORD PTR DS:[40C004]
0040100E .   33C5            XOR EAX,EBP
00401010 .   8945 FC         MOV DWORD PTR SS:[EBP-4],EAX
00401013 .   56              PUSH ESI
00401014 .   8B75 0C         MOV ESI,DWORD PTR SS:[EBP+C]
00401017 .   33C0            XOR EAX,EAX
00401019 .   68 06020000     PUSH 206
0040101E .   50              PUSH EAX
0040101F .   8D8D F6FDFFFF   LEA ECX,DWORD PTR SS:[EBP-20A]
00401025 .   51              PUSH ECX
00401026 .   66:8985 F4FDFF  MOV WORD PTR SS:[EBP-20C],AX
0040102D .   E8 5E380000     CALL 00404890
00401032 .   8B45 08         MOV EAX,DWORD PTR SS:[EBP+8]
00401035 .   83C4 0C         ADD ESP,0C
00401038 .   C785 E4FDFFFF   MOV DWORD PTR SS:[EBP-21C],0040A9CC  UNICODE "SvcTest"
00401042 .   C785 E8FDFFFF   MOV DWORD PTR SS:[EBP-218],00401320  <= address of SvcMain
0040104C .   C785 ECFDFFFF   MOV DWORD PTR SS:[EBP-214],0
00401056 .   C785 F0FDFFFF   MOV DWORD PTR SS:[EBP-210],0
00401060 .   83F8 01         CMP EAX,1
00401063 .v  75 2E           JNZ SHORT 00401093
00401065    8D95 E4FDFFFF   LEA EDX,DWORD PTR SS:[EBP-21C]
0040106B .   52              PUSH EDX                              pServiceTable = ntdll.KiFast
0040106C .   FF15 20904000   CALL DWORD PTR DS:[<&ADVAPI32.StartServ  StartServiceCtrlDispatcherW
00401072 .   85C0            TEST EAX,EAX
00401074 .v  0F85 B5000000   JNZ 0040112F
0040107A .   FF15 28904000   CALL DWORD PTR DS:[<&KERNEL32.GetLastEr  GetLastError
```

그림 54.14 DebugMe1.exe 파일의 main()

40106C 주소의 StartServiceCtrlDispatcher() API가 보입니다. EXE 파일 형태의 Windows 서비스 프로그램은 반드시 EP 코드에서 StartServiceCtrlDispatcher() API를 호출하여 SCM에게 서비스 메인 함수(SvcMain()) 주소를 알려줘야 합니다. 따라서 이 API를 찾으면 SvcMain() 주소를 알아낼 수 있습니다.

> **참고**
>
> DLL 파일 형태의 Windows 서비스의 경우 서비스 메인 함수(기본으로 ServiceMain)를 Export하고, SCM은 그 Export 함수를 실행해줍니다. 따라서 이 경우 StartServiceCtrlDispatcher() API를 따로 호출할 필요가 없습니다(만약 서비스 메인 함수의 이름을 ServiceMain이 아닌 다른 이름으로 지정하고 싶으면 관련 레지스트리에 등록하면 됩니다).

StartServiceCtrlDispatcher() API의 파라미터 pServiceTable은 SERVICE_TABLE_ENTRY 구조체 포인터입니다. 이 구조체를 따라가면 서비스의 이름("SvcMain") 문자열과 서비스 메인 함수(SvcMain())의 주소를 알 수 있습니다.

코드 54.3 SERVICE_TABLE_ENTRY 구조체 정의
```
typedef struct _SERVICE_TABLE_ENTRY {
  LPTSTR                  lpServiceName;   // 서비스 이름
  LPSERVICE_MAIN_FUNCTION lpServiceProc;   // 서비스 메인 함수 주소
} SERVICE_TABLE_ENTRY, *LPSERVICE_TABLE_ENTRY;
```

출처: MSDN

그림 54.14에서 40106C 주소의 CALL DWORD PTR DS:[StartServiceCtrlDispatcherW()] 명령어까지 디버깅을 진행한 후 스택을 보면 그림 54.15와 같습니다.

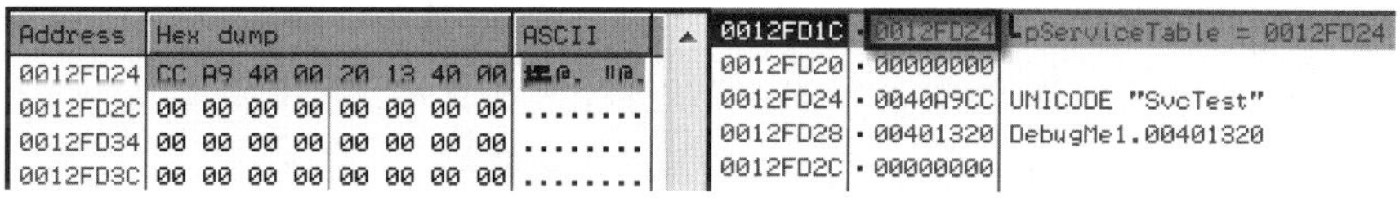

그림 54.15 StartServiceCtrlDispatcher() API의 파라미터 pServiceTable

pServiceTable(12FD24)의 첫 번째 멤버(40A9CC)는 "SvcHost" 문자열이고, 두 번째 멤버(401320)가 바로 SvcMain() 함수의 주소라는 것을 알 수 있습니다.

> **참고**
>
> 그림 54.14를 보면, 401038 주소부터 SERVICE_TABLE_ENTRY 구조체를 세팅하는 코드를 확인할 수 있습니다.

OllyDbg의 Ctrl+G 명령을 써서 SvcMain() 함수 주소(401320)로 이동하겠습니다.

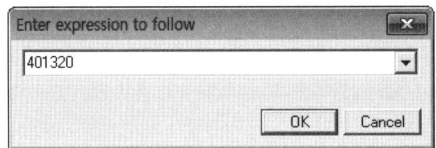

그림 54.16 SvcMain() 함수의 주소(401320)로 이동

SvcMain() 함수는 그림 54.17과 같습니다.

```
00401320   .  68 80134000      PUSH 00401380
00401325   .  68 CCA94000      PUSH 0040A9CC
0040132A   .  FF15 08904000    CALL DWORD PTR DS:[<&ADVAPI32.RegisterServiceCtrlHandlerW>]
00401330   .  A3 3CDB4000      MOV DWORD PTR DS:[40DB3C],EAX
00401335   .  85C0             TEST EAX,EAX
00401337   .v 75 0E            JNZ SHORT 00401347
00401339   .  68 08AE4000      PUSH 0040AE08
0040133E   .  FF15 34904000    CALL DWORD PTR DS:[<&KERNEL32.OutputDebugStringW>]
00401344   .  C2 0800          RETN 8
00401347   >  68 A4CD4000      PUSH 0040CDA4
0040134C   .  50               PUSH EAX
0040134D   .  C705 A8CD4000    MOV DWORD PTR DS:[40CDA8],4
00401357   .  FF15 0C904000    CALL DWORD PTR DS:[<&ADVAPI32.SetServiceStatus>]
0040135D   .  8B35 34904000    MOV ESI,DWORD PTR DS:[<&KERNEL32.OutputDebugStringW>]
00401363   .  8B3D 30904000    MOV EDI,DWORD PTR DS:[<&KERNEL32.Sleep>]
00401369   .  8DA424 0000000   LEA ESP,DWORD PTR SS:[ESP]
00401370   >  68 58AE4000      PUSH 0040AE58
00401375   .  FFD6             CALL ESI
00401377   .  68 B80B0000      PUSH 0BB8
0040137C   .  FFD7             CALL EDI
0040137E   .^ EB F0            JMP SHORT 00401370
```

그림 54.17 SvcMain() 함수

401320 주소부터 디버깅하기 위해서는 디버깅 위치(정확히 표현하자면 디버기 프로세스의 EIP 값)를 이 주소로 변경해야 합니다. 마우스 우측 버튼을 선택하면 나타나는 팝업 메뉴에서 'New origin here'를 선택하세요.

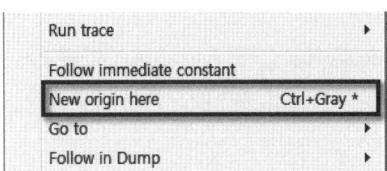

그림 54.18 New origin here 메뉴

이제 디버깅 위치가 서비스 메인 함수(401320)로 변경되었습니다. EIP 레지스터 외에 다른 것들(스택, EIP를 제외한 레지스터)은 모두 그대로입니다.

```
00401320   . 68 80134000      PUSH 00401380
00401325   . 68 CCA94000      PUSH 0040A9CC
0040132A   . FF15 08904000    CALL DWORD PTR DS:[<&ADVAPI32.RegisterSe
```

그림 54.19 변경된 디버깅 위치

이제부터 SvcMain()을 디버깅하면 됩니다.

> **참고**
>
> 이 방식으로 서비스 메인 함수(SvcMain())를 디버깅할 때 주의할 점이 하나 있습니다. SCM으로부터 정상적으로 실행된 서비스 프로세스가 아니기 때문에 일부 서비스 관련 API를 호출할 때 예외(EXCEPTION)가 발생할 수 있다는 것입니다. 예를 들어 그림 54.17의 40132A 주소의 CALL DWORD PTR DS:[RegisterServiceCtrlHandlerW] 명령을 실행하면 EXCEPTION_ACCESS_VIOLATION(0xC0000005) 예외가 발생합니다. 이러한 예외를 피하려면 디버거에서 해당 API 호출을 강제로 건너뛰거나 그림 54.20과 같이 디버거 옵션을 설정하면 됩니다.

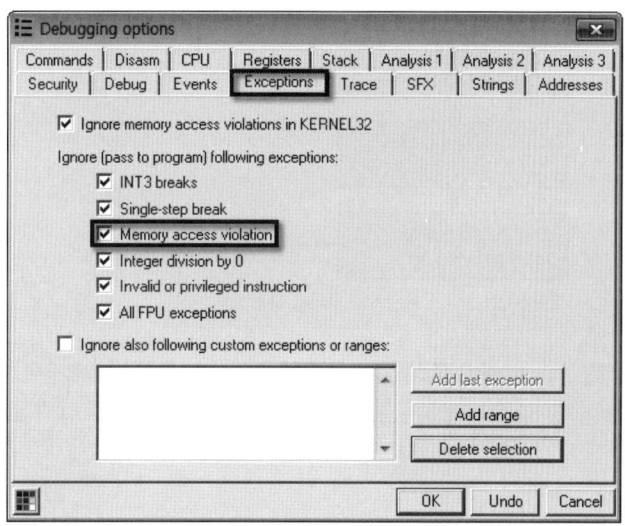

그림 54.20 OllyDbg의 Exception 옵션 설정

OllDbg의 경우 'Memory access violation' 옵션에 체크하면 해당 예외를 무시하고 디버깅을 진행할 수 있습니다.

위의 방법이 정석은 아니지만, 많은 경우에 큰 무리 없이 서비스 메인 함수를 디버깅할 수 있도록 해줍니다. 하지만 간혹 위 방법으로 정확한 디버깅을 할 수 없는 경우가 있습니다. 그때는 다음에 소개되는 방법을 이용해보기 바랍니다.

54.4.2. 서비스 디버깅의 정석 - Attach 방식

경우에 따라서는 SCM을 통해서 정식으로 실행되는 서비스 프로세스를 디버거로 Attach해서 디버깅해야 하는 경우도 있습니다. 이 작업을 위해서 간단한 디버깅 기법이 사용됩니다. 이해를 돕기 위해서 이러한 디버깅 기법의 작업 흐름을 간단히 그림 54.21에 표현하였습니다(EP 코드 디버깅 기준).

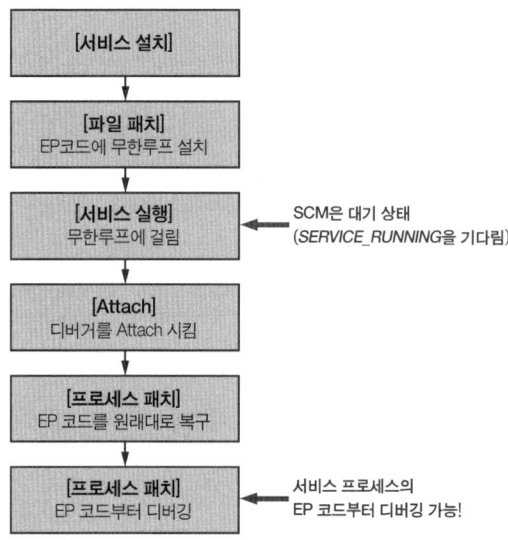

그림 54.21 서비스 프로세스 디버깅 작업 흐름

위 작업의 핵심은 디버거를 Attach시킬 때까지 서비스 프로세스의 중요 코드가 실행되지 못하도록 무한루프에 빠뜨리는 것입니다. 원리는 단순합니다만, 고려할 사항이 하나 더 있습니다. 그것은 바로 위 작업을 Service Start Timeout(기본 30초) 이내에 완료해야 한다는 것입니다.

SCM은 서비스를 실행시킨 후 일정 시간(Service Start Timeout) 동안 서비스의 상태가 STATUS_RUNNING으로 변경되길 기다립니다. 만약 그 시간 내에 서비스의 상태가 변경되지 않는다면, SCM은 ERROR_SERVICE_REQUEST_TIMEOUT 에러를 발생시키고 해당 서비스 프로세스를 종료합니다.

즉 디버거를 Attach한 후 30초 이내에 서비스 프로세스의 상태를 STATUS_RUNNING으로 변경해야 합니다. 서비스 상태를 변경하려면, 서비스 메인 함수 내에 존재하는 SetServiceStatus( ) API를 호출해야 합니다. 하지만 막상 해보면 30초 내에 위 작업을 해내기는 매우 어렵습니다. 따라서 위 작업을 하기 전에 Service Start Timeout 시간을 충분히 크게 늘려줄 필요가 있습니다.

1) 서비스 설치

예제 파일(DebugMe1.exe)을 Windows 서비스로 설치합니다(그림 54.6 참고).

2) Service Start Timeout 시간 증가

레지스트리 에디터(regedit.exe)를 실행시켜서 다음과 같이 DWORD 값을 생성하기 바랍니다.

[HKEY_LOCAL_MACHINE\System\CurrentControlSet\Control] ServicesPipeTimeout

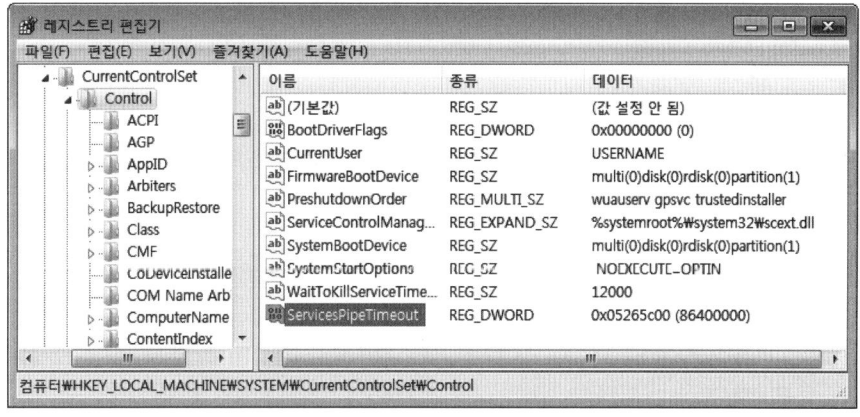

그림 54.22 레지스트리에 ServicesPipeTimeout 값 생성

ServicesPipeTimeout 값은 기본적으로 존재하지 않으므로 새로 생성해야 합니다. 이 값은 밀리세컨드(Millisecond)를 의미하므로 $60 \times 60 \times 24 \times 1000$ = 86400000(24hour) 정도로 충분히 크게 입력하면 됩니다. 그리고 시스템을 재부팅하면 적용됩니다. 이제 여유를 가지고 디버깅을 할 수 있습니다.

> **참고**
> 이 작업은 시스템의 모든 서비스에 영향을 미칩니다. 가급적 중요한 업무용 컴퓨터에는 적용하지 말고 디버깅용 테스트 컴퓨터에만 적용할 것을 권장합니다.

3) 파일 패치: 무한루프 설치

서비스 실행 파일(EXE 혹은 DLL)의 EP(Entry Point) 주소에 무한루프(Infinite Loop) 코드를 덮어쓰겠습니다. Stud_PE 유틸리티를 이용하여 DebugMe1.exe 파일의 EP 주소(RVA/RAW)를 확인해봅시다.

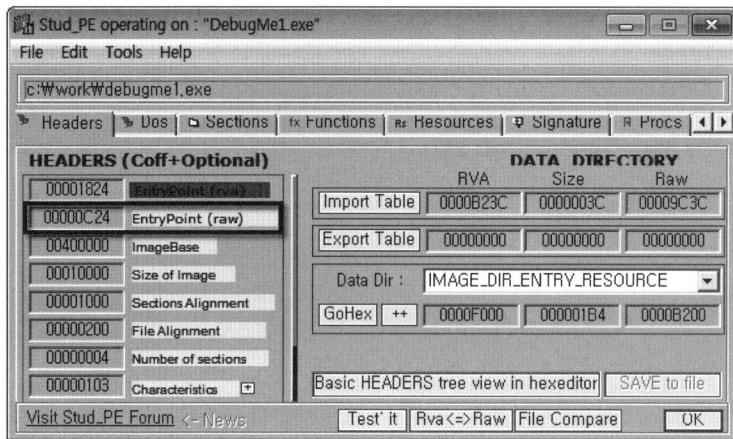

그림 54.23 Stud_PE 유틸리티로 DebugMe1.exe의 EP 주소를 확인

EP(Entry Point)의 파일 옵셋(File Offset = RAW)은 C24입니다. HxD 유틸리티를 이용해서 이 위치로 갑니다.

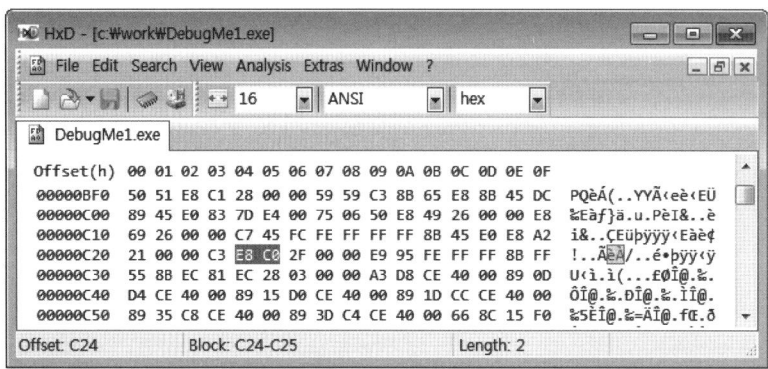

그림 54.24 HxD: 원본 EP 코드

원본 EP 코드의 첫 2바이트는 0xEB, 0xC0입니다(이 값을 잘 적어두기 바랍니다). 이 위치를 디버거로 보면 그림 54.25와 같습니다.

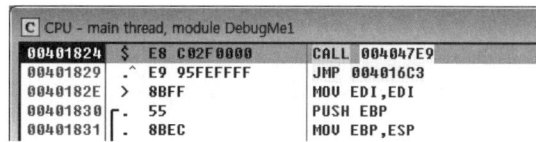

그림 54.25 OllyDbg: 원본 EP 코드

0xE8, 0xC0는 CALL 명령어의 일부분입니다. 이 두 바이트를 그림 54.26과 같이 0xEB, 0xFE로 패치시킵니다.

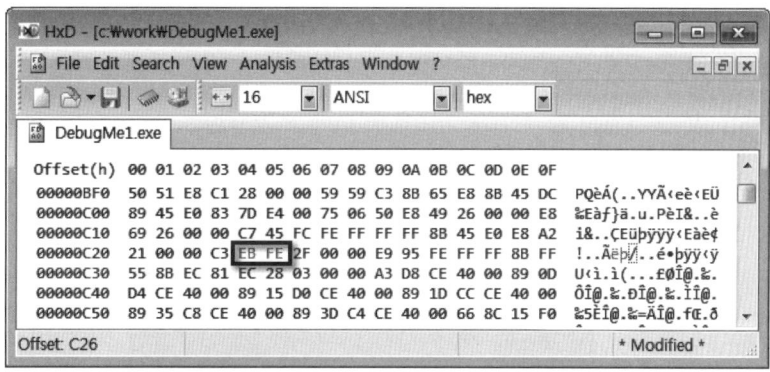

그림 54.26 HxD: 패치된 EP 코드

패치된 EP 코드를 OllyDbg로 보겠습니다.

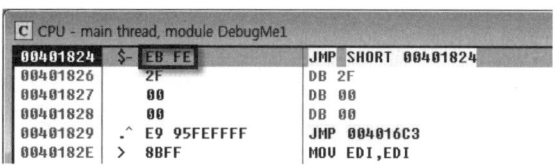

그림 54.27 OllyDbg: 패치된 EP 코드

0xEB, 0xFE가 바로 무한루프 명령어(자신의 주소 401824로 점프)입니다.

54 디버깅 실습1 – 서비스   925

> 참고 ─
>
> 0xEB, 0xFE를 외워도 되지만, 되도록 원리를 이해하는 것이 좋습니다. IA-32 매뉴얼에 보면 OpCode 0xEB는 근거리(Short Distance) JMP 명령어이고 1바이트 크기의 값을 가집니다. 이 값은 Signed Value(부호 있는 수)이며 'Next EIP와의 상대적인 거리'를 의미합니다. 즉 아래와 같은 공식으로 나타낼 수 있습니다.
>
> Jump Address = Next EIP(401826) + 0xFE(-2) = 401824
>
> 많은 JMP/CALL 명령어가 위와 같이 '상대적인 거리'를 이용하기 때문에 위 계산 방법을 잘 숙지하기 바랍니다. IA32 Instruction에 관한 더 자세한 설명은 49장을 참고하기 바랍니다.

4) 서비스 시작

SvcTest 서비스를 시작시킵니다(그림 54.10 참고). Process Explorer를 이용해서 SvcTest 서비스 프로세스(DebugMe1.exe)를 살펴보면, 무한루프에 빠져서 CPU 점유율이 100% 가까이 높아져 있는 것을 확인할 수 있습니다.

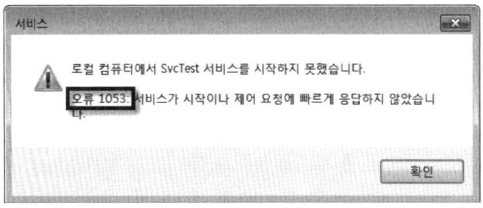

그림 54.28 무한루프에 빠진 DebugMe1.exe 서비스 프로세스

> 참고 ─
>
> Windows 7의 경우 서비스 시작 도중에 그림 54.29와 같은 경고 메시지 박스가 나타납니다.

그림 54.29 서비스 시작 에러

오류 1053이 바로 ERROR_SERVICE_REQUEST_TIMEOUT 에러입니다. 서비스 프로세스가 종료된 것은 아니므로 계속 진행하면 됩니다.

· 레지스트리에 ServicesTimeOut을 추가하기 전이라면 위 에러와 동시에 서비스 프로세스가 종료됩니다.
· Windows XP의 경우 레지스트리에 ServicesTimeOut을 추가했다면 위와 같은 메시지 박스는 나타나지 않습니다.

5) Attach 디버거

OllyDbg의 [File - Attach] 메뉴를 선택하면 그림 54.30과 같이 Attach 다이얼로그가 나타납니다.

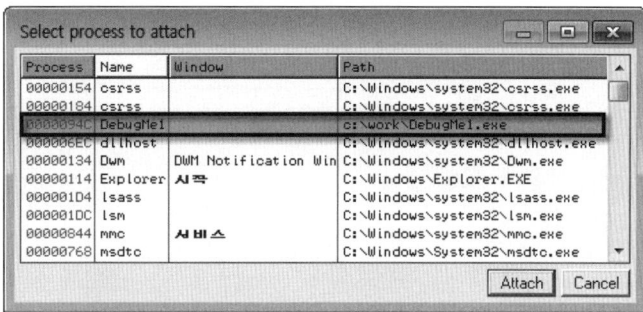

그림 54.30 OllyDbg: Select process to attach 다이얼로그

DebugMe1.exe 프로세스를 선택하여 디버거를 Attach시키면 그림 54.31과 같이 시스템 라이브러리(ntdll.DbgBreakPoint) 영역에 멈춥니다.

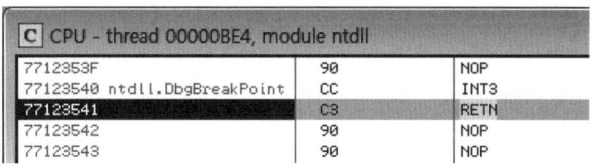

그림 54.31 Attach된 후 시스템 라이브러리에서 멈춤

6) 프로세스 패치 : 무한루프 제거

Ctrl+G 명령으로 DebugMe1.exe 프로세스의 EP 주소(VA: 401824)로 갑니다(그림 54.23, 그림 54.25, 그림 54.27 참고).

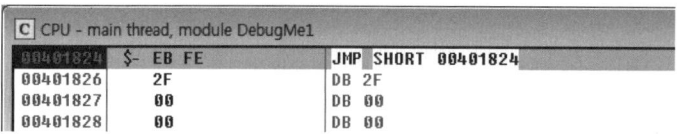

그림 54.32 EP에 제어가 멈춰진 상태

EP 주소에 BP(Break Point)를 설치[F2]한 후 실행[F5]하면, 그림 54.32와 같이 EP 주소에서 제어가 멈춥니다. 401824 주소에서 OllyDbg의 'Edit' 기능[Ctrl+E]을 이용하여 (앞에서 기록해둔) 원본 코드(0xE8, 0xC0)로 복원시킵니다.

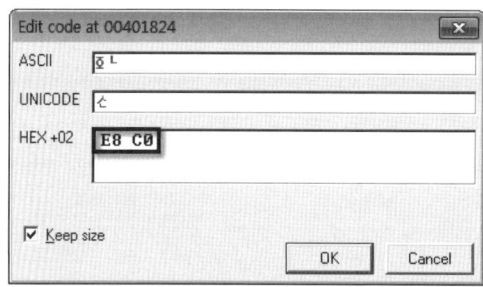

그림 54.33 원본 코드로 복원

그림 54.34와 같이 원본 정상 코드로 변경된 것을 확인할 수 있습니다.

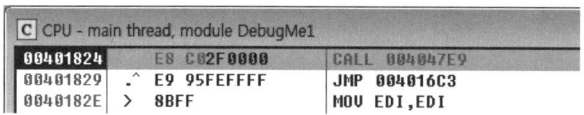

그림 54.34 EP 코드가 원래대로 복원됨

이제 편안하게 원하는 코드를 디버깅하면 됩니다.

> **참고**
>
> 그림 54.34의 상태는 아직 서비스가 정상적으로 실행된 것이 아닙니다. 서비스 메인 함수에서 SetServiceStatus() API를 호출하여 SERVICE_RUNNING 상태로 바꿔줘야 합니다.

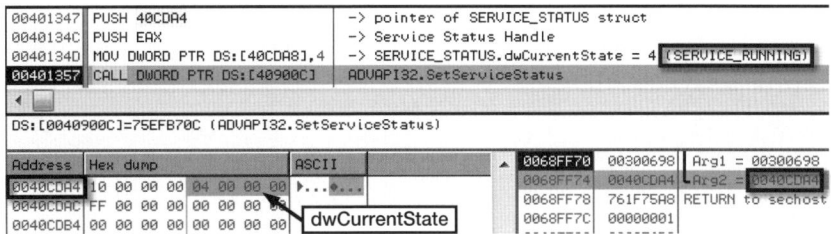

그림 54.35 SerServiceStatus() API 호출

그림 54.35에서처럼 디버깅을 계속 하다가 401357 주소의 SetServiceStatus() API 호출을 실행하고 나면 SvcTest 서비스 프로세스(DebugMe1.exe)의 상태는 '시작됨'으로 변경됩니다.

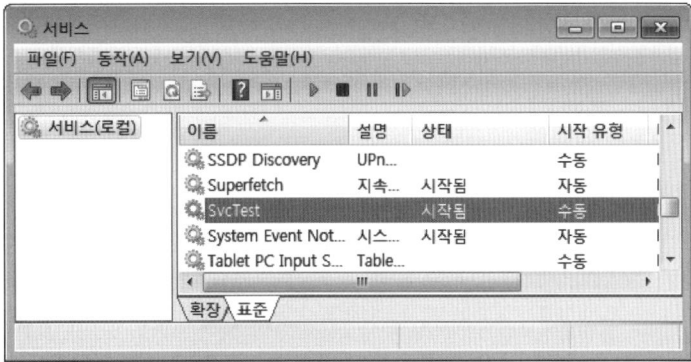

그림 54.36 SvcTest 서비스 시작됨

54.5. 마무리

지금까지 서비스 프로세스의 동작 원리와 디버깅 방법에 대해 살펴보았습니다. 별로 어려운 내용은 없지만 서비스 동작 원리를 이해하지 못하면, 서비스 메인 함수를 정확히 디버깅할 수 없습니다. 따라서 서비스 프로세스의 디버깅 테크닉을 외우는 것보다 동작 원리를 이해하는 데에 중점을 두고 공부하기 바랍니다.

55
디버깅 실습2 - Self Creation

실행 중에 자기 자신을 자식(Child) 프로세스로 생성시키는 애플리케이션들이 있는데, Self-Creation이라고 합니다. 같은 실행 파일이면서 부모(Parent)로 실행될 때와 자식으로 실행될 때 서로 다르게 동작합니다. 이런 방식의 동작 원리와 디버깅 방법에 대해서 살펴보겠습니다.

55.1. Self-Creation

Self-Creation이라고 하면 프로세스가 자기 자신을 자식 프로세스로 실행시키는 것을 말합니다(그림 55.1참고).

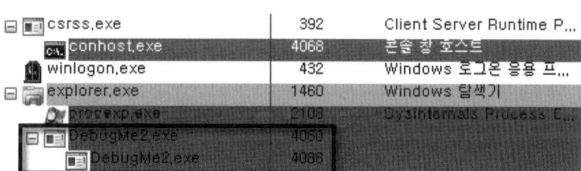

그림 55.1 Self-Creation 기법

부모 프로세스로 실행될 때와 자식 프로세스로 실행될 때의 동작이 서로 다른 경우에 Self-Creation 기법의 의미가 있습니다. 즉 하나의 실행 파일에 두 가지 실행 경로가 존재하도록 꾸미는 것이지요. 이해를 돕기 위해 실습 예제 프로그램의 동작 화면을 살펴보겠습니다.

그림 55.2 Self-Creation 동작 화면

부모 프로세스는 콘솔(Console) 창에 "This is a parent process!" 문자열을 출력하고 자식 프로세스를 실행합니다. 자식 프로세스는 (부모 프로세스와는 달리) 메시지 박스에 "This is a child process!"라는 문자열을 출력합니다. 이와 같이 하나의 실행 파일에서 두 가지 형태의 동작을 수행하는 것을 확인할 수 있습니다. 이를 위한 다양한 프로그래밍 방법이 존재하겠습니다만, 여기서는 (디버깅을 어렵게 하기 위한 목적으로 사용되는) 자식 프로세스의 EP(Entry Point) 주소를 동적으로 변경하는 방법을 소개합니다.

> **참고**
>
> 하나의 파일에서 여러 가지 실행 경로를 제공하기 위해 간단히 실행 파라미터를 받아서 프로그램 내부적으로 실행 분기를 다르게 만드는 방법이 있습니다.

```c
int main(int argc, char *argv[])
{
    if( !strcmp(argv[1], "type1") )
        OperateType1();

    else if( !strcmp(argv[1], "type2") )
        OperateType2();

    else if( !strcmp(argv[1], "type3") )
        OperateType3();

    else if( !strcmp(argv[1], "type4") )
        OperateType4();

    return 0;
}
```

하지만 이런 일반적인 프로그래밍적인 방법과는 달리 디버깅을 어렵게 하기 위한 목적의 변칙적인 방법을 소개하도록 하겠습니다.

55.2. 동작 원리

Self-Creation 기법의 동작 원리에 대해서 살펴보도록 하겠습니다(그림 55.3 참고).

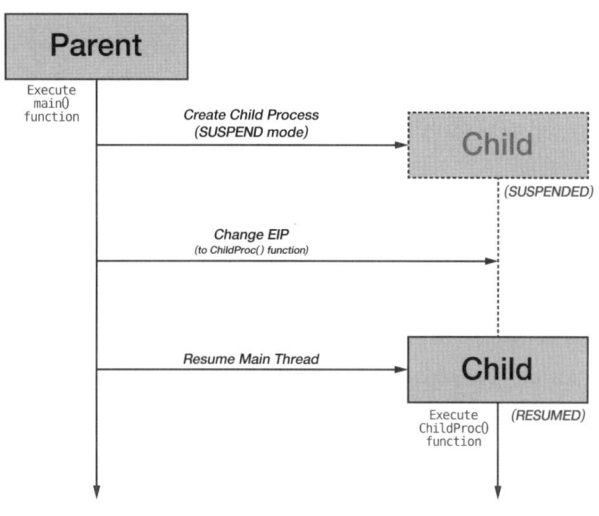

그림 55.3 Self-Creation 동작 원리

그림 55.3에 나온 항목들을 하나씩 설명하겠습니다.

55.2.1. Create Child Process(SUSPEND mode)

부모 프로세스가 실행되면 main() 함수가 호출됩니다. main()에서 SUSPEND 모드로 자식 프로세스를 생성하지요. 자식 프로세스가 SUSPEND 모드로 생성되면, Import DLL들은 로딩되지만 메인 스레드(Main Thread)가 멈춘 상태가 됩니다('스레드를 재운다'라고 표현하기도 합니다). 메인 스레드는 프로세스가 생성될 때 기본적으로 생성되는 스레드로, EP 코드를 실행시키는 가장 중요한 역할을 수행합니다. 따라서 SUSPEND 모드로 실행된 프로세스는 메인 스레드가 멈추면서 EP 코드가 실행되지 못하고 아무런 동작을 하지 못하는 상태가 됩니다.

55.2.2. Change EIP

여기서 잠깐 생각을 해보겠습니다. 외부 프로세스의 스레드가 실행할 코드 주소를 임의로 변경하는 것이 가능할까요? 어떨 때 이런 일이 필요할까요? 바로 디버깅 상황인데, 디버거 - 디버기 관계를 생각하면 됩니다. 디버거는 Debugging API를 이용하여 디버기 프로세스의 코드 실행 위치를 맘대로 변경시킬 수 있습니다.

> **참고**
> 디버거의 동작 원리에 대해서는 30장을 참고하기 바랍니다.

부모 프로세스에서도 같은 방법을 이용하여 자식 프로세스의 코드 실행 주소를 임의로 변경하도록 하겠습니다. 현재 멈춰있는 자식 프로세스의 메인 스레드의 컨텍스트(Context)를 얻어서 EIP 멤버를 원하는 주소 값으로 변경한 후 적용하면 됩니다(자세한 구현 방법은 예제 소스코드 설명을 참고하기 바랍니다).

55.2.3. Resume Main Thread

마지막으로 자식 프로세스의 멈춰져 있는 메인 스레드를 실행합니다('스레드를 깨운다'라는 표현을 쓰기도 합니다). 이제 메인 스레드는 우리가 앞에서 변경시킨 코드 주소를 실행할 겁니다.

> **참고**
> 실제로 다양한 실행 파일을 리버싱하다 보면 이런 식으로 동작하는 파일들이 존재합니다. 보통은 안티 디버깅 기법과 같이 짝을 이뤄 디버깅을 어렵게 하려는 목적으로 사용됩니다.

55.3. 예제 소스코드 설명

코드 55.1 DebugMe2.cpp 소스코드
```
#include windows.h
#include tchar.h
#include stdio.h


void ChildProc()
{
```

```c
    MessageBox(NULL, L"This is a child process!", L"DebugMe2", MB_OK);

    ExitProcess(0);
}

void _tmain(int argc, TCHAR *argv[])
{
    TCHAR               szPath[MAX_PATH] = {0,};
    STARTUPINFO         si = {sizeof(STARTUPINFO),};
    PROCESS_INFORMATION pi = {0,};
    CONTEXT             ctx = {0,};

    _tprintf(L"This is a parent process!\n");

    GetModuleFileName(NULL, szPath, sizeof(TCHAR) * MAX_PATH);

    // 자식 프로세스 생성
    CreateProcess(szPath, NULL, NULL, NULL, FALSE,
                  CREATE_SUSPENDED,                         // SUSPEND 모드
                  NULL, NULL, &si, &pi);

    ctx.ContextFlags = CONTEXT_FULL;
    GetThreadContext(pi.hThread, &ctx);

    // EIP 변경
    ctx.Eip = (DWORD)ChildProc;

    SetThreadContext(pi.hThread, &ctx);

    // Resume Main Thread
    ResumeThread(pi.hThread);

    WaitForSingleObject(pi.hProcess, INFINITE);

    CloseHandle(pi.hProcess);
    CloseHandle(pi.hThread);
}
```

일반적으로 실행시킨 경우 main() 함수가 호출됩니다. CreateProcess(…, CREATE_SUSPEND, …) API를 이용하여 자기 자신을 SUSPEND 모드로 실행시킵니다. 새로 생성된 자식 프로세스는 Import DLL들은 모두 로딩되지만 메인 스레드의 실행이 멈춘 상태가 됩니다. CreateProcess() API가 리턴되면 마지막 파라미터인 PROCESS_INFORMATION 구조체 변수 pi에 새로 생성된 프로세스와 관련된 정보가 입력됩니다.

목록 55.1 PROCESS_INFORMATION 구조체 정의

```
typedef struct _PROCESS_INFORMATION {
  HANDLE hProcess;
  HANDLE hThread;
  DWORD  dwProcessId;
  DWORD  dwThreadId;
} PROCESS_INFORMATION, *LPPROCESS_INFORMATION;
```

출처: MSDN

PROCESS_INFORMATION 구조체의 hThread 멤버가 바로 자식 프로세스의 메인 스레드 핸들(Main Thread Handle)입니다. 이 hThread 핸들을 이용하면 해당 스레드를 마음대로 제어할 수 있습니다. GetThreadContext() API에 hThread 핸들을 입력하면 스레드 컨텍스트(CONTEXT) 구조체를 얻어낼 수 있습니다. 스레드의 모든 정보는 이 CONTEXT 구조체에 담겨 있습니다.

목록 55.2 IA32 CONTEXT 구조체 정의

```
// CONTEXT_IA32
struct CONTEXT
{
    DWORD ContextFlags;

    DWORD Dr0; // 04h
    DWORD Dr1; // 08h
    DWORD Dr2; // 0Ch
    DWORD Dr3; // 10h
    DWORD Dr6; // 14h
    DWORD Dr7; // 18h

    FLOATING_SAVE_AREA FloatSave;

    DWORD SegGs; // 88h
    DWORD SegFs; // 90h
    DWORD SegEs; // 94h
    DWORD SegDs; // 98h

    DWORD Edi; // 9Ch
    DWORD Esi; // A0h
    DWORD Ebx; // A4h
    DWORD Edx; // A8h
    DWORD Ecx; // ACh
    DWORD Eax; // B0h

    DWORD Ebp;    // B4h
    DWORD Eip;    // B8h
    DWORD SegCs;  // BCh (제거해야 함)
    DWORD EFlags; // C0h
```

```
    DWORD Esp;        // C4h
    DWORD SegSs;      // C8h

    BYTE ExtendedRegisters[MAXIMUM_SUPPORTED_EXTENSION];  // 512바이트
};
```

출처: MS SDK의 winnt.h

EIP는 CONTEXT 구조체의 Eip 멤버입니다(EIP 레지스터를 의미합니다). 이 값을 아래와 같이 ChildProc() 함수 주소로 변경하였습니다.

ctx.Eip = (DWORD)ChildProc;

그리고 SetThreadContext() API를 호출하여 새로 변경된 CONTEXT 구조체를 자식 프로세스의 메인 스레드에게 세팅합니다. 마지막으로 ResumeThread() API를 호출하면, 자식 프로세스의 메인 스레드가 깨어나면서 변경된 EIP(= 실행할 코드 주소 = ChildProc())를 실행합니다. 스레드 컨텍스트를 변경한다는 것이 위 구현 방법의 핵심입니다.

55.4. 디버깅 실습

55.4.1. 고려 사항

Self-Creation 기법을 디버깅할 때 고려해야 할 사항은 바로 디버깅 중에 새로 생성되는 자식 프로세스를 어떻게 시작 시점부터 디버깅할 수 있느냐 하는 것입니다. 먼저 부모 프로세스를 디버깅하여 자식 프로세스의 EP가 어느 주소로 변경되는지를 확인해야겠지요. 그런 후 54장에서 소개된 EP 주소에 '무한루프 설치 방법'을 이용하면 쉽게 해결할 수 있을 것입니다. 하지만 이번에는 JIT(Just-In-Time) 디버깅 방법으로 진행하겠습니다(리버싱을 공부하는 입장에서는 되도록 다양한 디버깅 기법을 많이 접해보는 것이 좋기 때문입니다).

참고 ─────

Suspended 프로세스
실습 예제에서는 SUSPEND 모드로 자식 프로세스가 생성시키고, 메인 스레드의 EIP를 변경시키는 방식이 사용되었습니다. 그렇다면 부모 프로세스를 디버깅하다가 자식 프로세스가 생성되는 그

순간에 다른 디버거를 실행해서 Attach하면 되지 않을까요?

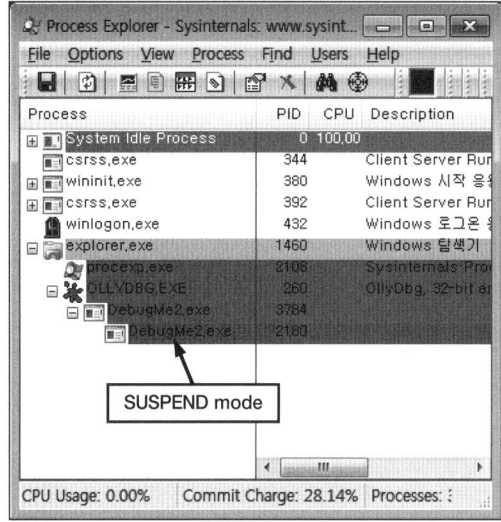

그림 55.4 SUSPEND 모드의 자식 프로세스

그러나 아쉽게도 디버거는 Suspended 프로세스를 Attach할 수 없습니다(만약 SUSPEND 모드의 자식 프로세스에 바로 Attach만 가능하다면 간단히 디버거에서 직접 EIP를 변경하여 디버깅할 수 있었을 것입니다).

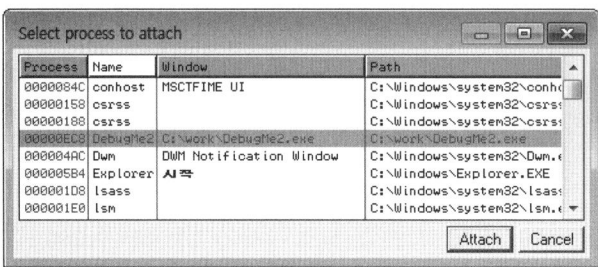

그림 55.5 Attach 대상 프로세스 목록

그림 55.5를 보면 OllyDbg의 Attach 대상 프로세스 목록에 아예 자식 프로세스의 PID 2180(0x884)는 나타나지 않고, 메인 스레드가 깨어나는 상태(Resume)가 되어야 비로소 목록에 보입니다.

55.4.2. JIT 디버깅

JIT(Just-In-Time) 디버깅이란 실행 중인 프로세스에 예외(Exception)가 발생했을 때 OS에서 자동으로 지정된 디버거를 실행하여 해당 프로세스에 Attach해주는 것을 말합니다. 예외가 발생한 위치에서부터 디버깅을 진행할 수 있기 때문에 예외 원인 파악에 크게 도움이 됩니다.

> **참고**
> JIT 디버깅은 주로 애플리케이션 개발 과정에서 사용되며, Visual C++을 JIT 디버거로 설정하여 예외가 발생한 소스코드를 직접 확인할 수 있습니다(소스코드를 가지고 있는 경우).

JIT 디버거 설정

OllyDbg에는 자신을 JIT 디버거로 등록시키는 편리한 기능이 존재합니다. 그림 55.6과 같이 'Options - Just-in-time debugging' 메뉴를 선택합니다.

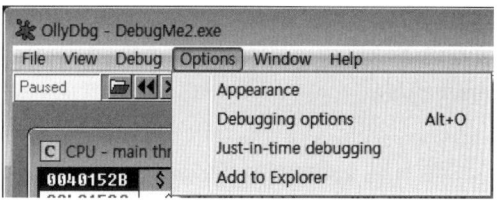

그림 55.6 Just-in-time debugging 메뉴

이후 그림 55.7과 같은 다이얼로그가 나타나는데, 'Make OllyDbg just-in-time debugger' 버튼을 선택합니다.

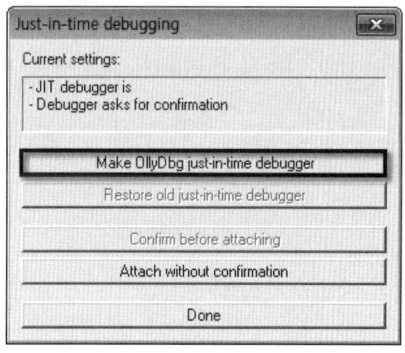

그림 55.7 Just-in-time 디버깅 다이얼로그

이제 OllyDbg는 JIT 디버거로 등록되었습니다. 현재 시스템에 설정된 JIT 디버거는 아래 레지스트리의 키에서 확인이 가능합니다.

HKEY_LOCAL_MACHINE\SOFTWARE\Microsoft\Windows NT\CurrentVersion\AeDebug

그럼 레지스트리 편집기(RegEdit.exe)를 실행해서 위 레지스트리 키를 확인해 보겠습니다.

그림 55.8 JIT 디버거로 등록된 OllyDbg

AeDebug 레지스트리 키의 'Debugger' 항목에 OllyDbg의 설치 경로가 저장되어 있는 것을 확인할 수 있습니다.

55.4.3. DebugMe2.exe

실습 예제 파일의 디버깅 목표는 자식 프로세스의 (새로운) EP 코드부터 정확히 디버깅을 하는 것입니다. Self-Creation 기법은 자기 자신을 자식 프로세스로 실행하면서 시작 코드(EP code) 위치를 변경하기 때문에 먼저 부모 프로세스를 디버깅하여 자식 프로세스의 시작 코드 주소를 얻어야 합니다. 그리고 JIT 디버깅 방법으로 자식 프로세스를 디버깅하면 됩니다.

> **참고**
> 실습 예제는 Windows XP, 7(32비트)에서 실행 가능합니다.

부모 프로세스 디버깅

그림 55.9와 같이 OllyDbg로 DebugMe2.exe를 연 후에 main() 함수까지 진행하기 바랍니다.

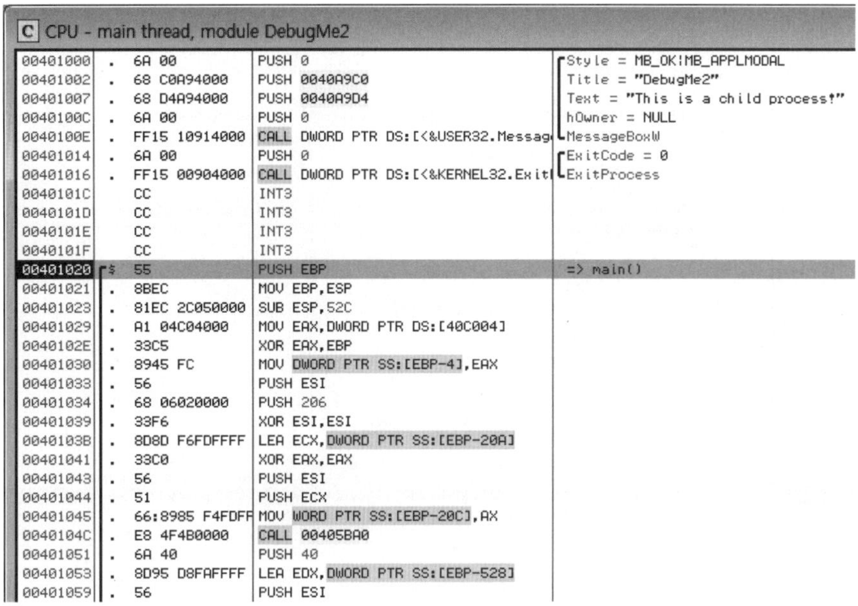

그림 55.9 JIT 디버거로 등록된 OllyDbg

StepOver[F8] 명령으로 밑으로 트레이싱하다가 보면 그림 55.10과 같이 CreateProcess() API 호출 코드(401102 주소)를 볼 수 있습니다.

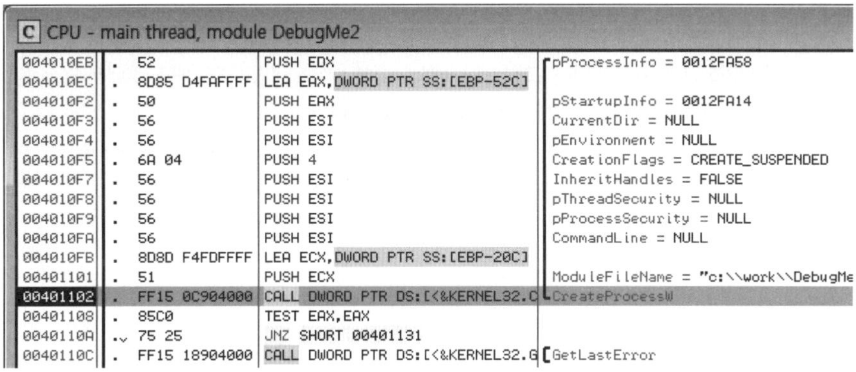

그림 55.10 CreateProcess() 호출 코드

401102 주소의 CreateProcessW( ) API 호출을 실행하면 SUSPEND 모드의 자식 프로세스가 생성됩니다(그림 55.4 참고). 디버깅을 조금 더 진행하면 그림 55.11과 같이 GetThreadContext( )/SetThreadContext( ) API 호출 코드가 나타납니다. 이 부분이 바로 자식 프로세스의 메인 스레드 컨텍스트(CONTEXT) 구조체를 구하여 CONTEXT.Eip 값을 ChildProc( ) 주소로 변경하는 코드입니다.

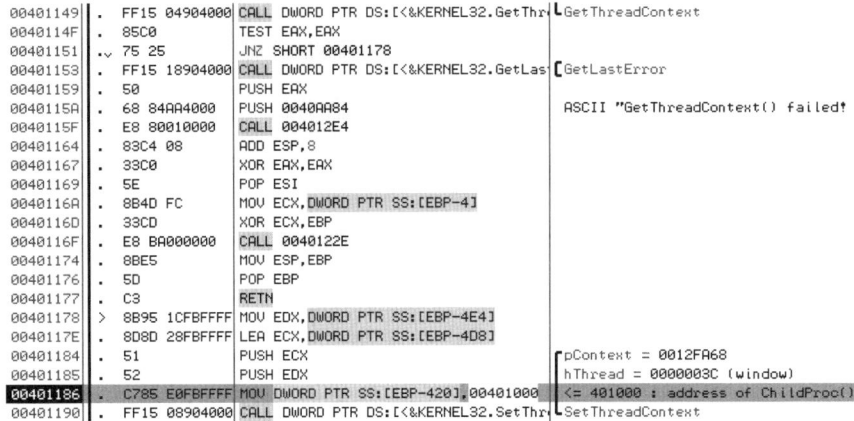

그림 55.11 CONTEXT.Eip 변경 코드

그림 55.11에서 401186 주소의 MOV DWORD PTR SS:[EBP-420], 00401000 명령어를 주목하기 바랍니다. [EBP-420] 주소가 CONTEXT.Eip이고, 401000이 바로 ChildProc( )의 시작 주소입니다.

> **참고**
>
> CONTEXT 구조체의 시작 주소는 GetThreadContext( )/SetThreadContext( ) API의 두 번째 파라미터를 확인하면 알 수 있습니다. 그림 55.11에서 401184 주소 명령어 PUSH ECX에서 ECX 레지스터 값이 바로 CONTEXT 구조체 시작 주소(12FA68)입니다.

이후 코드는 ResumeThread(pi.hThread) API를 호출하여 자식 프로세스의 메인 스레드를 시작시키고, WaitForSingleObject(pi.hProcess, INFINITE) API를 호출하여 자식 프로세스가 종료할 때까지 기다리는 상태가 됩니다(디버거에서 직접 확인하기 바랍니다).

자식 프로세스 디버깅

Stud_PE 유틸리티 이용하여 401000 주소(VA: Virtual Address)를 파일 옵셋(Offset)으로 변환하면 400이 나옵니다.

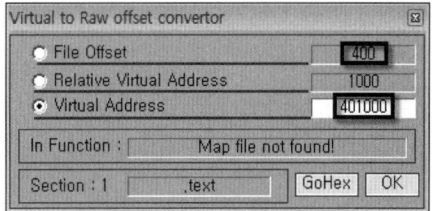

그림 55.12 Stud_PE 유틸리티의 RVA <=> RAW 기능

HxD 유틸리티로 파일 옵셋 400 위치의 한 바이트를 0xCC로 변경(원본 값: 0x6A)한 후 DebugMe2_CC.exe 파일 이름으로 저장합니다.

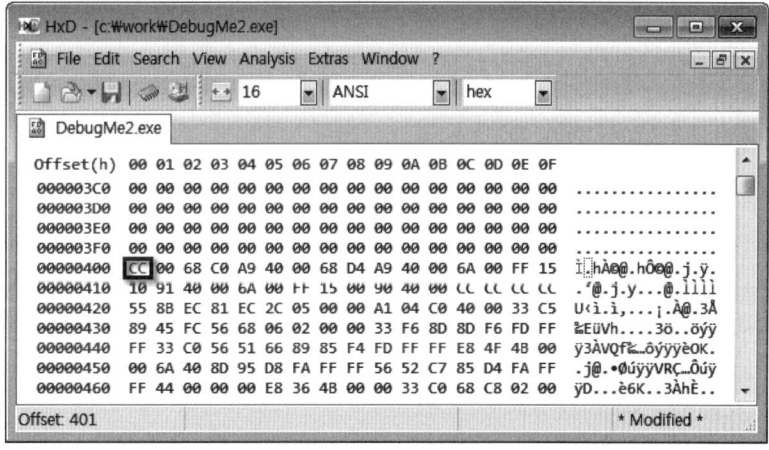

그림 55.13 HxD 유틸리티로 400 파일 옵셋 값을 0xCC로 변경

0xCC는 바로 INT3 명령어(Break Point)를 의미하는 1바이트 크기의 IA32 Instruction입니다. 즉 파일 옵셋 0x400(VA로는 401000)의 0xCC 코드가 실행되면, EXCEPTION_BREAKPOINT 예외가 발생하게 됩니다. 이제 DebugMe2_CC.exe 파일을 실행시키면, 그림 55.14와 같이 예외 발생 다이얼로그가 나타납니다.

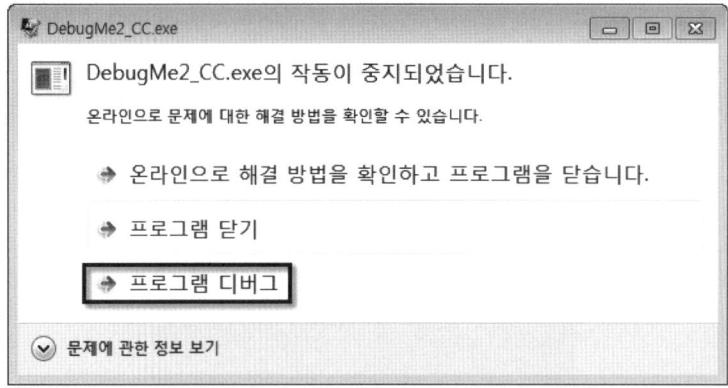

그림 55.14 예외 발생 다이얼로그

현재 시스템에 JIT 디버거가 등록되어 있기 때문에 '프로그램 디버그' 버튼을 볼 수 있습니다. 그 버튼을 선택하세요.

참고

OS 버전별로 예외 발생 다이얼로그의 모양이 달라집니다. 하지만 모두 공통적으로 '디버그' 선택 버튼이 존재하므로 그걸 선택하면 됩니다(그림 55.14는 Windows 7(32비트)의 환경의 다이얼로 그입니다).

JIT 디버거로 설정된 OllyDbg가 자동으로 실행되어 DebugMe2_CC.exe 프로세스에 Attach됩니다. 이때 OllyDbg는 예외가 발생한 코드를 보여줍니다.

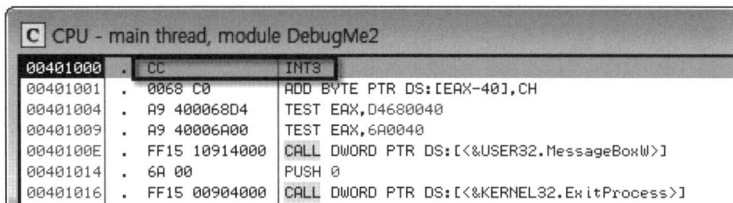

그림 55.15 0xCC가 설치된 ChildProc() 함수

401000 주소의 0xCC 코드를 원래 코드(0x6A)로 되돌려 줍니다(Ctrl+E 단축키).

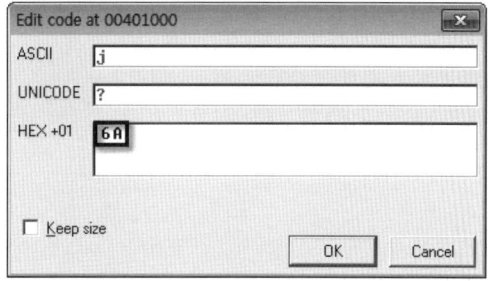

그림 55.16 원본 코드(0x6A)로 변경

이제 그림 55.17과 같이 정상 코드 상태에서 디버깅을 진행하면 됩니다.

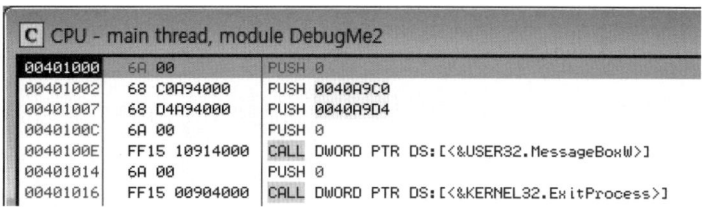

그림 55.17 원본 ChildProc() 함수

55.5. 마무리

지금까지 Self-Creation 기법에 의해서 자기 자신을 자식 프로세스로 실행시키고, 시작 코드 주소를 변경하는 프로세스에 대해서 JIT 디버거를 통하여 디버깅하는 방법에 대해서 알아보았습니다. 기본 개념은 지난 장에서 소개한 '무한루프 설치' 방법과 매우 유사합니다. 유용한 디버깅 기법들이므로 까다로운 프로세스의 디버깅에 잘 사용하기 바랍니다.

> **참고**
>
> 실습 예제와 같이 실행 코드와 동작이 매우 단순한 경우에는 굳이 JIT 디버거를 쓰지 않더라도 ChildProc() 함수를 디버깅할 수 있는 방법은 많이 있습니다(파일의 EP를 ChildProc() 시작 주소로 변경, 또는 OllyDbg에서 직접 EIP를 ChildProc() 으로 변경 등). 다양한 디버깅 기법의 습득 차원에서 이러한 기법들을 잘 익혀두기 바랍니다. 실제로 복잡한 Packer/Protector 류에서는 JIT 디버깅 또는 무한루프 설치 등의 방법이 반드시 필요한 경우가 존재합니다.

56

디버깅 실습3 - PE Image Switching

다른 프로세스를 실행한 후 가상 메모리의 PE Image를 자신의 것과 바꿔버리는 PE Image Switching 기법과 그 디버깅 방법에 대한 내용을 다룹니다.

56.1. PE Image

리버싱에서 자주 사용되는 'PE Image'(혹은 Process Image나 Image라고 함)라는 용어에 대해서 먼저 정리해보겠습니다. PE Image란 간단히 말해서 'PE 파일이 프로세스 메모리에 매핑(mapping)된 모습'이라고 할 수 있습니다.

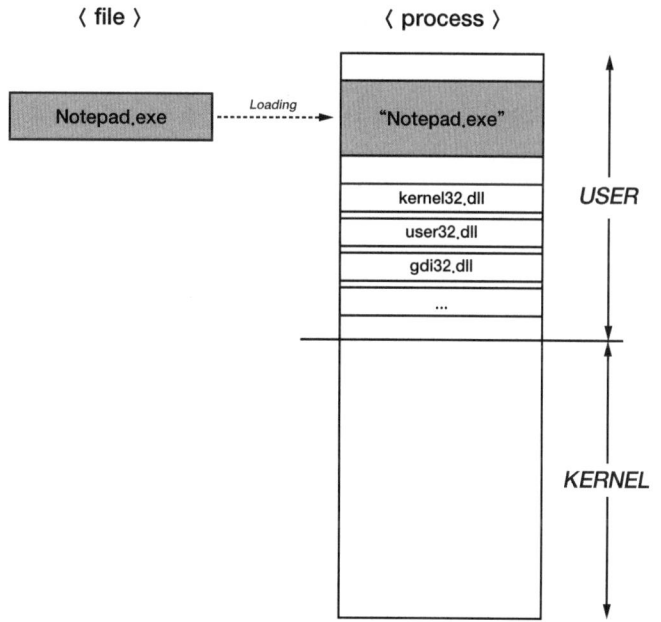

그림 56.1 PE 파일과 프로세스의 관계

PE 파일(notepad.exe)을 프로세스로 실행시키면 그 프로세스의 가상 메모리는 그림 56.1과 같은 형태가 됩니다. 즉 OS는 프로세스를 위한 가상 메모리를 생성하고, USER 메모리 영역에 notepad.exe 파일을 매핑시킵니다. 그리고 notepad.exe에서 사용되는 Import DLL 파일들(kernel32.dll, user32.dll, gdi32.dll 등)을 차례대로 매핑시킵니다. 이때 프로세스의 USER 메모리에 매핑된 Notepad.exe 영역을 (notepad.exe 파일에 대한) PE Image라고 표현합니다. 실제 PE 파일과 PE Image 사이에는 형태적으로 그림 56.2와 같은 차이가 발생합니다.

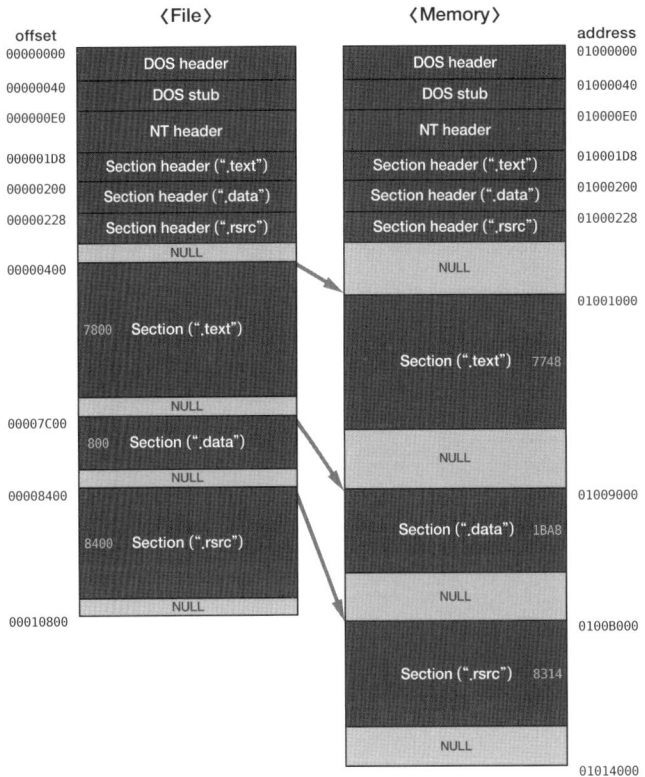

그림 56.2 PE 파일 프로세스 메모리에 매핑된 PE Image

일반적으로 PE 파일은 ① File Alignment와 Section Alignment가 다르고, ② 각 섹션에서의 Raw Data Size와 Virtual Size가 다르기 때문에 그림 56.2와 같이 PE 파일과 PE Image 사이에 형태가 달라진다는 것을 배웠습니다.

> **참고**
>
> 앞의 그림은 13장에서 소개한 것과 같은 그림입니다. PE 파일이 프로세스 메모리에 매핑되는 기본 구조에 대한 내용은 13장을 참고하기 바랍니다.

56.2. PE Image Switching

PE Image Switching 기법은 어떤 프로세스(A.exe)를 SUSPEND 모드로 실행한 후 전혀 다른 PE 파일(B.exe)의 PE Image를 매핑시켜 A.exe 프로세스 메모리 공간에서 실행하는 신기한 기법입니다.

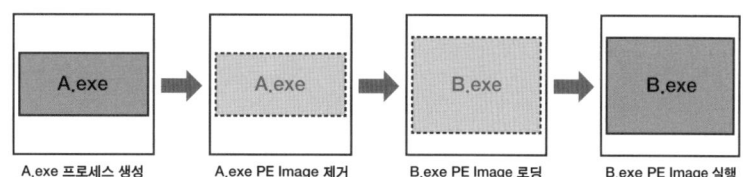

그림 56.3 PE Image Switching 개념도

PE Image를 변경하면 프로세스 이름은 원본 그대로 A.exe이지만, 실제 프로세스 메모리에 매핑된 PE Image는 B.exe이기 때문에 원본(A.exe)과는 전혀 다른 동작을 하게 됩니다. 이 경우 A.exe를 겉모습만 남아있는 '껍데기' 프로세스라고 말할 수 있고, B.exe를 실제로 실행되는 '알맹이' 프로세스라고 말할 수 있습니다(그림 56.3 참고).

56.3. 예제 파일 - Fake.exe, Real.exe, DebugMe3.exe

PE Image Switching 기법이 실제로 어떻게 동작하는지 알아보기 위하여 간단한 예제 파일들(fake.exe, real.exe, DebugMe3.exe)을 준비하였습니다.

> **참고**
>
> 실습 예제 파일은 Windows XP, 7(32비트)에서 실행 가능합니다.

먼저 fake.exe 파일의 실행 화면입니다.

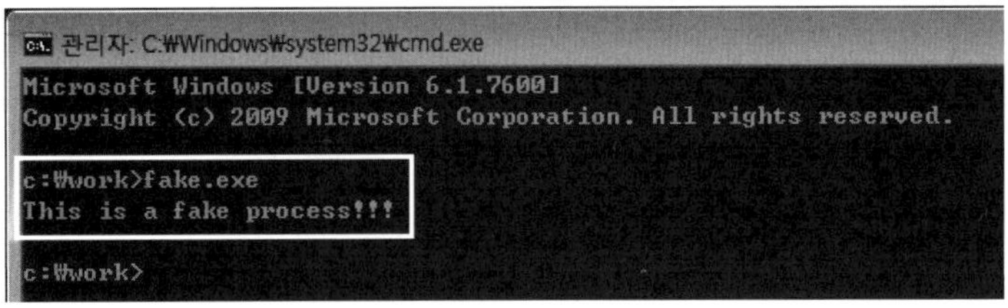

그림 56.4 fake.exe 실행 화면

콘솔 창에 간단한 문자열을 출력하는 CUI(Console User Interface) 기반의 프로그램입니다. 이번에는 real.exe 파일의 실행 화면입니다.

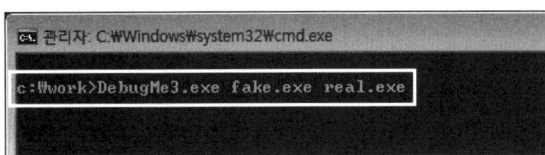

그림 56.5 real.exe 실행 화면

다이얼로그에 간단한 문자열을 출력하는 GUI(Graphic User Interface) 기반의 프로그램이군요. fake.exe와 real.exe 파일은 서로 다른 사용자 환경을 가지고 있습니다. 이제 PE Image Switching 기법을 이용하여 fake.exe를 껍데기 프로세스로, real.exe를 알맹이 프로세스로 실행시켜 보겠습니다. 콘솔 창을 띄워서 그림 56.6과 같이 DebugMe3.exe를 실행시켜 주세요(실행 파라미터를 정확히 입력하기 바랍니다).

그림 56.6 DebugMe3.exe 실행

첫 번째 파라미터는 '껍데기' 프로세스가 될 파일 경로(fake.exe)이고, 두 번째 파라미터는 '알맹이' 프로세스가 될 파일 경로(real.exe)입니다.

참고 ─────────────────────────────
세 파일이 모두 같은 경로에 있다면 위와 같이 파일 이름만 적어도 됩니다. 그러나 첫 번째와 두 번째 파라미터에 입력될 파일의 경로가 다르다면 전체 경로(Full path)를 적기 바랍니다.

Process Explorer를 이용하여 fake.exe 프로세스를 확인해보겠습니다.

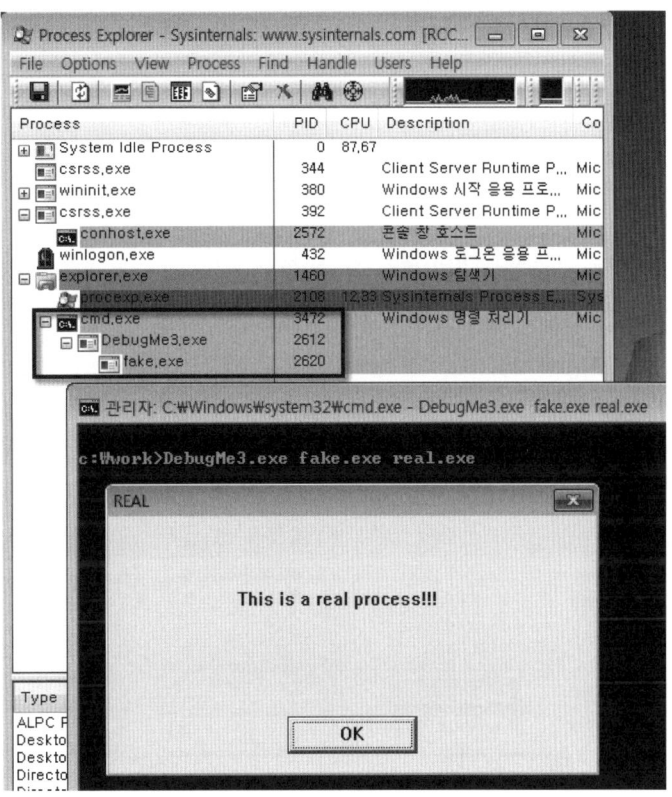

그림 56.7 PE Image Switching 기법으로 실행된 fake.exe

실행되고 있는 프로세스 이름은 분명히 fake.exe입니다만, 실제로는 real.exe 프로세스가 실행되고 있습니다. DebugMe3.exe 프로세스에서 fake.exe의 PE Image를 제거(무효화)하고, real.exe의 PE Image를 매핑시켜 실행한 것입니다.

> 참고
>
> Windows XP에서는 시스템 파일(notepad.exe, calc.exe 등)에 대해 PE Image Switching 기법이 잘 동작합니다. Windows XP 환경이라면 아래와 같이 실습하기 바랍니다.
>
> 예) DebugMe3.exe c:\windows\system32\notepad.exe c:\windows\system32\calc.exe
>
> Windows 7에서는 시스템 프로세스에 대한 보안이 강화되었기 때문에 (시스템 프로세스를 대상으로 하는 경우에) 잘 동작하지 않을 것입니다. 따라서 Windows 7에서는 위 실습 예제와 같이 일반 애플리케이션을 대상으로 실습하기 바랍니다.

56.4. 디버깅 1

DebugMe3.exe 실습 파일을 디버깅하면서 PE Image Switching 기법의 구체적인 동작 원리를 살펴보도록 하겠습니다.

56.4.1. Open – 실행 파라미터 입력

그림 56.8과 같이 OllyDbg의 'File \ Open' 메뉴를 이용하여 실행 파라미터를 입력하고 DebugMe3.exe를 열기 바랍니다.

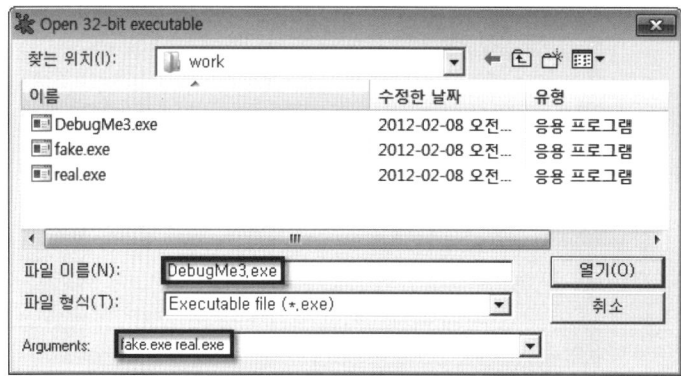

그림 56.8 OllyDbg의 File \ Open 메뉴

그림 56.9처럼 DebugMe3.exe의 EP(Entry Point) 코드가 나타납니다.

```
00401000  r$  55              PUSH EBP
00401001  .   8BEC            MOV EBP,ESP
00401003  .   83E4 F8         AND ESP,FFFFFFF8
00401006  .   83EC 5C         SUB ESP,5C
00401009  .   53              PUSH EBX
0040100A  .   56              PUSH ESI
0040100B  .   57              PUSH EDI
0040100C  .   6A 40           PUSH 40
0040100E  .   8D4424 28       LEA EAX,DWORD PTR SS:[ESP+28]
00401012  .   6A 00           PUSH 0
00401014  .   50              PUSH EAX
00401015  .   C74424 2C 44    MOV DWORD PTR SS:[ESP+2C],44
0040101D  .   E8 CE450000     CALL 004055F0                   004055F0
00401022  .   33C0            XOR EAX,EAX
00401024  .   83C4 0C         ADD ESP,0C
00401027  .   837D 08 03      CMP DWORD PTR SS:[EBP+8],3
0040102B  .   C74424 10 00    MOV DWORD PTR SS:[ESP+10],0
00401033  .   894424 14       MOV DWORD PTR SS:[ESP+14],EAX
00401037  .   894424 18       MOV DWORD PTR SS:[ESP+18],EAX
0040103B  .   894424 1C       MOV DWORD PTR SS:[ESP+1C],EAX
0040103F  .v  74 1C           JE SHORT 0040105D               0040105D
00401041  .   8B4D 0C         MOV ECX,DWORD PTR SS:[EBP+C]
00401044  .   8B11            MOV EDX,DWORD PTR DS:[ECX]
00401046  .   52              PUSH EDX                        ntdll.KiFastSystemCallRet
00401047  .   68 E0B14000     PUSH 40B1E0                     ASCII "USAGE : %s <fake file
0040104C  .   E8 BC040000     CALL 0040150D                   0040150D
```

그림 56.9 DebugMe3.exe의 EP 코드

Visual C++의 Stub Code입니다. 두 번째 줄(40191A)의 JMP 주소를 따라가서 main() 함수까지 도달하면 그림 56.10과 같습니다.

```
00401000  r$  55              PUSH EBP
00401001  .   8BEC            MOV EBP,ESP
00401003  .   83E4 F8         AND ESP,FFFFFFF8
00401006  .   83EC 5C         SUB ESP,5C
00401009  .   53              PUSH EBX
0040100A  .   56              PUSH ESI
0040100B  .   57              PUSH EDI
0040100C  .   6A 40           PUSH 40
0040100E  .   8D4424 28       LEA EAX,DWORD PTR SS:[ESP+28]
00401012  .   6A 00           PUSH 0
00401014  .   50              PUSH EAX
00401015  .   C74424 2C 44    MOV DWORD PTR SS:[ESP+2C],44
0040101D  .   E8 CE450000     CALL 004055F0                   004055F0
00401022  .   33C0            XOR EAX,EAX
00401024  .   83C4 0C         ADD ESP,0C
00401027  .   837D 08 03      CMP DWORD PTR SS:[EBP+8],3
0040102B  .   C74424 10 00    MOV DWORD PTR SS:[ESP+10],0
00401033  .   894424 14       MOV DWORD PTR SS:[ESP+14],EAX
00401037  .   894424 18       MOV DWORD PTR SS:[ESP+18],EAX
0040103B  .   894424 1C       MOV DWORD PTR SS:[ESP+1C],EAX
0040103F  .v  74 1C           JE SHORT 0040105D               0040105D
00401041  .   8B4D 0C         MOV ECX,DWORD PTR SS:[EBP+C]
00401044  .   8B11            MOV EDX,DWORD PTR DS:[ECX]
00401046  .   52              PUSH EDX                        ntdll.KiFastSystemCallRet
00401047  .   68 E0B14000     PUSH 40B1E0                     ASCII "USAGE : %s <fake file
0040104C  .   E8 BC040000     CALL 0040150D                   0040150D
```

그림 56.10 main() 함수

> **참고**
>
> 혹시 그림 56.9의 코드가 Visual C++의 Stub Code인지 몰랐다고 하더라도 억지로 외울 필요는 없습니다. 다양한 파일을 많이 디버깅하다 보면 (싫어도) 저절로 눈에 들어올 겁니다.

56.4.2. main()

main() 함수의 크기가 큰 편입니다. 이럴 때는 빠르게 전체적으로 한번 훑어서 코드의 구조(뼈대)를 미리 파악하는 것이 좋습니다. 즉 main() 함수의 코드 흐름 (Code Flow)을 파악하는 것입니다. 전체 코드 구조를 이해한 후 세부적으로 디버깅을 진행하면 좀 더 쉽게 분석할 수 있습니다.

> **참고**
>
> 어떤 프로그램의 디버깅을 시작할 때는 우선 빠르고 간략하게 구조만 파악하는 것이 중요합니다. 디버거의 Step Over[F8] 기능으로 main() 함수를 한 줄씩 디버깅해 나갑니다. Win32 API 호출 코드를 중점적으로 살펴보면서 파라미터와 리턴 값을 주로 확인하면 됩니다. 도중에 서브 함수가 나오면 잠깐만 들어가서 역시 API 위주로 살펴본 후 바로 나오시면 됩니다. 서브 함수 내부로 계속 따라 들어가면 오히려 구조 파악에 방해가 됩니다. 그런 식으로 몇 차례 main() 함수를 훑어 보면 대략적인 동작 원리와 상세히 분석해야 할 서브 함수들을 알 수 있습니다.

main()

아래 코드는 제가 미리 디버깅을 한 후 중요한 부분만 따로 추려낸 것입니다. 아래에 표시된 내용들만 상세히 분석하면 프로그램의 동작 원리를 이해할 수 있습니다.

```
코드 56.1 main()
;   main()

00401000    PUSH EBP
00401001    MOV  EBP,ESP
00401003    AND  ESP,FFFFFFF8
00401006    SUB  ESP,5C

...

00401063    CALL 00401150                   ; SubFunc_1()
```

```
...
00401079      PUSH EAX                              ; -pProcessInfo = 0012FEE8
0040107A      LEA ECX,DWORD PTR SS:[ESP+24]
0040107E      PUSH ECX                              ; -pStartupInfo = 0012FEF8
0040107F      PUSH 0                                ; -CurrentDir = NULL
00401081      PUSH 0                                ; -pEnvironment = NULL
00401083      PUSH 4                                ; -CreationFlags = CREATE_
                                                                       SUSPENDED
00401085      PUSH 0                                ; -InheritHandles = FALSE
00401087      PUSH 0                                ; -pThreadSecurity = NULL
00401089      PUSH 0                                ; -pProcessSecurity = NULL
0040108B      PUSH EDX                              ; -CommandLine = "fake.exe"
0040108C      PUSH 0                                ; -ModuleFileName = NULL
0040108E      CALL DWORD PTR DS:[40900C]            ; CreateProcessW()

...

004010B2      CALL 004011D0                         ; SubFunc_2()

...

004010D1      CALL 00401320                         ; SubFunc_3()

...

004010F0      PUSH ECX                              ; -hThread = 00000024 (window)
004010F1      CALL DWORD PTR DS:[409038]            ; ResumeThread()

...

00401116      PUSH -1                               ; -Timeout = INFINTTF
00401118      PUSH EDX                              ; -hObject = 00000028 (window)
00401119      CALL DWORD PTR DS:[409010]            ; WaitForSingleObject()

...

00401149      MOV ESP,EBP
0040114B      POP EBP
0040114C      RETN
```

코드 흐름도

위에서 간략히 분석한 내용을 기반으로 main() 함수의 코드 흐름도를 그려보면 그림 56.11과 같습니다(여러분께서도 직접 해보고 간략한 코드 흐름도를 그려보기 바랍니다).

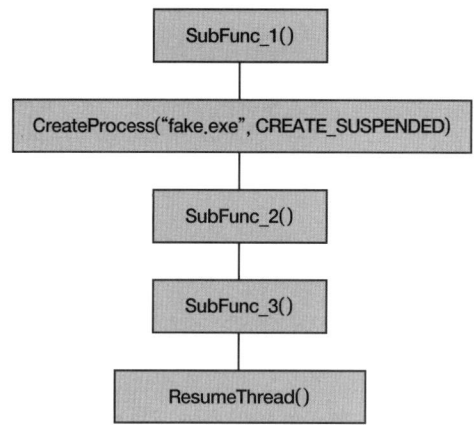

그림 56.11 main() 함수의 코드 흐름도

CreateProcess()와 ResumeThread() API의 동작은 명확하기 때문에 이제 우리는 3개의 서브 함수(SubFunc_1~3)들을 디버깅하면 됩니다.

56.4.3. SubFunc_1()

디버거를 새로 시작[Ctrl+F2]한 후 main() 함수의 401063 주소로 갑니다.

```
00401063    CALL 00401150                    ; SubFunc_1()
```

401063 주소에 CALL 401150 함수 호출 명령이 있습니다. 401150 함수가 바로 SubFunc_1()입니다. 함수 내부로 따라 들어가면 코드 56.2가 나타납니다(주요 코드만 기재하였습니다).

```
코드 56.2 SubFunc_1()
;   SubFunc_1()

00401150    PUSH EBP
00401151    MOV EBP,ESP
00401153    PUSH ECX
00401154    PUSH ESI
00401155    PUSH 0                           ; -hTemplateFile = NULL
00401157    PUSH 80                          ; -Attributes = NORMAL
0040115C    PUSH 3                           ; -Mode = OPEN_EXISTING
0040115E    PUSH 0                           ; -pSecurity = NULL
00401160    PUSH 1                           ; -ShareMode = FILE_SHARE_READ
00401162    PUSH 80000000                    ; -Access = GENERIC_READ
```

```
00401167    PUSH EAX                         ; -FileName = "real.exe"
00401168    MOV DWORD PTR SS:[EBP-4],0
0040116F    CALL DWORD PTR DS:[409020]       ; CreateFileW()

...

00401185    PUSH 0                           ; -pFileSizeHigh = NULL
00401187    PUSH ESI                         ; -hFile
00401188    CALL DWORD PTR DS:[409004]       ; GetFileSize()
0040118E    MOV EBX,EAX
00401190    PUSH EBX                         ; -bufsize = A000 (40960)
00401191    CALL 00401624                    ; new()

...

004011A6    PUSH 0                           ; -pOverlapped = NULL
004011A8    LEA ECX,DWORD PTR SS:[EBP-4]
004011AB    PUSH ECX                         ; -pBytesRead = 0012FECC
004011AC    PUSH EBX                         ; -BytesToRead = A000 (40960)
004011AD    PUSH EDI                         ; -Buffer = 00572B40
004011AE    PUSH ESI                         ; -hFile = 00000020 (window)
004011AF    CALL DWORD PTR DS:[40901C]       ; ReadFile()
004011B5    PUSH ESI                         ; -hObject = 00000020 (window)
004011B6    CALL DWORD PTR DS:[409030]       ; CloseHandle()

...

004011C4    RETN
```

SubFunc_1() 함수 내부에는 별다른 서브 함수 호출은 없고, Win32 API 호출만 존재합니다. 위 코드의 내용은 real.exe 파일을 통째로 메모리에 읽어 들이는 것입니다. 이제 메모리에 real.exe 파일의 내용이 저장되어 있습니다. 편의상 이 메모리 주소를 MEM_FILE_REAL_EXE라고 하겠습니다. 이제 함수를 리턴시켜 main() 함수로 돌아갑니다.

56.4.4. CreateProcess("fake.exe", CREATE_SUSPENDED)

main() 함수의 401079 주소로 가면 다음과 같은 CreateProcess() API 호출 코드가 나타납니다.

```
00401079    PUSH EAX                         ; -pProcessInfo = 0012FEE8
0040107A    LEA ECX,DWORD PTR SS:[ESP+24]
0040107E    PUSH ECX                         ; -pStartupInfo = 0012FEF8
```

```
0040107F    PUSH 0                        ; -CurrentDir = NULL
00401081    PUSH 0                        ; -pEnvironment = NULL
00401083    PUSH 4                        ; -CreationFlags = CREATE_SUSPENDED
00401085    PUSH 0                        ; -InheritHandles = FALSE
00401087    PUSH 0                        ; -pThreadSecurity = NULL
00401089    PUSH 0                        ; -pProcessSecurity = NULL
0040108B    PUSH EDX                      ; -CommandLine = "fake.exe"
0040108C    PUSH 0                        ; -ModuleFileName = NULL
0040108E    CALL DWORD PTR DS:[40900C]    ; CreateProcessW()
```

fake.exe 프로세스를 SUSPEND 모드로 생성한다는 의미입니다. SUSPEND 모드로 생성하는 이유는 물론 프로세스 실행을 멈춘 상태에서 메모리를 조작하기 위함입니다.

56.4.5. SubFunc_2()

계속 디버깅을 해나가다 보면 아래와 같이 SubFunc_2()를 호출하는 코드를 만나게 됩니다.

```
004010B2    CALL 004011D0                 ; SubFunc_2()
```

SubFunc_2() 함수 내부로 따라 들어가겠습니다(주요 코드만 기재합니다).

코드 56.3 SubFunc_2()
```
004011D0    PUSH EBP
004011D1    MOV EBP,ESP
...
0040120C    PUSH ECX                              ; -pContext
0040120D    PUSH EDX                              ; -hThread
0040120E    MOV DWORD PTR SS:[EBP-2D0],10007
00401218    CALL DWORD PTR DS:[409000]            ; GetThreadContext()
...
00401246    MOV ECX,DWORD PTR SS:[EBP-22C]        ; CONTEXT.Ebx = address of
                                                                PEB
0040124C    MOV EDX,DWORD PTR DS:[ESI]
0040124E    PUSH 0                                ; -pBytesRead = NULL
00401250    PUSH 4                                ; -BytesToRead = 4
00401252    LEA EAX,DWORD PTR SS:[EBP-2D4]
```

```
00401258    PUSH EAX                            ; -Buffer
00401259    ADD ECX,8
0040125C    PUSH ECX                            ; -pBaseAddress
                                                    = PEB.ImageBase
0040125D    PUSH EDX                            ; -hProcess
0040125E    CALL DWORD PTR DS:[409018]          ; ReadProcessMemory()

...

0040128C    MOV EAX,DWORD PTR DS:[EDI+3C]       ; EDI = MEM_FILE_REAL_EXE
                                                      = Address of IDH
                                                ; [EDI+3C] = IDH.e_lfanew
0040128F    MOV ECX,DWORD PTR DS:[EAX+EDI+34]   ; EAX+EDI = Address of INH
                                                ; EAX+EDI+34
                                                      = INH.IOH.ImageBase
00401293    LEA EAX,DWORD PTR DS:[EAX+EDI+34]
00401297    CMP ECX,DWORD PTR SS:[EBP-2D4]      ; ECX = ImageBase of real.exe
                                                ; [EBP-2D4] = ImageBase
                                                             of fake.exe
0040129D    JNZ SHORT 004012EA

;;;;;;;;;;;;;;;;;;;;;;;;;;;;;;;;;;;;;;;;;;;;;;;;;;;;;;;;;;;
; case 1 : ImageBase of real.exe == ImageBase of fake.exe
0040129F    PUSH 40B258                         ; -Name = "ZwUnmapViewOfSection"
004012A4    PUSH 40B270                         ; --pModule = "ntdll.dll"
004012A9    CALL DWORD PTR DS:[409014]          ; --GetModuleHandleW()
004012AF    PUSH EAX                            ; -hModule
004012B0    CALL DWORD PTR DS:[409028]          ; GetProcAddress()
004012B6    MOV EDX,DWORD PTR SS:[EBP-2D4]
004012BC    MOV ECX,DWORD PTR DS:[ESI]
004012BE    PUSH EDX                            ; -ProcHandle = Process Handle
                                                              of fake.exe
004012BF    PUSH ECX                            ; -BaseAddress = ImageBase of
                                                              fake.exe
004012C0    CALL EAX                            ; ZwUnmapViewOfSection()

...

;;;;;;;;;;;;;;;;;;;;;;;;;;;;;;;;;;;;;;;;;;;;;;;;;;;;;;;;;;;
; case 2 : ImageBase of real.exe != ImageBase of fake.exe
004012EA    MOV EDX,DWORD PTR SS:[EBP-22C]      ; Address of PEB ("fake.exe")
004012F0    PUSH 0                              ; -pBytesWritten = NULL
004012F2    PUSH 4                              ; -BytesToWrite = 4
004012F4    PUSH EAX                            ; -Buffer = ImageBase of
                                                              "real.exe"
004012F5    MOV EAX,DWORD PTR DS:[ESI]
004012F7    ADD EDX,8
004012FA    PUSH EDX                            ; -Address = PEB.ImageBase
004012FB    PUSH EAX                            ; -hProcess
004012FC    CALL DWORD PTR DS:[409034]          ; WriteProcessMemory()
```

```
...
00401311        MOV ESP,EBP
00401313        POP EBP
00401314        RETN
```

위 SubFunc_2() 함수의 내용은 PE Image Switching 기법의 핵심이기 때문에 자세히 설명합니다.

fake.exe 프로세스의 실제 매핑 주소 구하기

401218 주소에서 GetThreadContext() API를 호출하여 fake.exe 프로세스의 메인 스레드 컨텍스트(CONTEXT)를 구합니다.

```
0040120C        PUSH ECX                            ; -pContext
0040120D        PUSH EDX                            ; -hThread
0040120E        MOV DWORD PTR SS:[EBP-2D0],10007
00401218        CALL DWORD PTR DS:[409000]          ; GetThreadContext()
```

fake.exe 프로세스의 메인 스레드 컨텍스트를 구하는 이유는 PEB(Process Environment Block)을 구하기 위해서입니다. 그리고 프로세스의 실제 매핑 주소는 PEB.ImageBase 멤버에 저장되어 있습니다. 40125E 주소에서 ReadProcessMemory() API를 호출하여 fake.exe 프로세스의 매핑 주소를 구합니다.

```
00401246        MOV ECX,DWORD PTR SS:[EBP-22C]  ; CONTEXT.Ebx = address of PEB
0040124C        MOV EDX,DWORD PTR DS:[ESI]
0040124E        PUSH 0                              ; -pBytesRead = NULL
00401250        PUSH 4                              ; -BytesToRead = 4
00401252        LEA EAX,DWORD PTR SS:[EBP-2D4]
00401258        PUSH EAX                            ; -Buffer
00401259        ADD ECX,8
0040125C        PUSH ECX                            ; -pBaseAddress = PEB.ImageBase
0040125D        PUSH EDX                            ; -hProcess
0040125E        CALL DWORD PTR DS:[409018]          ; ReadProcessMemory()
```

아마 위의 코드가 생소하게 느껴질 겁니다. 현재 fake.exe 프로세스는 SUSPEND 모드로 생성된 채 정지되어 있습니다. 프로세스가 생성되면 시스템의 PE Loader는 EBX 레지스터의 초기 값을 PEB 구조체의 주소로 세팅합니다. 따라서 EBX 레지스터 값을 구하기 위해서는 CONTEXT를 구해야 하지요. 설명이 다소 복잡한데, 그림 56.12를 보면 쉽게 각 구조체의 관계를 알 수 있습니다.

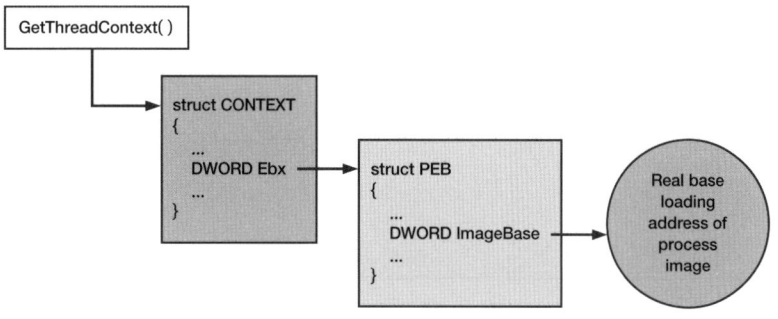

그림 56.12 프로세스의 실제 매핑 주소를 구하는 방법

> **참고**
>
> Windows XP의 경우 EXE 파일에서 PE 헤더의 ImageBase 값과 프로세스에서 실제 매핑 주소는 같습니다. 그러나 Windows Vista부터 도입된 ASLR(Address Space Layout Randomization) 기법으로 인하여 EXE 파일에서 PE 헤더의 ImageBase 값과 프로세스에서 실제 매핑 주소는 다를 수 있습니다.

real.exe 파일의 ImageBase 구하기

아래 40128C, 40128F 주소의 명령들은 real.exe 파일의 PE 헤더 정보를 읽어서 ImageBase를 구하는 코드입니다.

```
0040128C    MOV EAX,DWORD PTR DS:[EDI+3C]    ; EDI = MEM_FILE_REAL_EXE (*)
                                                   = Address of IDH
                                             ; EDI+3C = IDH.e_lfanew
```

　EDI 레지스터 값은 MEM_FILE_REAL_EXE 주소입니다(SubFunc_1()에서 할당받은 메모리 시작 주소이며, real.exe 파일의 내용이 그대로 저장되어 있습니다). 다른 식으로 표현하면 EDI는 real.exe 파일의 PE 헤더를 가리키고 있다고 볼 수 있습니다. 따라서 EDI+3C가 의미하는 것은 IMAGE_DOS_HEADER 구조체의 e_lfanew 멤버(IDH.e_lfanew)입니다. 이 값을 EAX에 저장합니다.

```
0040128F    MOV ECX,DWORD PTR DS:[EAX+EDI+34]  ; EAX+EDI = Address of INH
                                               ; EAX+EDI+34
                                                 = INH.IOH.ImageBase
```

이제 EAX+EDI = IDH.e_lfanew + Start of PE = IMAGE_NT_HEADERS 구조체가 시작 주소, EAX+EDI+34 = IMAGE_OPTIONAL_HEADER.ImageBase가 멤버를 의미합니다. 위 명령이 실행되면 ECX 레지스터에 real.exe 파일의 ImageBase 값이 저장됩니다.

> **참고**
>
> 목록 56.1은 real.exe 파일의 실제 PE 헤더를 보여줍니다. 편의상 EDI = 0이라 하면, [EDI+3C] = D0이고, 이를 EAX에 저장하면 [EAX+EDI+34] = [D0 + 0 + 34] = [104] = 400000가 됩니다.

목록 56.1 real.exe의 PE 헤더

```
===============================================
 pFile   | pMem    | Value | Description
===============================================
[ IMAGE_DOS_HEADER ]
00000000 00400000     5A4D IMAGE_DOS_SIGNATURE (MZ)
00000002 00400002     0090 bytes on last page of file
00000004 00400004     0003 number of pages in file
00000006 00400006     0000 relocations
00000008 00400008     0004 size of header in paragraphs
0000000A 0040000A     0000 minimum extra paragraphs
0000000C 0040000C     FFFF maximum extra paragraphs
0000000E 0040000E     0000 SS (initial stack segment)
00000010 00400010     00B8 SP (initial stack pointer)
00000012 00400012     0000 Checksum
00000014 00400014     0000 IP (initial instruction pointer)
00000016 00400016     0000 CS (initial code segment)
00000018 00400018     0040 offset to relocation table
0000001A 0040001A     0000 overlay number
0000001C 0040001C     0000 reserved
0000001E 0040001E     0000 reserved
00000020 00400020     0000 reserved
00000022 00400022     0000 reserved
00000024 00400024     0000 OEM identifier
00000026 00400026     0000 OEM information
00000028 00400028     0000 reserved
0000002A 0040002A     0000 reserved
0000002C 0040002C     0000 reserved
0000002E 0040002E     0000 reserved
00000030 00400030     0000 reserved
00000032 00400032     0000 reserved
00000034 00400034     0000 reserved
```

```
00000036 00400036      0000 reserved
00000038 00400038      0000 reserved
0000003A 0040003A      0000 reserved
0000003C 0040003C  000000D0 offset to new EXE header

[ DOS STUB ]
00000040 00400040           start
000000CF 004000CF           end

[ IMAGE_NT_HEADERS \ SIGNATURE ]
000000D0 004000D0  00004550 IMAGE_NT_SIGNATURE (PE)

[ IMAGE_NT_HEADERS \ IMAGE_FILE_HEADER ]
000000D4 004000D4      014C machine
000000D6 004000D6      0004 number of sections
000000D8 004000D8  4DCCC652 time date stamp (Fri May 13 14:49:06 2011)
000000DC 004000DC  00000000 offset to symbol table
000000E0 004000E0  00000000 number of symbols
000000E4 004000E4      00E0 size of optional header
000000E6 004000E6      010F characteristics
                            IMAGE_FILE_RELOCS_STRIPPED
                            IMAGE_FILE_EXECUTABLE_IMAGE
                            IMAGE_FILE_LINE_NUMS_STRIPPED
                            IMAGE_FILE_LOCAL_SYMS_STRIPPED
                            IMAGE_FILE_32BIT_MACHINE

[ IMAGE_NT_HEADERS \ IMAGE_OPTIONAL_HEADER ]
000000E8 004000E8      010B magic
000000EA 004000EA        06 major linker version
000000EB 004000EB        00 minor linker version
000000EC 004000EC  00004000 size of code
000000F0 004000F0  00005000 size of initialized data
000000F4 004000F4  00000000 size of uninitialized data
000000F8 004000F8  00001060 address of entry point
000000FC 004000FC  00001000 base of code
00000100 00400100  00005000 base of data
00000104 00400104  00400000 image base
00000108 00400108  00001000 section alignment
0000010C 0040010C  00001000 file alignment
00000110 00400110      0004 major OS version
00000112 00400112      0000 minor OS version
00000114 00400114      0000 major image version
00000116 00400116      0000 minor image version
00000118 00400118      0004 major subsystem version
0000011A 0040011A      0000 minor subsystem version
0000011C 0040011C  00000000 win32 version value
00000120 00400120  0000A000 size of image
00000124 00400124  00001000 size of headers
00000128 00400128  00000000 Checksum
0000012C 0040012C      0002 subsystem
0000012E 0040012E      0000 DLL characteristics
```

```
00000130  00400130  00100000  size of stack reserve
00000134  00400134  00001000  size of stack commit
00000138  00400138  00100000  size of heap reserve
0000013C  0040013C  00001000  size of heap commit
00000140  00400140  00000000  loader flags
00000144  00400144  00000010  number of directories
```

비교: ImageBase of fake.exe & ImageBase of real.exe

fake.exe 프로세스의 실제 매핑 주소와 real.exe 파일의 ImageBase 값을 비교합니다.

```
00401297    CMP ECX,DWORD PTR SS:[EBP-2D4]   ; ECX = ImageBase of real.exe
                                             ; [EBP-2D4] = ImageBase of
                                                           fake.exe
0040129D    JNZ SHORT 004012EA
```

두 ImageBase 값의 일치 여부에 따라서 실행 분기가 달라집니다. 만약 두 값이 같다면 40129F 주소로 가고, 다르다면 4012EA 주소로 갑니다.

ImageBase가 같은 경우

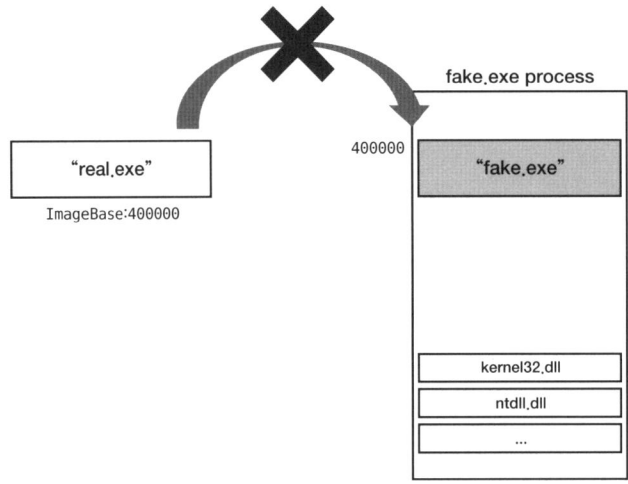

그림 56.13 ImageBase가 같은 경우

이 경우에는 real.exe의 PE Image가 매핑되려는 주소 400000에 이미 fake.exe의 PE Image가 매핑되어 있습니다. 그대로 real.exe를 매핑시키면 충돌이 발생하기 때문에 먼저 fake.exe의 PE Image를 언매핑(Unmapping)해줘야 합니다. fake.exe 프로세스는 SUSPEND 상태이기 때문에 PE Image를 언매핑해도 프로세스에 오류가 발생하지는 않습니다.

```
004012BE    PUSH EDX        ; -ProcHandle = Process Handle of fake.exe
004012BF    PUSH ECX        ; -BaseAddress = ImageBase of fake.exe
004012C0    CALL EAX        ; ZwUnmapViewOfSection()
```

프로세스의 PE Image를 언매핑할 때 사용하는 API는 ntdll!ZwUnmapViewOfSection()입니다.

코드 56.4 ZwUnmapViewOfSection() API
```
NTSTATUS ZwUnmapViewOfSection(
  __in      HANDLE ProcessHandle,
  __in_opt  PVOID BaseAddress
);
```

출처: http://msdn.microsoft.com/en-us/library/ff567119(v=vs.85).aspx

ImageBase가 다른 경우

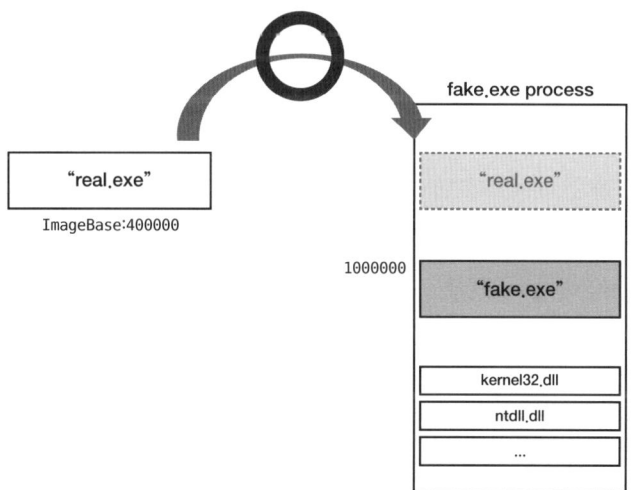

그림 56.14 ImageBase가 다른 경우

그림 56.14과 같이 ImageBase가 서로 다른 경우 굳이 fake.exe의 PE Image를 언매핑시킬 필요는 없습니다. fake.exe 프로세스의 가상 메모리 공간에 real.exe의 PE Image를 위해 필요한 공간을 할당하고 real.exe를 매핑시키면 됩니다. 그리고 PE 로더에게 fake.exe 프로세스의 PE Image는 (1000000 주소의 fake.exe가 아니라) 400000 주소의 real.exe라는 것을 알려주어야 합니다. 이 작업은 간단히 PEB(Process Environment Block)의 ImageBase 멤버를 변경하면 됩니다.

```
004012EA    MOV EDX,DWORD PTR SS:[EBP-22C]  ; Address of PEB ("fake.exe")
004012F0    PUSH 0                          ; -pBytesWritten = NULL
004012F2    PUSH 4                          ; -BytesToWrite = 4
004012F4    PUSH EAX                        ; -Buffer = ImageBase of
                                                        "real.exe"
004012F5    MOV EAX,DWORD PTR DS:[ESI]
004012F7    ADD EDX,8
004012FA    PUSH EDX                        ; -Address = PEB.ImageBase
004012FB    PUSH EAX                        ; -hProcess
004012FC    CALL DWORD PTR DS:[409034]      ; WriteProcessMemory()
```

위 코드의 4012FC 주소에서 WriteProcessMemory() API를 이용하여 fake.exe 프로세스의 PEB.ImageBase 값을 real.exe 파일의 ImageBase로 변경하고 있습니다.

> **참고**
> fake.exe 프로세스의 PEB 주소와 real.exe 파일의 ImageBase 값은 961페이지에서 구했습니다.

앞의 과정을 통하여 fake.exe 프로세스의 PE Image는 언매핑(또는 PEB.ImageBase 변경)되었습니다(다른 표현으로는 fake.exe 프로세스의 PE Image가 제거되었다고 말할 수 있습니다).

56.4.6. SubFunc_3()

이제 real.exe 파일을 fake.exe 프로세스에 새롭게 매핑시킬 차례입니다. main() 함수의 4010D1 주소에 SubFunc_3() 함수를 호출하는 코드가 존재합니다.

```
004010D1    CALL 00401320                              ; SubFunc_3()
```

SubFunc_3() 함수 내부(401320 주소)로 따라 들어가면 다음 그림과 같은 코드가 나타납니다.

```
00401320  r$  55              PUSH EBP
00401321  .   8BEC            MOV EBP,ESP
00401323  .   81EC DC020000   SUB ESP,2DC
00401329  .   A1 3CC04000     MOV EAX,DWORD PTR DS:[40C03C]
0040132E  .   33C5            XOR EAX,EBP
00401330  .   8945 FC         MOV DWORD PTR SS:[EBP-4],EAX
00401333  .   8B45 08         MOV EAX,DWORD PTR SS:[EBP+8]
00401336  .   56              PUSH ESI
00401337  .   57              PUSH EDI
00401338  .   68 C8020000     PUSH 2C8
0040133D  .   8D8D 34FDFFFF   LEA ECX,DWORD PTR SS:[EBP-2CC]
00401343  .   6A 00           PUSH 0
00401345  .   51              PUSH ECX
00401346  .   8985 2CFDFFFF   MOV DWORD PTR SS:[EBP-2D4],EAX
0040134C  .   C785 30FDFFFF 0 MOV DWORD PTR SS:[EBP-2D0],0
```

그림 56.15 SubFunc_3() 함수 시작 코드

이제 이 함수를 자세히 디버깅해보겠습니다(여러분은 직접 디버깅을 하면서 코드 한 줄 한 줄의 의미를 이해해두기 바랍니다).

real.exe의 PE Image를 위한 메모리 할당

StepOver[F8] 기능으로 트레이싱을 하다 보면 VirtualAllocEx() API 호출 코드를 만나게 됩니다.

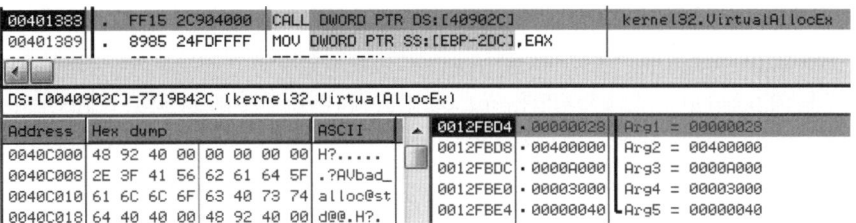

그림 56.16 VirtualAllocEx() 호출: real.exe의 PE Image 메모리 할당

스택에 저장된 함수 파라미터를 잘 살펴보기 바랍니다. 두 번째 파라미터 Arg2는 할당받고자 하는 메모리 시작 주소입니다. 이 값은 real.exe의 ImageBase (400000)로 되어 있습니다. 그리고 세 번째 파라미터 Arg3는 할당받을 메모리 크

기를 의미합니다. 이 값은 real.exe의 SizeOfImage(A000)로 되어 있습니다. 즉 앞서 나온 VirtualAllocEx() API 호출은 fake.exe 프로세스에 real.exe의 PE Image를 위한 메모리 공간을 할당받기 위한 것입니다.

PE 헤더 매핑

real.exe의 PE Image를 위한 메모리 공간이 생성되었으므로 real.exe를 (fake.exe 프로세스에) 매핑할 차례입니다.

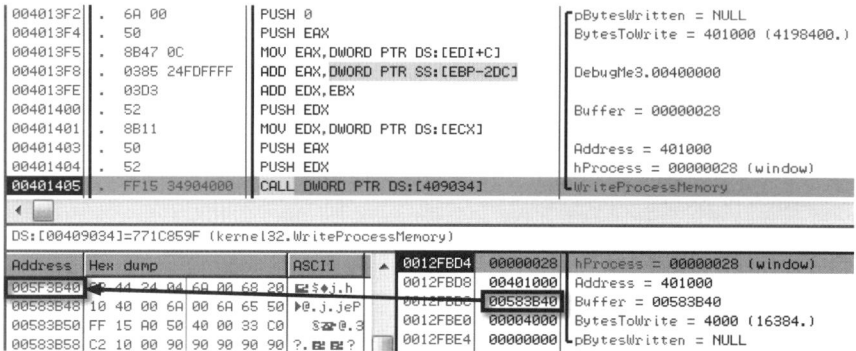

그림 56.17 PE 헤더 매핑

그림 56.17을 보면 WriteProcessMemory() API를 이용하여 real.exe의 PE 헤더를 좀 전에 할당받은 메모리 영역에 쓰고 있습니다(582B40 주소가 바로 SubFunc_1()에서 읽어 들인 real.exe 파일(MEM_FILE_REAL_EXE)입니다).

> **참고**
>
> 그림 56.17의 BytesToWrite 파라미터는 real.exe의 SizeOfHeader 값(1000)입니다. 위 코드 앞쪽에 PE 헤더에서 이러한 정보들을 구하는 코드가 존재합니다. 디버깅을 하면서 직접 확인하기 바랍니다.

PE Section 매핑

이제 섹션을 매핑시킬 차례입니다. 그림 56.18의 코드를 살펴봅시다.

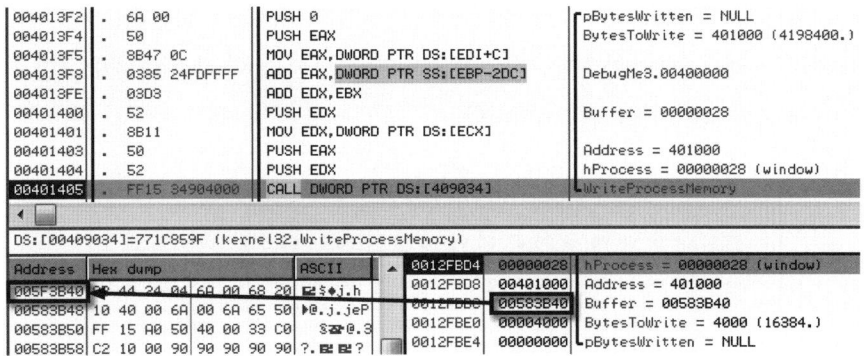

그림 56.18 PE Section 매핑

섹션의 개수만큼 루프를 돌면서 WriteProcessMemory() API를 호출하고 있습니다(그림 56.18의 코드는 루프의 일부분입니다). 이때도 역시 필요한 정보(주소, 크기 등)는 PE 헤더의 IMAGE_SECTION_HEADER를 읽어서 얻습니다(이 부분역시 여러분들께서 직접 디버깅을 하면서 확인하기 바랍니다). 위 루프를 마치고 나면 real.exe 파일은 fake.exe 프로세스의 400000(real.exe의 ImageBase) 주소에 완전하게 매핑됩니다. 하지만 이대로는 real.exe 코드가 정상적으로 실행되지 않습니다. 한 가지 작업을 더 해줘야 하는데, 바로 프로세스의 EP(EntryPoint)를 변경하는 것입니다.

EP 변경

현재 fake.exe 프로세스는 SUSPEND 모드로 생성된 상태입니다. 이렇게 SUSPEND 모드로 생성된 프로세스가 Resume되면, 프로세스의 메인 스레드는 과연 어떤 코드를 실행하게 될까요? 이를 알기 위해서는 메인 스레드의 CONTEXT 구조체를 구해서 Eip 멤버를 확인하면 됩니다.

```
00401436    .  50              PUSH EAX              rpContext = 0012FBFC
00401437    .  51              PUSH ECX              hThread = 00000024 (window)
00401438    .  C785 30FDFFFF   MOV DWORD PTR SS:[EBP-2D0],10007
00401442    .  FF15 00904000   CALL DWORD PTR DS:[409000]   GetThreadContext
```

그림 56.19 GetThreadContext()

그림 56.19의 코드는 GetThreadContext() API를 호출하여 fake.exe 프로세스의 메인 스레드 CONTEXT를 구하고 있습니다. 그림 56.20이 바로 이렇게 구한 메인 스레드의 CONTEXT 구조체입니다.

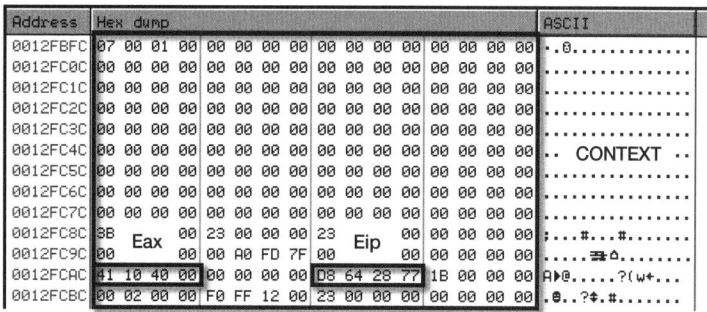

그림 56.20 CONTEXT 구조체

CONTEXT 구조체에서 주목할 만한 2개의 멤버가 있습니다. 바로 Eax와 Eip 멤버인데, 각각 구조체 시작에서 B0과 B8 옵셋(Offset)만큼 떨어진 위치에 존재합니다(그림 56.20 참고). 먼저 CONTEXT.Eax 멤버를 살펴보겠습니다. Eax 값 401041은 fake.exe 프로세스 내의 주소 값일 가능성이 높은데, 이를 Stud_PE를 실행하여 확인해보겠습니다.

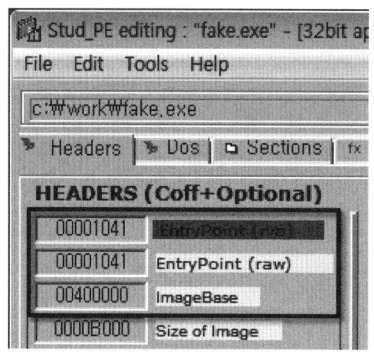

그림 56.21 Stud_PE: fake.exe

역시 Eax(401041) 값은 fake.exe 프로세스의 EP 주소(VA 형식)입니다. 이번에는 CONTEXT.Eip 멤버를 보도록 하죠. Eip 값은 772864D8인데, 디버거로 이 주소를 확인해보겠습니다.

```
772864D8 ntdll.RtlUserThreadStart    894424 04          MOV DWORD PTR SS:[ESP+4],EAX
772864DC                              895C24 08          MOV DWORD PTR SS:[ESP+8],EBX
772864E0                            v E9 C84E0100        JMP 7729B3AD
```

그림 56.22 ntdll.RtlUserThreadStart()

이 주소는 ntdll.RtlUserThreadStart() API 시작 주소입니다. 우리가 이미 잘 알고 있듯이 EIP 레지스터는 실행될 코드 주소를 나타내고, EAX 레지스터는 리턴 값을 의미합니다. 따라서 위에서 CONTEXT.Eip와 CONTEXT.Eax 멤버를 살펴본 결과는 다음과 같이 정리할 수 있습니다. SUSPEND 모드로 생성된 fake.exe 프로세스가 RESUME 되면 가장 먼저 ntdll.RtlUserThreadStart() API(CONTEXT.Eip)를 실행하고, 결국 EP(Entry Point) 주소(CONTEXT.Eax)로 가게 됩니다. 우리는 fake.exe 프로세스의 PE Image를 'real.exe'로 바꾸어버렸기 때문에 CONTEXT.Eax를 real.exe의 EP 주소(401060)로 변경해줘야 합니다.

```
004014A2    MOV EDX,DWORD PTR DS:[ESI+28]      [ESI+28] = AddressOfEntryPoint = 1060
004014A5    ADD EDX,DWORD PTR DS:[ESI+34]      [ESI+34] = ImageBase = 400000
004014A8    MOV ECX,DWORD PTR DS:[EDI+4]
004014AB    LEA EAX,DWORD PTR SS:[EBP-2D0]
004014B1    PUSH EAX                           ┌pContext = 0012FBFC
004014B2    PUSH ECX                           │hThread = 00000024 (window)
004014B3    MOV DWORD PTR SS:[EBP-220],EDX     │[EBP-220] = CONTEXT.Eax, EDX = 401060
004014B9    CALL DWORD PTR DS:[409008]         └SetThreadContext
```

그림 56.23 SetThreadContext()

그림 56.23의 코드를 보면 4014A2~4014A5 주소의 MOV, ADD 명령어에 의해서 EDX 레지스터에는 401060(real.exe의 Entry Point 주소) 값이 세팅됩니다. 4014B3 주소의 MOV 명령으로 이 값을 [EBP-220] (CONTEXT.Eax)에 입력합니다. 그리고 SetThreadContext() API를 호출하면 변경 사항이 fake.exe 프로세스에 적용됩니다. 이제 fake.exe 프로세스의 PE Image를 기존의 'fake.exe'에서 'real.exe'로 변경하는 작업을 완료하였습니다.

56.4.7. ResumeThread()

마지막으로 ResumeThread()를 호출하여 fake.exe 프로세스를 Resume시킵니다.

```
; Resume Thread
004010F0    PUSH ECX                           - hThread = 00000024 (window)
004010F1    CALL DWORD PTR DS:[409038]         ResumeThread()
```

그림 56.24와 같이 real.exe의 PE Image를 가진 fake.exe 프로세스의 실행이 재개됩니다.

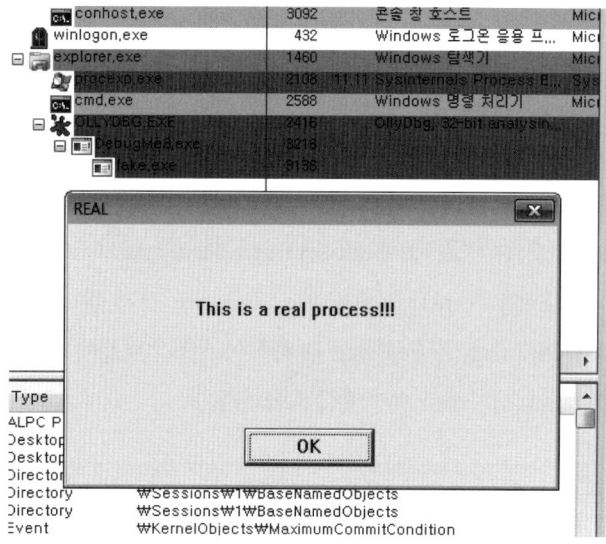

그림 56.24 PE Image가 real.exe로 변경된 fake.exe 프로세스

지금까지 실습 예제 파일의 디버깅을 통하여 PE Image Switching 기법의 동작 원리를 살펴보았습니다. 실습 예제를 직접 디버깅하면서 PEB, CONTEXT 등을 다루는 방법에 대해서 잘 살펴보기 바랍니다.

56.5. 디버깅 2

이번에는 PE Image Switching 기법이 적용된 fake.exe 프로세스를 디버깅하는 방법을 간단히 짚고 넘어가도록 하겠습니다.

> **참고**
>
> 디버깅 1은 DebugMe3.EXE를 디버깅한 것이죠. 디버깅 기법을 놓고 봤을 때 일반적인 응용 프로그램의 디버깅과 다를 바가 없습니다. 리버서 입장에서는 PE Image Switching 기법의 동작 원리도 중요하겠지만, 사실 그 기법이 적용된 프로세스를 디버깅하는 것에 더 관심이 있을 것입니다. 다양한 파일을 디버깅하다 보면 여러 상황이 생기기 때문에 다양한 디버깅 기법을 공부해놓는 것이 중요합니다.

56.5.1. 아이디어

이미 우리는 PE Image Switching 기법의 동작 원리에 대해서 이해하고 있기 때문에 PE Image가 바뀐 fake.exe 프로세스의 디버깅 방법도 어렵지 않게 생각해낼 수 있습니다.

그럼 어떻게 하면 real.exe의 PE Image로 변경된 fake.exe의 시작부터 디버깅을 할 수 있을까요? 제가 생각한 아이디어는 fake.exe 프로세스에 real.exe 파일이 매핑되기 전에 real.exe의 EP(Entry Point) 코드에 무한루프를 설치하는 것입니다 (무한루프 설치 기법에 대해서는 54장에서 다루었으니 참고하기 바랍니다). real. exe 파일이 매핑된 fake.exe 프로세스가 Resume될 때 EP 코드가 실행되면서 이미 설치된 무한루프에 빠져 버릴 것입니다. 그때 디버거의 Attach 기능으로 디버깅을 시작하면 되겠지요. 이 외에도 다양한 아이디어가 있을 수 있으니, 개인적으로 편한 방법을 사용하면 되겠습니다.

56.5.2. EP에 무한루프 설치하기

먼저 real.exe 파일에서 EP 코드의 위치를 알아야 합니다.

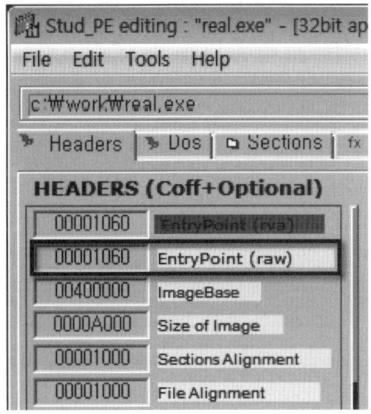

그림 56.25 Stud_PE: real.exe

그림 56.25와 같이 Stud_PE를 이용하여 real.exe 파일의 EP 옵셋(Offset)이 1060이라는 것을 알 수 있습니다. real.exe 파일을 메모리에 읽어 들이는 함수는 SubFunc_1()입니다. 여기에서 무한루프 코드를 설치하면 되겠군요. DebugMe3.

exe를 디버거로 열어주세요(그림 56.8 참고). 그리고 그림 56.26과 같이 4011B5 주소까지 실행합니다.

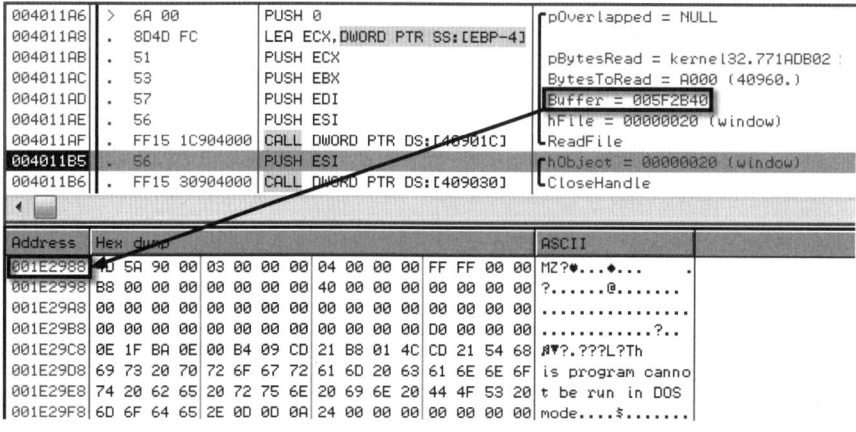

그림 56.26 real.exe 파일을 메모리에 읽음

버퍼 시작 주소는 1E2988이므로 EP 옵셋 1060을 더하면 EP 코드의 위치는 1E39E8입니다.

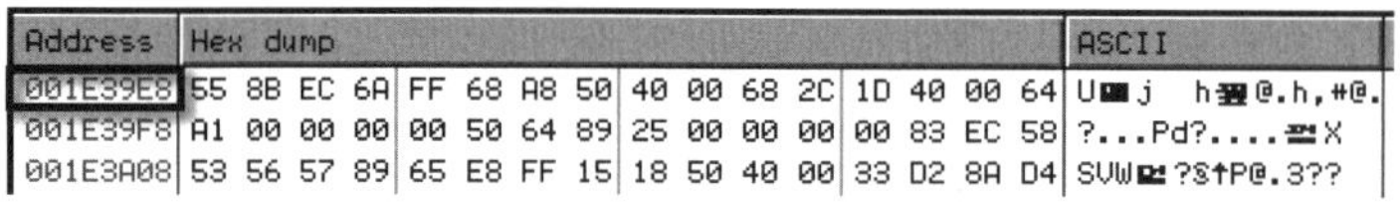

Address	Hex dump	ASCII
001E39E8	55 8B EC 6A FF 68 A8 50 40 00 68 2C 1D 40 00 64	U■j h罂@.h,#@.
001E39F8	A1 00 00 00 00 50 64 89 25 00 00 00 00 83 EC 58	?...Pd?....≖X
001E3A08	53 56 57 89 65 E8 FF 15 18 50 40 00 33 D2 8A D4	SVW■e?§↑P@.3??

그림 56.27 real.exe의 EP 코드

그림 56.27의 EP 코드 시작 두 바이트(558B)를 무한루프 코드(EBFE)로 패치시킵니다([Ctrl+E] 명령).

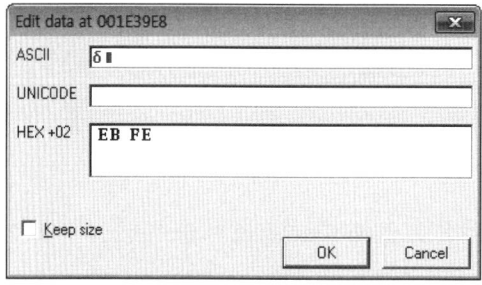

그림 56.28 real.exe의 EP 코드를 패치

이제 Run[F9]을 선택해서 DebugMe3.exe 프로세스를 끝까지 실행시키면, PE Image가 변경된 fake.exe 프로세스는 무한루프에 빠진 상태가 됩니다. 새로운 디버거를 띄워서 Attach 명령으로 fake.exe 프로세스의 디버깅을 시작해봅시다.

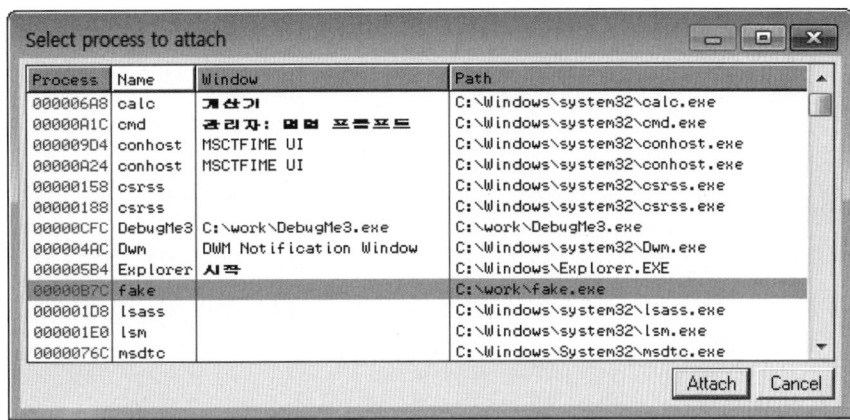

그림 56.29 Attach debugger 기능

fake.exe 프로세스를 선택하고 Attach 모드로 디버깅을 시작하면, 그림 56.30과 같이 ntdll.DbgBreakPoint() API에서 멈추게 될 것입니다.

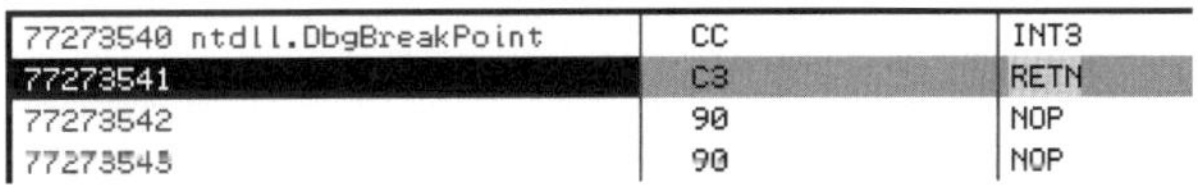

그림 56.30 ntdll.DbgBreakPoint()

이 상태로 그냥 실행시켜주세요. EP에 설치된 무한루프가 계속 실행됩니다. OllyDbg의 Pause 명령(단축키 [F12])을 내려주면, 현재 실행 중인 코드에서 실행이 멈춥니다.

그림 56.31 EP 주소의 무한루프

그림 56.31에 EP 주소(401060)에 설치된 무한루프 코드가 보입니다. 에디트 명령(단축키 [Ctrl+E])으로 원래 값(558B)으로 복원하기 바랍니다.

```
00401060  55          PUSH EBP
00401061  8BEC        MOV EBP,ESP
00401063  6A FF       PUSH -1
00401065  68 A8504000 PUSH 4050A8
0040106A  68 2C1D4000 PUSH 401D2C
```

그림 56.32 원본 EP 코드

이제 PE Image가 변경된 fake.exe 프로세스의 EP부터 디버깅을 할 수 있게 되었습니다.

56.6. 마무리

PE Image Switching 기법은 A 프로세스를 껍데기로 사용하고, B 프로세스를 알맹이로 로딩시켜 실행하는 매우 신기한 기법입니다. 이러한 기법은 PE 프로텍터에서 안티 디버깅으로 쓰이기도 하고, 악성 코드에서 정상 프로세스로 위장하고자 할 때 사용됩니다. 본문에서 제시한 구현 방법 외에 다른 방식으로도 구현이 가능합니다. 계속해서 새로운 방식이 출현하고 있습니다. 구현 방식은 다를지라도 본문에서 소개된 디버깅 방법을 이용하면 어렵지 않게 디버깅을 할 수 있을 것입니다.

57
디버깅 실습4 - Debug Blocker

Debug Blocker 기법은 다양한 안티 디버깅 기법 중의 하나로, 몇몇 PE 프로텍터에서 사용되고 있습니다. Debug Blocker 기법이 적용된 예제 파일을 분석하면서 동작 원리와 디버깅 방법에 대해서 알아보겠습니다. 디버깅 실무에서 사용되는 실전 노하우를 그대로 보여주고 있기 때문에 여러분의 디버깅 실력 향상에 큰 도움이 될 것입니다.

57.1. Debug Blocker

Debug Blocker 기법은 프로세스가 자기 자신(혹은 다른 실행 파일)을 디버깅 모드로 실행하는 기법입니다.

그림 57.1 DebugMe4.exe 실행 화면

그림 57.1은 Debug Blocker 기법을 적용한 실습 예제 DebugMe4.exe를 실행한 화면입니다. 부모 프로세스 DebugMe4.exe(PID: 1208)이 디버거이고, 자식 프로세스 DebugMe4.exe(PID: 2284)가 디버기입니다. DebugMe4.exe는 디버거로 동작할 때와 디버기로 동작할 때 각각 다른 코드를 실행하도록 프로그래밍되어 있습니다.

만약 중요한 코드가 디버기 프로세스에서 실행된다면 우리는 그쪽을 디버깅해야 합니다. 하지만 디버거-디버기 관계 자체가 안티 디버깅 역할을 하기 때문에 디버기 프로세스의 디버깅이 까다로워집니다.

> **참고**
>
> CreateProcess() API를 이용하여 프로세스를 생성할 때 DEBUG_PROCESS | DEBUG_ONLY_THIS_PROCESS 옵션을 주면 부모-자식 프로세스는 각각 디버거-디버기 관계가 되어 버립니다.

57.2. 안티 디버깅 특성

이러한 Debug Blocker 기법이 안티 디버깅으로 분류되는 이유가 뭘까요?

57.2.1. 부모-자식 관계

디버거-디버기 프로세스 관계는 기본적으로 부모-자식 프로세스 관계입니다. 이전 55장 'Self-Creation 기법'에서 같은 프로그램이 부모 프로세스로 실행될 때와 자식 프로세스로 실행될 때 다른 동작을 하는 경우 자식 프로세스의 디버깅이 까다로워지는 것을 이미 확인한 적이 있습니다.

57.2.2. 디버기 프로세스는 다른 디버거(예: OllyDbg)에서 디버깅을 할 수 없습니다.

Windows 운영체제에서는 여러 디버거로 동시에 같은 프로세스를 디버깅할 수 없습니다. 즉 그림 57.1의 경우 OllyDbg로 자식 프로세스(디버기 - PID: 2284)에 Attach하는 것이 불가능합니다. 디버기(PID: 2284) 프로세스를 디버깅하고 싶다면 먼저 기존 디버거 - 디버기 관계를 끊어야 합니다(자세한 방법에 대해서는 디버깅 실습 과정에서 설명하겠습니다).

57.2.3. 디버거 프로세스를 종료하면 동시에 디버기 프로세스도 종료됩니다.

섣불리 디버거 - 디버기 관계를 끊기 위해서 강제로 디버거 프로세스(PID: 1208)를 종료시킨다면 동시에 디버기 프로세스도 종료됩니다.

디버기를 직접 디버깅하자니 연관된 디버거 프로세스 때문에 불가능하고, 그 디버거 프로세스를 종료하자니 디버기 프로세스도 같이 종료되는 어려운 상황에 놓이게 된 것입니다.

57.2.4. 디버거에서 디버기의 코드를 조작합니다.

Debug Blocker 기법에서 디버거의 역할은 디버기 프로세스의 실행 분기를 조작하고, 코드를 생성/변경시킵니다. 또한 지속적으로 디버기 프로세스의 코드 실행에 영향을 끼칩니다. 다시 말해서 디버거 프로세스 없이 디버기 프로세스만으로는 정상적인 실행이 불가능한 경우가 많습니다(그렇게 되도록 프로그래밍을 하지요).

57.2.5. 디버기의 예외(Exception)를 디버거에서 처리합니다.

디버서 - 니버거 관계에서 디버기 프로세스에 발생한 모든 예외는 디버거에서 처리하도록 되어 있습니다. 가령 디버기 프로세스에서 의도적으로 예외(예: Memory Access Violation)를 발생시킨다고 할 때 이 예외가 해결되지 않으면, 더 이상 코드를 실행할 수 없습니다. 이 예외는 디버거 프로세스에서 해결해야 합니다.

디버기 프로세스에 예외가 발생하면 실행이 멈추고, 디버거 프로세스가 제어권을 갖게 됩니다. 이때 디버거에서는 디버기의 실행 분기를 변경해 버립니다. 추가적으로 디버기 프로세스내의 암호화된 코드를 복호화하거나, 레지스터 혹은 스택에 특정한 값을 입력하는 등의 다양한 작업을 수행하

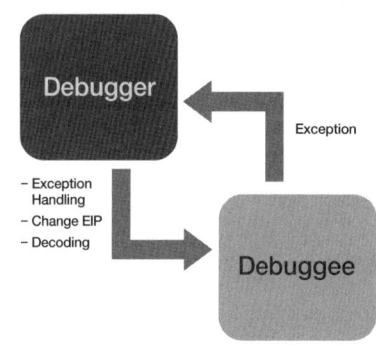

그림 57.2 DebugMe4.exe 실행 구조

는 경우도 있습니다(그림 57.2 참고).

따라서 리버서는 디버거 프로세스에서 어떻게 예외를 처리하는지 '디버거 프로세스를 디버깅'하면서 일일이 확인해야 합니다. 그래야 정확한 디버기 프로세스의 실행 코드를 얻을 수 있기 때문입니다. 그리고 지금까지 설명한 이러한 사실들은 Debug Blocker 기법을 상당히 까다로운 안티 디버깅 기법으로 만듭니다.

> **참고**
>
> 앞의 설명을 읽어보면 다음과 같은 한 가지 의문이 들 겁니다. "그냥 DebugMe4.exe를 잘 디버깅해서 디버기 프로세스로 실행될 때의 코드를 보면 되지 않나? 왜 저렇게 어렵게 디버깅해야 하지?" 맞습니다. 그 방법이 쉽게 가능한 경우에는 당연히 그렇게 해야 합니다. 하지만 간혹 그렇게 할 수 없는 경우가 있습니다. 그때는 디버기로 실행되는 프로세스를 직접 디버깅해야만 합니다.

57.3. 디버깅 실습 – DebugMe4.exe

디버깅을 시작하기 전에 먼저 실습 파일을 직접 실행해보겠습니다. 그림 57.1과 같이 부모 프로세스(Debugger)의 "부모 Process"라는 문자열과 자식 프로세스(Debuggee)의 "자식 Process" 메시지 박스를 확인하기 바랍니다. 이를 통해 DebugMe4.exe의 기능을 대략 짐작할 수 있습니다.

> **참고**
>
> 실습 예제는 Windows XP, 7(32비트)에서 실행 가능합니다.

57.4. 1차 시도

처음에는 프로그램의 전체 구조를 파악하기 위한 목적으로 간단히 디버깅을 해봅니다.

57.4.1. 디버깅 시작 위치 선정

앞에서 확인한 것처럼 DebugMe4.exe 파일은 Console 기반의 프로그램이므로

(기존 방식대로) 쉽게 디버깅 시작 위치(main() 함수)를 알 수 있습니다. 프로그램의 핵심적인 코드를 찾아낼 때 사용할 수 있는 또 다른 방법은 ① 프로그램 내에서 사용되는 '문자열'을 이용하는 방법과 ② 프로그램에서 호출되는 Win32 API를 예상해서 BP를 설치하는 방법 등이 있습니다.

57.4.2. main( )

OllyDbg를 이용하여 DebugMe4.exe 파일을 열고 main() 함수까지 찾아갑니다 (그림 57.3 참고).

```
00401000  $  68 C0994000      PUSH 4099C0                  rMutexName = "ReverseCore:DebugMe4"
00401005  .  6A 00            PUSH 0                       |InitialOwner = FALSE
00401007  .  6A 00            PUSH 0                       |pSecurity = NULL
00401009  .  FF15 04804000    CALL DWORD PTR DS:[408004]   LCreateMutexW
0040100F  .  85C0             TEST EAX,EAX
00401011  .v 75 17            JNZ SHORT 0040102A           0040102A
00401013  .  FF15 1C804000    CALL DWORD PTR DS:[40801C]   [GetLastError
00401019  .  50               PUSH EAX
0040101A  .  68 EC994000      PUSH 4099EC                  ASCII "CreateMutex() failed! [%d]\n"
0040101F  .  E8 21030000      CALL 00401345                00401345
00401024  .  83C4 08          ADD ESP,8
00401027  .  33C0             XOR EAX,EAX
00401029  .  C3               RETN
0040102A  >  FF15 1C804000    CALL DWORD PTR DS:[40801C]   [GetLastError
00401030  .  3D B7000000      CMP EAX,0B7
00401035  .v 74 08            JE SHORT 0040103F            0040103F
00401037  .  E8 24000000      CALL 00401060                00401060
0040103C  .  33C0             XOR EAX,EAX
0040103E  .  C3               RETN
0040103F  >  8DC0             LEA EAX,EAX                  Illegal use of register
00401041     15               DB 15
00401042     7F               DB 7F
00401043     17               DB 17
00401044     77               DB 77                        CHAR 'w'
```

그림 57.3 DebugMe4.exe의 main() 함수

main() 함수 코드는 매우 간단하게 구성되어 있습니다. 'ReverseCore: DebugMe4'라는 이름의 뮤텍스(Mutex) 객체를 생성합니다.

```
00401009    CALL DWORD PTR DS:[408004]   ; CreateMutexW()
```

CreateMutexW() API가 정상적으로 리턴되었다면, Last Error를 구해서 B7 (ERROR_ALREADY_EXISTS)과 비교합니다.

```
0040102A    CALL DWORD PTR DS:[40801C]   ; GetLastError()
00401030    CMP EAX,0B7
```

이 코드는 전형적인 Mutex 객체를 이용한 프로세스 중복 실행 체크 코드입니다. 즉 DebugMe4.exe 파일이 부모 모드로 처음 실행되면 'ReverseCore:DebugMe4' 이름의 Mutex가 정상적으로 생성되며 Last Error는 0이 됩니다. 그러나 자식 모드로 실행되면 이미 부모 프로세스에서 생성한 같은 이름의 Mutex 객체가 존재하므로 Last Error는 B7이 되겠지요. 이 간단한 원리를 이용하여 DebugMe4.exe 프로세스가 부모 모드인지 자식 모드인지 판별할 수 있습니다. 만약 부모 모드(Mutex가 처음 생성됨, Last Error = 0)라면 401037 주소로 가고, 자식 모드(같은 이름의 Mutex가 있음, Last Error = B7)라면 40103F 주소로 갑니다.

```
00401035    JE SHORT 0040103F       ; 0040103F
00401037    CALL 00401060           ; 00401060
0040103C    XOR EAX,EAX
0040103E    RETN
0040103F    LEA EAX,EAX             ; Illegal use of register
00401041    DB 15
00401042    DB 7F
```

현재는 부모 모드로 실행 중이므로 결국 401060 함수를 호출합니다. 이 401060 함수는 상당히 큰 규모의 함수입니다. 간단히 훑어보면서 그림 57.1에 나온 자식 프로세스를 어떤 식으로 생성하는지 확인해봅시다(뒤에서 자세히 디버깅하겠습니다).

```
00401160   .  50             PUSH EAX                          pProcessInfo = 0012F980
00401161   .  8D4C2          LEA ECX,DWORD PTR SS:[ESP+24]
00401165   .  51             PUSH ECX                          pStartupInfo = 0012F990
00401166   .  56             PUSH ESI                          CurrentDir = NULL
00401167   .  56             PUSH ESI                          pEnvironment = NULL
00401168   .  6A 03          PUSH 3                            CreationFlags = DEBUG_PROCESS|DEBUG_ONLY_THIS_PROCESS
0040116A   .  56             PUSH ESI                          InheritHandles = FALSE
0040116B   .  56             PUSH ESI                          pThreadSecurity = NULL
0040116C   .  56             PUSH ESI                          pProcessSecurity = NULL
0040116D   .  8D942          LEA EDX,DWORD PTR SS:[ESP+3D8]
00401174   .  52             PUSH EDX                          CommandLine = "c:\\work\\DebugMe4.exe"
00401175   .  56             PUSH ESI                          ModuleFileName = NULL
00401176   .  FF15           CALL DWORD PTR DS:[40800C]        CreateProcessW
```

그림 57.4 CreateProcessW() 호출

401060 함수를 트레이싱하다 보면 그림 57.4와 같이 자기 자신(DebugMe4.exe)을 디버그 모드(DEBUG_PROCESS|DEBUG_ONLY_THIS_PROCESS)로 실행하는 코드를 확인할 수 있습니다. DebugMe4.exe는 자기 자신을 자식 프로세스로 실행하는데, Debug 모드로 실행시켜서 부모 프로세스는 디버거가 되고, 자

식 프로세스는 디버기로 동작하도록 만듭니다. 지금까지 알아낸 사실은 다음과 같습니다.

- 'ReverseCore:DebugMe4'라는 이름의 Mutex 객체를 이용한 부모/자식 프로세스 구분
- 부모/자식 프로세스에서 갈라지는 실행 코드(부모:401037, 자식:40103F)
- 부모/자식 프로세스의 관계는 디버거/디버기 관계

이 정도로 1차 디버깅을 통한 대략적인 프로그램의 실행 구조 파악을 마치고, 각 기능을 자세히 디버깅해겠습니다.

57.5. 2차 시도

Debug Blocker 기법에서는 보통 자식 프로세스(Debuggee)에서 핵심 코드가 실행됩니다. 앞에서 확인한 Mutex를 이용한 조건 분기를 조작하여 자식 프로세스 모드에서 실행될 코드를 디버깅해보겠습니다(사실 이 코드만 잘 파악하면 다른 부분은 크게 중요하지 않습니다). OllyDbg의 [Ctrl+F2] 단축키를 이용하여 DebugMe4.exe 디버깅을 재실행합니다. 그림 57.5의 401035 주소에 BP를 걸고 실행해주세요.

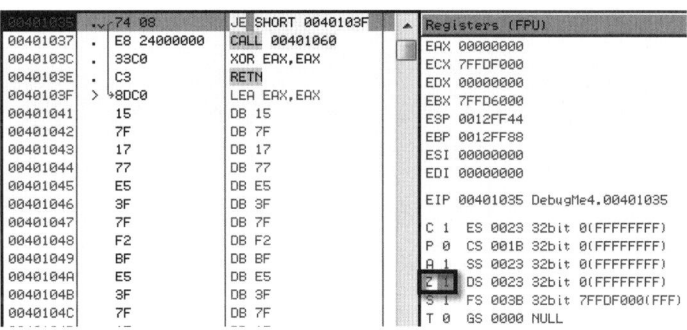

그림 57.5 401035 주소의 조건 분기 코드

그림 57.5의 우측 Registers 창의 ZF(Zero Flag)를 마우스 더블클릭하여 1로 변경합니다. 그러면 401035 주소의 JE 명령에 의하여 40103F 주소로 점프할 수 있습

니다(디버깅을 통해 강제로 자식 프로세스의 실행 분기를 따라가는 것이죠). 그런데 40103F 주소의 코드를 잘 살펴보기 바랍니다.

```
40103F    8DC0    LEA EAX, EAX
```

위 코드를 실행하면 ILLEGAL INSTRUCTION 예외가 발생합니다. 즉 잘못된 명령어란 의미입니다. IA32 Manual에서 LEA(Load Effective Address) 명령어의 정의를 보겠습니다.

LEA—Load Effective Address

Opcode	Instruction	Op/En	64-Bit Mode	Compat/Leg Mode	Description
8D /r	LEA r16,m	A	Valid	Valid	Store effective address for m in register r16.
8D /r	LEA r32,m	A	Valid	Valid	Store effective address for m in register r32.
REX.W + 8D /r	LEA r64,m	A	Valid	N.E.	Store effective address for m in register r64.

그림 57.6 LEA(Load Effective Address) 명령어 정의

LEA 명령어의 첫 번째 Operand는 레지스터(r16/r32/r64)이고, 두 번째 Operand는 Memory입니다. 일반적인 LEA 명령어의 형태는 아래와 같습니다.

```
LEA EAX, DWORD PTR DS:[12FF48]    ; EAX ← 12FF48
```

위 명령 실행 후에 EAX에는 12FF48이 저장됩니다.

40103F 주소의 명령어(LEA EAX, EAX)를 보면, 두 번째 Operand에 Memory가 아닌 레지스터(EAX)가 왔기 때문에 (EAX 값에 상관없이) 이것은 잘못된 명령어 형태입니다. 이러한 잘못된 명령어는 IA32 Opcode Map에 의해 억지로 조합할 수는 있지만 실제로 사용될 수 없습니다. 리버싱에서 이러한 Illegal Instruction은 의도적인 예외를 발생시키기 위해 사용됩니다. 자식 프로세스(디버기)에서 40103F 주소의 잘못된 명령어(LEA EAX, EAX)가 실행되면, 예외가 발생하여 부모 프로세스(디버거)에게 제어권이 넘어갑니다. 제어권을 받은 부모 프로세스에서는 해당 예외를 처리함과 동시에 또 다른 작업을 수행할 것입니다. 그림 57.5의

401041 주소의 명령어를 보면 정상적인 형태의 명령어가 아닌 것을 알 수 있습니다(OllyDbg가 해당 코드를 Disassemble하지 못합니다). 마치 암호화된 코드처럼 보입니다. 아마 제어권을 넘겨 받은 부모(디버거) 프로세스에서 위 암호화된 코드를 복호화하든 혹은 다른 주소로 실행 분기를 변경하든지 작업을 할 것으로 예상할 수 있습니다. 결국 결론은 이 방식으로는 더 이상 디버깅이 불가능하고, 부모(디버거)의 실행 코드를 상세히 분석하는 방법밖에는 없는 것입니다. 2차 시도에서 알아낸 사실을 정리해보면 다음과 같습니다.

- 자식(디버기) 프로세스의 실행 코드에 의도적인 예외 발생 코드 존재
- 이후 코드는 정상적인 코드로 보이지 않음(암호화된 코드, 데이터, 혹은 의미 없는 코드)
- 부모(디버거)의 실행 코드를 상세히 분석해야 함

DebugMe4.exe 제작자는 리버서가 쉽게 자식(디버기)의 실행 코드를 분석하지 못하도록 이러한 장치를 설치한 것입니다.

57.6. 3차 시도

부모(디버거) 프로세스의 401060 함수를 섬세히 디버깅합니다. OllyDbg를 재실행해서 401060 함수 내부로 들어갑니다. 그리고 40115C 주소까지 디버깅을 진행합니다.

```
...
0040115C    LEA EAX,DWORD PTR SS:[ESP+10]
00401160    PUSH EAX                    ; -pProcessInfo
00401161    LEA ECX,DWORD PTR SS:[ESP+24]
00401165    PUSH ECX                    ; -pStartupInfo
00401166    PUSH ESI                    ; -CurrentDir
00401167    PUSH ESI                    ; -pEnvironment
00401168    PUSH 3                      ; -CreationFlags = DEBUG_PROCESS |
                                          DEBUG_ONLY_THIS_PROCESS
0040116A    PUSH ESI                    ; -InheritHandles
0040116B    PUSH ESI                    ; -pThreadSecurity
0040116C    PUSH ESI                    ; -pProcessSecurity
0040116D    LEA EDX,DWORD PTR SS:[ESP+3D8]
```

```
00401174    PUSH EDX                        ; -CommandLine
00401175    PUSH ESI                        ; -ModuleFileName
00401176    CALL DWORD PTR DS:[40800C]      ; CreateProcessW()

...

004011A9    PUSH 409A58                     ; ASCII "부모 Process\n"
004011AE    CALL 00401345                   ; printf()

...

004011C3    PUSH -1                         ; -Timeout
004011C5    LEA ECX,DWORD PTR SS:[ESP+6C]
004011C9    PUSH ECX                        ; -pDebugEvent
004011CA    CALL DWORD PTR DS:[408024]      ; WaitForDebugEvent()

...
```

401176 주소에서 CreateProcessW() API를 호출하여 자기 자신(DebugMe4.exe)을 Debug Mode로 실행시킵니다. 그리고 4011CA 주소의 WaitForDebugEvent()를 이용해서 디버기 프로세스로부터 Debug 이벤트가 발생하기를 기다립니다. 다음은 WaitForDebugEvent() API의 정의입니다.

```
BOOL WINAPI WaitForDebugEvent(
  __out  LPDEBUG_EVENT lpDebugEvent,
  __in   DWORD dwMilliseconds
);
```

출처: MSDN

WaitForDebugEvent() API를 호출하면 dwMilliseconds에서 정한 시간 동안 디버기 프로세스의 Debug 이벤트를 기다립니다. 예외도 Debug 이벤트의 한 종류입니다. 만약 디버기 프로세스에서 예외가 발생하면 WaitForDebugEvent() API가 리턴하고, 그때 lpDebugEvent 포인터가 가리키는 DEBUG_EVENT 객체에 해당 예외에 대한 정보가 채워집니다. DEBUG_EVENT 구조체에 대해서 자세히 살펴보겠습니다.

```
typedef struct _DEBUG_EVENT {
  DWORD dwDebugEventCode;
  DWORD dwProcessId;
  DWORD dwThreadId;
  union {
```

```
    EXCEPTION_DEBUG_INFO        Exception;
    CREATE_THREAD_DEBUG_INFO    CreateThread;
    CREATE_PROCESS_DEBUG_INFO   CreateProcessInfo;
    EXIT_THREAD_DEBUG_INFO      ExitThread;
    EXIT_PROCESS_DEBUG_INFO     ExitProcess;
    LOAD_DLL_DEBUG_INFO         LoadDll;
    UNLOAD_DLL_DEBUG_INFO       UnloadDll;
    OUTPUT_DEBUG_STRING_INFO    DebugString;
    RIP_INFO                    RipInfo;
  } u;
} DEBUG_EVENT, *LPDEBUG_EVENT;

// dwDebugEventCode
#define EXCEPTION_DEBUG_EVENT           1
#define CREATE_THREAD_DEBUG_EVENT       2
#define CREATE_PROCESS_DEBUG_EVENT      3
#define EXIT_THREAD_DEBUG_EVENT         4
#define EXIT_PROCESS_DEBUG_EVENT        5
#define LOAD_DLL_DEBUG_EVENT            6
#define UNLOAD_DLL_DEBUG_EVENT          7
#define OUTPUT_DEBUG_STRING_EVENT       8
#define RIP_EVENT                       9
```

출처: MSDN

dwDebugEventCode 멤버는 Debug 이벤트의 종류(타입)를 나타냅니다. 모두 9가지의 Debug 이벤트가 존재합니다. 그리고 u 멤버는 각각의 Debug 이벤트에 해당하는 구조체가 저장됩니다(u 멤버는 union이며 9개의 structure를 하나로 묶어 버립니다). 예를 들어 dwDebugEventCode = 1(EXCEPTION_DEBUG_EVENT)인 경우 u.Exception 멤버가 저장되고, dwDebugEventCode = 3(CREATE_PROCESS_DEBUG_EVENT)인 경우 u.CreateProcessInfo가 저장되는 식입니다. 그림 57.7과 같이 4011CA 주소까지 디버깅을 진행하기 바랍니다.

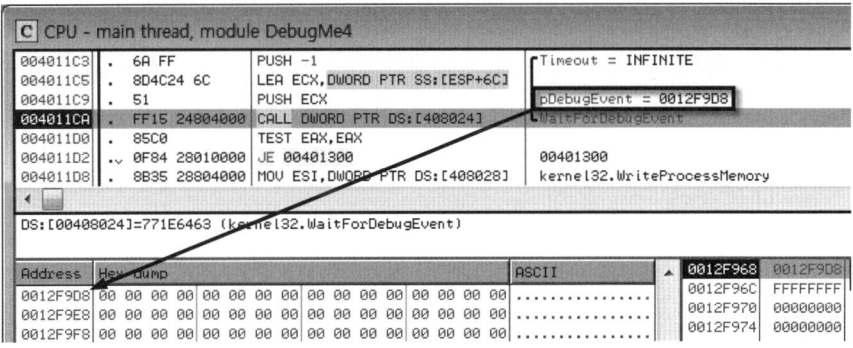

그림 57.7 WaitForDebugEvent( ) API 호출 이전의 DEBUG_EVENT 구조체

pDebugEvent가 가리키는 주소는 12F9D8입니다.

> **참고**
> pDebugEvent가 가리키는 주소는 시스템 환경에 따라서 달라질 수 있습니다. 위에 나온 값을 잘 기록해두었다가, 각자의 환경에 맞는 주소 값으로 디버깅을 따라하면 됩니다.

4011CA 주소의 WaitForDebugEvent() API 호출을 StepOver[F8] 명령으로 실행한 후 12F9D8 주소를 봅시다.

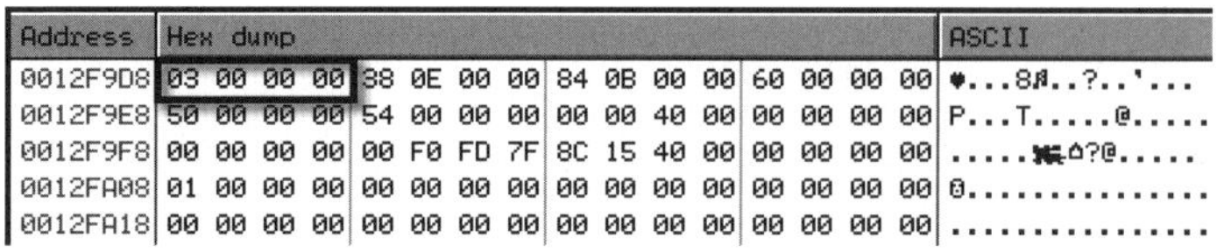

```
Address  Hex dump                                          ASCII
0012F9D8 03 00 00 00 38 0E 00 00 84 0B 00 00 60 00 00 00  ♥...8♪..?..'...
0012F9E8 50 00 00 00 54 00 00 00 00 40 00 00 00 00 00 00  P...T....@.....
0012F9F8 00 00 00 00 00 F0 FD 7F 8C 15 40 00 00 00 00 00  .....╬◊?@.....
0012FA08 01 00 00 00 00 00 00 00 00 00 00 00 00 00 00 00  ☺...............
0012FA18 00 00 00 00 00 00 00 00 00 00 00 00 00 00 00 00  ................
```

그림 57.8 WaitForDebugEvent() API 호출 이후의 DEBUG_EVENT 구조체

dwDebugEventCode 값은 3(CREATE_PROCESS_DEBUG_EVENT)입니다. 즉 디버기 프로세스가 실행될 때 최초로 발생하는 이벤트입니다. 디버깅을 조금 더 진행하면 그림 57.9와 같은 조건 분기 코드가 나타납니다.

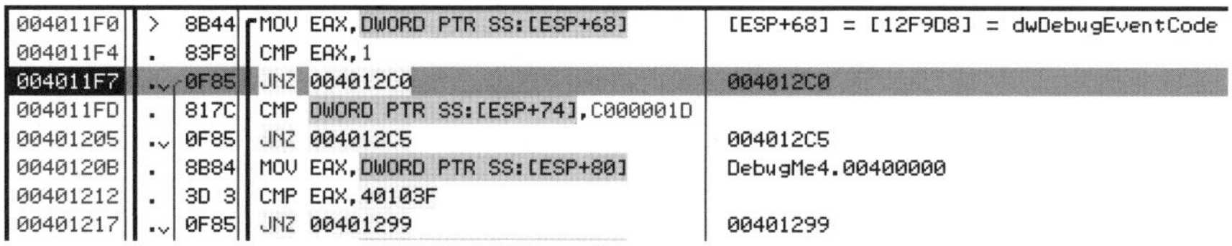

```
004011F0  > 8B44  ┌MOV EAX,DWORD PTR SS:[ESP+68]    [ESP+68] = [12F9D8] = dwDebugEventCode
004011F4  . 83F8  │CMP EAX,1
004011F7  .v0F85  │JNZ 004012C0                     004012C0
004011FD  . 817C  │CMP DWORD PTR SS:[ESP+74],C000001D
00401205  .v0F85  │JNZ 004012C5                     004012C5
0040120B  . 8B84  │MOV EAX,DWORD PTR SS:[ESP+80]    DebugMe4.00400000
00401212  . 3D 3  │CMP EAX,40103F
00401217  .v0F85  │JNZ 00401299                     00401299
```

그림 57.9 dwDebugEventCode 값의 비교를 통한 조건 분기 1

4011F0 주소의 [ESP+68]는 [12F9D8](dwDebugEventCode)입니다. 이 값을 EAX 레지스터에 저장한 후 4011F4 주소에서 1(EXCEPTION_DEBUG_EVENT)과 비교합니다. 현재 dwDebugEventCode는 3이므로 4011F7 주소의 JNZ 명령에 의해서 4012C0 주소로 점프합니다.

```
004012C0    > 83F8      CMP EAX,5
004012C3    .v 74 4     JE SHORT 00401314                     00401314
004012C5    >  8B44     MOV EAX,DWORD PTR SS:[ESP+70]
004012C9    .  8B4C     MOV ECX,DWORD PTR SS:[ESP+6C]
004012CD    .  68 0     PUSH 10002                            ┌ContinueStatus = DBG_CONTINUE
004012D2    .  50       PUSH EAX                              │ThreadId = 3
004012D3    .  51       PUSH ECX                              │ProcessId = 7FFDF000
004012D4    .  FF15     CALL DWORD PTR DS:[408020]            └ContinueDebugEvent
004012DA    .  6A 6     PUSH 60
004012DC    .  8D54     LEA EDX,DWORD PTR SS:[ESP+6C]
004012E0    .  6A 0     PUSH 0
004012E2    .  52       PUSH EDX                              00404FB0
004012E3    .  E8 C     CALL 00404FB0
004012E8    .  83C4     ADD ESP,0C
004012EB    .  6A F     PUSH -1                               ┌Timeout = INFINITE
004012ED    .  8D44     LEA EAX,DWORD PTR SS:[ESP+6C]         │
004012F1    .  50       PUSH EAX                              │pDebugEvent = 0012F9D8
004012F2    .  FF15     CALL DWORD PTR DS:[408024]            └WaitForDebugEvent
004012F8    .  85C0     TEST EAX,EAX
004012FA    .^ 0F85     JNZ 004011F0                          004011F0
```

그림 57.10 dwDebugEventCode 값의 비교를 통한 조건 분기 2

4012C0 주소에서 다시 EAX(dwDebugEventCode) 값을 5(EXIT_PROCESS_DEBUG_EVENT)와 비교합니다. 현재 EAX 값은 3이므로 4012C3 주소의 JE 명령어를 그대로 통과합니다. 4012D4 주소의 ContinueDebugEvent() API를 호출하면 실행이 멈춰진 디버기 프로세스를 계속 실행시켜 줍니다. 그리고 4012F2 주소의 WaitForDebugEvent() API를 호출하여 디버기 프로세스로의 Debug 이벤트를 기다리는 상태가 됩니다. 다시 Debug 이벤트가 발생하면 그림 57.9의 4011F0 주소로 가게 됩니다(4011F0~4012FA 주소의 코드 영역은 루프입니다). 그림 57.9의 4011F0~4011F7 주소의 명령어를 보면, 이 루프는 디버기로부터 EXCEPTION_DEBUG_EVENT(1) 예외를 기다린다는 것을 알 수 있습니다. 우리도 그 경우를 집중적으로 디버깅하면 됩니다. 가장 간단한 방법은 4011FD 주소에 Break Point[F2]를 설치하고 실행[F9]하는 것입니다. 루프는 디버기의 EXCEPTION_DEBUG_EVENT(1)가 발생했을 때 4011FD 주소에 정확히 멈추게 됩니다. 또 다른 방법으로는 같은 주소(4011FD)에 Conditional Log Break Point[SHIFT+F4]를 설치하여 사용자 로그를 출력하고 조건에 따라 실행을 멈추도록 할 수도 있습니다. 이 방법은 프로그램의 전체 동작 원리를 파악할 수 있도록 도와주고, 편리하게 디버깅을 할 수 있도록 해줍니다. 유일한 단점이라면 디버깅 시간이 늘어난다는 것입니다. 뒤에서 자세히 소개하도록 하겠습니다.

57.7. 4차 시도

OllyDbg의 CLBP(Conditional Log Break Point) 기능을 이용하여 4011F0~4012FA 루프의 동작 흐름을 살펴보겠습니다. 우선 디버기로부터 발생하는 모든 Debug 이벤트를 출력해 보겠습니다. OllyDbg를 재실행해서 Go To Expression[CTRL+G] 명령으로 4011F0 주소로 갑니다.

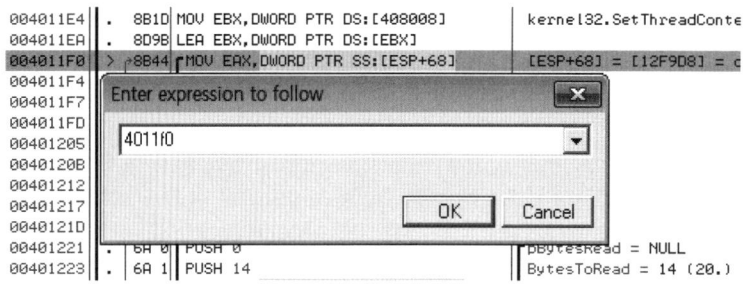

그림 57.11 4011F0 주소로 이동

4011F0 주소에 커서를 위치한 후 Conditional Log Break Point[SHIFT+F4] 명령을 내려주세요.

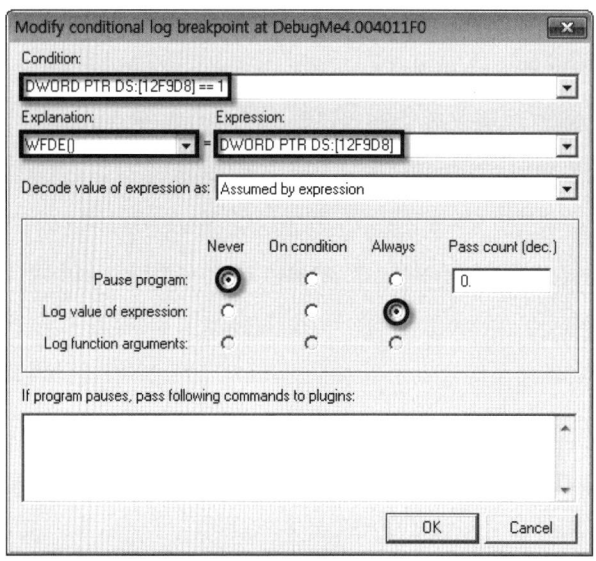

그림 57.12 4011F0 주소에 Conditional Log Break Point 설치

그림 57.12가 CLBP(Conditional Log Break Point) 설정 다이얼로그입니다.

- Condition 항목에 필요한 조건을 입력합니다(생략 가능합니다). 그림 57.12에서는 dwDebugEventCode가 1(EXCEPTION_DEBUG_EVENT)과 같은지 체크하는 조건을 주었습니다(12F9D8 주소는 그림 57.7에서 구한 DEBUG_EVENT 구조체 시작 주소입니다. DWORD PTR DS:[12F9D8]은 DEBUG_EVENT.dwDebug EventCode 멤버를 의미합니다).
- Explanation과 Expression 항목에는 Log 창에 출력하고 싶은 내용을 입력합니다.
- Pause program 항목에는 'Never' 옵션을 지정하여 프로그램이 끝까지 실행되도록 하였고, Log value of expression 항목에는 'Always' 옵션을 지정하여 주어진 조건과 상관없이 항상 로그를 출력하도록 하였습니다.

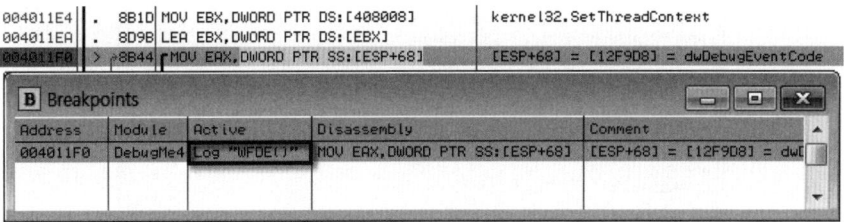

그림 57.13 4011F0 주소에 설치된 Conditional Log Break Point

CLBP가 설치되면 해당 주소는 핑크색으로 표시되어 일반적인 BP의 붉은색과 구별됩니다. 그리고 Breakpoints 창의 'Active' 항목에 그림 57.12의 'Explanation'에 기록한 내용이 표시됩니다(그림 57.13 참고). 이 상태로 OllyDbg의 실행 [F9] 명령을 내리면 DebugMe4.exe가 정상적으로 실행되면서 그림 57.14와 같이 로그를 출력합니다.

그림 57.14의 로그를 보면 디버기 프로세스에서 총 3회의 EXCEPTION_DEBUG_EVENT(1)가 발생한 것을 알 수 있습니다(로그의 대부분은 LOAD_DLL_DEBUG_EVENT(6)입니다).

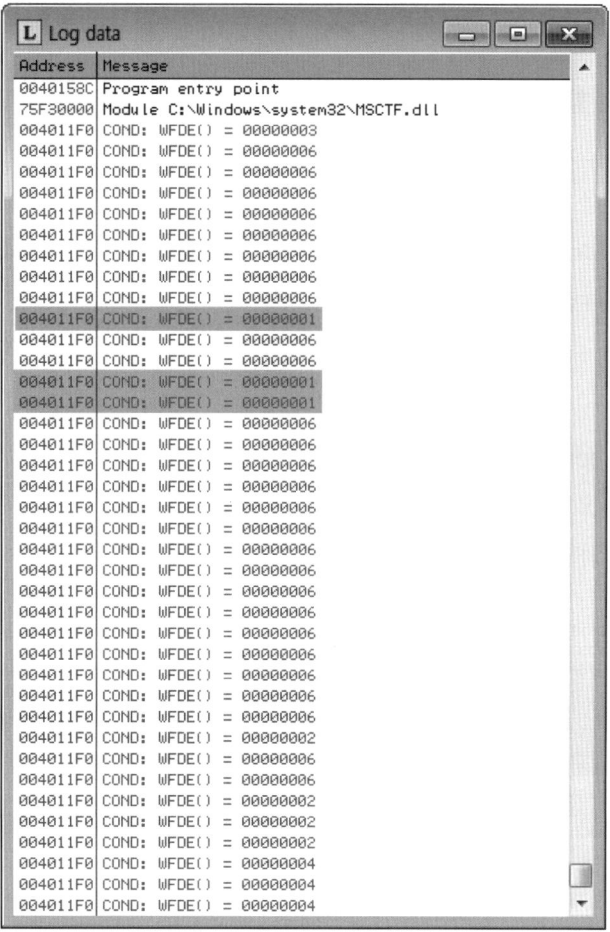

그림 57.14 실행 로그

> **참고**
>
> 그림 57.12의 Conditional Log Break Point 설정 다이얼로그에서 'Pause program' 항목을 'Never' 옵션으로 지정하였기 때문에 DebugMe4.exe 프로그램은 중간에 멈추지 않고 끝까지 정상적으로 실행됩니다. Conditional Log Break Point는 디버깅 작업을 편리하게 해주는 유용한 도구입니다. 본문에서 소개한 내용 외에 다양한 주소와 다양한 조건을 시도해서 연습해보기 바랍니다.

57.8. 5차 시도

EXCEPTION_DEBUG_EVENT(1) 경우를 집중적으로 디버깅합니다. OllyDbg를 재실행하고 4011F0 주소에 설치된 CLBP를 수정합니다.

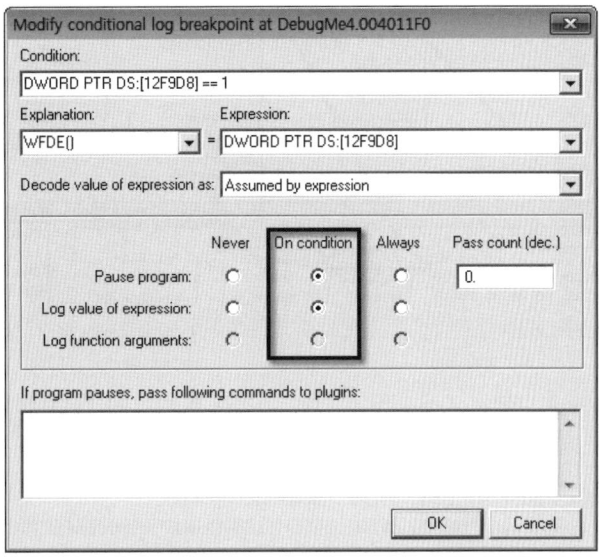

그림 57.15 수정된 옵션

[Pause program] 항목을 'On condition' 옵션으로 변경시켜서 조건에 맞는 경우 프로그램 실행을 멈추도록 합니다. 더불어 [Log value of expression] 항목 역시 'On condition' 옵션으로 변경시켜서 조건에 맞는 경우만 로그를 출력하도록 변경합니다.

57.8.1. System Break Point

OllyDbg의 실행[F9] 명령을 내리면 dwDebugEventCode = 1(EXCEPTION_DEBUG_EVENT)의 경우에 4011F0 주소에서 멈추게 됩니다. 4011FD 주소까지 트레이싱을 합니다.

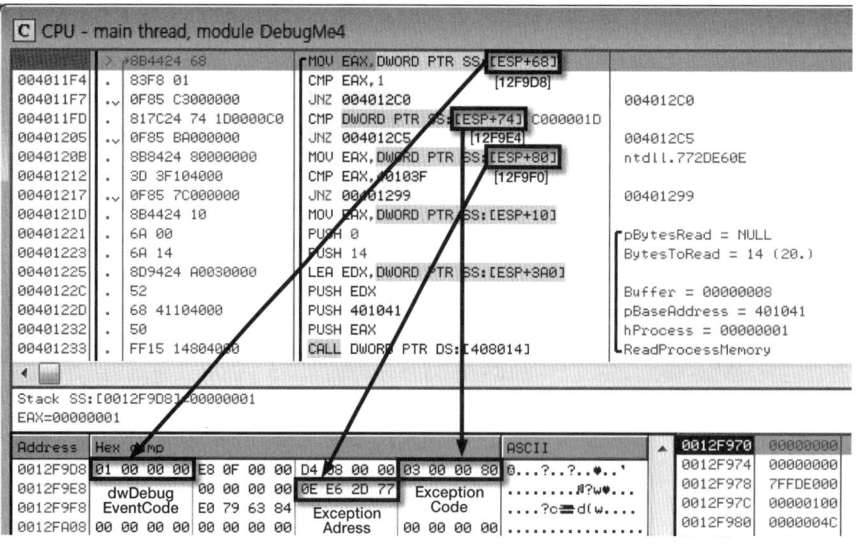

그림 57.16 ExceptionCode 비교

그림 57.16의 코드에서 사용되는 메모리 주소들은 다음과 같습니다.

```
[ESP+68] = [12F9D8] = DEBUG_EVENT.dwDebugEventCode
[ESP+74] = [12F9E4] = DEBUG_EVENT.EXCEPTION_DEBUG_INFO.EXCEPTION_RECORD.
                     ExceptionCode
[ESP+80] = [12F9F0] = DEBUG_EVENT.EXCEPTION_DEBUG_INFO.EXCEPTION_RECORD.
                     ExceptionAddress
```

현재 디버기 프로세스는 772DE60E(ExceptionAddress) 주소에서 80000003 (ExceptionCode - "EXCEPTION_BREAKPOINT") 예외가 발생했다는 뜻입니다. 772DE60E 주소의 명령어를 따라가보면, ntdll.dll 모듈의 'System Break Point'라는 것을 알 수 있습니다. 즉 프로그램을 디버기 모드로 실행시킬 때 무조건 발생하는 예외입니다.

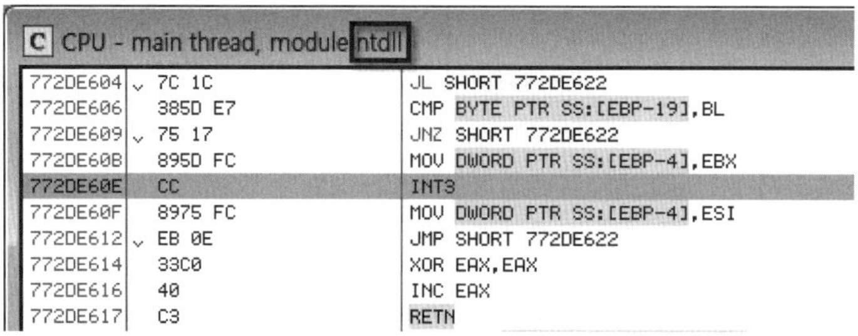

그림 57.17 System Break Point

System Break Point는 우리의 관심 대상이 아니므로 OllyDbg의 실행[F9] 명령으로 계속 진행하겠습니다.

> **참고**
>
> EXCEPTION_DEBUG_INFO와 EXCEPTION_RECORD 구조체 정의는 다음과 같습니다.
>
> ```
> typedef struct _EXCEPTION_DEBUG_INFO {
>   EXCEPTION_RECORD ExceptionRecord;
>   DWORD            dwFirstChance;
> } EXCEPTION_DEBUG_INFO, *LPEXCEPTION_DEBUG_INFO;
>
> typedef struct _EXCEPTION_RECORD {
>   DWORD                    ExceptionCode;
>   DWORD                    ExceptionFlags;
>   struct _EXCEPTION_RECORD *ExceptionRecord;
>   PVOID                    ExceptionAddress;
>   DWORD                    NumberParameters;
>   ULONG_PTR                ExceptionInformation[EXCEPTION_MAXIMUM_PARAMETERS];
> } EXCEPTION_RECORD, *PEXCEPTION_RECORD;
> ```
>
> 출처 : MSDN
>
> DEBUG_EVENT 구조체의 시작 주소가 pDebugEvent(12F9D8)이고, pDebugEvent→dwDebugEventCode = EXCEPTION_DEBUG_EVENT(1) 인 경우에 아래와 같은 관계가 성립됩니다.
>
> ExceptionCode = pDebugEvent + C = [12F9D8 + C] = [12F9E4] = 80000003
> ExceptionAddress = pDebugEvent + 18 = [12F9D8 + 18] = [12F9F0] = 772DE60E
>
> 위에서 소개한 구조체(DEBUG_EVENT, EXCEPTION_DEBUG_INFO, EXCEPTION_RECORD)들의 주요 멤버들(dwDebugEventCode, ExceptionCode, ExceptionAddress)과 그림 57.16에서 보이는 실제 메모리 버퍼 사이의 매핑이 처음에는 어렵게 느껴질 수도 있습니다. 실제 구조체 정의를 차근차근 따져보면서 구조를 잘 익혀두기 바랍니다.

57.8.2. EXCEPTION_ILLEGAL_INSTRUCTION (1)

4011F0 주소에서 다시 실행이 멈춥니다.

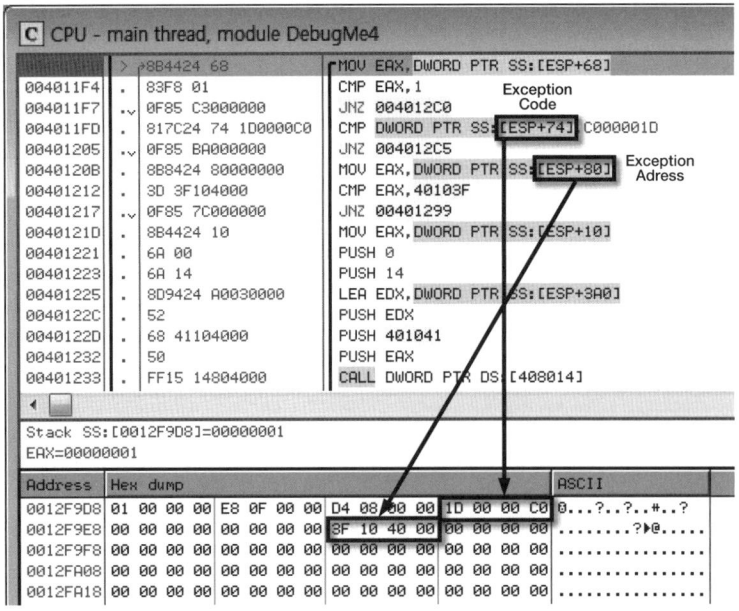

그림 57.18 40103F 주소에서 EXCEPTION_ILLEGAL_INSTRUCTION 예외 발생

그림 57.18을 보면 ExcptionCode = C000001D(EXCEPTION_ILLEGAL_INSTRUCTION)이고, ExceptionAddress = 40103F입니다. 디버기 프로세스의 40103F 주소에서 EXCEPTION_ILLEGAL_INSTRUCTION 에러가 발생했다는 뜻이죠. 40103F 주소는 '2차 시도'에서 이미 확인한 'LEA EAX, EAX' 명령어가 위치한 주소입니다(그림 57.3, 그림 57.5 참고). 디버기 프로세스가 40103F의 잘못된 명령어를 만나서 예외가 발생한 것입니다. 그림 57.18의 코드에는 3개의 조건 분기 코드가 있습니다.

```
004011F0    MOV EAX,DWORD PTR SS:[ESP+68]
004011F4    CMP EAX,1                           ; 1) dwDebugEventCode == 1
004011F7    JNZ 004012C0
004011FD    CMP DWORD PTR SS:[ESP+74],C000001D  ; 2) ExceptionCode ==
                                                      C000001D
00401205    JNZ 004012C5
0040120B    MOV EAX,DWORD PTR SS:[ESP+80]
00401212    CMP EAX,40103F                      ; 3) ExceptionAddress ==
                                                      40103F
00401217    JNZ 00401299
0040121D    MOV EAX,DWORD PTR SS:[ESP+10]
...
```

3가지 조건이 모두 만족되면 40121D 주소의 코드를 실행합니다(한 가지 조건이라도 다르다면 다른 곳으로 점프합니다). 첫 번째 EXCEPTION_ILLEGAL_INSTRUCTION 예외가 발생했을 때 40121D 주소의 코드가 실행된다는 것을 알았습니다. 분명히 디버기 프로세스의 예외를 처리해서 재실행하는 코드가 나타날 것입니다(조금 있다가 자세히 분석해보기로 하겠습니다). '4차 시도'의 그림 57.14를 보면 EXCEPTION_DEBUG_EVENT가 총 3번 발생합니다. 따라서 아직 한 번 더 남아있는 셈이지요. OllyDbg의 실행[F9] 명령으로 계속 진행해보겠습니다.

57.8.3. EXCEPTION_ILLEGAL_INSTRUCTION (2)

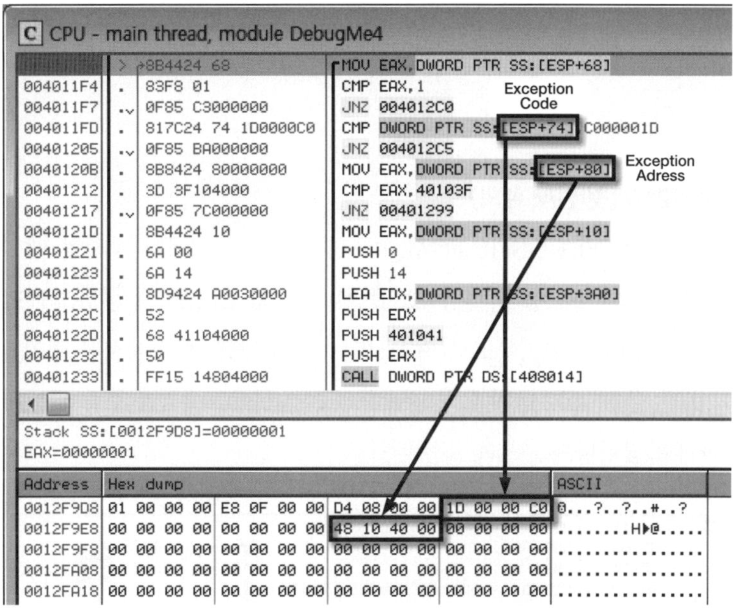

그림 57.19 401048 주소에서 EXCEPTION_ILLEGAL_INSTRUCTION 예외 발생

세 번째 EXCEPTION_DEBUG_EVENT는 401048 주소에서 발생하는군요. ExceptionCode는 아까와 마찬가지로 EXCEPTION_ILLEGAL_INSTRUCTION입니다. 그림 57.5를 보면 401048 주소의 코드는 정상적인 형태의 IA32 Instruction이라고 볼 수 없습니다. 마치 암호화된 코드처럼 보이지요. 어쨌든 그림 57.19에서 401212~401217 주소의 CMP/JNZ 명령 조합(조건 분기문)에 의해서 401299 주소로 점프합니다. 즉 두 번째 EXCEPTION_ILLEGAL_INSTRUCTION 예외가

발생했을 때 401299 주소의 코드가 실행된다는 것을 알았습니다. 이 상태에서 OllyDbg의 실행[F9] 명령을 내리면 그림 57.1의 '자식 Process' 메시지 박스가 나타납니다(디버기 프로세스가 정상적으로 실행했다는 뜻입니다).

지금까지 알아낸 사실은 디버기 프로세스에서 두 번의 EXCEPTION_ILLEGAL_INSTRUCTION 예외가 발생한다는 것입니다. 그리고 그 경우에 디버거 프로세스의 40121D, 401299 주소의 코드가 실행된다는 것이죠. 이 부분만 디버깅하면 정확한 동작 원리를 파악할 수 있을 것입니다.

57.9. 6차 시도

DebugMe4.exe 프로세스의 핵심적인 코드(40121D, 401299)를 디버깅할 차례입니다.

57.9.1. 40121D (첫 번째 예외)

먼저 첫 번째 EXCEPTION_ILLEGAL_INSTRUCTION 예외가 발생할 때 실행되는 40121D 주소의 코드를 디버깅해보겠습니다. OllyDbg를 재실행[Ctrl+F2]해서 40121D 주소에 BP를 설치하고 실행[F9]합니다. 40121D 주소에서 실행이 멈추면 그림 57.20과 같이 401233 주소의 ReadProcessMemory() API 호출 코드까지 트레이싱하기 바랍니다.

```
0040121D   . 8B4424 1  MOV EAX,DWORD PTR SS:[ESP+10]    pBytesRead = NULL
00401221   . 6A 00     PUSH 0                            BytesToRead = 14 (20.)
00401223   . 6A 14     PUSH 14
00401225   . 8D9424 P  LEA EDX,DWORD PTR SS:[ESP+3A0]
0040122C   . 52        PUSH EDX                          Buffer = 0012FD08
0040122D   . 68 41104  PUSH 401041                       pBaseAddress = 401041
00401232   . 50        PUSH EAX                          hProcess = 0000004C (window)
00401233   . FF15 148  CALL DWORD PTR DS:[408014]        ReadProcessMemory
```

그림 57.20 ReadProcessMemory() API 호출

디버기 프로세스의 401041 주소에서 14바이트 크기만큼 읽어 들이는 명령입니다(읽어 들이는 주소 영역을 그림 57.21에 표시하였습니다).

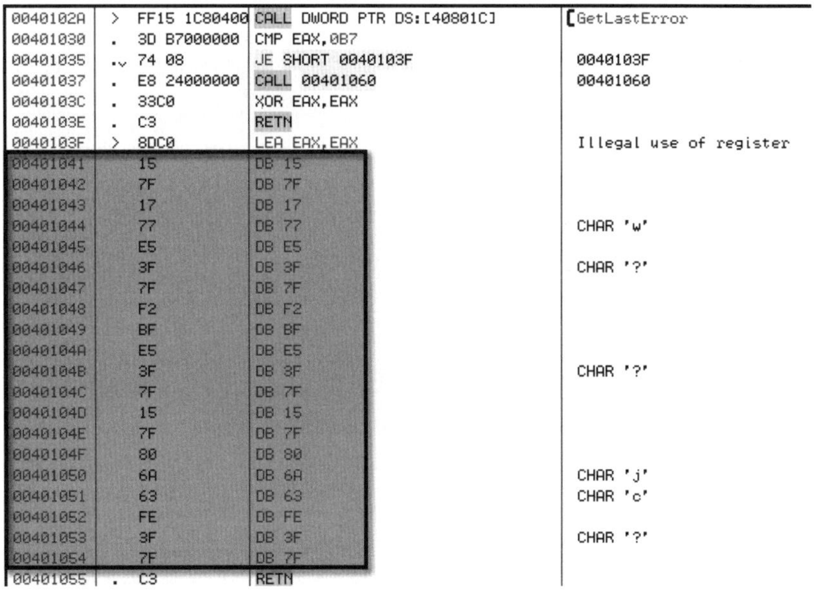

그림 57.21 ReadProcessMemory( ) API 호출

그림 57.21의 401041 주소는 첫 번째 EXCEPTION_ILLEGAL_INSTRUCTION 예외가 발생하는 40103F 주소 명령(LEA EAX, EAX) 바로 다음에 위치한 주소입니다(암호화된 코드). 그림 57.20의 ReadProcessMemory( ) API 호출을 StepOver[F8]로 지나가면, 401240 주소에 XOR 디코딩 루프(Decoding Loop)가 나타납니다(7F로 XOR). 그림 57.22를 참고하세요.

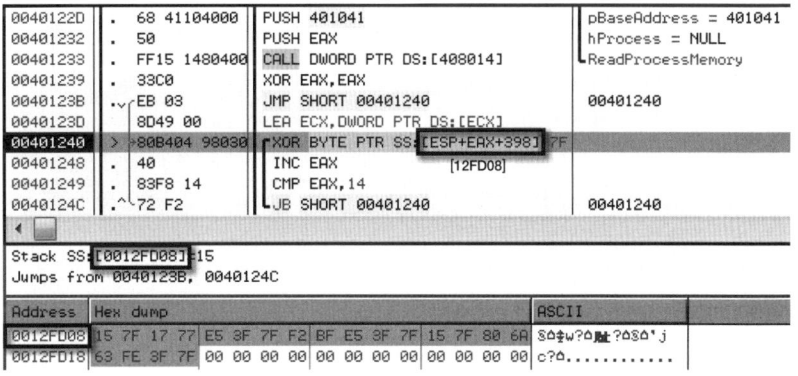

그림 57.22 디코딩 루프

디코딩되는 버퍼(12FD08~12FD1B)는 앞에서 ReadProcessMemory() API로 읽어 들인 영역입니다. 위 디코딩 루프를 통과한 후 해당 버퍼를 살펴보면 그림 57.23과 같은 코드가 나타납니다.

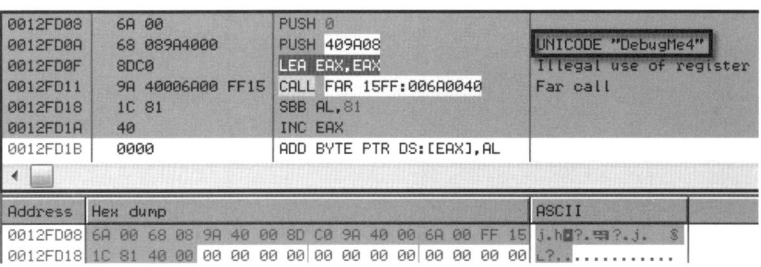

그림 57.23 Decoded code

그냥 보기에는 실행 명령의 일부 같습니다. "DebugMe4" 문자열 주소(409A08)를 참조하는 것이 눈에 띄네요. 그리고 12FD08 주소에 Illegal Instruction인 'LEA EAX, EAX' 명령어가 또 나타나는군요. 그 이후의 12FD11 주소부터는 다시 깨진 명령어처럼 보입니다. 그림 57.22의 디코딩 루프를 통과하면 디버기 프로세스에 암호가 풀린 코드(12FD08~12FD1B)를 원래와 같은 주소 영역(401041~401054)에 덮어써버립니다(그림 57.24 참고).

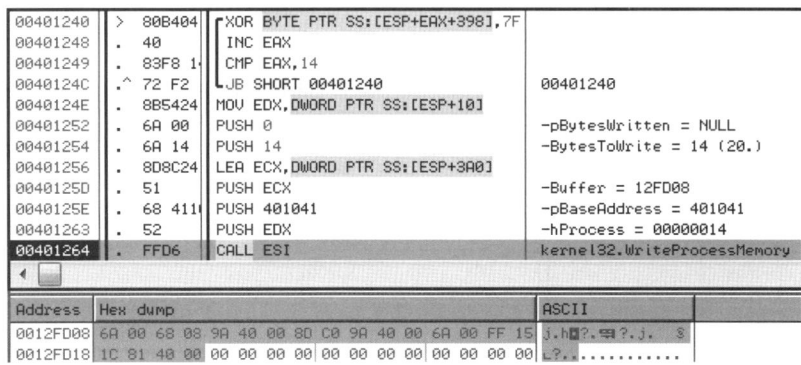

그림 57.24 WriteProcessMemory() API

디버기 프로세스 입장에서는 암호화된 주소 영역(401041~401054)이 디버기에 의해서 복호화된 셈입니다.

> **참고**
>
> 그림 57.24에서 401264 주소의 WriteProcessMemory() API가 호출된 이후 디버기 프로세스의 401041 주소 영역은 그림 57.25와 같습니다.

```
0040103F    > 8DC0              LEA EAX,EAX              Illegal use of register
00401041      6A 00             PUSH 0
00401043      68 089A4000       PUSH 409A08              UNICODE "DebugMe4"
00401048      8DC0              LEA EAX,EAX              Illegal use of register
0040104A      9A 40006A00 FF15  CALL FAR 15FF:006A0040   Far call
00401051      1C 81             SBB AL,81
00401053      40                INC EAX                  DebugMe4.00401048
00401054      00C3              ADD BL,AL
```

그림 57.25 디버기 프로세스의 복호화된 코드

디버깅을 계속 진행해보겠습니다. 그림 57.26에 나타난 401266~401295 주소의 코드는 디버기 프로세스의 EIP(정확히는 메인 스레드 컨텍스트의 EIP)를 변경하는 것입니다.

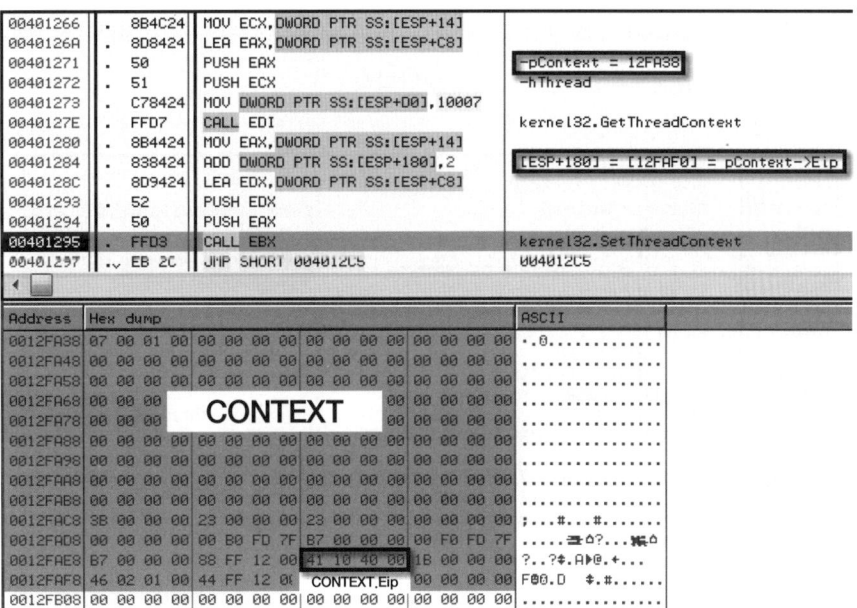

그림 57.26 디버기 프로세스의 EIP 변경

40127E 주소의 GetThreadContext() API를 호출하여 디버기 프로세스의 메인 스레드 CONTEXT 구조체를 읽어 들입니다(버퍼 주소 pContext = 12FA38).

현재 디버기 프로세스의 EIP 주소는 40103F(첫 번째 EXCEPTION_ILLEGAL_INSTRUCTION 예외가 발생한 주소)입니다. 401284 주소의 ADD 명령에 의해서 현재 EIP 값에 2를 더해줍니다. 따라서 pContext→Eip = 401041로 변경됩니다. 이제 디버기 프로세스의 40103F에서 발생한 EXCEPTION_ILLEGAL_INSTRUCTION 예외는 해결되었습니다.

참고

원래 Eip = 40103F의 명령어는 LEA EAX, EAX이고, 이 명령어의 길이는 2바이트입니다. 따라서 Eip 값에 2만큼 더해주면 비정상 명령어인 LEA EAX, EAX를 건너뛰어 버리는 역할을 합니다. 마지막으로 디버기 프로세스에게 제어를 넘겨주면 401041 주소의 복호화된 정상적인 코드가 실행됩니다. 즉 디버기 프로세스에서 발생한 예외를 처리한 셈이 됩니다.

그림 57.26에서 401295 주소의 SetThreadContext() API 호출 이후에 그림 57.27과 같이 4012C5 주소의 코드가 실행됩니다.

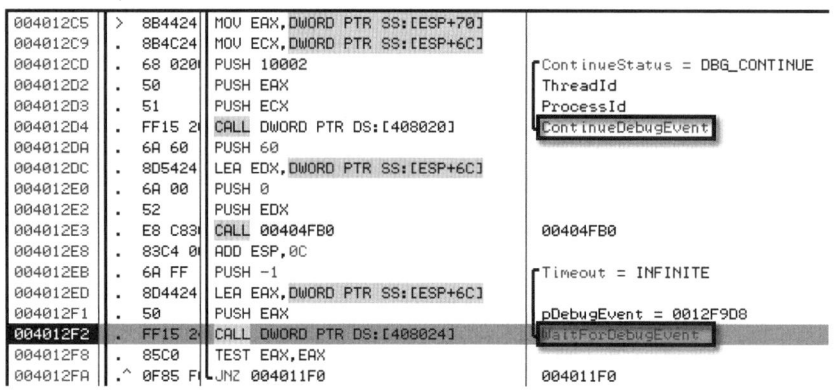

그림 57.27 WaitForDebugEvent() API 호출

4012D4 주소의 ContinueDebugEvent() API를 호출하여 실행이 중지된 디버기 프로세스를 다시 실행되도록 합니다(디버기 프로세스는 401041 주소의 코드를 실행합니다). 그런 다음 4012F2 주소의 WaitForDebugEvent() API를 다시 호출하여 디버기 프로세스의 Debug 이벤트를 기다리는 상태로 바뀝니다.

여기까지의 내용이 디버기 프로세스에서 첫 번째 EXCEPTION_ILLEGAL_INSTRUCTION 예외가 발생했을 때 디버거 프로세스에서 실행되는 코드 (40121D) 내용입니다. 이해를 돕기 위해 위 40121D 코드의 실행 흐름을 간단히 정리해보았습니다.

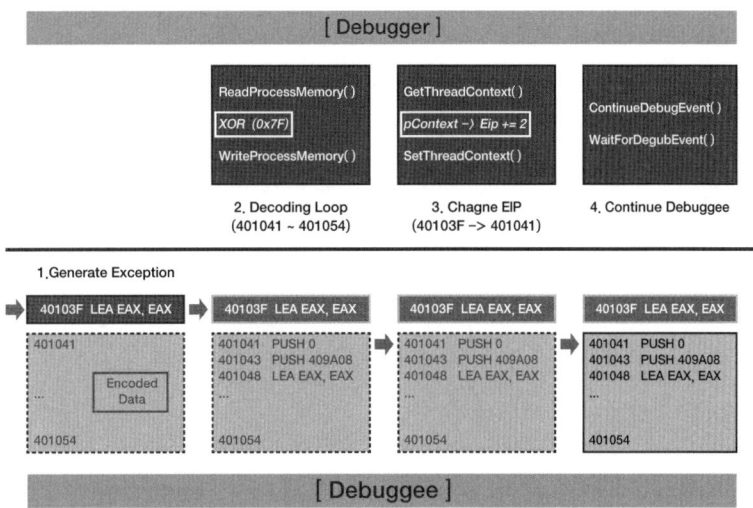

그림 57.28 40121D 실행 코드 흐름

1. Generate Exception(디버기)

디버기 프로세스의 40103F 주소에서 (LEA EAX, EAX 명령어에 의해) EXCEPTION_ILLEGAL_INSTRUCTION 예외가 발생합니다. 이 순간 디버기 프로세스는 실행이 중지되고, 디버거 프로세스에게 제어가 넘어옵니다(더 정확히 표현하자면 디버거 프로세스에서 호출한 WaitForDebugEvent() API가 리턴됩니다).

2. Decoding Loop(디버거)

디버거는 디버기 프로세스의 401041~401054 메모리 영역을 읽어 들여 XOR (7F) 명령으로 디코딩합니다. 그리고 디코딩된 실제 코드를 디버기 프로세스의 동일한 메모리 영역에 덮어씁니다.

3. Change EIP(디버거)

디버기의 코드 실행 주소(EIP)를 변경(40103F→401041)합니다.

> 참고
>
> 만약 이 작업을 하지 않는다면 디버기 프로세스를 다시 실행했을 때 현재 EIP 주소(40103F)의 예외 발생 코드(LEA EAX, EAX)를 다시 실행할 것이고 앞의 과정이 계속 반복되는 무한루프에 빠지게 됩니다.

4. Continue Debuggee(디버거)

40103F 주소에서 발생한 예외를 처리하였으므로 디버기 프로세스를 실행해줍니다. 그리고 디버거 자신은 다시 디버기로부터 예외를 기다리는 '대기' 모드로 전환됩니다.

* 중요! – 디버기 프로세스가 실행할 코드 주소는 401041입니다.

위의 개념을 이해한 다음 다시 전체 설명을 찬찬히 읽어보면, 코드의 동작 원리를 이해하는데 도움이 될 것입니다.

57.9.2. 401299 (두 번째 예외)

두 번째 EXCEPTION_ILLEGAL_INSTRUCTION 예외가 발생할 때 실행되는 401299 주소를 디버깅할 차례입니다. 401299 주소에 BP(BreakPoint)를 설치합니다. 그림 57.27에서 4012F2 주소의 WaitForDebugEvent() API 호출 코드에서 OllyDbg의 실행[F9] 명령을 내리면 401299 주소에 멈춥니다(401299 주소의 BP만 남긴 후 OllyDbg를 재실행[Ctrl+F2]해도 됩니다). 그림 59.29를 참고합시다.

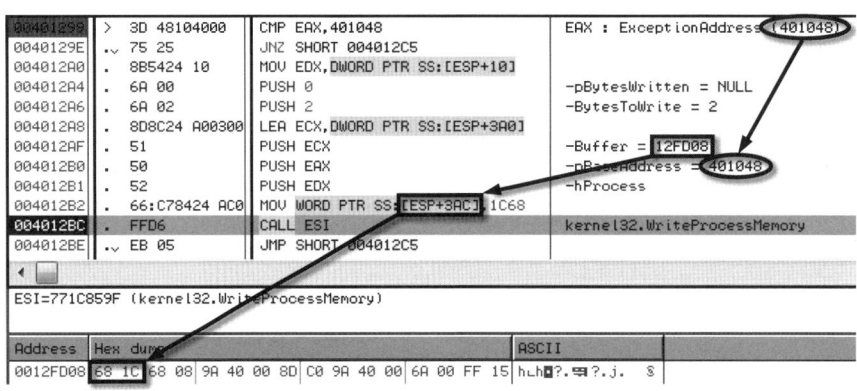

그림 57.29 WriteProcessMemory() 호출

그림 57.29와 같이 401299 주소에서 4012BC의 WriteProcessMemory() API 호출까지 트레이싱합니다. 401299 주소에서 EAX 레지스터가 의미하는 것은 디버기 프로세스에서 예외(EXCEPTION_ILLEGAL_INSTRUCTION)가 발생한 주소(401048)입니다(그림 57.19 참고). 그림 57.25를 보면 디버기 프로세스의 401048 주소에는 현재 LEA EAX, EAX 명령어가 존재합니다. 디버기 프로세스는 이 Illegal Instruction을 실행하다가 다시 예외를 발생시킨 것입니다. 그림 57.29에서 4012BC 주소의 WriteProcessMemory() API를 호출하여 디버기 프로세스의 401048 주소의 2byte - 8DC0(LEA EAX, EAX 명령어)를 681C(PUSH XXXX 명령어)로 수정하고 있습니다. 최종적으로 디버기 프로세스의 해당 주소 영역은 그림 57.30과 같은 형태가 됩니다.

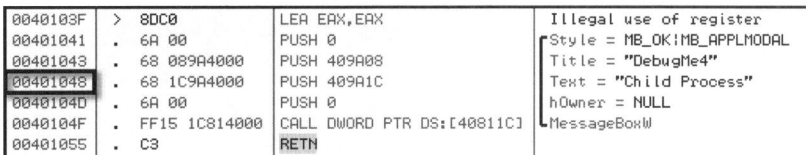

그림 57.30 완벽히 복호화된 디버기 프로세스 코드

401048 주소의 2바이트가 수정되면서 그 이후의 명령어들도 정상적으로 해석되었습니다. 드디어 디버기 프로세스에서만 호출되던 MessageBox() API가 보입니다.

> **참고**
>
> 단지 2바이트가 변경되었을 뿐인데 그림 57.25와 그림 57.30의 디스어셈 코드는 큰 차이가 있습니다. 그 이유는 OllyDbg의 디스어셈블러가 그림 57.25의 40104A 주소의 9A를 'OpCode'로 해석하였기 때문입니다(실제로는 PUSH 명령어에 포함된 'Immediate'의 일부입니다). 리버싱에서는 그림 57.25와 같이 코드 중간이 깨진 형태를 'Code Alignment가 깨졌다'라고 말합니다. PE 프로텍터에서 의도적으로 분석을 어렵게 만들기 위해 적용하는 안티 디버깅 기법 중의 하나입니다.

이제 OllyDbg에서 그림 57.29의 WriteProcess() API 호출 코드를 StepOver[F8]로 진행하면 프로그램은 4012C5 주소로 갑니다. 그런 다음 ContinueDebugEvent()로 디버기 프로세스의 실행을 재개하고, WaitForDebugEvent()를 호출하여 '대기' 모드로 들어갑니다. 이 과정은 앞에서 소개한 그림 57.27과 동일합니다.

> **참고**
>
> 첫 번째 예외 처리와 두 번째 예외 처리 방법이 서로 다르다는 것을 주목하기 바랍니다. 첫 번째 예외는 40103F 주소에서 발생하였는데, 디버기 프로세스의 EIP 레지스터를 조작하여 예외를 건너뛰어 버렸습니다. 반면에 두 번째 예외는 401048 주소에서 발생하였는데, 예외가 발생한 그 주소의 비정상적인 코드를 정상적인 코드로 직접 패치시킨 후 다시 같은 주소를 실행하도록 만들었습니다.

드디어 디버기 프로세스는 그림 57.1과 같이 정상적으로 동작하면서 메시지 박스를 띄웁니다. 이해를 돕기 위해 401299 코드의 실행 흐름을 간단히 정리해보았습니다.

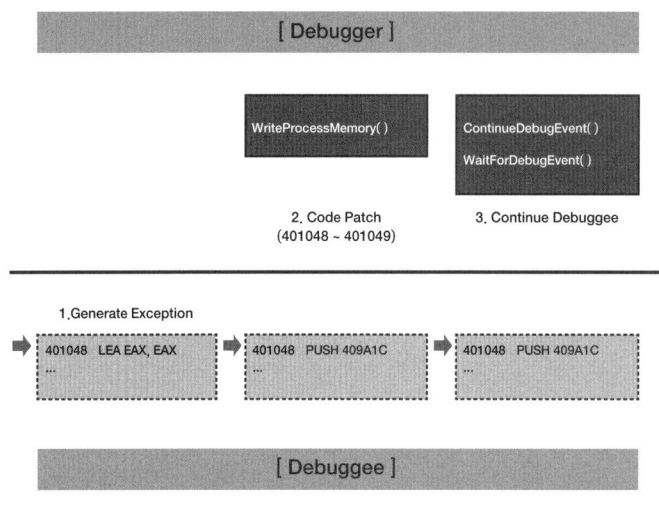

그림 57.31 401299 실행 코드 흐름

1. Generate Exception(디버기)

디버기 프로세스의 401048 주소에서 (LEA EAX, EAX 명령어에 의해) EXCEPTION_ILLEGAL_INSTRUCTION 예외가 발생합니다.

2. Code Patch(디버거)

디버기 프로세스의 401048~401049 메모리 영역(2바이트)에 '681C'를 덮어씁니다. 이것은 PUSH 명령어의 일부분입니다. 디버기 프로세스의 최종적인 코드의 모양은 그림 57.30과 같습니다.

3. Continue Debuggee(디버거)

예외가 처리되었으므로 디버기 프로세스를 실행시킵니다. 그리고 디버거는 다시 '대기' 모드로 전환됩니다.

> **참고**
> 디버기 프로세스가 실행할 코드 주소는 그대로 401048입니다. 단지 예외 명령어를 정상 명령어로 덮어써버린 것입니다.

지금까지 디버거 프로세스의 코드를 상세 분석하여 DebugMe4.exe (부모/자식) 프로세스의 동작 원리를 파악하였습니다. 직접 디버깅을 하면서 각 코드의 의미를 이해하기 바랍니다.

57.10. 7차 시도

리버싱을 하다 보면 Debug Blocker 기법이 적용된 프로그램의 자식(디버기) 프로세스를 직접 디버깅해야 하는 경우가 있습니다. 이미 부모(디버거)에 의해 디버깅을 당하는 자식(디버기) 프로세스를 디버깅하는 방법에 대해서 살펴보도록 하겠습니다. 다양한 디버깅 방법이 가능합니다만, 크게 Static과 Dynamic의 두 가지 경우로 분류할 수 있습니다.

57.10.1. Static 방법

디버거 프로세스를 상세 분석하여 '디코딩 코드'를 얻은 후 프로그램의 PE 파일 혹은 프로세스 메모리에 직접 패치시킨 후 OllyDbg로 디버깅하는 방법입니다. '2차 시도'에서 성공하지 못했던 이유는 디버기에서 실행될 코드(401041)가 암호화되어 있었기 때문이었습니다(그림 57.5 참고). 이 코드를 복호화가 완료된 코드(그림 57.30 참고)로 덮어쓴 후 다시 시도한다면 쉽게 디버깅할 수 있습니다. Hex Editor를 이용해서 DebugMe4.exe 파일을 패치하거나 디버거를 이용해서 프로세스 메모리를 패치해도 됩니다. 저는 OllyDbg를 이용해서 프로세스 메모리를 패치하도록 하겠습니다. '2차 시도'와 동일한 방법으로 40103F 주소까지 진행하기 바랍니다.

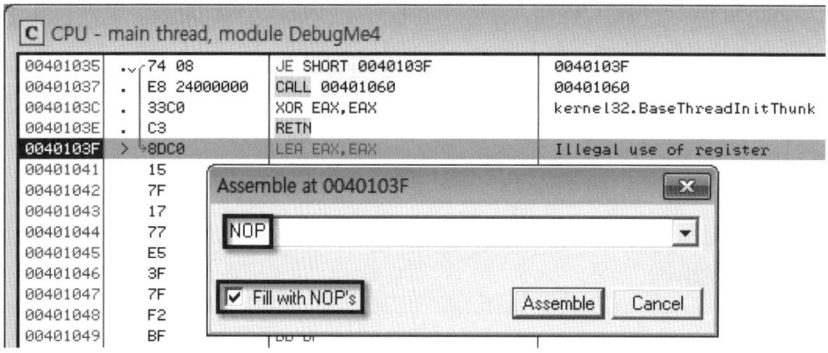

그림 57.32 40103F 주소 명령어를 NOP로 패치

예외 발생을 피하기 위해서 Assemble 명령[SPACE]으로 40103F 주소의 'LEA EAX, EAX' 명령어를 'NOP'로 변경합니다(그림 57.32 참고).

> **참고**
>
> 401035 주소의 'JE 40103F' 명령어(2바이트)를 'JMP 401041' 명령어(2바이트)로 패치해서 아예 40103F 주소의 'LEA EAX, EAX' 명령어를 건너뛰는 것도 좋은 방법입니다.

그리고 그림 57.30을 참고하여 401041~401054 주소 영역을 Edit 명령[CTRL+E]으로 패치합니다(그림 57.33 참고).

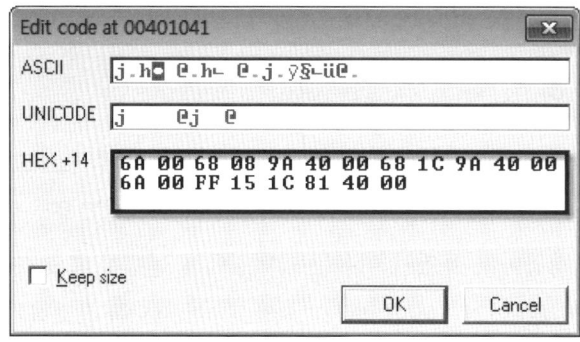

그림 57.33 401041 주소 영역을 복호화 코드로 패치

최종적으로 패치가 완료된 코드는 그림 57.34와 같습니다.

```
00401035   .v 74 08           JE SHORT 0040103F        0040103F
00401037   .  E8 24000000     CALL 00401060            00401060
0040103C   .  33C0            XOR EAX,EAX
0040103E   .  C3              RETN
0040103F      90              NOP
00401040      90              NOP
00401041      6A 00           PUSH 0
00401043      68 089A4000     PUSH 409A08              UNICODE "DebugMe4"
00401048      68 1C9A4000     PUSH 409A1C              UNICODE "Child Process"
0040104D      6A 00           PUSH 0
0040104F      FF15 1C814000   CALL DWORD PTR DS:[40811C]   USER32.MessageBoxW
00401055   .  C3              RETN
```

그림 57.34 패치 완료된 코드

패치가 완료된 코드를 편안하게 디버깅하면 됩니다. 이 방법은 패치할 코드가 간단한 경우에 쉽게 사용할 수 있는 방법입니다. 만약 패치해야 할 코드가 크고 복잡하며 여러 군데에 흩어져 있다면 쉽게 사용하기 어려울 것입니다.

57.10.2. Dynamic 방법

Dynamic 방법은 Static 방법에 비해서 훨씬 흥미로운 방법입니다. 대략적인 순서는 아래와 같습니다.

1. 부모(디버거) 프로세스를 OllyDbg로 디버깅하면서 분석가가 원하는 시점(혹은 자식 프로세스 코드의 복호화가 완료된 시점)까지 진행합니다.
2. 자식(디버기) 프로세스에서 분석하고 싶은 코드 위치에 무한루프 설치
3. 부모(디버거) 프로세스를 자식(디버기) 프로세스로부터 Detach시킴
4. OllyDbg를 자식 프로세스에 Attach

하나씩 단계별로 진행해보겠습니다.

적당한 위치 선정

자식(디버거) 프로세스의 어느 부분부터 디버깅을 하고 싶은지 결정을 합니다. 되도록이면 EP(EntryPoint)부터 디버깅을 하면 좋겠지요. 우리는 이미 '1차 시도'와 '2차 시도'를 통해서 EP 코드를 분석하였습니다.

따라서 자식(디버거) 프로세스의 복호화된 코드 첫 부분(401041)부터 디버깅을 시작하면 좋을 것 같습니다. 그러기 위해서는 부모(디버거) 프로세스의 해당 코드 부분(디코딩 루프)까지 디버깅을 진행합니다. OllyDbg를 재실행[CTRL+F2]하기

바랍니다. 작업 편의상 401233 주소에 BP(BreakPoint)를 설치 후 실행[F9]합시다.

```
00401205    .v 0F85      JNZ 004012C5                       004012C5
0040120B    .  8B842     MOV EAX,DWORD PTR SS:[ESP+80]
00401212    .  3D 3F     CMP EAX,40103F
00401217    .v 0F85      JNZ 00401299                       00401299
0040121D    .  8B442     MOV EAX,DWORD PTR SS:[ESP+10]
00401221    .  6A 00     PUSH 0                             pBytesRead = NULL
00401223    .  6A 14     PUSH 14                            BytesToRead = 14 (20.)
00401225    .  8D942     LEA EDX,DWORD PTR SS:[ESP+3A0]
0040122C    .  52        PUSH EDX                           Buffer = 0012FD08
0040122D    .  68 41     PUSH 401041                        pBaseAddress = 401041
00401232    .  50        PUSH EAX                           hProcess = 0000004C (window)
00401233    .  FF15      CALL DWORD PTR DS:[408014]         ReadProcessMemory
00401239    .  33C0      XOR EAX,EAX
```

그림 57.35 401233 주소의 코드

그림 57.35에서 ReadProcessMemory() API의 hProcess 파라미터 값(자식 프로세스 핸들 - 0x4C)을 잘 기록해두기 바랍니다. 뒤쪽에서 중요하게 사용됩니다. 이후의 코드는 앞에서 이미 살펴본 바와 같이 자식(디버기) 프로세스의 암호화된 코드를 복호화하는 코드입니다.

> **참고**
>
> 401233 주소는 자식(디버기) 프로세스에서 첫 번째 EXCEPTION_ILLEGAL_INSTRUCTION 예외가 발생할 때 부모(디버거) 프로세스에서 실행되는 코드 주소(40121D)의 아래쪽에 있는 코드입니다('6차 시도' 참고). 설명의 편의상 이 위치를 선정하였습니다.

이제 계속해서 4012D4 주소의 ContinueDebugEvent() API 호출 코드까지 디버깅을 진행합니다(그림 57.36 참고).

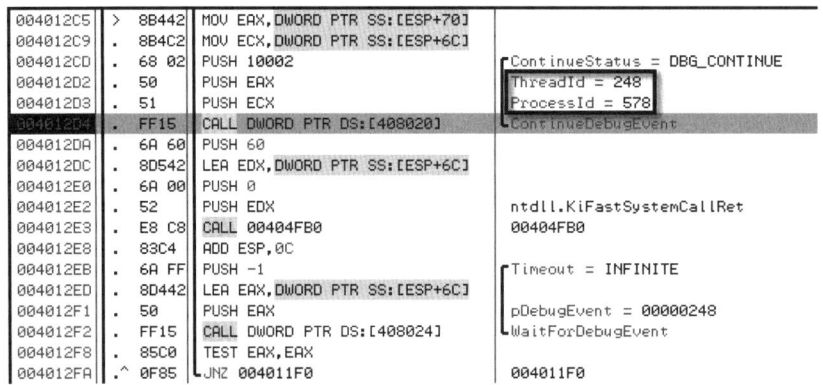

그림 57.36 ContinueDebugEvent() API 호출까지 트레이싱

현재 자식(디버기) 프로세스의 상태는 암호화된 코드의 대부분이 복호화되었고, EIP 주소는 401041로 변경되었습니다('6차 시도' 참고). ContinueDebugEvent( ) API의 파라미터 ThreadId(248), ProcessId(578) 값을 잘 기록해두기 바랍니다. 역시 뒤쪽에서 중요하게 사용됩니다.

> **참고**
> hProcess, ThreadId, ProcessId 값은 디버깅 시스템 환경에 따라서 값이 달라집니다.

부모(디버거) 프로세스 코드의 역할은 여기까지입니다. Detach하기 전까지 몇 가지 작업을 더 해야 합니다.

무한루프 설치

만약 그림 57.36의 ContinueDebugEvent( ) API를 호출하면, 자식(디버기) 프로세스가 실행되어 버리기 때문에 OllyDbg로 자식(디버기) 프로세스를 Attach시킬 여지가 없습니다. 따라서 그 전에 자식(디버기) 프로세스의 코드 실행 주소(EIP)에 무한루프를 설치해야 합니다. 그런데 어떤 방법을 써야 자식(디버기) 프로세스의 메모리에 원하는 코드를 기록할 수 있을까요? 우리는 디버거에서 디버기의 메모리를 마음대로 조작할 수 있다는 것을 잘 알고 있습니다. 자식(디버기) 프로세스는 부모(디버거) 프로세스에 의해 디버깅을 당하는 상태입니다. 그리고 지금 우린 OllyDbg로 부모(디버거) 프로세스를 디버깅하고 있습니다. 세 프로세스의 관계는 그림 57.37과 같습니다.

따라서 OllyDbg로 DebugMe4(부모) 프로세스에 'DebugMe4(자식) 프로세스 코드를 수정하는' 코드를 작성한 후 실행합니다. 설명이 복잡해보이지만 실제로는 간단한 원리입니다. 그림 57.38과 같이 Edit 명령[CTRL+E]으로 4012D2 주소에 무한루프 코드(EBFE) 2바이트를 기록합니다.

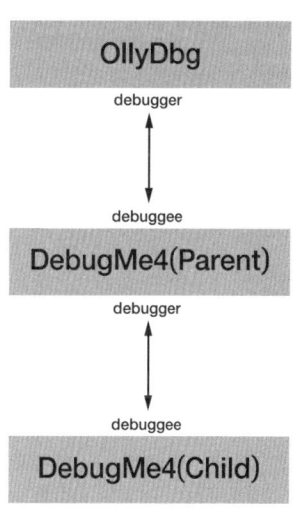

그림 57.37 OllyDbg - DebugMe4 (Parent) - DebugMe4(Child)

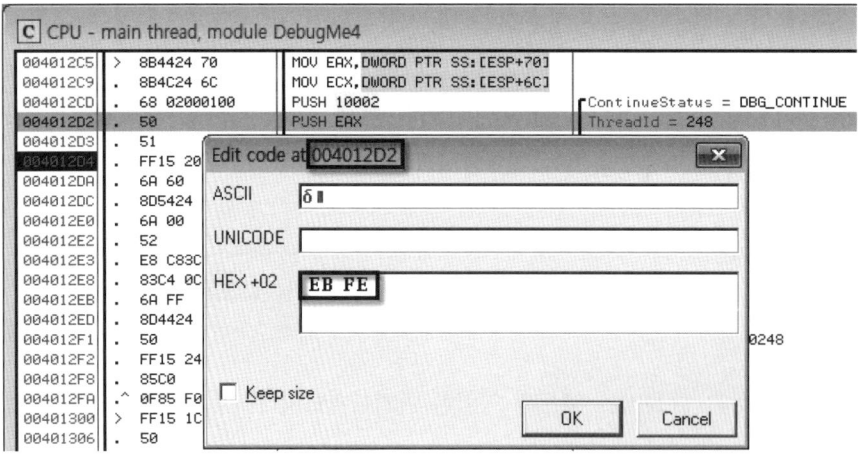

그림 57.38 무한루프 코드

그리고 Assemble 명령[Space]으로 4012D4~4012E4 주소에 그림 53.39처럼 어셈블리 코드를 입력하기 바랍니다(기존에 있는 명령어는 덮어씁니다).

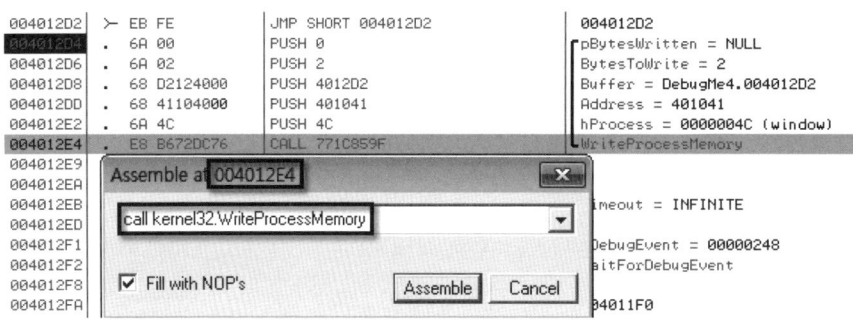

그림 57.39 무한루프 설치 코드 입력

위 작업은 OllyDbg를 이용하여 부모(디버거) 프로세스에 간단한 어셈블리 프로그래밍을 한 것입니다. 내용은 WriteProcessMemory() API를 이용하여 자식(디버기) 프로세스에 무한루프 코드(그림 57.38)를 설치하는 것입니다.

참고

4012E2 주소의 PUSH hProcess 명령어를 입력할 때는 그림 57.35에서 기록해 둔 (각자 환경에 맞는) hProcess 값을 입력하기 바랍니다. 4012E4 주소의 CALL WriteProcessMemory 명령어 입력할 때는 'CALL 771C859F'라고 입력하지 말아야 합니다. 시스템 환경에 따라서 kernel32.

WriteProcessMemory() API의 주소가 다르기 때문입니다. 대신 'CALL kernel32.Write
ProcessMemory'라고 입력하면, OllyDbg가 시스템의 실제 kernel32.WriteProcessMemory()
API 주소를 구해서 기록해줍니다. 더 이상 부모(Debugger) 프로세스의 코드를 실행할 필요가 없
기 때문에 위와 같이 코드를 덮어 써도 상관 없습니다.

그림 57.39의 현재 EIP(4012D4) 주소부터 4012E4 주소의 CALL WriteProcess
Memory() 명령어까지 StepOver[F8] 명령으로 실행하면 자식(Debuggee) 프
로세스의 401041 주소에 무한루프가 설치됩니다. 무한루프가 설치된 자식
(Debuggee) 프로세스를 실행시키겠습니다. 동일한 방법을 사용하여 간단한 어셈
블리 프로그래밍을 하면 됩니다(그림 57.40의 4012E9~4012F8 주소 참고).

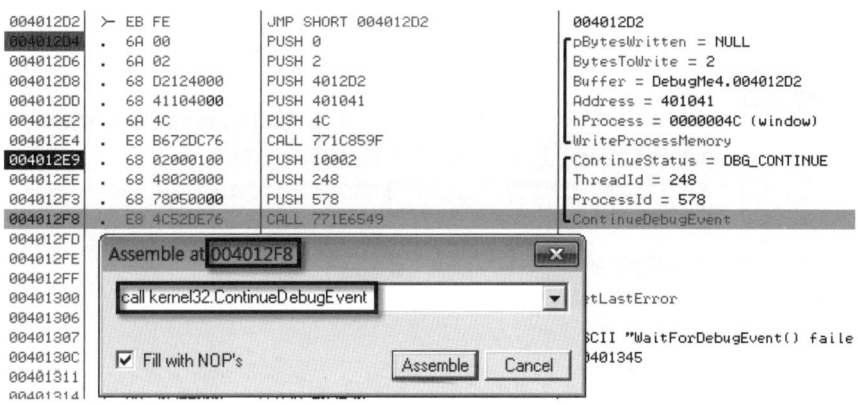

그림 57.40 자식(디버기) 프로세스 실행 코드 입력

그림 57.40의 4012F8 주소까지 트레이싱하면 (멈춰진) 자식(디버기) 프로세스는
실행됩니다(EIP 주소(401041)에 설치된 무한루프를 계속 실행하게 될 것입니다).

참고

그림 57.40에서 4012EE, 4012F3 주소의 ThreadId, ProcessId 파라미터는 그림 57.36에서 기록
한 값을 입력하기 바랍니다. 4012F8 주소의 ContinueDebugEvent() API 호출 명령어를 입력할
때는 반드시 'CALL kernel32.ContinueDebugEvent'라고 입력하세요.

이제 Detach를 위한 준비가 모두 끝났습니다.

Detach

일반적으로 디버거 - 디버기 프로세스 관계가 일단 맺어지면 둘 중에 한 프로세스가 종료하기 전까지는 관계가 끊어지지 않습니다. Windows XP에서부터 제공되는 DebugActiveProcessStop() API를 호출하면 디버거에서 디버기를 떼어낼 수 있습니다(Detach).

```
BOOL WINAPI DebugActiveProcessStop(
  __in  DWORD dwProcessId
);
```
출처: MSDN

역시 어셈블리 프로그래밍 방법을 사용하도록 하겠습니다(그림 57.41에서 4012FD~401302 주소 참고).

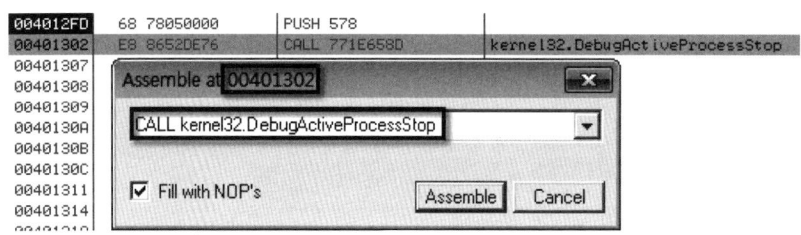

그림 57.41 Detach 코드 입력

그림 57.41에서 401302 주소의 CALL DebugActiveProcessStop 명령어까지 실행하고 나면 자식(디버기) 프로세스는 부모(디버거) 프로세스로부터 떨어져 나갑니다. 부모(디버거) - 자식(디버기) 관계가 깨져 버린 것입니다. 이제부터는 서로 독립적인 프로세스입니다.

Attach

새로운 OllyDbg를 실행시켜서 DebugMe4.exe(자식) 프로세스에 Attach하기 바랍니다.

77273540 ntdll.DbgBreakPoint	CC	INT3
77273541	C3	RETN
77273542	90	NOP
77273543	90	NOP
77273544	90	NOP
77273545	90	NOP
77273546	90	NOP
77273547	90	NOP

그림 57.42 ntdll.DbgBreakPoint( )

그림 57.42와 같이 ntdll.DbgBreakPoint( )에서 멈출 것입니다. 이것은 System Break Point이므로 실행[F9] 명령으로 넘어갑니다. 현재 DebugMe4.exe 프로세스는 401041 주소의 코드에서 무한루프에 걸려 있습니다. Pause[F12] 명령을 내리면 현재 실행 중인 코드의 주소에서 OllyDbg의 실행이 멈춥니다(그림 57.43 참고).

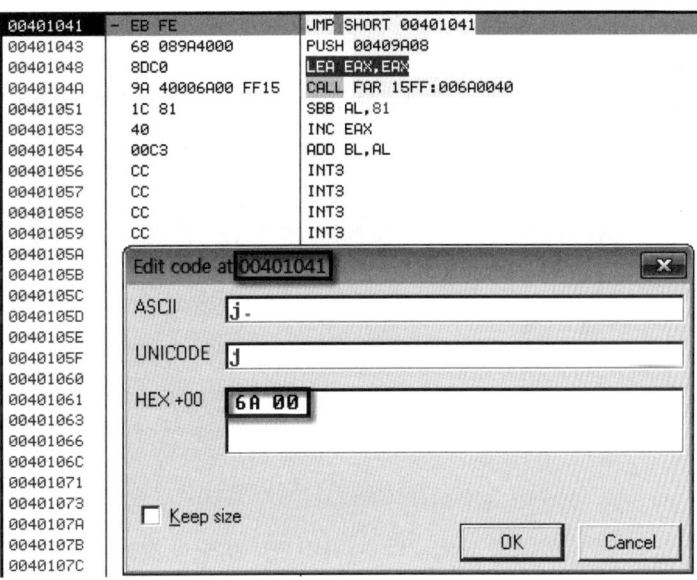

그림 57.43 401041 주소의 코드 복원

401041 주소의 코드를 그림 57.13과 같이 원래 값인 '6A00'으로 변경합니다(무한루프 제거). 그리고 그림 57.34를 참고하여 401048 주소의 잘못된 Instruction (8DC0)도 원래 값 '681C'로 변경하기 바랍니다(그림 57.44 참고).

```
00401041   6A 00           PUSH 0
00401043   68 089A4000     PUSH 00409A08        UNICODE "DebugMe4"
00401048   68 1CA4000      PUSH 00409A1C        UNICODE "Child Process"
0040104D   6A 00           PUSH 0
0040104F   FF15 1C814000   CALL DWORD PTR DS:[<&US USER32.MessageBoxW
00401055   C3              RETN
00401056   CC              INT3
00401057   CC              INT3
00401058   CC              INT3
00401059   CC              INT3
```

그림 57.44 최종적으로 복원된 코드

그림 57.44는 최종적으로 복원된 정상적인 코드입니다. 이와 같은 방법을 통해서 Debug Blocker 기법이 적용된 프로그램의 자식(Debuggee) 프로세스를 디버깅할 수 있습니다.

57.11. 마무리

Debug Blocker 기법은 상당히 까다로운 안티 디버깅 기법입니다. 아주 단순한 형태로 구현된 DebugMe4.exe 파일조차도 디버깅 방법을 설명하는 데 많은 지면이 할애되었습니다. 그러나 설명이 길었을 뿐 내용은 그리 어렵지 않습니다. 디버거 - 디버기 관계를 강제로 끊고 OllyDbg로 Attach시킨다는 개념만 이해한다면 큰 문제 없이 디버깅이 가능할 것입니다. Debug Blocker에서 흥미로웠던 내용은 자식(디버기) 프로세스에서 고의적인 예외를 발생시킨 후 부모(디버거) 프로세스에서 처리하는 방식이었습니다. 부모-자식 프로세스가 긴밀하게 연결되어 실행되기 때문에 디버깅에 어려움을 주었지요. Conditional Log Breakpoint 기능이 코드 실행 구조를 파악하는 데 도움이 되었습니다. 이 기능을 손에 잘 익혀두면 향후 리버싱 작업에 큰 도움이 될 것입니다. 전반적으로 리버싱 실력 향상에 도움이 되는 재밌는 실습이었습니다. 여러분도 꼭 직접 해보기 바랍니다.

책을 마치며

1. 창의성과 경험(바둑과 장기 – 프로그래밍과 리버싱)

창의성과 경험에 대한 이야기를 해볼까 합니다.

"바둑 신동은 있어도 장기 신동은 없다!?"

어느 분야든 전문가가 되려면 자신만의 독창적인 스타일(창의성)과 다양하고 깊은 경험이 필요하기 마련입니다. 즉 창의성과 경험이 모두 중요하다는 데는 이의가 없습니다. 하지만 분야에 따라서는 둘 중 어느 하나가 더 중시되는 경우가 있습니다(둘 중에 뭐가 더 좋고 나쁘다가 아니라 둘의 성격은 이런 식으로 다르다는 뜻입니다).

바둑과 장기

바둑

먼저 바둑을 보겠습니다. 제가 바둑게임에서 주목하는 부분은 게임 방법입니다. 처음에 아무것도 없는 바둑판 위에 돌을 하나하나 두면서 플레이해나가지요? 즉 바둑게임은 빈 곳에다 뭔가를 만드는, 무에서 유를 창조하는 게임입니다. 단순한 게임 형태에서 오는 무한의 자유도가 있습니다. 어디에 어떻게 돌을 놓을지는 사람마다, 게임마다 매번 달라집니다. 이창호, 이세돌 같은 사람들은 어려서부터(10대) 천재 소리를 들으며 바둑계를 주름잡은 사람들입니다. 분명 바둑 전문가 중에는 이창호, 이세돌보다 훨씬 오랜 기간(30년 이상) 바둑을 두어온 분들이 있습니다. 즉 그런 사람들도 경험적으로는 이창호, 이세돌보다 못하지 않다는 것이지요. 그렇지만 실제 바둑대회에서 이창호, 이세돌 같은 신동들이 상을 휩쓸었던 이유는 분명 경험 외에 자신만의 독창적인 바둑 세계를 가지고 있기 때문입니다. 즉 바둑 신동들은 남들과 다른 자신만의 창의적인 바둑을 두었기 때문에 승승장구할 수 있었던 것입니다. 따라서 바둑은 경험보다는 창의성이 더 중요한 분야라고 말할 수 있을 것입니다.

장기

반면 장기는 어떨까요? 장기라는 게임은 다양한 형태의 장기알과 장기판으로 구성되며, 게임 방법은 바둑과 비교하여 복잡합니다. 바둑과 달리 장기는 처음에 정해진 규칙대로 장기알을 배열한 후 시작하며, 도중에 장기알을 추가할 수 없습니다. 오로지 시작할 때 가지고 있던 장기알만으로 게임을 진행하게 됩니다. 또한 장기게임의 초반 패턴은 거의 비슷합니다(양 끝의 졸을 옆으로 이동하여 차의 길을 확보하거나 말을 올려 포를 궁 앞에 배치하는 형태). 즉 장기는 어떤 정해진 틀 안에서 제한된 장기알을 가지고 정해진 규칙대로 움직이는 것이지요. 따라서 게임의 자유도가 제한적입니다. 장기라는 게임은 많이 해본 사람이 무조건 이길 수밖에 없습니다. 왜냐하면 제한된 자유도를 가졌기 때문에 플레이 패턴(정석)을 다 외워버리면 어떤 상황에서도 다음에 이어지는 패턴이 머릿속에서 훤히 그려지기 때문이지요. 그래서 장기 고수들을 보면 대부분 연세가 지긋하신 분들입니다. 따라서 장기라는 게임은 창의성보다는 경험이 더 중요하다고 볼 수 있습니다.

 몇년 전에 IBM의 DeepBlue라는 컴퓨터가 세계 체스 챔피언을 이긴 사실을 두고 신문기사에서는 "드디어 컴퓨터가 사람을 넘어섰다."라고 호들갑을 떨었던 적이 있습니다. 제한된 자유도를 가진 게임이라면 사람은 컴퓨터를 이길 수 없습니다. 모든 경우의 수를 데이터베이스에 입력 후 최적화된 쿼리 알고리즘을 이용하면 사람과 비교할 수 없는 연산 능력을 가진 컴퓨터가 이기는 것은 당연한 일이지요. 하지만 창의성이 요구되는 (만들어 가는 형식의) 바둑 게임은 경우의 수 자체가 없기 때문에 컴퓨터가 쉽게 사람에게 이길 수 없는 것입니다.

프로그래밍과 리버싱

프로그래밍

프로그래밍(Programming)은 무에서 유를 창조한다는 의미에서 바둑과 비슷하다고 할 수 있습니다. 바둑 게임과 같이 프로그래밍이라는 것은 뭔가(프로그램)를 만들어내는 과정입니다. 만든다는 행위 자체에 이미 창의성의 개념이 포함되어 있지요. 프로그래밍 방법에서도 창의성이 요구되며, 그 결과물도 창의성이 크게 요구됩니다(이미 존재하는 프로그램과 똑같은 프로그램을 만들어 봐야 크게 팔리지 않을 것입니다. 뭔가 다른 독창적인 요소가 있어야 사람들이 좋아하겠지요). 따라서 프로그래밍은 창의성이 좀 더 중시된다고 말할 수 있습니다.

리버싱

그렇다면 리버싱(Reversing)은 어떨까요? 이미 만들어진 프로그램을, 이미 존재하는 도구와 방법을 사용해서 분석한다는 개념으로 본다면 리버싱은 분명 장기 게임과 비슷하다고 할 수 있습니다. 또한 리버싱은 많이 해본 사람이 더 잘한다는 점에서 장기 게임과 유사합니다. 즉 프로그래밍 신동은 있어도 리버싱 신동은 없다고 할 수 있지요. 이 말을 바꿔 말하면 아래와 같이 말 할 수 있습니다.

"내가 비록 천재가 아니지만, 열심히 노력한다면 리버싱 고수가 될 수 있다."

네. 프로그래밍 고수가 되기 위해서는 다분히 창의성이 크게 요구됩니다(물론 어떤 분야건 간에 창의성이 높으면 우수한 성과를 낼 수 있지요). 하지만 리버싱 고수는 누구나 마음 먹고 열심히 노력한다면 될 수 있답니다.

리버스 코드 엔지니어링 분야에 몸 담으신 여러분!!!
비록 처음에는 배울 것도 많고 실력도 별로 늘지 않는 것 같다고 생각되겠지만, 위에서 말한 것처럼 리버싱 분야는 노력한 만큼 정직하게 성과가 나타납니다.
계속해서 지금처럼 열심히 노력하세요. 성과가 나타나기까지는 단지 시간이 필요할 뿐입니다. 모두 힘내세요! 화이팅!!!

2. 독자님들께…

리버싱 입문 책 한 권을 독파하셨습니다. 축하드립니다.

내용의 이해 정도는 개인마다 차이가 있겠지만, 분명한 것은 리버싱 입문 책 한 권을 끝마쳤다는 것이죠. 이것은 리버싱을 전혀 몰랐던 독자님들께 성취감을 줄 수 있는 하나의 사건입니다. 위시 리스트 하나를 달성한 느낌을 만끽해보시기 바랍니다.

리버싱 기술을 접해본 독자님들 앞에는 더욱 다양한 가능성과 흥미로운 도전이 펼쳐져 있습니다. 개인적인 흥미, 업무적인 필요 등 어떤 이유든 간에 리버싱 기술을 배우기 전후의 마음 자세는 분명히 조금은 달라져 있을 것입니다. 그 작은 차이가 독자 여러분을 새로운 가능성과 도전으로 안내할 것입니다.

이제 리버스 엔지니어링 기술을 실제 업무에 활용해 보거나, 개인 프로젝트를 진행해보면서 실전 경험을 쌓아보세요. 손때 묻은 책은 든든한 참고서가 되고, 인터넷은 최신 정보와 다양한 아이디어를 얻을 수 있는 기회를 줄 것입니다. 프로젝트를 진행하면서 부딪힌 문제들을 고민하고 해결해 나가는 과정에서 엄청난 실력 향상을 경험할 수 있답니다.

처음부터 끝까지 직접 해보세요. 실전 경험이 리버싱 실력 향상의 최고 비결입니다.

2012년 9월의 어느 날…

찾아보기

숫자

0xCC 446
0xCC Detection 868
1바이트 무시 863
2단 점프 541
2바이트 Opcode 785
5바이트 패치 510
7바이트 코드 패치 539
7바이트 코드 패치 방법 539
64비트 디버깅 628
64비트 컴퓨팅 환경 583
64비트 환경에서의 디버깅 방법 627

A

Addressing Method 775
AddressOfCallbacks 688, 701
Address Space Layout Randomization 645
Advanced Anti-Debugging 875
Advanced Global API Hooking 551
AdvancedOlly 630
AeDebug 940
Analysis 406
Analysis - Remove analysis from module 407, 880
Anti-Debugging 685
Anti-Dump 기법 886
ap0x 268
API(Application Programming Interface) 434
API Break Point 869
API 리다이렉션 889, 891, 893
API 검색 299
API 리스트 869
API 코드 패치 507
API 코드 패치 동작 원리 508
API 후킹 313, 433, 475, 821
API 후킹 방법 507
AppInit_DLLs 331
ASLR 645
Assemble 718, 762
Assembler 762
Assemble 기능 401
Assemble 명령 1008, 1012
Assembly 401
Assembly Programming 401
Attach 302, 328, 922
Attach 디버거 927

B

Base Relocation Table 215, 220
Base Relocation Table의 해석 방법 222
bcdedit.exe 825
bcdedit 명령어 623
BeingDebugged 724, 808
boot.ini 824
BOUND IMPORT TABLE 365
BP를 설치 737
Breaking Code Alignment 877
Break on new module(DLL) 302
Break on new thread 옵션 397

C

Calling convention 598
Capture Global Win32 913
CFF Explorer 617
Change EIP 934
CheckRemoteDebuggerPresent() 819
Checksum 274
Checksum 계산 272
Checksum 비교 871
CLBP 990

Code Byte Ordering 864
Code Cave 267
Code Injection 383, 401
CodeInjection.exe 387
Code Obfuscating 864
Code Patch 507
Code 인젝션 383, 401, 440
Compile 762
Conditional Log Break Point 990
CONTEXT 743, 846, 936, 960, 970
CONTEXT.Eax 970
CONTEXT.Eip 970
CONTEXT 구조체 463
ContinueDebugEvent() 457, 989, 1002
Copy to executable - All modifications 280, 409
Copy - To file 410
Create Child Process 933
CreateMutexW() API 981
CreateProcess() API 941
CreateProcess() API를 후킹 531
CREATE_PROCESS_DEBUG_EVENT 458
CREATE_PROCESS_DEBUG_INFO 구조체 459
CreateProcessW() API 호출 흐름 564
CreateRemoteThread() 315, 322, 327, 664, 666, 668
CreateRemoteThreadEx() 666, 668
CreateSuspended 669, 670
CreateToolhelp32Snapshot() 343, 513, 520

D

DbgBreakPoint 927
DbgBreakPoint() 1015
DbgBreakPoint() API 975
DBG_CONTINUE 458
DBG_EXCEPTION_NOT_HANDLED 458
DebugActiveProcess() API 455
DebugActiveProcessStop() 835, 1014
Debug API 324
Debug Blocker 898, 900, 977
DEBUG_EVENT 456, 986
Debugger 469
DebugLoop() 455
Debug Mode 824
DebugObject 828

DEBUG_PROCESS|DEBUG_ONLY_THIS_PROCESS 982
DebugView 316, 671, 913
Decoding 881
Detach 833, 1014
DialogBoxParam() API 273
Disassemble 762
Disassembler 762, 763
Disassembly 762
Displacement 770, 786
Displacement & Immediate 786
DLL(Dynamic Linked Library) 312
DLL Ejection 339
DLL Injection 311
DLL Injection in Kernel 6 659
DLL Injection 전용 도구 679
DllMain() 312, 353
DLL_PROCESS_ATTACH 321, 692
DLL_PROCESS_DETACH 693
DLL Relocation 326
DLL_THREAD_ATTACH 692
DLL_THREAD_DETACH 693
DLL 이젝션 339
DLL 인젝션 311, 440, 475
dummy() 358
/DYNAMICBASE 646
/DYNAMICBASE:NO 647
Dynamic Anti-Debugging 802, 841
Dynamic 방법 1009

E

'Edit' [Ctrl+E] 명령 280, 405, 1008
EFLAGS 858
EIP 변경 기능 403
Encoding 881
Encryption/Decryption 881
EnumProcesses() 513
EP(Entry Point) 268
ERROR_ALREADY_EXISTS 981
ERROR_NOT_ENOUGH_MEMORY 664, 665
ERROR_SERVICE_REQUEST_TIMEOUT 922
Event Driven 288
ExceptHandler 845

EXCEPTION_ACCESS_VIOLATION (C0000005) 736, 921
ExceptionAddress 995
EXCEPTION_BREAKPOINT(80000003) 446, 737, 842, 943
ExceptionCode 995
EXCEPTION_DEBUG_EVENT 445, 460, 987
EXCEPTION_DEBUG_INFO 995
EXCEPTION_DISPOSITION 742, 744, 846
EXCEPTION_ILLEGAL_INSTRUCTION (C000001D) 739, 995
EXCEPTION_INT_DIVIDE_BY_ZERO(C0000094) 740
ExceptionList 710
EXCEPTION_RECORD 742, 995
Exceptions 841
_EXCEPTION_REGISTRATION_RECORD 710, 741
EXCEPTION_SINGLE_STEP(80000004) 741, 859, 861
'Executable modules' 창 303
EXIT_PROCESS_DEBUG_EVENT 458

F

File - Kernel Debug… 메뉴(단축키 [Ctrl+K]) 624
'File \ Open' 메뉴 952
Fill with NOP's 404
FindWindow() 838
Flags 811
Force Flags 811
FreeLibrary() 345
FS:[0] 714
FS:[0x18] 713
FS:[0x30] 714
FS 세그먼트 레지스터 712

G

Garbage Code 876
GDTR 713
GetCommandLineW() 639
GetProcAddress() API 264, 424
GetProcessHeap() 810
GetThreadContext() API 464, 936, 942, 960, 970, 1002
GetWinodwText() 838
Global Hook 290
Global hooking 507
Group 명령표 779

H

HEAP 구조체 810
HelloTls.exe 685
Hex-Rays Decompiler 764
Hook 287
hook_by_code() 522
hook_by_hotpatch() 543
Hook Chain 289
hookdbg.exe 448
hook_iat() 490
hooking 287
Hot Fix 539
Hot Patch 539
HxD의 'Delete' 229
HxD의 'Fill selection…' 기능 228

I

IA-32 Instruction 761, 878
IA-32 Instruction Format 767
IA-32 Manuals 771
IAT(Import Address Table) 255, 369, 481
IAT(Import Address Table)를 후킹 475
IAT를 구성 264
IAT 세팅 264
IAT에서 SetWindowTextW API 위치 찾기 501
IAT 후킹 502
IAT 후킹 기법 475
IDA Pro 470
IDT(Import Directory Table) 350, 492
IDT 이동 361
IE 접속 제어 551
Ignore memory access violations in KERNEL32 757

Ignore (pass to program) following exceptions 758
IID 360
ILLEGAL INSTRUCTION 984
Image 613, 947
ImageBase 215
IMAGE_BASE_RELOCATION 구조체 221
IMAGE_DATA_DIRECTORY 243
IMAGE_DATA_DIRECTORY[9] 687
IMAGE_DLLCHARACTERISTICS_DYNAMIC_BASE(40) 650
IMAGE_DOS_HEADER 239
IMAGE_FILE_HEADER 229
IMAGE_FILE_HEADER \ Characteristics 650
IMAGE_FILE_RELOCS_STRIPPED(1) 650
IMAGE_IMPORT_DESCRIPTOR 251, 360, 615
IMAGE_NT_HEADERS 239, 609
IMAGE_NT_HEADERS32 610
IMAGE_NT_HEADERS64 610
IMAGE_OPTIONAL_HEADER 230, 611
IMAGE_OPTIONAL_HEADER32 612
IMAGE_OPTIONAL_HEADER64 612
IMAGE_OPTIONAL_HEADER \ DLL Characteristics 650
IMAGE_SCN_MEM_WRITE 279
IMAGE_SECTION_HEADER 245
IMAGE_THUNK_DATA 614
IMAGE_TLS_CALLBACK 689
IMAGE_TLS_DIRECTORY 687
IMAGE_TLS_DIRECTORY64 616
Immediate 771, 786
Import Table 251
IMPORT Table 364
index.html 319
Infinite Loop 924
InjDll32.exe 680
InjDll64.exe 680
InjDll.exe 679
InjectDll.exe 317
Inline Code Patch 267
Inline Patch 267
Insert bytes 697
Instruction 762
Instruction Prefixes 768
Instruction 해석 매뉴얼 771
Instruction 해석 매뉴얼 출력 772
INT 2D 863
INT3 737, 843
Intel x86 (IA-32) Instruction Format 524
InternetConnect() 552
InternetOpenUrl 355
INT(Import Name Table) 368
IsDebuggerPresent() 723, 808

J

JIT 939
JIT 디버거 939, 940
JIT 디버깅 939
JNZ 753
Just-In-Time 939

K

kernelbase!CreateRemoteThreadEx() 667
Kernel Debugging 622
KeyboardProc 297
Key Logger 298, 307
KiFastSystemCall() 435

L

Ldr 809
_LDR_DATA_TABLE_ENTRY 726
LEA 984
Link 762
LINK1104 594
_LIST_ENTRY 726
Little Endian 표기법 420, 480
LLP64 데이터 모델 585
LoadAppInit_DLLs 331
Load Effective Address 984
LoadLibraryA 264
LoadLibrary() API 327, 421
Local Kernel Debugging 622

M

Machine Language 762

Make OllyDbg just-in-time debugger 939
Memory Access Violation 732, 921
MessageBoxA() API 425
Message Hook 287
Mnemonic 764
ModR/M 769, 776
MODULEENTRY32 구조체 343
MOV EDI, EDI 명령어 540
Multi-Thread 744
Mutex 981
MyCreateRemoteThread 675
MySetWindowTextW() 488

N

Nanomite 900, 901
NewCreateProcessA() 536
NewInternetConnectW() 572
New origin here 260, 403, 920
NewZwQuerySystemInformation() 528
NewZwResumeThread() 574
NOPeration 540
NOP (No Operation) 404
NOP 명령어 540
NtCurrentTeb() 711, 814
ntdll!ZwCreateThreadEx() API 667
NtGlobalFlag 811
Ntoskrnl.exe 파일 625
NtQueryInformationProcess() 817, 821
NtQueryObject() 828
NtQuerySystemInformation() API 824, 826
NtTib 710
_NT_TIB 710
Null-Padding 영역 278, 362
NumberOfRvaAndSizes 242
Number of Sections 230

O

Obfuscated Code 881, 895
OBJECT_ALL_INFORMATION 830
ObjectAllTypesInformation 833
OBJECT_INFORMATION_CLASS 829
OBJECT_TYPE_INFORMATION 구조체 830

OEP(Original Entry Point) 268
OEP 찾기 259
offset to relocations 246
Olly Advanced 630
OllyDbg 280, 469
OllyDbg2 328
OllyDbg 에러 메시지 259
OllyDbg의 'Assemble' [Space] 명령 280
OllyDbg의 버그 260
Opcode 762, 768, 773
Opcode Map 773
Op Code(Operation Code) 524
Open Executable… 634
OpenProcess() API 322, 323
Operand 764, 774
Operand Type 775
Options - Debugging options 757
Options - Just-in-time debugging 939
OS Debug Mode 824
OutputDebugString() 913

P

patchme 268
Pause on new module(DLL) 328, 497
*.pdb 620
PEB 717, 805, 960
PEB.BeingDebugged 702, 723, 813
PEB.ImageBaseAddress 725
PEB.Ldr 725, 813
_PEB_LDR_DATA 725
PEB.NtGlobalFlag 727, 816
PEB.ProcessHeap 727, 815
PEB 구조체 719, 720
PEB 접근 방법 717
PE Image 378, 947, 948
PE Image Switching 947
PE Patch 349
PE Rebuilding 375
PE Run-Time 패커 233
PESpin 프로텍터 887, 898
PE Tools 375
PE 유틸리티 375
PE 재배치 215

PE 프로텍터 875
PE 헤더 Editing 375
Pointer to Raw Data 697
Polymorphic Code 895
PostMessage(WM_DROPFILES) 357
Prefix 768, 782
Process32First() 520
Process32Next() 520
ProcessDebugFlags 820
ProcessDebugObjectHandle 819
ProcessDebugPort 818
ProcessEnvironmentBlock 710, 717, 805, 960
Process Explorer 318
Process Heap 810
Process Image 947
PROCESSINFOCLASS 817
PROCESS_INFORMATION 936
Program Data Base 620

R

RDTSC 854
RE 03
ReadProcessMemory() 459, 960
Reference Count 339
regedit.exe 923
RegisterServiceCtrlHandler() 916
.reloc 섹션 227, 649
Remove OEP 886, 887
Resume 563
Resume Main Thread 934
ResumeThread() 937, 942, 971
.rsrc Section 698
RtlUserThreadStart() API 971
Run 803
RVA → RAW 변환 250, 253
RVA to RAW 249

S

Save file 409
SCM 905
Search for All intermodular calls 478, 503
Search for - All referenced text strings 270, 498, 633

Section Alignment 231
Segment Descriptor Table 712, 713
Segment Selector 713
SEH 729, 841
SEH를 이용한 안티 디버깅 기법 733
Self Creation 931
Self Debugging 898
SerServiceStatus() 916
Service 905
Service Controller 905
Service Control Manager 905
services.exe 912
ServicesPipeTimeout 923
Service Start Timeout 922, 923
SERVICE_TABLE_ENTRY 919
Session 653
Session 0 Isolation 656
SetServiceStatus() 908
SetThreadContext() API 466, 942, 971, 1002
SetUnhandledExceptionFilter() 848
SetWindowsHookEx() 289, 336
SetWindowTextW() API 475, 477
SIB 770, 789, 792
Single Step 859
Size of Image 230
SizeOfOptionalHeader 240
Size of Raw Data 697
Sleep(0)을 한 이유 467
Software BP를 체크 872
SPY++ 289
Stack32.exe 600
Stack64.exe 600
StartService() 908
StartServiceCtrlDispatcher() 908, 915
Startup 코드 632
Static Anti-Debugging 802, 805
Static 방법 1007
Static 안티 디버깅 805
stealth 507
Stolen Bytes 886
Structured Exception Handler 729
Stub Code 953
Stud_PE 236

Suspend 562
SUSPEND 958
SUSPEND mode 933
Symbol 620
SYSENTER 435
System Break Point 634, 994
'System breakpoint' 옵션 694
SystemInformationClass 528
SYSTEM_INFORMATION_CLASS 826
SystemKernelDebuggerInformation 826
SYSTEM_PROCESS_INFORMATION 528, 530
SystemProcessInformation(5) 528
System Startup Breakpoint 694
'SysWOW64' 폴더 587

T

TEB 705
TEB.NtTib.ExceptionList 745
TEB 구조체 705, 706
TEB 접근 방법 711
Tech Map 437
TextView.exe 349
Thread Environment Block 705
Thread Information Block 710
THREAD_INFORMATION_CLASS 834
Thread Local Storage 686
ThreadProc() 327
Time-Slicing 744
Timing Check 853
TLS 686, 687
TLS Callback Function 685
TlsTest.exe 690
Top Level Exception Filter 849
Trace 803
Trap Flag 858

U

Ultimate PE 패커 233
undocument API 678
UnhandledExceptionFilter() 848
unhook_by_code() 526
unhook_by_hotpatch() 545

Unmapping 965
UPack 233
UPack 디버깅 259
URLDownloadToFile() API 321

V

View - Executable modules [ALT + E] 423
VirtualAllocEx() API 322, 324, 967
virtual key code 297
Visual C++ 953

W

WaitForDebugEvent() API 456, 986, 1002
WaitForSingleObject 942
WH_KEYBOARD 301
Win32 API 585
WinDbg 471, 619, 634, 824
WinDbg(x64) 603
WinDbg 기본 명령어 626
Windows Kernel Version 645
Windows On Windows 64 586
Windows OS Kernel 6 653
Windows OS의 덤프 파일 472
Windows 메시지 흐름 288
WM_DROPFILES 357
WOW64 586
WOW64Test 590
WOW64 모드 630
WriteConsoleA 691
WriteFile() API 443, 451
WriteFile() API 후킹 443
WriteProcessMemory() API 322, 324, 459, 968, 1005

X

x64 584, 595
x64 프로세서 595
x86 Instruction 761
XOR 디코딩 루프 999
XOR 암호화 274

Z

ZwCreateThread() 668
ZwCreateThreadEx() API 667, 668
ZwQueryInformationThread() 575
ZwQuerySystemInfomation() API 527
ZwQuerySystemInformation() API 508, 513
ZwResumeThread() API 532, 672
ZwSetInformationThread() 833
ZwUnmapViewOf Section() 965

ㄱ

가비지 코드 876
계산기 475
공유 메모리 섹션 521
글로벌 API 후킹 530
글로벌 API 후킹 방법 551
글로벌 후킹 507
글로벌 후킹 이용 514
글로벌 훅 290
기본 예외 처리기 734
'껍데기' 프로세스 949

ㄴ

난독화 코드 881, 895
난독화 코드 생성기 895
니마닉 764

ㄷ

다형성 코드 895
덤프(Dump) 377
독립 실행 코드 383
디버거(Debugger) 444
디버거 동작 원리 444
디버그(Debug) 기법 443
디버그 모드 982
디버그 방식의 API 후킹 444
디버그 이벤트 445
디버기(Debuggee) 444
디버기(notepad.exe)의 EIP 값 453
디버깅 실행의 경우 예외 처리 방법 734
디버깅 정보 파일 620

디코딩 881
디코딩 루프 261, 882
디코딩 코드 241

ㄹ

레지스트리 에디터 923
레지스트리 편집기 940
로컬 커널 디버깅 622

ㅁ

매핑 948, 965
멀티 스레드 744
메모리 덤프 375
메모리 참조 문법 422
메모장 443
메시지 큐 297
메시지 훅 287
무한루프 924
무한루프 설치 973
무한루프 코드 1012
문자열 검색 299
뮤텍스 981

ㅂ

범용 레지스터 in x64 596
변형된 fastcall 598
복호화 루프 271
부모 - 자식 관계 978
브레이크 포인트(BreakPoint) 446
빈 영역 278

ㅅ

사용자 전환 654
사회공학기법 310
상대 거리 524
서비스 905
서비스 설치 909
서비스 속성 다이얼로그 910
서비스 시작 과정 907
서비스 시작 유형 911
서비스 제어기 906

세그먼트 셀렉터 713
세션 653
섹션을 매핑 968
스레드 컨텍스트(Thread Context) 463
스택의 거꾸로 자라는 특성 420
스택 프레임 599
스택 프레임 생성 418
'스텔스' 프로세스 507
시분할 744
시스템 크래쉬(Crash) 472
실행 압축기 233
실행 흐름 453
심볼 620

ㅇ

악성 키로거 307
악의적인 목적으로 사용되는 키로거 307
안티 디버깅 729, 799
안티 디버깅 기법 980
안티 디버깅 분류 800
'알맹이' 프로세스 949
암호화 274
암호화/복호화 881
어셈블리 언어 401
어셈블리 프로그래밍 401
언매핑 965
예외 729, 736, 841, 984
오퍼랜드 764
은폐 507
인라인 패치 267
인젝션 297
인젝션된 DLL의 디버깅 496
인젝터(Injector) 410
인코딩 881
일반 실행의 경우 예외 처리 방법 734
임포트 351

ㅈ

재배치 215
중복 실행 체크 코드 982

ㅊ

참조 카운트 339

ㅋ

커널 디버깅 472, 622
커널 디버깅(Kernel Debugging) 824
코드 구조 275
코드 인젝션의 장점 385
코드 재조합 884
코드 케이브 267
코드 패치와 인라인 패치의 차이점 268
콜백 함수 305, 685
키로거 298
키보드 메시지 후킹 290
키보드 이벤트 292
키보드 후킹 290

ㅌ

테크 맵 437
텍스트 에디터 411
트레이싱 299

ㅍ

패치 1008
패치 코드 만들기 279
프로세스 메모리 덤프 377
프로세스 은폐 동작 원리 512
플러그인(PlugIn) 630

ㅎ

하드웨어 키로거 308
한글 475
함수 호출 규약 598
핫 패치 539
핫 패치 방식의 API 후킹 538
헤더 겹쳐쓰기 239
활성 솔루션 플랫폼(P) 593
후킹 287, 443
후킹 대상 API 551
후킹 대상 API를 선정 476
후킹 함수 823

훅 287
훅 체인 289
훅 프로시저를 디버깅 302